*S u n S i g n*

# 月と太陽でわかる性格事典

チャールズ&スージー・ハーヴェイ 共著
鏡リュウジ 監訳

*By Charles & Suzy Harvey Translation by Ryuji Kagami*

*M o o n S i g n*

&books

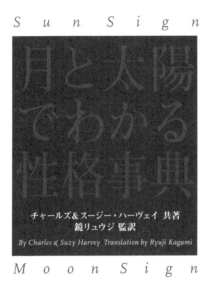

SUN SIGN, MOON SIGN
By Charles Harvey and Suzi Harvey

Originally published in the English language by HarperCollins Publishers Ltd. under the title
SUN SIGN, MOON SIGN


イラストレーション　金子恵
ブックデザイン　縄田智子　L'espace
翻訳協力　梅澤末美　遠藤由香里　奥原由希子　倉田真木
表製作協力　Astrodienst　www.astro.com

# 「あなた」という存在を形づける月と太陽

ここにお届けするのは、Charles & Suzi Harvey “Sun Sign and Moon Sign”1994の翻訳です。本書は占星術の本場、英国で広く愛読されてきた「星占い」の定番の本でもあります。この本は2003年に邦訳として刊行されていましたが、長い間、入手困難な状況でした。こうして再び、増補改訂版として皆さんにお届けできることになったのはこの上ない喜びです。

本書のタイトルは、直訳すると「太陽星座と月星座」となります。これは一体、どういう意味なのでしょうか。「星占い」は、いまや世界中に普及しています。自分の誕生日による「誕生星座」を知らない、という人は現代の日本ではとても少ないのではないでしょうか。しかし、自分の「誕生星座」がどのようにして決められるのかを知っている人となると、ぐっと少なくなるでしょう。

それはこういうことなのです。占星術が生まれた紀元前数百年の時代から16～17世紀に至るまで、ヨーロッパでは宇宙の中心には地球が位置すると考えられてきました。

実際には地球のほうが太陽の周囲を1年かけて公転しているのですが、かつては太陽のほうが地球の周囲を1年かけて公転していると考えられてきました。この太陽の通り道を「黄道」と呼んでいます。そして、春分点を基準にこの黄道を12のブロックに分けたものが占星術では「サイン」（星座宮）です。

そして、僕たちが今用いているカレンダーは「太陽暦」ですから、月日がわかれば、黄道上での毎年のおおよその太陽の位置がわかります。例えば僕は3月2日生まれですが、毎年3月2日ごろは太陽は占星術上の「魚座」にあるので、僕は「魚座生まれ」ということになるのです。

雑誌などの星占いで、複雑な表を必要とせずに「誕生星座」がわかるのはこういう仕組みです。（ただし、実際の太陽の運行とカレンダーは必ずしも正確には合致せず、星座の切り替えの日付、時刻は毎年変わります。星座の境目に生まれた方は巻末の太陽の運行表を確認してください）つまり、「誕生星座」は「太陽星座」のことなのです。

ところで、「魚座生まれ」というと、その人が生まれた時には魚座が夜空に輝いていたようにイメージしたくなりますが、さにあらず。実際には魚座は見えません。なぜなら、魚座の方角には太陽があるから。その天空の部分は昼間になっているのです。魚座と太陽をはさんで反対側に位置する乙女座や獅子座が夜空には輝く、ということになります。

太陽はなんといっても太陽系の中で唯一輝く「星」（占星術の世界では太陽や月も「星」と捉えます）。現代の占星術では、太陽はその人のアイデンティティの感覚と深く関わっているとされます。自分にしかない、かけがえのない人生を自ら切り開こうとする衝動を示すというわけです。

ですが、占星術で用いる天体は太陽だけではありません。本来は東の地平線から昇る星座や水星、金星、火星、土星、といったさまざまな惑星の位置を調べ、それを正確にプロットした「ホロスコープ」というその人だけの図表を用いて解釈を施していくことになります。

中でも太陽と並んで重要なのが月です。現代占星術では太陽とともにまずはこの月の星座を調べるということになります。ただ、月はホロスコープでの動きが早く、およそ2日半で星座を移動していきますから、出生時の月の星座を調べるには出生時刻を調べた上で、巻末の表か、ウェブサイトで調べる必要があります。そしてこの動きの速い月は太陽と比べてあなたのより本能的、無意識的な側面をつかさどるとされているのです。

太陽と月、この二つの重要な天体はホロスコープの中の最重要ポイントです。それが表すものについては、本書に詳しく解説してありますから、ぜひ丁寧に読んでみてください。ごく簡単にいうと、太陽は「昼間の」あなた、つまりあなたが意識的に人生と取り組むときのスタイル、そして月は「夕暮れから夜の」あなた、つまりあなたがリラックスし、無意識の中に沈むときのスタイルを示すということができるでしょう。そしてこの二つのコントラストを分析すればあなたという存在の核のかなりの部分に迫ることができると、占星術では考えるのです。

また伝統的には太陽は男性性、月は女性性の天体だと考えられえきました。今よりも性別による規範がはるかに強かった時代に誕生したのが占星術ですから、そのシンボリズムの中には「男性・女性」という固定的、ステレオタイプ的なジェンダー観が見え隠れします。しかし現代の占星術では、占星術用語としての「男性（的）」「女性（的）」という言葉は、かつて男性や女性に強く求められ、配当されてきた性質を指すものであって実際の男性や女性とは別物であると考えるようになっています。

「男性的」天体の代表である太陽と「女性的」天体の代表である月が一人の人間の中に存在し、その葛藤を慈しみ、また統合を目指すのが本書の著者であるハーヴェイ夫妻の基本姿勢だとご理解ください。

太陽と月の星座の144の組み合わせの解釈は20世紀初頭の「近代占星術の父」アラン・レオのものにはじまり、ほかにもいくつも知られていますが、このハーヴェイ夫妻による分析は、極めて高く評価されてきました。なんといってもチャールズ・ハーヴェイは英国の占星術世界では最高峰と目された人物の一人。惜しくも2000年に60歳の若さで世を去られたのですが、存命中は長年にわたって英国占星術協会の会長を務められ、真に英国紳士と謳われたお人柄と深い学識によって世界中の占星術家からの尊敬を集めておられました。

僕自身、若いころに英国で授業を何度も受けさせていただいたり、一度はご自宅を訪問したりして大変、良くしていただきました。本書は、専門的な占星術書でも論文でもないので、ハーヴェイ夫妻の「学識」はすぐには見えないかもしれません。しかし、本書の内容を吟味すれば、夫妻の深い人間心理の理解がにじみ出ていることがわかるはずです。そしてそのことが本書を特別なものにしています。

本書は手軽な「星占い」の本ですから、占星術の専門家ではないたくさんの人に気軽に読んで楽しんでいただける内容です。しかし、実はそれだけでもないのです。

僕は知っています。英語圏では、いわゆる「プロ」の占星術家がより詳細なホロスコープを読むときにも本書を密かに参考にしていることもままあったことを。ですから本書は初心者からプロまで必携の占星術書の一つでもあるのです。

なお、翻訳にあたっては直訳ではなく、日本の読者の利便や読みやすさを考えて適宜、言い回しに手を加えた部分があることをお断りしておきます。そしてそれぞれの組み合わせのキャッチフレーズは、僕の方でつけさせていただきました。

『汝自身を知れ』は古代からの金言。

あなたが生まれた時の月と太陽が教える、あなた自身という宇宙への地図がここにあります。

鏡リュウジ

あなたの太陽と月を調べてみましょう

太陽星座 → 326 ページ以降の表を参照
月星座　 → 335 ページ以降の表を参照

生年月日がわかれば簡単に調べられます！

# 目次

# 第1部
# はじめに

*sun*
*sign*
*moon*
*sign*

# 第1章

# この本を使うために

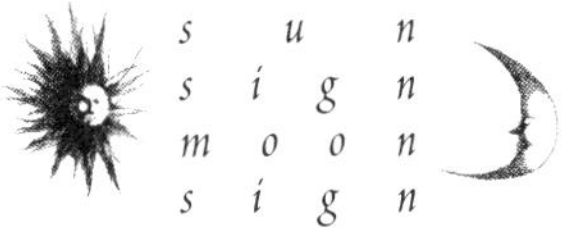


己に忠実であれ
　　　　――ウィリアム・シェークスピア

きちんと自分に向き合いたまえ
己を知るものは、悲劇を追い払えると心得よ
　　　　――マシュー・アーノルド

## ❁人生は映画製作のようなもの

映画館を思い浮かべてみてください。そこでは、あなたの人生を描いた映画が２本上映されています。タイトルは一方が『成功』、もう一方が『悲劇』。そう、わたしたちはみな、成功と悲劇の両方のシナリオを携えて人生を歩んでいます。たいていわたしたちは、人生で多かれ少なかれ、成功と悲劇の両方を体験するのです。

人生に成功するか失敗するかの違いは、どこにあるのでしょうか。それは結局のところ、どれだけ自分で自分のことがわかっているかにかかっています。さまざまな才能を持って生まれ、現実と夢、義務と野心のどちらをとるかで悩むのはだれでも同じです。ただ、自分の活かし方を知らなければ、成功を目前にしながら失敗するかもしれません。しかし自分の持つさまざまな側面や資質を自覚し、活かせば、それだけ悲劇を退けて成功に近づくことができます。

この本では、「自己」の多様性を認識し、活かすにはまず、いわゆる誕生星座、すなわち太陽星座だけでなく月星座にも目を向ける必要があると考えています。人の内面をつかさどる月星座を知れば、それだけ自分の内面――活発でつねに好奇心旺盛だけれど、ときとして複数の欲求のどれを満足させるかで悩む自分の心――の声に耳を傾けることができます。この本が読者のみなさんに紹介するのは、太陽星座と月星座のコンビネーション144パターンそれぞれの重要なシーンを抜き出した映画のクリップ集のようなものです。そのうちのひとつが、あなた自身の人生のシナリオです。シナリオには、中心的な役割を演じる二人の重要人物が登場します。この二人は、あなたの太陽星座と月星座を表します。この二人のことを知ればそれだけ、自分自身の人生を理解し、自分の矛盾した欲求をコントロールすることにつながります。内面にかかえる矛盾を理解したら、あとはそれを上手に活かしましょう――スフレに調味料を加えて味を加減するように。そうすれば、持って生まれた才能や矛盾が、さじ加減しだいで秘伝のレシピにも、すばらしいシナリオにも変わることを実感できるでしょう。せっかくの自分の持ち味と闘うのではなく、どうぞ楽しんでください！

この本は、みなさんの太陽星座と月星座の持つ相容れない資質や内面の葛藤をどうしたら楽しめるか提案したいと思っています。そのため、まず各コンビネーションに特有の行動パターンを説明し、つぎにそれぞれに特有のさまざまな資質をうまく活かす方法を提案します。もっとも、みなさんがこの本を読んで、書かれていることすべてが当たっていると実感できるとは限りません（情に厚い「水」

タイプを除いて)。けれども、人生という長編映画のどこかで、この本の内容があてはまるときがくるかもしれません。そのときに、読者のみなさんが持てる資質を最大限に発揮できれば、執筆者としてはそれに勝る喜びはないと考えています。

## 太陽星座と月星座のコンビネーションの探し方

自分の出生天宮図《バースチャート》や太陽星座と月星座のコンビネーションがわからない場合には、星座早見表で太陽星座(326ページ〜を参照)と月星座(335ページ〜を参照)を調べましょう。

出生時間がわからない場合や、自分の月星座(あるいは、太陽星座)が不明な場合は、可能性のあるコンビネーションすべてに目を通してください。そのなかでよりしっくりくるコンビネーションが、おそらくあなたの出生日時を示しています。

## 各コンビネーションの項目について

この本では各コンビネーションを大まかにつぎの項目に分けて、特徴と解釈法を説明しています。

★あなたのテーマ
★本文
★大切なあの人とは?
★あなたの最大の長所
★あなたの最大の短所
★著名人の言葉
★統合のためのイメージ
★著名人

では、各項目を詳しく説明しましょう。

## 「あなたのテーマ」と「本文」について

「あなたのテーマ」では、各コンビネーションの特徴を示すキーワードを紹介します。冒頭の「火、土、風、水」などは、太陽星座と月星座のエレメントを表します。最初のエレメントが太陽星座で、つぎが月星座です。なお、重複と紙幅の無駄を省くため、ここではエレメントについての詳述はしませんが、全部で10パターンの組み合わせを持つエレメントの内容や他のエレメントとの相性比較については、第3章で詳しく説明します。

「本文」では、コンビネーションの特徴を挙げ、詳しく説明しています。実は本文については、さらに細かく項目を立てるかどうかでずっと悩んでいました。しかし最終的に、太陽星座と月星座の組み合わせによって異なる資質を考慮して、それぞれにふさわしい説明をし、さらにアドバイスすることにしました。主なアドバイスとして、そのコンビネーションにふさわしい職業を紹介します。ただしこの本では、各コンビネーションに天職があるとは考えていません。そうではなく、分野に関わらず、持てる資質を仕事に活かす方法や考え方のほうを重視しています。

## 「大切なあの人とは?」について

ここでは、恋愛を含む人間関係について詳しく説明しています。バースチャートのなかで太陽星座と月星座が、人間関係にとくに強く影響を及ぼすからです。

## 「あなたの最大の長所」について

ここでは、各コンビネーションの長所を列記しています。バースチャートを見ればわかるように、だれでも太陽と月星座以外にも、そのほかの惑星の長所や創造力も持っています。ですから、ここに自分の最大の長所と考えていることが書かれていなくても、がっかりしないでください。

## 「あなたの最大の短所」について

ここでは、あえて厳しく指摘します。この項目の目的が、そのコンビネーションが陥りやすい人生の落とし穴や最大の欠点を自覚させることにあるからです。もっとも、必ずそういう失敗をすると指摘しているのではなく

（ただし、他人の目からみたあなたの短所かもしれません！）、そうしたことを心に留めておいたほうがいいという忠告です。長所と同じように、太陽と月だけでなく、バースチャートのほかの惑星の短所も調べてください。そのほうが、自分の全体像のなかの短所を明確に把握できます！

## 「著名人の言葉」について

人はみな、違う視点から異なるものの見方をしています。人がものごとをどう見るかや、何に興味を持つかということに大きく影響しているのが、バースチャート（出生天宮図）です。バースチャートには、あなたが生まれたときの太陽系の惑星の配置が正確に記されており、同じチャートの持ち主は一人もいません。バースチャートのなかでも、太陽星座と月星座はとくに強い影響力を及ぼしています。ですから、自分と同じ太陽と月のコンビネーション生まれの先達の知恵や洞察に耳を傾けると、自分のコンビネーションをよく理解できます。

そのためこの本では、各コンビネーション生まれの先達の言葉を引用しています。これらはいずれも、著名人自身の表現で、直接的もしくは間接的にそのコンビネーションの特徴をとらえています。

ただし、最大限の努力はしたのですが、残念ながら掲載した著名人の言葉は、女性のものよりも男性のもののほうが圧倒的に多くなってしまいました。過去数百年の有名人には、女性よりも男性のほうが多いためです。引用文集や辞典から選ぼうとすると、どうしても男性に偏ってしまうのです。さらに男性のなかでも、スポーツやビジネス、介護に携わる人より、作家や哲学者など特定の分野の人物のほうが、造詣の深い発言をするという偏りがあります。これは当然のことです。作家や思想家は、この世における人間のあり方や人間関係に四六時中頭を悩ませていますが、スポーツやビジネス、介護に携わる人は、あまりそういった思索に慣れていないからです。

著名人の言葉を選ぶ際に明らかになった偏りが、もうひとつあります。ぴったりの言葉がいくらでも見つかるコンビネーションもあれば、含蓄のある適切な言葉がなかなか見つからないコンビネーションもあるということです。これも当然と言えば当然です。たとえば、太陽星座が双子座で月星座が水瓶座のコンビネーションは、生きる知恵や豊かなウィットに恵まれていますが、そうした天与の才にはそれほど恵まれていないからです。たとえば、太陽星座が蠍座で月星座も蠍座のコンビネーションは、深く思索する資質を持っていますが、それを言葉で表現するのは不得意なのです。

## 「統合のためのイメージ」について

この項目は、一読しただけでは、意味がよくわからないかもしれません。この項目の目的は、イメージを思い浮かべることによって自分を高めることにあります。ここに盛り込まれるイメージは、ひとつのこともあれば、ふたつのことも、そのコンビネーションの持つさまざまな資質を統合するのに必要であれば、それ以上のこともあります。イメージには、そのコンビネーションの持つ資質や、心に留めておくべき点を盛り込んであります。この項目を読んでピンとこなくても、記憶の片隅に留めておいてください。いずれ人生で何度か同じような問題に直面すると、ここに書かれた意味がわかるでしょう。

この本はビデオ映像ではなく書籍のため、イメージを「言葉の映像」の形で伝えることにしました。イメージを伝えるためのシンボルには、言葉のほかにも挿絵や漫画、風景画、彫刻や音楽などもあります。美術作品や音楽作品のほうが親しみを持て、ふさわしい場合は、次のように言葉でイメージを喚起しています。たとえば、太陽星座が射手座で月星座が蟹座のイメージは、「ジミ・ヘンドリックスのウッドストックでの『星条旗』演奏」です。ここに盛り込まれているのは、情に厚い愛国者（蟹座）というイメージと、やや粗野で火のように激しい生命力あふれる才気煥発な人物（射手座）というイメージです。「砲弾が赤い閃光を放ち、爆弾が空中で炸裂する」のフレーズをギターに託すヘンドリックスは、まさしくこのコンビネーションを体現しています。また双子座・天秤座のイメージは、「エルガーが『エニグマ変奏曲』を作曲」し、この変奏曲に「曲中に描いた友人たちに」という献辞を捧げる姿です。エルガーのこの献辞が示しているのは、このサインの特徴である統合の才をエルガーが発揮したことだけではありません。シンプルな主題から複雑に展開するこの変奏曲を実際に聴けば、このコンビネーションの持つ深い内面の洞察力がよくわかります。さらに蠍座・射手座のイメージは、「ピカソの『ゲルニカ』」です。見る者に苦痛をもたらすこの絵は、破壊にたいする倫理観を表明していること（射手座）と、戦争をこのうえない悪とみなしていること（蠍座のネガティブな面）を示しています。

## 「著名人」について

この本のベースとなっているのは、さまざまな人の生きざまの研究です。各コンビネーションの心の機微や葛藤、あるいは才能を見きわめるには、そのコンビネーションに生まれついた著名人の伝記や自伝の研究が役に立ちます。各項目で紹介しているのは、各コンビネーションの生まれであることがわかっている歴史上および現代の著名人です。

とりあげた著名人には誤りがないよう万全を期しましたが、あるいは間違いがあるかもしれません。紹介した著名人の分類を誤りとするしかるべき根拠がある場合には、ご指摘いただければ幸いです。

みなさんが仕事を選ぶ際、自分の太陽星座・月星座の特質を参考にするのも役に立ちますが、それ以上に有効なのは、著名人が職業を選んだ「経緯」や、その際の「考え方や信条」、それにその人の「持ち味の活かし方」を参考にすることです。たとえば、太陽星座が水瓶座で月星座が蠍座の人は、冷静に距離を置いてものごとをみる一面と激しく情熱的な一面をあわせ持っています。この一見矛盾する資質がよく表れているのは、アレックス・コンフォートの著作です。ベストセラーとなった彼の著作『セックス・イン・ソサエティ』と『ジョイ・オブ・セックス——豊かな愛の営みのために』を読み比べてみると、彼が自分の二面的な生き方をなんとか統合しようとしている様子がよく読み取れます。彼のほかの著作——劇作、詩、エッセイ、小説——からも、コンフォートが自由と独占、知性と感性、個人の自由と社会の義務のあいだで葛藤していることがわかります。さらに、彼の作品には、水瓶・蠍座の持ち味であるピリッと辛口なユーモアも効いています。

ここに挙げたコンフォートの例から、水瓶・蠍座生まれの人は全員作家になる、あるいは、全員が性的な関係を理解しないと気がすまない（理解したいと思う人は少なくないはずですが！）と結論づけるのは早計です。けれど、コンフォートをはじめとするこのコンビネーション生まれの人の人生を見てみると、どの人も知性と感性の葛藤をかかえ、その葛藤をバネにして創造力を発揮していることが読みとれます。このタイプの人は、研ぎ澄まされた知性の力でものごとを把握したいという欲求と、理性では割り切れない強い感情のままに生きたいというふたつの矛盾する根本的な欲求をかかえています。その矛盾する欲求になんとか折り合いをつけようとするとき、独創的な創造力を発揮するのです。

自分と同じコンビネーション生まれの著名人の人生や業績や志について時間を割いて調べれば、自分と同じ資質を持つ著名人たちが、どのようにして才能を開花させ、内面にかかえる葛藤のバランスをとり、あるいは、どのようにして内面の葛藤に足を引っ張られたか、具体的に理解できるでしょう。その点については、太陽星座が蠍座で月星座が魚座で紹介した著名人の生きざまの多様さをみるとよくわかります（蠍座・魚座については、228ページを参照）。

蠍座と魚座はどちらも、「水」のエレメントです。水は、情緒や感情を大事にするエレメントで（エレメントについては、第3章を参照）、人の欲求や体験を理解し、共感しようとします。そのため、このコンビネーションの持ち主は、介護、あるいは劇作や執筆といった他者への思いやりや感情移入を必要とする職業に強い関心を持ちます。理屈の上ではどの水タイプの人もみな、きわめて高い順応性を持っています。ところが、蠍座が強い自制心と目的意識、それに野心を持っているのにたいして、魚座のほうは、蠍座とはまったく異なり、順応性は高いがとらえどころがなく、しばしば自己犠牲的でのめりこみやすい資質を持っています。ですから、このコンビネーション生まれの人は、ほかのどのコンビネーションにも劣らないほど内面に葛藤をかかえています。以下で紹介する蠍座×魚座のコンビネーション生まれの著名人の人生を垣間見ると、同じコンビネーションを持ちながらも、一人一人が実にさまざまな人生を歩んでいることが、そして、それでもなお共通点があることがわかるでしょう。

### ■ヒラリー・クリントン

ヒラリー・クリントンは弁護士として働いたのち、アメリカ大統領夫人として歴代ファーストレディーのなかでもとくに大きな影響力を持ち、上院議員として活躍していました。しかし、ここでは彼女の肩書きのことは忘れて、その人となりを考えてみましょう。彼女は、マクベス夫人にたとえられることもあれば、フローレンス・ナイチンゲールにたとえられることもあります。占星学の観点から見れば、彼女は事実、その両方の性質を持っています。太陽星座が蠍座の人は、生まれつき力強く野心的。ただし彼女は月星座が魚座であるため、この社会全体に——とりわけ弱い立場の人々に——もっと穏やかで思いやりの心にあふれた関心を抱くことができるのです。太陽星座がつかさどる彼女の表の顔は、いかにも蠍座らしく、堅苦しく冷淡でお高くとまった印象です。ところがプライベートでの彼女は、魚座が得意とする物まねで人を笑わせることもある、ユーモアにあふれた温かい女性です。

大統領夫人としてのホワイトハウスでの仕事ぶりからは、その前の弁護士時代もそうですが、彼女が心を込めて（魚座）情熱的に（蠍座）ものごとに取り組む人であることがうかがえます。自分の力を高めることへの関心が強い（蠍座）だけではありません。彼女は、病める人々、薬物依存者、失業者、恵まれない人々、社会の最下層の人々にたいするごく自然な関心と思いやりの心（魚座）に導かれて行動しているのです。また彼女は、蠍座らしく「再生」を求める意欲も旺盛です。そのため彼女は、恵まれない人々に施しを与えるのではなく、彼らが自分の力で苦境を切り抜けられるよう手を差し伸べることを目標としています。同じように、魚座が支配する製薬産業における蠍座の「乱用」を抑え込み、一掃したいという強い決意と責任感も、このコンビネーションの典型だと言えるでしょう。

### ■ロバート・ルイス・スティーヴンソン

蠍座特有の暗さと情熱、「悪」への強い好奇心、魚座特有の温かさ、たくましい想像力と豊かな詩情。スティーヴンソンの作品に描かれたテーマや人物像には、こういった蠍座と魚座の対照的な性質がたえず見え隠れしています。とくにそのコントラストがはっきりと表れているのは、仕事熱心なジキル博士と残忍なハイド氏というふたつの人格を持つキャラクターでしょう。水のエレメントが強い人は総じて夢の世界との結びつきが強いのですが、スティーヴンソンが『ジキル博士とハイド氏』の着想を得たのも、おもしろいことに悪夢にうなされたときのことでした。彼はその後3日間、熱に浮かされたように創作に没頭し、激情と哀れみ、野蛮と洗練という蠍座・魚座の分裂の本質を実に見事にとらえる、小説を書きあげました。またこのことは、眠りと目覚めの境界で太陽と月が人間のなかで結びつくと、いかに大きな創造力が発揮されるかということを典型的に示しています。

同じような力強さと優しさの分裂・融合は、冒険スリラー『宝島』に登場するロング・ジョン・シルバーという人物像——親切で面倒見がいい生粋の悪党——にも見てとることができます。どんなに邪悪（蠍座）な人物であろうとも、読者は彼に哀れみ（魚座）を抱かずにはいられません。またスティーヴンソンは『バラントレイの若殿』でも「悪」の本質を蠍座らしく熱心に掘り下げていますが、対照的に『子どもの詩の園』では自分の子ども時代を魚座らしく美しく回想しています。

### ■マリー・キュリー

人々の想像力をかきたてるドラマティックな人生を歩んだ科学者と言えば、ノーベル賞を受賞したマリー・キュリーをおいてほかにいないでしょう。夫のピエール・キュリーとともに、命を賭けて放射線の研究に取り組み、その成果を放射線医療の確立に役立てた彼女は、いかにも蠍座らしくひたむきに研究に没頭しました。また第一次世界大戦中には、他者の痛みに敏感という魚座の性質に導かれて、レントゲン装置を積んだ救急車を自ら運転して前線に赴き、傷ついた兵士たちの診断と治療にあたりました。彼女は世界の偉大な科学者の一人であっただけでなく、戦時傷病者の救護を行う赤十字の放射線医療を統括する責任者でもありました。これは蠍座と魚座の衝動が、豊かな創造性を発揮する見事な形で統合された例だと言えるでしょう。

### ■ジーン・ティアニー

ジーン・ティアニーは、つややかで猫のような女性らしい容姿が有名な女優です。その美貌を活かし、典型的な蠍座らしいタフで狡猾なヒロインや妖艶な女性を演じ、フィルム・ノワールで活躍しました。彼女の出演映画のミステリ要素やスリラー要素は、まさにこのコンビネーションの本質です。

ティアニーは、波乱万丈で感情的な人生に対して葛藤し（蠍座）、葛藤してもコントロールが利かず、人生が手からすり抜けてしまう（魚座）という生涯を送りました。このタイプによくあるように、彼女もまた、自暴自棄に陥ることもあれば（魚座）、向上心を燃やしてドラマティックに復活（蠍座）。激しい波のある生涯でした。

### ■グレイス・ケリー

女優グレイス・ケリーは、ヒッチコックのスリラー『ダイヤルＭを廻せ！』や『裏窓』でのエレガントで落ち着いた（蠍座）、けれどとても傷つきやすい（魚座）ヒロイン役で有名です。モナコのレーニエ３世との結婚は、ロマンス（魚座）と目的達成のための野心（蠍座）との典型的なコンビネーションであり、まさにこのタイプが求める理想の結婚像です。

モナコ公妃としての私生活では、献身的に（蠍座）数多くの慈善活動に取り組みました（魚座）。深く秘められてきたその感情面については、近年やっと情報が出てきたばかりにすぎません。しかし、彼女の冷たい蠍座らしい自信に満ちた外見とは異なり、その内面はきわめて複雑に絡みあっていたこと、そして彼女が日常的に飲酒問題を抱えていたことがわかっています。

### ■ベラ・ルゴシ

このコンビネーションには俳優が多いイメージですが、ベラ・ルゴシもそのひとりです。彼に特徴的なのは、演じる役が特殊なこと。グレイス・ケリーのように、ルゴシもサスペンス・スリラーに多く出演し、想像力（魚座）のダークな一面（蠍座）に訴えかける、恐ろしいドラキュラ的な役を多数こなしました。

このコンビネーションの人物によくあるようにルゴシもまた、ドラッグと自己超越の感覚に満ちた魅力的な魚座の世界に誘惑されてしまいます。同じくこのタイプによくあるように、彼はドラッグ依存を克服し、蠍座に典型的な回復力をもって、俳優としてのクリエイティブな才能を取り戻しました。

### ■マーティン・スコセッシ

マーティン・スコセッシは、非常に想像力豊か（魚座）な映画監督で、男性による暴力（蠍座）のきわめて暗い一面と、性差別の色濃い描写が特徴的な作風です。代表作は『タクシードライバー』。ポン引きや娼婦、麻薬中毒者に犯罪者であふれかえる下水道のように悪夢めいた、蠍座・魚座的なニューヨークを描き出しています。

同じく社会問題（魚座）と個人の葛藤（蠍座）が混ざりあった作品として、メロドラマ風の『アリスの恋』があります。未亡人になったばかりの主人公が経済的に奮闘しながら、自分と12歳の息子のために新たな人生を切り拓こうとする物語です。また『最後の誘惑』では、タイトルそのものが、誘惑をつかさどる蠍と、魚を象徴とするキリストが融合したものとなっています。キリストの磔刑と復活はこのコンビネーションの究極の象徴的イメージですから、このコンビネーションによって私たちは、人間の経験の深みと高さを測ることができるのです。

■ウィリアム・カレン・ブライアント

詩人であり弁護士であるブライアントの壮大な作品からは、魚座の詩的感性と結びついた蠍座の力があふれています。彼は反奴隷制運動に尽力しましたが、これはこのタイプに典型的な確固たる献身の姿勢と、他者を憐れむ心の表れなのです。

■アレクサンドル・アレヒン

チェスは古典的な蠍座・魚座コンビネーションの机上作戦ゲームです。チェスには魚座の戦略と蠍座の企みがあります。魚座は巧妙な目くらまし、蠍座は不意打ちの攻撃を意味しています。アレヒンは、最強のチェスプレイヤーだっただけではありません。彼はチェスとその戦略の考案に情熱をそそぎこむのと同時に、アルコールにも魅入られてしまったのです。酒のせいで世界タイトルを失った際アレヒンは、ベラ・ルゴシのように、破滅的なアルコール中毒（魚座）から立ち上がり、断固とした決意と、それを実行する意志の強さをもって（蠍座)、華々しい復活を遂げました。

■まとめ

以上のことから、彼ら一人一人の人生が、このコンビネーションのさまざまな発現の形を実によく示していることがわかると思います。職業をはじめ、細かな点においては大きく異なっていることが多いものの、それでも一人一人の人生に、蠍座と魚座の基本的な性質を見出すことができるのです。自分の内面でどんな力が作用しあっているのか知るためのヒントをもっと欲しいという読者には、自分と同じコンビネーションを持つ人々が歩んだ人生を詳しく調べてみることをお勧めします。

# 第2章

# 太陽と月：人生を照らすふたつの光

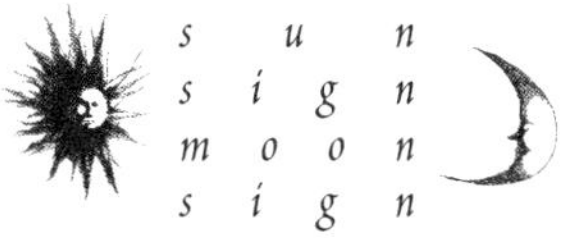


## ◉それは昼と夜ほど違うもの

太陽と月が、自分の内面にどのような形で表われているのか。その理解が深まれば深まるほど、この本に記された太陽と月の組み合わせによる人物像がいっそう有益に興味深く感じられることでしょう。本章では、太陽と月という「光」あるいは「発光体」（占星術家はそう呼びます）の意味をより詳しく見ていきます。

人の性格には実に多様な側面があります。人に内在するそのような多様な面は、つねに調和を保っているとは限りません。占星学は、人の性格を特徴づける上でとりわけ重要な二大要素を、太陽と月で表しています。この場合の太陽と月とは、人が父親と母親（あるいは親代わりとなる人物）から学んだ男性的な生き方と女性的な生き方としてとらえることができます。人はみな性別に関わらず、本質的に男と女の両面をあわせ持っているというのが占星学の考え方なのです。この本の主な目的は、太陽と月の星座の多様な組み合わせから浮かび上がる重要な点を紹介することにあります。また、このふたつの面をしっかり意識して、より懸命に仕事と生活に取り組みはじめると、その人に何が起こりうるのかについても記していきます。

## ◐なぜ太陽と月なのか？

占星学で言う「太陽」とは、世の中でわたしたちが決断を下したり、目的を持って活動したりするときに働かせている意識的、集中的な「思考」のレベルを指しています。たいする「月」とは、わたしたちが無意識のうちに発し、受けとめている「感情」のレベルや、自分自身や他者にたいして、心の糧や安らぎを求めたり与えたりする状態を指しています。と、ここまではいいでしょう。疑問が生じてくるのはこの先です。それでは、いったいどのようにして、天空の太陽と月が、地上にいる人間の内面にかかわってくるのでしょう？

古代の学問（占星学はその重要な一部です）において、それは疑問の余地のない自明の理でした。古代の人々は、人と宇宙とのあいだになんの隔たりも感じていませんでした。「天のごとく、地もまたしかり」という格言のとおり、彼らは、万物は創造物であり、そこには創造主がそのまま映し出されていると考えたのです。「万物は神の姿に似せて作られている」と。この考えは、現代人にはかなり奇妙に聞こえるかもしれません。しかし、映画『ジュラシック・パーク』を観てもわかるように、それはいまでも現代の科学思想の要となってます。体細胞のDNAに全身を形作るための指令が与えられていることは、いまやだれもが知るところです。

ちょうど、ひとつの細胞が体全体に関する情報を伝えることができるように、古代の人々は天空に見えるものが、地上に映し出されていると唱えました。言い換えれば、宇宙の事象（マクロコスモス）という大きな全体像が、地上の縮図（ミクロコスモス）のなかに投影されていると考えたのです。現代科学は「あらゆる生命の相関性」(自然界における生態系のバランスは、ひとたびそれが人間の貪欲さによって崩されると、人類の生存を脅かすことになるというような新たに浸透してきた考え方)について発見を重ねることで、いよいよこの前提を裏付けつつあります。

太陽と月は、天空においてひときわ目立つ存在です。太陽と月こそが、わたしたちが生きる昼と夜という、対称的ではあるけれども互いに補完的なふたつの世界を照らしているのです。そうした事実を踏まえれば、万物には太陽と月が等しく内包されていると言えるでしょう。つまり、あらゆる生物の内部に、太陽と月の作用が見受けられるということです。そして、ちょうど顕微鏡で見るDNAが、細胞や組織や器官といったその後の形態とは似ても似つかぬ姿であるように、太陽と月もまたさまざまな個体の内部でさまざまな様相を呈しています。別の言い方をするならば、ニワトリを卵に、ドングリを樫の木に見間違える人はいません。外見がまったく違うからです。にもかかわらずわたしたちは、実はニワトリと卵、ドングリと樫の木が密接に関係していることを知っています。

占星学は、このニワトリと卵のたとえをさらに大きくしたものです。古代の人々は、天と地が互いの投影であるのならば、万物には共通の必須要素が含まれるはずだと考えたのです。(卵が先か、ニワトリが先か、という永遠の疑問について論じるのは、別の本に任せましょう！)

古代の人々にとって太陽と月は、昼と夜というきわめて対照的な世界を明るく照らして支配する神々でした。そこから類推すれば、太陽と月という神々は人の内部にも存在し、一人一人の昼と夜を、その精神と心を照らしているとも考えられます。太陽は人の昼の面に光を当て、はっきりと覚醒している状態を象徴します。「真昼」レベルの意識が、思慮深さや集中力や注意力を与えてくれるのです。そのような状態にあるとき、人は自分自身を、大胆に世界に打って出ようとする警戒怠りない一個人と認識します。ときにはどうしてそんなに愚かな失敗をしでかすのだろうと自分自身にあきれながら、それでもなお意識的に挑戦しつづけるのです。

脳に関する最近の研究にひもづけて考えると、太陽は伝統的に男性的な生き方に結びつくとされる意識のレベル、つまり、推論とか、物体や数を巧みに操るといった左脳の活動に関係しています。三次元で思考したり、自分の位置を見定めたり、具体的な目標を立て、計画に移し遂行したりする能力をつかさどっているのです。

対照的に、月は人の性格の女性的な側面を象徴します。古代の人々は月が夜の世界、無意識・夢・空想という神秘、欲求・反応・共感といった感情の満ち引きをつかさどることを知っていました。このような人は、たとえば光景・音・匂いに敏感で、言語能力に優れ、他者や人間関係に関心を寄せるというような、右脳にかかわる女性的な領域に属します。月は、いわば魂という、より大きな世界との接点です。月の原理に導かれ、人はみな、すべての生きとし生けるものと心と体でつながるのです。月とは、心の糧・保護・愛情を求める自分や他人の欲求に、反応する能力のことです。

要するに太陽は、個人としての一面、はっきりとした意識を持ち、自分の人生・関心事・進むべき道について理性的な決断を下しているときの人の状態を表していると言えます。かたや月は、人生にたいする自然で本能的な反応、感情的な欲求、自分自身や他者の欲求にたいする心配りを示しています。ここで忘れてはならない肝心な点は、人はみな男女の別に関わらず、太陽と月の両面を本質的に備えているということです。このふたつの異なる面が実生活にどんな影響を与えるのかをさらに明らかにするため、日常生活における状況をいくつか見てみましょう。

## ❁日常生活における太陽と月

想像してください。あなたはパーティー会場にいます。パーティーはたいてい、皆が和やかな気分で打ち解けあうことを目的としており、出席者を知らず知らずのうちに月のレベルへと引き寄せます。パーティーは通常、太陽が沈みかけた、あるいはすっかり沈んでしまった夜に開かれます。賑やかで楽しいひとときの始まりです。心に栄養が与えられます——ふんだんなごちそう、カクテルに音楽、それにおそらく控えめで柔らかな照明も。そうした月の要素の働きかけにより、人は気持ちを和ませ、相手とより親密になり、心の底から自然にわきあがる感情、言い換えれば自分の月の面にふれるのです。

さて、ここであなたが少し飲みすぎてしまったとしましょう。あなたはパーティーのムードのなかでぼんやりし、多少酔っぱらっているようです。ふいに背後でだれかがグラスを落とし、床にガラスの破片が飛び散ります。とたんにあなたは「我に返って」「理性を取り戻している」自分に気づきます。ぶるっと身震いしたり、まばたきしたりするかもしれません。そうやってあなたは「覚醒」し、状況を判断し、たとえば割れたガラスを踏みつけないよう人を近寄らせないとか、こぼれた飲み物を拭き取るといったような、的確な行動をとろうとするでしょう。危ないことになりそうだと感じた場合には、実際に照明のスイッチをひねり、「周囲をより明るく照らす」ことでしょう。

これは、リラックスし、心地よく、柔らかな光を放つ月のレベルから、目的意識や集中力や意思決定を要し、まばゆい光を放つ太陽のレベルへと意識の転換が起きたことを物語っています。実のところ「我に返れ」という言葉は、「月のレベル（自分の喜怒哀楽や感情的な反応に浸る場所）から、太陽のレベル（自分を取り巻く状況を、もっと意識的に断固とした姿勢でコントロールできる場所）へ移行せよ」という指令と同じです。いまこのページから一瞬目を離し、「我に返れ」と口に出せば、おそらくあなたは自制心を取り戻すと同時に、胸を張り、背筋を伸ばすことでしょう。あなたは、いわば自分の感情を制御しながら、肉体を制御してもいるのです。ここでひとつ興味深い指摘をしましょう。占星学において、背中や背骨を支配しているのは獅子座、つまり太陽が支配する星座です。英語では意気地なしを評して「あいつは『脊椎が無い』」とか「背骨を欠く」と表現しますが、それはとりもなおさず太陽の特質に欠けていることを示唆しているのです。

日常生活で太陽と月の転換が起きる例を、もうひとつ挙げましょう。あなたはたったいま、口座から預金残高を超えた金額を引き出した件で、銀行の支店長と深刻な話し合いを終えたばかりです。説得力という太陽の面の良いところが出て、あなたは負債を全額返すべく一生懸命働くということで支店長を安心させました。銀行を出たところで、旧友に出くわします。おしゃべりが始まり、やがてあなたは昔の思い出や体験を旧友と分かちあうことで、月の世界に浸ります。とそのとき、視界の端に、例の支店長が歩いてくるのが見えます。「無駄な時間を過ごしている」と、あなたははっとします。そして背筋を伸ばして「我に返る」と、「自分の仕事に取りかかる」べく、足早に太陽の世界へ戻っていきます。たいていの人は、このような意識の転換を日に何度も経験しています。ほんの少し意識を働かせれば、自分が太陽と月のあいだを行き来しているのを感じ取ることも可能です。

とりわけ、この意識の転換がはっきりと感じられるのが、朝。月の世界——すなわち夢から目覚めるときです。朝が来ると、わたしたちの意識は「起きる時間だ、あれをしなければ、これをしなければ」と、徐々に覚醒し始めます。そして、それが大切な用事であるほど、すぐに目を覚まして、活動を始めようとします（なかには「大切な一日」を控えていると、もはや月のレベルに身を任せ、月がもたらす癒しの眠りに浸ってなどいられないという人もいるでしょう）。目覚めに象徴されるこの意識の転換は、ふつう太陽が天に昇り始める明け方あたりに訪れます。日が昇るとともにわたしたちの意識も高まり、徐々に月という無意識の世界をあとにするのです。

ここまでいくつかの例を見てきましたが、わたしたちの「意識レベル」は通常、まさにこうしたプロセスを経て、受け身の反応や行動をする月のモードから、積極的に意思決定を行う太陽のモードへと、また逆に太陽から月のモードへと移行しているのです。そしてわたしたちの性格は、その両方の影響を受けて成り立っています。太陽と月はそれぞれに長所と短所、欲望と願望を持っていて、相手のことはお構いなしに自分の関心を追求しようとします。多くの人が自分のなかに矛盾を感じるのも、そのためです。太陽は太陽で、月は月でまったく別の方向へとわたしたちを引っ張っていこうとするのです。そうなると、人はこう自問したくなります。「いったい、本当のわたしはどっち？」

答えはもちろん「どちらも本当のあなた」。できることなら、わたしたちはもっと自分の二面性を意識して、一方がもう一方を支配しマイナスの影響を与えているとき、それを敏感に察知すべきなのです。これから見ていくように、実際、太陽と月の両面を受け入れ、理解し、うまく扱えるようになれば、わたしたちのなかの男主人（太陽）と女主人（月）は結びつきを強め、古来、偉大な哲学者でもあった錬金術師や思想家が唱えてきた、あの「創造的な結婚」（錬金術的な結婚）の状態に近づいていきます。もっともわたしたちはつねに、この「創造的な結婚」の状態にあります。実際に生きていくうえで、両者がまったく無縁でいることはありえません。ただ、それが「幸せな結婚」かどうかが問題なのです。どちらか一方が、しょっちゅう離婚したがっているということはないでしょうか？

ここで、太陽と月が持つそれぞれのイメージをいくつか見てみましょう。

## ◐太陽と月の持つイメージ

| 太陽 | 月 |
|---|---|
| 昼 | 夜 |
| 男性 | 女性 |
| 陽 | 陰 |
| 乾 | 湿 |
| 金 | 銀 |
| 光 | 反射 |
| 父 | 母 |
| 王 | 女王 |
| プリンス | プリンセス |
| 頭 | 心 |
| 思考 | 感情 |
| 科学 | 芸術 |
| 左脳 | 右脳 |
| 右手 | 左手 |
| 論理と構成 | 想像力 |
| 事実 | イメージ |
| 注意力 | 雰囲気 |
| 物への関心 | 人への関心 |
| 道理で動く | 経験で動く |
| 目的意識と強い意志 | 感情や欲求に素直 |
| 積極的 | 受動的 |
| 決断する | 本能を感じる |
| 現在と未来 | 過去と現在 |
| 進歩 | 伝統と慣習 |

表1　太陽と月はそれぞれ、まったく対照的な二通りの世界観としてとらえることができます。わたしたちはその両方を使って生きていますが、一方が強調されすぎると、互いのバランスが崩れてしまいます。そこをうまく調和させることで（表2を参照）、わたしたちは活力と創造性にあふれた人間によりいっそう近づくことができます。

## ❁太陽と月の調和――創造性への鍵

意識に支配された男性的な面と、感情に支配された女性的な面とが争えば、わたしたちの人生は、何かをすべきだという思考と、何かをしたいという欲求とのあいだで、終わりのない葛藤を経験するでしょう――まるで、口論ばかりしている両親を見て育つ子どものように。この状態を放っておくと、自己破壊的な困った状況を招き、肝心なときに自分で自分の足をすくうことになりかねません。英語に「右手がすることを左手が知らない」という表現があります。行動がちぐはぐな人を指していうこの言い回しは、まさに、右脳の支配する無意識的な月がぼそぼそとつぶやくことを、左脳の支配する意識的な太陽がさっぱりわかっていないという状況を表しています。

ただし、自分のなかで太陽と月をもっとふ

れ合わせ、対話させれば、それだけ人生にまとまりが生まれ、充実した、創造的な一生を送れることがわかるはずです。現に、両者が一体になるときは存在するのです。目が覚めたときに、それまで見ていた夢を覚えていることがあるでしょう。夢は月からのメッセージです。その夢を、意識して太陽の側に覚えさせることで、自分の無意識の声に意識的に耳を傾けることができるようになります。そうして夢に耳を澄ませていれば、いつしか意識と無意識の心が互いを認識し、ついには対話を始めるようになるでしょう。

## ◐自分自身と恋に落ちる

恋に落ちたときのことを思い起こしてください。わたしたちのなかで男性的な面と女性的な面が出合ったらどうなるか、すなわち太陽と月の心が通い合いだしたら何が起きるか想像できるでしょう。恋愛経験のある人ならおわかりでしょうが、恋をしているときは、不可能なことなど何ひとつないように思えるものです。世界は光り輝き、人生はバラ色に染まります。恋に落ち、人生の魔法へと解き放たれるその喜びは、一度知ったら癖になってしまうほどです。恋は生きていることを実感させてくれ、そして何より、創造意欲をかきたててくれます。

芸術家の情事や不貞は、たとえ厳格を重んじる時代であっても世間に受け入れられる風潮が続いていました。芸術家であれ、音楽家であれ、詩人、政治家、実業家、またたとえ哲学者であれ、創造性に満ちあふれた人たちはそうやって「内面の統合」を探し求めているのだという、なんらかの認識がわたしたちのあいだにはできていました。彼らにとっては心の奥を揺さぶられるような経験や冒険こそが人生の核心なのだと、無意識ながらも社会は受け入れてきたのです。

芸術家にかぎらず、人はみな、恋人のことを愛します。なぜなら、恋人に愛されることで自分も愛に目覚め、生き生きと輝き、自らの秘めた創造性に気づくからです。恋愛はとてつもない力で、わたしたちの心の奥底に眠っている創造的な力を呼び覚まします。恋に落ちると、太陽と月、両方のエネルギーにスイッチがはいり、少なくともそのあいだは、わたしたちの内面に太陽と月による「創造的な結婚」すなわち「錬金術的な結婚」の状態がつくり出されるのです。

もっとも太陽と月が内面的に溶け合い、創造性を呼び起こすことは、いつ何時でも可能です。わたしたちが意識して、太陽と月が強調しながら力を発揮できる環境を与えてあげさえすれば。おそらく、偉大な科学者であり、偉大な芸術家でもあったレオナルド・ダ・ビンチが両手利きだったということも、また実際に、左手と右手で同時に異なる文章を書くことができたということも単なる偶然ではないでしょう。これは言い換えれば、レオナルド・ダ・ビンチが、意識と意図のしっかりした科学系の左脳へも（右手を介して)、詩人で芸術家の右脳へも（左手を介して)、まったく同様にアクセスできたということです。確かに両手利きの人は限られているでしょうが、この創造的な結婚の状態はだれのなかでも起こりうることなのです。そして一度それを体験してしまえば、以後そこに至るのは難しいことではなくなっていくはずです。

この本に描かれた144それぞれの人物像によって、あなたのなかで、太陽と月の投げかける二面性がいくらかでも浮き彫りになることを願っています——そこにうずまく葛藤も、そしてそれが生み出す創造力の魔法も。自分にとって太陽と月というふたつの顔はどんな意味を持つのか、それを意識すればするほど、あなたの左手と右手は協調し、あなたをバランスのとれた行動へと導き、さらなる生命の調和と一体感を感じさせてくれるでしょう。

表2に、太陽と月の仲を取り持つためのイメージを示します。これを見れば、太陽と月を調和させることが、どれだけ有意義なことかがわかるでしょう。わたしたちの人間性は、ワルツと同じ。パートナー同士の息が合って初めて、美しいワルツが踊れるのです。さあ、手と手を取り合ってすばらしいワルツを踊りましょう。

### 調和——<br>太陽と月の両面を活かすために

| 太陽 | 月 | 太陽十月 |
|---|---|---|
| 昼 | 夜 | 夜明け、夕暮れ |
| 日光 | 雨 | 成長 |
| 父 | 母 | 子ども |
| 男性 | 女性 | 中性的 |
| 王 | 女王 | 創造的な結婚 |
| 行動的 | 受動的 | 認識 |
| 頭 | 心 | 知恵 |
| 思考 | 感情 | 気遣い |
| 自意識 | 心の赴くまま | 自制のある感情 |
| 右手 | 左手 | 両手利き |
| 論理 | 想像力 | 創造的な思考 |
| 科学 | 芸術 | 直観的な発明 |
| 進歩 | 伝統 | 生きた伝統 |
| 物への関心 | 人への関心 | 実際的な人助け |
| 目覚め | 眠り | 創造的な夢想 |
| 言葉 | 音楽 | オペラ、歌、詩 |
| 強い意志 | 情緒 | 細かい配慮 |

表2　太陽と月は、往々にして正反対の判断や方法をとりますが、「太陽十月」の項目に示されるように、創造的な方向で互いの仲を取り持つことができます。

# 第3章

# 火、地、風、水、4つのエレメント

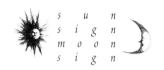

しっかり歩み、じっくり語り、
たっぷり飲んで、ぐっすり眠れ
——ウィリアム・ハズリット

星占いでは、人を星座別に12に分類します。ただし、この12星座は、基盤となる4分類のうえに成り立っています。この分類は、古くから「四大元素《エレメント》」——「火」、「地」、「風」、「水」——と呼ばれ、人の一生を構成する基本単位とみなされてきました。本章では、この4つのエレメントをそれぞれ詳しく見ていきましょう。

## ❁人の「タイプ」

19世紀のイギリスの批評家ウィリアム・ハズリットは、おそらくそれほど占星術には通じていなかったでしょう。にもかかわらず、人がどう行動すべきか詠んだ即興の短詩（上に引用）は、各エレメントの本質を突き、なおかつ最大の特徴をとらえています。4つのエレメントの特質や特定の分野に秀でている理由を見ていく前に、まず、タイプ分けがどういうものか、そもそも人をタイプ分けする理由は何かを考えてみましょう。

人は十人十色ですが、類似点もあります。そしてこの類似性と多様性が、世の中を動かしているのです。人が地球上に誕生してからこのかた、類似性と多様性は議論の的でした。実のところ、人は自分と違うから惹かれ合うのであり、違うからこそ「建設的な衝突」という「緊張」状態で絆を深めるのです。ここで「緊張」という言葉を使ったのは、人は惹かれ合っていても反発することがあるからです。それでもなお、人は反発——自分と違うものへの嫌悪感——ゆえに絆を深め、反発するからこそダイナミックな人間関係が保たれるのです。

人は自分とはまったく違うものに惹かれる傾向があります。自分に欠けているものを引き出し、伸ばそうと、自分にないものを持った相手に惹かれずにはいられません。

たとえば、几帳面な論理的「思考」タイプの男性は、往々にして、ロマンティックでどこか夢見がちで混乱している、「感情」的な女性と恋に落ちます。どちらも相手にいらだちを感じますが、それでも惹かれます。たいてい二人は自分の思いをうまく伝えられず、ときとして相手のほうが変だと決めつけます。二人の住む世界は、まるで別世界なのです。そこで、自分の世界を守ろうと高い壁を築きます。もし互いに相手の長所に依存していることに気づかなければ、壁はそれだけ高くなります。壁を築かないにしても、ある種の「緊張」や「対立」を繰り返すことが習慣になる場合もあります。それでもやはり、二人は惹かれ合います。

このように二人の生きる世界が別であっても、単に自分と違う世界を知るだけに留まらず、互いに相手の世界をより充実させる存在になれます。それには、相手との違いをより深く理解する必要があり、その手段としては、自分と相手の占星学上の長所と短所、それに「違い」を知ることがとても有利なのです。

タイプ分けというのは、人が人生で経験することをなんとか理解しようと、ごく当たり前に行っていることです。何を必要とし望むか、何を理解し重視するかは人それぞれですが、「自分」が「人」とどう違うかを理解すれば、それまでよりも自分のことがよくわかるようになります。タイプ分けは言わば足がかりとなり、「未知なるもの」に対処する糸口となるでしょう。さらに、類型化することは定義することでもあり、定義することは一人一人が唯一無二の存在であることを認め、尊重することにつながります。

ハズリットの詩に戻ると、この詩から占星術家が想い起こすのは、4つのエレメントです。

「地」の人は「しっかり歩む」ことが多く、樹齢200年の樫の大木のように世界にしっかりと根を下ろします。実際、「地」のタイプは人からみると、がっちりと頼もしく、感情に左右されることがなく、このうえなく頼りがいがあります。

「風」タイプの人にはたいてい、「じっくり語る」能力があり、人からみるとうらやましいほど弁が立ち、才気煥発で、ひときわ優れた社交家です。

「火」の人が「たっぷり飲む」というのは、このタイプがドラマティックな生きる喜びにあふれているという意味です。「火」のタイプの人は、子どものように生きる自信にあふれ、ロマンティックな考え方をし、何をするにも無鉄砲に浮かれ騒ぐ傾向があります。

そして、「水」の人が「ぐっすり眠る」というのは、占星術家にとっては無意識のプロセスを意味します。そう解釈するにはいささか詩心が必要かもしれませんが、いずれにしても、「水」のタイプの人が支配するのは、感情や本能の世界、つまりものごとを判断する際の無意識のプロセスです。「水」のタイプは調和、安全、絆を求めますが、それは無意識や内心の欲求、そして心の平静を守ろうとする強い欲求から生じるため、筋の通らない反応を示すのがつねです。

確かにウィリアム・ハズリットには、占星術の知識はさほどなかったでしょう。けれども、太陽星座が牡羊座生まれの典型らしく、若い頃にはかなり羽目をはずし、それなりに人生勉強をしたようです。ハズリットは「異常なほどのかんしゃく持ちで、そのためにほとんどの友人とけんかをした」と伝えられています。太陽星座が牡羊座の「火」のタイプにとっては、鳥が空を飛ぶのが当たり前であるように、強く自己主張し議論をふっかけるのが自然体なのです。ハズリットがこのタイプだと友人たちが知っていたなら、友人たちもハズリットを笑って受け流せ、腹を立てることはなかったはずです。さらに言うなら、固定観念を持つと相手のことをわかった気になり、その人がどんな人か――自分にどのような影響を与えてくれる人か――を知ろうともせずに拒絶することが多いでしょう。けれども、人がその行動をとった理由がわかれば、固定観念にとらわれることはなくなるのです。

## 4つのエレメント

4つのエレメントには、いまも占星術家や心理学者が特別な関心を払っています。このエレメントについては、古くは紀元前5世紀に、ギリシャの哲学者エンペドクレスが言及しています。それ以来、「火」、「地」、「風」、「水」の4つのエレメントの組み合わせで、この世のすべてができているとみなされてきました。また、インドの古代神話には、シヴァ神の妃カーリーがエレメントを配合して生命を育み、水は血に、地は肉体に、風は呼吸に、火は生命維持に必要な体温になると記されています。

4つのエレメントは、言ってみれば、4種類の異なるタイプのエネルギーを表しているのです。4種類の意識の状態、もしくは世界のとらえ方を表しているとも言えるでしょう。エレメントは、現代物理学の定義する物質の四態――プラズマ（火）、固体（地）、気体（風）、液体（水）――と対応しています。同様に、スイス人の偉大な心理学者カール・ユングの提唱した4種類のタイプ――直観（火）、感覚（地）、思考（風）、感情（水）

——とも。さらには、中世に用いられた人間の気質の分類——胆汁気質（火）、憂鬱気質（地）、多血気質（風）、粘液気質（水）——とも対応しています。エレメントは、早い時期にギリシャ人の手により配置が定められました。牡羊座の「火」を起点として占星術の12星座に規則的に「火」、「地」、「風」、「水」の順に3回ずつ配置されます。（下の図を参照）。

各エレメントは、図に示したように、3星座ずつ対応します。「火」は牡羊座、獅子座、射手座、「地」は牡牛座、乙女座、山羊座、「風」は双子座、天秤座、水瓶座、「水」は蟹座、蠍座、魚座です。まず、各エレメントが人に与えるイメージを知り、各エレメントの特徴を理解するところから始めましょう。

### ❁「火」

「火」のエレメントは、正のエネルギーである「陽」の性質を持ち（好むと好まざるとにかかわらず！）、ものごとを変える力を最大の特徴とします。本書で言う「火」のタイプとは、人生を切り開く行動力の持ち主であるという意味です。このタイプは、気まぐれで、じっとしていることができず、活動的で力強く、たいていとても目立ちます！ 「火」のタイプには、ものごとを動かしたい、どこに

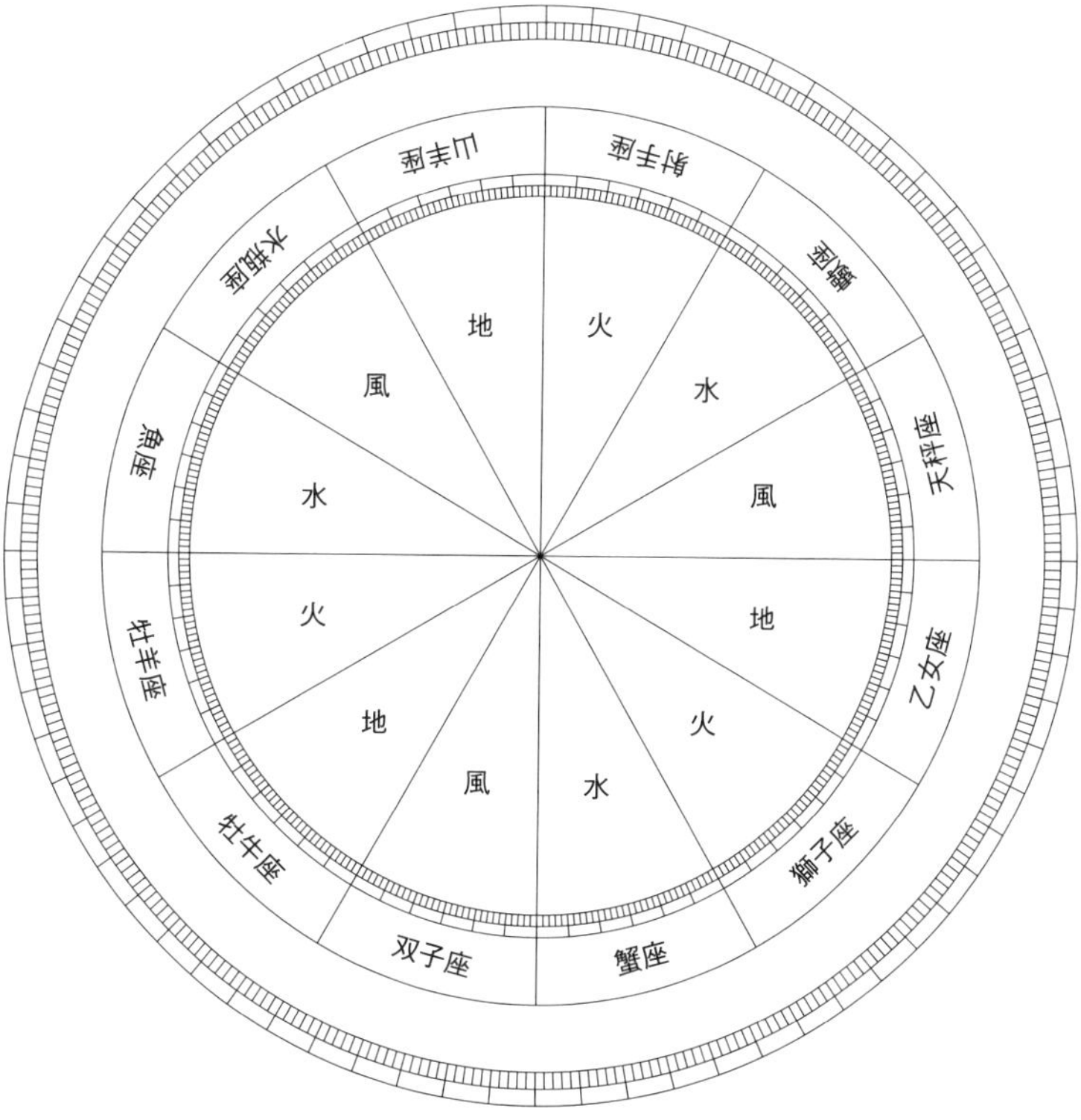


12星座とそれに対応するエレメント

行っても自分が中心にいたいという欲求があります。また、状況を見極める能力に優れ、ぶざまな失敗を喫するにしても、燃え盛る火のような「大成功」を収めるにしても、未知の世界に向かって大きくジャンプします。

　さらに、「火」のタイプの熱意は、パートナーの考えや行動に強い影響を及ぼすでしょう。その一方で、情熱的な自我と度を越した大胆さという炎で、相手を「焼きつくす」危険性もあります。「火」のタイプが喚起するイメージは、「燃えるような情熱」、「血の気が多い」、「じっとしていられない」、「熱血漢」、「エネルギーを与える」、「刺激する」、「鼓舞する」、「自己中心的」、「洞察力が鋭い」などです。

### 「地」

　一般に「地」は、女性的な「陰」のエレメント――生きとし生けるものの命の源である母なる大地――を表します。「地」の世界では、あらゆる物質の形がはっきりしており、一つ一つを感覚ではっきりと認識できます。わたしたち人間も「地」によって、究極的な物体としての姿かたちを、さらには物体としての限界を与えられているのです。また、わたしたちがどんなに情熱的ですばらしいビジョンを抱こうとも、それが現実のものとなるかどうかは、最終的に物質の世界で試されることになります。「現実の世界」でいったいどんな働きをするのか、どんな味がするのか、どんな手ざわりがするのか、どんな大きさなのか、それが、重要なのです。

「地」のタイプの人はたいてい日常の現実世界では、実務的でしっかりし、頼りがいがあり、官能的で生産的、そして現実を把握し、目の前のことに没頭する傾向があります。このタイプの人の長所は、ものごとを達成する道筋を見つけ、家事やビジネスを切り盛りし、金銭の出入りを管理し、花を育てることです。「地」のタイプの人は、リスクではなく安全、混乱ではなく秩序を求めます。ですから、自分の知識や感覚でコントロールできる世界を超越する大きな問題には、対処できないことが少なくありません。

### 「風」

「風」は、「火」と同じように正のエネルギーを持つ「陽」のエレメントですが、「火」に比べると私的な感情を差し挟まないという特徴を持っています。「風」のタイプは、自然の風とまったく同じで、どこにでも溶け込み、たえまなく動き、世の中でふれたものすべてを結びつけ、関連性を持たせます。「風」のタイプの人が求めるのは、大勢の多種多様な人と付き合い、考えを共有することです。激しい「火」とは異なり、「風」の行動様式は、感情に左右されず観念的で、私情をはさみません。「風」の人は、自然の摂理と人間の行動の背後で作用する合理的な原則を探そうとします。そのため、「風」の気質は一般に、そよ風のようにさわやかで知的でおしゃべり、好奇心が旺盛で協力的です。また、ときとして風のように「実体がつかめなくなる」こともあります。それでもつねに関心を持つのは、因果関係であり、過去—現在—未来の関係であり、自分の頭脳で人や状況を理解することです。

「風」タイプは、観念を操るのが上手で、論理的でクール、洗練され機知に富んでいます。そして一般に、パーティの中心人物となり、そうした人の大勢いる場を心地よいと感じます。けれども、感情の世界に置かれると、筋の通った論理的思考が役に立たないため、不安に襲われ、無防備になる傾向があります。

### 「水」

「水」は「陰」のエレメントと考えられ、神秘的な「女性的」な世界と結びついています。「水」のイメージとして思い浮かぶのは、爽やかな空気をもたらし、命を育み、浄化し、ほてりを鎮める春の雨や、力強く人を魅了し、謎めいている深く青い海などです。水が流れ、ものを溶かし、まとまるように、「水」タイプの人の気質には、親密になり、同化し、情緒面の安定と抑制という至福に浸りたいという強い欲求があります。このタイプを理解するための重要な手がかりは、抑制です。水には境界の中に納まる性質がありますが、いざその境界を越えると、すべてを覆い、水浸しにし、水没させ、生物を溺死させる洪水を起こす恐ろしい面もあります。

「水」のタイプの人の心を動かすものは、感情、そしてロマンスや想像力といった不合理な世界です。このタイプの人は、きわめて個人的で説明のつかないレベルでの関連性から意味を探ろうとします。また「水」のタイプは、人やものが「論理的に妥当」か否かには関心を持たず、「それでいいと感じるか」を問題にします。感情に支配されるこのタイプは、感情、価値観、調和、絆、記憶に関心を持ちます。

## エレメントと時間感覚

人によって時間の感覚は異なりますが、それは人間の気質に関する謎のひとつです。ただ、人の精神状態——気質——を大別すると、四六時中時計が気になり、時間の経過が遅いと感じるタイプか、楽しくて時間があっという間に過ぎると感じるタイプかにわかれるようです。さらに人によっては、「古きよき時代」を懐かしんでばかりの人もいれば、将来のすばらしい可能性に目を向ける人もいます。いま目の前にある現実に取り組むだけで精一杯と感じる人もいれば、時間を過去—現在—未来という流れでとらえ、その因果関係を明らかにしようとする人もいます。

各エレメントの傾向を見てみると、「火」のタイプが関心を持つのは未来です。そして、ものごとの滞在性や可能性、意味合いに心を惹かれます。「地」のタイプが関心を持つのは、現在です。事実や数字、具体的な成果に関心があり、現実的な方法でものごとを成し遂げようとします。「水」のタイプは、自分の感覚や感情、心身の安全、ものごとの結びつきに関心を持ちますが、とりわけ心を惹かれるのは過去です。最後に「風」のタイプは、目の前のものごとやその因果関係の背後にある抽象的な理論に関心を持ちます。そして過去—現在—未来という時間の流れを展望し、そうすることで全体像をとらえ、抽象的な原則を導き出そうとします。

## エレメントの解釈

エレメントには、文字通りに解釈できるところもあります。たとえば、強い「地」のエレメントを持つ星座の人は、ある意味で身体的なことと強く結びついています。ですから、園芸、農業、陶芸、手を使った造形や作業といった大地にふれる作業を好み、そうすることで安心します。「水」のタイプは、海の近くや、湖や川のほとりで成功します。「火」のタイプはまさに文字通り、燃え盛る火を好み、鍛冶屋になることもあります。「風」のタイプは、戸外を好む傾向があり、風を肌で感じる散歩やバードウォッチング、飛行機やグライダーに乗ることを好みます。あるいは、凧をあげたり、風鈴の音を聴いたりする素朴なことも好みます。

とはいえ、そう単純に分類できるものではありません。人によっては、「水」の要素を強く持ちながらも飛行機のパイロットになったり、あるいは「風」の要素が強いのに、農業に強い愛着を示したり、腕のいい棟梁になったりします。エレメントは人によってひとつ、もしくは複数もっていますが、そのなかで強いエレメントは、その人の社会とのかかわり方を示しています。その格好の例が、ガートルード・エーダリの出生天宮図《バースチャート》です。エーダリは20世紀初頭の女性スイマーの偉大な草分けで、1926年にドーヴァー海峡を女性として初めて泳いで渡りました。エーダリのように、水の中で長時間過ごす人の太陽星座、つまり人生を支配するエレメントは、当然「水」の星座だと考えたいところです。けれども実際には、太陽星座が天秤座で月星座が山羊座の風×地タイプでした。では、風×地タイプのエーダリは、なぜ毎日のように海の中で過ごしたのでしょうか。

まず、指摘しなければならないのは、彼女のバースチャートには「水」のエレメントがとても多いことです。蟹座（水）の位置に木

## 太陽星座と月星座のコンビネーションの見つけかた

| 太陽星座＼月星座 | 牡羊座 | 牡牛座 | 双子座 | 蟹 座 | 獅子座 | 乙女座 | 天秤座 | 蠍 座 | 射手座 | 山羊座 | 水瓶座 | 魚 座 |
|---|---|---|---|---|---|---|---|---|---|---|---|---|
| 牡羊座 | 1 | 2 | 3 | 4 | 5 | 6 | 7 | 8 | 9 | 10 | 11 | 12 |
| 牡牛座 | 13 | 14 | 15 | 16 | 17 | 18 | 19 | 20 | 21 | 22 | 23 | 24 |
| 双子座 | 25 | 26 | 27 | 28 | 29 | 30 | 31 | 32 | 33 | 34 | 35 | 36 |
| 蟹座 | 37 | 38 | 39 | 40 | 41 | 42 | 43 | 44 | 45 | 46 | 47 | 48 |
| 獅子座 | 49 | 50 | 51 | 52 | 53 | 54 | 55 | 56 | 57 | 58 | 59 | 60 |
| 乙女座 | 61 | 62 | 63 | 64 | 65 | 66 | 67 | 68 | 69 | 70 | 71 | 72 |
| 天秤座 | 73 | 74 | 75 | 76 | 77 | 78 | 79 | 80 | 81 | 82 | 83 | 84 |
| 蠍座 | 85 | 86 | 87 | 88 | 89 | 90 | 91 | 92 | 93 | 94 | 95 | 96 |
| 射手座 | 97 | 98 | 99 | 100 | 101 | 102 | 103 | 104 | 105 | 106 | 107 | 108 |
| 山羊座 | 109 | 110 | 111 | 112 | 113 | 114 | 115 | 116 | 117 | 118 | 119 | 120 |
| 水瓶座 | 121 | 122 | 123 | 124 | 125 | 126 | 127 | 128 | 129 | 130 | 131 | 132 |
| 魚座 | 133 | 134 | 135 | 136 | 137 | 138 | 139 | 140 | 141 | 142 | 143 | 144 |

太陽星座と月星座が両方とも同じエレメントである4種類の「純粋な」コンビネーションには、該当するエレメントの性質が最も顕著に表れています。しかし、一つのエレメントに偏りすぎているため不安定になりやすく、その揺れ戻しとして相反するエレメントや補い合うエレメントに性質が傾くことがあります。
（太陽星座を調べるには326ページ以降、月星座を調べるには335ページを参照して下さい。自分の太陽星座と月星座がわかったら、この表で番号を確認しましょう）

星（全知全能の神ゼウス）と海王星（海神ネプチューン）があり、魚座（水）の位置に土星（時間をつかさどる神クロノス）があります。そしてこの蟹座と魚座は、トラインと呼ばれる120°の位置関係にあります。このことから、「水」タイプに特有の考え方や強い夢を持っていることがわかります。また、蠍座（水）の位置にある水星（神々の使者ヘルメス）は、海の深さに愛着を持つことを示しています。けれども、エーダリ自身は水泳をどう考えているのでしょうか。この点については、本人がつぎのように語っています。

わたしにとって海は、人というか、昔から知っている子どものようなものです。変に聞こえると思いますが、海で泳ぐときは海に話しかけます。あそこにいて、一人きりだと感じたことは一度もないんです。

つまりエーダリは、人生の大半を水の中で過ごしましたが、水泳にたいする考え方や取り組み方はまったくの「風」タイプだったのです。

### エレメントのコンビネーション

太陽星座と月星座の各コンビネーションは、同時にエレメントのコンビネーションでもあります。ここからはエレメントの各コンビネーションの解説に移りますが、ここで注意していただきたいのは、エレメントのコンビネーションは逆にすることもできるということです。たとえば火×地のコンビネーションは、太陽が「火」で月が「地」の場合と、太陽が「地」で月が「火」の場合の両方にあてはまります。微妙な違いはありますが、エレメントの働きはだいたい同じです。自分の太陽星座と月星座がどのエレメントに該当するのかは、21ページの図で確認できます。また上の表は、太陽星座と月星座のコンビネーションを表にしたものです。自分のコンビネーションの番号を確認しましょう。

## ◐火×火のコンビネーション
(1、5、9、49、53、57、97、101、105)

「火」は最も原始的なエレメントで、熱く激しく創造的でドラマティックな性質を持っています。この「火」がふたつ揃った火×火のタイプは、燃えるような情熱を胸に、自己本位な考えに基づいた生き方を貫いています。つまり自分の胸に刻まれた信念、自分が思い描くビジョン、自分にとっての真実、これらに命じられるまま人生と向き合っているのです。このタイプは自分の心にあまりにも忠実に従おうとするため、他者への思いやりに欠ける傾向があります。「ほかの人は自分ほどには人生に使命感を抱いていないかもしれない」とは思いもしないため、そのせいで人間関係に亀裂が生じてしまうこともあるでしょう。火×火のタイプは興味の対象がなんであれ、けた外れの情熱を抱いて人生に飛び込んでゆきます。しかし、その過程で人と衝突したり、人を蹴散らしたりしてしまいがちなのです。

イギリスの政治家アナイリン・ベヴァンは、火×火タイプのウィンストン・チャーチル（太陽・射手座　月・獅子座）をつぎのように評しました。この言葉は、「純粋な」火のタイプが抱える問題をうまく言い表しています。

**30kmずつ進む靴をはいて進む彼の想像力は、未来というさんさんと太陽が降り注ぐ高みへと彼自身をせきたてる。しかし彼は忘れがちである。人類の遅々とした歩みでは、そこへと至る長くつらい道を1インチずつしか進めないということを**

火×火のタイプは、炎のイメージ——燃える、咆哮《ほうこう》する、なにものにも猶予を与えない——から連想できるすべての特徴を備えています。このタイプはあつかましくて傲慢で気が短いものの、子どものように人生を心ゆくまで楽しむことや、人に自信を与えて「やってみよう」という気にさせることがとても上手です。また、隠れたチャンスを感じとることも得意で、持ち前のリーダー的資質を裏づけているのは「不可能なことなどない」という揺るぎない確信です。たくさんの取り巻きに囲まれていないと、思い描いたビジョンを現実の世界で実行に移すことができないという欠点には目をつぶりましょう。何しろビジョンのある人なのですから——ほかは皆、ささいなことです！

### あなたの影の面

火×火のタイプは、ほとばしる情熱を胸に抱いて成功への道を駆け上がろうとするため、ひとたび現実に目を戻すと、揺り戻しが生じて反対にきわめて悲観的になりがちです。現実に足をつけること、それはこのタイプが避けて通ろうとすること。生きていくうえで必要な日々の雑事は、より重要なことを追い求めるうえでの障害物だと思っているのです。チャーチルが「わたしの黒い犬」と呼んだ憂鬱な日々や、マーク・トウェイン（太陽・射手座　月・射手座）をときおり悩ませたふさぎの虫は、火のタイプが人生の意義を見失うとどうなってしまうかということの典型的な例です。このタイプは自分の体の面倒を見たり、銀行の残高を気にかけたりといった「生きるために必要な制約」にすら抵抗しようとしがちです。しかしこれは、かえって自分の潜在能力を損なう結果となっています。このタイプに必要なのは忍耐力をつけること、ほどほどで満足すること、使える技術を身につけること、人を思いやれるようになること、単純で物言わぬ物質の世界を尊重するようにすることです。

### 人間関係

火×火のタイプは、ほかの火のタイプに心惹かれます。しかし相性はぴったりなものの、互いに疲れてしまうことが多いでしょう。風のタイプは火×火のタイプに知的な刺激を与えてくれ、この組み合わせは創造的なパートナーシップを築くことができるでしょう。水のタイプとは刺激に満ちたロマンティックな関係が築けるものの、つかの間の不安定な恋に終わってしまうことが多いでしょう。火×火のタイプと最も安定した関係を築けるのは、落ち着いていて日々の雑事——朝食作り、芝刈り、確定申告を期日までにすませることなど——をこなすのが得意な地のタイプです。火×火のタイプと地のタイプは強く惹かれ合い、揺るぎない関係を築くことができるはず。ただし、互いの価値観を少々理解しがたいと感じてしまうことは避けられないでしょう。

### 男性・女性

明らかに最近の男性は、火のタイプのきわめて外向的な性格に居心地の良さを感じるようになってきています。また「元気」なこと、エネルギーに満ちていることは、女性として好かれる要素でもあります。ただし女性が火のエネルギーを前面に出しすぎると、確実に「押し付けがましい」「強引」「短気」「偉そう」といった不名誉なレッテルを貼られてしまいます。しかしこれも、だんだんと変わりつつあります。火×火のタイプの女性は、他人にどう思われるかさほど気にしないため、男社会を自分の力で切り開いてゆくことができるでしょう。

## 地×地のコンビネーション
(14、18、22、62、66、70、110、114、118)

地×地のタイプは、地に足がついた現実的で落ち着いた性質です。このタイプは物質的幸福を実用主義的な観点からとらえており、この傾向は、カール・マルクス（太陽・牡牛座　月・牡牛座）が共産主義の富の分配方法について述べた、つぎの有名な言葉にも見ることができます。

**各人はその能力に応じて、各人にはその必要に応じて**

地×地のタイプは経済的・物質的現実を熟知しています。また自分の感覚や本能を実によく知っていて、それらを通じて自分を取り巻く世界とつながっている、あるいはコントロールしていると感じています。「成長」とは自然な有機的プロセスであることを生まれながらに理解していることが多く、そのためいったん目標を定めると、それに向かって根気よく自己鍛錬を続けます。意志が固くて現実的で、実際的で信頼できて、しっかりと地に足がついているこのタイプは、正しい判断や伝統に基づく確固たる知恵が欲しいときに人々が必ず頼りにする「社会の柱」のような人です。

地×地のタイプは自分の肉体をよく知っていて、官能的快楽を楽しむことが上手です。肉体と物質こそが人間の基盤であり、われわれがこの世に実在している——すなわち創造的な「生」を与えられているという——確たる証拠であると、地のタイプはよく知っているのです。また物質世界を自分の好きなように利用する方法を難なく自分のものにすることができます。しかも地球というこの星、および自然界の法則を尊重すべきであることも決して忘れません。しかし現実的なのもあまりに度がすぎると、しまいには物質世界を超越したところにあるかもしれないものに疑いの目を向けたり、恐れを抱いたりするようになるかもしれません。また具体的な事実にのみこだわり、自分の五感に触れるもの、とりわけ自分の尺度で測れるものだけを信用しようとする傾向があるため、ビジョンや人生の意義を見失ってしまう恐れがあります。

### あなたの影の面

地×地のタイプが心の底から恐れているものは、コントロールを失うことと混沌《カオス》です。慣例を破ること、常識を逸脱することは、自分への脅威、あるいは悪そのものですらあります。また手にとることも目で見ることもできない精神世界の意味や目的といったものがまったく理解できず、古臭い迷信や奇妙な心霊現象といったものを通じてしか精神世界とかかわりを持つことはありません。しかも因習にとらわれがちで、確固たる現実にのみこだわる傾向があるため、心にぽっかりと穴のあいた働き蜂、物質世界の奴隷になってしまうかもしれません——そうなったら最終的に行き着くところは「死」しかないと、地のタイプも恐怖とともに認めるしかないでしょう。そうなってしまったら終わりです。

地×地のタイプに必要なのは、想像力を伸ばすこと、新しい可能性を信じることです。精神世界に支えを求めても自分の物質的な安定は損なわれないことを受け入れましょう。自分の人生と周囲の状況を可能な限りコントロールしていたいという欲求を脅かすわけではないのですから。数や量で測ることが意味をなさない領域——人生の意義や精神的な目標といったもの——が存在するかもしれないという考えを受け入れれば、少なくとも肉体という檻のなかに光もなく閉じ込められる恐れはなくなるでしょう。

### 人間関係

地×地のタイプは誠実で生活力があって頼もしいため、結婚相手としては最も理想的です。このタイプは、価値観が同じで一緒にいると安心できる、ほかの地のタイプに惹かれることが多いでしょう。しかしその一方で、火のタイプに興味をそそられる傾向もあります。火のタイプの謎めいた予想もつかない行動が、地×地のタイプの好奇心を刺激し意欲をかきたてるのです。

風のタイプと地×地のタイプは、感情を交えずに現実的・論理的に問題を解決するという点で一致しているため相性の良いペアです。また情緒的な水のタイプにとっては、地×地のタイプは自分の感情を受け止めてくれる理想の人に見えるでしょう。水のタイプと地×地のタイプは、居心地の良い家庭を築き、簡単にはほどけない強く固い絆で結ばれるでしょう。

### 男性・女性

現実的な地×地のタイプが持つさまざまな特徴は、男性としても女性としても違和感のない性質です。このタイプは男性も女性も、強い使命感と責任感の持ち主で、とくに女性の場合、他人の求めているものを満たすことに奉仕しようとする傾向が強いでしょう。

地×地のタイプの女性はすこぶる有能で、長期にわたる高度な専門的事業を任せられるのはもちろん、世の中の秩序や福祉を守ることにも力を発揮します。守りが堅くて機略に富み、忍耐強くて働き者で、忠誠心や愛を行動で示すことはできますが、感情の発露という点ではやや抑え気味です。地×地のタイプの男性は、外向的で勇気があってインディ・ジョーンズのようにさっそうとした、いわゆる「マッチョ」タイプの典型ではないでしょう。しかし、地に足のついた冷静さと静かな決意の持ち主で、しかもきわめて合理的な考え方をする傾向があるので、現実的で有能なリーダーとなって、自分のテリトリーを開拓するための計画を綿密に練り、自分が選んだ道をきわめようと一歩一歩着実に努力を続けてゆくことができるはずです。

## ◐風×風のコンビネーション
(27、31、35、75、79、83、123、127、131)

風×風のタイプは言わば「知的で優雅な淑女」「思慮深い紳士」。すべてのコンビネーションのなかで最も理性的で洗練されていて超然としています。教養の豊かさと品の良さもおそらく群を抜いているでしょう。気の利いたことを言ったり、人と議論したり、筋の通った主張をしたりするのも得意です。しかしそう賞賛されても、決して有頂天にはなりません。というのも「うぬぼれる」ということがこのタイプはめったにないのです——冷静かつ知的なアプローチで人生を切り開く風×風タイプにとって、「うぬぼれ」はあまりにも愚かしいことに思えてしまうのです。

風×風のタイプは、独り立ちすることは生まれ持っての自分の権利だと考えています。自由に行動し、さまざまな人々や思想とつながりを持つことは、このタイプにとって人生そのもの。思索を好んで機知に富み、都会的な洗練と礼儀正しさを持つ風×風タイプは、人と対話する、思索することが生まれながらにして得意で、人類の運命を良い方向へと導くための社会的・政治的・哲学的なプランを練ることのできる自分の理想の領域で、思考を羽ばたかせるのを好みます。

抜きん出た思索家である風×風タイプは、人生という一陣の嵐のなかにもパターンや原理が作用しているはずだと考えているため、知性を磨いて視野を広げたり、一歩下がってものを見たりすることに安心感を抱きます。また、この世の営みを観察して、理論づけをするのが得意です。このタイプは「思想」の力を強く信じていますが、その傾向はイギリスの経済学者ジョン・メイナード・ケインズ（太陽・双子座　月・双子座）のつぎの言葉にも見ることができます。

**経済学者や政治哲学者の思想は、それが正しい場合にも間違っている場合にも、一般に考えられているよりもはるかに強力である。事実、世界を支配するものはそれ以外にはないのである**

このように超然としていて観察眼が鋭いところは有能さにつながりますが、一方で「冷たい」「情がない」といった批判を招きがちです。しかし、風×風タイプに接した人は往々にしてそのような印象を持つものの、当の風×風タイプは、自分は当たり前なこと——質問し考察すること、心を開き公平であること、人と仲良く調和を重んじること、そしてとりわけ、話を聞き議論の相手になってくれる人すべてと交流をすること——をしているにすぎないと、ときに長々と弁舌を振るって主張するでしょう。

### あなたの影の面

風×風のタイプは、この世に「完全なる客観性・公平性」が存在するという幻想のもと、骨身を惜しまず努力します。ゆえに賞賛に値する人物であることは間違いないのですが、この世のすべてを理解し、分析し、定義づけしようとする過程で、少々子どもっぽいところを見せることもあります。というのも、このタイプにとっては自分の「感情」が謎以外のなにものでもないため、感情の発達が未熟だったり、自分の感情を自覚していなかったりすることがあるのです。このタイプは、さまざまな人間的感情——苦痛、怒り、嫉妬、依存、恐れ、愛、憎しみ——のすべてを驚くほどの機敏さで、追い払ったり、抑え込んだり、軽く扱ったりします。唯一例外があるとすれば、それは風のタイプがとくに得意とする感情である「陽気さ」と「ノリの良さ」でしょう。

このタイプは「感情」の領域を拒絶しているため、人間の予測のつかない行動に妙に敏感で、苦手意識を感じます。それゆえ風×風のタイプは恋愛相手としては難物でしょう。このタイプを恋愛相手に持つと、ときに不快でときに手に余る「感情」のすべてを一人で背負い込むことになりますが、これは容易なことではありません。ところが風×風タイプは、相手がそういった感情に苦しんでいるのを、イライラさせられるほど晴れやかな表情で平然と見つめているのです。風×風タイプは賢い言い訳を編み出すのが得意なので、風×風タイプを自己の感情に目覚めさせたいならば、それとなく慎重に働きかける必要があるでしょう。

### 人間関係

風×風のタイプは、冒険家・旅行家です。たとえ実際に旅することはなくとも、知的な意味でのなんらかの冒険を好むことは間違いありません。生涯を通じて、さまざまな個性を持つたくさんの人々に出会い、なかでもとくに大胆で冒険好きな人に強い魅力を感じます。このタイプにとって何よりも大切なのはコミュニケーション。精神的な結びつきを感じられること、お互いに尊敬し合えることを恋愛に求めていて、その点が欠けていると心が満たされず、関係を長続きさせることができません。

風のタイプは地のタイプと相性が良く、どちらも現実的・論理的なアプローチで人生と向き合っているため、よきパートナーシップを築くことができるでしょう。風のタイプと火のタイプは、新しい考え方や可能性といった刺激を与え合うことができます。しかしこの組み合わせは安定性に欠け、いつか燃え尽きてしまうことでしょう。風のタイプは、豊かな感受性を持つ水のタイプに魅了されます。その豊かな感受性に刺激を受けることで、自分自身の不可解な感情を把握したり、想像力を発達させたりできるようになるからです。風のタイプの「思考」と水のタイプの「感情」は正反対ではありますが、だからこそ両者は激しく惹かれ合うのです。

#### 男性・女性

客観的で機知に富み、思考するのが得意という風×風タイプの特徴は、従来は男性、とくに知性を武器にして思考と行動の両面において人の上に立つ指導者タイプの男性によく見られる性質だと考えられてきました。一方、風×風タイプの女性は、独立心と好奇心が旺盛な外向的性質で、古臭い「女性の役割」のなかに押し込められることを断固拒否します。風×風タイプの長所は、順応性の高さ、創意工夫に富んだ才知、人を鋭く見抜き巧みに扱うことができる点です。このタイプの女性は家庭においてもビジネスの場においても、こういった長所をいかんなく発揮できるでしょう。男性も女性も、学ぶこと、人と交わることを好む傾向が強く、また引越しや旅行が自由にできるような仕事に魅力を感じることが多いでしょう。

### ❁水×水のコンビネーション
(40、44、48、88、92、96、136、140、144)

水は、感情と夢想のエレメントです。英語にはこのタイプを形容する、水に関する比ゆ的表現が数多くあります。水のエレメントにあふれるこのタイプは、主流に入り、流れに乗ることができます。人生のさまざまな経験で心を潤し、なにごとにも流されません。感情をほとばしらせ、喜怒哀楽に目を潤ませ、涙に暮れることもあるでしょう。過去への感傷や郷愁に浸るこのタイプには、古き時代にたいする憧れを熱っぽく語るところがあります。英国系アイルランド人の劇作家、オリバー・ゴールドスミス（太陽・蠍座　月・蟹座）もこう言っています。

**古いものならなんだって好きだ。古い友人、古い時代、古いマナー、古い本、古いワイン**

このタイプは人の喜びや勢いに水を差すことがあり、とくに騒々しい火のタイプとじっとしていられない風のタイプにたいしては、その傾向が強いようです。心優しい性格ゆえに、政界に進んだ場合には、面倒見がよく温情のある「ウェット」な政治家になり、原理原則に固執する、風のように「ドライ」な政治家になることはまれでしょう。さばけた考えを持つほかのタイプからは、「いい子ちゃん」「青二才」と見られているかもしれません。けれども「流れの静かな川は深い」というように、水×水コンビネーションは情が深いので、他者に共感したり、困っている人に思いやりを示したりする能力に恵まれています。

豊かな想像力に加えて、「他者の内面に入り込む」能力を持つため、詩や芸術や演劇の才を発揮することが往々にしてあります。しかし、自他の境界に混乱をきたすのは、水のエレメントが強いこのタイプの持病とも言えます。水×水の人は、えてして感受性が強く、その場の雰囲気や言外の感情の流れをスポンジのように吸い込んだあげく、他者の感情や欲求と、自分のそれとが区別できなくなるのです。

水×水のタイプは、心の動揺を鎮めたい、心を元気づけたいというふたつの欲求を同時に抱えています。このふたつの欲求は一方が立てば他方が立たずで、いとも簡単に失望に転じます。心に傷を負うと、このタイプは氷の沈黙へ引きこもりがちですが、ひとたび相手が感情に気づいて反応を示してくると、氷の心はみるみる解けて水となり、もとの流れにすっと戻ります。

#### あなたの影の面

主観の海に泳ぐ水×水タイプは、筋の通った論を展開したり、客観的な判断を下したりすることを苦手としています。人や状況について自分が個人的にどう感じているのかはわかるのですが、それは客観的事実の集約とは違い、単に自分だけの現実にすぎないので、論理的な結論を導き出せないのです。このタイプは自分で自分を理性的だと思っているときでさえ、理性に欠ける傾向があります。もっと冷静な視点から、ものごとをじっくり考える方法を覚えましょう。そう、たとえ、その昔マレーシア人のタクシー運転手に嫌な思いをしたからといって、マレーシア人全員を悪者だと断ずるわけにはいかないのです。

人間関係に固執するきらいもありますが、それは、水×水タイプが自分の幸せに不可欠な心の交流、充足感、安心感を得ようとしたときに、絶好の場を与えてくれるのが人間関係だからです。このタイプが学ばなければならないのは、手綱を少し緩め、愛する人に心や行動の自由を残してあげること。そうしたところで、ふたりの絆は強まりこそすれ崩れはしないものです。

### 男性・女性

水はまさしく女性志向のエレメントです。ですから世間一般においても、男性より女性のほうがこのエレメントを御《ぎょ》しやすいと言えるでしょう。男性にも共感したり、同情したり、人を思いやったりすることがあるにもかかわらず、西洋ではいまだに、男性が自分の感情を表に出したり、泣き崩れる姿を人に見られたりすることがままなりません。その結果、このタイプの男性のなかには対極に走る人もおり、その合理的で、超然として、非情なさまは、ほとんど病的といえるほどです。同じ理由から、水×水タイプの男性、および一部の女性には、感情をまったく表さず、理屈だけに基づいて行動することに誇りを持つ人もいます。

もっとも水×水タイプが対極に走ると、たいていは直情径行の人々に囲まれ、苦手としている、内面の精神生活を「行動で表す」状況にさらされることになります。こうした例は、ヒステリックな妻と連れ合う極端に理性的な夫、あるいは「混乱した」「感情障害のある」人々をきわめて合理的な方法で助けようと励む、冷静で理知的な心理学者などに見ることができます。

## ◐火×地のコンビネーション

(2、6、10、13、17、21、50、54、58、61、65、69、98、102、106、109、113、117)

太陽が火、月が地の人は、性格的にたくましく説得力があります。溶岩が噴き出し、やがてそれを新しい豊かな大地に変える。まさに火山といったタイプです。さながら鍛冶屋や鉄鋼技師が鉄を溶かして鍛えるかのように、生の素材から実用的な道具を形作ることにたけています。なにごとも実践あるのみと熱中し、周囲をもその気にさせて動かすことのできる行動第一の人です。

驚異的な重量と原動力で、行きたい方向へまっすぐに突き進むさまから、このコンビネーションは昔からブルドーザーと呼ばれてきました。アメリカ人の実業家、J・ピアポント・モルガン（太陽・牡羊座　月・乙女座）は火×地タイプの典型で、つぎの言葉を残しています。

**あれこれしてはいけない、などと聞かされるために弁護士が欲しいのではない。わたしが弁護士を雇うのは、どうすれば自分のやりたいことができるのか助言させるためだ**

太陽が地、月が火の人も、現実的な夢想家であることに変わりはありません。たえず地に足をつけながら、天性の能力を武器に、ビッグチャンスを追い求め、しかるべきときに危険を冒し、思いがけないときに解決策を出すことができる人です。将来のビジネスチャンスを見抜き、自信とノウハウを持ってそれをとらえ、富をもたらすような形で現状に合わせて具現化することができる、そんな手堅く実践的な起業家になるかもしれません。

地×火タイプは野卑なユーモアのセンスを持ち、生理的欲求に忠実で、豊かな生活をこよなく愛します。ウィットに富むことで知られるアメリカ人の演劇評論家、アレグザンダー・ウルコット（太陽・山羊座　月・射手座）の人生にもその傾向が見受けられます。避暑地の瀟洒《しょうしゃ》な邸宅を値踏みしながら、彼は言いました。

### もし神が金持ちだったら、そのおぼしめしやいかに

このコンビネーションにはきわめて現実的で理性的な傾向と、強力な直観と、自由と権力への抗しがたい欲望とが同居しています。火と地の相互作用がうまくいかないと、ぱっと直観的に何かを確信したかと思えば、つぎの瞬間にはふさぎ込んだり猜疑心《さいぎしん》に駆られたりといった具合に動揺し、かえって動きがとれなくなる可能性もあります。

### あなたの影の面

自分と自分の信条に絶対の自信を持つ傾向があります。そうした長所が裏目に出てしまうと、頭の固い独りよがりな人間になったり、他者への思いやりや人間関係にたいするデリカシーに欠けたりすることがあります。

太陽が火、月が地であろうと、太陽が地、月が火であろうと、このタイプは我が強く、どんな人間関係においても楽々と主導権を握ることができます。支配したい衝動に駆られたところを相手に抵抗されると、まごつき、いらだつこともありますが、やがて相手の権利と欲求を尊重するようになります。

### 人間関係

自分と同じ火×地のコンビネーションに惹かれますが、炎をあおることも庭に水をやることもできる水のタイプと、きわめて創造的・相補的な関係を築く可能性もあります。恋愛関係でも家庭でも慈悲深い独裁者といったタイプですが、恋人や配偶者にたいしては献身的で、ロマンティックな感情を行動で示すところがあります。ただし、ときにその頑固さが、家族の調和を阻んだり、親密な関係の邪魔になったりするかもしれません。

### 男性・女性

エネルギッシュに決断を下し、自分の考え方や流儀をごり押ししなければならない政治家や経営者に向いています。このタイプが持つ押しの強さと競争心は、西洋ではどちらかというと男性的な性質とされています。

このタイプの女性は指導力もあり、実践的。自立にひるんだり失敗したりして、回り道をすることはまずありえません。男性も女性も、相当の野心と恐ろしいほどのスタミナを持つ人が多いようです。

## ❁火×風のコンビネーション

(3、7、11、25、29、33、51、55、59、73、77、81、99、103、107、121、125、129)

火×風タイプは本物の「活動家」です。おもしろいアイデアにあふれ、プレゼンテーション能力にたけ、すさまじい熱意でまわりの人間を一人残らず感心させ説き伏せます。この性質が高じると誇張やこけおどしが増え、話がくどく、自分の美辞麗句や雄弁に酔う傾向が目立ってきます。もっとも、そこに生きる喜び、賢さ、カリスマが備われば、周囲をも陶酔させることができるでしょう。火×風タイプの機知と焦燥を、ノエル・カワード(太陽・射手座　月・双子座)が的確に表しています。

### ぼくが猛烈なスピードで書くのは、退屈が体に障るからだ

確かにこのタイプは退屈を嫌いますが、考えるにせよ生きるにせよペースが速いので、たいてい退屈とは無縁の人生を送ります。

太陽が風、月が火の人の性格はどこか熱気球を思わせます。目もくらむような高みへ美しく飛翔するかのように、このタイプはユートピアを夢見る理想主義者へと傾いていき、人類がいつの日か訪れる陽光に輝くかなたの渚を、空にそびえる雄大な山々を、果てしない地平線を眺めるのです。あるいは、風×火のコンビネーションの影響が人を見下した態度となって表われる場合もあります。そうなるとこのタイプは、「皆にとってよきことは、わたしがちゃんと知っている」とばかりに、やたらと道徳を振りかざすことになります。

**あなたの影の面**

発想力に恵まれますが、その発想を具体的な形にするには人間臭さを身につける必要があります。火×風タイプはえてして現実性に欠けるため、社交性を積極的に発揮したり、斬新なアイデアをつぎつぎとひねり出したり、新たな賭けに出たりするうちに、精も根も尽き果ててしまうことがあります。人間味のない空想の世界に引きこもる限り、このタイプは肉体から遊離したままで、平凡ながらも人が生きていくうえでは欠かせないニーズを知ることはありません。また、精神的な弱さがないために、かえって人と親密になる機会を逃がしています。

**人間関係**

頭の働きが活発で社交的。ものごとを理解し、その理解を人と分かち合いたいと願うので、大勢の中で孤立することはめったにありません。好奇心に駆り立てられ、自分と同類のおもしろそうな一匹狼に近づき、知り合い、会話を交わし、人間関係をスタートさせます。恋愛のパートナーにたいしては、知的な共感を求めるとともに、自分の趣味を追求するための自由もたっぷり要求します。

自分の気持ちや心理的欲求に無頓着ですが、地×水タイプと接することで、自分も間違いなく人間なのだと実感できるでしょう。停滞とは無縁の、永遠の若さにあふれる火×風タイプは人目を引きますが、真剣にだれかと付き合ってみない限り、感情的な深みに欠け、未熟なままかもしれません。

**男性・女性**

外向的で、ものごとに熱中しやすく、議論好きな性格は、男性であれば良い面として迎えられますが、女性の場合は男っぽく威圧的だと受け取られがちです。女性の火×風タイプは、自分の可能性を制限する伝統的な役割に甘んじない傾向があります。それゆえ社会変革の先頭に立つこともあるでしょう。このタイプは男性にしろ女性にしろ、ある程度スピーディに、たいていは才覚を頼りに人生を切り開き、いとも簡単に自分自身をチャンスの入り口に降り立たせることができます。

## ◐火×水のコンビネーション

(4、8、12、37、41、45、52、56、60、85、89、93、100、104、108、133、137、141)

火力と水力を合わせれば、蒸気が得られます。それはかつて、巨大な列車を走らせる動力でした。蒸気は洗浄や消毒に役立ちますが、人にやけどを負わせることもあります。感情面で、火×水コンビネーションには、とりわけ相手に情熱を注ぐという定評があります。激しやすくロマンティックで移り気。感情の起伏が大きい芸術家のような気質を持っています。詩的に燃え上がる性格は、想像することにおいては大胆ですが、現実に愛やひらめきが必要なときには頼りになりません。

詩人のシェリー(太陽・獅子座　月・魚座)は火×水タイプの典型で、その情熱的・芸術的な性格は、彼自身の喜びを歌った『ひばり』にもよく表われています。

(ひばりよ、)おまえのあふれる思いを天来の豊かな歌声にそそいでおくれ

太陽が水、月が火である場合、自分の目標や芸術に向かって突き進む、熱烈な活動家になります。けれども、火が水を蒸発させ、水が火を消すこともありえます。そうなるとこのタイプは、情緒が不安定になったり、落ち込んだり、進むべき方向を見失ったりするでしょう。

**あなたの影の面**

火×水のタイプは公的な視点、つまり一歩下がって、ものごとを公正かつ論理的に考える能力に欠けるきらいがあります。なにごともきわめて主観的に、性急に情熱的に取り組みます。そのような私的な主観こそが、人生を意義深く、味わい深いものにしていると考えているからです。

激しい気分の浮き沈みに振り回されることが多いのも、このタイプの特徴です。とくに

冷静で筋の通った論理を求められると、異常なまでに激高することがあります。情緒不安定で実践力に乏しいその性格が、順調な人生に破滅をもたらす恐れもあります。

### 人間関係

火×水のタイプはきわめてロマンティックで、温かみのある、感情豊かな人。愛情や満ち足りた関係に大きな幸せを感じます。二面的な性格をしていて、一方では揺るぎない心の安らぎを得たいと思っているのに、別のどこかでは興奮やチャレンジを求めています。また、いくらでも自分を犠牲にできる無私無欲の人かと思えば、なんでも自分のものにしなければ気がすまない貪欲さも持っています。この両極端な性格は付き合っていくのがたいへんですが、一緒にいるとおもしろく、相手にとっては得るものも大きいといえます。たとえば、他のあまり感情的ではないタイプは、この火×水のタイプからいい刺激を受け、新しい自分を発見できるでしょう。

このタイプは、地×風のタイプと一緒にいることで落ち着きや安定感を得られます。基本的に感情の起伏が大きく、気移りが激しいですが、その点はあまり問題ではないでしょう。じきにそのエネルギーを少しずつ、創造的な目的に向けられるようになるはずです。

### 男性・女性

火と水は、最も男性らしいエレメントと、最も女性らしいエレメントの組み合わせ。極端な「陽」と極端な「陰」が合わさって、きわめて創造的であると同時にきわめて危なっかしい、男女を問わず往々にして扱いの難しい性格が生まれます。男性も女性も感情の起伏の激しい人が多く、猛烈な独立心やプライドを見せていたかと思えば、つぎの瞬間には神経質でもろいところをのぞかせます。一般的に男性も女性もキャリアをきわめようとする傾向があります。慣習に従うのは不得意です！

火×水のタイプは、男女ともに周囲から「芸術家」と言われ、羨望のまなざしはもちろんですが、それ以上に「こんな奴でも許してあげよう」と思わせるかわいげを持っているのです。裏をかえせばそれは、あなたの芸術的なインスピレーションや、日ごろのかなり芝居がかった振る舞いが、あなたの欠点である感情の不安定さを十分すぎるほどカバーしてくれているということです。

## ❁地×風のコンビネーション
(15、19、23、26、30、34、63、67、71、74、78、82、111、115、119、122、126、130)

地と風の組み合わせは、合理性と創造性を兼ね備えた性格を生み出します。したがって、このタイプに生まれた人は創意豊かなうえに有能であることが多く、ふわふわと風に漂いながらも地に足をつける——すなわち抽象的な思想と、世渡りにかかわる諸々の現実とをうまく融合させることができます。地と風のエレメントは互いに相性がよく、ものごとにたいして冷静で客観的な見方をし、科学的なアプローチをとることができます。これは現実的な理想家ならではの気質で、なにごともきちんと観察し、きちんと考え、きちんと計画を立ててから行動を起こすのが特徴です。アメリカの元大統領ジョン・F・ケネディ（太陽・双子座　月・乙女座）がこのコンビネーションの生まれ。理にかなった、考え抜かれた理想のために奉仕したいという月の本能が、かの有名な訓示によく表れています。

### 国が何をしてくれるかではなく、国のために何ができるのかを考えてほしい

太陽が地に月が風にある人は、自覚と理性が原動力です。たとえば、現実を把握したい、論理的思考でその全体像を理解し、整理したいという本能がまず働き、そのうえでできるだけ人間味のある、有意義な働きをしたいと思うのです。またドライなユーモアセンス、巧みに言葉を操る力を持った人が多く、いまは亡きアメリカの詩人カール・サンドバーグ（太陽・山羊座　月・水瓶座）もこのコンビネーションの生まれ。サンドバーグは口語的表現の名手で、それがこのコンビネーション

の特徴でもあります。彼がスラングについて語ったなかに、その実際的で気取りのないコミュニケーション能力がよく表れています。

**スラングは腕まくりし、手に唾し、仕事にかかる、そんな言葉だ**

### あなたの影の面

地×風タイプの人は実社会を生きる達人。世の中の流れをつかみ、自分の知識をいろんな方面──主に実用的な方面に活かすのが得意です。ところが感情など、いわゆるものさしで測れないものには無頓着で、下手をすると効率主義や科学的な見方にかたより、実用一点張りの「砂をかむように味気ない」人間になりかねません。

### 人間関係

このタイプは実生活でも付き合いの場でも、いろいろな人と対話を楽しみ、助け合い、うまくやっていきます。火のタイプ、水のタイプにたいして、自分とは異質のものや強い魅力を感じますが、とくに水の持つ魅力にふれれば、自分のなかにある神秘的な面、理性を超えた感情面に目覚めることができるでしょう。地×風のタイプは分別ある人間関係を築きたがるため、相手にたいしてとても協力的で、周囲に自分を合わせるのが得意です。とはいえ、もっと感情を表に出し、心を通わせることを周囲から学ぶ必要がありそうです。

### 男性・女性

地と風はきわめて中性的な組み合わせ。かつて女性本来の役割とされた補佐的な務め、男性的とされていた知的な務めの両方を果たそうとします。

## ◐地×水のコンビネーション

(16、20、24、38、42、46、64、68、72、86、90、94、112、116、120、134、138、142)

フランダーズとスワンの歌『カバのセレナーデ』に、「泥よ、泥よ、すばらしい泥よ」というフレーズがありますが、別にカバでなくても泥のすばらしさはわかるでしょう。想像してみてください──立派に灌漑《かんがい》の施された豊かな農地を、練り上げられてろくろに乗った焼物用の土を、レンガ積みやタイル敷きに使う粘土を、自在に姿を変えてあらゆる建設の基礎となる生コンクリートを。泥や粘土をつくる地と水は最も実質的で、人を支え、豊かにしてくれる組み合わせ。相手を思いやる懐の深さに加え、相手を満足させるためならどんなことでもやってのける強い意志と積極性を備えています。アメリカの神学者ラインホールド・ニーバー(太陽・蟹座　月・牡牛座)が、このタイプの性質を如実に物語るこんな言葉を残しています。

**主よ**
**変えられないものを受け入れる心の静けさと**
**変えられるものを変える勇気と**
**その両者を見分ける英知を**
**われに与えたまえ**

太陽が地に月が水にある人は、実用的な視点から日々の生活をたちどころに理解することができます。さらに状況に応じて、何が重要で何が重要でないかを見分ける、生まれながらの知恵を持っているようです。このタイプにとっては、現実的な欲求も心の欲求もどちらも「意味のある」もので、バランスのとれた健全な生活を送るためには、互いがうまく絡み合っていなければなりません。たとえば、18世紀の才人サミュエル・ジョンソン(太陽・双子座　月・魚座)がこんな見方をしています。

**一般的に男というものは、ごちそうを前にしているときのほうが、奥さんのわけのわからない話を聞かされているときよりも気分がいいものだ**

これは時代遅れで、かなり女性差別的な見方かもしれません。ですがこのジョンソンの言葉には、地と水の組み合わせに特有の現実的な知恵、計算された本能的欲求がよく表れています。

### あなたの影の面

地×水タイプの人は物質的な安定、精神的な安定の両方を求めます。そのため、変化やチャレンジを脅威として受け止めるのがふつうです。その結果、かえって「泥」に足をとられる傾向——たとえば、つぎつぎに生じるプレッシャーで息が詰まったり、支配欲と狭い視野のせいで思考や行動が鈍ったりする危険性があります。

このタイプにとって人生はきわめて個人的なもの。自分の目、口、耳、鼻、肌で何が感じとれるのか、その感じとったものが自分の世界にどんな影響を与えてくれるのかが何より重要です。一方、私情から離れて広い視野を持とうという気にはあまりなりません。ですが、そんな型にはまった生き方からほんの少し外れてみる必要があるでしょう。さもないと、人生が活気のないものになりかねません。

### 人間関係

地×水のタイプは、持ち前の信頼感、機知、ひたむきで寛容な性格が発揮できる人間関係に大きな満足を覚えます。また人の役に立つようなことを成し遂げ、そのことで人から必要とされ、評価されていることがわかると、自分の存在や価値を認められたと喜びを感じます。

このタイプは、とりわけ人に仕えたり人の世話をしたりするのが得意。ひとたび恋愛に居場所を見つけたら、せっせと愛の巣をつくり、ロマンスを育み、相手にとって申し分のないパートナーになろうとします。また街にくり出して大騒ぎするよりは、暖炉のわきで熱いココアを飲みながらくつろでいたいタイプ。そんな地×水のタイプは、自分より不安定で刺激的な火×風のタイプを落ち着かせ、地に足をつけさせる力を持っています。互いに正反対の性格に惹かれあうことでしょう。

### 男性・女性

地と水は、基本的に人に理解のある女性的な組み合わせ。「思いやりがある」「家庭的で忠実」「物静かで忍耐強い」など、かつて女性的とされた特徴をすべて備えています。男女を問わず内向的なところがあり、芸術的な方面で自分の道を切り開いていくかもしれません。一方、抜け目のないビジネスセンスを発揮し、経済界で活躍することもありえます。持ち前の繊細さと実用的な視点を活かし、控えめながらもしたたかなやり方で、時代の流れや、将来手を組むかもしれないビジネスパートナーの誠実さを敏感に「嗅ぎとって」いくでしょう。

## ❁風×水のコンビネーション

(28、32、36、39、43、47、76、80、84、87、91、95、124、128、132、135、139、143)

風と水が合わさると霧になります。霧は見たところ実体がなく、どちらかというと幻想的で美しいもの。実際、知性と感情の組み合わせであるこのタイプは、すばらしいユーモアセンスと、きわめて独創的な想像力の持ち主で、科学にも文学にも、人にもものにも、事実にも虚構の世界にも同様に興味を抱きます。ことのほか繊細で鋭い洞察力を秘めていますが、その反面、現実の世界を扱うのがとても苦手です。またこのタイプは、潜在的にロマンティックな詩人。表現力がじつに豊かで、言葉や態度が芝居がかることもしばしばです。ウェールズの詩人ディラン・トマス(太陽・蠍座　月・水瓶座) が自作を収めた『詩集』について語ったなかに、本来なら相反する知性と感情が見事に調和している様子がよく表れています。

**ここに収められた時は、そのすべての粗雑さと、疑念と、混乱も含めて、人への愛と神への賛美をこめて歌われている。もしそうでなかったら、わたしはとんでもない愚か者である**

太陽が風、月が水の人は思索家タイプで、無意識のうちに人生の不思議さについて深く考え込んでいる人なのです。また自分は自由人だと信じていますが、気がついてみると、驚くほど深いつながりに囲まれて生きています。スコットランドの産児制限運動家マリー・ストープス（太陽・天秤座　月・魚座）は、まさにその典型とも言える理想主義者で、人間の価値に関する領域や、人間の感覚や感情にかかわる神秘的な世界に関心を持っていました。そのことを如実に物語る彼女の言葉があります。

**世界の美にせよ、人格の美にせよ、魂に宿る美にせよ、この世で美ほどわたしが崇敬するものはありません**

### あなたの影の面

風×水のタイプはときどき、自分があることを考えているのか、それとも感じているのかわからなくなってしまいます。いかにも私心のない公平な視点が、実は個人的な偏見を帯びていることもあります。また、理性と感情が分離することもあり、そうなると、あるレベルでは相手を心から慕い、その人なしでは生きられないとさえ感じているのに、別のレベルでは、愛する人にいたって無関心でいられます。

一般的にこのタイプは、豊かな想像力に恵まれていても、それがどこか「宙ぶらりん」になりがちで、ぐずぐずと非現実的なやり方をしているうちに、せっかくの自己表現の可能性を狭めてしまう傾向にあります。水のエレメントが勝っている人は、激しい情緒、懐の深さ、自己演出の傾向が目立つ一方、創造的なエネルギーを活かす具体的な戦略に欠けます。風のエレメントが勝っている人は、練りに練った計画に沿って行動できる反面、心の奥底から湧きあがってくる、独創的なインスピレーションがありません。どちらのエレメントが勝っているかを知るには、さらに詳しくホロスコープを探り、水あるいは風に複数の惑星が集中していないかなどを確かめる必要があります。

### 人間関係

風×水タイプは人に語りかけ、人と対話することに興味があるので、相手にとって楽しく刺激的なパートナーになるでしょう。その反面、ある種、宿命的な欲求不満を抱えていて、無意識のうちによりすばらしいものを求め、どこかにもっと青い芝があるはずだと思っています。人間関係で苦労するかもしれませんが、それはこのタイプが人との深いつながりや安定を求める一方で、多様性や変化も欲しがるからです。

月が水にある女性は、水の要素を強く持った男性に惹かれる傾向があります。ともすると知性で押し殺しがちな自分の女性的な部分を、水のタイプの男性が引き出してくれるからです。それと同じ理由で、月が風にある男性は、気がつくと風タイプの女性に惹かれているでしょう。自然と親近感を覚えるのです。風×水のタイプは、恋人がいるのに、知らず知らずのうちに別の人と深い関係になる傾向がありますが、昔の恋人とも皆、友だちとして付き合っていけると思っています。

### 男性・女性

風と水の組み合わせをうまく御していけるのは、おそらく女性でしょう。というのも、女性は折にふれ自分の心に耳を澄まし、感情とじっくり向き合うのをあまり苦痛に思わないからです。また女性の役割に一般的に求められるものとして、豊かな順応性と「幅広い注意力」——いちどきにいろんなことに気がつく能力——がありますが、このタイプはそれを備えているといえます。男性はもともと大っぴらな感情表現を避け、意識を理性や知性に集中する傾向にありますが、とりわけ月が水にある男性はそれが顕著となります。

第2部

# 太陽星座と月星座 144のコンビネーション

*sun*
*sign*
*moon*
*sign*

1

## 太陽＊牡羊座 ♈
## 月＊牡羊座 ♈

# まっすぐに走り抜けるエネルギーの人

### あなたのテーマ

**火×火**

大胆：機転が利く：向上心：外向的：情熱的：鈍感：こらえ性がない：自己中心的：勇敢：直観的：冒険好き：気力がある：気難しい自我：楽天的：進歩的：高潔：一匹狼で十字軍的な気質

あなたを一言でいうと「怖いもの知らず」。なんにでもくってかかり、どんなに常識はずれなことでも思いつきをすぐに口に出します。熱意と力強さにあふれ、闘争心が強く、何ものにも頼らないことがモットーです。計画性や忍耐力に欠けるところもありますが、臆することなく自己利益を追求する姿勢や強い独立心は、周囲の人の心に強い印象を与え、ときには奮起させることも。いずれにしても、敵に回すと手ごわい相手です。

情熱的で機転が利き、勇敢で行動志向のあなたは、ものごとが思いどおりにいかなかったり、単調すぎたりすると、気持ちが落ち着かずいらいらします。あなたはしっかりと見定めた自分の目標をかたときも忘れず、1等賞をとろうとがむしゃらに突き進みますが、それゆえに衝動的に自ら危険に飛び込むことも。どうしても協調することが苦手なあなたは、妥協してくれない相手には難癖をつけたがります。そのため、行く先々でもめごとを起こしますが、そのトラブルを通して、あなたが周囲の人に別の可能性もあると気づかせることも少なくありません。ただし、それを相手が感謝するかどうかは、あなたの外交手腕しだい。

根っからの徹底した個人主義者のあなたは、迷うことなく自分の思いどおりにしたいことをします。あなたのように、自分自身と自分が成功することにゆるぎない自信を持てることは、人からみればうらやましいかぎり。ことに、自分に自信のない人や、感情に左右されやすい人からみれば、どこにいようと自信に満ちあふれているように見えるあなたは憧れの的です。

あなたは、自分が独自の考えを持つ思想家、恐れを知らぬ指導者、一目おかれるべき権力者、「自分の務め」を果たす英雄であると思っています。ただし、「自分の務め」にこだわるあまり、自分と違う意見を認めようとしない傾向も。自分の理想を具体的に思い描き、そこに自分を重ね合わせるあなたには、現実の世界よりも理想のほうがはるかにリアル。

社交的で人間好きなあなたですが、人の身の上話を長々と聞かされるのは苦手です。あなたの弱点は、相手や「相手の考え」に思いやりがないこと。相手の問題や意見、相手の気持ちに配慮し、もう少し相手の立場を思いやれば、相手からびっくりするほど手ごたえのある反応や心強い協力を得られます。

### あなたの最大の長所

正直で勇敢（あなたに不可能はない）：枝葉末節を切り捨てる鋭敏な知性：楽天的で気が若い。あなたのバイタリティーと情熱には強い影響力があり、周囲の人も自信を持つことなど簡単なことだと思うようになる。指導力があり、目下の人に慕われる

### あなたの最大の短所

荒っぽい生き方：周囲の人の有言、無言の欲求に思いやりがない：悪びれることなく利己的にふるまい、親分風を吹かせる：仕事ぶりが性急で、細部への気配りに欠け、始めたことをやり遂げるのが苦手：考え方が短絡的で重要なニュアンスを見落とし、人から協力を得るより、反感を買うことが多い

## 大切なあの人とは？

あなたはとても情熱的ですが、いざ対人関係となると、どこか鈍感で威圧的になってしまうきらいがあるよう。それは、実はあなたがあなた自身にしていることと同じなのです。あなたは心の奥に押し込めた自分の「感情」にたいしても鈍感で威圧的なのです。刺激的な人間関係を求めるあなたには、自分のものであれ他者のものであれ、ウエットな情の世界はできれば避けて通りたいものでしょう。
「前進あるのみ」を身上とするあなたが、もし「感情の声」に耳を傾けると、ふだん忘れている感情面のもろさを思い出し、自分にも大事にされ、愛されたいという欲求があることに気づかざるを得なくなります。そうなるといつもの強気な態度はとれなくなり、前に進むのが遅れてしまいます。

そうはなるまいと、あなたは相手にくってかかり、かたくなな姿勢をとり、自分に虚勢を張り自信過剰にふるまうことがあるのでしょう。けれど、自分の感情と「感情の声」を自覚し、大事に扱うすべを身につければ、さらに実力を発揮できるようになるのはいうまでもありません。

あなたにとって恋愛の楽しさは主として、追い求めることにあります。ですから、パートナーが従順すぎると、関係は長続きしません。あなたは挑戦と変化を望むので、意外性のない機械的な作業は、あなたの持つ「火」を消すことに。

あなたのパートナーは、自分の生活や趣味を確立し、つねに未知の部分を残しておかなければなりません。あなたは、自分たちがしっくりいきすぎていると感じると、わざと心と裏腹なことを口にして、もめごとを起こすこともあります。すると感情の火花が散りますが、あなたにとってはそれこそが人生なのです。

### 著名人

マーロン・ブランド（俳優）、アナトール・フランス（作家）、ジョン・ギルグッド（俳優）、ジェイムズ・ヒルマン（元型心理学者）、アルジャーノン・スウィンバーン（詩人、評論家）、マックス・フォン・シドウ（俳優）、エミール・ゾラ（作家）、京極夏彦（作家）、小宮悦子（キャスター）、大泉洋（俳優）、石田衣良（作家）、篠原ともえ（タレント）

俳優ってやつは、自分が話題でなければ、人の話など聞いちゃいない
——マーロン・ブランド

いと高きところにいる者に栄光あれ！　その者は万物の主である
——アルジャーノン・スウィンバーン

### 統合のためのイメージ

無敵のヘラクレスが、原始の力に突き動かされて暗黒の城に討ちいり、美しい乙女を解放し、二人で馬に乗り、夕日のなかに去っていく

## 2

## 太陽＊牡羊座 ♈
## 月＊牡牛座 ♉

### あなたの最大の長所

力強く人を惹きつける魅力：勇気と持久力と決断力がある：現実的な夢を描き、当たって砕けろの精神で粘り強く勝利を追求する：自分の成功を享受し、自分は成功して当然だと思える力

### あなたの最大の短所

自己中心的で個人的な野心：自分がしたくないことには、どんなことにも強情に抵抗する：仕事の取り組み方にむらがある：自我が基本的な協力と調和を妨害しがち

# 粘り強いスプリンター

### あなたのテーマ

**火×地**

気は優しいがたくましい：直観的だが実際的：外交的だが機転が利かない：竹を割ったような気性：エネルギッシュ：自信がある：自己主張が強い：セクシー：スタミナがある：ユーモアセンスが下品：野心的で独占欲が強い

あなたは、生き方上手です。自分が楽しむすべだけでなく、人を楽しませるすべも知っています。しかも自分の望みを実現するすべを知っていて、本当に実現することができる人。けれども、あなたのなかには、まったく相反する二面性があります。ひとつは、敢然と犯罪を取り締まる警察官。そして、そっと甘くささやく誘惑者。あるいは、ゆっくり堅実にものごとを進める保守派とせっかちな急進派。現実主義者とロマンティスト。理性の信奉者と、直感の信奉者。その両方があなたの本当の姿です。そう、あなたには「ミスター／ミズ・アクション（行動の男／女）」として世界に名をとどろかせたいという強い欲求と、カクテル片手にあわてずゆっくり、でも着実に優位に立ちたいという本能があり、そのあいだで心が揺れるのです。芸術と科学のどちらをとるか、自己表現欲求と経済的安定のどちらを優先するか、さらには本能と信念――人を庇護し支援しようとする本能と、人はみな自分のことや自分の失敗は自分で処理すべきだという信念――のどちらを信じるべきかでも迷うでしょう。その迷いはあなたを苦しめるかもしれませんが、だからこそあなたの性格には深みと微妙な色合いが加わっているのです。

あなたがこうした強さと優しさを統合して発揮すると、人が太刀打ちできないほどの実行力、エネルギー、持久力、決断力、人をとりこにする魅力、カリスマ性、創造力、気さくに話せる雰囲気づくり、セックスアピールが生まれます。セックスや色恋はまさにあなたの原動力で、あなたがエンジンをフル回転させると、持って生まれた生命力が人を惹きつけます。こうした生命力に加え、このコンビネーションの持ち主は、おおらかなたくましさを備えています。おかげで、芸術、科学、ビジネス、スポーツ、レジャーなど何をするときにも、あなたの周りには爽やかでのびやかな雰囲気が漂います。

あなたにはかっとなった自分を抑えようとする慎重さがある半面、偽善を毛嫌いし、怖いもの知らずの面もあります。そのため、相手を名指しで容赦なくずばりと非難したり、自分に正当な所有権があると信ずるもののために猛然と戦ったりすることも。そんなあなたに憧れたり、期待したりする周囲の人も多いはず。人は、あなたの持つ揺るぎない自信を自分も持ちたい、あなたの強い忍耐力と愛情で自分を見守ってほしいと思うのです。そうした周囲の人は、あなたに一目置いていると同時に嫉妬心もいだいています。なにしろあなたには強い自信と強い影響力があり、揺るぎない決意をもって自分の望むものを手に入れる才能があるのですから。そんなあなたの能力は、物質界を純粋に楽しむ才能と結びつき、金融やビジネスの分野で天賦《てんぷ》の才を発揮します。いわばビロードの手袋の中に鉄拳を隠すような外柔内剛《がいじゅうないごう》の手法で、金融やビジネスの分野で大成功するでしょう。

あなたは、生まれながらにしてお金や不動産のことを理解しています。加えて競争本能も持っているので、あなたは生まれながらの企業家、腕のいい株の投資家、貿易商になれます。けれども、財産を築こうとする本能がある反面、大盤ぶるまいし、享楽的に生きようとする面もあります。ですから、蓄財を上回るスピードで浪費することも。また、物質的な問題をとてもよく理解していると同時に、直観力と広い視野も備えているため、物質主義に徹することには迷いを感じます。ですから、あなたが何になり、何をしていようと、人生の思いがけないときと場所で、享楽的な要素と生命の神秘ともいうべき強い本能が顔を出します。

## 大切なあの人とは？

友人にするにはあなたほどよい人はいません。鋭い目で人生を、とりわけ異性を見抜きます。あなたは結果の良し悪しを恐れずに果敢に挑戦する一方で、贅沢を好むところもあります。どんな強敵に挑まれても果敢に立ち向かうかと思えば、のんびりくつろぎながら下品な冗談をとばすことも。

あなたは周囲の人をとても大事にするので、相手はあなたに深く愛され必要とされていると感じます。ところがあなたのほうは、芝居を進行させ、とり仕切っているだけなのです。独占欲が強いあなたは、猛烈な嫉妬に駆られることも多いでしょう。また、あなたは男らしさ、あるいは女らしさにあふれ、生まれながらにして魅力的なので、浮気のチャンスも多いはず。その反面、ひたすら一途に恋愛にのめりこむところもあります。ただ、恋愛にかぎらずどのような関係でも、あなたは自分が中心になろうとするため、相手にないがしろに扱われると関係にひびが入ります。相手との関係に不安や不満を覚えると、自分の殻に閉じこもり、すねて不機嫌になり、自分に近づくすべてのものを拒絶することも。けれども、あなたがもう一度自分にエンジンをかければ、あなたの魅力で相手を惹きつけられるので、一生の敵をつくらずにすみます。

### 著名人

ハンス・アンデルセン（童話作家）、カレン・ブリクセン（作家、著書『アウト・オブ・アフリカ』）、ルネ・デカルト（哲学者）、グロリア・ハンニフォード（テレビキャスター）、ワシントン・アーヴィング（作家）、エルトン・ジョン（歌手）、マルセル・マルソー（パントマイムアーティスト）、グレゴリー・ペック（俳優）、ダイアナ・ロス（歌手）、宮沢りえ（女優）、桑田真澄（プロ野球選手）

きつい性格は年をとっても決して和らぐことはなく、鋭い舌鋒は使い続けることで切れ味がよくなる唯一の刃物である
——ワシントン・アーヴィング

わたしはとてつもなくせっかちなので、にえきらない人には我慢できない
——グロリア・ハンニフォード

### 統合のためのイメージ

探検家が、ジャングルを切り開いた場所でバイオリンを練習する……厳しいレースに勝ったチャンピオンが、グルメの食卓につく

3

太陽＊牡羊座♈
月＊双子座♊

**あなたの最大の長所**

情熱：熱心：機転が利く：弁舌の才がある：創意工夫の才能がある：目端が利き、起業家の才がある：強いセックスアピールと大胆さがある

**あなたの最大の短所**

軽はずみ：当てにならない：あまり外向的ではなく自己主張しないタイプの人に無神経：世間知らず：経験から学ぼうとしない

# 聡明な雄弁家

## あなたのテーマ

**火×風**

意志堅固もしくは不定見：おしゃべり：落ち着きがない：率直：ユーモアがある：器用：才気煥発：説得力がある：起業家：気が若い：手を広げすぎる：クリエイティブ：音楽的

「ねぇねぇ、わたしのことなんていってた？」「わあ、すてき！あの人いい人ね」「あれ、でも、なんだかがっかりね」こんなふうに、ころころと意見を変えている人はちょっと立ち止まってみましょう。まず、的をひとつに絞るのか、複数にするかから考えましょう。おそらくあなたは、まだどちらにするか決心がつかないのではありませんか。でもあなたにはひとつの目標を遠くから狙う力と、たくさんの目標を片っ端から同時に打ち抜く才能の両方が備わっているのです。

あなたは強い生命力と精神力、それに鋭く切れる頭脳の持ち主ですが、集中力と持久力に欠けるところも。そのため飽きっぽく、この飽きっぽさは仕事や人間関係にも影響します。あなたにとって、人生のスパイスは「変化」です。そのため、何をする場合も、ターボエンジンを搭載したあなたがスピードを出しすぎないよう、周囲の人が見守ってくれる環境に身をおく必要があります。そして、ものごとを仕上げる「フィニッシャー」ではなく、「スターター」としての持ち前の才能を活かしてください。飽きのきた仕事を途中から手助けしてくれる人と協力すれば、あなたの自信は深まります。もっとも、協力する必要があるのは自信を深めるためではなく、すばらしいアイデアが浮かんだのに結果に結びつかないことで、あなたが自信喪失に陥らないためです。

あなたには、人を説得するすばらしい才能があります。言葉は、あなたの最大の武器。どんな場面でも、あなたはよどみない弾丸トークで気の利いた話ができます。スラングやウィットが好きなだけでなく、まさに第六感とひらめきをトークに織り込む才能があります（外国語を学びたければ、あなたにとって最善の道は、その国に行き、まず重点的にスラングを身につけること）。電話セールスをすれば、いつでも、だれにでも、なんでも売れる、トップセールスマンになれるでしょう。

あなたは生きる喜びにあふれ、元気で快活、そしてウィットに富んでいるので、目の前の人を元気にさせます。これは、すばらしいことです。ただし問題は、あなたが自分のウィットや能弁さ、それに話術に自己陶酔すること。また往々にして、周囲の人たちのエンジンがようやく全開になる頃には、つい先ほどまでのあなたの熱が冷めていることです。あなたは高い理想を掲げ、それを実行する能力がありますが、その反面、気の利いただじゃれやあか抜けた自己表現でスターを気取ったりすることも。ただし、おっちょこちょいの面もあるために不注意から準備を怠ったり、商品の配送人を確保し忘れたりすることもあります。

あなたは自分が楽しむだけでなく、人にも楽しんでもらいたいと思っています。そこで、その場の注目を自分だけに向けさせようとします。いささか過剰なきらいもありますが、それでもあなたがいると、その場は活気と生命力にあふれ、明るく輝き、快活な雰囲気になるのです。あなたはパーティーでも、遊んでいても、はたまた仕事をしていても、ものごとをつねに沸き立つ状態にしておこうとします。そうすることで、いわば永遠の若さ――はつらつとしてよくしゃべり、傍若無人で、いつも楽天的な状態――を保つのです。

あなたは多方面で、とくに音楽面で、生まれながらの創造性を発揮します。ポップスやクラシック音楽の世界で頂点に立てるでしょう。自分の心に浮かんだアイデアやイメージを自分の興味や才能と結びつければ、すばらしい創造性を開花できます。けれどももう一度立ちどまって、自分は本気で夢をかなえたいのか、気晴らしがしたいだけなのか自問してください。えてして、気晴らしで終わりがちですから。

## 大切なあの人とは？

一日のうちに、気分の浮き沈みがありませんか。あなたには、よい友人でいたいと思っているのに、すぐに恋愛感情をいだき、そのくせすぐに冷めるきらいがあります。本質的にロマンティックなあなたには、輝く甲冑《かっちゅう》をまとった騎士の役か、もしくは、助けを待つお姫様の役がうってつけ。あなたは、相手に飽きを感じていないうちはとても愉快な相手ですが、「憧れの君」が実はうぶな青二才で、それほど知的に刺激的ではないことに気づいたとたん――間違いなく成功するであろうつぎの勝利者に心を移します。

あなたは相手に、自分を大事に思うなら、つねに未知の部分をみせてほしいと思っています。その一方で、心の底で望んでいる安心感を与えてくれ、自分を理解し「守って」くれることも期待します。おかげであなたのパートナーは、あなたというスパイスで人生に味付けしてもらえるでしょう。けれどそんな関係は――長くは続かないかも。

**✖著名人**

ベティ・デイヴィス（女優）、ドリス・デイ（女優）、ヨゼフ・ハイドン（作曲家）、スパイク・ミリガン（コメディアン）、ラフマニノフ（作曲家）、ヘルベルト・フォン・カラヤン（指揮者）、ジャッキー・チェン（俳優）、筒井道隆（俳優）、金本知憲（元プロ野球選手）、鈴木明子（元フィギュアスケート選手）、杏（女優）

男は、自分の意見をいって一人前
女は、自分の意見をいうとあばずれ――ベティ・デイヴィス

「ここにはよく来るの？」
「交尾の時期だけ」――スパイク・ミリガン『ザ・グーン・ショー』より

**統合のためのイメージ**

フェンシングの達人が、タイトルを獲得する……カーレーサーがピアノを弾き、緊張をほぐす……ハイドンの交響曲『告別』

4

## 太陽＊牡羊座 ♈
## 月＊蟹座 ♋

# 繊細なるリーダー

### あなたのテーマ

**火×水**

芸術家気質：想像力が豊か：回りくどい自己主張：気まぐれ：感受性が強い：保護的：感情の起伏が激しい：自己中心的：きわめて個人主義的：排他的：責任感が強い：献身的：ロマンティック

あなたは生まれながらにして独立心が強く、同時に自己防衛的で神経の繊細な人です。時代の先をゆく大胆な詩人のように、あなたは恋愛や危険にまっしぐらに飛び込みますが、残念ながら、そのあとですごすごと退却させられることも少なくありません。

あなたは、複雑な要素の持ち主です。自己中心的なところと独立心のきわだって強いところがあり、それがカリスマ的魅力となっています。周囲の人は、あなたが心底自分たちの要望や動機に共鳴し、手を貸し、理解しようとしていると感じています。またあなたには豊かな発想力があり、想像力を働かせる仕事に天賦《てんぷ》の才があります。もっとも、創造したいという衝動がいつ起こるのかは、予測がつきませんが。創造的な自己表現をすること、そしてそれを目の高い観客にみてもらうことは、あなたが幸せになるために不可欠です。

あなたは状況を直観的に見極め、相手の受け入れやすい思いやりのある方法で、なおかつ適切なタイミングで適切な言葉をかけることができます。それは集団や個人の欲求を難なく汲みとれるからです。人は、あなたを生まれながらのリーダーとみなすことも多いでしょう。あなたには、初めは乗り気でない相手もやる気にさせるという特技があります。あなたが「相手にとって（同時に、あなたにとって）役に立つこと」を確信し、相手の理性と感情に訴えると、相手はその気になるのです。ただ、あなたが自分の考え方に固執しすぎたり、周囲への配慮が足りなかったりすると、抵抗や反発を招くことも。あなたは、極端に神経が細やかだと自認しているだけでなく（実際そうですが）、人を傷つけることを嫌います。その反面、生まれながらに自己中心的なところもあり、これは牡羊座の自己主張する欲求と、精神面でガードを堅めようとする蟹座の特徴から生じているのです。そのためときとして、自分の心配事を大げさに騒ぎたて、周囲の人の欲求よりも自分の欲求をはるかに大事にします。

逆説的に言うなら、あなたの最大の課題は、最も優れた資質である感受性の強さにあるのです。あなたはきわめてカリスマ的魅力にあふれたリーダーになれますが、自分自身と自分のアイデアが全面的に受け入れられないと、意気消沈し、自己憐憫にかられ、嫌味っぽくなりがちです。さらに、プライドが高く、自分のことをとても深刻に考え、いつでもきわめて主観的なものの見方をし

**あなたの最大の長所**

能弁なカリスマ的魅力：観客の心をつかむ人並みはずれた才能：過去の記憶をたぐりよせて、将来の予見を語る能力：プロジェクトや人間関係に自分から直接、熱心に参加する：きわめて独創的でドラマティックな詩のスタイルとセンスを持つ

**あなたの最大の短所**

個人批判を抑えきれない：従属したいという欲求と、ほかとは違う自分でありたいという欲求のあいだで葛藤する：神経が過敏で、自分を傷つけまいとするあまり、移り気で情緒不安定になり、自分の最良の才能と業績を台無しにする

ます。そのため、誰かと意見の食い違いが高じて、勝つか負けるかの状況に陥ることがあると、そのことをいつまでも根に持つこともあります。

自分が絶対に勝つとわかっている範囲内でギャンブルの高揚感を好むあなたは、ビジネスに才能を発揮します。あなたの課題は、安全確保と冒険――くつろぎのティータイムとはらはらどきどきのドラマ――に同時に取り組むことです。そうすることで、生涯、前進し続けるのに必要な、創造的な緊張感を維持できます。

## 大切なあの人とは？

あなたは、自分が大胆で独創的だと考えていますが、心の底には自分を大事にしてほしいという感情と肉体的な欲求を持っています。そのため、ロマンティックな恋の駆け引きに憧れますが、最後にはいつも庇護してくれる人を求めます。自分の感情パターンを掘り下げていくと、これまでの人生がいかに感情に左右されていたかに気づくでしょう。さらに深く自己分析すると、ふさぎこみ恨みがましい過剰反応をする自分の感情パターンが、子ども時代の人間関係に端を発していることがわかるでしょう。

あなたは、独立心と依存心を同時に持っています。そのため、孤独感が強すぎると、不安にかられ、自信を失い、ひねくれたものの考え方をするかもしれません。才能を確実に開花させるには、緊密で、愛情豊かな人間関係と、家庭内の安全が不可欠です。あなたが実力を発揮すれば、あなたの魅力、ウィット、ドラマティックな才能が、あなたの口から言葉となってあふれます。本領を発揮すれば、あなたが自らの最高の宣伝塔になれるのです。あなたは一匹狼ですが、思いのほか周囲の気まぐれに影響を受けやすい創造的な芸術家でもあるのです。

**✖著名人**

ジェフリー・アーチャー（政治家　作家）、シャルル・ボードレール（詩人、批評家）、ジェームズ・キャラハン（イギリス首相）、アレサ・フランクリン（歌手）、ロバート・フロスト（詩人）、ウィリアム・ホールデン（俳優）、エリカ・ジョング（作家）、チャカ・カーン（歌手）、デニス・クエイド（俳優）、マライア・キャリー（歌手）、村治佳織（ギタリスト）、中島らも（作家）

アメリカ人は、自分を金持ちにしてくれた苦難を息子たちに与えるすべを知りたいと願う金持ちの父親のようなものだ――ロバート・フロスト

千年を生きにしまさる思い出の、われにありけり――シャルル・ボードレール

**統合のためのイメージ**

すねたふくれっ面の子どもが、家を飛びだす……海上の稲光をともなった嵐が収まり、おだやかでまばゆい夜明けの光がさす……救世軍

5

太陽＊牡羊座 ♈
月＊獅子座 ♌

# 無邪気なる騎士

## あなたのテーマ

**火×火**

誇り高い：楽天的：社交的：熱狂的：遊び好き：冒険好き：頑固：創造的：想像力豊か：演出の才能：自己中心的：大きなことを考える：高潔：ロマンティック：のめりこむ：情熱的な理想主義者：人生に貪欲：指導者：英雄

あなたは強烈な個性の持ち主で、熱しやすく、ロマンティックで、冒険好きです。また、あなたの人生にかかわりのある人を温かく励まします。あなたは、自分のいるべき場所は世界の中心であり、そう念じることでたいていのことは実現するのだという強い信念を持っています。あなたは、自分が愛するものを知っていて、自分がよく知っているものを愛する人です。けれども、それはあなたのほんの一面でしかありません。

あなたは、回転が速く鋭敏で打てば響く頭脳と、激しく情熱的でのめりこみやすい感情の持ち主です。鋭い知性と熱い感情という強力なコンビネーションを持つあなたは、向かうところ敵なしです。人生（とあなた自身）をとてもロマンティックに考えていることに加えて、ある種の高潔さが、あなたの崇拝者を惹きつけてやみません。あなたのファンは、あなたの寛大さ、説得力、社会的な求心力、がむしゃらさに心打たれるのです。あなたは生まれながらの俳優で、お菓子屋にいる子どものように貪欲に、人の注目をさらう才能豊かで気ままなアーティストです。あなたは自分の人生や欲求や目標を神話になぞらえたり、自分自身の最高の演技を追求する英雄となり、自分が人生で果たすべき役割に夢中になります（ですから、自分の役割を演じられない場合には、とても不幸に感じます）。あなたは、優れた指導者にもなれます。それは、あなたがあなた自身でいるだけで周囲の人の心を動かすうらやましい才能を持っているからです。

一方、自我を満足させようとする欲求が強く、極端に走りがちなところもあります。あなたの虚栄心は傷つきやすく、精神的に大人になりきれない部分――自分の持論や名誉にけちをつけられると、かんしゃくを起こすところ――が、あなたの落とし穴になる危険も。わが道をゆくことを望み、自分らしくあるためには、「群れのボス」の役割を演じる以外にないことを自覚しています。あなたはボスの役割を堂々とこなし、周囲の人に自分が特別で重要な存在だと納得させることができますが、賞賛の上にあぐらをかいてしまうと、支配的で恩着せがましくなるきらいがあります。あなたはどこか、A・A・ミルンの戯曲に出てくる『ヒキガエル館のヒキガエル』のよう。物語のヒキガエルは、人生の壮大な冒険に心をときめかせる一方で、冒険のたびに忠実な仲間に自分の

### あなたの最大の長所

創造的なイマジネーション：さまざまな場でさまざまな相手に自分の考えを伝え、相手を簡単にその気にさせて味方につける能力：どんな環境に身をおいても自分は英雄になれるという信念で、人の心を動かす能力がある

### あなたの最大の短所

自分の立場からしかものをみず、子どもじみた主張をする傾向：前の仕事を仕上げ、残務を片付ける前に、いちばんおいしいところを味わおうとする：偽らざる自分を認めようとせず、人に支持され、賞賛されたいという自我の欲求を満たそうとする傾向がある

英雄ぶりを一から十まで見せようとします（「きみたちに楽しんでもらおうと思っただけだよ。『他者のために生きよ！』、これがぼくの人生のモットーさ」）。あなたは自分の人生を自分の思い通りにしたいと考えますが、成功の喜びを分かち合いたいとも思っているのです。

とても勇気があり、バイタリティーにあふれ、高潔な人です。あなたのドラマティックな生き方（失敗なども含む）だけでなく、人生をこよなく楽しむ生き方は、周囲の人の心を動かします。あなたはすばらしい教師であり、知識や情報を伝える伝達者です。創造力は涸《か》れることがなく、その熱意は人から人に伝わります。あなたは自分を上手に演出できる人。人は、そんなあなたにどんな秘訣があるのか知りたがるでしょう。

## 大切なあの人とは？

あなたはもともと、ロマンティックな人。このロマンティックなところは、人生、精神、頭脳、魂と分かちがたく結びついています。愛情と友情は、あなたの人生にとってとても重要です。あなたはパートナーに、思いやりだけでなく、熱情と崇拝を要求します。するとお返しに、あなたもパートナーに同じことをします。けれどそれだけに留まらずに、一時の燃える情熱に身を投じることも。

あなたはすばらしい忠誠心の持ち主ですが、その忠誠は、二人の関係にロマンティックなところがなくなったとき、試練にさらされます。また、いくらあなたが平凡な生活に関心がなくても、度を越すと、パートナーは忠実なしもべを務めることに嫌気《いやけ》を覚えることも。あなたには、愛する人を賞賛し尊敬したいという欲求もあります。あなたが欲しいのは、「1番（の人）」だけなのです！

あなたは親密な相手にはきわめて要求が多くなり、ときに性急で気分屋で人を怒らせるほど狭量《きょうりょう》になることもありますが、いっときの感情が収まれば、いつもはとても高潔で誠実な人です。あなたは相手を容易に見捨てることはありませんし、相手も楽観主義とバイタリティーを蓄えているあなたを見捨てようとはしないでしょう。

**✕著名人**

ジョゼフ・キャンベル（神話学者）、オリビア・ハッセー（女優）、ニール・キノック（政治家）、メラニー・クライン（心理学者）、アンドリュー・ロイド・ウェバー（作曲家）、グロリア・スタイネム（フェミニスト、ジャーナリスト）、ピーター・ユスティノフ（俳優、監督、作家）、マイケル・ヨーク（俳優）、木村佳乃（女優）、川原亜矢子（女優）、松本孝弘（ミュージシャン　B'z）

わたしは楽天的で、頑固で、好戦的な人間だ。
いずれにせよ、楽天主義者は、愚かにならぬために世界がいかに悲しい場所になりやすいか知るべきだ。
ただし、このことに日々改めて気づくのは、悲観主義者だけだ
——ピーター・ユスティノフ

**統合のためのイメージ**

若き兵士が、ものぐさで大食いの黒いドラゴンを退治し、本物の王からナイトの称号を受ける。兵士は清純な乙女と結婚し、二人はいつまでも幸せに暮らす。

6

太陽＊牡羊座 ♈
月＊乙女座 ♍

# 慎重なチャレンジャー

## あなたのテーマ

**火×地**

自己中心的だが義理堅い：ずけずけとものを言うが気が小さい：衝動的だが几帳面：人をまとめて管理する能力があり、親分風を吹かすが自信がない：単刀直入で率直：きわめて分析的で批判的：現実的な完全主義者

「いけ、いけぇ」「ちょっとまて」「やっぱりいっちゃえ」あなたの心の中で、こんな思いがせめぎあっていませんか。あなたには口うるさい面と、引っ込み思案で無口な面があるのでは？　几帳面だけれども、うっかり屋。心配性かと思うと、のんき。静かで落ち着いているときもあれば、人前でのべつまくなしにしゃべり、だれかれかまわず、ああしろこうしろと説教することもあるようです。

いずれにしても、あなたの心はさまざまな場面で、自分の持つ二面性から葛藤をくり返しているのです。そのため、自分の望みと正反対のことをしていることも多々あります。あなたには、思い切った行動をとり、自分の創造的な衝動を満足させたいところがあります。その反面、習慣や何かにつけ覚える罪悪感から、人のためになる生き方をし、自分に課された永遠の義務を果たすことが務めだと考えることも。そのため、ふと気づくと心の中で、利己的になり自分の好きなことをしたい欲求と、義務や大義が綱引きをしていることが少なくありません。

あなたは生まれつき控えめな人柄ですが、本当は、最も盛んに活動している舞台や、人が注目を集めている場所に出て行きたくてたまりません。というのは、あなたはたいてい一家言持っているからです。あなたは控えめでそつがなく保守的ですが、同時に、きわめて率直で理屈っぽく、批判的でずけずけとものを言うところもあります。内心力不足と感じていても、命令をくだす立場に立つことを好み、相手が自分に従うことを期待します（もっともあなたは、そんなことはないとむきになって言い張るでしょうが）。あなたは、ありとあらゆる人とものが、明確な役割を果たすことを望み、好き嫌いがはっきりしている傾向があります。このことは周囲の反感を買うこともありますが、やがては、あなたの率直でざっくばらんなところや、たいてい乱暴で、ときには傍若無人なこともあるユーモアのセンスまでもが一目置かれるようになるでしょう。

あなたが創造性を存分に発揮できるところは、あなたが生まれながらに持つ自己顕示欲と責任感の強い性格と、自分の任された仕事を確実に、誠実で律儀に、そして完璧にこなす姿勢とがマッチする分野です。あなたはおそらく、どんなことを始めても効率

**あなたの最大の長所**

本質や細部に気づき、分析し、批判する力がある：新たな技術を磨く能力がある：管理し、職務とやる気を結びつける能力がある：自分から進んで手の内を明かし、率直にものを言う

**あなたの最大の短所**

他人の弱点に不寛容：親分風を吹かせ、他人の気持ちに鈍感：自己不信と自責の念をもつ傾向がある：自分の影に隠れようとし、極端な自己批判から自分で下した決断を自ら台無しにする傾向がある

よく成果をあげ、経営者や管理職として活躍できるでしょう。ただし、出世の階段をのぼりはじめたときに欲求不満を覚えなければの話ですが。あなたは鋭い分析力を持っているので、どのような状況でも最も効果的な進むべき道を見極めることができます。また、自制心が働いているときのあなたは、起業家やオーガナイザーとして天性の才能を持っています。あなたには、成功したいという欲求と、リーダーとして天性の素質を発揮したいという欲求が強くあります。このコンビネーションを持つあなたは、軍隊など、強靭な精神と真の社会奉仕に熱意を持つ人物を必要とする職場ならどこでも、のびのびと才能を発揮できるでしょう。

支配者にもなりたいし、人に仕える仕事もしたいというあなたの心の葛藤を解決する最善策は、多くの場合、ある分野のエキスパートになること、あるいは、専門分野で高度な職人技を磨くことです。意識して自分を磨けば、あなたはすばらしい教師となり、教え子の悩みを見極め、挑戦する意欲を引き出してやれるでしょう。創造的な芸術家になった場合には、完璧な技術と卓越性、それに細部を見逃さない眼力を持った一流の工芸家になります。

ワーズワースのいう「小さな、名もなく、思い出されもしない、親切と愛の行為」のように、あなたは年齢を重ねるにつれ、頑固さとつつましさを高潔さへと昇華させ、世界をよりよい場所にしようと働きかけるでしょう。

## 大切なあの人とは？

あなたは、平凡な家庭生活への献身的な忠誠心と、刺激や冒険への強い欲求とのあいだで自分が葛藤しているのに気づくことが多いでしょう。そのためあなたは、結婚して身を固めるべきか、それとも、多数の異性と交際すべきかで悩みます。あなたが女性なら、本心を語り、タフで自己主張をする人間でありたいという欲求と、受動的で控えめで、なおかつ順応性の高い、持って生まれた本能とのあいだで葛藤することが少なくありません。慎み深い処女でいるべきか、それとも、ふしだらなあばずれになるかで悩むのです。

男性にせよ女性にせよ、あなたの生まれながらのつつましさとせっかちで激しい面が結びつくと、カリスマ的な魅力に磨きがかかり、ワーズワースのいう「独り居の喜び」と恋愛を追う楽しさがどちらも味わえます。

**著名人**

ロバート・A・ブロック（作家）、ジョージ・ジェッセル（俳優）、J・P・モルガン・シニア（銀行家）、ウィリアム・モリス（画家、デザイナー）、ベッシー・スミス（ジャズ・シンガー）、ドロシー・テューティン（女優）、エーリッヒ・フォン・デーニケン（作家）、ウィリアム・ワーズワース（詩人）、アメデエ・オザンファン（画家）、堂本剛（タレント）、鳥山明（漫画家）、大友克洋（漫画家）

詩とは、力強い情感がおのずからあふれでたもので、……静寂のなかで呼び起こされる……きわめて強い情感も、世間の喧騒のなかでは、多くの場合、ごくかすかにしか聞こえてこない

――ウィリアム・ワーズワース

**統合のためのイメージ**

外科医が向こう見ずな手術をする……金属工が手の込んだ傑作をつくる……ウィリアム・モリスのデザイン……完璧さは善人の敵であるという記憶。

7

太陽＊牡羊座 ♈
月＊天秤座 ♎

# 敵を気遣う戦士

## あなたのテーマ

**火×風**

率直：魅力的：独創的：ひたむきな生き方：外見は自信たっぷりだが、内心は優柔不断：社交的：宴会好き：色っぽい：騎士道的：理想主義的：知的に早熟：自己中心的だが心優しい：純情：独立心と依存心が葛藤する

あなたは一生のうちに何度も、こう自問せずにはいられないでしょう。力を持っているのは、自分だろうか、それとも別の人だろうか。人とうまく折り合いたいという自分の欲求は、自分が自分であることを損ないはしないだろうか、と。

あなたは、創造的な自己表現をし、大いに社会に参加したいという子どもじみているともいえる強い欲求に支配される、陽気で、外交的で、野心的な性格の持ち主です。あなたは、自分の可能性や、自分が創造性を発揮すれば得られるはずの成功や賞賛について大きな夢を抱くでしょう。そのためあなたは、自分はほかのだれよりも1等賞をもらって当然と考えますが、やがて見るだけの力を持った観衆のおかげで1等がもらえたのだと気づきます。

心の中でロマンティックなことや、ときに英雄的なことを夢見ているあなたは、無理をしても、自分が思い描いた栄光への道筋どおりに強い夢を実現させます。ところが、周囲の人は自分と同じように英雄的なことと（最初から）みなしてくれるわけではないし、人生はあなたの夢を皿にのせて差し出してくれるわけでもないのだと気づくと、あなたは驚き、少なからず傷つくでしょう。しかし、他者の存在のありがたさを知ったあなたはさらなる強さを持つことができるようになるのです。

あなたは豊かな想像力の持ち主ですが、想像力は美徳であると同時に悪徳になる危険もあります。なぜなら、あなたは目の前のことに取り組まなければならないときに、空想にふけるくせがあるからです。ときとしてあなたはものぐさになり、なかなかやる気にならなかったり、夢を実現する気にならなかったりします。あなたは夢見がちで、もめごとは大嫌いです。それにもかかわらず、自分の夢を実現しようとして、くり返しもめごとを招くきらいがあります。あなたは人生に真摯に向き合い、感情をはっきりと表に出して、最善の結果を出そうと努めます。ところが、望んでいた良い結果がえられないと、すっかり輝きを失ってしまうことも。

これは、月が満月の位置にあるからです。こんなときにはたいてい、あなたの頭と心が相反する働きをしています。あなたは、人を喜ばせ、協調し、仲直りをし、手助けをしたいと強く願っています。これがあなたを生まれながらに外交的にし、勇敢だけど

### あなたの最大の長所

あふれんばかりの社交性とすばらしいホスピタリティー：理想主義と前途への希望：他人への思いやり：人に楽天的な見方をさせる能力：芸術的な想像力と才能：親しい相手にありのままの自分をさらけだせ、パートナーにありのままの自分を愛させる

### あなたの最大の短所

なかなか決断できない：頭でっかち尻すぼみ：欲求不満から信頼を損なう：自分の創造性よりも虚栄心をあおり、褒められたいという欲求を抑えない：前進すべきときに、すでに得た成功に甘んじる

戦略的で、一匹狼だけど正義を愛する人にしているのです。

ときには、あなたの厳しい批評眼や正義を求める本能が要因で、人間関係がぎくしゃくすることもあります。するとあなたは過剰に人に合わせようとし、最終的にとても欲求不満になります。そうなると、あなたは自分の感情がシーソーのようになって、上下をくり返すばかりで、どうしても目的地につかないように感じます。ときには、自分が自分を抑圧していると感じたり、自分の運命が人に決められていると感じることも。つねに愛され、感謝されていることを実感したいという欲求を持つあなたは、ある程度それが満たされると、大胆で積極的になります。あなたはチームワークを図り、集団でゴールを目指せば、さらに才能を発揮できます。またそうすることで、自分がリーダーとして天賦《てんぷ》の才に恵まれ、人を奮起させる能力があることに気づくでしょう。

## ② 大切なあの人とは？

あなたは本来、ロマンティックで献身的ですが、若いうちはかなりの浮名《うきな》を流すでしょう。けれども年齢とともに、良い関係を保つほうが幸せだと感じるようになります。「良い」関係とは、支えあい、刺激しあう、洗練された関係のことであり、同時に、対等な関係のことです。ただし、自分が指揮権を握っているとあなたが思える程度にですが。あなたは、気は張らないけれども、お祭り気分で刺激のある人づきあいを好みます。けれども、いざ対人関係となると、あなたの陽気さや根っからの純真さだけでなく、心の中に持っている重苦しさや複雑さが表面化するので、困惑したり逃げ出したくなったりします。あなたは「悪い」感情を持つと違和感を感じ、「良い」感情や「英雄的」感情を持とうとします。あなたは冒険を好みますが、感情的にせっぱつまった状態に直面すると立ちすくんでしまいます。こうした状態を招くのは、あなたの内面をつかさどる月星座である天秤座の影響です。

あなたは内心、成熟した人間関係を維持するのは困難だと感じているでしょう。それは、牡羊座が目指す独立と、天秤座の本能である依存と協調とを共存させなければならず、さらに、あなた自身が本当に幸せになるためには両者のバランスをとり、それを維持するのは容易ではないからです。あなたのジェットコースターのような感情の起伏をなるべく小さく抑えるには、相手に受け入れられ、慕われるためには、労を惜しんではならないことをできるだけ強く認識することです。

**✕著名人**

ジャン・ポール・ベルモンド（俳優）、リチャード・チェンバレン（俳優）、ジュリアン・レノン（ミュージシャン）、グロリア・スワンソン（女優）、アーノルド・トインビー（歴史家）、ジェームズ・デューイ・ワトソン（生物学者）、ウィルバー・ライト（飛行機のパイオニア）、さだまさし（ミュージシャン）、野口聡一（宇宙飛行士）、鈴木亮平（俳優）

自由を愛することは他者を愛すること。権力を愛することは自己を愛すること。

人を楽しませるすべは、楽しむことにある
——ウィリアム・ハズリット

代表なければ、全滅なし——アーノルド・トインビー

**統合のためのイメージ**

指揮者が、熱く力強い音を響かせるオーケストラを率い、完璧な音の有機体を脈動させ、聴衆を忘我の境地に引き上げる

# 8

## 太陽＊牡羊座 ♈
## 月＊蠍座 ♏

# 洞察力に富むタフな人

### あなたのテーマ

**火×水**

高潔な人柄：機知に富む：激しい：力強い：情熱的：きわめて積極的：説得力がある：野心的：力強い：芝居がかかる：カリスマ的

人生の荒波に立ち向かう際、正面から突入すべきか、あるいは何か裏の手を使うべきか。あなたは自分がとるべき道についてときどき頭を悩ませることになる運命にあります。

あなたの持ち味は、意欲とエネルギーと粘り強さをそなえた力強さです。あなたは自分が望むことを知っていて、やがてそれを達成するための直接、間接的な方法をみつけます。けれどもあなたは、この世は性急で率直、そして単純で人を信じやすいところだとみるか、疑い深く、信じられないところだとみるかで頭を悩ませます。また、自分を抑えてじっくり考え、揺るぎない決断をくだすか、危険を覚悟で一か八かの決断をするかで葛藤します。あなたのこうした二面性が足を引っ張り合うと、あなたは自分は何もしていないのに、不幸このうえないもめごとに巻き込まれたように感じます。人間関係が壊れ、友人だと思っていた相手に裏切られることもあります。けれども、あなたが筋の通った行動をとれば、勇気とユーモアがありカリスマ的魅力を持つ協力的なリーダーになれます。そして、限界まで努力し、決意以上のことをしようと覚悟を固め、世を正し、足跡を残そうとします。

人はあなたのことを、皮肉っぽく、ぶしつけで、自信過剰で、厚かましいとみることもあれば、やや孤独癖があり、心ひそかに固い意志を持つ人とみることもあります。けれど、多くの人の意見が一致しているのは、あなたの率直さと自分で選んだ道への邁《まい》進《しん》ぶりです。一方、大半の人は、あなたが周囲の人から良い評価を得られるかどうかをとても気にしていることに驚きます。たとえば、あなたはなんとか世界に影響を及ぼし、それを長く続かせたいと願っています。そしてそれによって、支持や感謝、それに盛大な賞賛を得たいと願い、必要としてもいます。けれども、行く手が阻まれたり、計画が妨害されたりすると、くよくよ悩み、ひねくれ、自滅的になることも。

あなたの秘密兵器は、自分に生まれながらの才能があるとわかれば、その才能を自ら信じられること。おかげであなたは、勝つまで屈することのない強い意志を持てます。同様に、自分だけでなく人の自立を助け、意欲と自信を持たせることができます。こうした創造的な才能を発揮するために必要なのは、エネルギーを傾けられる取り組みがいのある困難なプロジェクトです。若いうちは、大きな夢も必要です。

あなたにとって、人生はドラマ。自分を演出することなどお手

### あなたの最大の長所

高潔：自分や人それぞれの価値を信じる：こうと決めたらそれを貫く：大志：勇気：決断力：風当たりの強い困難な仕事をこなす力量：あらゆる障害を乗り越えて自分の考えや計画を推進する能力

### あなたの最大の短所

ナルシシズム：芝居がかったふるまいをする：称賛へのあくなき渇望：自分本位の決断：人に抑制されないと高圧的になり、情け容赦ないまでに性急で身勝手になる

のもの。そのため、自分が脚光を浴びるチャンスのある演劇やスポーツなどの分野に魅力を感じます。もっとも、あなたはどのような職についても、その職種で出世します。あなたは自信にあふれた天性のリーダーになりますが、同時に、人からよくみられたいとも思っているので、自分の主張が反発にあうと、弱気になり、ひねくれることもあります。

あなたの生き方は、シャープで洞察力に富み、理知的です。自分が何を達成したのかを見極め、天賦《てんぷ》の才である戦略力とリーダーシップで目的を達成します。生まれながらのリーダーであるあなたは、自分自身のことや自分の信条をこうと決めたら最優先する能力や、献身、カリスマ性、権力、秘密に近づき探りだす才能があります。軍事作戦や演習、ジャーナリズム活動で能力を発揮し、人の心理を見抜き、鋭く分析する能力など、さまざまな才能に恵まれています。

あなたは、スポーツにも関心を持つでしょう。ただし、意識的に目的を定めて、肉体、感情、精神の攻撃的な部分に方向性を与えてやらないと、とてもひがみっぽく、欲求不満で、自滅的な面が出てきます。さらに、正真正銘の人嫌いになり、傲慢でかんしゃくもち、無作法でへそ曲がりになることもあります。一方、あなたは高潔の人でもあります。気さくで正直で、目にしたことや感じたことをその通りに口にすることを好みます。この竹を割ったようなさっぱりした気性のおかげで、あなたは若さや心の広さを保ち、いつでも積極的に新しい発想や経験を取り入れることができるのです。一方、人間の弱さについて、あなたが持っている強烈で鋭く痛烈なウィットや、ひねくれた皮肉は、あなたを一級のユーモアの持ち主にすると同時にコメディアンに仕立てます。

## 大切なあの人とは？

恋愛となると、あなたはロマンティストそのもの。とても性欲の強いあなたは、中途半端な恋愛はしません。あなたは肉体的欲求も強いので、身も心も捧げられる恋愛関係を築く必要があります。

あなたは、自らの敵は自ら倒す人に惹かれます。その一方で、ロマンティックで勇敢な十字軍兵士の精神で、深手を負った無力な鳥を救うこともあります。すると、その鳥から自分の強さを必要とされ、無条件の献身的愛を発揮する場を与えられることで、あなたは満たされます。

きわめて貞節か、きわめて浮気性かどちらかのあなたには、十人並みの関係はありえません。

### 著名人

ウォーレン・ビーティ（映画俳優）、ジェームズ・カーン（俳優）、チャーリー・チャップリン（俳優）、フランシス・F・コッポラ（映画監督）、ヘンリー・ジェームズ（作家）、ヴィルヘルム・レントゲン（X線を発見した物理学者）、アルトゥーロ・トスカニーニ（指揮者）、ソーントン・ワイルダー（作家）、エリック・クラプトン（ミュージシャン）、江口寿史（漫画家）、松本明子（タレント）

精一杯生きよ……自分の人生があるならば、特別なことをするかどうかはそれほど重要ではない。それがなかったとするならば、何があったというのか――ヘンリー・ジェイムズ

結婚生活の醍醐味は、けんかにある。そのほかは、どういうことはない
――ソーントン・ワイルダー

### 統合のためのイメージ

チャーリー・チャップリンが、悩める乙女を救う……情熱的な女性が信条のために自分の身を売る……映画『ゴッドファーザー』

9

## 太陽＊牡羊座 ♈
## 月＊射手座 ♐

### あなたの最大の長所

人に伝染する楽天主義：起業家精神：周囲の人にたいする強い影響力。あなたに必要なのは、自分の直観力を活かす余地があり、挑戦しがいのある刺激的な仕事です。細部がなければ一般論も成り立たず、発明には試行錯誤が必要なこと、そして、いくら無限の可能性がある世界にいても、可能性だけでは仕事が片付かないことを忘れてはいけません

### あなたの最大の短所

大げさな哲学的思索：動き回り、決してじっとしていない：人間的な感情に鈍感：現実の物質世界がもどかしくてたまらない：話し方に子どものような無邪気さが残るほど完全な自己陶酔：自分の向こう見ずな一面で、物質的安定を台無しにしてしまう

# 未来を夢見る冒険家

## あなたのテーマ

**火×火**

夢想家：神経過敏：探検家：こらえ性がない：断固たる姿勢：おしゃべり：自信がある：強い確信：元気がよい：楽天的：寛大：遊び好き：誇張する傾向：歯に衣きせない：負けず嫌い：親しみやすい：冒険家

あなたには、ぬくもりがあり、生きる喜び、日々の暮らしの苦楽をいとも簡単に克服する能力があります。あなたは、その能力のおかげで、だれも太刀打ちできない人生の勝者になることもできるでしょう。あなたの強い生命力と独立心に、人はなかなかついていけません。ですから、あなたの家族や恋人は、しっかりとシートベルトを締め、予期せぬことが起こるかもしれないと心の準備をし、冒険を楽しむ必要があります。そうすることではじめて、あなたの「大きく広い」人柄に感謝することができるでしょう。

あなたは活動的でとても情熱的、そして驚くほど社交的です。あなたの空想癖とあなたが発散する強い生命力が結びつくと、人は思わず、あなたがいくつも暖めている刺激的な計画や持論を支持してしまいます。あなたはじっとしていることができず、しょっちゅう動き回るので、動き回れる空間を必要とします。あなたにとって、人生は壮大な旅であり、わくわくするような可能性をたくさん秘めた壮大な冒険なのです。あなたは、人と会うと楽しくなり、気分が爽快になり、生の喜びや、人生を心から楽しんでいることを全身で表現せずにはいられなくなります。それが人の心を動かし、やる気にさせるのです。ただし、あなたが知的な交流や、モラルや社会的な信条など世間の関心が高いことがらに携わる場合には、このかぎりではありません。

ストレートにものを言い、このうえなく名誉を重んじる直観力の鋭いあなたは、どうしても、現在ではなく将来に目が向きます。日常生活の単調な決まりごとに安心感を見出すよりは、刺激のある将来を手に入れることのほうに関心を持ちます。概念に関心を持つあなたは、法律や宗教、あるいは学問の世界に興味を持つことも。また、先読みやリスクがつきものの世界に興味を持つことも少なくありません。それがたとえほかの人、つまり現実的な人にはピントはずれに思える場合でも、どの解決法をとれば、明るい未来に通じる扉の鍵が魔法のように開くか、あなたは「感じる」のです。つまり、あなたにはどのような状況にあろうと本質を即座に見抜く能力があるため、順を追って考える左脳の論理的な思考法を無視することが多々あります。あなたにとっては、日々の暮らしに起る出来事よりも「勘」のほうが現実的。人生とは、(勝つとは限らなくても）遊びがいのあるゲームであり、想像力への

挑戦であり、何かを作り改革したいというあなたの強い思いを実験する場なのですから。

けれども、こうした勘に頼る生き方は、自分自身も家族も不安にさせます。自分の心に忠実であろうとする――自分のしたいことをする――と、日常生活ですべきことをおろそかにすることになり、その結果、あなたの日々の暮らしは混乱することも。けれどたとえ失敗しても、自信が打ち砕かれることはありません。あなたのモットーは「虎穴に入らずんば虎子を得ず」。あなたにとっては「大事なのはアイデア」であり、ものごとは最終的に「万事うまくいく」と思っています。このうえなく楽天的なだけでなく、きわめて高潔でやや傲慢なところも持っています。あなたの人生でいちばん大事なのは、自分自身をのびのびと自由に表現できること。何よりも自分の心を裏切らないことこそ、あなたの精神生活にとっては、何ものにも代えがたい美徳なのです。

## ② 大切なあの人とは？

感情面であなたは、情熱的で、単純で、きわめて熱しやすく、恋に恋するところがあります。あなたは、だれかにときめきを感じると、その相手に夢中になりますが、同時に、強い不安ともどかしさを覚え、ハードルを飛び越したい衝動に駆られます。にもかかわらず、相手の欲求や感情より自分を優先し、（相手が紅茶を飲みたいだけなのに）場違いな場面で、イデオロギーに熱弁を振るったり、なんとか「主義」について長々としゃべったりします。あなたは相手に自分が実際に何かをしなければならないと重荷に感じるので、相手との関係に、自分が動き回り、新たな冒険をする余地があることを確認したいのです。

あなたは何をしていてもしょっちゅう、キャンプに出かけたり、飛行機に乗ったり、パーティーに行ったり、新しい趣味を始めたり、といった気分転換をしたくなります。楽しまずにはいられないのです。あなたのすばらしさは、きわめて哲学的で真面目な問題を語っていたかと思うと、くだけた笑いへと、瞬時に切り替えができるところです。

### ✕ 著名人

サミュエル・ベケット（劇作家）、ダーク・ボガード（俳優）、ロバート・フラッド（形而上学者）、エーリッヒ・フロム（心理学者）、ガス・グリソム（宇宙飛行士）、トマス・ホッブズ（哲学者）、ラビ・シャンカール（シタール奏者）、ヴィンセント・ファン・ゴッホ（画家）、リチャード・アルパート（＝ラム・ダス、心理学者）、エマ・ワトソン（女優）、山下智久（俳優）、西城秀樹（歌手）

人の主な努めは、自分に可能性のあるものになるために自らを産み落とすことである。人の努力のなかで最も重要な成果は、その人自身の人格である
――エーリッヒ・フロム

習慣は、人の感受性を麻痺させる
――サミュエル・ベケット

### 統合のためのイメージ

子どもが、あまり旅人が通らない道をたどりながら、遠くの魔法の城に向かって矢を射る

10

## 太陽＊牡羊座 ♈
## 月＊山羊座 ♑

### あなたの最大の長所

人を惹きつける強い力がある：頭の回転が速く現実的で、状況を正確かつ迅速に見極める：問題解決に際して力を発揮する慎重さと大胆さをあわせ持つ：生まれながらのリーダーとしての能力：人生の一瞬一瞬をひるまず懸命に生きる

### あなたの最大の短所

あなたの個性である人を惹きつける強い力が、自分より弱い人を圧倒しかねない：不適切な状況で征服欲を発揮する傾向：個人的な人間関係で、あまりにぶっきらぼうで、ビジネスライクな態度をとる：自分が支配権を握り、自分を「トップ」として認めさせたいという一方的で抗いがたい欲求がある

# 正義感の強い実際家

### あなたのテーマ

**火×地**

歯止めがきかない：野心的：情におぼれない：横柄：情熱的で強引：実用的な知性を持つ：とぼけたユーモアセンス：分別がある：熱烈：しつこい：好戦的：優れたオーガナイザー：現実主義者：勝利者：ボス

あなたは、やり手の現実主義者であり、一匹狼の伝統主義者です。若いうちは、もてあますほどのエネルギーと野心が、あなたを生存競争へと駆り立てます。これはかならずしもあなたの人生が闘いそのものというわけではなく、人生は困難への挑戦のくり返しのようなものだと感じるということです。ですから、生きていることを実感するためにあなたに必要なのは、何にもまして挑戦することなのです。

チャンスに目端《めはし》が利き、若くして成功する素質のあるあなたには、体制側の一員になることもできるのに、不当に厳しい法律や慣習に何度も戦いを挑もうとするところがあります。あるいは、夢のある新しい製品や企業をつくる創造的な起業家になるかもしれません。あなたが携わっている仕事がなんであれ、独創性と永続性、ひらめきと忍耐力の両面性をあわせ持つ仕事であることが多いでしょう。

あなたにとって政治は、得意分野。あなたが大鉈《なた》を振るえるのも、この政治の世界です。あなたの妥協を許さない率直さと新鮮な視点は、惰性で仕事をしている周囲の人に衝撃を与えます。しかも、自分の挑発が周囲の人のメンツをつぶし、脅かそうと、あなたは手を緩めません。あなたは、自分が仕留めようとした獲物が完全に息の根を止めるのを見届けるほどの強靭な意志と心臓の強さを持っているのです。あなたは法を遵守し、法の枠組み内で、ただしぎりぎりの範囲内で活動するすべを身につけます。なぜならあなたは、制度の枠を限界まで広げ、自分が個性を発揮できるスペースをつくらなければならないからです。そして、あとから来る者のために足がかりを残しておくのです。

あなたは、自分がしようとしていることを事務的に表明すると、それを実行します。感情をあらわにすることはほとんどなく、牡羊座の特性である華やかさもあまり目立ちません。とはいえやはり、あなたは自分の関心のあることについては、はっきりと主張します。あなたには、どこか庶民のヒーローになろうとする面や、現実的で気取りがなく、ひょうきんなところがあり、手厳しいウィットや抑制のきいた皮肉を口にします。あなたはたいてい、ユーモアと皮肉を用いて、自分の言いたいことを伝えようとします。

あなたは、健全で確固たる理想を追い求め、いったん自分が進むと決めれば、その道からそれることはまずありません。あなたは、自分が間違っていることが明らかになるまでは、つねに自分が正しいという前提にたっています。そのため、あなたに歯向かおうとする恐れ知らずの敵をつくりやすい面も。あなたは、生まれつき傲慢でこらえ性がありませんが、その一方で、一途に真実を求め、だれであれ相手の勇気を尊重します。自分が新たに学ぶべき強さと知識が相手にあるとわかると、いさぎよく負けを認めます。

あなたは、勝ちたいと願っています（そして、たいていは勝ちます）が、あなたにとって何にもまして重要なのは自尊心と高潔さを保つことです。これは、個人的な人間関係にもあてはまります。仕事上の夢や個人的な挑戦に取り組む際にも、成功するための脇役として自尊心や高潔さを保つことを重んじます。そして、挑戦を糧《かて》として成長していきます。

## 大切なあの人とは？

あなたの恋愛姿勢は、あなたの仕事への取り組み方と同じくらい分別があり常識的でしょう。けれど、あなたがパートナーに自分の言い分を納得させることにこだわりすぎると、ただ抱き合いたいと思っているパートナーはあなたを少しうっとうしく感じるでしょう。

あなたは、基本的にとても自制心が強く、いつも周囲を支配しようとします。そのため、衝突を心の通い合いと勘違いすることも多いでしょう。家族や恋人は初めはすぐに傷つきますが、やがてあなたとの衝突を避けるすべを身につけます。いずれにしても、あなたは率直で隠し立てがなく、恋愛でも仕事でも、成功するために自分がすべきことを学ぼうという意欲を持っています。おそらく成功に必要なものは、すでに持っているはず。ただし、勝とう、無駄を省こうと思うあまり、プライベートをないがしろにしてはいけません。成功への道のりの途中、バラのかおりを楽しむことを忘れないでください。さもないと、トップにのぼりつめたとしても、きわめて孤独になってしまいます。

**✖著名人**

A・ゴア（アメリカ副大統領）、デヴィッド・リーン（映画監督）、J・メージャー（イギリス首相）、エリザベス・モンゴメリー（女優）、サラ・ヴォーン（歌手）、サラ・ジェシカ・パーカー（女優）、リーズ・ウィザースプーン（女優）、アイルトン・セナ（F1レーサー）、浅田彰（評論家）、小川洋子（作家）、上原浩治（プロ野球選手）、高橋由伸（プロ野球選手）、広瀬香美（歌手）

わたしが21のとき、賢者がこう言うのを耳にした。
銀貨も銅貨も金貨も与えなさい。だが、心を与えてはいけません
——A・E・ハウスマン

現下の大問題は、言論や多数決では解決できない……鉄と血によってこそ解決できる
——オットー・フォン・ビスマルク

**統合のためのイメージ**

若き兵士が、自由と個人の人権のためにひときわ勇敢に戦ったとして王から褒美を与えられる……コロンブスがアメリカを発見し、新たな世界秩序が誕生する

11

太陽＊牡羊座 ♈
月＊水瓶座 ♒

### あなたの最大の長所

口が立つ：広い知識：精力的で熱心：人に興味がある：視野が広く個性的：生まれながらのカリスマ性：理想主義

### あなたの最大の短所

あなたの社会観のために、周囲の人を犠牲にする利己的な愛他主義：人の感情に無神経：人生や人に理性的過ぎる姿勢をとる：実際のこまごましたことや退屈な日常業務に我慢できない：エリート志向

# 自由を愛するパイオニア

## あなたのテーマ

**火×風**

利己的だが利他的：すばらしい発想が豊富：親しみやすい：人あたりがよい：外向的：熱心：辛辣：鋭い：分析的：社交的：進歩的：革命的：社会運動家：ドラマティック：きわめて個性的

あなたには、つぎのような二面性がありませんか。自分のことで頭がいっぱいの激情家と、社会を批判する批評家としての面。情熱的な革新主義者と、私心のない傍観者の面。それとも、こうした両面を結びつける方法をみつけたでしょうか。

あなたは人から自己中心的だと見られることも多いでしょう。しかし、人が皆あなたは自分のことで頭がいっぱいだと見切りをつけかけたときに、あなたは周囲の人が必要としている真の友情を発揮したりします。あなたには、とても洗練された面と、とても利己的な面があります。あなたは、世界に自分の名を刻みたいと思っていますが、そうすることで人を傷つけたくないとも思っています。もっとも、人はそんなあなたの言うことを鵜呑みにできないでしょうが。エンジンを空ぶかしせず、全開にしているときのあなたは、さまざまな才能を発揮できます。独創的で創意に富み、生まれながらの先駆者であり、起業家であり、そして進歩的な信条を掲げる指導者でもあります。偉大な改良者となって全体像をつかむ能力もあり、ものごとを幅広くきわだって異なる視点から見ることで周囲を感化することもできます。あなたは、一般の規範に従わない、一匹狼にして異端者としての自分の生き方に照らして、魅力的なことがらであれば、なんにでも積極的に関心を示します。あなたは、すでに着手したことをどう終わらせるかを考えるより､新しい計画や構想を練ることに刺激を感じます。なぜなら、決まりきった日常業務は、あなたにとって死ぬほどつまらないからです。あなたに向いているのは、自分が興味をもてる自由業に就くことです。その一方で社交性も高いので、自分が上に立てさえすれば､他人と協力することもできます。あなたは､自分の非凡な才能をかなり高く評価しています。自分で自分に満足するためには、あなたがイニシアティブをとり、あなたが自由に研究し、洞察力を発揮できるところを仕事や遊びの場に選ぶといいでしょう。

鋭敏な頭脳を持つあなたは、知的な挑戦を楽しみ、人と異なる視点からものごとをとらえることができます。また、論争し、現状に異論をはさむことを好みます。自分は進取の気性を持つ型破りな人間であり、異端的な人間だと感じることも。とくに政治、映画、ファッションなど、あなたが自分を表現する際に、あなたは社会規範に従わず、独創的で、一匹狼になります。そして、ほかの人がまだ思いつかない視点から、孤立無援で議論をするときに無上の幸せを感じるのです。このようにあなたは、勇気と想像力の両面を持ち合わせています。それはあなたが生まれながらの活動家で、強く確信していることを実行に移せる人だからです。

友情と社交は、あなたにとってとても重要です。そのためあなたは、人生のあらゆる場面で、利己心をとるか公益をとるかで悩むでしょう。あなたは、あるときはエリート志向の立身出世《りっしんしゅっせ》を願う人間になり、ここ一番のチャンスを虎視眈々《こしたんたん》と狙いながら、天性のカリスマ性と仲間を説得する能力を発揮します。またあるときは、自分の時間とエネルギーを社会的、経済的に恵まれない人に振り向けます。こうした二面性は、福祉国家を目指す急進的な自由主義者から企業利益優先の自由企業制論者に転向するようなもので、あなたの思想上、あるいは政治上の仲間を混乱させます。もしこうした二面性を野放しにしておくといずれ、自分の利益は他者への奉仕でもあるという「進歩的な利己心」をいだくようになり、魅力的で人間味のある広い視野を持つとは言い難い人物ばかりを友とすることになるでしょう。

## 大切なあの人とは？

あなたは、とても「人間好き」で、一人一人の違いに興味を持ち、たいていのタイプと仲良くできます。けれども、あなたが十分に認識しておかなければならないのは、ロマンティックな情熱と冷静で超然とした二つの面を持つコンビネーションに、あなた自身が当惑を覚えるかもしれないということ、そしてそれ以上に、あなたのパートナーが当惑するだろうということです。たとえば、情熱的な冒険心に駆られて、強く惹かれた相手を追いかける一方で、あなたの生まれながらの本能は、個人的な友情や知的な交際を求めるのです。

同じように、あなたはセックスのことが頭から離れないこともあれば、セックスをユーモア交じりに軽くあしらうこともあります。あなたの情熱は友情に変わることもあれば、友情が燃えるような情熱に変わることもあります。あなたは無意識に母性的なタイプの人に惹かれますが、あなたに必要な相手は、長期間パートナーとして支えてくれるだけでなく、はらはらさせられることもある相手です。

**著名人**

ピーター・ブルック（映画・舞台監督）、デビッド・キャシディー（歌手）、ジョーン・クロフォード（女優）、スティーブ・マックイーン（俳優）、デビー・レイノルズ（女優）、テネシー・ウィリアムズ（劇作家）、ヴィクトリア・ベッカム（セレブリティ）、ラッセル・クロウ（俳優）、ケイト・ハドソン（女優）、忌野清志郎（ミュージシャン）、岡本綾子（ゴルファー）

おれはあわてて結婚、ゆっくり後悔するってわけかい
――ジェームズ・ブランチ・キャベル

自由であるということは、自分の人生を手に入れたということだ
――テネシー・ウィリアムズ

**統合のためのイメージ**

勇敢な十字軍兵士が、剣をコンピューターチップに変えて、ニューエイジ哲学を放送する……好戦的なフェミニストが、セクト主義ではないコミューンの一員となる

## 12

### 太陽＊牡羊座 ♈
### 月＊魚座 ♓

# ロマンティストの戦士

## あなたのテーマ

**火×水**

ロマンティック：移り気：愛情深い：せっかち：戦士：情熱的だが内面は小心：希望にあふれている：思慮深い：神経質だが意欲旺盛：日和見主義者ではない：芸術的：スタイリッシュ：インスピレーション豊か：想像力豊か：表現力豊か：個性豊か

あなたはどこか優しい巨人のよう。強いけれど自信に欠けて、単純だけれど夢見がち、一匹狼でいるくせに、心優しくてほかの人から愛されることを望んでいます。指導力もあって意欲に満ち、さまざまな分野で先頭を切ろうとするでしょう。ただ、表面的なその外向性や強さとは裏腹に、内側では自信のなさと臆病さに揺れ動く自分がいて、どうしてあんな難しいことに挑めたのか、なぜあんな大口を叩けたのか、くり返し自問しているのではありませんか。

あなたの一面は独立心が旺盛で衝動的、意欲に満ちていて社会的な不正義には断固反対する性格です。自分を力強く主張するとき、何かを実現させるとき、行動を起こすとき、心を奮い立たせるのはあなたのこの部分。けれど、もう一面のあなたは、自己顕示やリスク、まばゆい光を恐れていて、外の世界よりも自身の部屋、心の奥の院に隠れ込もうとします。この面のあなたはくよくよ考えたり心配したり、ときには白昼夢に逃避することすらあるでしょう。そして活発な面のあなたが自分を強く打ち出して心を奮い立たせたあとに自己嫌悪に陥るのです。あなたは自分が求めるものをはっきりと知っているのですが、しかし、その求めるものを要求することは厚かましいと感じているわけです。何をすべきかもわかっていて、実際にその冒険に打って出ることもできるのですが、そのあとで、突然、自信のなさにさいなまれ、結局だれにも、本当の自分の気持ちや目的を理解されないのではないだろうかという自己憐憫の情に打ちひしがれることもあるのではないでしょうか。男性的な強さと女性的な受容性。大胆さとしなやかさ。利己的な気持ちと自己犠牲。危険を冒すことと夢想に逃避すること。これらが、あなたの抱えるジレンマなのです。

牡羊座の自我が持つ欲求と、魚座の自己犠牲の本能が、あなたの内面に葛藤を引き起こします。この葛藤を乗り越える、おそらく最善の方法はふさわしい仕事を見つけることにあるでしょう。あなたのキャリアがきちんと評価される仕事でありながら、ほかの人や人生そのものと情緒の部分でも深くかかわっているという感覚を与えてくれる仕事がそれです。あなたは個性的な個人でいること、それに多少の賞賛を受けることを熱望していますが、同時にあなたが存在するこの世界のなかにきちんと受け入れられ、

### あなたの最大の長所

豊かなイマジネーション：人生にたいする独特の哲学：経験にたいしてのオープンさ、柔軟さ：本当の自分自身をずっと捜し求めること：知的にも情緒的にも自分自身であろうとすること

### あなたの最大の短所

心配しすぎること。それはあなたの生命力を奪います：気分が変わりやすいこと。それは人間関係に影を落としあなたの気持ちを暗くします：情緒面で過敏なこと：現実よりも夢の中に浮遊しがちな傾向

浮き上がっていないという感覚を持つことも求めています。ある意味であなたは一匹狼ではありますが、その一方であなたは多くの友人や同僚に支えられていると感じることも必要なのです。

あまり一般的とはいいかねるアイデアをおもしろがるあなたは、自分を思いきって表現できる、好意的な環境にいることが重要です。あなたのそんなアイデアを紙、キャンバス、印画紙など、何かの上にかたちにすることができたとき、とても幸福を感じることができるでしょう。逆に人生があまりにも重荷に感じられるようになったときは、あなた自身のなかの現実主義者と理想主義者のギャップが広がったときです。そんなときは一度活動をやめて、自分の内側の感情や夢にふれあってみるべきです。そして、求められていると感じるものは、自分の内側から来ているのだということを確かめてみてください。あなたがなすべきことは、あなたの内なる豪胆な牡羊座と夢見る魚座、わがままな子どもと芸術的な詩人の二人のあいだに橋をかけ、そのふたつを媒介してゆくことなのです。

あなたの資質を最大に引き出せば、あなたは大胆な進取の精神を、ほかの人をいたわり理解する優しさと結びつけることができるでしょう。そして、あなたはこの世界になくてはならない本当の強い存在になれるでしょう。

## 大切なあの人とは？

あなたはとてもロマンティックな人で、親しい人間関係を求めていますが、しかし、望むものすべてを一人の相手から得られると思ってはいけません。情緒の面で言えば、人生のなかで一度は、あなたを落胆させるような人物との恋で傷つけられることもありそうです。そのときの心の痛みは、下手をするとあなたを飲み込んでしまうこともありますが、逆にそれがあなたを奮い立たせる燃料になることもあります。ある瞬間にはあなたは夢想的で恋のためにはすべてを捧げようとしますが、つぎの瞬間には自分のことにだけ関心を持ち、一人で生きていこうとします。情熱的でもあり優しいあなたは、相手を押し倒そうとする自分と相手に自分を投げ出そうとする二人の自分に引き裂かれそうになりますが、小さな犬に自分の強さをひけらかして、手なづけようとするようなことはしないことです。謙虚でいることが一番。

### 著名人

ハーブ・アルバート（トランペット奏者）、ロバータ・カウエル（性転換者）、ポール・ダニエルズ（魔術師）、リチャード・ドーキンス（遺伝子学者）、ヒュー・ヘフナー（『プレイボーイ』誌の創刊者）、ロバート・ローリー（作家）、アン・ミラー（女優）、八木沼純子（フィギュアスケーター）、吉田明世（フリーアナウンサー）

スイングしないなら、ベルを鳴らすな
――ヒュー・ヘフナー

小説においてはわたしはリアリストだ……それも超リアリスト
――ロバート・ローリー

### 統合のためのイメージ

世界チャンピオンのボクサーが、グリニッジビレッジのアーティストと出会って恋に落ち、結婚して、その後もぶつかりあいながらも、いつまでも幸福に暮らす

13

太陽＊牡牛座 ♉
月＊牡羊座 ♈

# 開拓精神にあふれた領主の魂の持ち主

## あなたのテーマ

**地×火**

決意が固い：力強い：強い欲望：自分の望むものを追及する：貫禄たっぷり：音楽的：芸術的：エネルギッシュ：変わらぬ情熱：独立心が強い：強力：利己的：断固として志を貫く：実践力や技術力に優れている：リーダー

荒野を切り開いてゆこうとする偉大な開拓者魂。そして、今、ここにある自分の領地の豊かな実りをしっかりと守ろうとする領主の魂。あなたの小さな胸のうちには、その両方が備わっています。そして、この二つがあなたのなかで葛藤や分裂をしながら、陰影に富んだ豊かな性格を創りあげているのです。

あなたには行動したいという欲求があるので、何かことを始めると、全身全霊で打ち込みます。けれど、いったん居心地がいいとなると、足を踏ん張り、てこでも動きません。自分の欲求や願望を直観的に察知できるあなたは、並はずれた決断力を示す一方で、人目もはばからずに利己的にふるまうこともあります。若いうちは、それが原因で波乱に見舞われることも。あなたには、人の承認や許可をじっと待つということが耐えられません。行動を起こすのも自分なら、それに終止符を打つのも自分。単刀直入で率直なあなたは、歯に衣着せぬもの言いをします。そして自分自身と自分の考え、それに自分の感覚に自信を持っています。自分の行動に疑問を感じたり、もっとよい方法があったのではないかと振り返ったりすることはまずありません。欲しいとなったらすべてを手に入れないと気がすまず、手に入れようと猛然と突き進みます。

あなたには、行動を起こし新規ビジネスを始めたいという欲求だけでなく、安定や安心やルーツを求める一面もあります。そのため内心に葛藤が生じ、いらだったりかんしゃくを起こしたりすることも。家庭にあっては、優しき独裁者といった存在になるでしょう。管理しコントロールしようという本能が強すぎて、あなたが自分のモットーと自負する「協調精神」（思い当たる節があるのでは？）が日常生活では棚上げにされるからです。あなたは自分の船の船長になる素質を持っていますが、もっと乗組員を大事にし、優しく対等に接するすべを身に付けないと、乗組員の反乱を招くかもしれません。

さらにあなたには、偉業を成し遂げたいという欲求もあります。実際、人の置かれた状況に目を配るよりも、持てる力を発揮して新境地を切り開くほうがずっと得意です。というより、現実的で働き者のあなたには、不平を口にする人や悩みを抱える人につきあっているひまなどありません。征服欲と達成願望が強いあなた

**あなたの最大の長所**

カリスマ性がある：自信がある：勇気がある：諦めることなく立ち向かう：自分に揺るぎない自信がある：天性の組織力と実践力を発揮し、夢を実現する

**あなたの最大の短所**

頑固：けんかっ早く、いばり散らす傾向がある：自己中心的：感情に任せて弱い者いじめをする傾向がある

には、夢見がちな人や繊細な人のことが理解しがたいと思えることも。

一方、抑えきれずに激情やかんしゃくを爆発させると、あなたは自分で自分の足を引っ張る恐れがあります。堪忍袋《かんにんぶくろ》の尾が切れたときのあなたの怒りのぶちまけ方は、子どもじみているとしか言いようがありません。けれども、自分をもっとよく知れば、怒りに向けるエネルギーを創造的な活動に振り向け、ビジネスもしくは芸術関係の分野で目覚しい成功を収めることができるでしょう。ただ、いざ夢を実現してしまうと、その成功のうえにあぐらをかこうとする傾向も見られます。たとえば『指輪物語』に登場するドラゴン、スマウグのように、宝の山の上から動こうとしないかもしれません。あなたには、才能を最大限に発揮して地位を確立したら、やがてはその蓄えで暮らしたいという欲求もあるのです。優れた起業家の資質や音楽や芸術の才能、そして家族を養う能力や家庭を切り盛りする才覚に恵まれたあなたは、夢の実現に向かってたゆまぬ努力をします。そしてその夢には、家族やパートナーのためを思うあなたの気持ちが込められているでしょう。

## 大切なあの人とは？

あるときのあなたは、まさに理性と分別の権化《ごんげ》のような人で、自分の舌で味わい、手でふれ、目で見、自分で理解できることにしか、時間やお金を注ぎ込まないように見えます。かと思うと、感情的としかいいようのない行動をとり、突飛な考えや奇想天外な思いつきを口にし、筋の通らない行動をとることも。

あなたはロマンティックで貞節ですが、相手がだれであっても、自分が優位に立てるチャンスは見逃しません。また、独占欲が強く、相手に多くを求めます。その欲求の強さをうまく調整してくれるパートナーが現れれば、寛大で遊び心のわかる楽しい一面を発揮できます。家庭生活を大事にし、家庭を喜びと創造的な趣味を楽しむ場にするでしょう。

一方、共同事業を始めた場合、あなたはすぐに主導権を握るでしょう。周囲の人も、あなたの手腕や指導力に絶対の信頼を寄せるようになります。けれども、あなたが人を惹きつけるのは、あなたの辛口のユーモアや、お祭り好きのせいでもあります。つまり、生命力にあふれ、常識はずれで、ひょうきんな面を発揮すれば、それだけ友人は増え、影響力も増します。けれどもそうすることは逆に、あなたが勝ち得た人や物を軽んじることでもあるのです。もしそうした人や物を大事にできれば、パートナーや恋人に我慢を強いる気まぐれな芸術家タイプを脱却し、近しい人にも創造的な刺激を与えられるようになるでしょう。

**✖著名人**

ロバート・ブラウニング（詩人）、ジョルジュ・ブラック（画家）、サルバドール・ダリ（画家）、スーザン・ハンプシャー（女優）、カント（哲学者）、ロベスピエール（フランス革命の指導者）、ラビンドラナート・タゴール（詩人）、スティーヴィー・ワンダー（ミュージシャン）、マルコムX（アメリカの黒人指導者）、ケイト・ブランシェット（女優）、岸田繁（ミュージシャン　くるり）、渡邊徹（俳優）

力は、自らの犠牲者たちの身もだえを忘恩とみなす。
果物を求める貪欲は、花を失わせる——ラビンドラナート・タゴール
詩はいずれも、有限の枠の中で無限を詠っている。
ああ、イギリスにいれば、いまは4月——ロバート・ブラウニング

**統合のためのイメージ**

黄金のつまった海賊の宝箱が発見され、すでにとてつもなく豊かなチンギス汗帝国をさらに潤す……あたり一面に咲き乱れるブルーベルに狂喜乱舞する

14

太陽＊牡牛座 ♉
月＊牡牛座 ♉

# 実直な官能主義者

あなたのテーマ

**地×地**

官能と自制の葛藤：自然を愛でる：現実的：協力的：確実性を追及する：ゆっくり着実：沈着さとかんしゃくの葛藤：商才にたけている：生まれながらのカウンセラー：辛らつで悪意あるユーモア：独裁的：所有欲が強い：ものに動じない

あなたは、人生とは喜びに満ちた謳歌《おうか》すべきものであると感じることもあれば、秩序正しく管理すべき実務のようなものであると感じることもあるのでは？　そのため、怠け心や生理的欲求に身を任せたいという思いと、禁欲的で慎重な自制心を保ちたいという思いのどちらをとるかで心が揺れます。同様に、神秘主義者のように自然を愛する気持ちと、会計士のようにドライに人生をとらえようとする気持ちのどちらをとるかでも葛藤が生じます。

あなたは生まれながらの官能主義者です。あなたが喜びを感じるのは、食べ物の味やにおい、音楽の響きや田舎に特有の物音、物の手触り、人生や芸術を目で見ることなど、あるがままの自然です。一方あなたには、自分の肉体をはじめ、変化する物質世界を支配したいという欲求もあり、ともすると目先の快楽を求める感情や願望を無視することも。いずれにしても、あなたが何よりも大切にするのは、自分、家族、パートナーの心身の安全です。

あなたは何をするときも、基本あるいは、ほぼ確かなことやわかりきったことを追求します。同時に、ものごとを定義し、基礎を固め単純化します。抽象的な理論はもどかしいと感じるのです。その一方で、ものごとは理論に基づいて判断すべきとも考えているので、頑固で押し付けがましいことも。あなたの判断基準は、役に立つかどうか。言ってみればあなたは、経験の力と自分の目で直接見ることを重んじ、実地体験をさせる教師なのです。

あなたはこの世を動かす基本的なものごと——喜びやセックス、安心や安全、それに金銭といったもの——をよく理解しています。ビジネス、心や体を癒す職業、それにカウンセリングでその才能を発揮できます。仕事は、あなたが最も充実感を得られ、創造力を発揮できる場です。心を込めて人の世話をする才能と、人を喜ばせる才能を同時に発揮でき、なおかつ手ごたえを実感できるからです。あなたにいちばん適している分野は、料理、音楽、絵画、家庭を築くこと、保育や看護、カウンセリング、教育、さらには自分の関心分野での起業です。

あなたはとても現実的な人ですが、自分の価値観にこだわりすぎる傾向があります。確かにあなたは、ビジネス、芸術、科学、心理のいずれの分野に進んでも、生まれながらに持つ良識をいかんなく発揮できるでしょう。人はそんなあなたに、しっかりした

**あなたの最大の長所**

物腰が親切、穏やか、協力的：論理的思考：辛抱強い：現実主義者で実務能力が高い：言うべきことをはっきり言う能力があり、世界に秩序、安定、確実性、安心感をもたらす

**あなたの最大の短所**

自分の怒りの感情とうまく折り合えず、激しい憎悪の形で直接、間接に暴発させる：所有欲が強い：想像力が欠如している：頑固で強情：自分と意見の違う相手に不寛容

根拠に基づいた健全でストレートな洞察力を示すことを期待します。日常のあなたは、ゆっくり着実かつ確実、物静かで、控えめですらあります。それだけに人はギャップを覚えるのですが、あなたは歯に衣着せず辛らつで、ときに卑猥なユーモアを口にすることがあります。

あなたには、しっかりと地に足をつけて人に行動で思いやりを示せるすばらしい能力があります。あなたがきわめて健全で安定していることは、周囲の人に強い安心感を与えます。「岩」のように揺るぎない存在のあなたは、友人はじめ、だれからも頼りにされます。あなたはリビングルームではなくキッチンで、紅茶をティーカップではなくマグカップに注いで人をもてなすタイプです。目の前のことを楽しむ心のゆとりがあり、慌てず落ち着いていて、率直な姿勢の持ち主のあなたは、人の問題に対処する役回りを引き受けがち。けれどそうしたことが重なると、ときおり自制心を失ったかのように怒りを爆発させることも。日頃の落ち着いたあなたを知る周囲の人は、そんなあなたに当惑するでしょう。けれども、怒りが爆発する原因は、あなたが日頃、怒りを吐き出さずに秩序を優先し、人生の暗い面を避けて通ろうとしていることにあるのです。積もり積もった怒りや不満が爆発すると、自分でも収拾がつかなくなってしまいます。

あなたは人に理解や援助の手を差し伸べることができるので、だれからも頼りにされるでしょう。けれど、つねにそうやって自分の欲求を抑え込むのは、とても危険なこと。それが高じると、自分も見守り支えられたい欲求があることを示そうと躍起になる恐れがあります。

## ②大切なあの人とは？

肉体的な快楽を好む「地」のエレメントの強いあなたにとって、セックスは恋愛の重要な要素。とはいえ、遊び半分でセックスをすることはありません。むしろ、貞節さにかけては鈍重なまでに一途。あなたが恋愛に求めるものは、安心や安定、そして何にもまして確実性です。

あなたは相手に身も心も尽くし、貞節を貫きますが、同じことを相手にも要求します。また、つねに相手を独占し、同時に独占されたがります。そのためいったんパートナーと心が通じ合えば、「真実の愛と献身とは、愛情ではなく意志の力で成し遂げるものである」ことを身をもって示します。けれども安定をこよなく愛するあなたらしからぬ大きな例外が、ひとつだけあります。理性とは無関係に「火」のタイプに惹かれることです。「火」のタイプが自由に想像力を羽ばたかせ、直観力を発揮し、地図も見ず、必要物資を確かめもせずに未知の世界に飛び込む勇気を示すところが、あなたにはたまらなく魅力なのです。一方「火」のタイプも、あなたにとってはごく当たり前の安定感に惹かれます。

**✖ 著名人**

アーヴィング・バーリン（作曲家）、アンジェラ・カーター（作家）、スチュワート・グレンジャー（俳優）、ジャック・クラグマン（俳優）、ジョアンナ・ラムレイ（女優）、カール・マルクス（社会科学者）、フローレンス・ナイティンゲール（看護師のパイオニア）、アンリ・ポアンカレ（数学者）、ティム・ロス（俳優）、小山慶一郎（タレント NEWS）、田中直樹（タレント　ココリコ）

各人はその能力に応じて、各人にはその必要に応じて
——カール・マルクス

気ままな暮らし——アーヴィング・バーリン作曲『アニーよ銃をとれ』より

**統合のためのイメージ**

繁盛しているパン屋が、焼きたてのロールパンをほおばり大喜びしている子どもたちに囲まれる……愛情深い教師が、けんかを仲裁する

15

太陽＊牡牛座 ♉
月＊双子座 ♊

# 自然志向の都会人

## あなたのテーマ

**地×風**

心と身体の葛藤：緩急のリズムのくり返し：明晰で実際的な頭脳：押し付けがましいが軽薄：商才にたけている：魅力的なウィットに富む：説得力がある：日和見主義者

行動が機敏で如才のない快活な都会人の顔と、大自然のリズムに合わせて行動し生きることに真剣に取り組むスローペースな田舎者の顔。軽薄で熱しやすく冷めやすい浮気者の面と、情熱的で独占欲が強く貞節で一途な愛を貫く面。あなたには、どちらにも思い当たる節があるのでは？　そのため、心と肉体が乖離《かいり》し、自分を見ず知らずの他人のように感じることも。あるときは楽天的で束縛をきらう気持ちを抑えて極端に保守的な決断をするかと思えば、またあるときはふいに生じた羽目をはずしたいという衝動にまかせて行動してしまいます。そして、ようやく手に入れた安全や安心を失う危険を冒してまで、確実性や安定を求める強い欲求とは相容れない方向に向かうこともあります。

こうした二面性を抑え、うまく折り合いをつけられれば、自分が自然界を理解する才能と、ものごとを内面でどのように認識したか表現する才能に恵まれていることに気づくでしょう。あなたの生き方は、官能的な「地」のタイプと知的な「風」のタイプのコンビネーション。あなたには、実際に役立つ豊かな知力と、自分の意思を人にずばり直接伝える能力があります。これは、教師や科学者のみならず、作家、芸術家、ビジネスマンにとっても計り知れない貴重な才能です。あなたの創造力が開花するのは、あなたの持つふたつの面――堅実で現実的な面と、屈託のない陽気な面――がバランスを保っているときです。そんなときのあなたは、斬新なアイデアを思いつき、それを実践しつつ効果的にプロジェクトを運営し、多くの成果をあげられます。

あなたにはいたずら好きな子どものような一面があり、そのあふれる生命力と遊び心のおかげで、肉体が疲れていてもがんばりが利き、心がふさいでいても前向きになれます。けれど、肉体や精神を抑制し、安全確実を好む一面を優先させると、このいたずら好きな一面を否定することになります。その一方で、肉体よりも精神の欲求を重んじると、もっともらしい理由をつけて肉体的な快楽を全面否定することになります。そうなると、内面と肉体的な欲求はとてつもなく乖離し、この世に生を受けたからには味わうべき人間的な経験とは無縁の味気ない人生を送ることになります。ただし、こうした二面性とうまく付き合えれば、フレッド・アステアのダンスのように、流れるような身のこなしで人を魅了したり、サリバンとギルバートが作曲したコミックオペラのよう

### あなたの最大の長所

実際的な頭脳：優れた論理的思考力：性的な経験を言葉や遠大な構想へと変えられる：時間を上手にやりくりし、自分の考えに同調するよう人を説得できる

### あなたの最大の短所

砂をかむような、おもしろみのない人物になり、人生をあまり楽しまずに事務的な考え方をする傾向がある：一生、威圧的で大げさな物言いで自分の主張を通そうとする傾向がある：人の（同時に、自分の）感情面の欲求に無神経で、人間精神の高邁な志に共感しない

に、どこか人をくったおかしみが漂う喜びにあふれた音楽で人を楽しませたりできます。

あなたは人に自分の意思をうまく伝える才能に恵まれているので、生まれながらにして教師の素質を持っています。のみならず、メディア、出版、交渉、セールスに関連したビジネスの世界でも同様に活躍できます。さらに、ものごとの真価を見きわめ、それを表現できるという、人から見るとうらやましいほどの才能にも恵まれています。ですから、資金を運用したり、資金を調達する素質が生まれながらにあります。そうした才能を発揮すれば、自分自身にも会社にも、長期にわたって最高の利益をもたらすでしょう。

あなたは、無口で芯の強いタイプに憧れ、自分もものごとを黙ってじっくり考えられるようになりたいと思っています。けれども、自分の体験を人に伝えたいという欲求もあるため、つい感情にまかせて言葉を口にします。その結果、話し手としてはとてもウィット豊かですが、辛らつになります。というよりむしろ、独断的なもの言いをし、何か口答えをしないと気がすみません。けれども、あなたは強い意志の持ち主ですし、柔軟な物腰と口達者という天性の才も持っているのですから、自分の本音を隠すこともできるはずです。さらに、あなたにはきわめて現実的で、自分の行動を成果に結びつける生き方をしたいという欲求があります。ですから、人と付き合うときにも、相手に真正面からぶつかるのではなく、相手の反応を見ながら、いちばんうまく自分が相手に合わせられる方法をすばやく察知できるでしょう。

## 大切なあの人とは？

自分の気まぐれを自覚していない場合、あなたの恋愛は、あなたにとっても周囲の人にとっても、つねに悩みの種になるでしょう。あなたは決して感情的ではありません。むしろはた目にはとてもドライで、ものに動じず、超然としています。けれども、心の中は情熱的な官能主義者。そのため、蝶が花から花へとひらひら舞うように、つぎからつぎへと相手を変え、さらなる官能の喜びを追い求めます。ただ、関係を永続きさせ、相手を独占したいという欲求も強いため、相手を変えるだけではなかなか満足できません。あなたは恋愛にも、遊び心と良識の二面性を持ち込みます。けれども、忘れてならないのは、恋愛という感情による結びつきに「筋の通った」関係は、ありえないということ。いずれにしても、相性がぴったりすぎると、あなたは物足りなく感じるでしょう。

### 著名人

フレッド・アステア（ダンサー）、エカテリーナ2世（ロシアの女帝）テヤール・ド・シャルダン（哲学者、神秘主義者）、ジグムント・フロイト（心理学者）、ロバート・ピアリー（探検家）、デイヴィド・O・セルズニク（映画監督）、シャーリー・テンプル（女優）、東尾修（プロ野球監督）、槇原敬之（ミュージシャン）、宮根誠司（フリーアナウンサー）、泉谷しげる（ミュージシャン）、加藤晴彦（タレント）

イド（本能的衝動の源泉）のある場が、エゴ（自我）を存在せしめる
——ジグムント・フロイト

困ったことに、わたしの心は一刻たりとも愛なしにいることを望まないのです
——エカテリーナ2世

### 統合のためのイメージ

彫刻家が踊り子の像を彫る……ゆとりある出版社が新たなプロジェクトに着手する……レストラン経営者がおいしいスフレとメレンゲを出すと評判になる……科学者が自然の神秘について大胆な議論を展開する

## 16

## 太陽＊牡牛座 ♉
## 月＊蟹座 ♋

# 心優しき隣人

### あなたのテーマ

**地×水**
神経質で意志が固い、傷つきやすく意固地：世話をする：糧を与える：機略に富む：世界はみな家族：よく思われたがる：創意豊か：創造力豊か：想像力豊か：官能的：ロマンティック：不変の忠誠心：粘り強い

あなたが男性であろうと女性であろうと、どんな職業についていようと――ビジネス、ケータリング業、福祉関係、家庭、いずれに携わっていようと――、あなたは紛れもなく、この世界の偉大なる「母」です。どのような仕事にたいしても、あなたはしっかり守り、細やかに目配りし、育てようとする姿勢をとります。子どもに惜しみない愛情を注いで育み、自己犠牲を厭《いと》わない「母なる大地」タイプにも、幼いうちから子どもにたくましさと自立心を身に付けさせようとする「スコットランド人の乳母」タイプにもなれます。感情的というより感傷的なタイプにも、現実的で良識的なタイプにもなれます。

有名な『スポック博士の育児書』にならって、こうした両面をうまく結びつけられれば、あなたは教師であると同時に友人である理想的な親になれるでしょう。あなたは、とても思いやりと理解があり協力的なので、あなたが面倒を見たり、かかわったりしている人や組織を励まし、相手の最も優れた面を引き出すことができます。

あなたはものごとにたいして確固たる価値観を持っているので、ビジネスセンスや経済感覚に優れています。そのため、お買い得品を見きわめたり、資産を蓄え、増やしたりすることが得意です。しかもあなたは、人に守ってあげたいと思わせることもできるため、なおさらこうした能力をうまく発揮できます。事業家としてはダイナミックで積極的な自信にやや欠けるきらいがありますが、いずれにしても、内心では決意を固めており、どの分野であろうと自分で進むと決めた道を進みます。

あなたにとって、家庭とつねに緑のたえることがない庭は、とりわけ大切です。あなたは、身も心も安らげ、同時に快適な「巣」を作ろうとします。あなたは生まれついての「よき隣人」です。あなたにはどちらかというと、口数が少なく引っ込み思案、というより自分をさらけ出したがらないところがありますが、周囲の人にたいして強い責任感を持っています。そのため、兄弟姉妹が家を離れて暮らしていると、最終的にあなたが親の面倒を見ることになります。

あなたは五感で感じられるものを愛しますが、観念や理論にアレルギー反応を示すきらいがあります。理屈ばかり言う人にはあなたは本能的な拒絶反応を示すでしょう。あなたが得意とするの

### あなたの最大の長所

人に糧を与え、庇護し、そつのない接し方ができる：人に信頼され、人を支え、協力的な思いやりを示す：自分の感情面の経験を芸術作品の域に高める能力がある

### あなたの最大の短所

問題をすべて自分一人で背負い込もうとする：事実であれ思い込みであれ、侮辱に過敏：偏見が強い：人生への自分の考え方に固執する：自分が経験していない考え方や理論に同調できない

は、抽象的なものごとに絵やシンボルの形を与え、自分の体で体験し、さらには、対象が機能するさまを自分の感覚でとらえることです。あなたは、生まれながらに創造力と芸術性を備え、叙情的で音楽的、そして詩的な才能に恵まれています。あなたの感情を揺り動かせるのは、美しい旋律や、色やにおいや手触りの独特な風合いです。あなたの体は、バロメーターにもなります。あなたの体は、あなたの内面の気分や感情を忠実に反映することが多いからです。

あなたにとって、満ち足りた子ども時代は何にもかえがたい貴重な時期でした。おそらく、いまもそう感じているでしょう。けれどもこの世の中は何かと不安が多く、あなたは身も心も安全でくつろげる避難所を探そうとします。そのためにはどうしても、あなたの豊かな想像力を刺激する仕事ではなくて、長期間の保証を与えてくれる安定したごく平凡な職業につくことになります。

こうした地と水のコンビネーションが車の両輪となってうまく機能すると、人を世話することにその才能をいかんなく発揮できます。このコンビネーションは、カウンセリングや介護、看護や保育に携わる者にとっては、理想的な組み合わせです。それだけでなく、幼稚園の教諭やケータリング業、ホテルの従業員といった、人の世話をし、人を育てることが何より重要とされるあらゆる職業に携わる者にとって、理想的な組み合わせなのです。

## ③大切なあの人とは？

恋人や家族は、あなたの幸せの源です。あなたは、きわめて家庭的です。そのため、ふさわしい相手と出会うと、あなたの愛情表現や巣作りの能力が発揮されます。あなたはパートナーと完全に一体化することを望んでいるので、結婚すると、自分の愛情や助力をすべて惜しみなくパートナーに注ぎます。けれどもあなたには、身も心も捧げる前に、まず自分の足場が安全なことを確認したいという欲求もあります。言い換えるなら、安定と忍耐を要する家庭を支えるのは、ロマンティックで独占欲の強いあなたの資質でもあります。

**✖著名人**

ガブリエル・フォーレ（作曲家）、デーヴィッド・アイク（スポーツキャスター、ニューエイジ預言者）、ロバート・オッペンハイマー（原子物理学者）、ジョアン・ミロ（画家、彫刻家）、ベンジャミン・スポック（小児科医）、ピョートル・イリイチ・チャイコフスキー（作曲家）、ペネロペ・クルス（女優）、吉田美和（ミュージシャン　ドリームズ・カム・トゥルー）

『スポック博士の育児書』
――ベンジャミン・スポック著

ある国の子どもが飢えているとき、その国の人たちに食料消費を抑えろとは忠告できない。わたしたち恵まれた国の者は、彼らがもっと食べられるように、食べすぎてはいけない。
――デーヴィッド・アイク

**統合のためのイメージ**

パン屋が孤児たちの食事の世話をする……スポック博士による母親のための子育て教育……チャイコフスキーの『白鳥の湖』

17

太陽＊牡牛座 ♉
月＊獅子座 ♌

# 芯の通った自信家

## あなたのテーマ

**地×火**

芸術的：風格がある：現実的な想像力がある：実力者：定見がある：指導者：柔軟性に欠ける：自尊心が強い：美を愛でる：忠実：愛情深い：虚栄心が強い：確たる価値観を持つ：物質主義的：俗物的：野心的：有能：強引に人を自分の意見に従わせる

財産を築きたいという気持ち、あるいは実より名誉が大事だという気持ち。カリスマ性のある目立ちたがり屋、おもしろみに欠ける堅実な資産家。自分のいちばん大切なものを大事にとっておくタイプ、見せびらかすタイプ。あなたには、いずれにも思い当たる節があるのでは？　あなたは、言ってみれば大人物なのです。たとえるなら、自分が築いた帝国や大企業を楽しみながら治めているような。価値観は必ずしも進歩的ではありませんが、その言動にはおよそ遠慮がなく強烈です。自分の考え方に疑問をさしはさむ者がいて、その点は譲れないと思うと、最後の一人まで説得せずにはいられません。

このコンビネーションの人は、劣等感にさいなまれることはまずありません。いったん目標を見定めると、迷いません。事前の下調べにも余念がなく、自分の知識を確認します。そして知識をもとに実行方法を決めると、後は脇目もふらずにわが道を突き進みます。なんと言っても、その道が自分にとって最高の、そしてできる限り長く続く結果を得られる道なのですから。

あなたは、ものごとを最後まで成し遂げられる驚くほど強い集中力の持ち主です。ですから、企業や組織などの幹部やリーダーになると、その優れた能力を発揮できます。さらにあなたには、だれはばかることなく率直にものを言い、自説を曲げず信念を貫く一面があります。ですから、心が揺れる、心を決めかねるといったことは、あなたにはありえません。そして、たとえ社会的な地位が高くなくても、高い意識を持って自分の仕事に打ち込むので、賞賛と尊敬を集めるでしょう。

一方、あなたには、物静かで内向的な一面もあります。この面のあなたは、目新しさはなくとも毎日を気持ちよく過ごせ、いま現在の安心と安全、それに将来のさらなる安心や安全を阻《はば》むものがないかぎり、それで満足します。言い換えると、あなたの一面は単純で、目の前の確実性と実用性、それに心地よさを求め、それを人にも与えたいと望みます。けれどももう一面のあなたは、シンプルで静かな生活に満足できません。悪くすると、グリム童話に出てくる、漁師の女房が亭主の釣ったヒラメを助ける代わりにつぎつぎに自分の望みをかなえさせたように、満足することを忘れてしまうかもしれません。そうなるとどこまでも望みを膨ら

**あなたの最大の長所**

人の気を逸らさない社交性：強靭な意志力と指導力：生まれながらに機略と創造力に富む：本能的な忍耐強さと粘り強さのおかげで、最小限のストレスで目標を達成できる

**あなたの最大の短所**

傲慢でうぬぼれが強い：人の考え方を理解することをかたくなに拒む：人を敵に回すほど強引に自己主張する傾向がある：自分を笑ったり、「人並み」に甘んじるのが苦手

ませ、しまいには神になりたいと願うようなことに！　あなたには、漁師の女房のように、自分の独自性や偉大さや魅力を具体的な形で証明したいという欲求があるのです。それが高じると、手に負えないほど高慢になるかもしれません。

ですから、人生に飽き足りなさを感じると、あなたはちょっとした冒険をしたくなります。何不自由ない暮らしをわざわざ危険にさらすことで、自分のなかのもう一人の自分を認識するのです。そうしたあなたの一面は、歌や踊りや人を楽しませることが好きな根っからの芸人でもあり、人を楽しませることで自分も楽しみます！　言い換えれば、あなたは自分のなかに内向性と同時に、怖いもの知らずの外交的な面を抱えているのです。この面のあなたは、危険に飛び込み、金に糸目をつけずに羽目をはずしたいと思っています。あなたの外向性は、社交性の現れでもあります。そうしたいと思えば、優雅で洗練されたもてなしができます。自宅に人を招いて付き合うことを好みます。ただ、自宅に招くのは、心から大切に思っている人だけにしたほうが無難です。というのは、自分の気持ちを偽ることができないあなたは、社会の弱者や路上生活者に同情を寄せるふりなどできないからです。

## 大切なあの人とは？

いったん関係が深まると、あなたは相手に情熱的で忠実で寛大になり、身も心も100パーセント尽くします。ただし、100パーセント尽くすということは、相手にも多くを要求するということです。その一方で、議論をしようものなら、ぐうの音《ね》も出なくなるまで相手をやり込めることも。あなたにとって何より重要なのは、勝つことだからです。自分の考えに固執するだけの価値があるか、くれぐれも確認すべきでしょう。

あなたは、自分の祖先やふるさと、家族の健康や幸せをとても大事にします。伝統的な身内の集まりが大好きです。そういった場に行くと、あなたの堅実性、遊び心、優しさが発揮され、同時に人から歓迎されるので、あなたは生き生きと輝きます。確かに目を輝かせて好きなことを追い求めるあなたに人は魅力を感じますが、人それぞれに楽しみ方があることをあなたは知る必要があります。あなたはどんな場面でも、肩の力を抜き、もっと細やかに気を配る必要があります。それができれば、あなたの周囲の人や友人は、持てる魅力や能力を存分に発揮するあなたの忠実なファンになるでしょう。

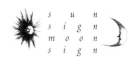

**✖ 著名人**

スコット・カーペンター（宇宙飛行士）、ヴィレム・デ＝クーニング（画家）、グリエルモ・マルコーニ（物理学者）、ロバート・モンゴメリー（俳優）、エリザベス2世（イギリス女王）、イーダ・ロルフ（臨床心理士）、バーブラ・ストライサンド（女優）、レネー・ゼルウィガー（女優）、渡部篤郎（俳優）、蓮實重彦（文芸評論家）、さくらももこ（漫画家）、夏木マリ（女優）

わたしたちの考えを受け入れてくれればいつでも、あなたたちに全面的に同意するつもりだ
——モシェ・ダヤン

真の愛国主義は、他人の愛国主義を理解する余地を排してはなりません
——エリザベス女王

### 統合のためのイメージ

いかにも夏らしいある晩『真夏の夜の夢』が宮殿の庭で演じられる……隣近所との見栄の張り合い

18

太陽＊牡牛座 ♉
月＊乙女座 ♍

# 緻密な努力家

## あなたのテーマ

**地×地**

責任感が強い：道徳的：冷静沈着：落ち着きがある：勤勉：土くさい：頭脳明晰：常識がある：優れた教師にして生徒：気品がある：義理堅い：実際的な仕事を好む：違いを見抜く知性：容姿端麗：敏腕：快楽主義者：腕のいい職人

あなたは生涯、学ぶ意欲を失いません。こつこつと自分の技術や才能を磨き、安心や安定を築き、喜びを深めていきます。あなたにははっきりした将来設計があります。そして、それを実現するために必要なことを冷静に見きわめ、状況に適応しながら足場を固め、人生を楽しもうとするでしょう。夢を追いながらも、職場や家庭ですべきことは、きちんとこなします。

きわめて責任感が強く有能な「地」のタイプの魅力をふんだんに持つあなたは、自分自身と愛する者のためを考えて行動します。もっとも、あなたにとって何より嬉しいのは、自分よりも、あなたを頼る人の役に立つことでしょう。一方、あなたには、意志強固で自信の強い一面もあります。あなたは自分自身のことも、自分の欲求と願望もよくわかっており、そのうえ、自分の行動に自信を持っています。自分がしたくないこともはっきりと認識しています。ところがあなたには、自分に疑問を持ち、自分を分析したがるもうひとつの顔もあるのです。こちらの面のあなたは、自分が本当に正しく理解しているのか疑問に思います。もう少しましにできたはず、と自分を責めることも多いでしょう。

こだわりの強いあなたは、まさしくワーカホリックです。粘り強い完璧主義者でもあり、高い水準と高い理想に向かって邁進《まいしん》します。その一方で、とても自立心が強いため、いつ、どこで、だれのもとで仕事をするかを自分で決めたがる一面もあります。あなたにとっていちばんいいのは、自分で自分を雇うことです。そうすればあなたは、妥協を知らない職人ぶりを発揮して、どこまでもその仕事をきわめようとするからです。あなたには、生まれながらに仕事と奉仕を優先しようとする一面があります。そのためときとして、よりよいものを目指して細部にこだわるあまり、プレッシャーに負けて落ち込むこともあります。

あなたは、この上ない現実主義者です。あなたがくつろげる場は、五感で感じられる世界です。自分の手で触り、舌で味わい、目で見、理解できる世界にあるものに論理的に、そして順を追って対処します。そうすることで、現実的なものごとの優先順位を決め、本物の良識を発揮することができるのです。そのためあなたは、優秀なまとめ役になれます。家庭の切り盛り、庭仕事、子育て、教育から、仕事としてものを書き、踊り、絵を描き、歌い、

### あなたの最大の長所

現実主義的で優れた良識がある：手際がよく信頼性がある：機略に富み、建設的な批評眼がある：徹底的かつプロ意識を持って仕事に取り組む：タイミングを見きわめる鋭い感覚があり、時と場をわきまえた適切な発言ができる：魅力的かつ上品でユーモアを解する

### あなたの最大の短所

混乱を恐れる、もしくは嫌う：合理的な説明に依存しすぎる：現実をコントロールしたがり、絶対的な物質的安定を求める：自分の名声の上にあぐらをかき、型にはまり、隠れた可能性を無視する

自分の劇団を主催することまで、さまざまな務めを見事に取り仕切れます。また、目立たないところまで目配りを怠らないあなたの仕事ぶりは、だれからも信頼されます。

あなたが求めてやまないものは、良識と実質と単純さがうまく調和した暮らしです。形のある長持ちするものや、モラル面で健全かつ現実的で人の役に立つもの、そして最終的に自分の存在価値を示せるものをつくり出したいという欲求があります。何かに没頭しているときのあなたは、はた目には無口で控えめに映るかもしれませんが、倫理観の高さと遊び心を同時に発揮できます。そんなときのあなたは、温かい人間性と鋭いウィット、そして生まれながらの賢さを発揮し、人から賞賛され尊敬されます。

## ②大切なあの人とは？

愛情に関するあなたの欲求は、ストレートです。パートナーに身体的な愛情表現や、誠実さや思いやりを示すだけでなく、家族のスケジュールにこだわります。だれにとっても（とりわけあなたにとって）このうえなく大事だからです。あなたは、愛情を大事にするので、とても献身的で思いやりのあるパートナーになります。ところが相手にも自分と同じように生活を律するよう要求するため、衝動的に行動するタイプの人はあなたを要求が多くて厳しい人とみなすことも。にもかかわらず、あなたが往々にして惹かれるのは、束縛をきらう「火」のタイプです。一方、火のタイプもあなたの「まとめる能力」に惹かれるのです。

あなたは、人があなたの「すべき」とか「ねばならない」という考えに異を唱えると、すぐに気を悪くします。あなたは、自分の責務を果たそうとしているだけだからです。あなたはまた、人から認めてもらえなかったり、真面目に取り合ってもらえなかったりすると、とても傷つき、くよくよ悩みます。自分は気配りができる高い見識を備えた人間で、社会の一員として健全で建設的な貢献をしていると自負しているからです。けれどもいずれは、この世には自分とは違う考え方があり、自分とは違う価値観の持ち主がいることを人生で勉強することになるでしょう。

### ✖著名人

キャンディス・バーゲン（女優）、ダニエル・デイ＝ルイス（俳優）、ドノヴァン（シンガー）、昭和天皇、モーリーン・リップマン（女優、コメディエンヌ）、シャーリー・マクレーン（女優）、ジャック・ニコルソン（俳優）、ローレンス・オリヴィエ（俳優）、ピート・タウンゼント（シンガー）、ミシェル・ファイファー（俳優）、萩本欽一（コメディアン）一色紗英（女優）、窪塚洋介（俳優）、菅本裕子（実業家）

一夜の成功もあれば、長く続くこともあります……わたしの場合は長く続いております
——モーリーン・リップマン

おそらく、おれは映画史上最も大きな成功を収めた俳優だろう、経済的には。おれが望むのは、世間がおれの言うことにもっと耳を傾けてくれることだけだ——ジャック・ニコルソン

### 統合のためのイメージ

贅を凝らした庭で、女性音楽教師がいまや名手となった昔の教え子たちをもてなす……社会改革協会の会計係が、慈善バザーの収益金を優良債権に投資する

19

## 太陽＊牡牛座 ♉
## 月＊天秤座 ♎

# 美と実質を求める人

### あなたのテーマ

**地×風**

理性的：チャーミング：調和を重んじる：審美眼がある：ロマンティック：献身的：感傷的：社交的：押し付けがましくない説得力がある：現実主義者：常識がある：官能的：人を惹きつける人柄：正義を追求する：親しく付き合いたがる：現実的な理想主義者：社会理論家

あなたには真正面から観念と取り組みたいという欲求と、自分が夢見るユートピアを人にわからせたいという欲求がありますが、やがてこうした欲求にどこかで妥協する必要があることを覚えるでしょう。初めは自分の理想を打ち砕かれたように感じますが、そのうちに両面のバランスをとることがあなたの行動の核になります。

生まれながらに社交的でお祭り好きなあなたは、人に強い関心を持ちます。それだけでなく、人から思いやりや愛情を注がれたいという欲求もあります。そして、だれにたいしても誠心誠意尽くしますが、自分のことはおざなりなのがつねです。あなたは、美しいものや、節度ある人に囲まれていると生き生きします。生まれつき美的感覚に優れ、おそらくとてもロマンティックなあなたは、どんな人にでも偽りのない思いやりと強い関心を示します。そのためときには、単なる浮気者になることも。あなたが芸術家になった場合には、食べようと思えば食べられる作品をつくり、シェフになった場合には、芸術作品のような料理をつくるでしょう。いずれにしても、あなたの作品には、調和、美、様式にたいする生まれ持った鋭敏な感性が表れています。

このコンビネーションのもうひとつの特徴は、人と社会が健全に成長、発展するような教育を施すことが重要であると認識していること、そして強い社会的良心を備えていることです。あなたは、すべての人の基本的人権を擁護する進歩的な考え方に惹かれます。その一方で、すべての人は多様であり、同様でもあるという矛盾した事実も受け入れます。人の才能や好みはさまざまですが、基本的に必要とするものは同じ。だれでも胃袋を満たし、屋根のあるところで寝起きし、愛情を注がれたいのだと考えています。あなたは、社会は物質的欲求と高い倫理観の両方を重視すべきであるという信念を持っています。あなたの高い社会性と、てこでも動かぬ忍耐力を発揮するには、社会福祉関係の仕事や政治の分野が向いています。この分野なら、あなたの能力と理想主義をいかんなく発揮できます。

あなたは、自分の考えを人に理解させるには、まず自分の考えを人に伝え、それについての相手の考えを尊重すればいいのだということを身に付けています。自分の考えを確実に浸透させる外

**あなたの最大の長所**

説得力を備えた外交手腕がある：現実的な理想主義：穏やかなウィットの才がある：非の打ち所のない芸術的繊細さ：確たる社会観：人とのかかわりや人生を徹底的に楽しめる

**あなたの最大の短所**

人気や社会的支持に依存しすぎる：ものごとにかかわりたがらない：あらゆる問題を理性的に解決することにこだわりすぎる

交的な才能に恵まれているので、自分のやり方にそつがないことを人に納得させることができるのです。しかもあなたは、自分の才能を効率的に使い、持てる技術を活用します。「無駄がなければ不足もない」があなたのモットー。ですから、建設的なコミュニケーションや歩み寄りには、和気あいあいと楽しくくつろいだ雰囲気をつくることがいちばんであることも知っています。人との衝突が大嫌いなあなたは、どんな状況に置かれても、生まれながらの外交手腕で対立を解消し、人を惹きつける才能を発揮できるでしょう。

## 大切なあの人とは？

あなたにとって恋愛は、プラトニックな職場恋愛から性的な肉体関係までどんな形であれ、何にもまして重要です。あなたは、とてもロマンティックで、心も体も満足できる恋愛を理想としています。心と身体の両方の相性のいい相手を満足するまで追い求めます！

あなたは、相手にのめり込む傾向がありますが、相手にとても依存していることに自分では気づいていません。自分は自立心が強いと思っているからです。ある意味でかなりの自信家ですが、あなたは実際にはさほど自立心は強くありません。ものごとがうまくいかなくなると、気難しくなったり、ささいなことにこだわったり、ことによるとすねて偏屈になるのは、そのためです。あなたが幸せを感じるのは支えてくれる相手がいるとき。たとえばパートナーと二人乗り自転車をこいでいるときや、メニューにあるペア用のお茶を注文するときなどです。

あなたは安心や安全、体の快適さを好む傾向があります。相手に本気になると、どこまでもそれを追求します。あなたが求めるのは、愛情を捧げられ、キャンドルを灯していっしょにディナーを楽しめる相手です。自分が人の意見や忠告をいつでも受け入れるように、友人や恋人にも自分の話を聞いてほしいという強い欲求があります。

**✖著名人**

エラ・フィッツジェラルド（ジャズシンガー）、ヘンリー・フォンダ（俳優）、カルル・エルンスト・クラフト（占星術家）、ジェームズ・ミッチャム（俳優）、バートランド・ラッセル（哲学者）、ゲイリー・スナイダー（詩人）、ルドルフ・ヴァレンチノ（俳優）、工藤公康（プロ野球選手）、奥田民生（ミュージシャン）、美輪明宏（歌手）、秋元康（音楽プロデューサー）、坂井真紀（女優）

国民を戦いに送り込むことをためらわない指導者は、指導者にはふさわしくない
――ゴルダ・メイル

学者と話しをするたびに、幸福だからといって可能性があるとはかぎらないと思う。だが、庭師と話しをすると、逆だと確信する。物質とは何か、心ではない。心とは何か、物質ではない――バートランド・ラッセル

## 統合のためのイメージ

美術展に陳列された焼きたてのパン……コンピューターが美しい絵を描き出す……二人で楽しむ午後のお茶

## 20

### 太陽＊牡牛座 ♉
### 月＊蠍座 ♏

# ブルドーザーのような強さを持つ平和主義者

## あなたのテーマ

**地×水**

頑固：自信がある：情熱的：保護的：官能的：所有欲が強い：生理的欲求が強い：人を惹きつける：スタミナがある：機略に富む：粘り強い：意地っ張り：鋭い頭脳：あふれる創造力：我が強い：説得力のある自己表現をする：ものの見方が主観的：保護的：独立心が強い：洞察力が鋭い：戦略的

あなたは自分に強い自信があるので、おそらく劣等感とは無縁でしょう。自己保存と自己防衛の本能がとても強いあなたは、自分のテリトリーや取り分に人が手出しすることを嫌がります。そこに立ち入れるのは、あなたが心を許す人だけ。あなたの「テリトリー」には、物質的な持ち物、家庭、アイデア、そして職場での権力や部下が含まれます。

あなたは、自分の行動に異常なまでの揺るぎない自信を持っています。そして、自分の行動、愛情、憎しみに真っ向から取り組むため、気づかないうちに疲れてしまいます。あなたは強い闘争心を持つ一面と、「地」の気質である、ものに動じない母性的な一面を備えています。こうした二面性をうまく調整できれば、ブルドーザーのような力強い影響力を発揮できるでしょう。

あなたのきわめて強い魅力と自信は、人に忘れがたい強力な印象を与えます。人はあなたを自分の味方につけたいと思うでしょう。なぜなら、あなたを敵に回すのが恐ろしいからです！　あなたは、自分が間違っているとか、申し訳ないと口にするのが苦手です。ときに、その意固地でてこでも動かぬ強情さが、自分の買いかぶりにつながってしまうこともあります。

肉体的快楽にあくなき欲求を持つあなたは、ぜいたくな美食家になるでしょう。あるいは、きわめて才能豊かな芸術家になるかもしれません。いずれにしてもあなたは充実した人生を歩み、安定した家庭生活と充実した精神生活の両面を味わえるでしょう。言い換えると、あなたはバラの美しさを心ゆくまで堪能し、同時に、地中深く根を張った樫の大木のごとくたくましく生きていきます。あなたは、原始的な力強い生命力が肉体をまとっているような人なので、あなたがその気になればできないことはまずありません。ただし、あなたにとって最大の敵は「行動しなく」なること。そうなると危険です。欲しいものを夢見ることが癖になり、偽りの満足感を覚えるからです。たやすく人を支配する能力を持っているがゆえに、自分が尊敬され信望を集めるのを当たり前のことと思うようになり、他の人の反感を買う恐れがあります。

あなたは、人になぜ横柄と非難されるのか理解できません。あなたにしてみれば、たまたま自分がいちばんよく知っていて、そ

### あなたの最大の長所

強い自信があり、粘り強い：管理能力と組織をまとめる能力がある：高い審美眼と芸術的センスがある：強い創造意欲がある：人に忠実で献身的：芝居がかったカリスマ的な存在感がある

### あなたの最大の短所

恐ろしく頑固：反応がきわめて主観的で偏見が強い：権力にあくなき野心がある：気難しい

の舞台を取り仕切るのに自分がいちばん適任であるにすぎないからです。実際、あなたはこの上なく演出上手で、生まれながらの自己演出家です。何をするときも、とてつもないエネルギーを注ぎます。それが大学での議論であっても、政党の政見放送、あるいはブロードウェーの初日の晩であっても。あなたは、自分がマイナスの感情を持たないように警戒する必要があります。そうした感情は、あなたに有害な影響を及ぼし、とりわけ怒り、嫉妬、恨みの感情を呼び起こします。

あなたが、さらに自己認識を深め、自分の気性やエネルギーをコントロールできれば、あなたは仕事や責務にたいして大いに能力を発揮できます。献身的な教師や医師、理解あるカウンセラー、堅実で頼りがいのある主婦や主夫、そつのないビジネスマン、情熱的な社会の指導者、ひたむきな画家や音楽家になる資質があります。文筆に携われば、人のばかげた習慣やモラルをあげつらう辛らつな風刺作家になれるでしょう。幸いあなたには、人を惹きつける魅力があるため、辛らつな批判もただのあげ足取りにならずにすむでしょう。

## ③大切なあの人とは？

あなたは、相容れない二面性の持ち主です。一方のあなたは、物質的安定を求め、自分の流儀や意見を変えたりするのが大嫌いです。引越しなどもってのほか。もう一方のあなたは、自分の強さを試したり、血が騒ぎアドレナリンの分泌を実感できる危険や挑戦を求めます。こちらの面のあなたは、精神生活の面で自己主張したがります。

恋愛に関してあなたは、のめり込む一面と相手に多くのことを求める一面があります。冷たい態度をとったかと思えば、相手を独占しようとやたらに優しく接するため、パートナーは気を休めるひまがありません。ときとして、とんでもなく自分本位になるかと思えば、寛大で献身的になることも。あなたはうららかな春の温もりを発散させ、その一方で、いったん感情の糸で絡めとった相手には、やたらとくってかかる不可解な一面もあります。けれども、単なる感情や立場ではなく、道理をわきまえて自分のエネルギーを思い通りに活かせれば、あなたはきわめて固い意志の持ち主なので、充実した関係を築ける可能性は少なくありません。

**✖著名人**

ババ・ムクタナンダ（グル）、ロベルト・ロッセリーニ（映画監督）、アンソニー・トロロープ（作家）、ハリー・S・トルーマン（アメリカ大統領）、フレッド、ジンネマン（映画監督）、つかこうへい（作家）、萩尾望都（漫画家）、阿部サダヲ（俳優）、ATSUSHI（ミュージシャン　EXILE）、藤田晋（実業家）、中川翔子（タレント）

よき人生には、3つの要素がある。学ぶこと、稼ぐこと、そしてあくびをすること
――クリストファー・ダーリントン・モーリー

熱さがいやなら、台所から出て行け
――ハリー・S・トルーマン

**統合のためのイメージ**

交尾の季節。冥府の女王ペルセポネと冥府の王プルート。『オペラ座の怪人』、デニス・ポッター著『歌う探偵』

21

太陽＊牡牛座 ♉
月＊射手座 ♐

# 浮世離れした世俗人

## あなたのテーマ

**地×火**

放っておけない危なっかしさ：地に足がついているが、浮世離れしている：冒険好きだが、因習的：現実的：説得力がある：直観的：可能性を見出し、それを利用する：ひたむき：勤勉：不条理で矛盾しているという感覚

驚くほど世俗的な感覚を持ったあなたと、この世のことなどどうでもいいというロマン主義者のあなた。この二人があなたのなかに住んでいます。

あなたには、自由に放浪したいという本能と、安定し、世の中のために長く役に立つ貢献をしようという気持ちの両面があるのです。あなたは絶対確実なものと大胆不敵な冒険を同時に追い求め、葛藤をくり返すうちに、自分の二面性がせめぎあっていることに気づきます。そこで自分の持つ理想主義的な「火」の要素を押さえつけ、現実的な「地」の要素を表に出そうとしますが、それで葛藤が治まることはまずないでしょう。

なぜならそれは、安定や安心を見出そうとして、農業に携わるようなものだからです。移り変わる季節は待ってくれません。また、恵みをもたらす揺るぎない大地をいとおしんでいても、いつ地震に見舞われないともかぎりません。揺るぎないはずの大地だって揺れるのです！　いくら確かなものや永続するものを求めても、昨日の確実と明日の確実を混同していては、いつまでたっても望みはかなえられません。けれども、自分の不安定さを受け入れることができれば（自分が変化と安定という二つの相反するものを望んでいることを自覚できれば）、あなたは教師、巧みな話し手、カウンセラー、エンターテイナー、ウィットの持ち主、創造力あふれる芸術家、それに起業家として才能を発揮できるでしょう。それだけでなく、なりたいと思うもの何にでもなれるでしょう。いったん目標を定めると、あなたは疲れ知らずの人間発電機となり、豊かなユーモアやウィットを発揮して人を楽しませることができるのですから。

いずれあなたも気づくでしょうが、実体を伴う物質的な安定を求めてばかりいると、あなたが満足できるパートナーや友人にはめぐり合えません。あなたの求める刺激を与え、神のごとき寛大さであなたの内面を理解できる人はそうはいません。ただしそんなあなたも、哲学や心理学、あるいは文筆、音楽、芸術に携わった場合には、宇宙の全体像――論理的に隙《すき》がなく、しかも自分の理想にかなうような事実に基づく概念――を形にして表現しようとするでしょう。つねに探究心を抱いているあなたは、生まれながらの不可知論者なのです。あいまいな憶測については科学的に

### あなたの最大の長所

常識と創造的な想像力、ひらめきと現実を結びつける実務能力がある：実務的な政治に熱心：ときとしてけたはずれなまでに、商才にたけている

### あなたの最大の短所

落ち着きがなく優柔不断で、楽しいことを追い求める：束縛されることを嫌う：一見、落ち着きのなさを克服したようにみえても、腹立たしいほど当てにならない

判断し、同時に、科学的にありえないと思われる数値結果についてはごくささいなことでも大いに疑ってかかります。

自分のこうした二面性とうまく折り合いをつけないと、それに振り回されるだけでなく、どちらのあなたのいい面も台無しにする恐れがあります。たとえば、職場や職種を転々としたり、パートナーをとっかえひっかえしたり、夢や考え方を変えたりし、自分で自分のめまぐるしさに目を回すことになりかねません。けれども、ことさらに節度や良識を保とうとしても、ギャンブラーの一面が束縛をきらうため、状況は改善どころか悪化する恐れもあります。このようなオールオアナッシングを望むギャンブラーの側面は、あなたの生来の慎重さを一時的に封じ込め、自ら退路を断ち、苦難を招くことがあります（ただし、普段のあなたは、万一に備えるタイプです）。あなたには、壮大なことをしたい、何かに身を捧げたい、この世を堪能したい、そして、生きる意味をどうにかして理解したいという衝動的な欲求もあるのです。

あなたは想像力を羽ばたかせ、それと同時に、盤石《ばんじゃく》な基盤を築きたいという欲求があります。欲求だけでなく実現する能力もあり、雲をつかむような構想をするあなたの一面は、手でさわれる揺るぎない実体ばかりを求めるもうひとつの面に洗練や彩りを加えて、具体化できます。将来や広い世界に思いを馳せると、どんな分野であれあなたの仕事に深みが加わります。あなたには、可能性を見出し、それを形にする才能があるのです。ですから、決して好機を逃さない生まれながらの起業家、人を励ますカウンセラーや教師、そしてどんなときにも相手を励ますよき友になれるでしょう。

## 大切なあの人とは？

あなたは、強い絆を求めます。ですから、友人としてのあなたは、温かく協力的で心の広いすばらしい人です。けれどもあなたには、関係が安定するとにわかに不安を感じる一面があります。そのため、魅力を感じた相手をとっかえひっかえするでしょう。そのくせ、表面的な恋愛には空しさを感じるのです。あなたの理想のパートナーは、温かく協力的で保守的な面を持ちながら、その一方で新しい冒険や常識はずれの思いつきを実行できる向こう見ずな面の二つの面を持つ人です。あなた自身も、活動的でありながら、マイホーム的という二面性を持っています。ですから恋愛を成就したければ、どのような形であれ、こうした二つの要素を持つ相手を見つける必要があります。

**✕著名人**

ヨハネス・ブラームス（作曲家）、オノレ・ド・バルザック（作家、劇作家）、トマス・ハクスリー（生物学者）、エドウィン・ランド（ポラロイドカメラの発明者）、フェルディナンド・マゼラン（探検家）、アル・パチーノ（俳優）、浜田雅功（タレント　ダウンタウン）、大久保佳代子（タレント　オアシズ）、山咲千里（女優）、鶴田真由（女優）

不可知論とは単に、自分に信仰を告白する根拠がまったくないことを知っている、もしくは確信していると口にしないことである
——トマス・ヘンリー・ハクスリー

強い意志力なくしては、豊かな才能などというものはありえない
——バルザック

**統合のためのイメージ**

修道士が、宇宙の無限の広がりに思いを馳せながら大聖堂を建築する……放蕩息子が実家の農場に帰ってくる
……バルザック著『人間喜劇』……ブラームス作曲『バイオリン協奏曲』

22

太陽＊牡牛座 ♉
月＊山羊座 ♑

# そつのない実利主義者

## あなたのテーマ

**地×地**

そつのない実利主義者：威厳がある：権威主義的：頼りになる：地に足がついている：野心的：論理的：官能的：忠実：愛情深い：保護的：現実主義：意志堅固：機略に富む：安心を求める：伝統的：形式的：信頼できる友：ボス

母なる大地のように、家庭を愛し良識をわきまえてゆっくり歩むところと、野心を抱く敏腕家の一面。根を下ろして育み、花を咲かせ、共同体で欠くことのできない愛される一員になろうとするところと、上昇志向を抱き自分の運命を切り開く一面。あなたには、こうしたさまざまな面があります。

ただし、どんなときにも変わらないのは、あなたが伝統主義者だということ。人生を危険にさらすようなことは、決してしません。生まれたときから大地にしっかりと根を張っています。現実的で能力があり、勤勉でどこかストイックですらあるあなたは、自分の舌で味わえ、手でふれられ、目で見えるものに才能を発揮します。あなたにとって大事なのは、この大地です。あなたには、形があり長持ちし役に立つものを生み出したいという強い欲求があります。さらに、責任感の強い指導者として輝きたいという欲求と、創造的で影響力のある、かけがえのない人物として実力で認められたいという欲求もあります。

あなたの欲求には、家族の無事や、引き出しに清潔なソックスが入っていることを望むような家庭的な欲求と、権力や名声という絵に描いたような成功を望む欲求が入り混じっています。こうしたあなたの二つの欲求をかなえるのに役立つのは、あなたの堅実な良識や、揺るぎない自信、そしてものや人をまとめる優れた手腕です。あるときのあなたは、手足を伸ばして新鮮な空気を吸いたい、あるいは、自宅の居心地のよい一角で美しいクラシックの旋律を聴きながら紅茶（あるいはジントニック）を片手に体を丸めたいというささやかな望みを抱くかもしれません。けれども、競争したい、征服したいという欲求も、決して忘れることはありません。きわめて明晰な頭脳の持ち主のあなたは、自分が正面から取り組み、管理でき、影響を及ぼせる具体的なものを求めるのです。

責任感が強く、仕事ぶりが真面目と自認するとおり、あなたは仕事に多大なエネルギーを注ぎます。そして、慎重にこつこつと目標を達成し、着実にそつなく責任を果たしつつ、権力と地位を手に入れていくでしょう。あなたにはいかにも職人気質のところと挑戦を恐れないところがあるため、社会事業や政治や学問の分野に関心を持ちます。

**あなたの最大の長所**

生来の傾向が現実的で地に足がついている：高潔さと信用をきわめて重視する：商才にたけ、組織をまとめる実践的な勘を備えている：愛情のこもった忠誠心があり、困っている人をかばう優しさがある

**あなたの最大の短所**

理性的で過度に唯物主義的になり、強情で独裁的になる傾向がある：安心と定まった日課に固執する：自分が知っていることだけに目をむけ、重んじる傾向がある

あなたは、しっかりした自己認識を持つ人です。名誉を重んじ、思いやり深く、誠実で、尊敬を集める小国の君主のような存在感を漂わせています。人物を鋭く見抜く眼の持ち主で、ひと目で人を評価しますが、内心の評価はおくびにも出さず、後日に役立てようとします。あなたは自分のことは厳しく律しますが、とても付き合いやすい人です。情に厚く、面倒見がよく、具体的な形で心づかいを示します。そのため、人はあなたを信頼し、あなたのきわめて有能な手に何もかも安心してゆだねることができます。

あなたはすばらしい自制心の持ち主です。とくに、感情を表に出さないことが得意です。けれども、あなたを尊敬し信頼している親しい友人に囲まれているときには、あなたもくつろいで、わいわいと陽気に楽しむことができます。また、とても快楽主義的で芸術的、そして音楽的な一面もあります。ときにあなたは気を許した相手には、とても粗野で下品なユーモアを口にして、相手を驚かせることが。けれども、決して後味の悪いことを言ったり、したりはしません。一家の養い手としてのあなたは、堅実で寛大。友人としてのあなたは、忠実で長く付き合える相手。批評家としてのあなたは、辛らつで一切の虚飾がありません。

## 大切なあの人とは？

あなたが最も輝くのは、幸福で安心しひたむきな恋愛関係にあるときです。やや独占欲が強く意固地なところのあるあなたは、自分の望みをよく知っています。そのため、パートナーにきわめて多くのことを望みます。けれども、いったん一人の相手に心を許すと、愛情深い優しさを示し、だれよりも貞節なパートナーとなります。あなたは、まわりくどい愛情表現を好みません。そのため、肉体的にふれあい、貞節を守り、尊重し合うことを望みます。

あなたは、感情がもつれることを嫌いますが、たとえ問題が生じても、すぐに相手との関係を諦めようとはしません。そんなときのあなたは、むっつりと不機嫌になり、落ち込みますが、それでも粘り強く幸せと安定を追い求めます。ときには、かなり古臭いメンツにこだわることもあります。

あなたにとって、家庭生活はきわめて大切です。あなた自身も、強い責任感を持っています。けれども、ときとして仕事上の必要が、家庭の必要と相容れないことがあります。それでもあなたは、どうにかしてそうした状況を切り抜けます。あなたは、いやな思いをしたことは簡単には忘れません。一方、親切にされたこともずっと覚えています。あなたは家族やパートナーにたいし、倫理的にも美意識の点でも、経済的にも、自分の最善を尽くそうと努めます。

**✖著名人**

カール・アブラハム（心理学者）、ジェームズ・バリー（作家）、デビッド・バーン（ロックミュージシャン）、シェール（シンガー、女優）、シーナ・イーストン（シンガー）、ジョー・ルイス（世界ヘビー級チャンピオンのボクサー）、ジェイムズ・モンロー（アメリカ大統領）、ジェームズ・スチュワート（俳優）、三宅一生（ファッションデザイナー）、本上まなみ（女優）、井ノ原快彦（タレント）

スコットランド人の最大の美徳を忘れてるぞ、マギー、スコットランド人なら自分の出世を棒に振るようなことはしない
——ジェイムズ・バリー

厳しい労働によってのみ、相当数の人が深刻な神経症の発症から身を守れる
——カール・アブラハム

### 統合のためのイメージ

国王主催の晩餐会で、その国でいちばん古くいちばん有名な学校の校長をいちばん長く務めた女性を称える

23

## 太陽＊牡牛座 ♉
## 月＊水瓶座 ♒

### あなたの最大の長所

健全な価値観を持つ：完全に客観的で現実主義的になれる：高潔さと人と心を通い合わせる天性の能力がある：人に自信を持たせる能力がある：原則を守る：温かく親しみやすい人柄で人の役に立とうとするので、明らかに人とは違う人生を歩める

### あなたの最大の短所

頑固でものごとが思い通りにならないと無気力になる傾向がある：その瞬間に身をゆだね、ものごとをなすがままにすることを嫌う：うぬぼれているという印象を与えるほど自信過剰

# 革新的な現実主義者

### あなたのテーマ

**地×風**

自信がある：独立心が強い：正直：道徳的に健全：知性が高い：自尊心が強い：親しみやすい：役に立つ：上品：機略に富む：分別がある：勤勉：そつがない：粘り強い：芸術的：信頼できる：信義に厚い：理想に固執する：革新的な現実主義者

あなたには、即金での取引を好む根っからの現実主義的な面と、高い見識を持ち、博愛という見地から、だれにたいしても心を開こうとする理想主義的な面があります。どちらの面が強くても、このコンビネーションの持ち主は成功するでしょう。なぜなら、勤勉さと忍耐強さに加えて、高い理想と広い視野を持っているからです。

あなたは、現実を見失うことはありません。それどころか、博愛主義的な価値観を具体的な形で示し、それを自分だけでなく人のためにも役立てようとします。そのため、人はあなたを尊敬します。あなたがあくまで誠実で、人にたいしてだけでなく、自分にたいしても厳しい目を注いでいることを知っているからです。生まれながらに自分をよく知っているあなたは、自分を見失うことはまずありません。それは、自己防衛にいそしむからではありません。むしろ、あなたが人にたいして忠実で思いやりのある節度をわきまえており、あくまで健全な観念の持ち主だからです。

あなたは自尊心が強いため、自分の望みにはかなえるだけの価値があると考えます。望みをかなえるためには、努力も惜しみません。ですから、料理をはじめ、あなたの手になるものすべてに、あなた独自の個性が発揮されます。そして、そんなあなたの原動力は自由——自分らしくあるための自由、理想と現実の釣り合いがとれるよう根気強く努力する自由、そして、現実的な才能を発揮して得た成果を愛する者と分かち合う自由——です。

あなたの最大の長所は、コミュニケーション能力です。ありのままをざっくばらんに筋道立てて人に伝えることができます。健全な知性の持ち主のあなたは、事実や数字の本質を難なく把握し、それをありのままに伝える能力も持っています。さらに人に知識を与えることが好きで、より合理的で生産的、加えて環境に優しい生き方をするよう、相手にわかりやすい言葉で諭そうとする一面もあります。あなたには、優れた教師になる素質があります。教え子の力になり、親しみやすく、教え子を平等に扱う教師になれるでしょう。その一方で、だれでも皆、最後は自分で自分の教師になる必要があり、自分の信念に従って生きなければならないことも知っています。あなたは決して自分の信念を曲げることはありません。あなたの人生は、あなたの信念を中心にしてまわります。そしてあなたは、自分の信念の健全さをさりげなく人に説いて聞かせることができます。

あなたは、対立を嫌います。実際のところ、対立は自分の価値観にはそぐわないと思っています。そのためあなたは、障害物を迂回する「洗練された」方法を模索します。人に好感を持たれる人柄は、大きな強みだからです。

あなたは、生まれながらに自由を愛する気持ちと、物の価値にたいする健全な感覚を持っています。そのため、その両面が発揮できる仕事に関心を持ちます。強い独立心を持つあなたには、自営の仕事が向いているでしょう。一方、社交的なところもあるため、人と接する仕事でも能力を発揮できます。あなたは進歩的な考えに惹かれることが多いでしょう。そうすることで、基本的な満足できる生活——および体の健康——を保ちます。体の欲求とリズムを調和させようとするのです。そのため太極拳やヨガなど、心と体の関係を重視するものに関心を持ちます。

あなたは美食に目がなく、知的な人との交際を好みます。ただし、美食にふけるか、宗教上の断食をとるかで葛藤することも。本質的にあなたには、自分自身をコントロールしたいという欲求もあるからです。あなたにとって、自分をコントロールすることは、有能な一匹狼であることの証です。そのため、強い性欲を抑えようとする一面もあります。

## ♡大切なあの人とは？

恋愛に関して、あなたは心のふれあいと自立を同時に求めます。けれども内心では、自分がとてもロマンティックで、安心してパートナーをひとり占めしたいと望んでいることも知っています。普段のあなたは、こうした相反する面を持っていることをきわめて冷静に自覚しています。ですから自分を飾らないという点で、パートナーにするには申し分ない人です。またあなたは、人をもてあそぶことはありません。自分の流儀にそぐわないからです。

あなたは、間違いなく公正な人で、つねに相手の欲求や考えを尊重します。そのため、献身的な恋人にも、友人にもなれます。ただしあなたが惹かれるのは、自分が尊重できる人だけ。強硬な環境保護論者のあなたには、富を築き、それを人道的な「ノブレス・オブリージュ（高貴なる者の責任と義務）」に投入しようとする一面もあります。

**✕著名人**

バート・バカラック（ソングライター）、シャーロット・ブロンテ（作家、詩人）、ジョージ・ルーカス（映画監督）、オーソン・ウェルズ（俳優）、デイヴィッド・ベッカム（サッカー選手）、ユマ・サーマン（女優）、ジェシカ・アルバ（女優）、田中角栄（元首相）、高橋尚子（マラソン選手）、曙（大相撲力士）、藤原竜也（俳優）、くらもちふさこ（漫画家）、リュウジ（料理研究家）

人が落ちぶれると、必ず何かが変わる。たいていは、友人の態度が変わる

——オーソン・ウェルズ

フォースのともにあらんことを

——ジョージ・ルーカス『スター・ウォーズ』

**統合のためのイメージ**

地方の大地主が、庭で夏祭りを催す：集めた募金全額は、村の三か所の慈善施設——友好農業信託、地元芸術家組合、クエーカー教徒孤児院——に等分に分配される

24

太陽＊牡牛座 ♉
月＊魚座 ♓

# おおらかで意志の固い人

## あなたのテーマ

**地×水**
想像力が豊かで現実主義：創造力豊か：音楽的：詩的：おおらかだが、意志が固い：感受性豊かだが、引っ込み思案：現実的な夢想家：思いやりのある細やかな神経：生まれながらの神秘主義者：機略に富む

着実に目的を達成する地に足のついた人でありながら、つねに詩的なイマジネーションの翼に心を乗せて羽ばたかせている人、それがあなたです。

あなたには理想主義的な一面があり、人の欲求にたいして思いやりのある配慮ができます。その一方であなたの良識的な頭脳は、自分の面倒をみて、自分の安定を確保しなくてはならないと告げています。あなたは心の中で夢を描きます。けれども、きわめて現実的な一面も持っているため、想像ならいとも簡単に実現できる夢も、現実世界では行動しなくてはかなえられないことをきちんと理解しています。

心の内に理想主義者の一面を持つあなたにとって、理想的なのは、生活の糧を得られるだけでなく、心の中の夢を追い求められる仕事に就くことです。あなたには流れに身を任せて夢を見る一面がありますが、この面を抑えているときのあなたは、金儲けというらやましい才能を発揮できます。ただし、お金に執着することはありません。というのは、あなたはお金が目的を達成する手段にすぎないことを知っていて、つねに新たな目標や夢を実現しようと前を向いているからです。こうした自分の二面性にうまく折り合いをつけられれば、あなたは流行に敏感で、なおかつ優れた戦略的な感覚を備えたビジネスマンや、どんなエージェントに任せるよりもうまく事務的なことを処理できる現実感覚を備えた詩人や音楽家や画家になれます。

あなたは人の欲求にとても敏感ですが、心の底には一人でいるのを好む一面もあります。しばらく世間から離れて、夢や内面の思いに浸りたいと思うことも少なくありません。事実、ものごとがうまくいっていないときのあなたは意気消沈し、悪いことばかりを考える傾向があります。そして快楽と慰めを見出そうと、食べ物やアルコールに走ります。一方、まるで沈黙の誓いでもたてたかのように寡黙でも、インスピレーションがつぎつぎに湧き、内心ではそれを人に伝えたくてうずうずしていることもあります。

どんな分野に携わろうと、あなたの仕事の根底には、きわめて叙情的で女性的、そして思いやりがあります。またあなたは、心と体の関係を生まれながらに理解しています。実際に介護や医療の職に就いても就かなくても、病気の原因は往々にして情緒不安

### あなたの最大の長所

口数が少なく、自制心が強い：実際の行動で同情や理解を示せる：努力を厭わず臨機応変に対処し、一見はかなくみえる夢を実現したいと願う：社会的良心がある

### あなたの最大の短所

ばか正直：非常に頑固だが、表面的に柔軟性を装っている：唐突に落ち込み、自己憐憫に駆られる：自分の意に沿わない論理的な議論に逆らう

定であることを理解しています。そして、混乱している人の感情を解きほぐす才能があります。さらに、自分が「大地」と「母なる自然」と結びついていることを肌で感じているので、現実の世界でも想像の世界でも、そこに行けば自分が中心となれるような得意の分野を持とうとする傾向があります。自分の感情をシンボルで表現する才能に恵まれているあなたは、何らかの芸術的な形で、たとえば音楽や会計処理という形で自己表現しようとするでしょう（会計処理といえども、あなたの手にかかれば洗練された芸術作品になります！）。

あなたは、行動や経験や仕事を通じて、ものごとを自分で解明し、学習するという優れた体験学習能力も持っています。あなたの直観力を発揮できるのは、科学の分野です。一方、抽象概念や理論は、退屈でつまらないと感じるでしょう。そのためあなたは、自分は学問の世界には不向きだと感じます。というのは、何かを学ぶとき、あなたは対象に感情移入したいからです。

あなたは、自分には、イマジネーションに形を与え、物体化する能力があることを自覚しています。おかげで、自分の実務能力と豊かなイマジネーションを同時に発揮できる職場なら、どこであろうと活躍できます。ビジネスや銀行業から音楽や神秘主義まで、どんな職種に就こうと、詩的表現と想像力には創造的な癒しの力があることを生まれながらに知っています。あなたは、夢を実現できると確信しているのです。

## 大切なあの人とは？

あなたは意志堅固で信頼できる人です。いったん友人になると、終生の友となります。パートナーを求める気持ちが強く、パートナーを通じて自分の芯となる安定と確実性を強化しようとします。ロマンティックな理想主義をとるか、単純な快楽主義をとるかで悩みます。人が思いやりを示し、自分の内面を察してくれると、あなたはすぐにその気になります。あなたにとって思いやりや肉体的な愛情表現を示されることは、食べ物や飲み物に等しい生活必需品なのですから。

あなたには惚れっぽいところがありますが、いったん深い仲になると、貞節を守り、相手を独占しようとします。自分が手に入れたものは、容易に手放そうとはしません。恋をするとあなたの心には、不思議な力と詩情が湧いてきます。たとえあなたがこの上なく頭の固い役人でも、恋のキューピットの矢はあなたを、瞳に星を瞬かせる恋する人に変えます。地に足がつかなくなるようなことはなくとも、あなたの心は星とともに天空に舞い上がります。けれども、愛の魔力が失せてくると、あなたとパートナーは兄弟姉妹同然に。気づくと「ただの仲のよい友だち」になっていることもあるでしょう。

**×著名人**

アン・ブーリン（ヘンリー8世の2番目の妻）、レオナルド・ダ・ヴィンチ（芸術家、科学者、博識家）、オードリー・ヘプバーン（女優）、サミュエル・モールス（モールス信号の発明家、肖像画家）、ジョン・ミューア（博物学者、探検家、自然保護論者）、ライアン・オニール（俳優）、ウェリントン公（軍人、政治家）、ジャネット・ジャクソン（ミュージシャン）、藤あや子（歌手）

これらの批判は、わたしの強迫的なシンボルとイメージの難問を解こうとしたらしいが、お粗末で哀れだ

——フレデリック・プロコシュ

……人生でなすべきは、自分の行動により、自分が知らないことを解明すること……

——ウェリントン公

### 統合のためのイメージ

想像力の力で人が癒される。詩人が想いを詩に託そうとする……『モナリザ』

25

太陽＊双子座 ♊
月＊牡羊座 ♈

# エネルギッシュな話術師

## あなたのテーマ

**風×火**

みずみずしく明快：熱心：機敏：警戒心が強い：エネルギッシュ：強引：決断力がある：我慢がきかない：落ち着きがない：多才だが移り気：ウィットに富む：器用：話好き：議論好き：説得力がある

あなたは回転の速い人。一時の情熱に駆られて行動し、その尽きることない好奇心を満たそうとしたり、考えてから行動に移しているかに見えて、実は行動しながら考えていたり。ドンキホーテのように愚直な騎士を演じるときもあれば、抜け目なく人をひっかけて喜ぶそぶりも見せる。口が悪く粗暴な一面を見せるかと思えば、立て板に水のごとくの、説得上手な一面を見せる……。

あなたの持つ強い意志や信念と、巧みな話術や強い知的好奇心をうまく結びつけて発揮すれば、あなたの語る言葉は間違いなく人の心を打ち、あなたの語るイメージはくっきりと人の心に浮かび上がることでしょう。たとえるなら「詩」のごとく。そんなあなたはセールスマンなど、人を説得する職業で成功できる才能の持ち主です。また、強い好奇心と高い志を持つあなたは、知的な職業にも向いています。自分の思い通りにしたいという欲求も強いほうなので、自ら選択した職業でなら、リーダーや代弁者として、生まれながらの資質を発揮できることでしょう。ただし、頭の回転が速く、直観力の鋭いあなたは一足飛びに結論に到達しようとする傾向が。とはいえ、衝動的に見えるあなたの発言や行動には、たいていそれなりの理由があります。言葉、ウィット、風刺、鋭いジョークなどの達人であるあなたは、どんな窮地《きゅうち》からでも言葉巧みに逃げられる脱出マジシャンであり、「黒」を「白」と言いくるめられるほどの論理を操る達人なのです。

あなたは旅を好みます。実際に旅行に出かけないまでも、つねにアンテナを張ってあちこち動き回り、最新情報を手に入れようとします。24時間ニュース専門チャンネルやニュース番組とは、あなたのような人の手で、あなたのような人のためにつくられたものと言えるでしょう。頭脳明晰で、興味あることに対して熱心に取り組むあなたには、話し上手の資質と教師の資質が備わっているようです。あなたが話し始めると、聞く者の目の前には鮮やかな映像が浮かんでくるし、あなたが励ますと、相手はやる気にならずにはいられません。ただしあなたには、自分よりも頭の鈍い人には我慢ならないという一面も。そんなあなたには、敏腕弁護士、売れっ子文筆家、アナウンサー、政治家、鋭い論客としての成功が約束されています。どの分野であれ、人前できちんと話す必要のある職業が最適です。ただし、その分野で最大限に実力を発揮するには、専門知識を蓄えなければなりません。それさえ

### あなたの最大の長所

斬新で鋭敏な頭脳：熱心で自発的：意欲的で精力的：倫理的勇気と知的勇気：語学の才能：説得力がある

### あなたの最大の短所

自己中心癖：その場の会話を独占する：自分より頭の鈍い人に不寛容：人の感情に無神経：えこひいき：人の気持ちを踏みにじる傾向がある

できれば、その分野の権威になることも夢ではありません。そして、自分らしくありたい、自分の考えを表明したい、中途半端は嫌というあなたの欲求に後押しされ、成功するでしょう。

あなたは、人もうらやむような永遠の若さ、爆発的なエネルギーの持ち主。自分の思いを人の心に深く響かせる才能にも恵まれています。頭脳明晰で好奇心が強く、したたかに世渡りできる一方で、どこか純朴で明るく屈託がなく、のん気な一面も。おかげでどんな危機に直面しても、希望を失うことはないでしょう。

あなたは自分が見たり、聞いたり、考えたりしたことを雄弁に語りますが、感じたことを口にすることはめったにありません。「感情」は、あなたの苦手分野。「もの」にたいしては、ときに情熱的といえるほどの「強い愛着」を示しますが、人の「感情」には無頓着な部分が。あなた自身の身に降りかかってこないかぎり、他人の問題や痛みとは、当人が自分の力で解決すべきことなのです。実際、あなたなら同じ窮地に立たされても、辛口の鋭いウィットと熱弁、正義感を武器に、たった一人で社会に立ち向かうことでしょう。強い信念を持ち、率直かつ強引な自己主張のできるあなたは、敵に回すとあなどりがたい相手となります。それゆえ、人の恨みを買うことも。あなたにとっては、お門違いもはなはだしいことなのですが。そんなときは、ひとしきり悩んだら、あとはお得意のウィットですべてを笑い飛ばしましょう。あなたにとって最良の薬とは、ユーモアの精神を持つことなのですから。

## 大切なあの人とは？

恋愛相手には、知的魅力と性的魅力の両方を求めます。自分ではあまり自覚していないかもしれませんが、恋に落ちると、自分の想いを相手に巧みに伝えます。ただし、生まれながらに自己中心的な一面も持っているため、相手の欲求に無神経なばかりか、相手の感情の複雑さがじれったくてたまらなくなることも。そのため、恋する相手をからかうような真似をすることもあるでしょう。

恋愛遍歴を重ねていることもあるようです。けれど、最終的にあなたが選ぶ相手とは、自分の求める安心感を与えてくれるいわば「賢母」タイプです。これは、あなたが男性であっても女性であっても同じこと。もしあなたが女性なら、いわゆる伝統的な女性の役割や道徳観に甘んじるのに我慢できません。あなたが女性であれ男性であれ、後先考えずに恋に落ち、関係がマンネリになったとたん、相手が嫌になってしまうということを繰り返す傾向も。相手を取り替えることは、あなたの人生にとって、いわばスパイスのようなもの。長く安定した関係を続けたいなら、自分と同じような当意即妙の辛らつなウィットの持ち主を見つけるといいでしょう。

**✖著名人**

ジョン・コッククロフト（核物理学者）、ジョン・コンスタブル（画家）、ロバート・モーリー（俳優）、ジャッキー・スチュワート（F1世界チャンピオン）、デイヴィッド・ワゴナー（作家）、ヘレン・ハント（女優）、アンジェリーナ・ジョリー（女優）、庵野秀明（映画監督）、松たか子（女優）、池井戸潤（作家）、朝井リョウ（作家）、広瀬すず（女優）

学校時代が楽しかったというやつがいたら、お目にかかりたいもんだ。そしたら、いじめと退屈をお目にかけよう

——ロバート・モーリー

**統合のためのイメージ**

足の速いストリートファイターが、行く手をさえぎる敵をかわして勝利する……コンスタブルの風景画の永遠の鮮やかさ

26

太陽＊双子座 ♊
月＊牡牛座 ♉

# 貪欲な創意工夫の人

## あなたのテーマ

**風×地**

官能的だが知的：軽薄だが誠実：現実的で実際的な知性：かなり気まぐれ：実務的な伝達者：芸術家：ビジネスと企業経営の才覚がある：意志堅固で忠実

せわしなく動き回るかと思うと、じっと一か所に留まり動こうとしない。動き回ることも、じっとしていることも、あなたはどちらも好むようです。そのため、流行に敏感かと思えば、とても保守的。こんこんと湧き出る泉のように、はつらつとしたあふれる精気を放つかと思えば、自分の暮らす土地や町から一歩も出ようとしなかったり、腰を落ち着けワインの風味を楽しみ、野山の散策を好むかと思えば、あちこちで道草をくい、たびたび約束に遅れたり。物質的な安定を確立したがるかと思えば、ひらめきを追求し、自分の意見を人にこと細かに聞かせようとしたり。あなたは、こうした動と静の両面の持ち主。ですから、静けさを好む自分の一面にいらだったり、逆に、新しい刺激を求める性急さと落ち着きのなさを押さえつけようと、自分にブレーキをかけたりを繰り返します。そんな自分が自分でも理解できないと思うことも少なくないはず。

あなたの課題は、自分の欲求のバランスをうまくとることです。物質世界に対する生まれながらの理解力、ものの価値を見抜く洞察力、頭の回転の速さ、人と話をしたいという欲求などをうまく調和させなければなりません。それができれば、科学者、ビジネスマン、作家、詩人、音楽家、画家のいずれの職業でも成功することが可能です。あなたは、自分の感情や体験を人に伝え、話し合い、さらにそれを永遠の形にとどめずにはいられません。あなたには、自分の認識を人に伝え、議論し、説明したいという欲求があるのです。官能の世界にたいする生まれながらの理解、頭の回転の速さ、創意工夫の才をうまく結びつけられれば、最大限に創造力を発揮できます。ですからたとえば、食事の献立を考え、買い物をし、料理しているとき、あるいは、詩や絵や音楽に託して自分の思いを表現しているとき、あなたは充実感を感じるでしょう。

あなたは、自然の法則を生まれながらに理解しています。また金銭のしくみも生まれながらに理解しているので、効果的に資産を蓄え、運用する方法を知っています。さらに、自分の五感の働きを鋭敏にキャッチできます。五感は、あなたに美や感動を伝えてくれる源です。さらに、創意工夫の才にも恵まれています。あなたは、おもちゃ屋に連れてこられた子どものように、目に付いたおもちゃはすべて自分で動かしてみないと気がすまない一面を

### あなたの最大の長所

良識的：夢を実現し、経験を言葉にする能力がある：現実的な適応力がある：安定性：知性と寛容さ

### あなたの最大の短所

自分の経験にのめり込みすぎる：人の感情への思いやりに欠ける：何度も同じ話をもったいぶって話す：超自然的なことに懐疑的で理解を示さない

持っています。加えて、興味を持ったものを単に動かしてみるだけではなく、創意工夫の才を発揮し、もっと上手い利用法を考え出せます。あなたは、人とものの真価を見抜く鋭い洞察力と、きわめて現実的かつ実際的に状況を把握する優れた理解力、そして客観的な判断力という素晴らしい能力の持ち主なのです。

## ③大切なあの人とは？

恋愛は、あなたの幸福に不可欠なもの。心の安定と安心を得たり、自分を客観視したりするには、友人やパートナーの支えがどうしても必要となってくるでしょう。ときに浮気心が顔を出すこともありますが、自分の尊敬する相手には、忠実で頼りがいのある面を見せます。ただ、精神的な刺激やはずむ会話を求めるあなたは、相手があまりに落ち着いていて、頼もしくしっかりし過ぎていると、飽きてしまうことも。

肉欲の強いこのサインの持ち主は、つねにうずく浮気心を抱えています。浮気心とパートナーとの関係の安定を両方とも満たそうとすると、パートナーにたいして矛盾した態度をとることになりかねません。強い独占欲を示すかと思えば、思いやりがなく気まぐれになってみたり、おそろしく浮気っぽくなるかと思えば、愛情深く貞節になったりします。

あなたは思慮深くしっかりした一面もあります。こちらの面のあなたは、自分の心の底の感情や欲求に気づきません。そのため、自分が気づいていない面を持つ相手、粗野で感情の抑制のきかない情緒不安定な人に魅力を感じるようです。安心できる相手ではなく、気を揉ませる相手を自ら選んだり、身近な相手より手の届かないような相手を追いかけることに燃えることもあるでしょう。

**著名人**

ビョルン・ボルグ（テニス選手）、チャールズ2世（イギリス国王）、ジェラール・ド・ネルヴァル（詩人）、イアン・フレミング（作家、『007』の原作者）、マイケル・J・フォックス（俳優）、チェ・ゲバラ（革命家）、イザベラ・ロッセリーニ（女優）、チトー元帥（ユーゴスラビア大統領）、有川浩（作家）、新垣結衣（女優）、石坂浩二（俳優）

もしわたしが教育を受けていたら、ほかの一切のことを身に付ける時間がなかったでしょう。わたしがこの法を気にするかって？　わたしに力がないとでも？
――コーニーリアス・ヴァンダービルト

言うならば……真の革命は、大いなる愛情に導かれるのです――チェ・ゲバラ

**統合のためのイメージ**

田舎暮らしの男の子がにぎやかな街に出て浮かれ騒ぐが、夜になると農場に戻る……総料理長の女性がインテリの友人のためにディナーパーティーを催す……オッフェンバックのオペラ『天国と地獄』のカンカン踊り

27

太陽＊双子座 Ⅱ
月＊双子座 Ⅱ

# いたずらな思索家

## あなたのテーマ

**風×風**

思索家：表現力が豊か：快活：生きる喜び：子どものような純真さ：生命力にあふれている：アイデア豊か：浮気っぽい：知的：自己分析癖：気難しい：別の言葉に言い換える才能がある：模倣：大道芸人：せわしない：神経質：人にからむ：批判的：口がうまい：顔が広い：社交的：たえず動き回る

あなたは知的で快活、そして、巧みな話し手です。つねにさまざまな人とふれあい、知識や目新しさを求めずにはいられません。落ち着きなく情報を収集し続け、知人を増やすことに熱心です。あなたの人生は、頭脳、感情、交際相手などの面から見ても、まさしく変化に満ちあふれています。新しい人と会うのが好きで、会ったばかりの人であっても、その行動の動機を探ろうとします。あなたにとっては、ありとあらゆる人とものこそが興味の対象。あなたは人を観察することにより、自分自身を知ることができるようです。

幅広い分野にも即座に対応できる多才な人。あなたの優れた面は、自分の体験をそっくりそのまま、手に取るように鮮やかに人に伝えられることです。なんにでも興味を示し固定概念にとらわれないあなたは、さまざまなものごとを観察し、正確に記憶に刻み、何度も繰り返し表現できます。そんなあなたは、隣近所の人に情報通として重宝がられたり、テレビのレポーターとしての能力を発揮したりも。ある状況から正確にポイントをつかんだり、印象的な特徴やジェスチャーを抜き出したりして、それを人に伝えられるからです。報道や文筆に関する職業であれば、どのような形であれ、あなたは才能を存分に発揮できるでしょう。また、仲人など、人と人の橋渡し役にも向いています。何かを見ると必ず何かを思い浮かべるあなたは、まったく別世界で暮らす友人や知人の間を取り持つことができるのです。それもごく自然に、わざとらしくなく。

あなたには水星の特徴である模倣の才があり、言葉を効果的にあやつれます。ただ、あなたの報道や記事は、過敏な人を傷つけることがあるかもしれません。あなたには、悪意などこれっぽっちもないのですが、あなたの行動は、いわば子どもが新しい世界を発見し、うちに帰って夢中で報告するようなもの。あなたが好むのはゲームであり、そして何よりも自分の知性を刺激するものです。もっとも、頭を使いすぎて神経を消耗しがちなあなたは、ふと気づくと、感情に配慮すべきところを頭で考えたり、利己的になったりしていることも多いでしょう。

あなたは、手先の器用さも持ちあわせています。食器棚や整理

### あなたの最大の長所

回転が速く明敏な頭脳：快活で社交的：積極的に経験する：さまざまな人や考えを学び、教え、伝え、まとめて成果をあげる：社交的で楽しいことが大好き

### あなたの最大の短所

思索に没頭しすぎて神経が高ぶり、体力を消耗する：子どものように自己陶酔する：二重基準を使い、真の機動から目を逸らそうともっともらしい言い訳をする

棚作りなどの日曜大工、絵画やエッチングの創作、鉄道や飛行機の模型の組み立て、編みものなどの「ものづくり」は、あなたの神経を落ち着かせ、起伏の激しいあなたの気質を安定させる役に立ちます。

## ②大切なあの人とは？

あなたにとって感情の世界は苦手分野。もちろん、あなたに感情がないからではありません、「水」の特徴である「あいまいな世界」に引きずりこまれることが怖いから。理性でコントロールできないものが嫌いだからです。

あなたは生まれながらに人当たりのよさ、人を惹きつける魅力、如才なさを備えています。けれど、パートナーとの関係がぎくしゃくしたり、感情がもつれたりすると、突如としておとなげない幼稚な一面をのぞかせることも。また、パートナーがあなたにたいして要求過多だったり、感情過多だったりすると、あなたはうんざりし、束縛に耐えられなくなって、パートナーをそっけなくあしらうこともあるでしょう。けれども、おもしろいことに、あなたが選ぶパートナーは決まって感情タイプの人だったりします。というのも、感情タイプの人はあなたを支え、環境を整えてくれるので、あなたはその魅力と幅広い才能を存分に発揮できるからです。

あなたの課題は、パートナーが二人の関係に感情を持ち込むことを認めること。つぎに、二人のあいだで一定の自由を認め合うこと。そして最終的に、自分の感情から目を背けず、大事にするすべを身に付け、自分が恐れるほど感情の世界は暗くもなければ、脅威でもないことを理解することです。それができれば、感情の世界は、あなたの内面に彩りを加えてくれます。感情の世界は、あなたの足を引っ張るどころか、自分の人生を理解し豊かにする不可欠な要素を秘めているのです。

**×著名人**

ジョン・バリモア（俳優）、M・C・エッシャー（画家）、シュテフィ・グラフ（テニス選手）、ケインズ（経済学者）、カイリー・ミノーグ（歌手）、サルマン・ラシュディ（作家）、ドロシー・セイヤーズ（作家）、ブルック・シールズ（女優）、ヴィクトリア女王（イギリス）、ジョン・アディ（占星術家）、伊坂幸太郎（作家）、武田双雲（書道家）、川﨑宗則（プロ野球選手）、三村マサカズ（タレントさまぁ～ず）

思想は歴史の流れを形づくる――ジョン・メイナード・ケインズ

歳を重ね　おぼつかない足取りで墓場に近づくにつれ　どうでもいいと思うようになっただれとだれがベッドをともにしているかなど――ドロシー・セイヤーズ

### 統合のためのイメージ

庭を舞う蝶が青紫のデルフィニウムに飽き、不意にこの上なく美しい赤いバラに目を移す……子どもが、友だちの前で逆立ちしながらソフトクリームをなめ、おはじきをしてみせる……サーカスの空中ブランコ乗りが自伝を執筆する

28

太陽＊双子座 ♊
月＊蟹座 ♋

# 人情味にあふれた情報通

## あなたのテーマ

**風×水**

親密なコミュニケーション：親しみやすい：おしゃべり好き：親切：覚えが早い：いじらしし：神経質：家庭重視：兄弟姉妹の関係：詩的：芸術的：感情を伝える：排他的：正確な理解：人嫌いで警戒心が強いが、人に強い関心がある

あなたのなかには、ウェットな感情と鋭い知的な力がいつも反応しあっています。あなたの理性と感情が密接に絡み合い、引き立て合い、補い合っているのです。そのため、あなたは感度のよいアンテナのように外からの情報を敏感に受け取り、心を揺らしています。

あなたは感情が豊かであると同時に好奇心旺盛で頭の回転が速く、一つのことに集中できません。「意識の流れ」がたえず潮のように満ち干きする影響で、人生にも浮き沈みが生じます。一方、あなたは人に気まずい思いをさせることなく思いやりを示せます。隣近所に新たに越してきた人がいると、真っ先に家庭菜園でとれたトマトを一袋携えて挨拶に行き、自宅のバーベキューに招くでしょう。思いやりが深く、社交的なあなたは、社会福祉や心理療法に関する職業が向いています。あなたなら、温かい接し方で、人の心を明るくできます。また、子どもの初等教育にも向いています。人にたいする洞察力は、あなたの最も優れた天性の資質です。

幅広い才能を持つ反面、周囲の影響を受けやすいところもあります。ですから、はっきりと目的を見定め、心を落ち着かせる必要が。そうしないと、気弱になって自分を見失い、自信と創作意欲を失うことも。たとえばあなたは、人の私生活のこまごましたことに関心を持つので、町の情報通として重宝がられることがあるでしょう。ただし、純真な子どものように、何にでも飛びつく生来の落ち着きのなさのために、自分が何をすべきか確信が持てない危険とも隣り合わせなようです。

そんなあなたが自分の立場や周囲の人間関係に満足するのは、精神状態が安定し、心から何かに熱中できるときでしょう。あなたには、つねに刺激され、学び、自分の印象やひらめきを表現したいという欲求があります。自分を律することができれば、間違いなく芸術や文学の天分を発揮できるはず。ただそのためには、生まれながらに持つ強い欲求の数々を創作意欲に転換することが不可欠です。

あなたは、さまざまな分野で研ぎ澄まされた直感を発揮できます。その人並みはずれて鋭い直感は、優れた精神分析医やフィクションライターに向いています。人の欲求や心の働きが、よくわ

### あなたの最大の長所

理解のある心と同情を持って聞く耳を持つ：「雰囲気をつかむ」能力があり、一度に多くのことを感じ取る：自己主張に嫌味がなく、物腰が柔らかい：純粋に人に関心があり、家庭に深い愛情を注ぐ：ロマンティックな想像力

### あなたの最大の短所

外界からの刺激、とりわけ批判に神経過敏：手を広げすぎ、自分に疑問や疑いを抱きすぎる：言い訳がましく、神経質になる傾向があり、とりわけ家庭不和に過敏：ひとり立ちするのが怖くて、長年の偏見やゆがんだ社会通念に固執する傾向がある

かるのです。あなたはどちらかというと、伝統的な価値観を大事にする保守的なタイプです。けれども、もの静かに見えるあなたには、自分が正しいと思えば妥協せず、自分のいちばん大事なものはだれにも渡すまいとする頑固な一面もあります。つねに波風の立たないようにそっけなく振る舞いますが、その一方で、重要な事実を明るみに出そうとしたり、その本質を見極めようとする、いわば露悪的な一面も持っています。

## 大切なあの人とは？

あなたは本来とてもロマンティックですぐに恋に落ちる傾向がありますが、奥手なところもあります。神経質で感受性の強いあなたは、たっぷり愛情を注がれ親密にふれあうことを望んでいます。ただ、あなたは移り気なため、パートナーをいらだたせるだけでなく、自分で自分の移り気にうんざりすることも。そうなるのは、自分がどうして移り気なのか理解していないからです。

あなたの最大のジレンマは、自分の気持ちがすぐに変わること。自分ひとりの世界の充実感に浸っているかと思えば、ふいに愛する人に自分の経験を話したくてたまらなくなったりします。あなたが安心できるのは、自分が安全であると思えるプライベートな空間にいるとき。ですから、あなたが能力を発揮するには、安定した家庭も不可欠です。

あなたには人嫌いな一面と人間好きな一面が共存しています。けれど、人とふれあうことでこそ、あなたの創造力は発揮されます。たとえば、人のちょっとした欠点でも見逃すことなく、それを愛情半分、独特な皮肉センス半分で揶揄《やゆ》することでしょう。そんなあなたは、家庭という安全な空間さえ確保できれば、文章や芸術作品などを通じて自分の価値観を見事に表現することができるでしょう。

### ✕著名人

ボーイ・ジョージ（シンガー）、トマス・ハーディー（作家）、ボブ・ホープ（俳優、コメディアン）、グラント・リューイ（占星術家、作家）、トーマス・マン（作家）、アンリ・ルソー（画家）、ナンシー・シナトラ（シンガー）、イーゴリ・ストラヴィンスキー（作曲家）、江川卓（プロ野球解説者）、鈴木京香（女優）山下泰裕（柔道家）、相武紗季（女優）

お国のために卵を産まなければならないのなら、やって見せよう——ボブ・ホープ

わたしの曲をいちばん理解してくれるのは、子どもと動物である——イーゴリ・ストラヴィンスキー

世界は動くと詩に託していれば、ガリレオも異端審問にかけられずにすんだのに
——トマス・ハーディー

### 統合のためのイメージ

ある家のきょうだいが、近所の友だちと公園でラウンダーズに興じていると、母親がサンデーランチよと呼びに来る……大学生が夏に帰省する

29

太陽＊双子座 ♊
月＊獅子座 ♌

# チャンスを逃さない演出家

## あなたのテーマ

**風×火**

多彩な話し上手：温かく親しみやすい：子どものような遊び心：前向き：上品：知的：優れた脚本家であり話し上手：堂々としているが、堅苦しくない：美を愛でる：即興に秀でている：反抗的：寛大

いうなればあなたは永遠の子ども。空想の世界で、自分をおとぎの国のお姫さまや王子さまになぞらえることもあるようです。そんな空想をいだくあなたですが、現実世界では堂々とふるまい、人に弱みを見せるようなことはまずありません。また、おしゃべりで人を楽しませる才能と、神秘的な物語をつむぎ出す才能にとても恵まれています。ですから、人の注目を集め、聴衆の心をしっかりとつかむことは快感のはず。豊かな想像力を駆使して、自分の人生、自分の愛する人やもの、自分の体験を脚色することができます。さらに、絶妙な間合いでせりふを言い、効果的に脚色できる天与の才にも恵まれています。その能力をいかんなく発揮すれば、人を楽しませながら自分をアピールしていくことができるでしょう。

生まれながらに、自分が自分らしくあることは当然の権利であると思っているため、若いうちは考えることが大人びています。長じるにつれ、そつなく世渡りするすべを身に付け、楽しみや興味の対象を追い求め、ときおりいたずら心をのぞかせるようになるようです。ある意味であなたは、生まれついての俳優であり、人気を得るために、自分を演出する才能に恵まれているのです。人の目に映るあなたは、気さくで心が広く、好きにならずにはいられない魅力的な人。ただ、不安を覚えたり、愛されていないと感じたりすると、とても子どもっぽくわがままになることが。あなたの魅力やそつのなさは、人生に退屈すると発揮できなくなってしまいます。これはおそらくあなたにとって、自分が注目されないことが何よりも苦痛だから。あなたは、愛されたい、敬われたい、認められたいという強い欲求の持ち主。それが満たされるのは、自分が人に注目されているときなのです。ただし、あなたの情熱と恋心に火がつき、しかもその恋が夢物語ではなく現実であれば、人の目など関係なし！

あなたは着想豊かな人。また、ビッグチャンスを見逃さず、敏《びん》捷《しょう》に動き、機転を働かせる資質も持っているので、生まれながらにセールスマンに向いています。けれど、その肩肘張らずに快活で屈託のない物腰の裏に、とても頑固で野心的な一面も隠し持っています。そちらの面のあなたは、確固たる信条を持ち、自分の欲するものをあくまで追求します。そんな二面性を持つあなたには、天性の権力者の素質があります。ですから、教育や社会事

**あなたの最大の長所**

頭の回転が速く、想像力が豊か：自己表現の才能がある：楽天的で熱中しやすい：弱者を押さえつけることなく、一番を維持できる：親しみやすく、生気にあふれた遊び心と冒険心で人を勇気づけ、人望を維持する

**あなたの最大の短所**

お世辞を要求し、中心人物になりたがる：自分が認められていないと感じると、子どものような横柄さと強情さを装う：外向的な気質ゆえに人とのつきあいにエネルギーを注ぎすぎ、能力を十分に発揮できない

業などの分野で活躍できるでしょう。役に立つ専門知識と自信たっぷりに人と接する能力を、両方とも発揮できるからです。

多様な人間性に興味を持ち、柔軟に対応し、寛容に受け入れることができるあなたですが、自分が重要だと考えている点については一歩も譲ろうとはしません。ましてそれが、倫理観や優劣の基準のこととなると、その分野では自分が権威と自負し、情熱を傾けているだけに、あなたは自説を曲げません。また、人にものの考え方や言葉づかいや礼儀を口うるさく説きますが、自分でもつねに品の良い明快なふるまいやもの言いを心がけています。そのため、人に強い印象を与えます。

あなたは強い個性の持ち主ではあるものの、決して人に高圧的ではありません。ただし、頭に血が上ると、決まって利己的になります。とくに人からレッテルを貼られることを嫌います。というのは、自分が歳とともに変わっていくことを直観的に知っているから。けれど、あなたの誠実さや高潔さ、それにあなたの威厳や人にたいする温かさ、生まれついての寛大さは、歳をとっても変わることはないでしょう。

## 大切なあの人とは？

あなたには、学問や芸術についてのこだわりがあります。同様に、恋愛にたいする好みもはっきりしています。あなたが望むのは、最高のものであり、人です。ですから、この人と見定めると、相手に献身的に尽くします。恋を歌う中世の吟遊詩人のように、身も心も、そして知性をも愛する相手に捧げるのです。

愛情や好意は、あなたにとってはなくてはならないものでしょう。恋をすると、無意識のうちに輝く魅力を発散し、子どものように弱点をさらけだし、手放しで愛情を表現します。また、あなたには愛する人を賛美したいという欲求があります。さらに、いろいろな点で向上し合える知的な関係を続けられれば、言うことなしです。ただ、あなたはあり余るエネルギーを発散させ、疲れを知らずに人と付き合い、想像力を刺激する遊びを好みます。そのため、あなたのパートナーはいやおうなく、付き合わされることに。フットワークが軽く、若々しく、そして創造的なあなたには、優れた情報の伝達者としての資質があります。また、良き教師、友人としてのあなたも、最高のものを創り堪能しようとする者を導き、助言する役目を果たそうとすることでしょう。



**著名人**

ジャック・クストー（海洋研究家）、アンネ・フランク（日記作者）、ジョー・モンタナ（アメフト選手）、ポール・マッカートニー（ミュージシャン）、ラルフ・ウォルドー・エマソン（哲学者）、ウォルト・ウィットマン（詩人）、クリント・イーストウッド（俳優）、内藤剛志（俳優）、長澤まさみ（女優）、本田圭佑（サッカー選手）

わたしは自分自身を賛美し、自分自身を歌う——ウォルト・ウィットマン

人はあくまで体制順応者であってはならない——ラルフ・ウォルドー・エマソン

嫌なことばかりだけれど、それでも人の心はほんとうは善であると信じています
——アンネ・フランク

**統合のためのイメージ**

王が謁見を行い、マンドリン弾きと歌物語をデュエットして拝謁者を驚かせる

30

太陽＊双子座 ♊
月＊乙女座 ♍

# 独立独歩のジャーナリスト

## あなたのテーマ

**風×地**

分析癖がある：神経質：精神力が強い：サービス精神が旺盛：表現が明快：良心的：実用的な専門知識を持つ：コミュニケーション能力が高い：落ち着きがなく心配性：生まれついての文句屋：知識欲と芸術的な向上心が強い

　おそらくあなたは今、「占星術はたしかにおもしろいけれど、信じなきゃいけないわけ？」と思っているはず。それはあなたが、あくなき好奇心と強い批判精神を兼ね備えているからのようです。あなたは何でも知りたがり、知識を渇望します。とはいえ、時間は貴重だとも思っているので、じっくり極める研究者ではなく、速読で知識を得るタイプです。また、あなたが何よりも重視するのは、理にかない、役に立ち、自分と人のためになる知識です。

　きっと答えに満足できないとわかっていても、あなたは何にでも疑問を投げかけずにはいられない人。自分が不真面目かそれとも真面目か、人の意見を別の人に伝えるタイプか、いろいろな人の意見をまとめるタイプか。理論を重視するか実践を重視するか。正直に答えようとすると、あなたはすべてにイエスと答えることになります。ただしあなたには、おそろしく率直な一面があると同時に、自分に当てはまるよう、事実のほうをねじ曲げる一面があることも指摘しておかなくてはなりませんが。そう、あなたには二面性があるのです。もっとも、あなたはそれを認めたくはないでしょう。なにせ、あなたは人から指摘されるのが大嫌いで、自分で答えを見つけ、自分の考えで行動したい性格なのですから。

　生まれながらに批判精神が旺盛なあなたは、どんなにすばらしいものであっても、自分の計画や人間関係になかなか満足できません。いったん満足できないとなると、過剰なまでに自分自身と人を分析し始めます。そうした状況に陥ると、あなたは消耗し、落ち着かなくなり、せっかくのすばらしいアイデアも目に入らなくなってしまいます。そして不機嫌になり、新しいものや新しい人間関係を手に入れたがるようになります。けれど、自分の欲求をプラスに転化することさえできれば、あなたは社会をよりよくするために大いに貢献することでしょう。

　最大の敵は、完璧主義とエリート意識。それを克服し、自分にも十分に能力があると認識できれば、あなたの有能さや身の軽さや優れたビジネスセンスが成功の鍵になるはず。客観性と現実性をあわせ持つ、多方面の才能に恵まれたあなたに向いている職業は、あなたの分析力とコミュニケーション能力を自由に発揮できる分野。そして、子どものころからずっと持ち続けている「なぜ？

### あなたの最大の長所

優れた分析的な頭脳：豊かなウィットと遊び心：技巧に秀で、正確に伝達できる：美的センスを磨く：目に見える形で人の手助けをする

### あなたの最大の短所

心配が高じると、創造力を発揮できない：人の心の欲求に病的なほど無神経：間違いを見つけると悪しざまに非難する傾向があり、つぎからつぎに文句をつける

どこで？　だれが？　どうやって？」という果てしない質問の答えを探せる分野でしょう。

あなたは、神経をすり減らしながらも年がら年中忙しがり、つねに動き回っていたいと思っています。けれどがんばりすぎて、くたくたになってしまうこともしょっちゅう。それでもあなたに最適なのは、社会の「神経系」になること、いうならば報道機関や教職で、情報や知識を人に「伝達」することです。あなたは、働き蜂ではなくて女王蜂のように「神経中枢」の役割を果たし、情報を収集し伝達する優れた才能があります。また、きわめて優れた知性と芸術性も持っています――あるいは、そう自負しています。ですから、事実を正確に把握し、できる限り短時間で本質を見極める必要のある職場でこそ、才能を発揮できるのです。ジャーナリズム、ラジオやテレビ局の報道担当や、証券取引所といった分野なら、大いに才能を発揮できるでしょう。

あなたは、きわめて論理的で科学的な天性の資質の持ち主。つねに疑問を投げかけ、ものごとの因果関係を探り、情報を整理しようとします。ですから、コンピューター関連、会計や経済に関する職業も、こうしたあなたの特質に適しています。さらに芸術の分野でも、自分が実地体験したことを言葉や映像、歌や彫刻や絵画で表現できます。

## ②大切なあの人とは？

恋に奥手な一面もありますが、あなたには恋する相手を追う楽しさを味わい、恋をもてあそびたいという欲求もあります。あなたが求めるのは、長続きし、互いに向上でき、知的刺激のある恋愛。ときに人から、心が冷たく、恋愛相手への思いやりに欠けると非難されるかもしれませんが、それは本当のあなたではありません。あなたは、自分の感情をさらけ出すのが怖いだけなのです。本当のあなたは、感情豊かで、とても心が広い人で、愛し、尊敬し、理解できる相手には献身的に尽くします。あなたには人の役に立ち、必要とされていることを実感したいという欲求がありますが、被害者意識にとらわれ、自己憐憫の情に流される傾向もあります。

また、ほどほどのやさしさや愛情があれば十分と思っているので、感情的に親密すぎる関係は負担に感じることも。あなたがパートナーに望むのは、べたべたせず、よそよそしくもせず、なおかつ、ルックスが人並みはずれていいこと！　あなたは恋愛においても人生においても、完璧主義者なのです。



### ✖著名人

フランシス・クリック（分子生物学者）、ポール・ゴーギャン（画家）、ジョン・F・ケネディ（アメリカ大統領）、アラン・レネ（映画監督）、リヒャルト・シュトラウス（作曲家）、アラン・ウォルターズ（経済学者）、コートニー・コックス（女優）、小沢一郎（政治家）、哀川翔（俳優）、二宮和也（タレント）、田中麗奈（女優）、風間俊介（タレント）

国が何をしてくれるかではなく、国のために何ができるのかを考えてほしい。いますぐ多様性を克服できないとしても、せめて多様性を認めるような世界をつくる努力はできる

――ジョン・F・ケネディ

『われらいずこより来るや、われら何なるや、われらいずこへ到るや』

――ポール・ゴーギャン　画のタイトル

### 統合のためのイメージ

神経の病気の専門家が、地域の慈善事業の一助として講演する……美術評論家が、上級者向けにすばらしい授業をする……ゴーギャンの『アレアレア』

31

## 太陽＊双子座 ♊
## 月＊天秤座 ♎

# 中庸の精神を持つネゴシエーター

### あなたのテーマ

**風×風**

とらえどころがない：魅力的：外交的：明るい：頭脳明晰：説得力がある：上品なユーモア：聡明：柔軟：天性の友情：社交的：人を楽しませる：衝動的だが機転がきく：そつがない：コミュニケーション能力にたけている

　とても上品で魅力的、そのうえ強い正義感から周囲の信望を得ているあなたは、一見すると、うらやましいほどそつがなく、自信に満ちて泰然自若とし、何の心配ごともなく生きているよう。けれど内心では、そうした非の打ち所のない表の顔とは別に、なかなか答えがみつからない問題と格闘していることも多そうです。たとえば、立派な家庭やキャリアを築き、つねに自分を啓発するような人生を歩むべきか、それとも、しがらみを断ち切り、気の向くままに旅して世俗を楽しみ、現実性はともかく、せめて理屈の上だけでも問題の答えを探すべきか。目に映った通りの真実を口にすべきか、それとも、難点には目をつぶり、相手の耳に心地良い言葉を口にすべきか。自分はいったん結んだ交友を生涯続けるタイプなのか、それとも、人並み以上に飽きっぽいタイプなのか。自分は人生を賛美したいのか、それとも、自分と自分の才能を賛美される人生を送りたいのか、などなど。もちろん、こうした疑問すべてに答えを出すことはできません。とりわけ自分自身では。というのは、ものごとをまとめようとするとき、あなたは外交の達人としての資質を発揮し「中道」を選ぶからです。

　とはいえほとんどの場合、あなたは、持ち前の洞察力と聡明さで、心の葛藤を自分で解決していきます。さらにあなたは、人に好感を持たれる魅力やユーモア、聞く人の心を落ち着かせる言葉、それにだれの目にも明らかな公平性と高潔さの持ち主。ですから自分の問題の解決のみならず、敵の悪感情をなだめたり、さらには敵同士を和解させることも出来てしまうのです。

　確固たる理想を掲げ、揺るぎない信念を持って、個人と社会の正義を追求していきますが、かといって、人が思うほど利他的というわけでもありません。自分を高く評価してほしいという欲求を満たそうとして、人に尊敬と忠誠を要求したり、自分にはそれだけの価値があると思いたがったりする一面もあります。それでもあなたが利他的な一面を発揮できるのは、きわめて頭の回転が速く、人よりもすばやく混乱した状況を把握することで、人や事態に適応でき、優位に立てるからでしょう。

　あなたにも野心はありますが、それほど大それたものではないでしょう。けれど本心を言えば、心のどこかに、冒険したい、注目されたいという欲求もあります。そうしたあなたの一面は、持

### あなたの最大の長所

すばらしい友情を築ける：美と優雅さの鑑賞力がある：生まれながらに如才なく外交的：人の意見を理解し、説得できる：多彩な想像力と永遠の遊び心を持つ

### あなたの最大の短所

落ち着きなく変化と新たな展望を求める：人生の暗い側面から目を背けたがる：困難な変化に真正面から取り組もうとせず、その場しのぎをしようとする：子どものように我を張り、上っ面をなぞり、その場しのぎをする

ち前の魅力を武器にしてキャリアを築くことに力を注ごうとします。この「利己的」な面には、重要なはたらきがあり、このうえなく「利他的」なあなたのもう一面とのバランスをとっています。もし「利己的」な一面がないと、「利他的」なあなたは、人にノーと言えず、人の考えを優先するばかりになり、自分のための人生を生きられなくなってしまう恐れもあるのです。

美と正義を求めるあなたが心惹かれる職業は、法律や政治の分野。さらには、調停や仲裁、あるいはカウンセリングの分野など。実のところ、自分が中立の立場を貫きながらも、なおかつ人とふれあうこともでき、多くの人の意見を聞いて学びたいという強い欲求をかなえられる分野なら、どんな職業でも才能を開花させられます。さらにあなたは、分析し、すばやく頭を回転させ、ものを書き、人に伝達したいという「水星」の特徴である欲求も持っています。そんなあなたには、生まれながらにネゴシエーターや恋の架け橋役の資質があります。とりわけ満足度が高いのは、新たな知り合いや社会、あるいは考え方に触れて、刺激を受けることが可能な、旅行や出張の機会が多い職業でしょう。もちろん自分でもアイデアを掘り下げ、科学的な疑問やデータ、それに通信技術などにも関心を持ちます。その一方で、鋭い美的センスを持つあなたは、芸術にも関心を持つでしょう。

つまるところあなたは、変化の激しい風潮や流行に敏感であることを求められる職業であれば、どんな仕事にも向いています。言葉を操る天性の才能を持つあなたは、生まれついてのセールスマン。人と接し、つねに新しいアイデアに刺激を受けられる分野であればどんな職業でも、いかんなく才能を発揮できます。

## ② 大切なあの人とは？

あなたの人生にとって、人間関係はつねに切実で重要な問題です。あなたは友人の輪に囲まれたいと願い、理解を示し、貞節を尽くしてくれるパートナーを求めています。けれど、こと恋愛となると飽きっぽいところもあるようです。満ち足りた人生には、ひとりの相手との強い絆が必要不可欠。それを築きたいという気持ちとは裏腹に、刺激を求めていろいろな相手をとっかえひっかえしたいという願望があるからです。

言葉を自在に操れる強みを持つあなたは、さまざまな人と関係を築く能力があります。そのため、せっかく「理想の相手」に出会ってもすぐ、また別のもっとおもしろくて、社会的な地位も高い人にすぐ目移りしてしまいます。ところが、自分が恋焦がれていた素敵な相手が、いざ付き合ってみると、期待していたほど情熱的でないということもあるでしょう。すると反動で、こんどは感情の起伏が激しく陰気なタイプに惹かれたりすることが。このタイプの相手は、あなたにとっては理解しがたく、また自分の隠された一面に気づかせてくれたりもするからです。

**✖ 著名人**



ジョセフィン・ベイカー（歌手）アリス・ベイリー（神秘思想家）、ジョージ・ブッシュ・シニア（アメリカ大統領）、ヘンリー・キッシンジャー（アメリカ大統領補佐官）、ノーマン・ヴィンセント・ピール（『積極的考え方の力』著者）、ウィンザー公爵夫人（エドワード8世の妻）、中沢新一（宗教学者）、有吉弘行（タレント）、千代の富士（大相撲力士）、ねじめ正一（作家）

裸だったんじゃないのよ。服を一枚も着てなかっただけ――ジョセフィン・ベイカー

今後はいかなる軍の装備も、それが妥当かどうかは、平和を維持する能力があるかどうかで判断されるであろう――ヘンリー・キッシンジャー

よく聞きなさい――ジョージ・ブッシュ・シニア

### 統合のためのイメージ

上品な女主人がエキシビション付きのパーティーを主催し、立派な大義の支持を呼びかける……定期的な外交は交戦中の両派を和解させる……エルガーの『エニグマ変奏曲』――「曲中に描いた友人たちに」

32

太陽＊双子座 ♊
月＊蠍座 ♏

# 情の深い駆け引き上手

## あなたのテーマ

**風×水**

外向的だが内向的：情熱的だが表面的：生気にあふれ官能的：さわやかだが激しい：屈託ないが秘密めかす：頭の回転が速く情が深い：多才で矛盾を抱える

冗談めかして本心を口にすることもあれば、真面目っぽく冗談を言うこともあり、はたまた冗談とも真面目ともつかないこともある。そんなつかみどころのないあなたの人生には、波風が絶えません。波風が収まるのは、重大な事態に直面したとき。あなたにとって人生とは、友人に会いに出かける心浮き立つ旅ではなく、敵の領地を突っ切るための心の休まる暇もない旅のようなものです。

あなたは、人をやたらに刺激する一筋縄ではいかない人。ささいなことにやけにこだわってみせたり、情熱的で表情豊かな話し上手になったりします。そんなあなたの心の葛藤の核となっているのは、自分の行動を理性で律するか、激しい感情で律するかにあるようです。たとえば、どんな話題にもこと欠かない愉快な人間としてふるまいたいし、洞察力の鋭い知的な人間としてもふるまいたい。自分のしていることに心から打ち込みたいし、シャツを着替えるように対象を次々に変えたいとも思うでしょう。あなたの駆け引き上手な面や、感情の起伏の激しさは、行動や話し方、相手を動揺させるような話の持っていき方をみるとよくわかるでしょう。また、あなたは軽薄な道化を演じたいと思う一方で、情熱的な抗議運動家を演じたいと思うことも。洒脱に生きたいという思いと、こだわりを貫きたいという二つの思いがあり、この二つの思いは反発しあったり、補完しあったりしています。もちろん、自分の感情を客観的に扱い冷静にふるまうこともできますが、やがてはそうすることに疲れてしまうでしょう。

感情の起伏の激しさと幅広い才能、それにコミュニケーション能力を活かしきれる環境や職場に恵まれれば、あなたはあふれるばかりの生気を放ち、頭の回転の速さを発揮します。もっとも、辛らつで鋭いウィットと強烈な、ときに皮肉っぽい世界観を示して、人の心に波風を立てることはあるかもしれません。さらに、自分で決めたやり方を貫く能力を持っているので、素晴らしい芸術作品の創作法からソーセージの販売法にいたるまで、独自のやり方を貫こうとするでしょう。

あなたが教師、指導者、政治家になれば、仕事に打ち込み、優れた理念を人に伝えることができます。けれど、何よりも天性の資質を活かせるのは、セールスの仕事。扱う商品がファスナーであったり、ピン一本であったりしても、あなたはセールスマンの

### あなたの最大の長所

自分の信じるところに迷うことなく傾倒し、貫く：隠れた悪事や不正を徹底的に調査追求する生まれながらの才能：飾らないユーモアと皮肉っぽく鋭いウィット：言語や言葉の才能がある：鋭い眼識と情熱を込めてコミュニケーションをとる能力がある：禁欲的

### あなたの最大の短所

手のつけられないほどのかんしゃくを起こし、人を傷つけるもの言いをすることが多い：人生に変化を求め、気まぐれな生き方をする：自己不信：言葉や性的なほのめかしで、人を操る：自分が気まぐれで一貫性がないにもかかわらず、変化を求められると抵抗する

なかのセールスマンになれます。冒険心と策略の才のコンビネーションを持つこのサインは、研究一筋の科学者や心理療法士、金融業、ジャーナリズム、探偵、そして、あらゆる分野のスパイ、特別捜査官、調査員にも向いています。また、あなたには優秀な法廷弁護士になれる資質も数多く備わっています。法廷で、ウィットと説得力と知性と断固たる行動力を発揮すれば、どんな相手であっても、あなたの敵ではありません。ただし、だれよりも多才で有能なので、あなたが自分のエネルギーをもてあまし、傍若無人にふるまうと、それを止められる人はどこにもいなくなってしまいます。自分で律するしかないのです。

そんなあなたは、なかなか満ち足りた幸福を感じることができません。あなたの頭と心がつねにバラバラの要求をするので、いつも満足できないのです。あなたの心の奥底の声は、人生とは食うか食われるかの早い者勝ちの世界であり、孤独で苦しい非情なものだと訴えます。一方、あなたの頭は、この世は、どこから見ても道理にかない論理的で、とても愉快で楽しいところだし、またそうあるべきだと訴えるのです。

あなたが健康と満足を得るための鍵は、洞察力と心の奥の矛盾に正面から取り組み、それらのバランスをとること。自分の不安定ではっきりしない心を見据え、整理し、表現し、ひとつひとつの言葉や観念と真正面から向き合うことです。それができるにつれて、あなたの幸せは深まります。

## ②大切なあの人とは？

恋愛をすると、あなたの一番いい面と悪い面が顔を出します。これは、あなたの感情の起伏の激しさと見栄を張ろうとする気持ちが表面化するからです。あなたはとても魅力的な人ですが、生まれながらに激しい衝動を持っています。恋の炎に火がつくと、それを押さえつけようとする衝動と、炎に身を投じようとする衝動が同時に働きます。

こうしたあなたの矛盾は、表層のあなたと深層のあなたの間に乖離《かいり》を起こすでしょう。その結果、恋愛相手をじらしたり、怒らせたりすることも。ひとつの恋に身も心ものめり込んだかと思えば、次は恋の相手をとっかえひっかえするという行動に出ることもあります。あなたの心と頭を共にとりこにするような相手さえ見つかれば、あなたは豊かな愛情と、心からあふれる言葉を詩に託す才能を発揮して、相手を楽しませることに喜びを感じることができるでしょう。

**✕著名人**

リズ・マッコルガン（陸上競技選手）G・K・チェスタートン（評論家、作家）、マイルス・デイヴィス（ジャズ）、バーバラ・マクリントック（ノーベル賞受賞遺伝学者）、ジョン・ウェイン（俳優）、パトリック・ホワイト（作家、詩人）、ニコール・キッドマン（女優）、河瀬直美（映画監督）、高橋幸宏（ミュージシャン）、荒木飛呂彦（漫画家）、沢口靖子（女優）

聖書は汝の隣人を愛せよ、そして汝の敵を愛せよと教えている。それはおそらく、たいてい両者が同一人物だからだろう――G・K・チェスタートン

人はだれでも世界一のアスリートになれるが、自分の感情をコントロールできなければ、何も達成できない――リズ・マッコルガン

**統合のためのイメージ**

長距離ランナー……弦楽四重奏団が軽快に暗い面を演奏する……ブラウン神父が殺人犯を暴く……万華鏡が人と情熱のいつまでも変わらぬ像を映し出す

33

太陽＊双子座 ♊
月＊射手座 ♐

# ユニークで偉大な探索家

## あなたのテーマ

**風×火**

詮索好き：知的：独立心が強い：華のある伝達者：歯に衣着せぬもの言い：性急：親しみやすい：先人の知恵を尊重する：旅好き：探求する：経験を受け容れる：情緒面が未熟だが自発的：永遠の学びの徒：研究者

快適な乗り物にただ揺られていたいが、しかるべき目的地にも到達したい。幅広く情報を収集したいが、高度な専門知識も身に付けたい。そんなあなたは永遠の子どもの顔と、モラルに厳しい教育者の顔の両方を持つ人です。並はずれて強い向上心とあくなき探究心を持ち、ユニークな考え方をする親しみやすい人でもあります。

頭の回転が速く、創意工夫の才にたけ、鋭い直観力を持つあなたは、一瞬のうちにものごとの理解に達することが多いはず。ただし、そんなとき、周囲の人をはるか後方に置き去りにしたままであることも少なくありません。直観力と推理力を働かせて、すばやくものごとを理解できるあなたは､議論をすれば負け知らず。どんな人でも、説得できてしまいます。これは、二つの面を同時に発揮できるから。たとえば、要領のいい遊び人と熱心な教師、中古車セールスマンと平和部隊の指揮官、といったふうに。ただ、二つの面を同時に発揮するには、自分の行動と感情を律するすべを身に付けることが不可欠。知的好奇心が暴走しないようにコントロールし、さらに人と協調することを学べば、持ち前の素晴らしい資質をいかんなく発揮できます。

人柄が温かく、前向きで、物怖じしないあなたの周囲には、多くの友人が集まります。交友範囲も広く、さまざまな分野の面白い人物と楽しく付き合えるでしょう。あなたが何よりも憧れ、自分もそうなりたいと願っているのは、真の思想家や詩人、偉大な理想主義者です。現実世界にとらわれずに洞察力と理解力を羽ばたかせ、名声を勝ち得たいのです。

じっとしていることが苦手なあなたは、おそらく旅行好きでしょう。世界一周に出かけないまでも、心を旅に遊ばせ、思想や夢や人間を探求します。スポーツやダンス、アウトドア活動など、身体を動かすことも嫌いではないはず。あなたは、人と一緒に活動し、人を観察し、人から学び、人を楽しませ、人と恋に落ちたいと願っています。ただ、人に束縛されることだけは嫌います。それは、あなたにとって何より大切なのは、行動の自由だからです。太陽星座に双子座、月星座に射手座を持つあなたは、「流行の先端にふれていたい」という欲求と「人生あますところなく全てを自ら体験したい」という欲求をどちらも満たしたいのです。そのためにあなたは、まず新しい情報をキャッチして、それを頭

### あなたの最大の長所

生き生きした想像力：才気煥発：直観力にひらめく：知識と人間にたいする好奇心が旺盛：楽観的：役に立つアイデアを出す：人への洞察力がある：人とコミュニケーションをとり、人の心を動かす才能がある

### あなたの最大の短所

しゃべりすぎ、軽率なふるまいをする：最後まで責任をとることや感情の世界が苦手：頭脳ではなく、そつのなさで世渡りしようとする：一から十まで知らないと気がすまない

で理解すると、自分の言葉で表現します。ときには、言葉だけでは足りず、大げさに演じて見せることもあるようです。

## ③大切なあの人とは?

あなたは、開けっぴろげで偏見を持たず、辛いことがあってもすぐ立ち直る強さを持つロマンティックな人。あなたが恋愛に求めるのは、愛情と冒険と友情です。ですから、どれほど親密になろうとも、愛情だけでは足りず、友情と知的な刺激も求めようとします。

つねに探求心旺盛なあなたは、ひとりの相手と深く付き合うのが苦手。とはいえ、同時に複数の相手を求めるわけではありません。あなたが求めるのは、刺激し合える「気の合う」関係。ですから、刺激がなくなると、相手に退屈することに。いったん退屈すると、もっと素敵な人がいるはず、とあっさり相手に見切りをつけてしまいます。一方、二人のあいだに、友情や刺激よりも、愛情のほうが深まった場合も、あなたはやはり相手から距離を置こうとすることがあるでしょう。その上、そのほうが二人のためだと「プラス思考」を持ち出し、自分に正直になりたいからなどともっともらしい言い訳をすることも。

あなたには、ピーターパンのように、行く先々でいたずらやちょっとした悪さの山を築いては、一目散に逃げ出す傾向があります。その原因のひとつは、「永遠の子ども」の一面を持っていること。精神的に大人になりきれない「永遠の子ども」は、ひとりの相手と成熟した関係を築くことが苦手。さらに、生まれながらに想像力が豊かで好奇心が強く、言葉を操る才に恵まれていることも、子どもっぽさの一因です。もっとも、そうした才があるからこそ、冒険心あふれる楽しい物語をつむぐ創造力に恵まれているのですが。ただし、その子どもっぽさとうまく付き合うすべを身に付けないと、いつまでも相手をとっかえひっかえし、あげくの果てに創造力を失う恐れもでてきます。

心の底ではあなたも、パートナーと単なるおしゃべりをするのではなく、絆を深めたいと思っているでしょう。しかも、そのために不可欠なコミュニケーション能力という天与の才にも恵まれています。あなたに足りないのは、心や頭の活動の自由はいつでも自分の目の前にあり、自分が自分を律することができればそれだけ心や頭の自由が確保できると自覚すること。それができれば、束縛感や欲求不満に悩まされずに、ひとりの相手と深い絆を築く「旅」を楽しめるでしょう。



**✖著名人**

ダグラス・フェアバンクス（俳優）、ジュディ・ガーランド（女優、歌手）、バリー・マニロウ（シンガー）、キャスリン・レイン（哲学者、詩人）、レーニエ３世（モナコ公国大公）、F・ワインガルトナー（作曲家）、ジェマ・クレイヴン（女優）、上野樹里（女優）、つるの剛士（タレント）、モンキー・パンチ（漫画家）

子どものころ、古代の神々を固く信じていました。それはひとえに、実話と神話のうちどちらかといえば、神話のほうが好きだったからです……神話はほんとうにあったことであり、もっともらしい作り話ではありません
――キャスリン・レイン

わたしは12のときにMGMスタジオで生まれました――ジュディ・ガーランド

**統合のためのイメージ**

ハーメルンの笛吹き男が歳若い者たちの陽気な楽隊を率いて、丘の上の円形劇場に向かい、午後の時間を音楽の手ほどきと哲学の授業と野球に当てる……若い男が外国の大学に留学し、外国特派員になる

34

太陽＊双子座 ♊
月＊山羊座 ♑

# 抜け目のない観察者

## あなたのテーマ

**風×地**

真面目だがのん気：社交的だが孤独癖がある：皮肉屋だが楽天的：頭脳明晰：頭の回転が速い：ユーモアがある：献身的な友人：現実的な手助けをする：知的：如才ない：商才にたけている：教え上手

快活な社交家の顔を見せるかと思えば、人と打ち解けない一匹狼的な顔を見せる。風がそよぎ、花咲き乱れる夏に生き生きするかと思えば、木々の葉は落ち、凛と空気が澄み渡る真冬を好む。このようにあなたは、陽気でおしゃべりな外向的な顔と、責任感が強く真面目な気質の両方を持っています。ですから、遊びや興味の対象に心を奪われているときでも、やがて現実的な気質が頭をもたげてきます。たとえば、人やものをまとめる生来の気質に恵まれているあなたは、人を仕切りたがり、それを最初は楽しむのですが、しばらくすると、仕切ることを重荷に感じてくるのです。

こうしたまるで異質な表向きの自分と本来の自分の扱いにあなたも手を焼いていることでしょう。おそらく苦労して、悲観的で心配性な一面を隠し、快活で明るい笑い上戸を装っているのでは。あなたは、エレノア・ポーターの小説の主人公『ポリアンナ』に似ています。内心では怖くてたまらなくても、底抜けの楽天家を装い、強がってみせます。どんなことにも興味を持つあなたは、話題が豊富。けれど、自分自身の痛み、疑念、恐怖については、まず話題にしないでしょう。あなたに必要なのは、楽天的な面と猜疑心《さいぎしん》の強い面のバランスをとること。それができれば、すばらしい「知的な創造力」を発揮できます。頭脳明晰で世知にたけているあなたは、優れた問題解決の手腕の持ち主です。あなたなら、どんなに深刻な事態にもひるむことなく立ち向かい、どれほど辛く悲しい状況でも、控えめだけれどウィットに富む言葉で希望の光を灯せます。

「明るい」自分と「暗い」自分が均等になるようバランスをとれれば、頭脳明晰で几帳面、それに偏見がないという資質を武器に、専門職で能力を発揮できます。さらに人からは、かけがえのない友という評価も得ることでしょう。あなたは、何に取り組むにも、まず基本や原則をしっかりと理解し、それを踏まえてから行動に移そうとします。ルーチンワークにも強いあなたは、どんな仕事を選んでも、あらゆる無駄を省いて最大の成果をあげられるでしょう。秩序を重んじるあなたにとくに向いているのは、数学、会計、科学、さらには、ビジネスや管理業務といった分野です。

あなたのものの見方は一点集中型ですが、鋭くすばやい観察眼を持っているので、人間を観察させれば、辛らつなウィットとと

### あなたの最大の長所

鋭く、明晰で、事実に基づいた考え方：良心的で信頼できる：人と協力して働き、人の欲求を汲み取る才能がある：ものや人を素早くまとめられ、その能力をいつかなるときにも発揮できる

### あなたの最大の短所

自分の欲求に蓋をし、真の思いやりを示すべきところで「世間の常識」を持ち出す：感情の世界が苦手で、人の気持ちを汲んだり、潔く譲歩したりできない

もに客観的かつ明晰にとらえます。また、複雑なことを平易な言葉で表現できるあなたは、優れた教育者の資質も持っています。関心が人間に向けられ、その関心が社会を是正しようという思いと結びついた場合、あなたは恵まれない人や障害のある人が能力を発揮できるように尽力するでしょう。

あなたは人生を楽しみたいと思っています。けれど、それ以上に強い欲求は、自分で自分の運命を切り開き、自分を高めていくこと。自分で自分に満足するだけでは飽き足らず、出世や昇進で社会に認められたいと考えます。あなたは、いくつになっても、さらに深い教養を身に付け、自己啓発に努めるタイプです。ですから、変化を味わえ、同時にちょっとした権限を持てるなら、どんな役割にも関心を持つはず。ところが、その役割を引き受けてから時間がたつにつれ、自分の動機に疑問を持ち、自分を批判したり皮肉ったりすることも。

このサインの持ち主は、陽気な面と生真面目な面をあわせ持っていることが大きな特徴です。そのため、芸術に携わるならどんな分野であっても、すぐにわかる楽しさと、じっくり考えてからわかる味わい深さの二つの面を表現できます。絵を例にとれば、明るく鮮やかな色彩と、大地を思わせる茶や黒といった暗い色彩のどちらも使うでしょう。その明暗のコントラストが際立つほど、味わい深い作品になるはずです。ただし、暗い部分を描くときには、とくに神経を研ぎ澄ませる必要があります。それは、あなたの心の奥の真実の声に耳を傾け、引き出す作業だからです。

## 大切なあの人とは？

あなたの恋愛パターンは、とらえどころがありません。気が多いかと思えば孤独を好み、奥手かと思えば早熟。自制のきいた洗練された物腰の持ち主であるあなたは、ミステリアスな「感情」タイプの人を惹きつけます。「感情」タイプの人は、あなたのミステリアスなところと、遊び心のわかる大人びたところに惹かれるのです。一方、あなたがパートナーに望むのは、感情面の深い絆に加えて、知的な刺激や変化、それに冒険です。あなたは、パートナーと精神的な絆を築くだけでなく、一緒にいて見栄えすることも望みます。

あなたはとても家族思いです。パートナーには現実的で思いやり深い愛情を注ぎます。けれど、ときおりパートナーの心が自分に向いているか不安になると、それを押し隠すために、パートナーに過剰に手を貸し、自分の有能さを見せつけることがあります。けれど、いつでも効率よくものごとを処理すればいいとは限りません！　相手の気持ちを汲み取ることが必要です。

### ✕著名人

ウィリアム・ラルフ・イング（牧師）、ジョージ3世（イギリス国王）、ディーン・マーティン（俳優）、スティーヴィー・ニックス（ミュージシャン）、ジョイス・キャロル・オーツ（作家、劇作家）、ジェーン・ラッセル（女優）、ジョニー・デップ（俳優）、荒木経惟（写真家）、美空ひばり（歌手）、又吉直樹（タレント、作家）、大久保嘉人（サッカー選手）

偏見を持たずに生きるよう心がけなさい。それは、どんな高価なものにもまさる値打ちがあり、何よりも価値ある財産である
――ウィリアム・ラルフ・イング

わたしの場合、とても遅筆ですし、苦しみながら書きます……たぶん人と違うのは、毎日、長時間仕事をすること。それを続けていることでしょう――ジョイス・キャロル・オーツ

### 統合のためのイメージ

科学者が、希少な種類の蝶を捕獲し、調査し、命名する……哲学者が、この世のはかなさの裏に隠れた奥深い真理を指摘する……町の名士が、町長になる

35

太陽＊双子座 ♊
月＊水瓶座 ♒

# 真実を追い続けるアウトサイダー

## あなたのテーマ

**風×風**

明るく屈託ないが、地味で生真面目：頭脳聡明：知的：ウィットに富む：永遠の若さと老成した知恵を持つ：アウトサイダー：改革者：じっとしていられないほどエネルギッシュで詮索好き：予言の能力

クイズゲームやテレビゲームも好きだし、チェスも好き。ダンスに出かけることもあるし、哲学を勉強することもある。あなたには、こうした二つの面があります。一方は、移り気で、頭の回転が速く、この上なく好奇心が強く、おしゃべりな活動家。もう一方は、結果がどうあろうと大いなる真実に向かって突き進もうと決心している偏見のない観察者にして科学者、そして詩人です。

いくつになっても、あなたの内面では、落ち着きのない色鮮やかな羽を持つ若い鳥と、真面目で賢く老成したふくろうが、たえずせめぎ合っています。そのため、つねに変化と刺激を求める一方で、すべてを網羅する真実を追い求め、真実によって世界をよりよくしようとします。あなたは、明るくさわやかで冒険好きで気の多い春のような資質と、内省的で冷たい雰囲気の暗い真冬の資質をあわせ持っているのです。

これらの二つの資質に折り合いをつけるには、あなたにとっての「中道」を探す必要があります。それはたとえるなら、穏やかな「秋」の日に見晴らし台から、春と冬の両方に注意を払うこと。秋なら、春に収穫した果物を味わうことも、冬に備えて準備することもできます。しかもあなたには、神秘的な予言の能力があります。あなたはうらやましいほど広い視野の持ち主です。一方の目で、子どもが走り回る明るい世界をとらえ、もう一方の目で、しっかりと奥深い真理の世界をとらえています。

あなたには人生の傍観者としての優れた資質があるので、どんな職業でも、深い理解力を発揮して、たいていの夢を実現できるでしょう。さらに話し上手で、巧みに理論を操れるので、あなたが心から打ち込めばどんな分野の仕事でも、いかんなく能力を発揮できます。あなたが好きなのは、人間や人間の心理的な側面。人間行動の動機に興味を持ちます。そのため、心理学や社会学、さらには、創造的な芸術、とくに音楽に関心を持つでしょう。また、言葉とリズムに天与の才を持っているあなたは、作家や詩人や音楽家に向いています。さらに、そうした職業に不可欠な欲求も持っています。生を謳歌し、うそ偽りのないこの世の真理を知り、それについて議論し、表現したいと思っているのです。

ビジネスでも才能を発揮できます。客観的で明晰な頭脳を持ち、出世の機会を見逃しません。また、多彩な変化を好むあなたは、幅広い交友関係を築きます。まとめ役、仲介者、交渉人に向いて

**あなたの最大の長所**

客観的で鋭く切れる頭脳の持ち主：知識の幅がきわめて広い：大局を把握できる：多才で柔軟：博愛的：親しみやすく包容力がある

**あなたの最大の短所**

万事を頭だけで処理し、相手の感情に配慮せずにものを言う：頭のなかで考えを先行させすぎ、現実を無視する：自分自身の心の痛みや暗い面に気づかない

います。ただし、実際のこまごました仕事は人任せになるかも。あなたはなんでもそつなくこなせますが、能力を最大限に発揮するには、自分の柔軟性を活かせる仕事を探す必要があります。それがどんな分野にせよ、複数のディスプレーに指示を与えるコンピューターのような、いわば司令塔の役割が向いているでしょう。

このサインのコンビネーションは哲学的です。あなたは、人は本来自由で無限の可能性を持っている、だからもし望みどおりの結果を得られないとしたら、その原因は最初に立てた仮説に誤りがあるからだと考えます。けれど、実のところあなたの足かせとなっているのは、ものごとを理性で割り切ろうとするあなたの姿勢にあるのです。しかしあなたは、理性で割り切れない感情を無視しようとするため、そのことになかなか気づきません。あなたの前に立ちはだかる最大の障害を超えるには、感情を理解する必要があります（あなたは自分が感情を扱いかねていることを認めたがらないでしょうが）。いずれにせよあなたは、自分を磨けばいずれ夢はかなうと考える人。ですから、たゆまず自己研鑽《けんさん》を積んでいくでしょう。ただし、理性と感情の健全なバランスを保つよう注意する必要があります。

## 大切なあの人とは？

心のなかでは情熱を傾け、心から尽くせる相手を求めていますが、実際に付き合うのは、友情を育め、互いに理解し合える相手でしょう。それは、パートナーに知性を求めるから。あなたの恋愛に、おしゃべりと情報交換は不可欠です。もし関係に息苦しさを覚えると、精神的な自由を求め、物理的に距離を置こうとします。ともするとあなたは、意図的に「オープン」な恋愛関係を築こうとするでしょう。けれど、人間関係を理性で片付けるのは危険です。いくら見た目には非の打ち所のない恋愛でも、苦手な感情を避けて通っていては、深い絆は築けません。人間関係を理性で処理したところで、虚しさを覚えるだけ。自分のとらえどころのない感情をごまかしたり、無視したりしていると、なかなか心の充足を得ることはできません。

**著名人**

パット・ブーン（シンガー）、アーサー・コナン・ドイル（作家）、チャールズ・キングズリー（作家）、マリリン・モンロー（女優）、ジャン＝ポール・サルトル（哲学者）、オズヴァルド・シュペングラー（哲学者、歴史家）、リヒャルト・ワーグナー（作曲家）、W・B・イェーツ（詩人）、フランツ・アントン・メスメル（ドイツ人医師）、大塚寧々（女優）、中川大志（俳優）

---

葉は多くても、根はひとつ　いつわりに過ごした若き日々
わが葉と花を陽の光に向けてゆすったが　これからは枯れて真実のなかに消えゆこう
——W・B・イェーツ

幼年期が決め手
——ジャン＝ポール・サルトル

**統合のためのイメージ**

シャーロック・ホームズ……科学者が突然、イモムシとサナギとチョウが同一の生き物であることに気づく……
ワーグナーの楽劇『ニーベルンゲンの指環』

36

太陽＊双子座 ♊
月＊魚座 ♓

# 無意識の世界を泳ぐ旅人

## あなたのテーマ

**風×水**

感傷的：多才：変幻自在：気まぐれ：豊かな想像力：詩的：優柔不断：社交的：順応性が高い：おしゃべり：神経質：気取らない：風まかせ：夢見がち：思いやりがある：文筆の才と芸術的感性：従順だが狡猾

立て板に水でまくしたてる。かと思えば、突然おとといの自分の発言を思い出し、不安でたまらなくなる。思ったことをすぐ口にし、感情をあらわにし、相手かまわず自分の本音をさらけ出す。どうして自分は心の内をさらけ出し、何もかも吐き出したいなどと思ったのだろう、と首をかしげる。こんな行動に、心当たりがあるのでは？

あなたは、巧みに人と付き合いながら、知識や知恵を身に付けます。けれど、集めた情報をきちんと整理し、自分の言葉に直し、言いたいことを過不足なく伝えるのは苦手。そのため、情報を集めてはみたものの、どう消化すればいいのか途方にくれ、そのあげくに考えるのは明日にしようとベッドに入り、夢の世界で一休みすることも。いってみれば、起きているときのあなたは意識的に情報を収集し、寝ているときに無意識の世界で情報を整理し活力源に変えるのです。

あなたは一見、外向的に見えますが、本来は内向的。もっとも、わざとそうしているわけではなく、それがあなたのスタイルです。あなたは、即興と模倣の達人。しかも人間にたいする鋭い観察眼を持っているので、いい役者になれる資質があります。けれど、移ろいやすい人間の感情や思いを敏感にキャッチしているうちに、自分と人の感情を区別できなくなる恐れも。

人並みはずれて神経細やかで、自分の世界をよく知り、人とふれあいコミュニケーションをとりたいという強い欲求を持っているあなた。あまりにも感度がよすぎて、さまざまな人の考えや生き方を目にすると、自分でも試してみずにはいられません。ただ、そうしたさまざまな考え方や生き方には、その人なりの筋が通っているのです。ですから、それをいっぺんに取り入れると、あなたの中に矛盾が生じます。論理をとるか共感をとるか、悩むでしょう。これは左脳と右脳の葛藤とも言えます。こうした葛藤をかかえるあなたは、優れた作家や芸術家になる資質も。ただし、あなたの原動力である感情を暴走させず、理性とバランスをとる必要が。それができれば、あなたに不可欠な「集中力」を養えるでしょう。感度がよすぎて気が散りやすい一面を克服しなければ、表面的な楽しさだけを追い求めて風に吹かれる根無し草になってしまいます。満ち足りた生活はすぐそこにあるのに、いつまでたっても自分のものにはならないという人生を送ることにも。

### あなたの最大の長所

深く共感する：豊かな想像力のひらめき：芸術やあらゆる美を見極める眼がある：やさしく思いやりがあり、カリスマ的魅力を備えた社交上手：独特のコミュニケーション能力：つねに冒険心を失わない永遠の若さを持つ

### あなたの最大の短所

人と自分の感情の境界線を見極められず、表面的な接し方しかできなくなる：感情面で刺激を受けすぎると混乱する：なんでも引き受け、最終的に信用をなくす：自分が誤解されたと感じると、自己憐憫の情にかられる

あなたは、カウンセラーや集団の調整役として活躍できます。思いやりにあふれ、とらえどころのない人間感情と人間行動の動機を理解し、それを人に伝える能力を持っているからです。またあなたには、理性で割り切れないことを学ぼうとする姿勢があります。ですから「天地には思いも及ばぬことがらがいくらもあるんだよ、ホレイショ、哲学なんかで想像もつかないことが」と言うハムレット同様に、理屈で割り切れなくても納得しようと努めます。あなたは、人の心に深く感情移入でき、シンボルやイメージを巧みに扱える才能を持っています。さらに、人とコミュニケーションしたいという強い欲求もあるはず。ただ、コミュニケーションしたいという欲求をかなえるには、まず自分のなかの理性と感情に対話させる必要が。そのためにも、自分との対話が不可欠な音楽や芸術の才能を伸ばせば、あなたのストレスや葛藤は魔法のように和らぐはず。コミュニケーションの手段は、言葉だけではありません。おそらくあなた自身も、おしゃべりによってではなく、芸術の形で、言葉では言い尽くせない内面の感情を表現したいと思っているでしょう。

## 大切なあの人とは？

あなたは、自分が移り気なことを知っています。そのため、それを補おうと、愛情や社交性、それに想像力を発揮します。思いやり深いあなたは、弱者がいれば弁舌さわやかに擁護します。その一方で、自分も人から大事にされたい、愛されたいという欲求が強いため、傷つくのが怖くて、人のいいなりになる恐れもあります。また、自分が愛情を示すと、相手からも同じだけの愛情を期待します。ただ移り気でなかなか気持ちを絞ることができないため、相手から自分以上に愛情を示されると、逃げ出すこともあるでしょう。また、パートナーや家族の支えをあてにするくせに、相手のあら捜しをし、素直に感謝できない一面も持っています。

あなたは、ロマンティックな関係にあこがれながら、相手を批判せずにはいられません。そのため、恋愛で何度も浮き沈みを味わうでしょう。安定した関係を築くには、自分の落ち着きのない心を没頭させるものを見つける必要があります。永遠の若さを持ち、空想と遊びが大好きで、期待にはずむ胸の高鳴りを抑えきれないあなたは、子どもの相手が上手です。あなた自身が、空想や望みや夢をふくらませる子どもだからです。

**✖著名人**

リチャード・ベンジャミン（俳優）、アーノルド・ベネット（作家）、ラウル・デュフィ（画家）、アレン・ギンズバーグ（詩人）、イェジ・コジンスキ（作家）、プリンス（シンガー）、フランソワーズ・サガン（作家）、坂上忍（俳優）、小林聡美（女優）、KREVA（ミュージシャン）、松井秀喜（野球選手）

そうだな、熟考した末の感想は……とてつもなく不可思議な世界……といったところだ
ジャーナリストは、自分が真実ではないと知っていることがらを伝える。
長い間伝えていれば、真実になるであろうと望みつつ
——アーノルド・ベネット

男には男らしくふるまってほしい。そう、強く、子どもっぽく——フランソワーズ・サガン

**統合のためのイメージ**

教会の尖塔の上の風向計が、風を受けて回るたびに日差しを受けてきらめき、神秘的な空色の宝石へと変化する
……ピーターパンがティンカーベルと結婚し、ネバーランドで末永く幸せに暮らす

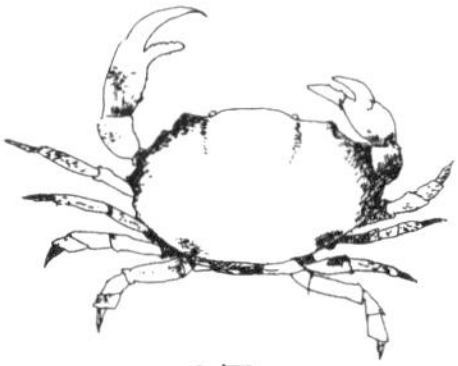

37

太陽＊蟹座 ♋

月＊牡羊座 ♈

# 情熱を秘めた笑顔の人情家

## あなたのテーマ

**水×火**

社交的：繊細：落ち着きがない：短気：粘り強いサバイバー：気分屋：鋭い：洞察力豊か：活発な想像力：個人主義：創造的かつ英雄的精神：詩的：女性的だが攻撃的：保身的だが率直

その日の気分によって、陽気で社交的になったり、人の集まるところを極端に恐れたりする傾向はありませんか？　でも、そのどちらもが本当のあなた。挑まれた戦いは受けて立つ勇敢な面と、自分や自分の親しい人々を守ろうとする面。果敢に新しいものに挑戦していこうとする面と、ロマンチストで感傷的に過去にこだわろうとする面。こういった両方があなたのなかにはあって、ときによってこの二つが交互に現れてくるのです。感情に起伏があって、冷遇されていると思い込んだり、自分の望み通りに好意や注目が得られなかったりすると、不満を鬱積させてしまう傾向もあります。しかし、あなたは自分のためだけでなく、家族や愛する人を守るためなら、どんな戦いでも受けて立とうとする人です。

あなたは何よりも「自分」を大事にしようとします。けれどその一方で、あなたが属している家族や社会のことも大事にしようとします。自分をもっともっと輝かせたい、という気持ちと、仲間を大事にしてみんなのために時間を使いたい、という気持ちの二つが同じくらいに強いところにあなたのしんどさがあるのです。こういった傾向は恋愛面でもみられます。いつも刺激や新しい恋を求めながら、実はほっとしておちつくことができる恋に身をゆだねたいという気持ちが浮かぶこともあるでしょう。パートナーを強くリードしたり、エキサイティングな恋を求めつつ、ゆったりと安心して相手と同じ時間をすごしたい、という気持ちも強くあるはずです。いずれの場合にでも、相手の気持ちをよく理解しようとします。ただ、あなたのなかの負けず嫌いで激しい面がときおり顔を出し、二人のあいだに感情的なぶつかり合いをもたらしてしまうことがあるでしょう。もっとも、そんな感情の豊かなあなたであることが、あなたをとても生き生きとして魅力的な人間にしているのですが。

友人や仕事上の人間関係においても、それは同じです。あなたは人と意見が対立することを恐れていると同時に、議論を始めると生き生きするところもあり、用心をしないとこの複雑さ――人には優しく従順でありたいという表向きの性格と、その裏に隠れた好戦的な勝ち気な性格――が、ストレスや精神的不調の原因となってしまう恐れがあります。

この太陽と月のコンビネーションは、きわめて強いパワーを秘めています。直観力という女性らしい性質に加えて、自己主張と

### あなたの最大の長所

頭の回転が速く鋭い：感受性の強さと自己主張の強さの両方をうまく発揮して、良い結果に結びつけることができる：個人主義を貫いて人生と向き合っている：自分の価値観に忠実で、人との結びつきを心から大切にしている：まわりの人が何を求めているか敏感に感じとる：天性の社交家：人を惹きつける独創的なスタイル

### あなたの最大の短所

自分のことで頭がいっぱいになりやすく、批判に過剰反応する：追い詰められると短気になって、舌鋒鋭く相手を批判する：弱いところを突かれると、ぶっきらぼうで横柄な態度の裏に隠れてしまう：何か不満があると、火種のないところにわざわざトラブルを起こす

個人主義という男性的な性質をも持ち合わせているからです。優しさと虚勢、人への献身的な思いやりと「自分が一番大事」という大胆さが同居しているのも、このコンビネーションの特徴です。あなたは周囲の人と活発に交流したり、人を育てたりする仕事がしたいと考えています。ただ、あなたが人とかかわることは、あなた自身にとってもまわりの人にとっても、刺激があって楽しいことであると同時に、やや疲れることでもあります。あなたは人からちやほやされたい、つねにわが道を歩みたいと思っている人。そんなあなたは自分の足場を守りたい、安心感を得たいと思いながらも、パイオニアになりたいという気持ちも捨てることができません。

あなたは自分の夢の実現を家族に支えてほしいと思っていますが、なかなか思い通りにはなりません。むしろ自分が両親や家族をなんらかのかたちで支えることのほうが多いでしょう。あなたのクリエイティブな才能は挑戦の場を求めています。ただ家族思いのあなたは家に縛られてしまいがちなので、自分一人で挑戦したいと思うならば、家族と距離を置くことが必要になってくるかもしれません。けれども、あなたの心を本当に満足させるためには、独り立ちしたいという願望と、家族との結びつきを大切にしたいという気持ちを、うまく両立させることが必要なのです。

## 大切なあの人とは？

たくさんの愛を人に与えることのできる人です。ただし、愛する人が100パーセントの愛を自分に注いでいないのではないかと疑念を持つと、要求が増えたり、怒りっぽくなったり、かなり嫉妬深くなったりします。あなたは傷つくことを恐れてはいますが、リスクを糧にできる人です――少なくとも得るものはゼロではありません。また情熱的なロマンティストで、恋愛がもたらす試練や心のときめきに本能的な憧れを抱いています。しかし頭では、恋愛とは約束をともなう長続きするものでなければならないと考えています。

この激しさと落ち着きの両方を求めてしまう内面のジレンマが、ときとして「役割の交替」という形であなたの行動に表れるかもしれません。つまり、そのときどきで男らしく自己主張が強くなったり、女らしく従順になったりするのです。さっきまで心の安らぎと親密さを求めていたかと思うと、わざと相手にけんかをしかけてみたりすることもあります――しかも勝ちたいのか負けたいのか自分でもよくわからないのです！　あなたの恋愛にはジェットコースターのような激しさがありますが、自分でハンドルをしっかり握ることだけは忘れないようにしましょう。



### ✖ 著名人

ベルナール・ビュッフェ（画家）、バーバラ・カートランド（ロマンス作家）、アーロ・ガスリー（フォーク歌手）、エドモンド・ヒラリー（登山家）、ドン・ノッツ（俳優）、ダイアナ・リグ（女優）、ジョルジュ・サンド（作家）、エラ・ウィーラー・ウィルコックス（詩人）、パメラ・アンダーソン（女優）、引田天功（2代目、奇術師）、ケンドーコバヤシ（タレント）、久本雅美（タレント）、水谷豊（俳優）

人は、努力の結果、幸福に必要な要素とは何であるか
……質素を好み、ある程度の勇気と、いくばくかの無私の精神と、仕事への愛と、
そして何よりもまず、安らかな心を持つこと……を知ったとき、幸福になることができる。
幸福は、決して不確かな夢などではない。いま、わたしはそう確信している
――ジョルジュ・サンド

### 統合のためのイメージ

婦人参政権を唱える女性活動家が、自分の主張を訴えるためにバリケードにこもる……おだやかなマイホーム主義者がスポーツのチャンピオンになる

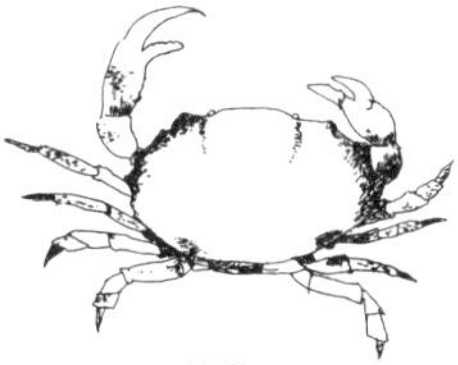

38

## 太陽＊蟹座 ♋
## 月＊牡牛座 ♉

# 感受性豊かな戦略家

### あなたのテーマ

**水×地**

地に足がついているが想像力も豊か：感情的だが現実的：愛情豊かで面倒見がいい：家族と友人を大切にする：直観的な知恵：母性豊か、あるいは過保護：伝統を重んじる：人が何を求めているか敏感に感じとる：芸術的感性：音楽的：責任感がある：頼りになる：粘り強い：現実的な理想主義者

あなたは温かくて親しみやすい家庭的な人。ただし、急に驚くほど頑固になって、独りよがりの面を見せることもあります。それは、家族とは、仲間とはこうあるべき、というこだわりを強く持っているがゆえのこと。あなたはまわりの人たちを自分の宝物のように大切にしたいと思っていますが、それを押し付けがましいと感じる人もときにはいて、そうした人からの拒絶反応があなたを傷つけてしまうこともあります。

でも、あなたは周囲の人々、とくに家族をとても大切にする人なのはたしか。面倒見が良くて責任感も強く、真面目にロマンティックな愛情表現ができるので、人の良き手本となれるタイプです。傷つきやすいところもありますが、心の奥では自信と強さを秘めてもいます。それは、これまでいろいろな人に助けられつつも自分のことは自分できちんとやってきたのだという自負心から培われたものだと言えるでしょう。

あなたは、愛情深くて面倒見が良く、人に優しい言葉をかけたり、手助けしたりということが自然にできる人であることは間違いありません。あなたの生きがいは人に必要とされること。ただし、あなたは自分自身のための時間も必要。それは芸術的な才能や持ち前の知性を伸ばすためのものです。自分の時間まで人に譲ることは有りませんし、必要ならこれ以上はあなたにはかかわれない、とはっきりと言うこともできる人です。

あなたは自分のしていることを心から楽しめる人。好きなことをして、心からそれを楽しもうとします。言うなれば「この世界を、幸せで豊かなひとつの家族にしよう」があなたのモットー。これはあなたにとって「人を愛すること、よく働くこと、ときには立ち止まってバラの香りを楽しむこと」を意味しています——このシンプルな人生哲学が広く実践されれば、この世はもっとまともな所になるのに、とあなたは信じています。

あなたの価値観は深いところでは過去の経験に根ざしています。とはいえ、今を生きることをないがしろにする人ではありません。人とかかわったり、いろいろな問題に対処したり、要望に応えたり、才能やチャンスの芽を育てたりと忙しく、今をリアルに生きています。ただ、感受性が鋭いので、ちょっとした刺激で

**あなたの最大の長所**

忍耐強く献身的：鋭い洞察力：芸術的な想像力：現実的理想主義：どんな人間にもなんらかの価値があるという信念：人の望みに耳を傾けることができる

**あなたの最大の短所**

身内や大切な人々のことを心配するあまり、小さなことで大騒ぎしたり、過保護になったりする：変化を嫌い、頑固になる傾向：思い込みによる偏見：他人にこうしてほしいと期待しすぎる

過去の記憶が鮮やかによみがえってくることも。

基本的な常識はしっかりとわきまえていますが、抜け目がなくて戦略的なところもあります。あなたにとっては物質的に満たされていることも重要で、きれいなものや快適な環境を強く求めています――そこで、その実際的なセンスを活かして結局、あなたが求めているものは手に入れることになるでしょう。段取り上手で、きちんと物事を処理していく能力、そして、その背後で、いきいきとした、豊かな感情生活を楽しむ感受性の両方を持っている人だといえるでしょう。

あなたには人を理解し、その人が何を求めているのか察する力が備わっているので、心理学者やカウンセラーといった仕事が向いています。ただし、普段のあなたは、セラピストといえるほど世話好きで面倒見のいい人なのですが、意外なことに、自分の思い通りにことが運ばないと急に不機嫌になったり、非協力的になったりする面もあります。しかし、いずれそういう自分を理解して、自分自身を癒すためのぴったりのセラピー（音楽や演劇など）を見つけ出します。ただし、皮肉っぽい冗談をいう癖はなかなか直りませんが。

ビジネスの世界に身を置くと、人々の求めているものを的確に把握する天性の勘が発揮されます（とくにホテルやレストランの経営者が向いています）。また、この世界を繊細な感性でとらえて人々に訴えかける才能があり、芸術家としても成功するかもしれません。あなたはセンチメンタリストというには現実的すぎますが、リアリストに徹するには情が深すぎます。つまり、あなたはとても人間的な人。育児に専念する母親、支配人、ミュージシャン、看護師、医師、庭師、俳優、実業家、どんな立場に身を置いても、あなたは人やものごとの健全な成長と発展を後押ししようとするでしょう。

## ②大切なあの人とは？

恋愛はあなたの人生の柱。あなたには、肉体的にも精神的にも愛情を注がれることが必要です。感受性の豊かなロマンティストで、人への思いやりを欠かさないあなたは、当然のことながら長続きする関係を求めるタイプで、愛する人のために心安らげる家庭をつくることに喜びを見出します。ただあなたには、相手に「母親のようだ」と感じさせてしまうところがあるかもしれません。母性的愛情表現は息の詰まるような過干渉と紙一重だということを肝に銘じておきましょう。また、いったん恋愛関係になると安心しきってしまい、それ以上の変化を嫌います――あなたが求めているのは親密さと信頼感。それに加えて、わくわくするような興奮があれば、想像力を豊かに保ち、相手にたいする興味を失わずにいることができるでしょう。

### ✖著名人

ビル・ブラス（ファッションデザイナー）、ドナルド・カール・ジョハンソン（人類学者）、フリーダ・カーロ（画家）、ラインホールド・ニーバー（神学者）、フリッツ・パールズ（心理療法ゲシュタルトセラピーの創始者）、マルセル・プルースト（作家）、ジャン・ジャック・ルソー（社会思想家）、メリル・ストリープ（女優）、柳美里（作家）、三谷幸喜（脚本家）、本田翼（女優）、コウケンテツ（料理家）

主よ、変えられないものを受け入れる心の静けさと、
変えられるものを変える勇気と
その両者を見分ける英知をわれに与えたまえ
――ラインホールド・ニーバー

成熟とは、周囲の庇護から脱し、自立心が発達していく、
つまり他者への依存の度合いが減少していく一連の過程のことである――フリッツ・パールズ

### 統合のためのイメージ

家族のフォトアルバム……家業が繁盛する……画家が、風景画に自然界の香りや味まで描き込む

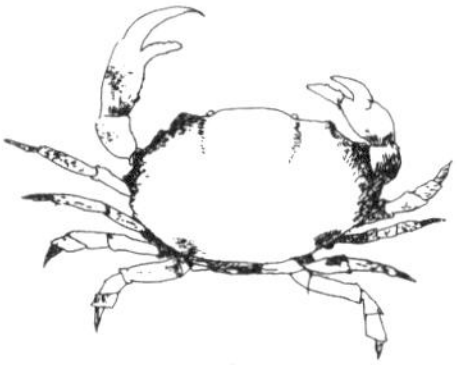

39

太陽＊蟹座 ♋
月＊双子座 ♊

# ユーモラスで世話好きな人

## あなたのテーマ

**水×風**

家族意識が強い：感情表現が豊か：落ち着きがない：話し上手：陽気：利口：音楽的：他人の個人的なことを詳しく記憶している：内省的：気分屋：子どもっぽい遊び心がある：献身的：鋭い思考：親しみやすい：学ぶ心を忘れない：良き教師：思いやり豊か：社交的：感性豊かで話し好き

あなたは温かい心と細やかな神経をあわせ持った非凡な才能の持ち主で、まるで妖精のエルフのような人。チューリップ畑を飛び回る蜜蜂のように人と楽しく交わることができます。あなたのなかには、感受性が豊かでとてもウェットな面と、自由を愛するドライで知的な面の両方が含まれています。

このコンビネーションの人は、対人関係において情緒豊かで保身的であるという蟹座の特徴が、適応力が高く勘のいい日和見主義者という双子座の特徴とうまく混ざり合い、きわめて繊細で感情的に敏感でありながら、生き生きとした豊かな表現力を持っています。あなたは人にたいする観察力が鋭く、その鋭い指摘――あの人はこんなことを求めている、あの人とあの人はこんなところが違っている、あの人はあんな面白い癖がある――は、ときどき周囲の人が怖いと思うくらいに正確です。あなたのそんな才能は、カウンセラーやコメディアンになると、きっと大きく花開くことでしょう。

あなたは生涯にとてもたくさんの人々と出会います。そして、あなたはその一人一人に強い関心を持って接します――例外があるとすれば、それはその人が、あなたから見てあまりにも不躾《ぶしつけ》・不作法なときだけです。まわりの空気を読める人かどうかというのは、あなたにとってとても大事なことなのです。あなたは人を理解しようと努める人で、他人の意見を尊重して相手に合わせることができるため、たいへん好かれます。人はあなたのことを、機知に富んだ頭脳と優しい心、おどけ心と人への気遣い、これらを同時にあわせ持つ、一緒にいて楽しくて安らげる人だと思っています。

あなたにぴったりの仕事のひとつは教師です。主な理由として、あなた自身が学ぶことが好きだという点があげられます。強い好奇心の持ち主なので、持ち前の優れた記憶力と想像力をともに活かせば、きっと学問の世界でも成功することができるでしょう。また音楽、物まね、語学、文章、絵画といった方面にもおそらく才能を発揮します。どんな分野であれ、あなたにはクリエイティブな世界で自己表現することが必要です。自分の可能性を発見して喜ぶ子どものように、あなたは創造する過程そのものを楽しむ

### あなたの最大の長所

一風変わった魅力：思いやりある心：他人にたいする鋭い洞察力：機転の利く頭脳と詩人のような感受性の両方に恵まれ、ひらめきに富んだ応用力を活かして熱心に、人に話をしたり教えたりすることができる

### あなたの最大の短所

興奮しすぎて、エネルギーを浪費してしまう傾向：感情的に未成熟な面があり、決断力に欠ける：不安感を抑えることができずに自信を失ってしまいがち：困難な状況に陥ると、それを冗談にして笑い飛ばしてしまう癖。これは一時的な効果はあるが、結局は向き合わなければならない問題から目をそらすことになる

ことができ、どんなに難しいことでも、いとも簡単に楽しそうにやり遂げてしまいます。子どもたちのなかに入って溶け込むのも得意でしょう。あなた自身が子どもの心を色濃く持ち続けている人だからです。

けれど、あなたの心の内側をのぞいてみると、はたから見えるほどには自分に自信がないのがわかります。これは、ひとつにはあなたが他人に素直に心を開き、思いやりを持って接する人だからです。つまり、他人の気持ちに配慮することで消耗してしまい、自分が一人では何も決められない人のように思えてくるのです。あなたには独りで過ごす静かな時間が必要。自分に語りかけて自分自身にたいする理解を深めたり、日記をつけたり、現実の人生と自分が思い描く人生を比較したり、芸術で自己表現をしたりしましょう。ある意味で、あなたの心はまだ子どものままです。そして感情のコントロールが未成熟という点は、一生変わることはないでしょう。あなたは重苦しくややこしい問題は避けて通ろうとします。けれども人が重荷を背負っているのを見ると、歌ったり、詩を披露したり、物まねをして笑わせたりして、少しでもその重荷を軽くしてあげようとします。

## 大切なあの人とは？

話し上手なので、（ときには非難を受けるのを覚悟で）難しいことはジョークにして笑い飛ばしてしまい、らくらくと人生を生きているような印象を人に与えます。しかし本当はとても情の深い人で、あなたはそれを世間から隠しています。情が深いと他人に付け込まれやすいので、おそらくそのせいで傷ついたことがあるのでしょう。そのため、あなたの純真さは、顔を出すとすぐに利口さの陰に隠れてしまいます。しかし、傷つきやすいところのある心の温かな人であることには変わりなく、家族や友人のためならどんなことでもしてあげたいと考えています。

恋愛はあなたの心の糧です。そのため「恋愛の数は多ければ多いほどいい！」と思い込んでしまうことがあるかもしれません。しかし、あなたの恋愛には、パートナーとの精神的な結びつきが不可欠。その点が欠けていると、あなたは相手に飽きてしまい、ほかの楽しいことやほかのだれかに興味を移しかねません。親密な恋愛においては、母性と理解あふれた「母親役」を務め、かいがいしく相手の世話を焼きます。けれどもあなたにはときには自分が「子ども」になって自由に駆け回ったり、好きなことをして遊んだり、気の合う友人と会ったり、人生のもっとも気楽な側面を楽しむことも必要です。

**✕著名人**

ネッド・ビーティ（俳優）、ナサニエル・ホーソーン（作家）、シェリル・ラッド（女優）、ルイス・マウントバッテン（連合軍最高司令官）、クリフォード・オデッツ（脚本家）、ジョン・D・ロックフェラー（産業資本家）、ヘンリー・デイヴィッド・ソロー（随筆家）、野村克也（野球監督）、谷原章介（俳優）、福嶋晃子（プロゴルファー）、堤真一（俳優）、永瀬正敏（俳優）

孤独ほど付き合いやすい友に、ぼくは出会ったためしがない
――ヘンリー・デイヴィッド・ソロー

幸福とは蝶のようなものだ。つかまえようとするあいだは決して手が届かず、静かに腰をおろすとそっと頭上に舞い降りる
――ナサニエル・ホーソーン

**統合のためのイメージ**

幼稚園のクリスマス会の出し物として披露される指人形ショー……ジェスチャーゲームをする家族……庭で結婚式ごっこをする幼い子どもたち

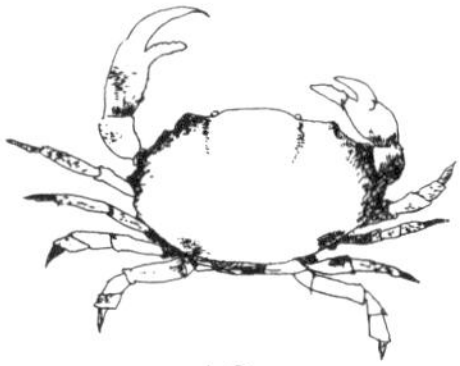

40

太陽＊蟹座♋
月＊蟹座♋

# 心に聖域を秘めた繊細な人

## あなたのテーマ

**水×水**

感情的：優しい：ロマンティック：面倒見がいい：洞察力豊か：臆病：保身的：秘密主義：排他的：想像力豊か：芸術的：過去にこだわる：鋭い：守りが堅い：思いやり豊か：安定を好む：マザーコンプレックス

あなたはとても繊細な人です――それもかなり極端な！　あなたは自分の心の世界を、あなただけの内なる聖域として、なんとしても守ろうとします。そして、その聖域があることがあなたに大きな力を与えてくれます。あなたは、内なる活力の泉から、創造性や人間関係を育む力を得ているのです。

あなたはとても感情が細やか。空の虹のように色合い豊かな感情――高揚感、絶望、あわれみ、孤独、安らぎ――を自分の心に抱くこと、人の心に呼び起こすことの両方ができる人です。あなたに備わっている才能は、このように起伏の激しい心の動きをコントロールする力があるということ、そして芸術、詩、音楽、とりわけ愛することを通じて、人の心に訴えかける力があるということです。ただし、あなたが感情をコントロールすることがとても重要。でないと逆に感情のほうがあなたをコントロールしてしまいます。つまり、あまりの感情の起伏の激しさに、あなた自身が振り回されてしまうのです。

あなたは愛情、共感、理解を心の底から求めています。そして、自分の心の平安が乱されない限り、与えてくれた相手には同じものをたっぷりと返します。ただ極端に繊細なので、拒絶されたり、冷たくあしらわれたりすると、単なる思い込みということもあるのですが、過剰反応してしまう傾向があります。端的に言ってしまえば、あなたは傷つくのを恐れています。けれど、人生という道に横たわる苦難からあなたを完璧に守り通してくれる人など、世界のどこを探してもいないのです。そのためあなたは、あなたの星座である蟹のように、生まれつき備わっている「自己防衛」という名の甲羅《こうら》で精一杯自分を守り、人と衝突しないように状況をよく見定めてからでないと足を踏み出すことはありません。

ただし、防衛本能が強くて用心深いものの、決して弱い人ではありません。それどころか、かなり鋭い金銭感覚の持ち主です。無駄なものにお金は使いません。ただし、収集癖はあるようで、切手やコイン、アンティーク家具、美術品といった値打ちのある品々を集めることに熱をあげたり。こうしたコレクションはあなたにとって大事な「安心感」を与えてくれるのでしょう。

このコンビネーションの典型的な例であれば、お金を持たずに外出することはまずありません。ただし、かなりのお金持ちであったとしても賢くお金を使い、無駄遣いはしません。浪費癖はな

### あなたの最大の長所

心でものごとをとらえ、粘り強い：詩的な想像力と表現力がある：記憶力が抜群で、金銭感覚が鋭い：家族や友人を温かく気遣い、尽くすことができる

### あなたの最大の短所

過敏で気分屋：内気で、くよくよ思い悩んで殻に閉じこもりがち：人に必要とされたい、認められたいという欲求が強い：過去に過剰な愛着がある

く、価値あるものを見分ける眼識のある人です。

あなたは優れた記憶力の持ち主で、古いもの全般に興味をかきたてられる性格です——そのため祖先に特別な興味を抱き、家系をたどってみようとするかもしれません。つまりあなたは生まれついての歴史家なのです。本で学ぶことや無味乾燥な学問は嫌いだとしても、文化が持つ人と人とを結びつける側面に、いずれ強い関心を抱くようになるでしょう。

あなたは家庭と、家庭にまつわるすべてのものごとを愛しています。家族がいなくても、会社や近所の人々と家族的な共同体を作ろうとするでしょう。安心できる私的な空間を持つことは、あなたの創造性を伸ばすうえで絶対に欠かせません。好むと好まざるとにかかわらず、あなたは過去やルーツに深い影響を受けています。そのため人生のどこかの時点で、それが自分にどんな心理的影響を与えているか詳しく調べてみると、きっとあなた自身のためになるでしょう。また、あなたは少し心を開く努力が必要かもしれません。排他的な思考で自分を抑えてしまわないようにしましょう。あなたは一族の行動パターン、妙なコンプレックス、直観的な知恵や強さといったものを祖先から受け継ぎ、場合によってはあなただけのユニークな方法で、自分の家族や教え子たちに伝えてゆくことでしょう。

## 大切なあの人とは？

非常に主観的な性格のあなたは、つねに自分の感情に基づいてものごとの評価を下しています。そのため不満を鬱積しがちで、たまりにたまった感情を噴出させることも。あなたが求めているのは安心感と愛情といたわりで、愛する人との心のふれあいが心の糧。あなたは人を守り慈しみ、お返しに同じことを相手に求めます。ただし独占欲がこうじて、せっかく育んだ親密な関係を窒息状態にしてしまわないよう気をつけましょう。「過干渉の母親」に永遠の愛を求める人などいないのです。

あなたの感情は、潮の干満のように浮き沈みします。いつも感情のアンテナをピンと張って、人の態度や言葉の裏に隠された意味、危険の兆候、自分を気持ちよく満足させてくれそうなチャンスの気配（食べもの、お金、恋愛！）を探っているからです。しかし、いったんだれかと相思相愛になれば、まさに「富めるときも貧しいときも」相手を離れることはありません。つまりパートナーが、他人には理解しがたいあなたの気分の浮き沈みを我慢すればいいだけです。あなたを論理的に理解しようとしても無駄なことは、あなた自身がよくわかっているはず——パートナーがそのことに気づくのが早ければ早いほど、あなたの家庭生活は安泰となるでしょう。

**✕著名人**

ジョルジオ・アルマーニ（ファッションデザイナー）、トム・クルーズ（俳優）、ジャック・ドロール（政治家）、ハリソン・フォード（俳優）、スティーブン・フォスター（作曲家）、エリザベス・キューブラー・ロス（心理学者）、アン・モロー・リンドバーグ（作家、詩人）、ジョージ・オーウェル（作家）、佐野洋子（絵本作家）、松坂慶子（女優）、坂口健太郎（俳優）、桜庭和志（プロレス）

けれどわたしは何よりもまず、わたし自身と調和した状態でいたい。
本質的には精神的なものでありながら、
そのまま外面的な調和にも変わりえる内的な調和のある状態で生きていきたい
——アン・モロー・リンドバーグ

**統合のためのイメージ**

ガチョウの雛鳥が、母鳥が牧場の猫を追い払っているあいだ、卵の割れ目から外をうかがっている……演劇好きな家族が、自宅の庭で『真昼の夜の夢』を演じる。

41

太陽＊蟹座 ♋
月＊獅子座 ♌

# 甘えん坊の目立ちたがり屋

## あなたのテーマ

**水×火**

ドラマティックな感性：思いやりがある：献身的：排他的：芸術的：人を惹きつける：想像力豊か：誇り高い：貴族的：信頼できる：優しくて愛情深い：家族を愛する：情が深い：引っ込み思案だが輝きがある：温かいもてなしができる：内気だが実は大物：魅力的な人柄

あなたは内気で優しいはみかみ屋の一面と、まるで主役を演じるために生まれてきたような輝くばかりの魅力と気品を漂わせた社交家の一面の両方を持った人です。

いつも人の顔色ばかりうかがっている、内気で傷つきやすく夢見がちなタイプだと思われているかもしれないあなた。しかし実は、人に愛されたい、人から尊敬されたいという欲望が猛烈に強く、望む愛情や尊敬は必ず得ようとする強い衝動を秘めてもいます。

人を思いやる気持ちがきわめて強い人であることは間違いなく、幸せな一体感にひたれる安定した家庭を築くことが、あなたにとっては何よりも重要。ただし他人と協力するときに、気に入らないことがあるとあっさりと人をはねつけることも。理由はあなたがきわめて個人主義的な性格なためで、いざとなればあくまで、自分のやり方でやらせてほしいとはっきり主張するからでしょう。とくに親しい人になればなるほど、そのわがままな、あるいは正直な面がはっきりと出てくるでしょう。

あなたにとって何よりも大切なのは、自分自身を信じること、自分の価値観や夢に忠実であることです。なかでもとりわけ大事なのは、クリエイティブな世界で自己の素質を開花させることで、これはあなたにとって人生を分かち合う伴侶のようなもの。あなたは自分の才能を育て、守り、人に披露し、どんな人生を歩もうとも優れた表現者であろうとするでしょう。それが、あなたの大きな自尊心とちょっとした虚栄心の源なのです。あなたの細やかな感性は、その内側に隠された堂々とした威厳とあいまって人を感服させ、人はあなたと真剣に向き合おうとするはずです。

あなたはまわりの人のために尽くす性格で、自分の大切な人を一生懸命に守り育てようとします。しかし、自分の才能を最大限に伸ばすためには、大事な人々と一定の距離を置かなければならないこともわかっています。あなたを見て、自分の才能をひけらかしていると思う人もいるでしょうが、それは的外れ。あなたは単に、創造性を伸ばすことの大切さをよくわかっているだけなのです。豊かな創造性を涸《か》れるに任せておけば、あなたは自分が半ば死んでしまったかのように感じることでしょう。あなたは批判や拒絶に過敏に反応しやすいものの、あくまでも自分自身に正直

### あなたの最大の長所

優雅で貴族的な魅力がある：家族や友人に献身的に尽くす：芸術的感性が鋭く、優れたものを愛する：ずば抜けた直観力：繊細な演劇的感性：商才と組織能力：自己を信じ、夢の実現に邁進する

### あなたの最大の短所

プリマドンナを演じ、高慢で自己中心的な態度で批判を拒絶する：自分に従わない人とは付き合いをやめてしまう：群れを支配し、自分がリーダーであることを認めてもらいたいという欲求が強い

であろうとします。うぬぼれやすいところもありますが、いずれは自分を笑うこともできるようになるでしょう。

あなたの情熱的で変化に富んだ性格は、表に顔を出していることもあれば、隠れていることもあるでしょう。新しいことにチャレンジするときは本能的に慎重に下準備をするタイプですが、同時に賭けに出てみたいという願望もつねに持っています。この傾向はビジネスの世界に身を置いた場合にも見られ、ひらめきに従って巧みな交渉のできるあなたは賢い取引相手――近づきやすくて感じがよく、しかも世慣れている――になることができるでしょう。また、価値あるものを見分ける鋭い眼識の持ち主で、美術品や工芸品の熱心なコレクターになるかもしれません。興味の対象がなんであれ、あなたのきわめて個人的で伝統を重んじる価値基準が、あなたの買い物、行動、好みすべてに表れているはずです。

## ☽大切なあの人とは？

オープンでつねに人を受け入れる姿勢を持っているあなたですが、いつでも歓迎というわけではなく、少しでも利用されているように感じると、途端にその人を受け入れるのが嫌になってしまいます。あなたには、自分自身を強く打ち出すことと、相手に守ってもらっていると感じることの両方が必要なのです。

恋愛においては、情熱的で思いやりがあって、惜しみない愛情を相手に注ぎますが、傷つきやすいところもあります。愛する人を守り慈しみ、こまごまと世話を焼きたいと思ったり、お返しに相手にも同じことを求めたり、相手を自分の魅力で感服させて慕われることのみを願ったり、そのときどきで考えが変わります。また、いつでも大切にされていたいという気持ちが強いので、愛情を少しせがみすぎるきらいがあります。そのうえ、あなたにはロマンティックな驚きも必要。まるであなたは、心から安心できるようになってもなお、新鮮味のあるすてきな方法でいつも口説かれていたいと思っているかのようです。

### ✖著名人

リチャード・バック（作家）、アントワーヌ・ド・サンテグジュペリ（作家）、トム・ハンクス（俳優）、ジョージ・マイケル（ポップシンガー）、ナンシー・レーガン（アメリカ大統領夫人）、ケン・ラッセル（映画監督）、エヴァ・マリー・セイント（女優）、カルロス・サンタナ（ミュージシャン）、リンゴ・スター（ビートルズのドラマー）、池江璃花子（水泳選手）、沢村一樹（俳優）、北村一輝（俳優）



新しい太陽の光が、静かな海のさざなみに金色にきらめきわたった朝だ。
――リチャード・バック

愛とは、互いを見つめ合うことではなく、ともに同じ方向を見つめることである
――アントワーヌ・ド・サンテグジュペリ

### 統合のためのイメージ

女主人が、5品もある豪華なディナーで客をもてなしたあと片付けを客に任せ、客のためにピアノでベートーベンの『月光』を奏でる……女の子が、自分の可能性を追及するために家族から離れて危険な冒険の旅に出る

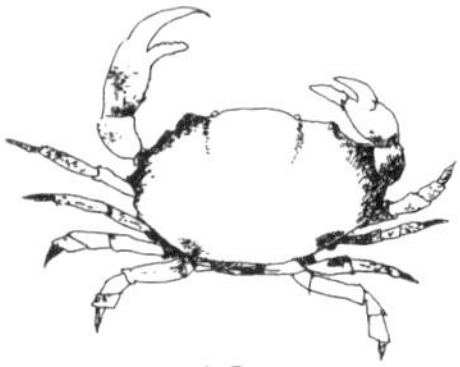

## 42

## 太陽＊蟹座 ♋
## 月＊乙女座 ♍

# 敏感な目利き

### あなたのテーマ

**水×地**

想像力と分析力：思慮深く気配りができる：親切で面倒見がいい：心配性：思いやり豊か：忠実：従順：臆病：礼儀を重んじるが寛大：鋭い：ものごとに細かい：眼識のある知識人：家庭内の舵取りがうまい：守りが堅い：自制的：内面的：洞察力豊か：高潔

　あなたは繊細で思いやりがあって感情豊かな人。ただ、頭の切れる人だけに、感情の起伏があるたびにどうしてだろうかと原因を突き詰めて考えてしまうところはありませんか？　人に評価されたい、理解されたいという強い願望とは裏腹に、恥ずかしそうに一人、座ったまま他人の行動を分析しているあなた。そんなあなたは、なんでも大目に見る優しい親のような一面と厳しい乳母のような一面の両方を持っていて、自分が人の行動に口出しするのは、相手にたいする思いやりがあるからこそだと思っています。

　あなたは基本的に内向的な人ですが、きわめて感受性が強いため、周囲の状況にいつも敏感に反応しています。自分のいる世界を愛し受け入れる心構えはあるのですが、過大な欲求に押しつぶされてしまわないよう、つねに自分が何を求めているのか分析して、もっともらしい理由をつけて片付けてしまいがち。また感受性のアンテナが鋭いため少し神経質で、自分の気持ちをいつも抑えて「巨大で邪悪なこの世」から自分を守るすべを編み出そうとしています。けれどもまさにその繊細さを、持ち前の明晰な頭脳と感情を言葉にできる才能とともに活かせば、あなたは優秀な教師、カウンセラー、ソーシャルワーカー、あるいは作家――人間の生きざまの観察者、「調停者」――になれるはず。あなたが心の安定を得るため、自信をつけるために必要なのは、自分が身を置く世界を理解すること、周囲があなたに何を期待しているのか知ること、だれが味方でだれが敵なのか見極めること、そして生きるうえでのルールを熟知すること。いわばルールを知ることで、あなたは自由になれるのです。

　ときにはあなたも創造的な意欲をかきたてられて、この世界をすみずみまで理解したいとか、歴史と進化の意味をできるだけ大きな流れでとらえてみたいといった大きな夢を思い描くことがあるでしょう。しかし、つぎの瞬間にあなたは、ランチが遅くなったのはだれの責任か、といった小さなことにこだわっている自分に気づいてしまいます。あなたは、とても優しくて面倒見がいい一面と、あれこれ口やかましく批判的な一面の両方をもっています。そして心から人を思いやれるのに、皮肉屋です。ただし攻撃されていると思ったり、好かれていないと感じたり、落ち込んでいたりするときに自分を守ろうとして表に出てくるのは、口やか

### あなたの最大の長所

冷静かつ誠実に人を思いやることができる：洗練された魅力：社会的順応性：想像力と効率性を結びつけることができる：道徳を重んじ清廉潔白：思いやりと常識を持って人に尽くすことができる

### あなたの最大の短所

心配性で小言が多い：自分を責める傾向が強く、不安に押しつぶされそうになったり、自信を失ったりしがち：視野が狭く、ルールや手続きに独善的にこだわって自分の立場を強くしようとする：人の言いなりになったり、自分を抑えたりしてしまいがちな弱さ。

ましい皮肉屋の一面。あなたのそういう感じやすいところは、まわりの人にとっては頭痛の種かもしれません。

あなたは人に失礼な態度をとられるとひどく気分を害します。そのため、本来の内気な性格を克服して、自分自身、あるいは自分の信じる原則やしきたりを守るため立ち上がるようになるでしょう。勇気を奮い立て、それが自分を支えてくれるのだということを知ると、あなたはものごとにかなり細かい、ときに極端に厳格な顔をも見せる人になるかもしれません。そのため融通の利かない、法律の文言に杓子定規《しゃくしじょうぎ》にこだわるような石頭にならないように気をつけましょう。もっとも、あなたの太陽星座は蟹座なので、人を温かく思いやることは得意なはず。あなた自身とあなたの家族にとっては幸いなことに、あなたは優しく接してやりさえすれば扱いやすい人なのです。

あなたへの天からの贈り物は、豊かな想像力と分析力、感情に訴える鋭い洞察と伝統を重んじる常識、創意工夫に富んだ自発性と人の役に立ちたいという奉仕の心です。こういった素質が調和を持って発揮されたとき、あなたは献身と奉仕の心を持つ、静かな活力に満ちた熱心な働き者の一人として社会に貢献できるようになります。とくに医療や介護の仕事に就くと、あなたの献身と奉仕の心はいかんなく発揮されることでしょう。あなたは、何か問題を見つけると声高にその改善を叫ぶ活動家になることのできる人です。とってつけたような言い訳をきっぱりとはねつけるときの大胆さには、自分ですら驚くことがあるでしょう。

## 大切なあの人とは？

あなたの思いやりと愛情に富んだ性格が真に花開くのは、幸せで真剣な恋愛をしているときです。ただ何もかも、あなたの期待する完璧さには遠く及ばないのが現実です。しかし、あなたは細かいところまで気を配ってなんでもきちんと片付けることができ、自分の周囲の環境や家族の心理的欲求をうまく舵《かじ》取りできる人なので、家庭生活ではそういう素質がいかんなく発揮されることでしょう。

だれかを愛し、与え、尽くしたいという憧れを強く持っていますが、屈辱を受けることも極度に恐れています——屈辱を受けることは、あなたにとっては身を切られるほどつらいこと。思いやりのない態度をとられると途端に殻にこもってしまう性格なため、簡単に恋愛に飛び込む人ではありません。あなたは、その人を本当に信用できる、理解してもらえる、優しい言葉で包み込んでもらえると感じたときだけ心を開き、そのすばらしい性質——洞察力、献身、純粋さ、ユーモアのセンス——をあらわにします。

あなたは互いをいたわりあう知的な恋愛が長続きすることを求めていて、得たものを——もっと大きくして——相手に返そうとします。

**著名人**

アルベルト・アスカリ（F1ワールドチャンピオン）、ビル・コスビー（俳優）、ジーナ・ロロブリジーダ（女優）、デイヴィッド・オーウェン（政治家）、エメリン・パンクハースト（女性活動家）、バーバラ・スタンウィック（女優）、ジョン・アンソニー・ウェスト（作家）、ベック（ミュージシャン）、ナンシー関（消しゴム版画家）、椎名桔平（俳優）、藤原紀香（女優）、赤西仁（タレント）、小泉孝太郎（俳優）



商人たちは、もっともうるさい客の相手をするあいだ、オズボーン夫人をいつも後回しにした。すると彼女は、とたんに気弱で面目なさそうな顔になり、もう一度声をかけることができなくなってしまうのだった

——ジョン・アンソニー・ウェスト

**統合のためのイメージ**

「完璧」な母親……訪問看護婦が、赤ん坊を優しく扱い体重を正確に量る……ワイン鑑定家が、賞賛はほどほどにして鋭い評価を下す

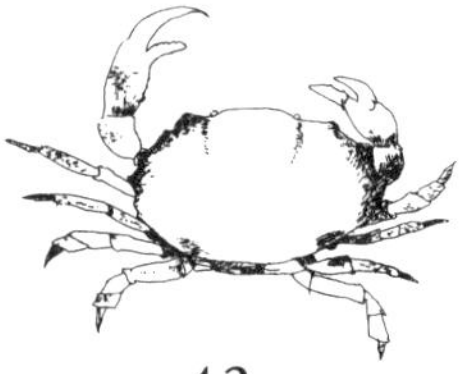

43

太陽＊蟹座 ♋
月＊天秤座 ♎

# エレガントな家庭人

## あなたのテーマ

**水×風**

高い社会意識：上品で魅力的：優雅で気さく：人気者：過敏：観察力が鋭い：洞察力豊か：熱心な研究家：ためらいつつも注目を浴びたがる：ロマンティック：優しい：芸術的なスタイル：順応性が高いが意志も強い：守りが堅いが献身的：理想主義者で感情的：完璧主義者：優柔不断

あなたはロマンティックで繊細で思いやりに満ちた人。ただし、他人が感情をむき出しにして何かを求めてくると、思わずしり込みしてしまいます。いつでも周囲を慎重に観察して、人との付き合いやしゃれた会話に刺激を受け、感化されながらも、自分の個人的なことは必要以上に話さないよう用心しているはずです。

あなたは寡黙な一匹狼と外向的なアーティスト、思いやりのある友人と手練手管のビジネスマン、そんないくつもの顔が混ざり合った興味深い人です。社会の一員になりたいという欲求を持ちながらも、他人と完全に腹を割った付き合いをすることは敬遠しています。理由は、あなたの傷つきやすい一面が、そうすることは危険だと本能的に感じてしまうため。また堅実かつ独創的なアイデアの持ち主で、自己表現を通じて認められたい、賞賛されたい、見返りを得たいという野心も持っています。そして、そういう夢の実現のため、また自分自身を守るため、必要以上に人とのあいだに距離を置いてしまうことがあります。

人を惹きつけるにはどうしたらいいか、よく心得ているあなた。生き生きとした魅力的な人柄に加え、自然と人を自分のまわりに引き込むような、やや刺激的で愉快なところも持ち合わせています。しかし他人はときどき、あなたが持つ矛盾にとまどいを感じます——理想に燃える性格なのに所有欲が強く、独立心旺盛なのに自己の利益を守ることに汲々《きゅうきゅう》としている、こういった矛盾が人を混乱させてしまうのです。しかし人は結局、明るさと順応性、鋭い洞察力とユニークな視点を持つあなたを、苦労してでも理解したいと思うことでしょう。

安定した家庭を必要とし、また心から大事にしているあなた。しかし、本当の興味は社会に向けられています。たえず社会の一歩先を考えているあなたは、早熟な知性に恵まれ、芸術、音楽、歴史から、ビジネス、社会組織にいたるまで、人類の文化のあらゆる側面に関心を抱きます。古い価値観を大事にする人ですが、珍しいもの、風変わりなものに夢中になったりもします。

高い社会意識と愛国心を持って理想を追及するあなたは、政治の世界に足を踏み入れることになるかもしれません。そうすれば「社会の弱者を守り正義を実現したい」というあなたの思いを、人々に思う存分訴えることができるでしょう。あなたはとくに大

### あなたの最大の長所

生まれ持っての正義感：芸術的想像力：高度な知性：観察力と自己表現力：思いやりがあって他人の幸せを気遣う：美と調和を愛する：きわめて個性的なスタイル：すべての人に公平で正直であろうとする

### あなたの最大の短所

神経質で守りが堅く、他人を信用しない：完璧主義者で、気に入らないと口やかましく小言を言う：悪気はないが、どうでもいいようなささいなことで口論しがち：人に頼る傾向、変わった性格、防衛本能の強さを、すべて自分に都合のいい理由で解釈しようとする

きな組織のなかで、人々に強く訴えかける力を発揮することができます――あなたはつねに空気を読み、何が求められているのか察知し、怖いくらいの正確さで人の気持ちをくみとり、自分自身は安全で快適な場所に陣取りながら、最善の戦略を立てて計画を進めることができる人なのです。

観察力と分析力の豊かな人なので、優れた作家や芸術家になれるでしょう。人と物の両方に洗練された審美眼を光らせているあなたには、少しエリート意識が強くて知性を鼻にかけるところも。また上流階級のように排他的で、気の合う友人たちだけで家族的な付き合いをするのを好みます。しかしあなたは、親友と向き合うときですら、自分が相手とどれほど親しくなりたいのか、どれくらい相手を信用できるのか判断できない性格です。情緒的な蟹座の面は、とにかく仲間はずれになりたくないと思い、理想主義的な天秤座の面は、さっぱりとしていて居心地がいい平等な関係を望んでいるのです。あなたの内面では、蟹座と天秤座がこのような不安定なかたちで結びついています。ときどき自分の殻に閉じこもる傾向もある一方で、社会の刺激や上流社会の人々にたえず憧れを抱いているのは、このせいなのです。

## ⑨大切なあの人とは？

恋愛はあなたにとって最大の難題。愛を求めているのに、いつも想像していた恋愛と比べては、どこか違うと思ってしまうからです。感情と思考が混在しているあなたは、実りある豊かな恋愛を実現できるか、心で求めていることと頭で「こうあるべき」と考えていることとのあいだに乖離を起こしてしまうかどちらか。また恋愛において自分の役割が決められず、ただ愛され大切にされたいのか、相手に尽くす母親的なパートナーになりたいのか、それとも対等なパートナーとして知的な結びつきを軸とした相互理解を求めているのか、自分でもよくわかっていないのです。このジレンマが原因で不満が鬱積したり、優柔不断な性格のほうが勝ってしまったりすると、相手に責任を転嫁してあらさがしを始めます。このジレンマを解決できないままでいると、愛する人の感情を自分で操ろうとするようになり、結果的にだれからも見放され、猜疑心《さいぎしん》のつよい落ち込みがちな人になってしまうでしょう。

自分が異なるものを同時に求めていることが理解できれば、もともと備わっている分析力を自分自身に向けて、好意をせがむ面と愛想のいい面、感情的な面と知的な面、保身的な面と社交的な面、これらが自分のなかに共存していてもおかしくはないと気づくはず。過剰な用心深さが和らげば、愛情深くて思いやりのあるパートナー――ただし、友人との付き合いや夢の実現のための時間もたっぷりと必要としている――になることができるでしょう。

**✖著名人**

アレキサンダー大王、ルイ・アームストロング（ジャズミュージシャン）、ピエール・カルダン（ファッションデザイナー）、アントニオ・ガウディ（建築家）、ジャネット・リー（女優）、トワイラ・サープ（ダンサー）、シルベスター・スタローン（俳優）、ジョージ・W・ブッシュ（アメリカ大統領）、水野美紀（女優）、三宅健（タレント）、イ・ビョンホン（韓国俳優）、原辰徳（野球監督）

わたしの人生における使命は、人々に希望と喜びと支えを与えることだ
――シルベスター・スタローン

わたしの理想は、すばらしいダンサーたちがわたしのもとに集まってくれること。巣立ったあともきっと、わたしが教えたダンスをいつまでも見事に踊り続けてくれることでしょう
――トワイラ・サープ

**統合のためのイメージ**

マザーグースが、おとぎ話の生き物たちに崇拝の視線を注がれながら詩を朗読する……家族が、先祖伝来の家宝である美術品を近所の人たちに売って大きな利益を得る

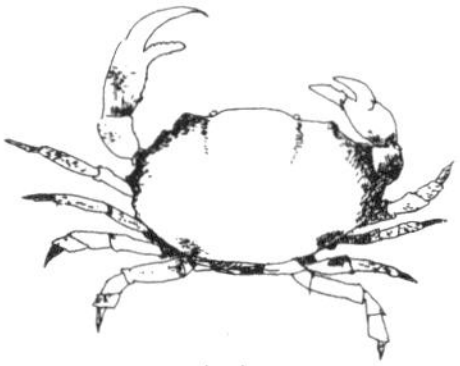

44

太陽＊蟹座 ♋
月＊蠍座 ♏

# 優しさに満ちた野心家

## あなたのテーマ

**水×水**

きわめて感情的：洞察力豊か：守りが堅い：自己中心：秘密主義：探究心豊か：ロマンティック：官能的：人を惹きつける：ドラマティック：強引な性格：独占欲が強い：創意豊か：粘り強い：大胆

大きな猟犬のような生き方に憧れているのに、かわいい小犬や小猫のような人だと思われがちなあなた。また一見、温和で感傷的なものの、ときどき外科医のメスのような鋭さを見せることもあります。あなたは人に尽くしたい、安心感で満たされたい、認められたいという欲望が強いくせに、自分の自由の追求の妨げになることは、こっそり避けて通ろうとする人です。

あなたは自分の世界をしっかり持っていて、やや防衛意識と猜《さい》疑心《ぎしん》が強いタイプです。温和に見えても、深いところで自信にあふれていて、自分の知性と洞察力を武器にすれば、成功への道をとんとん拍子で進んでいけると心から確信しています。ただ、この面が強く出てしまうと、世間を認めさせ、自分にふさわしい地位と尊敬を得るのだというあなたの揺るぎない決意は、しばしば周囲に威圧感を与えてしまい、その結果あなたはプライドが高くて傲慢な人だと思われてしまいがちです。けれども、あなたは確かに逆境にくじけないだけでなく、どんな苦労をしてでも勝者になろうとする人ではありますが、薄情なところはまったくありません。むしろあなたは自分を取り巻く世界とそこに暮らす人たちを心から気遣っています。博愛の心に満ちあふれ、人の世の暗い片隅にも手を差し伸べて現状を変えようとする人です。

体制側に属した場合は、死ぬまでそれを守り抜きます。社会のアウトサイダーになった場合は、人々が当たり前だと思っていることに深く切り込んだり、うわべに隠された真実を暴き出したり、一見平凡な出来事の裏にひそむ謎の解明したりしようとします。隠されたもの、感情に訴えるものが、あなたにとっては何よりも重要。サスペンスとミステリーを好み、この世の暗い側面、異常で醜い闇の一面を解明することに心惹かれます。そういう闇の裏にも、生まれ変わろうとしている救済可能な命の輝きがあることを信じていて、それを確認したいのです。

人間の行動の動機に興味津々なあなたは、探偵か精神分析学者のようなところがあり、医学や心理学の道に進むと、この性質はいかんなく発揮されることでしょう。たとえそういった道に進まなくとも、目に見えない真実や「精神世界」の産物に夢中になるのは間違いありません。あなたは自分自身の精神世界をきわめて用心深く守り、他人のプライバシーも同じように尊重します。しかし、あなたが真に生き生きとするのは、人に秘密を打ち明けら

### あなたの最大の長所

人間的な魅力：芯が強く、いざというときも勇敢：鋭い洞察力と分析的思考に富んだ想像力：きわめて献身的で人に尽くす：人を思いやり癒すことができる

### あなたの最大の短所

保身的で感情の起伏が激しく、所有欲が強い：異常なまでの偏見を抱いたり、過去に執着したりする傾向があり、自分の創造性をうまく伸ばせなかった場合、他人の人生に自分の人生を重ねてしまう

れたり、悩める心の奥底（あるいは銀行口座）の調査を依頼されたりしたとき。真実を見極めようというあなたの真摯でひたむきな態度は、持ち前の分析力をさらに高めることとなるでしょう。

あなたは暗闇を恐れず、いかなる真実にもひるみません。人を癒す職業に就いた場合は、心の闇の世界で苦しむ人々に寄り添って、彼らを一生懸命に救おうとするでしょう。あなたは優しい母親のような愛と知恵を、医者や警官のような厳しさとともに人々に分け与えることのできる人。あなたの注意深い監督のもとでなら、どんな創造的な企画も間違いなく成功するでしょう。ただしこれだけは覚えておいてください。あなたはかなり熱しやすく、一つのことしかみえなくなってしまう気性です（優れた芸術家はみんなそうなのです！）。少し気持ちにゆとりを持ち、任せることを学びましょう。愛する人たちがあなたを見捨てることなど決してありません――あなたが相手を信頼すれば、相手はあなたをもっと愛するようになるはずです。

## 大切なあの人とは？

あなたの心は少し複雑。安心感を得ることと好奇心を満たすことの両方を求めていますが、この二つはなかなか両立しないものです。相手にとって特別の存在になりたい、愛されたいと望む一方で、あなたは危険な生き方にも憧れています。ときどき自分の感情の奥深くに沈み込んでしまうこともあり、見捨てられたくないという本能が強く働きすぎて、大切にしたいと思っている（あるいは心のよりどころである）愛する人を息苦しい気持ちにさせてしまいがちです。

あなたは感情に支配されやすい人です。どんなに感情を抑えて自分を守ろうとしても、あなたの心は強烈なメッセージを発し、周囲に明確な影響を与えてしまっています。あなたは感情の揺れがとにかく大きい人。責められていると感じたり、不安になったりすると、どうにも手に負えない頑固なふさぎの虫が表に出てきて、そういうときは愛情豊かな言葉をたっぷりとかけてもらい、安心させる以外になだめる方法はありません（あるいは値の張る贈り物も効くかもしれません）。あなたは贅沢を好むほうで、抜け目ない商才も持ち合わせているはず。しかし生まれ持っての品格、そして独特のウィットと風刺に富んだユーモアのセンスは、人の心をつかんで離さない影響力を持っています。



**✕著名人**

エリック・アンブラー（スパイ小説作家）、A・J・クローニン（作家、医師）、シンシア・グレゴリー（バレリーナ）、レナ・ホーン（歌手）、ジョナサン・ミラー（神経心理学者、俳優、作家）、レンブラント（画家）、ネルソン・ロックフェラー（アメリカの政治家）、コリン・ウィルソン（作家）、明石家さんま（タレント）、藤井聡太（棋士）、崔洋一（映画監督）

人にあてはめて言い表せないということは、その観念がこの世の実際的な問題にかかわるものではないということの確かな証拠である

――コリン・ウィルソン

人間の体は私有財産である

――ジョナサン・ミラー

**統合のためのイメージ**

エクソシストが満月のもとで悪魔払いの儀式を行う。悪魔は消え、子どもの命は救われる……家系図を書こうとしていた若者が、忘れられていた4代前の祖母の墓を発見する

45

太陽＊蟹座 ♋
月＊射手座 ♐

# ノスタルジーあふれる未来人

## あなたのテーマ

**水×火**
伝統を重んじるが同時に進歩的：控えめだが話し好き：親切：理想主義的：直観的：想像力豊か：変化に富む：落ち着きがない：気まぐれ：ロマンを求める旅人：用心深いが冒険心も豊か：ドラマティック：感情の起伏が激しい：音楽を解する耳：パターンと調和を見出す目：美を愛する

あなたは用心深く保守的で古き良き時代のしきたりや価値観に憧れを抱く一面と、広大な開拓地を切り開いて新しい世界への扉を開こうとする一面の両方を持っています。

あなたが愛し恐れるもの、それは変化と興奮。家族との絆が強く、子ども時代からの旅立ちが容易にできない傾向がありますが、危険を冒してでも地平線の向こうへ行ってみたいと本能的な衝動を抱くタイプです。繊細で、ときに内気な一面を見せることもありますが、きっかけさえあればすぐに殻から出てきてウィットに富んだ陽気な話し相手になり、挑発的なことを言うこともあります。自分にとって大切なことを相手に伝えたいときは、反抗的な態度は抑えつつも、問題の核心を突くような鋭さを持って熱弁を振るいます。あなたは自分が何を考え、感じ、信じているのかよくわかっている人で、礼儀と思いやりを失わずに、自分の考えをはっきりと述べることができます。

子どもの頃に刷り込まれた偏見が、もともと持っている道徳を重んじる性格と結びつくと、あなたは驚くほど保守的で自分の考えに固執する人になるでしょう。あなたは堂々としているのに人に影響を受けやすく、傷つきやすいのに勇敢で、思いやりがあるのに気が強く、慎重なのに思い込んだら一途。また、感情的・経済的に安定したい、何かに属したいという欲求を持ちながらも、冒険したい、一人で自己を表現したいという衝動を感じてしまう矛盾も抱えています。

あなたは人との親密な関係を求めていて、自分の目標や愛する人たちにとことん忠実です。しかし同時に独立心も旺盛で、率直な論争を好むところもあります。こういった外向的な面と内向的な面がうまく混ざり合えば、あなたは大胆で独創的なひらめき、風刺の効いたユーモア、詩的で幻想的なものにたいする優れた感性の持ち主になれるでしょう。また言葉や行動の裏に隠された本当の意味を意識せずして読みとることのできる「超能力者」的才能の持ち主かもしれません。あなたのなかに混在する率直さと感性の鋭さがうまく作用し合うようになったとき、経営者、教師、牧師、医者とどんな職業に就いていようとも、あなたは人の力を引き出すことに類まれなる才能を発揮するようになるでしょう。

### あなたの最大の長所

色鮮やかで詩的な想像力：人を勇気づけて最大の能力を引き出そうとする熱意と手腕：視野が広く、生まれついての楽観主義者：周囲の人々と自分の理想に心から忠実であろうとする

### あなたの最大の短所

せっかちで細部に気を配ることができない：さっきまで刺激を求めていたかと思うと、つぎの瞬間には独りになりたがり、いまはどちらの気分なのだろうかと周囲に気を使わせる：自分の個人的な偏見を、いかにも公平に聞こえる主張で正当化する：傷つきやすさ、依存心の強さを隠すために皮肉めいたことを言う

またどこか旅人・冒険者のような雰囲気も持っていますが、どこへ行こうとも自分の心の中にはいつも故郷があることを本能的に知っています。

家庭への帰属意識が強く、社会や地域の問題にも関心を示すあなたは、生まれついての世話役です。ただあなたは、人の役に立つだけの人生ではなく、何か意味のある人生を送りたいと思っています。そのため、何がしかの抽象的な理念をすべての行動の基準にしてしまい、人生のあらゆる側面が、その漠然としているけれどもすべてを包み込むような道徳観念に支配されるようになるでしょう。また、ものごとにこだわるタイプで、時間を無駄にするのも嫌いです。さらに実行力、全体像を把握する力、細部に徹底的にこだわる粘り強さを持っていて、なんでも最後まであきらめずにやり遂げます。独立心旺盛で先を見る目のあるあなたは、ここまでという枠を自分で決めたときに、最も効率よく動くことができるはずです。

## 大切なあの人とは？

あなたにとって恋愛は、大きな喜びをもたらしてくれるものであると同時に、欲求不満の種でもあります。愛想が良くて、さりげなく異性の気を惹くところすらあるあなたは、惜しみなく温かい愛情を注ぐ良きパートナーになれるでしょう。ただし、自分は完全に自由でいたいくせに相手の心を独占したがり、愛情を求めすぎてしまうきらいがあります。あなたの魅力は、傷つきやすさと誠実さと率直さが混ざり合ったその性格からにじみ出るもの。また極端なほど率直に見える一方で、心の奥底を見せない、どこか秘密めいた面もあって、あなたはこの一面を自分自身からも隠しています。

あなたはとても感情的で、気分が浮き沈みしやすい人です。落ち込むとかなり消耗してしまうのですが、恋愛にロマンティックな理想を思い描き、愛する人がその通りに行動してくれないと落胆してしまうこともしばしば。あなたはパートナーに「親」と「遊び相手」の両方の役割を期待しています。しかもとことんロマンティックなので、愛する人に大きな可能性を見出して、その人との生活に夢を思い描きます。そして相手が「ただの人」だとわかると極端にがっかりしてしまうのです。しかしあなたは表面的な付き合いには興味がなく、この人と決めれば身も心も捧げて一生懸命に尽くします。

あなたはユーモアのある人で、問題があってもどこか達観しています。でこぼこ道に迷い込んでしまっても、そこから必ず何かを学びとり、立ち直ります。自分は愛されているという確信を失わないかぎり、あなたはどんな難局も自分で切り開こうとするでしょう。

**著名人**

ジョゼフィーヌ・ボーアルネ（ナポレオンの最初の妻）、ジャン・バティスト・カミーユ・コロー（画家）、ハーバート・キッチナー（軍人）、ジャン・カルロ・メノッティ（作曲家、オペラ作家）、ピエール・ルイジ・ネルヴィ（建築家、エンジニア、大学教授）、ジョン・ウェスリー（宗教家）、平野啓一郎（作家）、優香（タレント）、戸田奈津子（翻訳家）、横山剣（ミュージシャン　クレイジーケンバンド）、田中圭（俳優）

わたしは、この世すべてをわたしの教区だと思っています
くれぐれも本の世界に飲み込まれないように！
1オンスの愛には、1ポンドの知識にも等しい価値があるのです
——ジョン・ウェスリー

**統合のためのイメージ**

「達観」と「友情」が古くて大きなキッチンテーブルを囲んでいる……ヨットに暮らし、七つの海を航海するあなた……子どもを背に乗せる競走馬

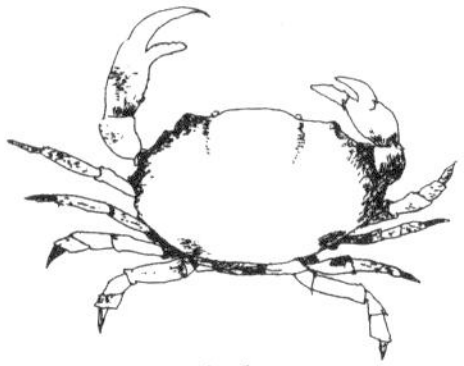

46

太陽＊蟹座 ♋
月＊山羊座 ♑

# 心優しい職業人

## あなたのテーマ

**水×地**

温和な規律主義者：有能で面倒見がいい：粘り強い：鋭い：責任感がある：思慮深い：我慢強い：内向的：内省的：権威的：母性的：ユーモアのセンス：従順：たくましい家庭人：プロ意識：洞察力豊か

直観力の豊かさと几帳面さ、思いやりある繊細さ、現実的で明敏な頭脳、これらすべてを備えたあなたは、とても魅力的で信頼のおける友人・同僚です。なんでもわかってくれる優しい母親と世事に明るくいつでも賢い決断のできる父親、この両方の性格があなたのなかで実に見事なバランスで混ざり合っているため、あなたは人々に手を差し伸べながら、同時に彼らを感化することのできる人です。

とことん忠実で信頼できて、愛する人たちに献身的に尽くすあなた。思い描く理想の世界にも仕事や人への思いやりといった領域が必ず含まれていて、人を育てることを自分の職分と心得ているあなたは、その責務につねに気を配っています。また他人の求めていることを読みとる力が並外れて強く忠誠心も豊かなため、あなたはとても真面目な人という印象。さらに、とても用心深くて賢明で人前に出たがらない人なので、真面目な人というあなたの表の人格は、内側の本当の人格とぴったり一致しています。真面目で志が高く、やるべきことはすぐに片付け、自分より弱い人が助けを必要としていればすぐさま手を貸し、自分の夢の実現と足場固めにも、とても勤勉に打ち込むあなた。しかし、常識を重んじる不屈の人というその厳しい外見の裏側には、意外にも豊かなユーモアのセンスが隠されていて、人生を楽しむこと、優しい印象を与えることも実はできる人です。

あなたは家族や親しい友人にたいしては、丈夫な一本の柱、決して弱音をはかない腹心の友であろうとします。これはそもそも、あなたの心の大部分が、人に必要とされることを必要としているからです。あなたは深く自分を省みて、自己に課題を与えるところがあります。そのため自分をよく知っていて、それは他人を理解するのにも役立ちます。そんなあなたは生まれついての相談相手。思いやりを持ちながら、言うべきことは率直にはっきり言うため、人の気をそらさないやり手のビジネスマンにもなれるでしょう。

ビジネスの世界に身を置くと、あなたは礼儀と愛想の権化《ごんげ》のような人になります。しかし、道に横たわる障害を人々のために取り除いているように見せながら、陰では自分に有利な取引をしたり、ひそかにナンバーワンを狙っていたりするところもあるでしょう。あなたは、だれもが持つ人間の基本的な欲求に共感を示し

**あなたの最大の長所**

直観的で鋭い頭脳：責任感の強い性格で、他人を気遣う：優れた商才：組織能力：経済観念：ほどよく駆け引きができ辛抱強い：天性のリーダーシップ能力：厳しさと愛情に満ちた子育てができる：頑固でお人よしな善意の心

**あなたの最大の短所**

必要とされたいという欲求が強い：過敏：軽んじられていると感じると、人とのあいだに壁を作る：愛されたい、認められたいという欲求がきわめて強い：権力志向で支配欲が強い

つつ、自分自身のみならず他人をも優しく成熟へと導くことができるので、人に好かれ尊敬されます。また、きわめて礼儀を重んじるほうなので、その点でも尊敬を集めるでしょう。いい意味で境界線を引くことを、あなたはよく知っているのです。

家庭生活と家族の関心事は、あなたの人生においてきわめて重要です。そのため自らのルーツを追い求め、細かい家系図を作ることに楽しみを見出すようになるかもしれません。「自分はどこから来て、いまどこにいて、これからどこに行こうとしているのか」があなたの知りたいこと。あなたは、家庭と子育てに100パーセントの力を注ぎたいという献身の気持ちと、より広い世界でもっと職業的なことで成功し認められたいという欲求とのあいだで揺れ動いています。そして、この問題は人生のどこかの時点で、あなたをかなり悩ますことになるでしょう。ときどき他人は、あなたのその秘められた功名《こうみょう》心に気づき、人に好かれようとする面とのあいだにギャップを感じます。あなたは、どうすればたくさんの人の心に訴えかけることができるのか、どうすれば人に自分の考えを伝えられるのか、どうすれば人にやる気を与えて手助けできるのか、よく心得ています。さらに世の規範を守ること、「自分の人生に与えられた使命」をまっとうすることにも大きな関心を抱いています。つまり、人に愛されたいという欲求と、成功し認められたいという欲求が、同じくらいに大きい人なのです。

## 大切なあの人とは？

あなたが生き生きと輝くのは、家庭を築く喜びを分かち合える相手と、親密で愛情あふれる関係を築けたとき。本質的にはロマンティックな人ですが、恋愛は安心できて長続きするのが何より大切と考えていて、テンポの速い激しい恋には興味がありません。あなたが恋愛において開花するには、時間をかけて相手との信頼を培うことが必要。愛する人と静かで落ちついた関係が築けて初めて、良き恋人、親、友人としての真の素質が引き出されるようになるのです。ただ過敏で慎重すぎる傾向もあるので、失敗するとすれば、過保護になってしまうことが原因でしょう。あなたはパートナーに寄りかかりすぎるのも嫌なのですが、だれかが家で自分を待っていると思うと、このうえなく幸せに感じます。あなたは相手に単に優しさだけではなく、自分にたいする賞賛と尊敬——そして永遠の忠誠の誓い——を求めているのです。

**✖著名人**

ジャン・アヌイ（劇作家）、カレン・ブラック（女優）、ジョン・グレン・ジュニア（宇宙飛行士）、アーネスト・ヘミングウェイ（作家）、スー・ローリー（ラジオ・テレビ司会者）、ジョセフ・パップ（舞台監督、プロデューサー）、ルパート・シェルドレイク（生物学者）、中森明菜（歌手）、笹野高史（俳優）、南野陽子（女優）、岡田斗司夫（評論家）、加藤シゲアキ（タレントNEWS）

勇気とは、窮しても品位を失わないこと
道徳的なこととは、あとで自分が気持ちよく感ずることだ
——アーネスト・ヘミングウェイ

**統合のためのイメージ**

古びた水車小屋が、村を支える食糧となるトウモロコシを、リズミカルに音を立てながら、ちょうどいい量の水力でせっせと挽く

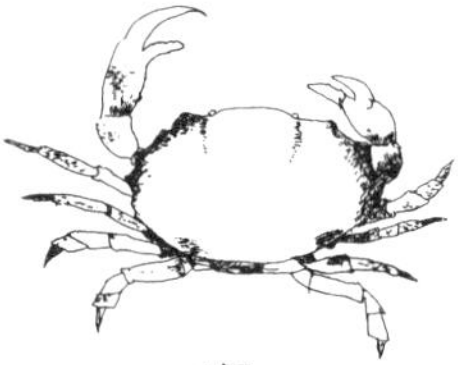

47

太陽＊蟹座 ♋
月＊水瓶座 ♒

# 多様な人と交わる人見知り

## あなたのテーマ

**水×風**

感情 対 思考：過去と未来：博愛主義者：社会福祉への関心：寛大な精神：ファミリー・オブ・マン（人間家族）：社交的：優しい：万物を守り育てる：あけっぴろげで正直：頭脳明晰：人を勇気づける：人気があって一生懸命で率直：夢見がち：寛容：社会の弱者の味方で利口：象徴的なものが好き

あなたは用心深く保守的で過去をロマンティックに美化する蟹座の一面と、「自分の自由」が欲しいという気まぐれな欲求で他人の計画を台無しにするような一面の両方を持っています。家族との日曜のランチや親戚一同の集まりも好きなのに、招かれざる大勢の友人たちを一緒に連れてきたり、場にそぐわない社会問題を論じたりといったことをなぜかしてしまうタイプ。古いことと新しいこと、保守的であることと急進的であること、あなたはそのあいだで迷っています。感覚でものごとをとらえながらも沈思黙考し、芸術家の顔と科学者の顔、詩人の顔と数学者の顔を持っています。

これらの素質がうまく統合されたとき、あなたはこの世のすべての人に理解を示す寛大な友人、進歩的な伝統主義者になることができるでしょう。また夢の意味を解釈する夢占い、鳥の飛行パターンを読む鳥占いなど、シンボルやサインの意味を読み解く才能の持ち主でもあります。さらに感情を言葉で表現する才能もあり、とくに詩や歌の世界で、これらすべての才能を最大限に発揮することができるでしょう。

蟹座は仲間以外を排除する排他的本能を持っていますが、このコンビネーションの場合は、その仲間意識が拡大され世の中一般に発揮されるようになります。そのためあなたは、さまざまな社会問題に身近な関心を寄せています。また人への好奇心が旺盛で、人間の精神と心の働きを鋭く見抜く洞察力も持っています。とても家庭的で自分の先祖や伝統に関心を抱く一方で、友人や同僚もいわば大家族の一員として家族同様に大切にする傾向があり、彼らのためならなんでもしてあげようと思っています。そんなときあなたは、持ち前の思いやりと得意の理論的思考を、実に見事に両方とも役立てることができます。他人の痛み、喜び、向上心に心から共感できるタイプですが、めそめそと感傷的になることは決してありません。けれども真の友のように、彼らが抱えている問題の核心に入り込み、理解の手助けをしようとします。

あなたは人とかかわる仕事をするには理想的な性格の持ち主。とくに福祉や医療、政治や教育といった仕事が向いています。誠実な人柄に加え、自分の意見を利己的な印象を与えずに人に伝え

### あなたの最大の長所

だれとでも付き合え、影響力・説得力を持って自分の考えを人に伝えることができる：すべての人々の権利を理解し尊重する：高度な知性：鮮やかな想像力：家族や友人にとことん忠実

### あなたの最大の短所

感情的な問題に悩まされると、心の避難所に逃げこんでしまいがち：あらゆるものの「母親」になろうとし、負担を背負い込みすぎたり、風変わりな人々を引き寄せたり、奇妙な状況を自分で招いたりする傾向がある。それはそれで楽しいかもしれないが、実はあなたの本質的な心の平安を乱す結果になっている

ることができるので、まるで魔法のように聞き手を納得させてしまいます。そんなあなたにとって人気者になることは、生まれ持っての権利のようなもの。なろうと思えば抜け目のないビジネスマンにも、貴族のような高慢な人にもなれますが、あなたは本質的に博愛主義者。心に感じたままに行動しようとするあなたの価値観と信頼性に疑念を抱く人はいないはずです。

## 大切なあの人とは？

とても人気者で交際範囲の広い人ですが、必ずしも人付き合いを楽だと思う性格ではありません。長続きする関係を好むタイプですが、パートナーには型破りな自由奔放さも求めています。情熱的だけれどお調子者で、献身的でありながら同じくらいさばさばとしたところもあるあなたは、心を満たす恋愛と刺激に富んだ友情の両方を兼ねた関係を築くことのできる人です。

あなたはパートナーと愛情ある親密な関係を築きたいと思っていますが、幅広くいろいろな人と友だちになること、理想や考え方が同じ人たちと交流することも必要としています。そのためパートナーが同じことを求めていれば、当然それを尊重します。ただし寛容な平等主義者であるがゆえに、ときどき自分の心の傷や悩みを軽く片付けてしまうことがあります——しかも膿んだ傷口を心の奥深くに放置したまま。そして突然むっつりと不機嫌になり、強引に自分のやり方を押し通そうとしている自分に気づくのです。あなたはいわばパラドックス——頭で考えているほど理性的ではなく、心で感じているほど非理性的でもありません。要するにあなたに必要なのは、博愛主義的な気遣いと思いやりを自分自身に少し向けてやることです。またあなたには自己心理学者のように自分の心理を分析する能力が備わっています。ただしあなた自身にとっては、他人の心理を分析してその人の力になってあげることのほうが、はるかに気が楽でしょう。

とても社交的なのに、あなたは自分の欲求という点では、かなり秘密主義。あなたは根本的に、自分の人格と個性をつくり上げる努力をつねに続けている人です。そして、その努力の場としてあなたに一番適しているのが、人との交流なのです。

**✖著名人**

ダン・エイクロイド（俳優）　ダイアナ妃、ライプニッツ（哲学者）、カール・ルイス（陸上選手）、アイリス・マードック（作家）、リンダ・ロンシュタット（歌手）、アダム・フェイス（歌手・俳優）、ドナルド・サザーランド（俳優）、メリー・ベーカー・エディ（クリスチャン・サイエンス協会設立者）、沢田研二（歌手）、中村俊輔（サッカー選手）、野田洋次郎（ミュージシャン　RADWIMPS）

過去の思い出にふけり、未来に思いをめぐらす
——アダム・フェイス

文学とは、特定の感情を呼び起こすための磨き抜かれた一種の技だと言える
——アイリス・マードック

**統合のためのイメージ**

母と子が、「世界平和へのビジョン」のチャリティ祭に参加するため、腕を組みスキップしながら公園へと向かう……世界がひとつの家族に……修復された中世の城の中にある科学博物館……カール・オルフ作曲『カルミナ・ブラーナ』

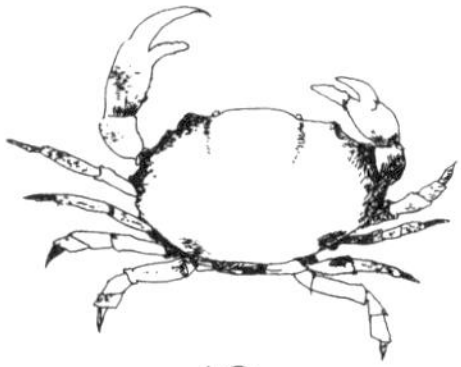

48

太陽＊蟹座 ♋
月＊魚座 ♓

# 思いやりに満ちた人情派

## あなたのテーマ

**水×水**

愛想がいい：面白い：愛すべき人柄：優しい：用心深い：つかみどころがなく秘密主義：繊細：風変わり：ロマンティックな想像力：慈悲深く思いやりがある：風の向くまま気の向くまま：人気者：夢見がち：直観的：詩的：音楽的

あなたは並外れた直観力を持つ、思いやりに満ちた順応性の高い人です。情緒的な性格で、他人の態度に隠されたメッセージを鋭く察知するところは、まるで周囲の人々の感情を検知するバロメーターのよう。これは、あなたの長所となることもありますが、他人の感情に振り回されてしまいかねないので欠点になることもあります。優しく繊細で人に気を使いすぎるあなたは、自分の本当の意見や立場を隠したり、ごまかしたりしてしまうタイプ。ただ、あなた自身はそのことをあまり気にしていません。むしろ手持ちのカードを見せないほうが自分にとっては都合がいいことを本能的にわかっているのです。

人を喜ばせることも喜ばせてもらうことも大好きで、その両方の欲求をうまく結びつけることが得意です。親切で気の利く人ですが、同時に抜け目がなくて保身的でもあり、危うい状況に陥っても、人目につかず静かにするりと逃げだすことができます。その一方で、人生の敗者すべてに心を寄せる情け深い面もあり、人々はあなたが自分の基準で人を判断することのない、尽きせぬ友愛の情に満ちた人であることを感じとります。また、才能豊かなコメディアンの顔を持っていて、その鋭い観察力と物まねの才能は、いつかなんらかのかたちで実を結ぶことでしょう。たとえ金銭的な成功にはつながらなくとも、人気者になれるのは確実。あなたのソフトな語り口、落ちついたユーモア、人の気持ちを読める機転の良さに惹かれて、人々がまわりに集まってくるはずです。神経質になって落ち着きを失うこともありますが、「これこそ自分にぴったりだ」と決めたことは容易にあきらめない粘り強さも持っています。ひらめきに従って目立たず賢く作戦を実行し、自分の望んだ地位を得ることができる人です。

多感で浮き沈みが激しく傷つきやすいあなたは、波風を立てるより周囲に溶け込むことを好みます。ただし、強固な理想を持たない人というわけではありません。あなたにとって最も確かな価値を持つのは、自分の精神世界と道徳的完全性。そんなあなたは自分の価値観に反する行動をとることはまずありません。ただ人付き合いの名人でもあるので、自分の主張を押し通して調和を乱すよりは、他人に譲ることを選ぶタイプ。非難を浴びると、蟹のようにこそこそと黙ってその場からいなくなってしまうところも

### あなたの最大の長所

鋭い洞察力で人を見抜く：気取りのない人間味あふれる人柄で、他人のために時間と労力を使うことを惜しまず、示唆に富んだ温かい励ましの言葉をかけることができる：感情やイメージといった無形のものをとらえる芸術的な感性：どんな困難な状況にも対処できる順応性と交渉力

### あなたの最大の短所

用心深く、人の行動にどんな魂胆があるのかと疑いの目を向ける：白昼夢にふけり、人を偶像化してあがめる傾向がある：芸術的なインスピレーションを得ても、一生懸命にそれをかたちにしようとせずに自分の才能を疑ってばかりいる：傷つくこと、だまされることを恐れていて、引っ込み思案になったり、本当に大切な人を遠ざけてしまったりしがち

あります。

あなたはとても交際上手ですが、独りで静かに思索にふける時間も必要としています。自然と対話することのできる美しい田園で質素に暮らすのが、あなたにはぴったり。もっといいのは、あなたの芸術的な一面にインスピレーションを与えてくれるまばゆい光に満ちた海辺です。人の役に立たなければという使命感を抱きながらも、クリエイティブな想像力や自己表現の才能を大切に育てていきたいとも考えているあなたにとって、この二つの欲求を両立させることこそが人生の大きな挑戦となるでしょう。

## ♋ 大切なあの人とは？

底知れぬ愛と思いやりの心を持つ人ですが、自分をさらけ出すことには慎重です。しかし、愛されているという安心感を得さえすれば、内気な性格を自ら克服して、あふれんばかりの献身的な愛情を愛する人に注ぎます。気をつけなければならないのは、あまりにロマンティックで理想主義的なので、現実から目をそらして自己を欺《あざむ》く傾向があることです。あなたは愛する人と親密な関係を築くことを生きがいとしていて、与えることがとても好き。そのうえ、愛と人生には悲哀がつきものだと感じているので、自分を幸せにしてくれる関係ではなく、不幸にする関係をあえて選んでしまうところがあるでしょう。そんなあなたには、しっかりとした地のタイプのパートナーがぴったりです。また家庭生活を楽しめる人なので、家庭を築くと現実の世界によりしっかりと根を張れるようになれます。その結果、自分の可能性も実現しやすくなることでしょう。

あなたは聞き上手なので、他人の肩の重荷を取り除くのが得意です。安心感を与えて人の心を慰めることができるので、カウンセリングや福祉の分野に進むことになるかもしれません。いずれにしても、人の心に寄り添うことのできるあなたは、親友として、あるいは意見や悩み事を聞いてもらうための相談役として引っ張りだこになること間違いなし。また人に創造的インスピレーションを与える良き女神《ミューズ》にもなれるでしょう。ただし、だれかの所有物になることは決してありません。

**✖ 著名人**

バックミンスター・フラー（発明家、哲学者）、ヘルマン・ヘッセ（作家）、ヘレン・ケラー（視力・聴力障害を克服した著述家）、グスタフ・マーラー（作曲家）、カミーユ・ピサロ（印象派の画家）、ジンジャー・ロジャース（ダンサー、女優）、ロビン・ウィリアムズ（俳優、コメディアン）、細野晴臣（ミュージシャン）、大竹しのぶ（女優）、草彅剛（タレント）、本谷有希子（劇作家）

人を嫌いだと思うとき、あなたはその人の自分と同じところを嫌っているのです。われわれは自分にないものは気にならないのだから

——ヘルマン・ヘッセ

わたしは美のある場所を求めている！——カミーユ・ピサロ

**統合のためのイメージ**

画家が、健康を取り戻しつつある病人たちに、夢で見たイメージをふんわりとしたタッチの水彩画に写し取ることを教える……夕暮れの沖にぽつんと浮かぶ帆船。「オール・マン・リヴァー（父なる川）は、ただひたすら流れ続ける」（オスカー・ハマースタインのミュージカル作品より）

49

太陽＊獅子座 ♌
月＊牡羊座 ♈

# 正義感に燃える正直者

## あなたのテーマ

**火×火**

自信家：直観的：アイデア豊富：情熱的で冒険心が豊か：勇敢：独裁的：向こう見ずな高潔さ：社会的道義心はあるが自己中心的：野心的：英雄崇拝：うぬぼれ屋：清廉潔白：一生懸命：理想主義的なひたむきさ：皮肉屋：型破り

　仲間の一員として成功したいと思ったり、自分だけの力で世間をあっと言わせたいと思ったり、そのときどきで考えが変わるあなた。きらめく鎧《よろい》に身を包んだ騎士のように高潔な人でありながら、自分の真価を世に認めさせるための戦いを追い求めるドンキホーテのような一面も持っています。そして、その功名《こうみょう》心のせいで痛い目に遭うことも少なくありません。

　大きくて温かい心を持った外交的な人柄のあなたは、豊かな人生と愛と成功をたえず追い求めています――しかも、ちょっとやそっとでは満足しません。あなたには、人生を心ゆくまで楽しむことは、神から与えられた自分の権利だと思っているふしがあります。たとえ意識のうえでは自信がないと思っていても、本来的な部分で情熱的でせっかちで、そのうえ野心家でもあるので、つねに前へ前へと進み、新しい計画を実行に移したり、新しい恋愛に飛び込んだり、もっと大きなことに挑戦したりしています。

　あなたにはいくらかギャンブラーの気があり、その大胆でドラマティックな気性が、あなたを成功へと駆り立てています。つまり、刺激的で崇高な人生を歩むことを自分の宿命だと思っているのです。そして、その華々しい人生を手に入れるため、いざとなれば戦う覚悟もできています。ただしあなたは、戦わずしてあっさりと世間の注目をさらい、持ち前の知性と独創性、勇気と魅力的な振る舞いで人々を感服させられればそのほうがいいとも思っています。

　あなたの魅力の一つは、ずるさや嘘がまったくない点です。あなたの関心はいつでも自分自身の運命に向けられていますが、あなたは逆に、まず自分の尊敬できる人物を探し、その人を自分のヒーローにしようとします。そのためお気に入りの教師、友人、詩人、スポーツチャンピオン、映画スターにかなり影響されやすく、あなたはそういった憧れの人を真似ることを通じて、どうしたら偉大な人物になれるのか学んでいきます。あなたは創造するプロセスが大好きですが、最後にやってくる拍手喝采の瞬間も同じくらいに大好き。それどころか自分では認めたくないほど、あなたは他人の誉め言葉や肯定的な反応に依存していると言えるでしょう。人に囲まれていなければ、あなたにとっては人生など色あせた退屈なものでしかありません。人との交流こそが、あなた

### あなたの最大の長所

身をもって勇気を示す：むきだしの野心：リーダーシップ：ひらめきのある想像力：説得力：楽観的：高潔：高邁な理想：とにかくこの世に足跡を残したい――それによって世の中を良くしたい――という単純明快な望みを抱いている

### あなたの最大の短所

自分の能力を過大評価する：自己を客観的に見ることができず、自分を大きく見せようとして失敗しがち：人への配慮に欠ける：結果を顧みずに行動し、自分を批判的に見ることができない：崇高な目標に向かって邁進するあまり、人間らしい感情的欲求を見失ってしまう

の生きる糧。あなたは人の輪の中心になれる人で、芝居っ気たっぷりでエキセントリックなところを持ち味とし、どんな大それた挑戦も受けて立とうとします。ただし、そういった外向的な冒険心が底をつくと、あなた自身もエネルギー切れを起こしてしまいます。事実、あなたには疲労困憊するまで自分を駆り立ててしまう癖があり、そうなると、まるで夜を徹しての乱痴気《らんちき》騒ぎから帰ってきた若者のようにばったりと倒れこんでしまいます。

しかし、人生という経験に向こう見ずに飛び込んでゆく傾向があるものの、必ずしも無責任ではありません。あなたの心の中では、大胆かつきわめて理想主義的な夢の数々があなたを追い立てていて、そのためあなたは、世の中を改善すること、人々に道を示すこと、責任を背負い込むことに積極的です——少なくとも初めのうちは。自分でどんどん行動を起こすタイプなので、他人の命令にはなかなか従わず、親分風を吹かす傾向があるでしょう。また説教師のような情熱の持ち主で、自分の仕事に心から打ち込みます。しかし自由に動けるスペースがないと、あなたは自分のやりたいことをやることも、失敗から学ぶことも、得意の「自己鍛錬《たんれん》」を自分に課すこともできません。自己を演出する天賦《てんぷ》の才能のあるあなたは、大勢の人と交流できて、なおかつあなたの独創的で型破りな考え方を活かせる分野——演劇、ビジネス、講演、マスメディアなど——で活躍することができるでしょう。

## ⑨大切なあの人とは？

人生を燃え尽きるまで余すところなく楽しみたいと思っているあなたにとって、人間関係はとても大切です。ロマンティックで優しく、愛する人には心から忠実に尽くすタイプなので、この人だという相手を見つけると、騎士道精神さえも感じられるような魅力的でドラマティックな方法で愛を表現します。ところがその一方で、自分でも気づかないうちに、相手にぞんざいな態度をとってしまったり、相手にたいする要求が増えてしまったりすることもあります。これは、さまざまなことにたいする好奇心と高い理想が、決してあなたの頭から離れることがないせいです。そのため、自分の主張をしてばかりで、人の話をほとんど聞いていないことが多いでしょう。

あなたはとてもエネルギッシュで落ち着きがないため、パートナーの欲求を敏感に感じとったり、退屈な家事に気持ちを集中させたりすることができません。そんなあなたは地のタイプをパートナーに持つと、少しテンポを落として、請求書の支払いなどの雑事もこなせるようになるでしょう。また水のタイプをパートナーにした場合は、その人の神秘的で深みある内面のとりことなるかもしれません——そして、自分を振り返る時間を持ちさえすれば、自分自身の内面にも同じような深みと感情的欲求があることに気づくでしょう。

**✖著名人**

ブース・ターキントン（小説家）ドロレス・デル・リオ（女優）、ルートヴィヒ・フォイエルバッハ（哲学者）、ジェリー・ガルシア（ロックミュージシャン）、ホイットニー・ヒューストン（歌手、女優）、ジャクリーン・ケネディ・オナシス（アメリカ大統領夫人）、アラン・レオ（占星術のパイオニア）、大滝詠一（ミュージシャン）、古田敦也（プロ野球選手）、成海璃子（女優）、風間トオル（俳優）

どんな男にもいずれ確実に言えるようになることが二つある。一つは、酒飲みになるということだ
——ブース・ターキントン

女の目がキラキラ輝いているときに、その下のシワシワを気にする男なんていないわ
——ドロレス・デル・リオ

### 統合のためのイメージ

諸国遍歴の騎士が、恋人に「この壮大なる冒険をあなたに捧げます」と告げ、馬に乗り砂塵のなかを夕陽に向かって去ってゆく……朝、幼い子どもが、その日にする遊びがすべて目の前に見えるかのように、わくわくしながらぱっちりと目を覚ます

50

太陽＊獅子座 ♌
月＊牡牛座 ♉

# 名と実を両方求める努力家

## あなたのテーマ

**火×地**

偉大なものを愛する：寛大：人を惹きつける：頑固：伝統を重んじる：官能的：独裁的：利己的：管理能力がある：堂々としている：権力志向：現実的：信頼できる：有能：生産的：物質主義的：芸術家肌：エンターテイナー：忠実：私利私欲を追求する

危険をおかすことに憧れているのに、「やっぱり安定が大事」と考えて自分を抑えてしまうあなた。いかにも火のタイプらしい激しい利己心の持ち主でありながら、「伝統」というわだちに足をとられて、新しいことへの挑戦をためらってしまいがちです。

あなたは力強くて自信に満ちた、言ってみれば目立ちたがり屋な人。きわめつきの贅沢好きではありますが、現実的な経済観念も持ち合わせています。あなたは人生に遠大な理想を思い描き、自分に意欲を与えてくれる「夢」がそのまま具現化したような人物になりたいと思っています——しかもその「夢」とは、たいていは金銭的な成功を得ること。こういう夢を持つところが、あなたという人を最もよく表しています。うぬぼれが強くて人と協力するのを嫌うところもありますが、あなたは勇気と行動力のある、実に誠実で尊敬できる人です。ただし自己を演出し芝居じみた行動に出てしまう癖が、一生懸命に「安心」と「充足感」を求めようとする慎重な面の足を引っ張ってしまうことがあるでしょう。目立ちたがり屋な面と慎重な面、この二つの面を両立できるようになったとき、あなたは持ち前のクリエイティブな才能と抜け目ない利益追求主義とを結びつけることができるようになります。そして本当にやる気になれば、芸術やビジネスの世界で、きっと大きな成果を残すことができるでしょう。

あなたは寛大で、好きな人にはとことん忠実。しかしだいたいにおいて、何から何まで自分の欲望や理想の通りでないと気がすまないタイプです。あなたは堂々と正直に自分の意見を言うので、一緒にいて居心地のいい人だと思われているでしょう。話せばすぐに理解できるため、本心を疑う必要がないのです。しかし、自分から折れて人に譲るということもめったにありません。そのため周囲の人は、あなたとの付き合い方を工夫しようと思うようになるでしょう。議論になれば不愉快な気持ちにさせられることが目に見えているからです。

極端に頑固で自信家なので、何もかも自分の思い通りになっていないと扱いにくくなるタイプです。大きなプライドをいよいよ自分でも持て余すようになると、陰気で無気力なマイナス思考に陥ってしまい、どうでもいいことに難癖をつけてせっかくのクリエイティブな才能を無為に費やしてしまうでしょう。あなたには

### あなたの最大の長所

道徳面でも感情面でも、自分自身と自分の目標に忠実：独特のカリスマ性：スタミナがある：ものごとを大きく考えることができる：働き者なうえ、人生を楽しむこともできる：とても責任感が強く、危機に面しても動じない

### あなたの最大の短所

目下の人間に、主観的判断を下したり、偏見を持ったり、高慢な態度に出たり、考えを押し付けたりする：あからさまに自己中心的で、気分を害すると黙り込む：少し人間関係に気を使えば、周りの人を味方につけて、自分の前に立ちはだかる障害を魔法のように消し去ることができるというのに、何も考えずにずけずけと発言してしまう

人一倍、ものごとに優先順位をつけること、人生・恋愛・お金のそれぞれにバランスよく向き合うことが必要です。あなたは強烈な魅力を放つ人なので、自分が価値を見出すものを、当たり前のように手に入れてゆくことでしょう。

## ③ 大切なあの人とは？

あなたは激しい感情の持ち主ですが、極端にロマンティストだったり傷つきやすかったりということはありません。また基本的に「信頼できる人かどうか」が恋愛の相手を選ぶときの決め手ですが、一緒にいると自分自身の自己イメージまで高められるような、顔やスタイルが良くてユーモアのセンスがある人にも惹かれてしまいます。またあなたには少々エリート主義なところがあって、一流の人々、一流の絵画や詩、一流の品々を自分の身の回りに置きたいと思っています。しかし、こういった基本的なものが満たされ、仲間に心から気を許してもいいと感じるようになれば、かなり羽目を外すこともできるようになるでしょう。その気になれば「年間最優秀快楽主義者」賞を勝ちとることも不可能ではありません。

あなたは親密な関係になると、相手にたいする要求が多くなってしまうたちです。しかもうぬぼれ屋でもあるので、パートナーを振り回してしまうことが多いでしょう。そのくせ、愛情表現だけは決して手抜きをしないタイプなので、思いつきでオペラのチケットを購入したり、町一番の高級フレンチレストランでのキャンドルライトディナーを予約したりと突飛なかたちで愛情を表してパートナーを驚かせます。あなたはあらゆる欲求が旺盛で、好みもはっきりしています。そのため、かなり強烈な個性を持つ人でないと、あなたに影響を与えることはできないでしょう。あなたの激しい気質をもっと人として均整のとれたものにしようなどということが不可能なのは言うまでもありません。

あなたは、つねに自分自身の価値観と自由意志に命じられるまま行動しています。しかし、とても積極的な信頼できる人でもあり、その高潔な人格と才能の豊かさは、プライドが高く尊大なところを補って余りあるほどです。あなたは人生を心ゆくまで楽しむことも、あえて泥のなかにはまり込むこともできる人です。あるいは「泥」というより、初めはあらゆる生命を拒絶するものの、いずれみずみずしい命の再生をもたらす熱い「溶岩」と言ったほうがいいかもしれません。あなたのなかで獅子座の太陽と牡牛座の月が手を結んだとき、あなたはその「溶岩」にも匹敵するような底知れぬ永続的な「創造性」を発揮することができるようになるでしょう。

**✖ 著名人**

ビル・クリントン（アメリカ大統領）、アレクサンドル・デュマ（劇作家、作家）、ミック・ジャガー（ロックミュージシャン）、アーサー・ヤノフ（心理学者）、C・G・ユング（心理学者）、E・F・シューマッハー（哲学者、経済学者）、ジョージ・バーナード・ショウ（劇作家、批評家）、中村紀洋（プロ野球選手）、米倉涼子（女優）、矢井田瞳（ミュージシャン）、斎藤工（俳優）



イエスが神であったかどうかは別として、だれもが認めざるをえないのは、彼が第一級の政治経済学者であったということだ――ジョージ・バーナード・ショウ

でかい車を乗り回して、いい女をかたっぱしからものにできるような金持ちになること、それがたいていの男の夢さ――ミック・ジャガー

**統合のためのイメージ**

「コールの王さま、ゆかいなおかた。ほんとにゆかいなコールの王さま。おーい、きさきはどこだ？ おーい、パイプをもってこい。おーい、バイオリンひきを3人つれてまいれ」（マザーグース『コールの王さま』）……『ピグマリオン』（映画『マイ・フェア・レディ』）。イライザ・ドゥーリトルが、公爵夫人と見まごうような貴婦人に仕立て上げられる……焼物の名人が、なんの特徴もない土から、見事な花瓶を作り出す

51

太陽＊獅子座 ♌
月＊双子座 ♊

# 遊び心のある永遠の学生

## あなたのテーマ

**火×風**

創造的思考力：温かでのびのびとしている：おもしろい：直観的かつ分析的：親しみやすい：落ち着きがなく社交的：利口で機略に富む：志が高い：想像力：組織能力：若々しい精神：プライドが高く独立心が旺盛：ロマンティック：高潔だが遊び心もある

あなたは冷静な頭脳を持つ人気者。気の利いたことを言ったり完璧な笑顔を見せたりして、新しい友人や同僚や上司に、自分をうまく印象づけることが得意です。いずれ自分の野心と真剣に向き合わなければと感じていますが、深刻になって目的意識を持つことに抵抗を感じる自分にふと気づくこともあるでしょう。

あなたは、いつも活動的でありたい、意味のある充実した人生を送りたいと思っています。しかし本質的に、大きな心を持つ子どものような人なので、どんな環境を身を置いても、新しいこと、驚きのあることを求めてしまいます。そのためあなたは、生きる「目的」と楽しそうな「遊び」を同時に追い求めて、いつも忙しそうに飛び回っています。しかし、あなたは頭の回転が速く、新しいアイデアを驚くほど簡単に自分のものにしてしまうので、おもしろみが感じられて、なおかつ影響力のある社会的地位――持ち前のコミュニケーション能力をいかんなく発揮できると同時に、さりげない落ち着きをアピールしつつ役目をこなすことができる地位――を本能的にかぎわけて手に入れることができるでしょう。

あなたには野心だけでなく、応用力があります。そんなあなたは、いつも頭をフル回転させてアイデアの応用方法を練ったり、新しい方法を試したりしている、言わば「永遠の学生」のような人でしょう。しかも、自分のしたいことを人から禁じられると、もっと楽しくなってしまうタイプです。

人への好奇心が豊かであることは間違いなく、ゴシップをかぎつけるのも、世の中のさまざまな問題を分析的に議論するのも得意です――その対象は、子どもの話題や望ましい教育のあり方から、愛や文学に至るまで、実に多岐にわたっています。あなたは本当に大切なことを見分けることのできる曇りのない目と、熱っぽく自分の考えを述べて人々を納得させてしまう才能に恵まれています。そんなあなたは、すばらしい経営者、監督、教師になれるはず――つまり、手綱《たづな》をとるのが難しい「集団」のエネルギーを、理性的に毅然とコントロールしなければならない仕事で、その才能を活かすことができるのです。

あなたは自分をしっかりと理解していて、自分はどんな人か、どんな考え方や目標を持っているのか、きちんと語ることができ

**あなたの最大の長所**

優れた頭脳：機転が利く：率直で親しみやすい：組織能力：楽観的で立ち直りが早い：チャンスをかぎつける才能と冒険心を、一種独特な方法で、理想の追求に活かすことができる

**あなたの最大の短所**

あれこれ理由をつけて自分の行為を正当化しようとする：全体的に落ち着きがなく、情緒的に不安定：愉快な気分を味わうため、「反抗的な子ども」のあらゆる望ましくない性質を表に出す

ます。しかし、いつも堂々として文句のつけようがないものの、尊大というほどではありません。つねに「正しい」人間でいることに、すぐに飽きてしまうたちなのです。あなたは旅行や「変化」が好きで、他人と接することによって多くのことを学べることを知っています。そんなあなたには、変化への対応力、頭の回転の速さ、コミュニケーション能力が求められる仕事がぴったり。

あなたは良い意味で日和見主義者です。楽観的で直観力があるうえに、頭の回転も、話すスピードも速いため、これらの長所を総動員して災難を切り抜け、ふさわしい地位を得ることができるでしょう。さらに、てきぱきと手際よく仕事をこなす能力も抜群なので、やりがいがあって想像力を刺激してくれる仕事ならどんなものにでも、きっと並外れた才能を見せるはずです。

あなたは本質的に「思考する行動主義者」。冷静な社会的道義心の持ち主ですが、人生を深刻にとらえすぎて身動きがとれなくなってしまう人を不遜にも見下しています。あなたはどんな問題に直面しようとも、まず気の利いた冗談を言ってから、とにかく自分にできることをしようと決意する人なのです。

## 大切なあの人とは？

「春になると若者は、軽やかに恋に思いをはせる」と詩を詠んだのは、同じ獅子座・双子座のテニスンです。この一節は、あなたのロマンティックな生き方の本質をよく表しています――つまりあなたは恋に落ちるときのあの新鮮なときめきが大好き。つねに変化を求めているあなたを手元に捕まえておくことは至難の業です。とても情が深い人なので、あなたなりにではあるものの、愛する人たちにはとても誠実に接します。ただ、自分の理想に合う人が現れるたびに、その人を自分の大勢の「愛する人たち」の輪の中に加えたいと思ってしまうようなところがあるでしょう。

あなたは持ち前の子どものような無邪気さを、人間関係にもまれることで消耗させてしまいがちです。いっときも休むことのない生き生きとした好奇心の持ち主なので、情緒的に消耗してしまわないよう気をつけましょう。自分では自覚がないものの、あなたが始終忙しくしているのは、他人ともっと踏み込んだ付き合いをするのを避けるための戦略なのかもしれません。

あなたは、分析力を向ける対象がなくなってしまい自分の感情と向き合わざるを得なくなると、途方に暮れてしまいます。しかし、自分の感情と向き合うことを避け続けていると、あなたの明るい人柄に一種の皮肉っぽさが忍び込んでしまう恐れも。その結果、他人の善意を心から信じることのできたあなたが、自分の信用を裏切った人々を冷たく見下すような人間になってしまうでしょう。あなたは自分が自立した人間であると思っていますが、親密な恋愛をすると、そういう思い込みが試されることになるはずです。

**著名人**

アメリア・エアハート（女性飛行士のパイオニア）、ノリス＆ロス・マクワーター（『ギネスブック』を編纂した双子の兄弟）、ベニト・ムッソリーニ（イタリアの独裁者）、レイモンド・ローズリープ（詩人）、クライヴ・シンクレア（発明家、企業家）、アルフレッド・テニスン（詩人）、伊藤英明（俳優）、星野真里（女優）

わたしは人間の目が届く限り遠くまで未来を見渡し、
世界の未来の姿を、その驚きのすべてを見た――アルフレッド・テニスン

女性も、男性がしてきたように、ものごとに挑戦すべきです。だれかが失敗したときは、その失敗こそが、ほかの人たちにとっての挑戦になるのです――アメリア・エアハート

**統合のためのイメージ**

蝶が、さんさんと太陽が降り注ぐ夏の日、光を放つ存在へと生まれ変わる……有名人の誕生パーティーで『ハッピー・バースディ・トゥ・ユー』を歌う子どもたち

52

太陽＊獅子座 ♌
月＊蟹座 ♋

# 世話好きなスター

## あなたのテーマ

**火×水**

感情的：傷つきやすい：熱烈：芝居っ気がある：おもしろい：詩的：直観的：個人主義：心が広い：家庭を愛する：社交的：繊細：思いやり豊か：母性的かつ父性的：プライドが高い：生き生きとして感受性が豊か

あなたは、ショーの主役のように魅力的で愛らしい一面と、客の前で手の込んだ料理をわざわざ手料理するような優雅な脇役の一面の両方を持っています。傲慢な自信家になることもあれば、繊細で感じやすい引っ込み思案な顔を見せることもあります。

あなたはときどき「気持ちを落ち着けることのできるシンプルな暮らしがしたい」と思うことがあるでしょう。感情の波に振り回されずに、創造的な興味を追求することに専念できる暮らしです。しかし、そう思ったつぎの瞬間、あなたの胸の中では「もっと社会の中心に近いリーダー的立場につけるよう切磋琢磨《せっさたくま》していきたい」という抑えがたい衝動が頭をもたげます。しかもあなた自身、自分がそういう欲望を持っていることをよくわかっています——だからこそあなたは、スポットライトの下に飛び出していこうとするのです。何かを創り出すエネルギー、人への温かな思いやり、どちらもきわめて豊かなあなたは、芸術家肌の家庭人にも、家庭を大切にする芸術家・作家・実業家にもなれるでしょう。あなたは大きくて人を拒むことのない人柄で、おもしろく芝居っ気のある一面も持っています。つまりあなたは、ものごとを豊かな感性で鮮やかにとらえてドラマティックに表現し、きわめて心のこもったやり方で自分を印象づけることが驚くほど得意な人なのです。

このコンビネーションでは、太陽と月がそれぞれの守護星座である獅子座と蟹座にありますが、これはあなたが潜在的に、太陽神アポロの「創造的ビジョン」と月の女神ディアナの「英知」をあわせ持つことを意味しています。そのためあなたは、かなり激しい性格の持ち主で、ときどき周囲を圧倒してしまうことがあるでしょう。

堂々と構えていることの多いあなたですが、ときどき傲慢だったり、かと思えば過敏すぎたり、自分のことばかり考えていたりすることがあります。けれども、周囲に気を配る優しい思いやりを欠かすことは決してありません。また自分は愛されることを必要としている弱い人間であるという自覚があるため、努めて親しみやすく情け深い人間であろうとしています。つまり、あなたは心の温かな理解ある友人になれる人。思いやりをもって独特のやり方で、楽しみながら自分の感情を表現することができるのです。あなたは面倒見がいいものの、人にたいする所有欲が強く、家族

### あなたの最大の長所

感受性が豊か：他人の経験を素直に受け入れる：きわめて高潔で、世の中の規範や自分の愛する者に身をもって忠誠を示す：豊かな想像力と鮮やかな表現力：並外れた創造意欲

### あなたの最大の短所

他人を巻き込んでしまうほど感情が激しい：自分のことで頭がいっぱいになりがちで、周囲が発するサインをすべてかき消してしまったり、曲解してしまったりする：自分の思い通りにならないと不機嫌になる

や仲間や国家の一員であるという意識が強いためにそれ以外の人を排除しようとするところもありますが、自分の理想に心から忠実です。

あなたはビジネスの才覚にも恵まれています。安定を得るにはどうすればいいか本能的によく心得ていて、他人の欲求、恐れ、弱点を見抜く鋭い洞察力にも恵まれているからです。またあなたは「快適さ」と「美しさ」を重んじる洗練されたセンスの持ち主ですが、これはあなたにとって成功を呼び込む原動力の一つとなるでしょう。あなたは自分の気持ちがよくわかっていて、自分の好みや理想とするレベルに、容易には譲れないこだわりを抱いています。鋭い美意識に加え、精神的な粘り強さと静かな野心も持っているので、きっと芸術の世界でも成功することができるでしょう。

## 大切なあの人とは？

あなたは愛と絆を心の底から求めている正真正銘のロマンティストです。うぬぼれが強いほうなので、感情を刺激されると極端に敏感に反応して、そのときの気分でパートナーを振り回してしまうことも。また、支配的な役割を演じて相手の優位に立とうとするときもあれば、受動的な役割を演じて相手の言いなりになるときもあります。こういった多面性を人に見せるかどうかは、朝起きたときのあなたの気分次第といったところでしょう。

世間に明るい顔を見せるのが得意なものの、いつでも自信と強さに満ちているわけではありません。生き生きとした独特の個性の持ち主ですが、あなたが他人に及ぼす影響力は、あなた自身がその人にどれだけ感情的な親しみを覚えているかで強くも弱くもなります。また自己表現も、お決まりの感情表現パターンの枠をなかなか超えることができません。実はあなたは「大きく邪悪な世界」と向き合うことをひそかに避けています。また、試練にぶつかると自動的にパニックのスイッチが入ってしまう性格なため、人生の早い段階で、試練にうまく対処する方法を見つけることが必要でしょう。これは、創造性が並外れて豊かで、世に認められるべき個性の持ち主であるあなたには、決して難しいことではないはずです。

あなたはときどき、とにかく前へ進むために自分をごまかしてしまうことがあります。しかし結局は、どんな場所に身を置こうとも自分にとって一番大事なのは、自分が心から安心できることだと気づくでしょう。人生にはさまざまな奇妙な場面が用意されていますが、自分の勘を信じ、卓越したユーモアセンスを伸ばしてゆけば、あなたはどんな場面にも対処できるすべを身につけることができるはずです。

**✖著名人**

クララ・ボウ（女優）、クロード・ドビュッシー（作曲家）、ギー・ド・モーパッサン（作家）、ゼルダ・フィッツジェラルド（作家、F・スコット・フィッツジェラルドの妻）、ルウェリン・ジョージ（占星術家）、マーガレット王女、ケニー・ロジャース（カントリー歌手）、バーニス・ルーベンス（作家）、小野リサ（ミュージシャン）、鈴木保奈美（女優）、陣内孝則（俳優）、乃南アサ（作家）



秘訣は、自分自身に忠実であることです
――バーニス・ルーベンス

わたしは生きたいとは思っていないの。まず恋がしたいわ。生きることは、そのついででいい
――ゼルダ・フィッツジェラルド

**統合のためのイメージ**

幼い子どもが玉座にすわり、威厳と親愛の情の感じられるしぐさで、両親の頭に王と王妃の冠を載せる……男女が夏の日の正午、手をつないで海辺を歩く

53

太陽＊獅子座♌
月＊獅子座♌

# 注目を集める魅力の持ち主

## あなたのテーマ

**火×火**

温かい：熱心：人を惹きつける：威厳ある風格：感情をはっきりと表に出す：寛大：傲慢：ひたむき：夢見がち：詩的：並外れて創造的：ドラマティック：うぬぼれ屋：開放的：遊び心がある：プライドが高い：自分の良い面だけを見せようとする：度量が大きい

あなたは自分を大きく見せようとする人です。人を惹きつける魅力とカリスマ的振る舞いで、他の人も自分さえも魅了します。ただ、細かい点に気を配るのを怠る傾向があり、あなたはそれを他人の仕事と決めつけています。人はだれしも「ふさわしい場所」と「生きる目的」を持っているものですが、あなたのそれは「ステージの真ん中で注目を浴びること」。あなたは、誠実で度量が大きく創造的な自分の自我の真ん中、すなわち素の自分をようやく見出すことができたとき、初めて自分の人生の一番大事な部分にとりかかれるようになるでしょう。そしてその過程で、多くの人に影響を与えることができるはずです。

自分の理想の姿を見出し、それを育てていくためには、ある程度の内省が必要です。そのためあなたは、少々気難しい人だと思われることがあるかもしれません。あなたは、幸せそうな活力みなぎる人になることもあれば、厳格で横暴な人になることもありますが、それは心の中であなたの絶対的な主観が、どういう判断を下しているか次第。そのうえ人を惹きつける力が並外れて強いので、あなたは周囲の人を支配してしまいがちです。しかし、人に恩恵を与えるようなかたちで支配するのか、独裁者のように支配するのかは、あなた自身が自分の自我をコントロールできているかどうかによります。

この獅子座の自我を満足させるのは容易なことではありません。しかし、この自我こそがあなたに、想像力に形を与えて自己表現したいという欲求と、いつも周りをコントロールしていたいという欲求を与えてくれているのです。こういった欲求は、人々の絶対的な注目を浴びられる舞台へとあなたを導くことになるでしょう。またビジネスの世界に身を置いた場合は、持ち前の創造的な知性と人間的魅力を発揮できる重要な役職に就いて、大きな影響力を持つようになるはずです。家庭中心の人生を送る場合は、立派な親となり、自分の誇りである子どもたちが個性的な人間へと成長していく過程を見守ることに喜びを感じるようになるでしょう。ただしときどき、どちらが親でどちらが子どもなのかわからなくなることがあるかもしれません。

あなたの自己イメージ、つまり「なりたい自分」は、そのスケールの大きさから言って、まるで神話の登場人物のようです。自

### あなたの最大の長所

心が広い：クリエイティブなひらめき：鋭い知性：高潔で品位があるが、他人もそうあるべきだと主張する：勇気ある道徳心：出会った人すべてに精神的高揚感を与える不思議な力

### あなたの最大の短所

うぬぼれが強く傲慢：自己中心的で頑固：だまされやすく、お世辞を言われると判断が鈍る：自分の思い通りにならないと、かんしゃくを起こす

覚があるにしろないにしろ、あなたはつねに自己を発見する旅の途上にあります。そしてその過程で、人を自分から遠ざけることもあれば、たくさんの人に感動を与えることもあるでしょう。社会的道義心は強いものの、個人主義を貫く人でもあるので、あなたは集団からなんらかのかたちで一歩抜きん出る存在にならないと満足できません。あなたは、どんなときも自分は自信に満ちている、自分は興味を持ったあらゆる分野の権威であると確信しているように見え、事実、必死にそう信じ込もうとしています。ところが、そういった表の顔の下には、他人の反応をつねに敏感に察知しようとする顔が隠されています。他人の肯定的反応に依存しがちなこの一面は、あなたの本質的な弱さを理解するための鍵だと言えるでしょう。

あなたには理想の追求や自分の好きな活動に夢中になりすぎるきらいがあります。そのため、外の世界は心の中の世界とは違って、あなたを中心に回っているのではないということを忘れてしまいがちです。あなたにとって何よりも大事なのは自分の世界。そういう非常に主観的で、自分の価値観から離れることができないところは、人間関係を保つうえでの障害となることでしょう。子どものような純真さすらある、輝くばかりに魅力的な温かい人柄のあなたは、自分のことばかり考えていると非難されると心から傷つきます。けれどあなたは、すべてが自己の延長のように思い通りにならないと、人生などなんの意味もないと感じてしまう人なのです。

## ③大切なあの人とは？

心が広く情熱的で、とことん忠実で人を決して疑わず、騎士道精神あふれるロマンティックなあなた。愛する人には心から尽くしますが、お返しに同じくらいの愛情と優しさと賞賛を、相手にもたっぷりと求めます。しかも、自分には集中すべき「もっと大事なこと」があることを理解してもらいたいとも感じています。そのうえ、期待した通りの注目や感謝の気持ちが相手から得られないと、嫉妬深くなったり要求が多くなったり、何をしても喜ばなくなったり、妙に冷たく尊大な態度をとったりします。

あなたは、愛を人生の大事な要素と考えている温かで愛情深い人ですが、いつも一緒にいて楽な人というわけではありません。しかし、その高潔な人格と高い理想に、地に足のついた知恵とユーモアのセンスが加われば、あなたは一緒にいると刺激と高揚感が得られるような楽しい人になれるでしょう。そして、前向きな思考で人々に希望を与えるあなたは、人からもっともっと愛されるようになるはずです。

**×著名人**

ブライアン・オールディス（SF作家）、ジャネット・ベイカー（メゾソプラノ歌手）、リンゼイ・クラーク（作家）、マックス・ハインデル（形而上学者）、ハーバート・フーヴァー（アメリカの大統領）、ピーター・オトゥール（俳優）、マーティン・シーン（俳優）、パトリック・スウェイジ（俳優）、坂本昌行（タレント）、華原朋美（歌手）、中尾彬（俳優）、東幹久（俳優）

ということはこれが、若さというもの、人生というもののあるべき姿なのか？　本や、ほこりをかぶった写本をえんえんと読みふけることではなく、生み出された言葉の輝きそのままに生きることが？　なんと甘美なことだろう！　この世の謎を、息を弾ませながら理解することができるのだ！　しかもそのあとには、心の安らぎまでやってくる！——リンゼイ・クラーク

子どもたちは、われわれの最も貴重な天然資源である——ハーバート・フーヴァー

### 統合のためのイメージ

子どもが、エデンの園のような楽園で、日の光を浴びながら美しい砂の城を作る。自然が創り出したあらゆる生物が、そばで楽しそうに見守っている……絢爛豪華な戴冠式が催され、新しい王が、自分の王国を前に冠を戴く

54

太陽＊獅子座♌
月＊乙女座♍

# 従者の立場を理解する王

## あなたのテーマ

**火×地**

ひたむき：倫理的：知的：親切で目的意識が強い：きわめて道徳的：有能：人に抜きん出ようと努力する：ノブレス・オブリージュ（高貴なる者の責任と義務）：えり好みする：批判的：怒りっぽい：控えめな魅力：はっきりと意見を言える：ものを見る目がある：職人

あなたは「尊大な王様」と「忠義にあついしもべ」のふたつの顔を持っています。両方の性質が強いため、ときどきそのあいだでもがき苦しむこともあるでしょう。輝きのある堂々とした強い精神と、控えめで臆病なのに批判ばかりしている内なる声の持ち主。複雑ですがこうした要素のすべてがあなたのなかに存在しているのです。独立心が旺盛で理想主義的なので、自分が正しいと信じることをそのまま実行するタイプでしょう。しかし内面では、はたから見えるほどには自信がなく、自分では認めたくないほど、他人の肯定的評価に依存しています。

卓越した存在になりたいという願望の持ち主なので、とりすましているとか、高尚で近づきがたいとか、自制的で神経質だとか思われがちでしょう。もっとゆったりと構えることを覚えさえすれば、あなたは持ち前のひたむきさと天賦《てんぷ》の才能、繊細な美意識、表に出るのを待ち望んでいる控えめな魅力によって、人々に強い影響を与えることができるようになるはずです。しかし神経質になっていると、せっかく人に仕事を任せても、さしでがましい人だとか、堅苦しくてこうるさい人だとか思われてしまうでしょう。とはいえ、あなたの行動からは、つねに比類なき誠実さ、優しさ、思いやり、神経の細やかさがにじみ出ています。周囲の人からいつも尊敬され、賞賛されているのはそのためです。

あなたは、自分が何か重要なものを社会に貢献できる人間だということをわかっています。しかし偽善が嫌いなため、自分自身をとことん分析し、しまいにはその自負心をずたずたにしてしまいます。あなたは、乙女座の「几帳面さ」と獅子座の「ビジョン」をうまく結びつけることができたとき、自分が何を求めているのか真に自覚し、それに向かってまっすぐに進んでゆけるようになるでしょう。そうして初めて、あなたは細かいところに配慮しつつ、自分のなすべきあらゆることに心から打ち込むことができるようになり、あなたが現実に生み出すものが、あなたに精神的な存在意義まで与えてくれるようになるのです。

どこか高潔な雰囲気を漂わせ、しかも粘り強さを秘めているので、道徳的な影響力の大きい人です。そのため優れた教師、カウンセラー、良き友人になることができるでしょう。あなたは、いつでも心の中の理想に恥じない行動をしようとしています。そし

### あなたの最大の長所

健全な判断のできる分析的な頭脳を持ち、はっきりと自分を表現する：自分のすべきことに一心に打ち込み、優れた人間になりたいという志をもつ：「習うより慣れよ」をモットーになんでも完璧にこなし、周囲をやる気にさせる

### あなたの最大の短所

理想が高くて些細なことにこだわり、人の批判ばかりしがち：押しが強くて傲慢な顔の下に、不安定な内面を隠している：侮辱されたと感じると、ふさぎこんで自己憐憫に陥る

て根気強く努力することを通じて、「真の充足とは、理想の追求に私欲を捨てて邁進《まいしん》することにある」ことを周囲に示します。あなたは、「品格」とは「謙虚さ」からにじみ出るものであるべきと考えていますが、まさにそれが自分の自己矛盾を解決するための答えであると気づくには、少々時間が必要かもしれません。

あなたには創造性のはけ口、ある種の「ステージ」が必要です。大きなステージでも小さなステージでも構いません——映画会社の経営でも、家事の切り盛りでもいいのです。大事なのは、自分のすべてを注ぎ込むことができるような「やりがい」があるかどうかです。あなたは、その激しくて利己的なエネルギーを、他人のために注ぎ込むまで、自分に休むことを許しません。その姿はまるで、自然に振る舞うだけで周囲に高潔さと勇気を吹き込むことができるボーイスカウトの指導者のようです。傑出した人物になることを目標としているあなたは、完璧をきわめるには地道な努力が必要であるということ、またそれは一生をかけた仕事であるということを本能的に理解しているのです。

## 大切なあの人とは？

慢性的な「あら探し病」は、心の面にも良くありませんし、あなたのクリエイティブなエネルギーをむしばんでしまう恐れがあります。また人に厳しすぎるのは、親しい人間関係に不和をもたらす原因ともなります。あなたは本来、温かで感情をはっきりと表に出す、面倒見が良くて人を守るタイプの人なのですが、家庭内のどうでもいいようなささいなことに極端に細かくて怒りっぽくなる面も持っています。

愛する人には自分にいつも視線を注いでほしい、自分だけを大切にしてほしいと要求します。また、なんでも自分の思い通りにできる自由がないと息苦しくなるたちでもあり、人が自分の優れた知識に敬意を表してくれないと、すぐに傷ついてしまいます。そうなると、生来の人付き合いのうまさと礼儀正しさが、一転して怒りっぽい傲慢さに変化し、あなたの温かな人柄は、こと細かに他人のあら探しをする自己防御の鎧《よろい》の下に隠れてしまいます。

人に尽くされ溺愛されているときのあなたは、心から満ち足りて人を疑うこともなく、獅子座の「自信」がその博愛の心を周囲に振りまきます。その反面、どこか「孤高の人」といった雰囲気もありますが、社会にうまく溶け込んでいるときは、まるでエチケット本そのままのようなマナーある振る舞いをしているでしょう。しかしあなたは結局、集団行動よりも自分の私生活やキャリアを優先します。あなたがひたむきに打ち込めるのは、自分の目標や理想。しかし、持ち前の粘り強さと才能を社会に示し、ひとかどの人物として賞賛を得られるようになれば、心の大きさと深い充足感を周囲に発散するようになるでしょう。

**✖著名人**

アン王女、ヴァイダ・ブルー（野球選手）、アン・ブライス（歌手、女優）、クラウディウス帝、ラジブ・ガンジー（政治家）、ダスティン・ホフマン（俳優）、マーナ・ロイ（女優）、マドンナ（歌手）、リッカルド・ムーティ（指揮者）、フレデリック・ラファエル（作家）、ロバート・レッドフォード（俳優）、J.K. ローリング（作家）、東野幸治（タレント）、天海祐希（女優）

集団行動は苦手。単に向いてないんだ
——ロバート・レッドフォード

批評家たちがいい評価をしてくれたとしても、それもまた執行猶予のひとつでしかない
——ダスティン・ホフマン

**統合のためのイメージ**

舞踏会から帰ってきたシンデレラが、自分の幸せに満ちた顔がはっきりと表面に映るようになるまで、床をピカピカに磨く

55

太陽＊獅子座♌
月＊天秤座♎

# おしゃれ好きな自信家

## あなたのテーマ

**火×風**

上品：魅力的で表情豊か：外向的：知的好奇心：高圧的だが協力的：駆け引きもできる高潔さ：芸術的：たくましい想像力：贅沢を好む：ロマンティックな理想主義者：堂々としているが親しみやすい：洗練された個人主義：尊大だが寛容：快活な話し上手：洗練された社交性

独立心と自信に満ちあふれ、尊大なところすらあるあなた。しかし実は、他人にどう思われるか気になってしかたがなく、そのせいでうっかりぼろが出てしまうこともあるでしょう。自分のことを個人主義者、あるいは一匹狼であるとすら思っていますが、うわべだけ巧みに装って社会の慣習に従っている自分にふと気づくこともあるはずです。

あなたは単におどけているだけでも人から賞賛を受けてしまうような、信望があつくて人の心を惹きつける力のある人です。同僚や友人たちから尊敬と親愛の情の両方を引き出すのが生まれながらにしてうまく、とても感じのよい方法で、リーダー的立場を引き受けます。これはあなたが、きわめて強い独立心の持ち主で、自分の高邁《こうまい》な理想に信念を抱いているからです。しかもあなたは、他人と協力することや、事実を公平な目で客観的に見ることにも興味を持つことができます。

親分風を吹かすこともありますが、人の心を上手に読みながら采配を振るえるので、人を納得させるどころか、感服させてしまうことすらあるでしょう。あなたは人から尊敬されたいと思っていて、高い理想や立派な人々に自分を重ねる傾向があるものの、自分が尊敬を感じられる人々となら共同作業もいとわず、いつでも皆のことを心から考えています。また品格のある人で、「人は態度で判断される」ということを無意識のうちに理解しています。たとえ結果がその通りにならなくとも、礼儀を大切にすることは、人生の価値を高めることにつながるということを本能的に知っているのです。

いったん自我に目覚めると、きわめて芸術的なアプローチで人生と対峙《たいじ》して、持って生まれたクリエイティブな才能を発揮するようになります。あなたには自己表現の手段として、積極性と活動性が求められる分野——たとえば演劇、教育、事業経営など——に身を置くことが必要です。また美と調和にかかわる分野——装飾、デザイン、絵画など——にも興味を持つようになるでしょう。さらに社会の不平等にも関心があり、政治や法律の世界に足を踏み入れることになるかもしれません。

あなたは自我というものをはっきり持っているため、自分の倫理観を頑固に貫こうとします。と同時に、共通の目的や絆で結ば

### あなたの最大の長所

高潔で、正義と名誉を重んじる：美しさ、卓越性、人生に喜びをもたらすものを見出す鋭い目：人の扱い方が魅力的で、組織を束ねる手腕がある：理想主義的で、「疑わしきは罰せず」主義：ユニークで芸術的なスタイルを持っていて、すべての行動にそれが表れている

### あなたの最大の短所

うぬぼれ屋で、お高くとまっていることに無自覚：社会でのあるべき振る舞いや道徳にたいし独善的な考えを持っている：怠け癖がつきやすい：他人を頼りにするが、支えられていることを認めない傾向がある

れたグループの一員になることも楽しめる人です。あなたは自由と平等をポリシーとしているはずですが、ちょっと嫌なことをしなければならない場面に出くわすと、すかさず他人に命令して自分の代わりにやらせせようとします——きっと「だれかがここで采配を振るわなくては。さもないと、めちゃくちゃになってしまう！」と考えているのでしょう。

気楽で陽気なアプローチで人生と向き合っているように見えますが、かなり堅苦しい面も持っていて、意外にも議論を好んだり、人を怒らせるようなことを言ったりします。自分の考えを堂々と主張することをいとわず、しかもそれをさらりとやってのけてしまうのです。またあなたは、人生に喜びをもたらすものを自然な感謝の気持ちとともに享受することのできる人。しかもあなたは、それが自分の生まれながらの権利だとすら思っているかもしれません。そんなあなたはきっと、抜け目ない魅力、計算された大胆さ、知的な策略を活かして、たくさんのものを手に入れてゆくことでしょう。

## ②大切なあの人とは？

あなたはとても社交的な人——温かくてロマンティックで、だれかと心と心で結ばれて、一緒に「魔法」を生み出すことを夢見ています。自分の想像の世界では、すべてを愛に捧げているものの、実際にはもっと理性的で、きわめて現実的で有能な人です。魅力にあふれ、愛を与えることも、愛を受け入れることも得意——ただし、あなたは愛情だけでは満足できません。ゲームのように愛の言葉を交わす喜びや、お互いの考えや理想を語り合うことも必要なのです。

あなたの夢は、愛する人と優雅な家庭生活を送ること。あなたにとって家庭とは、本と音楽と楽しい会話に満ちていて、おもしろい人々が出入りする刺激的な場所でなくてはなりません。ただし、あなたは自分にとって何が大切かいつも無意識に判断していますが、ほかの人もあなたと同じ考えだとは限らないことを忘れないようにしましょう。また繊細な自我の持ち主なので、親密な恋愛関係においては、自分が相手の肯定的反応に依存していることを認めながらも、心をさらけ出して自分を表現することを難しいと感じてしまうかもしれません。

強情で反抗的で独立心の強い一面を、うまく手なずけることができるようになれば（あるいは少なくとも扱いやすいサイズにまで縮小できれば）、人と心を通わせることがもっとスムーズにできるようになり、人付き合いを簡単なことだと思うようになるでしょう。またあなたには、お世辞と優しい言葉に弱いところがあります。自分のパートナーは自分といられることを名誉に思い、「天にも昇る気持ち」でいるという確信があるかぎり、皿洗いでもなんでも喜んでやろうとするでしょう。

**✖著名人**

ヘレナ・ブラヴァツキー（神智学者）、ジョン・デレク（俳優）、ポール・ディラック（物理学者、数学者）、クヌート・ハムスン（作家、ノーベル賞受賞）、バーナード・レヴィン（批評家）、ロバート・サウジー（詩人）、エスター・ウィリアムズ（女優）、フィデル・カストロ（革命家）、中上健次（作家）、押井守（映画監督）、戸田恵梨香（女優）、柴咲コウ（女優）

悪魔は、二台分の馬車置き場がある田舎屋の前を通り過ぎた。なんとも品のいい田舎屋だ。悪魔は口元をにやりとさせて白状した。自分のお気に入りの罪は、謙虚さを猿真似した思い上がりであることを——ロバート・サウジー

レンブラントのキャンバスには絵の具以外に何もない、モーツァルトの楽譜には音符以外に何もない、そんなことを言うのは愚か者だけだろう——バーナード・レヴィン

**統合のためのイメージ**

執事が、画家や土地の名士や風変わりな友人たちの陽気な一団とともに、主人の帰宅を喜んで迎える……皇帝が、来訪中の外交官と詩について意見を交わす……俳優組合が政治集会を開く

56

太陽＊獅子座 ♌
月＊蠍座 ♏

# 勘が鋭く魅力ある人

## あなたのテーマ

**火×水**

尊大：人を惹きつける力が並外れて強い：きわめて忠実：勤勉：傲慢：芝居がかっている：欲望が強い：頑固で独占欲が強い：挑発的：勘が鋭い：やる気に火がつくと異様に燃える：スターの素質がある：きわめて高潔：鋭い：野心的

あなたは気品ある目立ちたがり屋。いつでも一番になりたがり、だれもが自分を愛していると思い込みがちです。と同時に、がっちりと防御の堅い複雑な人でもあり、その内側には、疑い、渇望、感情的戦略がもつれあった世界が隠されています。自分は堂々とした明るい人間だと思っていて、ひとかどの人物になることを夢見ていますが、暗く疑い深い情緒的な面が、あなたの足を引っ張りがちなようです。

人を惹きつける魅力にあふれたパワフルな人で、きついこともずけずけと言ってしまいます。また一方で、何かを生み出し、それを人々のために広く役立て、そこから大きな見返りを得ることも得意。ただしそれもすべて、あなたを支配して好き放題する傾向のある強烈な「欲望」と「恐れ」を、うまくコントロールできるかどうかにかかっています。天賦《てんぷ》の才能と、強い征服欲・支配欲を、うまく舵《かじ》取りする必要があるのは言うまでもありません。

あなたは潔く負けることができないタイプ。つねに勝つことを目標とし、どんなことをしてでも勝利を手に入れます。この強くて外向的な面と、用心深くて内向的な面のバランスをもっと上手にとれるようにするには、自分の心の動き――行動の動機、不安感、疑いの気持ち――にもっと意識的になることが必要です。しかしこれは、口で言うほど簡単ではありません。あなたは何ごとにおいても極端に走るタイプだからです。この極端な性格は、内に秘めた頑固さとあいまって、しばしばあなたの人生に大きな波《は》紋《もん》を引き起こします。

しかし、言わばサバイバーのあなたは、ゴールを目指すことに驚くほどの粘り強さを見せ、問題にぶつかっても、きわめて柔軟な発想で巧みにそれを切り抜けてゆきます。人々は、そんなあなたの不思議な雰囲気に魅せられて周りに集まってきますが、あなたの強烈な「欲望」パワーに面食らうこともしばしばでしょう。

一見すると、きわめて外向的で率直な人に見えますが、内側に秘密の世界を持っていることを感じさせる人でもあります。しかし、この隠された一面は、あなたに大きな力を与えてくれるかもしれません。周囲をよく観察して、重要な事実や望ましい傾向を察知したいとき、ひそかに行動計画を練りたいとき、この一面は大いに役立つでしょう。ところが、あなたが恐れ、恨み、怒り、

### あなたの最大の長所

クリエイティブな才能：底知れぬ自信：強い意志の力：「成功する」という不屈の意志：自分の主義や愛する人々に心から忠実：カリスマ性があって頭が切れるので、天性のリーダー的素質がある――あなたに、自分以外のほかの人を導く気があればの話ですが！

### あなたの最大の短所

傲慢で、自分を大きく見せようとしがち：公平さに欠ける：成功すること、勝ち抜くことに異常なほどの熱意を示す：思い通りにならないとかんしゃくを起こし、いつまでも怒っている：恐怖心に負けてしまったり、人生を斜めに見たりするせいで、幸せを自分から遠ざけてしまいがち

嫉妬といった感情をいつまでも心に抱き続けていると、逆にこの一面は不必要な重荷となってあなたを苦しめることになってしまうことも。あなたはクリエイティブな才能を実に豊かに持っています。あなたは肯定的思考を身につけること、貪欲で傷つきやすい自我をもっと客観的に見られるようになることを、ほかのだれよりも必要としているのです。

感情の激しさは、あなたの自己表現の助けになることもあれば、妨げになることもあります。心を悩ませている問題に、プライドが傷つけられると感じずに正直に向き合えば、思い描くヒーロー像にもっと近づくことができるでしょう。またあなたは、せかされても決して動じません。たとえだれかに雇われていても自分のペースで働き、「自分のボスは自分」という考えを貫くことでしょう。

あなたはプライドが高く、自分の一番好きなやり方をよくわかっているつもりです。他人の口出しには、たとえそれが善意によるものでも拒否を示すことが多いでしょう――第一、あなたが楽しそうにしているところに水を差すなんて、よほどの勇気がなければできません。あなたは、本当は助けてもらいたい、せめて支えてほしいと思っているときですら、他人の言葉に過剰に反応してしまいます。どんなかたちであれ、人を頼る立場に身を置くことに不安を感じずにはいられないたちだからです。つまりあなたは、リーダーシップ、自主独立の精神、何不自由ない暮らし、これらを得るために生まれてきたような人なのです！

## ②大切なあの人とは？

激しい情熱と複雑な感情の持ち主なので、あなたを愛する人は大変な荷を背負い込むことになるでしょう。安定を求めているあなたは、本来とことん忠実な人になれるはず（おまけに異常に所有欲が強いかもしれません）。けれど、あなた自身は気づいていないかもしれませんが、こと恋愛に関して、あなたは自分に都合のいいダブルスタンダード的な考えを持っています。自分の自由が侵害されると必ず猛然と怒るのに、相手には自分への絶対的な忠誠を求め、できることなら服従させようとするのです。

あなたは劇的状況を、ちょっとした危険まで含めて楽しんでしまいます。ときどきかんしゃくを起こして、場の雰囲気をかき乱す傾向があることを自覚しましょう。あなたには、あなたと同じくらい性に関心があって、ときどき愛情を試されることを嫌だと思わないパートナーが必要です。気楽に構えて相手をもっと信頼し、秘密を減らし、自分がとても傷つきやすくて自制が利かなくなることがあるのを認めれば、あなたは恋愛にもっとたくさんの幸せを見出せるようになるはずです。そうすればもっと強い人に、もっと相手の気持ちに寄り添える恋人になれるでしょう。

**✕著名人**

コンラッド・エイケン（詩人）、アレックス・ヘイリー（作家）、アルフレッド・ヒッチコック（映画監督）、スタンリー・キューブリック（映画監督）、ジョン・ロージー・ベアード（テレビの発明者）、エリザベス皇太后、カールハインツ・シュトックハウゼン（作曲家）、ベン・アフレック（俳優）、マシュー・ペリー（俳優）、飯田圭織（タレント）、布川敏和（俳優）

『愛しいあの娘』
『この道の果てまで歩み続けよ』
――ハリー・ローダー作曲

もちろんわたしは、意識の進化というものを信じています。われわれ人類がとりかかることのできる唯一のものとして、あるいは否も応もなく、すでに始めてしまっているものとして
――コンラッド・エイケン

**統合のためのイメージ**

皆既日食のさなか、神の子が母の胎内に宿る……女王と謎めいた流浪の男が、宿命的な情事に身を焦がす

57

太陽＊獅子座 ♌
月＊射手座 ♐

# さすらいのエンターテイナー

## あなたのテーマ

**火×火**

英雄崇拝：高潔：冒険心が豊か：情熱的：率直：直観的：独立心が旺盛：忠実：プライドが高い：寛大：温かな誠実さ：ロマンティックな空想家：落ち着きがない：社交的：尊大：非現実的：短気

あなたは自信に満ちたリーダーのような人。自分の居場所と自分の領土に愛着を感じていますが、ときどきすべての責任を放り出し、思いきって新たな冒険の旅に出てみたいと思うこともあります。あなたの心の中には、どっしりと構えて自分本位に創造性を追及する面と、新しいものと新しい知識を求めて休みなく努力する面の両方が存在しています。あなたは言わば、王者の風格を漂わせる遊牧民、さすらいのエンターテイナー、命知らずの冒険者、幸運な芸術家、堂々とした哲学者、チームのキャプテン。自信に満ち、誇り高くてタフで、ときどきどうしていいのか自分でも持て余すこともあるほどの熱意と想像力の持ち主です。

高貴な精神と、いちかばちかの冒険に賭ける勘を持ち合わせているあなたは、つねに独創的な冒険を楽しみ、決まってヒーローを演じます。あなたは本質的に、地理的な意味でも精神的な意味でも休むことのない探求者で、ひとつの場所、仕事、考え方、恋愛に縛られることを断固拒否します。あなたの本能が、つねに前進すること、自分の勘を信じて刺激的な方法で自分の可能性を切り開くことを、あなたに命じているのです。

あなたは行動だけ見ると独裁者のようですが、気持ちのうえでは平等主義者。親しみやすく人付き合いが好きで、革新的な発想と独創的な視点に恵まれています。また、ものごとの全体像を把握するのが得意で、一つ一つの断片をつなぎ合わせて大きな全体像を形づくる方法が何通りあるのか突き止めることに意欲を燃やします。あなたが胸に抱く理想の数々は、あなたの「現実」世界を形づくり、つねにあなたの行動・態度の指針となっています。

すべてのコンビネーションのなかでも最も親切なタイプに分類できますが、きわめて高潔な人なので、ときどき理想が高すぎる印象を周囲に与えてしまいます。一方で冒険心がとにかく旺盛なため、誘いを断ることがなかなかできません。リスクを恐れずに情熱的に突っ走るあなたのその生き方は、不安定なものとなりがち。そのため、金銭的な面での激しい浮き沈みや、家庭の危機を何度も経験する可能性があるでしょう。それもこれも、あなたが「自分のやりたいこと」——つまり夢を思い描き、家族への説明もそこそこに、その夢を追い求めること——を、昨日やるべきだったことを片づけもせずに、つねに優先させてしまうからです。

これは、あなたが「道徳心のない不誠実な人」だと言っている

### あなたの最大の長所

自分だけの高い価値基準を持つ：広く深く見抜く直観力に優れた頭脳：学ぶこと、自分の能力を開発することに熱意を燃やす：オープンではつらつとした明るい親しみやすさがある

### あなたの最大の短所

落ち着きがなく、ひとつの恋愛や計画に専念することができない：よく考えずに行動しがち：皮肉めいたことをぶっきらぼうに言って、傲慢に他人をはねつけたりアイデアを却下したりして、相手を思いのほか深く傷つけてしまう

のではありません。むしろあなたは「清廉潔白《せいれんけっぱく》」そのもの。あなたは世の中の偽善を嫌い、隠れた偽善を見つけると、それを白日《はくじつ》のもとにさらすことを自分の役目だと考えます。人としての道徳心があまりにも欠けていると思えるような人々を、ひどく軽蔑することすらあるでしょう。あなたにとっての人生の本質は、探求し、創造し、想像力を自由に働かせ、いまこの場所で何かを生み出すことにあると言えます。

## ⑨大切なあの人とは？

感情の面でも、あなたはかなり手ごわい相手です。愛情も物も惜しみなく人に与える性格なので、その陽気な気前の良さを注ぎ込む相手は一人では足りないでしょう。はっきり言って、あなたはとても人を疲れさせる人です。このコンビネーションに該当する某著名人は、「自分は、おもしろいやつだと思う――ただ、人を疲れさせてしまうんだ」と言っています。

情熱的で落ち着きがなく、やや神経質なところもあるあなたは、重苦しい雰囲気が苦手で、自分の子どもっぽい欠点を一から十まで指摘されることを疫病のように避けようとします。あなたに必要なのは、パートナーとの知的な結びつき。そして、あなたが身体的・知的・精神的な意味での「冒険」に一人で勝手に出て行くのをじゃましないようなパートナーと、あなたが思い描く人生のビジョン――「冒険好きな英雄」という神話を地でいくような生き方――を分かち合うこと。ただし、ごみ出しや皿洗いの負担を分かち合うことも忘れないようにしましょう。

あなたはいつも躁状態と言ってもいいほど「快活」で、つねに刺激を追い求めています。これは、ありふれた人間になること、死という限界に縛られることにたいする秘めた恐怖を、仮面で覆い隠すためのものかもしれません。そのため、ときどきなぜだか気持ちが落ち込む傾向があるはずです。立ち止まって自分を振り返り、五感が自分に何を伝えているのか感じとり、愛する人との親密な時間の穏やかな一瞬一瞬を味わうようにしましょう。そうすれば、あなたの人生はもっともっとバランスのとれたものとなっていくはず。その結果、持ち前のクリエイティブな発想を、大きく結実させることも可能になります――そして努力の報いを、もっとゆったりと楽しめるようにもなるでしょう。

### ✕著名人

シュリ・オーロビンド（インドの宗教思想家）、レイ・ブラッドベリ（作家）、アレキサンダー・フレミング（科学者）、アラビアのロレンス（軍人、作家）、ハーマン・メルヴィル（作家）、サリー・ストラザース（女優）、エレン・ヨアクム（ヒーラー）、中居正広（タレント）、川口能活（サッカー選手）、スガシカオ（ミュージシャン）、安倍なつみ（タレント）、筧利夫（俳優）、萩原健一（俳優）、吉岡秀隆（俳優）

神の恵みとも言うべきすばらしい幸運を、いつでも受けとれるようにしておくこと
――アレキサンダー・フレミング

二つの相反する力……まっすぐに天上へ昇ろうとする力と、船首を左右に振りながら水平線上のどこかの目的地へ向かおうとする力……が互いに争っているかのようだった
――ハーマン・メルヴィル

### 統合のためのイメージ

魔法使いのマーリンが、若きアーサーに代数学、錬金術、弓矢の奥義を伝授する……鎧きららかな騎士がポーカーに勝ち、酒代がただになる

58

太陽＊獅子座 ♌
月＊山羊座 ♑

# 生真面目なスター

## あなたのテーマ

**火×地**

野心的：自分の実績を誇りにしている：仕事中毒：現実的な夢想家：わがままな子ども、賢い老人：笑いと悲哀：元気かつ生真面目：自分に厳しい：横暴：てきぱきしていて目的意識が強い：頑固で怒りっぽい：独裁的なリーダー：情熱的なボス：生真面目なスター

あなたは、自分は権力と賞賛を得るべきだと考えています。けれどもそうなった時に自分の肩にのしかかる責任にはたと気づいて、人知れず動揺することもあるでしょう。あなたはさりげなく自分の長所をアピールして世の喝采をさらうのが得意ですが、実は心の奥には、愛に飢えた孤独な世界を隠し持っています。また、このうえない自信に満ちあふれているかと思うと、深く自信喪失しがちな別の一面もあります。

あなたが求めていることを一言で言えば「やるべきことをやりとげて、目標を達成すること」。その決意は揺るぎなく、最も成功を望めそうな道筋から目をそらすことはまずありません。ただしあなたは、過去の輝かしい実績の数々に、自分の「自我」がどれだけ依存しているか自覚していないかもしれません。あなたが求めているのは報酬、大学の学位、権威ある地位、名誉の印、一目置く人々からの賞賛、分厚い小切手の束といったものを与えられて世間に認められること。そんなあなたには努力家のスーパースターのような素質があり、ゴールに到達したと確信し、自分の思い通りにできるようになるまで決して休もうとはしません。

いつも光り輝いていたい、人によく思われたいと思う一方で、しばしば孤独に引き込まれ、独りでいるのを好むこともあります。あなたは、のびのびとした子どものような創造性の持ち主ですが、その反面、いつでもその場を仕切って、なんでも形式的にやらないと気がすまないところも持っています。あなたは、成功への道を駆け上がろうとするその過程で、自分のことを深刻に考えすぎてしまったり、他人の人生——および他人の感情——に配慮することを忘れてしまったりします。そういう傲慢なところは、あなたのつまずきのもと。逆にあなたの長所は、情熱的な根気強さです。さらに思いやりの心を培うことができれば、仲間から愛情と尊敬を得られるようになるでしょう。

あなたは活力、冒険心、生きる喜びに満ちていますが、真面目で用心深く自己防衛的な別の一面も持っています。過去に挫折を経験したことがあり、挫折を予期して構えてしまっているのでしょう。事務的なまでに形式を重んじるところ、やるべきことを片づけてすべてコントロールしたいと思うところは、元気で活力みなぎる面とはまったく正反対。あなたのこういう慎重な面には、

### あなたの最大の長所

野心的：勤勉：計画を最後までやり遂げる力：事実を正確に把握し、しかるべき計画を練ることのできる現実的な知性：勇気とリーダーシップ：責任の求められることや楽しいことに、熱っぽく一生懸命に取り組む

### あなたの最大の短所

自分が上に立ってコントロールしないと気がすまない：何ごとも完璧でないと我慢できない：自信のなさを隠すため、居丈高な態度をとったり、知的なふりをしたりする：他人の欲求、意見、感情を思いやりなく一蹴する：傲慢な冷酷さ

張りつめた緊張感、一種の自己防衛的な不安感が潜んでいて、人生の危機にあなたを備えさせてくれているのです。

こういった内向的な面は、若いうちはあなたの足かせとなるかもしれません。しかし歳を重ねるうち、その弱点を落ち着いた洗練へと変化させ、外の世界とうまく付き合えるようになるでしょう。あなたは以前、権威ある人に自信を打ち砕かれたことがあるはず。強くなりたい、批判をものともしない人間になりたいと思っているのはそのせいです。あなたは、なんでも自分の力でやり遂げることのできるタイプ。世界に名をとどろかせてみせるという強い意志のもと、どんなことがあろうとも目標を達成するに違いありません。

人前で輝きたい、ユニークな個性を評価されたいと思っているあなた。山羊座の月は、そんなあなたにプロとしての成功が約束されるよう、目の前の仕事にたいする粘り強さを与えてくれるでしょう。あなたはいずれ、メディアの力の大きさに気づくようになるはずです。人前に出る職業に就いた場合は、メディアの力を利用して最高の自分をアピールする方法をあっという間に身につけてしまうことでしょう。あなたにとっての最大の試練は、カメラの前にいないとき（もちろん日常の大部分です！）、いかに緊張を解き、守りの姿勢を和らげられるかです。

## 大切なあの人とは？

あなたは自分が人付き合いを避けるタイプなのか、社交的なタイプなのかよくわかっていません。実はあなたは、その両方の傾向を持っています。おそらく仕事を最優先させる時期を経て、満足できる程度の安定が感じられるようになると、かなりの意気込みでロマンスに飛び込んでゆくようになるでしょう。あなたはロマンティックなうえに献身的で、愛する人のために気前よくお金を使うことが大好きです。

あなたは伝統的価値観を心から尊重し、このうえなく忠実な人です。ただし要求が多くなったり、融通が利かなくなったり、うぬぼれが強くなったりすることもあり、だれかがあなたの「取り扱い」をうっかり誤ると、あなたの怒りっぽい「自我」が威厳を傷つけられて表に出てきます。あなたは自分の欲求に一生懸命に応えてくれる人を求めていますが、それとは矛盾して、人に自慢できる人、誇りに思える人をパートナーにしたいとも思ってしまいます。あなたは人に頼ることがなく頑固で、いつも自分のことで頭がいっぱい。しかしこういった性質も、人生経験を重ねていくうちに和らぐはず。その頃にはあなたも、自分のことをもっと気楽に笑えるようになり、そして自分の成功が、あなたをより大きな安心感で満たしてくれていることでしょう。

### 著名人

ナポレオン・ボナパルト（フランスの軍人、皇帝）、エルンスト・カッシーラー（哲学者）、ジョー・チェンバーズ（ミュージシャン）、鄧小平（中国の政治家）、ジェラード・マンリー・ホプキンズ（詩人）、イヴ・サンローラン（ファッションデザイナー）、アーノルド・シュワルツェネッガー（俳優）、奥菜恵（女優）、水川あさみ（女優）、門脇麦（女優）、関根勤（タレント）

われわれは人類のために泣きたくなる気持ちを抑えるため、人類をあざ笑わねばならない

宗教は、民衆を静かにさせておくための優秀な道具だ

――ナポレオン・ボナパルト

世界は神の威光に満ちている――ジェラード・マンリー・ホプキンズ

### 統合のためのイメージ

親を失った少女が、屋根裏部屋で古い家系図を見つける。それは忘れ去られていた王族の系譜で、少女は自分の祖先が王族であったことを知る……王子が、自分の父親である王のために、週のスケジュールを管理する

59

太陽＊獅子座 ♌
月＊水瓶座 ♒

# 自己顕示欲の強い平等主義者

## あなたのテーマ

**火×風**

貴族的：鮮やかな想像力：理想主義：正直：親しみやすい：プライドが高い：自己演出の才能：偏見がない：忠実：社会的発言力が強い：友情を大切にする：集団の中でもひときわ目立つ：極端な個人主義者：揺るぎない確信：強い精神力：威厳ある態度

情熱と名声、自由とつながり、あなたはどちらの組み合わせを選びますか？　自分の周りに集まってくる人々を自分の魅力のとりこにしたいと思うタイプですか、それとも困っていれば手を差し伸べて友だちになってあげようとするタイプですか？　あなたはときとして名声と友情の両方を求めてしまうものの、集団の中にいても決して埋没せず、いつでもひときわ目立つ存在です。情熱的で誇り高くロマンティックで、人々にやる気を与えることのできるあなたは、他人の問題を心から気遣い、力になってあげたいと思っています——ただしそういう余裕ができるのは、放蕩《ほうとう》の限りを尽くして、自分が何者であるかを発見したあとのことでしょう。あなたは、特別な存在になりたいという欲求のはけ口を、世のため人のために社会の福祉を向上させるような大きな事業に取り組むことに見出すようになるかもしれません。ただしあなたは、なんらかのかたちで人の上に立つリーダーとなって、優れた人格、高い知性、比類なき個性、賞賛に値する理想の持ち主として社会に認められなければ満足できません。

あなたは挑戦することが大好きで、社会に当然のものとしてまかり通っている障壁に激しく抵抗し、自分の考えを明確に主張します。まさに正直そのものといったタイプで、少々反抗的なところもありますが、はっきりとさわやかに自己主張し、どんな状況であろうとも「自分らしさ」に反する行動をすることはありません。そんなあなたの「自我」は、社会的な理想の実現に情熱を注ぐだけでなく、つねに優しく礼儀正しくて、人々の一番いいところだけを見ようとします。心が広くて身のこなしも堂々としていますが、こと対人関係においては親切このうえなく、心打たれる純真さをのぞかせます。きっとあなたは、現実世界の人間も、自分の空想世界の人間たちと同じく、純粋で善良だと思っているのでしょう。あなたが心の底から望んでいることは、互いに何かを与え合う人間関係を育むこと。そしてその人間関係を通じて、「人としてあたりまえの欲求」に思いやりを持って自分より他人を優先させることを、世に広めていきたいと思っているのです。またあなたは、自己を演出する天賦《てんぷ》の才能にも恵まれています。あなたは、この才能を演劇の世界に転じ、すばらしいヒューマン物語を監督したり、自ら演じたりするようになるかもしれません。あ

### あなたの最大の長所

温かく思いやりのある性格：観察力が鋭く、頭脳明晰：自分の理想に忠実：創意に富む：勇気と自主性のあるリーダーシップの持ち主

### あなたの最大の短所

非現実的な夢を見がち：固定観念にとらわれがちで傲慢：落ち着きがなく反抗的になる傾向があり、自分で決めたルールにしか従わない——結果、創造的な才能を浪費してしまう

るいはほかの創造的分野――執筆、音楽、教育、「物語る」こと――を自分の表現手段にすることもあるでしょう。

愛されたい、ちやほやされたいという欲求と、平等な友情を築きたいという欲求は、しばしばあなたの心の中に葛藤を引き起こします。きわめて個人主義的で「自分は特別な存在だ」と感じられないと気がすまない一方で、同じような考えを持つ人々のグループに属して、そこで自分の「自我」を世のため人のための奉仕活動をすることに注ぎ込みたいとも思ってしまうのです。またあふれんばかりの愛情、奇抜なアイデア、立派な志の持ち主で、人に生きる道を説きたいという優越感まで抱いています。そんなあなたに必要なのは、もっと現実に目を向けること。つまりあなたは夢を思い描きすぎるのです。もっとものごとを客観的に見て、もっと全体を視野に入れた解決法を導き出せるようになりましょう。

あなたの頭の中では、「理論」と「創造力」がいつも何かを生み出そうとしています。ただし、あなたは自分の考えが「正しい」ということを独裁者のように確信しているため融通が利かなくなることがあり、他人の考えをはねつけるようなところまでありますーーこれは、あなたにとっては認めたくないことでしょう。とはいえ全体的に見て、あなたはきわめて善意に満ちた人なので、少々傲慢だったり、偉そうに振る舞っていたりしても、なんとも憎めないあなたの個性の一つだと目をつぶってもらえるでしょう。

## ⑦大切なあの人とは？

あなたは強固な信念と主義を持っています。そして自分の夢、未来像、価値観を、友人や同僚や恋人と分かち合うことにも積極的です。心と心で結ばれるような恋愛をすると、ロマンティックで誠実、そのうえ度量の大きいところを見せるようになるでしょう。しかし同時にあなたは心の奥底に、友人のような関係を保ちたいという欲求も持っています。あなたが創造性を発揮して解決しなければならないジレンマのひとつは、情熱的な愛とプラトニックな友情をどう両立させるかということです。

あなたはいずれ、恋愛における真の忠誠心というものは、思いやりに満ちた寛大な精神を呼び覚ますものだということを知るでしょう。そして、愛する人がいつも輝いているために必要なら、どんなものでも手に入れたいと思うようになります。その忠誠心、正義感、独特な想像力を同時に発揮すれば、あなたはきっと自分を取り巻く世界、そしてあなた自身の心の世界に変化を与えることができるはずです。そしてそれは人々やあなたの気持ちを明るくするだけでなく、深い充足感をあなたに与えてくれるでしょう。

**✖著名人**

ケイト・ブッシュ（歌手）、ヘンリー・フォード（実業家）、ルパート・ブルック（詩人）、メラニー・グリフィス（女優）、ビアトリクス・ポター（作家、画家）、ジャクリーン・スーザン（作家）、アンブロワーズ・トマ（作曲家）、サンドラ・ブロック（女優）、松井玲奈（女優）、小島慶子（タレント）、孫正義（実業家）、タモリ（タレント）鈴木敏夫（アニメプロデューサー）、篠原涼子（女優）



「いったいぜんたい、なにものだ？」まちのねずみのジョニーはいいました。けれど、びっくりしたのがおさまると、ジョニーはまたすぐ、いつものれいぎただしさをとりもどしました

――ビアトリクス・ポター『まちねずみジョニーのおはなし』

もしも僕が死んだなら、僕のことをこう思い出してほしい。どこか異国の片隅に、永遠に英国であり続ける一角があると――ルパート・ブルック

### 統合のためのイメージ

会長が、有能な社員たちをたたえて乾杯の音頭をとる……繁栄を誇る大帝国の皇帝が、自分の結婚式にあらゆる者を招待する

60

太陽＊獅子座 ♌
月＊魚座 ♓

# 感じやすい情熱家

## あなたのテーマ

**火×水**

控えめだがプライドが高い：清廉潔白：情け深く思いやりがある：詩的な想像力：心で詩を感じ、頭で哲学を理解することができる：エキセントリック：温かな親しみやすさ：きわめて感情的：信心深く理想主義的：熱心：贅沢好き：創造的な内的世界

あなたは脚光を浴びることに強く憧れています。しかしあなたは、いつかきっと飽きられて傷つくことになるだろうと感じ、自分からスポットライトを避けてしまいがち。そんなあなたは、魅力にあふれた目立ちたがり屋の顔と控えめなパートナーの顔を持っているのです。

あなたにはスターになる素質がありますが、心の中では「壁の花」でいるほうがいいとも感じています。人に抜きん出ること、社会に認められることを強く求めてはいるものの、自分の個人的価値観のほうが、あなたにとってはもっと大切なのです——ことによると「人々が自分に求めることは、きっと自分の道徳観と衝突するに決まっている」とすら考えるようになるかもしれません。

とても感受性が強くて、痛みや苦しみにも敏感に反応してしまうあなたは、自信に満ちて揺るぎない面と、過敏で混乱した頼りない面の両方を持っています。そのため、ときどき自分を否定して殻に閉じこもったり、横柄で強情になったりすることがあります。また安心できる場所が欲しいと心から願っている一方で、積極的に動いて人の役に立ちたいという強い欲求も持っています。こういったふたつの面をうまく溶け合わせることができたとき、あなたはすべてのコンビネーションのなかでもとくに優れた詩的センスと創造性の持ち主となるでしょう。そして、自由で子どものような生きる喜び、ものごとをとことん楽しむセンス、経験を文章や色彩豊かな絵に写しとる才能をいかんなく発揮するようになるはずです。

あなたはときどき、自分だけの平和な世界を築きたいという欲求と、世の中で成功して自分が愛し尊敬する人たちに認められ、愛されたいという欲求とのあいだで引き裂かれそうになることがあるはずです。しかし元来は、芸術家肌の感性の持ち主なので、他人の世話を焼いてばかりのあなたに必要なのは、自分自身の一番の理解者になる方法——つまり自分にとって何が大事かということを一番に考えること——を身につけることです。

特定の宗教に属しているかどうかは別にしても、きわめて内省的で敬虔《けいけん》な一面を持っています。精神的成長という限りない可能性を追求することは、一人一人の人間に課された義務にほかならないとすら思っているかもしれません。また同時に、人々をいた

### あなたの最大の長所

豊かな芸術的想像力：人生の美と悲劇の両面を感じとるドラマティックな感性：感情が細やかで、思いやりがあって寛容：自分の理想や道徳観にこだわりを持っている：何が起きようとも、人生をありのまま受け入れる

### あなたの最大の短所

主観的：気分屋：落ち込みやすい：悲劇のヒロインを演じて、自分の人生を過剰なほど劇的に演出しようとする：恋愛面での不満が多く、そのため情緒的に不安定になりがちで、いったい自分は幸せになれるのだろうかと自問自答する

わり、悩みや過ちを理解しようとする心も決して失うことはありません。あなたは自分が、がむしゃらに突き進んでいたかと思うと、何かをきっかけにさっと退いてしまう人であることをよく心得ています。うまく自己を表現することができても、自分の道徳心をあまりにも犠牲にしなければならなかったりすると、おそらくあなたは自己表現することそのものをやめてしまうでしょう。あなたは世の中の常識が自分の価値観に反しているとひどく動揺してしまうタイプですが、だからといって社会での活動的な役割をまるきり放棄してしまうというのは精神的に良くありません。

熱意に満ち、人生に情熱を捧げるあなたは、言わば獅子の心を持った神秘主義者、優しい王様、ハエすらも殺せないお人よしな恋人、自分のことのように他人の悲しみや喜びを分かち合おうとする情熱的で忠実な友人です。どんな困難に直面しても勇気を失うことなく、どんなことがあろうとも必ず約束を守り抜きます。痛みや苦しみに浸りきってしまうことがたびたびあるものの、そんなときでも決して威厳と希望を失うことはありません。

気分のむらは、あなたにとっては日常の一部のようなもの。持ち前のクリエイティブな想像力を刺激する材料にすれば、きっとあなたの役に立ってくれるでしょう。

## 大切なあの人とは？

互いをいたわりあう恋愛は、あなたの人生になくてはならないものです。あなたはカリスマ性が強いうえに、人の気持ちに寄り添うこともできる人で、自分の趣味、キャリア、人間関係に、文字通りありったけの情熱を注ぎ込みます。

あなたは根っからのロマンティストで、しかも夢想家です。そのため、恋愛相手に身も心も捧げたあとで、実は思ったような人ではなかったということがあるかもしれません。あなたには、相手を支配したいという欲求と、支配されたいという両方の欲求があり、これは恋愛相手とのあいだに多少の緊張をもたらすことになるでしょう。またあなたは、人間関係のごく平凡な側面を少々退屈だと感じてしまうことがあるかもしれません。そうなるとあなたは、自分だけの世界にこもってしまったり、より楽しそうな場所を求めてふらりとどこかへいなくなってしまったりします。

あなたは自分の感情を偽ることができない人です。しかし人を傷つけることも大嫌いなので、これはちょっとした悩みの種になるかもしれません。あなたは愛情をたっぷりと求めているだけでなく、自分という人間を理解して欲しいとも思っていますが、それはかなり難しいことでしょう。そのことを自分で受け入れさえすれば、あなたの恋愛はもっと充実したものとなるはずです。

**✕ 著名人**

ココ・シャネル（デザイナー）、ロバート・デ・ニーロ（俳優）、マタ・ハリ（スパイ）、P・D・ジェイムズ（ミステリー作家）、ヒュー・マクダーミッド（詩人）、ペトラルカ（詩人、人文主義者）、スーザン・セント・ジェームズ（女優）、パーシー・ビッシュ・シェリー（詩人）、鴻上尚史（演出家）、池畑慎之助（俳優）、セルジオ越後（サッカー解説者）、岡村靖幸（ミュージシャン）

詩とは、最も幸福で最も優れた精神の、最も幸福で最も優れた瞬間の記録である

——パーシー・ビッシュ・シェリー

それからわたしは「世界」のことを思った。いったいだれが、その苦しみを思いやり、愛情に満ちた優しさや安らぎで包んでやろうとするだろうか？

——ヒュー・マクダーミッド

**統合のためのイメージ**

ライオンがオズの魔法使いに心を与えられて、オズの王様になる

61

太陽＊乙女座 ♍
月＊牡羊座 ♈

# ひたむきで威勢のいい努力家

## あなたのテーマ

**地×火**

精密な頭脳：人に抜きん出ようという熱意：意欲的：器用で現実的：勤勉：辛らつなウィット：いたずら好き：学者肌：超然としている：理想に身を捧げる：自己中心：ひたむき：仕事中毒：親分風を吹かす

人に奉仕したいという意欲はあるのに、他人に指図されるととたんに反抗的になってしまうあなた。自分は指導者タイプの人間であると思っていますが、実はそれは、自分の行動は自分で決定したいというだけのことなのです。あなたは単に勤勉なだけでなく、社会をより良くするためなら自分の身を捧げることも辞さない性格。そんなあなたは、芸術家、労働組合の代表、はたまた鍛え抜かれた運動選手であろうとも、「勝利は人目につかないところで努力をする人間にもたらされる」ということをよく心得ています。

あなたには自分の人生にたいするアプローチが現実的で生真面目すぎる傾向があります。そしてそういう傾向が、表に出たがっているはずのもっと繊細な「人間的感情」を抑えつけてしまっています。あなたは強いプロ意識の持ち主で、人の力に頼らなくても仕事を完璧にこなします。細かいところにも気を配れる几帳面さと、生き生きと一生懸命に打ち込むひたむきさ、この両方をどんな仕事にも発揮できる人なのです。そんなあなたには仕事が必要。どんな仕事であろうと、仕事こそがあなたの存在意義です。ただし満足感を得るには、頭の回転の速さと押しの強さを活かせる仕事でなければなりません。

優れた頭脳と毒舌の持ち主で、「愚かな人々を甘やかさない」を信条としているあなたの助言は、とてもためになりますし、人の批判をするのも相手のためを思えばこそ。ただしあなたは、きつい言い方をしてしまったり、ずけずけと無遠慮に言い過ぎてしまったりすることがあるかもしれません。本来、繊細な感情を持っているはずなのですが、いつもそれを思考に役立てているわけではないようです。あなたは「感情」よりも事実やアイデアを重んじます――自分が発見した事実や、思いついたアイデアであれば、なおさらです。あなたの強みは、どんな状況にも即座に対応できて、どんなときでも機知に富んだ当意即妙の応答ができるところ。きっと議論は大の得意でしょう。

正直かつ率直なので、自分の考えをはっきり言わない人と接していると、あからさまにイライラした顔を見せたりもします。けれどもはたから見えるほど、あなたには勇気があるわけでも自信があるわけでもありません。もちろん状況によって必要ならば、ものすごい剣幕で抗議したり、勇気を奮い起こして虚勢を張った

### あなたの最大の長所

有能でエネルギッシュなので、仕事をてきぱきと片づけることができる：頭の回転が速く、分析的な思考が得意で、きわめて正確に要点をつかむことができる：人生というものの平凡で日常的な側面にも、持ち前の独創性と情熱を発揮することができる

### あなたの最大の短所

痛烈な批判をしがち：人間関係を頭でとらえすぎる：自分のことは自分でできるという考えが少し強すぎる：自分を頼ってくる人たちに、博識ぶって過度に弁舌を振るう

りすることもできます。しかしその反面、自己不信に陥りがちで、つまらないことにこだわる傾向があるのも自覚しています。あなたはまるで「謙虚なしもべ」と言えるほど単純、純粋、忠実で、社会の健全な一員として人々の役に立ちたいというひたむきな心を持っています。けれども反対に、すぐにかっとなる不安定な面も持っていて、ひとたびそれが表に出ると、あなたが本当はいかに自分のことばかり考えているか、いかに大きな野心を持っているかが浮き彫りになります。自分の意見を言う前に、必ず周囲を慎重に分析し、総合的に判断を下します。そうしてから初めて自分の意見を猛烈な勢いでまくし立てるのです。

かっと頭に血が上ることがありますが、それと対照的に、極端に弁解がましくて引っ込み思案なところも持っています。また強烈な個性の持ち主だというのに、きわめて現実的でありきたりの手順を好むところも。こういった二つの面が代わる代わる顔を出すため、あなたは自分自身に違和感を抱くこともありそうです。

## 大切なあの人とは？

心と心でぶつかり合う深い人間関係を持つと不安定になる傾向があるようです。これは、ここまでに述べたような、さまざまなことに原因があります。社交的ではありますが、かなり「わが道を行く」タイプであり、自分の考えのもとに行動し、人をあまり必要としていません。また、あまり柔軟性があるタイプではなく、「自分のやり方ならもっと効率的にできる」と当然のごとく決めてかかってしまうところも。あなたが価値を見出すのは、真実の愛よりも「精神の融合」。微妙な心の陰影というものが理解できないあなたは、人間関係にもっと身を入れる必要がありそうです。

あなたは、かっとなったり冷たくなったり、実に気まぐれな感情の持ち主です。聖母マリアのように振る舞うこともある一方で、みだらな女を演じたいという強い欲求も抱いているでしょう。感情面でとくに問題になるのは、短気でせっかちなところと、パートナーが何を求めているのかということへの関心が欠けているところです。おそらく知らず知らずのうちに人を傷つけてしまっていることがあるでしょう。原因は、あなたがあまりにも自分のことばかり考えているから。あなたの頭の中では、つねに自分の関心事が何よりも優先されていますが、これはあなたにはどうしようもないことなのです。この傾向は、趣味や仕事といった分野では、逆にあなたの役に立ってくれるはず。そして、とくに仕事で充実した日々を過ごしているときなら、総じて人間関係においても付き合いやすい人になれるでしょう。

あなたは、いろいろな意味で人間的魅力にあふれた人です。ロマンティックな感情を共有するのが苦手という欠点はあるものの、それを補ってあまりあるほどの強い目的意識、知的好奇心、ユーモアの持ち主なのです。

**著名人**

レナード・バーンスタイン（作曲家）、イングリッド・バーグマン（女優）、ヘンリー・フォード2世（実業家）、聖フランソワ・ド・サール（学者・聖者）、オリバー・ウェンデル・ホームズ（詩人、随筆家）、鈴木亜久里（FIレーサー）、赤塚不二夫（漫画家）、あさのあつこ（作家）、岡崎朋美（スピードスケート選手）、戸田恵子（女優）、二階堂ふみ（女優）、伊達みきお（タレント　サンドウィッチマン）



聖者たちの戒めをよく心に留めておきなさい。彼らは皆、ゆくゆくは聖者になるであろう者たちに、自分のことや自分の個人的な問題を人に語るのを慎むよう忠告してきました

――聖フランソワ・ド・サール

思いつきというものは、たとえ100回述べようとも、独創性を失わないことがある

――オリバー・ウェンデル・ホームズ

**統合のためのイメージ**

ワインと料理を楽しみながら、ラテン語の古いことわざの知識、ウィットある受け答え、温かなユーモアのセンスに秀でたところを見せる、丸々と太った陽気な修道士

62

太陽＊乙女座 ♍
月＊牡牛座 ♉

# 感性豊かで職人気質の与える人

## あなたのテーマ

**地×地**
信頼できる：親切：控えめ：現実的で地に足がついている：常識がある：決まりきった手順を好む：自然を愛する：芸術的：職人：勤勉な働き手：やりくり上手：本能的な知恵

あなたは現実的な完璧主義者。なんにでも鋭い目を光らせ、手順をきっちりと決めて取り組みます。同時に、バラの香りでもかぎながら、与えられたものを最大限に活用して一歩一歩ゆっくりと進んでゆくことに満ち足りた喜びを感じる快楽主義者の面も持っています。確実に言えるのは、あなたにとっては後者の面が強いほうが楽だということ。あくせくしつつもどこかで余裕を持つべきです。

あなたは「生」の泥臭くて現実的な側面を心地よく感じ、一日、一週、一年という、その移り変わりのなかで過ごすことに、安心と喜びを見出します。つまりあなたは「耕したい、育てたい」という農民のような本能を持っているのです。そんなあなたは物質的な幸福につながるあらゆるものに関心を持っているはず。その対象は、「母なる大地」に最も近い分野（ガーデニング・料理・家事）から、実用的な職人技の分野（建築・彫刻・装飾・設計）、堅実な金銭管理の分野（金融・保険・会計事務）にいたるまで実に多岐にわたっています。あなたがひとえに望んでいるのは、人の役に立てる充実した日々を送ること。そういう日々のなかで自分の才能を生産的に活かし、自分と身内のための磐石《ばんじゃく》な「居場所」を世の中に築きたいと思っているのです。どんな仕事に就いていようとも、あなたにとって自分の使命は「人の役に立つこと、人に与えること」だと言えるでしょう。

しかし、あなたは単なる「農民」ではありません。あらゆる形の「美」――芸術、音楽、演劇、オペラ、文学、そして人々――をとらえることのできる繊細な感性と、そういったものへの深い賞賛の念の持ち主だからです。あなたは確かな存在感のある美と、芸術的な生命感あふれる「宝庫」に喜びを見出し、そのそばにいたい、一部になりたい、庇護者になりたい、そしておそらく、いくらかでも自分のものにしたいと思います。実際あなたは、自分にとって価値ある物、そして人や子供たちにたいして、かなり所有欲の強いところがあります。しかも、そういったものを守ってゆくにはどうしたらいいのか、そのすばらしさをいかにして賞賛・尊重すべきなのか、「宝物」の価値を楽しみ、同時に責任も負うにはどうすべきなのかということを、あなたはすべて心得ています。そういうあなたは周囲の人から、信頼できる人、一緒にいると安心できる居心地のいい人だと思われているでしょう。皆、

### あなたの最大の長所

論理的な思考に優れている：信頼できる：常識がある：組織を束ね、困難な仕事に取り組むことができる：静かな落ち着きを漂わせ、創意工夫に富み、だれからも「この人に任せていれば、すべて安心」と思われる：一生懸命に人に尽くし、幸せにしようとする

### あなたの最大の短所

合理性ばかり追求した実利主義や、二者択一的思考に陥りやすい：人間関係の序列が無視されたと感じると、急に扱いにくくなる：決まった手順がないと落ち着かない

言葉に出さずとも尊敬の念を抱いているはずです。

あなたは義務、秩序、安定といったものを好むタイプ。そのため、もっと繊細でとらえがたい空想、感情、想像といった領域や、とくに火のタイプに典型的に見られるような、もっと個人主義的でエキセントリックな人生観を、まったく理解できないと感じることがあります。つまりあなたは、自分の目に見えないもの、論理的に理解できないものには、まったく興味がありません。逆に興味があるのは、目の前にある事実を検証して、自分の世界を把握することです。あなたは自分の経験と学んだ知識を活かすことで、「現実」の世界で効率よく立派に自分の役目を果たします。どうしてみんなも自分と同じことができないのだろうかと不思議に思うこともしばしばでしょう。

あなたは親として、一家の稼ぎ手として、立派に役目を果たせるでしょう。予算のなかで生活する、宿題を手伝ってあげる、家の改装や年次休暇の計画を立てる、こういったことに役立つ知恵を、学ばずとも本能的に持っているからです。しかもどんなに忙しくても、暖炉のそばでワインや紅茶をゆっくりと楽しむ余裕は失いません。ただしその反面、自分の人生にとって、目に見える形では役立っていないものを育むことは苦手。それは創造性を培うのに必要な根気が足りないからではなく、単に触れることができるもの、味わうことができるもの、測ることができるもの、そして時期を待てば豊かな実りをもたらしてくれるものを育てたほうがいいと考えているからです。

## 大切なあの人とは？

恋愛をすると、あなたの愛情豊かで思いやりのある性格に、魅力的な慎み深さと内面の充実が加わります。あなたは激しい言葉で自分を表現することは決してありませんが、とても官能的なうえ、誠実で信頼できて、家庭を支えるために一生懸命に働きたいと思う人です。

思いやり豊かなあなたは、愛する人々を支え、彼らの役に立つことに喜びを見出します。「人は言葉よりも行動で判断される」ということを心得ているため、言葉は少なくても、目に見える形で愛を表現しようとするでしょう。しかしロマンティックな理想主義者ではないので、パートナーや友人の価値観が、自分の価値観より漠然としていたり非物質主義的だったりすると、必ずそれを否定しようとします。とはいえ、あなた自身がどんなに合理的な考えに徹しようとも、あなたの心の中には「とらえどころのないもの」にたいする密かな憧れが存在しています。そのためあなたは、感情的で謎めいたタイプの人に惹かれる傾向があるでしょう。現実的で信頼できて、いつも他人の後始末をしているあなたですが、ときには面倒をかけるほうにまわってみると、意外にそれが楽しいことに気づくかもしれません。

### ✖ 著名人

ヤセル・アラファト（パレスチナ解放機構の指導者）、グレタ・ガルボ（女優）、マザー・テレサ（カトリック修道女、ノーベル平和賞受賞）、マーク・フィリップス（アン王女の元夫）、ピーター・セラーズ（俳優、コメディアン）、ジョン・スミス（イギリス労働党党首）、キャメロン・ディアス（女優）、松本人志（タレント　ダウンタウン）、西川貴教（ミュージシャン）、YOU（タレント）、松本潤（タレント）



仕事でしか感じられない満足感というものがあるんだ
——ピーター・セラーズ

わたしは独りになりたいの
——グレタ・ガルボ

### 統合のためのイメージ

修道女が、食堂で皿洗いをすませてから、キーを手に車へと向かい、始まったばかりの美術展にベントレーを走らせる……静物の彫刻

63

## 太陽＊乙女座 ♍
## 月＊双子座 ♊

# さわやかで行動的な知性の人

## あなたのテーマ

**地×風**

知的な発想力：言葉を愛する：洗練されたセンス：永遠の学徒：詭弁家：現実的だが遊び心もある：若々しい：気分屋：細かな分析力：苦労性で働き者：合理的：超然とした観察者：機転が利く：クールでさっそうとしている：グルメな器用貧乏

頭の回転が速くておしゃべり上手なセールスマンのような面と、思慮深く細やかな心を持つ職人のような面の両方を持っているあなた。ものごとには熱心に取り組むものの、いつのまにか注意力が散漫になってしまうたちで、ぱっと別のことに目がいってしまうこともあるでしょう。また、専門知識が豊富なので、自分はスペシャリストだと思っていますが、根気がなくて初志を貫徹することができず、そんな自分に落胆することもあるはずです。このコンビネーションには、屈託のないお気楽な面と、真面目でひたむきな面が混在しているため、あなたはその中間で宙ぶらりんの状態になってしまうかもしれません。

あなたは実にいろいろなことに強い関心を持っています。ただ熱心すぎるため、想像がふくらんで「自分はこの分野の権威だ」と思い込んでしまうこともあるかも。何ごとにも一生懸命に取り組むあなたは、自分が習っていることについて話すのが大好き。また頭の回転がすこぶる速いので、少し習っただけで、なんでも簡単に自分のものにしてしまいます。あなたは「考える」だけでなく「行動する」人。インテリなのに人が嫌がるような仕事も率先して引き受けるうえ、いたずら好きなピーター・パンのように優しい心を持っていて、家族や友人が助けを必要としていれば、すぐさま駆けつけて苦難から彼らを助け出そうとします。

あなたは論理的な思考をし、冷静かつ合理的なアプローチで人生に取り組みます。分析と批評に適した頭脳の持ち主で、どんなことでもきちんと細部まで把握して適切に処理するのが得意。そんなあなたは、あらゆるものが合理的な意味を持つよう自分の人生をすっきりと効率的に組み立てようとします。しかしその反面、人生をもっとおもしろく、もっと楽しくしてくれるような突然の訪問、未知の可能性、ルールからの逸脱を楽しいと思うところも持っています。

真面目な働き者ではありますが、仕事中毒というほどではありません。あなたは仕事と同じくらいに、遊ぶことにも真剣になれる人だからです。気晴らしの手段としてスポーツを選んだ場合は——スポーツは、あなたの神経質で休むことを知らない頭脳には一番の薬です——プロ選手のようにひたむきに、自分に厳しく取り組むでしょう。また音楽、芸術、料理も、気持ちを落ち着かせ

### あなたの最大の長所

明敏で、合理的にものごとを分析することができる：現実的な常識をわきまえていて、臨機応変に対応できる：賢く機知に富み、ものごとを組織だてたり発展させたりするのが得意：コミュニケーション能力とプレゼンテーション能力：仕事には賢く取り組み、遊びには実践的に取り組む

### あなたの最大の短所

人生や人間関係を頭だけで理解しようとし、なんでも批判的に見てしまう：わき道にそれがちで、まとまりのない情報をたくさん抱え込んで途方に暮れてしまう：仕事のやり方が非生産的なパターンに陥ると、冷たくなったり悲観的になったり心配性になったりする

るには効果的です。

あなたは洗練されたセンスと繊細な審美眼の持ち主でしょう。ものごとの多様性、興味深い関連性、計算高く人に抜きん出るためのチャンス——これらを好むのが双子座の一面です。対照的に乙女座の一面は、何かと型にはまりがちで、自分がきっちりと整えたシステムが他人にかき乱されるのを嫌います。あなたはこういった自分の正反対な性質に振り回され、ぐったりするほど悩んでしまうことがあるかもしれません。

あなたは、自分が消化できる量以上の情報や経験を取り入れようとすると、一種の「消化不良」状態に陥ります。欲求不満と徒労感に襲われ、まるで自分が、どこかに行きたいわけでもないのに、ひたすら回転車を廻し続ける実験用のハツカネズミのように思えてしまうのです。しかし、いったん進むべき道を見つけ、ゴールを目指す意欲に火がつけば、このコンビネーションの長所を発揮して、優れた話し手、分析家、ジャーナリスト、言語学者、教師、ガイド、作家になることができるでしょう。そして落ち着いた家庭を築き、手先の器用さを活かせる芸術的な趣味を持てば、自分を批判しすぎることもなくなり、人生をもっと楽しめるようになるはずです。

## 大切なあの人とは？

知性の面が強いので、弱点となるのは感情の領域です。社交的で愛想がよく、にこやかな親しみやすい人ですが、いつも他人を批評してばかりなのが欠点です——悪意はないのですが、なんでも観察して分類しようとする性格なので、つい他人をタイプ分けしたり相違点に目がいったりしてしまうのです。あなた自身は偉ぶっているつもりはないものの、そういう態度は、傲慢でお高くとまっていると思われがちです。またあなたは、自分のことをロマンティストだと思っているでしょう。そうありたいと思っているという意味では確かにそうです。しかしあなたは、自分では気づいていないかもしれませんが、自分で思っているほど、ものごとに感情的にのめり込むタイプではありません。

あなたの感情は、気まぐれで落ち着きがなく表層的です。情熱や感情的欲求をぶつけられると不安になったり居心地が悪くなったりするため、恋愛においても移り気で、どこか行動が読めません。温かな火のタイプや、夢見がちな水のタイプは、そういうあなたに落ち着きを与え、自分の感情的欲求を掘り下げる手助けをしてくれるでしょう。あなたは、自分の心の中にたくさんの感情が秘められているのを見て、圧倒されてしまうかもしれません。しかしあなたの好奇心はいつも挑戦を求めています——挑戦するものが自分自身の底知れぬ感情の深みであるならば、ますますおもしろいと感じることでしょう！

**✕著名人**

ジョン・バカン（作家、外交官）、ジョン・ケージ（作曲家）、シャーリー・コンラン（作家）、クリフ・ロバートソン（俳優）、オスカル・アリアス・サンチェス（コスタリカの大統領、ノーベル平和賞受賞）、グランマ・モーゼス（画家）、氷川きよし（歌手）、吉田修一（作家）、安藤忠雄（建築家）、土田晃之（タレント）、矢作兼（タレント　おぎやはぎ）

わたしたちのモットー。「人生は、マッシュルームの肉詰めをつくっていられるほど長くない」
——シャーリー・コンラン

無神論者とは、見えない支えをまったく持たない者のことである——ジョン・バカン

自分が利用できるものだけつかみとり、ほかのものはあきらめよう——ケン・キージー

**統合のためのイメージ**

精密機器のエンジニアが、新しいコミュニケーションツールを開発する……話し上手が、自分の庭でのんびり過ごす

64

太陽＊乙女座 ♍
月＊蟹座 ♋

# 孤独と共感を愛する人

## あなたのテーマ

**地×水**

思考 対 感情：現実的だが繊細：内気だが社交的：控えめだが観察力が鋭い：親切で面倒見がいい：勘が鋭く頭の回転が速い：神経質で守りが堅い：ものごとに細かい：食べ物にうるさい：献身的：感傷的：道徳心が強いが柔軟性もある

あなたは、家族に尽くす「忠実なしもべ」でいることに居心地の良さを感じる一方で、自分のアイデアやインスピレーションを形にするための自分だけの時間も欲しいと感じています。静けさと秩序のある暮らしを求めていますが、あなたの心のバリアを解いて慢性的な「内省」から引き出してくれる陽気な仲間たちの輪の中に加わることを楽しいと思う自分にも気づいているでしょう。また自分は賢く論理的なタイプだと思っているものの、心の奥底では、自分は本質的にとても感情的な人間だということを認めています。

回転の速い優れた頭脳の持ち主ですが、あなたの心は、あなた自身が思いもしないときに表に出てきて好き勝手なことをします。それがかえってあなたを人間らしい温かみのある近づきやすい人にしているのですが、あなた自身はそういう自分に混乱しきってしまうこともしばしば。知り合って最初のうちは、繊細で内気で引っ込み思案な人に見えるかもしれません。ときには「壁の花」タイプ――極端に用心深くて控えめで、心の中にさまざまな感情を抱えているのに、それを表に出すことができない神経質な人――に見えることすらあるでしょう。

一方で、思いやりとカリスマ性にあふれた社交的な面も持っています。さらに人々の暮らしをより良くすることに役立ちたいという欲求も旺盛です。そういったあなたの欲求の恩恵に最初に浴するのは、あなたの家族。あなたは腕によりをかけた朝食のあと、みんなにビタミン剤を出してあげるといったことに無上の喜びを感じます。しかし同時に、もっと専門的な分野で、持ち前の知的な判断力、繊細な感受性、より広い社会への関心を活かすことも必要としています。

小さなことを大騒ぎしたり気に病んだりするたちなので、いろいろと悩みごとの多いタイプです。きわめて繊細で内省的なので、自分の感情を分析して思い悩んでばかりいることも。またものごとに細かくてこうるさい部分もありますが、こういった性格を活かせる職業に就けば、人々が抱えている問題を解決することに鋭敏な感性を発揮するようになるでしょう。基本的に、あなたは人間関係においても仕事においても、きわめて優しく細かい人です。そんなあなたは、他人のために自分の時間や労力を惜しみなく使

### あなたの最大の長所

他人の幸せ、欲求を心から思いやる：自分の経験に基づいて思考し、想像力やひらめきを活かすこともできる：順応性があって、人の役に立つことができる：心の広さ、温かさ、誠実さを、家族や友人にさりげなく見せる

### あなたの最大の短所

批判や文句を口にすることが多い：自分の変わった性格を、自分に都合のいい理由をつけて正当化する：誤解されていると感じると、付き合うのをやめてしまう：昔からの習慣にこだわったり、疑い深い態度をとったり、エネルギーを消耗するだけの自己憐憫に陥ったりする

おうとします。しかしときどき、意欲はあるのに体がついていかないと感じることがあるはず。神経過敏で心配性なせいで肉体的なエネルギーを使い果たし、人を避けたくなるほどの疲労感に襲われてしまうのです。あなたには、自分の体のリズムを大切にして、栄養に気を使うことが必要です。頭脳は合理的にできているかもしれませんが、体はそうではないのですから。

論理的な思考力と想像力が融合したあなたの頭脳は、人間というものを理解するうえで強力な力を発揮します。おそらく医療、カウンセリング、教育、執筆に興味を持ったり、才能を発揮したりするでしょう。社会の発展や歴史といった、豊かに彩られた人類の歩みをたどることにも関心を持ち、学問の世界に足を踏み入れることになるかもしれません。どんな分野に進もうとも、あなたは専門家としての厳しい水準を保つことを自分に課すでしょう。ただし、ほかのだれかにそういった基準を押しつけられるのは好きではありません――あなたは自分自身が自分の最高の監督者だと思っているのです。あなたが人に求めているのは、励ましてくれること、愛してくれること、支えてくれること――まとわりつくような甘ったるい愛情でなければ、クリエイティブな才能を思う存分発揮するスペースも確保できるはずです。

## ②大切なあの人とは？

親しい人々には、思いやりがあって忠実で、愛情深い面を見せます。尽くしたいという欲求が強いため、かいがいしく愛する人の世話を焼くでしょう。しかし、同じような思いやりを相手にも期待してしまうので、どうも自分は大切にされていないと感じると心から傷ついて、人が変わったように不安定になります。また無口で控えめなので、本当は「好かれたい、かわいがられたい」と思っているのに、人を必要としていない強いタイプに見えてしまうことがありそうです。

何か誤解しているとき、神経が過敏になっているときのあなたは、怒りっぽくて不機嫌。さんざん文句を言ったあと、黙り込んでしまう傾向が。そういう感情の変化の激しさは、付き合ううちに慣れるものです。パートナーは効果的な方法で謝って、あとはあなたを一人にしておくべき。あなたの心の中には、あなただけの論理とプロセスがあって、それがあなたを再び人の輪の中へと連れ戻してくれるのです。

あなたはとても家庭向きの人でしょう。きっと、だれかと家庭をつくって、そこに活気を吹き込むことに喜びを見出すようになります。知的な話ができて、心から信頼できて、あなたの傷つきやすさを理解してくれるパートナーを持つことができれば、あなたがもともと持っている忠誠心の強さにロマンティックさが加わります。そしてあなた自身、とてもすてきなパートナーになることができるでしょう。



**✖著名人**

フリオ・イグレシアス（歌手）、ジェシー・ジェームズ（アメリカ西部開拓時代の無法者）、ジョン・ロック（思想家）、アダム・サンドラー（俳優）、アントニア・フレーザー（作家）、キアヌ・リーブス（俳優）、オランダのヴィルヘルミナ女王、反田恭平（ピアニスト）、内野聖陽（俳優）、松田翔太（俳優）

新しい意見は、まだ一般的ではないというただそれだけの理由で、必ず疑われ、たいてい反対される
欲望の制御は、人格の基礎である
――ジョン・ロック

**統合のためのイメージ**

中国人の老女ふたりが、水田でリズミカルに作業をしながら、身内の噂話をする……ワーキングマザー……栄養学者が、オーガニックチキンのスープを家族の食卓に出す

65

太陽＊乙女座 ♍
月＊獅子座 ♌

# 落ちぶれることのない心の貴族

## あなたのテーマ

**地×火**

エリート主義：高潔：ひたむき：勤勉：芸術的な才能：優雅：洗練された知性：優越感：上品で審美的：親切：従順：純真：高貴：謙虚：控えめだが魅力的：きわめて尊敬できる

皇帝陛下の顔と忠実な召し使いの顔、支配者の顔と支配される者の顔、あなたはこの両面を持っています。ごくありふれた仕事に就いていても、あなたは自分のことを心の奥底で、ほかに代わるべき者などいない「ショーの主役」だと思っているはず。そしてあなたは、そのスター的素質をあらゆることに発揮します。その一方、自分に与えられた務めに一生懸命に打ち込むひたむきなところもあり、仕事にも趣味にも、心からの気遣いが感じられるような誠実な態度で取り組みます。高い理想を持ち、細かいところに目配りできるあなたは、自分のスキルを利用して美を生み出すとき、周囲の混乱を片づけるとき、一種の名誉を感じています。そしてその理想、配慮、名誉が、あなたの態度にさらに磨きをかけているのです。ただし、そんな揺るぎない価値観と「ノブレス・オブリージュ」(高貴なる者の責任と義務)を持っているあなたも、自分はもっと尊敬されてしかるべきだと世の中に主張して人々を納得させるのは苦手です——理由は、あなた自身が、はたから見えるほどには自分に自信がないからです。

人や美にたいする目が肥えているあなたは、最大の努力をして、できれば最高の人や物を手に入れたいと思っています。ただし、とても賢い人なので、とるに足らないものから優れた価値のあるものを生み出すことも得意なはず。あなたは「最高のものを手に入れたいと望むのは上流気取りとは違う」と自分に言い聞かせます。あなたは単に「優れたもの」——この世に足りないと自分が確信しているもの——を敬愛したいだけなのです。

あなたには、とても寡黙で控えめな一面があり、ときにはその内気さが足かせとなることもあるでしょう。その反面、情熱的で勇気にあふれた誇り高い気性の持ち主でもあり、きっとこの一面のあなたは、自分のなかにある地のエレメントの部分、つまり目立つことを嫌って、細かい点を気にしてばかりいるところに不満を抱いているでしょう。いつも思考を研ぎ澄ませ、言葉に気を使うことのできるあなたは、きっとすばらしい教師になれるはず。人は皆、自分の足を引っ張っている怠け心を払拭すれば、創造性と知性を発揮する美しい存在になれる、あなたはそう確信しています。あなたの価値観においては、仕事というものは、一生懸命に取り組みさえすれば必ず成果に結びつくもの、そしてもちろん多少の名声と尊敬をもたらしてくれるものなのです。あなたの「欲

### あなたの最大の長所

道徳心が強く、理想の水準が高い：知的で、はっきりと意見が言える：ものごとを大きくとらえて考えることができ、一生懸命に働く：優しさに満ちた愛情を、相手の役に立つようなきわめて聡明な方法で表現することができる

### あなたの最大の短所

未熟で自信がない：あまりにもエリート主義的な態度をとってしまうせいで、チャンスをうまくつかめない：努力が報われないと自己憐憫に陥るほど自尊心が強く、自分で状況を悪化させてしまう

しいものリスト」には、瀟洒《しょうしゃ》な邸宅をはじめ、洗練された暮らしに必要なものすべてが載っているはずです。

虫の居所が悪いと、知ったかぶりをして口やかましくなることがあります。そういうときのあなたは、独善的な考えに凝り固まった気難しい「やかまし屋」、自己を過信する一種の「忠告マシン」。しかし、お高くとまっているように見えることがあるとはいえ、たいへん優しい心の持ち主であることは間違いありません。機嫌のいい日は、明るく寛大な心と明敏な頭脳を思う存分発揮します。そこに生まれ持った創造性が加われば、非の打ちどころのない優秀な人物として人々の良き手本となれるでしょう。

一生懸命に働くことを他人にも求めるあなたは、指図を出すのが自分自身で、自分の努力が目に見えるかたちで人々に恩恵を与えているという実感が持てるときに一番の働きを見せます。あなたは相反する二つの顔の持ち主ですが、その二つの面が互いに歩調を合わせるようになったとき、あなたはその豊かな想像力と揺るぎない個性を、明敏な知性を駆使してうまくコントロールできるようになるでしょう。そして人のために役立ちたいという旺盛な欲求に導かれ、その想像力と個性から、かたちある成果を生み出すようになるはずです。

## 大切なあの人とは？

他人といるときのあなたは、内気なところもあるものの魅力的に振る舞います。恋愛をすると、情熱的な面や慎み深い面を見せながらも相手に愛情をたっぷりと注ぐでしょう。ただしお返しに自分も相手からたっぷりと愛されたいと思うタイプです。そのため安心感で満たされていないと、扱いにくい傲慢な人間になってしまうことがありますが、恋人にちょっと優しい言葉をかけてもらえれば、あなたの心は再びバターのようにとろけてしまうことでしょう。あなたの心の中では、遊び好きな子どもの心と、分別ある大人の心がつねに葛藤していますが、とりわけ遊び好きの子どもの心は、大人の心に比べて立ち直る力が強く、もっと多くの愛を求めているのです。

あなたは、人から大切に扱われたい、自分の価値を認めてほしいと思っています。それはまるで、良い行いをする人が必ず報われる清らかな夢の世界に生きているかのようです。そしてあなたは、その「報い」を受けられないと手に負えないほど不機嫌になり、愛する人に罪悪感を与えて苦しめます。あなたの心の中では、謙虚でありたいけれども堂々としていたい、目立とうとするのは嫌だけれども自分の才能を人に認めさせたい、人に尽くしたいけれども自分も人から尽くされたい、こういった気持ちがせめぎあっています。こういう心のジレンマともっと平穏な気持ちで向き合えるようになれば、あなたの恋愛はもっと安定したものとなるでしょう。



**著名人**

カール・ベーム（指揮者）、エリック・コーツ（作曲家）、スティーヴン・フライ（俳優）、ウィリアム・ゴールディング（作家）、イヴァン・イリッチ（社会思想家）、ルイ14世（フランス国王）、ツイッギー（モデル、女優）、稲本潤一（サッカー選手）、剛力彩芽（女優）、一条ゆかり（漫画家）

人類は、物質的に豊かでありたいのか、あるいは物を使用する自由において豊かでありたいのか選ばなければならない――イヴァン・イリッチ

わたしに回ってくるのは権威的な役柄ばかりなんだ。自分の心の中にある「偉ぶりたい」っていう欲求を満たせるから演じていて楽しいよ――スティーヴン・フライ

**統合のためのイメージ**

シンデレラが熱心に自分のウェディングドレスを縫う……中世の修道士が、大聖堂のてっぺんに、高さが300フィートもある尖塔を建てる……年配の医師が陽気に語らいながら、病床の老女のおまるをとりかえる

66

太陽＊乙女座 ♍
月＊乙女座 ♍

# 有能で器用な頭脳派

## あなたのテーマ

**地×地**

仕事が生きがい：完璧主義者：実利一辺倒：分析的：正確：知識を系統的に役立てたいという意欲：自己批判：内気：面倒見がいい：親切：勤勉：効率的：心配性：深みのある人柄：思いやり豊かで誠実：思慮深い：細かいところに気がつく

あなたはこのうえなく正直で親切。組織やスケジュールを大切にし、一度決まった方針はきっちりと守り抜きます。ただ、ものごとを完璧に正しく行おうと心配してばかりなので、いつも自分の心の中をのぞき込んでは、あれこれ自分を批評しています。しかしいずれはあなたも、真の批評とは、善悪を決めずにただ対象を観察することだと気づくでしょう。

あなたはデータを詳細に検討したり分析したりするのが、だれよりも得意。とくに冴えているときは、その優れた頭脳ですべてのデータをふるいにかけ、情報を最大限に役立てられるよう頭の中の適切な場所にしまい込みます。知識人を敬愛するタイプですが、頭がいいだけでなく手先を動かすのも得意。そのため、なんらかの分野で職人あるいは芸術家として天性の才能を発揮するでしょう。

あなたは「考える」だけでなく「行動する」人。自分の知識を、世のため人のために役立てようといつも一生懸命です。あなたはどんな分野に身を置いても、科学的な思考を役立てながら独創性を発揮します。先に原理をすっかり頭に叩き込んでしまえば、どんな技術でも楽に習得できると思っているのです。そんなあなたは、ミスを発見するのが得意。そして、そのミスがあなたの手で正されるまで、だれも——とりわけあなた自身——落ち着くことができません。

仕事を自分の生きがいにしているので、週末に仕事から離れると居場所を失ったような感覚に襲われます。そのため、きっと何か実用的な趣味を持つようになるでしょう——暮らしに役立つというだけでなく、「完璧」を目指して切磋琢磨《せっさたくま》する仕事以外の機会が持てるという意味で、あなたのためになる趣味です。「完璧」というのはオーバーな言葉かもしれませんが、それこそあなたが求めるもの、けれども到底手に入れることはできないと感じているものです。仕事に熱中しているときのあなたは、まるで巧みな技術を誇る名匠、人に口出しされるのが嫌いな親方のようです。

あなたの批判好きな「超自我」は、他人に厳しい親方タイプのなかでも、ひときわ頑固。そのためあなたは自分の行動を自分以外の他人に説明する必要などないと思っています。しかしそういう態度ばかりとっていると、しまいには真面目すぎる神経質な人

### あなたの最大の長所

謙虚で誠実：人の役に立ちたいという気持ちが強い：ものごとの細部や他人の技術に、黙って熱心に視線を注ぐ：観察力が鋭い分析的な頭脳と、正確な識別力：いかなるときも公明正大で、現実的な思考をしつつも理想主義者でいることができる

### あなたの最大の短所

理想とする水準が高すぎるせいで、こと細かにあら探しをしがち：自分のことを自意識過剰に悩んでばかりいて、ものごとを楽しむ余裕や自信を失ってしまう：人間関係にひびが入ってしまうような辛らつな批判を思わず口にしてしまう——これは、自分の感情を押し隠した「こうるさい人」になってしまっているサイン。つまり、ときどきは気晴らしが必要だということです！

になってしまい、「自分は完全無欠からほど遠い」という思いに苦しめられることになるでしょう。あなたは大きな組織の中で人の上に立って働くのには適していません。自己を分析したり疑ったりしてばかりなので、明確な目標に向かって進んでいくのに必要な自信を、だんだんと失ってしまう傾向があるのです。あなたには自分で自分の人生を難しくしているきらいがあります。努力が目に見える成果を残していないと、すべて自分の力不足が原因だと思ってしまいます。でも、そんなに何もかも背負い込んでいたら、リラックスしたり遊んだりする余裕がなくなってしまうのではないですか？

## 大切なあの人とは？

情にもろく親切で、まわりの人々をとても大切にするあなた。人を傷つけるなんて、どんなにささいなことでも、考えただけで嫌なはず。愛情の表し方という点では、控えめで月並み。しかし「行動は言葉よりも雄弁」をモットーとするあなたは、相手への奉仕と尽きることのない忠誠心を通じて愛情を表現します。そんなあなたはおそらく料理の腕が抜群で、家の改装にも洗練されたセンスを発揮することでしょう。健康的な生活習慣に従うことも、あなたにとってはとても重要です。ミネラルが健康に良いと聞くと、不老不死の霊薬でも発見したかのようにうれしくなってしまうたちです。

あなたの愛情豊かな心は、吹き寄せられた雪のように清らか。ただしこれは、感謝されていないと感じたり傷ついたりすると、冷たく気難しい人になってしまうことを意味しています。またあなたは尊敬できる知性の持ち主にしか魅力を感じない性格。ふと気づくと不満の多い恋愛を長く続けてしまっていることがあるでしょう。これは、あなたが道徳的な正しさを何よりも重んじることが原因です。人の世話を焼いている限り、自分が優れた人間であることを証明している気分を味わえるため、心の中の劣等感と向き合わなくてすむのです。また長く続いた関係を断ち切ることができない性格も一因だと言えるでしょう。

**✕著名人**

リンドン・B・ジョンソン（アメリカ大統領）、S・ラーダークリシュナン（インドの宗教思想家）、クランシー・シーガル（作家）、トルストイ（作家）、ランス・アームストロング（自転車ロードレース選手）、ナディア・ブーランジェ（作曲家）、三池崇史（映画監督）、玉置浩二（歌手）、松田優作（俳優）、上戸彩（女優）、田村亮子（柔道家）、丸山茂樹（ゴルファー）

人間の幸せは、生きることにある。そして生きることとは労働することである。男女問わず、この世のあらゆる者に与えられた使命は、他人に奉仕することである――トルストイ

わたしは最善の結果を求めて、できるだけのことをする――リンドン・B・ジョンソン

**統合のためのイメージ**

鏡の部屋で一人で練習に励むバレリーナが、自分はいつかきっと完璧な踊りができるようになるはずだと思い、自分の欠点に意識を集中させて再び踊り始める……よく油のさされた印刷機が軽快な音を立てながら、『お料理入門――主要栄養素について』という美しい装丁の本をどんどん刷り上げる

67

太陽＊乙女座 ♍
月＊天秤座 ♎

# 優雅にたたずむ分析家

## あなたのテーマ

**地×風**

現実的な理想主義者：てきぱきとした批評家：礼儀正しい知識人：実利的：秩序を好む：鮮やかな頭脳：公平な評論家：清廉潔白：シンプルなもの自然なものが好き：社会の一員たる意識が強い：言葉の才能：さっぱりしている：博愛心

基本的に、優しく思いやりのある理性的な人。控えめな魅力、ユーモアのセンス、鋭い観察力の持ち主で、自分の世界と社会とのあいだを、優雅に巧みに行き来しています。あなたは自分が興味を持てることだけをしたいと考えるほうなので、いくらか一匹狼の気があります。またとても冷静で自分をコントロールでき、ものごとを分析的に深く考えるのが得意なうえ、世の中を観察する能力にも恵まれています。人々の倫理観や道徳基準についてあれこれ考えたり議論したりすることが好き。その一方で、血の通った人間と心を通わせることそのものは、やや面倒くさいと感じています。ただしあなたも、自分が幸せな社会生活を求めていることは認めざるを得ないでしょう。

よく考えたうえで自分の意見を述べ、どんな問題も即座にてきぱきと解決することができます。とくに重視しているのは、筋の通った意見を慎重に述べること。これはあなたが虫も傷つけたくないと思う性格のためでしょう。つまりあなたは人の気持ちに慎重に配慮しながら理性的に自分の意見を述べるのが得意。それと対照的に、時事問題について語っているときのあなたは天性の評論家の顔をしています。ときどき近寄りがたくてお高くとまっているように見えることもありますが、あなたは自分だって完璧な人間ではなく過ちを犯すことがあるということをよく承知しているのです。そんなあなたは他人を批判するだけでなく、許すこともできる人です。

細部に気を配ることができるうえ、状況に応じて何が必要なのか判断できる鋭い洞察力を持っています。また現状をより良くしたいという意欲も旺盛。そんなあなたには、組織のまとめ役、ソーシャルワーカー、品質管理スペシャリストといった仕事がぴったり。あなたは慎重に考えて行動するタイプ。いつも細やかな気配りができるので、得がたい友人、同僚、カウンセラーとして周囲に一目置かれるでしょう。人に求められれば、あなたは自分のアイデアや労力を快く分け与えようとするはずです。

あなたは自分とは異なる意見にも真剣に耳を傾けます。しかし、それは自分で論点を整理して分析を加えるまでのことで、そのあとは自分の主張を押し通す場合が多いでしょう。人と逆の意見を言うのが好きで、自分の知性が試されるような議論に加わること

### あなたの最大の長所

ずば抜けた推理力：公共の福祉に教養豊かな関心を抱いている：状況を十分に理解し、交渉力を発揮して、他人の問題解決に力を貸すことができる：芸術においても科学においても、美を重んじる：基本的な忍耐力、優しさ、善意を持ち合わせている：同じ目標に向かって、他人と力を合わせることができる

### あなたの最大の短所

親密な関係でも、相手をイライラさせてしまうほど理性的：自分には関係のないことにも「こうあるべき」と細かく主張する：他人のアドバイスや支援を必要としているのに、一人で大丈夫なふりをする：自分はだれよりも頭がいいと傲慢に思い込んでいるため、友達になれそうな人を遠ざけてしまい、さまざまな考えを受け入れて思考を豊かにすることができない

にスリルを感じます。しかし不正義はいかなる形でも許しません。独特の控えめなスタイルで、道徳にかなったもの、正しいものを守るために戦います（ただし、あなたも承知しているかもしれませんが、そういった基準を満たすものはそう多くはありません）。確固たる価値観を持ち、法の秩序の重要性を深く認識しているあなたは、ほかの人もその大切さに気づく日が来ることを心から待ち望んでいます。そうなれば皆、もっと教養ある暮らしを送れるようになるはずだと思っているのです。

あなたは自分の道徳律に従って生きています。思いやりがあって親切ですが、自分より劣っていると思われる人——あるいは単に退屈な人、自分の美意識や知性にそぐわない人——のために骨を折ることはしません。お高くとまっていると非難されると、あなたはきっと心外に思うはず。けれど、自分の高い理想や道徳律に縛られてしまう面もあるので、単に人間らしく生きるにはどうすべきなのか忘れてしまうことがあるのです。しかし、そのことを指摘されれば、再び泥臭い現実の世界に戻ってきます。心の中に「批判フィルター装置」を持っているため、もっともな批判ならば受け入れることができるのです。そして何よりも大事なのは、あなたが自分自身に正直な人だということ——しかも辛らつなくらいに。自分を笑うことができるのもそのおかげ。そしてそれが最終的に、あなたをもっと近づきやすくて、もっと愛すべき人にしてくれているのです。

## 大切なあの人とは？

あなたは礼儀正しく魅力的で、愛する人への尊敬の心に満ちています。そしてどんな人と接するときでも、自分にとって一番大事な価値観——つまり個人の人格を尊重すること——を貫きます。また何をさせても間違いのない頼れる人なので、約束したことは必ずやり遂げます。その反面、あまりにも理性的で如才ないので、あなたのパートナーは、あなたを激しい言葉のやり取りに引き込むことは無理だと感じてしまうかもしれません。しかし、痴話《ちわ》げんかなど沽券《こけん》にかかわると考えていると、本当は恋愛など存在しないのに、自分は恋愛していると頭だけで思い込んでしまう危険性があります。あなたに必要なのは、バランスのとれたあなたの「天秤」を傾けてみること、緊張を解いてときには怒りをぶちまけること、「調和」にこだわるのをやめること、「情熱」にきれいな鍵をかけてしまっておかずに、生活の中心に持ってくること。あなたの恋愛には、知的な結びつきと尊敬の心が不可欠です。さらに感情のコントロールを少し緩めるようにすれば、もっと多くのものを恋愛から得られるようになるでしょう。

**✖著名人**
アガサ・クリスティ（作家）、モーリス・メーテルリンク（詩人、劇作家）、小澤征爾（指揮者）、チャールズ・パース（哲学者、論理学者）、楊振寧（物理学者、ノーベル物理学賞受賞）、澤穂希（サッカー選手）、アンジェラ・アキ（ミュージシャン）

宇宙というものは、茫洋としてつかみどころがないと見なすのが妥当であろう
——チャールズ・パース

自分の主義に厳格にこだわりすぎると、他人がほとんど見えなくなってしまうものだ
——アガサ・クリスティ

**統合のためのイメージ**
修道士のような夫……研究家グループが、真理の追究のために力を合わせて研究に励む……「内省なき人生など生きる価値がない」とマントラのごとく毎日唱える人

68

## 太陽＊乙女座 ♍
## 月＊蠍座 ♏

# 激しさを秘めた完全主義者

### あなたのテーマ

**地×水**

探究心：批判的かつ分析的：鋭い眼識：ひたむき：几帳面な働き者：機略に富む：人を頼らない：感情を抑える：忠実：健康マニア：独善的：敬虔：主観的：細心：辛抱強い

あなたは人の役に立つ仕事や、目標が明確にある仕事に取り組みたいという意欲が旺盛。ただし他人にあれこれ指示を出されると、わざと逆のことをしてしまっている場合があるでしょう。あなたは従者のような忠誠心と、将軍のような権力欲を持っています。何ごとにも理論的に目的意識を持って取り組むあなたは、自分の目の前にあるものを明確に理解して、地味にひたむきに人生を歩もうとします。その反面、あなたの心の中に存在する誇り高き「内なる声」は、自分の意見を述べるまで――すべてが自分の思い通りになるまで――決して満足することはありません。

基本的にあなたは、ものごとを分析するのが好きな合理的なタイプで、義務を果たすこと、ものごとの手順を改善すること、自分の生活の秩序と安全を高めることをつねに考えています。自分でも認めているように論理的なので、難題を解決したり、A地点からB地点にどうやって行けるか調べたりすることに無上の喜びを感じます（もちろんA地点に戻ってくる方法も考えます――あなたは長時間、家を離れるのは嫌いなのです！）。しかもその才能は、地図を調べるときだけでなく、トランプをするときにも、車を修理するときにも発揮されます。明晰な頭脳を持ち、人をあまり必要としていないあなたは、人並みはずれて有能。ただし「なんでも完璧にこなすこと」に少々こだわりすぎるところがあるでしょう。

賢く現実的な思考の持ち主ですが、実はあなたは、自分で思っているよりもはるかに感情に突き動かされやすい人です。さまざまなことに強い感情を抱くものの、あなた自身はそういった自分の激しい感情に面食らっているはず。その結果、そういった強い感情はすべて真理を追い求めるための闘争心となって表に出てきます。そのためあなたは、自分では客観的なつもりでもいつのまにか主観的になっていたり、理性的に話しているつもりでも頭に血が上っていたりすることがあります――おそらく議論をするにはかなり手ごわい相手でしょう。

抜け目なく慎重にものごとを考えることができるため、データを詳細に調べたり整理したりする細かい頭脳労働に秀でています。しかし、やや視野が狭いところがあって、自分の激しい感情が、自分の思考プロセスを曇らせがちなことにほとんど気づいていません。勤勉で実利的なあなたは、きっと鋭い批評眼の持ち主

### あなたの最大の長所

賢く識別力のある知性：困難な仕事がどんなに重なっても、きっちりとこなすことができる：人を見抜く洞察力：頼もしく、愛する人を目に見える形で支える：高い理想を追い求めること、仕事をやり遂げることにひたむきに取り組む

### あなたの最大の短所

感情的に意見をぶつけられると、考えることができなくなってしまう：保身的で、批判がましい：人を頼ることを自分に禁じていて、リラックスしたり遊んだりできなくなってしまう――「仕事を片づけてから遊ぶこと」があなたのモットー。ただしあなたは、しなければならないことがつぎつぎと目についてしまうたちです

として知られているはず。またトランプの腕、芸術や文学の才能、人々の心を読む力にも並々ならぬものがあるでしょう。ひょっとしたら研究室や自宅のキッチンで、科学に大きな発展をもたらす実験をして有名になるかもしれません。しかし、そんなあなたにも欠点はあります。それは、あなたがたびたび表に出してしまう先入観、信じて疑うことのない思い込みです。そういった先入観は、あなたの経験や可能性の幅を狭めてしまう恐れがあります。

あなたは集中しないと仕事ができないタイプです。しかも、他人の命令に従うのではなく、自分のペースで、自分なりの考えに従って働くことを好みます。かといって命令するのも得意なほうではなく、いざ他人に指示を出すとなると無理をして少々偉そうな態度をとってしまい、かえって思ったような結果が得られません。けれどもあなたは、仕事を一任されると、きわめてひたむきに打ち込みます。強い義務感を持ち、仕事をきちんとこなすことを何よりも大切に考えているからです。

あなたは謙虚な人で、深みのある内面を持っています。あなた自身、きっとその内面をくまなく探検したことはないでしょう。まるでそれは、自分の心の中に分析を拒む秘密の場所があることを、あなた自身知っているかのようです。あなたが持つ二つの面が、うまく手を結んで創造性を発揮するようになったとき、あなたは献身的な医者、勘の鋭い批評家、情熱的な従者、俊敏な職人になることができるでしょう。静かに集中して自分の仕事に勤勉に取り組むその姿は、多くの人々に尊敬され、手本とされるはずです。

## ③大切なあの人とは？

あなたは自分の感情を厳重に管理しています。いずれ吐き出さなければならないときまで、心のなかに自分の感情を封じ込めているのです。たまった感情を噴出するときは、かなり辛らつになるでしょう。とはいえ、あなたは人を心から思いやることのできる人で、とりわけ家族をとても大事にし、自分の責任を真剣に考えています。恋愛よりも仕事に情熱を捧げることのほうが多いものの、この人と思った相手を見つけると、このうえなく忠実で頼れる恋人になるでしょう。

厳格な自立心を持ち、人に頼ることを頑固に拒むあなたにとって、恋愛は大きな課題だと言えます。あなたは自分や他人の「弱さ」を嫌悪し、ときどき愛情の表現をしぶっているように見えることがあります。しかも窮地《きゅうち》に立たされると、相手に復讐心を抱くことすらあるでしょう。



**✖著名人**

ブルーノ・ベッテルハイム（心理学者）、ケイト・ミレット（フェミニズムの作家）、マリア・モンテッソーリ（心理学者、教育学者）、ドナルド・オコナー（俳優）、ウィリアム・サローヤン（作家）、ビヨンセ（歌手）、松坂大輔（プロ野球選手）、枡太一（研究者、フリーアナウンサー）

最高の幸福とは、幸福なんてどうしても必要なものではないと悟ることだ
——ウィリアム・サローヤン

やらなきゃ淑女、やれば売女ってこと？
——ケイト・ミレット

**統合のためのイメージ**

熱心な昆虫愛好家が、やぶのなかに立って、静かにカマキリの交尾を観察している……情熱的な医師が、中絶禁止法について話し合うフォーラムで、統計や自分の考えを発表する

69

太陽＊乙女座♍
月＊射手座♐

# 理想を追い求める導き手

## あなたのテーマ

**地×火**

知的好奇心：落ち着きがないが控えめ：清廉潔白：心から親切：聡明：機転が利く：道徳的：批判的：熱心な学徒・教師：都会的：思索家で話し上手

求めているのは事実、それともロマン？　ひたむきに世の中の役に立とうとするまっすぐな人生と、この広い世界を放浪する自由の、あなたはどちらを選ぶでしょうか？　その両方があなたにはあります。あなたは強い独立心と探究心の持ち主ですが、もっと現実的な生活がしたいという欲求のために、うまくそれを活かせていないことがあるでしょう。

きわめて行動的でじっとしているのが苦手。哲学者のように探究心が旺盛で、冒険や学習に熱意を持ってぶつかっていきます。ところがあなたのもう一方の面は、実利一辺倒で分析が得意、なおかつ分別があって勤勉です。あなたは大きなコンセプト、偉大な業績、開かれた場所、新しい人々との出会い、こういったものに触発されて、多種多様で刺激的な場所や立場にいる自分をすぐに想像してしまいます。この一面のあなたは度胸のいい楽天家で、つねに挑戦する心構えを持っています。

ところが乙女座の一面は、そんなあなたを現実へと引き戻そうとします。またこの一面は、仕事や休暇や結婚生活のことでも、政府や教会が相手のことでも、もっと幅広い人道的な問題でも、すべて「正しく直そう」とする傾向があります。ただ、どうやらそういった努力は実を結ばないことが多く、そのせいであなたはしばしばひどく落ち込んでしまうことがあるでしょう。そんなとき、あなたは哲学的なインスピレーションのかわりに一種の諦観《ていかん》を抱くようになりますが、それでもがんばり続けます——人生をより良くするために自分にできることを見つけて、それを会得しようという決意を胸に。自分の人生の意味を知り、人生をより豊かなものにすることこそ、あなたの生きがいだからです。

こういった二つの面をうまく結び付けるには、自分の頭に刷り込まれた先入観にもっと自覚を持つことが必要です。つまり、人に会ったり出来事を経験したりするうえで、自分が思い込みにとらわれがちであること、そのせいで必ず失望してしまうことを認識しなければなりません。あなたは自分だけでなく他人にたいしても要求する基準が高く、言わば「屈辱に甘んじて勝機を待つ」タイプの人にはかなり厳しいところがあるでしょう。また自分の意見に反対されると、お高くとまって人を寄せ付けなくなりますが、内面ではそういう自分に満足しているというより、怖くて震えていることのほうが多いはずです。

### あなたの最大の長所

優れた知性：創意工夫の才能と、本質をつかむことのできる理解力：現実的でありながら楽観的でもあるので、優れた教師になれる：実利的なので、思い描いたビジョンを現実の世界で実現することができる：親しみやすいうえに、人に奉仕したい、人を助けたい、人を導きたいという意欲が旺盛

### あなたの最大の短所

道徳心が強すぎる：人間的な苦しみに直面しているときでも、「理性的な」解決法を求めてしまう：他人の感情に寄り添うことが苦手で、人生の指針となる理想を持たずに生きている人々を批判してしまう傾向がある——「内省なき人生など生きる価値がない」と言ったソクラテスは、このコンビネーションだったのかもしれません！

礼儀と義務をきわめて重んじる一方で、規則を無視したり、ときどき仕事をサボったりすることが好きな一面も持っています。またあなたは議論を戦わすこと、旅に出ること、学ぶことが大好き。あなたにとって「楽しいこと」とは、行きたいと思ったときにすぐにピクニックや観劇に出かけること。また愉快な人々に囲まれているときのあなたは、人当たりのいい話し上手、几帳面で礼儀正しいけれど風変わりな人として、生き生きと輝いていることでしょう。

あなたは基本的に親切な人です。そのためときどき、心に抱いた考えを口にするのを抑えてしまうことがあるでしょう。また他人を心から思いやることができるうえ、思慮深くて間違いを犯すということがありません。そんなあなたは、たとえば友人が進もうとしている道の上に、その友人のためになる本——何か重要なものを追い求めるうえで、きっと役に立つであろう本——を黙って置いておくような、さりげない行為をするのがきっと上手なはずです。

あなたに必要なのは、持ち前の鮮やかな想像力を大きく育み、有能で実利的な面を活かして、その想像力を現実の世界につなぎとめておくことです。先見の明があって勤勉なあなたは、きっと多くの分野で成功を収めることができるでしょう。とくに教師、カウンセラー、弁護士、聖職者、旅行ガイドといった職業が向いています。乙女座特有の批判的な性質は、射手座が思い描く遠大な夢を、扱いやすいサイズにまで小さくしてくれます。そしてあなたは、地球という現実の世界を旅するのもそんなに悪くないと思うようになるでしょう。

## ② 大切なあの人とは？

あなたが親密な関係に求めるものは、知的な結びつきと自由なスペース。あなたは決して自分以外の人の言いなりにはなりません。ロマンティックと言うよりは感傷的で理想主義的。しかも真の人道主義者で、人の役に立つような形で、自分の気持ちを表そうと努めます。あなたには他人を理想化して自分の手本にしようとする傾向があります。自分が愛してやまない「理想」と、完璧にはほど遠い生身の「人間」とのあいだにギャップを感じることがたびたびあると、ひどく幻滅してしまうこともあるでしょう。

あなたの心の中には、平等主義とエリート主義が奇妙な形で同居しています。また、ものごとにはすべて絶対的な序列が存在するものだと信じて疑いません。これは、あなたにとっては理にかなったことかもしれませんが、ほかの人が自分と同じ意見を持ってくれないときには、かえって「わかりきったことなのに！」という欲求不満の種になってしまうでしょう。

**✖ 著名人**

モーリス・シュバリエ（俳優）、アーサー・ケストラー（作家）、マイケル・スコット（神秘主義者、学者）、ハンク・ウィリアムス（カントリー歌手）、ワーナー・エアハード（ポジティブシンキング提唱者）、グロリア・エステファン（歌手）、リチャード・ギア（俳優）、マイケル・キートン（俳優）、チャーリー・シーン（俳優）、メアリー・シェリー（作家）、RM（ミュージシャン　BTS）、円城塔（作家）、野茂英雄（野球選手）

天才の第一の特徴は、完全性ではなく独創性、つまり新たな地平を切り開く才能があるかどうかである——アーサー・ケストラー

多くの男が、スーツを選ぶこともできないような薄明かりの下で、女と恋に落ちている——モーリス・シュバリエ

**統合のためのイメージ**

図書館の閉館後、眼鏡をかけた司書が出入り口に鍵をかけ、スーパーウーマンに変身する……人類学のクラスがフィールド調査に出かける

70

太陽＊乙女座 ♍
月＊山羊座 ♑

# 信念を貫く批評家

## あなたのテーマ

**地×地**

理性的な実用主義者：合理的な効率性：自己不信と野心：謙虚：懐疑的：頭脳明晰：意欲的：静かな威厳：上品で簡素：洗練された専門家：几帳面：組織能力：親切で面倒見がいい：勤勉：内向的な完璧主義者：倹約家

あなたは自制的な批評家と自分の仕事に自信を持つクリエイターの二つの顔を持っています。自分に厳しい仕事人間であるあなたは、人々の記憶に残る貢献をするためなら自分の生活を犠牲にしても仕方ないと思っているでしょう。あなたはデータを分析し、真実に迫るのが得意。その一方で、がっくりと肩を落として人生の意味をぼんやりと考えていることもあるでしょう。この狂乱の世から遠く離れ、世捨て人のように人を避けて暮らすことを望む気持ちがある反面、自分は社会からなんらかのかたちで認められていないと自尊心を保てない性格だということも自覚しています。

あなたはとても有能で親切な人。真面目でひたむきなので、自分の天職に並外れた集中力を見せて取り組みます——自分のしていることに信念を抱けることが何よりも重要だと考えているあなたには、単なる仕事ではなくて天職が必要なのです。自立していて強い目的意識を持ち、静かな決意のもと並外れた持久力を見せながら、自分が選んだ道を切り開いてゆきます。あなたは、この世界をもっとすばらしくて、もっと効率的で、もっと美しい場所にすることに、自分の努力が少しでも役立つのを望んでいます。そういう目標を実現するため、持ち前の知性を駆使して、自分が用いる手段を考え直したり、微調整したりしているのです。

生まれつき野心の強いあなたは、なんでもすばやく習得することができます。また眼識があって勤勉で、何をするにも最大限の力を惜しみなく注ぎ込みます。ただあなたは天性の評論家でもあり、その一番の批評対象は、ほかならぬあなた自身。ときどきがっくりと意気消沈してしまうことがあるのは、このことが原因です。そういうとき、あなたは自己不信、自分を責める気持ち、自分は力不足だという意識と戦っています。しかしあなたは、始めたことを途中で投げ出す人ではありません。古いこだわりを捨てられるようになれば、憧れの「究極のプロ」になることもできるでしょう。

あなたは人材の管理が抜群にうまいため、組織を束ねる役割を担うことが多いでしょう。また頭の回転が速く現実的なので、教えてくれる人がいなくても、なんでも知りたいことは独学で身につけてしまいます。どんなことでも実際に自分の手でやってみようとするので、無駄なく効率的に一人で仕事をこなすことにかけ

### あなたの最大の長所

身の回りの整理整頓をすること、自分を律することが驚くほど得意で、てきぱきと生産的に働くことができる：鋭い批評眼、洗練された美意識、優れたバランス感覚：人に抜きん出ようと一生懸命に努力する：友人や家族に、いつも変わらない愛情をさりげなく示す——あなたが人に与えるものは、耳に心地いい言葉ではなく、中身のある愛情なのです

### あなたの最大の短所

神経質で内気なため、自分の才能を発揮することができない：自分や他人を批判してばかりだが、徒労感をため込むだけになりがち：自分の感情や行動を、もっともらしい理由をつけて正当化しながら、仕事に没頭して批判を避けようとする

てあなたの右に出る者はいません。おそらくまわりの人は、そんなあなたを見て悔しがっていることでしょう。あなたは他人を手伝いたいという意欲が旺盛ですが、なんでも人より上手に能率的にやってしまうほうなので、他人を押しのけてしまわないように気をつけましょう。

あなたは嘘偽りのない事実、ありのままの真実を求める性格なため、文芸評論家や編集者にうってつけです。また実績を目に見える形で残したいと思うたちなので、自分の自己表現、血と汗と涙の証しとして、形あるものを生み出そうとするでしょう。手を使って何かを生み出すことが好きなので、このうえなく精妙な芸術品を創作したり、音楽を一音一音正確に奏でたりするのも得意でしょう。あなたはまるで「人生とは働くこと、何かにひたむきに打ち込むことである」と信じて生まれてきたかのようです。しかもあなたは栄誉を勝ち取っても有頂天にはなりません――つぎの仕事を探そうとするだけです。ときどき自分を甘やかして気晴らしをする機会を持てば、人生の質をもっと高められるということを知るべきかもしれません。

## ②大切なあの人とは？

あなたは、すぐに恋愛に飛び込むほうではありません。しかし、いったん恋愛に発展すると、相手にとても誠実に尽くし、自分の義務を果たそうとするでしょう。自分を抑えてしまう傾向は一生変わることはないものの、人生も半ばを過ぎれば、もっとゆったりとリラックスできるようになるはずです。あなたの慎み深さには魅力があって、知り合う人の警戒心を解く力すら持っています。どんな目標に打ち込むときも動機が純粋なところが、あなたの慎み深さの源だからです。

頼りがいのある人で、生活費のためにしっかりと働くこと、働きに応じた報酬を得ることを望んでいます。しかし、あなたをまだよく知らない人からは、お高くとまった冷たい人に見えることがあるかもしれません。人に傷つけられると、あなたは自分の中の窮屈で安全な場所に引きこもってしまいます。気分が落ち込むと愛する人を自分から遠ざけてしまう傾向もあるため、ときどき付き合いにくくなることがあるでしょう。とはいえ、だいたいにおいて楽しい伴侶であることは間違いありません。思慮深くて優しくて、人の話に熱心に耳を傾けることができて、自分の人生を実りあるものにすることに真剣に取り組んでいる人だからです。感情面が不安定なので、少し自己中心的に見えることもありますが、人に感謝され、理解され、愛されているときのあなたは、その面倒見の良さを思いきり開花させます。と同時に、若干謎めいた部分も持っていますが、愛情あふれるしっかりとした恋愛関係を築くと、その深みある内面を徐々に表に出し、成長させることができるようになるでしょう。



**✕ 著名人**

アウグストゥス（ローマ帝国の初代皇帝）、アントン・ブルックナー（作曲家）、ジェイムズ・フランク（物理学者、ノーベル物理学賞受賞）、J・P・モルガン・ジュニア（実業家）、グスターヴ・ホルスト（作曲家）、吉田麻也（サッカー選手）、コシノジュンコ（ファッションデザイナー）、仲村トオル（俳優）、石川遼（プロゴルファー）、大本彩乃（歌手　Perfume）

ピューリタニズム――それは、だれかがどこかで幸福を味わっているかもしれないという拭い去りがたい恐怖のことである――H・L・メンケン

この曲を作らずにはいられないという心境でないならば、そもそも曲など作るべきではない――グスターヴ・ホルスト

古い教義に新しい芸を教えることはできない――ドロシー・パーカー

**統合のためのイメージ**

新聞の見出し「田舎の少年が大金持ちに」……学生が、名門テクニカルカレッジの入学試験に合格する……ファイン・ボーンチャイナ

71

太陽＊乙女座 ♍
月＊水瓶座 ♒

# 進歩的な独立独歩の思考の人

## あなたのテーマ

**地×風**

頼もしいが反抗心が強い：考え方が進歩的：知的：主義主張がある：想像力豊かな科学的思考：冷静な批評家：前向き：改革者：恋愛でも仕事でも潔癖：純真な変わり者：人道問題に身を捧げる：高邁な理想：親切：一生懸命に現実的に人の役に立とうとする

あなたは完璧で精密な思考と、不安定で予測のつかない気まぐれな感情の両方の持ち主。自分のことを「法を守る健全な市民」だと思っていますが、他人から見るとかなり突飛な方向へ——あなたにとってはごくごく自然な方向へ——急に道をそれる傾向もあります。また世界的な広い視野を持ちたいと思っていますが、ふと気づくと、論理の迷路の中で立ち往生していることもあるでしょう。

自分が興味を持ったことなら、大きな社会問題であろうと、ささいな家庭の問題であろうと、細やかな神経を見せながら一生懸命に取り組みます。また困難な仕事をやり抜く能力にもひときわ優れています。あなたは人を惹きつけるような独特な雰囲気の持ち主。几帳面で人に頼ることがなく、自分のことしか頭にないのではないかと思えるような一面も持っていますが、その反面、どんなに漠然とした思想でもすぐに理解することができ、社会のいかなる不条理な側面に直面しても泰然と構えています。その様子には、多くの人が驚かされることでしょう。

あなたは潜在的に、並外れた理解力を持っています。一方、人の気持ちを理解する能力にかけては未熟で、やや不器用です。社交的な人ではありますが、あくまでもそれは「あなたなり」のものです。基本的には親切で頼れるタイプなものの、自由とスペースを与えられて心が健やかでないと、あなたは自分の人生にすら取り組むことができません。

あなたは、科学と客観を重んじる冷静なアプローチで人生を切り開こうとします。流れに任せるよりは、なんでも理解して解説を加えたいと思うタイプでしょう。また法や秩序を重んじる気持ちも強く、この社会が、一つの家族として自然環境と共存しながらうまく機能しているのは、法や秩序があるからこそだと考えています。その一方で、知らず知らずのうちに、自分だけのルールを作って我が道を突き進んでしまうところも。あなたは何よりもまず自分の良心に従って行動する人。つまり、あなた自身の良心があなたにどの道を歩めばいいか教えてくれているのです。

あなたは一種独特のユーモアセンスを持っています。ただし冗談を言っていないときは、ドライで事務的な口調で話し、おとなしく謙虚な態度をとっているでしょう。また何気なく謙遜するの

### あなたの最大の長所

冷静な観察力と公平な分析力：鋭敏な知性：社会の問題に理想主義的な関心を寄せ、注意深く一生懸命に仕事に取り組む：静かな威厳をたたえ、あらゆる人の人格を尊重する

### あなたの最大の短所

ものごとに細かすぎるうえ、白か黒かの判断がつく事実しか目に入らない：自分の感情や他人を、自分から遠ざけようとする：完璧を求めすぎるため、悲観的になったり、不満をため込んだり、心細くなったりして、その状態からなかなか抜け出せない

が上手で、それもあなたの魅力の一つ。伝統的な思考と進歩的な思考をあわせ持つあなたは、生粋の平等主義者。好みや善悪にうるさいところがあるものの、偏見というものは持っていません。また論理的思考力もひときわ優れています。ひたむきで勤勉なため、自分の時間とエネルギーを費やすのにふさわしいと思える仕事であれば、どんな分野でも成功できるでしょう。ただし気をつけていないと、あなたは極度の潔癖症になってしまいます。

おそらくあなたは人間観察が好きなタイプ。人々の行動の動機や、直面しているジレンマ、あなた自身が避けたいと思っているような熱い衝突を、ちょっと離れた場所から観察して、分析を加えているのです。経験的な思考と超然としたスタンスの持ち主であるあなたは、優れた心理学者や理論家になれるでしょう。政治においては、労働者の置かれた状況を実践的に改善しようとする社会主義を支持する傾向が強いでしょう。また円滑な規範を作って、あらゆるものごとを改善するべきだと考えようとします。医療、社会福祉、教育、政治、国際的な企画立案、どんな分野でも、自分の個性を活かして社会に貢献できる仕事に、あなたは魅力を感じることでしょう。

## 大切なあの人とは？

あなたは、だれよりも献身的で、おそらくとても純粋な人。親しみやすくて優しいけれど、自分の「情熱」を自分から切り離すこと、あるいは少なくとも振り回されないようにすることもできる人です。「感情」は、あなたにとって少し扱いにくいもの。あなたの合理的な人生観との調和などまったく考えずに、どこからともなく湧きあがってくるからです。

あなたは、知的な興味を分かち合える相手との友情に喜びを見出します。また思慮深くて優しく、社交の場は淡々とこなせるでしょう。ところが恋愛となると、相手の依存心や感情面の脆さがとくに強調されてしまうため、あなたは平常心を失ってしまいます。自分には到底与えられないものを求められている、あるいはどこか窮屈なところに押し込められているように感じてしまうのです。

あなたが愛する人たちを傷つけようとすることは絶対にありません。ただし、まるで自分の患者や、興味深いけれど手のかかる研究対象として彼らを扱うことがないように気をつけましょう。あなたは他人を頼ることがなく、だれもが自分と同じように自立し、自分自身をコントロールできるようになるべきだと考えています。少し、自分の気持ちを相手に伝える練習をして、ものごとをすべて理屈で考えるのをやめてみましょう。そうすれば、あなたはきっと実にすてきな伴侶になれるはず――とても頼りになるだけでなく、楽しい驚きまで与えてくれるようなパートナーです！

**✖著名人**

ルビー・キーラー（ダンサー）、ジョージ・ブラウン（政治家）、デニス・ヒーリー（政治家）、ソフィア・ローレン（女優）、J・B・プリーストリー（作家）、H・G・ウェルズ（作家、社会思想家）、いがらしゆみこ（漫画家）、内藤大助（プロボクサー）、西村京太郎（作家）

真に迷える者たちは、髪を伸ばしたり、ギターを弾いたりはしない。彼らは、頭を角刈りにし、鍛えられた頭脳を持ち、細菌戦の研究に賛同し、親に一瞬たりとも心配を与えないものである――J・B・プリーストリー

この世が気に入らなければ、自分で変えればいいのだ――H・G・ウェルズ

### 統合のためのイメージ

科学者が顕微鏡をのぞき込み、大きく拡大された過去と未来の姿を見る……宇宙人が地球にやってきて、現状よりも優れた世界秩序の構築に着手する

72

太陽＊乙女座 ♍
月＊魚座 ♓

# 芸術をこよなく愛する繊細な人

## あなたのテーマ

**地×水**

鋭い洞察力：愛情豊か：控えめ：詩的：親切：洗練されたセンス：ユーモアのセンス：インスピレーション豊か：面倒見がいい：献身的なしもべ：天性のカウンセラー：勘が鋭く賢い：思慮深く寛大

あなたは科学者と芸術家、どちらの要素も持ちあわせています。学者の頭脳と芸術家の心、その両方を持っている人だからです。あなたは優れた知性、豊かな常識、人類の苦悩を思いやる心を、バランスよく活かすのがとても上手。また活動的な内的世界の持ち主で、あなたはその内なる世界で、外の情報をたえず吸収・分析・消化しています。一方、そのすべてを心の中の適切な場所に、あなたの感情に従って忙しそうに配置しているのは、あなたの第六感です。

論理、愛情、現実性がうまく混ざり合った人格の持ち主です。そんなあなたは言わば、決して態度を変えることのない誠実な友人、だれよりも頼れる社会の一員。とくに冴えているときのあなたはまるで賢者のようで、にんじんの皮むきなど、どんな日常の雑事にも、なんらかの意味を見出して取り組みます。他人の求めに応じることを通じて、人々の手本として世に輝くことのできる人です。ただし生まれつき内気なため、くよくよと思い悩んだり、神経質に自分の行動を反省したりしがちでしょう。そういった自分を批判して抑えてしまう傾向は、あなたの創造力をむしばんでしまう恐れがあります――あなたの創造力は、あなた自身が精神的に安定しているとき、自分自身と調和しているときには、かなり強くなります。そういうときなら、あなたも内気さを振り払い、自分の才能を最大限に活かすことができるでしょう。

あなたには、ものごとの全体像を本能的につかみとる力が備わっています。さらに、目標に向かって一歩一歩着実に計画的に仕事を進めることも得意――こういった能力は、芸術的なデザインをすること、バイオリン協奏曲をマスターすること、本を書くこと、ヨットの操縦法を学ぶこと、スフレを完璧に焼き上げることなど、さまざまな面で発揮されます。あなたは頭を使うだけでなく心を込めて仕事に取り組み、その努力の結果には、あなたという人間のすべてが注ぎ込まれています。頭の中に、その仕事の意義、取るべき手法、そして最終的にどんなものを生み出したいのかというイメージを明確に持っているからこそ、100パーセントの力を注ぎ込むことができるのです。あなたにとって仕事とは、芸術であると同時に自分の身を捧げる行為。豊かな創造力に加えて、人々を見抜いたり状況を判断したりできる鋭い洞察力も、人に抜きん出ることを目指してがんばるあなたの役に立ってくれる

### あなたの最大の長所

健全な精神と鋭い洞察：仕事でも私生活でも、献身と尊敬の心を忘れずに、ものごとに取り組む：魅力的なユーモアのセンス：人々や、何か大きな価値のために奉仕したいという人道主義的欲求

### あなたの最大の短所

完璧を求めるあまり、細かいところが気になって身動きがとれなくなってしまう：自信がなく内気で、意見を言うのが苦手：自分の個人的な問題から、エチオピアの飢餓に至るまで、なんでも心配しすぎてしまう

ことでしょう。

相手の役に立つような豊かな愛情表現ができる点において、あなたの右に出る人はいません。あなたは人に奉仕し、人を癒すことがだれよりも得意。社会福祉、医療、教育、芸術、どんな分野の仕事に就いても、あなたは人が心の中で何を求めているのか察知して、最適な言葉や行動で応じることができます。ただし、人に与えてばかりで繊細すぎるので、何かあるとすぐ傷ついてしまいます。そして「どうしてみんな自分のように思慮深くも誠実でもないのだろうか」と考え込んでしまうのです。感じやすい性格なので、黙り込んだりイライラしたりすることも多いでしょう。そういうときに悩みごと——現実の問題でも単なる思い込みでも——を抱えると、かわいそうなことに、あなたの頭はそのことでいっぱいになり、あなたは鬱状態に陥りやすくなります。自分の仕事には厳しい自己批判を加えるタイプですが、他人の批判を受け入れるのは苦手かもしれません。

## 大切なあの人とは？

愛する人に、優しく何もかも受け入れてもらいたいと思うタイプで、その願いが満たされれば、同じ愛を相手に返します。あなたの夢見がちでロマンティックな一面は、人生を過酷なものと見る傾向があるかもしれません。そしてさまざまな逃避方法——たとえば白昼夢——を求めるようになるでしょう。

いかにも魚座らしく感情移入の激しい人なので、他人に感情的に入れ込んでしまう傾向があります。その結果、受難者のように他人の痛みを背負い込んでしまいやすいでしょう。この傾向は、自己を確立するために意欲的に努力するところ、他人に借りをつくるのが嫌いなところと矛盾してしまうことが多いものの、人間のあり方にたいする理解を深めてくれます。他人の身になって考えることのできるあなたは、人間の脆《もろ》さや欠点を気持ちよく許すことができるでしょう。

あなたは格別押しの強いタイプではありません。しかし道徳心がきわめて強く、それは私生活にも仕事にもよく表れています。しかも心から人を思いやることができるうえ、どこまでも謙虚。そのため多くの人があなたを尊敬し、あなたと付き合いたいと思うことでしょう。そんなあなたの唯一の課題は、はっきりノーが言えるようになることです！

**著名人**

アンゼルム・フォイエルバッハ（画家）、ゲーテ（詩人、劇作家）、レニー・ヘンリー（俳優、コメディアン）、クリストファー・イシャーウッド（作家、脚本家）、マイケル・ジャクソン（ポップシンガー）、モーリス・ジャール（作曲家）、サミュエル・ジョンソン（辞書編纂者、作家）、安達祐実（女優）、国分太一（タレント）、キム・ヨナ（フィギュアスケート選手）、菊地亜美（タレント）、井原正巳（サッカー選手）



人は、毎日少なくとも、ちょっとした歌を聴くこと、いい詩を読むこと、すばらしい絵を見ること、そしてできるならば、気の利いた言葉を少し言ってみるぐらいのことはすべきである

——ゲーテ

どんなことでも一生懸命に取り組むうえで必要なのは、生きることへの愛である

——サミュエル・ジョンソン

**統合のためのイメージ**

夢から覚めた科学者が、神聖な研究室で、自分の最高傑作に最後の仕上げをする……農民が小麦畑でひと休みし、お腹をすかせた働き手たちに、パンとチーズとワインと英知を分け与える

73

## 太陽＊天秤座 ♎
## 月＊牡羊座 ♈

# 協調を求めるファイター

### あなたのテーマ

**風×火**

社交的：活発：落ち着きがない：意地っぱり：人を楽しませる：独立心はあるが他者を必要とする：人間関係を通じた自己啓発：駆け引き上手：正義感を燃やす：周囲への影響力が強い：お祭り好き：説得力がある：議論好き：生意気：快楽主義：ロマンティック

あなたは、気迫にあふれ、それでも冷静さを失わない勇気に満ちた理想主義者です。精力的でアイデアに富むため、何かを立ち上げるのが得意。人づきあいもよいので人の輪の中心にも。ただし、計画の実行に関してはまわりの協力が頼みの綱です。人生に積極的にかかわらずにはいられないたちで、一風変わった、あなたなりの流儀でことに当たります。内心では独立心旺盛だと自認しながらも、そのじつ感情的な対立やまわりからの批判にはすぐに動揺します。とくに批判を受けるとへそを曲げてしまうことさえあります。

友人にたいしては、陽気で思いやりがあり、楽観的なものの見方やチャレンジ精神をもたらすので、共同事業も大いに期待できるでしょう。普段は当たりが柔らかく如才ありませんが、反対意見にあうと豹変します。見かけとは裏腹に一度こうと決めたらてこでも動きません。

問題は、皆と仲良くしたいという願望と、自分中心の、衝動的な性格とのバランスをどう保つかです。あなたは人とのふれあいを求めながらも、独りにして欲しいと思っています。人の経験や意見を知的な刺激や心の糧として受けとめながらも、あくまで最終的には自分のやり方を通すべきだと感じているのです。あなたが欲する愛と尊敬と友情がときに重荷に感じられるのは、あなたが日常生活のつまらない制約にいちいち苛立つせい。束縛されたと感じると、落ち着きを失い、議論を吹っかけ、あら探しに走ることもあります。

牡羊座の無分別な面と、天秤座の理想を追求する姿勢をあわせ持つあなたは、ベストを追求する一方で、そのための犠牲を腹立たしく感じます。独立心があり、自分のカラーを打ち出したいと強く願うものの、それができるのはまわりの助けがあってこそだと結局気づくのです。好き嫌いは別として、あなたの人生に他者の存在は不可欠です。人との交流があなたに成長や自己啓発の指針を与えてくれるのです。

牡羊座・天秤座のコンビネーションの持ち主には、一般にジェンダー問題が付いてまわります。あなたが女性であれば、伝統的な女性の役割に不満を覚えるかもしれません。遠慮なくものを言う野心家のあなたは、洗練された知性と内に秘めた美的センスを

### あなたの最大の長所

人を味方に引き入れる押しの強さと駆け引きの手腕：献身的に弱者を弁護する正義感：頭の回転の速さと議論における説得力：抜群の美的センス：新しいことにトライする勇気と度胸：周囲に熱意と冒険心をもたらす能力

### あなたの最大の短所

独立心と依存心との折り合いに苦労する：我慢の限界に達したときの手に負えない頑固さ：和解のチャンス（負けず嫌いなあなたには、とりわけ必要）をぶち壊す傾向：自分が利口だと思っているときに限って性急な判断をくだしがちなところ

表に出そうと考え、そのための創造的手法を模索するでしょう。また、男性であれば、どんな議論の場においても改善策を提案し、スマートに相手を説き伏せるタイプです。戦略的な行動を身につければ、鮮やかに人を動かし、欲しいものを確実に手に入れるようになります。

男性であれ女性であれ、あなたは驚くほど気さくで熱いハートの持ち主。周囲への影響力が強く、かなりのロマンティストでもあります。それだけに相手への情熱が尽きると、理想のロマンスを求めてつぎからつぎへとパートナーを替えることに。あなたの成長に必要なのは、安定した精神生活です。支配欲と、愛や友情を求める気持ちとの折り合いをつけること。より大きなメリット（たとえば人間関係）のために、多少の自由は犠牲にする。それがあなたの人生に現れるメインテーマです。

## 大切なあの人とは？

あなたにとって人間関係は人生の中心です。おそらく自分で認める以上に、パートナーに依存する場面が多いのでは？　あなたが好むのは愛の儀式――ロマンス、ときめき、求愛、サスペンス――と、けんか！　ふたりの関係から刺激が失せると、スリルを外に求めます。「少しは大人になって、ひとりの楽しみも覚えるべき」などと言われるとしゃくに障るかもしれませんが、それをあなたが実践すれば、精神生活にいっそう深みと堅実さが加わることでしょう。

自分のやり方を主張しすぎると、持ち前の健全な判断力を失うとか、きわめて個人的な欲求が満たされないといった事態になりかねません。あなたには友との交流が必要です。相手と対等な関係にあっても、自分に正直でいられることを知りましょう。

**✖ 著名人**

ショーン・キャシディー（歌手、俳優）、ジョン・コルトレーン（ジャズミュージシャン）、E・E・カミングズ（詩人）、エンリコ・フェルミ（物理学者）、ルチアーノ・パバロッティ（オペラ歌手）、ジュセッペ・ベルディ（作曲家）、クリフ・リチャード（歌手）、大坂なおみ（テニス選手）、東山紀之（俳優）、黒木瞳（女優）、石橋貴明（タレント　とんねるず）、山口智子（女優）、永作博美（女優）



侮辱されたリベラリストの怒りほど、すさまじいものはない

――ディック・グレゴリー

政治家とは、あらゆる大義を背負った愚かなロバのこと

――E・E・カミングズ

**統合のためのイメージ**

女の子と男の子が、シーソーの上で互いの持ちものを取り換えっこ。女の子が欲しいのは、男の子のおもちゃの銃。男の子が欲しいのは、女の子のケーキ。結局、おもちゃの銃で一緒に遊び、ケーキを分け合うことに

74

太陽＊天秤座 ♎
月＊牡牛座 ♉

### あなたの最大の長所

優雅：寛大な心と行動：人の気持ちに敏感：バランスのとれた思考で粘り強く公正を求める：洗練された審美眼：愛の力を固く信じる

### あなたの最大の短所

情にもろく、だまされやすい：感情的にも物質的にも自分に甘い：道徳観念に照らし、善か悪かで判断しようとする：ときどき薄っぺらなごますりをする

# 内弁慶なアーティスト

## あなたのテーマ

**風×地**

鋭い美的感覚：音楽・芸術への愛：協力的：優れたビジネスセンス：社会福祉の活動家：感傷的：愛情豊か：物分かりがよい：寛大：慈愛に富む：ロマンティック：勝手気まま：周囲を陽気な笑いに巻き込む才能：虚栄心：スタイリッシュ：上流階級的

あなたは公平なものの見方や抽象的な理論を理解するだけの聡明さを持ちながら、自分の意見が通らないとなるや、いきなりかたくなになってしまう傾向があります。性格的に自己矛盾を抱えていますが、そこが大きな魅力となっています。人は、あなたが自説を語るときの純粋な情熱――邪気の無さ、と言う人もいるでしょう――に圧倒され、説得されてしまうのです。

自分の内的世界をとことん知り尽くしたいと考え、聡明な知性と深く現実的な信念で人生を切り開き、楽しみます。倫理感が強く、ものごとが道徳観念にかなうことを望む一方で、まっさらの自分でありたい、自分を取り巻く深遠な美を享受したいとも願っているでしょう。あなたが求めるのは調和のとれた居心地の良い環境と、譲り渡すことのできない基本的権利。健康、富、ふさわしい教育を受ける権利がだれにでもあると信じており、それがなければ生きるかいがないと感じている節さえあります。そうした信念のおもむくままに政治や社会福祉の分野に進めば、説得力とカリスマ性に富む改革者になれるでしょう。

芸術家（あるいは芸術の目利き）、音楽家（あるいは音楽愛好家）にも向いており、仲間たちに好かれて人気者になるタイプです。あなたには「一緒にいてくつろげる」と周囲に思わせるところがあります。たいてい実際もその印象に違わないのは、あなたが人を大切に考えているからです。ただ、ときに相手にとって何が最適なのかが自分にはわかると思い、精いっぱい感じのよい口調で、自分が重要だと考える理念や大義についてながながとしゃべりまくることがあります。

あなたは、人にたいしては競争心を燃やすのではなく協力的で、だれの意見にも耳を傾けるべきだと考えています。しかし相手を支配したい衝動に駆られて、強情な人間だと思われることもよくあります。陽気な笑いのセンスで人を惹きつけ、たとえ恋人と熱愛中でも、行く先々で浮名《うきな》を流します――さらなる刺激を求めているわけではなく、ただ、その紛れもない魅力と社交性が心ならずも発揮されてしまうのです。生まれながらの弱者の味方、聞き上手のあなたは、人はどうすれば安らぎを覚え、自分を特別な存在だと信じ、気にかけてもらっていると感じるのかを本能的に知っています。気をつけないと、相手から一時的に（あるいは永遠に！）思いを寄せられるかもしれません。

あなたは理想主義と快楽主義をあわせ持ち、どんな日常の雑事をも芸術活動に変えることができます。自然美の豊かさを愛し、鋭い審美眼で五感を喜ばせるものを見分け、高い推理力と、良い意味で素朴な勘とを独特のやり方で組み合わせます。きわめて友好的、協力的、楽天的なうえ、人の気をそらすことなく自分の信条を語るので、相手はほぼ例外なくあなたに心を奪われるでしょう。ごく自然に発せられるその魅力で、柔軟でおおらかな人という印象を与えておきながら、あなたは突如、意思的で頑固な面を表して人を驚かせます。

## ⑦大切なあの人とは？

家庭と家族はあなたの幸せの要。仕事と同じぐらい意義深いものです。あなたは思いやり、協調、理解、愛を強く求め、それを満たしてくれる人に心を開きます。ときに感傷的な理想主義に押し流され、恋の冒険を欲することがありますが、ひとたび恋人ができれば献身的、かつ忠実に相手を愛し、友愛と恋愛、威厳と温かみ、慎みと官能を兼ね備えたパートナーになります。

精神的にも感情的にも、さまざまなものごと――芸術、ビジネス、友情、恋愛――に取り組むことのできる度量の大きさがあなたにはあり、それが魔法の薬となって、出会う相手をことごとく喜ばせます。

**✖著名人**

スコット・フィッツジェラルド（作家）ジョージ・ペパード（俳優）、カミーユ・サン＝サーンス（作曲家）、A・S・ニイル（教育者、サマーヒル創設者）氷室京介（ミュージシャン）、松嶋菜々子（女優）、内田樹（思想家）、野坂昭如（作家）、吉田沙保里（レスリング選手）、堺雅人（俳優）、ホラン千秋（タレント）、中村正人（ドリームズ・カム・トゥルー　ミュージシャン）



林檎の木が林檎を実らせるように、わたしは作曲する
――カミーユ・サン＝サーンス

教師の仕事とは愛を呼び覚ますこと。
これを果たすことのできる唯一の方法は、愛することである
――A・S・ニイル

**統合のためのイメージ**

新婚カップルがハネムーンで、イタリアへ食べ歩きの旅に出かける……古代ギリシャの建築および都市計画に関する講義

75

太陽＊天秤座 ♎
月＊双子座 ♊

# 軽やかな外交家

## あなたのテーマ

**風×風**

鋭敏な知性：愉快：話し好き：若さ：旺盛な知識欲：懐柔的：駆け引き上手：言葉・知識への愛：利発：芸術家肌：優雅な魅力：ウィットに富む：よき隣人：生来の教師：公正を追求する：理解力と斬新さ

いつまでも若々しく、愛嬌のあるあなたは、好奇心に満ちた人。聡明で才知に富んだ人でマルチな才能を持っているでしょう。弁が立ち、人間や世界について単刀直入な疑問を次々に投げかけますが、表面的な答えが得られてもそれに満足することはありません。あなたは、自分自身の情緒や深い感情の動きを直視するのは得意ではありません。そこは踏み込んではいけない禁忌《きんき》領域。人を上手にのせるあなたの手腕の背後にある、隠された弱さを見つめることになってしまうからです。じつのところあなたにとって、人生とは深刻に考えるようなものではなく、宇宙の冗談か何かなのでは？

人生があなたに突きつける多くの問いかけのうち、鍵となるのは人間関係に関するものです。あなたは人に注目され、認められ、良い評判を得たいと願うのですが、すぐに飽きてあまのじゃくな行動に転じ、自分の考えを言うだけ言うとあとは人にどう思われようと意に介しません。さながらグルーチョ・マルクスのように、社交マナーや礼儀のあるところを見せようとするものの、結局アドリブを無自覚に繰り出し、行き当たりばったりでことに当たるのです。

深い友情と一対一の人間関係はあなたの人生の中心です。それなのに、あなたには恐ろしく気ままで、軽薄で、重度の浮気性といった面が多分にあります。あなたが描く自己像は、内省的な人生を送る思索家。でも、その反面、あなたのなかにはもっと軽やかでイージーな面もあります。たしかにあなたは知的な可能性に満ちていますが、それを最大限に活かすには、もう少し忍耐強くなる必要があります。「内省なき人生など価値がない」という格言に「なるほど」と口では言うものの、さほど深く内省もせずに困難を楽々と切り抜けていきます。器用すぎるのが、逆に欠点になっている可能性も。

とはいえ、ものごとに関してはおおかたはっきりした考えを持っていて、それを持ち前の魅力と説得力で人に理解させることができる手腕はさすが。あなたは、自分の考えも他人の考えも分け隔てなく重視できます。ゴシップを交換したり軽口を叩き合ったりして人と楽しく交流することも多いのですが、本心では世間の見解の先を見抜けるような聡明な知性を持ちたいと願っています。社交と友人との活発な議論があなたの活力源。できるだけ順

### あなたの最大の長所

明瞭な知性：中立公平：相反する観点も考慮する：鮮やかで理路整然とした自己表現：人を魅惑する力と、人をくつろがせる裏表のない親しみやすさ

### あなたの最大の短所

表面をさらうだけで、才能が十分に育たない：興味の対象を広げすぎて、何においても理解が浅い：感情的に未熟：怠けた末の運頼み

調に理知的に人生を送りたいあなたは、特定の主義や座右《ざゆう》の銘《めい》を信奉する傾向がありますが、それはおおむね功を奏しているようです。

人とは和気あいあいとした関係を望んでいるものの、本能的にものごとの両面を見出し論じてしまう、つまり、健全な論議を多少なりとも巻き起こさずにはいられないのがあなたです。そうした面は、学問・政治・演劇の世界であれば歓迎されますが、親しい相手にはかえって疎まれます。あなたは相手が親しいと、抜け目なく気転を利かせて、煩わしい責任や窮地《きゅうち》を逃れようとするからです。とくに何か気に障ることがあったり、相手からの感情的な要求が重荷に感じられたりするとその傾向が目立ちます。あなたは、たとえ恋に夢中なときでさえ、心の奥を探られるのを敬遠するのです。

弁舌さわやか、多芸多才、社交術にたけ、思いやりがあり、ためらいなくものごとを別の角度からとらえることができるのは、いろいろな考えに純粋に興味があるからです。それに、人を笑わせるためならたいていのことはします。論理的思考を活かして、自分とは相容れないもの――つまり、人や世間一般の理不尽な行為――とのあいだに、なんとか接点を見つけ折り合いをつけようと努力します。協調性に優れ、おおらかで融通が利き、気軽に冗談を発しながらも礼儀正しく人に接するあなたは、生まれついての外交家。どんな共同作業もあなたにかかれば順調に運びます。

## ⑨大切なあの人とは？

自分の人生においてパートナーの存在はとても大切だと感じています。けれども、あなたがくだけた、ときとしてぶっきらぼうな態度をとるせいで、そのように相手に受け取られないことがあります。あなたの人生を魅力的で活気あふれるものにしてくれるのは、親友や恋人です。親友や恋人からあなたは学び、相手の行動の裏にある動機や願望に興味を抱く。すると相手もあなたに行動の刺激を投げ返してくれるのです。

あなたは人にたいして知的な接し方をします。どんな二人でもきっとわかり合えると考える傾向があり、ベストを尽くして協力関係を育もうとします。その一方、人にたいして警戒が足りなかったり、物分かりが良すぎたり、軽薄だったりすることも。いずれも心の奥の動揺の表れで、そのような激しい心の動きをあなたは欲するものの、じつはどこかで恐れたり不愉快に感じたりもしています。自分でも不可解な心の深遠がときにあなたを驚かせ、あなたが嫌う心理的な動揺を引き起こすことがあるからです。気まぐれなおしゃべりに興じがちなあなたですが、パートナーにうんざりされたくなければ、表面的な事実ばかりにとらわれずに、じっくり腰を落ち着かせ内面を掘り下げましょう。

**✕著名人**

ブリジット・バルドー（映画女優）、T・S・エリオット（詩人、劇作家、評論家）、ブライアン・フェリー（シンガー）、アーシュラ・ル＝グイン（『ゲド戦記』著者）、グルーチョ・マルクス（コメディアン）、ジャン＝フランソワ・ミレー（ロマン主義の画家）、ジェームズ・チャドウィック（ノーベル物理学者）、渡辺謙（俳優）、仲里依紗（女優）、ジミン（BTS　ミュージシャン）、今井翼（タレント）



時は、寸法直し専門の仕立て屋みたいなもの――フェイス・ボールドウィン

ブスなんて本当はいない。女はだれだってその人なりにヴィーナスなの――ブリジット・バルドー

未熟な詩人は真似る。円熟の詩人は盗む――T・S・エリオット

**統合のためのイメージ**

澄みきった秋空、そよ風に乗り、完璧な隊列で渡り鳥が旋回する……公正な判断をくだしたあと、仲裁調停委員会の議長がそれまで対立してきた双方の陣営とほがらかに語らう

76

太陽＊天秤座♎
月＊蟹座♋

# 多感な社交家

## あなたのテーマ

**風×水**

繊細：感情的：気分屋：人を楽しませる：順応性がある：社交的：親密さを愛する：面倒見がよく思いやりがある：家庭的：芸術の才：音楽の才：直感的：思慮深い：おしゃべり：神経質：献身的な友人

仲間内の人気者でありロマンティックで独創性にあふれたあなた。外の世界ではキャリアの成功を求め、家族や親戚とのプライベートな面では生きがいを強く求めています。人の感情や欲求に敏感で、「女性的な」勘と素晴らしい順応性を武器に人を助け、争いを避けます。

あなたは複雑な性格の持ち主。自分の感情がわかっているように見えて、じつはそれが本心なのか確信が持てません。心の内のウェットな感受性と、筋の通った理解、客観的で賢明な人間関係を求める気持ちとのあいだで葛藤が生まれることもたびたびです。自分では中立公正で社会問題に関心が高い人間のつもりでいても、ひとたび感動したり心理的に動揺したりすると、たちまち感傷的な人間に変わり、同情や嫉妬にどっぷり浸りきる。そうした感傷癖があなたを気難しく心配性にさせています。あなたも多少気づいているように、相手があなたに及ぼす影響力の大きさに怖気づいてしまうのです。

あなたはしばしば友人との語らいに夢中になり、とても外交的になります。そのような場では、人間やさまざまな知識や新しい可能性への関心が頭をもたげ、天性の外交手腕や魅力が発揮されます。また、社会情勢の変化に楽々とついていくことができるので、抜け目のなさを発揮すれば（あなたは、たいていそうです）、その順応性を生かして大いに成功できるでしょう。

あなたの幸せに欠かせないのは、深いところで結びついていると実感できる愛情や友情です。友人から正しく評価されている、本当の自分を見られていると感じると、あなたは子猫のようにのどを鳴らし、がぜん創造意欲を燃やします。そのような友人たちのためなら、どんなことも厭《いと》いません。一方それ以外の時には、むっつりと自分の殻に閉じこもり、独りにしておかれることを望みます。プライベートな生活、思索、感銘、問題、創造的なひらめきに集中したいからです。あなたは心が傷つきやすく、思いやりのない行為をいつも嘆いています。正義が回復されたと感じられるまで、強い憤りを抱き続けることさえあります。あなたの心の均衡は不正によって乱されます。不正こそ、あなたの理性が許さず、あなたの感情が快く思わないものなのです。持ち前の感受性の豊かさはあなたにとって諸刃《もろは》の剣《つるぎ》であり、傷つくこともあるでしょう。それは自分でもわかりすぎているはずです。

### あなたの最大の長所

感受性の強さ：人への思いやりと関心：感情のエネルギー：知的好奇心と警戒心：静かな個人主義と、他者の権利の尊重：芸術的な発想力とコミュニケーション能力：障害をものともしない適応力

### あなたの最大の短所

人や場所をロマンティックに美化しすぎる傾向：感傷癖：人の機嫌を取らずにはいられない：情所不安定で傷つきやすい：人から「正しい」扱いを受けなかった場合に陥りやすい自己憐憫と愚痴っぽさ

もともと家庭的なあなたには、円満な家庭生活と心落ち着く環境が必要です。しかし、見解や価値観の相違とか、家庭にもたらされる新しい文化的影響といった問題は、あなたが人生の課題として解決していかねばならないものです。こうした人生のテーマがあなたの能力をさらに伸ばし、最終的には長所を引き出してくれるでしょう。

あなたは芸術、歴史、神話、音楽に造詣《ぞうけい》が深く、教えることが得意です。広い世界へ飛び出し、そこで得たものを自分の私的な世界へ取り込みたい、恋愛と生命力と個人的意義によって私的な世界を活気づけたいと考えます。どうしたら人によい印象を与えられるのか、どうしたら自分の手を煩わせずに人から最高の力を引き出せるのか、あなたはおそらくそのすべを学ぶでしょう。ですから、人のニーズや問題がわかり、確固たる信念と誠実さで周囲を鼓舞するような、優秀な管理職になるかもしれません。

## ②大切なあの人とは？

あなたは愛に飢えています。親密な人間関係は、あなたの人生の中で大きな比重を占めており、最終的には長所を引き出してくれることでしょう。心理学的に言うならば、あなたには幼少期の行動パターンが根深く残っていて、恋人にたいして無自覚に母親や父親の役を求める傾向があります。その一方で、あなたは仲間のだれよりも感受性が強く、愛する人を癒し、楽しませ、励ましたいと願い、また人のそうした気持ちも温かく受け入れます。あなたの落とし穴はおせっかいで、所有欲が強く、人を操ろうとするところ。傷つきやすい心を大切に、堂々とありのままの感情をさらけ出してください。恥ずかしがることはありません。

### ✕著名人

ジョン・ケネス・ガルブレイス（エコノミスト）、グレアム・グリーン（作家）、オリビア・ニュートン＝ジョン（歌手、女優）、ポール・サイモン（ソングライター、ミュージシャン）、エレノア・ルーズベルト（アメリカ大統領夫人）、茂木健一郎（脳科学者）、吉井和哉（ミュージシャン）、石田ゆり子（女優）、室伏広治（ハンマー投げ選手）、潮田玲子（バドミントン選手）、真田広之（俳優）



感傷……他人と分かち合えない感情を人はそう呼ぶ
——グレアム・グリーン

愛を失うって心に窓ができるみたい。あなたが吹き飛ばされるのは誰の目にも明らか。風が吹き抜けるのを誰もが見ている
——ポール・サイモン

### 統合のためのイメージ

「教育を求めよ」と民衆を鼓舞する愛国者が、家に帰って友人に手料理を振る舞う

77

太陽＊天秤座 ♎
月＊獅子座 ♌

# プライドの高い趣味人

## あなたのテーマ

**風×火**
快活：大げさ：虚栄心が強い：美意識が高い：文学への愛：理想主義：優美：高貴：詩的：ロマンティック：疑うことを知らない：夢想家：信心深い：情熱的：志が高い：機知に富む：派手：「心に不屈の華」を持つ

あなたは情熱的な理想主義者。高貴と美を愛し、ときに高尚で傲慢ともとれるほど「人生と愛のアーティスト」でありたいと願っています。人の気を引き、温かく、魅力的な人です。夢見がちなところがあり、とてつもなく非現実的な目標を掲げることもあります。重要な問題についてはめったに妥協しませんが、あなたにおいてはたいていの問題が一大事。むしろ自分の理想を熱く信じるその姿勢が、あなたの個性を輝かせ、人の心を惹きつけます。人や社会に秘められた可能性を見出し、それを最大限に育もうとつねに努力する社会的存在でもあります。

ユニークな個性を発揮することが多く、日常を楽しみ、茶目っ気たっぷり、皮肉を好み、エレガントで、洗練されています。気の利いたジョークを仕掛けますが、自分を貶めてまで笑いを取ろうとはしません。プライドを傷つけられるとイライラと怒りっぽくなる傾向がありますが、そのように理屈っぽく威圧的な態度をとるのは、じつは、自分に自信がなく不安でたまらないからなのです。立ち直りが早く、たとえ最悪の状況にあっても「心に不屈の華」(バーナード・ショーがこのコンビネーション生まれのオスカー・ワイルドを評した言葉)をたたえ、それがあなたの楽観主義と創造的なひらめきを支えています。

あなたは、人間関係にも高い理想があり、刺激を与えてくれる知的な仲間を求めます。芸術家や作家、あるいは才能にあふれた人たちの集うにぎやかな輪の中で、気がつくと中心人物になっているタイプです。ただ、自分を他人から頼りにされる存在だと見なしたいのに、愛され尊敬されたいという思いが強すぎて、かえって弱気の虫にとりつかれ、どこかで人に依存してしまいます。あなたは人をあがめ、その理想像が根底から崩れたと見るや幻滅します。そのくり返しが嫌ならば、むやみな理想化はやめるべきです。だれもあなたが望むほど純粋でも完全でもないのですから。

あなたは自分にかなりの自信がありますが、ひらめきを枯渇《こかつ》させないためには恋愛と美が必要です。スノッブを気取り、妙に虚勢を張り、まるで社会的ステイタスが実績の代わりになるとでもいうように、不安を隠す傾向があります。豊かな個性で自分を表現するものの、自信がないときでさえ強がるため、皮肉にも不安な心の内がよけいに目立ってしまうのです。

**あなたの最大の長所**
親切心に富む：茶目っ気と育ちの良さ：鋭いウィットと、日常に豊かなドラマを見いだす能力：気高さと道徳的良心：公用に供する芸術の才：寛容の精神

**あなたの最大の短所**
虚栄心：他人の称賛や喜ばしい意見をうのみにする：ぜいたく好き、わがまま、怠惰：己の限界をがんとして認めない：ちやほやされると誤った判断をくだしがち

ちやほやされるのが好きですが、空々しいお世辞には耐えられません。芝居がかった調子で自分を演出する能力と、生まれついての如才なさがあなたのなかではうまく調和しています。ですから、政治家や社会的指導者としてカリスマ性を発揮し、教師として慕われ、友人や恋人として敬愛されることでしょう。

## 大切なあの人とは？

恋愛はあなたの人生の要《かなめ》。生きるためになんらかの形で必要なものです。あなたは恋に落ちると、幸せの絶頂感、情熱の純粋さ、人生の意味をかみしめます。しかし、やがてパートナーがそれを少々重荷に感じていることに気づくのです。たしかに愛はあなたの気高さを開花させ、あなたに究極の理想を教えてくれます。けれども相手が生身の人間、ただありのままを愛されたいと願う人間であることを自覚すれば、あなたはもっと恋愛を楽しめるはずです。

あなたは恋に恋をし、さらに恋に落ちた自分に恋をします。もう少し地に足をつけ、夢から覚め、しばらくロマンティックな恋のさや当てから距離を置くべきです。自分の迷いや欠点をもっと素直に認められるようになれば、相手の迷いや欠点を知って傷つくことも減るでしょう。恋愛ドラマの登場人物を演じるのではなく、生身の付き合いのなかでもっと自分らしく、人間らしく、ありのままでいればいいのです。ゴミ出しと請求書の振込みを済ませたら、パートナーと手を取り合って現実世界を目一杯楽しみましょう。

**✕ 著名人**

カトリーヌ・ドヌーブ（女優）、マハトマ・ガンジー（インドの国家的指導者）、ジョージ・C・スコット（俳優）、ジェーン・テイラー（詩人）、マーガレット・サッチャー（イギリス首相）、デスモンド・ツツ（ケープタウン大主教）、オスカー・ワイルド（劇作家）、ケイン・コスギ（俳優）、池谷幸雄（体操選手）、伊藤美誠（卓球選手）、松浦勝人（実業家）



善人と悪人という区別は愚かしい。人は魅力的か退屈かでしかないのだから――オスカー・ワイルド

罪を憎んで人を憎まず――マハトマ・ガンジー

きらきら光る　小さなお星　ほんとに不思議　あなたのすがた
世界の上の　あんなに高く　ダイヤのように　夜空に光る――ジェーン・テイラー

**統合のためのイメージ**

『真面目が肝心』の公演……代表取締役が誕生パーティーを催す……政治的理想主義者が信奉者の支持を受け指導者の座に就く

78

太陽＊天秤座 ♎
月＊乙女座 ♍

# 純粋な良き市民

## あなたのテーマ

**風×地**

抜きん出た教養：素晴らしい知性：社会の評論家：礼儀にかなった態度：洗練された飾り気のなさ：熟考の末の行動：独特の美意識：優しく親切：哲学的・批判的な精神：非常に冷静：ひたむきな芸術家

お金のない人、娼婦、芸術家、上流階級の人――あなたの周囲には実にさまざまな人が集まるでしょう。そんな多種多様な人との対話から各々の考えを知ろうとするあなたは、さながらさっそうとした和平調停官。それでいてわずかな欠点や汚点にも敏感に反応してしまう潔癖症の完全主義者です。

たとえていうなら、あなたは社会性の高い芸術家、勤勉な職人、あるいは公正に人に向き合おうとする役人、といったところでしょうか。要するに、あなたはよき市民の典型――理性的・理路整然とした話しぶり・平和主義・謙虚・優雅・社会的関心が高い・目的意識が強い――なのです。あなたは人間に興味があり、相手もあなたの飾らない魅力とウィットに惹かれてあなたに関心を持ちます。実に多くの人があなたに惹きつけられます。ただ、潔癖なところのあるあなたはそうした人の話は聞いても、心の深いところまではやすやすとは踏み込ませません。あなたが心を打ち明けるのは限られた信頼に足る人だけで、それ以外の人には理性のレベルで対応しようとしているはず。

批判や意見を上手にオブラートにつつんで相手に伝えることもできる人ですが、たいていのときにはだんまりを決め込むことが多いでしょう。というのは、感情にもとづいた好き嫌いを、まず理性のはかりにかけるのがあなたの行動原則だからです。本来合理的にはわりきれない感情まで分析しようとするのは、毎度毎度のことでは疲れるでしょう。それでも、公平で礼儀正しくありたいという願望と、正しいのは自分という確信や意見を異にする人へのいらだちとのあいだで、葛藤を覚えることもよくあるはずです。

しかし、人にきついことをいうのはあなたの本望ではありません。結局のところ、一人で主義を唱えることより調和や協力のほうが大切なのです。あなたは辛らつなまでに率直になれることもできますが、しかしそれは信頼関係を結んだ相手にたいしてだけ。しかもその目的は、相手のなかの本質を導き出して、余計なつまらないしがらみを断ち切ることにあります。それによりあなたはもっとも賢明な生き方を浮き彫りにしようとしているのです。

人間観察が好きなのは、人から学びたいから。ものごとを分析、比較、検討するのは、偽善を激しく嫌う性格のため。皮相な出来事の背後にある、本当に大事なことを見抜く天賦《てんぷ》の才能を活かせ

### あなたの最大の長所

自立している：推論能力：社会への関心：実際的な貢献：知性：美的な感性：優れた識別能力：親切：如才なさ：大切なもの・愛するものへの献身

### あなたの最大の短所

気難しい態度と、無秩序への嫌悪：分析がすぎる傾向：感情を批判し理屈で説明する：利発さや事実把握能力の高さゆえに、やけに聖人ぶった態度をとることがある

ば良い教師になれるでしょう。おそらくあなたは、文化を訪ねる旅、博物館、映画館、図書館、コンサートを通じて、人々に世界の美をつぶさに感じとってもらうことに喜びを感じるはずです。文明社会が生みだした最良の成果をこよなく愛し、醜いものは存在すらしてほしくないと考えているでしょう。生来の観察眼や分析力に加えて、自立心が旺盛なので、自分が得た知識やスキルを積極的に実地に活かそうとします。ですから、完璧を目指して専門的な能力を磨くことができる仕事、さしずめなにかのスペシャリストとして独立すれば、あなたの才能は大きく花開くでしょう。

## ③大切なあの人とは？

あなたは人にたいして思いやりがあり、献身的で、愛情豊か。愛する人を実際に助けることに喜びを感じます。その反面、注目され甘やかされることを好み、どこか抑圧された虚栄心を持つせいか、自分が傷ついていることに恋人が気づかないと、とたんにふてくされるところがあります。

がさつなもの、ばかげたものが大嫌いなのに、理屈では説明できない感情の世界に圧倒され、途方に暮れることがあるでしょう。喜怒哀楽の激しい人は下品で見苦しい。そう考えながらも、どこかでたまらない魅力を感じてしまうのです。ただ、激しく心を揺さぶられることはありますが、理性を失うのは嫌なので、上品かつ控えめな形で自分の感情を表すことになります。

あなたにとって愛とは、精神的に強く結ばれながら、趣味や芸術的関心やユーモアを分かち合うことにほかなりません。あなたには庭仕事や料理が好きといった非常に家庭的な一面がありますが、本格的すぎるこだわりが、家族に疎まれているかもしれません。自分は一人でも充分にやっていけると思いがちですが、安心できる人間関係のなかで肩の力を抜き、くだらないことを言ったりふざけたりすることを覚えれば、あなたの魅力は一段と輝き、自信も深まることでしょう。

**✖ 著名人**

レニー・ブルース（コメディアン）、ウィリアム・フォークナー（作家）、ダンテ・ゲルスト（オペラ歌手）、フランク・ハーバート（作家）、アルベルト・ジャコメッティ（彫刻家）、デボラ・カー（女優）、ホレイショ・ネルソン（イギリス提督）、イチロー（野球選手）、伊達公子（テニス選手）、水原希子（女優）、大山のぶ代（声優）、木村文乃（女優）、ドン小西（ファッションデザイナー）

表現手段としていちばん無理がないのは、音楽だろう……だがわたしの才は言葉にあるので、純粋な音楽が見事に表現してみせるものをわたしは不器用に言葉で綴ろう
——ウィリアム・フォークナー

「こうあるべき」なんて基準は最初からありもしないのに、みんながそれを目指して必死になってる。「こうあるべき」なんて無い。あるのはただ「こうである」だけ——レニー・ブルース

**統合のためのイメージ**

指先に全神経を集中させて、彫刻家が作品を完成させる最後の仕上げに、99刀目ののみを振るう。それから床を掃き、アートセラピーを受けに出かける

79

太陽＊天秤座 ♎
月＊天秤座 ♎

# 品行方正たろうとする人

## あなたのテーマ

**風×風**

強い理想主義：駆け引き上手：優れた知性：比較能力：正義への熱意：礼儀正しい：荒々しさを嘆く：人あたりがよく親しみやすい：優柔不断：出会いとロマンスを追求する：浮気性：快活：騎士道精神：人あしらいが上手：「品の良い騎士の中の騎士」

あなたは人を好み、人を愛し、人を必要とし、人に感動します。でもそれだけに人にすっかり幻滅を感じることもあるはずです。如才なく、上品で、社交的なあなたは、言うなれば「品の良い騎士の中の騎士」(チョーサーの作品より)。善良な男女、あるいは理想を愛することで、幸せに穏やかに人生を歩みます。ただし人生は次々と変化球を投げてきます。そんなとき、善良な男女もじつは理想からほど遠かったことが判明するのです。

知的な面では完全主義に傾きながらも、皮肉なことに、あなたはときとして自由放任主義の体現者になります。何を大切と考えるのかは人それぞれ、だれの真理にも価値があると考えるのです。理想主義者ですが、こと人との共同作業となると、すべての意見を勘案してもっともバランスのとれた最良の選択をしようと努めます。そのため、きわめて道徳的で、公正で、なおかつ皆が賛同できる決定や行動計画に達するまで、多くの話し合いが必要となります。

不公正を心から憎み、あなたやあなたの敬愛する人が不当に扱われることがあれば、強い調子で抗議するでしょう。それどころか、正義回復の名のもとに本気で戦いを挑むかもしれません。あなたにとって重要なのは、礼儀正しさと洗練されたマナー。無礼な人、悪意のある言動をとる人など想像もできないだけに、人間の本質をさらけ出す厳しい現実に不意打ちを食らうことも少なくありません。心のぶつかり合いがあなたの内面の平穏を崩すのです。

世が古代ギリシャ時代であれば、あなたはイデア哲学者、プラトンの追従者となったことでしょう。プラトンと同じく、あなたも「真」「善」「美」を、巡る季節のように永遠不滅だと感じていたはずです。現代社会では、外交官、美術家、裁判官、音楽家、作家、教師といった職業に就く可能性があります。正しく美しい究極の理想を雄弁に語ることが、これらの職業に共通した目標です。

混沌《カオス》や不完全な状態を本能的に嫌うため、平和を取り戻し理想的な生活を送ろうと日々努力を重ねます。そこでは多くの修正や補正が求められますが、そうした調整こそがあなたの得意分野。天性の戦略的思考と交渉能力のおかげです。あとは、人の望む枠

**あなたの最大の長所**

真実・公正への献身：初対面の人にも親切で気さく：反対意見を理解する度量：芸術的インスピレーション：理解と楽観で、人を向上させ勇気づけたいと願う

**あなたの最大の短所**

優柔不断の傾向：感情移入を避けるため、合理的で整然とした議論にこだわる：幸福感や自信を得るために、人に依存する

に合わせようとして、自分を曲げすぎないよう気をつけましょう。「平和と協調を望んでいる」と言いながらも、じつは、自分の信条を守るために戦わなくてはならなくなり、軍を率いて攻撃を仕掛けることを強いられると、がぜん生き生きしてくるのがあなたです。

ただ、あなたの信条とはなんでしょう？　それを見つけるには、しばらく時間をかけて、多くの人と出会うことです。だれかの意見に同意したかと思えば、すぐに反対意見に乗りかえる、と人はあなたを見るかもしれません。しかしあなたはただ、あらゆる視点から真実を検証し、意見のバランスをとろうとしているだけなのです。あなたなら反対意見を自分に活かすことさえ可能です。賛否両論を戦わせることで、自分の理解力や決断力が高まるのを感じることでしょう。

## ②大切なあの人とは？

仕事上の付き合いであれ、プラトニックな、あるいは情熱的な恋愛関係であれ、人間関係はあなたの人生において中心的な役割を果たしています。完全に満たされ、安らぎを感じるためには、互いに歩み寄れるような相手が必要です。また、あなたは自分の考えにたいしてたえず周囲に意見を求める人です。独立心はありますが、パートナーに愛され、ふたりのバランスが保たれることをなによりも重視します。

恋愛は、あなたにとって「英知の道」と同義語です。つまり、恋愛は自分が何者かを発見するために必要なもので、そこには、あなたの性格に不足している成分を、相手が補給してくれるといった感覚があります。ロマンティックで優しい人ですが、理想を追求する風タイプらしい戦略的思考のおかげで、あなたの完璧な理論と相容れない、うんざりするような生々しい感情をも巧みに処理することができます。ただドロドロした感情が重荷になってくると、新たな理想的恋愛の芽生えを求めて相手のもとを突然去ることもあります。

自分のアキレス腱は依存心――相手から愛されることで、自分の魅力を確信したい――だと気がつけば、あなたはさらに成長します。自信が深まり、パートナーと人間らしく美しい関係を築くという課題に、本格的に取り組むことができるでしょう。

**✕著名人**

ニールス・ボーア（物理学者）、マイケル・ダグラス（俳優）、ハイデガー（哲学者）、クリストファー・ロイド（俳優）、アルチュール・ランボー（詩人）ロミー・シュナイダー（女優）、ブルース・スプリングスティーン（ミュージシャン）、レフ・ワレサ（労働組合委員長、政治家）、アーサー・シュレジンジャー（歴史家）、スティング（ミュージシャン）、ケイト・ウィンスレット（女優）浜崎あゆみ（歌手）

---

魅力的な人とは、自分の魅力のいちばんひねくれた部分をかたくなに守り、世間に許される範囲で傍若無人に振る舞うものだ。「人生こそすべて」と人は言う。だが、わたしは本を読んでいるほうがいい
――ローガン・ピアソール・スミス

「正しい陳述」の反意語は「誤った陳述」である。だが「深遠なる真実」の反意語は、おそらく「もう一つの深遠なる真実」であろう――ニールス・ボーア

**統合のためのイメージ**

交戦中の部族の王子と王女が、恋に落ち結婚する。そして千年の平和がおとずれる

80

太陽＊天秤座 ♎
月＊蠍座 ♏

# 魅力あふれる義の人

## あなたのテーマ

**風×水**

冷静：控えめで誠実：優れた直観：目先が利く：分析的・批判的な精神：戦略的：洞察が鋭い：よい生活を好む：野心的：冷淡で情熱的：魅力的でパワフル：社会の刷新を推進する：討論好き：真理を求める：知性 対 官能性

あなたは如才なく、チャーミング。穏やかな印象の背後に不屈の精神を秘め、しかもものごとを見通す洞察力を備えたあなたは、じつに魅力的で手ごわい人です。さながら、クールな態度と自信をたたえた微笑がつれない印象を与える美人。あるいは、一見人当たりがよくても鉄の意志と抜け目のない判断で同僚を驚かす、ビジネスマンのよう。

親しみやすさを装いながら、鋭い直観をたえず働かせ人や状況を読んでおり、チャンスは絶対に逃がしません。豊かな社会性のおもむくままに人生の王道を歩みます。学ぶことが大好きで、みずから試練を求め、社会問題について進んで語り合い、人から尊敬を勝ち得たいと強く欲する、そんなあなたは世の中で重要な役割を担い、活躍することでしょう。

なんともいえない魅力の持ち主で、社会のなかで理想の実現を目指し、情熱に燃えながらも判断は冷静です。要求水準が高い人ですが、それをじつに如才なく伝えるので、相手に嫌な顔をさせず、むしろ襟を正して聞き入らせるような形で批判することができます。あなたは民衆、政治、権力にいかにしてこの3つのバランスを保てば社会を再生できるかに関心があります。身近なところでいえば、たとえば、職場での仲間と上司、そして会社そのものの関係を何とか今よりもいいものにしよう、と心を砕きます。

何か驚くようなことが起こっても、あなたは平常心を失わずに、何が必要かを検討し見極めながら対処することができます。そこに生来の親しみやすさが加わり、きわめて有能でありながら、絶大な人気を集めるのです。ただし、建前と本音の使い分けが人を惑わすこともあるでしょう。

万人の平等と個人の利益のどちらを選ぶかという問題は、あなたが人生でたびたび直面するテーマです。あなたは有能な探偵よろしく、偽善を暴き、率直なもの言いで、弱者のために立ち上がります。けれども、それと同時に自分の安全・快適・贅沢への欲望も強く、義務の遂行と法の遵守にいそしみながらも、自分の生活や物欲をなおざりにすることはありません（それは、あなたも認めますよね）。

ある意味あなたは、一匹狼なのです。論争と知的な難問をこよなく愛し、その社会理念と自己保身の本能が、あなたをすばらし

### あなたの最大の長所

厳格な正義感：困難に向き合う勇気と粘り強さ：明晰な判断を婉曲かつ巧みに伝える：理想と愛する人に身を捧げる：公平に事実を検討してから決断をくだす能力

### あなたの最大の短所

気分屋：つい人を操りたくなる：社会正義や平和を求める活動家を偽った利己主義：猜疑心が強く、人の動機を勘繰るきらいがあるため、愛する人との理想的な協和にひびが入ることがある

いディベート上手にしています。太陽が天秤座にある人にしては珍しく、決断をくだすことを恐れないタイプです。頭が切れ、事実を直視する力があるため、政治や社会改革に天性の才を発揮するでしょう。何をなすにせよ、その誠意・熱意・積極性のおかげで称賛と人気を勝ち得ます。

## 大切なあの人とは？

　感情のコントロールが上手とはいえ、あなたが愛と心の充足を必要としていることに変わりはありません。高い理想を掲げて多くの相手とデートをしますが、突然だれかを衝動的に好きになり、荒々しい感情に翻弄《ほんろう》されます。真実の愛にも、あなたの好奇心をくすぐる恋のゲームが多少なりとも必要です。相手が仕掛けてこなくとも、あなたならそれを自分で創り出すでしょう。軽い恋愛ならお手のものと考えがちですが、深い感情を知ってはじめて、どんな恋愛にも苦労するだけの価値があることに気づくでしょう。

　感情が激しく欲望が強いので、人に頼りだすと際限がなくなるのではという不安に駆られがちです。おそらく、大切にしている自主・自律の精神を、相手に明け渡すような気持ちになるのでしょう。でも、あなたは深く気持ちの通じ合うだれかを欲しています。自分と自分の本心を信頼することができれば、どっちつかずの態度を示すことなく、親密な人間関係につきもののスリルと痛みに身をゆだねることができるでしょう。あなたは誇り高い人。愛はそこに謙虚さという喜びを与えてくれます。

**著名人**

ジュリー・アンドリュース（女優）、トルーマン・カポーティ（作家）、フランソワ・モーリアック（作家）、リンダ・マッカートニー（カメラマン、ミュージシャン）、ロジャー・ムーア（俳優）、エミネム（ラッパー）、リチャード・ゴードン（作家）、グウィネス・パルトロー（女優）、ウィル・スミス（俳優）、辻仁成（作家）、郷ひろみ（歌手）、室井滋（女優）、秦基博（ミュージシャン）、森泉（タレント）



来たる百年……この戦争を乗り越えた先の百年……は、市民の時代になるだろう。いや、そうせねばならない

――ヘンリー・A・ウォレス

ベニスは、リキュール入りのチョコレートを一箱、一気に食べたような町だ

――トルーマン・カポーティ

**統合のためのイメージ**

将軍が新しい美術館のパトロンになる。狼と気品あふれるビルマ猫が無二の親友になる

81

太陽＊天秤座 ♎
月＊射手座 ♐

# エネルギッシュなオピニオン・リーダー

## あなたのテーマ

**風×火**

冷静だが落ち着きがない：理想主義：先見の明：無意識のうちに人の役に立っている：情熱的だが気まぐれ：寛容な精神：冒険的：機知に富む：知的：熱中する：使命感：哲学と慈善への関心：説得力

目的意識の高い野心家とのんびり屋の両面をあわせ持つあなたは、新しい計画や将来の展望を追求しているときにも、友人たちと遊んでいるときにも、大きな幸せを感じます。自由な時間ができると、さまざまなイベントに出かけますが、ときにはのんびり散歩を楽しむこともあります。人の話を熱心に聞こうとはするものの、身近な人を相手に最近自分が夢中になっていることについて、延々と熱弁を振るうことも少なくありません。

自分が好きなこと、信じることをしている限り、あなたにとって人生とはたえず恋に溺れているようなもの。好きなことをしている時にあなたは喜びを感じます。それが人を助けることにつながれば、なおさらです。あなたは根っからの外交官。どんな問題でもあらゆる面を見ることができ、正直で公正でありたいと心から願っています。しかしだからといって、自分の信念や意見を守ることに熱意がないわけではありません。あなたの率直な誠実さは持ち前の人を惹きつける魅力を際立たせ、成功し名を挙げたいという野心や決意を（たとえ、もともと目立たなくても）包み隠してくれるでしょう。

「仕事は忙しい人に頼め」と言う人がいたら、その人はおそらくあなたを思い浮かべていたはず。限りない熱意、エネルギー、魅力、ユーモアを備えたあなたは、一度に複数のことを巧みにこなし、人が一生懸命取り組んでいるプロジェクトには、ただ関心を示すだけでなく実際に助力を与えます。まとめ役や連絡役としても優秀で、共同事業に恵まれます。天性の駆け引きの才に加えて直観力と品のよさを備え、また浪費家でもあります。

ごく自然に、人の幸せを親身になって考え気遣うあなたは、高い道義心と一途な性格を活かして、相手の望みがかなうよう正しいと信ずるままに行動します。実務が得意とは限りませんが、たいてい形式的な規則をすり抜け、ことの核心に入ることができます。親切で協力的ですが、ものごとを自分の思いどおりにする方法を見抜いてもいます。かといって必ずしもルールを曲げるわけではなく、もちろんだれかを怒らせるわけでもありません。あなたがだれかの機嫌を損ねるのは、あなたが道徳的な正しさを振りかざし、妙に聖人ぶって、不完全な状況に自分を合わせられなくなった場合に限られます。

鋭い独創精神でつねに時代をとらえるあなたは、ものごとがこ

### あなたの最大の長所

熱意あふれる協力精神：優雅：ウィット：限りなく楽観的なところ：ユーモアのセンス：大局的な見地から新たな方法を発見する能力：説得と宣伝の才

### あなたの最大の短所

自分の能力を過大評価し、がんばりすぎる傾向：仕事中毒になることで個人的な問題を隠そうとする：尊大でお高くとまって見える：感情的に未熟：内省に欠け、心の奥の動機に気づかない

の先どうなるのか、いま何をすべきかが無意識にわかります。そのため、人心を掌握するリーダーやプランナーとして、世の中を魅了する崇高なビジョンを語ったり、大衆のニーズに訴える新規ビジネスを提案したりする才能に恵まれます。また、人に自分の話を聞いてもらうとか、メッセージを広めるといったことが好きなので、熱意あふれる教師・講師・教育者にも向いています。さらに、あなたの魅力、ウィット、傾向とトレンドを読む能力が武器になる広告業界も、成功が期待できる分野です。興味を持つのが科学であれ芸術であれ、あなたは未来を見据え、新たな道を切り開きたいと願う人です。哲学、芸術、文学にたいして高い眼識を持ち、とりわけ音楽に傾倒するでしょう。もっとも、ちょっとしたチャンスがあれば、自分自身や自分の考えをメディアに発表することも嫌いではありません。

## ⑨大切なあの人とは？

自立心はあるものの、じつはとてもロマンティックです。人間関係はあなたが健やかに生きていくうえできわめて重要ですが、あなたのアキレス腱にもなりえます。理想主義者でチームプレーヤーなのは生まれもった性質です。信頼する人、あるいはあなたの心をとらえた価値ある大儀には、自分のすべてを差し出そうとします。ただ、あなたは自分の熱意に必ず反応を期待します。そのひたむきな熱意と取り組みに匹敵する反応など、そう得られるはずもなく、がっかりさせられることもあるでしょう。これほど自分を捧げて尽くしているのに、こんなに見返りが少ないなんてと幻滅し、「落ち込み病」を患う恐れもあります。けれども立ち直りが早く、寛大で楽天的というのもまた、あなたの性格です。

あなたは愛や好意を求め、自分なりのやり方で相手に愛情を捧げます。とはいえ自立志向が強いので、何かひとつのことに夢中になって取り組んでいるときに、不満顔の恋人に邪魔されるのは好みません。身体面でも思考面でも、四方八方へ飛んでいきたい性分なので、あなたの恋人は速いペースについていかなくてはならないでしょう。

**×著名人**

アート・バックウォルド（作家）、ピエール・ボナール（画家）、ジョセフ・チェンバレン（イギリスの政治家、ノーベル平和賞受賞）、ボブ・ゲルドフ（ミュージシャン、慈善家）、ショーン・レノン（歌手、ジョン・レノンの息子）、ジョン・ペラン（ノーベル物理学者）、クリストファー・リーヴ（俳優）小野伸二（サッカー選手）、浅田真央（フィギュアスケート選手）



わたしはその男に言った。「質素なのが趣味だから、派手派手しいものは要らない。どんなに高くついてもご免だ」——アート・バックウォルド

楽しんでいる人たちを見ると、自分も仲間に入りたくなる。そういう下院の同志愛が好きです——ベティ・ブースロイド

**統合のためのイメージ**

飢餓に苦しむアフリカを救うため、ボブ・ゲルドフが「バンド・エイド」をゼロから結成する。若い知性の育成と刺激を目的に、教育者が「発見の殿堂」を創設する

82

太陽＊天秤座 ♎
月＊山羊座 ♑

# 人の心を理解する実際家

## あなたのテーマ

**風×地**

目的意識が高い：実践的：礼儀正しい：趣味がよい：規律正しい：品がある：戦略的：公正な政治家：如才ない：マナーがよい：日和見主義：人の管理が巧み：駆け引き上手：パワフル：支配魔：説得力がある：責任感がある：人の顔色を読む

人の管理にかけては、あなたの右に出る者はいません。人付き合いの良いリーダー、真面目で知られる社交界の名士、職業的芸術家、忠実な友――それがあなたです。あなたには優れた外交センスと、権力をつかむ才能があり、それがあなたを抜け目がなく手ごわいけれども、どこか憎めない人間にしています。公正、あるいは法と秩序、礼節、倫理を重視する人です。たとえ一見イージーな人に見えても自分（あるいは両親）が誇りとするような生活を送ろうと心がけています。

成功したいという野心と決意が固いため、理想を慎重かつ決定的な行動に移して、欲しいものを確実に手に入れることができます。個人的な野心が強いものの、人の意見や欲求にたいする感受性も強いおかげで、評判の的になり、賞賛と信頼を呼び、好意を持たれます。しかもあなたは自分の野心を追求することすらよいことだと思わせてしまいます。大勢を従えて成功への道を進むことで、人々に「なるほど、権力も富も、正しい方法で使われるぶんには悪くない」と実感させるのです。その反面、あなたには自分の成功と貢献を他人に認めてもらいたいという承認欲求があります。その意味ではあなたは人に依存しており、自分で考えているほど自立した人間ではありません。

物質的にも道徳的にも秩序を愛し、それはさまざまな形となって表れます。芸術への愛、住まいを整然と美しく彩りたいという欲求、社会の秩序や上下関係を重んじる気持ち。それにひょっとしたら、強い公共心、世の中で重要な役割を果たしたいという願望もあるかもしれません。あなたは責任感がとても強く、その言葉はきわめて信頼に値します。クールで感情を抑えがちな外見の下には、親友にたいする思いやりと、にこやかに相手を包みこむ温かさがあります。

孤独を愛する一面もありますが、たいていの場合はチームの一員――願わくばチームリーダーになることを望みます。あなたが考えるもっとも誠実な愛情表現は、約束したものを確実に相手に与えること。相手を失望させるのはあなたにとって最悪の行為なのです。しかし、その意欲的で規律正しい生活態度が、パートナーや身近な家族をうんざりさせる可能性があります。もしかしたら、くつろぎの時間にまでいちいちスケジュールを立てないでく

### あなたの最大の長所

経営的手腕と組織化能力：公正、合理的、かつ巧みな問題処理と、論理的で鋭い知性：社会的良心と責任感：義務感：勝利への決意：周囲の雰囲気や人の欲求に敏感

### あなたの最大の短所

人を巧妙に操る：協調精神とあからさまな利己主義とのあいだで起きる内面の葛藤：人間関係・心の問題への対応があまりにも合理的：生活空間が完璧に片付いていないと気が済まない：自意識過剰のせいですぐに不機嫌になる

れ、と思われているかもしれません。あなたは人を組織化する能力に優れるあまり、やりすぎに気づかないことがあります。度を越すと、持ち前の管理能力が押し付けがましい態度に転ずる可能性もあります。

求める水準が高すぎるあなたには、もう少し寛容さを学ぶ必要がありそうです。完全主義の傾向があるので、気をつけないと鼻持ちならない人間になりかねません。あなたにとって重要なのは、快適、美、そしてデザイナーブランド——どうやら、流浪生活にはまったく向いていないようです。

## ②大切なあの人とは？

あなたが健やかに生きるうえで、親密な人間関係はとても大切です。あなたはぴったりの人が見つかると、その人だけに尽くします。あなたに必要なのは、愛され、さらに尊敬されること。それを実感してはじめて、あなたはリラックスして楽しむことができるのです。

何をするにもパートナーと一緒にしたいと願っていますが、独りっきりで内なる自分と対話する楽しみも知っています。おそらく心の奥でわかっているのでしょう。人はしょせん孤独な存在なのだから、状況に応じて自分を律して生き残るほかない、と。こうした考え方のせいでひがみっぽくなったり、孤独を望んだりしないよう注意が必要です。ものごとをコントロールするのが好きなあなたですが、人間関係は会社の経営とは別物だと理解しましょう。

**✖著名人**

デビッド・クラーク（政治家）、ジョーン・フォンテイン（女優）、フレッチャー・ニーベル（小説家）、ローマ法王ヨハネ・パウロⅠ世、メアリー・マクファデン（ファッションデザイナー）、ディミトリ・ショスタコーヴィッチ（作曲家）、マット・デイモン（俳優）、ボビー・シール（活動家）伊調千春（レスリング選手）、後藤真希（タレント）、蛭子能収（漫画家）

---

最高裁が11番目の戒めを言い渡した。「汝、教室で十戒を読むなかれ」——フレッチャー・ニーベル

我々は前進を始めるべきだ。我々には活力と知性、正しいこと、すべきことを読む洞察力があるのだから。そうすれば受難はやみ、「生命、自由、および幸福の追求」という言葉が少しは人間にも理解できるようになるだろう——ボビー・シール

**統合のためのイメージ**

会社の恒例のクリスマスパーティーで、社長がサンタクロースに扮し、金のレリーフ模様が入った新しいレターセットを全社員に配る……自由の女神

83

太陽＊天秤座 ♎
月＊水瓶座 ♒

# 人が好きな個人プレーヤー

## あなたのテーマ

**風×風**

協調精神：自立しているがロマンティック：理性的：積極的：話し好き：真実と美を愛する：優雅なアナーキスト：超然としているが人道的：客観的：親しみやすい：感受性が強い：理想主義的：鮮明な空想：洗練された芸術的嗜好：はつらつとした社交性

あなたはチームの一員になりたいと願うものの、ときどき周囲に溶け込めない厄介な個人主義者として浮いてしまいます。人生本来のすばらしさ、真実、美をこのうえない信条とするため、ものごとをもう少しわくわくするものにしたいがためだけに、たまにまわりの人をひっかき回すこともあります。また、人にたいして好意的で理解がある反面、束縛されたり、タイプ分けされたりすることには猛烈に抵抗するでしょう。

あなたは理性的な理想主義者です。問題やジレンマは、理屈や議論で、あるいは最終的には法によって、解決できると考えます。社会、高尚な主義、社会のおきてを、ともするとそうしたものを作ったり動かしたりしている個々の人間よりも重視する傾向にあります。信じる主義を貫くことのほうが、あなたにとっては肝心なのです。そのせいか、あなたには夢想に浸ることで、失望に備えようとするところがあります。夢想を抱かない限り、だれ一人として――あなたを含めて――あなたの理想にかなう人などいないからです。

「平等、自由、兄弟愛」。それがあなたの信条でしょう。どんなにあなたが非現実的であろうと、友人たちはつねにあなたに善意を寄せ、活動や姿勢を励ましてくれるでしょう。あなたは魅力的で、人を惹きつけ、ウィットに富みますが、論争的なテーマを進んで持ちだして、穏やかで率直な物腰で自分の考えを明言する一面も持っています。問題のあらゆる面に目を向け、鋭い好奇心と人もうらやむ聡明さをさまざまな社交の場で発揮します。確固たる意見を持っていても、決してことを荒立てようとはしないため、外交官として理想的です。

友情はあなたにとってきわめて重要です。ただ、人の機嫌を損ねるのが嫌なので、素直に心を開くことのできない相手とはなかなか友情が築けません。あなたがくり返し直面するのは、自主性を犠牲にすることなく、いかに相手との調和や連帯感を保つかという問題です。穏やかで理知的なため、憎悪やねたみのような激しい感情につい圧倒されてしまいます。そうした感情は、あなたが追求する知的な世界秩序の敵に見えますが、皮肉なことに、あなたが心惹かれるのはたいてい感情的な人だったりします。

あなたは感情にもてあそばれる傾向があります。感情の陽気な

### あなたの最大の長所

持ち前の正義感：社会的良心と、人類への帰属意識：親切心と役に立ちたいという欲求：新しい考えを積極的に受け入れる：人の欠点にたいする穏やかで寛大な姿勢：公平で普遍的な視点への強い憧れ

### あなたの最大の短所

怠惰な傾向と野心の欠如：何が何でも理性的であれと愚直に主張する：自由放任主義的なやり方を強調するあまり、明確な回答や選択が出せない：理想主義が高じて非現実的になる傾向があり、満足な結果が得られない：自分が他人に依存していることを知らない：頭の中に空想の城とユートピアを築きながら、ぼんやりと人生を送る傾向

追いかけっこに引きずり込まれ、気分の高揚と失望のくり返しに翻弄《ほんろう》されながら、じつは感情の駆け引きにすっかり魅了されてしまうのです。そして自己演出の才をますます伸ばしていくことに。「人の行動は、なぜこれほど理不尽なのか」と考え込むそぶりを見せつけながら、おもしろいことになったとほくそ笑んでいるのがあなたです。もし文学に傾倒しているのなら、新作の構想が練れることでしょう。

### ③大切なあの人とは？

社交の場において生き生きするタイプで、人がどんな扱いを好むのかを知っています。移り気でありながら誠実、挑発的でありながら冷静、控えめでありながら単刀直入。あなたにはこのような二面性があるのかもしれません。どんな形の人間関係も大事にしますが、すべてに優先させるのは真実の愛です。愛情に囲まれていながらも、どこか傍観者的で冷めたところがありますが、じつはさらなる愛情を不思議なくらい渇望しているのです。

人生をきわめて知的にとらえているにもかかわらず、あなたは人をロマンティックに理想化し、理想化した相手、さらにその相手との関係について想像を巡らせます。その気になれば情熱的にも献身的にもなれる人ですが、人間関係における「べき／べからず」にかたくなにこだわる、その子どもっぽい傲慢さは変えられないでしょう。あなたはさながら、人間の感情、動機、生きる目的を知り尽くした優秀な心理学者のよう。しかしいざ実践となると、相手とのちょっとした心理的緊張やあつれきに面食らうのかもしれません。でも、そこで簡単にあきらめないのがあなたです！

**✖著名人**

ジョージ・ガーシュイン（作曲家）、R・D・レイン（精神科医）、ジョン・ル＝カレ（スパイ小説家）、ティモシー・リアリー（心理学者、サイケデリック・ムーブメントの導師）、ジョン・レノン（ミュージシャン、ソングライター）、スーザン・ルーカス（小説家）、吹石一恵（女優）、高橋真麻（アナウンサー）、清野菜名（女優）

---

なにか欲しいものがあるなら
なにか僕にできることがあるなら
僕を呼んで
すぐに届けるよ　愛を込めて　僕からきみへ――ジョン・レノン

スイッチを入れろ。波長を合わせろ。ドロップアウトしろ――ティモシー・リアリー

**統合のためのイメージ**

文学界の急進派が、政府の軍事政策に抗議するため「ラブ・イン」をおこなう……優美なオペラ劇場で、時代の先端を行くジャズミュージシャンが、交響楽団とラグタイムを共演する

84

## 太陽＊天秤座 ♎
## 月＊魚座 ♓

# センスのよい唯美主義者

### あなたのテーマ

**風×水**

感情豊か：芸術的：適応性がある：物欲しげ：移り気：社交的：おしゃべり：情緒面の理想主義者：きわめてロマンティック：愛情豊か：洞察に富む：依存している：優柔不断の傾向：感覚的知性：寛大：役に立つ：豊かな想像力：怠惰

きわめて優美な魅力と、品のよい如才なさに恵まれたあなたは、だれよりも気さくで人当たりのいい人です。天性の人心掌握《じんしんしょうあく》術と親切心で、人を喜ばせることに至福を感じます。ロマンティックな理想主義者ゆえに、だまされ、感化されやすいところも多分にありますが、ユートピアの夢追い人として、公私を問わず社会的平等のために汗を流すでしょう。

あなたは人を観察し、分析します。他人の意見を探り、その鋭い洞察力で自分の意見に改良を加えます。生来の寛大さと想像力のおかげで、たとえ相手がドラゴンであろうと心の内に入りこみ、相手の見解を感じとり、相手の気持ちに成り代わることができます。そうやってあなたは、隣人――悪党であれ聖人であれ――の考えを苦もなくたどるのです。

あなたには、探偵や心理学者、あるいは俳優のようなところがあります。人の行動の裏にはたいていいくつもの動機が複雑に入り混じっていることを、あなたは本能的に知っているのです。そのため、衝動的に審判をくだすよりも、まずは見て理解しようとします。公的な顔の裏に隠された私的な感情をのぞき込む能力、この不思議な能力は、あなたの性格に神秘的な雰囲気を添えています。社交性に富み積極的なところがある反面、心の奥では相手の本心を、つまり醸し出された雰囲気に潜む真のメッセージを探っています。

人のために働くのが当たり前というあなたは、起業をしても、大きなプロジェクトの中で働いても、能力を発揮します。意見の分かれる問題を円滑に如才なくさばくことができるのは、一致団結という大義がもともとあなたの心情に近いからです。

働きぶりは奥ゆかしく魅力的。あなたは、相手の言葉の裏側にある感情や思いに耳を傾けられるので、カウンセラーやグループの世話役としても優れています。多種多様、奇想天外な人間の本性に向き合ったときの、あなたの心の広さと謙虚さは、フェアで思いやりに満ちた印象を人に与えます。だから、あなたは慕われるのです。

### あなたの最大の長所

直観力：審判をくださず、まず共感する：「壮大な理念」（愛、兄弟愛、自由）をロマンティックに信奉する：傾聴し理解する能力：スターのような艶やかな気品を装いながらも、子どもの純真さを失わない才能

### あなたの最大の短所

信念の欠如：人生の岐路で優柔不断になる：恋愛の楽しみが薄れてくると、新たな出会いを求めてさまよう傾向：無数の観点や見解に共感する――混乱を招き本来の自分を見失う、そして自信を取り戻すために、自分の殻に閉じこもる事態になりかねない

## 大切なあの人とは？

親密な人間関係は、あなたの人生の中枢をなします。それはあなたが、他者と一体化し、他者の最善の利益に共感することで、自分自身と自分の最善の利益を見いだす人だからです。

ただし、恋愛感情が芽生えてきたら要注意。心のバランスを崩す恐れがあります。身も心も捧げて、相手と一心同体になりたいと願うあまり、あっけなく恋愛幻想の犠牲になることが珍しくないのです。あなたは恋人をひたすら信奉したいと願い、心のどこかでは、相手にひれ伏し自分の全てを捧げたいとまで望んでいます。そうすれば、自己放棄の甘い夢に浸かっていられると。この切望が自分を殉職者にみたて、恋人から踏みにじられる役目を無意識に受け入れるという、お決まりのパターンにつながりかねないのです。

他人の苦しみが耐えられないという状況、あるいはパートナーに尽くしすぎるといった体験を通じて、あなたは自分の精神力の源を発見するでしょう。そして無意味な共感と絶望から抜け出るとき（こういうことは、この先ずっと周期的にあります）、じつは自分がどれほど強い人間なのかを知るでしょう。人に激しく感情移入するたびに、あなたは選択を迫られます。自己憐憫《れんびん》の甘美なぬかるみに溺れるのか、あるいは自己認識を新たに強くし、経験から得た英知に基づき行動することを肝に銘ずるのか。いずれもあなた次第です。

**✖著名人**

アレイスター・クロウリー（神秘学者）、リリー・ラングトリー（女優）、キャロル・ロンバート（女優）、イヴ・モンタン（俳優）、アンソニー・ニューリー（歌手）、ユージーン・オニール（劇作家）、マリー・ストープス（フェミニスト、産児制限運動家、詩人）、ピエール・トルドー（カナダ首相）、キャサリン・ゼタ＝ジョーンズ（女優）、ビビる大木（タレント）、生田斗真（俳優）、佐藤藍子（女優）



世界の美であれ、人格の美であれ、魂に宿る美であれ、この世で美ほどわたしが崇敬するものはない
——マリー・ストープス

人生の現実には誰だって逆らえない……しまいには、なりたい人間になろうと思っても思うようにならず、ほんとうの自分を永遠に失ってしまう——ユージーン・オニール

**統合のためのイメージ**

舞台の幕が下りる。役者が仮面を脱ぎ、ひとり静かに鏡をのぞきこむと、そこには空想の友だちと一緒に遊ぶ6歳の自分がいる

85

太陽＊蠍座 ♏
月＊牡羊座 ♈

# 勇猛果敢で一途なファイター

## あなたのテーマ

**水×火**

人生にたいして貪欲：戦士と戦略家を兼ねる：激しやすい：性急だが慎重：献身的：使命感に燃える：野心的：勇敢：決然とした：自己中心的：情熱的な主張：強情：自尊心と説得力がある：非情：頑固な個人主義者

戦え！かかれ！——止むに止まれぬ闘志に駆り立てられ、あなたはどんな戦いであろうと戦闘開始の合図には必ずはせ参じます。それでいて、皆がまったく気づいていない不協和音を、いち早く感じとることもできる人です。これは、でしゃばりな性格と、自制心を持ちたいという願望が、あなたの心の内でせめぎあっていることに起因します。

生来の誇り高さ、野心、活力、自尊の念ゆえに、何とかして偉大になりたい、世界に名をはせたいと考えます。その際には、知識も経験も無しに、無鉄砲に危険に突進するのかもしれませんし、わなや落とし穴を強く警戒しながら、いつかは頂点に立つという決意とそのための戦略を胸に世の中に近づくのかもしれません。どちらの方法をとるにせよ、あなたが人生を戦い抜く闘士であることに変わりはありません。さらに戦略家を兼ねることができれば、向かうところ敵無しでしょう。

あなたは公私を問わず「志高く、まっすぐに立つ」人。しかし、言葉にしにくい、胸の中でくすぶり続ける静かな情熱と、表舞台に躍り出て、これからすることを高らかに宣言したいという衝動との間で、ジレンマに陥ることもあるでしょう。激しい感情の起伏にもかかわらず、生き方においては一途な姿勢を貫き、周囲にその姿勢を認めさせる説得力を持っています。すべてに優先するような、意気に感じる個人的使命を得られたときこそ、あなたは輝きます。

相反する二面性を両輪に、エンジン全開で発進したときのあなたは、激しい情熱と旺盛な行動意欲を自在に操り、単なる個人的な希望だけでなく、もっと大きな信条を守りたいという願望までも叶えようとします。そうなったとき、あなたはまさしく人々を奮い立たせる存在となり、信念の炎を周りにもともすことができます。

その明敏な頭脳・鋭い機知・優れた洞察力・先見の明・強い目的意識ゆえに、あなたは天与の問題解決能力を持ち、だれもが解決不能と考える難題に取り組むことに喜びを感じます。教育や科学の領域であれ、医療や社会福祉の分野であれ、芸術あるいは商売の世界であれ、人生に対する真摯で断固とした姿勢にもの言わせ、逆境において活躍します。自分に厳しいタイプで、みずから課した目標を達成するよう全力を傾け、周囲にも同様に高い要求

### あなたの最大の長所

人を動かし鼓舞する能力：鋭い洞察力：粘り強い勇気：強い目的意識：人を引きつける個性：カリスマ性：説得力：賛同する主義には全力を傾ける

### あなたの最大の短所

移り気：気難しい：短気：意見を異にする人にたいして不寛容：言い逃れをする傾向：視点を変えたり、進んで譲歩したりするのを嫌う：他人の感情に無神経：仕事中毒

を突きつけます。しかし、あなたの理想が伝われば、相手は心からやる気になり、能力を発揮させることができるでしょう。あなたには、自己処罰の傾向があるせいで、時には疲労の極限と言えるほどまで自分を追い込むことがあります。みなぎるエネルギーを使い果たして動けなくなる前に、意識的にリラックスする時間を持ちましょう。

人間の攻撃性の厳しさをよく知るあなたは、アイスホッケーやスカッシュのようなスピーディーで好戦的な競技を通して、その気性の荒々しさやスタミナや負けん気の強さをうまく発散させる場合もあるでしょう。行く手を阻む者がいれば、臆せず激しくやりあうあなたは、場合によると友人からも敵からも、短気で好戦的な人と受け取られがちです。しかしその一方で、本当に困ったときに頼りになる人、戦場に駆けつけ、あふれる元気と威勢と、ときに過剰なほどの野卑なユーモアで、みなを力づけてくれる人だとも思われています。

## ②大切なあの人とは？

相手が親友であろうと、天敵であろうと、疑ってかかるのがあなたの性分です。優秀なリーダーになりえる人ですが、協調性に欠け、愛想のよすぎる人間を怪しむところがあります。しかし、ひとたび「この人」と心に決めれば、相手に精いっぱい尽くし、相手にも同じことを求めます。共通の関心事が多く、互いに気が合い、共有する信条のために一緒に戦うことのできる相手との関係に、このうえない居心地のよさを感じます。喜怒哀楽が激しく情熱的なあなたは、そばにいたい人が見つかると、その人にターゲットを定め、粘り強く熱意をぶつけて愛を勝ち取ろうとするでしょう。しかし、人の話を聞くことを学ばなければ、パートナーの本当の願望やデリケートな感情は察知できません。自分の考えが唯一絶対だと決めてかかり、相手の気持ちを容赦なく踏みにじる恐れもあります。やがて、最愛の人とたえず言い争う、けんかばかりの毎日にはっとさせられるかもしれません。

### ✕著名人

聖アウグスティヌス（初期キリスト教会の教父）、ベンヴェヌート・チェリーニ（芸術家、冒険家）、アラン・ドロン（俳優）、チャールズ·H·ダウ（エコノミスト）、ビル・ゲイツ（マイクロソフト社会長）、シャルル・ド・ゴール（政治家）、マルチン・ルター（宗教改革者）、サリー・フィールド（女優）、メグ・ライアン（女優）、カズオ・イシグロ（作家）及川光博（俳優）、高嶋政伸（俳優）、内田有紀（女優）

主よ、わたしに貞節を与えてください……ただ、いまはまだ。たとえ偉人であろうとも、長年異端を論じてきた者は救われない
——聖アウグスティヌス

偉業は、偉人を得ずして成ることはない。人は、偉大たらんとする決意を持ってはじめて偉人になる
——シャルル・ド・ゴール

### 統合のためのイメージ

社会運動家が、自分の真理のために戦う……ひたむきな科学者が新たな知的領域を開拓する

## 86

太陽＊蠍座 ♏
月＊牡牛座 ♉

# 美を愛するこだわりの人

### あなたのテーマ

**水×地**
静かな力強さ：決意：他者を気遣う：秩序と統制で内面の動揺を覆い隠す：官能性と自制心：物質界の謎

あなたの中には、光と影が同居しています。あなたは春の色と香り、その味と音と光をこよなく愛でながら、秋の陽射しの衰えや朽ちゆく草木、その神秘にも等しく魅了される人です。誰にもましてクリアに、あなたは世の中を見ています。官能の快感と生の喜びが、死と退廃という、陰鬱で避けることのできない脅威と手を取り合って踊っている。世の中をそんなダンスと見て取っているのです。それゆえ、快活な楽観主義と暗澹《あんたん》たる悲観主義のあいだで、あるいは生活を楽しみたいという願望と生活を悪影響から守らねばならないという責務のあいだで、心引き裂かれることもあるはずです。

こうした二面性がひとつになって作用するとき、あなたは激しい理想主義につき動かされ、世の中にあって、永遠に揺ぎなく信頼の置けるあらゆるものを守り広めていきたいと感じるようになります。また、社会や個人の癒しと再生を促すような仕事に、夢中になってのめり込んでいく可能性も高いでしょう。

融通が利かず、内省的、内向的と見られがちですが、生来あなたはきわめて実践的で、事実を重んじる人です。友人はみな、あなたを試金石とか頼もしい岩と感じていることでしょう。表には目立ちませんが、あなたは豊かな精神生活を営み、空想力に恵まれています。そのため、ありのままの事実を見るだけではなく、その先にある神秘や未知の挑戦に引き寄せられます。調査研究において天賦《てんぷ》の才と強い関心をあわせ持ち、活躍の場は科学や芸術、あるいは実業界や地域社会など多岐にわたるでしょう。キャリアを築くのが心理学、社会学、医学、考古学、あるいは実業界であれ、あなたは愛、献身、憎悪、恐れ、貪欲といった人をつき動かす基本的衝動を深く理解します。何をするにせよ、責任を持って没頭したいと願い、いったん関心を持てば、目移りすることはめったにありません。ものごとの価値を正しく理解し、鋭敏で抜け目のないビジネス感覚を往々にして持ち、金銭や財産の運用能力に恵まれます。しかし、実際は金銭にたいして愛憎半ばする気持ちを抱いているのかもしれません。

あなたは本来もの静かで心優しく、たとえ激しやすく個性的であっても、人との調和を心の糧にします。ただし、ことプライドと自尊心が脅かされると感じると、驚くほど独断的で頑固になり、へそを曲げることさえあります。そのように人の意見に反発することで、自分が大切にしている価値観は譲れないという決意表明

### あなたの最大の長所

自分がしていることに全身全霊を捧げる能力：人間の基本的欲求および金融・経済の現実を自然に理解している

### あなたの最大の短所

頑固に自分の意志を押し通す：強情：独占欲：自分が知っていることに固執する傾向：感情面での問題における自己不信：他人の動機に気づかないことがままある

をしているのです。精神的な強さに加えて、思いやりあふれる繊細な心と明快な常識をあわせ持つため、カウンセリングや社会福祉関係の仕事に関心を寄せるでしょう。職業が何であれ、人の役に立つ仕事に一生を捧げるような生き方をしたい、堅実で実践的なやり方で世の中に貢献し、活躍したいと強く願います。

仕事も遊びも一生懸命。私欲と無私、美食と粗食のあいだを激しく行き来する人です。おいしい食事（おそらくあなたは料理が得意なはず）と気がおけない仲間と美しい音楽を大切にしながらも、それがあなたの自制心を奪わないように、楽しみを抑えようという逆の願望も働くのです。あなたにとって重要なのは、献身的に責任感を持って全力で人生を生きることです。

## 大切なあの人とは？

身近にいる大切な人を心から気遣い、どんなときでも即座に状況を察知することができる人です。ただ、頭の中の考えを言葉に出すのは苦手なようで、どこかそっけなく他人行儀なところがあります。

感情をはっきり表し、独占欲が強く、ものごとを白か黒かで判断するあなたは、恋愛にたいして強いこだわりを持つ場合もあります。感情に突き動かされ、官能的な喜びを見出すと、その悦楽に身を委ねずにはいられなくなる。でなければ強く自制が働き、特定の相手との関係にもてる情熱を全て注ぎ込み、それ以外の人を排除するでしょう。あなたは自分の愛情と引き換えに、パートナーからも同様の献身的愛情を得たいと求め、期待します。

慎重でなかなか恋には落ちませんが、いったん人を好きになると、命をかけてまで相手を愛しぬこうとするでしょう。

**✖ 著名人**

チャールズ皇太子、マイケル・クライトン（映画監督、作家）、ウォーレン・ハーディング（アメリカ大統領）、クリフォード・アーヴィング（作家）、ダニエル・ネイサンズ（ノーベル賞受賞の微生物学者）、デミ・ムーア（女優）、ロイ・シャイダー（俳優）、富野由悠季（アニメ監督）、深田恭子（女優）、紗栄子（タレント）、えなりかずき（俳優）、東尾理子（プロゴルファー）

英国の経営者は、人的要因の重要性を理解しているとは思えません
——チャールズ皇太子

アメリカがいま必要とするものは、英雄的行為ではなく休養である。妙薬ではなく平常である。革命ではなく復古である——ウォーレン・ハーディング

### 統合のためのイメージ

著名な外科医が蓄財する……成功した実業家が人生の謎を探る……プルートがペルセポネを冥府に連れ去る

87

太陽＊蠍座 ♏
月＊双子座 ♊

# 勘と才気に満ちた話し手

## あなたのテーマ

**水×風**

機転が利くが感情が激しい：情熱的だが客観的：大望を抱きつつも、のんき：鋭い洞察力：心理を理解する能力：コミュニケーション：詩：風刺

空を舞う蝶、日光浴をする人々、屈託の無い明るい歓声は、太陽の光を浴びて輝きます。かたや夜になると活発になるのが、研究に没頭する天文学者、思索にふける人、恋人たち、心配の種。昼夜どちらが自分の時間なのか、あなたは判断しかねています。あなたは明るく、朗らかで、機知に富み、社交的で、はっきり言ってけっこう浅薄なところがある人でしょうか？　それとも、暗く、心配性で、情熱的で、ミステリアスな、宇宙の神秘の探求者なのでしょうか？　キリスト教の「7つの大罪」については不真面目で皮相な見方をするくせに、つまらないことにはやけに真剣になるあなたには、人の興味をかき立てるような二面性があります。

二つの側面を等しく同時に働かせることができれば、天性の頭の鋭さを活かして、生きるうえでの智恵と人間心理を人に伝えることができます。この能力は、作家や芸術家、あるいは音楽家としての訓練を積むのであれば、とくに強みとなります。読者や鑑賞者を深層心理へ導けるようになるからです。さらに一個人にたいしても、相手が直視したくなかったり、単に見えていなかったりする自身の心の奥の問題を、探り当てたり言語化したりする手助けをします。そのため心理学者、カウンセラー、セラピストとして才能を発揮するでしょう。あるいは、隠された事実や神秘的なことがらを鮮やかなイメージに転換することができるので、作家や教師といった職業につく場合もあるでしょう。ことコミュニケーションに関しては、一方ではたんなる村の噂好きでありながら、他方では秘密を墓まで持っていくような面も持ち合わせています。いずれにせよ、最初に秘密の肝心な部分を聞き出すのはあなたです。

激しさと楽しさをあわせ持つあなたは、おそらく笑いのセンスが抜群なはずです。決戦へと真剣な面持ちで進軍しているさなかに、突然、笑いの渦を巻き起こすタイプです。悲惨な出来事や死をものともせず、ぎこちない雰囲気を和らげ、悲劇から喜劇へと一足飛びする能力を発揮しますが、それでもなお問題から目を逸らさず、それが人類の未知への旅においてどんな位置付けにあるのかを見据えようとします。そうした笑いのセンスとテクニックはまた、漠然とした気がかり・恐れ・不安を募らせる傾向を和らげるのにも有効です。それができないと、あなたは自分を危機的

### あなたの最大の長所

休むことを知らないエネルギーと好奇心：理解を目指す：感覚を概念に翻訳し、人の感情の多様性を言葉に置き換える能力

### あなたの最大の短所

情緒不安定：気まぐれ：自己不信と不安：分裂と不一致の感覚：熱したり冷めたりで当てにならない

状況へ追い込みかねません。

人類の喜怒哀楽（自分の感情においても、他人の感情においても）にたえず好奇心を抱き、人間の経験の全貌を明確に表現するという作家の資質を備えています。暗く破滅的な性的領域にとくに好奇心をそそられるあなたは、そのようなことがらを深刻に扱うことも、辛らつなウィットで笑い飛ばすこともできる人です。

とはいえ、感情のおもむくがままに自分を解き放ち、相手と本当に深い仲になるのは、実際にはなかなか容易ではないと知るでしょう。もしかしたらあなたには、みだらなことを追い求めるのぞき趣味があるのかもしれません。生き生きとした情熱の代わりに理性を用いようとして、あなたは何につけても一歩離れたところに自分を置き、自制心を保とうとします。しかし、そのことが、あなたを自然な感情の発露《はつろ》から遠ざけ、極度の心細さと無力感に陥らせることになるのかもしれません。

## 大切なあの人とは？

人生の表層を軽やかに舞い、いきなり深みに飛び込んだかと思えば、新鮮な空気を求めて上昇する――恋愛において、あなたは安心感を切に願いながら、選択の自由を残しておきたいとも考えています。相手に首ったけかと思えば、浮気の虫が騒ぎ出すなど、その態度も煮えきりません。しかしそれこそが愛憎の葛藤をかかえるこのエレメントの特徴です。あなたは人の気を惹きたいという欲望と、自由でありたいという心理的要求との板ばさみになって苦しみます。

あなたにとって精神生活は人生の中心、同時に人生の彩りでもあります。恋人にたいしては忠誠心が強いものの、無邪気なまでに不実で実証主義的になれる人です。さまざまな色彩に変わりゆく鮮やかな感情という世界を、心から探索したいと願っているのです。あなたはこよなく愛するのは、人間の多様性をありのままに楽しみ、人々を突き動かす感情を探ること――それも、できれば一流シェフの料理を味わいながら。

**✖著名人**

スティーヴン・クレイン（作家）、ニコラス・カルペパー（薬草医）、フョードル・ドストエフスキー（作家）、キース・エマーソン（ロック・ミュージシャン）、ジェイムズ・エルロイ・フレッカー（詩人）、ゴールディー・ホーン（女優）、ティナ・レナート（マイム・アーティスト）、コンラート・ローレンツ（動物行動学者）、オーギュスト・ロダン（彫刻家）、リリー・フランキー（作家）、高橋メアリージュン（女優）



もし悪魔が存在しないとすれば、人間が創造したものということになる。人間は己の姿や心に似せて、悪魔を創り出したんだ。
わたしは深層へと潜行する。そして、すべての原子を分析することで全体像を追い求める
――フョードル・ドストエフスキー

### 統合のためのイメージ

トリビアル・パースートが、死を匂わせる……バイオリンの巨匠の演奏が、聴衆の心を揺さぶる……漫画に描かれた生命の神秘……ドストエフスキー『カラマーゾフの兄弟』……ロダン『キス』『手』。

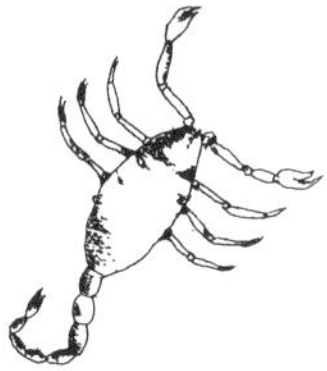

88

太陽＊蠍座 ♏
月＊蟹座 ♋

**あなたの最大の長所**

勘が鋭い：立ち直りの早さと不屈の精神力：虐げられた人々を育む包容力：ものごとの実情を知ったうえで適切な対策をとり、意見や感情の調和を取り戻そうとする能力

**あなたの最大の短所**

客観的な推論の代わりに、主観的な直感を用いる傾向：自己憐憫に浸り、否定的な感情にとらわれる：世界は自分を中心に回るべきと主張するような、ある種の自己中心的な感覚

# 自信と落ち着きに満ちた世助けの人

## あなたのテーマ

**水×水**

外柔内剛：深い洞察力：創造力豊か：心が敏感：カリスマ的：強い義務感：派閥を作る：協力的：誠実：抜け目がない：情熱的な献身：皮肉屋：きわめて慎重：秘密主義：自意識が強い：あふれる精神力

強さと優しさ、情熱と感傷、自己犠牲と自己主張――このすべてを少しずつ備えているのが、あなたという人間です。ほとばしる熱情と繊細な感受性、過去への郷愁と現実的な欲求が、あなたのなかでは渾然一体《こんぜんいったい》となっているのです。普段は思いやりがあり、優しく、明るい人ですが、ひとたび誰かがあなたやあなたの愛する人の弱みに付け込もうとすると、どういうわけか突如、戦闘モードに入り、静かな（あるいは、それほど静かではない）怒りを爆発させます。

あなたはきわめて感情的な人。感情こそが自分を運命へ導いてくれると考えるため、それが正しいと信じる方へ向かっているのか確認せずにはいられません。人の望みを強く感じとり、人に親切にしたいと思うものの、あなたが最優先させるのは自分自身の生き残りです。

勘の鋭い人なので、理屈では説明できない発想に基づいたり、人や出来事に感情的に反応したりして、行動を起こすこともたびたびです。しかもその行動は、動機に論理的な説明がつかないにもかかわらず、たいてい正しいのです。あなたはどこか探偵のように頭を働かせ、隅から隅まで徹底的に人の弱点を探します。また、人を疑ったり、ガードを固めたりするきらいがあり、なにか直感がわくと、それを安全な場所にしまいこみます。

感情は、文字通りあなたの体内を流れ、あなたに人や世界について多くを感じとる能力を授けてくれます。揺るぎない自信と落ち着きを醸し出すあなたは、周囲から頼れる人と慕われます。別に派手なやり方で権力を振るわずとも、人はあなたの能力と影響力をひしひしと感じとるのです。傷ついた心を鋭く読み取り、深く共感する能力があるので、理解ある心理学者、あるいは優秀な医者や看護師になれるでしょう。原因究明が好きな性分は、行動の背後にある動機を探る際や、生命の鼓動を解剖・分析することのできる科学に興味を持った場合に、役に立つでしょう。

「古きよき時代」に格別な愛着を持っていますが、自分の人生は自分で決めたいという欲求や、世の中で名声を得たいという大望があるので、現実を見失うことは決してありません。きわめて繊細であると同時に自己主張も強いあなたは、大衆心理を巧みに刺激し、適切な策をとることで、大衆が求めるものを与える才能に恵まれています。あなたが弱者の向上のために働かずにはいられないのは、ひそかに人を気遣い、思いやるという性格のせいです。そうした性格はまた、あなたに自助努力を促し、献身的な親や仕事熱心なビジネスパーソンになるのに一役買っています。実際、海千山千《うみせんやません》が横行する実業界の荒海に泳ぎ出るときには、その抜け目のなさ、手強そうな外見、ひたすらじっとしている耐久力が役立つでしょう。利己主義や無慈悲な決断に走る面と、伝統的な家庭の価値を尊ぶ面を両立させられれば、成功が手に入ります。

## 大切なあの人とは？

相手と精神的に支え合いたいと熱望し、人間関係を人生の中核に据えています。感傷に浸りきるあまり、ふと気がつくと、子ども時代を再現しようとしていることがあるかもしれません。あなたはだれかに完全に依存する至福を味わいたい、あるいは幼い頃の憂さを晴らしたいと願っているのです。この願望ゆえにあなたの恋人は、いやいやながら親代わりになるとか、反発しながらも子どもに戻ることを強いられます。どちらに転ずるかはあなたの独占欲の強さ次第ですが、とかくあなたは恋人を独り占めしたがります。

官能的で、情愛が深く、ロマンティック。心の平和を切に求め、それが手に入れば、きわめて献身的で魅力的なパートナーになる人です。けれども、相手に尽くしすぎ、神経質になりすぎると、その気配りが相手には窮屈とか、口うるさいとか、策略的と受け取られるようになります。自分に狂信的な傾向があることを認めましょう。そのような傾向は、愛する相手には耐えがたいものかもしれませんが、仕事においては奇跡を呼ぶことがあるのですから！

### ✖著名人

アンドレ・ジード（作家）、オリバー・ゴールドスミス（詩人）、イーディス・ヘッド（アカデミー賞受賞の衣装デザイナー）、テイタム・オニール（女優）、ダン・ラザー（ニュースキャスター）、ウィル・ロジャース（ユーモア俳優・作家）、セオドア・ルーズベルト（アメリカ大統領）、西田敏行（俳優）、伊原剛志（俳優）、城島茂（タレント）、aiko（ミュージシャン）、渡辺満里奈（タレント）、前澤友作（実業家）



ありふれた格言だが「こん棒を手に、穏やかに話せ。きっとうまく行く」
——セオドア・ルーズベルト

ペットのオウムを町一番のおしゃべりに売り渡しても恥ずかしくないような生き方をしよう
——ウィル・ロジャース

### 統合のためのイメージ

母鷲が勇気を振り絞りひなを守る……外科医が人命救助法を開発する……母親が罪を犯した我が子を熱心に弁護し、温情ある評決を請う

89

太陽＊蠍座 ♏
月＊獅子座 ♌

# 昼と夜の顔を持つ人

## あなたのテーマ

**水×火**

公と私：外向と内向：陽気あるいは陰気：軽快だが強烈：力強い：意欲的：抜け目がない：一意専心：熱烈：戯曲と詩のセンス：卓越の境地を懸命に追い求める妥協を許さない表現の人

あなたに似合う季節は輝かしい夏の盛り？　それとも陰鬱な日の続く晩秋でしょうか？　あなたの心の内には、光と影がどちらも色濃く存在しています。あなたの半面は、真昼の太陽が輝く世界を愛し、もう半面は真夜中の暗い夢を求めています。

率直で、隠し立てが無く、目立つ一方で、それと同じぐらい遠慮がちで、秘密主義で、人前に出たがらない人です。自分は社会でスポットライトを浴びて当然だと思いながら、いざステージの中央に立つと、人目を避けて隠れたいと心のどこかで感じていることにはっとするのです。公と私が矛盾しあうこのような緊張関係は、あなたの内面に相当な不安をもたらす可能性があり、なにかを創造するうえでのジレンマの種となるでしょう。あなたが冬に濃い色のサングラスをかけたくなるのも、夏に人里離れた手付かずの自然を探し求めたくなるのも、もっともなことなのです。

あなたが持つ昼と夜の両面をうまく結びつけることができれば、太陽と月の全コンビネーションのなかで、最も熱意にあふれ、説得力があり、意欲に満ち、周囲を奮い立たせる人間になるでしょう。高い理想、創造意欲、強い目的意識を備え、深い闇に光を当てることができる人です。無知、闇、退廃、腐敗がある程度進むと、自分も世の中も破滅するのではないかと恐れ、そうしたものから自分たちを救いたいという思いに駆られることもあるでしょう。そのため、医療のような、世の中を変えることのできる仕事に魅力を感じます。

だからといって、あなたが控えめな聖人というのは大間違いです！　おかしいと感じた人、ひどく思い上がった人、うぬぼれ屋、あるいは功名心《こうみょうしん》に駆られた人を、皮肉屋のあなたは歯に衣着せずに批判するでしょう（とはいえ人というのは、直視できない自分の嫌な面を、他人に見つけて憎むものです！）。

喜怒哀楽や欲求が強烈で、人にとって最も基本的な性欲、金銭欲、権力欲、出世欲に駆り立てられることがあります。なにをするにせよ、あなたは「ひとかどの人物」になることを望みます。自分にはその価値があると思い、本当に幸せになるためには、なんとしても権威ある地位につかなくてはと考えます。あなたはなにごとも「白か黒か」と考え、なかなか妥協できません。それを人は無節操な野心と見るかもしれませんが、あなたはただ自分に忠実であるだけ、本質的な高潔さに従ったまでと考え、我が道を

### あなたの最大の長所

天賦の説得力：人を惹きつける魅力とカリスマ性：忠誠と情熱：共鳴する仕事や主義には、創造力を働かせて没頭する：暗黒のなかに光を見出し、その光をさらに輝かせる能力

### あなたの最大の短所

権力を冷酷に追求する：教養人を気取る：意見を異にする人や、多少なりとも自分の邪魔になる人への不寛容：自分の目的のためなら、手段を選ばない

進みます。

ものごとを強く心に感じとり、想像を巡らせるあなたは、それに表現を与えたいと願います。詩と戯曲のセンスに恵まれ、演劇とあらば何にでも夢中になるのもそのせいです。あなたにおいて、中途半端はありません。生と死を強く意識し、それがあなたを創造へと激しく駆り立てます。創作活動によって、死神を倒すことができると感じているのです。

何をするにせよ、あなたには正しいことをしているという確信が必要です。ひとたび確信を得れば、恐ろしいほど一途になり、自分の主義を押し進めるために必要とあらば何でもするでしょう。自分の手を汚すことを恐れないあなたは、人がしない仕事、あえてしようとは思わない仕事を引き受けます。支持する者の少ない決定を熱烈に粘り強く支持することに、なによりの幸せを感じる人です。

ひとたび社会人として世の中に出ると、頂点に立つ自分の姿を当然のごとく思い描き、必ずそこへ到達しようと脇目も振らずに努力します。個人として経済的な成功を収め、なおかつ社会の尊敬を得ることが、あなたにとっては非常に重要です。勤勉で、仕事中毒の気味さえあるあなたは、何を目指しても最後には実権を握ることでしょう。キャリアのためなら、表向きは人の意に沿うこともできる人ですが、実は一匹狼的な激しい面を持ち、自分らしく働きたいと願っています。本当に大望を実現しようと思うのであれば、自営という手段を講じる必要があります。

## 大切なあの人とは？

情熱的でロマンティックなあなたは、人間関係を限りなく重視します。しかし気性が激しく、忠誠心が強いため、「ただのいい友達」でいることに苦労します。「好きか嫌いか」という状況に自分を追い込む傾向がありますが、怖気づくと、すっかり手を引いて、相手とのかかわりを断つこともあります。

恋愛に夢中になるあなたは、相手にも自分のように夢中になることを求め、互いが等しく献身的であるよう期待します。生きているうちに、あなたは恋愛における劇的な変化を何度か経験するでしょう。若いうちは、激しい感情のおもむくままに行動する可能性が高いものの、歳をとるにつれ、セックスや個人的な喜びを超えた境地に達したいと考えるようになり、長期にわたって満足感を与えてくれる、何らかの理念を持つようになるでしょう。

**✖ 著名人**

テリー・ギリアム（漫画家、映画監督）、ルース・ゴードン（女優）、ローレン・ハットン（女優）、キム・ハンター（女優）、ベロニカ・レイク（女優）、ヘディ・ラマール（女優）、アンドレ・マルロー（作家、政治家）、エズラ・パウンド（詩人）、ジュリア・ロバーツ（女優）、チャッド・ヴァラ（サマリタンズ創設者）、フリードリヒ・フォン・シラー（詩人、劇作家）、灰谷健次郎（作家）、中村憲剛（サッカー選手）

ふんっ！　おれは三つの町で女を歌ってきた。
だがそんなことはどうでもいい。
これからは太陽を歌うことにする。
銃と樹の違いは……テンポの違いだ。
樹が爆発するのは毎年春ときまっている――エズラ・パウンド

**統合のためのイメージ**

ひとりのサマリア人が、陽の光を鏡で穴に反射させて暗い洞穴を照らし、そこに暮らす人々に希望をもたらす
……セクシーなスーパースターが新たな慈善事業を創出する

90

太陽＊蠍座 ♏
月＊乙女座 ♍

# 内に秘めた情熱を持つ繊細な人

## あなたのテーマ

**水×地**

情念と敬虔：働き者のマルタと敬虔なマリア：建設的な空想：ロマンティックだが実際的：勤勉：静かな献身：明瞭：良心的：単純：鋭い批判：冷酷な完全主義：分析力：組織運営にたける：熱烈な忠誠：ウィットに富む皮肉屋

あなたは謙虚で控えめでありながら、激しい功名心《こうみょうしん》を内に秘めています。あるいは逆に、気力に満ち断固とした人なのに、手強い相手を前にすると驚くほどへりくだり、おとなしくなるのかもしれません。あなたは自分の人生を掌握しているかのように見えますが、実際にそのとおりの人です。「材木を切るのが1回ですむように、2度確実に測れ」をモットーに、論理的かつ慎重に考えてから行動を起こすことで、人生の舵取りをしていきます。けれども、ときにその論理を混乱させる強い感情に驚かされ、気がつくと全く自分らしくない行動や発言に出ていることもあります。科学者のような性格の人ですが、芸術家の情熱もあわせ持ち、なにかに挑戦したり、熱中したりすることを生きがいにします。

ルーティーンワークは得意ですが、それがとても好きな仕事で、一生懸命に取り組む価値があると感じられる場合に限られます。どこか超然としていながら厳格なあなたは、目的意識の強い研究者と、ひらめきに満ちた天才とが掛け合わさったユニークな人。実践的でありたい、ものごとを制御したいという願望と、人生を広く深く、充分に経験しつくしたいという願望が、あなたの心を分かちます。

絶好調なときのあなたはとてもよく働きます。綿密かつ手際よく、巧みな計画と戦略的な行動で、まさに発電機となって業界全体を動かします。世の中を向上させたいという熱意を表し、それに対する世間の反応を得ることもできる多種多様な分野――科学や芸術、ビジネスやスポーツ、政治や治療を専門とする職業――において、その献身と創造力で、成功と尊敬を勝ち取ります。

あなたには強い義務感がありますが、そこに付け入ろうとする者はばかを見ることになるでしょう。あなたは脅されて動くような人ではありません。なにごとも率直でざっくばらんであることを好み、自分を操ろうとする相手の企てには乗りません。我が道を行く一匹狼的なところがあり、自分で決めたとおりに考えます。なにかに没頭しだすと、自分にも人にも懸命に働くことを期待します。

人の仕事や意見について、弱点を見抜くことのできる切れ者で、ひとたび相手にそれを指摘しようと決めると、痛烈なまでに正直に正確に言葉にします。社会的良心をしっかり持っているあなた

### あなたの最大の長所

単刀直入：優れた知性：強い義務感と責任感：手際よく懸命に働き、ものごとを成し遂げる能力：ユーモアのセンスとばかばかしいものを見抜く眼

### あなたの最大の短所

狭量な見解：鋭く破壊的な批判として現れる、意図的な攻撃：自分がルールを考案すれば、それを書き換える権利も当然あると考える傲慢さ

には、政治の世界がうってつけです。その痛烈な批判と鋭いウィットで、つねに偽善を迎え撃とうとするでしょう。人の要求や心配事を深く感じ取り、人の役に立ちたいという気持ちが自然にわくので、そうした面が最も強く出ると、社会福祉や恵まれない人たちを助ける仕事に気持ちが傾くでしょう。

穏やかに、抜け目なく、深い洞察力を持って人生に立ち向かい、人々が共通の認識を持ち、社会が円滑に動くよう全力で取り組みます。有益で生産的な人生を送りたいと願いつつも、自分自身の快適さや楽しみをあえて犠牲にすることはまずありません。それどころか、あなたは生活の便益には貪欲で（それが品の良いものである限り）、喜んで快楽を受け入れるのです。趣味とスタイルはあなたにとって重要です。あなたは同僚、敵、恋人を頭の先からつま先まで観察し、鋭い知覚と一瞬の勘で、相手の本質をさっと把握します。

進歩的であれ反動的であれ、たとえどのような人生を送っていようとも、あなたは技術的な手腕と肉体的な耐久力を高め、困難をものともせず何度も挑戦する粘り強さを身につけるでしょう。何をするにせよ、間違いなくあなたは揺るぎない原則——あなたがはっきりと理解し、熱烈に信じる原則——に従い、自らの人生を築くでしょう。

## 大切なあの人とは？

たいていのことには理知的にアプローチするにもかかわらず、あなた自身はきわめて本能的な人です。強い欲望を抱えているという一面も、あなたに生来の慎み深さや自制心があるだけに、余計に人の関心を引くことになります。激しい感情と心の平穏、複雑な陰謀と純朴な信頼といった相反するものを同時に求めるため、あなたはなかなか満足することができません。求めるものが一人の人間の中だけに見出せない場合は、人生のその時々に、様々なタイプの人に魅せられるかもしれません。

パートナーとの関係に幸せを感じている時のあなたは、相手に深い愛情を注ぎ、義務を果たします。扶養者がいる場合は、充分に、立派に養おうとするでしょう。ただ、愛する人を時間で縛りすぎたり、支配しすぎたりしないよう注意する必要があります。その熱狂的な創造力は、仕事のために残しておくべきです。



### 著名人

ファニー・ブライス（コメディエンヌ・歌手）、リチャード・バートン（俳優）、ユージン・デブス（社会主義者、労働組合運動家）、エドワード７世（イギリス国王）、ジョン・モリス（政治家）、エリザベス・プレンティス（作家）、パトリック・ブラケット（ノーベル物理学賞）、阿川佐和子（作家）、小西真奈美（女優）、小倉優子（タレント）、西村博之（実業家）

歴史に大きな変化が起きるとき、大きな原則の転換が起きるとき、たいてい間違っているのは多数派のほうである。

知的な欲求不満は文明の推進力である——ユージン・デブス

男はきまって不感症の女にひっかかる。最高の演技に騙されるのよ——ファニー・ブライス

### 統合のためのイメージ

科学者が宇宙の謎を徹底的に探る……画家が静物画の習作で、単純さと激しさを組み合わせる……ブリテンのオペラ『ビリー・バッド』

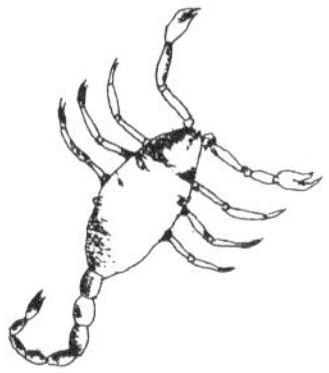

91

## 太陽＊蠍座 ♏
## 月＊天秤座 ♎

# カリスマ性を持つ外交家

### あなたのテーマ

**水×風**

強い好奇心：人を引きつける社交性：感情的：分析的：抑制の効いた優美さ：抜け目のない観察力：創造力あふれる知性：天性の正義感：組織運営の能力：情欲に正直：実践的な理想主義：贅沢：静かな野望：洞察が鋭い

愛想がよく協調性のある人かと思いきや、感情的にあれこれ要求する。歩み寄りを目指す人かと思いきや、私心の無さに付け込まれるとたちまち報復に走る。硬派なようで軟派、不埒《ふらち》なようで真面目。あなたにはそのような二面性があります。あなたは親切で、協力的で、柔軟にものごとに対応できる人になりたい、世界をよりよく、より美しくするために働きたいと切に願います。しかし厳しい決断を下し、強硬な策に出なければ、自分が望む礼節は守れないとやがて知るでしょう。いくら社交上手とはいえ、あなたが自分の体面を危険にさらすことはまずありません。

楽観的に最善を望みますが、常軌を逸したこと、不道徳なこと、忌むべきことを鋭く理解する能力もあります。あなたの課題は、あるがままの人生をひたむきに生き、失望のたびにその理想主義の輝きが色あせないよう気をつけること。不正を憎みますが、不正を撲滅しようとして暗くおぞましい世界に近づかねばならなくなると、不思議と長所を発揮する人です。同僚の称賛と尊敬は、あなたにとってきわめて重要です。奇跡を呼ぶがごとく、あなたはどんな集団をも一緒に働かせてみせます。さて、誉めそやすのはここまでにしましょう。あなたはかなり執念深い人。その魅力をもってしても欲しいものが手に入らないと見るや、間違いなく相手に圧力をかけるでしょう！

人に好かれたい、好かれなければ困るとさえ思うため、やけに容易に、本心とは正反対のことをつい口にしてしまいます。カリスマ性と可能性を発散するあなたは、すぐに周囲に頼られます。たいていあなたは愛想よく二つ返事で引き受けますが、どうしてもしたくないことは、そのまま放って置かれます。

和解に持ち込む才能や、愛情と調和を求める気持ちを前面に押し出して、心の奥にある強引で独裁的な一面を隠そうとすると、結局自分を嫌いになるだけです。自分にはどうしても我慢ならない人がいる（たぶん相手もあなたのことを同じように感じているはず）と素直に認めることが、自分の能力をうまく引き出すには一番よい方法なのかもしれません。

鮮やかな空想力に加えて、演劇と、おそらくリズムについても鋭敏なセンスを持っています。芸術の方面に進むのであれば、繊細にして雄弁な、自己表現の技術を生み出すことができます。も

### あなたの最大の長所

鋭敏な知性：変わらぬ思いやり：人当たりが柔らかい：フェアプレーと個人の栄誉のために全力を注ぐ：感情を読み取り、当意即妙に答える能力と、秩序立て、献身的に、芸術的な熱情を注いで自分の信じるものを追求する能力

### あなたの最大の短所

人に依存しすぎる：不安になると人の心を操ろうとする傾向と、本当は感情的な欲望のままに行動しているにもかかわらず、自分を偏見が無く公平な人間だと思い込む傾向

っとも、あなたが一番優れた才能を発揮するのは、おそらく人やアイデアの架け橋になったときでしょう。あなたはいとも簡単に、教えたり、諭《さと》したり、皆をまとめたりする人です。芝居がかった雄弁な語りで人々を魅了する、カリスマ的な芸人になるかもしれません。

人生経験が浅いうちはとかく話を鵜呑みにする傾向があるものの、あなたはやがて洞察力を発達させ、心理学者の資質を磨いていきます。人を行動へと駆りたてる動機を読み、人を協力させるにはなにが効果的かを見抜けるようになるでしょう。直感をもとに考えますが、明確で合理的な理屈をつけてその正当性を主張します。あなたは思索家であり理想の追求者。正義を守り、一流を好みます。ただ、その動物的な本能で、チャンスはなにひとつ見落としません。あなたが考える「正しいふるまい」には、そんな自分に対する皮肉な慈悲の念が含まれているのです。あなたは、生き方にも人にも善良さを強く求めますが、人間的な弱さに遭遇してもさして驚きはしない人です。

## 大切なあの人とは？

親密で、喜びに満ちた恋愛は、あなたの幸せに欠かせません。あなたは、特定の相手と深く付き合い、相手に愛を与え、自分の存在が相手の人生に大きな影響を及ぼしていることを感じたい人です。情熱と魅力を武器に、熱烈ながらも合理的なアプローチで愛へと突き進みます。

ロマンティックなあなたは、愛を惜しみなく与えます。より理知的に、理想主義的になろうとして、調和と落ち着きを求めようとすると、その強い独占欲が邪魔になる場合もあるでしょう。オープンで優しい性格なので、あなたは愛の試練や苦難を乗り越えて成長します。また、たいていのことについては、話し合いの余地を残そうとします。愛する人が何を感じ、何を必要としているのかを直覚的に察知することができるため、魅力的なパートナーとなって、ふたりの関係から最高のものを引き出すでしょう。ただし、そんなときのあなたは相手にかなり依存しているという事実を受け入れることが肝心です。自分を自立した人間だと考えていますが、実は相手と心が通うと身も心も捧げてしまう人なのです。

### 著名人

ビリー・ジーン・キング（テニス選手）、ヴェーチェル・リンジー（詩人）、ジェーン・マリー・マンスフィールド（女優、プレイボーイ誌モデル）、フランソワ・ミッテラン（フランス大統領）、エステル・パーソンズ（女優）、シルヴィア・プラス（詩人）、テッド・ターナー（事業家）、レオナルド・ディカプリオ（俳優）、YOSHIKI（ミュージシャン　XJAPAN）、指原莉乃（タレント）、立花ハジメ（ミュージシャン）



楽しむのをやめたら、勝てません――ビリー・ジーン・キング

死ぬことは
ひとつの技術、ほかのすべてと同じこと。
私はそれを素晴らしく上手にやるだけ――シルヴィア・プラス『ラザラス婦人』

### 統合のためのイメージ

情熱的な詩人が、「平和を求める詩人の会」と銘打った民衆デモ……刑事弁護士が、第2次世界大戦のレジスタンスの英雄たちを取り上げた新作劇の、主役のオーディションを受ける

92

太陽＊蠍座 ♏
月＊蠍座 ♏

### あなたの最大の長所

純粋な意欲・エネルギー・スタミナ：鋭い観察力と分析力：心を魅了するものへの忠誠と献身：勇敢な心：独創の素質

### あなたの最大の短所

疑心と皮肉な考えが枷となり、気が休まらないことが多い：不安を人に話したがらない：自分のことを深刻に考えすぎる傾向：復讐心：否定的な感情に陥りやすい

# オール オア ナッシングの人

## あなたのテーマ

**水×水**

欲望 対 自制心：強烈：冷静：一生懸命：頑固：情熱的：目先が利く：用心深い：譲歩せず信念を貫く：嫉妬深い：皮肉屋：孤独を好む：内省的：想像力に富む：徹底した意志の強さ：真実を熱望する心の闇を知る信念の人

あなたは情熱的で自己主張が強いタイプなのか、はたまた激しい気持ちに鍵をかけようとする、自制心のある自己完結タイプなのでしょうか？

なにごとにも一生懸命に取り組むあなたの性格の特徴は、厳格な自律心と、強烈な自己表現欲の内的葛藤にあります。深く愛し強く憎み、誰の側につこうとも、まさに生きるか死ぬかの戦いをします。当然のことながら、敵に回すと手ごわい人です！

権力者をはなから信用していないあなたには、静かなる反逆者の一面があります。あなたは本能的に、自分の人生を支配するのは自分自身、それ以外に支配しようとする者は排除したいと考えます。ただ皮肉なのは、あなた自身が見解や意見を頑として譲らない、非常に権威的な人間であること。あなたの忠誠心はあくまでも自分自身に捧げられます。自分で自分の期待を裏切れば、自分を責めるしかありません。

決意を秘めた断固たる人で、自分の信念と目的のために全力を尽くします。あなたが説得力のある革新主義者であれ、非常に無口な保守主義者であれ、あるいはあなたが何をしようとも、あなたを個人的に知り、理解することは容易ではありません。それはあなた自身も感じていることで、落ち込んだり内省的になったりすると（しかも頻繁にそうなるでしょう）、自分が強い欲求と恐怖感の板ばさみから抜け出そうとあがいていることに気づくでしょう。自分はなぜまわりの誰よりも、ものごとに強いこだわりを持つのかと自問することもあるでしょう。そうしたこだわりは、ときに重荷に感じられますが、それを上手に運ぶのはあなたなのです。

激しい感情と自制心という二つの面を同時に発揮できれば、その活発な想像力を魅了する事業や活動に、心血を注いで没頭します。何に夢中になろうとも、自分の二面性を両立させて、必ず上達するでしょう。あなたは、激しい感情に表現の手段を与えてくれる芸術、とくに音楽に関心を持ちます。科学、とりわけ心理学や医学はあなたの心をとらえ、挑戦意欲や真理を追究したいという願望を満たしてくれるでしょう。あなたには、社会改革者の素質を備え、苦しんでいる人々を助けたいと願います。痛みをよく知るあなたは、世間に不用とされた弱者たちが人類に貢献できる大事な何かを持っていると堅く信じているのです。

ビジネスの世界では、起業家として成功するための資質に富んでいます。激しい競争や「一発当てる」ことを大いに楽しむあなたは、革新的で説得力があり、緊張と不安定を受け入れることができます。あなたはスポーツでも成功できますが、潔い敗者にはなりそうにありません。勝てないのならプレーしないという子どもと同じだからです。

『ドラキュラ』の著者ブラム・ストーカーのように、力強く神秘的なものに、自然と惹かれます。あなたが身の毛もよだつ不気味さを愛し、ホラーを好み、セックスと死に夢中になるのももっともなことですが、死と暗黒への強い関心が刺激となり、逆に生のありがたみが実感できるかもしれません。美をきわめて強烈に心に刻むあなたは、自然界と、その穏やかな移ろいに、大きな魅力と癒しを感じるでしょう。剪定《せんてい》や枝打《えだう》ちによって、管理しながら育てることへの喜びに開眼する一方で、あなたはとくに花に魅せられ、花の香りと色合いに心をしずめ、この上なく満ち足りた気持ちになるでしょう。

## 大切なあの人とは？

あなたは欲望が強く、パートナーに揺るぎない愛情を捧げることを当然と考えています。一度この人と決めたら、相手に溺れる傾向があるとさえ言えるでしょう。ただ、あなたは相手にも、絶対的な忠誠心と献身を等しく期待します。相手との関係が少しでも揺らぎそうになると、独占欲に駆られ、焼きもちを焼き、憎悪すら抱くかもしれません。

心の充足を得られる素地はあるものの、親密な関係を切に求める欲求を満たすには、どうしたら相手を心から信頼できるのかを学ばなければならないでしょう。

**✕著名人**

レイフ・ギャレット（歌手、俳優）、ウ　ピ　ゴールドバーグ（女優）、パウル・ヒンデミット（作曲家）、ルイ・マル（映画監督、作家）、コード・メイヤー・ジュニア（社会改革者）、ジョージア・オキーフ（画家）、ムハンマド・パーレビ（イラン国王）、ブラム・ストーカー（『ドラキュラ』著者）、アダム・アント（ミュージシャン）、紫吹淳（女優）、松崎しげる（歌手）



お待ちなさい。あなたがた街の住人には、狩人の心はわかるまい
――『ドラキュラ』 ブラム・ストーカー

わたしがどこで生まれたとか、どこでどのように暮らしてきたかは重要ではありません。むしろ注目されるべきは、わたしがそこで何をしてきたかなのです――ジョージア・オキーフ

**統合のためのイメージ**

11月の雨が静まり返った暗い庭に降り注ぐたび、積まれた堆肥が少しずつ土中深くへ染み出ていく……大富豪の実業家が医学研究のための財団を設立する

93

太陽＊蠍座 ♏
月＊射手座 ♐

# 矛盾に魅了される哲学者

## あなたのテーマ

**水×火**

情熱的：一途：厳格な裁判官：譲歩しない：哲学的：勘が鋭い：きわめて誠実：真実を熱望する：社会への関心：忠実：力強い弁舌：説得力がある：大仰な振る舞い：洞察力がある：詮索癖

あなたは、感情的になりやすく被害妄想にとらわれやすい内向的な人、それとも溌剌《はつらつ》としてのびやかで外向的な人でしょうか？　関心があるのは、人生の最初と最後、あるいはその間の楽しみのほうでしょうか？　あなたのなかには、その両方の面があるのです。あなたはいわば陽気な探偵、真実を求める熱心な社会活動家、道徳的な芸術家。人間の本能と社会の倫理の間には、計り知れない大きな隔たりがあることを知る人です。

自分の信条に熱弁を振るうあなたには、いくぶん過激なところがあります。あなたは自分を表現するとか、自分の真理を守るためなら、どんな苦労も厭《いと》いません。もっとも、どんな苦労も厭わないというのははたから見たあなたの姿で、あなたにしてみれば、普通のことをしているまでなのです。あなたの人生にとって重要か不要かがすべてです。とはいえ、了見が狭いとか、白か黒かということではまったくありません。欲しいものに集中し、一心不乱に手に入れようとする面と、きわめて視野が広く、束縛や強制を嫌う面が、ともにとても強いのです。

巨大なキャンバスを手に入れ、絵を描くことだけに専念できるような状況を作れれば、あなたは本領を発揮します。人生のなかで起こるさまざまな矛盾に魅了されるあなたには、どこか哲学者のようなところがあり、世界の意味を理解しようと懸命になります。あなたの本能はものごとを深く掘り下げて調べることを求めています。生来じっとしていられない性質で、知的好奇心が強く、根本的な真理や、複雑な社会問題への答えを探し求めます。もっとも、あなたが徹底的に調べるのは、すでに夢中になっていることがらである場合が大半です。異なった価値体系に属すると思われるもの、どう扱えばいいのか見当のつかないものは調べません。そしておそらくあなたはそうしたものから少し距離をおくかもしれません。

あなたはすばらしい教育者になるでしょう。広い視野を持ち、多様な思想に目が向くうえに、情熱的に洞察力を活かしてそれらを人に伝えることができるからです。スポーツの好き嫌いはさておき、あなたには勝とうとする意志、勝つためのスタミナと情熱という、勝者に不可欠な性質が備わっています。あなたの中にある二面性を強調させれば、ビジネス、政治、演劇、ヒーリングアートなどの分野でも、あくなき情熱とたくましい生命力を発揮し

### あなたの最大の長所

自分の価値観を貫く：事実相互の背後にある関連性を瞬時に見抜く調査・探求・分析能力：理想主義と現実主義の稀に見る融和：愛する人に長年変わらぬ忠誠を誓う

### あなたの最大の短所

世の中が自分の思いどおりになるよう、世間に道徳を説こうとするときに突如表われる頑固で熱狂的な面：社交の場に出るとやけに聖人ぶる傾向――あなたは決して規則を曲げません。あなたにとって自分の品性は、どんな宝よりも大事なのです

成功するでしょう。強い防衛本能に、すばらしい知性と推理力が加わることで、将来の備えとなる先見の明を得られるでしょう。

## ②大切なあの人とは？

あなたは誠実な友人であり、時間とエネルギーを友に惜しみなく差し出す、有言実行の人です。たとえ、あなたが約束の時間にきまって遅れてこようとも、それはたいした問題ではありません——根本的な頼もしさや有能さを損ねはしないからです。

恋人や友人や家族は、ときどきあなたに不満を感じているかもしれません。なぜなら、あなたが想像力を働かせ、ものごとの真相を深く見抜いていることは明らかなのに、それを身近な者に打ち明けてくれない水臭さがあるからです。とくに、初対面の人や初めての状況を判断するときのあなたはそうです。自分の信念や道義的基準に関しては躊躇《ちゅうちょ》せずに話しますが、こと感情に関して、しかもその感情を賢く見定めようとすると、あなたは決定的な言葉を飲み込みます。

恋愛関係では、相手を独占したいという欲求と、自由を得たい、社会から生き生きとした刺激を受けたいという欲求との間で、多少葛藤が生まれます。相手にたいしてはどちらかと言うと注文の多い人で、熱烈な愛情に加えて、自分と同等の知性も求めます。しかし、あなたが情熱と知性という二つの面をバランスよく発揮することを学べば、あなたへの信頼はいっそう高まり、誇大妄想に襲われて不機嫌になることも減り、カリスマ性がさらに輝きます。

相手の心の内を、自分の感情と同じように本能的に察知するので、グループ内の力関係を読み取って行動することが得意です。分析好きなうえ、社会が再生する可能性を信じるあなたは、心理学者としての才能を発揮するでしょう。あなたの個性には蜜と毒針があります。なにをするにしても、その魅力に引きつけられた相手をチクリと刺し、思考せよと刺激します。

**✕著名人**

チャールズ・ブロンソン（俳優）、ルイ・ダゲール（発明家、芸術家）、ダニー・デヴィート（俳優、映画監督）、ミシェル・ゴークラン（心理学者、占星学者、統計学者）、ビリー・グラハム（福音伝道者）、クレオ・レイン（歌手）、ルル（歌手）、パブロ・ピカソ（芸術家）、カール・セーガン（天文学者）、トム・シーバー（投手）、ジョーン・サザーランド（歌手）、吉田都（バレリーナ）、前園真聖（サッカー選手）



幾百万の天使たちは、神の命令の下にある——ビリー・グラハム

精神的価値とともに生きる芸術家は、人間性と文明の最高価値を賭けた戦いに無関心のままではいられない。そうあってはならない。

大金持ちになって、貧乏な人のように暮らしたい——パブロ・ピカソ

**統合のためのイメージ**

天空の闇の神秘に魅せられて、子どもが夜空を見上げる。宇宙人が現れ、その子が将来有名な天体物理学者になることをそっと打ち明ける。ピカソの『ゲルニカ』

94

太陽＊蠍座 ♏
月＊山羊座 ♑

# 高きを目指す野心家

## あなたのテーマ

**水×地**

目的意識が高い：自分に厳しい：真面目：一途：芯が強い：不屈：独善的：忠実：勤勉：野心的：高潔：勇敢：暗い熱情：ふさぎこむ：謎めいた：断定的：シニカル：乾いたウィット：生まれながらの指導者

あなたのなかには、自分自身の幸福や満足感を追求したいという気持ちと公共のため、ほかの人にも自分の力を使いたいという気持ちの両方を持っています。この二つの力があなたのなかで葛藤しているのです、自分の本当の気持ちや本音を口にすることは少なく、公の顔を崩すことはなかなかない人ですが、しかし、その仮面の下には自分が欲しいと思っているものを手に入れるための欲望や野心も隠されているでしょう。

あなたには、社会の一員となって役に立ちたい、しかしその一方で、一個人として誠実に嘘偽り無く生きたいという願望があります。ですから、若いうちに人生を真剣に考え、なにを成し遂げたいのか決断することが要求されるでしょう。冷静なときのあなたは、どの太陽と月のコンビネーションよりも、目的意識が高く、野心的です。自ら定めた目標に向かって突き進み、ときとして非情な決断を下して、目移りばかりで集中できない人の出鼻をくじきます。

勤勉で、集中力があるため、リーダーとしての天賦《てんぷ》の才を発揮します。子供時代に、強い自我のおかげで辛い仕打ちを受けなかったとすれば、あなたはこのうえなく自信に満ち、しっかりした目的意識と責任感を周囲に植え付けることができるはずです。しかし、あなたがもし抑圧された辛い子供時代を送ったのであれば、たとえ過去にどんな苦々しい思いを抱いていたにせよ、まず恨みを水に流し、未来には自分の担うべき重要な役割があることを認識する必要があるかもしれません。やり遂げたいと心から望むものに照準を定めれば、誰もあなたを止められません。

あなたは社会においての「善悪」を強く感じとるため、自分が現場に踏み込み、最初に真相を探る刑事の役を、次に判決を下す裁判官の役を自分が果たさなくてはならないと考えることがよくあります。強い信念、断固とした勇気を持つあなたには、社会福祉、政治、法律の仕事がうってつけです。対象が人、法、建物、会社や国家であれ、あなたはものごとを再生させる才能に恵まれています。けれども、その創造力でなにをするにしても、あなたは友人、同僚、世間から認められ、敬意と称賛を得ているとわかるまでは、決して満足しないでしょう。

あなたには芯の強さと、不屈の精神が備わっています。さらに、鋭く冷静な知性と、議論と説得をこよなく好む性格を武器に、難

### あなたの最大の長所

自分の信条に忠実かつ献身的：不断の努力：不屈の精神：偽善やごまかしを見抜く洞察力：人を啓発する乾いたウィット：道徳心と勇気ある行動

### あなたの最大の短所

柔軟性に欠ける：無慈悲：他人の欠点に苛立つ：虚栄心とうぬぼれの強さ：世をすねた皮肉癖：よく考えもせず、他人に辛く当たる

しい問題に果敢に取り組む強い意欲も持ち合わせています。自分の原則を曲げることはありませんが、持ち前の戦略性を生かして、相手があなたにたいして抱く認識をあらかじめ推測し、それを巧みに操ります。家庭を築いているのであれば、さながら母熊の獰《どう》猛《もう》さで、家族の幸せに全力を注ぎます。芸術に携わっているのであれば、その情熱と自律心を用いて、技術を磨き、ベストの状態を保ちます。あなたはひとたび自分の使命に集中すれば、真の勇気でやり遂げる人です。

人生における悲劇・皮肉な巡りあわせ・ドラマを敏感に感じとるため、日々の備えを万全にしておきたいと考えています。あなたはこれまで、人生に起こりうる運命のいたずらから身を守るには、物質的な保証と高い社会的地位が大いに役立つと考えてきました。しかし、さらに深く考えれば、健全な道徳心こそが、心の安らぎと自立への最も確かな道だとわかります――結局、あなたは自分と折り合って生きていかねばならないのです。

深刻、真面目、堅苦しい面の多い性格ですが、リラックスしているときのあなたは、辛らつなウィット、意外にもいたずらに凝るところ、皮肉のセンス、悪ふざけをするノリのよさを披露して、皆を驚かせます。

## 大切なあの人とは？

あなたは自分で思っている以上にいとも簡単に人の気を引きます。静かで魅惑的なカリスマ性と、「高嶺《たかね》の花」的な謎めいた魅力で、異性を虜にするのです。愛する人にたいしては、基本的に誠実なタイプです――きわめて献身的で、頼りがいがあり、家族にたいする責任という重圧にもうまく対処することができます。ただ、自分のことを深刻に考えすぎるため、人を疑ってかかることがあります。特に幼年期に受けた心の傷から回復しなければならない場合は、その傾向が高いでしょう。

おそらくあなたは性欲が旺盛なので、パートナーにもその傾向が無いと、腹立たしさを覚えることもあるでしょう。自分の感情を外に出すよう心がけてください。心の闇に押し込んで、たぎらせるだけではいけません。

**✖ 著名人**

ジョージ・エリオット（作家）、マルシリオ・フィチーノ（哲学者）、ロバート・ケネディー（政治家）、マルセル・オフュルス（映画監督）、ジョージ・パットン（アメリカ陸軍大将）、ゲーリー・プレヤー（ゴルフの世界チャンピオン）、ヘレン・レディ（歌手）、エルケ・ソマー（映画女優）、孫文（辛亥革命の指導者）、松岡修造（テニス選手）、千秋（タレント）、伊集院光（タレント）



清教徒的気質により……人は、他人に不幸を与えることで自分の不幸を愉しむようになる

――マルセル・オフュルス

計算されたリスクを冒せ。それは向こう見ずであることとはまったく異なる

――ジョージ・パットン将軍

彼は、自分が時を告げるから太陽が昇ると思っているおんどりを連想させた

――ジョージ・エリオット（メアリー・アン・エヴァンズ）

**統合のためのイメージ**

将軍が自軍を勝利に導く……映画監督が、観客の感情に最大限訴えるよう、各ショットのプランを練る

95

太陽＊蠍座 ♏
月＊水瓶座 ♒

# 志高き熱意の人

## あなたのテーマ

**水×風**

激しく冷静：明敏な観察：厳格な良心：強力な知性：誇り高い：独自の見解：自分のルールに従う：意地っ張り：忠実：運命のいたずらを愛する：信念を貫くが不寛容：内省的：綿密に調べる：人を引きつける魅力

あなたは他人が入り込めない謎の人、それとも天真爛漫《てんしんらんまん》に両手を広げて友人を受け入れる人でしょうか？　社交好きな本能に従い、気の合う仲間に囲まれているときに、人生の意義や安らぎを感じるか、あるいは人間の弱さと堕落に耐えられないがために、脆弱な人の関係を断つのでしょうか？　これら二つの面があなたのなかにあります。

人生を冷静に観察している面と、人の苦悩を真剣に救おうとする面とのジレンマに苦しむことがよくあるあなた。ときには自分が孤立して、ひがみっぽくなっていると感じずにはいられないことがあり、またときには、仲間の一人に自分を重ね合わせ、良心の命ずるままに、なんらかの大義に全力を傾けることもあるでしょう。大きな誇りと高邁《こうまい》な理想主義を、また、刺すように鋭く辛らつな観察と気の合う仲間との交友を、あなたは両立させなければなりません。しかし、それを見事に成し遂げれば、あなたは仲間うちで、あるいは世間において、強い発言力を得ることができます（ただし、そのことに全力を傾けるだけの価値があると思える場合に限られますが）。

真理の追求に没頭するその激しさは、のんびり屋やいいかげんな人を疲れさせるでしょう。あなたの心の中にいる公正な観察者の一面が、あくなき探求者の一面と結びつくと、あなたは科学者、哲学者、あるいは芸術家として、天賦《てんぷ》の才をいかんなく発揮するでしょう。それにより、高い思想を理解したいという願望も、ともすると危険きわまりなく感じられる世界の本質を知りたいという欲求も満たすことができるでしょう。

あなたにとって人生は悲喜劇。そこでは、人間の置かれた状況の明と暗が奇妙に、複雑に混ざり合っています。たしかにあなたの優れた知性は、そうした認識から多くを吸収しています――風刺の達人、辛らつな社会評論家にだってなれるほどに。けれども、あなたも気づいているように、社会で見受けられる矛盾や皮肉な成り行きは、実はあなた自身の中にもあるのです。あなたは熟達した笑いのセンスを用いて、生きることの痛みから身を守ろうとするでしょう。

あなたは強い願望や目標を達成したいと心から願い、高い基準を掲げます。人の本質は、個人的な業績に映し出されることを知っているので、自分の業績が自分にふさわしくあるよう目を光ら

### あなたの最大の長所

冷静に分析・批判する能力：真実にこだわる：安易な答えは認めない：強い決意：鋭いユーモアのセンス：明快な表現：自分自身に実直

### あなたの最大の短所

塞ぎの虫と皮肉のせいで、創造の才を台無しにする傾向：極端に高い目標や基準を設定し、挫折を招く：仲間にたいする信頼の欠如。そのため、仲間に十分なチャンスを与えず、孤独になる

せているのです。あなたの本質的な真面目さや自制心は、ときとして優しい思いやりや友を求める気持ちを隠してしまいますが、その強固な自我のもとであなたは、苦しんでいる人たちを限りなく気遣い、愛し、同情しています。もっとも、あなたはときどき、われわれ人間が人として最低のことをしているのではないかと疑うことがあります。自分たちをあたかも略奪者、いやそれどころか、他人の窮状《きゅうじょう》をなんとも思わない冷血漢のように見ているのです。

詩人のディラン・トマスと同じく、つまるところ「人は他人の痛みの中で生まれ、自分の痛みの中で死ぬ」のだとあなたも感じているのかもしれません。しかし、非常に立ち直りが早く、粘り強いあなたには、社会構造を刷新する能力があります。その鋭い観察眼と一途な熱意を、人の身心を癒す仕事や政治の分野に生かして、成功を収めるかもしれません。

人からどう見られようと、あなたはその場のニーズを見抜き、すぐ行動に移り、やり遂げます。「なにごとも経験」と積極的に取り組み、因果関係を観察することができるため、意見の対立を見事に調整します。あなたは、純然たる生存本能と、高貴さを切望する気持ちをあわせ持っています。その独自性と人類の共通性の両方を粘り強く守ることで、絶望を希望に変えられるでしょう。

## ② 大切なあの人とは？

泣いたり、笑ったり、興味を示したと思えばすぐ飽きる――喜怒哀楽の激しい気まぐれな人ですが、それは危険な感情を制御することで、痛みから自分を守るという防衛本能のせいなのです。おそらく恋人や家族には、つかみどころのない人だと思われているかもしれません。知的な関心（あなたにはこれが大切です）と、政治についての意見、辛らつなユーモアを相手と分かち合いながらも、まるで、沈黙は感情表現の最良の証だと言わんばかりに、あなたは心の奥を表に出そうとはしないのです。

あなたはときどき「自由をとるか、深交をとるか」というジレンマに苦しむことがあります。これは独占欲が強い一方で、多くの自由も求めているためです。心に忠実なのと、体に忠実なのは、あなたの中では別のことなのかもしれません。その場合、心の奥で実直に育んできた信条への自然な忠誠心と、動物的な情動との葛藤に苦しむこともあるでしょう。

**✖著名人**

マーガレット・アトウッド（作家・詩人）、ロバート・バートン（学者、聖職者）、アルベール・カミュ（作家）、ナイジェル・ヘイヴァース（俳優）、ビビアン・リー（映画女優）、ディラン・トマス（詩人）、ボルテール（哲学者）、キャリスタ・フロックハート（女優）、養老孟司（解剖学者）、山本耕史（俳優）、野沢雅子（声優）、つんく（ミュージシャン）、長瀬智也（タレント）、木村拓哉（タレント）



誠実さに規則は要らない――アルベール・カミュ

ああ　ぼくの心の真実が　一年の節目が来るごとに　この高い丘の上で
いつまでも歌われつづけますように――ディラン・トマス

ペンは剣よりも、どれほど残酷なことか――――ロバート・バートン

**統合のためのイメージ**

空を舞う鷹が、自然と一体となり、世界を見渡す……エキゾチックな蛾が、完璧な形でさなぎから脱皮する、厳かな、自然の知性の見本

96

太陽＊蠍座 ♏
月＊魚座 ♓

**あなたの最大の長所**
なにをしようと一途に夢中になり、献身する：空想を手に、戦いの場に復帰する能力

**あなたの最大の短所**
自分の感情に溺れる：おどろおどろしい空想：客観性の欠如：策略や言い逃れに傾く

# 不可思議の世界を知る救済者

## あなたのテーマ

**水×水**
よそよそしいが心は温かい：鮮やかな空想：かいがいしく尽くす：抜け目のない戦略家：感情の激しさ：説得力がある：耽溺しやすい：神秘的なものを愛する：介護と治療の才

あなたは情け知らずの冷たい人、あるいは慈しみ深い天使でしょうか？　非情な吸血鬼ドラキュラ、それとも隣人を愛する良きサマリア人でしょうか？　あなたはまさしくジキルとハイド、激しい感情と深い同情とのジレンマに苦しむ人です。一方では感性豊かで理想に燃える、夢見がちな詩人。他方では、挑戦を生きがいにする、狡猾で非情な辣腕《らつわん》家でもあります。このふたつの顔がひとつになると、あなたはやる気と説得力に満ちたロマンティストとなり、自ら助くことのできない者を助けることを人生の使命と見て取るでしょう。医療であれ、社会福祉であれ、政治改革であれ、あなたは人の心と身体を癒す能力を発揮します。なかにはその力を認めない人もいますが、たいていの人はあなたに一目置くでしょう。

あなたには豊かで、ときに毒々しいほどの、空想力があります。この空想力が、仕事や遊びに関わらず、なにおいても新たな次元への扉を開いてくれるでしょう。面白い話で雰囲気を和ませるムードメーカーに転じたり、あるいは心の奥にある不気味な想像・悪夢・心霊的な洞察を見る霊能者の能力を備えたりすることもあるでしょう。

あなたには、かなりわがままな面と、厳しく自分を律する面があります。両面をむやみに押さえつけずに中庸に保つことで、より高い理想へ羽ばたくことができます。ほかの人やものにどんなに魅力があろうとも、あなたの人生を魅了するのは、その強く感情に訴えるような空想力。一途な情念や激情がふつふつと湧き上がってくるのを感じるはずです。また、あなたは敗者に共感を寄せるものの、目的を遂げるために必要とあらば、勝者を演じることもためらわないでしょう。

謎めいた雰囲気を創ったり呼び起こしたりするにせよ、自然界の不思議を探求するにせよ、神秘を愛するあなたは、ものごとの根底に触れたいという切望と意欲を胸に、目に見えない未知の不可解な世界を追い求めるでしょう。その豊かで詩的で独創的な空想力により、とりわけ人生の暗い側面——死、破滅、どん欲、恐れ、性衝動——におかれた人間の本質をあなたは深く理解します。人そのもの、あるいはその人の短所や動機を見抜く能力にも恵まれ、心理学者としての才能を開花させるでしょう。一方で、あなたの洞察が酷な結果をもたらす場合もあります。同情心があるにもかかわらず、より大きな利益のために必要だと考えれば、あなたは冷徹な評論家になり、人の心にためらいなくメスを入れるのです。

あなたのモットーはおそらく「心の純粋な人は幸いである」でしょう。人の欲求や動機を感じ取り、皮肉や嫌みやゲームではなく、よりためになる仕事へと突き動かされたとき、あなたは最高の幸せを感じるのです。もっとも、ゲームに夢中になればなったで、あなたは優秀な戦略家よろしく、相手の動きを感知することができます。

空想力に富む感情的な性格ゆえに、たとえば愛、薬物、アルコール、映画、あるいは単純に食べものやセックスなどに、普通の人よりも溺れやすいところがあります。感情を刺激しつづけるための、燃料が必要なのです。しかし、あなたはいったんある習慣をやめようと決意すると、劇的に方向転換できる人です。あなたの人生は浮き沈みが激しく、より大きな目標にたいする強い目的意識や関心を新たに見出すたびに、あなたはそれまでとはまったく違う自分に生まれ変わることを繰り返していきます。

## 大切なあの人とは？

きわめて感情に動かされやすい人です。感受性が鋭く、人間関係においても口に出さない微妙な感情をテレパシーのように理解します。しかし、この性質は、一見よそよそしく冷静な表情の裏に隠されている場合が大半です。親密で、息の長い、情熱的な人間関係は、あなたにとって何よりも大切なものでしょう。あなたは相手の本質を見抜き、自分のことも同じように理解してもらいたいと切に願います。

地のタイプ、特に牡牛座に惹かれます。あなたがそばにいたいのは、あなたを包み込み、あなたの人生で見失いがちな明確な境界線を与えてくれる人なのです。また、頭脳明晰、生き生きとして元気な風タイプには人間的な温かみが無いと憤慨しますが、だからこそ、不思議な魅力も感じています。けれども、あなたは人間関係で一度傷つくと、はじめは熱烈な関係を切望していても、やがて孤立や自制や自立を求める願望へと気持ちが傾きかねません。

### ✖著名人

ヒラリー・クリントン（弁護士、政治家）、マリー・キュリー（化学者、物理学者）、グレイス・ケリー（映画女優）、ベラ・ルゴシ（恐怖映画のスター）、ルネ・マグリット（画家）、マーティン・スコセッシ（映画監督）、ロバート・ルイス・スティーヴンソン（作家、詩人）、ウィノナ・ライダー（女優）、北方謙三（作家）、井上ひさし（作家）、滝藤賢一（俳優）、錦戸亮（歌手）倉木麻衣（歌手）、内山理名（女優）

……わたしたちの人生は、より大きな努力の一部であり……わたしたちは互いに繋がっています……コミュニティーとは、わたしたちに、誰彼の別なく、共通の居場所があるという意味なのです

――ヒラリー・クリントン

### 統合のためのイメージ

キュリー夫人が、放射能の謎の解明に没頭しつつ、赤十字で働く……ロング・ジョン・シルバーが、冷酷非情な魅力を武器に、起業家として成功する

97

太陽＊射手座 ♐
月＊牡羊座 ♈

# エネルギッシュな冒険者

## あなたのテーマ

**火×火**

ざっくばらん：率直：大口をたたく：悪童的な冒険家：直観で確信する：古典や骨董品を粗末に扱う：忍耐力に欠ける：精力的：無愛想だが誠実：つねに希望を抱く：感情的に要求する：勇敢な理想主義者：非常に高潔：起業家精神に富む：優しい反逆者

あなたのなかには、躍起になって私利を求める、気ぜわしく衝動的なやり手ビジネスマンの一面と、使命感に駆り立てられ大仰に熱く道徳を説く宣教師の一面が同居しています。人生の無秩序なダンスのなかに秩序だった意味を求めながら、ときには自らが夢中になってダンスを踊り、皆の注目を浴びるのを楽しむこともあるでしょう。

あなたは寛大な人。遠くまで鮮やかに見通す想像力と、成功への強い欲望を持ち合わせ、本能のおもむくままに、探索、創造、行動します。億単位のビジネスであろうと、騒々しい大家族の集いであろうと、大規模な活動を取り仕切るのがおそらく好きなはずです。挑戦、冒険、独創性を発揮する場を与えてくれるものであれば、あなたはどんなことでも楽しみます。

基本的には率直で、独立心に富み、思いやりのある外向的な人です。とうとうとした語り口で、自分と他人の心に情熱の炎をともし、自分の刺激的なアイデアに支持を求めます。もっとも、さも深い知識を有するかのような印象を人に与えながら、実は基本的な内容さえほとんど理解していないことがあなたにはよくあります。言いかえれば、人の期待に添うのは得意なものの、実践的な行動計画――そしてそこに含まれる細々としたくだらないこと――を地道にやり抜く忍耐に欠けているのです。それに気づくまでに、あなたはおそらく何度か失態をさらすでしょう。

弱者のために戦う闘士ですが、ごほうびを受け取るときにも最前列にしゃしゃり出ます。自分の利益のために行動しているのか、それとも大切な信条のためなのか、自分でもわかっていないときがあるのです。健全な、いくらか過剰すぎるエゴを持つあなたにおいて、道徳的な利他主義と露骨な利己主義が相反することはまずありません。どんな分野で活動するにせよ、エネルギッシュに取り組み、かなりのハイペースを保ちながら、計画を立て、組織をまとめ、策を練ることができます。

「競争心の強い人」と周囲はあなたを見るかもしれません。けれども、実際にあなたを突き動かしているのは、自分と自分の理想にたいする、いわば子どものように無邪気な熱い信念です。その信念のおかげで、さながらかがり火や星が退屈な日々の繰り返しのなかで輝くように、あなたは自分を表現することができるので

**あなたの最大の長所**

伝染しやすい熱意：このうえなく正直：勇気と指導力：直観的な知力：道徳的にきわめて高潔

**あなたの最大の短所**

忍耐に欠ける：細かいことを嫌う：人間関係の微妙なニュアンスに鈍感：最大にして最高の人間という評価を得たいと妄想的に切望する：事態が悪化すると、暗いムードを漂わせる

す。また人と競争するにしても、正々堂々と戦って自分を負かした相手には、必ず敬意をはらいます。現に、あなたはある程度の挑戦や意義ある対立を糧に成長していく人です。

好きなことをするために多くの自由を求める一方で、世の中をより良くしようと一心不乱に取り組みます。ただし、あなたは根っからのうぬぼれ屋で、自分に好意的ではない事実は認めようとしません。そのような傾向は、得意とする分野で何かを成し遂げたい、権威として評価されたいと願っているときに、キャリアでの成功が少しも得られないとさらに強まるでしょう。

あなたの弱点は、気性の激しさ、短気、傷つきやすく情緒的な人にたいして無神経なところ、誇張に走る傾向です。うまくいかないと、真価を認めてもらえない芸術家のように泣きごとを言ったり、すっかり意気消沈したりします。けれども、あなたを支配するその熱意が衰弱しているのはつかの間です。ひとたび進むべき道が決まれば、あなたは誰よりも粘り強く、閉ざされた扉を叩き続けることでしょう。

高潔と博愛のお手本のようなあなたは、道義を信じる人です。夢のような希望が幾度となく泡と消えようとも、内なる真実にのっとって生きていくという信念は曲げません。皆があなたを頼りにするのも、もっともなことなのです。あなたは自分の目的をけっして忘れることはありません。どんなに実際的なことが苦手であろうと、熱意にあふれる正直な性格ゆえに、あなたは人から尊敬され、賞賛されるのです。

## 大切なあの人とは？

親密な人間関係は、あなたの得意分野ではありません。あなたはかなりのロマンティストですが、相手の気持ちを理解するのに肝心な、人の話を聞く意欲や忍耐強さに欠けるきらいがあります。

尊敬でき刺激を与えてくれる相手を求めますが、その際にはすてきなパートナーをロマンティックに思い描くのではなく、相手の本当の人となりを見るよう注意しなくてはなりません。ひょっとしたらあなたは水や地のタイプに惹かれるかもしれません。彼らのおかげで、あなたはペースを落とし、もう少し余裕を持って、自分の凡庸さと心の欲求に向き合うことができるでしょう。あなたと一緒の生活には、つねに何かしらの驚きがあります。あなたのパートナーには、あなたの社交的な傾向や、創造のために自由を求める気持ちを理解することが望まれます。

**✕著名人**

ハインリッヒ・ベル（作家）、エレン・バースティン（女優）、ロバート・グーレ（俳優）、ジェイムズ・サーバー（作家、風刺漫画家）、マーク・トウェイン（作家）、エイダ・ラブレス（数学者）、マーガレット・ハミルトン（コンピュータ科学者）、キーファー・サザーランド（俳優）、保坂尚輝（俳優）、ISSA（ミュージシャン DA PAMP）



つねに正しいことをやれ。人が喜ぼうが、腰を抜かそうが構わない
――マーク・トウェイン

ねえ。間違い電話をかけると、どうしていつもあなたが出るの？
――ジェイムズ・サーバー

### 統合のためのイメージ

王になろうという男が、戴冠式を延期し、ヒマラヤ山脈のトレッキングに出かける……大人びた学生が、学究生活の腐敗に立ち向かうことで、自分の政治的信条とディベートの才を発見する

## 98

太陽＊射手座 ♐
月＊牡牛座 ♉

# 慎重な自由人

### あなたのテーマ

**火×地**

親切でロマンティック：堅実な向上心：寛大な気質：慎重な楽天主義：贅沢好み：堅固な信念：進歩への献身：自信家：親切な権威主義者：社会的良心：美を愛する：音楽にたいする感性：実践的な哲学者

根っからの探検家なのに、我が家を愛するあまりに冒険心がくじけてしまう。自由を求めながらも、物質的に満ち足り、安心して暮らすためには、自由を犠牲にしなければならないと恐れている。思索家だけれども、すばらしいアイデアがひらめくのは、決まって料理（あるいは庭いじり、絵を描く、演奏）をしているとき――いずれもあなたには心当たりがあるはずです。

あなたは温和で寛大な、節度ある理想主義者。自分の行動や関心事には自信と熱意を持ってあたる、皮肉っぽくドラマティックな感性の持ち主です。一見、落ち着きがなく、議論好きで、せっかちな元気者と思われがちですが、心のうちでは調和と安定を強く求めています。また、なにごともそう簡単にはあきらめません。

ゆったりと伝統的なもの、つねに快適な環境、なじみの顔ぶれを本能的に好みますが、芸術や、ひょっとすると社会や政治の現場で、時代を切り開いていきたいとも思っています。道徳心が強く、温和で、向上心が高いので、人から注目され尊敬されます。寛大で生活をとことん楽しむ性格ゆえに、広く皆から愛されるでしょう。

想像力や発想がすばらしいうえ、幸いなことに、どうすればそのアイデアを実用化できるのかも知っています。哲学的な理想は、あなたの人生で重要な役割を演じますが、あなたが現実の生活や、生活するうえで避けることのできない金銭的必要をなおざりにすることは決してありません。また、ニューエイジ的な実体のないイデオロギーに夢中になるあまり、衣食住の重要性をかえりみないということも、あなたにおいてまずありえません。

人生を楽しみたいと願いますが、そのためにはまず生活費を稼がねば――あるいは自分の代わりとなる稼ぎ手を見つけねば――なりません。正義をあがめ、万人に権利の平等を望むものの、あなたは分別を働かせて自分に言って聞かせるのです。日々の生活費を支払いつつ少しは貯金もできるような生活に、自分は心地よさを感じるのだと。

あなたはまた、エコロジー的信念、つまり、自然や生命のサイクルは万物を絶滅から守るものだから大切にしなければならないという考えを、ごく自然に受け入れるはずです。しかもただ理解するだけではなく、日々の生活において、種――願わくは自分の種――の保存を活発に実践したいとも考えます。あなたは驚くほ

**あなたの最大の長所**

優れた洞察を実用的なノウハウにつなげる手腕：冷静に真剣に取り組むことにより得られる広大な展望：理想と人への傾倒：温かな親しみやすさ：生活をとことん楽しむ余裕

**あなたの最大の短所**

自発性の欠如：自分は夢うつつの暮らしを送り、人に勘定を支払わせる傾向：風変わりな趣味に憂き身をやつす：イデオロギーにとらわれるあまり、生活を乱し、クリエイティブな才能を発揮できない

ど工夫に富み、さまざまな方法を編みだして、ありのままの香り・眺め・味わい・感触を楽しむでしょう。

また、あなたには実践的な教育者の素質があり、どんなことでも事実を知ることが大切と信じているふしがあります。知識さえあれば十分世の中を渡っていける、自分が親、消費者、友人など、どんな立場にあろうとも、知識が自分を守り、良い選択をさせてくれると思っているのです。そのため、あなたは一生熱心に学びつづけ、たとえお金につながらなくとも、自分の趣味に没頭するでしょう。音楽と芸術もまた、あなたの人生のかなりの部分を占めています。あなたは「人はパンのみにて生くるにあらず」を深く理解し、感じとっているのです。

## ☽大切なあの人とは？

温かで豊かな心、頼もしさ、日常生活のシンプルな喜びを味わうセンスを備え、それを人との交流のなかで発揮することができるあなた。ロマンティストですが頼りになり、快楽主義者ですが良識に富んでいます。できれば快適な暮らしを送りたいと考えるものの、そのためには家族や恋人との関係に幸せを感じ、なじみの仲間に囲まれている必要があります。

自分自身、自分の好み、自分の願望について気に病むことがあまりないので、結果的に周りの人をくつろいだ気分にさせます。けれども相手との関係が感情的なものになると、内面の激しい葛藤に悩むことがきっとあるはず。あなたは心のどこかで多種多様な選択肢と刺激を求めながら、他方では安心と親密さと揺るぎない約束を欲しているのです。知らず知らずのうちに、パートナーや家族に感情的に依存していき、そこから抜け出せなくなるかもしれません。さらに、無意識のうちに相手を独占するようになる場合も。

愛する人はいつも自分のそばにいてくれるだろうと思い込み、あなたは冒険への渇望をいやすため、ときどき思い出したようにどこかへ行ってしまいます。あなたに必要なのは、あなたと共に学習や活動を楽しみ、気質的に少しだけ水のエレメントを持ち合わせ、あなたをより神秘的な感情の領域に導き、あなたがそれまで見過ごしてきた感受性を豊かにしてくれる——そんなパートナーです。

**✕著名人**

マックスウェル・アンダーソン(ジャーナリスト、劇作家)、ジム・モリソン（ロックバンド『ドアーズ』のメンバー）、クリスティーナ・アギレラ（ミュージシャン）、ルーシー・リュー（女優）、ジャン・マレー（俳優）、古舘伊知郎（司会者）、稲垣吾郎（タレント）、織田裕二（俳優）、太田雄貴（フェンシング選手）、安田顕（俳優）

心は独自の世界なのだ。そのなかでは天国も地獄に、地獄も天国に成り得る
——ジョン・ミルトン

栄光になんの値打ちがある？
——マックスウェル・アンダーソン

**統合のためのイメージ**

海賊船が財宝を捜す……書斎派旅行者が、次回の冒険の大まかな資金計画を立てる

99

太陽＊射手座 ♐
月＊双子座 ♊

# 子供のような賢者

## あなたのテーマ

**火×風**

多芸多才：知的：ウィットに富む：友好的：ざっくばらん：文学の天才：落ち着きがない：大胆：独創的：皮肉屋：社交的：守備範囲が広い：知的な深みのある快楽主義者：賢者であり学習者でもある：永遠の若者

あなたは知識と知恵を貪欲に求め、哲学を語ることができれば、ジョークを作り出すこともできる人です。あらゆる情報・人・経験に触れたいという本能があり、その点では「なぜ？」「なんのために？」と永遠にたずね続ける子どもと同じです。ただし、答えを十分に集め終えると、あなたは優秀な地図の読み手に変貌します。直観を働かせ、裏に潜む意味、細部の背景に横たわる全体像を見抜くのです。

話す・聞くといった一次的な体験よりも、話の教訓を得られることのほうにより満足感を覚えます。しかしだからといって、あなたが会話を楽しまないというわけではありません。容赦なく反論を挑み、必ず相手を言い負かすでしょう（気がつくと自分の弁舌に酔うことも！）。あなたにとって人生は、冒険につぐ冒険、めまぐるしく変わる刺激的な会話です。深遠なものから事例的なものまで、あらゆる考えを人と交換することが、あなたの人生の本質なのです。何を信条にしようとも、あなたは道徳家のような熱弁で、自分の考えをはっきり言い表します。

親しみやすさといたずらっ子のような茶目っ気があり、多種多様な考えやプランや人に興味を持ちます。言葉の才、明解な思考力、コミュニケーション能力に恵まれるあなたは、教職から文筆業、広告、マーケティング、独創的な起業に至るまで、ありとあらゆる分野で力を発揮します。

愛想のよい働き者ですが、人付き合いばかりの毎日を送っていると、たちまち疲れ果ててしまうでしょう。ものごとが自分の思うようにいかなくなると、かんしゃくを起こし、的確な行動がとれなくなるかもしれません。そのようなときのあなたは、短気でいくぶん独善的な面が表に出ます。

無邪気な厚かましさがあり、たとえれば、聖職者をだしにして笑いをとることのできる人です。一見したところ何の関係もなさそうなことがらの共通点、軽薄と深遠との関連性を、あなたは一瞬にして見抜きます。ですから、あなたを無理やり座らせ日記を書かせれば、わけなく人気を集められるでしょう。洞察力に優れるあなたは、わずか二言、三言で人を的確に言い表すことができるからです。しかし、自分では不親切とか狭量なつもりはなくても、あなたには人にたいしてかなり辛らつで、無遠慮なところがあります。そのため、相手に気分を害されたり腹を立てられたり

### あなたの最大の長所

知的好奇心と向学心：当意即妙の才：コミュニケーション能力：率直：親しみやすい：経験や異文化を積極的に受け入れる：発明の才と独創性、自分の知識を進んで人と分かち合おうとする姿勢：永遠の若々しさを有し、いくつになっても魅力にあふれ、偉ぶらず一緒にいて楽しい

### あなたの最大の短所

あまりに手を広げすぎて、計画をやり遂げない：自分の感情から逃げるために、ものごとを過剰に分析する：自己陶酔し、いつまでたっても大人らしい振る舞いができない：機知を働かせて場当たり的に生きるほうが楽なため、潜在能力を発揮することがない

して、うろたえることもあるでしょう。

## 大切なあの人とは？

あなたは驚くほど論理的な人です。役立つアドバイスを、必要とされるタイミングで与えることができますが、人の感情面での問題に対処することには苦手意識を持っています。相手を見ていても、どうしたらそんなに取り乱すことができるのだろうとしか思えないのです。精神生活に関していえば、あなたは冒険が終わることや退屈を恐れ、責任から逃れようとするでしょう。自分の感情に触れまいとすることが多く、いろいろなこと——とくに深層心理や、対人関係における駆け引き——について、認識の甘いところがあります。あなたの友人や同僚にしてみれば、これらは愛嬌ですみますが、人生のパートナーにとっては、腹立たしい性格と映るかもしれません。

愛情豊かで､持っているものを惜しげもなく相手に与えますが、感情的に重苦しい状況になってくると、とかく理屈をつけて窮地《きゅうち》から逃れようとする傾向があります。あなたは理想や旅や哲学などの知的な関心を相手と共有したいと考えますが、感情をはっきり表すことは好みません。そのようなことには我慢がならないのです。それを自覚しないことには、あなたは相手と心を通わせるときにいつまでも幼稚なままで、しまいには大人扱いしてもらえなくなるかもしれません。

本質的に、あなたは根っからの教師。あるいは広報官、情報の伝達者、ディスクジョッキー、流行の仕掛け人。手を変え品を変え、人々が視野を広げるきっかけを与える、刺激的な触媒のような人なのです。あなたは知的な放浪者。来たかと思えばまた行ってしまいます。けれども、いつしかきっと戻ってきて、やり残したことを片づけます。

### ✖著名人

アクバル大帝（ムガル期の皇帝)、ジェフ・ブリッジス（俳優)、ノエル・カワード（劇作家)、ベンジャミン・クレーム(ニューエイジ唱導者)、フランシスコ・フランコ(スペインの独裁者)、アンナ・フロイト（精神分析医)、C.S. ルイス（作家『ナルニア国物語』)、アリッサ・ミラノ（女優)、エディット・ピアフ（歌手)、寺山修司（作家)、浅田次郎（作家)、沢木耕太郎（作家)、小室哲哉（ミュージシャン)



創造力は、どんなひどい教育にも耐えることで昔から知られている

——アンナ・フロイト

知らなきゃよかったと後悔するテーマに限って、僕は独学しすぎてるんだ

——ノエル・カワード

### 統合のためのイメージ

幼少のロビンフッドが、学校をずる休みして、弓の練習に出かける。しかし結局、弓の師にトランプの手品を教えるはめになる

100

太陽＊射手座♐
月＊蟹座♋

# さすらいの家庭人

## あなたのテーマ

**火×水**

知性と感情：熱意と感受性：外向的か内向的かの両極端：感情を込める：直観的：予言的な夢想家：頑張りすぎる：才気煥発：気力がある：ドラマティックな感性

ママとおうちにいたいけれど、いますぐ最速の船で七つの海に乗り出してもみたい――あなたには内向と外向という相反する二面性があります。気難しく、傷つきやすく、自分に夢中なアウトサイダーの顔と、どんちゃん騒ぎが大好きな、極度の楽天家の顔を持ち、猛烈に自己主張をしたかと思えば、優しく相手を気遣うこともできる人です。

あなたはきわめて意欲的な革新主義者。いまこの瞬間と明日をたえず考えて生きています。けれども同時に、郷愁や「古きよき時代」を懐かしむ気持ちに駆られ、新たに熱中できることが見つかるまで、思い出の世界でぼんやり過ごすことに幸せを感じたりもするでしょう。その証拠に、あなたは自分の感情に丁寧《ていねい》に向き合いたいと考え、独りでいることを好む一方で、気の置けない仲間との付き合い、あるいは新たな出会いといった、人との交流を生きがいにしてもいます。

想像力を活発に働かせて行動したい気持ちと、人生の意味を追求したい気持ちを両立させることができれば、あなたの創造力に火がつくでしょう。陸、海、空、あるいは空想の世界を探検する自由と、戻るべき家庭の両方を、あなたは望み必要とします。人生にたいする意欲が旺盛で順応性が高いため、どんな経験にも少なくとも一度は挑戦します。人といるのを楽しいと感じ、人を行動へと駆り立てる心持ちを知りたいと願います。

あなたは仲間や自分自身にたいする哀れみと軽べつとの間で葛藤を感じることがよくあります。が、モラルにおいては「逆もまた真なり」と考えるところが、好都合に働きます。あなたはいつまでも自己憐憫《れんびん》に浸る人ではありません。一寸先に何かあるのかを予見する能力のおかげで、神の摂理を無条件に信じ、何ごともきっとうまく行くと思うからです。実際たいていはなにごともうまく行くのですが、愚直に信頼するその性格のせいで、不実なタイプの人間にあっさりだまされることがあるかもしれません。それでも、やがてあなたはより注意深く、より几帳面に「転ばぬ先の杖」を実践するようになるでしょう。

温かな思いやり深さ、先見の明、堂々たる品格を持ち合わせるあなたには、人を惹きつける天性の魅力と、人を奮起させ、教え導き、説得する才能があります。生まれながらの革新者、あるいは真の教育者として、人々に思想や感情を吹き込んだり、宣伝や

### あなたの最大の長所

純粋な楽観：時代に同調し、自分や他人の考えや感情を、機知と洞察に富んだ語り口で表現する才能：人間的な魅力：親切で役に立ち、心が広く、友情に厚く、もっと頑張ろうと意欲に燃える

### あなたの最大の短所

自分の感情や知性に訴えかけ、極端な言動に駆り立ててくれるような新鮮な刺激や興奮を、のべつまくなしに探し回る：財政的にも感情的にも、無理をしすぎていつも余裕が無い：仕事をやり遂げない：だまされやすく、見当違いな人や主張に信頼を寄せる

世の中を騒然とさせる話題作りを仕掛けたりして才能を発揮するでしょう。実業界でもファッション界でも、出張販売のセールスマン（海外出張があなたの得意分野）、ロックミュージシャン、教師になろうとも、あなたはカリスマ性を備え、それをどう使えばいいのか心得ています。きわめて誠実に一生懸命働きますが、制約を受けることを嫌うあまり、やみくもに無理をしすぎるきらいがあります。将来に備えて、ひそかに抜け目なく蓄財のできる人ですが、何かにつけて「人生のごほうび」を自分に与えるため、深く考えずに散財することもあるでしょう。事業においては、できる限り堅実な銀行員を探し、その人のアドバイスに耳を傾けることです。あなたの人生哲学は間違いなく「なにごとにも節度」。ただ、あなたはそこに言い添えるのです。「とは言っても、ほどほどに」と。

## 大切なあの人とは？

あなたはとても感情的な人。感情に動かされ、ロマンティックに夢想します。感覚や熱情がわきあがってくると、次に夢想するのは、決まって理想の女性・男性についてです。あなたは相手を永遠の愛で独占し守りたいと願い、貞節を永久に誓うかと思うと、つぎの瞬間には、その場を離れ、後戻りできない状況を自ら招き、手を振ってさよならを言う人です。「世界中の港に愛人がいる」とまではいきませんが、現実でも空想でも、世界を放浪することを好みます。しかも、あなたにとっては世界中が我が家なのです。あなたの中で矛盾する二つの面に折り合いがつかないと、人の結びつきへの深い信頼と、内面の孤独や疎外感とのジレンマに苦しむことになるでしょう。

たえず感情的な刺激を求め、退屈に我慢できないあなたですが、初恋の相手には忠誠を尽くすことができます——もっとも、それは突飛な想像を抱き、多様性を愛し、気分の浮き沈みが激しいあなたの心を、相手がとらえ続ける限りにおいてです。また、奔放な性格ゆえに、自分に欠けている冷静な落ち着きや常識を与えてくれる、しっかりした地のタイプに魅力を感じるかもしれません。

**✖著名人**

ウィリアム・ブレイク（詩人、画家、神秘主義者）、ジョゼフ・コンラッド（作家）、ソニア・ガンジー（インド首相ラジブ・ガンジーの妻）、ジミ・ヘンドリックス（ロックミュージシャン）、トム・ウェイツ（ミュージシャン）、勝新太郎（俳優）、宮崎あおい（女優）、満島ひかり（女優）



思い出すなあ、おれの青春。そしてあのときの気持ち……おれは永久に生きつづけるんだ、海よりも大地よりも、すべての人間よりも永く生きつづけるんだという気持ち。そんな気持ちにだまされておれたちは危険や恋やむなしい努力へ——死へと誘われてゆくんだ

——ジョゼフ・コンラッド『青春』

### 統合のためのイメージ

伝書鳩……国際派の乳母……伝道師が個人的救済のビジョンを提示する……ジミ・ヘンドリックスのウッドストックでの『星条旗』演奏……ウィリアム・ブレイクの水彩画

101

太陽＊射手座 ♐
月＊獅子座 ♌

# 誇り高きソルジャー

## あなたのテーマ

**火×火**

心が温かい：大げさ：芝居がかった言動をとる：直観的な思索家：夢想家：ロマンティック：傲慢：気高い：ほかのことに心を奪われ、ぼんやりする：短気：献身的：贅沢：勇敢：子どものように熱中する：冒険家：ギャンブラー：勝利を愛する

自分だけの人生を生きるのではない、人生の意味を探しながら、自らの栄光を求めるあなたの心には、夢見がちな哲学者と、限度を知らないやんちゃな子どもが同居しています。意気盛んで壮大な想像力にせきたてられ、あなたは未来の陽光に輝く高みを目指します。しかし、そこへ至るには長くつらい道を人類の遅々とした歩みで1インチずつ進むしかないということをつい忘れがちです。

火のように強烈で、休むことを知らず、誇り高いあなたは、仕事にも遊びにも全力を注ぎ、欲しいけれども手の届かない究極の成功――あなたが欲しいのはただそれだけ――をつねに夢見ます。しかし、その究極の成功――レースで勝利する、オックスフォードで首席になる、ベストセラー小説を書く、ヒマラヤをトレッキングする等々――は、すでにあなたのなかでは未来の一部であり、永遠にあなたの野心を燃やし続け、あなたをいざなっているのです。あなたが描く人生の未来像で肝心なのは、そこで自分がスターの役割を演じていることです。

生きること、学ぶことにたいするあなたの熱意は絶大で、たちまち周囲に広まります。あなたはおのずとリーダー的存在になりますが、それは、周りがあなたの独裁的なやり方、不意に命令を出すその振る舞いを気にしない場合に限られます。何をするにも自分の内なるビジョン、行動原則に従って行動するあなたは、たとえ自分の自己表現のあり方に反対する人がいたとしても、「それはお気の毒」とばかりに意に介しません。太陽と月が両方とも火のエレメントを持つため、あなたにはドラマチックで激しやすい面があります。繊細な人の心を文字通り焼き尽くし、動転させることもあるでしょう。

実のところ、あなたの意図は純粋そのものです。相手があなたの人となりを知るようになれば、その独裁者然としたところに、子どものような性質――邪心の無さ、清らかさ、無限の力――があることをつくづく感じるでしょう。あなたにとって自己表現は、呼吸と同じぐらい不可欠なもの。型にはめて分類されるのはまっぴらだと考えます。才能を仕事で発揮するには、あなたの独創性と個性が存分に活かせる職業を選ぶ必要があります。その正義感の強さは、法廷での激しい対決のさなか、あるいはステージの上

### あなたの最大の長所

クリエイティブな想像力：人生にドラマを感じとる：遊び心があり、新しい冒険を積極的に受け入れる：人や状況のなかに可能性を見出す能力：楽観主義：勇気：指導力：精神の気高さ：他人の人生に光と温もりをもたらす能力

### あなたの最大の短所

忍耐に欠ける：かんしゃく持ち：親分風をふかせ、自説を曲げない：不安を隠すために、人の注目を浴びようとする傾向：並みの人間には限界があることがなかなか理解できない：人の気持ちに鈍感：自分のことを深刻に考えすぎる：自己中心的

で光り輝くでしょう。

ただし、より素晴らしく、より豊かな自己表現を目指す途中で、疲れ果てて倒れてしまうことがあるかもしれません。心に描いた未来像や計画に夢中になるあまり、あなたは体の健康をとりたてて顧みず、まるで楽しみに水を差す、つまらない日常の務めのように自分の体をあしらうのです。あなたがもう少し辛抱強く現実的になり、他人がどう思うかを真剣に考えられるようになれば、自分のアイデアを実らせる（しかも、より長い期間にわたって）チャンスがぐんと増えるでしょう。

## 大切なあの人とは？

恋に恋する熱烈なロマンティストのあなたは、恋愛に身も心も捧げて夢中になります。しかし、すばらしい恋愛をしているという確信はなかなか持てません。あなたは波瀾万丈を好むうえに、虚栄心がかなり強いので、こと恋愛となると歯止めが利かなくなり、パートナーを困惑させることもあるでしょう。愛はあなたの人生における大きなドラマです。それゆえ、あなたは自分のすべてを相手に捧げ、相手にもそうするよう期待します。

感情を隠すことのできないあなたは、愛情に変化が起きれば、生活をも変えてしまうでしょう。とはいえ、あなたはきわめて高潔で、自分の道徳律に忠実な人間です。それに背くことは自分を愚弄するも同然と考え、他人にも自分と同じように道徳にかなうことを期待します。そうでないとわかると屈辱を覚えるものの、立ち直りが早いのがあなたです。気分が落ち込んだり仕事で失敗したりしても、腐ることなく、英知に磨きをかけ、成功への意欲を10倍にして、元気を取り戻します。

あなたは人生に幸せをもたらすものを愛します。美、センス、才能、天与の文才、究極の勝利者、そして社交の夕べ――そこでは、あなたの内なる子どもが姿を現し、人との交流の純然たる喜びを味わうでしょう。

**✕著名人**

デール・カーネギー（ポジティブ・シンキングの提唱者）、ウィンストン・チャーチル（イギリス首相）、ギュスターヴ・フロベール（作家）、ジェーン・フォンダ（女優）、リー・レミック（女優）、リー・トレビノ（プロゴルファー）、瀬戸朝香（女優）、桐谷美玲（女優）、草野マサムネ（ミュージシャン　スピッツ）、松尾スズキ（俳優）、田中みな実（タレント）



幸福とはあなたがだれかとか何をもっているかではなく、
すべてあなたの考え方によるのだということを覚えておきなさい
――デール・カーネギー『人を動かす』

イギリス国民にはライオンの心があった。
私は幸運にも、それに吼えよと命じる役を与えられた――ウィンストン・チャーチル

**統合のためのイメージ**

きわめて感動的な式典で、ジプシーのシャーマンが、薬草の民間伝承と古代の地理学における功績に対して、大学の名誉学位を授与される

102

太陽＊射手座 ♐
月＊乙女座 ♍

# 実際的な理想家

## あなたのテーマ

**火×地**

鷹揚にして細心：社会的関心が高い：知的な批評眼：きわめて几帳面：情報を整理する能力：現実的な理想主義者：独断的：はにかみ屋だが物言いには遠慮が無い：誠実で頼りになる友人：健全なモラル：哲学的：魅力的：ユーモラスで機転が利く

たとえば人生をアートになぞらえると、あなたは細密画家？　それとも荒く大胆な筆さばきでイメージをとらえる画家でしょうか？　内弁慶で家の中でこそのびのびできる人でしょうか？　それとも、新しい友と自由な空間を求め、世界をさまようタイプでしょうか？　その両面があなたのなかにはあるのです。

精神的に不安定で、ものごとを批判的に見ているときのあなたは、まさにルールに固執する狭量な厳格主義者。謙虚ではあるけれどもたえず神経を尖らせています。しかし、ひとたび何かに情熱をかきたてられ、頭と心を働かせながら充実した毎日を送るようになれば、先見の明を得て、普遍的な概念と人間の生活に必要なものをうまく結びつけることができるでしょう。あなたは壮大な真理に啓発されますが、その法則を書き記すまでは満足しません——人類に大きな希望を与えてくれる深遠な思想をあがめるだけに、それを正確に具現化したいと願うのです。

あなたは信念や自信に満ちているかと思えば、疑念や自責の念にかられたりして、動揺しやすいところもあります。演劇的な感性があり、自尊心も高いので、舞台の中央に立ちたいと願うものの、実際にスポットライトを浴びると、たちまち恥ずかしがり屋の面が出てあがってしまうことでしょう。あなたが本当に目指しているのは、万人の役に立つこと。あなたは「自分ひとりが幸せになればいい」という人ではありません。

あなたはたとえ学問の世界に身を置いていなくとも、つねに学ぼうという姿勢を保ち、新しいものを吸収しては人生に活かします。熱弁をふるって人を魅了しますが、口先だけではなく働きぶりも熱心なことが皆を感服させます。あなたは自分の豊かな潜在能力が開花することを知っています。よい教師とよい講座を見つけて、質の高い教育を受けることで長所を伸ばそうと努力するでしょう。

自分が役に立っていることを実感したいと願いながら、自分の人生は旅と同じ、つまり自分が一箇所にはとどまれないことも承知しています。あなたの内にある火と地のコンビネーションは、ときに解決するのが難しいほどの葛藤を引き起こすかもしれません。もし、自分が過剰なまでに活動的になっている、あるいは思い上がって偏狭になっていることに気づいたなら、それは、少し

### あなたの最大の長所

知的な熱意と几帳面さ：理想に全力を注ぎ、勤勉：静かな魅力があり、温かく他者に手を差し伸べる：客観的に考えを伝え、明晰な議論と落ち着いた誠実さで人を納得させる

### あなたの最大の短所

強迫観念にとらわれたり神経質に心配したりして、創造性を枯渇させる傾向：他者の欠点に道徳を振りかざし、酷評を浴びせ、独断的になりすぎる：感情的な要求を不快に感じる：確実性を求めるあまり、細かなことに目くじらを立て狭量になる

は遊びなさい、自分の気持ちを探りなさい、ペースを落としてバラの香りを楽しみなさいという合図です。バラといえば、ガーデニングなどの健康的で環境を損なうことのない野外活動も、あなたの心と体のバランスを回復するのに、驚くほどの効果をもたらすことでしょう。

明快さを求め、微妙なニュアンスを愛し、人に奉仕したいと願うあなたが、普遍的な世界観を求めて行動すれば、優れた教育者になれるはずです。どんなテーマでもまず全体像を提示し（あなたの直観力なら可能です）、同時にそれを実践的に応用することで、学生たちの学習意欲をかき立て、長所を引き出すことができるでしょう。その気になれば見事に問題を解決することのできるあなたは、難題を緻《ち》密《みつ》に論理的に解き明かすことで人間的に成長します。

信心深いところがありますが、理性に根ざした信仰なので、科学と宗教の間に矛盾を感じることはありません。客観的な真理を好むものの、ものさしで測れる事実を超越した生命の神秘も嗅ぎ取ります。

## ②大切なあの人とは？

あなたは思いやりがあり、相手に身も心も捧げますが、そのあげくに浮気をされてショックを受けることもあります。もっとも、気分にむらがあるのはあなたのほうかもしれません――堅苦しい気取り屋の面を見せたかと思えば、次の瞬間には陽気にはしゃいだり、ウインクを投げかけたりするのがあなただからです。

社交的な性格で、多様な人たち、願わくは自分に刺激を与えてくれるなんらかの要職にある人との付き合いを好みます。けれども、知的な関心事、理想への献身的熱意、あるいは将来像を分かち合えない限り、相手と一対一で心から親密な関係を築くのはそう簡単ではないと知るでしょう。

尊敬する相手にたいしては、温かく、人情に厚く、頼りがいのある人です。積極的に時間を作り、楽しいときを過ごすでしょう――もっとも、それは礼節が保たれる限りにおいての話です。

**✖著名人**

ケネス・ブラナー（俳優、映画監督）、トマス・カーライル（歴史家、哲学者）、ジェイ・P・モーガン（歌手）、ジョージ・モスコーニ（政治家）、バルフ・デ・スピノザ（哲学者）、フランシス・トンプソン（詩人）、田中邦衛（俳優）、松雪泰子（女優）



見識のない行動ほど恐ろしいものはない。

労働は、人類をとりまく社会的悪と貧困にたいする万能薬である

――トマス・カーライル

幸福とは人生と世界を合理的に理解すること

――スピノザ

**統合のためのイメージ**

運動選手が、募金集めのチャリティー競技を行う……哲学者が、宇宙の本質と意味を明らかにする完璧な数学的ビジョンを提示する……十戒

## 103

## 太陽＊射手座 ♐
## 月＊天秤座 ♎

# 意欲的な社交人

### あなたのテーマ

**火×風**

楽観的：心が温かい：哲学的な知性：社会的良心：寛大な精神：ロマンティック：預言者的：騎士道精神：礼儀正しい社交家：興味津々に人間を観察する：カフェと映画館の常連：熱弁を振るう：遊び好きな仲間

あなたはロマンティックな反逆者。歯に衣着せずにものを言い、因習を打ち破りたいと願う一方で、思いやりにあふれ、人に温かく手を差し伸べます。あなたが相手を自分の意見に同調させることができるのは、カリスマ性と生きる喜びに満ちたその魅力にあらがえる人など誰もいないからです。振る舞いに芝居がかったところがあり、自立心が旺盛なあなたは、自分の考えを人に伝えて熱狂的な共感や賛同を得たいと切に願い、そのような状況を夢想します。

あなたにとって人との交流とは、激しい経験、愛情の表現、神話と真理の体現です。自分の考えを大勢に理解させたいという欲求が強いので、舞台に立ち観客と交流することに魅力を感じるでしょう。あるいは、あなたはその欲求の表現手段を文筆業、特に小説や詩の創作に見出すかもしれません。人間観察、そして人間関係の複雑な機微が、あなたの心にインスピレーションを与えてくれることでしょう。魅力を感じるのが法律や政治のような堅い職業であれ、あるいはもっと芸術的な分野であれ、つねに若々しく積極的に生きるあなたは、すばらしい教師や仲間として周りに受け入れられます。

状況や人にたいして感傷的な情を抱く一方で、自分の考えに従って生きるためには、情にとらわれない客観的なものの見方も必要だと感じています。高潔で公正な人ですが、しばしばそのように相反する感情の板ばさみになり、妥協しなければならないこともあるでしょう。あなたは誠実で個性的。何かにつけ良心の呵責を感じます。あらゆる不当な行為をとがめ立て、弱者と純真な子どもとエキセントリックな芸術家を積極的に支えるでしょう——というのも、あなた自身が三者の性格を少しずつあわせ持つ人だからです。

セールスの才があるあなたは、心と頭を動員して説得力あふれる話術を操るような、広報やマーケティングなどの職種で活躍できるでしょう。なにをするにしても、あなたには芸術的センス、強い社会的道義心、お祭り好きな陽気さを発揮する場が必要です。持ち前のユーモアのセンスと仲裁能力で、張り詰めた雰囲気や危機的状況を和らげることができるため、政治の世界に進むこともあるでしょう。政界の慌しさはつねに動いていたいというあなたの欲求を満たしてくれます。社会で生きていくうえでのしたたか

### あなたの最大の長所

突飛で自由なユーモアのセンス：温かな誠意：人が大好き：すばらしい知性：鋭い観察：頭の回転が速い：率直な言動で、友人にショックも喜びも与える：冒険を積極的に受け入れる：人生が提示するあらゆる困難に、強気に快活に積極的に立ち向かう

### あなたの最大の短所

考えや計画が壮大になりすぎて、現実に立ち戻らなければならないことがよくある：だまされやすい：運を天にまかせる：落ち着きがなく、絶えず動き回っていたい、社会に打って出たいと願う：自立と他者への依存との間でつねに葛藤がある

さを身につけているので、あなたは苦もなくやっていけるはずです。社交のたしなみ、美を愛でる心、茶目っ気があるため、どこに行っても快活に振る舞い、人気を集めます。

口から生まれたようなあなたは、インスピレーションがわくやいなや、それを熱く語らずにはいられません。多くの人が携わる共同プロジェクトのまとめ役は、あなたが楽しみ、とりわけ得意とする仕事です。有能な仲介者・調整者として、直感的にいとも簡単に共同事業を円滑に運ぶでしょう。人の意見に素直に従いながらも、実はあなたは自己主張の強い人です。言いがかりをつけられたり、不当な嫌がらせを受けたりすると、激しい怒りを示すことがあるでしょう。

## 大切なあの人とは？

あなたは社会から刺激を受けたり、友情や愛を育んだりすることに喜びを見出します。満ち足りた気分になるために愛情と賞賛を相手にたっぷり求めますが、感情を激しくむきだしにされると逃げ出します。恋愛においては情熱的な理想主義者ですが、感傷に浸ることはなく、たえず理性で感情をコントロールしようとします。

愛する人と人生の旅路を共に歩みたい、そのドラマ・美・気品を分かち合いたいと願い、なにごとも前向きに楽観的にとらえようとします。ただ、おしめを替えるというような汚く地味で報われない仕事を前にすると、あなたはとたんに動揺します。幸いなことに、学習や発見を好むその性格が、家庭生活というかなり単調な旅路を歩む場合にも役立ちます。あなたはやがて請求書の支払いをしたり、健康のために何かを習慣的におこなったりするようになるでしょう。健康習慣に気遣うのはあなたの得意分野ではありませんが、それは正直に認めましょう。あなたはパートナーが助けを必要としているのを察すると、いつも楽しみの種を思いつき、落ち込んだ心を元気づけます。反対に、あなたのほうが優しい思いやりを望む場合も多々あります。あなたは時に応じて喜んで役割を変え、親と子ども、父親と母親、教師と学生をさっそうと演じ分けることでしょう。

### 著名人

ジェーン・オースティン（作家）、マリア・カラス（オペラ歌手）、ウォルト・ディズニー、サキ（作家）、アンリ・ド・トゥールーズ＝ロートレック（画家）、グレッグ・オールマン（ミュージシャン）、デビッド・キャラダイン（俳優）、原田知世（歌手、女優）、十一代目市川海老蔵（歌舞伎役者）、壇蜜（タレント）

結婚における幸福はまったくの偶然です。罪や不幸に関する長話はほかの作家たちに任せましょう
——ジェーン・オースティン

本には宝島に出てくる海賊の略奪品よりも多くの宝物がある。おまけに、本ならばその宝物を毎日楽しむことができる
——ウォルト・ディズニー

### 統合のためのイメージ

陽気な喧騒に包まれて、作家はカフェでアイデアを書き留め、画家は絵を描く……『いまを生きる』

## 104

## 太陽＊射手座 ♐
## 月＊蠍座 ♏

# 精力旺盛な冒険家

### あなたのテーマ

**火×水**

熱心に道徳を説く：自信がある：厳密な判断力：情熱的：官能的：皮肉屋：社交的：真面目：きわめて誠実：鮮やかな想像力：欲望が強い：鋭い直観：楽観主義で絶望に打ち勝つ：起業家精神

### あなたの最大の長所

人を惹きつけるカリスマ性：情熱的かつ献身的に人生に取り組む：痛みや得体の知れない恐怖に直面したときの勇気と反発力：豊かな知性と調査能力：にじみ出る誠実さと、自分を知りたいという切望

### あなたの最大の短所

自分より弱い者には、厳格で酷評的な態度で接する：愛するもの、憎むものに夢中になりすぎる傾向：反対意見にたいして得意になって報復、非難する：退屈になるとトラブルを起こす反抗的な傾向

純潔でありながら、このうえなく欲深い心もあわせ持つのがあなたです！　学んだり、困難に立ち向かったり、刺激を受けたりすることが大好きなあなたは、新しい経験を楽観的に待ち望みます。それでいて、自分の能力とその限界、安定願望、他人の欲求や動機を、敏感に感じ取ってもいます。

あなたは思いやりと希望に満ち、豊かな感情を持っています。強い道徳心がありながらも、人間の根源的な性質——欲望、嫉妬心、妄想——をたえず意識しています。陽気な情熱を全身から発散していますが、そうしたほうがいいと判断すれば、あえて愛情を抑えることもできる人です。

人や周囲の状態に敏感なあなたは、場の雰囲気と、そこに秘められたシグナルを読み取ることができます。それゆえ有能な探偵や観察の鋭い裁判官よろしく、相手の心を深く追求しようとします。もっとも、隠された動機を勘ぐるのは、あなたが誇大妄想を抱いているからではありません。あなたの内面では、勝ち得た信頼と深い闇へ引きずりこまれそうな衝動が激しくせめぎあい、だからこそあなたは、外見だけではだまされまいとするのです。自分なりの価値基準や理想が明確なうえ、批判精神も強いので、人の言動をずばりと評します。あなたの目の前では、誰も隠し立てはできません。

いろいろな意味で、あなたは情熱的な哲学者。人生の深刻さ、あるいは善と悪・自由と抑圧・希望と絶望の対立といった、重要な問題の切実さを熟知する人です。それゆえあなたは、懐《ふところ》の深い魅力的な仲間として周囲から一目置かれ、つねに多様な経験を受け入れます。そこからなにか大切なことを学ぶだろうと知っているのです。

やっかいな道徳問題に取り組んだり、頭脳の限界に挑戦したりすることが好きなため、優秀な弁護士になるかもしれません。あるいは、社会的問題に関して自分の意見を表明できる、政治や社会福祉の分野に活躍の場を求めるかもしれません。

何をするにせよ、あなたは情熱的にものごとを考え感じます。芸術家の激しさで、人間関係とキャリアを築いていくでしょう。議論好きで、厳密にものを考えるあなたは、有意義な論争を楽しみます。退屈したり、自分が独断に傾きそうな気配を感じたりすると、わざともめごとを起こすこともあり得ます。

## 大切なあの人とは？

もし選べと言われたら、あなたは自分を限界まで駆り立てる激しい人生を求めるでしょう。そのような傾向のあるあなたが恋に落ちると、機嫌が変わりやすく、予測不可能な言動に出るようになります。あなたは身も心も恋愛に捧げ、パートナーにも同様の献身を要求します。きわめて情熱的で、親密さを求め、揺るぎない愛を捧げるあなたを、パートナーは深い闇に潜む謎、さもなければいつでも冒険に出発できる陽気な仲間と見ています。

「そんなことは自分ひとりでできる――わたしは世界中の誰よりも逆境に強いのだから」と熱く主張する自立心と、独占欲や依存心との間で心理的に動揺し、それがあなた特有のジレンマになっています。そのような自立心はエベレストを登るのであれば大いに役立ちますが、親密な関係を築くには無用の長物です。

また、謙虚さの欠如にも限度というものがあります。つねに自分の能力以上のことをしようとするあなたは、自分に英雄の資質があることを人に（そして自分自身に）証明しようと、がむしゃらに突き進みます。パートナーにも英雄的活躍を求めますが、分別があり地に足のついたタイプを相手に選べば、情熱と夢想とのバランスを保つことができるでしょう。

もう少し楽に構えて、クリエイティブな趣味に情熱を注ぐことができれば、相手との関係がより円滑になり、あなたは思いやりとユーモアと機知に富む人間として潜在能力を発揮することができるでしょう。

### ✖ 著名人

アイリーン・エイガー（画家）、エクトール・ベルリオーズ（作曲家）、ポール・エリュアール（シュールレアリスム詩人）、ユリ・ゲラー（超能力者）、J・ポール・ゲッティ（石油王）、ベット・ミドラー（女優、歌手）、スティーブン・スピルバーグ（映画監督）、岡崎京子（漫画家）、片岡鶴太郎（俳優　画家）、安藤美姫（フィギュアスケーター）、小雪（女優）



---

インチキ臭い価値を植えつけたり、嫌らしい物質主義をたきつけたりするようなものが近頃ほんとに氾濫してるけど、そういうのは娘には見せないの
――ベット・ミドラー

人はみな霊能者です。要はただ、大多数は持てる能力を発揮していない、いやそれどころか能力に気づいてすらいないのです
――ユリ・ゲラー

### 統合のためのイメージ

宣教師が自分を神に仕える諜報部員だと考える……精神科の看護師と犯罪者が互いを厳しく問い詰める

105

太陽＊射手座 ♐
月＊射手座 ♐

### あなたの最大の長所

楽観主義：ユーモア：立ち直りが早い：広い心と探究心：原理原則を果敢に信奉する：人生の本質的な素晴らしさや未来を信じる

### あなたの最大の短所

「よい助言」を授けようとひとりよがりに熱弁を振るう傾向：大人らしく振る舞ったり、自分の限界を認めたりするのを嫌がる：細部に気を留めず、ずさんな傾向：現実と尊い理想がぶつかると、とたんに気落ちする

# ユーモアあふれる冒険家

## あなたのテーマ

**火×火**

笑いと厳粛：確信と無秩序：疑念とひたむきさ：直観的：社交好き：熱狂的：立ち直りが早い：面白い：自由愛好者と原理主義者：人生と自然に純粋な喜びを感じ、夢中になる

あなたは、気の利いた挑発と威勢のいい冗談を連発する、機知に富んだコメディアンのような面を持ちつつも、強い確信と決意を胸に世界に秩序を取り戻そうとする、真面目な説教師的な面も持つ人です。

あなたは人生を果てしなく続く冒険、あるいは、とてつもない冗談を探しに出かける壮大な探索と感じているのではないでしょうか。あるいは人生とは泉のようなもので、つい誰かに話したくなるような驚きや、知識や、哲学的かつ神学的な思索が、そこからこんこんとわき出てくると考えているのかもしれません。陽気な興奮と尊い道徳心との間で、バランスをとって生きるのは確かに難しいことです。しかし、その活力や人生にたいする熱意が、幅広いものを理解しようとする受容性と相まって働けば、あなたは知的な情熱がとめどなくあふれる泉を意のままに操り、出会う人すべてに刺激と勇気を与えることができるでしょう。

激しく生き生きとした感情の持ち主だけに、最初は多種多様な人生経験に心惹かれますが、やがてその裏に潜む意味に触発されるようになります。あなたは大局的な視野に立ち、どんな状態にあっても全体像や中心となる問題を読み取る能力を備えています。法律や道徳に関する問題に興味のあるあなたは、法廷、説教壇、あるいは酒場で、とうとうと教えを説くことに喜びを感じることでしょう。あなたにとって大切なのは、正しい行いを実行すること。相手の行いが自分の基準に満たない場合には、当人にはっきりそのことを伝えます。

なにごとも一生懸命に取り組む誠実さを絵に描いたような人なので、不実な言動や残忍な行為、堕落や腐敗にはまったく我慢がなりません。あなたの心身の健康に重要なのは思想や活動の自由ですが、それでもあなたは強い確信を持って、いちばん大切な信条や哲学に従おうとします。志の高さゆえに、特定の信条を熱狂的に支持する可能性もあります。それによりあなたは内面の疑念にふたをして、答えが出ないのではと恐れている「自分とは何者か」という問いから免れるのです。

枠にはめられることを嫌う一方で、正義が行き渡り誰もが決まった居場所を持つ、ユートピア的な秩序だった社会の中で守られていたいとも願います。社会における価値観の崩壊に頭を悩ませ、ソーシャルワーカー、教師、作家や聖職者として、現状の改善に立ち上がるでしょう。また、コメディー映画の製作や主演も、あなたの目的を果たす場として、うってつけです。信じるだけ無駄だと感じて失望してもなお、善良さと希望に満ちた人間の可能性を信じ続けるあなた。楽しく笑えばすべてうまく行くことを知っているのです。

あなたは独立心が旺盛で、ひょっとするとつねに体を動かしているかもしれません。野外のだだっ広い空間に身を置くことを好み、旅行にもひんぱんに出かけたいと願います。そうすることであなたはリラックスできるのです。旅先でつぎつぎと友だちを作れるあなたですが、長年にわたる旧友との付き合いも大切にします。これから流行するものを敏感に感じ取り、あれもこれもと手を広げます。

ロマンティックな放浪者の一面を持つものの、本質的には真面目な人で、自分の信条に忠実に従います。あなたは生涯を通じてそうした信条の表現方法を変えていくため、保守的な人から批判を浴びることもあるでしょう。しかし、あなたは「時代は変わる」ことを知っているのです。ご都合主義と永遠の真理を巧みに引き合わせ、同時に活かす――しかも利益が出るように――ことのできる人。それがあなたです！

## 大切なあの人とは？

どんな外見、感情の持ち主にも、あなたは魅力を感じます。新しく人と知り合うたびに、究極の啓示を受けたような気分になりますが、たちまち窮屈さを感じはじめます。そのためあなたは、恋人から恋人へと軽やかに飛び回り、関係が続いている間は誰にたいしても平等な愛情で接するでしょう。あるいは、安定と確信を求めるようになる可能性もありますが、その場合には現実的な地のタイプに惹かれるでしょう。平凡な日常に安らぎを感じ、官能的な悦びを受け入れる地のタイプは、あなたに深い一体感と安心感を与えてくれます。

ひとたび決まった相手との関係（ある程度の冒険の自由が許されている、楽しい関係に限られます）に専念すれば、その関係があなたの考えの焦点になり土台になります。感情が熟していくにつれ、あなたは自分の落ち着きのなさを克服したり、子どもっぽさに向き合ったり、状況が悪くなってもじっとやり過ごしたりすることを強いられるでしょう。

**著名人**

ルートヴィヒ・ファン・ベートーベン（作曲家）、マックス・ボルン（哲学者、物理学者）、ゲオルク・カイザー（作家）、マックス・ケスター（コメディアン）、ジョン・マクレー（詩人）、カール・コリ（生物学者　ノーベル生理学・医学賞）、ジョーン・ディディオン（作家）、本木雅弘（俳優）、福本伸行（漫画家）



多くの人に幸せと喜びを与えよ。それ以上すばらしいことはない
――ルートヴィヒ・ファン・ベートーベン

知性は可能性の有無を識別する
――マックス・ボルン

**統合のためのイメージ**

過激な毒舌を速射砲のように繰り出すコメディアンが、純粋なバカバカしさに、深遠な精神的・哲学的洞察を含ませてジョークを言う……ベートーベンの交響曲第九番と『歓喜の歌』

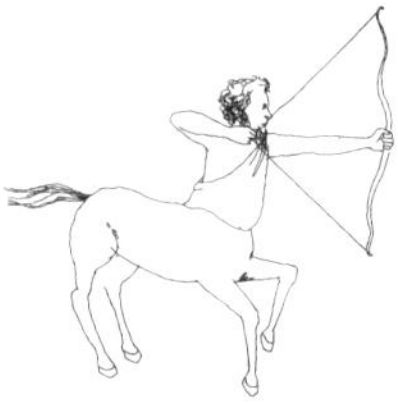

106

## 太陽＊射手座 ♐
## 月＊山羊座 ♑

### あなたの最大の長所

道徳的に高潔：意義と実用性を一途に探求する：寛容：責任を持って権威を振るう：正直：しなやかな知性：愉快で機知に富むユーモアセンス

### あなたの最大の短所

話が冗漫で、ときおり独断的な遠慮のなさを見せる：自分のことを深刻に考えすぎる傾向：物質主義と日和見主義が過ぎる：何ごとも仕切りたがり、実際以上に権力があるようなふりをする

# 挑戦し続ける能力者

### あなたのテーマ

**火×地**

哲学的なユーモア：真剣な探求：軽快にして深遠：公正：熱狂的に忠誠を捧げる：堂々とした性格：道徳的勇気：自尊心：成功を切望する：指導力：多弁：献身的な友情：寛大：親切：社会的良心：市民の権利：ピーター・パンとフック船長

あなたは自由を愛する探検家として新たな限界に挑戦し続ける一方で、実務家として新たな発見から一大帝国を築き上げる潜在能力を備えてもいます。あなたにはロマンティックな異端者と、真面目な伝統主義者という二つの顔があるのです。そんなあなたが男性的な面と女性的な面を同時に発揮すると、さながらサンタクロースが関係者一同の成功と安定を保証するために有限会社を設立するというような、少々特異な状況が生まれるでしょう。

無限の宇宙を信じる半面、人生ゲームで掛け金を分散してリスクを回避するような手堅さがあなたにはあります。あなたにとって人生はゲーム。ただし、真剣なゲームですから絶対に負けたくはありません。臆面もない自己表現欲と、自制心や敬意や具体的達成を求める気持ちとの葛藤が、あなたの内面に創造的な緊張を生み出す主な要素になっています。

あなたは朗らかで直情的で楽天的な性格で、学習、旅行、議論、人付き合い、説得をしきりにしたがります。そのうえ成功願望もかなり強く、周囲に影響を及ぼし、手綱を握り、物質的にも社会的にも前進し、責務と権限を担い、自分自身と家族のために物質的安定を築きたいとも感じています。

遊ぶべきか働くべきか？　お気に入りのベートーベンのアルバムを聴いて楽しむべきか、それとも音階を練習すべきか？――そう自問するあなたは、ときどき自分が老人になって、頭のおかしな内なる子どもをしきりに追い出そうとしているような気分に襲われるでしょう。あなたは既知の事柄を掌握したいと願いますが、未知の事柄から受ける刺激にも魅せられます。つまるところ、自分の限界を広げたい――感情面でも知性面でも精神面でも――と願う一方で、得たものを過去の有意義な伝統に関連づけたいとも思っているのです。

人生にたいして貪欲で、けっして満足しないため、キャリアも趣味も、刺激的な仲間も個人的な挑戦も欲しがります。活発なあなたは、時間を作っては政治やビジネスや教育の世界で、あるいはなんらかの芸術に取り組むことで、活動的な生活を送ります。けれども、どれほど多くの活動に携わろうとも――実際、かなりの数になるはずですが、それはあなたが旅の道程を、目的地に着くのと同じぐらい楽しんでいるからです。家族への献身は深く一貫しています。あなたにはどこか面倒見のよい伯父さんのようなところがあり、自分の責務を真面目に受けとめ楽しみます。

なんらかの分野で、引っ張りだこの専門家という地位に達したとき、あなたは最高の喜びを感じるでしょう。なぜなら皆の注目を浴びながら、おおらかで前向きな自分になれるからです。理想に向かって前進している間は苦しい生活にも十分耐えられますが、物質的に豊かな生活や快楽を享受するのは実は嫌いではありません。友人にも父親にも、恋人にも母親にもなれるあなたは、信じるに足る原理、自己認識、生活の安寧の探求者なのです。

## ♡大切なあの人とは？

人付き合いが、どこか他人事のようにも思えて、満足感を得られにくい場合もありますが、普段のあなたは情熱的で一途な人です。体面が傷つけられたり無視されたりすると、驚くほど怒りっぽく、傲慢になるでしょう。ときには重要な問題を自力で考えるために強引にならなければならないこともありますが、普段は親切で信頼でき、パートナーや家族や友人に一生懸命尽くす人です。

ごく自然に、いくぶん控えめに、自分の意見を主張するあなた。型破りで風変わりで神経質でもったいぶっていながらも、つねに親切に手を差し伸べようとするその姿勢で、いとも簡単に周囲に自分を印象づけます。保守的で利他的なあなたは、責任をはっきり自覚し、つねに自分の道義的義務に従って行動しようとします。けれども恋愛関係においては、精神的な共感と、かなりの自由を求めます。ときには熱い共感関係を求め、ときには独りきりになりたいと考えるのです！　相手はあなたの本心を絶えず推し量ろうとするかもしれませんが、あなたの忠誠が疑問に付されることは絶対にありません。



**✕著名人**

キム・ベイシンガー（女優）、アーサー・C・クラーク（作家）、ビード・グリフィス（修道士、作家）、バグワン・シュリ・ラジニーシ（ニューエイジの導師）、モーリス・ホワイト（ミュージシャン）、ジョン・マルコヴィッチ（俳優）、オジー・オズボーン（ミュージシャン）、ブラッド・ピット（俳優）、松山千春（歌手）、林家こぶ平（落語家）、落合博満（野球監督）

私は、（宇宙、海洋、時間の）探検、宇宙の階層において人類がどんな位置にいるのか、それに他の知的生命体との遭遇がどんな影響を及ぼすのかを、主なテーマにしている
――アーサー・C・クラーク

**統合のためのイメージ**

2999年、勇敢な探検家が、人類が別の惑星に輝かしい未来を切り開くのに必要な過去の知識の探索に出かける……粘り強さを発揮して、ロッククライマーが不可能と思われた山頂を極める

107

太陽＊射手座 ♐
月＊水瓶座 ♒

# 公明正大な思索の人

## あなたのテーマ

**火×風**

友好的：知的：夢想家：真理の探求者：寛容：自立している：社会的関心が高い：快活：言葉に遠慮が無い：おしゃべり：心が広く哲学的：親切な変わり者：高い理想：博愛主義：ロマンティック：隠し立てがなく、正直

あなたは優しい一族の長。皆に平等に心を砕き、先見の明を持ってものごとに対処します。根っからの人道主義者であるあなたは、親切心という傘を広げ、その下に入ってきた者が誰であろうと、全員に自分の知識や深い洞察を分け与えようとします。その誠実さと理想主義でたちまち周囲に感銘を与えますが、冗漫な話ぶり、意図的な論理展開、頭に浮かんだことをすべて話さずにはいられない性格もまた、皆の心に刻まれることでしょう。要するに、あなたには他を圧倒するような強烈さがあるのです。たまに感情を欠くことがあるにせよ、基本的には愛情をすぐに行動で示し、約束したことは必ず守ります。さらに強い個人主義と、枠にはまることを拒絶する性格が相まって、あなたは人気者として集団の中でつねに目立つでしょう。

何かに興味を持つたびに、優れた知性と精神力で果敢に取り組み、友情を長続きさせるような温かみのある独自の方法で、実行に移します。人間関係や世界をできる限り理想に近づけたいとひたすら願い、それが周囲に伝わります。あなたは抽象的な真理のほうがむしろ現実の実態に迫っているとか、何か起きた場合の説明など考えずに、まずは可能性を追求することが重要だと主張しながら、ある意味、独自の世界に生きています。難題に取り組み、独創的な発見や貢献をし、人を啓発するような突飛なことを言って楽しみますが、いずれもすばらしいユーモアを交えて行うため、それがいくら奇想天外であっても許されます。

あなたの本質は直観的な思索家です。どこかエキセントリックな天才といった感があります。あまりにユートピア的・未来的な思考をするので、ついていけないと周りに思われることもあります。実際、その独創性と無骨な一途さゆえに、往々にして皆の数歩先を行き、疎外感を覚えることでしょう。それでもなお、あなたは人を必要とします――人を観察し、人を研究し、人と交わり、遊び、恋に落ちるのです。人類全般についての考え、皆が幸せに共存するにはどうすべきかという考えが、あなたの言動の中核になります。

創造的な洞察を表現するための具体的手段と、権限を保つための裁量の自由を求めますが、あなたにはあれもこれもと手を広げすぎるきらいもあります。自分が万能ではないと心得ることが肝

### あなたの最大の長所

知性と、あらゆる意見を受け入れる視野の広さ：親しみやすさとおおらかな柔軟性：積極的に考え、リスクを引き受けようとする：ひとつの問題にたいして独創的な選択肢を数多く考え出す能力：学習と議論をこよなく愛し、さらに深い真理を求める

### あなたの最大の短所

非現実的になりすぎて、世俗的な日常から離れる傾向：志が高く、改革への熱意が強いため、微妙な違いや繊細な人へのデリカシーに欠ける：一般化が過ぎるあまり、決まりきった日課が創造性を破壊すると信じ込み、抽象概念の世界の中だけで生きようとする

心です。とくに学問的な素養がなくとも、あなたは文化的な規範や障壁の先を見通す洞察力に恵まれ、世界の国々に共通する目標を本能的に理解します。そのため人類同朋に深い同情を寄せ、何か価値あることをしたい、世界に影響を及ぼしたいと切に願います。生まれつき教師や研究者に向いていますが、政治、社会福祉、演劇の分野や、聖職者、独創的なベンチャー企業の経営者として、みなぎる活力を副業に注ぐ可能性もあるでしょう。

## 大切なあの人とは？

さまざまな体験を貪欲に求め、自立を必要とするあなたにとって、親密な関係はいくぶん手に余ることでしょう。けれども、ひとたび相手に心を開けば、あなた以上に思慮深く誠実な人はいないのも確かです。ただしそれは、相手があなたに、こうしろ、ああしろと言い出さない限りの話です。

あなたが求めるのは知的で刺激的なパートナー。自我が強く状況に応じて自立できる人、自分が夢中になっている興味を共有し、尊敬できる人が必要です。

あなたは二人で家事の責任を分担してするよりも、サッカーの試合や劇場、映画、コンサートに二人で出かけるほうがずっと楽しいと考えます。ぼんやりしていて、パートナーにかんしゃくを起こされることもあるでしょう。つぎにどんな楽しいことをしようかと、夢心地で語っている間に、相手は日常の仕事をすっかり片づけ、あなたの長々とした講義がいつ終わるのかとイライラしている可能性もあります。

ロマンティックでありながら、友情や仲間との活動を強く求めるあなたには、きわめて情熱的な恋愛をしている相手にたいしても、どこか兄弟姉妹のように振る舞うところがあります。

### ✕ 著名人

ルイザ・メイ・オルコット（作家）、ウディ・アレン（映画監督）、アンドリュー・カーネギー（実業家）、マーガレット・ミード（人類学者）、ライナー・マリア・リルケ（詩人）、ブリトニー・スピアーズ（シンガー）、フィリップ・K・ディック（作家）、奈良美智（画家）、尾崎豊（ミュージシャン）、羽生結弦（フィギュアスケート選手）、中川剛（タレント　中川家）



---

機械はあらゆる偉業を脅かす——ライナー・マリア・リルケ

わたしたちは、こどもたちや世界中の人々の未来を考えもせずに、貴重でかけがえのない資源を地球上から枯渇させるようなライフスタイルを持つようになりました
——マーガレット・ミード

仕事で不滅の名を残したいなんて思わない。死なないことで不滅になりたいね——ウディ・アレン

### 統合のためのイメージ

未開の土地への旅で、大学教授が部族の通過儀式を体験し、族長と血を分けた兄弟同士になる

108

太陽＊射手座 ♐
月＊魚座 ♓

# 情感豊かな夢想家

## あなたのテーマ

**火×水**

感情的：熱烈：落ち着きがない：人道主義者：夢想家：豊かな想像力：役に立つ：同情的：哲学的：霊的な感受性：強い確信：不合理な論理学者：気前がよい：道徳的：寛容

　あなたは新しいことを次々に本当に体験したいと願いながら、空想世界での夢を豊かにしたいと考えます。理解を深めたいと願う一方で、観念的な原理は冷たすぎて親しみがわかないとも感じています。思索家であり空想家でもあるあなたは、感傷的な哲学者、道徳的な神秘主義者。内なる目で人類の嘆かわしい窮状を読み取りつつ、心ですべてを受け入れ、許し、免罪します。

　どれほど現実世界に縛られていようとも、その想像力や感情の動きによって、あなたの精神はさまざまな場所へ旅するでしょう。現状に精神的に満足しないため、広範な考えや理想に夢中になり、人間が抱える深い精神的欲求に興味を持ちます。実はあなたは、きわめて鋭い直観で、普遍的真理を理解しているのかもしれません。人を疑わずに受け入れ、持てるものを与えたいと願うあなたは、多くの人に慕われます。ただ、落ち着きがないため、相手を一人に絞るのは難しいと感じるかもしれません。

　人間が置かれている状況や人類一般にたいしてきわめて感受性が鋭いあなたは、芸術家のような気質を持ち、さらに愁いを帯び人好きのする謙虚さも備えています。友人や困っている弱者のためなら、自分の財産すら与えてしまうこともあるはずです。感銘を受けやすい人で、自分の見解や気持ちを熱心に惜しみなく相手に伝えます。エネルギーを無駄に使ったり、むき出しの激しい感情表現で他人を（そして自分自身を）圧倒したりしないためには、ときどき立ち止まって考えや気持ちをまとめ、一歩引いて客観的に判断することを学ぶべきです。

　あなたのその気前よさは、日常生活の出費においても変わりません。実務家タイプではないあなたは、軽率で怠け者で自堕落なところのある茶目っ気たっぷりの浪費家という副人格を持っています。だから、それに屈服しないよう努力しなければなりません。これは別にあなたが物質主義者だというわけではまったくありません。ただ、あなたは集中力と、限界を認める健全な感覚を高める必要があります。そうすれば、仕事や信条を転々と変え、つぎつぎと借金を作る生活を送る代わりに、豊かな才能を開花させるのに必要な心の余裕をより意欲的に育むことができるでしょう。

　他人のやり方の愚かさにはっきり気づいているあなたは、自分の経験談を語り、助言を与えることが大好きです。あまたの助言の中から最適なものが選べなくなると、代わりに冗談を言ってお

**あなたの最大の長所**

人生や冒険を積極的に受け入れる：幅広い知性と洞察：オープンかつ柔軟なやり方で、人や意見に協調する能力：温和で繊細で寛大でユーモラスな性格

**あなたの最大の短所**

だまされやすく動揺しやすい：集中力と識別力の欠如：情緒不安定：楽観と悲観との間を揺れ動き、自分のアイデアを実現する忍耐に欠ける

茶を濁します。感情と知性が複雑に絡み合っているため、迷信深くなったり、すばらしい英知を得たりするでしょう。

社会からの刺激を求める（あなたは、社会の動向を敏感に感じ取るバロメーターです）一方で、音楽、自然、静寂に親しむ独りの時間も必要とするでしょう。そのような非言語的な癒しがあなたの幸せには不可欠です。自分の世界に静かに浸ることで、あなたは現実と非現実を、自分の本心と他人の意見を、唐突な行動と心の奥の動機を分けて考えることができるのです。あなたは哲学者の優れた知性と、神秘主義者の慈悲深い心をあわせ持っています。

## 大切なあの人とは？

感情的で、涙もろく、ロマンティックなあなたには、家族や友人のために自分を犠牲にするところがあります。いわば悲哀を呼ぶような愛情を相手に寄せ、それがあなたをたまらなく魅力的にしています。意義深い交際に憧れますが、あなたのことや、あなたが与えなければならないと感じている深い愛情を、本当に理解する人は誰もいないことも承知しています。

どうしようもないほど恋に溺れ、恋人を理想化したあげく、現実の相手が想像上の理想にかなわないことに気づくと失望します。もっとも、小さな欠点ぐらいであれば、愛情が消えることはありません。感情の浮き沈みの中でこそ自分を知ることができるため、あなたはそのような体験を徹底的に味わいます。やがて愛があなたをより賢明な、より安定した人間に変え、あなたはその打たれ強さと思いやりゆえに、友人から尊敬されることでしょう。

**著名人**

ウィリアム・F・バックリー（作家）、ジョージ・サンタヤナ（哲学者）、チャールズ・シュルツ（漫画家）、ジョルジュ・スーラ（画家）、フランク・シナトラ（歌手）、アレクサンドル・ソルジェニーツィン（作家、哲学者）、フジコ・ヘミング（ピアニスト）、田口トモロヲ（俳優）、大竹一樹（タレント　さまぁ～ず）、江角マキコ（女優）、高畑充希（女優）



ぼくは人類は愛しているよ……我慢ならないのは人間どもさ
――チャールズ・シュルツ

ベートーベンのソナタ全集がたった10ドルで買えて、10年楽しめるんだから、人生そう捨てたもんじゃない
――ウィリアム・F・バックリー

**統合のためのイメージ**

ボロをまとった陽気な牧師が、教会のガーデンパーティーで、浮浪者、子どもたち、上流階級を相手に騒々しい冗談を言う

109

太陽＊山羊座 ♑
月＊牡羊座 ♈

# 果敢な野心家

## あなたのテーマ

**地×火**

頑固：魅力的：猛烈な野心家：利己的：目標に向かって突き進む：機転：理性的：行動第一：落ち着きがない：傍若無人：統率力：立身出世：豪傑：反抗的：印象深い人柄

保守的で社会の体制を守ってゆこうとするあなた。しかし、その背後には、世の中のルールを変えようと立ち向かっていく反逆者タイプの顔が隠されてもいます。まるで蒸気機関車のようにエネルギーを内に秘めていて、人の三倍の人生を生きることもできそうです。そのあり余るエネルギーをたった一度の人生にぶつけなければならないのですから、この星に生まれた人はいつもゴールめがけてまっしぐら。一つの目標を達成するや、つぎの目標に向かってスタートを切るのです。

実際に仕事をしているかどうかはともかく、起業家精神旺盛で、いつか世間をあっといわせてやろうと野心を燃やします。ただし、あなたのなかには優しい面も。家族にたいしても、あふれんばかりの情熱を傾け、温かくも厳しい態度で、自分が正しいと思った価値観や目標を押し通そうとします。

家庭を大切にするあなたは、持ち前のウィットや知恵、明るさやリーダーシップが発揮できたとき、家族に認められ、感謝されたと感じます。逆に毎日に張り合いがないと、怒りっぽくて傲慢な、扱いにくい人になってしまいます。そんなときは新しいことにチャレンジして、深い満足感を得るといいでしょう。スポーツマンが持つ闘争心、ビジネス界の大物が持つ気概と能率のよさ、その両方を持ったあなたなら、いま自分が手に入れたいものは何か、それをつかみとるためにはどうしたらいいか、たちどころに狙いを定め、綿密な計画を立てることができます。

あなたは人をまとめて、その先頭に立つのが大好きです。その堂々としたリーダーぶりが、まわりの人にも自信を与えるでしょう。自己評価が高く、ブロントサウルス並みの巨大な自尊心の持ち主であるあなたには、もともと自分の価値を証明したいという潜在欲求があり、そうすることで幸せを感じます。ですが目標達成に躍起になるあまり、ときに残酷で利己的な人間になることも。しかも、自分ではそういう一面を認めたがりません。100パーセント自分を信じて努力することが、あなたの成功の秘訣です。実際、一番信頼できる人間が自分自身だということを、人生の早い段階から知っています。

そんなあなたは、とてつもなく崇高な目標を掲げては、すべてを投げうって一心不乱に突き進みます。その結果、精神的に行き詰まってしまうこともありますが、あなたはいかなる敗北も認め

### あなたの最大の長所

目ざとく、ねばり強い：賢く、抜け目がない：集団をまとめる力とリーダーシップ：積極的：驚くほど立ち直りが早い：チャレンジ精神旺盛で、あり余るエネルギーと気力を注いで突き進む：正直で責任感が強い

### あなたの最大の短所

出世や金銭的報酬にこだわり、まわりが見えなくなる：ぶっきらぼうで思いやりがない：落ち着きがなく、つねに新しい刺激や挑戦を求めている：往生際が悪い

ません――知性でも、心でも、仕事でも負けたくないのです。すぐにかっとなるたちですが、みっともない姿を人に見られたくないので、必死に感情を抑え、自分をコントロールすることを学ぶでしょう。

あなたが尊敬するのは、自分の信じる道を突き進む人、ほんのわずかでも人の先に出るにはリスクを覚悟しなければならないことを心得ている人。また、英雄らしい発言に英雄らしい行動がともなった人を好きになります。現にあなた自身、英雄に憧れ、自分もそうなりたいと願っています。そうやって普段から精一杯生きているのですから、たとえ失敗したとしても自分なりのベストを尽くしたのです。あとは好きな歌でも歌って立ちなおり、一から出なおしましょう。

## 大切なあの人とは？

この星に生まれた人は情熱的で、何かと要求が厳しく、気分屋。それでも、自分のよさを認めてくれる相手には、とことんまで尽くそうとします。ロマンティックな愛にひたることもありますが、誇りに思える相手が欲しくなることもあります。人から見て決して付き合いやすいタイプとはいえませんが、それは自分に対する合格点や理想が高すぎて、思い通りにならないことがあると、すぐにいらついてしまうからです。

なにごとにも積極的なあなたは、恋愛まで仕切ってしまいがち。もっと思いやりを持って、相手と対等に付き合うように努力しましょう。

### ✕著名人

E・M・フォスター（作家）、アルベール・シュバイツァー（医者，伝道師　音楽家）、ジェームズ・ワット（本格的蒸気機関の発明者）、パティ・スミス（ミュージシャン）、ダイアン・フォン・ファステンバーグ（ファッションデザイナー）、宮崎駿（アニメ監督）、大林宣彦（映画監督）、森山良子（歌手）、田中裕二（タレント）、深津絵里（女優）、相葉雅紀（タレント）、V（ミュージシャン　BTS）、

人は自分の問題をまわりのせいにするのをやめ、自分の意志……すなわち信念とモラルに関する自己責任を全うできるよう学びなおすべきだ

――アルベール・シュバイツァー

若返らせてくれとは頼んでいない。わたしが望むのは、ただ歳を重ねていくこと

――コンラート・アデナウアー

### 統合のためのイメージ

都市国家ローマはバーバリアンの襲撃を受けるが、堅牢な街壁が立ちはだかり、その無法者たちを入り江より先に寄りつけない……熱烈な起業家が、野心的な事業を成功させるために保守的な銀行家を説得する

110

## 太陽＊山羊座 ♑
## 月＊牡牛座 ♉

# まじめな快楽主義者

## あなたのテーマ

**地×地**

堅実で良識がある：清廉潔白：不屈：忍耐強い：独占欲が強い：組織力がある：機転が利く：如才ない：優しく思いやりがある：忠実：機知に富む：審美眼がある：頼りがいがあり、実践に強い：よき師：堅実な現状維持者：ものを見る目がある：現実主義者

社会のなかで頭角を現したいと望みながらも、心のどこかで安らぎを求めていませんか？　世間の注目や名声が欲しいのに、地道に行くほうがいいと思うときがありませんか？　実は地位と安定、あなたにとってはどちらもとてもたいせつなのです。そしてこの星に生まれた人はふつう、どちらも手に入れてしまいます。なぜなら、頂点に達したところで本能的に引き際を察し、それ以上無理をしないからです。

何が可能で、何が正しいかをきちんと見きわめてから理想を描くあなた。現実とモラルを調和させる、その天性のバランス感覚ゆえに人から尊敬され、よく頼りにされます。二重に地のタイプのあなたは、堅実で善良な社会の一員。お金や快適な暮らし、美しい工芸品など物質的なものに囲まれていると、とても安心します。

がんばり屋のあなたは、仕事熱心で倹約家。それでいて、すばらしい食事や装飾品など、贅沢を楽しむ余裕も持っています。心のバランスを取るのが実にうまく、ここぞというときに一気に攻め、あとはリラックスしてバラの香りを楽しむことができるのです。すべてのことをこなす時間と余裕があり、仕事は堅実に、パーティは豪勢に（といっても羽目を外さない程度に）やってのけます。本能的な欲求を察知するバロメーターがきちんと働くので、行き過ぎるという心配がありません。つまり自衛本能が鋭すぎて、嫌でも羽目を外すことができないのです。

ところが、そんな安定志向がひとたび変化を恐れる気持ちに変わると、長所が一転して弱点になってしまうこともあり、それが家庭や感情面に現れます。たとえば自分のいる位置をつねに把握しておかなければ気がすみません。あなたにとって未知は呪われたものだからです。また銀行口座、子ども、感情、仕事や遊びのスケジュールなど、人生のたいていのことならうまく管理できるのに、慣れ親しんだものを手放すのは苦手です。

そんなあなたですが、変化も一案だと納得すれば徐々に受け入れられるようになるでしょう。もともとあなたは社会の価値観とともに成長する無垢な子ども――いくらでも適応性があり、勘の鋭い人ですから。それに優れた理性はもちろん、持ち前の直観も頼りになることを知っているはずです。人間の欲求、希望、野望

### あなたの最大の長所

粘り強く、責任感がある：モラルと名誉を重んじる：知的：応用力に富み、実践に強い：調和と公平さを大事にする：良識や伝統的な価値観に忠実：気取りがなく、愛する人、家族、仕事仲間、友人に一生懸命尽くす

### あなたの最大の短所

凝り固まった価値観：独占欲が強い：なじんだやり方から抜けられない：お金や物、細かいことにこだわる：頑固者で、とくにルールに従わない人と付き合う際にそれが顕著

はゆっくりと周期的に進化していくもの、そう考えれば納得がいくでしょう。

先見性より常識をはるかに尊重するあなたは、優れた教師、経営者になれるでしょう。なぜなら状況によって、ここはいさめるべきか我慢すべきか、疑うべきか理解を示すべきか、責任に徹するべきか思いやりをかけるべきか、うまくバランスをとって行動できるからです。

## ③大切なあの人とは？

あなたには生まれつき、威厳と親しみやすさの両方が備わっています。努力家で人望が厚く、人を愛し、人を理解しようとします。おそらく相手の弱点を、人間ならこれくらいはしょうがないと大目に見て付き合っているのでしょう。

自分や愛する人のためなら、できる限りのことをするのが当然だと考えるあなたは、つい、他人も同じだと思ってしまいます。しかも、それだけのことをさらりとやってのけ、まわりの人にまで、自分も気の利いたできる人間になろうという気を起こさせます。そして、それができない人にたいしては、冷ややかで避難がましい視線を、さらには穏やかな表情の裏から厳しい批判を浴びせるのです。

あなたは基本的に古風で、伝統や、昔ながらの安定した関係を大事にするため、たとえパートナーとのあいだに刺激がなくなっても、ずっとそのままの関係を続けていくでしょう。そうなっても官能的な魅力、愛情、寛大な心を保っていられるので、それほど感情が不安定になることはありません。そのうちなんとかなる、物質的な幸せがすぐにも心を満たしてくれると思えるタイプです。その前向きなものの見方や人柄が、まわりの人にとっても、日々の支えや励ましになるでしょう。

**✖著名人**

アイザック・アシモフ（作家）、パオロ・ボルセリーノ（法律家　反マフィアを貫いた判事）、グレアム・チャップマン（コメディーグループ「モンティ・パイソン」のメンバー）、バリー・ゴールドウォーター（アメリカの政治家）、アーサー・スカーギル（労働組合指導者）、メラニー・チズム（歌手　スパイス・ガールズ）、カルロス・カスタネダ（作家）、中谷美紀（女優）、石原良純（俳優）、町田康（作家）



理想家……それは何も達成しないことを暗に物語っている——アーサー・スカーギル

わたしはカトリック教徒……人間愛を信じるのが務め——パオロ・ボルセリーノ

あなたの欲しいものをすべて与えてくれる大きな政府は、それをすべて奪い去ることもできる
——バリー・ゴールドウォーター

**統合のためのイメージ**

裕福な老人が、孫娘の誕生日に定期預金の口座を開く。のちに有名な芸術家となった孫娘は、遺産を受け継ぎ、さらに自分自身も財を成す

111

太陽＊山羊座 ♑
月＊双子座 Ⅱ

# 機知にとんだ堅実派

## あなたのテーマ

**地×風**

博学：おしゃべり：如才ない：順応力がある：才気豊か：現実的：よき師：大真面目なひょうきん者：学究肌：目先が利く：うわさ好き：抜け目がない：皮肉っぽい

安定が欲しいですか、それとも変化が欲しいですか？　一人の時間を求めますか、それとも会話を求めますか？　これはあなたにとって難しい質問です。それでもあなたは間髪いれずに答えようとするでしょう。なぜなら、どちらの答えも「イエス」「イエス」だとわかっているから。この星に生まれた人には一途さと多様性、根気と機転、誠実さとずるさが同居しています――だからこそ、きわめて能力が高く、自分の意見を巧みに表現でき、しかも人気者でいられるのです。

機転が利き、礼儀正しいと尊敬されるあなたは、はっきりと本心を言うわりには愛嬌があり、駆け引き上手です。そのため、人はあなたの言うことももっともだと簡単に説き伏せられてしまいます。きっと優れた外交官、裁判官、教師、作家、キャスター、コメディアンになれるでしょう――おそらく、どの才能も少しずつ備わっているはずです。

あなたは堅物のくせにひょうきん者。保守的でお堅いビジネスマンかと思えば、茶目っ気たっぷりのユーモアやジョークで周囲を驚かせます。根は真面目一本やりで、どうしようもなく強情ですが、コメディアン的なおどけた感じがそれをすっぽりと包みこんでいます。その陽気な雰囲気のおかげで、基本的に重苦しい性格のあなたでも深く思いつめずにすんでいるのです。

知的で観察眼の鋭いあなたは、自分の感じたことをとてもわかりやすい、鮮やかなイメージにしてさらりと相手に伝えることができます。とくに野心家とか完璧主義者とかいうわけではありませんが、何事も実益を重視し、凄腕を発揮します。話すときや書くときには最少の言葉で最大の効果を、同じく創造力を発揮するときには、最少の力で最大の効果を狙います。工夫の必要な箇所に目をつけては、日々の雑務にも独自の方法を編み出すなど、仕事のプロセス自体を楽しんでしまいます。

あなたは誠実で真面目。しかも意志が固く、すべてを把握し、思い通りに事を運びたいという意識がとても強いです。また臨機応変で機転の利くあなたは、何かの目的に向かう途中も気になる情報を集めておいて、いつの日かそれを活かすこともできます。根が真面目なので、いくらひょうきんにふるまっても軽薄な人間だとは思われません。実際、あなたの意見や見解には影響力があります。それは話上手だからというだけでなく、発言が的を射て

### あなたの最大の長所

創意工夫に富み、研究熱心：幅広い分野に興味と熱意を示す：基本的に努力家で、根は真面目：いろんなグループの人とスマートに付き合える：ひょうきん

### あなたの最大の短所

理性に頼りすぎて、精神的な成長が妨げられている：人やものを見る目が実際的すぎて、表面上の理解で満足しがち：人をからかうのは好きだが、自分が笑われるのは嫌い：軽はずみに（だが無意識に）偉そうな態度をとってしまう

いるから。ただときどき図に乗って、自分の知識をぺらぺらとひけらかしてしまうことがあります。

自分の熱意を伝えるのが飛び抜けてうまいので、いい教師になるでしょう。服や髪型を変えるのが大好きで、グレーの地味なスーツからエキゾチックな服まで、とりかえひきかえ楽しみます。また、家のなかがもめごとで緊張しているときにも、にぎやかな仮装パーティのときにも、おしゃべりやジョークでまわりを上手に盛りあげます——ただ、自分をジョークの種にすることはありません。発明の才能があるので大もうけできるかも。もともとの得意分野だけでもじゅうぶん忙しいのに、まだ何かないかと目を光らせているタイプです。

## ③大切なあの人とは？

あなたはとても気さくな人柄をしています。普段は控えめで、警戒心が強く、穏やか。でも、意外な行動に出るのが好きで、世間のルールや慣例などひっくり返してしまうこともしばしばです。安定を求めつつも、精神的に耐えられる範囲内で、まるでとらえどころのない粒子《クォーク》を計測するかのように、くるくると頭を働かせています。

ところがうっかりすると、そうした理性の強さが、感情面ではかえってアキレス腱になってしまうこともあります。というのも、精神的に辛そうなこと、葛藤のありそうなものに出会うと、あなたは文字通り心の扉をすり抜けることで——少なくとも心理的には——困難をうまく避けて通る傾向があるからです。また、自分の「見解」を論じることで、感情と距離を置こうとする傾向もあります。

ごく親しい、打ち解けた関係に幸せを感じるあなたは、相手に忠誠心と愛情を誓います。とはいえ、心のどこかに絶えず新しいものを求めさまよう童心の部分を持ち続けるでしょう。

**✖ 著名人**

ジョーン・バエズ（シンガーソングライター）、ヨハンネス・ケプラー（占星術師、天文学者）、ラドヤード・キプリング（作家）、ジョージ・マクベス（作家、詩人）、ウォルター・モンデール（アメリカの政治家）、ルイ・パストゥール（科学者、低温殺菌法を発明した細菌学者）、ロバート・スタック（俳優）、ジム・キャリー（俳優）、村上春樹（作家）、宮本亜門（演出家）、CHARA（ミュージシャン）、中越典子（女優）



応用科学ほどすばらしいものはない、唯一あるとすればそれは科学の応用だ——ルイ・パストゥール

教えたまえ、素朴なものの喜びを
苦しみの泉のない陽気なときを
悪の仕業をすべて許すことを
太陽のもとに生きるすべての人間を愛することを！——ラドヤード・キプリング

**統合のためのイメージ**

年老いた哲学者がクロスワードパズル・コンテストで優勝する……訪問販売員が賞をもらう……大学教師が朝食をとりながら新聞の投稿欄に目を通す

112

太陽＊山羊座 ♑
月＊蟹座 ♋

# 自制心の強い愛情家

## あなたのテーマ

**地×水**
タフで心優しい：感受性豊かで自制心が強い：野心的：観察眼が鋭い：自分の世界に没頭しがちだが、人には親切で協力的：保守的だが新しいアイデアも取り入れる：実際的なものの見方をする：自然を愛する

基本的に人生は楽しくて明るいものだと思っていても、ほんとうは困難に満ちた暗いものではないかと疑いたくなるときがありませんか？　昔ながらの自然に近いシンプルな暮らしや、伝統的な価値観を愛していても、もう一人のあなたは、科学技術の進歩でなんでも自分の思い通りになる世の中を望んでいませんか？　自分の考えを声高に主張したいときもあれば、耳を傾けてくれる人だけに、そっと語りかけたいときもありませんか？　この二つのジレンマがあなたの本質です。

改めて自分を見つめてみると（あなたには普段からその習慣がありますが）、内面にいろんなジレンマを抱えていることに気づくでしょう。たとえば精神的にタフかと思えば繊細だったり、野心家かと思えばリスクを恐れたり。強さも、思慮深さも持っています。人と親密にするのも好きですが、一人の時間を有意義に過ごすこともできます。折にふれ、自分の目標は何か、それに対して本能が求めているものは何かを考えて、どちらも手に入れるための最善の方法を模索します。真面目で神経質で仕事ができるわりには、人の本質を理解する神秘的な力も持っています。また感情をむき出しにすべきか、自制心を働かすべきかで悩むこともあるでしょう。

創造力を発揮しているときのあなたには、母親の優しさと父親の厳しさの両面があります。神経細やかながらも、現実的で抜け目なく、厳格そのもの。そのため仕事の場ではまわりを気遣いつつもプロに徹し、目標に向かって強硬な姿勢を貫くことができます。一度目標を決めたら、ゴール目指して一心不乱に突き進みますが、それと同時に人への思いやりや配慮にあふれ、家庭や家族をとても大事にします。

そうはいっても、プライベートと仕事の両立が難しく、どちらかを犠牲にすることもあるでしょう。実際、あなたがジレンマを感じるのは、内と外とのバランスが取れなくなったとき。ほんとうは人とのふれあい、深いつながり、優しさを求めているのに、人生なんておおかたは感傷の余地のない、辛く厳しいものだと強がってみたり、何かを成し遂げて人に認められたいと思ったりします。独立して、在宅の仕事をするのもひとつの手でしょう。いずれにせよ自分の好きな時間に、自分の好きなように、自分の好きなことができる環境でこそ、あなたは力を発揮できます。

## あなたの最大の長所

観察力が鋭く、自然を愛する：具体的に人のためになりたいと思う：他人の気持ちや感情を正確に見抜くことができる

## あなたの最大の短所

楽な道と厳しい道のどちらをとるかで悩んでしまう：感情の揺れが激しく、他人の意見にとても敏感：自分が非難されていると思いがち：感情にどっぷりと浸ってしまう

芸術家と科学者の一面があるあなたには、使命感にかられる仕事、思想までひっくるめて全身全霊を傾けられる仕事が向いているでしょう。自分の内面から他人のことに関心が向いたときのあなたは、生まれながらの心理学者。何が人をやる気にさせるのか瞬時に見抜く力があります。その直観を活かせば、どんな仕事でも人とうまくやっていくことができるでしょう。

広い視野、長期的な視点、実行力、他人の希望や能力を考慮できる神経の細やかさ――そうした長所がすべて揃ったとき、あなたは人や仕事のまとめ役としてとびぬけた能力を発揮します。メンバーの帰属意識や連帯感を高め、最高の力を引きだすでしょう。また、現実の世界と豊かな想像力を結びつけ、科学から芸術、教育からビジネスまであらゆる分野で活躍できます。その姿は周囲の人に勇気を与え、人生の困難も喜びも味わってみようという気にさせるでしょう。

## ②大切なあの人とは？

ちょっと意外かもしれませんが、人間関係こそあなたの人生を支配する鍵です。というのも相手にとことん尽くしたり、ぐっと距離をおいたり、両極端な付き合い方をするからです。たとえば「生涯の伴侶」を求め、相手にかいがいしく尽くしていたかと思えば、そんな親密な関係を窮屈だと感じたり。ある状況では孤独を愛しても、別の状況では、自分のすべてを捧げられる一心同体のパートナーを欲しがったり。

もしかしたら父親と母親に正反対の方針で育てられたせいで、子ども時代のジレンマが親密な人間関係に顔を出すのかもしれません。一方ではだれかに必要とされたいと願っているのに、もう一方では一人でやっていくほうが力を発揮できると思うこともあるでしょう。ですが、心のバランスがとれているときのあなたは周囲の声にとても敏感。だれよりも優しく思いやりがあり、気配りができます。人のことを心から気遣い、人との深いつながりに憧れ、一度ほれ込んだ相手にはとことんついていき、力になろうとします。

### ✖著名人

パブロ・カザルス（チェリスト、指揮者）、ジャン・フランソワ・シャンポリオン（エジプト学者）、ジャニス・ジョプリン（ロック歌手）、アイザック・ニュートン（物理学者、錬金術師）、キャロル・リード（映画監督）、吉田栄作（俳優）、柳葉敏郎（俳優）、長谷部誠（サッカー選手）、トータス松本（ミュージシャン　ウルフルズ）、村上知子（タレント　森三中）



もし、わたしがほかのだれよりも遠くを見ることができたとすれば、それは巨人の肩に乗っていたからだ――アイザック・ニュートン

落ち目にならないうちに教えてよ。あたし、やめるから
――ジャニス・ジョプリン

### 統合のためのイメージ

僧が巡礼の旅に出る前、自分の家族のために祈る……水時計……キャロル・リード監督の映画『第三の男』と『オリバー！』……政治家はもったいぶらずに赤ん坊にキスをする

113

太陽＊山羊座♑
月＊獅子座♌

# 高いプライドを持つ現実主義者

## あなたのテーマ

**地×火**

陽気でがんばり屋：劣等感と優越感：説得力：活動的：独断的：パワフル：自信家：高潔：創造性豊かで、しかも有能：責任感があって野心的：威厳に満ちた優しさ：独断的で大仰：ときに信じやすく、ときに疑り深い

生真面目なわりに、遊び心もあるあなた。仕事に対する使命感、社会的な野望が強い反面、世間をあっといわせたいという願望もあり、ときにはその板ばさみになって苦しみます。普段は地味でかっちりしたスーツを着ていても、思い切って派手なオートクチュールを選びたいと思うことも？　また、人には優しく、相手に気を遣うのに、どうして自分にはそんなに厳しいのでしょう？

あなたはプライドが高いわりに謙遜家。自分でもすごい人間なのか、だめな人間なのか、たまにわからなくなってしまいます。けれども真面目な性格と遊び心がかみ合ったときのあなたは、ちょっと見もの。地道ながらも世間をあっといわせるやり方で野心をかなえます。また、どんな職業に就いても生まれながらのプロ意識を発揮し、洗練された感性で自分を磨き、世界のために道を極めます。評判や名声をとても気にするタイプで、賞賛を浴びることを人一倍喜びます。

一方、そのつもりはないのに知らず知らずのうちに横柄な態度をとっていて、周囲にスノッブと思われることもあります。それというのも自分や、自分の立てた計画に絶対的な自信があるから。この星に生まれた女性は、自分の選んだ道でトップに立ちたいという思いがとりわけ強く、しかも、その分野で活躍する同じ星に生まれた男性――たとえばデヴィッド・ボウイや偉大な詩人ロバート・ブライのような人――をつかまえて、楽しくやっていくすべも知っています。

この星はいわば真夏の明るい太陽と、真冬の厳しさの組み合わせ。興と勢い、情熱と根性でスリルたっぷりの豪胆な人生を歩むでしょう。カリスマ性がありながら、パーティの計画や準備など裏方の仕事もきちんとこなします。そしていざ当日には、冷静で上品なホスト・ホステスとして立派に務めを果たします。

あなたの仕事には強いプロ意識と威信が漂っています。いい仕事やすばらしい結果を残すためなら、どんなたいへんなことでもやってのけるでしょう。社会的な意識が高く、自分の果たすべき責任もきちんと心得ているので、世の中をよくしたい一心から、政治や募金活動に興味を持つかもしれません。慈善事業に持ち前の熱意や献身的な精神を発揮するでしょう。どんな分野でも責任ある立場に就かされることが多く、しかもその役回りがぴったり。

### あなたの最大の長所

生まれつき勘が良く、カリスマ性がある：独創性に富む：やりがいのある、難しい仕事をこなす力がある：組織力とリーダーシップ：誠実で美徳を重んじる：尊敬し愛する人に自分を捧げる

### あなたの最大の短所

仕事中毒の傾向：スノッブ、成り上がり者、自分が大事：自分中心で独断的：父親的な存在を求める：頑固で変化を嫌う：自分の力不足を補おうと、独裁的になりがち

従属的な立場はあなたに似合いません。

そんなあなたでも、たまに天気のいい日など、山積みの仕事にぐちをこぼすことがあるでしょう。とはいえ人に仕事をとられると傷つくばかりでなく、どういうわけか居心地の悪さや罪悪感まで覚えてしまいます。それに年がら年中、人のために働いているわけではありません。あなたのなかには一攫千金を狙う砂金掘りのような一面があって、たえずチャンスに目を光らせているのです。といっても、ただで何かを手に入れようというのではありません。最少の力で最大の成果を上げることに喜びを感じるのです。同じ山羊座・獅子座生まれの作家ジャック・ロンドンの言葉を借りれば、「貧しい稼ぎ、貧しい食事、楽な仕事よりも、いい稼ぎ、いい食事、たいへんな仕事のほうが性に合っている」のでしょう。自分の成し遂げたことに自信と誇りを持ち、そのうえ「もっとがんばれるぞ」と張り切るあなた。でもほんとうはもう、そんな余力は残っていないですよね。

## ☽大切なあの人とは？

あなたの心はパラドックス。今日は世間や人から離れて、一人ひっそりと修道士のように過ごしたいと思っていても、つぎの日には、温かい愛が心に満ちあふれています。ときどき人に対して要求が厳しく横柄な態度をとったり、よそよそしく頑固になったりしますが、それは往々にして人に批判されるのが怖いから。

かなり面食いのわりには、恋愛に内面的な強さや深み、揺るぎない忠誠心、静かな安定を求めます。ただし虚栄心と支配欲の強い性格が、相手と親しい関係を築くうえでネックになることもあるでしょう。あなたは恋愛のギブ・アンド・テイクについて理想が高く、かなり型にはまった考え方をします。そんなに肩ひじを張らず、持ち前の遊び心を出せば、人生がもっと楽しくなるはずです。

自由に振る舞える関係でこそ、あなたは心から情熱的になれます。あなたのことを愛するだけでなく尊敬してくれる人、少し距離があったほうがあなたらしさが出せることをわかってくれる人、そんな相手とならうまくやっていけるでしょう。家庭に揺るぎない愛情を注ぎ、家族に最高の幸せを与えるためなら惜しみなく努力するあなた――もちろん家族にはそれだけの価値があります。

**✕著名人**

ルルドの聖女ベルナデット（預言者）、ロバート・ブライ（詩人）、デヴィッド・ボウイ（歌手）、マレーネ・ディートリッヒ（女優、歌手）、フェイ・ダナウェイ（女優）、ジャック・ロンドン（作家）、毛沢東（中国国家主席）、ドリー・パートン（カントリー歌手）、ドロシー・ワーズワース（作家）、パラマハンサ・ヨガナンダ（神秘論者）、役所広司（俳優）、大友康平（ミュージシャン　ハウンドドッグ）、尾田栄一郎（漫画家）



水仙はじつに美しい……疲れた頭を石の枕に預けるものあり、頭を揺らして、ゆらゆらと舞うものあり……まことに風とさざめきあっておりました

――ドロシー・ワーズワース

我々はどこへ向かうにせよ人民と団結し、人民のなかに根を張り、花を咲かせなければならない……

――毛沢東主席

### 統合のためのイメージ

独り静かに自分の山を登り終えたあとは、スポットライトもテレビカメラも自信を持って粋に迎えられる……薄暗い森に一条の陽の光が射しこみ、新しい生命をもたらす

114

太陽＊山羊座 ♑
月＊乙女座 ♍

# 良質を知る人

## あなたのテーマ

**地×地**

完璧主義者：質のいい仕事：職人：素朴：よきまとめ役：思いやりがあって几帳面：自制心が強い：自分に厳しい：心配性：謙虚：専門的な批評家：正確：美意識が高い：勤勉

親分肌、姉ご肌のあなた。でもその反面、弟や妹のようなかわいげを見せることもある人です。あなたは野心も強いですが、実は規律第一の人で、ルールや理屈、高尚な利己心に基づいた生き方を好みます。ものごとのシステムを効率よく整え、自分の支配下にある環境をたえず改善するのが得意。人生もたいていの事がスムーズに、効率よく運びます。それもそのはず。もともと並外れた能力の持ち主のうえ、普段から自分の才能を賢く使って、最大の効率をあげようと心がけているのですから。

慎重で、思慮深く、しっかり者のあなたは、言葉より行動——つまり、何を成し遂げたかで評価されたいと思います。同様に他人のことも実際の行動で評価する傾向があり、もし人のしたことがいい加減だったり、つめが甘かったり、的を外していた場合はかなり批判的になります。といっても、厳しいのは他人にばかりではありません。自分自身に対してもかなり批判的なあなた、大概は真面目すぎるか考えすぎです。もしかしたら忘れていませんか？　人生の失敗やドタバタは価値あるもの、それで人間は大きく成長するということを。万全の態勢を心がけるのもいいですが、理詰めが過ぎると、人生のうれしい誤算まで遠ざけてしまいます。

論理性こそあなたの性格を理解する鍵。データを理路整然と分析し、明確な結論を導き出し、それをあまり分析力のない（とあなたが思いこんでいる）人に提供できたとき、あなたのなかに自尊心が生まれます。といっても、べつにおごりがあってそうしているのではありません。むしろ本能で、人の役に立たなければと思うのです。

あなたは信頼感と思いやりにあふれ、他人のために尽くすのが大好き。自分の努力が実際、人の役に立っているのを見ると無上の喜びを感じます。ところが頭脳明晰、規律第一を誇るあなたも、決して見た目ほどの自信家ではありません。ここ一番というときや、苦しい状況に直面すると、なかなか思い通りの行動がとれません。

あなたは他人から誤りを指摘されるのが大嫌い。内省をくり返し、自分なりにいい解決策を模索します。そんなあなたは人の上に立つのが苦手です。自分の肩に全責任がのしかかってくるなんてとんでもない！　どちらかというと、自分の責任範囲をしっかり固めたいタイプです。

### あなたの最大の長所

献身的で高潔な精神：緻密で分析的な思考：洗練された明確な自己表現：実際的で効率のいい組織づくり：実質的で、有意義な生き方をしたいと思う：知識欲旺盛で、それを人のために役立てる能力がある

### あなたの最大の短所

自信のなさ：人生を真剣に考えるあまり、遊びや神秘性を嫌う：白黒はっきりした事実にこだわり、目に見えないものまでデータ化しないと気がすまない：自分やまわりの人を絶えず品定めし、あら探しをする

## 大切なあの人とは？

　あなたは何事にもたいへん几帳面で、美意識が高く、とりわけ人を見る目が厳しいです。矛盾した性格をしていて、実は生まれつき優柔不断で自信がないくせに、パートナーを選ぶとなるとどこか謙遜ぶった態度をとって、逆に自分を大きく見せようとするところがあります。

　もともと控えめで慎ましい性格のあなたは、他人行儀でクールな人間と映りがち。ところがいったん相手に心を許すと、すっかり開放的になって、陽気でユーモラスな顔、情にもろく一途なところをのぞかせます。穏やかで誠実な恋愛観の持ち主で、つねに相手を慕い、思いやることで愛情を示そうとします。

　人に愛され、尊敬され、感謝されているときのあなたは、文字通り光り輝いています。逆に幸せでないときのあなたは、偏屈で、陰気で、神経質。それでも現実的な性格のため、礼儀を欠くことはめったにありません。理性をなくすことを極力嫌うのです。ときには不安になったり、神経質になったり、そのせいで精神的に取り乱したり、落ち込んだりすることもありますが……。

　科学的・分析的資質があるおかげで、仕事ではかなりの成功を収めますが、人間関係ではその分析癖がかえってお荷物になるでしょう。というのも、あなたにあれこれ品定めされて喜ぶ人間などいないからです。それがいくら相手のためであっても、どんなに気を遣ってやったことだとしてもです。水または火のタイプとなら、のびのびとした、理屈抜きの付き合いができるでしょう。

**✖著名人**

ティコ・ブラーエ（天文学者）、スティーヴン・ホーキング（宇宙物理学者）、ジョン・リリー（心理学者）、アリストテレス・オナシス（大富豪）、アンワール・サダト（エジプト大統領）、ヘルムート・シュミット（旧西ドイツ首相）、マギー・スミス（女優）、スーザン・ソンタグ（作家）、メル・ギブソン（俳優）、坂本龍一（音楽家）、小泉純一郎（政治家）、柴門ふみ（漫画家）、いがらしみきお（漫画家）



自分自身を軽蔑する者は、偉大な自己軽蔑者として自分を尊敬する
――スーザン・ソンタグ

宇宙に対する人類の理解が進んだことで、
無秩序を極める宇宙の一画にささやかな秩序が確立された
――スティーヴン・ホーキング

### 統合のためのイメージ

受賞歴のある著名な科学者が、閑かな村の学校で慎ましく化学の教師を務める……ある心理学者が小論『卑下という行為――その起源と目的』のなかで、人間行動の変遷を分析する

115

太陽＊山羊座 ♑
月＊天秤座 ♎

# 人なつこい一匹狼

## あなたのテーマ

**地×風**

社会意識が高い：シック：経験豊富な知識人：リベラルなのに保守的：正義感：エレガント：プロ意識：頭脳明晰：高い道徳基準：オーガナイザー：人なつこい一匹狼：不屈：大義のために戦う人：勇敢

あまりに有能で抜け目なく、小気味のいいほど理性的なあなたは、人生を要領よく思いのまま歩んでいるように見えます。とはいえそんなあなたでも、実は大きなジレンマをかかえています。たとえば社会的な人間かと思えば、一匹狼になったり。すばらしい人間に見られたいときもあれば、すばらしい人間になりたいときもあったり。自分自身の進歩を望む一方で、社会の進歩を願う気持ちもあります。活動的に外に出て、知的な会話を楽しみたいときもあれば、黙々と自分一人の世界にふけっていたいときもあります。思考派のようで行動派。科学者のようで芸術家。現状維持派のようで、正しい社会を目指す革新者です。

協調性があり、おおらかで、外向的な性格に、持ち前の信頼性と鋭い視点が合わさったときのあなたはまさに無敵。どんなことでもやり遂げてしまいます。何気ないウィット、隙のない魅力ですばらしい友人をものにし、権力者に強い影響を及ぼします。またものごとの正当性にこだわり、自分の正義感や美意識に反するものに対しては烈火のごとく怒ります。そんなあなたの一生は全精力を賭けて挑む使命、あるいは聖戦とさえいえるでしょう。

無知は不安のもと。そう思うあなたは貪欲に学び、ビジネス、ファッション、家庭――どんな世界もものにし、自分の思い通り、さっそうと振る舞えるよう努力します。仕事では天性の視野の広さ、組織力と計画性、生まれながらのフェアプレイ精神を発揮して、仲間の可能性をフルに引き出します。普段のあなたらしく巧みに事を運べば、リーダーの座に昇りつめるのも時間の問題でしょう。大きな責任を負えばさらに成長できます。基本的には保守主義で伝統的な価値観を大事にしますが、リベラルな社会意識の持ち主でもあります。また正義感が強く、そこから時代の先を行く進歩的な精神が生まれます。

驚くべきことに、これだけ世知にたけ、平和を愛するわりに、あなたは凄まじい戦士の顔も持っていて、自分の信じることのためなら大真面目に闘いに加わろうとします。自分の健全な主張を他人に冒涜《ぼうとく》されるのには堪えられない、かといって人に不快な思いをさせたくはない――その結果、冷静で事実を盾にした攻め方をし、それがかえって交渉力や説得力を持ちます。あなたの放つ一言一言は、丁重ながらもパンチがあるのです。

あなたは人の指示に従うのも好きですが、人に明確な指示を出

### あなたの最大の長所

理知的：真理と正義の飽くなき探求者：自分の信じることのためには誠心誠意を尽くす：社会的な正義、義務、誠実さを重んじる：自分の責任を全うし、家族や愛する人を支えるために努力する

### あなたの最大の短所

悲観的になりがち：日和見主義に陥りやすい：懐疑的な態度がそのまま皮肉癖になることがある：専門分野で学者ぶる癖がある

すのも得意。あなたの鋭い眼識にかかれば、ビジネスも利益も上向きに、また人間関係や社会生活もすべてうまくいきます。というのも、あなたはオンとオフのけじめをはっきりつけられ、オフの時間には生活や自然の美しさを堪能できるからです。強烈な美意識の持ち主ですが、控えめで繊細な色合いの、上品なスタイルを好みます。

## ②大切なあの人とは？

恋愛となると、大きなジレンマが前面に出てきます——ロマンティックな愛に浸るか、実際主義者に徹するか？　あなたにとって恋愛はお手のもの。たっぷりのエネルギーを傾けることでしょう。ですが最高の自分でいるためには、一日の終わりに独りきりの満ち足りた時間を過ごすことも必要です。

パートナーとのあいだに共通の関心と目的意識があることが、あなたの恋愛の基本。チームワークの精神が体に染み付いているので、日々のささいなことを一から十まで相手と分かち合うことに幸せを感じ、そこから愛を育てるのです。といっても、それはあなたの一面にすぎません。実際にはあなたのキャリア願望に理解を示し、協力してくれる相手が必要でしょう。

あなたにはどこか寡黙で、芯の強いところがあります。また人に苦もなく忠誠を尽くせるあなたは、逆に人にも忠実な、分別のある人間であってほしいと願います。気づいていないかもしれませんが、まわりの人は互いにもっと感情をぶつけあえる関係を望んでいます（あなた自身はそうでもないでしょうが）。相手の頭を優しく叩いて、怒りをぐっと飲み込むだけでは、その人の悩みをすべて解決したことにはなりません。本当のあなたは優しさにあふれているはず。少し理性から離れて、衝動的になってみましょう。そう、自分のしたいことをすればいいのです。まわりの期待など気にせずに。

**✖著名人**

ウィリアム・ユーアート・グラッドストーン（イギリス首相）、ジャンヌ・ダルク（預言者、国の救世主）、マイケル・ネスミス（ロックバンド「ザ・モンキーズ」のメンバー）、ヴィヴェーカーナンダ（ヒンドゥー教の宗教家、哲学者）、シラノ・ド・ベルジュラック（作家）、寺島しのぶ（女優）、矢田亜希子（女優）、笑福亭鶴瓶（タレント）、高橋源一郎（作家）、ダンカン（タレント）、田村亮（タレント　ロンドンブーツ1号2号）



我々はヨーロッパというコミュニティの一員であり、そのつもりで義務を果たさなければならない
——W・E・グラッドストーン

発散と抑制、どちらがエネルギーを要するか？
平静でいることこそ、もっとも大きな力の表れである
——ヴィヴェーカーナンダ

**統合のためのイメージ**

壁をめぐらせた、美しく格調高い庭……そのうち、カキはうっとうしい異物も美しい真珠に変える……理想の高い政治家は、正義が成されるのを見るために闘う

116

## 太陽＊山羊座 ♑
## 月＊蠍座 ♏

# 防衛本能の強い野心家

### あなたのテーマ

**地×水**

強い個性：冷静沈着：献身的：道徳心が強い：分析的：誇り高い：立ち直りが早い：努力家：情け深い：忠誠心：官能的：自己抑圧的：くよくよしがち：ねばり強い：生真面目：野心家

山羊座の抱く野心と、蠍座の持つ自制心が合わさって、英雄的な力強さと何かに本気でかかわる情熱が与えられています。したがってこの星に生まれたあなたは、何をするにせよ、中途半端にはすまさせないので、それが自分の人生に価する ものかどうか、どんな犠牲を払っても守り通すべきものなのか自問しつづけます。また、いつどこからやって来るかもしれない人生の逆襲に備えて、本能的に守りの姿勢を固めます。人一倍、不意打ちに対する警戒心が強いのです。

あなたは生まれながらに強い自制心、鋭い思考、公正な判断力を持っているので、法律や社会改革に関連した分野に興味を引かれるでしょう。たとえば、人間社会の苦悩や影の部分に心を痛め、何か力になりたいと思うこともあります。実力をフルに発揮して、成功と賞賛への道を邁進《まいしん》するでしょう。また、いつも自分自身のことを真剣に考えていて、たとえばいま自分がどこへ向かっているのか、重要な問題について自分はどの立場をとっているのかを正確に把握しています。

ことのほか信頼感があり、忠誠心に厚く、昔かたぎなあなた。何をするにも万全の態勢を整え、全力投球し、いい結果を残そうとしますが、そのせいで自分や周囲の人にやや手厳しくなることもあります。自分はそれでいいかもしれませんが、かたくなに道徳心を貫こうとするあなたの姿は、まるで洒落のひとつもない人気アニメの『ミュータント・ニンジャ・タートルズ』。他の人にはちょっぴり怖いとさえ思えるでしょう。そんなあなたですが、いったん遊ぶと決めたら社交性と洞察力を発揮して、他のこと同様、楽しむことに没頭します。

性格の激しさが、痛烈な風刺や、辛口のユーモアという形で表に出ることがあります。もっともふだんのあなたは真面目そのもので、自分の役割や責任を果たすのに一生懸命です。本能的に保守主義の傾向があるので、やや視野が狭くなることがあり、異質のものに対する疑り深い態度が、それに輪をかけることもしばしばです。そんなあなたには、自分が想像できないもの、信じられないものの存在をかたくなに拒み、ものごとを科学的に分析したがる傾向があります。あなたが変われる唯一の方法、おそらくそれは、持ち前の優れた論理的思考に新しい光を当てること。もしそれが道理にかなうようなら、試しにやってみましょう。そう「道

**あなたの最大の長所**

清廉潔白で個性が強い：察しがよく、読みが深い：物静かな性格だが、弱者や愛する人を熱心に支える：目標に集中し、障害にあってもくじけない：勇気と思いやりがあり、社会を再生するためなら苦難を厭わない

**あなたの最大の短所**

極端に真面目、頑固で厳格：偏見を嫌うわりには、自分の偏見に気づいていない：落ち込むと心が狭くなり、悲観的な態度をとる

理」こそ、あなたの性格を支配する重要な鍵なのです。

## ②大切なあの人とは？

あなたは根っからの常識人。伝統的な価値観を大切にし、それがあなたの渇望する精神的・肉体的安定の支えになっています。家庭では、すばらしい主《あるじ》や主婦、あるいは用心深い保護者として、まるで親鳥が敵の注意を逸らしたり、敵に直接襲いかかったりして雛《ひな》鳥を守るように、自分の子どもを守るでしょう。またものごとを簡単にあきらめないので、家庭をはじめいろんな集まりで、頼れる大黒柱や縁の下の力持ちとして信頼されることでしょう。

あなたには官能主義者の一面もあって、人間本来の欲求を満たすことに喜びを感じます。といっても、快感や感情をかたくなに内に秘め、めったなことでは羽目を外しません。感情を激しく揺さぶられるような出来事に直面し、一時的にせよすべてをさらけ出すことがあっても、結局は平常心と自制心を取り戻して一安心というパターン。冷静な自分のほうが断然いいのです。日頃から警戒心を張りつめて、幸せに敵を寄せ付けまいとがんばっているあなた。緊張感やプレッシャーがつのったら感情の放出《カタルシス》で晴らしましょう。精神衛生上、大いに効果があるはずです。

だれかを心から愛しているときのあなたは、独占欲が強く一途。またそれと同じくらい包容力があり情熱的でもあります。そんなあなたは「人生は現実、人生は厳粛」をモットーに、真剣勝負で相手に愛情を傾けます。そして、人と接するたびに着実に自分を深め、変貌を遂げていくのです――たとえ、ほんの少しずつでも。

**✖著名人**

クレメント・アトリー（イギリス首相）、ジェラール・ドパルデュー（俳優）、ヘンリー・ミラー（作家）、ノストラダムス（預言者）、フランシス・プーランク（作曲家）、ロッド・スチュワート（歌手）、シャーリー・バッシー（歌手）、ニコラス・ケイジ（俳優）、ケビン・コスナー（俳優）、レイフ・ファインズ（俳優）、ケイト・モス（モデル）、倉本聰（脚本家）、内村航平（体操選手）、北川悠仁（ミュージシャン　ゆず）



民主主義とは話し合いの政治を意味するが、人をだまらすことができてはじめて効果を発揮する
――クレメント・アトリー

セックスは霊魂が再生する9つの理由のうちの1つ……あとの8つは重要ではない
――ヘンリー・ミラー

**統合のためのイメージ**

独房にいる一人の囚人が改心を志し、囚人仲間の生活改善のためにせっせと働く……僧が自分の家を病人やホームレスのための収容施設にする

117

## 太陽＊山羊座 ♑
## 月＊射手座 ♐

### あなたの最大の長所

幅広い知性：責任感と誠実さ：人のいろいろな態度や、様々な状況の裏に隠れた大きな意味を自然に察知できる：野心家で冒険好き：皮肉のきいたユーモアセンス

### あなたの最大の短所

饒舌で、たまに大げさになる：不安になると知識をかさに着る：新たな活動の場を求めてせわしなく動き回り、エネルギーをむだにする：狭い視野にとらわれ、道徳的に厳しい態度をとる

# 夢見るリアリスト

### あなたのテーマ

**地×火**

主体的：ひたむき：独裁的：広くおおらかな心：高潔：哲学的：真摯：熱狂的：辛口のウィット：誇り高い：忠誠心：道徳観が強い：理想主義者だが現実的：実質を評価する：厳格だったりユーモラスだったり：要求水準が高い

あなたは冷徹なビジネスパーソン。けれどその反面、理想を追いかける社会改革者のときもありますね？　責任という思い荷を背負っていても、たまにはそれを放りだして、途方もない冒険を楽しみたくなりませんか？　あなたのなかには「老賢者」の部分と「無鉄砲なティーンエージャー」の部分が少しずつあって、それを互いに活かし合い、とても創造的で、しかも儲かることを考えつきます。

射手座の長期的な視点と、山羊座の現実的な視点をあわせ持ったあなたは、スマートでカリスマ性のある、きわめて有能な人物。思想や哲学、社会事情を語らせれば、とてつもない説得力と熱意を示す一方、身近な自分自身の幸せにも強い関心を抱いています。あなたに説得できないことなどまずありません。きわめて現実的な思考と真摯な情熱の持ち主、しかも現実を見据えて将来のビジョンを掲げられる人です。

あなたは強く、激しい性格をしているわりには、思いやりにあふれた人です。思いやりといっても、広く、公的な意味での博愛精神のこと。いわば偉大な討論家のあなたは、ものごとを説明するという使命にも似たものを背負っていて、個人レベルはもちろん、おそらく国家や国際レベルでも、様々な出来事や方針について論じることができます。その才能を活かせば、政治家、大学教授、僧侶、社会評論家、研修部門の責任者として成功するでしょう。

あなたが深い関心を寄せるのは、知性でものごとを「正しく理解する」こと、きちんとした考え方や「〜主義」を追求すること、自分の人生に――そして他人の人生にも――健全なモラル観を植えつけること。生来の気高さが、あなたの主張のすべてに、また自分の考えを人に伝えなければという思いの隅々にまで行き渡っています。あなたにはある意味、伝道者のような熱意と、僧侶や尼僧のような悟りが備わっているのでしょう。だから人々は膝を正して、あなたの言うことに耳を傾けるのです。一方、自分の主張がずいぶん偏ったものだということにまったく気づいておらず、その点、罪作りともいえます。また、あなたのその無遠慮さも問題です――率直でぶしつけな、歯に衣着せぬもの言いに、すべての人が共感してくれるわけではありません。

リラックスしているときのあなたは、風刺のきいたウィットが冴えわたり、パーティの花形になれます。思想について議論するのが好きで、諸説を比較しながら、人生というもの、人間の愚かさについて独断的な判定を下し、そして大真面目な問題を軽く笑い飛ばします。いろんな人と楽しく付き合え、どんな場面にもすぐにとけ込んでしまいます。ちょっと変わった問題を、知性で解決することに快感をおぼえるあなた。問題の核心を見抜き、人生のジレンマがかもす皮肉をすばらしいと思える、神秘的な力の持ち主です。

あなたは活気にあふれた人生を送りますが、うっかりすると神経が極度に張り詰めてくたくたになってしまいます。あなたの思考は休むことを知らず、ことによっては肉体よりも働いているかもしれないのです。スポーツやアウトドアを楽しめば、バランスが取れるでしょう。野心と高い理想を追求して、ただでさえあなたの活性は上がりっぱなしだというのに、このうえパーティで盛り上がりたいなんて欲張りすぎです！

## 大切なあの人とは？

もともと人に尽くすタイプですが、知的な交際ができる人と出会えたら、一段と相手にのめりこむでしょう。情熱的で忠誠心の強いあなたは、家庭や自分の暮らす地域への思い入れが深く、大切な人たちのためなら骨身を惜しまず働きます――遊びや自分のための時間が充分に取れる限りはいくらでも。

ところがパートナーの要求がうるさくなると、とたんに不機嫌で気が短くなります。というのも、あなたは親密な関係につきものの、微妙な駆け引きや感情の機微に疎いからです。何か問題が起きそうになると、あなたはすぐに「理論武装」したがりますが、これは理性で説明のつかない欲求にかられたときの自己防衛手段でもあります。少しペースを落として、そのあふれる好奇心を自分の内面へ向けてみたらどうでしょう？　何を恐れているのです？　「べつに何も」とあなたは答えるでしょう。たしかにあなたの鷹揚で、真実を愛する心があれば、そのうち緊張がほぐれ、言葉では表現できない、温かい愛を育むことができるかもしれません。

**著名人**

スティーヴ・アレン（ユーモア作家、作曲家）、ウンベルト・エーコ（作家、記号学者）、アンソニー・ホプキンス（俳優）、ケニー・ロギンス（ロック歌手）、アンリ・マティス（画家）、モンテスキュー（政治家、哲学者）、ブライアン・レッドヘッド（ラジオの司会者）、モーリス・ユトリロ（画家）、アレグザンダー・ウルコット（ジャーナリスト、キャスター、批評家）、北野武（映画監督タレント）



君主には君主なりの楽しみがあるが、民衆には民衆なりに愉快なことがある
――モンテスキュー

ぼくがしたいと思うのは、不道徳なことか、不法なことか、贅沢なことだけ
――アレグザンダー・ウルコット

**統合のためのイメージ**

休みになると、最高裁判事は趣味の競馬《ギャンブル》に大真面目に興じる……銀行員が世界一周クルーズに出ることを計画する

118

太陽＊山羊座 ♑
月＊山羊座 ♑

# 純粋無垢な社会人

## あなたのテーマ

**地×地**

責任感がある：現実的：伝統を重んじる：頭脳明晰：堅実：強情：自分に厳しい：独断的：事務的：如才ない：自分の世界に没頭しがち：野心家：真面目：良心的：プロフェッショナル：自制心がある：怖がり：独裁的

あなたはだれよりも現実思考の持ち主です。実際的で意志が強く、成功に向けて全力を注ぐあなたは、自然に権威と権力の座に憧れます。しかも、脇道にそれずまっすぐ突き進むので、計画したことはたいていやり遂げてしまいます。

あなたは実は有能でプロフェッショナル。しかも野心的で、生まれつき分別があります。それでいて控えめで真面目な、責任ある態度をとるのは、思いやりと思慮深さの表れ。フェアで、仕事ができ、人の役に立てる人間でありたいと思っているからです。

あなたは安定や権威に病的なまでにこだわり、周囲から攻撃されないよう、何らかの手段を講じておくタイプです。もしかしたら幼児期の体験が尾を引いていて、大人の振り回す権力を恐れるあまり自分が無能だと思い込み、卑屈になっているのかもしれません。そんなあなたが権威のつぎに望むのは、人に認められること――自分の確立した地位、偉力、能力、見識、業績などを人に認めてもらいたいと願っています。

親分肌で、面倒見のいいあなたは、友人や家族から頼りにされます。やるといったことは必ずやり、安請け合いはしません。ただ人を押さえ込むところがあるため、さほど人気者にはなれません。あなたにとって我慢ならないのは、人から弱い人間に見られること、期待どおりの尊敬や見返りを受けられないこと。そのせいか、たまに少々出過ぎたことをしたり、おせっかいが過ぎたりすることがあります。そこまでして自分ひとりの肩に重荷を背負いたがるのは、罪悪感のようなものがあるから？　そうかもしれませんが、このままでは身も心もすり減って、人に尽くすのはもうたくさん、と嫌気がさすようになります。

あなたの悩みは臆病で自信が持てないこと、ときどき憂鬱になって落ち込んでしまうことも。幼いうちから責任や負担を背負いこんできたせいで、自然と野心が膨らみ、防御心が強くなっているのです――人生のいろんな場面で、そうするのが大切だと教えられてきたのでしょう。

実際的で優れた思考をするあなたは、それゆえの長所・短所を持っています。たとえば、ものごとを理路整然と解決できます。また、義理と野望の渦をかきわけ、ときには安全な道、ときにはきわどい脇道を駆使して、トップの座まで上りつめることもでき

### あなたの最大の長所

完璧：頼りがいがある：なにごとにも真剣かつ慎重な構えで臨む：責任をもって人の面倒を見る：すばらしい自制心：人やもののシステムを整える実務的能力：根気強い：世知にたける：どんな障害や困難に出会っても、不屈の姿勢で立ち向かう

### あなたの最大の短所

自分中心：出世にこだわるせいで、結局は孤独になる：感情や精神の領域を無視したり、拒んだりする傾向がある：防衛本能が過剰で、つい最悪の事態を考えてしまう：自分の潔癖な道徳観を基準に、他人を判断してしまう（もっと肩の力を抜いて、どうでもいいことを楽しむようにしましょう）

ます。そうやって不屈の精神と豊かな知性を武器に様々な困難に立ち向かっていくのはいいですが、たえず挑戦できるものを追い求める傾向があります。

## ②大切なあの人とは？

あなたはともすると、物質的な満足、心の安定、生活の主導権に異常なまでの関心を示します。物質的、精神的に強固な砦《とりで》を築き、神秘的で、目に見えない、不確定な要素を寄せつけまいとしているのです。ほんとうは人生のそうした部分に恐怖だけでなく、魅力も感じているのに。あなたはなんでも「理屈」で説明がつくといいますが、実はそこが落とし穴。とりわけ感情的な欲求に駆られたときは危険です。

ほんとうは愛情や人との交わりに飢えているのに、この人となら絶対にうまくいくという判断材料が出揃うまでは、慎重に自分を抑えようとします。恋愛に求めるものは、忠誠、安定、そしてできれば美徳。何よりも尊敬できる相手が欲しいからです。その反面、あなたには驚くほど官能的な一面もあり、いったん相手の愛情を感じリラックスしてしまえば、固いガードを解き、人前で見せないような卑猥なユーモアセンスさえさらけ出します。もっと自分自身に寛容になってみましょう。欠点も自分らしさだと認められるようになれば、心の安らぎや幸せも、そう遠いものでないことがわかるはずです。

**✖著名人**

クララ・バートン（アメリカ赤十字社の創始者）、フェデリコ・フェリーニ（映画監督）、ウィリアム・ジェームズ（哲学者）、ヴィクトリア・リディアード（婦人参政論者）、A.A.ミルン（作家『くまのプーさん』著者）、カール・ロジャーズ（心理学者）、錦織圭（テニス選手）、江口洋介（俳優）、菊地凜子（女優）



女性が聖職に就くことへの反対、それとまったく同じ反対を、女性はかつて選挙権獲得の闘いで受けました……いろいろと理由を並べるのは構いません。それが愚かな偏見でなければ

——ヴィクトリア・リディアード

野心を捨てれば、それを満たすのと同じくらい尊い安心感が得られる——ウィリアム・ジェームズ

**統合のためのイメージ**

白髪の老人が、孫を膝に乗せて椅子に座っている。そして孫に7歳の誕生日プレゼントを渡す——それは『天路歴程』の初版

119

太陽＊山羊座 ♑
月＊水瓶座 ♒

# 思慮深い理想家

## ◉あなたのテーマ

**地×風**
社交的なのに孤独：進歩的なのに保守的：意志が固い：懐疑的な思考：明解：淡白：思慮深い：人をまとめる力：秩序を愛し、変化を愛する：社会的な責任感と野心：ひたむき：現実的な理想家

とても親しみやすく、あけっぴろげかと思えば、驚くほどガードが固く、控えめで、孤立することもあるあなた。人付き合いが好きでも、実は一人でいるのが好きなのでは？　ほんとうは世の中を変革したいのに、世の中に認められ、あがめられたいという気持ちも捨てきれませんね？　あなたは見かけは反逆者でも、実は型にはまった「堅物」なのかもしれません。逆に、上流社会にふさわしい上品なりをしておきながら、実は世間をひっくり返してしまうほどの大改革者なのかもしれません。本当は古いものや過去や歴史を愛していても、未来――とくに自分の未来を自ら動かし、築きあげたいという欲望もあります。まったくどちらが本当のあなたなのか、自分でも悩んでしまうでしょう。

しきたりに倣《なら》いつつ、しきたりを書きかえたいという野望。そのどこで妥協するかが、あなたの人生の課題です。そして、その矛盾した思いに折り合いがついたとき、あなたは積極的で、自律した、計画性のある人間になれるでしょう。しかも、すべての行動に優れたビジネスセンスと管理能力を発揮し、偏見のない、道徳的な姿勢を貫くことができます。

頭脳明晰で、どんな仕事も理路整然とこなし、過ちを犯してもそこから学ぼうとする姿を見て、まわりの友人や同僚はあなたに対して信頼と尊敬の念を抱くでしょう。客観的でありながら、難しい問題や困難にも体当たりでぶつかっていくあなたは、力強い味方で、手ごわい敵。仕事の仕方ひとつにも威厳と品格が漂っています。そのうえ機転が利くので、仕事の世界や友人たちのあいだで尊敬され、一目置かれる存在になるでしょう。

あなたは野心家なのに謙虚。何かに理想をかきたてられると、その世界の頂点に立ちたいと願いますが、人の道に背いてまでそうしようとは思いません。根っからの平等主義者でありながら、どうしたら自分の力を最高に活かせるかを知っているあなたは、ひそかにこう思っているはず。「だれかがそれをやらなければ」――「それ」とはつまり、人の上に立って仕切ること。といっても出すぎたことはせず、自分の手柄が目立たないよう配慮します。また、社会への義務感と道徳観も相当なもの。世の中をよくしたいと願い、実際に何をすべきか、はっきりしたビジョンを持っています。

知性があり、自分なりのしっかりした考え方をするあなたは、

### あなたの最大の長所

頭脳明晰：実際的な知性：人の内面を見抜く力があり、力になりたいと思う：自発的：努力家：プロ魂：他人の権利や幸せのために奮闘することができる

### あなたの最大の短所

感情が不安定で、人に拒否されることを恐れる：何がなんでも自制を保ち、人の世話になろうとしない：プライドが高い：とくに興味をそそられない、あるいは自分を高めてくれない人やものは簡単に無視してしまう

ふざけたことを笑って許せないたち。どんな形であれ、信念を曲げたり、表現の自由を奪われたりするような仕事には強い憤りをおぼえます。一方、自分の理想に向かってなら、骨身を惜しまず努力します。そんなあなたは、実際に世の中を変えられる仕事や能力に憧れるでしょう。たとえば政治、経済、学問の世界、あるいは文学、歴史、心理学、カウンセリングといった人文科学の分野が考えられます。また、自分の内面や感情に思い切って踏み込み、それをさらけ出せるようになれば、芸術の世界でも活躍できるかもしれません。奥深い感性を活かして、人間の本質や思想を、鮮明で美しい言葉や絵、踊りや音楽のなかに表現できるでしょう。

## 大切なあの人とは？

外交的で知的な付き合いができるかと思えば、内向的で感情を表に出さないところもある、そんなあなたは他人の目に不思議でじれったい存在に映ります。いろんなタイプの人に興味を持ちますが、大切な時間を過ごす相手についてはえり好みが激しいです。パートナーの条件は、知的なこと、自分なりにある程度達成したものを持っていること。ただし、いったん相手を評価し、尊敬するようになると、相手にとって頼りになる友人、親身な相談相手、思いやりのある同僚やパートナーになります。

逆に、友人や家族から救いの手をさしのべられても、あなたは一人で大丈夫とばかりに、修道士さながら自分の世界にひきこもってしまいます。安定や心の安らぎを望むくせに、自由やプライバシーもだいじ。とても社交的で人付き合いが好きなわりに、人と親密になるのが苦手。そんなあなたは精神的に100パーセント安定していないと、自分の心の声に耳をかそうとすらしません。そのせいで自分の力を過信したり、独立心が過剰になったりすることもあるでしょう。とはいえ「静かな流れは底が深い」もの。感動的な場面に心を許したときのあなたは、自分でも驚くほどの情熱を発散させます。火×水のタイプの人なら、あなたの超越した境地に追いつき、普段なら寄せつけもしない別のあなたに目覚めさせてくれるでしょう。

### 著名人

モハメド・アリ（ボクサーで世界ヘビー級チャンピオン）、ジェームズ・フレーザー（人類学者『黄金の杖』の著者）、ダイアン・キートン（女優）、リチャード・ニクソン（アメリカ大統領）、カール・サンドバーグ（詩人、作家、歴史家）、デンゼル・ワシントン（俳優）、ウッドロー・ウィルソン（アメリカ大統領）、荒川静香（フィギュアスケート選手）村田諒太（ボクシング選手）、堂本光一（タレント）、平井堅（歌手）



わたしは理想家。自分がどこへ向かっているかは知らないが、着実に前進している。
もっとも偉大な必要性……それは創造的な孤独を発見すること
――カール・サンドバーグ

人への思いやりは、この地球に住むための部屋代――モハメド・アリ

### 統合のためのイメージ

預言者でもある詩人が栄誉ある賞を受ける……歴史家は未来への道を示す……頂上までなんとか自力でたどり着いた登山家が、通りかかったヘリコプターに乗せてかえってくれと頼む

120

太陽＊山羊座 ♑
月＊魚座 ♓

# 現実的な夢想家

## あなたのテーマ

**地×水**

科学者で詩人：現実的な夢想家：ロマンティックだが疑り深い：あわれみ深い現実主義者：創造力に富んだまとめ役：誠実：面倒見がいい：哲学的：人道的：タフで心優しい：辛抱強く謙虚：頼りがいがあるが、ひとりでいるのが好き

あなたはいろんな自分を持っています。なんでもすぐ本気になる夢追い人かと思えば、お堅い銀行員のようだったり。理論的な数学家のようで、謎の霊能者のようだったり。あるときは叙情的な詩人、またあるときは冷徹な現実主義者。未知の世界が魅力的に見えるときもあれば、恐くて仕方がないときもあります。完璧に秩序と統制のとれた人生を歩んでいるように思えるときもあれば、混沌《カオス》にのみ込まれそうで怖いときもあります。

ロマンティストだけれどしっかり者のあなたは、どこか『たのしい川べ』に登場するネズくんのよう。日なが、鉛筆の先をなめなめ空想にふけっていたかと思えば、弱い者を守ってやったり、絶妙のタイミングで至れり尽くせりのピクニックを催したり。優しく気弱な性格のわりには、己の義務に忠実で、最後の一円が合うまで何度でも勘定を確かめるようなところがあります。夢や空想の世界に浸っていたい、でも「現実」からは離れたくない、その気持ちのあいだで悩むことも多いでしょう。

あなたはよく、人生の波乱にのみ込まれたらどうしよう、自分は正しい選択をしただろうか、と不安に押しつぶされそうになります。もっとも最後には、天性の集中力で、複雑な人生のパズルを見事に完成させてしまうのですが。ただそこに至るまでには、いらついたり、同じ山羊座×魚座生まれのある人物がいったように「文明など一休みしているカオスにすぎない」と不安がったり。でも、それでいいのです。自分を知るにつれ、そこがあなたの強みだとわかってくるはず。秩序と成功に強く憧れるからこそ、感性が研ぎ澄まされ、人間の欲求や価値に対して敏感になれるのです。

あなたは察しがよく、いろんなタイプの人とうまくやっていくすべを知っているようで、実は人が思うよりずっと内向的。ものごとを深く感じとるタイプで、なにごともじっくりと考え、人や思想の本質にまで迫ります。目に見えない、精神的なものにも価値を見出し、それを自分の世界に取り込もうとします。また、感情を抑圧するというわけではありませんが、表に出さないところがあります。もともと目立ちたがり屋ではないからでしょう。むしろ、求められればいつでも意見をいい、実際的な意味で人の役に立ちたいと考えています。

**あなたの最大の長所**

想像を現実に形にする力：思いやりがあって、現実的な手助けができる：内省と教訓から学んだ精神力：混乱から秩序を探り出す才能

**あなたの最大の短所**

未知への恐怖心：他人の負担を背負いこむ悲しい性分：否定的な思考パターンに陥って自信喪失しがち：自分の考えに合わせるためなら、真実さえ曲げる

内省的な性格のためか、ときに少しばかり陰気で、重苦しい雰囲気を漂わせます。もっとも、そのおかげで人間の苦悩を理解し、他人の弱点さえ、わが身を省みて許すことができるのです。生まれながらの博愛主義者で頭が切れるあなたは、優秀な法律家、ソーシャルワーカー、カウンセラー、医者、心理学者になれるでしょう。また、神秘的なものに惹かれるので、探偵の素質があるかもしれません！

あなたは鋭い洞察力の持ち主で、隠れた問題や、心の奥に潜むすばらしい一面を見抜くこともしばしばです。また、論理的な思考でカオスのなかにも意味を見出し、手に負えない混乱に秩序と体系を与えようとします。ただし、いくら理路整然とした実務的な頭脳をしていても、あなたの本能は、理性に縛られない詩情豊かな人生に憧れています。

あなたは目標に向かって猛烈に突き進む、文字通りの野心家。といっても、ちょっとしたユーモアやお互い励ましあう空気を寄せつけないほどではありません。仕事は無事終わらせたい、けれどその道のりも味わいたい――ほんのちょっぴりなら――というあなたは、運命が運んでくる神秘の分け前をごく自然に受け入れます。心のどこかで絶対に目立ちたくないと思っていても、いつかは秘めた情熱を世界に示し、何か大きな、意味のあることを成し遂げずにはいられないでしょう。

## 大切なあの人とは？

あなたはとてもロマンティックな一面を持っています。ですが、その深みにはまらないよう必死に努力し、たいていはそうならずにすんでいます。優しく思いやりがあり、ひたむきで一途。相手の気持ちを本人より早く察することができるあなたは、逆に、何がなんでも自分の感情を相手に気取られまいと、胸の中にしまいこんでしまいます。

愛情に飢えて人にべったりかと思えば、自信たっぷりの一匹狼になったり――自分でも強い人間なのか、弱い人間なのか、さっぱりわかりません。一見、とても冷静なあなたは、自分ひとりでなんでも解決しそうに見えますが、心を許した相手には感情を解き放ち、胸につかえた苦しみや悲しみをさらけ出します。もちろん喜びも。実際、もう一人のあなたは気まぐれで、楽天的で、楽しいことが大好き。内心、外にとびだしたい、人生の深刻なことなど忘れてしまいたいと願っています。

**✕著名人**

ポール・セザンヌ（印象派画家）、ジョン・デンヴァー（歌手）、エヴァ・ガードナー（女優）、ベンジャミン・フランクリン（科学者、政治家）、J・エドガー・フーヴァー（法律家、FBI長官）、エルヴィス・プレスリー（ロックンロール歌手）、J・R・R・トールキン（作家、学者）、森村誠一（作家）、山崎まさよし（ミュージシャン）、竹野内豊（俳優）、宇多田ヒカル（ミュージシャン）



汝は生命を愛するか？　ならば時間を無駄にするな。時間こそ生命をつくり上げている材料なのだから――ベンジャミン・フランクリン

印象主義を超えて、実体のある、永続的なものを目指したい、まるで美術館の作品のような……
――ポール・セザンヌ

### 統合のためのイメージ

ワイン収集家が成功を祝って、最高のヴィンテージワインを開ける……子どもが鉄筋コンクリートで砂の城をつくる……トールキンの『指輪物語』に登場するビルボ……セザンヌの風景画に描かれた水浴をする人々……エルヴィス・プレスリーの『ブルー・スエード・シューズ』

121

## 太陽＊水瓶座 ♒
## 月＊牡羊座 ♈

# 辛らつなユーモアの持ち主

### あなたのテーマ

**風×火**

自己と社会：頭の回転が速く、賢明：観察力が鋭く、機敏：利己的：社会的な道義心：預言者：進歩的なものの見方：先見性：分析的：偽善を見下す：率直：酷評家：快活：奇抜：辛らつなユーモアセンス：反抗的：知的な利己主義者：真実を追究する一匹狼

あなたはエネルギッシュで饒舌《じょうぜつ》家、つい自分の抱くアイデアやプランに夢中になってしまうところがあります。その一方、スピーディーで無駄のない、実際的な思考をしていて、さまざまな問題に意欲的に取り組み、その核心をつかんで見事解決することに大きな満足をおぼえます。ただ、その反面、人間をよく知っているようで、人の輪の中に入ってゆくのを拒むことがあるために誤解を受けることも多いようです。

あなたは知の巨人、情熱的な冒険者、はつらつとして気のいい友人。思ったことをずばずばと口にし、人間の偽善や愚かさ、そうした人間社会のありさまを笑って皮肉る独特の感性を持っています。けれども、そんな自分がはた目にどれだけ傲慢で冷たい人間に映っているか、あなたは気づいていないかもしれません。あなたの「世界を理解したい、切迫した社会問題のために一肌脱ぎたい」という意気込みは、確かに成功をもたらすでしょう。しかし、そう自信たっぷりにふんぞりかえっていては、身近な人たちから思ったような支援を受けることはできません。あなたは他人にも、自分と同じように率直で打たれ強い人間であってほしい、勉強熱心な知識人であってほしいと願うのでしょう。しかし、それに応えるのは並大抵のことではありません。また四六時中ずけずけと、辛らつな言葉のパンチを浴びせてくる人間は、周囲に歓迎されないものです。

それでもあなたは、人々のよき友であり、よき隣人。明るい未来を築いてみせるという信念と楽観主義で、人々の心を動かすことができます。けれども人の幸せと自分の幸せ、あなたにとって本当はどちらが大切なのでしょう？　あなたは自分の言いたいことを言っていますか？　それとも、自分は社会の広報官として、皆の意見を代弁する立場にあると思っていますか？　ときどきあなたは自己と社会のどちらをとるかで悩み苦しみます。人々の賞賛や賛同を得たいという欲求が満たされないと、孤独感に打ちひしがれることもあります。

あなたはかなりの変わり者です。自己研鑽や自己改善にもひるまず挑戦できる豪傑で、何をするにも独自のスタイルを確立し、潔癖の道徳観を貫きます。また個人の（なかでも自分の！）権利がきちんと尊重される社会秩序を理想とし、その実現を熱烈に支

### あなたの最大の長所

活発で聡明な知識人：どこまでも正直で、真実に身を捧げる：他人の権利と意見を尊重する：勇気：冒険心がある：人生に一生懸命：清廉潔白

### あなたの最大の短所

傲慢な性格と、あまりにも独断的で理屈っぽい人生観：自分のことで頭がいっぱいで、他人の感情に鈍感：冷淡で闘争心が激しいため、周囲から孤立してしまう

持しますが、自分より社会を優先させることには消極的です。あなたは心優しい自己中心主義者。万人の幸せを願い、そのために戦う気構えもあります——もちろん、自分の名誉にかけて。またユートピア的な思想に憧れながらも、はたして集団社会にユートピアなどつくれるのかと懐疑的です。「人と自分」か、それとも「人か自分」か——それがあなたの悩みです。

チャレンジ精神旺盛で、社会の期待に追いつき追いこそうと努力するあなたには、すばらしい改革者や国を代表する大胆な交渉人になれる素質があります。うるさいルールや規制に縛られず、自由に自己表現できるかどうかが幸せの鍵です。その意味では、自ら事業を営むのが理想でしょう。あなたは社会的な活動の場や、熱心に話を聞いてくれる仲間を欲しがるわりには、なにごともあくまで自分のしたいようにしなければ気がすまず、しかも死ぬまでそのやり方を変えられない人なのです。

あなたは人の弱さや微妙な感情とじっくり向き合うのが苦手です。また形式ばったやり方を無視した、即決実行型の対応を好みます。気が急《せ》いてかっとなることもありますが、あなたの場合それは一時的なもの。ほぼどんな状況でも、持ち前のユーモアセンスですぐに落ち着きを取り戻します。

## 大切なあの人とは？

あなたの場合、人類愛には現実味を感じても、深い感情のやりとりが必要な恋愛関係となるとどうもしっくりきません。日頃から知性を頼りに生きているせいで、心の悩みまでとっさに頭で解決しようとして、それがうまくいかないと途方にくれてしまうのです。

そんなあなたは、恋人にも友だちのような関係、お互いの思想や理想を分かち合える関係を望みます。実際、知的に尊敬できない相手には魅力を感じません。とはいえ、あなたはもっとのんびり構える必要がありそうです。感情の機微を味わい、言葉にならない何かを感じ、頭で何も意識せず、ただだれかと「一緒にいる」だけで満足できるように努力してみましょう。そうすれば「火」の月星座らしい情熱とロマンスが顔を出し、あなたの独り歩きの人生に欠けがちな、閃光のごときときめきを放ってくれるでしょう。

じっとしていられない性格のあなたは、自分のしたいことをするのに、とびきり開放的で自由な関係が必要です。地のタイプのパートナーを選べば、夢の実現に役立つ、実際的な習慣を身につけさせてくれるでしょう。また水のタイプのパートナーは、あなたをリラックスさせ、自分の感情に敏感になることを教えてくれるでしょう。

### ✕著名人

アントン・チェーホフ（劇作家）、アラン・アルダ（俳優）、フランシス・ベーコン（政治家、哲学者）、ニコス・カザンザキス（作家）、フェルナン・レジェ（画家）、ハロルド・マクミラン（イギリス首相）、デニス・スキナー（急進派の政治家）、ヴァージニア・ウルフ（作家）、ジョン・シュレシンジャー（映画監督）、佐々木蔵之介（俳優）、きゃりーぱみゅぱみゅ（ミュージシャン）、矢口真里（タレント）、知念里奈（タレント）

何にもまして、人生は自信を必要とするのです——ヴァージニア・ウルフ

人間に理性と創造力が与えられているのは、自分に与えられたものを増やすためである——アントン・チェーホフ

人間の本質には、一般に賢人よりは愚人の要素のほうが多く含まれている——フランシス・ベーコン

シャツをとりかえるように、自分の性もとりかえられたらいいのに——アンドレ・ブルトン

### 統合のためのイメージ

宮廷道化師が国の社会不正を笑いものにする……ロビンフッドと陽気な仲間たちが、またしても悪者ジョン王を出し抜く

122

太陽＊水瓶座 ♒
月＊牡牛座 ♉

# わが道をゆくこだわりの人

## あなたのテーマ

**風×地**

型破りな起業家：穏健：安定と独立心：粘り強い：実際的な知性：論理的：親切：寛容：野心的：有能：親しみやすい：わがまま：人道主義者：穏やかで平和を好むが、鉄の意志を持つ

あなたはのんきな快楽主義者。まるで緑の丘でのんびりしている雄牛のよう。けれどその半面、稀有《けう》の理想家で、自由闊達な精神の持ち主です。理性的で自立心が強く、自分を高め、尊敬に値する崇高な価値観を貫くために人生を捧げます。とはいえ、あなたの日々の習慣やものの考え方は、あくまで現実の世の中に根ざしていて、その基本になっているのは快適で安らぎに満ちた幸せな生活を守り続けたいという思いです。

あなたは偏見のない進歩的な考えの持ち主で、改革者としての可能性が十分にあるといえるでしょう（少なくとも精神面では）。その場合、あなたの存在意義は人間の基本的欲求——たとえば経済的安定、心と体の健康、美しく緑豊かな環境、人間として生きる根本的な悦び——を守り、高めることにあります。

一方、あなたは極端に個人主義の傾向が強く、自分のやり方に固執するところがあります。内面の充足感や自己満足にこだわるせいで、はたから見るとひとりよがりのちっぽけな人間に見えることもあるでしょう。もっともあなたはその持ち前の自負心の強さで、たとえ自信がないときでも周囲を感服させ、難局を乗り越えてしまいます。また平和を自分の思想と同じくらい大切にできるので、外交官としての素質もあるでしょう。あなたなら上品で思いやりがありながらも、実際的で筋の通った、客観的な行動ができます。

感情と知性の調和が取れているので、あなたの意見は重みがあり、周囲の人に信頼感を与えます。きっと優れた指導者や組織の重役として活躍できるでしょう。もっとも自分を売り込んだり、権力をふるったりすることには、必ずしも興味がありません。ましてや人から権力を振りかざされるのは、絶対にご免です。実際、世間の言いなりにならないことが、あなたにとっては自分の立場を守るための定石なのかもしれません。その結果、このうえない頑固者で偏屈者ということになるのですが、あなた自身はいたって満足しています。ありのままの自分が気に入っているし、何より自分らしくあることを楽しんでいるのですから。

あなたに葛藤があるとすれば、それは家庭的な安らぎをとるか、未来志向の積極的な生き方や考え方をとるかで悩むときでしょう。過去の思い出にしみじみと浸るような一面を持ち、その人柄には生き生きとした感性、心に深く刻みこまれた経験や価値観が

### あなたの最大の長所

きわめて根気強く、常識がある：信頼性と愛する人への忠実：礼儀正しく、寛大で慈愛に満ちた態度で人に接する：強い個性と、分別ある現実的な思考とを組み合わせることができる：インスピレーションが湧いたら、それをたゆまぬ努力で理論づけようとする

### あなたの最大の短所

うぬぼれで惰性的：傲慢で頑固：人の意見に耳を貸さない：ものの見方、考え方が論理的すぎて、感情面に無関心：野心を遂げるためなら他人を踏みつけにする

にじみ出ています。そうかと思えば、過去を分析し、そこから何かを学びとろうとする面も持っています。あなたは自分のルーツを大切にしながらも、自分がその枠に収まらないことを知っているのです。

あなたには人それぞれの欲求、思考様式、行動パターンなどを理解して、それをもとに世の中をじわじわと健全な方向へ導いていく力があります。たとえば環境問題、精神世界、各種セラピーなどに関心を持ち、その知識を通じて社会を変えていくかもしれません。また、なんらかの形で芸術にかかわり、芸術家や一風変わった人たちと付き合うようになる可能性も高いでしょう。ビジネス、芸術、慈善事業——どんな世界に進んでも、あなたは理想主義と現実主義を見事に融合させ、その成果を仕事や人間関係に反映させます。

## 大切なあの人とは？

あなたはとても愛情深く、ロマンティック。しかも、しっかり者で頼りがいがあります。自我が強く、自立心旺盛なものの、そばにだれかがいてくれるほうが幸せな人生を送れるでしょう。ただし相手は、尊敬できる知性や美的感覚の持ち主に限ります。

頑固で一徹な性格のわりに、あなたは人との議論に前向きで、理性と協調性を持って話し合いができます。ただ自己満足を追求するあまり、ときどき妙に理屈っぽくなったり、感情的な反論がうるさくなると、われ関せずといった態度をとったりすることもあるでしょう。ただし、愛する人にはとても一途（あなたは反論するでしょうが、独占欲が強く、嫉妬深いとさえいえるほど）で、いまある幸せや安らぎを脅かされたくない一心で徐々にですが自分を変えたり、相手に合わせたりすることもできます。

**著名人**

ジュリエット・グレコ（歌手，詩人），ナスターシャ・キンスキー（女優）、サマセット・モーム（作家）、E・R・プライス（作家）、ロナルド・レーガン（アメリカ大統領）、スティーヴ・リーヴズ（俳優）、マーティン・ショー（俳優）、アドレー・スティーヴンソン（政治家）、エマヌエル・スウェーデンボリ（哲学者、神秘主義者）、二代目尾上松也（歌舞伎役者）、J-HOPE（ミュージシャン　BTS）



空腹を抱えた人間は、自由な人間ではない——アドレー・スティーヴンソン

日常を超越し、人間の営みをより大きな意味でとらえることによってのみ、人は「永遠に続く過ち」からじわじわと成長を阻まれずにすむ

——E・R・プライス

**統合のためのイメージ**

田舎の娘が大都会で、しきたりにとらわれない青年と、昔ながらの生活を送ろうとする……「ニューエイジ」村の住み込み管理人が、てきぱきと一年の決算をしながらボージョレーワインを口に含む

123

太陽＊水瓶座 ♒
月＊双子座 Ⅱ

# まじめな道化師

## あなたのテーマ

**風×風**

親しみやすい：明るくさわやか：機知に富む：因習にとらわれない：哲学的かと思えば軽薄：柔軟かと思えば頑固：進歩的：話好き：言葉の能力：社会的な道義心が強い：落ち着きがない：感傷に欠ける：私情を挟まない：うぶな感情

あなたは明るく愉快なお調子者。気の利いたセリフを連発します。和気あいあいがモットーで、チャールズ・ラムのうまい表現を借りれば「自由気ままな、お祭り精神」の持ち主――少なくともそういう気質があることは確かです。ひらりひらりと酔っ払った蝶さながらに、熟練したダンスで人生を舞うあなた。ところが、それはあなたの一面。もう一方ではときには世界を変えたいと熱望し、困難きわまりない問題に体当たりでぶつかっていくこともあります。

そんなあなたはヘビー級の思想家、ライト級の道化師、いったいどちらなのでしょう？　人生を真剣に受け止め、すばらしい一生にしようと真面目に努力しますか？　それとも「世の中こんなものだ」と、困難や問題を適当に受け流しますか？　ときにあなたの中には、健康のためにフルーツジュースを飲む人間と、気晴らしや快楽のためにシャンパンを開け、タバコをふかす人間が同居しているようにさえ見えます。

ただし、真面目に努力する性格と機転の利いた好奇心とがうまくかみ合ったときのあなたは、進歩的なアイデアを説いたり他人の悩みを解決したりと、とてつもない力を発揮します。その竹を割ったような正直な性格、人を惹きつける力、人望、率直さ、おおらかで物分かりのいいところが、人に信頼感を与えます。あなたならきっとすばらしい交渉者や仲裁人になれるでしょう。また常識にとらわれない柔軟な思考、言葉の才能、快活さ、ユーモア感覚を活かして、セールス、ジャーナリズム、広告などの分野で活躍できるかもしれません。独創性、発想の豊かさがあるので、科学の分野、とくに人や思想に関する科学に興味を持つ可能性もあります。いずれにせよ重要なのは、実務的なタイプの人と組んで仕事をすること。そうしないとあなたの場合、アイデアがただのアイデアで終わってしまいます。実務的なこまごまとしたことにすぐ飽きてしまう性格のうえ、現実の問題にぶつかって身動きが取れなくなるや、つぎの魅力的なアイデアに飛びつく性癖があるからです。

おそらくあなたは、読書や、他人の思考に思いを巡らすのが好きなはずです。というのも自分にはない新しいものの見方にふれることが、まさにあなたの活力源だからです。そして自分自身、

### あなたの最大の長所

友だち付き合いとおしゃべりの才能：知性と、機知に富んだ独創性：新しいアイデアを見出す目と、それを受け入れる広い心：言葉の才能：理想主義

### あなたの最大の短所

軽率：落ち着きのなさ：つぎつぎと新しいアイディア、計画、人間関係に飛びついて、才能を浪費する傾向がある：感傷を嫌い、人生の暗部に直面したがらない：表に出ない心の欲求に足をすくわれる

新しいアイデアがひらめくと、皆に聞いてほしくてたまらなくなります。そんなあなたは、携帯電話からコンピューターまで、ありとあらゆるハイテクに魅力を感じるでしょう。また「ニューエイジ」思想に興味を持つなど、つねに新しいメッセージや可能性を求めつづけます。政治思想に限らず、あなたは根っからの進歩主義者——世の中は変わる、コミュニケーション手段は進歩する、人は理解しあえると信じています。

そんなあなたは、いろんな思想やアイデアが盛んに行き交う都会の生活に自然と惹かれていきます。とはいえ田舎の土にふれれば、せわしない心が落ち着き、緊張や不安に陥りがちだった自分から解放されるのがわかるはずです。また音楽も、そして音楽といえば鳥の歌声も、あなたの不眠不休の心を癒す、一服の清涼剤になることでしょう。

## 大切なあの人とは？

とびきり人なつこい性格のあなたは、自分の思いどおり、どんな人とでも簡単に親しくなってしまいます。生まれつき人を惹きつける力があり、社交的で親しみやすい雰囲気を持っているので、どこでも、どんな人とでも会話がはずみますが、とりわけ電話、屋外、大勢での食事の場が得意です。

あなたにとってパートナーの条件は、共通する趣味や関心事があること、お互いなんでも話せること。もっとも、おおらかで協調的な性格のわりに、あなたは相手と親しくなればなるほど、その相手とまっすぐ向き合えなくなってしまいます。人の真意や心情を読みとるのがうまいわりに、そうした奥深い感情にからきし弱いからです。実際あなた自身、真に親しい人間関係を築けない、臆病な自分に気づいていることでしょう——あなたは理性を失くした愛情や憎しみに圧倒され、どうすることもできなくなるのが怖いのです。だから気がつくと心はいつも孤独。でもそれがなぜなのか、本当にはわかっていません。

自分と同じ風タイプの人とうまくいくことはわかっているでしょうが、水タイプの人はあなたにいろいろなことを教えてくれます。その魅力を追いかけるうちに、きっといままで知らなかった奥の深い自分に目覚められるでしょう。

**著名人**

モーリス・ヒューレット（作家）、ジョン・マッケンロー（テニス選手）、ジャック・ニクラウス（ゴルファー）、トマス・ペイン（政治思想家、作家）、プロクロス（新プラトン主義哲学者）、ゲオルク・トラークル（詩人）、ジョゼフ・ウォンボー（推理小説作家）、吉田羊（女優）、安藤サクラ（女優）、香取慎悟（タレント）、佐藤可士和（アートディレクター）、hyde（ミュージシャン L'Arc〜en〜Ciel）、ラモス瑠偉（サッカー選手）



人生の采配は自分流でやる。なぜなら自分の人格から逃げることはできないのだから
——モーリス・ヒューレット

崇高さと滑稽さ、それは往々にして紙一重で区別が難しい——トマス・ペイン

**統合のためのイメージ**

気球に乗った子どもが街の上空を遊覧し、携帯電話を使って地上にレポートを送る……白いクロウタドリの歌声が、庭に魔法をかける

124

太陽＊水瓶座 ♒
月＊蟹座 ♋

# 家族思いの社会派

## あなたのテーマ

**風×水**

人道主義者：生き生きとした想像力：理想主義：思いやりがあり、頼りになる：社会的な道義心：気さく：人気者：気高い心：進歩的な思考、古風な心：繊細な個人主義者：民主主義の精神：心優しい反逆者：民衆の友：詩人でソーシャルワーカー

自家製ワインの造り方の本を買いにいったのに、なぜか現代社会の将来に関する専門書を抱えて帰ってくる……母親が昔つくってくれたようなケーキを片手に暖炉のわきでくつろぎたいのに、町内会か何かの話し合いでせっかくの夜をつぶしてしまう……それはなぜでしょう？　あなたがそうなってしまうのは、人への愛着心が強いから。そしてその性格ゆえに周囲の人望を集めます。あなたは生まれつき社会的な良心が強いため、どうしても世の中のことに首を突っ込みたくなるのです。また健全な自尊心の持ち主なので、人はだれしも、たとえ生まれがどうであろうと、自分と同じように誇りを持ってしかるべきだと感じるのです。

思想は奇抜でも、親しみやすい人柄のあなたは、人の意見に注意深く耳を傾け、理解と思いやりを持ってそれに応えます。心では皆が一致団結することを願っていますが、頭では客観的な真実と、社会全体として重要な課題を追求しようとします。理路整然とした科学的な思考をしているわりに、どうしても世の中のことに関心がいってしまうのは、社会への思い入れが強いからです。そうしたスケールの大きな目標や人類愛があるからこそ、あなたの話は人の心に届き、大勢の人を真に奮い立たせることができるのです。

安定しているときのあなたは、じつはとても心地よい自己矛盾を抱えています。親しみやすく、現代的で、未来志向の理想家でいながら、そのインスピレーションはなんと幼少時の過去から湧いてくるのです。家族、コミュニティー、国家――どんななかにあっても、あなたはそのドラマティックな自己矛盾を内に秘めたまま、未来へ向かっていくでしょう。

はっきり自覚していなくても、あなたの行動はすべて伝統的な価値観が基礎になっています（どんな伝統を取り入れ、どんな伝統を切り捨てるかは別にして）。あなたにとっては、ひたすら信念を貫き、自分の心の声に無頓着でいることも、べつに難しいことではないのです。むしろ昔からのすばらしい価値観を、その奴隷になることなく守り尊重できるところが、あなたの秘めた強さといえるでしょう。水瓶座の精神はほかの人の一歩も二歩も先を行っていて、はばかることなく、伝統に自分なりのユニークな貢献を加えなければ気がすまないのです。

### あなたの最大の長所

心からの思いやりと、気の利いた親切：果てしない想像力：人間社会の実情と希望をどちらも重んじる：世の中に普遍的なものを自分なりにとらえ、表現できる

### あなたの最大の短所

無意識の偏見：理屈の通らない行動に、むりやり理屈をつける：抽象的な理想に没頭しがちで、そのせいで自分の感情に無頓着になり、精神的に成長できない

あなたが本領を発揮できるのは、公と私が出会うところ——すなわち個人的な思いと、崇高な理想や社会的な道義心が合わさってすばらしい結果を生むような分野だといえます。たとえば教育、政治、ソーシャルワーク、芸術、文学、演劇などの方面が考えられるでしょう。あなたは自分の好きなことを研究・分析し、それか他人にとってどれだけ有意義なことかを証明することで、その情熱を人にわかってもらおうとします。こうして、あなたが個人的に追求していたものがいつのまにか世間に広まり、世の中の大義や使命にまで大きくなっていることがよくあるでしょう。あなたが持ち前の創造力を最大限に発揮できるかどうかは、自分が過去の人間というだけでなく未来人だということを、集団の一員というだけでなく一個人だということを、きちんと自覚しているかどうかにかかっています。また社会の観察者というだけでなく熱心な参加者として、人生や人間の歴史が織り成す一大パノラマに積極的にかかわっているということも忘れないでください。

## 大切なあの人とは？

あなたが自覚可能な水瓶座は、優しく純真な目で、まるで博物館のすばらしい美術品を鑑賞するかのように、他人を客観的に観察し分析しています。ところがその冷静で、友好的なマスクの下には、とても傷つきやすく、排他的で、独占欲の強い心が潜んでいて、たっぷりの愛情が欲しい、だれかのものになりたいと願っています。また過去の思い出に涙するような一面を持ちながら、すぐ隣にいる大事な人の気持ちにさえ、うっとうしくなると無関心を装うこともあります。

パートナーとは距離を置きたい、でも自分が「特別な存在」でいられる心地いい居場所が欲しい——そんなあなたは必ずしも付き合いやすい人とはいえません。いつも心の底で「自由対束縛」ジレンマに悩んでいて、安心感は欲しいけれど自分の自由も欲しい、外への扉をいくつか開けておきたい、と思っています。自分では自立した人間だと思っているでしょうが、あなたの愛する人への接し方は、あなたが認めたがらないほど伝統的な型に依存しています。そのことを自覚すれば、これまでつきまとわれていた疑心暗鬼や不安からも、思わず逃げ出したくなる衝動からも解放されて、もっと気楽に愛情を与えたり受け止めたりできるようになるはずです。あなたのロマンティックな心は緊張から解かれて花開き、人間的なふれあいを楽しむようになるでしょう。人とのふれあい、それこそあなたの幸せに最も欠かせないものなのです。

**著名人**

ハンフリー・ボガート（俳優）、バイロン（詩人）、クリスチャン・ディオール（デザイナー）、ファラ・フォーセット（女優）、クラーク・ゲーブル（俳優）、ノーマン・メイラー（作家、脚本家）、F・D・ルーズベルト（アメリカ大統領）、ベーブ・ルース（野球選手）、シモーヌ・ヴェイユ（哲学者）、ボリス・エリツィン（ロシア大統領）、新庄剛志（野球選手）、小泉今日子（女優）、劇団ひとり（タレント）



未来の最高の予言者、それは過去——バイロン

詩とは何か？　崇高な情緒が生まれた崇高な背景を、想像力によって暗示すること——ジョン・ラスキン

わたしは自分のなかに、強烈に集団を好む傾向があるのを知っている。基本的にとても影響されやすい性格だが……とりわけ、集団になったものには弱い……シモーヌ・ヴェイユ

**統合のためのイメージ**

ソーシャルワーカーが母と子を救うため、煩雑な役所の決まりを無視する……子どもの頃の記憶が新しい世界秩序の基礎をつくる

125

太陽＊水瓶座 ♒
月＊獅子座 ♌

# 個性的で自意識の強い人

## あなたのテーマ

**風×火**

物柔らかな外見：力強い内面：恐れを知らない原理原則主義者：知性と寛大な心で人を助ける：知恵の泉：誠実：空想家：芸術的：博識家：親しみやすい：信頼性がある：独断的：傲慢：心は理想主義：ロマンティック：騎士道精神：独創的な想像力

民主的かと思えば専制的。個人主義者かと思えば協調論者。平等主義者かと思えば紳士気取り。あなたはおそらく、そうしたすべての要素を、あなたならではの思いやりにあふれた魅力的なやり方で発揮します。度量が大きくて堂々とした誇り高い人柄、洗練された知性、そして多彩な才能に恵まれたあなたは、自分が付き合うすべての、それもかなりの数の人に、たっぷりの愛情と情熱を注ぎます。

自分の個性や理想に対する強烈な自意識、それこそが、あなたが世界に発散するもの。周囲の人は、あなたが高潔と名誉を重んじる人物だということをわかって付き合っています。また、あなたの虚栄心や発作的な傲慢さでさえ、温かい目で受け止められ、かえって好意を抱かれるでしょう。なぜなら、いくら独裁的なやり方をしていても愛情と賞賛に飢えているあなたには、弱さや親近感といったとても人間的な雰囲気が漂っているからです。

あなたは無性に友人を欲しがり、まるで本当の家族のように付き合います。寛大で、周囲をもり立て、だれもに「自分は特別の存在」と思わせてしまうあなた。どんな人でも、どんなものでも、あなたがふれた瞬間、たちまち気高い存在に生まれ変わるのです。また、このうえない優しさ、人間の心の気高さを尊ぶ気持ち、それに内面の計り知れない強さが合わさって、絶好調のときのあなたは、まさに知恵とインスピレーションの泉。人間が持つさまざまな矛盾を受け入れ、包み込み、許すだけの博愛精神にあふれています。逆に、自分の威厳が傷つけられたり、自分の雅量や才能がきちんと評価されなかったりすると、むっつりと黙り込んだり、尊大な態度で人を見下したりと、とたんに気難しい人間になってしまいます。そんなときのあなたは頑固で融通がきかず、傲慢そのものです。

根はロマンティックで空想家。またパフォーマンスがうまく、自分の言動が周囲にどんな影響を与えるか知り尽くしています。といっても、あなたがうわべだけの人間というのではありません。あなたの感情は純粋で奥が深く、そうした内面にある人間としての「誠実さ」があなた自身を奮起させ、人の心を動かすのです。その一方で、あなたにはとてつもない創造性と、芸術的な感性が備わっていて、それでずばり「パフォーマンス過剰」になってし

### あなたの最大の長所

あふれんばかりの博愛精神：斬新で独創的なアイディアに対する情熱：誠実で信頼できる：合理的な思考とロマンティックな想像力との独特の融合：開けっぴろげで面倒見がいい

### あなたの最大の短所

うぬぼれが強く、人に愛されたいと切望する：相手を美化し、必ずしも真の姿を見ていない：傲慢で、どうしても主導権を握りたがる：ロマンスや冒険に夢中になり、地に足がつかない

まうのです。そうしたもろもろの面が熱烈な自負心と高尚な理想とあいまって、あなたはどんな集まりでもおもしろいやつだと一目置かれるでしょう。また知的な広い視野と、生き生きとした豊かな想像力にも恵まれています。リーダーとしての素質もあり、明確かつ率直な態度で正直に、心から自分の気持ちを人に伝えることができます。

あなたは社会の改革者として、人のため、生活の質の改善や向上に精力的に取り組むかもしれません。ただし人道主義と利己主義とが交錯しがちで、あるときは慣例・様式・儀礼など目もくれないのに、別のときは表向きのことや、自分がどう評価されるかをとても気にします。

あなたはセンスと品格で権威に立ち向かいます――月並みで平凡なところはまったくありません。根っからの社交好きで、人々の幸福に強い関心を持っています。ただし、あなたが実現しようとするのは、あくまで自分自身を見せるショー、そして自分自身の伝説。できるだけ偉大な人物に成長して、自分を誇示したいと野心を燃やします。あなたは自分のもとに集う人々の最大の幸福を考えたうえで、細かい決断を下すことができます。もっとも、たぐいまれな人物としてのあなたの価値や存在意義がどれだけ発揮できるかは、友人や同僚のグループのなかでどんな役割につくかにかかっているでしょう。

## ② 大切なあの人とは？

恋愛のこととなるとあなたは疑うことを知らず、情熱的で一途。思いやりと愛情あふれる関係に幸せを感じます。あなたの人生にとって恋愛はとても重要で、自分のことを心から慕ってくれる相手を求めます。

心優しい理想家で、ロマンティックな詩人の心を持ったあなたは、パートナーが自分の理想にかなったすばらしい相手だと信じたいがゆえに、その最高の姿を見ようとする傾向があります。ところがその期待が裏切られると、深い失望感に襲われ、自分の個人的な不運を歴史的な悲劇とばかりに嘆くのです。その過剰ともいえる自己演出のパワーを、演劇、芸術、音楽といった創造的な分野へ向ければ、きっと感情面での安定を得ることができるでしょう。

**✕ 著名人**

イヴァンジェリーン・アダムズ（占星術家）、フリードリヒ大王（プロイセン王）、ジェイムズ・ジョイス（詩人、作家）、エデュアール・ラロ（作曲家）、トマス・マートン（トラピスト修道士、霊的指導者）、グレアム・ナッシュ（フォーク歌手）、トム・セレック（俳優）、レネ・ルッソ（女優）、東野圭吾（作家）、山本寛斎（ファッションデザイナー）、時任三郎（俳優）、大槻ケンヂ（ミュージシャン）



民と私は合意に達した……民は好きなことを言い、私は好きなことをする
――フリードリヒ大王

私はすべての人々の受肉であり、安堵の領域。
私は幸運の産科医であり、私は喜びという社会の檻のなかで生きている
――トマス・マートン

**統合のためのイメージ**

現代的な女優が観衆に応えてお辞儀をし、政治的なデモ行進の先頭に立つ

126

太陽＊水瓶座 ♒
月＊乙女座 ♍

# 崇高な実利主義者

## あなたのテーマ

**風×地**

知的：禁欲的：勤勉：熱心な研究家：ソーシャルワーカー：面倒見がいい：親切：常識：感情的にうぶ：偏見がない：賢い：礼儀正しい：真実の探求者：革新的な精神：反体制的だが慣習的：過激だが神経質

心も頭も純粋で、人とは違った自分らしいユニークな生き方を求めるあなた。その一方で、無駄をきらい、効率を最優先するあなたもいます。効率も幸福も、あなたにとってはほとんど同義。見事に理論展開されたあなたの「原則論」に周囲の人が賛同してくれたとき、きっと至極の幸せを感じるのでしょう。そして自分は評価されている、ひょっとしたら愛されているとさえ感じるかもしれません。

一方、感情を揺さぶられるような経験には、少しばかり当惑を覚えます。あなたは、なんといっても知性の人で、どんな問題を解決するにも強力な頭脳に頼ろうとするからです。とはいえ、その客観性と、慎重にものを考え、自分の意見の正当性を人に納得させる力は、やはりあなたの最大の強みです。

あなたのものの見方は冷静で邪念がなく人道的で、事実と実際的な配慮に基づいています。ただし感情や心の世界まで同じ方法でとらえようとしても、温かみがなく、腹立たしいほど「善人ぶった」単なるきれいごとの意見になりかねません。あなたのその感情への無関心さが誤解を生んでいる可能性もあります。本当は人が想像するよりずっと、愛情や人とのふれあいを求めているというのに、あなたは一見、一人で平気そうに見えてしまうのです。

乙女座の月は、ものごとをきちんと分析・整理しようとします。そしてその対象は内面の心の動き、周囲の環境に対する本能的な反応や行動、安らぎや愛情を求める心理にまで及びます。そのため感情面の混沌《カオス》が、自分の美しく整理された思考様式に入り込んでくるのを嫌がります。あなたは法則、決まった手順、明確さが揃っていないとすっきりしないのです。そのため、自分にとって都合が悪く、整理のつかない感情面を、いとも簡単に排除してしまいます。どのみち水瓶座の太陽は理想主義が強いので、そんな乙女座の月と表面的にはうまく共存するでしょう。人生の基本となる大筋の理想があれば、あとのこまごまとした部分は働き者の乙女座がすべて解決してくれるのです。

あなたの幸せは、法則、すなわち数学の公式のようなものさえつかんでしまえば、ほぼ完成といえます。それさえあれば、慣習にとらわれない奇抜な人間にも、良識あるいたって健全な市民にもなれるのです。あなたには、昔ながらの「家庭や社会で幸福になるための教え」を守ろうとするところがありますが、どういう

### あなたの最大の長所

研ぎ澄まされた思考：綿密な調査力、客観的な論理性、批判的な分析力：洗練された審美眼：必要なことには喜んで手を貸し、行動する：心からの思いやり：理想に自分を捧げる

### あなたの最大の短所

ものごとの健全性と秩序にこだわりすぎる：人や人間関係について過剰なほどに批判的で、ついあら探しをしてしまうが、それはあなたが人生を「務めを果たす」ことだと考えているから、また感情の謎も数学の公式で解けると思っているから、そして自分自身と自分が知っていることを深刻に考えすぎるから

わけかそのやり方が自分には馴染まないことに気づくこともあるでしょう。自分は人とは違うのだからと。あなたは社交的な一匹狼。独特の輝かしい才能に恵まれる一方で、つい辛口の批判をしてしまう性格が悩みの種でしょう。

あなたはすばらしい頭脳の持ち主。ものごとの核心を突くや否や、あなたの本能は自分の優れた理解を実用的で人の役に立つものにしたいとうずきます。たとえばコンピューターテクノロジーの世界なら、論理的システムにたいする持ち前の才能を思う存分発揮できるでしょう。また熱心で有能な社会改革者として活躍するかもしれません。きっと人間の健康や幸福に関わる仕事ならなんでもしっくりくるはずです。心と体の関係や、無駄がなく調和の取れた暮らしをつくる習慣に関心を持ち、それが高じて、正しいダイエット法、規則正しい運動、心の健康などの啓蒙活動に携わる可能性もあります。

## 大切なあの人とは？

親密な人間関係は、あなたにとって大きな試練となるでしょう。あなたは献身的で思いやりがありますが、大げさな感情表現は苦手です。むしろ実際的で親しみをこめたやり方で、愛情を示します。

恋愛のこととなると、あなたは少々うぶなところがあります。恋心はどこまでも純粋で誠実なのに、その先どうしたらいいのかわからないのです。生まれつき自立心が強く、変わり者といえるほどのあなたですが、心にほんの少し刺激と慈しみを感じれば、恋愛感情が花開きます。あなたが恋愛に自信を持てるようになるために基本的に必要なのは相手から思いやりを持って接してもらうことです。それがかなったとき、あなたはきっと、だれにも負けないほど一途で、相手思いのパートナーになれるでしょう。

**✖著名人**

マックス・ベックマン（画家）、フレデリック・ディーリアス（作曲家）、ジョルジュ・シムノン（作家）、ガートルード・スタイン（作家）、スタンダール（作家）、ジョン・トラボルタ（俳優）、アレッサンドロ・ヴォルタ（物理学者）、雛形あきこ（タレント）、山崎邦正（タレント）、多部未華子（女優）、毛利衛（宇宙飛行士）、真矢みき（女優）、吹越満（俳優）、桐谷健太（俳優）、磯野貴理子（タレント）



薔薇は薔薇は薔薇
——ガートルード・スタイン

小説とは往来を歩く鏡である
——スタンダール

**統合のためのイメージ**

精神科医が神経症の症状を的確に分析し、患者が早く回復できるよう、辛抱強く、熱心に、地道に治療を重ねる
……宇宙人が人間の遺伝子を抽出し、地球より優れた惑星で新たに人間を誕生させようとする……メグレ警視

127

太陽＊水瓶座 ♒
月＊天秤座 ♎

# 個人主義的なロマンティスト

## あなたのテーマ

**風×風**

洗練された社交術：理想が高い：チャーミング：ロマンティック：優れた知性：真実と美を愛する心：理性的：広い心：人道主義：自立的だが献身的：芸術的な感性：寛大：ものわかりがいい：前衛的なセンス：教養がある：静かな威厳

普段は「愛嬌のある、おおらかな人」で通っているあなたなのに、自分の「権利」や思いやりの気持ちが踏みにじられたり利用されたりしたとたん、一転して反抗的になることがありませんか？　広い心を持った理想家のはずなのに、相手がただの凡人だとわかるたびに失望していませんか？

あなたは社交的な人物。さわやかで人当たりがいいだけでなく、気高さをも備えています。また人間味があって親しみやすい人柄は、その場の状況に合わせて、刺激がありながらも和やかな雰囲気をつくりだすすべを知っています。ちまたの人たちが何を考えているかを知り、「グループ」に入ることも、あなたにとっては重要なこと。かといって本当に仲間に入りたいかというと必ずしも確信はありません。そこであなたは仕方なく準メンバーになります――信念は貫くけれど自分なりのやり方で、ということでしょう。

あなたは集団に属したいと思うものの、逆に個人主義を貫くこと、独自の考えを持つことの尊さを固く信じているため、その板ばさみになって苦しむでしょう。ただし理知的な目で世間をひとつの有機的な集まりとしてとらえ、自分の考えや信念を、思いやりと心からの誠意を込めて訴えることができます。また変革を支持しますが、実際に人に不快な思いをさせるのは嫌なので、可能な範囲で最も穏当なやり方を望みます。「個人としての自由」か「友情」か、「大義」か「人に好かれたいという気持ち」か――そのバランスをどう取るかがあなたの悩みです。

理論や理想は尽きないあなたですが、必ずしも実際的ではありません。理想の世界にいるあなたは、徹底的に検討した明確な信念に基づいて人生を歩みたがるため、理性を失った感情、偏見、推測などを受け入れる余地がほとんどないのです。もっと現実の世界に目を向け、ときにはその波にもまれてみましょう。そうしないと人の目には「近寄りがたく、つかみどころのない、頭でっかちな空想家、それでいて現実にさらされるとまるで力を発揮できない人間」と映りかねません。

もっとも、あなたは実に「風」の星座らしい方法で世の中とかかわっていきます――鋭い観察力、話好きな性格、高い社会意識を活かし、人類に明るくよりよい未来をもたらすアイデアやシス

### あなたの最大の長所

鋭く幅広い知性のおかげで、ものごとの本質をうまくつかんで応用し、つぎつぎと新しい見地で人生をとらえることができる：洗練された社交性を備え、世界規模で人や土地や諸問題に関心が持てる：ロマンティックな理想主義者で気の利いた心配りができるため、何をしても気品があり、友だちに慕われる：周囲の人がだいじに守ってきた信念を、持ち前の誠実さと見事な説得術で見直させることができる

### あなたの最大の短所

知性に頼りすぎて、人生を抽象的にとらえがち：ロマンティックな理想主義と感情の未熟さがあだになって、相手に不誠実になったり、幻滅したりしやすい：スタミナ不足と完璧主義のせいで、社会競争から取り残され、真の力を発揮できない

テムを広めたいという熱意を持って。もちろん、こうした点はあなたの長所なのです。まさに発想の人であるあなたは、教育、コミュニケーション、広報、文芸などの分野で活躍するでしょう。また美を愛する心があるので、芸術やファッションの世界に進む可能性もあります。独特のセンスで周囲の芸術的な空気を吸収し、その印象を会話や絵、知性あふれる鋭い評論などを通して表現するでしょう。

極端に理想家のあなたは、片足を楽園に、もう片足を理性の世界につけているようなもの。その世界は、暗いもの、不気味なもの、不吉なものをほとんど受け付けません。そうしたものまで、知性で封じ込めようとするのです。また哲学好きのあなたは、何かというと抽象的な問題をめぐる堅苦しい会話や議論に熱中します。見識や人を見る目は確かです。あなたは親切で思いやりがあり、人間の抱える問題にすぐに心を痛めますが、人間関係のごたごたした部分から身を守ろうと、次第に悟ったような態度をとるため、人から非難されることもあるでしょう。

## ②大切なあの人とは？

とても魅力的でロマンティックなあなたは、たえず理想的な関係を追い求めます。すでにすてきな恋愛をしていてもです。そのくせ、ある人のことをどう思うか尋ねられると、いちいち頭で考えて「ああ思う、こう思う」と答えようとします。あなたの場合、頭で考えるのをやめて、自分の気持ちにもっと素直になる必要があるでしょう。

知性が刺激され、精神的に成長できる恋愛がしたい、スタイリッシュで華やかな恋愛にもちょっぴり憧れる――あなたは一言でいって、恋愛にちょっとうるさい人です。友だちでいたい、恋人でいたい、近すぎず、遠すぎず、背は高すぎず、体はスリムすぎず、穏やかすぎず、激しすぎず……と、挙げればきりがありません。確実にいえるのは、あなたにはだれか楽しませてくれる人が必要だということ――ユーモアと笑いはあなたにとって大きな存在なのです。また、あなたの目をちょっぴり現実に向けてくれる人、あなたが全身の力を抜いて、人生の平凡な部分を喜んで受け入れられるよう導いてくれる人も必要でしょう。いろいろと融通のきく自由な恋愛関係でなら、熱愛と友情を両立させることもできます。

**✖著名人**

ロバート・ボイル（現代化学の父）、エドゥアール・マネ（印象派画家）、ボリス・パステルナーク（作家）、バート・レイノルズ（俳優）、ルース・レンデル（作家）、ミュリエル・スパーク（作家）、山下達郎（ミュージシャン）、喜多郎（音楽家）、加護亜依（タレント）、酒井法子（女優）、平野紫耀（タレント King & Prence）



男が女の目を覗き込んだとき、そこに大英博物館の閲覧室のイメージが見えたら、男ははたして喜ぶだろうか？――ミュリエル・スパーク

権力者というものは、絶対に過ちを犯さないという伝説を作りたいがために、必死に真実を無視しようとする

――ボリス・パステルナーク

**統合のためのイメージ**

無政府主義者たちが新委員会を結成し、現委員の暴政を覆そうとする……友だち同士だった男女が恋に落ち、結婚する

128

太陽＊水瓶座 ♒
月＊蠍座 ♏

# 深い知性と情熱の持ち主

## あなたのテーマ

**風×水**

強烈な知性：鋭い洞察力：カリスマ性：私心のない情熱：強い意志：自己中心的：頑固：主義主張が激しい：きわめて独断的で偏狭：自己評価の癖：野心的：改革者：誇り高い：自分だけが頼り：鋭い観察者：自制のきいた性的関心：情熱的だが冷静

あなたの人柄はとても魅力的で、まるで催眠術にでもかけるように多くの人をとりこにします。またあなたの人格には、知的で幅広い社会意識と燃えるような利己主義が、また偏見のない理想主義と陰気な皮肉癖が、互いに拮抗するように同居しています。そしてその皮肉癖は、あなた自身の欲望や感情の表れといえるでしょう。

あなたは全般的に見て「人間」への興味が旺盛で、人間の本質に関するあくなき探求者です。あなたが人気者なのは、いつも情熱的で冷めることがめったにないからです。また、その極端な自我の強さが世間の注目を集めます――あなたは自分の重要性や能力を世に知らしめ、地の果てまで自分について来いとばかりに人を駆りたてるのです。実際、あなたには神を思わせるような魅力と、教祖のような自信が漂っています。もっとも、その異常なまでの権力欲を克服し、何事にももっとバランスの取れた姿勢で取り組めるようになれば、さらに息の長い成功が望めるでしょう。執拗なまでの利己主義から解放されること、それがあなたの目標です。

ある種の威厳に満ちた尊大さ、内に秘めた信念――それが「あなたという人間」であり、そこが人を惹きつけ、とりこにするのです。ところがそんなあなたでも、場合によっては超然と身を引き、ときには侮辱に甘んじることさえあります――とりわけ自尊心が傷つけられたり、不当に扱われたりしたときは。あなたはつまらない感情など振り払おうと努力しますが、そのわりには正当に扱ってもらえなかったことへの怒りをいつまでも根に持つタイプです。重要なのは、意識と理性が強く働く水瓶座に、蠍座の持つ自尊心の高さ、独占欲の強さ、本能的に貪欲なところを理解させ、尊重させること。水瓶座は自分が完全に自立した存在で、自分こそが人生の責任者だということをきちんと「自覚」していますが、対する蠍座は、本能的な欲求が満たされないと策略的な行動に出て、内面を満たすせっかくのチャンスをつぶしかねないのです。あなたのなかにあるこの二面性をうまく調和させるには、自分を深く掘り起こし、そもそも思考や感情が二つに割れるには、どんな仮定が潜んでいて、どんな欲求が抑圧されているかを知る必要があります。ジキル博士とハイド氏のように、二面的な性格

### あなたの最大の長所

道徳基準にきわめて忠実：家族や友人を大切にする：仕事への粘り強く徹底した姿勢：探究心が強く、どんな犠牲を払おうとも真実をつきとめようと努力する：改革に賭ける果敢な情熱と、人々の生活をよくしたいという欲求：人生を精一杯生きる力

### あなたの最大の短所

利己主義とうぬぼれ：ときどき偏見と独善的な考えに陥りやすい：真面目で厳しい目と、基準を曲げない一徹さ：冷酷な行動や策略に打ってでる可能性がある

がばらばらに相反した人生を送るのではなく、うまく調和しさえすれば、あなたの知性と創造性は計り知れない力を持つでしょう——そしてそれは自分自身を深く知ることによってのみ可能なのです。

水瓶座の太陽は、論理的な科学者。蠍座の月は、貪欲な官能主義者。両方の世界に根を張ったあなたは、人間の本質を広範囲にわたって鋭く見抜く力があります。人間の精神、あるいは人間の体に関する分野の優れた探求者といえるでしょう。また改革者としての資質もあり、社会から切り捨てられた人たちの隠れた可能性を見いだし、再起の手助けをするかもしれません。さあ、あなたは自分のすべてを受け入れることができるでしょうか？　鬱積した欲望も、憎しみも、ジェラシーも、欲求も？　既成概念や権威などものともせずわが道をゆき、哀れな人類をひとごとのように好奇の目で見つめる「自己」も？

## 大切なあの人とは？

あなたの心はとても気まぐれ。とはいえ、自分の激しい感情をまるで機械のようにコントロールする力があり、愛する人にありったけのひたむきな愛情を注ぎ、また相手からも同じように愛されることを望みます。あなたのその情熱があれば、間違いなく相手の心をつかむことができるでしょう。

気持ちが燃え上がると「もうどうなってもいい」と思うあなたには、ほんの軽い気持ちというものがありません。いわばゼロか百かの人で、恋愛に身も心も捧げて没頭します。とはいえ、どれだけ相手に心奪われているかに自分でも驚き、そうした感情の危うさを理性でカバーしようとすることもあるでしょう。

**✕著名人**

ヘンリー・ブルックス・アダムズ（歴史家、作家）、モナコのキャロライン王女、キャロル・チャニング（女優）、アレックス・コンフォート（性学者）、ジェームズ・ディーン（俳優）、ウィルヘルム二世（ドイツ皇帝）、花田勝（タレント）、矢野顕子（ミュージシャン）、伊集院静（作家）、星野源（ミュージシャン）、有村架純（女優）、バービー（タレント）



ちょっとした理論がセックスをよりおもしろく、わかりやすく、怖くないものにしてくれる——が、くどい理論はかえって困る。とくにそのせいで、人がセックスそのものの見方を誤り、自分の行為の傍観者になってしまう恐れがあるから——アレックス・コンフォート

政治は、表向きはどうであれ、事実上これまでずっと憎悪から成る体系的組織だった
——ヘンリー・ブルックス・アダムズ

### 統合のためのイメージ

科学者が蠍を、このうえなく柔らかな手つきと、絶対的な精密さをもって解剖する……「人類のための科学」会議で、研究者が同僚に調査結果を発表する……ジュール・ヴェルヌの『海底二万マイル』

129

太陽＊水瓶座 ♒
月＊射手座 ♐

# 明朗闊達な知性人

## あなたのテーマ

**風×火**

独立心が強い：哲学的な思考：社交好き：冒険好き：反抗的：人道的：知的：インスピレーションが強い：社会的関心：発展志向：饒舌：度量が大きい：気が利かない：自信家：よき師：楽天的：ひょうきん

　あなたはあけっぴろげで度量が大きく、陽気でまっすぐな人柄。あなたの思考や表現には驚くべき明解さがあって、たいていの場合、ずばり問題の核心を突いてきます。しかも自分の意見を（それも山ほど）訴えるときのあなたには、感動的なまでの意気込みと信念があり、その威厳たっぷりでウィットに富んだ話しぶりに、人はつい耳を傾けたくなります。

　ものごとを理知的に把握する力があるので、グループのなかでリーダーか、少なくとも頭脳《ブレーン》的な役割を果たすでしょう。あなたはそうした役目を気軽に引き受けますが、それは物怖じせず自分の意見を言える性格だからで、別にリーダーとして責任ある立場につきたいわけではありません。毅然とした勇気と人格の独自性、それは万人が生まれもった当然の権利である――そう信じこんでいるあなたは、自分より繊細で情緒的な人がそうは思っていないことがなかなかわかりません。確かに気弱な人はあなたの率直で堂々とした態度に感嘆し、多くの人があなたの鷹揚《おうよう》な自信をうらやむことでしょう。けれども、あなたが興奮に胸を膨らませ、やりがいのある新たな計画に向かって猛進しているときは、あまりの無神経さで人を傷つけていることがあります。

　あなたのまわりには、友人やあなたを崇拝する人たちが自然と集まってきます。皆、あなたが真実を貫く人だということ、表裏のないまっすぐな人だということを知っているのです。楽観的で前向き、そして多分に予見者的なところのあるあなたですが、たぐいない誠実さが、あなたの推論、意見、視点を実質的に価値と重みのあるものにしています。

　あなたには教育者や道徳者としての資質があります。知性を活かせ、創造性を発揮できる分野に進むと成功するでしょう。また映画や演劇に関する仕事も、持ち前の理想主義や、ちょっと変わった才能を存分に活かせる場です。ただ人から見ると高慢でどこか超然とした人間に映ることもあり、そうした態度が、あなたに議論を挑もう、あなたと意見を交わそうという周囲の意欲をそいでいる可能性があります。自分でも気づかないうちに、またそうなりたいわけでもないのに、少しばかり高尚で、観念的な人間になっているのでしょう。

「変わり者で心ここにあらずの大学教授」といった雰囲気が漂うあなたは、精力的で、陽気で、インスピレーション豊か。そして

### あなたの最大の長所

広い視野：頭の回転が速く、機転が利く：精神的に打たれ強い：楽観主義：学ぶことが好き：人にものを教え、やる気にさせる素質：人道的な心：型破りなユーモアセンス

### あなたの最大の短所

なんでもこじつけで十把ひとからげに捉える傾向：かなり手厳しい道徳観：日常の雑事や、家庭の制約に耐えられない：持論を展開するとき、つい説教くさくなってしまう：人付き合いの機微に疎く、無神経でそっけないところがある

人を惹きつけずにはおかない強烈な魅力を持っています。また人生にたっぷりの多様性、冒険、知的な挑戦を求めます。身体を使うことにも興味があり、広々とした解放的な空間にとび出せるものなら、どんなものでも挑戦したくなるでしょう。

## ③大切なあの人とは？

情緒的なあなたの足を地につけさせるのは、そう簡単なことではありません。あなたは友情や知的な仲間を無性に欲しがり、気ままに遊んだり、衝動的な冒険を楽しんだりするのは大の得意。でも、一つのことに打ち込むのがとくに好きなタイプではありません。また意外なことに、あなたには妙に子どもっぽい、はにかみ屋の一面があります――もしかしたらそれは、新しいことや新しい交際を始めるときにあなたが抱く興奮、人の善意に対する無邪気さや信頼の表れといったほうがいいのかもしれません。

つねに周囲の人や状況が持つ豊かな可能性を受け入れられる人間でいたい、と本能では思っていますが、自分の世界を一心不乱に追求しようとする面もあります。自分の人生はいつでも自分の采配下に置いておきたいのです。パートナーには、それを理解したうえでもっと心の通った関係へと導いてくれる人を選びましょう。そうすれば幸せな人生を送れるはずです。また行動の自由を奪う外部の制約に従うのではなく、むしろ自分から忠実な人間であろうとしていることを忘れないようにしましょう。パートナーと興味や関心を分かち合うのは得意でしょうが、もっと人間関係の機微や他人の気持ちにも注意を払ってみましょう。精神面でも知性の面でも、人生が広がるのがわかるはずです。

**×著名人**

ルイス・キャロル（作家）、アリス・クーパー（歌手）、チャールズ・ディケンズ（作家）、チャールズ・A・リンドバーグ（飛行士）、モーツァルト（作曲家）、ヨーコ・オノ（ジョン・レノンの妻）、バーバラ・シーガル（女優）、ジェニファー・アニストン（女優）、エレン・デジェネレス（女優）、ジャスティン・ティンバーレイク（ミュージシャン）、布袋寅泰（ミュージシャン）、榮倉奈々（女優）

完全に自分の世界に入って、だれからも邪魔されない、そんなときが一番だ。アイディアがたっぷりと、淀みなくあふれ出る。どこから、どんなふうに湧いてくるのかは知らないし、無理矢理しぼりだすこともできない。頭のなかでフレーズが順に流れてくるのでもない、全部がいっぺんに鳴り響くのだ――ウォルフガング・アマデウス・モーツァルト

おれは社交的な活動家――ブレンダン・ビーアン

**統合のためのイメージ**

著名な社会学の教授が、仲のいい友人たちのために仮装パーティを催す……インディ・ジョーンズがジャングルのど真ん中で新しい大学を創設する……『不思議の国のアリス』

130

太陽＊水瓶座 ♒
月＊山羊座 ♑

# 創意に満ちた努力家

## あなたのテーマ

**風×地**

堅実：機知に富む：独立心：正直：常識：頼もしい：抜け目ない：組織力：理解がある：実際的な知恵：先見の明：経済観念がしっかりしている：父性：兄弟愛：広い心：実際的な改革者：応用技術：創意工夫の才

あなたは心が広く、思慮深いコスモポリタン。自分より弱い者を支えなければと個人的に重い責任を感じます。清廉潔白で、人々の暮らしに役立つ有益な真実をひたむきに追い求めるあなたは、友だちや同僚から慕われ、尊敬されます。その正直さ、意志の固さ、曇りのない洞察力はあなたに与えられた最高の資質であり、また、あなたを一度会ったら忘れない人物にしています。人は、あなたになら全面的に頼っても大丈夫だと思っています。というのも、人の一番すばらしい部分を信じて、最高の結果を引き出してくれるからです。

あなたはまるで、あのリンカーンのよう――根っからの正直者でいて、かなりの切れ者。そんなあなたは、見事な権力の使い手であり、弱い者の味方であり、平等主義者であり、父であり兄であり、隣人であり友人でもあります。社会の一員として、世の中の規範や要望に興味を持ち、なんらかの形で人とかかわりながら――人を率いたり、人について考えたり書いたり、人の世話をしたりしながら――生きていくでしょう。博愛精神あふれる理想主義者でありながら、本能的に人間の本質について皮肉な見方をしてしまうあなたは、ときにその板ばさみになって苦しむかもしれません。それでも人生のすばらしい価値ある面を探し求めたり、世の中の現状に合わせて自分の博愛主義的な価値観を見直したりと、少しずつ時間をかけ努力を重ねれば、きっとその二面性を調和させられるようになるでしょう。

あなたは、あらゆるタイプの人とすぐに気持ちが通じ合うばかりか、一人ひとりの最高の部分を引き出し、威厳を植えつけるすべを知っています。おそらくリンカーンのようにこう思うのでしょう――「神はさぞかし凡人を愛しておられたにちがいない。これだけたくさんの凡人をお創りになったのだから」と。そしてその神のように、しばしばある種の父性愛のようなもので凡人を愛するのです。

またあなたは不屈の個人主義者でもあります。完成された立派な人間になろうと、過酷な野心を抱き、成功への道を切り開いていきます。しかも堅実な信条を徹底して貫き、人間の価値や倫理的な行いを尊敬できるため、よりいっそう輝かしい成功をつかむでしょう。そして、あなたに備わったそうした資質のすべてが、あらゆる人間の心をとらえて離さないのです――強い者も弱い者

### あなたの最大の長所

誠実さと自尊心：利口な正直者：人の性質を見抜く目：妥協を知らない大胆さと頼もしさ：皮肉っぽいユーモア：常識と博愛精神の独特のコンビネーション：先見の明と、将来のためにいま努力しようとする意欲：発想の豊かさと問題解決力

### あなたの最大の短所

道徳基準にあまりに厳格：人との付き合い方に遊び心がなく、堅苦しく神経質：心の問題まで論理的に考え、そのせいでよそよそしく打ち解けない感じがある：プライドが高く、頑固になりやすい

も、高貴な人も落ちぶれた人も、他人も身内も。またあなたには一人ひとり、その人に合った言葉で語りかけ、相手を安心させる力があります。話しかけられた人は「自分は理解されている、このうえなく大切な人として対等に扱われている」と思うのです。

あなたには、生まれながらに権威が漂っていますが、平等主義的な面もあるため、めったに人の気分を害することはありません。そんなあなたは経営者、教師、作家、役者など、きわめて高い自発性が要求される一方で、人とふれあったり、人を導いたりできる職業が向いているでしょう。あなたは進んで自分の二本の足で立ち、幸せそうに人生を歩んでいきます。途中、目標を見失うことはまずありません。野心家と言われれば、確かにそうでしょう。けれどもそれは、自分らしくありたい、真の天職を見つけ、それを全うし、願わくばその傍ら、周囲の人も同じ道を歩いてくれるよう手助けをしたい、というだけのことなのです。

## 大切なあの人とは？

あなたは家族や愛する人にたいして、とてもひたむきで忠実ですが、実際に人に依存しているとは思いたがりません。そのせいか、あなたにはどこか感情的に冷めたところがあります。人と親密になるのが不得意で、大げさな感情表現もあまりしません。ところが心を惹かれるのは感情豊かなタイプ。たとえば火のタイプや水のタイプは、厳格な自分をしばし忘れ、楽しむときは思いきり楽しむことを教えてくれるでしょう。

自制心をなくすのは、あなたのスタイルに反します。そんなみっともなくて、非合理なことには耐えられないのです。もっとも、きわめて理性的な姿勢を保ちながらも、あなたはたえず計算のうえでの挑戦やリスクを楽しもうとします——ときには人間関係に関するチャレンジもあるでしょう。もしかしたら「汝、上品に振る舞い給え」があなたの無意識のモットーなのかもしれません。ただし自分や相手のなかにある感情的な欲求を、心の弱さの表れだといってないがしろにしないようにしましょう。

### ✖ 著名人

ジョン・バリモア（俳優）、トマス・エジソン（発明家）、ミア・ファロー（女優）、ベティ・フリーダン（フェミニスト運動の母）、エイブラハム・リンカーン（アメリカ大統領）、ローザ・パークス（公民権運動の指導者）、マリー・クヮント（ファッションデザイナー）、フランコ・ゼフィレッリ（映画監督）、クリスティーナ・リッチ（女優）、岩井俊二（映画監督）、清水ミチコ（タレント）、竹宮恵子（漫画家）



なんびとにも悪意をいだかず、すべての人に慈愛を持って、神がわれらに示し給う正義を堅持して……——エイブラハム・リンカーン

創世記には、人間ひとりになるのはよくないとあるけれど、ときにはそれも気晴らしになっていいものだ——ジョン・バリモア

心をかき乱す、腑に落ちない不満の声になど耳を傾けないほうが、女性は悩まないですむだろう——ベティ・フリーダン『女性の神秘』より

### 統合のためのイメージ

革命家が大統領に選ばれる……異星の文明人が、差し迫った地球の破滅から人類を救うためにやって来る

131

太陽＊水瓶座 ♒
月＊水瓶座 ♒

# ユニークな個人主義者

## あなたのテーマ

**風×風**

一歩ひいた親しみやすさ：社交好き：奇抜なライフスタイル：独立心：観察力が鋭い：頭が切れる：客観的：進歩的な考えの持ち主：科学指向が強い：面倒見がいい：善意：変わったものも受け入れる寛容さ：理想主義：非現実的：律儀：慣例より自分自身がルール

あなたは、この本のような占いが嫌いかもしれません。自分を分類などされてたまるものか。そう考える人です。

あなたはこのうえなく面倒見のいい友だちのときもあれば、理由なき反逆者のときもあります。社会の傍観者のときもあれば、熱心な改革者のときもあります。また博愛精神と強烈な個人主義の板ばさみになって、本当は悩んでいるかもしれません。そうしたさまざまな面を持ちながら、あなたはなおかつ進歩的な考えの持ち主で、新しいアイデアや、社会・思想・科学の革新を柔軟に受け入れます。世の中の先を見通す力、予言者的な洞察力にも恵まれていて、人が気づくはるか以前から、社会のために自分たちが何をしなければならないかをわかっています。ですから、どんなに奇想天外なことが起きても、あなたはめったに衝撃を受けません。

あなたは自分のことをきわめてまともな人間だと思っていますが（そして現にそうなのですが）、あなたの奇抜さが、その自覚はないでしょうが周囲をあっと言わせ、波紋を呼び起こしていることがよくあります。あなたは人から自分勝手だとか、気難しいとか思われるのをひどく嫌がるかもしれません。実際、それとはまったく逆の価値観を持っているはずです。ところが、あなたのなかにある一匹狼的な精神が、どうやら全面的にそうした見方をさせてしまうのです。知性を柱に人間関係を築きたがるあなたは、間違いなく、どんな問題も道理に照らせば解決できると思っているのでしょう。ただしそうした態度も度が過ぎると、どこか情緒の乏しい人間になってしまいます。そして人生をメカニズムのようにとらえ、何から何まで合理的に理解できるものと考えるようになるかもしれません。

理想主義者のあなたは、政治や社会福祉の世界に進む可能性があります。人間の抱える問題に心から同情し、その思いを実際に活かすことができるからです。社会に適合するのがとりわけうまいわけではありませんが、あなたはつねに友人の助けになろうとします――寛大で無私無欲の人間、それがあなたの理想です。それでも、人から当たり前のように利用されることはありません。なぜなら、人にいいようにされて黙っている人間ではないからです――あなたは「イエス」ばかりではなく、せっかくの善意に付

### あなたの最大の長所

友だち付き合いの才：どんな問題であっても、そこに潜む法則を客観的に把握できる：人類を仲間と考え、その幸福を願う博愛精神：理想にかける勇気と情熱：人間の潜在能力に対する永遠の期待と信頼

### あなたの最大の短所

感情的に未熟で、人との付き合い方に人間味がない：理想に肩入れしすぎる傾向：不躾で、無神経で、批判的すぎる見方で、人を自分の理想と比較してしまう：状況があまりにも感情的な方向に流れ、自分の自由が侵害されそうになると、不意に逃げ出す傾向がある

け込むような相手には、きっぱり「ノー」と言える人なのです。

あなたが社会の敵か味方かは別にして、あなたを突き動かすのは社会です。すなわち人というもの、人の抱く信念、そしてそれがどのように世の中を動かすのか、そこに関心がいくのです。また人間行動の基礎になっている思想や概念を読みとり、世の中をよくするもっといい考えはないものかと思案することもあります。とはいえ、あまりに「世の中の人々」と自分を重ねると、自分個人については相応の評価や注目をしてもらえないことになります。自分の人生を意味あるものにしてくれる人間社会や理想と切り離されたらどうなるかなど、あなたには想像もできないことでしょう。確かにその理想主義は、世の中にとってすばらしいものです。とはいえそれが原因で、人はあなたとのあいだに壁を感じてしまうのです。あなた自身、一対一の付き合いに没頭するより、世の中をよくしようと精を出しているほうが性に合っていると思っているでしょう。その活発すぎる思考を落ち着かせ、現実に帰るためにも、あなたには十分な息抜きと休養が必要かもしれません。

## ②大切なあの人とは？

あなたはすばらしい友人。どこまでも忠実で、他人の目標達成にも喜んで手を貸します。実際、あなたにとって他人というものは存在せず、そのひょうきんで自由な気質のおかげで、どんなタイプの人とでも友だちになってしまいます——あなたにとっては皆、その人なりに興味深く、どこかに価値があるのです。

ところが親密な関係や本気の恋愛となると、どうも窮屈で、手に余るものを感じるかもしれません。一人の相手に、自分の心のすべてを捧げるのは難しく思えるのです。いかなる形の束縛も嫌い、自分の思考だけを頼りに生きるあなたは、互いに寄りそって一日一日を分かち合う、そんな心の休まる関係など必要ないと誤解しています——そんな関係は手足を縛られ、縄をつけられるようなものだと。実際問題、あなたのパートナーはかなりの理解と柔軟性がなければ務まりません。あなたのきわめて個性的な性格から飛び出してくる、さまざまな驚きや突拍子もないインスピレーションを受けとめられる人でなければならないのです。パートナーからいい影響を受けたいなら、「感情などそれほど怖いものではない」「心や身体の欲求は知的欲求と同じく重要なものだ」ということを教えてくれる相手を選ぶといいでしょう。もしかしたら、ドラマティックで燃えるような恋愛に惹かれ、それまで密かに憧れていた激しく親密な関係に心を開くことすらあるかもしれません。

**✖著名人**

ハヴロック・エリス（医師、心理学者）、ウィリアム・マッキンリー（アメリカ大統領）、デズモンド・モリス（人類学者、作家）、オーギュスト・ピカール（物理学者、気球学者）、モナコのステファニー王女、フランソワ・トリュフォー（映画監督）、高倉健（俳優）、桜井翔（タレント）、三浦友和（俳優）、山田詠美（作家）、綾野剛（俳優）、村上信五（タレント　関ジャニ∞）



宗教に悪魔を貶めることなどできやしない。神を貶めることができないように
——ハヴロック・エリス

我々の相違点は政策だ。合意点は原則だ——ウィリアム・マッキンリー

『マン・ウォッチング——人間の行動学』——デズモンド・モリスの著書

**統合のためのイメージ**

全人類の友が鏡を覗きこみ、肝心の自分自身と友だちになるためにタイムアウトを取る……我々が社会と呼ぶ、生命を持ち息をする存在……グリーンジャイアント

132

太陽＊水瓶座 ♒
月＊魚座 ♓

# 夢見がちな知性派

### あなたのテーマ

**風×水**

独立心が強いが、傷つきやすい：思想家で詩人：利他的：忠実：全体を見渡す力：奇抜：すぐ真に受ける：親切：同情的：優しくてユーモラス：直観的：社会的な道義心：博愛主義：心理を見抜く力：人を愛する：敬意ある態度：寛大：理想のために身を捧げる

観察力が鋭く、優れた判断力を持つ科学者タイプなのに、なぜか不可思議な現象に心魅かれてしまうあなた。心が広くおおらかで、いつでも皆のためになろうとする親切者なのに、自分のか細く弱々しい声になど、だれも耳を傾けてくれないのではないかと内心ビクビクしているあなた。ときとしてあなたは、自分でも、他人から見ても、「謎だらけ」の人物になってしまいます。ある場面ではきびきびとしていて独立心旺盛でも、別の場面ではうっとりと感傷に浸ったり、喜んで人の輪に溶け込んだり。また頭では自信たっぷりに人生を掌握し、自分の置かれている状況を正確に把握しているのに、心の中ではしょっちゅう自己不信と格闘しています。

あなたは根っからの社交好き。「人」についてや「融合」――それもおそらくは「社会の理想と神秘主義的な思想の融合」などという奇妙な取り合わせ――に知的関心を抱きます。一見、親しみやすい雰囲気が、繊細で不安定な内面を覆い隠していますが、それを汲み取ることができる人はほとんどいません。すべての組み合わせのなかでも最も社交的な性格で、思いやりがあり、面倒見がよく、幅広く人との交流を楽しみ、何かを学ぼうとする意欲がとても旺盛です。もともと人に手を差し伸べたいという思いが強いあなたは、人と付き合うなかで意義のある働きをしていきたいと考えています。そしてその努力が報われ、人から好意的な反応が返ってきたとき、深い充足感で満たされ、自尊心を高めます。

あなたは周囲に流されず自分の考えを持てる人間でありたいと努力し、基本的に自分のやりたいことをやりたいようにするのが好きなタイプです。したがって、自分が正しいと思うこと、大切だと思うことのためになら自ら立ち上がります。しかし、内心では「自分一人で骨を折るはめにならないといいが」と消極的です。科学、芸術、形而上学――どんな分野であれ、あなたは新領域への挑戦に魅力を感じます。それは自分が演じる先駆者としての役割に憧れるからというだけではなく、そうしないと自分の精神そのものに反するからです。また、あなたの洞察力は何かを生み出す力や豊かさを秘めていますが、それは頭で考えるだけでなく、心が通ったものだからでしょう――生きていくうえで、自分のアイデアも、人のこともどちらも大切にできる人なのです。理想家

**あなたの最大の長所**

豊かな想像力と全体を見る目：社会の大義のために自分を捧げる：親切で、人を受け入れ理解できる人柄：あらゆるタイプの人と交わり、うまくやっていく力

**あなたの最大の短所**

非現実的で、現実逃避の傾向がある：幻想を漂ってばかりいるうちにエネルギーを浪費するきらいがあり、理想主義が高じてなんでも真に受けてしまう癖がある

のように大きな観点でものごとを見ることができ、相手の敵意さえ消し去るような思いやりの心を持ったあなたは、周囲に少しばかり風変わりな印象を与えますが、たくさんの人に慕われるでしょう。

水瓶座が優勢な場合、あなたは人類のために真実を明らかにしようと国際的に協調しあう科学者たちのような視点でものごとを見ようとします。一方、魚座が強い場合は、サーカスや降霊会が三度の食事や八時間の睡眠と同じくらい、健康な生活に欠かせないものだと感じるはずです。

あなたは世の中の助けになりたい、有意義な形で社会とかかわっていたいと思っています。そして興味をそそられる慈善活動があると、どんなに忙しくても時間を作ろうとします。また周囲から立派な人物と仰がれるあなたは、万が一だれかを叱ることがあっても、優しいユーモアを交えることを忘れません——自分もかつて同じ道を通ってきたことを、わかっているのです。人間の本質に共感でき、理解があるので、人とかかわりを持てる分野、たとえば教育、聖職、福祉あるいは医療関係の仕事が向いているでしょう。あなたは皆を平等に扱い、一人ひとりに敬意を示します。そして相手から、本人さえ気づいていない隠れた才能を引きだす力があるので、すばらしい教育者になれるでしょう。

## 大切なあの人とは？

あなたは心が揺さぶられるような問題に直面すると、情熱的なロマンティストと合理的なリアリストという、相反するふたつの顔を見せるようになります。親しい関係でも、相手にひたむきかと思えばつれなかったりします。しかしそこがまた人を魅了するのです。さらにごく自然な温かい思いやりと、私情をはさまないクールな知性をあわせ持ったあなたは、友だちとしても最高です。とはいえ、あなたが友だちでいたいときに、パートナーが恋人を求めていることがあるかもしれません。またその逆もありうるでしょう。

本当は優しさや親しい関係を求めているのに、そんな自分があまりにも頼りなく思えて、「風」の太陽星座らしい無関心を装うこともあるでしょう。愛する人に身も心も投げだしたい、そう思うこともままありますが、どうしても相手の短所に目がいってしまいます。また、繊細ゆえに反抗的な態度に走ったり、自分が邪険にされているとか、拘束されているような気がすると、たちまちユートピア的な夢の世界へ逃避したりします。

もっとも、あなたは基本的に好感の持てる愛すべき人。それに自分なりのスタイルで愛する人に尽くすこともできます。ただあなたには、いま少し「現実の世界」に踏みとどまることが必要かもしれません。そして自分が強い人間で、恋愛の浮き沈みくらい乗り越えられるんだと信じてみましょう。

**著名人**

アン英国女王、ポール・ニューマン（俳優）、ラーマクリシュナ（ヒンドゥー教宗教家）、フランツ・シューベルト（作曲家）、ドナルド・ソーパー（説教師）、ロジェ・ヴァディム（映画監督）、キング・ヴィダー（映画監督）、ディック・マーティン（俳優）、ジョージ・バランシン（バレエダンサー　振付家）、唐十郎（劇作家）



神の思し召しに身をゆだねる者は、俗世間の不安や心配事から解き放たれ、二度と何ものからも束縛されることはない——ラーマクリシュナ

こんなことを言って、敬虔でとりすました印象を与えたくはありませんが、私の責務、それは……人々に広めるのが私の義務であり天職だと信じるものを、人々に広めることです
——ドナルド・ソーパー

**統合のためのイメージ**

科学者がグランドオペラを歌う……優秀な発明家が無人島で休暇をとる

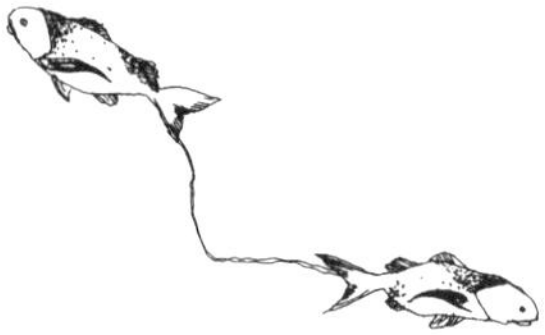

133

太陽＊魚座 ♓
月＊牡羊座 ♈

# 熱い闘志を秘めたロマンティスト

## あなたのテーマ

**水×火**

ロマンティック：独立心：繊細：愛情深い：冒険者：大言壮語：理解がある：すぐかっとなる：けんかっ早い：謙遜家だが自己中心的：楽しいことが好き：気分屋：生き生きとした想像力：芸術的：苦労性：頭の回転が速い

あるときは繊細で内向的な詩人。またあるときは自分の信じる真実を目指して邁進《まいしん》する、自信に満ちた探検家、そして改革運動者。ときにあなたは、人に影響されやすい自分、夢見がちな自分、孤独を愛する情緒的な自分を感じるでしょう。そんなときは周りの世界を、だれからも邪魔されない自分だけの場所からじっと観察しているほうが好きで、安全な場所から鋭い直感を働かせて情報を吸収し、ひそかに自分の意見や好き嫌いをまとめています。そうかと思えば、自信たっぷりなところを見せたり、鋭く分析的な意見をずばずばと表明したり。突如、人を寄せ付けなくなったり、えらそうにふるまったりして周囲を驚かせることもあります。

おおらかながらも精力的な雰囲気を全身に漂わせるあなた。そうすることで、内面のきわめて情緒的で繊細な心をガードしているのです。とびきり自由人のあなたは、果敢にいろんなアイデアや自己表現の手段を探り、積極的に交流の輪を広げていきます。強気に自分の権利を主張し、自分の欲しいものをはっきりと口にします。ただし、その欲しいものが心の調和というときは（たいていの場合そうですが）、人を思いやり、譲歩することもできます。すばらしい友情、愛情あふれる人間関係——間違いなく、それがあなたの幸福の鍵でしょう。

あなたは、従順な面と攻撃的な面をあわせ持った不思議な存在です。たとえば繊細な自我を他人にかき乱されたときは、神経質にふさぎこみますが、自分の主張を守り通そうとするときなど、かっとなって人にくってかかることもあります。あなたは自分が何を知っていて、人に何を聞いてもらいたいか、はっきり自覚しているのです。もっともこうした気性がもとで、親密な人間関係に激しい浮き沈みをもたらすかもしれません。基本的に愛情や人との絆に幸せを感じるあなたですが、愛する相手に、自分が譲歩するのを当然だと思われていると感じたとたん、波風を立てる傾向があります。そんなに慌てて反応せず、友人、恋人、あるいは敵と思われる相手のことをじっくり考えてから行動してみましょう。きっと、あなたにとって何より大切な心の安らぎを脅威から守れるはずです。

おそろしくわがままな人間に見えることがあっても、実はそれほどでもなく、ほんとうは周りのだれよりも心優しい人です。そ

### あなたの最大の長所

静かなカリスマ性：温かさと楽観主義：竹を割ったような性格と、陽気な仲間意識：繊細なのに衝動的なところもあり、一緒にいるとおもしろい：競争心があり、なおかつ競争相手にベストを尽くさせる心意気もある：人間の本性を笑いとばし、すぐに立ち直る力

### あなたの最大の短所

自分の能力や価値に気づいてもらえないのではないかと不安で、つい、いろいろとやりすぎてしまう：すぐかっとなって人にくってかかる癖と自分のことを深刻に考えすぎる傾向：わがままと他人思い、両極端な気質に翻弄されるばかりか、一方を立てればもう一方をないがしろにしているような気がしてフラストレーションを感じる

の独特の自己矛盾が生じるのは、あなたのなかに「まずは自分」という人間と、「愛する人のためならどんなことでもしよう」という人間が同居しているせい。自己主張の激しさとロマンティックで傷つきやすい心、その両極端な面に翻弄されて、あなたはいつもそわそわと落ちつきがなく、ちょっとしたことで想像力をかきたてられたりもします。

基本的におおらかで順応性があり、また親切で面倒見がいい分、人からつけこまれやすい部分があります。あなたは「なんでも知っている一匹狼の個人主義者」を押し通さなければと感じますが、内心は、勝者や英雄、最高の人間だと思われたい気持ちでいっぱいです。それでも最終的には、優しさと闘志を、想像力と活力を、思いやりと率直さを調和させます。あなたは言わば隠れた名演出家。自分の豊かな才能と、それが与えてくれる喜びと一体になって、周囲に見事なハーモニーを紡ぎだします。

## ⑨大切なあの人とは？

すべての太陽・月コンビネーションのなかでも、もっともロマンティックなあなた。人と結びつく喜びに憧れ、相手を見つけたとたん、猛烈な勢いで恋愛に身を投じます。優しく献身的に相手を思いやるのですが、つぎの瞬間には、急に身を引いたり、けんかをふっかけたり、なんとか本来の自分の感覚を取り戻そうとしたりします。そんな気分屋のあなたは、決して付き合いやすいタイプとはいえないかもしれませんが、愛する人を故意に傷つけたりせず、どんなときでも相手を許そうとする広い心を持っています。

愛する人にとって、あなたはいつまでたってもどこか謎の人。それでも相手はあなたのことを献身的な友、楽しい相棒、どんな冒険も歌や詩にしてしまうロマンティックな芸術家だと自慢に思ってくれるでしょう。実際、あなた自身、なかでも音楽と相性がいいことを感じるはず。音楽はあなたの高ぶった感情を癒し、心を落ち着かせてくれます。

**✕著名人**

エミール・クエ（心理療法学者）、ジーン・ハーロー（女優）、ホリー・ハンター（女優）、ガリレオ（天文学者）、ウィリアム・ハート（俳優）、ルノワール（画家）、ヨハン・シュトラウス・ジュニア（作曲家）、レックス・ハリソン（俳優）、やくみつる（漫画家）、志村けん（タレント）、千葉雄大（俳優）



こうやってボートにのって、ぶらーりぶらりすることくらい、たのしいことはないんだよ……まったく、これくらいたのしいことは、なんにも……ほかにはなんにも

——ケネス・グレアム『たのしい川べ——ヒキガエルの冒険』（岩波書店　石井桃子訳一九六三年）より

毎日、毎日、あらゆる面で、私はどんどん良くなっている——エミール・クエ

### 統合のためのイメージ

粗末な身なりをした小柄でしがない青年アーサーが、石から剣を引き抜き、キャメロットの王となる

134

太陽＊魚座 ♓
月＊牡牛座 ♉

# 人生の喜びを享受する人

## あなたのテーマ

**水×地**

思いやりがあって有能：感情をはっきりと表に出す：現実的なロマンティスト：官能的：社交的：魅力的：公正：美にたいして敏感：調和を愛する：献身的：面倒見がいい：心が大きい：芸術的：音楽性：気分屋：巧妙：懸命に安定を求める：夢想家だがリアリスト

ともすると妙にリアルな夢の世界に流されがちですが、それでいて、日常生活の諸々のことにやけに打ち込むときもあります。また、ロマンスに熱を上げやすいくせに、経済的な不安を感じると一気に冷めてしまうところがあります。さらに、だれかにたっぷり愛してほしい、大切にしてほしいと思っているわりには、自分の興味のあることとなると、自分でもはっとするほど、目端を利かせて、ひとりで果敢に行動することができます。

思いやりのある優しい性格で、理想家のあなた。しばらくのあいだなら、この世の世俗的なものごとに関心のない態度をとることもできます。現に、美、芸術、音楽、愛、そうした形のないものこそ、あなたにとって大切なもの。それは確かなのですが、自分のなかにある物質的な欲求を否定すると、あなたはとても落ち着かない気持ちになります。あなたは感情や精神面を重視してどんな行動をとるか、どう世の中とかかわっていくかを決めます。その一方で、物質的にしっかりした土台があって初めて、より高いところを追求したり、自分の世界に打ち込んだりできることも知っているのです。

あなたの優しさ、思いやりを陰から支えているのは、ときおり垣間見られるあなたのかたくななところ。あなたはその部分にずいぶんと助けられています。一見、従順で腰の低い人間のようでいて、あなたは本能的に自分にとって何が正しいことなのかをしっかり知っています。その静かな強さにふれ、人々はあなたのことを決してあなどれない人物だと思うようになるのです。

あなたは鮮やかで豊かな想像力と、どっしりと地に足のついた実際的な味方をうまく融合させることができます。大地に根を下ろし、足元の確かさを実感するや、持ち前の豊潤な想像力が花開くのです。たとえ芸術の世界に進まなかったとしても、あなたは生活のどこかに自己表現の場を求めるでしょう。気品あふれる芸術的なセンス、音楽や文学にたいする高い鑑賞力を持ったあなた。その一方で、素朴な自然にたいして神秘を感じる部分もあり、田園の景色、音や香り、その心地よさを五感でキャッチすると、あなたは生き生きと輝きだします。

人生と、それが与えてくれる喜びのすべてを深く愛するあなた。人生を楽しむあなたの心は周りの人をも触発し、皆をリラックス

### あなたの最大の長所

官能的な想像力と、音楽や芸術にたいする感性：他人の気持ちが手に取るようにわかる：優しく、従順で、愛情深い性格：美、そして人生や友情の素朴な喜びを味わう心：ロマンスを現実の世界に引き寄せる力と、夢を実現する力

### あなたの最大の短所

主観が強く、人生を感情的にとらえる：独占欲の強さ：自分を守りたい一心で、都合のいいように事を運ぼうとする傾向と、頑固かつ昔かたぎで過去にしがみつく傾向

させ陽気な空間と魔法の時間へと誘い込みます。たいていのことは習わしや伝統を重んじる「決まりごと好き」なあなたですが、ときには判で押したような生活を変えて、気ままなピクニックやパーティ、コーラスの会を楽しむべきだという程度の良識は持ち合わせています。

和気あいあいとした雰囲気に包まれると、あなたは社交性を発揮し、普段より大胆に自分の考えを話したり、気持ちを表に出しますが、そこからさらに一歩踏み込むことはありません。自分に必要だと感じている調和、美、愛、安らぎを手にしたときのあなたは、どこのだれよりも満足感に包まれています。友人にも家族にも忠誠を尽くし、神経を使い、あれやこれやの気配りを見せるあなた。自分も同じように扱って欲しいと願っていて、粗略な扱いはもとより、自分が必要とし、自分にふさわしいと思っている水準以下の扱いには一切耐えられません。こうした気質に加え、信頼性と忍耐力を生まれ持ったあなたは、教育や医療、ソーシャルワークなど人と関わる仕事に向いているでしょう。

## ② 大切なあの人とは？

恋をしているとき、満たされた恋愛をしているとき、あなたは自分の持つ魅力、社交性、官能性を生き生きと発揮します。実際、充実した幸せな恋愛こそが、あなたの幸福感の鍵といえるでしょう。ロマンティックなわりに家庭的で現実感もあり、優しく繊細でありながら、苦難のときにもうろたえないあなた。せっせと愛の巣をつくり、理想的なパートナーとなるでしょう――相手がヒマラヤに登るなどと突拍子のないことを言い出さない限りは。

豊かな生活を愛するあなた。ただし、それを分かち合う相手がいないと、生活はたいして意味のないものだと感じます。そんなあなたなら、パートナーを幸福感で満たすことができるでしょう。あなたには、毎日毎日を平穏に送り、幾度となくバラの香りに足を止める、そんな感性が生まれつき備わっているのです。ただし、あなたのなかには矛盾した部分があり、それが人間関係で葛藤を引き起こす可能性もあります。牡牛座は独立心が強く有能で、自分の関心事をどんどん追求したがるのに対し、魚座はそれに比べると優柔不断で自信がなく、周囲にもり立ててもらいたがるのです。この矛盾に対処するには、何より自分自身の飢えた部分に（そして独占欲の強い部分に！）正直になることです。そうしないと、自分の欲求を満たしてほしいがために、無意識のうちに愛する人にプレッシャーをかけてしまうことになるでしょう。あなたの心を射止めるのに多くはいりません――からだ全体でたっぷりと愛情を表現し、夢を語り合ってさえいれば、たとえ銀行の残高がいくらだろうと、あなたのなかのロマンスの火は燃え続けるのです。

**✖ 著名人**

エドガー・ケイシー（催眠透視者）、ファッツ・ドミノ（ジャズミュージシャン）、ケネス・グレアム（作家）、ヘンリック・イプセン（作家）、ピエール・パオロ・パゾリーニ（映画監督）、アンドレス・セゴビア（クラシックギタリスト）、バラス・スキナー（心理学者 行動分析学の創始者）、ジュリー・ウォルターズ（女優）、菊池風磨（タレント Sexy Zone）、杉浦太陽（タレント）



空中のお城――それはいとも簡単に逃げ込めるところ。建てるのもいたって簡単

――ヘンリック・イプセン『棟梁ソルネス』より

詩人は詩というものを自ら創り出しているのだろうか、それともその行為は単に自身の遺伝や環境の歴史的産物なのだろうか？

――B・F・スキナー

**統合のためのイメージ**

自然の神秘家が土のかまどでパンを焼く……芸術家が自分の家を豪勢に飾る

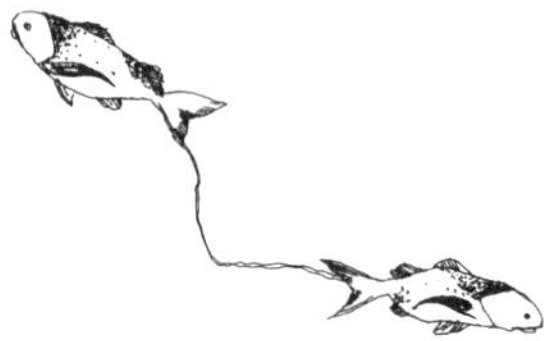

135

太陽＊魚座 ♓
月＊双子座 ♊

# おしゃべり好きで心広き人

## あなたのテーマ

**水×風**

空想にふける：奇抜：ひょうきん：詩的：直観的：言葉や記号論理学に興味がある：饒舌：表現力豊か：自信がない：多様な知識：社交的かと思えば内気：流されない：頭の回転が速い：気性が激しい：神経質：おしゃべり：永遠の若さ：楽しいことが好き

あなたは思ったことを、考えるより前に口にするときがあります。また自分のことを理性と分別のある人間だと思っていて、すべてのことを視野に入れようと意気込むあまり、かえって自信を失くす結果になることが。あなたは心《ハート》で考え、頭で感じる人。自分のなかで両者の意思伝達回路をうまく接続しようとするのですが、余計に解けない謎を解こうとするようなもどかしさを感じるでしょう。

最高の状態のときのあなたは、まさに女性的直観から生まれ出たような人——鋭い読みと豊かな想像力を活かして、人や状況に応じて的確かつ繊細に対応することができます。逆に最悪の状態のときのあなたは、何がなんでも我を張り通し、自分の優柔不断で自信のないところを押し隠そうとします。あなたは永遠の若者といった雰囲気を漂わせ、魔法のように何かを思いついては行動し、自分のなかに湧き上がる考えやイメージを鮮やかに表現することができます。また希望や願望、構想や計画、趣味や好奇心などなど、「あれをしよう、これをしよう」という気持ちでいっぱいです……もっとも、途中で気が変わらなければという条件付きですが。あなたの場合、答えはいつも風まかせ。「元祖気まぐれ者」とでもいえる性格なのです。

きわめて繊細で思いやり深く、他人にたいして理解のあるあなた。気持ちの通い合った人間関係に喜びを感じ、相手にあっさりと心を許してしまいます。もともと、人を信頼したい、人と一体感を感じたい、安心して人に心を開きたいという気持ちが強いのです。このように人が好きで、他者を受け入れるのが上手なあなたですが、その素直で無防備な性格が、最初はかえってあなたを臆病にさせます。大丈夫だと確信できるまでは水に飛び込めないくせに、実は水しぶきとたわむれたくてたまらない子どものような人なのです。

あなたは自分が置かれているそのときどきの状況や人間関係について、自分に向かって一種の実況解説をする癖があります。忙しく頭を働かせ、自分の本当の気持ちを、いちいち声に出して確かめようとするのです。言葉やイメージにするのが好きなあなたは、自分の声を聞いているうちにすっかりその気になってしまうところがあります。もっとも、その才気にあふれ堂々とした声と

### あなたの最大の長所

知性と想像力に秘められた創造性：物まねと笑いの才能：交渉力と、幅広いタイプの人々を評価する力：能弁で独特の自己表現ができる：寛大な性格：心の広い、子どものような態度で人生と向かい合う

### あなたの最大の短所

自分が本当はどんな人間なのか確信が持てない：どちらにしようか迷った挙句、表面的なことをさらって終わる傾向：移り気で、身を入れて人と付き合うことができない：空想、自己不信、自己憐憫に浸る癖：状況次第でころころ変わる道徳観に従って生きる傾向

は裏腹に、本当のあなたはそれほど自信満々で確かな自分を持っているわけではありません。そうすることで自信のなさを補おうというわけではありませんが、なんとか自分が袋小路にはまらないように、わき道にそれないようにしているのです。ともすると不安や緊張に襲われ、疑い深くなったり、自分を見失ったりしがちなあなたは、否定的な思考パターンに陥って、持ち前の創造的なエネルギーを消耗してしまわないよう注意している必要があります。

## 大切なあの人とは？

あなたのパートナーには、力強くどっしりと構えた人がぴったりでしょう。安定こそがあなたに欠けているものだからです。愛情にあふれ戯れが好きなあなたは、恋人とのロマンティックな言葉のやりとりを楽しみます。変化、詩、ロマンス、陽気な笑い、それがあなたの求めるもの。それからたっぷりの優しさも。なぜならあなたの心は極度に繊細で、相手とのちょっとした行き違いで簡単に傷ついてしまうからです。恋愛に知的な結びつきや感情の機微を求めるあなたですが、相手への関心が薄れはじめると、移り気な心が頭をもたげます。

あなたは知らず知らずのうちにパートナーに依存しすぎる傾向があり、興味の対象、刺激、果ては人生の目的に至るまで相手に与えてもらおうとします。もしあなたが退屈を感じたら、往々にしてそれは自分のことをもっと真剣に考えるべきだという合図です。あなたは幅広くいろいろな人と付き合いたいと思う一方で、自分の才能を傾けて何かに打ち込みたいとも思っているはずです。音楽、絵、演劇は、あなたの長所や才能を発揮できる絶好の場といえます。また頭の回転の速さや交渉力、ホスト役としての資質が求められる分野でも活躍できるでしょう。地道な努力が必要な領域であっても、性急に行動する癖を改め、まず自分の本当の気持ちや考えに耳を傾ける習慣を身につければ、たいていはうまくこなせるはずです。

**著名人**

W・H・オーデン（詩人）、レイ・ブレムザー（詩人）、ロバート・ローウェル（詩人）、リチャード・バートン・マシソン（SF作家）、ボブ・リチャーズ（陸上選手、オリンピックチャンピオン）、ジョアッキーノ・ロッシーニ（作曲家）、ロジャー・ダルトリー（ミュージシャン）、ザ・フー）、高田賢三（ファッションデザイナー）



優れたオペラの筋書きは理屈の通っているはずがない。人は理屈の通っていると感じている時には歌ったりしないのだから――W・H・オーデン

若さが欠点だとしたら、それはあまりにも早く終わってしまうということだ
――ロバート・ローウェル

**統合のためのイメージ**

魔法の赤い風船を握りしめた子どもが、導かれるまま空へ舞い上がり、海をわたり、永遠の美をたたえた島に降り立つ……ロマン主義の詩についての授業中、男子生徒が英雄的な行動をあれこれ夢想する

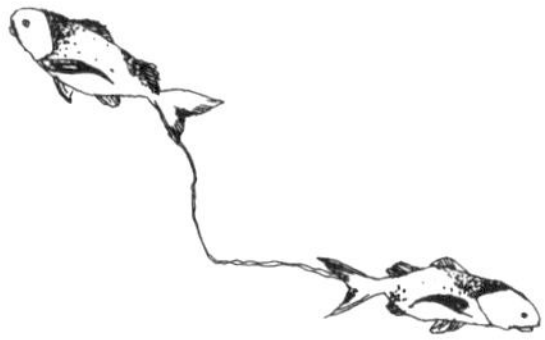

136

太陽＊魚座 ♓
月＊蟹座 ♋

# 敏感な心を持つ癒しの人

## あなたのテーマ

**水×水**
極度に感受性が鋭い：感情的：ロマンティック：思慮深く思いやりがある：社会的な意識が高い：博愛：慈しみ深い：生き生きとした想像力：内省的：気持ちが揺れやすい：直観的：臆病：人を癒す力：詩的：おもしろい：物まねがうまい：ユーモアのセンス：多才：引っ込み思案

恋の問題があなたの人生を完全に支配しています――だれかを愛していたい、だれかに愛されていたい、だれかに愛を与えたい、(順序はどうであれ) 自分がその状態になければ生きていけないのです。感情を軸にあなたの世界は回っていて、恋愛をしていないと幸せを感じないほどです。

あなたは本能のまま人に寛大かつ無条件な愛を注ぎますが、その心遣いが感謝されていない、報われていないと感じると、すぐに傷つき不機嫌になります。人にたいする警戒心が極端に強く、なかなか気を許しませんが、最終的には愛情をはっきりと表に出します。また心のアンテナがきわめて鋭いため、ときおり、感度を下げてやらないと普通に生活することさえままなりません。不快な空気にさらされると、弱りきってしまうのです。そのときどきの雰囲気にどっぷり浸り、周りの空気に同化してしまうあなた。情熱のまま両手を広げて相手の胸に飛び込んでいったかと思えば、つぎの瞬間にはそそくさと岩陰に隠れてしまったりと、たえず心が揺れ動いていることでしょう。

あなたは何かと人とかかわりたがります。というのも人と深くかかわりあうことが、あなたの生きるエネルギーだからです。親身な態度で人に接し、超常的な力で人の心を理解できるあなたは、自然と周囲を惹きつけます。人はあなたになら、心の奥にしまっていた秘密さえ打ち明けても大丈夫だと感じるのです。そうした気質は、カウンセリングやヒーリングの仕事、あるいは聖職者や警察官に向いているでしょう。あなたは人の痛みを自分のことのように感じますが、それは自分自身、多くの痛みを味わってきたからです。もっとも本領を発揮しているときのあなたは、世の中の不安を思いやりに変え、さらにその思いやりを持ち前の賢明さで仕事に活かすことができます。

人と親しくなりたいと願うあなた。ところが自分のなかにある芸術的な衝動に駆られ、自己を表現することに夢中になると、まるで荒れ狂う海のように、感情面でどんどん人をよせつけなくなる自分に気づくでしょう。あなたはいつも取っつきやすい人間とは限りません。必要と感じたときは抜け目なく、慎重かつ巧妙に、ときには策略的に立ち回ることさえします。あなたは、どうしたら自分を守りつつ欲しいものを手に入れられるか、そのすべを早

### あなたの最大の長所

人に心から同情し、温かく接する：人間の思考と心理を本能的に理解できる：揺れ動く運命に順応する力と、臨機応変に対応できる多才さ：生き生きとした想像力とドラマティックな表現力

### あなたの最大の短所

臆病で心配性：神経過敏で、ちょっとしたことに腹を立てる：自分より外向的な人と接すると、自分のなかにある創造的な可能性を伸ばせなかったり、発揮できなかったりする

くから身につけているのです。

ときに自分の気持ちをはっきり表現するのが難しくなると、あなたはふさぎこんだり、気まぐれになったり、いつにも増して自分の殻に閉じこもったりします。また普段はもの静かで控えめですが、いったん相手に打ち解けると愉快なピエロや、陽気な物まね師の顔を見せることがあります。家族や友人のまえでは、警戒心を解いてお調子者の明るい楽天家になります。

ものごとをドラマティックに演出する一面があり、絵や写真、音楽や詩を通して自分自身を芸術的に表現し、自分の空想や想像力を尊重しようとします。また人生の悲哀を感じることができるあなたは、自分自身の内面のドラマをだれかに伝えたくてたまらなくなります。その欲求をぶつける最高の場はおそらく舞台でしょう。

## 大切なあの人とは？

あなたは傷つくことを恐れているわりに、自分が思うよりずっと精神的に打たれ強い人です。温かく幸せな人間関係を築き、自分を惜しみなく捧げ、相手に感謝され敬愛されることで生き生きと輝きます。ときにあなたは親の役目を演じ、愛する人をかいがいしく世話したり、優しくいたわったりと、たっぷりの母性愛で包み込みます。ただし、ふとしたことで手に負えない子ども役に転じ、しょっちゅう空想の世界にふける傾向もあります。またあなたは、愛のもたらすドラマや感傷的な悲しみに酔いしれるところがあります。恋愛の殉教者や恋人の奴隷という役回りに溺れないよう気をつけましょう。

恋愛に関しては謎めいた部分の多いあなたですが、現実にはごく普通の保守的な感覚をしていて、家事や家庭生活をとても大事にします。生まれつき人の世話をするのが好きで、だれかに必要とされているとき、だれかに頼られているとき、そしてだれかの「かけがえのない存在」だというあのすばらしい幸せに包まれているとき、燦然《さんぜん》と輝いています。愛する人をたっぷりと気遣い、優しく思いやるあなたは、相手から同じだけの愛情がかえってこないと不安になり、しまいには怒りさえ覚えます。あなたは頼りになるパートナーを必要としているのです。相手に同情してもらいたくて、自分がどことなく哀れで不憫に見えるようにふるまうことさえあるでしょう。

### 著名人

アラン・E・シャルティエ（思想家）、ライザ・ミネリ(女優)、ライナス・ポーリング（ノーベル賞科学者）、ナンシー・ウィルソン（ジャズシンガー）、リュック・ベッソン(映画監督)、ジーコ(サッカー監督)、ドリュー・バリモア(女優)、カート・コバーン（ミュージシャン　ニルヴァーナ）、山下洋輔（ピアニスト）、藤原新也（写真家）、佐野史郎（俳優）、有野晋哉（タレント　よゐこ）



気遣いは細心になすべし。そうでなければ意味がない――アラン・エミール・シャルティエ

大多数の人は、政府が自分たちのために何かしてくれると社会的な進歩だと考えるが、政府が他人のために何かをすると社会主義だと考える――アール・ウォレン最高裁判事

### 統合のためのイメージ

アメリカ赤十字社の創設者クララ・バートンを演じた女優が、その一生に触発され、劇団を辞めて医者になる

……魚の群れ……医療普及のための使節団が東に向かう……いつかまた会いましょう

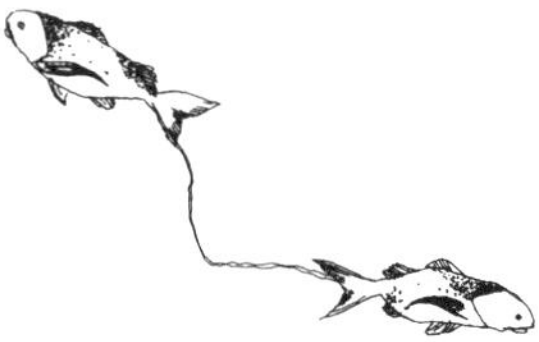

137

太陽＊魚座♓
月＊獅子座♌

# 謙虚な名俳優

## あなたのテーマ

**水×火**

感情的：気分屋：社交的：はっきりとものが言える：繊細：生き生きとした内面：理想主義：想像力豊か：外見は自信に満ちているが、内面は不安定：大げさに演出する癖：強い道徳観念：博愛精神にあふれた芸術家：素直に人を受け入れる：心が広い：情け深い：悲愴なロマンティスト：英雄崇拝：自己犠牲を通した利己心

あなたはスターダムにのしあがり、何か自分にしかできないことを成し遂げたいという夢を抱きます。しかし、現実には人の下で働いているほうが性に合っていることに気づくでしょう。周囲に自分の自信と能力の高さを誇示するわりには、内心、人と競争することを考えただけで震え上がってしまいます。

あなたは本質的に謙遜家で、献身的な愛情と奉仕の人。ところが心に描く自己イメージは、王者のような風格と威厳をたたえた英雄で、最高の地位と身分を欲しがり、大きな賞賛と注目を集めたいという欲求を抱いています。もっともあなたは、自分のなかにあるそうした面を必ずしも表に出しません。というのも自分が理想とするほど――あるいは見た目ほど――自分に自信がないからです。

あなたはいわば名俳優――情感たっぷりに気持ちを表現し、放縦かつ情熱的に、生き生きと振る舞います。ただし陽気で心優しい人物を演じていても、内面は気難しく、くよくよ悩んだり、あれこれ心配したり、無力感に襲われたりして、エネルギーを大量に消費する傾向があります。まるで、世間の人にたいしてどういうわけか存在感のない自分を自覚しながらも、スポットライトを浴びたい、賞賛を集めたい、人に尊敬されたいと切望しているかのようです。

道徳を重んじるあなた。限りなく高尚な志を、普段は口にせず胸のなかに秘めています。人への思いやりと寛大さにあふれ、「人を元気にしたい、勇気づけたい」と本能的に思います。また実際の行動や人とのふれあいを通じて、もっとも気高い生き方を周囲に示していきたいと感じています。もっとも、これは無理な注文というものでしょう。事実、あなたはときどき自分自身の名誉心で押しつぶされそうになります。

博愛精神の強いあなたは、自分の果たす役割が「人の役に立つ重要なものだ」と思えるような、公共性の高い仕事に携わるでしょう。その一方で、高邁な奉仕活動に自分を捧げるよりは、むしろ舞台をはじめ、音楽、執筆、絵など芸術的な生き方を追求できる分野で、自分の持つ生き生きとした想像力やロマンティックな思いを表現していきたいと思うかもしれません。

### あなたの最大の長所

直観的な洞察力：芸術的な素質と自己演出の才能：愛する者にどこまでも尽くし、奉仕する

### あなたの最大の短所

自分の能力に不安を抱き、疑う傾向：競争にたいする恐怖心：気分にむらがあり不安定：周囲の同情を乞うため、自分の弱さを演出して見せる傾向

　あなたの場合、インスピレーションの波も激しいですが、自信の波もまた大きく揺らぎます。実際、あなたの自信は現実の厳しさにさらされたとたん、どこかへ消えてしまいます。そうならないためには、自分の目標をしっかりと見きわめていなければなりません。そして、下働きのようなどんなにつまらない立場にあっても、自分の個性は光り輝き、貫禄と寛大さを発散できるということを自覚している必要があります。

　ときどきあなたは、周りの人にたいして存在感がない自分を自覚します。そうかと思えば、自らを爆発させるようにドラマティックな自己表現をし、自分が内面にいろんな思いを抱えていること、そんな自分を軽んじてはならないことを周囲に知らせようとします。あなたの人格は、相手への理解と優しい思いやりというきわめて女性的な面と、威厳と旺盛な創造力というきわめて男性的な面とが合わさってできているのです。そんなあなたの奥底には、奉仕者と芸術家が、気まぐれな詩人と気高い専制君主が共存しています。自分の描く将来図に向けてそれらを一体化させていくにはどうしたらいいか、その一方で、自分個人にとって深い意味を持つものを表現していくにはどうしたらいいか、その方法を模索するのがあなたの課題でしょう。

## 大切なあの人とは？

　愛のこととなると、あなたはとびきりのロマンティスト。144の全コンビネーションの中でも上位5パーセントに入るほどです。ロマンスと慈愛のどちらも必要とし、さらに相手から敬愛されることを望みます。また、あなたほど寛容で思いやりにあふれた人はいないでしょう。もっともパートナーにするには謎の多いやっかいな人だともいえます。心優しく、自信があり、陽気な人かと思えば、つぎの瞬間には黙りこくって自己憐憫に浸ったり、いらいらしたりと不可解な雰囲気を漂わせるからです。

　激しく傷つきやすい感情を抱えたあなた。自分がときとしてどれだけ周囲に影響されやすく、他者に依存した存在になるかを自覚する必要があります。というのも、内心びくびくしているときでも、あなたは自分がとても強い、自立した人間だと錯覚しがちで、しかも表面的にそう見えてしまうことが多いからです。自分が本当はどんな気持ちでいるのか、何を考えているのか、愛する人がすべて理解してくれるものだと思わないようにしましょう。

あなたはとても理想の高い人です。といっても、いったん尊敬し好きになった相手には、寛容に、我慢強く接します。「地」に足のついた、安定感のあるパートナーを選べば、あなたも落ち着きを得て、自分にとって幸せの鍵ともいえる安定した家庭を築き上げることができるでしょう。

### ✖著名人

ミハイル・ゴルバチョフ（旧ソ連大統領）、トニー・レマ（ゴルファー）、エーンズリー・ロバーツ（作家、画家）、ジョン・アップダイク（作家）、アントニオ・ヴィヴァルディ（作曲家）、辻村深月（作家）、豊川悦司（俳優）、美内すずえ（漫画家）、栗原はるみ（料理家）、松山ケンイチ（俳優）、亀梨和也（タレント KAT-TUN）



我々の文明をきわめていくために男と女が受け持つそれぞれの立場は、はるか昔、いまの我々より高い知性によって割り振られたものだ――グローヴァー・クリーヴランド

あれやこれやの雑多なドラマは、すべてわたしたちが生き残っていくために必要なことだ。つまりそれは、目で、口で、耳で、肌で何かを感じることができる、その喜びにたいするささやかな支払いなのだ――エーンズリー・ロバーツ

### 統合のためのイメージ

シンデレラが暖炉のわきでドレスを繕いながら、ダンスと魔法と胸の高鳴るようなドラマに彩られた、ロマンティックな一夜に思いを馳せる

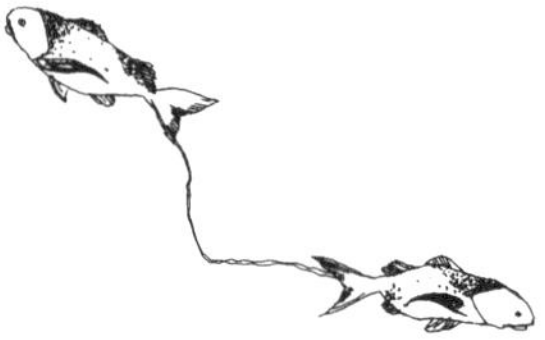

138

太陽＊魚座 ♓
月＊乙女座 ♍

# リアリスティックな神秘家

## あなたのテーマ

**水×地**

分析と統合：幅広い思考：優れた記憶力：神経質でいらいらしやすい：思慮深い：機知に富む：分析的：鋭い直観：親切：ものごとを大きくとらえつつも細部にこだわる：人やものを見る目は厳しいが寛容：芸術家であり科学者：論理的な形而上学者：静かなる思索家：皮肉屋：ユーモラス：洗練されたセンス：献身的な奉仕者

　あなたはつかみどころのない芸術家のようでいて、地に足のついたリアリストの一面も持っている人。また、何から何まで分解して顕微鏡で見てみたいという欲求と、逆に一歩下がって全体図を把握したいという欲求の両方を持っています。

　このコンビネーションに生まれたあなたは、とてつもない創造力を秘めています。というのもあなたの人格は、直観と理性が、想像力と実際的な論理性が、限りなく寛大な心と几帳面で正確な眼識が、互いにせめぎあってできているからです。あなたはまず人やアイデアなど、ものごとの全体的な「感じ」をつかみ、それから緻密な分析思考を働かせ、持ち前の鋭い勘を的確な方向に活かしていこうとします。つまり人や状況と向かい合うと、あなたの心にはその本質の語りかけてくる声が、科学的に説明のつかないような感じで聞こえてくるのです。そして、そのインスピレーションが生きるよう、あなたは細心の注意を払ってまじめに行動しようと意識するのです。

　歯車がかみあっているときのあなたは、人やものを取りまとめる天性の力を発揮します。大胆なひと刷毛《はけ》をふるうのも、繊細なタッチを施すのも、あなたはどちらも同じくらい得意。ものごとの全体像をつかむ一方で、細部にも気を配ることができます。あなたの緻密さと豊かな想像力が出合ったとき、また天性の使命感とロマンティックで直観的な人生観が出合ったとき、あなたは善のために戦う強大な勢力となり、人・政策・思想の健全性を測る精密なバロメーターとなるでしょう。

　大地に足を踏んばっていたいという本能。人生のプレッシャーから手っ取り早く逃がれたいという欲求。あなたのなかにある両者の葛藤は、ときにかなり激しくなります。魚座に関する通説どおり、あなたには過酷な現実に耐える力がありません。これはあなたが極端に繊細なためで、自分がどんな環境で生活し仕事をするか、十分に気をつけなければなりません。粗野で残酷な人間性に出くわすとあなたは落ち込みますが、それでも人間の苦悩に心から同情し、実際に付き合うなかで相手が進歩してくれるよう願います。また社会状態の改善に積極的に取り組み、健康を取り戻すためのルールや習慣を提唱したり、人々がいままでより健全で

### あなたの最大の長所

広い視野：問題をあらゆる角度から検討する力と積極性：直観も論理性も、負けず劣らず優れている：親切：寛容：皮肉のきいたユーモアセンスのおかげで、人生の悲劇を和らげることができる

### あなたの最大の短所

完璧主義：他人にたいして極端に批判的な態度をとる：心配で落ち着かない気持ちになり、幻想の世界に逃避したり、自己防衛に走ったりする傾向：あることについて心で感じたことと、どうすべきか頭で考えたことを混同しがち：このコンビネーションの場合、心と頭が互いに助け合うこともあるが、衝突することもある

生きがいのある人生を送れるよう手助けしたりするでしょう。

あなたにとっては心と体の健康が一番の関心事。両者が互いに依存しあっていることを知っています。とはいえ満月生まれのあなたにとっては、自分のなかにある理性を超えた感情的な気質と、すべての経験をきちんと分類しなければ気がすまない本能とを交流させることが、最初、難しく感じられるでしょう。それどころか、この二面が調和しえないものに思えるかもしれません。感受性が豊かで勘の鋭いあなたは、逆に理論武装しなければと思うようになり、しまいには自分の考え方に信頼性を持たせようとして複雑な論理をこねあげます。とはいえ自分で納得できればそれでいいのです。あなたは何をするにも、しっかりした道徳観を持った個人主義者。だからといって、頑固で独善的なわけではありません。あなたのものの見方は経験とともに成長するでしょう。人生観も変わるでしょう。また思いやりの心はさらに深まり、それでいて使命感が薄れることはないでしょう。

神秘家とは、頭が天に、足が地にある人のことだといいます。そしてその技を、あなたは実にたやすくやってのけます。高邁な理想を掲げ、その一方で地にどっしりと足をつけ、こつこつと地味な努力を重ねていくのです。このコンビネーションは「神秘主義」と「現実第一主義」の組み合わせ。そのおかげであなたは、どんな環境にあっても泰然と構えていられます。

## 大切なあの人とは？

人生における「相手」の存在は、あなたにとってきわめて重要なものです。ところがあまりにも重要な存在ゆえに、あなたはかえって、自分がどれだけ相手を必要としているかを認めたがりません。あなたの優しさと面倒見のよさは多くの人に感謝されますが、かといってあなたと付き合っていくのがたやすいことだとはいえません。あるときは献身的で思いやりがあり、夢見がちなあなた。ところが一転して、極端にやり手の、冷淡で批判的な人間になることもあるからです。

激しい情熱家というよりは、愛情深いセンチメンタリスト。とはいえロマンティックな物思いに浸りたいという欲求は、あなたの整然として知的な部分を動揺させます。そこであなたは、決まった手順や日課に淡々と従ったり、本や庭仕事に逃避したりすることで、そうした感情面の危うさから自分自身を守ろうとします。もっともそれがもとで、神経質で優柔不断な傾向が強まることがあるかもしれません。

パートナーとは知的な関係を築きたがります。また、相手からほんのちょっと励ましてもらったり、尊敬や信頼感を寄せてもらったりするだけで幸せになれます。素直な順応性、独創的な頭脳、ユーモアのセンスを持ったあなたは、友達としても、恋人としても、一緒にいて楽しいすばらしいパートナーになるでしょう。

**✖ 著名人**

グレアム・ベル（発明家）、ピーター・フォンダ（俳優）、ガルシア・マルケス（作家）、ジョン・アーヴィング（作家）、ジャック・ケルアック（ビートニク作家）、グレン・ミラー（バンドリーダー）、ショーペンハウアー（哲学者）、カール・ヤスパース（哲学者）、ダグラス・アダムス（作家）、ルー・リード（ミュージシャン）、ユースケ・サンタマリア（俳優）



考える人は、たまに思考を一新して、まっさらな状態にしておくほうがいい
——ルーサー・バーバンク

すべての別れは死を予見させる。すべての再会は再生を予見させる
——アルトゥール・ショーペンハウアー

**統合のためのイメージ**

宇宙全体のモザイク画、一片一片がそれ自体完璧……ささいな出来事が積み重なって、とてつもない結果がもたらされる……信念と理性が握手する

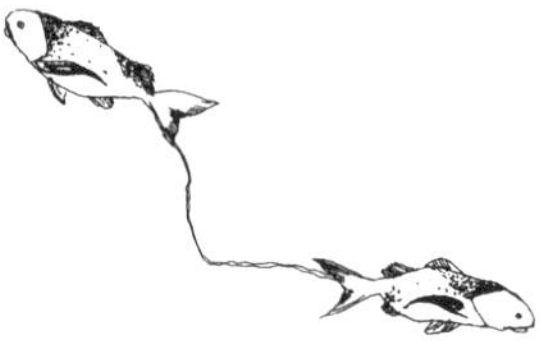

139

太陽＊魚座 ♓
月＊天秤座 ♎

# 調和を愛する創造の人

あなたのテーマ

**水×風**

繊細で気まぐれ：直観的：優れた洞察力：如才ない：ロマンティック：魅力的：社交的：人に依存しがち：慎重：芸術的：おとなしくて従順：美と調和を愛する：心のうねり：おおらか：人当たりがいい：疑うことを知らない：だまされやすい：協力的

争いを好まず、優しい心を持ち、どこかこの世のものとは思えないムードを持つあなた。美と美しい理想を愛し、またそれと同じ強さで不正と醜悪を憎みます。哀愁を帯びた、とらえがたい魅力を漂わせ、人に姿を変えた森の妖精の王（あるいは女王）さながらに、この世の不器用な人間を安らぎと喜びに満ちた世界へといざないます。そんなあなたは本質的に芸術家。鋭い直観、えもいわれぬ優美さ、壊れやすい心とともに、打たれ強く楽観的な一面も持っています。

ことのほか思いやり深く、人当たりのいいあなた。寛容で理解があるうえ、ロマンティックで官能的。鷹揚《おうよう》でどこか自己犠牲的なところもあります。それもこれも人と結びつきたいという気持ちが強いから。とりわけ自分を刺激してくれる、鋭いウィットと強烈な魅力の持ち主に惹かれます。またパーティーの席、芸術や文学に関する高尚な集まりで実に生き生きと輝きます。浮気性でおしゃべりな面もありますが、パートナーには深い愛情を注ぎ、思いやり深く寛大な心で接します。恋愛であれ、プラトニックな関係であれ、あなたは人とのやりとりの一つ一つに、さりげない気品と威厳を漂わせます。

あなたは生まれついての駆け引き上手。どうしたら自分にもっとも有利にことを運べるか、そのすべを知っています。ただ、ときどき自分が頭脳派なのかインスピレーション派なのかで悩むことがあるでしょう。あなたはどちらかというと、自分の直感をそのまま信じたほうがいいタイプです。心に浮かんだことを、頭が混乱するまであれこれ詮索したり、分析したりするのは向いていません。突如、強烈な感情やインスピレーションに襲われて、それを詩や音楽、踊りや演劇、社会奉仕などを通して無性に表現したくなることもあるでしょう。

あなたはバランスのとれた明晰《めいせき》な思考の持ち主でもあります。目標を見極め、アイデアとともに羽ばたくことができます。またあなたの本能は、自分の考えていることを力強く効果的に人に伝えようとします。さらに人からの意見や情報、刺激も必要とし、それをうまく活かすことができます。ただし、あれもこれも知性でさばこうとすると、あなたはかえって迷いをおぼえ、自信を失うことになるでしょう。というのも、よどみなく流れる創造性こ

**あなたの最大の長所**

直感と、多様な想像力：魅力的で、優美で、繊細な、人への接し方：洗練、教養、芸術性を感じさせる生き方：気品あふれる自己表現と優しさで周囲を鼓舞する：人と協力したり、共同で仕事をしたりするのが得意

**あなたの最大の短所**

非現実的な理想を掲げ、それをもとに生き方を決めたり、人を評価したりする：ものごとを合理的に考え、自分にとって一番楽で、都合のいいものを信じる傾向：優柔不断に陥り、人に依存しすぎる傾向

そがあなたの幸せの鍵だというのに、無理矢理その流れを止めてしまうことになるからです。本当のあなたは、ほとばしるような感情の持ち主。真実にたいして畏敬《いけい》の念を抱いたとき、人生で何がたいせつかを直観したとき、心の高まりをおぼえるはずです。

あなたは何をするにも、知性と感性のバランスを取ろうとします。また人一倍、順応性があり、仲間の欲求にも敏感なので、グループのまとめ役的な存在になるでしょう。ただし、そうした才能をいま以上に発揮したいなら、もっと自分というものをしっかりと持ち、いい意味での限界を知ることです。それがあなたの課題になるでしょう。

流れに逆らわない柔軟性と、周囲の調和を願う気持ち。それがあまりにも強すぎて、あなたはつい自分自身の欲求や、本能のあげる声が聞こえなくなってしまいます。また人からちょっと嫌な思いをさせられただけで、苦痛のあまりたじろぎます。人との衝突は、情緒的なあなたがもっとも嫌うもの。まさしく本物の空手チョップを食らったように、本来の自分ではなくなってしまいます。その自信のなさにうまく対処できるようになったとき、持ち前の創造力が堰を切ったように流れだすでしょう。

あなたにふさわしいのは舞台。鋭い感性と勘の良さで、その多面的で繊細な人間性を表現できるでしょう。また福祉関係の仕事に惹かれるかもしれません。人に刺激され、人から何かを学べるからです。あなたは人生の魔法を素直に受け入れ、永遠に学び続けます。そして持ち前の純真さ、上品さ、繊細さを活かして、美と喜びの世界を創り出すでしょう。

## 大切なあの人とは？

正真正銘のロマンティストで、人生を謳歌できる人です。愛する人に身を委ねて生きることは、あなたにとって楽なこと。ただ、平和を壊したくない一心で、好ましくない関係にいつまでもしがみついてしまうこともありそう。それでは、あなたのすばらしい創造力に影がさしてしまいます。あなたは心の奥で人と衝突することを恐れていますが、それは人に拒絶されて独りぼっちになることをそれ以上に恐れているから。あなたは、だれかと一緒にいたいタイプ。とりわけ「地」に足のついた、安定感のある人と一緒にいるときに、このうえない幸せを感じるでしょう。

**✕著名人**

エリザベス・バレット・ブラウニング（詩人）、マイケル・ケイン（俳優）、ショパン（作曲家）、サンディ・ダンカン（女優）、ゲオルク・F・ヘンデル（作曲家）、クインシー・ジョーンズ（ミュージシャン）、シドニー・ポワチエ（俳優）、黒木華（女優）



我、いかに汝を愛するか？　ひとつずつ、考えてみる

——エリザベス・バレット・ブラウニング

**統合のイメージ**

ミュージカルの舞台俳優が友人やファンのために演じる……恋人同士、同じ夢を見る……作家たちが集まって一話の傑作を書きあげる

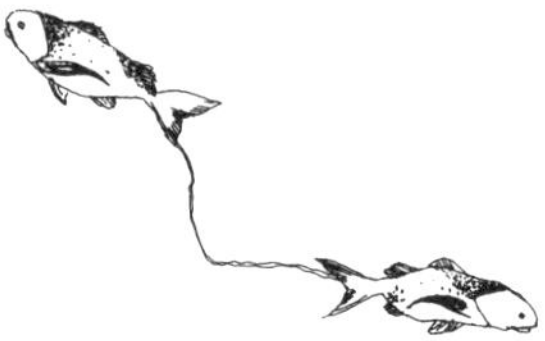

140

太陽＊魚座♓
月＊蠍座♏

# 生まれながらの思索家

## あなたのテーマ

**水×水**

感情的：直観的：心理的な洞察力：苦悶と恍惚：情熱的：複雑：頑固：豊かな想像力：逆境に強い：面倒見がいい：搾取と苦難を明るみにしようとする意志：喜劇と悲劇をともに受け入れることができる：自己犠牲と自制心

熱く、激しく、狂おしいほどにエモーショナル——とは、あなたのこと。あふれ出る感情のまま、どこまでも主観的に人生を生き、人と接します。善かれ悪しかれ、あなたは自分の感情、信念、意見に支配されるでしょう。

人や、人の持つ動機、つかみどころのない人間性にたいして、あなたはとてつもない洞察力を発揮します。もしかすると探偵の仕事に興味を持ち、その恐ろしいくらいの想像力を思う存分、活かすことになるかもしれません。また持ち前の鋭い直感と、真理にたいする深い探求心を働かせ、医療や科学の研究で人類を癒す数々の発見をするかもしれません。はたまた心理学や、ヒーリングをはじめとする代替療法に心惹かれ、魅惑の深層世界に足を踏み入れるかもしれません。無意識の領域はもちろん狂気も含め、人間の深層にあるすべてのものに安心感をおぼえるのです。孤独を愛し、鬱々と物思いにふけりますが、人に見られると、自分が丸裸になったような気がします。というのも、あなたは人間に備わるありとあらゆる感情が顔を出す、いわば感情のるつぼのような人だからです。

鋭い直観を持ったあなたは、人と人とが、あるいは複数の人同士が、互いにいろいろなレベルで影響しあっていることを察知できます。また、あなたの寡黙ななかに秘められた強さや激しさは、どんな集まりでも周囲の人に自然と伝わるでしょう。どんな相手の心をも見抜き、そのときそのときで、友人や家族が感じている歓喜を、笑いを、憂鬱を、悲劇を、すんなりと自分のことのように感じることができます。また本能的に人を理解するあなたは、自分自身のことも、また苦悩する人類のことも、心からいとおしく思うでしょう。

ただし、自分の嫌いなことや賛成できないことを批判するときのあなたは、情け容赦がありません。また突如として、てこでも動かない頑固者に転じ、何かと人に難癖を付け、片意地を張ることもあります。さらにそれがエスカレートすると、きわめて感情的な結論に走るという、後ろ向きな態度さえとりかねません。そうなると、自分の凝り固まった感情や考え方が、本当に正しい意見や視点を取り入れる邪魔をしているということにすら気づかなくなります。もし何かにたいする不信感や恐れがもとでそうした

### あなたの最大の長所

鋭い直観と生き生きとした想像力：逆境にあっても、粘り強く、勇気をもって精一杯努力する：偉大な神秘を理解したいという思いと、実際に理解できる資質：絶望の淵に沈んでいる人々を助け、癒す力

### あなたの最大の短所

自分の個人的な見解に頼りすぎる傾向：感情を煽り立てるものに弱い：自分のなかにある根深い偏見と、非合理な猜疑心に気づいていないことが多い：悲観的な自己陶酔：優位に立とうと画策する傾向

態度をとっているとしたら、しまいには自分の幸せまでいたずらに壊してしまうことになりかねません。

相手の気持ちを思いやるのは得意。ところが、自分の気持ちをはっきりと相手に伝えるのは苦手です。そのせいか自分が誤解されているような気がして、ひどくフラストレーションがたまるでしょう。もっともあなたには、これだと決めたものにたいして熱狂的に取り組むひたむきさと粘り強さがあります。ということは、「この人」と決めた相手には情熱的に尽くすということです。たとえその相手に、自分の胸の奥までは理解してもらえないとしても。

偏見にとらわれなくなったとき、あなたは実に驚くべき知識欲を見せます。そしてその関心は、誕生、死、再生、古代の風習に至るまで、ありとあらゆる種類の奇跡や神秘に及ぶでしょう。また現実には、感情に走りやすい性格をカバーするため、逆に数学やコンピューターなどきわめて頭脳的な分野に進み、人生をしっかりコントロールしようとするかもしれません。そういうときのあなたは一見、自分自身をちゃかし、ものごとを軽く受け流しているようにも見えます。けれども胸の内では、人生の重圧と、人生におけるすべての苦悩と不公平にたいする懸念が一瞬たりとも消えることはないのです。そんなあなたは、多くの時間をひとりで過ごしたがります。静寂のなか、自分自身のためにさまざまな問題を分析し、解決したいのです。

## 大切なあの人とは？

あなたの感情が複雑で、ときに理解不能なように、あなたの人間関係も激しく、波乱に満ちた、とてつもなく情熱的なものとなるでしょう。

愛と絆を何より求めるあなたは、パートナーにかなり依存してしまうかもしれません。あなたには相手の胸を切なくさせるような繊細さがあり、それが人を「守ってあげなければ」という気持ちにさせます。こうして周囲からの愛情を一身に集めますが、同時にあなたの独占欲、嫉妬心、相手への要求も相当のもの。愛する人に愛情のすべてを注いでほしいと願い、それ以下のものは認めようとしません。

愛は悲哀と苦悩に満ちたもの、これはあなたにとっては驚きでもなんでもないでしょう。それどころか事実、そうあってほしいと願っているはずです。また、ドラマティックな自暴自棄に走るかと思えば、すべてを支配したいと望むことも——まったく、あなたという人はやっかいな相手です。もっとも、刺激的な相手ともいえ、恋愛で自分の真実をまざまざと見せつけられることさえ恐れない人です。

**✖著名人**

アンドリュー王子、メーヘル・ババ（インドの宗教的指導者）、シラノ・ド・ベルジュラック（哲学者、劇作家）、ジョルジュ・デュマ（心理学者）、ジョージ・ハリソン（ビートルズ）、スタインベック（作家）、エリザベス・テイラー（女優）、シャロン・ストーン（女優）、赤川次郎（作家）、熊川哲也（バレエダンサー）、室井佑月（作家）、浅利慶太（演出家）、木村多江（女優）、菊川怜（女優）



人間というものは年をとるにつれ……変化に逆らうようになるものだ。とりわけいい方向への変化に

——ジョン・スタインベック

愛は神から人への贈り物、服従は支配者から人への贈り物、降伏は人から支配者への贈り物

——メーヘル・ババ

**統合のためのイメージ**

ロングフェローの詩『海の秘密』……スタインベックの小説『怒りの葡萄』

141

太陽＊魚座 ♓
月＊射手座 ♐

# いたずら好きな天使

## あなたのテーマ

**水×火**

哲学的な思考：寛大な心：幅広い分野で想像力を発揮できる：あふれる熱気：冒険者：信仰深い：皮肉的なユーモアセンス：じっとしていられない：真実の探求者：繊細：愛情深い：親しみやすい：打たれ強い：社会意識が強い

あなたは神秘家、それとも哲学者？　芸術家、それとも科学者？　答えがどうであれ、あなたが探求心豊かで、理想と現実世界の両方の「美」を深く愛していることは確かです。

あなたは心優しく、慎み深い人。また親切で面倒見がよく、気まぐれで楽天家、しかも謙虚そのもの。どこかこの世のものとは思えない雰囲気を感じさせることもしばしばです。いってみれば、いたずら好きだけれども慈愛に満ちた天使のよう。その想像力は広大なカンバスに描かれた世界を駆け巡ります（しかも壮大なシンボルばかりを使って）。あなたの思考は鋭いうえに奥が深く、込み入った人間関係やものごとの広大な意味を察することができます。また形而上学、芸術、科学をはじめ、さまざまな考え方を人生に取り入れるため、世間の人がついていけなくなることもあるでしょう。それでも最終的には、人々に計り知れない影響を及ぼすようになるはずです。

組織的な宗教は避ける傾向にあるものの、本質的に精神を拠り所とするあなた。自分自身と自分の仕事（たとえどんなものでも）にたいする自信がみなぎっています。また人生に熱い思いを抱き、その虚しさとすばらしさを敏感に感じ取るあなたは、神聖かつ敬虔ともいえる熱心さでものごとに取り組み、何かを表現しようとします。しかも、すでに拒絶されたものや、ものごとの否定的な側面にまで価値や意味を見出し、そうした鋭い読みをもとに新たな生き方を模索することができます。その驚くべき力に、周囲は感動すらおぼえるでしょう。

ときに自らも認める孤独な旅人となるあなた。内面に広がる豊かな想像の世界に浸り、あるときは宇宙の真実とともに天空高く舞い上がり、またあるときは絶望の淵へと沈んでいきます。とはいえ、多感なうえ、感情がそのまま表に出てしまうあなたは、人間社会に氾濫するおぞましい出来事を完全に遮断して自分本位に生きていくなど、ほとんど不可能だと感じるでしょう。自分が何かしなければという使命感にかられるはずです。燃え盛る社会への正義感と責任感を、どこかにぶつけなければ気がすまないのです。

このコンビネーションは実に多才で創造性豊か。そのため多方面で活躍できます。鋭い直観を持った科学者となり、大いなる世

### あなたの最大の長所

同情：幅広い知性と深い意欲：創造性を秘めた想像力：清廉潔白：打たれ強い：ユーモアのセンス：さりげなく人を笑わせ、永遠に友だちだと感じさせる力

### あなたの最大の短所

いたいけな純真さ：倫理的に判断すべきことにまで感情を持ち出す：情熱のやり場を間違ってしまう：はったりと自己欺瞞：大げさで、軽率で、集中力に欠ける傾向と、皆に気に入られようとする傾向：自分の手に負える範囲で問題や仕事に当たること。そして地に足をつけ、重要な点を取りこぼさないようにすること。そうすれば、あなたのアイディアがもっとすばらしい結果を生むことがわかるはず

界の謎解きに明け暮れるかもしれません。あるいは聖職者やセラピストとして、人間心理の高みへ深みへと駆け巡る可能性もあります。また風刺作家として、世の中のさまざまないがみ合いを痛烈にこき下ろすかもしれません。はたまた、放浪者や道化役者のように、悲劇に直面しても「どうにかなるさ」と、ひょうひょうとした人生を送ることもありえます。いずれにせよ一ついえることは、いずれあなたの抱く政治思想と信条とのあいだに奇妙な矛盾や衝突が生じ、その結果、人生のある時点で両者を激しく闘わせ、なんらかの折り合いをつけなければならないだろうということです。

## ⑨大切なあの人とは？

あなたは寛容で、思いやり深く、感じやすい心の持ち主。その一方で感情の抑えがきかず、人から束縛されることを嫌います。恋愛のパートナーには、あなたの知的探求心と社会的関心を大いに理解してくれる相手——できれば、あなたに刺激とインスピレーションを与えてくれる相手を選ぶといいでしょう。そうすれば、あなたも相手のことを崇拝し、深い愛情を持って献身的に付き合っていくことができるはずです。

あなたの人柄には、なんともいえない謙虚さと気品がにじみ出ています。またあなたは他人の欠点にたいして寛容で、お涙頂戴の言い訳や苦労話にもすぐに涙してしまうほどのお人よしです。パートナーとの絆やふれあいは、あなたにとって大切なもの。ただし内面に欲求不満がたまると、心ここにあらずになってしまいます。パートナーにはそのことを理解してもらう必要があるでしょう。あなたはときおり、自分ひとりの世界にこもって、本来の自分、信条、持ち前の情熱、楽観的な思考を取り戻す必要があるのです。そうしないと、いらいらが募ってせっかくのエネルギーを無駄にしたり、あれこれ不必要に手を広げすぎたりする結果になるでしょう。

**✖著名人**

ルイス・ブニュエル（映画監督）、コペルニクス（天文学者）、ビリー・クリスタル（俳優）、アインシュタイン（物理学者）、ヴィクトール・ユゴー（作家）、ルパート・マードック（新聞王）、ニジンスキー（ロシアの舞踏家）、佐々木主浩（野球選手）、阿部慎之助（野球選手）、今田耕司（タレント）、甲本ヒロト（ミュージシャン　ザ・クロマニヨンズ）、中山美穂（女優）、藤田ニコル（タレント）



大事なのは疑問に思うことをやめないことだ
——アルベルト・アインシュタイン

神よ、ありがたいことに、私はいまだに無神論者だ
——ルイス・ブニュエル

**統合のためのイメージ**

黒人の尼僧が懺悔室で、悔い改めた白人の科学者から不幸話を聞き、二人は恋に落ちる……アインシュタインの相対性理論

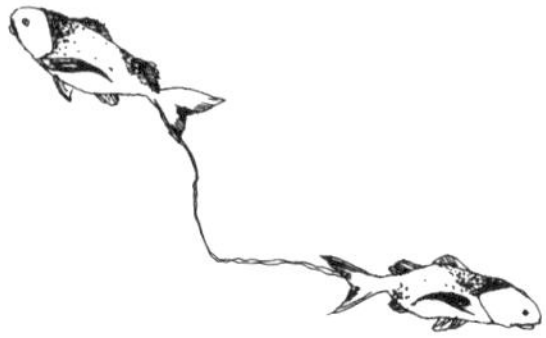

142

太陽＊魚座 ♓
月＊山羊座 ♑

# 想像力を生かす実業家

## あなたのテーマ

**水×地**

人間味がある：面倒見がいい：情け深い：深刻で内省的：鋭い直観：用心深い：控えめな野心家：用意周到：大黒柱：あふれんばかりの思いやり：冷静で達観したユーモアセンス：清廉潔白：戦略的：献身的：控えめなロマンティスト：義理堅い：強い正義感：頼もしい

あなたのなかには、穏やかな思いやりと克己心、優しさと寡黙さ、ロマンスにたいする憧れと勤労を尊ぶ気持ちが同居しています。そのため、あるときは従順、あるときは強情。一見、物静かで控えめに見えますが、実は計り知れない強さ、積極性、自尊心を秘めていて、自分の欲しいものをしっかりと手に入れます。

自分の周りの世界、自分を取り巻く人々にたいするあなたの読みは実に鋭く、人の抱く動機、欲求、長所、弱点など感じ取ったことを、そのときどきでうまく役立て、自分自身の目標を達成し、賞賛や尊敬を欲しいままにします。つまり、あなたはやり手の実業家にも、謎めいた役者にも、無口な芸術家にも、熱心な救世軍のボランティアにもなれるということです。どんな職業を選んだとしても、あなたは想像力と論理性を、感性と抜け目ない計算を駆使して、最適のシナリオを描き、巧みに力を発揮するのです。

あなたは心から思いやりがあり寛容ですが、その一方で人生の厳しさもよく知っています。また、あなたのなかにある魚座はためらいがちな性格で、必要以上に大きな責任を負いたがりません。一方、山羊座のほうが強いときのあなたは、きわめて野心的で、やりがいのある仕事に打ち込んでいるときが一番輝いています。あなたは困難をものともしません。それどころか、そういうときにこそ豊かな情緒とたくましさの両方を発揮します。愛、人間関係、敬意、共同体意識など目に見えないものをたいせつにしますが、さらにその気持ちを実際の行動で表します。額に汗し、涙をこぼすこともよくあるでしょう。そして夢をかなえるためなら、どんな夢のためにも必死に努力しようとします。

事務的な現実主義者の一面と、夢見がちで心優しいロマンティストの一面を持ちあわせたあなた。それだけに幅広いタイプの人とうまく付き合っていくことができます。さらに人生のはかなさと悲劇を理解できるので、人の苦境を察し、気持ちを通い合わせることができます。また、恵まれない人や苦しんでいる人にたいして心から同情することもできます。あなたの場合、そうした思いをどちらかというと現実的な方法で示したがるため、相手が立ち直れるような実際的な手助けをするでしょう。

あなたは自分というものをしっかり持っているので、よりスケールの大きい長期的な目標に粘り強く取り組むことができます。

### あなたの最大の長所

心からの思いやり：人間の欲求を敏感に察知し、理解できる：実際的で機知に富んだ想像力：人やものを見る目が抜け目ない：さりげなく相手に合わせることができる：いつまでも変わらぬ誠実さ：義理堅い

### あなたの最大の短所

自信のなさ：臆病：心配性で悲観的になりがち：警戒心が強く、胸の内を明かしたがらない：道徳家的な態度で人に接し、手厳しい評価を下しがち

その一方で、すべき仕事を着実にこなしていく力もあるので、グループのまとめ役や責任者にも向いています。きっと周囲の雰囲気やエネルギーをうまくまとめて、いい結果を導きだすことができるでしょう。また、あなたは人に何かを伝えるとき、心の細やかさと力強さを感じさせます。さらには、現実感覚にたけた予言者とでもいうべき能力があって、自分や人の描いた計画を一転して手の届きそうな現実へと変えることができます。

## 大切なあの人とは？

適度に社交性もありますが、根はプライベートを重視するタイプで、愛や家庭のことをとても真剣に考えます。恋愛に関しては愛情深くひたむきで、ロマンティストとさえいえるほど。ただし相手に頼るまいと頑張りすぎて、必要以上に警戒心が強く、よそよそしい、どこかそっけない人間になってしまうこともあります。

自分がどんな人間で、何を求めているのか、さらに自分がどれくらいリスクを冒す人間か、人生の早い段階で気がつきます。こうして自分自身をよく知ったうえで、あなたは真剣な恋愛、安定した関係を求めるようになるでしょう。また人との深い絆、共感しあえる関係、相手に尽くすことなどに幸せを感じますが、いたって良識が強いので、ほかのことをそっちのけにして恋愛にのめり込むことはありません。

愛情豊かで、相手に自分を合わせるのが得意ですが、それと同時に自分をしっかり持っていたいとも思います。また神経細やかで、寛容で、愛する人を守ってあげたいという気持ちが強い反面、相手からも愛され、尊敬されたいと願います。人と接するときのあなたには父性愛のようなものがあり、頼りがいを感じさせます。ただし愚かな人間は許せないタイプ。相手に失望させられると、とたんに厳しい態度で接するようになります。人に尽くすときは誇りを持って自分を捧げる、それがあなた。そのあなたから忠誠と愛を勝ち取った相手は、自分が最高のパートナーという栄誉を手にしたことを知るでしょう。

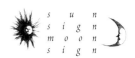

**✖ 著名人**

パーシヴァル・ローウェル（天文学者）、アナイス・ニン（作家）、フィリップ・ロス（作家）、ウォルター・シラー（宇宙飛行士）、ニーナ・シモン（ジャズシンガー）、ジョージ・ワシントン（アメリカ初代大統領）、米津玄師（ミュージシャン）、藤井隆（タレント）



自分の評判を汚したくなかったら、いい仲間と付き合うことだ。
悪い仲間と付き合うくらいなら独りのほうがいい——ジョージ・ワシントン

異常といえるたった一つのこと、それは愛せないこと——アナイス・ニン

**統合のためのイメージ**

古い貨物船が多くの品々を載せ、ゆっくりと、しかし着実に港へと向かう……有名な女優が私財を俳優年金基金に寄贈して亡くなる

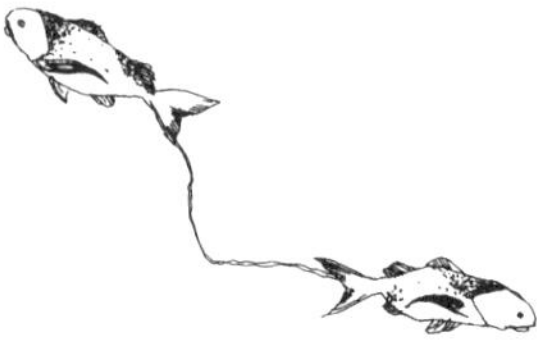

143

太陽＊魚座♓
月＊水瓶座♒

# ユートピアを目指す愛の人

## あなたのテーマ

**水×風**

思考と感情：SF：人道的：こだわりのない広い心：親しみやすい：情け深い：確固たる道徳観：熱い使命感：進歩的な考え：人類共通の関心事に奉仕する：多才：社交的：おおらか

あなたは正真正銘の人道主義者で、徹底した理想主義者。基本的に体制にはくみせず、それでいて何ごとにも誠実そのもの。どこか超然としてとらえどころがないくせに、思いやりがあって親切。あなたは、世界のために、友人のために、そしてあなた自身の大義のために存在するのです。謎めいたもの、神秘的なものに魅了されますが、あなたはさらにその真相を知りたいと思います。

美と真実がつねに躍動し、絡み合っている――あなたはそんな一生を歩み、芸術的な方向に惹かれていくでしょう。自分と同じユートピア的な思想を持った仲間を探し求めますが、親切で開けっぴろげで楽天家のあなたは、いずれにせよどんな人とでも親しくならずにはいられません。熱い信念と確固たる道徳観、それがあなたの知性とすべての行動を刺激するもの。またあなたが人道的な、それでいておそらくは本流を外れたさまざまな組織に関わるのもそのためです。

あらゆるタイプの人を受け入れる寛容さがありながら、自分の意見を語るときや、説き聞かせるときは強引になるあなた。人生にたいして真剣そのものといったあなたの態度が、すべての人に歓迎されるわけではないことを、心にとめておく必要があるでしょう。もっとも、その誠実さや理想を尊ぶ気持ちはだれの目にも明らか。たまにくどくどと説教じみた話をしたとしても、あなたは人に愛され信頼されます。

人、そして人を突き動かすものに興味をそそられるあなたは、すぐに人とかかわり合い、人のことで夢中になります。といっても、つねに一歩引いた関係を保つのがあなた。おそらく、優れた心理学者、カウンセラー、ソーシャルワーカーになれるでしょう。心は相手とつながっていても、頭は冷静に相手のことを観察し、分析することができるからです。

あなたは直感的でもあり、論理的でもあります。これはきわめて稀な取り合わせで、人はあなたのことをわかったつもりでいても、またすぐに混乱させられてしまうでしょう。そんな二つの顔を持ったあなたは、一方で思いやり深く、芸術的で、感受性豊かですが、もう一方では冷静かつ理性的です。偏見や既成概念にとらわれず、ひたむきに科学的な真実を追求し、人のために役立てようとします。

あなたは奇抜なユーモアセンスの持ち主で、変わったもの、型

### あなたの最大の長所

人類にたいする前向きで、好意的な感情：右脳と左脳の両方で学ぶ力：穏やかながらも、はきはきと説得力を持って気持ちを表現できる：社会のありとあらゆるものを受け入れる心の広さ：道徳的な威厳と頼りがい：生まれたときよりもいい世の中にしてそこを去りたいという真摯な思い

### あなたの最大の短所

付け込まれやすい：自分の道徳観を人にも押し付ける：自分が抱いている社会的な理想を、他人も同じように真剣に考えていると思いがち：世の中の苦悩に心が痛み、どこか聖人ぶった生き方をしてしまうため、自分の人生を楽しめない

破りなものを普通に受け入れることができます。したがって付き合う友人も奇想天外。一人一人の、その人となりを心から楽しみます。まさに人気者で、一座の花形。ところがそんなあなたにも、どこか計り知れない底の深さのようなものがあります。人知れず苦悩の世界を胸に秘めているのかもしれません。あまりにも深く、あまりにも多くのことを感じてしまうのです。自分のことも、社会全体のことも。

## 大切なあの人とは？

あなたはおよそどんな人にも、とりわけ愛する人にたいしては、優しく、献身的に、思いやりと理解をもって接します。パートナーに自分を合わせるのも得意で、まるで相手の色に染まり、相手任せの人生を歩んでいるようにさえ見えます。ところがあなたは、だれのものでもない、自分だけの心の領域をちゃんと持っているのです。また、ひとりになって自分の考えや気持ちを見つめなおし、心の中を整理する時間が必要だとも感じているでしょう。

あなたは博愛精神を、また機知と英知をプライベートな人生にも取り入れようとします。そして自分の関心事を、なんらかの形でパートナーと分かち合いたいと思います。知的な絆を築くことは、あなたにとって大切なこと。そしてユーモアが通じ合う関係も。ユーモアは大いに心を癒し、もめ事を解消してくれるからです。また愛情面では一途で高潔なあなたも、人生の喜びは多種多様なものに求めます。音楽、芸術、哲学、社会運動など、友人の輪が広がるにつれ、いろいろなものに楽しみを見出すでしょう。

**著名人**

ロバート・アルトマン（映画監督）、バルテュス（画家）、ハリー・ベラフォンテ（歌手）、グレン・クローズ（女優）、エドワード王子、マンリー・パーマー・ホール（哲学者）、デヴィッド・パットナム（映画監督）、ジョージ・O・エイベル（天文学者）、エレイン・ペイジ（女優）、角田光代（作家）、武豊（騎手）、竹内まりや（ミュージシャン）



映画は、われわれ人類から成る家族を、円満にまとめあげる芸術だ
――デヴィッド・パットナム

静かなる哲学の小道に沿って真実を旅すれば、わたしたちは皆、もっと豊かですばらしい人生を送ることができるだろう
――マンリー・パーマー・ホール

**統合のためのイメージ**

音楽学者が和声の理論を実証するために、神々しい音色でヴァイオリンを奏でる……ボーイスカウトが平和運動の資金集めのため、5マイルの遠泳をする

144

太陽＊魚座 ♓
月＊魚座 ♓

# つかみどころのない夢想の人

## あなたのテーマ

**水×水**

おおらか：こだわりのない広い心：超俗的：愛情深い：恥ずかしがり屋：感受性が強い：鋭い直観：ひらめき：理想主義：空想を愛する：寛大：自己犠牲：思いやり：ロマンティック

右へ左へふらふらと彷徨っているかと思えば、我が道を突き進むときもあります。そうかと思えば、偶然通りかかったちょっと面白い人、すてきな人、神秘的な人などなど、興味をひかれた人を追いかけることも。あなたはそのどのタイプにも見えます。また、心の内側と静かに語り合っているのかと思えば、自己内省に浸って悲しみを紛らわしているようにも見えます。

全144のコンビネーション中、あなたはもっとも感受性豊かで、こだわりがなく、ロマンティック。それだけに、あなたという人間を正確にとらえるのは至難の業です。また、あなたはどちらかというと内向型で、自分の世界に没頭するタイプ。あなたにとってはその内面世界こそが現実的に思えるのですが、それほど現実に近い世界かというと、必ずしもそうではありません。実際、あなたはかなり内気な人。もっとも自分を正しく理解してほしいと願っていて、幸せな環境にあるときは生き生きとした顔を見せます。繊細な心、思いやり、天性の鋭い洞察力——それはあなたのすばらしい長所ですが、ほんのちょっとしたことでマイナスに働きかねないので注意が必要です。

基本的に、あなたの感受性は無限の広がりを持ち、大きく開かれた心で世の中のありとあらゆる人を惹きつけます。そして「無限」という言葉どおり飢饉にあえぐ人々の窮状にも、通りの野良猫や路上生活者にも、同様に心を痛めるでしょう。「困った人の味方になり、助けてあげなければ」と、本能が命じるのです。他人の仕事や要望や悩みごとのために、熱心に、無私無欲で奔走するあなた。その利他的な人柄を、ヒーリングや福祉の仕事に、もっと身近なところでは、友だちや家族や地域のために発揮するでしょう。

気分が乗っているときのあなたは、陽気ではつらつとした雰囲気を醸し出し、何をするにものびのびと楽しそうに見えます。ところがすぐに人を信じて、ころりと騙されてしまうことも。まるであなたの中に何ものかが潜んでいて「さあ、魔法をかけてもらうのです。お姫さまが美しいお城で幸せに暮らすという、あのロマンティックな世界へ行きましょう」と誘っているかのよう。またあなたは心のどこかに、人生の無限の広がりとそのまとまりを感じているはずです。深く青い海をゆく魚のように、あなたも本能的に人生を泳ぎ回りたいと思うでしょう。感情の流れるまま、

### あなたの最大の長所

豊かで生き生きとした想像力：思いやりに満ちあふれ、あらゆる人間の喜びや悲しみに共感できる：こだわりのない広い心と順応性：謙虚で無私無欲のため、人のことを最優先に考え、皆の幸せに尽くすことができる

### あなたの最大の短所

極端に主観的で繊細：世の中と自分は合わないと悲観し、自己憐憫の情に浸りがち：せっかくの創造性を現実の世界で発揮できず、幻想という消極的な方向に費やしてしまう傾向

夢を見、心を通わせ、動き、進まずにはいられないのです。

内気なあなたは、世間から少しばかり距離を置こうとします。それは外の世界から「あなたについて教えて」と、せっつかれたくないから。あなたの存在にとって、それはもっとも避けたいテーマ。はてさて、いったいあなたは何者なのでしょう？　その答えは「いろいろな物、いろいろな人」。ただし、はっきりと定義するのはむずかしいでしょう。あなたは脚光を浴びる立場も、重い責任を負う立場も望みません。もっとも、もし公の責務を引き受けるようなことがあれば、心と精神と魂をかけて人々のために尽くすでしょう。

太陽、月ともに魚座生まれの人のなかには、自分の弱さや脆さに対処するため、感情を完全に断ち切ってしまおうとする人もいます。この方法をとれば、たとえ怯えているときでもジョークを飛ばしたり、鋭い読みを発揮したりして、いとも簡単に恐怖心をごまかすことができるでしょう。ただし、それが行き過ぎて「冷たい魚」ならぬ「冷たい人」になってしまうことも。自己防衛手段として、本来とは正反対の自分を装い、正確で分析的な理論に徹しようとするからです。

あなたは「こういう人」と一概に分類できないタイプ。全人格を通して他人との違いが光るタイプともいえ、世の中の一般的な肩書きからではあなたという人間はわからないでしょう。あえて何に向いているかを挙げるなら、詩人、俳優、小説家、軍人、郵便配達人、パン屋、金物屋、本屋、社会主義者、聖人に罪人（といっても、これはごく一部の例）。また舞台に立てば、自分のなかで何か魔法が起きたような感覚をおぼえるかもしれません。というのも、あなたは自分の気持ちを人に伝える行為が好きだからです。

## 大切なあの人とは？

あなたはロマンティストのなかのロマンティスト。だれかを愛しているとき、生き生きと輝きます。あなたにとって愛は人生の糧、そして魂。愛する人に夢を抱き、その夢をそのまま自分の人生にして生きていく傾向があります。しかも相手にまったく気づかれずに。愛のためにすべてを犠牲にするあなた。まずは相手にその価値があるかを見極めましょう。

「地」のタイプはあなたを現実に引き寄せ、「風」のタイプは客観性を身につけさせてくれるでしょう。でも、夢を見ることを我慢してはいけません。夢を抱いたら、もっと創造的な方向に向けてやればいいのです。二人の関係が少しでも現実の世界に近づくように。

**✖ 著名人**

エンリコ・カルーソー（オペラ歌手），ハンス・アイゼンク（心理学者）、アーサー・ガーダム（神秘作家）、ジェニファー・ジョーンズ（女優）、ミケランジェロ（芸術家）、モーリス・ラヴェル（作曲家）、スメタナ（作曲家）、エリカ・バドゥ（ミュージシャン）、吉永小百合（女優）、奥田瑛二（俳優）、桜井和寿（ミュージシャン　Mr.Children）、石川佳純（卓球選手）、岡田義徳（俳優）

わたしは、問題という問題を残らず見てきたわ
――ジェニファー・ジョーンズ

喜びとは、自由になった精神のあげる声だ
――アーサー・ガーダム

**統合のためのイメージ**

海に漂う……星空と海原がひとつの世界を創り出し、水平線が消える……夕陽が手招きをする

## 太陽星座の調べ方

太陽星座は、一般にいう「誕生星座」のことです。

あなたがよくご存知の、自分の星座があなたの太陽の星座なのです。

ただし、毎年の星座の境目は生まれた年によって2、3日ずれることがあります。雑誌によって自分の星座が変わってしまう、というあなたは、星座の境界線の生まれ。この太陽星座表をチェックして、自分がどちらの星座に属するのかを正確に調べましょう。太陽の星座表は、日本時間でいつ太陽が星座を移動するかを記しています。


たとえば、1970年1月20日生まれの人の場合、山羊座と水瓶座、両方の可能性があります。表をみると、この日の午後8時24分に太陽星座が水瓶座に移動したことがわかります。

したがって、午後8時23分に生まれていたら山羊座、午後8時24分以降に生まれていたら水瓶座になります。

★表はすべて日本の標準時です。
ただし、下記期間は日本で標準時を1時間早めるサマータイムが実施されていましたが、本リストには考慮しておりません。
・1948年5月1日24時〜9月11日
・1949年4月第1日曜日〜9月第2日曜日
・1950年5月第1日曜日〜9月第2日曜日
・1951年4月第1日曜日〜9月7日

表製作協力：Astrodienst

| | | | |
|---|---|---|---|
| 1930年 | 1月21日 | 03:33 | 水瓶 |
| 1930年 | 2月19日 | 18:00 | 魚 |
| 1930年 | 3月21日 | 17:30 | 牡羊 |
| 1930年 | 4月21日 | 05:06 | 牡牛 |
| 1930年 | 5月22日 | 04:42 | 双子 |
| 1930年 | 6月22日 | 12:53 | 蟹 |
| 1930年 | 7月23日 | 23:42 | 獅子 |
| 1930年 | 8月24日 | 06:26 | 乙女 |
| 1930年 | 9月24日 | 03:36 | 天秤 |
| 1930年 | 10月24日 | 12:26 | 蠍 |
| 1930年 | 11月23日 | 09:34 | 射手 |
| 1930年 | 12月22日 | 22:39 | 山羊 |
| 1931年 | 1月21日 | 09:17 | 水瓶 |
| 1931年 | 2月19日 | 23:40 | 魚 |
| 1931年 | 3月21日 | 23:06 | 牡羊 |
| 1931年 | 4月21日 | 10:40 | 牡牛 |
| 1931年 | 5月22日 | 10:15 | 双子 |
| 1931年 | 6月22日 | 18:28 | 蟹 |
| 1931年 | 7月24日 | 05:21 | 獅子 |
| 1931年 | 8月24日 | 12:10 | 乙女 |
| 1931年 | 9月24日 | 09:23 | 天秤 |
| 1931年 | 10月24日 | 18:15 | 蠍 |
| 1931年 | 11月23日 | 15:25 | 射手 |
| 1931年 | 12月23日 | 04:30 | 山羊 |
| 1932年 | 1月21日 | 15:07 | 水瓶 |
| 1932年 | 2月20日 | 05:28 | 魚 |
| 1932年 | 3月21日 | 04:54 | 牡羊 |
| 1932年 | 4月20日 | 16:28 | 牡牛 |
| 1932年 | 5月21日 | 16:07 | 双子 |
| 1932年 | 6月22日 | 00:23 | 蟹 |
| 1932年 | 7月23日 | 11:18 | 獅子 |
| 1932年 | 8月23日 | 18:06 | 乙女 |
| 1932年 | 9月23日 | 15:16 | 天秤 |
| 1932年 | 10月24日 | 00:04 | 蠍 |
| 1932年 | 11月22日 | 21:10 | 射手 |
| 1932年 | 12月22日 | 10:14 | 山羊 |
| 1933年 | 1月20日 | 20:53 | 水瓶 |
| 1933年 | 2月19日 | 11:16 | 魚 |
| 1933年 | 3月21日 | 10:43 | 牡羊 |
| 1933年 | 4月20日 | 22:18 | 牡牛 |
| 1933年 | 5月21日 | 21:57 | 双子 |
| 1933年 | 6月22日 | 06:12 | 蟹 |
| 1933年 | 7月23日 | 17:05 | 獅子 |
| 1933年 | 8月23日 | 23:52 | 乙女 |
| 1933年 | 9月23日 | 21:01 | 天秤 |
| 1933年 | 10月24日 | 05:48 | 蠍 |
| 1933年 | 11月23日 | 02:53 | 射手 |
| 1933年 | 12月22日 | 15:57 | 山羊 |
| 1934年 | 1月21日 | 02:37 | 水瓶 |
| 1934年 | 2月19日 | 17:02 | 魚 |
| 1934年 | 3月21日 | 16:28 | 牡羊 |
| 1934年 | 4月21日 | 04:00 | 牡牛 |
| 1934年 | 5月22日 | 03:35 | 双子 |
| 1934年 | 6月22日 | 11:48 | 蟹 |
| 1934年 | 7月23日 | 22:42 | 獅子 |
| 1934年 | 8月24日 | 05:32 | 乙女 |
| 1934年 | 9月24日 | 02:45 | 天秤 |
| 1934年 | 10月24日 | 11:36 | 蠍 |
| 1934年 | 11月23日 | 08:44 | 射手 |
| 1934年 | 12月22日 | 21:49 | 山羊 |
| 1935年 | 1月21日 | 08:28 | 水瓶 |
| 1935年 | 2月19日 | 22:52 | 魚 |
| 1935年 | 3月21日 | 22:18 | 牡羊 |
| 1935年 | 4月21日 | 09:50 | 牡牛 |
| 1935年 | 5月22日 | 09:25 | 双子 |
| 1935年 | 6月22日 | 17:38 | 蟹 |
| 1935年 | 7月24日 | 04:33 | 獅子 |
| 1935年 | 8月24日 | 11:24 | 乙女 |
| 1935年 | 9月24日 | 08:38 | 天秤 |
| 1935年 | 10月24日 | 17:29 | 蠍 |
| 1935年 | 11月23日 | 14:35 | 射手 |
| 1935年 | 12月23日 | 03:37 | 山羊 |

| | | | |
|---|---|---|---|
| 1936年 | 1月21日 | 14:12 | 水瓶 |
| 1936年 | 2月20日 | 04:33 | 魚 |
| 1936年 | 3月21日 | 03:58 | 牡羊 |
| 1936年 | 4月20日 | 15:31 | 牡牛 |
| 1936年 | 5月21日 | 15:07 | 双子 |
| 1936年 | 6月21日 | 23:22 | 蟹 |
| 1936年 | 7月23日 | 10:18 | 獅子 |
| 1936年 | 8月23日 | 17:10 | 乙女 |
| 1936年 | 9月23日 | 14:26 | 天秤 |
| 1936年 | 10月23日 | 23:18 | 蠍 |
| 1936年 | 11月22日 | 20:25 | 射手 |
| 1936年 | 12月22日 | 09:27 | 山羊 |
| 1937年 | 1月20日 | 20:01 | 水瓶 |
| 1937年 | 2月19日 | 10:21 | 魚 |
| 1937年 | 3月21日 | 09:45 | 牡羊 |
| 1937年 | 4月20日 | 21:19 | 牡牛 |
| 1937年 | 5月21日 | 20:57 | 双子 |
| 1937年 | 6月22日 | 05:12 | 蟹 |
| 1937年 | 7月23日 | 16:07 | 獅子 |
| 1937年 | 8月23日 | 22:58 | 乙女 |
| 1937年 | 9月23日 | 20:13 | 天秤 |
| 1937年 | 10月24日 | 05:06 | 蠍 |
| 1937年 | 11月23日 | 02:16 | 射手 |
| 1937年 | 12月22日 | 15:22 | 山羊 |
| 1938年 | 1月21日 | 01:59 | 水瓶 |
| 1938年 | 2月19日 | 16:20 | 魚 |
| 1938年 | 3月21日 | 15:43 | 牡羊 |
| 1938年 | 4月21日 | 03:15 | 牡牛 |
| 1938年 | 5月22日 | 02:50 | 双子 |
| 1938年 | 6月22日 | 11:04 | 蟹 |
| 1938年 | 7月23日 | 21:57 | 獅子 |
| 1938年 | 8月24日 | 04:46 | 乙女 |
| 1938年 | 9月24日 | 01:59 | 天秤 |
| 1938年 | 10月24日 | 10:54 | 蠍 |
| 1938年 | 11月23日 | 08:06 | 射手 |
| 1938年 | 12月22日 | 21:13 | 山羊 |
| 1939年 | 1月21日 | 07:51 | 水瓶 |
| 1939年 | 2月19日 | 22:09 | 魚 |
| 1939年 | 3月21日 | 21:28 | 牡羊 |
| 1939年 | 4月21日 | 08:55 | 牡牛 |
| 1939年 | 5月22日 | 08:27 | 双子 |
| 1939年 | 6月22日 | 16:39 | 蟹 |
| 1939年 | 7月24日 | 03:37 | 獅子 |
| 1939年 | 8月24日 | 10:31 | 乙女 |
| 1939年 | 9月24日 | 07:49 | 天秤 |
| 1939年 | 10月24日 | 16:46 | 蠍 |
| 1939年 | 11月23日 | 13:58 | 射手 |
| 1939年 | 12月23日 | 03:06 | 山羊 |
| 1940年 | 1月21日 | 13:44 | 水瓶 |
| 1940年 | 2月20日 | 04:04 | 魚 |
| 1940年 | 3月21日 | 03:24 | 牡羊 |
| 1940年 | 4月20日 | 14:51 | 牡牛 |
| 1940年 | 5月21日 | 14:23 | 双子 |
| 1940年 | 6月21日 | 22:36 | 蟹 |
| 1940年 | 7月23日 | 09:34 | 獅子 |
| 1940年 | 8月23日 | 16:29 | 乙女 |
| 1940年 | 9月23日 | 13:46 | 天秤 |
| 1940年 | 10月23日 | 22:39 | 蠍 |
| 1940年 | 11月22日 | 19:49 | 射手 |
| 1940年 | 12月22日 | 08:55 | 山羊 |
| 1941年 | 1月20日 | 19:34 | 水瓶 |
| 1941年 | 2月19日 | 09:56 | 魚 |
| 1941年 | 3月21日 | 09:20 | 牡羊 |
| 1941年 | 4月20日 | 20:50 | 牡牛 |
| 1941年 | 5月21日 | 20:23 | 双子 |
| 1941年 | 6月22日 | 04:33 | 蟹 |
| 1941年 | 7月23日 | 15:26 | 獅子 |
| 1941年 | 8月23日 | 22:17 | 乙女 |
| 1941年 | 9月23日 | 19:33 | 天秤 |
| 1941年 | 10月24日 | 04:27 | 蠍 |
| 1941年 | 11月23日 | 01:38 | 射手 |
| 1941年 | 12月22日 | 14:44 | 山羊 |
| 1942年 | 1月21日 | 01:23 | 水瓶 |
| 1942年 | 2月19日 | 15:47 | 魚 |
| 1942年 | 3月21日 | 15:11 | 牡羊 |
| 1942年 | 4月21日 | 02:39 | 牡牛 |
| 1942年 | 5月22日 | 02:09 | 双子 |
| 1942年 | 6月22日 | 10:16 | 蟹 |
| 1942年 | 7月23日 | 21:07 | 獅子 |
| 1942年 | 8月24日 | 03:58 | 乙女 |
| 1942年 | 9月24日 | 01:16 | 天秤 |
| 1942年 | 10月24日 | 10:15 | 蠍 |
| 1942年 | 11月23日 | 07:30 | 射手 |
| 1942年 | 12月22日 | 20:40 | 山羊 |
| 1943年 | 1月21日 | 07:19 | 水瓶 |
| 1943年 | 2月19日 | 21:40 | 魚 |
| 1943年 | 3月21日 | 21:03 | 牡羊 |
| 1943年 | 4月21日 | 08:31 | 牡牛 |
| 1943年 | 5月22日 | 08:03 | 双子 |
| 1943年 | 6月22日 | 16:12 | 蟹 |
| 1943年 | 7月24日 | 03:04 | 獅子 |
| 1943年 | 8月24日 | 09:55 | 乙女 |
| 1943年 | 9月24日 | 07:12 | 天秤 |
| 1943年 | 10月24日 | 16:08 | 蠍 |
| 1943年 | 11月23日 | 13:21 | 射手 |
| 1943年 | 12月23日 | 02:29 | 山羊 |
| 1944年 | 1月21日 | 13:07 | 水瓶 |
| 1944年 | 2月20日 | 03:27 | 魚 |
| 1944年 | 3月21日 | 02:49 | 牡羊 |
| 1944年 | 4月20日 | 14:18 | 牡牛 |
| 1944年 | 5月21日 | 13:51 | 双子 |
| 1944年 | 6月21日 | 22:02 | 蟹 |
| 1944年 | 7月23日 | 08:56 | 獅子 |
| 1944年 | 8月23日 | 15:46 | 乙女 |
| 1944年 | 9月23日 | 13:02 | 天秤 |
| 1944年 | 10月23日 | 21:56 | 蠍 |
| 1944年 | 11月22日 | 19:08 | 射手 |
| 1944年 | 12月22日 | 08:15 | 山羊 |
| 1945年 | 1月20日 | 18:54 | 水瓶 |
| 1945年 | 2月19日 | 09:15 | 魚 |
| 1945年 | 3月21日 | 08:37 | 牡羊 |
| 1945年 | 4月20日 | 20:07 | 牡牛 |
| 1945年 | 5月21日 | 19:40 | 双子 |
| 1945年 | 6月22日 | 03:52 | 蟹 |
| 1945年 | 7月23日 | 14:45 | 獅子 |
| 1945年 | 8月23日 | 21:35 | 乙女 |
| 1945年 | 9月23日 | 18:50 | 天秤 |
| 1945年 | 10月24日 | 03:44 | 蠍 |
| 1945年 | 11月23日 | 00:55 | 射手 |
| 1945年 | 12月22日 | 14:04 | 山羊 |
| 1946年 | 1月21日 | 00:45 | 水瓶 |
| 1946年 | 2月19日 | 15:08 | 魚 |
| 1946年 | 3月21日 | 14:33 | 牡羊 |
| 1946年 | 4月21日 | 02:02 | 牡牛 |
| 1946年 | 5月22日 | 01:34 | 双子 |
| 1946年 | 6月22日 | 09:44 | 蟹 |
| 1946年 | 7月23日 | 20:37 | 獅子 |
| 1946年 | 8月24日 | 03:26 | 乙女 |
| 1946年 | 9月24日 | 00:41 | 天秤 |
| 1946年 | 10月24日 | 09:35 | 蠍 |
| 1946年 | 11月23日 | 06:46 | 射手 |
| 1946年 | 12月22日 | 19:53 | 山羊 |
| 1947年 | 1月21日 | 06:31 | 水瓶 |
| 1947年 | 2月19日 | 20:52 | 魚 |
| 1947年 | 3月21日 | 20:13 | 牡羊 |
| 1947年 | 4月21日 | 07:39 | 牡牛 |
| 1947年 | 5月22日 | 07:09 | 双子 |
| 1947年 | 6月22日 | 15:19 | 蟹 |
| 1947年 | 7月24日 | 02:14 | 獅子 |
| 1947年 | 8月24日 | 09:09 | 乙女 |
| 1947年 | 9月24日 | 06:29 | 天秤 |
| 1947年 | 10月24日 | 15:26 | 蠍 |
| 1947年 | 11月23日 | 12:38 | 射手 |
| 1947年 | 12月23日 | 01:43 | 山羊 |
| 1948年 | 1月21日 | 12:18 | 水瓶 |
| 1948年 | 2月20日 | 02:37 | 魚 |
| 1948年 | 3月21日 | 01:57 | 牡羊 |
| 1948年 | 4月20日 | 13:25 | 牡牛 |
| 1948年 | 5月21日 | 12:58 | 双子 |
| 1948年 | 6月21日 | 21:11 | 蟹 |
| 1948年 | 7月23日 | 08:07 | 獅子 |
| 1948年 | 8月23日 | 15:03 | 乙女 |
| 1948年 | 9月23日 | 12:22 | 天秤 |
| 1948年 | 10月23日 | 21:18 | 蠍 |
| 1948年 | 11月22日 | 18:29 | 射手 |
| 1948年 | 12月22日 | 07:33 | 山羊 |
| 1949年 | 1月20日 | 18:09 | 水瓶 |
| 1949年 | 2月19日 | 08:27 | 魚 |
| 1949年 | 3月21日 | 07:48 | 牡羊 |

| | | | |
|---|---|---|---|
| 1949年 | 4月20日 | 19:17 | 牡牛 |
| 1949年 | 5月21日 | 18:51 | 双子 |
| 1949年 | 6月22日 | 03:03 | 蟹 |
| 1949年 | 7月23日 | 13:57 | 獅子 |
| 1949年 | 8月23日 | 20:48 | 乙女 |
| 1949年 | 9月23日 | 18:06 | 天秤 |
| 1949年 | 10月24日 | 03:03 | 蠍 |
| 1949年 | 11月23日 | 00:16 | 射手 |
| 1949年 | 12月22日 | 13:23 | 山羊 |
| 1950年 | 1月21日 | 00:00 | 水瓶 |
| 1950年 | 2月19日 | 14:18 | 魚 |
| 1950年 | 3月21日 | 13:35 | 牡羊 |
| 1950年 | 4月21日 | 00:59 | 牡牛 |
| 1950年 | 5月22日 | 00:27 | 双子 |
| 1950年 | 6月22日 | 08:36 | 蟹 |
| 1950年 | 7月23日 | 19:30 | 獅子 |
| 1950年 | 8月24日 | 02:23 | 乙女 |
| 1950年 | 9月23日 | 23:44 | 天秤 |
| 1950年 | 10月24日 | 08:45 | 蠍 |
| 1950年 | 11月23日 | 06:03 | 射手 |
| 1950年 | 12月22日 | 19:13 | 山羊 |
| 1951年 | 1月21日 | 05:52 | 水瓶 |
| 1951年 | 2月19日 | 20:10 | 魚 |
| 1951年 | 3月21日 | 19:26 | 牡羊 |
| 1951年 | 4月21日 | 06:48 | 牡牛 |
| 1951年 | 5月22日 | 06:15 | 双子 |
| 1951年 | 6月22日 | 14:25 | 蟹 |
| 1951年 | 7月24日 | 01:21 | 獅子 |
| 1951年 | 8月24日 | 08:16 | 乙女 |
| 1951年 | 9月24日 | 05:37 | 天秤 |
| 1951年 | 10月24日 | 14:36 | 蠍 |
| 1951年 | 11月23日 | 11:51 | 射手 |
| 1951年 | 12月23日 | 01:00 | 山羊 |
| 1952年 | 1月21日 | 11:38 | 水瓶 |
| 1952年 | 2月20日 | 01:57 | 魚 |
| 1952年 | 3月21日 | 01:14 | 牡羊 |
| 1952年 | 4月20日 | 12:37 | 牡牛 |
| 1952年 | 5月21日 | 12:04 | 双子 |
| 1952年 | 6月21日 | 20:13 | 蟹 |
| 1952年 | 7月23日 | 07:07 | 獅子 |
| 1952年 | 8月23日 | 14:03 | 乙女 |
| 1952年 | 9月23日 | 11:24 | 天秤 |
| 1952年 | 10月23日 | 20:22 | 蠍 |
| 1952年 | 11月22日 | 17:36 | 射手 |
| 1952年 | 12月22日 | 06:43 | 山羊 |
| 1953年 | 1月20日 | 17:21 | 水瓶 |
| 1953年 | 2月19日 | 07:41 | 魚 |
| 1953年 | 3月21日 | 07:01 | 牡羊 |
| 1953年 | 4月20日 | 18:25 | 牡牛 |
| 1953年 | 5月21日 | 17:53 | 双子 |
| 1953年 | 6月22日 | 02:00 | 蟹 |
| 1953年 | 7月23日 | 12:52 | 獅子 |
| 1953年 | 8月23日 | 19:45 | 乙女 |
| 1953年 | 9月23日 | 17:06 | 天秤 |
| 1953年 | 10月24日 | 02:06 | 蠍 |
| 1953年 | 11月22日 | 23:22 | 射手 |
| 1953年 | 12月22日 | 12:31 | 山羊 |
| 1954年 | 1月20日 | 23:11 | 水瓶 |
| 1954年 | 2月19日 | 13:32 | 魚 |
| 1954年 | 3月21日 | 12:53 | 牡羊 |
| 1954年 | 4月21日 | 00:20 | 牡牛 |
| 1954年 | 5月21日 | 23:47 | 双子 |
| 1954年 | 6月22日 | 07:54 | 蟹 |
| 1954年 | 7月23日 | 18:45 | 獅子 |
| 1954年 | 8月24日 | 01:36 | 乙女 |
| 1954年 | 9月23日 | 22:55 | 天秤 |
| 1954年 | 10月24日 | 07:56 | 蠍 |
| 1954年 | 11月23日 | 05:14 | 射手 |
| 1954年 | 12月22日 | 18:24 | 山羊 |
| 1955年 | 1月21日 | 05:02 | 水瓶 |
| 1955年 | 2月19日 | 19:19 | 魚 |
| 1955年 | 3月21日 | 18:35 | 牡羊 |
| 1955年 | 4月21日 | 05:58 | 牡牛 |
| 1955年 | 5月22日 | 05:24 | 双子 |
| 1955年 | 6月22日 | 13:31 | 蟹 |
| 1955年 | 7月24日 | 00:25 | 獅子 |
| 1955年 | 8月24日 | 07:19 | 乙女 |
| 1955年 | 9月24日 | 04:41 | 天秤 |
| 1955年 | 10月24日 | 13:43 | 蠍 |
| 1955年 | 11月23日 | 11:01 | 射手 |
| 1955年 | 12月23日 | 00:11 | 山羊 |
| 1956年 | 1月21日 | 10:48 | 水瓶 |
| 1956年 | 2月20日 | 01:05 | 魚 |
| 1956年 | 3月21日 | 00:20 | 牡羊 |
| 1956年 | 4月20日 | 11:43 | 牡牛 |
| 1956年 | 5月21日 | 11:13 | 双子 |
| 1956年 | 6月21日 | 19:24 | 蟹 |
| 1956年 | 7月23日 | 06:20 | 獅子 |
| 1956年 | 8月23日 | 13:15 | 乙女 |
| 1956年 | 9月23日 | 10:35 | 天秤 |
| 1956年 | 10月23日 | 19:34 | 蠍 |
| 1956年 | 11月22日 | 16:50 | 射手 |
| 1956年 | 12月22日 | 05:59 | 山羊 |
| 1957年 | 1月20日 | 16:39 | 水瓶 |
| 1957年 | 2月19日 | 06:58 | 魚 |
| 1957年 | 3月21日 | 06:16 | 牡羊 |
| 1957年 | 4月20日 | 17:41 | 牡牛 |
| 1957年 | 5月21日 | 17:10 | 双子 |
| 1957年 | 6月22日 | 01:21 | 蟹 |
| 1957年 | 7月23日 | 12:15 | 獅子 |
| 1957年 | 8月23日 | 19:08 | 乙女 |
| 1957年 | 9月23日 | 16:26 | 天秤 |
| 1957年 | 10月24日 | 01:24 | 蠍 |
| 1957年 | 11月22日 | 22:39 | 射手 |
| 1957年 | 12月22日 | 11:49 | 山羊 |
| 1958年 | 1月20日 | 22:28 | 水瓶 |
| 1958年 | 2月19日 | 12:48 | 魚 |
| 1958年 | 3月21日 | 12:06 | 牡羊 |
| 1958年 | 4月20日 | 23:27 | 牡牛 |
| 1958年 | 5月21日 | 22:51 | 双子 |
| 1958年 | 6月22日 | 06:57 | 蟹 |
| 1958年 | 7月23日 | 17:50 | 獅子 |
| 1958年 | 8月24日 | 00:46 | 乙女 |
| 1958年 | 9月23日 | 22:09 | 天秤 |
| 1958年 | 10月24日 | 07:11 | 蠍 |
| 1958年 | 11月23日 | 04:29 | 射手 |
| 1958年 | 12月22日 | 17:40 | 山羊 |
| 1959年 | 1月21日 | 04:19 | 水瓶 |
| 1959年 | 2月19日 | 18:38 | 魚 |
| 1959年 | 3月21日 | 17:54 | 牡羊 |
| 1959年 | 4月21日 | 05:16 | 牡牛 |
| 1959年 | 5月22日 | 04:42 | 双子 |
| 1959年 | 6月22日 | 12:50 | 蟹 |
| 1959年 | 7月23日 | 23:45 | 獅子 |
| 1959年 | 8月24日 | 06:43 | 乙女 |
| 1959年 | 9月24日 | 04:08 | 天秤 |
| 1959年 | 10月24日 | 13:11 | 蠍 |
| 1959年 | 11月23日 | 10:27 | 射手 |
| 1959年 | 12月22日 | 23:34 | 山羊 |
| 1960年 | 1月21日 | 10:10 | 水瓶 |
| 1960年 | 2月20日 | 00:26 | 魚 |
| 1960年 | 3月20日 | 23:43 | 牡羊 |
| 1960年 | 4月20日 | 11:06 | 牡牛 |
| 1960年 | 5月21日 | 10:33 | 双子 |
| 1960年 | 6月21日 | 18:42 | 蟹 |
| 1960年 | 7月23日 | 05:37 | 獅子 |
| 1960年 | 8月23日 | 12:34 | 乙女 |
| 1960年 | 9月23日 | 09:59 | 天秤 |
| 1960年 | 10月23日 | 19:02 | 蠍 |
| 1960年 | 11月22日 | 16:18 | 射手 |
| 1960年 | 12月22日 | 05:26 | 山羊 |
| 1961年 | 1月20日 | 16:01 | 水瓶 |
| 1961年 | 2月19日 | 06:16 | 魚 |
| 1961年 | 3月21日 | 05:32 | 牡羊 |
| 1961年 | 4月20日 | 16:55 | 牡牛 |
| 1961年 | 5月21日 | 16:22 | 双子 |
| 1961年 | 6月22日 | 00:30 | 蟹 |
| 1961年 | 7月23日 | 11:24 | 獅子 |
| 1961年 | 8月23日 | 18:19 | 乙女 |
| 1961年 | 9月23日 | 15:42 | 天秤 |
| 1961年 | 10月24日 | 00:47 | 蠍 |
| 1961年 | 11月22日 | 22:08 | 射手 |
| 1961年 | 12月22日 | 11:19 | 山羊 |
| 1962年 | 1月20日 | 21:58 | 水瓶 |
| 1962年 | 2月19日 | 12:15 | 魚 |
| 1962年 | 3月21日 | 11:30 | 牡羊 |
| 1962年 | 4月20日 | 22:51 | 牡牛 |
| 1962年 | 5月21日 | 22:16 | 双子 |
| 1962年 | 6月22日 | 06:24 | 蟹 |

| | | | |
|---|---|---|---|
| 1962年 | 7月23日 | 17:18 | 獅子 |
| 1962年 | 8月24日 | 00:12 | 乙女 |
| 1962年 | 9月23日 | 21:35 | 天秤 |
| 1962年 | 10月24日 | 06:40 | 蠍 |
| 1962年 | 11月23日 | 04:02 | 射手 |
| 1962年 | 12月22日 | 17:15 | 山羊 |
| 1963年 | 1月21日 | 03:54 | 水瓶 |
| 1963年 | 2月19日 | 18:09 | 魚 |
| 1963年 | 3月21日 | 17:20 | 牡羊 |
| 1963年 | 4月21日 | 04:36 | 牡牛 |
| 1963年 | 5月22日 | 03:58 | 双子 |
| 1963年 | 6月22日 | 12:04 | 蟹 |
| 1963年 | 7月23日 | 22:59 | 獅子 |
| 1963年 | 8月24日 | 05:58 | 乙女 |
| 1963年 | 9月24日 | 03:23 | 天秤 |
| 1963年 | 10月24日 | 12:29 | 蠍 |
| 1963年 | 11月23日 | 09:49 | 射手 |
| 1963年 | 12月22日 | 23:02 | 山羊 |
| 1964年 | 1月21日 | 09:41 | 水瓶 |
| 1964年 | 2月19日 | 23:57 | 魚 |
| 1964年 | 3月20日 | 23:10 | 牡羊 |
| 1964年 | 4月20日 | 10:27 | 牡牛 |
| 1964年 | 5月21日 | 09:50 | 双子 |
| 1964年 | 6月21日 | 17:57 | 蟹 |
| 1964年 | 7月23日 | 04:53 | 獅子 |
| 1964年 | 8月23日 | 11:51 | 乙女 |
| 1964年 | 9月23日 | 09:17 | 天秤 |
| 1964年 | 10月23日 | 18:21 | 蠍 |
| 1964年 | 11月22日 | 15:29 | 射手 |
| 1964年 | 12月22日 | 04:50 | 山羊 |
| 1965年 | 1月20日 | 15:29 | 水瓶 |
| 1965年 | 2月19日 | 05:48 | 魚 |
| 1965年 | 3月21日 | 05:05 | 牡羊 |
| 1965年 | 4月20日 | 16:26 | 牡牛 |
| 1965年 | 5月21日 | 15:50 | 双子 |
| 1965年 | 6月21日 | 23:56 | 蟹 |
| 1965年 | 7月23日 | 10:48 | 獅子 |
| 1965年 | 8月23日 | 17:43 | 乙女 |
| 1965年 | 9月23日 | 15:06 | 天秤 |
| 1965年 | 10月24日 | 00:10 | 蠍 |
| 1965年 | 11月22日 | 21:29 | 射手 |
| 1965年 | 12月22日 | 10:40 | 山羊 |
| 1966年 | 1月20日 | 21:20 | 水瓶 |
| 1966年 | 2月19日 | 11:38 | 魚 |
| 1966年 | 3月21日 | 10:53 | 牡羊 |
| 1966年 | 4月20日 | 22:11 | 牡牛 |
| 1966年 | 5月21日 | 21:32 | 双子 |
| 1966年 | 6月22日 | 05:33 | 蟹 |
| 1966年 | 7月23日 | 16:23 | 獅子 |
| 1966年 | 8月23日 | 23:18 | 乙女 |
| 1966年 | 9月23日 | 20:43 | 天秤 |
| 1966年 | 10月24日 | 05:51 | 蠍 |
| 1966年 | 11月23日 | 03:14 | 射手 |
| 1966年 | 12月22日 | 16:28 | 山羊 |
| 1967年 | 1月21日 | 03:08 | 水瓶 |
| 1967年 | 2月19日 | 17:24 | 魚 |
| 1967年 | 3月21日 | 16:37 | 牡羊 |
| 1967年 | 4月21日 | 03:55 | 牡牛 |
| 1967年 | 5月22日 | 03:18 | 双子 |
| 1967年 | 6月22日 | 11:23 | 蟹 |
| 1967年 | 7月23日 | 22:16 | 獅子 |
| 1967年 | 8月24日 | 05:12 | 乙女 |
| 1967年 | 9月24日 | 02:38 | 天秤 |
| 1967年 | 10月24日 | 11:44 | 蠍 |
| 1967年 | 11月23日 | 09:04 | 射手 |
| 1967年 | 12月22日 | 22:16 | 山羊 |
| 1968年 | 1月21日 | 08:54 | 水瓶 |
| 1968年 | 2月19日 | 23:09 | 魚 |
| 1968年 | 3月20日 | 22:22 | 牡羊 |
| 1968年 | 4月20日 | 09:41 | 牡牛 |
| 1968年 | 5月21日 | 09:06 | 双子 |
| 1968年 | 6月21日 | 17:13 | 蟹 |
| 1968年 | 7月23日 | 04:07 | 獅子 |
| 1968年 | 8月23日 | 11:03 | 乙女 |
| 1968年 | 9月23日 | 08:26 | 天秤 |
| 1968年 | 10月23日 | 17:30 | 蠍 |
| 1968年 | 11月22日 | 14:49 | 射手 |
| 1968年 | 12月22日 | 04:00 | 山羊 |
| 1969年 | 1月20日 | 14:38 | 水瓶 |
| 1969年 | 2月19日 | 04:54 | 魚 |
| 1969年 | 3月21日 | 04:08 | 牡羊 |
| 1969年 | 4月20日 | 15:27 | 牡牛 |
| 1969年 | 5月21日 | 14:50 | 双子 |
| 1969年 | 6月21日 | 22:55 | 蟹 |
| 1969年 | 7月23日 | 09:48 | 獅子 |
| 1969年 | 8月23日 | 16:43 | 乙女 |
| 1969年 | 9月23日 | 14:07 | 天秤 |
| 1969年 | 10月23日 | 23:11 | 蠍 |
| 1969年 | 11月22日 | 20:31 | 射手 |
| 1969年 | 12月22日 | 09:44 | 山羊 |
| 1970年 | 1月20日 | 20:24 | 水瓶 |
| 1970年 | 2月19日 | 10:42 | 魚 |
| 1970年 | 3月21日 | 09:56 | 牡羊 |
| 1970年 | 4月20日 | 21:15 | 牡牛 |
| 1970年 | 5月21日 | 20:37 | 双子 |
| 1970年 | 6月22日 | 04:43 | 蟹 |
| 1970年 | 7月23日 | 15:37 | 獅子 |
| 1970年 | 8月23日 | 22:34 | 乙女 |
| 1970年 | 9月23日 | 19:59 | 天秤 |
| 1970年 | 10月24日 | 05:04 | 蠍 |
| 1970年 | 11月23日 | 02:25 | 射手 |
| 1970年 | 12月22日 | 15:36 | 山羊 |
| 1971年 | 1月21日 | 02:13 | 水瓶 |
| 1971年 | 2月19日 | 16:27 | 魚 |
| 1971年 | 3月21日 | 15:38 | 牡羊 |
| 1971年 | 4月21日 | 02:54 | 牡牛 |
| 1971年 | 5月22日 | 02:15 | 双子 |
| 1971年 | 6月22日 | 10:20 | 蟹 |
| 1971年 | 7月23日 | 21:15 | 獅子 |
| 1971年 | 8月24日 | 04:15 | 乙女 |
| 1971年 | 9月24日 | 01:45 | 天秤 |
| 1971年 | 10月24日 | 10:53 | 蠍 |
| 1971年 | 11月23日 | 08:14 | 射手 |
| 1971年 | 12月22日 | 21:24 | 山羊 |
| 1972年 | 1月21日 | 07:59 | 水瓶 |
| 1972年 | 2月19日 | 22:11 | 魚 |
| 1972年 | 3月20日 | 21:21 | 牡羊 |
| 1972年 | 4月20日 | 08:37 | 牡牛 |
| 1972年 | 5月21日 | 07:59 | 双子 |
| 1972年 | 6月21日 | 16:06 | 蟹 |
| 1972年 | 7月23日 | 03:03 | 獅子 |
| 1972年 | 8月23日 | 10:03 | 乙女 |
| 1972年 | 9月23日 | 07:33 | 天秤 |
| 1972年 | 10月23日 | 16:41 | 蠍 |
| 1972年 | 11月22日 | 14:03 | 射手 |
| 1972年 | 12月22日 | 03:13 | 山羊 |
| 1973年 | 1月20日 | 13:48 | 水瓶 |
| 1973年 | 2月19日 | 04:01 | 魚 |
| 1973年 | 3月21日 | 03:12 | 牡羊 |
| 1973年 | 4月20日 | 14:30 | 牡牛 |
| 1973年 | 5月21日 | 13:54 | 双子 |
| 1973年 | 6月21日 | 22:01 | 蟹 |
| 1973年 | 7月23日 | 08:56 | 獅子 |
| 1973年 | 8月23日 | 15:53 | 乙女 |
| 1973年 | 9月23日 | 13:21 | 天秤 |
| 1973年 | 10月23日 | 22:30 | 蠍 |
| 1973年 | 11月22日 | 19:54 | 射手 |
| 1973年 | 12月22日 | 09:08 | 山羊 |
| 1974年 | 1月20日 | 19:46 | 水瓶 |
| 1974年 | 2月19日 | 09:59 | 魚 |
| 1974年 | 3月21日 | 09:07 | 牡羊 |
| 1974年 | 4月20日 | 20:19 | 牡牛 |
| 1974年 | 5月21日 | 19:36 | 双子 |
| 1974年 | 6月22日 | 03:38 | 蟹 |
| 1974年 | 7月23日 | 14:30 | 獅子 |
| 1974年 | 8月23日 | 21:29 | 乙女 |
| 1974年 | 9月23日 | 18:58 | 天秤 |
| 1974年 | 10月24日 | 04:11 | 蠍 |
| 1974年 | 11月23日 | 01:38 | 射手 |
| 1974年 | 12月22日 | 14:56 | 山羊 |
| 1975年 | 1月21日 | 01:36 | 水瓶 |
| 1975年 | 2月19日 | 15:50 | 魚 |
| 1975年 | 3月21日 | 14:57 | 牡羊 |
| 1975年 | 4月21日 | 02:07 | 牡牛 |
| 1975年 | 5月22日 | 01:24 | 双子 |
| 1975年 | 6月22日 | 09:26 | 蟹 |
| 1975年 | 7月23日 | 20:22 | 獅子 |
| 1975年 | 8月24日 | 03:24 | 乙女 |
| 1975年 | 9月24日 | 00:55 | 天秤 |

| | | | |
|---|---|---|---|
| 1975年 | 10月24日 | 10:06 | 蠍 |
| 1975年 | 11月23日 | 07:31 | 射手 |
| 1975年 | 12月22日 | 20:46 | 山羊 |
| 1976年 | 1月21日 | 07:25 | 水瓶 |
| 1976年 | 2月19日 | 21:40 | 魚 |
| 1976年 | 3月20日 | 20:50 | 牡羊 |
| 1976年 | 4月20日 | 08:03 | 牡牛 |
| 1976年 | 5月21日 | 07:21 | 双子 |
| 1976年 | 6月21日 | 15:24 | 蟹 |
| 1976年 | 7月23日 | 02:18 | 獅子 |
| 1976年 | 8月23日 | 09:18 | 乙女 |
| 1976年 | 9月23日 | 06:48 | 天秤 |
| 1976年 | 10月23日 | 15:58 | 蠍 |
| 1976年 | 11月22日 | 13:21 | 射手 |
| 1976年 | 12月22日 | 02:35 | 山羊 |
| 1977年 | 1月20日 | 13:14 | 水瓶 |
| 1977年 | 2月19日 | 03:30 | 魚 |
| 1977年 | 3月21日 | 02:42 | 牡羊 |
| 1977年 | 4月20日 | 13:57 | 牡牛 |
| 1977年 | 5月21日 | 13:14 | 双子 |
| 1977年 | 6月21日 | 21:14 | 蟹 |
| 1977年 | 7月23日 | 08:04 | 獅子 |
| 1977年 | 8月23日 | 15:00 | 乙女 |
| 1977年 | 9月23日 | 12:29 | 天秤 |
| 1977年 | 10月23日 | 21:41 | 蠍 |
| 1977年 | 11月22日 | 19:07 | 射手 |
| 1977年 | 12月22日 | 08:23 | 山羊 |
| 1978年 | 1月20日 | 19:04 | 水瓶 |
| 1978年 | 2月19日 | 09:21 | 魚 |
| 1978年 | 3月21日 | 08:34 | 牡羊 |
| 1978年 | 4月20日 | 19:50 | 牡牛 |
| 1978年 | 5月21日 | 19:08 | 双子 |
| 1978年 | 6月22日 | 03:10 | 蟹 |
| 1978年 | 7月23日 | 14:00 | 獅子 |
| 1978年 | 8月23日 | 20:57 | 乙女 |
| 1978年 | 9月23日 | 18:25 | 天秤 |
| 1978年 | 10月24日 | 03:37 | 蠍 |
| 1978年 | 11月23日 | 01:05 | 射手 |
| 1978年 | 12月22日 | 14:21 | 山羊 |
| 1979年 | 1月21日 | 01:00 | 水瓶 |
| 1979年 | 2月19日 | 15:13 | 魚 |
| 1979年 | 3月21日 | 14:22 | 牡羊 |
| 1979年 | 4月21日 | 01:35 | 牡牛 |
| 1979年 | 5月22日 | 00:54 | 双子 |
| 1979年 | 6月22日 | 08:56 | 蟹 |
| 1979年 | 7月23日 | 19:49 | 獅子 |
| 1979年 | 8月24日 | 02:47 | 乙女 |
| 1979年 | 9月24日 | 00:16 | 天秤 |
| 1979年 | 10月24日 | 09:28 | 蠍 |
| 1979年 | 11月23日 | 06:54 | 射手 |
| 1979年 | 12月22日 | 20:10 | 山羊 |
| 1980年 | 1月21日 | 06:49 | 水瓶 |
| 1980年 | 2月19日 | 21:02 | 魚 |
| 1980年 | 3月20日 | 20:10 | 牡羊 |
| 1980年 | 4月20日 | 07:23 | 牡牛 |
| 1980年 | 5月21日 | 06:42 | 双子 |
| 1980年 | 6月21日 | 14:47 | 蟹 |
| 1980年 | 7月23日 | 01:42 | 獅子 |
| 1980年 | 8月23日 | 08:41 | 乙女 |
| 1980年 | 9月23日 | 06:09 | 天秤 |
| 1980年 | 10月23日 | 15:18 | 蠍 |
| 1980年 | 11月22日 | 12:41 | 射手 |
| 1980年 | 12月22日 | 01:56 | 山羊 |
| 1981年 | 1月20日 | 12:36 | 水瓶 |
| 1981年 | 2月19日 | 02:52 | 魚 |
| 1981年 | 3月21日 | 02:03 | 牡羊 |
| 1981年 | 4月20日 | 13:19 | 牡牛 |
| 1981年 | 5月21日 | 12:39 | 双子 |
| 1981年 | 6月21日 | 20:45 | 蟹 |
| 1981年 | 7月23日 | 07:40 | 獅子 |
| 1981年 | 8月23日 | 14:38 | 乙女 |
| 1981年 | 9月23日 | 12:05 | 天秤 |
| 1981年 | 10月23日 | 21:13 | 蠍 |
| 1981年 | 11月22日 | 18:36 | 射手 |
| 1981年 | 12月22日 | 07:51 | 山羊 |
| 1982年 | 1月20日 | 18:31 | 水瓶 |
| 1982年 | 2月19日 | 08:47 | 魚 |
| 1982年 | 3月21日 | 07:56 | 牡羊 |
| 1982年 | 4月20日 | 19:07 | 牡牛 |
| 1982年 | 5月21日 | 18:23 | 双子 |
| 1982年 | 6月22日 | 02:23 | 蟹 |
| 1982年 | 7月23日 | 13:15 | 獅子 |
| 1982年 | 8月23日 | 20:15 | 乙女 |
| 1982年 | 9月23日 | 17:46 | 天秤 |
| 1982年 | 10月24日 | 02:58 | 蠍 |
| 1982年 | 11月23日 | 00:23 | 射手 |
| 1982年 | 12月22日 | 13:38 | 山羊 |
| 1983年 | 1月21日 | 00:17 | 水瓶 |
| 1983年 | 2月19日 | 14:31 | 魚 |
| 1983年 | 3月21日 | 13:39 | 牡羊 |
| 1983年 | 4月21日 | 00:50 | 牡牛 |
| 1983年 | 5月22日 | 00:06 | 双子 |
| 1983年 | 6月22日 | 08:09 | 蟹 |
| 1983年 | 7月23日 | 19:04 | 獅子 |
| 1983年 | 8月24日 | 02:07 | 乙女 |
| 1983年 | 9月23日 | 23:42 | 天秤 |
| 1983年 | 10月24日 | 08:54 | 蠍 |
| 1983年 | 11月23日 | 06:18 | 射手 |
| 1983年 | 12月22日 | 19:30 | 山羊 |
| 1984年 | 1月21日 | 06:05 | 水瓶 |
| 1984年 | 2月19日 | 20:16 | 魚 |
| 1984年 | 3月20日 | 19:24 | 牡羊 |
| 1984年 | 4月20日 | 06:38 | 牡牛 |
| 1984年 | 5月21日 | 05:58 | 双子 |
| 1984年 | 6月21日 | 14:02 | 蟹 |
| 1984年 | 7月23日 | 00:58 | 獅子 |
| 1984年 | 8月23日 | 08:00 | 乙女 |
| 1984年 | 9月23日 | 05:33 | 天秤 |
| 1984年 | 10月23日 | 14:46 | 蠍 |
| 1984年 | 11月22日 | 12:11 | 射手 |
| 1984年 | 12月22日 | 01:23 | 山羊 |
| 1985年 | 1月20日 | 11:58 | 水瓶 |
| 1985年 | 2月19日 | 02:07 | 魚 |
| 1985年 | 3月21日 | 01:14 | 牡羊 |
| 1985年 | 4月20日 | 12:26 | 牡牛 |
| 1985年 | 5月21日 | 11:43 | 双子 |
| 1985年 | 6月21日 | 19:44 | 蟹 |
| 1985年 | 7月23日 | 06:36 | 獅子 |
| 1985年 | 8月23日 | 13:36 | 乙女 |
| 1985年 | 9月23日 | 11:07 | 天秤 |
| 1985年 | 10月23日 | 20:22 | 蠍 |
| 1985年 | 11月22日 | 17:51 | 射手 |
| 1985年 | 12月22日 | 07:08 | 山羊 |
| 1986年 | 1月20日 | 17:46 | 水瓶 |
| 1986年 | 2月19日 | 07:58 | 魚 |
| 1986年 | 3月21日 | 07:03 | 牡羊 |
| 1986年 | 4月20日 | 18:12 | 牡牛 |
| 1986年 | 5月21日 | 17:28 | 双子 |
| 1986年 | 6月22日 | 01:30 | 蟹 |
| 1986年 | 7月23日 | 12:24 | 獅子 |
| 1986年 | 8月23日 | 19:26 | 乙女 |
| 1986年 | 9月23日 | 16:59 | 天秤 |
| 1986年 | 10月24日 | 02:14 | 蠍 |
| 1986年 | 11月22日 | 23:44 | 射手 |
| 1986年 | 12月22日 | 13:02 | 山羊 |
| 1987年 | 1月20日 | 23:40 | 水瓶 |
| 1987年 | 2月19日 | 13:50 | 魚 |
| 1987年 | 3月21日 | 12:52 | 牡羊 |
| 1987年 | 4月20日 | 23:58 | 牡牛 |
| 1987年 | 5月21日 | 23:10 | 双子 |
| 1987年 | 6月22日 | 07:11 | 蟹 |
| 1987年 | 7月23日 | 18:06 | 獅子 |
| 1987年 | 8月24日 | 01:10 | 乙女 |
| 1987年 | 9月23日 | 22:45 | 天秤 |
| 1987年 | 10月24日 | 08:01 | 蠍 |
| 1987年 | 11月23日 | 05:29 | 射手 |
| 1987年 | 12月22日 | 18:46 | 山羊 |
| 1988年 | 1月21日 | 05:24 | 水瓶 |
| 1988年 | 2月19日 | 19:35 | 魚 |
| 1988年 | 3月20日 | 18:39 | 牡羊 |
| 1988年 | 4月20日 | 05:45 | 牡牛 |
| 1988年 | 5月21日 | 04:57 | 双子 |
| 1988年 | 6月21日 | 12:57 | 蟹 |
| 1988年 | 7月22日 | 23:51 | 獅子 |
| 1988年 | 8月23日 | 06:54 | 乙女 |
| 1988年 | 9月23日 | 04:29 | 天秤 |
| 1988年 | 10月23日 | 13:44 | 蠍 |
| 1988年 | 11月22日 | 11:12 | 射手 |
| 1988年 | 12月22日 | 00:28 | 山羊 |

| | | | |
|---|---|---|---|
| 1989年 | 1月20日 | 11:07 | 水瓶 |
| 1989年 | 2月19日 | 01:20 | 魚 |
| 1989年 | 3月21日 | 00:28 | 牡羊 |
| 1989年 | 4月20日 | 11:39 | 牡牛 |
| 1989年 | 5月21日 | 10:54 | 双子 |
| 1989年 | 6月21日 | 18:53 | 蟹 |
| 1989年 | 7月23日 | 05:45 | 獅子 |
| 1989年 | 8月23日 | 12:46 | 乙女 |
| 1989年 | 9月23日 | 10:20 | 天秤 |
| 1989年 | 10月23日 | 19:35 | 蠍 |
| 1989年 | 11月22日 | 17:05 | 射手 |
| 1989年 | 12月22日 | 06:22 | 山羊 |
| 1990年 | 1月20日 | 17:02 | 水瓶 |
| 1990年 | 2月19日 | 07:14 | 魚 |
| 1990年 | 3月21日 | 06:19 | 牡羊 |
| 1990年 | 4月20日 | 17:27 | 牡牛 |
| 1990年 | 5月21日 | 16:37 | 双子 |
| 1990年 | 6月22日 | 00:33 | 蟹 |
| 1990年 | 7月23日 | 11:22 | 獅子 |
| 1990年 | 8月23日 | 18:21 | 乙女 |
| 1990年 | 9月23日 | 15:56 | 天秤 |
| 1990年 | 10月24日 | 01:14 | 蠍 |
| 1990年 | 11月22日 | 22:47 | 射手 |
| 1990年 | 12月22日 | 12:07 | 山羊 |
| 1991年 | 1月20日 | 22:47 | 水瓶 |
| 1991年 | 2月19日 | 12:58 | 魚 |
| 1991年 | 3月21日 | 12:02 | 牡羊 |
| 1991年 | 4月20日 | 23:08 | 牡牛 |
| 1991年 | 5月21日 | 22:20 | 双子 |
| 1991年 | 6月22日 | 06:19 | 蟹 |
| 1991年 | 7月23日 | 17:11 | 獅子 |
| 1991年 | 8月24日 | 00:13 | 乙女 |
| 1991年 | 9月23日 | 21:48 | 天秤 |
| 1991年 | 10月24日 | 07:05 | 蠍 |
| 1991年 | 11月23日 | 04:36 | 射手 |
| 1991年 | 12月22日 | 17:54 | 山羊 |
| 1992年 | 1月21日 | 04:32 | 水瓶 |
| 1992年 | 2月19日 | 18:43 | 魚 |
| 1992年 | 3月20日 | 17:48 | 牡羊 |
| 1992年 | 4月20日 | 04:57 | 牡牛 |
| 1992年 | 5月21日 | 04:12 | 双子 |
| 1992年 | 6月21日 | 12:14 | 蟹 |
| 1992年 | 7月22日 | 23:09 | 獅子 |
| 1992年 | 8月23日 | 06:10 | 乙女 |
| 1992年 | 9月23日 | 03:43 | 天秤 |
| 1992年 | 10月23日 | 12:57 | 蠍 |
| 1992年 | 11月22日 | 10:26 | 射手 |
| 1992年 | 12月21日 | 23:43 | 山羊 |
| 1993年 | 1月20日 | 10:23 | 水瓶 |
| 1993年 | 2月19日 | 00:35 | 魚 |
| 1993年 | 3月20日 | 23:41 | 牡羊 |
| 1993年 | 4月20日 | 10:49 | 牡牛 |
| 1993年 | 5月21日 | 10:02 | 双子 |
| 1993年 | 6月21日 | 18:00 | 蟹 |
| 1993年 | 7月23日 | 04:51 | 獅子 |
| 1993年 | 8月23日 | 11:50 | 乙女 |
| 1993年 | 9月23日 | 09:22 | 天秤 |
| 1993年 | 10月23日 | 18:37 | 蠍 |
| 1993年 | 11月22日 | 16:07 | 射手 |
| 1993年 | 12月22日 | 05:26 | 山羊 |
| 1994年 | 1月20日 | 16:07 | 水瓶 |
| 1994年 | 2月19日 | 06:22 | 魚 |
| 1994年 | 3月21日 | 05:28 | 牡羊 |
| 1994年 | 4月20日 | 16:36 | 牡牛 |
| 1994年 | 5月21日 | 15:48 | 双子 |
| 1994年 | 6月21日 | 23:48 | 蟹 |
| 1994年 | 7月23日 | 10:41 | 獅子 |
| 1994年 | 8月23日 | 17:44 | 乙女 |
| 1994年 | 9月23日 | 15:19 | 天秤 |
| 1994年 | 10月24日 | 00:36 | 蠍 |
| 1994年 | 11月22日 | 22:06 | 射手 |
| 1994年 | 12月22日 | 11:23 | 山羊 |
| 1995年 | 1月20日 | 22:00 | 水瓶 |
| 1995年 | 2月19日 | 12:11 | 魚 |
| 1995年 | 3月21日 | 11:14 | 牡羊 |
| 1995年 | 4月20日 | 22:21 | 牡牛 |
| 1995年 | 5月21日 | 21:34 | 双子 |
| 1995年 | 6月22日 | 05:34 | 蟹 |
| 1995年 | 7月23日 | 16:30 | 獅子 |
| 1995年 | 8月23日 | 23:35 | 乙女 |
| 1995年 | 9月23日 | 21:13 | 天秤 |
| 1995年 | 10月24日 | 06:32 | 蠍 |
| 1995年 | 11月23日 | 04:01 | 射手 |
| 1995年 | 12月22日 | 17:17 | 山羊 |
| 1996年 | 1月21日 | 03:52 | 水瓶 |
| 1996年 | 2月19日 | 18:01 | 魚 |
| 1996年 | 3月20日 | 17:03 | 牡羊 |
| 1996年 | 4月20日 | 04:10 | 牡牛 |
| 1996年 | 5月21日 | 03:23 | 双子 |
| 1996年 | 6月21日 | 11:24 | 蟹 |
| 1996年 | 7月22日 | 22:19 | 獅子 |
| 1996年 | 8月23日 | 05:23 | 乙女 |
| 1996年 | 9月23日 | 03:00 | 天秤 |
| 1996年 | 10月23日 | 12:19 | 蠍 |
| 1996年 | 11月22日 | 09:49 | 射手 |
| 1996年 | 12月21日 | 23:06 | 山羊 |
| 1997年 | 1月20日 | 09:43 | 水瓶 |
| 1997年 | 2月18日 | 23:51 | 魚 |
| 1997年 | 3月20日 | 22:55 | 牡羊 |
| 1997年 | 4月20日 | 10:03 | 牡牛 |
| 1997年 | 5月21日 | 09:18 | 双子 |
| 1997年 | 6月21日 | 17:20 | 蟹 |
| 1997年 | 7月23日 | 04:15 | 獅子 |
| 1997年 | 8月23日 | 11:19 | 乙女 |
| 1997年 | 9月23日 | 08:56 | 天秤 |
| 1997年 | 10月23日 | 18:15 | 蠍 |
| 1997年 | 11月22日 | 15:48 | 射手 |
| 1997年 | 12月22日 | 05:07 | 山羊 |
| 1998年 | 1月20日 | 15:46 | 水瓶 |
| 1998年 | 2月19日 | 05:55 | 魚 |
| 1998年 | 3月21日 | 04:55 | 牡羊 |
| 1998年 | 4月20日 | 15:57 | 牡牛 |
| 1998年 | 5月21日 | 15:05 | 双子 |
| 1998年 | 6月21日 | 23:03 | 蟹 |
| 1998年 | 7月23日 | 09:55 | 獅子 |
| 1998年 | 8月23日 | 16:59 | 乙女 |
| 1998年 | 9月23日 | 14:37 | 天秤 |
| 1998年 | 10月23日 | 23:59 | 蠍 |
| 1998年 | 11月22日 | 21:34 | 射手 |
| 1998年 | 12月22日 | 10:56 | 山羊 |
| 1999年 | 1月20日 | 21:37 | 水瓶 |
| 1999年 | 2月19日 | 11:47 | 魚 |
| 1999年 | 3月21日 | 10:46 | 牡羊 |
| 1999年 | 4月20日 | 21:46 | 牡牛 |
| 1999年 | 5月21日 | 20:52 | 双子 |
| 1999年 | 6月22日 | 04:49 | 蟹 |
| 1999年 | 7月23日 | 15:44 | 獅子 |
| 1999年 | 8月23日 | 22:51 | 乙女 |
| 1999年 | 9月23日 | 20:32 | 天秤 |
| 1999年 | 10月24日 | 05:52 | 蠍 |
| 1999年 | 11月23日 | 03:25 | 射手 |
| 1999年 | 12月22日 | 16:44 | 山羊 |
| 2000年 | 1月21日 | 03:23 | 水瓶 |
| 2000年 | 2月19日 | 17:33 | 魚 |
| 2000年 | 3月20日 | 16:35 | 牡羊 |
| 2000年 | 4月20日 | 03:40 | 牡牛 |
| 2000年 | 5月21日 | 02:49 | 双子 |
| 2000年 | 6月21日 | 10:48 | 蟹 |
| 2000年 | 7月22日 | 21:43 | 獅子 |
| 2000年 | 8月23日 | 04:49 | 乙女 |
| 2000年 | 9月23日 | 02:28 | 天秤 |
| 2000年 | 10月23日 | 11:47 | 蠍 |
| 2000年 | 11月22日 | 09:19 | 射手 |
| 2000年 | 12月21日 | 22:37 | 山羊 |
| 2001年 | 1月20日 | 09:16 | 水瓶 |
| 2001年 | 2月18日 | 23:27 | 魚 |
| 2001年 | 3月20日 | 22:31 | 牡羊 |
| 2001年 | 4月20日 | 09:36 | 牡牛 |
| 2001年 | 5月21日 | 08:44 | 双子 |
| 2001年 | 6月21日 | 16:38 | 蟹 |
| 2001年 | 7月23日 | 03:26 | 獅子 |
| 2001年 | 8月23日 | 10:27 | 乙女 |
| 2001年 | 9月23日 | 08:04 | 天秤 |
| 2001年 | 10月23日 | 17:26 | 蠍 |
| 2001年 | 11月22日 | 15:00 | 射手 |
| 2001年 | 12月22日 | 04:21 | 山羊 |
| 2002年 | 1月20日 | 15:02 | 水瓶 |
| 2002年 | 2月19日 | 05:13 | 魚 |
| 2002年 | 3月21日 | 04:16 | 牡羊 |

| | | | |
|---|---|---|---|
| 2002年 | 4月20日 | 15:20 | 牡牛 |
| 2002年 | 5月21日 | 14:29 | 双子 |
| 2002年 | 6月21日 | 22:24 | 蟹 |
| 2002年 | 7月23日 | 09:15 | 獅子 |
| 2002年 | 8月23日 | 16:17 | 乙女 |
| 2002年 | 9月23日 | 13:55 | 天秤 |
| 2002年 | 10月23日 | 23:18 | 蠍 |
| 2002年 | 11月22日 | 20:54 | 射手 |
| 2002年 | 12月22日 | 10:14 | 山羊 |
| 2003年 | 1月20日 | 20:53 | 水瓶 |
| 2003年 | 2月19日 | 11:00 | 魚 |
| 2003年 | 3月21日 | 10:00 | 牡羊 |
| 2003年 | 4月20日 | 21:03 | 牡牛 |
| 2003年 | 5月21日 | 20:12 | 双子 |
| 2003年 | 6月22日 | 04:10 | 蟹 |
| 2003年 | 7月23日 | 15:04 | 獅子 |
| 2003年 | 8月23日 | 22:08 | 乙女 |
| 2003年 | 9月23日 | 19:47 | 天秤 |
| 2003年 | 10月24日 | 05:08 | 蠍 |
| 2003年 | 11月23日 | 02:43 | 射手 |
| 2003年 | 12月22日 | 16:04 | 山羊 |
| 2004年 | 1月21日 | 02:42 | 水瓶 |
| 2004年 | 2月19日 | 16:50 | 魚 |
| 2004年 | 3月20日 | 15:49 | 牡羊 |
| 2004年 | 4月20日 | 02:50 | 牡牛 |
| 2004年 | 5月21日 | 01:59 | 双子 |
| 2004年 | 6月21日 | 09:57 | 蟹 |
| 2004年 | 7月22日 | 20:50 | 獅子 |
| 2004年 | 8月23日 | 03:53 | 乙女 |
| 2004年 | 9月23日 | 01:30 | 天秤 |
| 2004年 | 10月23日 | 10:49 | 蠍 |
| 2004年 | 11月22日 | 08:22 | 射手 |
| 2004年 | 12月21日 | 21:42 | 山羊 |
| 2005年 | 1月20日 | 08:22 | 水瓶 |
| 2005年 | 2月18日 | 22:32 | 魚 |
| 2005年 | 3月20日 | 21:33 | 牡羊 |
| 2005年 | 4月20日 | 08:37 | 牡牛 |
| 2005年 | 5月21日 | 07:47 | 双子 |
| 2005年 | 6月21日 | 15:46 | 蟹 |
| 2005年 | 7月23日 | 02:41 | 獅子 |
| 2005年 | 8月23日 | 09:45 | 乙女 |
| 2005年 | 9月23日 | 07:23 | 天秤 |
| 2005年 | 10月23日 | 16:42 | 蠍 |
| 2005年 | 11月22日 | 14:15 | 射手 |
| 2005年 | 12月22日 | 03:35 | 山羊 |
| 2006年 | 1月20日 | 14:15 | 水瓶 |
| 2006年 | 2月19日 | 04:26 | 魚 |
| 2006年 | 3月21日 | 03:26 | 牡羊 |
| 2006年 | 4月20日 | 14:26 | 牡牛 |
| 2006年 | 5月21日 | 13:32 | 双子 |
| 2006年 | 6月21日 | 21:26 | 蟹 |
| 2006年 | 7月23日 | 08:18 | 獅子 |
| 2006年 | 8月23日 | 15:23 | 乙女 |
| 2006年 | 9月23日 | 13:03 | 天秤 |
| 2006年 | 10月23日 | 22:26 | 蠍 |
| 2006年 | 11月22日 | 20:02 | 射手 |
| 2006年 | 12月22日 | 09:22 | 山羊 |
| 2007年 | 1月20日 | 20:01 | 水瓶 |
| 2007年 | 2月19日 | 10:09 | 魚 |
| 2007年 | 3月21日 | 09:07 | 牡羊 |
| 2007年 | 4月20日 | 20:07 | 牡牛 |
| 2007年 | 5月21日 | 19:12 | 双子 |
| 2007年 | 6月22日 | 03:06 | 蟹 |
| 2007年 | 7月23日 | 14:00 | 獅子 |
| 2007年 | 8月23日 | 21:08 | 乙女 |
| 2007年 | 9月23日 | 18:51 | 天秤 |
| 2007年 | 10月24日 | 04:15 | 蠍 |
| 2007年 | 11月23日 | 01:50 | 射手 |
| 2007年 | 12月22日 | 15:08 | 山羊 |
| 2008年 | 1月21日 | 01:44 | 水瓶 |
| 2008年 | 2月19日 | 15:50 | 魚 |
| 2008年 | 3月20日 | 14:48 | 牡羊 |
| 2008年 | 4月20日 | 01:51 | 牡牛 |
| 2008年 | 5月21日 | 01:01 | 双子 |
| 2008年 | 6月21日 | 08:59 | 蟹 |
| 2008年 | 7月22日 | 19:55 | 獅子 |
| 2008年 | 8月23日 | 03:02 | 乙女 |
| 2008年 | 9月23日 | 00:44 | 天秤 |
| 2008年 | 10月23日 | 10:09 | 蠍 |
| 2008年 | 11月22日 | 07:44 | 射手 |
| 2008年 | 12月21日 | 21:04 | 山羊 |
| 2009年 | 1月20日 | 07:40 | 水瓶 |
| 2009年 | 2月18日 | 21:46 | 魚 |
| 2009年 | 3月20日 | 20:44 | 牡羊 |
| 2009年 | 4月20日 | 07:44 | 牡牛 |
| 2009年 | 5月21日 | 06:51 | 双子 |
| 2009年 | 6月21日 | 14:46 | 蟹 |
| 2009年 | 7月23日 | 01:36 | 獅子 |
| 2009年 | 8月23日 | 08:39 | 乙女 |
| 2009年 | 9月23日 | 06:19 | 天秤 |
| 2009年 | 10月23日 | 15:43 | 蠍 |
| 2009年 | 11月22日 | 13:23 | 射手 |
| 2009年 | 12月22日 | 02:47 | 山羊 |
| 2010年 | 1月20日 | 13:28 | 水瓶 |
| 2010年 | 2月19日 | 03:36 | 魚 |
| 2010年 | 3月21日 | 02:32 | 牡羊 |
| 2010年 | 4月20日 | 13:30 | 牡牛 |
| 2010年 | 5月21日 | 12:34 | 双子 |
| 2010年 | 6月21日 | 20:28 | 蟹 |
| 2010年 | 7月23日 | 07:21 | 獅子 |
| 2010年 | 8月23日 | 14:27 | 乙女 |
| 2010年 | 9月23日 | 12:09 | 天秤 |
| 2010年 | 10月23日 | 21:35 | 蠍 |
| 2010年 | 11月22日 | 19:15 | 射手 |
| 2010年 | 12月22日 | 08:38 | 山羊 |
| 2011年 | 1月20日 | 19:19 | 水瓶 |
| 2011年 | 2月19日 | 09:25 | 魚 |
| 2011年 | 3月21日 | 08:21 | 牡羊 |
| 2011年 | 4月20日 | 19:17 | 牡牛 |
| 2011年 | 5月21日 | 18:21 | 双子 |
| 2011年 | 6月22日 | 02:16 | 蟹 |
| 2011年 | 7月23日 | 13:12 | 獅子 |
| 2011年 | 8月23日 | 20:21 | 乙女 |
| 2011年 | 9月23日 | 18:05 | 天秤 |
| 2011年 | 10月24日 | 03:30 | 蠍 |
| 2011年 | 11月23日 | 01:08 | 射手 |
| 2011年 | 12月22日 | 14:30 | 山羊 |
| 2012年 | 1月21日 | 01:10 | 水瓶 |
| 2012年 | 2月19日 | 15:18 | 魚 |
| 2012年 | 3月20日 | 14:14 | 牡羊 |
| 2012年 | 4月20日 | 01:12 | 牡牛 |
| 2012年 | 5月21日 | 00:16 | 双子 |
| 2012年 | 6月21日 | 08:09 | 蟹 |
| 2012年 | 7月22日 | 19:01 | 獅子 |
| 2012年 | 8月23日 | 02:07 | 乙女 |
| 2012年 | 9月22日 | 23:49 | 天秤 |
| 2012年 | 10月23日 | 09:14 | 蠍 |
| 2012年 | 11月22日 | 06:50 | 射手 |
| 2012年 | 12月21日 | 20:12 | 山羊 |
| 2013年 | 1月20日 | 06:52 | 水瓶 |
| 2013年 | 2月18日 | 21:02 | 魚 |
| 2013年 | 3月20日 | 20:02 | 牡羊 |
| 2013年 | 4月20日 | 07:03 | 牡牛 |
| 2013年 | 5月21日 | 06:10 | 双子 |
| 2013年 | 6月21日 | 14:04 | 蟹 |
| 2013年 | 7月23日 | 00:56 | 獅子 |
| 2013年 | 8月23日 | 08:02 | 乙女 |
| 2013年 | 9月23日 | 05:44 | 天秤 |
| 2013年 | 10月23日 | 15:10 | 蠍 |
| 2013年 | 11月22日 | 12:48 | 射手 |
| 2013年 | 12月22日 | 02:11 | 山羊 |
| 2014年 | 1月20日 | 12:51 | 水瓶 |
| 2014年 | 2月19日 | 02:59 | 魚 |
| 2014年 | 3月21日 | 01:57 | 牡羊 |
| 2014年 | 4月20日 | 12:56 | 牡牛 |
| 2014年 | 5月21日 | 11:59 | 双子 |
| 2014年 | 6月21日 | 19:51 | 蟹 |
| 2014年 | 7月23日 | 06:41 | 獅子 |
| 2014年 | 8月23日 | 13:46 | 乙女 |
| 2014年 | 9月23日 | 11:29 | 天秤 |
| 2014年 | 10月23日 | 20:57 | 蠍 |
| 2014年 | 11月22日 | 18:38 | 射手 |
| 2014年 | 12月22日 | 08:03 | 山羊 |
| 2015年 | 1月20日 | 18:43 | 水瓶 |
| 2015年 | 2月19日 | 08:50 | 魚 |
| 2015年 | 3月21日 | 07:45 | 牡羊 |
| 2015年 | 4月20日 | 18:42 | 牡牛 |
| 2015年 | 5月21日 | 17:45 | 双子 |
| 2015年 | 6月22日 | 01:38 | 蟹 |

| | | | |
|---|---|---|---|
| 2015年 | 7月23日 | 12:30 | 獅子 |
| 2015年 | 8月23日 | 19:37 | 乙女 |
| 2015年 | 9月23日 | 17:21 | 天秤 |
| 2015年 | 10月24日 | 02:47 | 蠍 |
| 2015年 | 11月23日 | 00:25 | 射手 |
| 2015年 | 12月22日 | 13:48 | 山羊 |
| 2016年 | 1月21日 | 00:27 | 水瓶 |
| 2016年 | 2月19日 | 14:34 | 魚 |
| 2016年 | 3月20日 | 13:30 | 牡羊 |
| 2016年 | 4月20日 | 00:29 | 牡牛 |
| 2016年 | 5月20日 | 23:36 | 双子 |
| 2016年 | 6月21日 | 07:34 | 蟹 |
| 2016年 | 7月22日 | 18:30 | 獅子 |
| 2016年 | 8月23日 | 01:38 | 乙女 |
| 2016年 | 9月22日 | 23:21 | 天秤 |
| 2016年 | 10月23日 | 08:46 | 蠍 |
| 2016年 | 11月22日 | 06:22 | 射手 |
| 2016年 | 12月21日 | 19:44 | 山羊 |
| 2017年 | 1月20日 | 06:24 | 水瓶 |
| 2017年 | 2月18日 | 20:31 | 魚 |
| 2017年 | 3月20日 | 19:29 | 牡羊 |
| 2017年 | 4月20日 | 06:27 | 牡牛 |
| 2017年 | 5月21日 | 05:31 | 双子 |
| 2017年 | 6月21日 | 13:24 | 蟹 |
| 2017年 | 7月23日 | 00:15 | 獅子 |
| 2017年 | 8月23日 | 07:20 | 乙女 |
| 2017年 | 9月23日 | 05:02 | 天秤 |
| 2017年 | 10月23日 | 14:27 | 蠍 |
| 2017年 | 11月22日 | 12:05 | 射手 |
| 2017年 | 12月22日 | 01:28 | 山羊 |
| 2018年 | 1月20日 | 12:09 | 水瓶 |
| 2018年 | 2月19日 | 02:18 | 魚 |
| 2018年 | 3月21日 | 01:15 | 牡羊 |
| 2018年 | 4月20日 | 12:13 | 牡牛 |
| 2018年 | 5月21日 | 11:15 | 双子 |
| 2018年 | 6月21日 | 19:07 | 蟹 |
| 2018年 | 7月23日 | 06:00 | 獅子 |
| 2018年 | 8月23日 | 13:09 | 乙女 |
| 2018年 | 9月23日 | 10:54 | 天秤 |
| 2018年 | 10月23日 | 20:22 | 蠍 |
| 2018年 | 11月22日 | 18:01 | 射手 |
| 2018年 | 12月22日 | 07:23 | 山羊 |
| 2019年 | 1月20日 | 18:00 | 水瓶 |
| 2019年 | 2月19日 | 08:04 | 魚 |
| 2019年 | 3月21日 | 06:58 | 牡羊 |
| 2019年 | 4月20日 | 17:55 | 牡牛 |
| 2019年 | 5月21日 | 16:59 | 双子 |
| 2019年 | 6月22日 | 00:54 | 蟹 |
| 2019年 | 7月23日 | 11:50 | 獅子 |
| 2019年 | 8月23日 | 19:02 | 乙女 |
| 2019年 | 9月23日 | 16:50 | 天秤 |
| 2019年 | 10月24日 | 02:20 | 蠍 |
| 2019年 | 11月22日 | 23:59 | 射手 |
| 2019年 | 12月22日 | 13:19 | 山羊 |
| 2020年 | 1月20日 | 23:55 | 水瓶 |
| 2020年 | 2月19日 | 13:57 | 魚 |
| 2020年 | 3月20日 | 12:50 | 牡羊 |
| 2020年 | 4月19日 | 23:45 | 牡牛 |
| 2020年 | 5月20日 | 22:49 | 双子 |
| 2020年 | 6月21日 | 06:44 | 蟹 |
| 2020年 | 7月22日 | 17:37 | 獅子 |
| 2020年 | 8月23日 | 00:45 | 乙女 |
| 2020年 | 9月22日 | 22:31 | 天秤 |
| 2020年 | 10月23日 | 08:00 | 蠍 |
| 2020年 | 11月22日 | 05:40 | 射手 |
| 2020年 | 12月21日 | 19:02 | 山羊 |
| 2021年 | 1月20日 | 05:40 | 水瓶 |
| 2021年 | 2月18日 | 19:44 | 魚 |
| 2021年 | 3月20日 | 18:37 | 牡羊 |
| 2021年 | 4月20日 | 05:33 | 牡牛 |
| 2021年 | 5月21日 | 04:37 | 双子 |
| 2021年 | 6月21日 | 12:32 | 蟹 |
| 2021年 | 7月22日 | 23:26 | 獅子 |
| 2021年 | 8月23日 | 06:35 | 乙女 |
| 2021年 | 9月23日 | 04:21 | 天秤 |
| 2021年 | 10月23日 | 13:51 | 蠍 |
| 2021年 | 11月22日 | 11:34 | 射手 |
| 2021年 | 12月22日 | 00:59 | 山羊 |
| 2022年 | 1月20日 | 11:39 | 水瓶 |
| 2022年 | 2月19日 | 01:43 | 魚 |
| 2022年 | 3月21日 | 00:33 | 牡羊 |
| 2022年 | 4月20日 | 11:24 | 牡牛 |
| 2022年 | 5月21日 | 10:23 | 双子 |
| 2022年 | 6月21日 | 18:14 | 蟹 |
| 2022年 | 7月23日 | 05:07 | 獅子 |
| 2022年 | 8月23日 | 12:16 | 乙女 |
| 2022年 | 9月23日 | 10:04 | 天秤 |
| 2022年 | 10月23日 | 19:36 | 蠍 |
| 2022年 | 11月22日 | 17:20 | 射手 |
| 2022年 | 12月22日 | 06:48 | 山羊 |
| 2023年 | 1月20日 | 17:30 | 水瓶 |
| 2023年 | 2月19日 | 07:34 | 魚 |
| 2023年 | 3月21日 | 06:24 | 牡羊 |
| 2023年 | 4月20日 | 17:14 | 牡牛 |
| 2023年 | 5月21日 | 16:09 | 双子 |
| 2023年 | 6月21日 | 23:58 | 蟹 |
| 2023年 | 7月23日 | 10:50 | 獅子 |
| 2023年 | 8月23日 | 18:01 | 乙女 |
| 2023年 | 9月23日 | 15:50 | 天秤 |
| 2023年 | 10月24日 | 01:21 | 蠍 |
| 2023年 | 11月22日 | 23:03 | 射手 |
| 2023年 | 12月22日 | 12:27 | 山羊 |
| 2024年 | 1月20日 | 23:07 | 水瓶 |
| 2024年 | 2月19日 | 13:13 | 魚 |
| 2024年 | 3月20日 | 12:06 | 牡羊 |
| 2024年 | 4月19日 | 23:00 | 牡牛 |
| 2024年 | 5月20日 | 21:59 | 双子 |
| 2024年 | 6月21日 | 05:51 | 蟹 |
| 2024年 | 7月22日 | 16:44 | 獅子 |
| 2024年 | 8月22日 | 23:55 | 乙女 |
| 2024年 | 9月22日 | 21:44 | 天秤 |
| 2024年 | 10月23日 | 07:15 | 蠍 |
| 2024年 | 11月22日 | 04:56 | 射手 |
| 2024年 | 12月21日 | 18:21 | 山羊 |
| 2025年 | 1月20日 | 05:00 | 水瓶 |
| 2025年 | 2月18日 | 19:07 | 魚 |
| 2025年 | 3月20日 | 18:01 | 牡羊 |
| 2025年 | 4月20日 | 04:56 | 牡牛 |
| 2025年 | 5月21日 | 03:55 | 双子 |
| 2025年 | 6月21日 | 11:42 | 蟹 |
| 2025年 | 7月22日 | 22:29 | 獅子 |
| 2025年 | 8月23日 | 05:34 | 乙女 |
| 2025年 | 9月23日 | 03:19 | 天秤 |
| 2025年 | 10月23日 | 12:51 | 蠍 |
| 2025年 | 11月22日 | 10:36 | 射手 |
| 2025年 | 12月22日 | 00:03 | 山羊 |
| 2026年 | 1月20日 | 10:45 | 水瓶 |
| 2026年 | 2月19日 | 00:52 | 魚 |
| 2026年 | 3月20日 | 23:46 | 牡羊 |
| 2026年 | 4月20日 | 10:39 | 牡牛 |
| 2026年 | 5月21日 | 09:37 | 双子 |
| 2026年 | 6月21日 | 17:24 | 蟹 |
| 2026年 | 7月23日 | 04:13 | 獅子 |
| 2026年 | 8月23日 | 11:19 | 乙女 |
| 2026年 | 9月23日 | 09:05 | 天秤 |
| 2026年 | 10月23日 | 18:38 | 蠍 |
| 2026年 | 11月22日 | 16:23 | 射手 |
| 2026年 | 12月22日 | 05:50 | 山羊 |
| 2027年 | 1月20日 | 16:30 | 水瓶 |
| 2027年 | 2月19日 | 06:33 | 魚 |
| 2027年 | 3月21日 | 05:25 | 牡羊 |
| 2027年 | 4月20日 | 16:18 | 牡牛 |
| 2027年 | 5月21日 | 15:18 | 双子 |
| 2027年 | 6月21日 | 23:11 | 蟹 |
| 2027年 | 7月23日 | 10:05 | 獅子 |
| 2027年 | 8月23日 | 17:14 | 乙女 |
| 2027年 | 9月23日 | 15:02 | 天秤 |
| 2027年 | 10月24日 | 00:33 | 蠍 |
| 2027年 | 11月22日 | 22:16 | 射手 |
| 2027年 | 12月22日 | 11:42 | 山羊 |
| 2028年 | 1月20日 | 22:22 | 水瓶 |
| 2028年 | 2月19日 | 12:26 | 魚 |
| 2028年 | 3月20日 | 11:17 | 牡羊 |
| 2028年 | 4月19日 | 22:09 | 牡牛 |
| 2028年 | 5月20日 | 21:10 | 双子 |
| 2028年 | 6月21日 | 05:02 | 蟹 |
| 2028年 | 7月22日 | 15:54 | 獅子 |
| 2028年 | 8月22日 | 23:01 | 乙女 |
| 2028年 | 9月22日 | 20:45 | 天秤 |

| | | | |
|---|---|---|---|
| 2028年 | 10月23日 | 06:13 | 蠍 |
| 2028年 | 11月22日 | 03:54 | 射手 |
| 2028年 | 12月21日 | 17:20 | 山羊 |
| 2029年 | 1月20日 | 04:01 | 水瓶 |
| 2029年 | 2月18日 | 18:08 | 魚 |
| 2029年 | 3月20日 | 17:02 | 牡羊 |
| 2029年 | 4月20日 | 03:56 | 牡牛 |
| 2029年 | 5月21日 | 02:56 | 双子 |
| 2029年 | 6月21日 | 10:48 | 蟹 |
| 2029年 | 7月22日 | 21:42 | 獅子 |
| 2029年 | 8月23日 | 04:52 | 乙女 |
| 2029年 | 9月23日 | 02:38 | 天秤 |
| 2029年 | 10月23日 | 12:08 | 蠍 |
| 2029年 | 11月22日 | 09:49 | 射手 |
| 2029年 | 12月21日 | 23:14 | 山羊 |
| 2030年 | 1月20日 | 09:54 | 水瓶 |
| 2030年 | 2月19日 | 00:00 | 魚 |
| 2030年 | 3月20日 | 22:52 | 牡羊 |
| 2030年 | 4月20日 | 09:44 | 牡牛 |
| 2030年 | 5月21日 | 08:41 | 双子 |
| 2030年 | 6月21日 | 16:31 | 蟹 |
| 2030年 | 7月23日 | 03:25 | 獅子 |
| 2030年 | 8月23日 | 10:36 | 乙女 |
| 2030年 | 9月23日 | 08:27 | 天秤 |
| 2030年 | 10月23日 | 18:01 | 蠍 |
| 2030年 | 11月22日 | 15:45 | 射手 |
| 2030年 | 12月22日 | 05:10 | 山羊 |

# ◐月星座の調べ方

太陽がほぼ1か月でひとつの星座を通過するのに対して、月はもっと早い速度で動いています。

ほぼ2日半でひとつの星座を駆け抜けてゆくのです。そのためにあなたが生まれたときに月がどの星座にあったかを調べるには、細かな月の表を見る必要があります。

でも、見方はとても簡単。要は、表からあなたの生年月日・時刻（日本時間で）の直前にあたる星座を見ればよいのです。それがあなたの月星座です。


たとえば、1970年1月20日午後2時半生まれの人の場合、同日の午前5時13分のところに蟹座とあります。この瞬間に月が蟹座に入ったのです。そこでこの人の月星座は蟹座になります。

もし生まれた時間がはっきりわからず、その日に月が移動している場合、可能性のある二つのコンビネーションを読み、どちらがあなたにしっくりくるかを比べてみましょう。

★表はすべて日本の標準時です。
ただし、下記期間は日本で標準時を1時間早めるサマータイムが実施されていましたが、本リストには考慮しておりません。

・1948年5月1日24時～9月11日
・1949年4月第1日曜日～9月第2日曜日
・1950年5月第1日曜日～9月第2日曜日
・1951年4月第1日曜日～9月7日

表製作協力：Astrodienst

| | | | |
|---|---|---|---|
| 1930年 | 1月 2日 | 03:29 | 水瓶 |
| 1930年 | 1月 4日 | 16:04 | 魚 |
| 1930年 | 1月 7日 | 03:27 | 牡羊 |
| 1930年 | 1月 9日 | 11:59 | 牡牛 |
| 1930年 | 1月 11日 | 16:35 | 双子 |
| 1930年 | 1月 13日 | 17:35 | 蟹 |
| 1930年 | 1月 15日 | 16:38 | 獅子 |
| 1930年 | 1月 17日 | 15:57 | 乙女 |
| 1930年 | 1月 19日 | 17:44 | 天秤 |
| 1930年 | 1月 21日 | 23:24 | 蠍 |
| 1930年 | 1月 24日 | 08:56 | 射手 |
| 1930年 | 1月 26日 | 20:53 | 山羊 |
| 1930年 | 1月 29日 | 09:35 | 水瓶 |
| 1930年 | 1月 31日 | 21:59 | 魚 |
| 1930年 | 2月 3日 | 09:23 | 牡羊 |
| 1930年 | 2月 5日 | 18:48 | 牡牛 |
| 1930年 | 2月 8日 | 01:08 | 双子 |
| 1930年 | 2月 10日 | 03:55 | 蟹 |
| 1930年 | 2月 12日 | 04:01 | 獅子 |
| 1930年 | 2月 14日 | 03:15 | 乙女 |
| 1930年 | 2月 16日 | 03:51 | 天秤 |
| 1930年 | 2月 18日 | 07:45 | 蠍 |
| 1930年 | 2月 20日 | 15:48 | 射手 |
| 1930年 | 2月 23日 | 03:12 | 山羊 |
| 1930年 | 2月 25日 | 15:57 | 水瓶 |
| 1930年 | 2月 28日 | 04:13 | 魚 |
| 1930年 | 3月 2日 | 15:08 | 牡羊 |
| 1930年 | 3月 5日 | 00:18 | 牡牛 |
| 1930年 | 3月 7日 | 07:16 | 双子 |
| 1930年 | 3月 9日 | 11:34 | 蟹 |
| 1930年 | 3月 11日 | 13:26 | 獅子 |
| 1930年 | 3月 13日 | 13:54 | 乙女 |
| 1930年 | 3月 15日 | 14:44 | 天秤 |
| 1930年 | 3月 17日 | 17:46 | 蠍 |
| 1930年 | 3月 20日 | 00:23 | 射手 |
| 1930年 | 3月 22日 | 10:40 | 山羊 |
| 1930年 | 3月 24日 | 23:04 | 水瓶 |
| 1930年 | 3月 27日 | 11:24 | 魚 |
| 1930年 | 3月 29日 | 22:00 | 牡羊 |
| 1930年 | 4月 1日 | 06:24 | 牡牛 |
| 1930年 | 4月 3日 | 12:42 | 双子 |
| 1930年 | 4月 5日 | 17:11 | 蟹 |
| 1930年 | 4月 7日 | 20:09 | 獅子 |
| 1930年 | 4月 9日 | 22:11 | 乙女 |
| 1930年 | 4月 12日 | 00:17 | 天秤 |
| 1930年 | 4月 14日 | 03:45 | 蠍 |
| 1930年 | 4月 16日 | 09:49 | 射手 |
| 1930年 | 4月 18日 | 19:07 | 山羊 |
| 1930年 | 4月 21日 | 06:58 | 水瓶 |
| 1930年 | 4月 23日 | 19:23 | 魚 |
| 1930年 | 4月 26日 | 06:10 | 牡羊 |
| 1930年 | 4月 28日 | 14:08 | 牡牛 |
| 1930年 | 4月 30日 | 19:26 | 双子 |
| 1930年 | 5月 2日 | 22:54 | 蟹 |
| 1930年 | 5月 5日 | 01:32 | 獅子 |
| 1930年 | 5月 7日 | 04:11 | 乙女 |
| 1930年 | 5月 9日 | 07:30 | 天秤 |
| 1930年 | 5月 11日 | 12:06 | 蠍 |
| 1930年 | 5月 13日 | 18:39 | 射手 |
| 1930年 | 5月 16日 | 03:39 | 山羊 |
| 1930年 | 5月 18日 | 15:03 | 水瓶 |
| 1930年 | 5月 21日 | 03:33 | 魚 |
| 1930年 | 5月 23日 | 14:55 | 牡羊 |
| 1930年 | 5月 25日 | 23:15 | 牡牛 |
| 1930年 | 5月 28日 | 04:07 | 双子 |
| 1930年 | 5月 30日 | 06:26 | 蟹 |
| 1930年 | 6月 1日 | 07:45 | 獅子 |
| 1930年 | 6月 3日 | 09:37 | 乙女 |
| 1930年 | 6月 5日 | 13:04 | 天秤 |
| 1930年 | 6月 7日 | 18:30 | 蠍 |
| 1930年 | 6月 10日 | 01:56 | 射手 |
| 1930年 | 6月 12日 | 11:20 | 山羊 |

| | | | |
|---|---|---|---|
| 1930年 | 6月14日 | 22:39 | 水瓶 |
| 1930年 | 6月17日 | 11:12 | 魚 |
| 1930年 | 6月19日 | 23:14 | 牡羊 |
| 1930年 | 6月22日 | 08:35 | 牡牛 |
| 1930年 | 6月24日 | 14:00 | 双子 |
| 1930年 | 6月26日 | 15:58 | 蟹 |
| 1930年 | 6月28日 | 16:07 | 獅子 |
| 1930年 | 6月30日 | 16:29 | 乙女 |
| 1930年 | 7月 2日 | 18:47 | 天秤 |
| 1930年 | 7月 4日 | 23:56 | 蠍 |
| 1930年 | 7月 7日 | 07:49 | 射手 |
| 1930年 | 7月 9日 | 17:49 | 山羊 |
| 1930年 | 7月12日 | 05:23 | 水瓶 |
| 1930年 | 7月14日 | 17:57 | 魚 |
| 1930年 | 7月17日 | 06:26 | 牡羊 |
| 1930年 | 7月19日 | 16:54 | 牡牛 |
| 1930年 | 7月21日 | 23:39 | 双子 |
| 1930年 | 7月24日 | 02:23 | 蟹 |
| 1930年 | 7月26日 | 02:20 | 獅子 |
| 1930年 | 7月28日 | 01:35 | 乙女 |
| 1930年 | 7月30日 | 02:18 | 天秤 |
| 1930年 | 8月 1日 | 06:05 | 蠍 |
| 1930年 | 8月 3日 | 13:24 | 射手 |
| 1930年 | 8月 5日 | 23:34 | 山羊 |
| 1930年 | 8月 8日 | 11:26 | 水瓶 |
| 1930年 | 8月11日 | 00:02 | 魚 |
| 1930年 | 8月13日 | 12:32 | 牡羊 |
| 1930年 | 8月15日 | 23:37 | 牡牛 |
| 1930年 | 8月18日 | 07:46 | 双子 |
| 1930年 | 8月20日 | 12:02 | 蟹 |
| 1930年 | 8月22日 | 12:58 | 獅子 |
| 1930年 | 8月24日 | 12:14 | 乙女 |
| 1930年 | 8月26日 | 11:58 | 天秤 |
| 1930年 | 8月28日 | 14:11 | 蠍 |
| 1930年 | 8月30日 | 20:04 | 射手 |
| 1930年 | 9月 2日 | 05:35 | 山羊 |
| 1930年 | 9月 4日 | 17:27 | 水瓶 |
| 1930年 | 9月 7日 | 06:06 | 魚 |
| 1930年 | 9月 9日 | 18:21 | 牡羊 |
| 1930年 | 9月12日 | 05:18 | 牡牛 |
| 1930年 | 9月14日 | 14:01 | 双子 |
| 1930年 | 9月16日 | 19:42 | 蟹 |
| 1930年 | 9月18日 | 22:19 | 獅子 |
| 1930年 | 9月20日 | 22:46 | 乙女 |
| 1930年 | 9月22日 | 22:44 | 天秤 |
| 1930年 | 9月25日 | 00:08 | 蠍 |
| 1930年 | 9月27日 | 04:34 | 射手 |
| 1930年 | 9月29日 | 12:48 | 山羊 |
| 1930年 | 10月 2日 | 00:09 | 水瓶 |
| 1930年 | 10月 4日 | 12:48 | 魚 |
| 1930年 | 10月 7日 | 00:52 | 牡羊 |
| 1930年 | 10月 9日 | 11:14 | 牡牛 |
| 1930年 | 10月11日 | 19:29 | 双子 |
| 1930年 | 10月14日 | 01:29 | 蟹 |
| 1930年 | 10月16日 | 05:19 | 獅子 |
| 1930年 | 10月18日 | 07:26 | 乙女 |
| 1930年 | 10月20日 | 08:43 | 天秤 |
| 1930年 | 10月22日 | 10:33 | 蠍 |
| 1930年 | 10月24日 | 14:23 | 射手 |
| 1930年 | 10月26日 | 21:26 | 山羊 |
| 1930年 | 10月29日 | 07:54 | 水瓶 |
| 1930年 | 10月31日 | 20:22 | 魚 |
| 1930年 | 11月 3日 | 08:34 | 牡羊 |
| 1930年 | 11月 5日 | 18:37 | 牡牛 |
| 1930年 | 11月 8日 | 01:59 | 双子 |
| 1930年 | 11月10日 | 07:05 | 蟹 |
| 1930年 | 11月12日 | 10:45 | 獅子 |
| 1930年 | 11月14日 | 13:42 | 乙女 |
| 1930年 | 11月16日 | 16:27 | 天秤 |
| 1930年 | 11月18日 | 19:36 | 蠍 |
| 1930年 | 11月21日 | 00:01 | 射手 |
| 1930年 | 11月23日 | 06:42 | 山羊 |
| 1930年 | 11月25日 | 16:22 | 水瓶 |
| 1930年 | 11月28日 | 04:32 | 魚 |
| 1930年 | 11月30日 | 17:06 | 牡羊 |
| 1930年 | 12月 3日 | 03:32 | 牡牛 |
| 1930年 | 12月 5日 | 10:32 | 双子 |
| 1930年 | 12月 7日 | 14:32 | 蟹 |
| 1930年 | 12月 9日 | 16:53 | 獅子 |
| 1930年 | 12月11日 | 19:04 | 乙女 |
| 1930年 | 12月13日 | 22:05 | 天秤 |
| 1930年 | 12月16日 | 02:19 | 蠍 |
| 1930年 | 12月18日 | 07:54 | 射手 |
| 1930年 | 12月20日 | 15:11 | 山羊 |
| 1930年 | 12月23日 | 00:43 | 水瓶 |
| 1930年 | 12月25日 | 12:35 | 魚 |
| 1930年 | 12月28日 | 01:29 | 牡羊 |
| 1930年 | 12月30日 | 12:51 | 牡牛 |
| 1931年 | 1月 1日 | 20:34 | 双子 |
| 1931年 | 1月 4日 | 00:21 | 蟹 |
| 1931年 | 1月 6日 | 01:33 | 獅子 |
| 1931年 | 1月 8日 | 02:07 | 乙女 |
| 1931年 | 1月10日 | 03:48 | 天秤 |
| 1931年 | 1月12日 | 07:40 | 蠍 |
| 1931年 | 1月14日 | 13:50 | 射手 |
| 1931年 | 1月16日 | 22:01 | 山羊 |
| 1931年 | 1月19日 | 08:04 | 水瓶 |
| 1931年 | 1月21日 | 19:55 | 魚 |
| 1931年 | 1月24日 | 08:55 | 牡羊 |
| 1931年 | 1月26日 | 21:09 | 牡牛 |
| 1931年 | 1月29日 | 06:18 | 双子 |
| 1931年 | 1月31日 | 11:09 | 蟹 |
| 1931年 | 2月 2日 | 12:25 | 獅子 |
| 1931年 | 2月 4日 | 11:57 | 乙女 |
| 1931年 | 2月 6日 | 11:55 | 天秤 |
| 1931年 | 2月 8日 | 14:04 | 蠍 |
| 1931年 | 2月10日 | 19:21 | 射手 |
| 1931年 | 2月13日 | 03:39 | 山羊 |
| 1931年 | 2月15日 | 14:14 | 水瓶 |
| 1931年 | 2月18日 | 02:23 | 魚 |
| 1931年 | 2月20日 | 15:20 | 牡羊 |
| 1931年 | 2月23日 | 03:53 | 牡牛 |
| 1931年 | 2月25日 | 14:13 | 双子 |
| 1931年 | 2月27日 | 20:47 | 蟹 |
| 1931年 | 3月 1日 | 23:26 | 獅子 |
| 1931年 | 3月 3日 | 23:22 | 乙女 |
| 1931年 | 3月 5日 | 22:33 | 天秤 |
| 1931年 | 3月 7日 | 23:03 | 蠍 |
| 1931年 | 3月10日 | 02:30 | 射手 |
| 1931年 | 3月12日 | 09:39 | 山羊 |
| 1931年 | 3月14日 | 20:03 | 水瓶 |
| 1931年 | 3月17日 | 08:26 | 魚 |
| 1931年 | 3月19日 | 21:24 | 牡羊 |
| 1931年 | 3月22日 | 09:44 | 牡牛 |
| 1931年 | 3月24日 | 20:19 | 双子 |
| 1931年 | 3月27日 | 04:04 | 蟹 |
| 1931年 | 3月29日 | 08:29 | 獅子 |
| 1931年 | 3月31日 | 09:58 | 乙女 |
| 1931年 | 4月 2日 | 09:49 | 天秤 |
| 1931年 | 4月 4日 | 09:50 | 蠍 |
| 1931年 | 4月 6日 | 11:52 | 射手 |
| 1931年 | 4月 8日 | 17:20 | 山羊 |
| 1931年 | 4月11日 | 02:39 | 水瓶 |
| 1931年 | 4月13日 | 14:48 | 魚 |
| 1931年 | 4月16日 | 03:48 | 牡羊 |
| 1931年 | 4月18日 | 15:50 | 牡牛 |
| 1931年 | 4月21日 | 01:56 | 双子 |
| 1931年 | 4月23日 | 09:42 | 蟹 |
| 1931年 | 4月25日 | 15:04 | 獅子 |
| 1931年 | 4月27日 | 18:10 | 乙女 |
| 1931年 | 4月29日 | 19:36 | 天秤 |
| 1931年 | 5月 1日 | 20:27 | 蠍 |
| 1931年 | 5月 3日 | 22:14 | 射手 |
| 1931年 | 5月 6日 | 02:35 | 山羊 |
| 1931年 | 5月 8日 | 10:36 | 水瓶 |
| 1931年 | 5月10日 | 22:01 | 魚 |
| 1931年 | 5月13日 | 10:56 | 牡羊 |
| 1931年 | 5月15日 | 22:54 | 牡牛 |
| 1931年 | 5月18日 | 08:26 | 双子 |
| 1931年 | 5月20日 | 15:26 | 蟹 |
| 1931年 | 5月22日 | 20:27 | 獅子 |
| 1931年 | 5月25日 | 00:07 | 乙女 |
| 1931年 | 5月27日 | 02:51 | 天秤 |
| 1931年 | 5月29日 | 05:08 | 蠍 |
| 1931年 | 5月31日 | 07:48 | 射手 |
| 1931年 | 6月 2日 | 12:07 | 山羊 |
| 1931年 | 6月 4日 | 19:23 | 水瓶 |
| 1931年 | 6月 7日 | 06:01 | 魚 |
| 1931年 | 6月 9日 | 18:43 | 牡羊 |

| | | | |
|---|---|---|---|
| 1931年 | 6月12日 | 06:54 | 牡牛 |
| 1931年 | 6月14日 | 16:22 | 双子 |
| 1931年 | 6月16日 | 22:38 | 蟹 |
| 1931年 | 6月19日 | 02:37 | 獅子 |
| 1931年 | 6月21日 | 05:33 | 乙女 |
| 1931年 | 6月23日 | 08:23 | 天秤 |
| 1931年 | 6月25日 | 11:34 | 蠍 |
| 1931年 | 6月27日 | 15:26 | 射手 |
| 1931年 | 6月29日 | 20:35 | 山羊 |
| 1931年 | 7月 2日 | 03:56 | 水瓶 |
| 1931年 | 7月 4日 | 14:09 | 魚 |
| 1931年 | 7月 7日 | 02:39 | 牡羊 |
| 1931年 | 7月 9日 | 15:13 | 牡牛 |
| 1931年 | 7月12日 | 01:14 | 双子 |
| 1931年 | 7月14日 | 07:30 | 蟹 |
| 1931年 | 7月16日 | 10:41 | 獅子 |
| 1931年 | 7月18日 | 12:22 | 乙女 |
| 1931年 | 7月20日 | 14:06 | 天秤 |
| 1931年 | 7月22日 | 16:56 | 蠍 |
| 1931年 | 7月24日 | 21:18 | 射手 |
| 1931年 | 7月27日 | 03:22 | 山羊 |
| 1931年 | 7月29日 | 11:24 | 水瓶 |
| 1931年 | 7月31日 | 21:45 | 魚 |
| 1931年 | 8月 3日 | 10:10 | 牡羊 |
| 1931年 | 8月 5日 | 23:04 | 牡牛 |
| 1931年 | 8月 8日 | 10:01 | 双子 |
| 1931年 | 8月10日 | 17:10 | 蟹 |
| 1931年 | 8月12日 | 20:31 | 獅子 |
| 1931年 | 8月14日 | 21:26 | 乙女 |
| 1931年 | 8月16日 | 21:46 | 天秤 |
| 1931年 | 8月18日 | 23:11 | 蠍 |
| 1931年 | 8月21日 | 02:47 | 射手 |
| 1931年 | 8月23日 | 08:58 | 山羊 |
| 1931年 | 8月25日 | 17:38 | 水瓶 |
| 1931年 | 8月28日 | 04:27 | 魚 |
| 1931年 | 8月30日 | 16:56 | 牡羊 |
| 1931年 | 9月 2日 | 05:59 | 牡牛 |
| 1931年 | 9月 4日 | 17:43 | 双子 |
| 1931年 | 9月 7日 | 02:14 | 蟹 |
| 1931年 | 9月 9日 | 06:47 | 獅子 |
| 1931年 | 9月11日 | 08:04 | 乙女 |
| 1931年 | 9月13日 | 07:43 | 天秤 |
| 1931年 | 9月15日 | 07:40 | 蠍 |
| 1931年 | 9月17日 | 09:39 | 射手 |
| 1931年 | 9月19日 | 14:47 | 山羊 |
| 1931年 | 9月21日 | 23:17 | 水瓶 |
| 1931年 | 9月24日 | 10:28 | 魚 |
| 1931年 | 9月26日 | 23:09 | 牡羊 |
| 1931年 | 9月29日 | 12:07 | 牡牛 |
| 1931年 | 10月 2日 | 00:03 | 双子 |
| 1931年 | 10月 4日 | 09:38 | 蟹 |
| 1931年 | 10月 6日 | 15:49 | 獅子 |
| 1931年 | 10月 8日 | 18:35 | 乙女 |
| 1931年 | 10月10日 | 18:51 | 天秤 |
| 1931年 | 10月12日 | 18:18 | 蠍 |
| 1931年 | 10月14日 | 18:51 | 射手 |
| 1931年 | 10月16日 | 22:18 | 山羊 |
| 1931年 | 10月19日 | 05:39 | 水瓶 |
| 1931年 | 10月21日 | 16:32 | 魚 |
| 1931年 | 10月24日 | 05:21 | 牡羊 |
| 1931年 | 10月26日 | 18:12 | 牡牛 |
| 1931年 | 10月29日 | 05:47 | 双子 |
| 1931年 | 10月31日 | 15:26 | 蟹 |
| 1931年 | 11月 2日 | 22:39 | 獅子 |
| 1931年 | 11月 5日 | 03:08 | 乙女 |
| 1931年 | 11月 7日 | 05:03 | 天秤 |
| 1931年 | 11月 9日 | 05:21 | 蠍 |
| 1931年 | 11月11日 | 05:39 | 射手 |
| 1931年 | 11月13日 | 07:52 | 山羊 |
| 1931年 | 11月15日 | 13:40 | 水瓶 |
| 1931年 | 11月17日 | 23:32 | 魚 |
| 1931年 | 11月20日 | 12:08 | 牡羊 |
| 1931年 | 11月23日 | 00:59 | 牡牛 |
| 1931年 | 11月25日 | 12:12 | 双子 |
| 1931年 | 11月27日 | 21:09 | 蟹 |
| 1931年 | 11月30日 | 04:06 | 獅子 |
| 1931年 | 12月 2日 | 09:16 | 乙女 |
| 1931年 | 12月 4日 | 12:44 | 天秤 |
| 1931年 | 12月 6日 | 14:43 | 蠍 |
| 1931年 | 12月 8日 | 16:04 | 射手 |
| 1931年 | 12月10日 | 18:18 | 山羊 |
| 1931年 | 12月12日 | 23:10 | 水瓶 |
| 1931年 | 12月15日 | 07:50 | 魚 |
| 1931年 | 12月17日 | 19:49 | 牡羊 |
| 1931年 | 12月20日 | 08:45 | 牡牛 |
| 1931年 | 12月22日 | 19:59 | 双子 |
| 1931年 | 12月25日 | 04:22 | 蟹 |
| 1931年 | 12月27日 | 10:16 | 獅子 |
| 1931年 | 12月29日 | 14:41 | 乙女 |
| 1931年 | 12月31日 | 18:17 | 天秤 |
| 1932年 | 1月 2日 | 21:24 | 蠍 |
| 1932年 | 1月 5日 | 00:16 | 射手 |
| 1932年 | 1月 7日 | 03:37 | 山羊 |
| 1932年 | 1月 9日 | 08:44 | 水瓶 |
| 1932年 | 1月11日 | 16:49 | 魚 |
| 1932年 | 1月14日 | 04:07 | 牡羊 |
| 1932年 | 1月16日 | 17:02 | 牡牛 |
| 1932年 | 1月19日 | 04:47 | 双子 |
| 1932年 | 1月21日 | 13:22 | 蟹 |
| 1932年 | 1月23日 | 18:40 | 獅子 |
| 1932年 | 1月25日 | 21:47 | 乙女 |
| 1932年 | 1月28日 | 00:08 | 天秤 |
| 1932年 | 1月30日 | 02:43 | 蠍 |
| 1932年 | 2月 1日 | 06:07 | 射手 |
| 1932年 | 2月 3日 | 10:39 | 山羊 |
| 1932年 | 2月 5日 | 16:48 | 水瓶 |
| 1932年 | 2月 8日 | 01:15 | 魚 |
| 1932年 | 2月10日 | 12:17 | 牡羊 |
| 1932年 | 2月13日 | 01:04 | 牡牛 |
| 1932年 | 2月15日 | 13:27 | 双子 |
| 1932年 | 2月17日 | 23:02 | 蟹 |
| 1932年 | 2月20日 | 04:49 | 獅子 |
| 1932年 | 2月22日 | 07:25 | 乙女 |
| 1932年 | 2月24日 | 08:22 | 天秤 |
| 1932年 | 2月26日 | 09:20 | 蠍 |
| 1932年 | 2月28日 | 11:39 | 射手 |
| 1932年 | 3月 1日 | 16:06 | 山羊 |
| 1932年 | 3月 3日 | 23:00 | 水瓶 |
| 1932年 | 3月 6日 | 08:15 | 魚 |
| 1932年 | 3月 8日 | 19:35 | 牡羊 |
| 1932年 | 3月11日 | 08:19 | 牡牛 |
| 1932年 | 3月13日 | 21:02 | 双子 |
| 1932年 | 3月16日 | 07:46 | 蟹 |
| 1932年 | 3月18日 | 14:56 | 獅子 |
| 1932年 | 3月20日 | 18:19 | 乙女 |
| 1932年 | 3月22日 | 18:57 | 天秤 |
| 1932年 | 3月24日 | 18:36 | 蠍 |
| 1932年 | 3月26日 | 19:07 | 射手 |
| 1932年 | 3月28日 | 22:08 | 山羊 |
| 1932年 | 3月31日 | 04:30 | 水瓶 |
| 1932年 | 4月 2日 | 14:04 | 魚 |
| 1932年 | 4月 5日 | 01:53 | 牡羊 |
| 1932年 | 4月 7日 | 14:43 | 牡牛 |
| 1932年 | 4月10日 | 03:27 | 双子 |
| 1932年 | 4月12日 | 14:47 | 蟹 |
| 1932年 | 4月14日 | 23:21 | 獅子 |
| 1932年 | 4月17日 | 04:21 | 乙女 |
| 1932年 | 4月19日 | 06:00 | 天秤 |
| 1932年 | 4月21日 | 05:34 | 蠍 |
| 1932年 | 4月23日 | 04:58 | 射手 |
| 1932年 | 4月25日 | 06:15 | 山羊 |
| 1932年 | 4月27日 | 11:04 | 水瓶 |
| 1932年 | 4月29日 | 19:55 | 魚 |
| 1932年 | 5月 2日 | 07:46 | 牡羊 |
| 1932年 | 5月 4日 | 20:45 | 牡牛 |
| 1932年 | 5月 7日 | 09:20 | 双子 |
| 1932年 | 5月 9日 | 20:34 | 蟹 |
| 1932年 | 5月12日 | 05:46 | 獅子 |
| 1932年 | 5月14日 | 12:13 | 乙女 |
| 1932年 | 5月16日 | 15:32 | 天秤 |
| 1932年 | 5月18日 | 16:15 | 蠍 |
| 1932年 | 5月20日 | 15:48 | 射手 |
| 1932年 | 5月22日 | 16:13 | 山羊 |
| 1932年 | 5月24日 | 19:31 | 水瓶 |
| 1932年 | 5月27日 | 02:57 | 魚 |
| 1932年 | 5月29日 | 14:08 | 牡羊 |
| 1932年 | 6月 1日 | 03:04 | 牡牛 |
| 1932年 | 6月 3日 | 15:32 | 双子 |
| 1932年 | 6月 6日 | 02:21 | 蟹 |

| | | | |
|---|---|---|---|
| 1932年 | 6月 8日 | 11:14 | 獅子 |
| 1932年 | 6月 10日 | 18:06 | 乙女 |
| 1932年 | 6月 12日 | 22:41 | 天秤 |
| 1932年 | 6月 15日 | 01:00 | 蠍 |
| 1932年 | 6月 17日 | 01:46 | 射手 |
| 1932年 | 6月 19日 | 02:32 | 山羊 |
| 1932年 | 6月 21日 | 05:12 | 水瓶 |
| 1932年 | 6月 23日 | 11:25 | 魚 |
| 1932年 | 6月 25日 | 21:33 | 牡羊 |
| 1932年 | 6月 28日 | 10:08 | 牡牛 |
| 1932年 | 6月 30日 | 22:35 | 双子 |
| 1932年 | 7月 3日 | 09:07 | 蟹 |
| 1932年 | 7月 5日 | 17:18 | 獅子 |
| 1932年 | 7月 7日 | 23:33 | 乙女 |
| 1932年 | 7月 10日 | 04:12 | 天秤 |
| 1932年 | 7月 12日 | 07:27 | 蠍 |
| 1932年 | 7月 14日 | 09:38 | 射手 |
| 1932年 | 7月 16日 | 11:36 | 山羊 |
| 1932年 | 7月 18日 | 14:45 | 水瓶 |
| 1932年 | 7月 20日 | 20:34 | 魚 |
| 1932年 | 7月 23日 | 05:52 | 牡羊 |
| 1932年 | 7月 25日 | 17:54 | 牡牛 |
| 1932年 | 7月 28日 | 06:26 | 双子 |
| 1932年 | 7月 30日 | 17:07 | 蟹 |
| 1932年 | 8月 2日 | 00:57 | 獅子 |
| 1932年 | 8月 4日 | 06:15 | 乙女 |
| 1932年 | 8月 6日 | 09:56 | 天秤 |
| 1932年 | 8月 8日 | 12:49 | 蠍 |
| 1932年 | 8月 10日 | 15:32 | 射手 |
| 1932年 | 8月 12日 | 18:38 | 山羊 |
| 1932年 | 8月 14日 | 22:54 | 水瓶 |
| 1932年 | 8月 17日 | 05:13 | 魚 |
| 1932年 | 8月 19日 | 14:18 | 牡羊 |
| 1932年 | 8月 22日 | 01:55 | 牡牛 |
| 1932年 | 8月 24日 | 14:33 | 双子 |
| 1932年 | 8月 27日 | 01:50 | 蟹 |
| 1932年 | 8月 29日 | 10:03 | 獅子 |
| 1932年 | 8月 31日 | 14:58 | 乙女 |
| 1932年 | 9月 2日 | 17:32 | 天秤 |
| 1932年 | 9月 4日 | 19:06 | 蠍 |
| 1932年 | 9月 6日 | 21:00 | 射手 |
| 1932年 | 9月 9日 | 00:11 | 山羊 |
| 1932年 | 9月 11日 | 05:16 | 水瓶 |
| 1932年 | 9月 13日 | 12:31 | 魚 |
| 1932年 | 9月 15日 | 22:01 | 牡羊 |
| 1932年 | 9月 18日 | 09:34 | 牡牛 |
| 1932年 | 9月 20日 | 22:13 | 双子 |
| 1932年 | 9月 23日 | 10:13 | 蟹 |
| 1932年 | 9月 25日 | 19:31 | 獅子 |
| 1932年 | 9月 28日 | 01:07 | 乙女 |
| 1932年 | 9月 30日 | 03:22 | 天秤 |
| 1932年 | 10月 2日 | 03:44 | 蠍 |
| 1932年 | 10月 4日 | 04:03 | 射手 |
| 1932年 | 10月 6日 | 06:00 | 山羊 |
| 1932年 | 10月 8日 | 10:44 | 水瓶 |
| 1932年 | 10月 10日 | 18:26 | 魚 |
| 1932年 | 10月 13日 | 04:35 | 牡羊 |
| 1932年 | 10月 15日 | 16:24 | 牡牛 |
| 1932年 | 10月 18日 | 05:02 | 双子 |
| 1932年 | 10月 20日 | 17:26 | 蟹 |
| 1932年 | 10月 23日 | 03:57 | 獅子 |
| 1932年 | 10月 25日 | 11:03 | 乙女 |
| 1932年 | 10月 27日 | 14:16 | 天秤 |
| 1932年 | 10月 29日 | 14:31 | 蠍 |
| 1932年 | 10月 31日 | 13:40 | 射手 |
| 1932年 | 11月 2日 | 13:55 | 山羊 |
| 1932年 | 11月 4日 | 17:05 | 水瓶 |
| 1932年 | 11月 7日 | 00:06 | 魚 |
| 1932年 | 11月 9日 | 10:24 | 牡羊 |
| 1932年 | 11月 11日 | 22:33 | 牡牛 |
| 1932年 | 11月 14日 | 11:13 | 双子 |
| 1932年 | 11月 16日 | 23:32 | 蟹 |
| 1932年 | 11月 19日 | 10:35 | 獅子 |
| 1932年 | 11月 21日 | 19:08 | 乙女 |
| 1932年 | 11月 24日 | 00:08 | 天秤 |
| 1932年 | 11月 26日 | 01:39 | 蠍 |
| 1932年 | 11月 28日 | 00:59 | 射手 |
| 1932年 | 11月 30日 | 00:17 | 山羊 |
| 1932年 | 12月 2日 | 01:46 | 水瓶 |
| 1932年 | 12月 4日 | 07:08 | 魚 |
| 1932年 | 12月 6日 | 16:34 | 牡羊 |
| 1932年 | 12月 9日 | 04:41 | 牡牛 |
| 1932年 | 12月 11日 | 17:26 | 双子 |
| 1932年 | 12月 14日 | 05:28 | 蟹 |
| 1932年 | 12月 16日 | 16:12 | 獅子 |
| 1932年 | 12月 19日 | 01:08 | 乙女 |
| 1932年 | 12月 21日 | 07:32 | 天秤 |
| 1932年 | 12月 23日 | 10:53 | 蠍 |
| 1932年 | 12月 25日 | 11:42 | 射手 |
| 1932年 | 12月 27日 | 11:31 | 山羊 |
| 1932年 | 12月 29日 | 12:23 | 水瓶 |
| 1932年 | 12月 31日 | 16:16 | 魚 |
| 1933年 | 1月 3日 | 00:13 | 牡羊 |
| 1933年 | 1月 5日 | 11:36 | 牡牛 |
| 1933年 | 1月 8日 | 00:19 | 双子 |
| 1933年 | 1月 10日 | 12:16 | 蟹 |
| 1933年 | 1月 12日 | 22:26 | 獅子 |
| 1933年 | 1月 15日 | 06:42 | 乙女 |
| 1933年 | 1月 17日 | 13:03 | 天秤 |
| 1933年 | 1月 19日 | 17:24 | 蠍 |
| 1933年 | 1月 21日 | 19:55 | 射手 |
| 1933年 | 1月 23日 | 21:18 | 山羊 |
| 1933年 | 1月 25日 | 22:57 | 水瓶 |
| 1933年 | 1月 28日 | 02:31 | 魚 |
| 1933年 | 1月 30日 | 09:21 | 牡羊 |
| 1933年 | 2月 1日 | 19:39 | 牡牛 |
| 1933年 | 2月 4日 | 08:05 | 双子 |
| 1933年 | 2月 6日 | 20:13 | 蟹 |
| 1933年 | 2月 9日 | 06:16 | 獅子 |
| 1933年 | 2月 11日 | 13:43 | 乙女 |
| 1933年 | 2月 13日 | 18:59 | 天秤 |
| 1933年 | 2月 15日 | 22:46 | 蠍 |
| 1933年 | 2月 18日 | 01:43 | 射手 |
| 1933年 | 2月 20日 | 04:23 | 山羊 |
| 1933年 | 2月 22日 | 07:29 | 水瓶 |
| 1933年 | 2月 24日 | 11:56 | 魚 |
| 1933年 | 2月 26日 | 18:42 | 牡羊 |
| 1933年 | 3月 1日 | 04:20 | 牡牛 |
| 1933年 | 3月 3日 | 16:17 | 双子 |
| 1933年 | 3月 6日 | 04:43 | 蟹 |
| 1933年 | 3月 8日 | 15:18 | 獅子 |
| 1933年 | 3月 10日 | 22:42 | 乙女 |
| 1933年 | 3月 13日 | 03:03 | 天秤 |
| 1933年 | 3月 15日 | 05:28 | 蠍 |
| 1933年 | 3月 17日 | 07:18 | 射手 |
| 1933年 | 3月 19日 | 09:47 | 山羊 |
| 1933年 | 3月 21日 | 13:39 | 水瓶 |
| 1933年 | 3月 23日 | 19:16 | 魚 |
| 1933年 | 3月 26日 | 02:49 | 牡羊 |
| 1933年 | 3月 28日 | 12:32 | 牡牛 |
| 1933年 | 3月 31日 | 00:13 | 双子 |
| 1933年 | 4月 2日 | 12:50 | 蟹 |
| 1933年 | 4月 5日 | 00:16 | 獅子 |
| 1933年 | 4月 7日 | 08:33 | 乙女 |
| 1933年 | 4月 9日 | 13:01 | 天秤 |
| 1933年 | 4月 11日 | 14:32 | 蠍 |
| 1933年 | 4月 13日 | 14:52 | 射手 |
| 1933年 | 4月 15日 | 15:54 | 山羊 |
| 1933年 | 4月 17日 | 19:02 | 水瓶 |
| 1933年 | 4月 20日 | 00:54 | 魚 |
| 1933年 | 4月 22日 | 09:14 | 牡羊 |
| 1933年 | 4月 24日 | 19:31 | 牡牛 |
| 1933年 | 4月 27日 | 07:18 | 双子 |
| 1933年 | 4月 29日 | 19:58 | 蟹 |
| 1933年 | 5月 2日 | 08:06 | 獅子 |
| 1933年 | 5月 4日 | 17:40 | 乙女 |
| 1933年 | 5月 6日 | 23:17 | 天秤 |
| 1933年 | 5月 9日 | 01:07 | 蠍 |
| 1933年 | 5月 11日 | 00:44 | 射手 |
| 1933年 | 5月 13日 | 00:16 | 山羊 |
| 1933年 | 5月 15日 | 01:46 | 水瓶 |
| 1933年 | 5月 17日 | 06:33 | 魚 |
| 1933年 | 5月 19日 | 14:45 | 牡羊 |
| 1933年 | 5月 22日 | 01:26 | 牡牛 |
| 1933年 | 5月 24日 | 13:31 | 双子 |
| 1933年 | 5月 27日 | 02:12 | 蟹 |
| 1933年 | 5月 29日 | 14:33 | 獅子 |
| 1933年 | 6月 1日 | 01:05 | 乙女 |
| 1933年 | 6月 3日 | 08:15 | 天秤 |

| | | | | |
|---|---|---|---|---|
| 1933年 | 6月 | 5日 | 11:25 | 蠍 |
| 1933年 | 6月 | 7日 | 11:32 | 射手 |
| 1933年 | 6月 | 9日 | 10:33 | 山羊 |
| 1933年 | 6月 | 11日 | 10:41 | 水瓶 |
| 1933年 | 6月 | 13日 | 13:49 | 魚 |
| 1933年 | 6月 | 15日 | 20:50 | 牡羊 |
| 1933年 | 6月 | 18日 | 07:12 | 牡牛 |
| 1933年 | 6月 | 20日 | 19:25 | 双子 |
| 1933年 | 6月 | 23日 | 08:06 | 蟹 |
| 1933年 | 6月 | 25日 | 20:17 | 獅子 |
| 1933年 | 6月 | 28日 | 07:01 | 乙女 |
| 1933年 | 6月 | 30日 | 15:11 | 天秤 |
| 1933年 | 7月 | 2日 | 19:57 | 蠍 |
| 1933年 | 7月 | 4日 | 21:32 | 射手 |
| 1933年 | 7月 | 6日 | 21:16 | 山羊 |
| 1933年 | 7月 | 8日 | 21:06 | 水瓶 |
| 1933年 | 7月 | 10日 | 23:02 | 魚 |
| 1933年 | 7月 | 13日 | 04:31 | 牡羊 |
| 1933年 | 7月 | 15日 | 13:48 | 牡牛 |
| 1933年 | 7月 | 18日 | 01:44 | 双子 |
| 1933年 | 7月 | 20日 | 14:24 | 蟹 |
| 1933年 | 7月 | 23日 | 02:18 | 獅子 |
| 1933年 | 7月 | 25日 | 12:35 | 乙女 |
| 1933年 | 7月 | 27日 | 20:44 | 天秤 |
| 1933年 | 7月 | 30日 | 02:21 | 蠍 |
| 1933年 | 8月 | 1日 | 05:27 | 射手 |
| 1933年 | 8月 | 3日 | 06:41 | 山羊 |
| 1933年 | 8月 | 5日 | 07:22 | 水瓶 |
| 1933年 | 8月 | 7日 | 09:10 | 魚 |
| 1933年 | 8月 | 9日 | 13:40 | 牡羊 |
| 1933年 | 8月 | 11日 | 21:44 | 牡牛 |
| 1933年 | 8月 | 14日 | 08:57 | 双子 |
| 1933年 | 8月 | 16日 | 21:32 | 蟹 |
| 1933年 | 8月 | 19日 | 09:22 | 獅子 |
| 1933年 | 8月 | 21日 | 19:07 | 乙女 |
| 1933年 | 8月 | 24日 | 02:29 | 天秤 |
| 1933年 | 8月 | 26日 | 07:45 | 蠍 |
| 1933年 | 8月 | 28日 | 11:21 | 射手 |
| 1933年 | 8月 | 30日 | 13:52 | 山羊 |
| 1933年 | 9月 | 1日 | 16:00 | 水瓶 |
| 1933年 | 9月 | 3日 | 18:44 | 魚 |
| 1933年 | 9月 | 5日 | 23:15 | 牡羊 |
| 1933年 | 9月 | 8日 | 06:35 | 牡牛 |
| 1933年 | 9月 | 10日 | 17:00 | 双子 |
| 1933年 | 9月 | 13日 | 05:25 | 蟹 |
| 1933年 | 9月 | 15日 | 17:30 | 獅子 |
| 1933年 | 9月 | 18日 | 03:13 | 乙女 |
| 1933年 | 9月 | 20日 | 09:51 | 天秤 |
| 1933年 | 9月 | 22日 | 14:00 | 蠍 |
| 1933年 | 9月 | 24日 | 16:49 | 射手 |
| 1933年 | 9月 | 26日 | 19:23 | 山羊 |
| 1933年 | 9月 | 28日 | 22:27 | 水瓶 |
| 1933年 | 10月 | 1日 | 02:27 | 魚 |
| 1933年 | 10月 | 3日 | 07:51 | 牡羊 |
| 1933年 | 10月 | 5日 | 15:18 | 牡牛 |
| 1933年 | 10月 | 8日 | 01:18 | 双子 |
| 1933年 | 10月 | 10日 | 13:29 | 蟹 |
| 1933年 | 10月 | 13日 | 02:01 | 獅子 |
| 1933年 | 10月 | 15日 | 12:24 | 乙女 |
| 1933年 | 10月 | 17日 | 19:07 | 天秤 |
| 1933年 | 10月 | 19日 | 22:28 | 蠍 |
| 1933年 | 10月 | 21日 | 23:55 | 射手 |
| 1933年 | 10月 | 24日 | 01:14 | 山羊 |
| 1933年 | 10月 | 26日 | 03:48 | 水瓶 |
| 1933年 | 10月 | 28日 | 08:17 | 魚 |
| 1933年 | 10月 | 30日 | 14:40 | 牡羊 |
| 1933年 | 11月 | 1日 | 22:53 | 牡牛 |
| 1933年 | 11月 | 4日 | 09:02 | 双子 |
| 1933年 | 11月 | 6日 | 21:05 | 蟹 |
| 1933年 | 11月 | 9日 | 09:58 | 獅子 |
| 1933年 | 11月 | 11日 | 21:23 | 乙女 |
| 1933年 | 11月 | 14日 | 05:12 | 天秤 |
| 1933年 | 11月 | 16日 | 08:52 | 蠍 |
| 1933年 | 11月 | 18日 | 09:35 | 射手 |
| 1933年 | 11月 | 20日 | 09:24 | 山羊 |
| 1933年 | 11月 | 22日 | 10:21 | 水瓶 |
| 1933年 | 11月 | 24日 | 13:49 | 魚 |
| 1933年 | 11月 | 26日 | 20:12 | 牡羊 |
| 1933年 | 11月 | 29日 | 05:03 | 牡牛 |
| 1933年 | 12月 | 1日 | 15:44 | 双子 |
| 1933年 | 12月 | 4日 | 03:53 | 蟹 |
| 1933年 | 12月 | 6日 | 16:48 | 獅子 |
| 1933年 | 12月 | 9日 | 04:59 | 乙女 |
| 1933年 | 12月 | 11日 | 14:18 | 天秤 |
| 1933年 | 12月 | 13日 | 19:27 | 蠍 |
| 1933年 | 12月 | 15日 | 20:49 | 射手 |
| 1933年 | 12月 | 17日 | 20:09 | 山羊 |
| 1933年 | 12月 | 19日 | 19:38 | 水瓶 |
| 1933年 | 12月 | 21日 | 21:15 | 魚 |
| 1933年 | 12月 | 24日 | 02:15 | 牡羊 |
| 1933年 | 12月 | 26日 | 10:42 | 牡牛 |
| 1933年 | 12月 | 28日 | 21:42 | 双子 |
| 1933年 | 12月 | 31日 | 10:07 | 蟹 |
| 1934年 | 1月 | 2日 | 22:56 | 獅子 |
| 1934年 | 1月 | 5日 | 11:09 | 乙女 |
| 1934年 | 1月 | 7日 | 21:20 | 天秤 |
| 1934年 | 1月 | 10日 | 04:10 | 蠍 |
| 1934年 | 1月 | 12日 | 07:18 | 射手 |
| 1934年 | 1月 | 14日 | 07:37 | 山羊 |
| 1934年 | 1月 | 16日 | 06:56 | 水瓶 |
| 1934年 | 1月 | 18日 | 07:17 | 魚 |
| 1934年 | 1月 | 20日 | 10:28 | 牡羊 |
| 1934年 | 1月 | 22日 | 17:26 | 牡牛 |
| 1934年 | 1月 | 25日 | 03:54 | 双子 |
| 1934年 | 1月 | 27日 | 16:24 | 蟹 |
| 1934年 | 1月 | 30日 | 05:11 | 獅子 |
| 1934年 | 2月 | 1日 | 17:00 | 乙女 |
| 1934年 | 2月 | 4日 | 02:59 | 天秤 |
| 1934年 | 2月 | 6日 | 10:31 | 蠍 |
| 1934年 | 2月 | 8日 | 15:14 | 射手 |
| 1934年 | 2月 | 10日 | 17:24 | 山羊 |
| 1934年 | 2月 | 12日 | 17:58 | 水瓶 |
| 1934年 | 2月 | 14日 | 18:28 | 魚 |
| 1934年 | 2月 | 16日 | 20:39 | 牡羊 |
| 1934年 | 2月 | 19日 | 02:03 | 牡牛 |
| 1934年 | 2月 | 21日 | 11:16 | 双子 |
| 1934年 | 2月 | 23日 | 23:22 | 蟹 |
| 1934年 | 2月 | 26日 | 12:13 | 獅子 |
| 1934年 | 2月 | 28日 | 23:46 | 乙女 |
| 1934年 | 3月 | 3日 | 09:02 | 天秤 |
| 1934年 | 3月 | 5日 | 15:59 | 蠍 |
| 1934年 | 3月 | 7日 | 20:58 | 射手 |
| 1934年 | 3月 | 10日 | 00:22 | 山羊 |
| 1934年 | 3月 | 12日 | 02:36 | 水瓶 |
| 1934年 | 3月 | 14日 | 04:26 | 魚 |
| 1934年 | 3月 | 16日 | 07:00 | 牡羊 |
| 1934年 | 3月 | 18日 | 11:46 | 牡牛 |
| 1934年 | 3月 | 20日 | 19:51 | 双子 |
| 1934年 | 3月 | 23日 | 07:12 | 蟹 |
| 1934年 | 3月 | 25日 | 20:02 | 獅子 |
| 1934年 | 3月 | 28日 | 07:44 | 乙女 |
| 1934年 | 3月 | 30日 | 16:37 | 天秤 |
| 1934年 | 4月 | 1日 | 22:36 | 蠍 |
| 1934年 | 4月 | 4日 | 02:37 | 射手 |
| 1934年 | 4月 | 6日 | 05:45 | 山羊 |
| 1934年 | 4月 | 8日 | 08:43 | 水瓶 |
| 1934年 | 4月 | 10日 | 11:52 | 魚 |
| 1934年 | 4月 | 12日 | 15:40 | 牡羊 |
| 1934年 | 4月 | 14日 | 20:56 | 牡牛 |
| 1934年 | 4月 | 17日 | 04:41 | 双子 |
| 1934年 | 4月 | 19日 | 15:26 | 蟹 |
| 1934年 | 4月 | 22日 | 04:09 | 獅子 |
| 1934年 | 4月 | 24日 | 16:19 | 乙女 |
| 1934年 | 4月 | 27日 | 01:32 | 天秤 |
| 1934年 | 4月 | 29日 | 07:07 | 蠍 |
| 1934年 | 5月 | 1日 | 10:02 | 射手 |
| 1934年 | 5月 | 3日 | 11:54 | 山羊 |
| 1934年 | 5月 | 5日 | 14:06 | 水瓶 |
| 1934年 | 5月 | 7日 | 17:26 | 魚 |
| 1934年 | 5月 | 9日 | 22:09 | 牡羊 |
| 1934年 | 5月 | 12日 | 04:24 | 牡牛 |
| 1934年 | 5月 | 14日 | 12:38 | 双子 |
| 1934年 | 5月 | 16日 | 23:17 | 蟹 |
| 1934年 | 5月 | 19日 | 11:55 | 獅子 |
| 1934年 | 5月 | 22日 | 00:35 | 乙女 |
| 1934年 | 5月 | 24日 | 10:43 | 天秤 |
| 1934年 | 5月 | 26日 | 16:52 | 蠍 |
| 1934年 | 5月 | 28日 | 19:29 | 射手 |
| 1934年 | 5月 | 30日 | 20:13 | 山羊 |

| | | | | |
|---|---|---|---|---|
| 1934年 | 6月 | 1日 | 20:56 | 水瓶 |
| 1934年 | 6月 | 3日 | 23:06 | 魚 |
| 1934年 | 6月 | 6日 | 03:31 | 牡羊 |
| 1934年 | 6月 | 8日 | 10:17 | 牡牛 |
| 1934年 | 6月 | 10日 | 19:13 | 双子 |
| 1934年 | 6月 | 13日 | 06:14 | 蟹 |
| 1934年 | 6月 | 15日 | 18:52 | 獅子 |
| 1934年 | 6月 | 18日 | 07:51 | 乙女 |
| 1934年 | 6月 | 20日 | 18:58 | 天秤 |
| 1934年 | 6月 | 23日 | 02:24 | 蠍 |
| 1934年 | 6月 | 25日 | 05:50 | 射手 |
| 1934年 | 6月 | 27日 | 06:25 | 山羊 |
| 1934年 | 6月 | 29日 | 06:03 | 水瓶 |
| 1934年 | 7月 | 1日 | 06:38 | 魚 |
| 1934年 | 7月 | 3日 | 09:39 | 牡羊 |
| 1934年 | 7月 | 5日 | 15:47 | 牡牛 |
| 1934年 | 7月 | 8日 | 00:55 | 双子 |
| 1934年 | 7月 | 10日 | 12:20 | 蟹 |
| 1934年 | 7月 | 13日 | 01:07 | 獅子 |
| 1934年 | 7月 | 15日 | 14:07 | 乙女 |
| 1934年 | 7月 | 18日 | 01:47 | 天秤 |
| 1934年 | 7月 | 20日 | 10:31 | 蠍 |
| 1934年 | 7月 | 22日 | 15:28 | 射手 |
| 1934年 | 7月 | 24日 | 17:04 | 山羊 |
| 1934年 | 7月 | 26日 | 16:44 | 水瓶 |
| 1934年 | 7月 | 28日 | 16:21 | 魚 |
| 1934年 | 7月 | 30日 | 17:46 | 牡羊 |
| 1934年 | 8月 | 1日 | 22:25 | 牡牛 |
| 1934年 | 8月 | 4日 | 06:48 | 双子 |
| 1934年 | 8月 | 6日 | 18:13 | 蟹 |
| 1934年 | 8月 | 9日 | 07:08 | 獅子 |
| 1934年 | 8月 | 11日 | 19:59 | 乙女 |
| 1934年 | 8月 | 14日 | 07:33 | 天秤 |
| 1934年 | 8月 | 16日 | 16:51 | 蠍 |
| 1934年 | 8月 | 18日 | 23:11 | 射手 |
| 1934年 | 8月 | 21日 | 02:27 | 山羊 |
| 1934年 | 8月 | 23日 | 03:19 | 水瓶 |
| 1934年 | 8月 | 25日 | 03:09 | 魚 |
| 1934年 | 8月 | 27日 | 03:44 | 牡羊 |
| 1934年 | 8月 | 29日 | 06:55 | 牡牛 |
| 1934年 | 8月 | 31日 | 13:55 | 双子 |
| 1934年 | 9月 | 3日 | 00:40 | 蟹 |
| 1934年 | 9月 | 5日 | 13:32 | 獅子 |
| 1934年 | 9月 | 8日 | 02:16 | 乙女 |
| 1934年 | 9月 | 10日 | 13:23 | 天秤 |
| 1934年 | 9月 | 12日 | 22:19 | 蠍 |
| 1934年 | 9月 | 15日 | 05:03 | 射手 |
| 1934年 | 9月 | 17日 | 09:36 | 山羊 |
| 1934年 | 9月 | 19日 | 12:06 | 水瓶 |
| 1934年 | 9月 | 21日 | 13:14 | 魚 |
| 1934年 | 9月 | 23日 | 14:13 | 牡羊 |
| 1934年 | 9月 | 25日 | 16:47 | 牡牛 |
| 1934年 | 9月 | 27日 | 22:33 | 双子 |
| 1934年 | 9月 | 30日 | 08:14 | 蟹 |
| 1934年 | 10月 | 2日 | 20:44 | 獅子 |
| 1934年 | 10月 | 5日 | 09:31 | 乙女 |
| 1934年 | 10月 | 7日 | 20:20 | 天秤 |
| 1934年 | 10月 | 10日 | 04:32 | 蠍 |
| 1934年 | 10月 | 12日 | 10:32 | 射手 |
| 1934年 | 10月 | 14日 | 15:04 | 山羊 |
| 1934年 | 10月 | 16日 | 18:32 | 水瓶 |
| 1934年 | 10月 | 18日 | 21:10 | 魚 |
| 1934年 | 10月 | 20日 | 23:29 | 牡羊 |
| 1934年 | 10月 | 23日 | 02:35 | 牡牛 |
| 1934年 | 10月 | 25日 | 07:58 | 双子 |
| 1934年 | 10月 | 27日 | 16:46 | 蟹 |
| 1934年 | 10月 | 30日 | 04:42 | 獅子 |
| 1934年 | 11月 | 1日 | 17:36 | 乙女 |
| 1934年 | 11月 | 4日 | 04:41 | 天秤 |
| 1934年 | 11月 | 6日 | 12:33 | 蠍 |
| 1934年 | 11月 | 8日 | 17:33 | 射手 |
| 1934年 | 11月 | 10日 | 20:57 | 山羊 |
| 1934年 | 11月 | 12日 | 23:52 | 水瓶 |
| 1934年 | 11月 | 15日 | 02:56 | 魚 |
| 1934年 | 11月 | 17日 | 06:26 | 牡羊 |
| 1934年 | 11月 | 19日 | 10:46 | 牡牛 |
| 1934年 | 11月 | 21日 | 16:47 | 双子 |
| 1934年 | 11月 | 24日 | 01:25 | 蟹 |
| 1934年 | 11月 | 26日 | 12:54 | 獅子 |
| 1934年 | 11月 | 29日 | 01:51 | 乙女 |
| 1934年 | 12月 | 1日 | 13:39 | 天秤 |
| 1934年 | 12月 | 3日 | 22:06 | 蠍 |
| 1934年 | 12月 | 6日 | 02:53 | 射手 |
| 1934年 | 12月 | 8日 | 05:09 | 山羊 |
| 1934年 | 12月 | 10日 | 06:34 | 水瓶 |
| 1934年 | 12月 | 12日 | 08:31 | 魚 |
| 1934年 | 12月 | 14日 | 11:51 | 牡羊 |
| 1934年 | 12月 | 16日 | 16:56 | 牡牛 |
| 1934年 | 12月 | 18日 | 23:58 | 双子 |
| 1934年 | 12月 | 21日 | 09:11 | 蟹 |
| 1934年 | 12月 | 23日 | 20:37 | 獅子 |
| 1934年 | 12月 | 26日 | 09:32 | 乙女 |
| 1934年 | 12月 | 28日 | 21:59 | 天秤 |
| 1934年 | 12月 | 31日 | 07:41 | 蠍 |
| 1935年 | 1月 | 2日 | 13:27 | 射手 |
| 1935年 | 1月 | 4日 | 15:44 | 山羊 |
| 1935年 | 1月 | 6日 | 16:04 | 水瓶 |
| 1935年 | 1月 | 8日 | 16:18 | 魚 |
| 1935年 | 1月 | 10日 | 18:03 | 牡羊 |
| 1935年 | 1月 | 12日 | 22:24 | 牡牛 |
| 1935年 | 1月 | 15日 | 05:43 | 双子 |
| 1935年 | 1月 | 17日 | 15:37 | 蟹 |
| 1935年 | 1月 | 20日 | 03:27 | 獅子 |
| 1935年 | 1月 | 22日 | 16:19 | 乙女 |
| 1935年 | 1月 | 25日 | 04:59 | 天秤 |
| 1935年 | 1月 | 27日 | 15:46 | 蠍 |
| 1935年 | 1月 | 29日 | 23:10 | 射手 |
| 1935年 | 2月 | 1日 | 02:47 | 山羊 |
| 1935年 | 2月 | 3日 | 03:26 | 水瓶 |
| 1935年 | 2月 | 5日 | 02:48 | 魚 |
| 1935年 | 2月 | 7日 | 02:49 | 牡羊 |
| 1935年 | 2月 | 9日 | 05:22 | 牡牛 |
| 1935年 | 2月 | 11日 | 11:35 | 双子 |
| 1935年 | 2月 | 13日 | 21:24 | 蟹 |
| 1935年 | 2月 | 16日 | 09:35 | 獅子 |
| 1935年 | 2月 | 18日 | 22:33 | 乙女 |
| 1935年 | 2月 | 21日 | 11:02 | 天秤 |
| 1935年 | 2月 | 23日 | 22:04 | 蠍 |
| 1935年 | 2月 | 26日 | 06:40 | 射手 |
| 1935年 | 2月 | 28日 | 12:05 | 山羊 |
| 1935年 | 3月 | 2日 | 14:16 | 水瓶 |
| 1935年 | 3月 | 4日 | 14:14 | 魚 |
| 1935年 | 3月 | 6日 | 13:41 | 牡羊 |
| 1935年 | 3月 | 8日 | 14:43 | 牡牛 |
| 1935年 | 3月 | 10日 | 19:11 | 双子 |
| 1935年 | 3月 | 13日 | 03:51 | 蟹 |
| 1935年 | 3月 | 15日 | 15:48 | 獅子 |
| 1935年 | 3月 | 18日 | 04:51 | 乙女 |
| 1935年 | 3月 | 20日 | 17:08 | 天秤 |
| 1935年 | 3月 | 23日 | 03:44 | 蠍 |
| 1935年 | 3月 | 25日 | 12:24 | 射手 |
| 1935年 | 3月 | 27日 | 18:48 | 山羊 |
| 1935年 | 3月 | 29日 | 22:41 | 水瓶 |
| 1935年 | 4月 | 1日 | 00:15 | 魚 |
| 1935年 | 4月 | 3日 | 00:32 | 牡羊 |
| 1935年 | 4月 | 5日 | 01:19 | 牡牛 |
| 1935年 | 4月 | 7日 | 04:35 | 双子 |
| 1935年 | 4月 | 9日 | 11:48 | 蟹 |
| 1935年 | 4月 | 11日 | 22:51 | 獅子 |
| 1935年 | 4月 | 14日 | 11:46 | 乙女 |
| 1935年 | 4月 | 17日 | 00:01 | 天秤 |
| 1935年 | 4月 | 19日 | 10:09 | 蠍 |
| 1935年 | 4月 | 21日 | 18:06 | 射手 |
| 1935年 | 4月 | 24日 | 00:13 | 山羊 |
| 1935年 | 4月 | 26日 | 04:43 | 水瓶 |
| 1935年 | 4月 | 28日 | 07:40 | 魚 |
| 1935年 | 4月 | 30日 | 09:26 | 牡羊 |
| 1935年 | 5月 | 2日 | 11:09 | 牡牛 |
| 1935年 | 5月 | 4日 | 14:26 | 双子 |
| 1935年 | 5月 | 6日 | 20:50 | 蟹 |
| 1935年 | 5月 | 9日 | 06:55 | 獅子 |
| 1935年 | 5月 | 11日 | 19:25 | 乙女 |
| 1935年 | 5月 | 14日 | 07:48 | 天秤 |
| 1935年 | 5月 | 16日 | 17:54 | 蠍 |
| 1935年 | 5月 | 19日 | 01:13 | 射手 |
| 1935年 | 5月 | 21日 | 06:20 | 山羊 |
| 1935年 | 5月 | 23日 | 10:08 | 水瓶 |
| 1935年 | 5月 | 25日 | 13:13 | 魚 |
| 1935年 | 5月 | 27日 | 15:59 | 牡羊 |

| | | | |
|---|---|---|---|
| 1935年 | 5月29日 | 18:59 | 牡牛 |
| 1935年 | 5月31日 | 23:11 | 双子 |
| 1935年 | 6月3日 | 05:44 | 蟹 |
| 1935年 | 6月5日 | 15:19 | 獅子 |
| 1935年 | 6月8日 | 03:25 | 乙女 |
| 1935年 | 6月10日 | 15:59 | 天秤 |
| 1935年 | 6月13日 | 02:35 | 蠍 |
| 1935年 | 6月15日 | 09:57 | 射手 |
| 1935年 | 6月17日 | 14:21 | 山羊 |
| 1935年 | 6月19日 | 16:56 | 水瓶 |
| 1935年 | 6月21日 | 18:56 | 魚 |
| 1935年 | 6月23日 | 21:21 | 牡羊 |
| 1935年 | 6月26日 | 00:54 | 牡牛 |
| 1935年 | 6月28日 | 06:06 | 双子 |
| 1935年 | 6月30日 | 13:26 | 蟹 |
| 1935年 | 7月2日 | 23:13 | 獅子 |
| 1935年 | 7月5日 | 11:08 | 乙女 |
| 1935年 | 7月7日 | 23:52 | 天秤 |
| 1935年 | 7月10日 | 11:15 | 蠍 |
| 1935年 | 7月12日 | 19:27 | 射手 |
| 1935年 | 7月15日 | 00:03 | 山羊 |
| 1935年 | 7月17日 | 01:54 | 水瓶 |
| 1935年 | 7月19日 | 02:31 | 魚 |
| 1935年 | 7月21日 | 03:33 | 牡羊 |
| 1935年 | 7月23日 | 06:21 | 牡牛 |
| 1935年 | 7月25日 | 11:42 | 双子 |
| 1935年 | 7月27日 | 19:43 | 蟹 |
| 1935年 | 7月30日 | 06:04 | 獅子 |
| 1935年 | 8月1日 | 18:06 | 乙女 |
| 1935年 | 8月4日 | 06:55 | 天秤 |
| 1935年 | 8月6日 | 18:56 | 蠍 |
| 1935年 | 8月9日 | 04:24 | 射手 |
| 1935年 | 8月11日 | 10:10 | 山羊 |
| 1935年 | 8月13日 | 12:22 | 水瓶 |
| 1935年 | 8月15日 | 12:19 | 魚 |
| 1935年 | 8月17日 | 11:55 | 牡羊 |
| 1935年 | 8月19日 | 13:07 | 牡牛 |
| 1935年 | 8月21日 | 17:25 | 双子 |
| 1935年 | 8月24日 | 01:16 | 蟹 |
| 1935年 | 8月26日 | 12:00 | 獅子 |
| 1935年 | 8月29日 | 00:20 | 乙女 |
| 1935年 | 8月31日 | 13:08 | 天秤 |
| 1935年 | 9月3日 | 01:22 | 蠍 |
| 1935年 | 9月5日 | 11:48 | 射手 |
| 1935年 | 9月7日 | 19:07 | 山羊 |
| 1935年 | 9月9日 | 22:44 | 水瓶 |
| 1935年 | 9月11日 | 23:16 | 魚 |
| 1935年 | 9月13日 | 22:21 | 牡羊 |
| 1935年 | 9月15日 | 22:11 | 牡牛 |
| 1935年 | 9月18日 | 00:48 | 双子 |
| 1935年 | 9月20日 | 07:27 | 蟹 |
| 1935年 | 9月22日 | 17:49 | 獅子 |
| 1935年 | 9月25日 | 06:18 | 乙女 |

| | | | |
|---|---|---|---|
| 1935年 | 9月27日 | 19:05 | 天秤 |
| 1935年 | 9月30日 | 07:06 | 蠍 |
| 1935年 | 10月2日 | 17:41 | 射手 |
| 1935年 | 10月5日 | 02:02 | 山羊 |
| 1935年 | 10月7日 | 07:20 | 水瓶 |
| 1935年 | 10月9日 | 09:27 | 魚 |
| 1935年 | 10月11日 | 09:20 | 牡羊 |
| 1935年 | 10月13日 | 08:53 | 牡牛 |
| 1935年 | 10月15日 | 10:17 | 双子 |
| 1935年 | 10月17日 | 15:21 | 蟹 |
| 1935年 | 10月20日 | 00:35 | 獅子 |
| 1935年 | 10月22日 | 12:44 | 乙女 |
| 1935年 | 10月25日 | 01:31 | 天秤 |
| 1935年 | 10月27日 | 13:15 | 蠍 |
| 1935年 | 10月29日 | 23:17 | 射手 |
| 1935年 | 11月1日 | 07:31 | 山羊 |
| 1935年 | 11月3日 | 13:38 | 水瓶 |
| 1935年 | 11月5日 | 17:20 | 魚 |
| 1935年 | 11月7日 | 18:54 | 牡羊 |
| 1935年 | 11月9日 | 19:29 | 牡牛 |
| 1935年 | 11月11日 | 20:53 | 双子 |
| 1935年 | 11月14日 | 00:56 | 蟹 |
| 1935年 | 11月16日 | 08:51 | 獅子 |
| 1935年 | 11月18日 | 20:09 | 乙女 |
| 1935年 | 11月21日 | 08:52 | 天秤 |
| 1935年 | 11月23日 | 20:36 | 蠍 |
| 1935年 | 11月26日 | 06:08 | 射手 |
| 1935年 | 11月28日 | 13:28 | 山羊 |
| 1935年 | 11月30日 | 19:00 | 水瓶 |
| 1935年 | 12月2日 | 23:03 | 魚 |
| 1935年 | 12月5日 | 01:53 | 牡羊 |
| 1935年 | 12月7日 | 04:04 | 牡牛 |
| 1935年 | 12月9日 | 06:37 | 双子 |
| 1935年 | 12月11日 | 10:54 | 蟹 |
| 1935年 | 12月13日 | 18:06 | 獅子 |
| 1935年 | 12月16日 | 04:32 | 乙女 |
| 1935年 | 12月18日 | 16:58 | 天秤 |
| 1935年 | 12月21日 | 05:02 | 蠍 |
| 1935年 | 12月23日 | 14:44 | 射手 |
| 1935年 | 12月25日 | 21:28 | 山羊 |
| 1935年 | 12月28日 | 01:46 | 水瓶 |
| 1935年 | 12月30日 | 04:42 | 魚 |
| 1936年 | 1月1日 | 07:15 | 牡羊 |
| 1936年 | 1月3日 | 10:11 | 牡牛 |
| 1936年 | 1月5日 | 14:04 | 双子 |
| 1936年 | 1月7日 | 19:29 | 蟹 |
| 1936年 | 1月10日 | 03:02 | 獅子 |
| 1936年 | 1月12日 | 13:05 | 乙女 |
| 1936年 | 1月15日 | 01:10 | 天秤 |
| 1936年 | 1月17日 | 13:38 | 蠍 |
| 1936年 | 1月20日 | 00:11 | 射手 |
| 1936年 | 1月22日 | 07:18 | 山羊 |
| 1936年 | 1月24日 | 11:02 | 水瓶 |

| | | | |
|---|---|---|---|
| 1936年 | 1月26日 | 12:35 | 魚 |
| 1936年 | 1月28日 | 13:36 | 牡羊 |
| 1936年 | 1月30日 | 15:37 | 牡牛 |
| 1936年 | 2月1日 | 19:38 | 双子 |
| 1936年 | 2月4日 | 01:58 | 蟹 |
| 1936年 | 2月6日 | 10:26 | 獅子 |
| 1936年 | 2月8日 | 20:48 | 乙女 |
| 1936年 | 2月11日 | 08:45 | 天秤 |
| 1936年 | 2月13日 | 21:24 | 蠍 |
| 1936年 | 2月16日 | 08:56 | 射手 |
| 1936年 | 2月18日 | 17:21 | 山羊 |
| 1936年 | 2月20日 | 21:47 | 水瓶 |
| 1936年 | 2月22日 | 22:56 | 魚 |
| 1936年 | 2月24日 | 22:36 | 牡羊 |
| 1936年 | 2月26日 | 22:51 | 牡牛 |
| 1936年 | 2月29日 | 01:30 | 双子 |
| 1936年 | 3月2日 | 07:25 | 蟹 |
| 1936年 | 3月4日 | 16:20 | 獅子 |
| 1936年 | 3月7日 | 03:18 | 乙女 |
| 1936年 | 3月9日 | 15:26 | 天秤 |
| 1936年 | 3月12日 | 04:03 | 蠍 |
| 1936年 | 3月14日 | 16:05 | 射手 |
| 1936年 | 3月17日 | 01:51 | 山羊 |
| 1936年 | 3月19日 | 07:52 | 水瓶 |
| 1936年 | 3月21日 | 09:59 | 魚 |
| 1936年 | 3月23日 | 09:31 | 牡羊 |
| 1936年 | 3月25日 | 08:37 | 牡牛 |
| 1936年 | 3月27日 | 09:31 | 双子 |
| 1936年 | 3月29日 | 13:52 | 蟹 |
| 1936年 | 3月31日 | 22:03 | 獅子 |
| 1936年 | 4月3日 | 09:07 | 乙女 |
| 1936年 | 4月5日 | 21:31 | 天秤 |
| 1936年 | 4月8日 | 10:05 | 蠍 |
| 1936年 | 4月10日 | 22:02 | 射手 |
| 1936年 | 4月13日 | 08:23 | 山羊 |
| 1936年 | 4月15日 | 15:49 | 水瓶 |
| 1936年 | 4月17日 | 19:38 | 魚 |
| 1936年 | 4月19日 | 20:21 | 牡羊 |
| 1936年 | 4月21日 | 19:38 | 牡牛 |
| 1936年 | 4月23日 | 19:38 | 双子 |
| 1936年 | 4月25日 | 22:22 | 蟹 |
| 1936年 | 4月28日 | 05:03 | 獅子 |
| 1936年 | 4月30日 | 15:22 | 乙女 |
| 1936年 | 5月3日 | 03:42 | 天秤 |
| 1936年 | 5月5日 | 16:16 | 蠍 |
| 1936年 | 5月8日 | 03:54 | 射手 |
| 1936年 | 5月10日 | 13:57 | 山羊 |
| 1936年 | 5月12日 | 21:47 | 水瓶 |
| 1936年 | 5月15日 | 02:52 | 魚 |
| 1936年 | 5月17日 | 05:14 | 牡羊 |
| 1936年 | 5月19日 | 05:48 | 牡牛 |
| 1936年 | 5月21日 | 06:12 | 双子 |
| 1936年 | 5月23日 | 08:19 | 蟹 |

| | | | |
|---|---|---|---|
| 1936年 | 5月25日 | 13:41 | 獅子 |
| 1936年 | 5月27日 | 22:47 | 乙女 |
| 1936年 | 5月30日 | 10:38 | 天秤 |
| 1936年 | 6月1日 | 23:11 | 蠍 |
| 1936年 | 6月4日 | 10:37 | 射手 |
| 1936年 | 6月6日 | 20:03 | 山羊 |
| 1936年 | 6月9日 | 03:17 | 水瓶 |
| 1936年 | 6月11日 | 08:27 | 魚 |
| 1936年 | 6月13日 | 11:47 | 牡羊 |
| 1936年 | 6月15日 | 13:48 | 牡牛 |
| 1936年 | 6月17日 | 15:30 | 双子 |
| 1936年 | 6月19日 | 18:09 | 蟹 |
| 1936年 | 6月21日 | 23:06 | 獅子 |
| 1936年 | 6月24日 | 07:15 | 乙女 |
| 1936年 | 6月26日 | 18:23 | 天秤 |
| 1936年 | 6月29日 | 06:52 | 蠍 |
| 1936年 | 7月1日 | 18:27 | 射手 |
| 1936年 | 7月4日 | 03:34 | 山羊 |
| 1936年 | 7月6日 | 09:56 | 水瓶 |
| 1936年 | 7月8日 | 14:10 | 魚 |
| 1936年 | 7月10日 | 17:10 | 牡羊 |
| 1936年 | 7月12日 | 19:46 | 牡牛 |
| 1936年 | 7月14日 | 22:39 | 双子 |
| 1936年 | 7月17日 | 02:28 | 蟹 |
| 1936年 | 7月19日 | 07:58 | 獅子 |
| 1936年 | 7月21日 | 15:53 | 乙女 |
| 1936年 | 7月24日 | 02:30 | 天秤 |
| 1936年 | 7月26日 | 14:54 | 蠍 |
| 1936年 | 7月29日 | 02:55 | 射手 |
| 1936年 | 7月31日 | 12:24 | 山羊 |
| 1936年 | 8月2日 | 18:25 | 水瓶 |
| 1936年 | 8月4日 | 21:36 | 魚 |
| 1936年 | 8月6日 | 23:22 | 牡羊 |
| 1936年 | 8月9日 | 01:12 | 牡牛 |
| 1936年 | 8月11日 | 04:12 | 双子 |
| 1936年 | 8月13日 | 08:52 | 蟹 |
| 1936年 | 8月15日 | 15:20 | 獅子 |
| 1936年 | 8月17日 | 23:44 | 乙女 |
| 1936年 | 8月20日 | 10:17 | 天秤 |
| 1936年 | 8月22日 | 22:35 | 蠍 |
| 1936年 | 8月25日 | 11:09 | 射手 |
| 1936年 | 8月27日 | 21:34 | 山羊 |
| 1936年 | 8月30日 | 04:12 | 水瓶 |
| 1936年 | 9月1日 | 07:06 | 魚 |
| 1936年 | 9月3日 | 07:43 | 牡羊 |
| 1936年 | 9月5日 | 08:04 | 牡牛 |
| 1936年 | 9月7日 | 09:54 | 双子 |
| 1936年 | 9月9日 | 14:16 | 蟹 |
| 1936年 | 9月11日 | 21:13 | 獅子 |
| 1936年 | 9月14日 | 06:20 | 乙女 |
| 1936年 | 9月16日 | 17:12 | 天秤 |
| 1936年 | 9月19日 | 05:32 | 蠍 |
| 1936年 | 9月21日 | 18:24 | 射手 |
| 1936年 | 9月24日 | 05:53 | 山羊 |
| 1936年 | 9月26日 | 13:53 | 水瓶 |
| 1936年 | 9月28日 | 17:39 | 魚 |
| 1936年 | 9月30日 | 18:11 | 牡羊 |
| 1936年 | 10月2日 | 17:26 | 牡牛 |
| 1936年 | 10月4日 | 17:37 | 双子 |
| 1936年 | 10月6日 | 20:28 | 蟹 |
| 1936年 | 10月9日 | 02:44 | 獅子 |
| 1936年 | 10月11日 | 12:01 | 乙女 |
| 1936年 | 10月13日 | 23:19 | 天秤 |
| 1936年 | 10月16日 | 11:47 | 蠍 |
| 1936年 | 10月19日 | 00:37 | 射手 |
| 1936年 | 10月21日 | 12:37 | 山羊 |
| 1936年 | 10月23日 | 21:59 | 水瓶 |
| 1936年 | 10月26日 | 03:28 | 魚 |
| 1936年 | 10月28日 | 05:10 | 牡羊 |
| 1936年 | 10月30日 | 04:35 | 牡牛 |
| 1936年 | 11月1日 | 03:50 | 双子 |
| 1936年 | 11月3日 | 05:00 | 蟹 |
| 1936年 | 11月5日 | 09:37 | 獅子 |
| 1936年 | 11月7日 | 17:59 | 乙女 |
| 1936年 | 11月10日 | 05:14 | 天秤 |
| 1936年 | 11月12日 | 17:52 | 蠍 |
| 1936年 | 11月15日 | 06:33 | 射手 |
| 1936年 | 11月17日 | 18:20 | 山羊 |
| 1936年 | 11月20日 | 04:10 | 水瓶 |
| 1936年 | 11月22日 | 11:04 | 魚 |
| 1936年 | 11月24日 | 14:37 | 牡羊 |
| 1936年 | 11月26日 | 15:29 | 牡牛 |
| 1936年 | 11月28日 | 15:12 | 双子 |
| 1936年 | 11月30日 | 15:40 | 蟹 |
| 1936年 | 12月2日 | 18:43 | 獅子 |
| 1936年 | 12月5日 | 01:30 | 乙女 |
| 1936年 | 12月7日 | 11:55 | 天秤 |
| 1936年 | 12月10日 | 00:27 | 蠍 |
| 1936年 | 12月12日 | 13:07 | 射手 |
| 1936年 | 12月15日 | 00:25 | 山羊 |
| 1936年 | 12月17日 | 09:42 | 水瓶 |
| 1936年 | 12月19日 | 16:43 | 魚 |
| 1936年 | 12月21日 | 21:26 | 牡羊 |
| 1936年 | 12月24日 | 00:06 | 牡牛 |
| 1936年 | 12月26日 | 01:25 | 双子 |
| 1936年 | 12月28日 | 02:37 | 蟹 |
| 1936年 | 12月30日 | 05:14 | 獅子 |
| 1937年 | 1月1日 | 10:45 | 乙女 |
| 1937年 | 1月3日 | 19:55 | 天秤 |
| 1937年 | 1月6日 | 07:58 | 蠍 |
| 1937年 | 1月8日 | 20:42 | 射手 |
| 1937年 | 1月11日 | 07:53 | 山羊 |
| 1937年 | 1月13日 | 16:25 | 水瓶 |
| 1937年 | 1月15日 | 22:28 | 魚 |
| 1937年 | 1月18日 | 02:48 | 牡羊 |
| 1937年 | 1月20日 | 06:07 | 牡牛 |
| 1937年 | 1月22日 | 08:54 | 双子 |
| 1937年 | 1月24日 | 11:38 | 蟹 |
| 1937年 | 1月26日 | 15:08 | 獅子 |
| 1937年 | 1月28日 | 20:30 | 乙女 |
| 1937年 | 1月31日 | 04:49 | 天秤 |
| 1937年 | 2月2日 | 16:10 | 蠍 |
| 1937年 | 2月5日 | 04:58 | 射手 |
| 1937年 | 2月7日 | 16:34 | 山羊 |
| 1937年 | 2月10日 | 01:00 | 水瓶 |
| 1937年 | 2月12日 | 06:10 | 魚 |
| 1937年 | 2月14日 | 09:12 | 牡羊 |
| 1937年 | 2月16日 | 11:35 | 牡牛 |
| 1937年 | 2月18日 | 14:22 | 双子 |
| 1937年 | 2月20日 | 18:04 | 蟹 |
| 1937年 | 2月22日 | 22:51 | 獅子 |
| 1937年 | 2月25日 | 05:04 | 乙女 |
| 1937年 | 2月27日 | 13:26 | 天秤 |
| 1937年 | 3月2日 | 00:22 | 蠍 |
| 1937年 | 3月4日 | 13:08 | 射手 |
| 1937年 | 3月7日 | 01:22 | 山羊 |
| 1937年 | 3月9日 | 10:35 | 水瓶 |
| 1937年 | 3月11日 | 15:50 | 魚 |
| 1937年 | 3月13日 | 18:00 | 牡羊 |
| 1937年 | 3月15日 | 18:54 | 牡牛 |
| 1937年 | 3月17日 | 20:19 | 双子 |
| 1937年 | 3月19日 | 23:25 | 蟹 |
| 1937年 | 3月22日 | 04:35 | 獅子 |
| 1937年 | 3月24日 | 11:44 | 乙女 |
| 1937年 | 3月26日 | 20:47 | 天秤 |
| 1937年 | 3月29日 | 07:51 | 蠍 |
| 1937年 | 3月31日 | 20:32 | 射手 |
| 1937年 | 4月3日 | 09:16 | 山羊 |
| 1937年 | 4月5日 | 19:38 | 水瓶 |
| 1937年 | 4月8日 | 01:59 | 魚 |
| 1937年 | 4月10日 | 04:29 | 牡羊 |
| 1937年 | 4月12日 | 04:40 | 牡牛 |
| 1937年 | 4月14日 | 04:35 | 双子 |
| 1937年 | 4月16日 | 06:03 | 蟹 |
| 1937年 | 4月18日 | 10:11 | 獅子 |
| 1937年 | 4月20日 | 17:16 | 乙女 |
| 1937年 | 4月23日 | 02:51 | 天秤 |
| 1937年 | 4月25日 | 14:20 | 蠍 |
| 1937年 | 4月28日 | 03:05 | 射手 |
| 1937年 | 4月30日 | 15:56 | 山羊 |
| 1937年 | 5月3日 | 03:08 | 水瓶 |
| 1937年 | 5月5日 | 10:57 | 魚 |
| 1937年 | 5月7日 | 14:48 | 牡羊 |
| 1937年 | 5月9日 | 15:32 | 牡牛 |
| 1937年 | 5月11日 | 14:57 | 双子 |
| 1937年 | 5月13日 | 15:00 | 蟹 |
| 1937年 | 5月15日 | 17:27 | 獅子 |
| 1937年 | 5月17日 | 23:18 | 乙女 |
| 1937年 | 5月20日 | 08:34 | 天秤 |

| | | | |
|---|---|---|---|
| 1937年 | 5月22日 | 20:18 | 蠍 |
| 1937年 | 5月25日 | 09:10 | 射手 |
| 1937年 | 5月27日 | 21:53 | 山羊 |
| 1937年 | 5月30日 | 09:13 | 水瓶 |
| 1937年 | 6月1日 | 17:57 | 魚 |
| 1937年 | 6月3日 | 23:22 | 牡羊 |
| 1937年 | 6月6日 | 01:36 | 牡牛 |
| 1937年 | 6月8日 | 01:46 | 双子 |
| 1937年 | 6月10日 | 01:32 | 蟹 |
| 1937年 | 6月12日 | 02:45 | 獅子 |
| 1937年 | 6月14日 | 07:01 | 乙女 |
| 1937年 | 6月16日 | 15:08 | 天秤 |
| 1937年 | 6月19日 | 02:30 | 蠍 |
| 1937年 | 6月21日 | 15:25 | 射手 |
| 1937年 | 6月24日 | 03:58 | 山羊 |
| 1937年 | 6月26日 | 14:54 | 水瓶 |
| 1937年 | 6月28日 | 23:36 | 魚 |
| 1937年 | 7月1日 | 05:50 | 牡羊 |
| 1937年 | 7月3日 | 09:34 | 牡牛 |
| 1937年 | 7月5日 | 11:15 | 双子 |
| 1937年 | 7月7日 | 11:53 | 蟹 |
| 1937年 | 7月9日 | 12:59 | 獅子 |
| 1937年 | 7月11日 | 16:15 | 乙女 |
| 1937年 | 7月13日 | 23:04 | 天秤 |
| 1937年 | 7月16日 | 09:36 | 蠍 |
| 1937年 | 7月18日 | 22:20 | 射手 |
| 1937年 | 7月21日 | 10:50 | 山羊 |
| 1937年 | 7月23日 | 21:20 | 水瓶 |
| 1937年 | 7月26日 | 05:21 | 魚 |
| 1937年 | 7月28日 | 11:15 | 牡羊 |
| 1937年 | 7月30日 | 15:31 | 牡牛 |
| 1937年 | 8月1日 | 18:29 | 双子 |
| 1937年 | 8月3日 | 20:34 | 蟹 |
| 1937年 | 8月5日 | 22:36 | 獅子 |
| 1937年 | 8月8日 | 01:54 | 乙女 |
| 1937年 | 8月10日 | 07:58 | 天秤 |
| 1937年 | 8月12日 | 17:36 | 蠍 |
| 1937年 | 8月15日 | 05:59 | 射手 |
| 1937年 | 8月17日 | 18:37 | 山羊 |
| 1937年 | 8月20日 | 05:05 | 水瓶 |
| 1937年 | 8月22日 | 12:28 | 魚 |
| 1937年 | 8月24日 | 17:23 | 牡羊 |
| 1937年 | 8月26日 | 20:57 | 牡牛 |
| 1937年 | 8月29日 | 00:01 | 双子 |
| 1937年 | 8月31日 | 03:03 | 蟹 |
| 1937年 | 9月2日 | 06:21 | 獅子 |
| 1937年 | 9月4日 | 10:34 | 乙女 |
| 1937年 | 9月6日 | 16:48 | 天秤 |
| 1937年 | 9月9日 | 01:59 | 蠍 |
| 1937年 | 9月11日 | 13:59 | 射手 |
| 1937年 | 9月14日 | 02:51 | 山羊 |
| 1937年 | 9月16日 | 13:51 | 水瓶 |
| 1937年 | 9月18日 | 21:19 | 魚 |
| 1937年 | 9月21日 | 01:31 | 牡羊 |
| 1937年 | 9月23日 | 03:50 | 牡牛 |
| 1937年 | 9月25日 | 05:46 | 双子 |
| 1937年 | 9月27日 | 08:24 | 蟹 |
| 1937年 | 9月29日 | 12:14 | 獅子 |
| 1937年 | 10月1日 | 17:29 | 乙女 |
| 1937年 | 10月4日 | 00:32 | 天秤 |
| 1937年 | 10月6日 | 09:55 | 蠍 |
| 1937年 | 10月8日 | 21:43 | 射手 |
| 1937年 | 10月11日 | 10:46 | 山羊 |
| 1937年 | 10月13日 | 22:37 | 水瓶 |
| 1937年 | 10月16日 | 07:03 | 魚 |
| 1937年 | 10月18日 | 11:33 | 牡羊 |
| 1937年 | 10月20日 | 13:10 | 牡牛 |
| 1937年 | 10月22日 | 13:40 | 双子 |
| 1937年 | 10月24日 | 14:47 | 蟹 |
| 1937年 | 10月26日 | 17:42 | 獅子 |
| 1937年 | 10月28日 | 23:01 | 乙女 |
| 1937年 | 10月31日 | 06:47 | 天秤 |
| 1937年 | 11月2日 | 16:48 | 蠍 |
| 1937年 | 11月5日 | 04:46 | 射手 |
| 1937年 | 11月7日 | 17:50 | 山羊 |
| 1937年 | 11月10日 | 06:19 | 水瓶 |
| 1937年 | 11月12日 | 16:07 | 魚 |
| 1937年 | 11月14日 | 21:59 | 牡羊 |
| 1937年 | 11月17日 | 00:12 | 牡牛 |
| 1937年 | 11月19日 | 00:11 | 双子 |
| 1937年 | 11月20日 | 23:48 | 蟹 |
| 1937年 | 11月23日 | 00:55 | 獅子 |
| 1937年 | 11月25日 | 04:55 | 乙女 |
| 1937年 | 11月27日 | 12:21 | 天秤 |
| 1937年 | 11月29日 | 22:46 | 蠍 |
| 1937年 | 12月2日 | 11:05 | 射手 |
| 1937年 | 12月5日 | 00:07 | 山羊 |
| 1937年 | 12月7日 | 12:40 | 水瓶 |
| 1937年 | 12月9日 | 23:21 | 魚 |
| 1937年 | 12月12日 | 06:55 | 牡羊 |
| 1937年 | 12月14日 | 10:50 | 牡牛 |
| 1937年 | 12月16日 | 11:42 | 双子 |
| 1937年 | 12月18日 | 11:03 | 蟹 |
| 1937年 | 12月20日 | 10:48 | 獅子 |
| 1937年 | 12月22日 | 12:57 | 乙女 |
| 1937年 | 12月24日 | 18:53 | 天秤 |
| 1937年 | 12月27日 | 04:44 | 蠍 |
| 1937年 | 12月29日 | 17:11 | 射手 |
| 1938年 | 1月1日 | 06:17 | 山羊 |
| 1938年 | 1月3日 | 18:31 | 水瓶 |
| 1938年 | 1月6日 | 05:06 | 魚 |
| 1938年 | 1月8日 | 13:29 | 牡羊 |
| 1938年 | 1月10日 | 19:06 | 牡牛 |
| 1938年 | 1月12日 | 21:50 | 双子 |
| 1938年 | 1月14日 | 22:22 | 蟹 |
| 1938年 | 1月16日 | 22:10 | 獅子 |
| 1938年 | 1月18日 | 23:13 | 乙女 |
| 1938年 | 1月21日 | 03:27 | 天秤 |
| 1938年 | 1月23日 | 11:55 | 蠍 |
| 1938年 | 1月25日 | 23:51 | 射手 |
| 1938年 | 1月28日 | 12:58 | 山羊 |
| 1938年 | 1月31日 | 01:00 | 水瓶 |
| 1938年 | 2月2日 | 10:58 | 魚 |
| 1938年 | 2月4日 | 18:54 | 牡羊 |
| 1938年 | 2月7日 | 00:58 | 牡牛 |
| 1938年 | 2月9日 | 05:08 | 双子 |
| 1938年 | 2月11日 | 07:26 | 蟹 |
| 1938年 | 2月13日 | 08:33 | 獅子 |
| 1938年 | 2月15日 | 09:57 | 乙女 |
| 1938年 | 2月17日 | 13:28 | 天秤 |
| 1938年 | 2月19日 | 20:36 | 蠍 |
| 1938年 | 2月22日 | 07:33 | 射手 |
| 1938年 | 2月24日 | 20:27 | 山羊 |
| 1938年 | 2月27日 | 08:36 | 水瓶 |
| 1938年 | 3月1日 | 18:13 | 魚 |
| 1938年 | 3月4日 | 01:16 | 牡羊 |
| 1938年 | 3月6日 | 06:29 | 牡牛 |
| 1938年 | 3月8日 | 10:33 | 双子 |
| 1938年 | 3月10日 | 13:46 | 蟹 |
| 1938年 | 3月12日 | 16:23 | 獅子 |
| 1938年 | 3月14日 | 19:06 | 乙女 |
| 1938年 | 3月16日 | 23:08 | 天秤 |
| 1938年 | 3月19日 | 05:53 | 蠍 |
| 1938年 | 3月21日 | 16:00 | 射手 |
| 1938年 | 3月24日 | 04:31 | 山羊 |
| 1938年 | 3月26日 | 16:56 | 水瓶 |
| 1938年 | 3月29日 | 02:52 | 魚 |
| 1938年 | 3月31日 | 09:33 | 牡羊 |
| 1938年 | 4月2日 | 13:43 | 牡牛 |
| 1938年 | 4月4日 | 16:34 | 双子 |
| 1938年 | 4月6日 | 19:08 | 蟹 |
| 1938年 | 4月8日 | 22:04 | 獅子 |
| 1938年 | 4月11日 | 01:51 | 乙女 |
| 1938年 | 4月13日 | 07:02 | 天秤 |
| 1938年 | 4月15日 | 14:21 | 蠍 |
| 1938年 | 4月18日 | 00:19 | 射手 |
| 1938年 | 4月20日 | 12:31 | 山羊 |
| 1938年 | 4月23日 | 01:10 | 水瓶 |
| 1938年 | 4月25日 | 11:53 | 魚 |
| 1938年 | 4月27日 | 19:08 | 牡羊 |
| 1938年 | 4月29日 | 23:02 | 牡牛 |
| 1938年 | 5月2日 | 00:45 | 双子 |
| 1938年 | 5月4日 | 01:51 | 蟹 |
| 1938年 | 5月6日 | 03:42 | 獅子 |
| 1938年 | 5月8日 | 07:17 | 乙女 |
| 1938年 | 5月10日 | 13:05 | 天秤 |
| 1938年 | 5月12日 | 21:16 | 蠍 |
| 1938年 | 5月15日 | 07:40 | 射手 |
| 1938年 | 5月17日 | 19:51 | 山羊 |

| | | | |
|---|---|---|---|
| 1938年 | 5月20日 | 08:37 | 水瓶 |
| 1938年 | 5月22日 | 20:08 | 魚 |
| 1938年 | 5月25日 | 04:35 | 牡羊 |
| 1938年 | 5月27日 | 09:17 | 牡牛 |
| 1938年 | 5月29日 | 10:52 | 双子 |
| 1938年 | 5月31日 | 10:53 | 蟹 |
| 1938年 | 6月 2日 | 11:09 | 獅子 |
| 1938年 | 6月 4日 | 13:21 | 乙女 |
| 1938年 | 6月 6日 | 18:35 | 天秤 |
| 1938年 | 6月 9日 | 03:01 | 蠍 |
| 1938年 | 6月11日 | 13:57 | 射手 |
| 1938年 | 6月14日 | 02:21 | 山羊 |
| 1938年 | 6月16日 | 15:07 | 水瓶 |
| 1938年 | 6月19日 | 03:02 | 魚 |
| 1938年 | 6月21日 | 12:39 | 牡羊 |
| 1938年 | 6月23日 | 18:49 | 牡牛 |
| 1938年 | 6月25日 | 21:25 | 双子 |
| 1938年 | 6月27日 | 21:28 | 蟹 |
| 1938年 | 6月29日 | 20:46 | 獅子 |
| 1938年 | 7月 1日 | 21:24 | 乙女 |
| 1938年 | 7月 4日 | 01:09 | 天秤 |
| 1938年 | 7月 6日 | 08:49 | 蠍 |
| 1938年 | 7月 8日 | 19:45 | 射手 |
| 1938年 | 7月11日 | 08:22 | 山羊 |
| 1938年 | 7月13日 | 21:05 | 水瓶 |
| 1938年 | 7月16日 | 08:55 | 魚 |
| 1938年 | 7月18日 | 19:02 | 牡羊 |
| 1938年 | 7月21日 | 02:31 | 牡牛 |
| 1938年 | 7月23日 | 06:43 | 双子 |
| 1938年 | 7月25日 | 07:55 | 蟹 |
| 1938年 | 7月27日 | 07:26 | 獅子 |
| 1938年 | 7月29日 | 07:17 | 乙女 |
| 1938年 | 7月31日 | 09:35 | 天秤 |
| 1938年 | 8月 2日 | 15:49 | 蠍 |
| 1938年 | 8月 5日 | 02:01 | 射手 |
| 1938年 | 8月 7日 | 14:33 | 山羊 |
| 1938年 | 8月10日 | 03:15 | 水瓶 |
| 1938年 | 8月12日 | 14:45 | 魚 |
| 1938年 | 8月15日 | 00:34 | 牡羊 |
| 1938年 | 8月17日 | 08:25 | 牡牛 |
| 1938年 | 8月19日 | 13:51 | 双子 |
| 1938年 | 8月21日 | 16:40 | 蟹 |
| 1938年 | 8月23日 | 17:27 | 獅子 |
| 1938年 | 8月25日 | 17:43 | 乙女 |
| 1938年 | 8月27日 | 19:26 | 天秤 |
| 1938年 | 8月30日 | 00:26 | 蠍 |
| 1938年 | 9月 1日 | 09:28 | 射手 |
| 1938年 | 9月 3日 | 21:29 | 山羊 |
| 1938年 | 9月 6日 | 10:10 | 水瓶 |
| 1938年 | 9月 8日 | 21:28 | 魚 |
| 1938年 | 9月11日 | 06:40 | 牡羊 |
| 1938年 | 9月13日 | 13:54 | 牡牛 |
| 1938年 | 9月15日 | 19:23 | 双子 |
| 1938年 | 9月17日 | 23:09 | 蟹 |
| 1938年 | 9月20日 | 01:26 | 獅子 |
| 1938年 | 9月22日 | 03:02 | 乙女 |
| 1938年 | 9月24日 | 05:19 | 天秤 |
| 1938年 | 9月26日 | 09:57 | 蠍 |
| 1938年 | 9月28日 | 18:02 | 射手 |
| 1938年 | 10月 1日 | 05:20 | 山羊 |
| 1938年 | 10月 3日 | 17:57 | 水瓶 |
| 1938年 | 10月 6日 | 05:27 | 魚 |
| 1938年 | 10月 8日 | 14:22 | 牡羊 |
| 1938年 | 10月10日 | 20:43 | 牡牛 |
| 1938年 | 10月13日 | 01:10 | 双子 |
| 1938年 | 10月15日 | 04:31 | 蟹 |
| 1938年 | 10月17日 | 07:20 | 獅子 |
| 1938年 | 10月19日 | 10:09 | 乙女 |
| 1938年 | 10月21日 | 13:43 | 天秤 |
| 1938年 | 10月23日 | 19:00 | 蠍 |
| 1938年 | 10月26日 | 02:54 | 射手 |
| 1938年 | 10月28日 | 13:38 | 山羊 |
| 1938年 | 10月31日 | 02:08 | 水瓶 |
| 1938年 | 11月 2日 | 14:09 | 魚 |
| 1938年 | 11月 4日 | 23:35 | 牡羊 |
| 1938年 | 11月 7日 | 05:41 | 牡牛 |
| 1938年 | 11月 9日 | 09:03 | 双子 |
| 1938年 | 11月11日 | 11:00 | 蟹 |
| 1938年 | 11月13日 | 12:50 | 獅子 |
| 1938年 | 11月15日 | 15:38 | 乙女 |
| 1938年 | 11月17日 | 20:03 | 天秤 |
| 1938年 | 11月20日 | 02:26 | 蠍 |
| 1938年 | 11月22日 | 10:56 | 射手 |
| 1938年 | 11月24日 | 21:37 | 山羊 |
| 1938年 | 11月27日 | 09:58 | 水瓶 |
| 1938年 | 11月29日 | 22:29 | 魚 |
| 1938年 | 12月 2日 | 09:02 | 牡羊 |
| 1938年 | 12月 4日 | 16:01 | 牡牛 |
| 1938年 | 12月 6日 | 19:19 | 双子 |
| 1938年 | 12月 8日 | 20:08 | 蟹 |
| 1938年 | 12月10日 | 20:18 | 獅子 |
| 1938年 | 12月12日 | 21:38 | 乙女 |
| 1938年 | 12月15日 | 01:27 | 天秤 |
| 1938年 | 12月17日 | 08:13 | 蠍 |
| 1938年 | 12月19日 | 17:31 | 射手 |
| 1938年 | 12月22日 | 04:39 | 山羊 |
| 1938年 | 12月24日 | 16:59 | 水瓶 |
| 1938年 | 12月27日 | 05:41 | 魚 |
| 1938年 | 12月29日 | 17:14 | 牡羊 |
| 1939年 | 1月 1日 | 01:47 | 牡牛 |
| 1939年 | 1月 3日 | 06:19 | 双子 |
| 1939年 | 1月 5日 | 07:20 | 蟹 |
| 1939年 | 1月 7日 | 06:33 | 獅子 |
| 1939年 | 1月 9日 | 06:08 | 乙女 |
| 1939年 | 1月11日 | 08:11 | 天秤 |
| 1939年 | 1月13日 | 13:54 | 蠍 |
| 1939年 | 1月15日 | 23:09 | 射手 |
| 1939年 | 1月18日 | 10:43 | 山羊 |
| 1939年 | 1月20日 | 23:15 | 水瓶 |
| 1939年 | 1月23日 | 11:51 | 魚 |
| 1939年 | 1月25日 | 23:41 | 牡羊 |
| 1939年 | 1月28日 | 09:29 | 牡牛 |
| 1939年 | 1月30日 | 15:50 | 双子 |
| 1939年 | 2月 1日 | 18:22 | 蟹 |
| 1939年 | 2月 3日 | 18:07 | 獅子 |
| 1939年 | 2月 5日 | 17:03 | 乙女 |
| 1939年 | 2月 7日 | 17:30 | 天秤 |
| 1939年 | 2月 9日 | 21:21 | 蠍 |
| 1939年 | 2月12日 | 05:23 | 射手 |
| 1939年 | 2月14日 | 16:41 | 山羊 |
| 1939年 | 2月17日 | 05:22 | 水瓶 |
| 1939年 | 2月19日 | 17:52 | 魚 |
| 1939年 | 2月22日 | 05:23 | 牡羊 |
| 1939年 | 2月24日 | 15:19 | 牡牛 |
| 1939年 | 2月26日 | 22:47 | 双子 |
| 1939年 | 3月 1日 | 03:06 | 蟹 |
| 1939年 | 3月 3日 | 04:30 | 獅子 |
| 1939年 | 3月 5日 | 04:17 | 乙女 |
| 1939年 | 3月 7日 | 04:26 | 天秤 |
| 1939年 | 3月 9日 | 07:00 | 蠍 |
| 1939年 | 3月11日 | 13:23 | 射手 |
| 1939年 | 3月13日 | 23:35 | 山羊 |
| 1939年 | 3月16日 | 12:01 | 水瓶 |
| 1939年 | 3月19日 | 00:31 | 魚 |
| 1939年 | 3月21日 | 11:41 | 牡羊 |
| 1939年 | 3月23日 | 20:58 | 牡牛 |
| 1939年 | 3月26日 | 04:14 | 双子 |
| 1939年 | 3月28日 | 09:19 | 蟹 |
| 1939年 | 3月30日 | 12:15 | 獅子 |
| 1939年 | 4月 1日 | 13:39 | 乙女 |
| 1939年 | 4月 3日 | 14:49 | 天秤 |
| 1939年 | 4月 5日 | 17:22 | 蠍 |
| 1939年 | 4月 7日 | 22:47 | 射手 |
| 1939年 | 4月10日 | 07:47 | 山羊 |
| 1939年 | 4月12日 | 19:33 | 水瓶 |
| 1939年 | 4月15日 | 08:04 | 魚 |
| 1939年 | 4月17日 | 19:13 | 牡羊 |
| 1939年 | 4月20日 | 03:57 | 牡牛 |
| 1939年 | 4月22日 | 10:16 | 双子 |
| 1939年 | 4月24日 | 14:43 | 蟹 |
| 1939年 | 4月26日 | 17:55 | 獅子 |
| 1939年 | 4月28日 | 20:27 | 乙女 |
| 1939年 | 4月30日 | 23:02 | 天秤 |
| 1939年 | 5月 3日 | 02:36 | 蠍 |
| 1939年 | 5月 5日 | 08:11 | 射手 |
| 1939年 | 5月 7日 | 16:33 | 山羊 |
| 1939年 | 5月10日 | 03:41 | 水瓶 |
| 1939年 | 5月12日 | 16:09 | 魚 |
| 1939年 | 5月15日 | 03:40 | 牡羊 |

| | | | |
|---|---|---|---|
| 1939年 | 5月17日 | 12:28 | 牡牛 |
| 1939年 | 5月19日 | 18:07 | 双子 |
| 1939年 | 5月21日 | 21:23 | 蟹 |
| 1939年 | 5月23日 | 23:34 | 獅子 |
| 1939年 | 5月26日 | 01:51 | 乙女 |
| 1939年 | 5月28日 | 05:06 | 天秤 |
| 1939年 | 5月30日 | 09:47 | 蠍 |
| 1939年 | 6月1日 | 16:15 | 射手 |
| 1939年 | 6月4日 | 00:50 | 山羊 |
| 1939年 | 6月6日 | 11:40 | 水瓶 |
| 1939年 | 6月9日 | 00:04 | 魚 |
| 1939年 | 6月11日 | 12:10 | 牡羊 |
| 1939年 | 6月13日 | 21:42 | 牡牛 |
| 1939年 | 6月16日 | 03:32 | 双子 |
| 1939年 | 6月18日 | 06:07 | 蟹 |
| 1939年 | 6月20日 | 06:58 | 獅子 |
| 1939年 | 6月22日 | 07:56 | 乙女 |
| 1939年 | 6月24日 | 10:30 | 天秤 |
| 1939年 | 6月26日 | 15:25 | 蠍 |
| 1939年 | 6月28日 | 22:39 | 射手 |
| 1939年 | 7月1日 | 07:53 | 山羊 |
| 1939年 | 7月3日 | 18:54 | 水瓶 |
| 1939年 | 7月6日 | 07:17 | 魚 |
| 1939年 | 7月8日 | 19:49 | 牡羊 |
| 1939年 | 7月11日 | 06:26 | 牡牛 |
| 1939年 | 7月13日 | 13:20 | 双子 |
| 1939年 | 7月15日 | 16:16 | 蟹 |
| 1939年 | 7月17日 | 16:31 | 獅子 |
| 1939年 | 7月19日 | 16:08 | 乙女 |
| 1939年 | 7月21日 | 17:10 | 天秤 |
| 1939年 | 7月23日 | 21:04 | 蠍 |
| 1939年 | 7月26日 | 04:09 | 射手 |
| 1939年 | 7月28日 | 13:50 | 山羊 |
| 1939年 | 7月31日 | 01:14 | 水瓶 |
| 1939年 | 8月2日 | 13:41 | 魚 |
| 1939年 | 8月5日 | 02:22 | 牡羊 |
| 1939年 | 8月7日 | 13:47 | 牡牛 |
| 1939年 | 8月9日 | 22:06 | 双子 |
| 1939年 | 8月12日 | 02:21 | 蟹 |
| 1939年 | 8月14日 | 03:10 | 獅子 |
| 1939年 | 8月16日 | 02:20 | 乙女 |
| 1939年 | 8月18日 | 02:04 | 天秤 |
| 1939年 | 8月20日 | 04:20 | 蠍 |
| 1939年 | 8月22日 | 10:14 | 射手 |
| 1939年 | 8月24日 | 19:33 | 山羊 |
| 1939年 | 8月27日 | 07:09 | 水瓶 |
| 1939年 | 8月29日 | 19:42 | 魚 |
| 1939年 | 9月1日 | 08:15 | 牡羊 |
| 1939年 | 9月3日 | 19:47 | 牡牛 |
| 1939年 | 9月6日 | 05:02 | 双子 |
| 1939年 | 9月8日 | 10:52 | 蟹 |
| 1939年 | 9月10日 | 13:12 | 獅子 |
| 1939年 | 9月12日 | 13:10 | 乙女 |
| 1939年 | 9月14日 | 12:39 | 天秤 |
| 1939年 | 9月16日 | 13:43 | 蠍 |
| 1939年 | 9月18日 | 18:01 | 射手 |
| 1939年 | 9月21日 | 02:10 | 山羊 |
| 1939年 | 9月23日 | 13:24 | 水瓶 |
| 1939年 | 9月26日 | 02:00 | 魚 |
| 1939年 | 9月28日 | 14:22 | 牡羊 |
| 1939年 | 10月1日 | 01:28 | 牡牛 |
| 1939年 | 10月3日 | 10:38 | 双子 |
| 1939年 | 10月5日 | 17:16 | 蟹 |
| 1939年 | 10月7日 | 21:10 | 獅子 |
| 1939年 | 10月9日 | 22:46 | 乙女 |
| 1939年 | 10月11日 | 23:16 | 天秤 |
| 1939年 | 10月14日 | 00:19 | 蠍 |
| 1939年 | 10月16日 | 03:36 | 射手 |
| 1939年 | 10月18日 | 10:22 | 山羊 |
| 1939年 | 10月20日 | 20:39 | 水瓶 |
| 1939年 | 10月23日 | 09:05 | 魚 |
| 1939年 | 10月25日 | 21:28 | 牡羊 |
| 1939年 | 10月28日 | 08:09 | 牡牛 |
| 1939年 | 10月30日 | 16:31 | 双子 |
| 1939年 | 11月1日 | 22:41 | 蟹 |
| 1939年 | 11月4日 | 03:01 | 獅子 |
| 1939年 | 11月6日 | 05:57 | 乙女 |
| 1939年 | 11月8日 | 08:03 | 天秤 |
| 1939年 | 11月10日 | 10:14 | 蠍 |
| 1939年 | 11月12日 | 13:41 | 射手 |
| 1939年 | 11月14日 | 19:42 | 山羊 |
| 1939年 | 11月17日 | 05:00 | 水瓶 |
| 1939年 | 11月19日 | 16:59 | 魚 |
| 1939年 | 11月22日 | 05:35 | 牡羊 |
| 1939年 | 11月24日 | 16:22 | 牡牛 |
| 1939年 | 11月27日 | 00:09 | 双子 |
| 1939年 | 11月29日 | 05:12 | 蟹 |
| 1939年 | 12月1日 | 08:34 | 獅子 |
| 1939年 | 12月3日 | 11:23 | 乙女 |
| 1939年 | 12月5日 | 14:22 | 天秤 |
| 1939年 | 12月7日 | 17:57 | 蠍 |
| 1939年 | 12月9日 | 22:32 | 射手 |
| 1939年 | 12月12日 | 04:51 | 山羊 |
| 1939年 | 12月14日 | 13:42 | 水瓶 |
| 1939年 | 12月17日 | 01:13 | 魚 |
| 1939年 | 12月19日 | 14:02 | 牡羊 |
| 1939年 | 12月22日 | 01:31 | 牡牛 |
| 1939年 | 12月24日 | 09:37 | 双子 |
| 1939年 | 12月26日 | 14:03 | 蟹 |
| 1939年 | 12月28日 | 16:05 | 獅子 |
| 1939年 | 12月30日 | 17:29 | 乙女 |
| 1940年 | 1月1日 | 19:44 | 天秤 |
| 1940年 | 1月3日 | 23:36 | 蠍 |
| 1940年 | 1月6日 | 05:12 | 射手 |
| 1940年 | 1月8日 | 12:30 | 山羊 |
| 1940年 | 1月10日 | 21:42 | 水瓶 |
| 1940年 | 1月13日 | 09:03 | 魚 |
| 1940年 | 1月15日 | 21:55 | 牡羊 |
| 1940年 | 1月18日 | 10:15 | 牡牛 |
| 1940年 | 1月20日 | 19:31 | 双子 |
| 1940年 | 1月23日 | 00:35 | 蟹 |
| 1940年 | 1月25日 | 02:11 | 獅子 |
| 1940年 | 1月27日 | 02:13 | 乙女 |
| 1940年 | 1月29日 | 02:43 | 天秤 |
| 1940年 | 1月31日 | 05:17 | 蠍 |
| 1940年 | 2月2日 | 10:36 | 射手 |
| 1940年 | 2月4日 | 18:27 | 山羊 |
| 1940年 | 2月7日 | 04:21 | 水瓶 |
| 1940年 | 2月9日 | 15:58 | 魚 |
| 1940年 | 2月12日 | 04:49 | 牡羊 |
| 1940年 | 2月14日 | 17:35 | 牡牛 |
| 1940年 | 2月17日 | 04:09 | 双子 |
| 1940年 | 2月19日 | 10:46 | 蟹 |
| 1940年 | 2月21日 | 13:19 | 獅子 |
| 1940年 | 2月23日 | 13:12 | 乙女 |
| 1940年 | 2月25日 | 12:29 | 天秤 |
| 1940年 | 2月27日 | 13:13 | 蠍 |
| 1940年 | 2月29日 | 16:54 | 射手 |
| 1940年 | 3月3日 | 00:02 | 山羊 |
| 1940年 | 3月5日 | 10:07 | 水瓶 |
| 1940年 | 3月7日 | 22:07 | 魚 |
| 1940年 | 3月10日 | 11:01 | 牡羊 |
| 1940年 | 3月12日 | 23:44 | 牡牛 |
| 1940年 | 3月15日 | 10:53 | 双子 |
| 1940年 | 3月17日 | 18:57 | 蟹 |
| 1940年 | 3月19日 | 23:15 | 獅子 |
| 1940年 | 3月22日 | 00:21 | 乙女 |
| 1940年 | 3月23日 | 23:48 | 天秤 |
| 1940年 | 3月25日 | 23:34 | 蠍 |
| 1940年 | 3月28日 | 01:31 | 射手 |
| 1940年 | 3月30日 | 06:59 | 山羊 |
| 1940年 | 4月1日 | 16:13 | 水瓶 |
| 1940年 | 4月4日 | 04:11 | 魚 |
| 1940年 | 4月6日 | 17:10 | 牡羊 |
| 1940年 | 4月9日 | 05:38 | 牡牛 |
| 1940年 | 4月11日 | 16:32 | 双子 |
| 1940年 | 4月14日 | 01:04 | 蟹 |
| 1940年 | 4月16日 | 06:44 | 獅子 |
| 1940年 | 4月18日 | 09:35 | 乙女 |
| 1940年 | 4月20日 | 10:23 | 天秤 |
| 1940年 | 4月22日 | 10:33 | 蠍 |
| 1940年 | 4月24日 | 11:48 | 射手 |
| 1940年 | 4月26日 | 15:49 | 山羊 |
| 1940年 | 4月28日 | 23:38 | 水瓶 |
| 1940年 | 5月1日 | 10:56 | 魚 |
| 1940年 | 5月3日 | 23:51 | 牡羊 |
| 1940年 | 5月6日 | 12:12 | 牡牛 |
| 1940年 | 5月8日 | 22:33 | 双子 |
| 1940年 | 5月11日 | 06:33 | 蟹 |

| | | | |
|---|---|---|---|
| 1940年 | 5月13日 | 12:22 | 獅子 |
| 1940年 | 5月15日 | 16:18 | 乙女 |
| 1940年 | 5月17日 | 18:41 | 天秤 |
| 1940年 | 5月19日 | 20:12 | 蠍 |
| 1940年 | 5月21日 | 22:01 | 射手 |
| 1940年 | 5月24日 | 01:35 | 山羊 |
| 1940年 | 5月26日 | 08:19 | 水瓶 |
| 1940年 | 5月28日 | 18:39 | 魚 |
| 1940年 | 5月31日 | 07:18 | 牡羊 |
| 1940年 | 6月2日 | 19:43 | 牡牛 |
| 1940年 | 6月5日 | 05:49 | 双子 |
| 1940年 | 6月7日 | 13:02 | 蟹 |
| 1940年 | 6月9日 | 18:01 | 獅子 |
| 1940年 | 6月11日 | 21:41 | 乙女 |
| 1940年 | 6月14日 | 00:44 | 天秤 |
| 1940年 | 6月16日 | 03:32 | 蠍 |
| 1940年 | 6月18日 | 06:34 | 射手 |
| 1940年 | 6月20日 | 10:44 | 山羊 |
| 1940年 | 6月22日 | 17:15 | 水瓶 |
| 1940年 | 6月25日 | 02:55 | 魚 |
| 1940年 | 6月27日 | 15:13 | 牡羊 |
| 1940年 | 6月30日 | 03:52 | 牡牛 |
| 1940年 | 7月2日 | 14:15 | 双子 |
| 1940年 | 7月4日 | 21:11 | 蟹 |
| 1940年 | 7月7日 | 01:13 | 獅子 |
| 1940年 | 7月9日 | 03:45 | 乙女 |
| 1940年 | 7月11日 | 06:07 | 天秤 |
| 1940年 | 7月13日 | 09:07 | 蠍 |
| 1940年 | 7月15日 | 13:05 | 射手 |
| 1940年 | 7月17日 | 18:18 | 山羊 |
| 1940年 | 7月20日 | 01:22 | 水瓶 |
| 1940年 | 7月22日 | 10:58 | 魚 |
| 1940年 | 7月24日 | 23:01 | 牡羊 |
| 1940年 | 7月27日 | 11:56 | 牡牛 |
| 1940年 | 7月29日 | 23:03 | 双子 |
| 1940年 | 8月1日 | 06:32 | 蟹 |
| 1940年 | 8月3日 | 10:20 | 獅子 |
| 1940年 | 8月5日 | 11:51 | 乙女 |
| 1940年 | 8月7日 | 12:50 | 天秤 |
| 1940年 | 8月9日 | 14:46 | 蠍 |
| 1940年 | 8月11日 | 18:29 | 射手 |
| 1940年 | 8月14日 | 00:15 | 山羊 |
| 1940年 | 8月16日 | 08:07 | 水瓶 |
| 1940年 | 8月18日 | 18:10 | 魚 |
| 1940年 | 8月21日 | 06:14 | 牡羊 |
| 1940年 | 8月23日 | 19:16 | 牡牛 |
| 1940年 | 8月26日 | 07:13 | 双子 |
| 1940年 | 8月28日 | 15:53 | 蟹 |
| 1940年 | 8月30日 | 20:31 | 獅子 |
| 1940年 | 9月1日 | 21:57 | 乙女 |
| 1940年 | 9月3日 | 21:55 | 天秤 |
| 1940年 | 9月5日 | 22:17 | 蠍 |
| 1940年 | 9月8日 | 00:36 | 射手 |
| 1940年 | 9月10日 | 05:45 | 山羊 |
| 1940年 | 9月12日 | 13:51 | 水瓶 |
| 1940年 | 9月15日 | 00:25 | 魚 |
| 1940年 | 9月17日 | 12:43 | 牡羊 |
| 1940年 | 9月20日 | 01:45 | 牡牛 |
| 1940年 | 9月22日 | 14:05 | 双子 |
| 1940年 | 9月24日 | 23:57 | 蟹 |
| 1940年 | 9月27日 | 06:09 | 獅子 |
| 1940年 | 9月29日 | 08:41 | 乙女 |
| 1940年 | 10月1日 | 08:46 | 天秤 |
| 1940年 | 10月3日 | 08:12 | 蠍 |
| 1940年 | 10月5日 | 08:54 | 射手 |
| 1940年 | 10月7日 | 12:28 | 山羊 |
| 1940年 | 10月9日 | 19:43 | 水瓶 |
| 1940年 | 10月12日 | 06:17 | 魚 |
| 1940年 | 10月14日 | 18:50 | 牡羊 |
| 1940年 | 10月17日 | 07:49 | 牡牛 |
| 1940年 | 10月19日 | 19:59 | 双子 |
| 1940年 | 10月22日 | 06:18 | 蟹 |
| 1940年 | 10月24日 | 13:50 | 獅子 |
| 1940年 | 10月26日 | 18:10 | 乙女 |
| 1940年 | 10月28日 | 19:37 | 天秤 |
| 1940年 | 10月30日 | 19:25 | 蠍 |
| 1940年 | 11月1日 | 19:21 | 射手 |
| 1940年 | 11月3日 | 21:23 | 山羊 |
| 1940年 | 11月6日 | 03:03 | 水瓶 |
| 1940年 | 11月8日 | 12:45 | 魚 |
| 1940年 | 11月11日 | 01:12 | 牡羊 |
| 1940年 | 11月13日 | 14:13 | 牡牛 |
| 1940年 | 11月16日 | 02:00 | 双子 |
| 1940年 | 11月18日 | 11:52 | 蟹 |
| 1940年 | 11月20日 | 19:38 | 獅子 |
| 1940年 | 11月23日 | 01:10 | 乙女 |
| 1940年 | 11月25日 | 04:25 | 天秤 |
| 1940年 | 11月27日 | 05:45 | 蠍 |
| 1940年 | 11月29日 | 06:19 | 射手 |
| 1940年 | 12月1日 | 07:50 | 山羊 |
| 1940年 | 12月3日 | 12:12 | 水瓶 |
| 1940年 | 12月5日 | 20:35 | 魚 |
| 1940年 | 12月8日 | 08:26 | 牡羊 |
| 1940年 | 12月10日 | 21:27 | 牡牛 |
| 1940年 | 12月13日 | 09:08 | 双子 |
| 1940年 | 12月15日 | 18:20 | 蟹 |
| 1940年 | 12月18日 | 01:16 | 獅子 |
| 1940年 | 12月20日 | 06:35 | 乙女 |
| 1940年 | 12月22日 | 10:37 | 天秤 |
| 1940年 | 12月24日 | 13:30 | 蠍 |
| 1940年 | 12月26日 | 15:37 | 射手 |
| 1940年 | 12月28日 | 17:59 | 山羊 |
| 1940年 | 12月30日 | 22:09 | 水瓶 |
| 1941年 | 1月2日 | 05:35 | 魚 |
| 1941年 | 1月4日 | 16:34 | 牡羊 |
| 1941年 | 1月7日 | 05:28 | 牡牛 |
| 1941年 | 1月9日 | 17:27 | 双子 |
| 1941年 | 1月12日 | 02:33 | 蟹 |
| 1941年 | 1月14日 | 08:39 | 獅子 |
| 1941年 | 1月16日 | 12:46 | 乙女 |
| 1941年 | 1月18日 | 16:00 | 天秤 |
| 1941年 | 1月20日 | 19:04 | 蠍 |
| 1941年 | 1月22日 | 22:17 | 射手 |
| 1941年 | 1月25日 | 02:01 | 山羊 |
| 1941年 | 1月27日 | 07:06 | 水瓶 |
| 1941年 | 1月29日 | 14:34 | 魚 |
| 1941年 | 2月1日 | 01:02 | 牡羊 |
| 1941年 | 2月3日 | 13:41 | 牡牛 |
| 1941年 | 2月6日 | 02:09 | 双子 |
| 1941年 | 2月8日 | 11:57 | 蟹 |
| 1941年 | 2月10日 | 18:07 | 獅子 |
| 1941年 | 2月12日 | 21:22 | 乙女 |
| 1941年 | 2月14日 | 23:08 | 天秤 |
| 1941年 | 2月17日 | 00:53 | 蠍 |
| 1941年 | 2月19日 | 03:37 | 射手 |
| 1941年 | 2月21日 | 07:54 | 山羊 |
| 1941年 | 2月23日 | 14:02 | 水瓶 |
| 1941年 | 2月25日 | 22:18 | 魚 |
| 1941年 | 2月28日 | 08:54 | 牡羊 |
| 1941年 | 3月2日 | 21:23 | 牡牛 |
| 1941年 | 3月5日 | 10:12 | 双子 |
| 1941年 | 3月7日 | 21:03 | 蟹 |
| 1941年 | 3月10日 | 04:19 | 獅子 |
| 1941年 | 3月12日 | 07:51 | 乙女 |
| 1941年 | 3月14日 | 08:51 | 天秤 |
| 1941年 | 3月16日 | 09:03 | 蠍 |
| 1941年 | 3月18日 | 10:08 | 射手 |
| 1941年 | 3月20日 | 13:25 | 山羊 |
| 1941年 | 3月22日 | 19:34 | 水瓶 |
| 1941年 | 3月25日 | 04:30 | 魚 |
| 1941年 | 3月27日 | 15:39 | 牡羊 |
| 1941年 | 3月30日 | 04:13 | 牡牛 |
| 1941年 | 4月1日 | 17:06 | 双子 |
| 1941年 | 4月4日 | 04:43 | 蟹 |
| 1941年 | 4月6日 | 13:26 | 獅子 |
| 1941年 | 4月8日 | 18:21 | 乙女 |
| 1941年 | 4月10日 | 19:55 | 天秤 |
| 1941年 | 4月12日 | 19:32 | 蠍 |
| 1941年 | 4月14日 | 19:08 | 射手 |
| 1941年 | 4月16日 | 20:39 | 山羊 |
| 1941年 | 4月19日 | 01:31 | 水瓶 |
| 1941年 | 4月21日 | 10:07 | 魚 |
| 1941年 | 4月23日 | 21:34 | 牡羊 |
| 1941年 | 4月26日 | 10:22 | 牡牛 |
| 1941年 | 4月28日 | 23:11 | 双子 |
| 1941年 | 5月1日 | 10:56 | 蟹 |
| 1941年 | 5月3日 | 20:33 | 獅子 |
| 1941年 | 5月6日 | 03:05 | 乙女 |
| 1941年 | 5月8日 | 06:11 | 天秤 |

| | | | | |
|---|---|---|---|---|
| 1941年 | 5月 | 10日 | 06:34 | 蠍 |
| 1941年 | 5月 | 12日 | 05:50 | 射手 |
| 1941年 | 5月 | 14日 | 06:04 | 山羊 |
| 1941年 | 5月 | 16日 | 09:15 | 水瓶 |
| 1941年 | 5月 | 18日 | 16:33 | 魚 |
| 1941年 | 5月 | 21日 | 03:34 | 牡羊 |
| 1941年 | 5月 | 23日 | 16:26 | 牡牛 |
| 1941年 | 5月 | 26日 | 05:10 | 双子 |
| 1941年 | 5月 | 28日 | 16:36 | 蟹 |
| 1941年 | 5月 | 31日 | 02:15 | 獅子 |
| 1941年 | 6月 | 2日 | 09:38 | 乙女 |
| 1941年 | 6月 | 4日 | 14:17 | 天秤 |
| 1941年 | 6月 | 6日 | 16:14 | 蠍 |
| 1941年 | 6月 | 8日 | 16:24 | 射手 |
| 1941年 | 6月 | 10日 | 16:32 | 山羊 |
| 1941年 | 6月 | 12日 | 18:41 | 水瓶 |
| 1941年 | 6月 | 15日 | 00:33 | 魚 |
| 1941年 | 6月 | 17日 | 10:30 | 牡羊 |
| 1941年 | 6月 | 19日 | 23:02 | 牡牛 |
| 1941年 | 6月 | 22日 | 11:44 | 双子 |
| 1941年 | 6月 | 24日 | 22:51 | 蟹 |
| 1941年 | 6月 | 27日 | 07:55 | 獅子 |
| 1941年 | 6月 | 29日 | 15:03 | 乙女 |
| 1941年 | 7月 | 1日 | 20:17 | 天秤 |
| 1941年 | 7月 | 3日 | 23:34 | 蠍 |
| 1941年 | 7月 | 6日 | 01:14 | 射手 |
| 1941年 | 7月 | 8日 | 02:21 | 山羊 |
| 1941年 | 7月 | 10日 | 04:36 | 水瓶 |
| 1941年 | 7月 | 12日 | 09:42 | 魚 |
| 1941年 | 7月 | 14日 | 18:34 | 牡羊 |
| 1941年 | 7月 | 17日 | 06:29 | 牡牛 |
| 1941年 | 7月 | 19日 | 19:09 | 双子 |
| 1941年 | 7月 | 22日 | 06:15 | 蟹 |
| 1941年 | 7月 | 24日 | 14:48 | 獅子 |
| 1941年 | 7月 | 26日 | 21:03 | 乙女 |
| 1941年 | 7月 | 29日 | 01:41 | 天秤 |
| 1941年 | 7月 | 31日 | 05:09 | 蠍 |
| 1941年 | 8月 | 2日 | 07:50 | 射手 |
| 1941年 | 8月 | 4日 | 10:17 | 山羊 |
| 1941年 | 8月 | 6日 | 13:32 | 水瓶 |
| 1941年 | 8月 | 8日 | 18:51 | 魚 |
| 1941年 | 8月 | 11日 | 03:12 | 牡羊 |
| 1941年 | 8月 | 13日 | 14:32 | 牡牛 |
| 1941年 | 8月 | 16日 | 03:09 | 双子 |
| 1941年 | 8月 | 18日 | 14:37 | 蟹 |
| 1941年 | 8月 | 20日 | 23:15 | 獅子 |
| 1941年 | 8月 | 23日 | 04:53 | 乙女 |
| 1941年 | 8月 | 25日 | 08:21 | 天秤 |
| 1941年 | 8月 | 27日 | 10:49 | 蠍 |
| 1941年 | 8月 | 29日 | 13:13 | 射手 |
| 1941年 | 8月 | 31日 | 16:18 | 山羊 |
| 1941年 | 9月 | 2日 | 20:39 | 水瓶 |
| 1941年 | 9月 | 5日 | 02:52 | 魚 |
| 1941年 | 9月 | 7日 | 11:28 | 牡羊 |
| 1941年 | 9月 | 9日 | 22:31 | 牡牛 |
| 1941年 | 9月 | 12日 | 11:05 | 双子 |
| 1941年 | 9月 | 14日 | 23:08 | 蟹 |
| 1941年 | 9月 | 17日 | 08:36 | 獅子 |
| 1941年 | 9月 | 19日 | 14:29 | 乙女 |
| 1941年 | 9月 | 21日 | 17:18 | 天秤 |
| 1941年 | 9月 | 23日 | 18:24 | 蠍 |
| 1941年 | 9月 | 25日 | 19:25 | 射手 |
| 1941年 | 9月 | 27日 | 21:44 | 山羊 |
| 1941年 | 9月 | 30日 | 02:17 | 水瓶 |
| 1941年 | 10月 | 2日 | 09:18 | 魚 |
| 1941年 | 10月 | 4日 | 18:37 | 牡羊 |
| 1941年 | 10月 | 7日 | 05:52 | 牡牛 |
| 1941年 | 10月 | 9日 | 18:22 | 双子 |
| 1941年 | 10月 | 12日 | 06:52 | 蟹 |
| 1941年 | 10月 | 14日 | 17:29 | 獅子 |
| 1941年 | 10月 | 17日 | 00:36 | 乙女 |
| 1941年 | 10月 | 19日 | 03:54 | 天秤 |
| 1941年 | 10月 | 21日 | 04:26 | 蠍 |
| 1941年 | 10月 | 23日 | 04:01 | 射手 |
| 1941年 | 10月 | 25日 | 04:40 | 山羊 |
| 1941年 | 10月 | 27日 | 08:02 | 水瓶 |
| 1941年 | 10月 | 29日 | 14:50 | 魚 |
| 1941年 | 11月 | 1日 | 00:38 | 牡羊 |
| 1941年 | 11月 | 3日 | 12:19 | 牡牛 |
| 1941年 | 11月 | 6日 | 00:52 | 双子 |
| 1941年 | 11月 | 8日 | 13:25 | 蟹 |
| 1941年 | 11月 | 11日 | 00:48 | 獅子 |
| 1941年 | 11月 | 13日 | 09:29 | 乙女 |
| 1941年 | 11月 | 15日 | 14:22 | 天秤 |
| 1941年 | 11月 | 17日 | 15:40 | 蠍 |
| 1941年 | 11月 | 19日 | 14:54 | 射手 |
| 1941年 | 11月 | 21日 | 14:12 | 山羊 |
| 1941年 | 11月 | 23日 | 15:46 | 水瓶 |
| 1941年 | 11月 | 25日 | 21:08 | 魚 |
| 1941年 | 11月 | 28日 | 06:26 | 牡羊 |
| 1941年 | 11月 | 30日 | 18:18 | 牡牛 |
| 1941年 | 12月 | 3日 | 07:00 | 双子 |
| 1941年 | 12月 | 5日 | 19:21 | 蟹 |
| 1941年 | 12月 | 8日 | 06:43 | 獅子 |
| 1941年 | 12月 | 10日 | 16:12 | 乙女 |
| 1941年 | 12月 | 12日 | 22:45 | 天秤 |
| 1941年 | 12月 | 15日 | 01:52 | 蠍 |
| 1941年 | 12月 | 17日 | 02:11 | 射手 |
| 1941年 | 12月 | 19日 | 01:27 | 山羊 |
| 1941年 | 12月 | 21日 | 01:54 | 水瓶 |
| 1941年 | 12月 | 23日 | 05:33 | 魚 |
| 1941年 | 12月 | 25日 | 13:24 | 牡羊 |
| 1941年 | 12月 | 28日 | 00:42 | 牡牛 |
| 1941年 | 12月 | 30日 | 13:27 | 双子 |
| 1942年 | 1月 | 2日 | 01:41 | 蟹 |
| 1942年 | 1月 | 4日 | 12:32 | 獅子 |
| 1942年 | 1月 | 6日 | 21:42 | 乙女 |
| 1942年 | 1月 | 9日 | 04:48 | 天秤 |
| 1942年 | 1月 | 11日 | 09:24 | 蠍 |
| 1942年 | 1月 | 13日 | 11:32 | 射手 |
| 1942年 | 1月 | 15日 | 12:07 | 山羊 |
| 1942年 | 1月 | 17日 | 12:52 | 水瓶 |
| 1942年 | 1月 | 19日 | 15:43 | 魚 |
| 1942年 | 1月 | 21日 | 22:08 | 牡羊 |
| 1942年 | 1月 | 24日 | 08:18 | 牡牛 |
| 1942年 | 1月 | 26日 | 20:43 | 双子 |
| 1942年 | 1月 | 29日 | 09:03 | 蟹 |
| 1942年 | 1月 | 31日 | 19:37 | 獅子 |
| 1942年 | 2月 | 3日 | 03:57 | 乙女 |
| 1942年 | 2月 | 5日 | 10:18 | 天秤 |
| 1942年 | 2月 | 7日 | 14:56 | 蠍 |
| 1942年 | 2月 | 9日 | 18:07 | 射手 |
| 1942年 | 2月 | 11日 | 20:19 | 山羊 |
| 1942年 | 2月 | 13日 | 22:28 | 水瓶 |
| 1942年 | 2月 | 16日 | 01:51 | 魚 |
| 1942年 | 2月 | 18日 | 07:46 | 牡羊 |
| 1942年 | 2月 | 20日 | 16:57 | 牡牛 |
| 1942年 | 2月 | 23日 | 04:47 | 双子 |
| 1942年 | 2月 | 25日 | 17:15 | 蟹 |
| 1942年 | 2月 | 28日 | 04:06 | 獅子 |
| 1942年 | 3月 | 2日 | 12:06 | 乙女 |
| 1942年 | 3月 | 4日 | 17:23 | 天秤 |
| 1942年 | 3月 | 6日 | 20:50 | 蠍 |
| 1942年 | 3月 | 8日 | 23:28 | 射手 |
| 1942年 | 3月 | 11日 | 02:09 | 山羊 |
| 1942年 | 3月 | 13日 | 05:30 | 水瓶 |
| 1942年 | 3月 | 15日 | 10:09 | 魚 |
| 1942年 | 3月 | 17日 | 16:41 | 牡羊 |
| 1942年 | 3月 | 20日 | 01:38 | 牡牛 |
| 1942年 | 3月 | 22日 | 13:00 | 双子 |
| 1942年 | 3月 | 25日 | 01:32 | 蟹 |
| 1942年 | 3月 | 27日 | 13:04 | 獅子 |
| 1942年 | 3月 | 29日 | 21:36 | 乙女 |
| 1942年 | 4月 | 1日 | 02:37 | 天秤 |
| 1942年 | 4月 | 3日 | 04:55 | 蠍 |
| 1942年 | 4月 | 5日 | 06:05 | 射手 |
| 1942年 | 4月 | 7日 | 07:42 | 山羊 |
| 1942年 | 4月 | 9日 | 10:56 | 水瓶 |
| 1942年 | 4月 | 11日 | 16:19 | 魚 |
| 1942年 | 4月 | 13日 | 23:49 | 牡羊 |
| 1942年 | 4月 | 16日 | 09:18 | 牡牛 |
| 1942年 | 4月 | 18日 | 20:36 | 双子 |
| 1942年 | 4月 | 21日 | 09:10 | 蟹 |
| 1942年 | 4月 | 23日 | 21:21 | 獅子 |
| 1942年 | 4月 | 26日 | 07:02 | 乙女 |
| 1942年 | 4月 | 28日 | 12:50 | 天秤 |
| 1942年 | 4月 | 30日 | 15:00 | 蠍 |
| 1942年 | 5月 | 2日 | 15:04 | 射手 |
| 1942年 | 5月 | 4日 | 15:05 | 山羊 |

| | | | | |
|---|---|---|---|---|
| 1942年 | 5月 | 6日 | 16:56 | 水瓶 |
| 1942年 | 5月 | 8日 | 21:43 | 魚 |
| 1942年 | 5月 | 11日 | 05:31 | 牡羊 |
| 1942年 | 5月 | 13日 | 15:37 | 牡牛 |
| 1942年 | 5月 | 16日 | 03:15 | 双子 |
| 1942年 | 5月 | 18日 | 15:49 | 蟹 |
| 1942年 | 5月 | 21日 | 04:21 | 獅子 |
| 1942年 | 5月 | 23日 | 15:07 | 乙女 |
| 1942年 | 5月 | 25日 | 22:22 | 天秤 |
| 1942年 | 5月 | 28日 | 01:32 | 蠍 |
| 1942年 | 5月 | 30日 | 01:40 | 射手 |
| 1942年 | 6月 | 1日 | 00:44 | 山羊 |
| 1942年 | 6月 | 3日 | 01:00 | 水瓶 |
| 1942年 | 6月 | 5日 | 04:14 | 魚 |
| 1942年 | 6月 | 7日 | 11:11 | 牡羊 |
| 1942年 | 6月 | 9日 | 21:15 | 牡牛 |
| 1942年 | 6月 | 12日 | 09:11 | 双子 |
| 1942年 | 6月 | 14日 | 21:50 | 蟹 |
| 1942年 | 6月 | 17日 | 10:19 | 獅子 |
| 1942年 | 6月 | 19日 | 21:33 | 乙女 |
| 1942年 | 6月 | 22日 | 06:04 | 天秤 |
| 1942年 | 6月 | 24日 | 10:50 | 蠍 |
| 1942年 | 6月 | 26日 | 12:09 | 射手 |
| 1942年 | 6月 | 28日 | 11:30 | 山羊 |
| 1942年 | 6月 | 30日 | 11:01 | 水瓶 |
| 1942年 | 7月 | 2日 | 12:46 | 魚 |
| 1942年 | 7月 | 4日 | 18:10 | 牡羊 |
| 1942年 | 7月 | 7日 | 03:22 | 牡牛 |
| 1942年 | 7月 | 9日 | 15:10 | 双子 |
| 1942年 | 7月 | 12日 | 03:51 | 蟹 |
| 1942年 | 7月 | 14日 | 16:08 | 獅子 |
| 1942年 | 7月 | 17日 | 03:08 | 乙女 |
| 1942年 | 7月 | 19日 | 12:02 | 天秤 |
| 1942年 | 7月 | 21日 | 18:02 | 蠍 |
| 1942年 | 7月 | 23日 | 20:58 | 射手 |
| 1942年 | 7月 | 25日 | 21:39 | 山羊 |
| 1942年 | 7月 | 27日 | 21:38 | 水瓶 |
| 1942年 | 7月 | 29日 | 22:49 | 魚 |
| 1942年 | 8月 | 1日 | 02:55 | 牡羊 |
| 1942年 | 8月 | 3日 | 10:47 | 牡牛 |
| 1942年 | 8月 | 5日 | 21:54 | 双子 |
| 1942年 | 8月 | 8日 | 10:30 | 蟹 |
| 1942年 | 8月 | 10日 | 22:39 | 獅子 |
| 1942年 | 8月 | 13日 | 09:09 | 乙女 |
| 1942年 | 8月 | 15日 | 17:31 | 天秤 |
| 1942年 | 8月 | 17日 | 23:38 | 蠍 |
| 1942年 | 8月 | 20日 | 03:35 | 射手 |
| 1942年 | 8月 | 22日 | 05:47 | 山羊 |
| 1942年 | 8月 | 24日 | 07:07 | 水瓶 |
| 1942年 | 8月 | 26日 | 08:55 | 魚 |
| 1942年 | 8月 | 28日 | 12:39 | 牡羊 |
| 1942年 | 8月 | 30日 | 19:29 | 牡牛 |
| 1942年 | 9月 | 2日 | 05:40 | 双子 |
| 1942年 | 9月 | 4日 | 18:00 | 蟹 |
| 1942年 | 9月 | 7日 | 06:15 | 獅子 |
| 1942年 | 9月 | 9日 | 16:31 | 乙女 |
| 1942年 | 9月 | 12日 | 00:05 | 天秤 |
| 1942年 | 9月 | 14日 | 05:19 | 蠍 |
| 1942年 | 9月 | 16日 | 08:58 | 射手 |
| 1942年 | 9月 | 18日 | 11:48 | 山羊 |
| 1942年 | 9月 | 20日 | 14:27 | 水瓶 |
| 1942年 | 9月 | 22日 | 17:34 | 魚 |
| 1942年 | 9月 | 24日 | 21:57 | 牡羊 |
| 1942年 | 9月 | 27日 | 04:34 | 牡牛 |
| 1942年 | 9月 | 29日 | 14:05 | 双子 |
| 1942年 | 10月 | 2日 | 02:03 | 蟹 |
| 1942年 | 10月 | 4日 | 14:35 | 獅子 |
| 1942年 | 10月 | 7日 | 01:13 | 乙女 |
| 1942年 | 10月 | 9日 | 08:33 | 天秤 |
| 1942年 | 10月 | 11日 | 12:46 | 蠍 |
| 1942年 | 10月 | 13日 | 15:11 | 射手 |
| 1942年 | 10月 | 15日 | 17:14 | 山羊 |
| 1942年 | 10月 | 17日 | 20:01 | 水瓶 |
| 1942年 | 10月 | 20日 | 00:05 | 魚 |
| 1942年 | 10月 | 22日 | 05:37 | 牡羊 |
| 1942年 | 10月 | 24日 | 12:52 | 牡牛 |
| 1942年 | 10月 | 26日 | 22:18 | 双子 |
| 1942年 | 10月 | 29日 | 10:00 | 蟹 |
| 1942年 | 10月 | 31日 | 22:47 | 獅子 |
| 1942年 | 11月 | 3日 | 10:19 | 乙女 |
| 1942年 | 11月 | 5日 | 18:21 | 天秤 |
| 1942年 | 11月 | 7日 | 22:27 | 蠍 |
| 1942年 | 11月 | 9日 | 23:48 | 射手 |
| 1942年 | 11月 | 12日 | 00:18 | 山羊 |
| 1942年 | 11月 | 14日 | 01:49 | 水瓶 |
| 1942年 | 11月 | 16日 | 05:28 | 魚 |
| 1942年 | 11月 | 18日 | 11:30 | 牡羊 |
| 1942年 | 11月 | 20日 | 19:37 | 牡牛 |
| 1942年 | 11月 | 23日 | 05:35 | 双子 |
| 1942年 | 11月 | 25日 | 17:16 | 蟹 |
| 1942年 | 11月 | 28日 | 06:09 | 獅子 |
| 1942年 | 11月 | 30日 | 18:29 | 乙女 |
| 1942年 | 12月 | 3日 | 03:55 | 天秤 |
| 1942年 | 12月 | 5日 | 09:06 | 蠍 |
| 1942年 | 12月 | 7日 | 10:34 | 射手 |
| 1942年 | 12月 | 9日 | 10:07 | 山羊 |
| 1942年 | 12月 | 11日 | 09:57 | 水瓶 |
| 1942年 | 12月 | 13日 | 11:56 | 魚 |
| 1942年 | 12月 | 15日 | 17:04 | 牡羊 |
| 1942年 | 12月 | 18日 | 01:16 | 牡牛 |
| 1942年 | 12月 | 20日 | 11:46 | 双子 |
| 1942年 | 12月 | 22日 | 23:46 | 蟹 |
| 1942年 | 12月 | 25日 | 12:35 | 獅子 |
| 1942年 | 12月 | 28日 | 01:10 | 乙女 |
| 1942年 | 12月 | 30日 | 11:44 | 天秤 |
| 1943年 | 1月 | 1日 | 18:39 | 蠍 |
| 1943年 | 1月 | 3日 | 21:34 | 射手 |
| 1943年 | 1月 | 5日 | 21:36 | 山羊 |
| 1943年 | 1月 | 7日 | 20:43 | 水瓶 |
| 1943年 | 1月 | 9日 | 21:03 | 魚 |
| 1943年 | 1月 | 12日 | 00:20 | 牡羊 |
| 1943年 | 1月 | 14日 | 07:21 | 牡牛 |
| 1943年 | 1月 | 16日 | 17:38 | 双子 |
| 1943年 | 1月 | 19日 | 05:53 | 蟹 |
| 1943年 | 1月 | 21日 | 18:43 | 獅子 |
| 1943年 | 1月 | 24日 | 07:03 | 乙女 |
| 1943年 | 1月 | 26日 | 17:47 | 天秤 |
| 1943年 | 1月 | 29日 | 01:50 | 蠍 |
| 1943年 | 1月 | 31日 | 06:34 | 射手 |
| 1943年 | 2月 | 2日 | 08:15 | 山羊 |
| 1943年 | 2月 | 4日 | 08:10 | 水瓶 |
| 1943年 | 2月 | 6日 | 08:08 | 魚 |
| 1943年 | 2月 | 8日 | 10:00 | 牡羊 |
| 1943年 | 2月 | 10日 | 15:17 | 牡牛 |
| 1943年 | 2月 | 13日 | 00:24 | 双子 |
| 1943年 | 2月 | 15日 | 12:24 | 蟹 |
| 1943年 | 2月 | 18日 | 01:18 | 獅子 |
| 1943年 | 2月 | 20日 | 13:20 | 乙女 |
| 1943年 | 2月 | 22日 | 23:30 | 天秤 |
| 1943年 | 2月 | 25日 | 07:25 | 蠍 |
| 1943年 | 2月 | 27日 | 12:59 | 射手 |
| 1943年 | 3月 | 1日 | 16:19 | 山羊 |
| 1943年 | 3月 | 3日 | 17:57 | 水瓶 |
| 1943年 | 3月 | 5日 | 18:55 | 魚 |
| 1943年 | 3月 | 7日 | 20:42 | 牡羊 |
| 1943年 | 3月 | 10日 | 00:53 | 牡牛 |
| 1943年 | 3月 | 12日 | 08:39 | 双子 |
| 1943年 | 3月 | 14日 | 19:50 | 蟹 |
| 1943年 | 3月 | 17日 | 08:41 | 獅子 |
| 1943年 | 3月 | 19日 | 20:43 | 乙女 |
| 1943年 | 3月 | 22日 | 06:21 | 天秤 |
| 1943年 | 3月 | 24日 | 13:23 | 蠍 |
| 1943年 | 3月 | 26日 | 18:23 | 射手 |
| 1943年 | 3月 | 28日 | 22:05 | 山羊 |
| 1943年 | 3月 | 31日 | 00:57 | 水瓶 |
| 1943年 | 4月 | 2日 | 03:27 | 魚 |
| 1943年 | 4月 | 4日 | 06:18 | 牡羊 |
| 1943年 | 4月 | 6日 | 10:37 | 牡牛 |
| 1943年 | 4月 | 8日 | 17:41 | 双子 |
| 1943年 | 4月 | 11日 | 04:03 | 蟹 |
| 1943年 | 4月 | 13日 | 16:39 | 獅子 |
| 1943年 | 4月 | 16日 | 04:59 | 乙女 |
| 1943年 | 4月 | 18日 | 14:41 | 天秤 |
| 1943年 | 4月 | 20日 | 21:04 | 蠍 |
| 1943年 | 4月 | 23日 | 00:57 | 射手 |
| 1943年 | 4月 | 25日 | 03:40 | 山羊 |
| 1943年 | 4月 | 27日 | 06:21 | 水瓶 |
| 1943年 | 4月 | 29日 | 09:36 | 魚 |
| 1943年 | 5月 | 1日 | 13:39 | 牡羊 |

| | | | |
|---|---|---|---|
| 1943年 | 5月 3日 | 18:57 | 牡牛 |
| 1943年 | 5月 6日 | 02:16 | 双子 |
| 1943年 | 5月 8日 | 12:16 | 蟹 |
| 1943年 | 5月11日 | 00:38 | 獅子 |
| 1943年 | 5月13日 | 13:21 | 乙女 |
| 1943年 | 5月15日 | 23:44 | 天秤 |
| 1943年 | 5月18日 | 06:19 | 蠍 |
| 1943年 | 5月20日 | 09:33 | 射手 |
| 1943年 | 5月22日 | 11:00 | 山羊 |
| 1943年 | 5月24日 | 12:23 | 水瓶 |
| 1943年 | 5月26日 | 14:58 | 魚 |
| 1943年 | 5月28日 | 19:16 | 牡羊 |
| 1943年 | 5月31日 | 01:25 | 牡牛 |
| 1943年 | 6月 2日 | 09:29 | 双子 |
| 1943年 | 6月 4日 | 19:45 | 蟹 |
| 1943年 | 6月 7日 | 08:03 | 獅子 |
| 1943年 | 6月 9日 | 21:02 | 乙女 |
| 1943年 | 6月12日 | 08:22 | 天秤 |
| 1943年 | 6月14日 | 15:59 | 蠍 |
| 1943年 | 6月16日 | 19:37 | 射手 |
| 1943年 | 6月18日 | 20:30 | 山羊 |
| 1943年 | 6月20日 | 20:34 | 水瓶 |
| 1943年 | 6月22日 | 21:36 | 魚 |
| 1943年 | 6月25日 | 00:52 | 牡羊 |
| 1943年 | 6月27日 | 06:52 | 牡牛 |
| 1943年 | 6月29日 | 15:27 | 双子 |
| 1943年 | 7月 2日 | 02:13 | 蟹 |
| 1943年 | 7月 4日 | 14:39 | 獅子 |
| 1943年 | 7月 7日 | 03:44 | 乙女 |
| 1943年 | 7月 9日 | 15:44 | 天秤 |
| 1943年 | 7月12日 | 00:40 | 蠍 |
| 1943年 | 7月14日 | 05:37 | 射手 |
| 1943年 | 7月16日 | 07:07 | 山羊 |
| 1943年 | 7月18日 | 06:46 | 水瓶 |
| 1943年 | 7月20日 | 06:31 | 魚 |
| 1943年 | 7月22日 | 08:08 | 牡羊 |
| 1943年 | 7月24日 | 12:52 | 牡牛 |
| 1943年 | 7月26日 | 21:03 | 双子 |
| 1943年 | 7月29日 | 08:04 | 蟹 |
| 1943年 | 7月31日 | 20:43 | 獅子 |
| 1943年 | 8月 3日 | 09:45 | 乙女 |
| 1943年 | 8月 5日 | 21:51 | 天秤 |
| 1943年 | 8月 8日 | 07:40 | 蠍 |
| 1943年 | 8月10日 | 14:08 | 射手 |
| 1943年 | 8月12日 | 17:09 | 山羊 |
| 1943年 | 8月14日 | 17:37 | 水瓶 |
| 1943年 | 8月16日 | 17:07 | 魚 |
| 1943年 | 8月18日 | 17:33 | 牡羊 |
| 1943年 | 8月20日 | 20:39 | 牡牛 |
| 1943年 | 8月23日 | 03:34 | 双子 |
| 1943年 | 8月25日 | 14:06 | 蟹 |
| 1943年 | 8月28日 | 02:49 | 獅子 |
| 1943年 | 8月30日 | 15:47 | 乙女 |
| 1943年 | 9月 2日 | 03:33 | 天秤 |
| 1943年 | 9月 4日 | 13:20 | 蠍 |
| 1943年 | 9月 6日 | 20:38 | 射手 |
| 1943年 | 9月 9日 | 01:13 | 山羊 |
| 1943年 | 9月11日 | 03:18 | 水瓶 |
| 1943年 | 9月13日 | 03:47 | 魚 |
| 1943年 | 9月15日 | 04:09 | 牡羊 |
| 1943年 | 9月17日 | 06:14 | 牡牛 |
| 1943年 | 9月19日 | 11:42 | 双子 |
| 1943年 | 9月21日 | 21:10 | 蟹 |
| 1943年 | 9月24日 | 09:34 | 獅子 |
| 1943年 | 9月26日 | 22:30 | 乙女 |
| 1943年 | 9月29日 | 09:56 | 天秤 |
| 1943年 | 10月 1日 | 19:04 | 蠍 |
| 1943年 | 10月 4日 | 02:03 | 射手 |
| 1943年 | 10月 6日 | 07:11 | 山羊 |
| 1943年 | 10月 8日 | 10:39 | 水瓶 |
| 1943年 | 10月10日 | 12:44 | 魚 |
| 1943年 | 10月12日 | 14:12 | 牡羊 |
| 1943年 | 10月14日 | 16:26 | 牡牛 |
| 1943年 | 10月16日 | 21:07 | 双子 |
| 1943年 | 10月19日 | 05:28 | 蟹 |
| 1943年 | 10月21日 | 17:12 | 獅子 |
| 1943年 | 10月24日 | 06:09 | 乙女 |
| 1943年 | 10月26日 | 17:38 | 天秤 |
| 1943年 | 10月29日 | 02:14 | 蠍 |
| 1943年 | 10月31日 | 08:14 | 射手 |
| 1943年 | 11月 2日 | 12:37 | 山羊 |
| 1943年 | 11月 4日 | 16:10 | 水瓶 |
| 1943年 | 11月 6日 | 19:16 | 魚 |
| 1943年 | 11月 8日 | 22:11 | 牡羊 |
| 1943年 | 11月11日 | 01:33 | 牡牛 |
| 1943年 | 11月13日 | 06:32 | 双子 |
| 1943年 | 11月15日 | 14:22 | 蟹 |
| 1943年 | 11月18日 | 01:27 | 獅子 |
| 1943年 | 11月20日 | 14:21 | 乙女 |
| 1943年 | 11月23日 | 02:18 | 天秤 |
| 1943年 | 11月25日 | 11:09 | 蠍 |
| 1943年 | 11月27日 | 16:35 | 射手 |
| 1943年 | 11月29日 | 19:43 | 山羊 |
| 1943年 | 12月 1日 | 22:01 | 水瓶 |
| 1943年 | 12月 4日 | 00:36 | 魚 |
| 1943年 | 12月 6日 | 04:00 | 牡羊 |
| 1943年 | 12月 8日 | 08:30 | 牡牛 |
| 1943年 | 12月10日 | 14:32 | 双子 |
| 1943年 | 12月12日 | 22:46 | 蟹 |
| 1943年 | 12月15日 | 09:37 | 獅子 |
| 1943年 | 12月17日 | 22:22 | 乙女 |
| 1943年 | 12月20日 | 10:55 | 天秤 |
| 1943年 | 12月22日 | 20:45 | 蠍 |
| 1943年 | 12月25日 | 02:44 | 射手 |
| 1943年 | 12月27日 | 05:24 | 山羊 |
| 1943年 | 12月29日 | 06:21 | 水瓶 |
| 1943年 | 12月31日 | 07:17 | 魚 |
| 1944年 | 1月 2日 | 09:34 | 牡羊 |
| 1944年 | 1月 4日 | 13:58 | 牡牛 |
| 1944年 | 1月 6日 | 20:44 | 双子 |
| 1944年 | 1月 9日 | 05:48 | 蟹 |
| 1944年 | 1月11日 | 16:57 | 獅子 |
| 1944年 | 1月14日 | 05:30 | 乙女 |
| 1944年 | 1月16日 | 18:28 | 天秤 |
| 1944年 | 1月19日 | 05:27 | 蠍 |
| 1944年 | 1月21日 | 12:53 | 射手 |
| 1944年 | 1月23日 | 16:27 | 山羊 |
| 1944年 | 1月25日 | 17:10 | 水瓶 |
| 1944年 | 1月27日 | 16:48 | 魚 |
| 1944年 | 1月29日 | 17:15 | 牡羊 |
| 1944年 | 1月31日 | 20:07 | 牡牛 |
| 1944年 | 2月 3日 | 02:17 | 双子 |
| 1944年 | 2月 5日 | 11:40 | 蟹 |
| 1944年 | 2月 7日 | 23:20 | 獅子 |
| 1944年 | 2月10日 | 12:08 | 乙女 |
| 1944年 | 2月13日 | 00:54 | 天秤 |
| 1944年 | 2月15日 | 12:24 | 蠍 |
| 1944年 | 2月17日 | 21:14 | 射手 |
| 1944年 | 2月20日 | 02:33 | 山羊 |
| 1944年 | 2月22日 | 04:27 | 水瓶 |
| 1944年 | 2月24日 | 04:09 | 魚 |
| 1944年 | 2月26日 | 03:32 | 牡羊 |
| 1944年 | 2月28日 | 04:36 | 牡牛 |
| 1944年 | 3月 1日 | 09:06 | 双子 |
| 1944年 | 3月 3日 | 17:38 | 蟹 |
| 1944年 | 3月 6日 | 05:19 | 獅子 |
| 1944年 | 3月 8日 | 18:18 | 乙女 |
| 1944年 | 3月11日 | 06:55 | 天秤 |
| 1944年 | 3月13日 | 18:12 | 蠍 |
| 1944年 | 3月16日 | 03:31 | 射手 |
| 1944年 | 3月18日 | 10:13 | 山羊 |
| 1944年 | 3月20日 | 13:55 | 水瓶 |
| 1944年 | 3月22日 | 14:59 | 魚 |
| 1944年 | 3月24日 | 14:42 | 牡羊 |
| 1944年 | 3月26日 | 15:01 | 牡牛 |
| 1944年 | 3月28日 | 17:58 | 双子 |
| 1944年 | 3月31日 | 00:59 | 蟹 |
| 1944年 | 4月 2日 | 11:54 | 獅子 |
| 1944年 | 4月 5日 | 00:48 | 乙女 |
| 1944年 | 4月 7日 | 13:22 | 天秤 |
| 1944年 | 4月10日 | 00:12 | 蠍 |
| 1944年 | 4月12日 | 09:02 | 射手 |
| 1944年 | 4月14日 | 15:56 | 山羊 |
| 1944年 | 4月16日 | 20:46 | 水瓶 |
| 1944年 | 4月18日 | 23:28 | 魚 |
| 1944年 | 4月21日 | 00:36 | 牡羊 |
| 1944年 | 4月23日 | 01:29 | 牡牛 |
| 1944年 | 4月25日 | 03:59 | 双子 |
| 1944年 | 4月27日 | 09:49 | 蟹 |

| | | | |
|---|---|---|---|
| 1944年 | 4月29日 | 19:35 | 獅子 |
| 1944年 | 5月2日 | 08:04 | 乙女 |
| 1944年 | 5月4日 | 20:39 | 天秤 |
| 1944年 | 5月7日 | 07:18 | 蠍 |
| 1944年 | 5月9日 | 15:27 | 射手 |
| 1944年 | 5月11日 | 21:33 | 山羊 |
| 1944年 | 5月14日 | 02:10 | 水瓶 |
| 1944年 | 5月16日 | 05:35 | 魚 |
| 1944年 | 5月18日 | 08:03 | 牡羊 |
| 1944年 | 5月20日 | 10:16 | 牡牛 |
| 1944年 | 5月22日 | 13:26 | 双子 |
| 1944年 | 5月24日 | 19:04 | 蟹 |
| 1944年 | 5月27日 | 04:04 | 獅子 |
| 1944年 | 5月29日 | 15:58 | 乙女 |
| 1944年 | 6月1日 | 04:37 | 天秤 |
| 1944年 | 6月3日 | 15:31 | 蠍 |
| 1944年 | 6月5日 | 23:27 | 射手 |
| 1944年 | 6月8日 | 04:41 | 山羊 |
| 1944年 | 6月10日 | 08:12 | 水瓶 |
| 1944年 | 6月12日 | 10:58 | 魚 |
| 1944年 | 6月14日 | 13:41 | 牡羊 |
| 1944年 | 6月16日 | 16:52 | 牡牛 |
| 1944年 | 6月18日 | 21:11 | 双子 |
| 1944年 | 6月21日 | 03:28 | 蟹 |
| 1944年 | 6月23日 | 12:25 | 獅子 |
| 1944年 | 6月25日 | 23:57 | 乙女 |
| 1944年 | 6月28日 | 12:39 | 天秤 |
| 1944年 | 7月1日 | 00:10 | 蠍 |
| 1944年 | 7月3日 | 08:38 | 射手 |
| 1944年 | 7月5日 | 13:42 | 山羊 |
| 1944年 | 7月7日 | 16:14 | 水瓶 |
| 1944年 | 7月9日 | 17:39 | 魚 |
| 1944年 | 7月11日 | 19:19 | 牡羊 |
| 1944年 | 7月13日 | 22:16 | 牡牛 |
| 1944年 | 7月16日 | 03:11 | 双子 |
| 1944年 | 7月18日 | 10:21 | 蟹 |
| 1944年 | 7月20日 | 19:51 | 獅子 |
| 1944年 | 7月23日 | 07:24 | 乙女 |
| 1944年 | 7月25日 | 20:07 | 天秤 |
| 1944年 | 7月28日 | 08:16 | 蠍 |
| 1944年 | 7月30日 | 17:50 | 射手 |
| 1944年 | 8月1日 | 23:42 | 山羊 |
| 1944年 | 8月4日 | 02:11 | 水瓶 |
| 1944年 | 8月6日 | 02:36 | 魚 |
| 1944年 | 8月8日 | 02:44 | 牡羊 |
| 1944年 | 8月10日 | 04:20 | 牡牛 |
| 1944年 | 8月12日 | 08:38 | 双子 |
| 1944年 | 8月14日 | 16:03 | 蟹 |
| 1944年 | 8月17日 | 02:08 | 獅子 |
| 1944年 | 8月19日 | 14:00 | 乙女 |
| 1944年 | 8月22日 | 02:45 | 天秤 |
| 1944年 | 8月24日 | 15:13 | 蠍 |
| 1944年 | 8月27日 | 01:51 | 射手 |
| 1944年 | 8月29日 | 09:12 | 山羊 |
| 1944年 | 8月31日 | 12:44 | 水瓶 |
| 1944年 | 9月2日 | 13:15 | 魚 |
| 1944年 | 9月4日 | 12:27 | 牡羊 |
| 1944年 | 9月6日 | 12:29 | 牡牛 |
| 1944年 | 9月8日 | 15:13 | 双子 |
| 1944年 | 9月10日 | 21:46 | 蟹 |
| 1944年 | 9月13日 | 07:50 | 獅子 |
| 1944年 | 9月15日 | 20:00 | 乙女 |
| 1944年 | 9月18日 | 08:48 | 天秤 |
| 1944年 | 9月20日 | 21:11 | 蠍 |
| 1944年 | 9月23日 | 08:16 | 射手 |
| 1944年 | 9月25日 | 16:55 | 山羊 |
| 1944年 | 9月27日 | 22:10 | 水瓶 |
| 1944年 | 9月29日 | 23:58 | 魚 |
| 1944年 | 10月1日 | 23:31 | 牡羊 |
| 1944年 | 10月3日 | 22:47 | 牡牛 |
| 1944年 | 10月6日 | 00:00 | 双子 |
| 1944年 | 10月8日 | 04:56 | 蟹 |
| 1944年 | 10月10日 | 14:03 | 獅子 |
| 1944年 | 10月13日 | 02:04 | 乙女 |
| 1944年 | 10月15日 | 14:55 | 天秤 |
| 1944年 | 10月18日 | 03:03 | 蠍 |
| 1944年 | 10月20日 | 13:50 | 射手 |
| 1944年 | 10月22日 | 22:48 | 山羊 |
| 1944年 | 10月25日 | 05:19 | 水瓶 |
| 1944年 | 10月27日 | 08:53 | 魚 |
| 1944年 | 10月29日 | 09:54 | 牡羊 |
| 1944年 | 10月31日 | 09:45 | 牡牛 |
| 1944年 | 11月2日 | 10:28 | 双子 |
| 1944年 | 11月4日 | 14:04 | 蟹 |
| 1944年 | 11月6日 | 21:43 | 獅子 |
| 1944年 | 11月9日 | 08:59 | 乙女 |
| 1944年 | 11月11日 | 21:44 | 天秤 |
| 1944年 | 11月14日 | 09:48 | 蠍 |
| 1944年 | 11月16日 | 20:02 | 射手 |
| 1944年 | 11月19日 | 04:20 | 山羊 |
| 1944年 | 11月21日 | 10:47 | 水瓶 |
| 1944年 | 11月23日 | 15:18 | 魚 |
| 1944年 | 11月25日 | 17:57 | 牡羊 |
| 1944年 | 11月27日 | 19:23 | 牡牛 |
| 1944年 | 11月29日 | 20:55 | 双子 |
| 1944年 | 12月2日 | 00:17 | 蟹 |
| 1944年 | 12月4日 | 06:53 | 獅子 |
| 1944年 | 12月6日 | 17:03 | 乙女 |
| 1944年 | 12月9日 | 05:28 | 天秤 |
| 1944年 | 12月11日 | 17:42 | 蠍 |
| 1944年 | 12月14日 | 03:50 | 射手 |
| 1944年 | 12月16日 | 11:22 | 山羊 |
| 1944年 | 12月18日 | 16:44 | 水瓶 |
| 1944年 | 12月20日 | 20:39 | 魚 |
| 1944年 | 12月22日 | 23:42 | 牡羊 |
| 1944年 | 12月25日 | 02:24 | 牡牛 |
| 1944年 | 12月27日 | 05:26 | 双子 |
| 1944年 | 12月29日 | 09:44 | 蟹 |
| 1944年 | 12月31日 | 16:19 | 獅子 |
| 1945年 | 1月3日 | 01:48 | 乙女 |
| 1945年 | 1月5日 | 13:44 | 天秤 |
| 1945年 | 1月8日 | 02:12 | 蠍 |
| 1945年 | 1月10日 | 12:55 | 射手 |
| 1945年 | 1月12日 | 20:28 | 山羊 |
| 1945年 | 1月15日 | 00:57 | 水瓶 |
| 1945年 | 1月17日 | 03:28 | 魚 |
| 1945年 | 1月19日 | 05:21 | 牡羊 |
| 1945年 | 1月21日 | 07:48 | 牡牛 |
| 1945年 | 1月23日 | 11:35 | 双子 |
| 1945年 | 1月25日 | 17:05 | 蟹 |
| 1945年 | 1月28日 | 00:33 | 獅子 |
| 1945年 | 1月30日 | 10:09 | 乙女 |
| 1945年 | 2月1日 | 21:45 | 天秤 |
| 1945年 | 2月4日 | 10:22 | 蠍 |
| 1945年 | 2月6日 | 21:57 | 射手 |
| 1945年 | 2月9日 | 06:29 | 山羊 |
| 1945年 | 2月11日 | 11:12 | 水瓶 |
| 1945年 | 2月13日 | 12:53 | 魚 |
| 1945年 | 2月15日 | 13:13 | 牡羊 |
| 1945年 | 2月17日 | 14:05 | 牡牛 |
| 1945年 | 2月19日 | 17:01 | 双子 |
| 1945年 | 2月21日 | 22:42 | 蟹 |
| 1945年 | 2月24日 | 06:58 | 獅子 |
| 1945年 | 2月26日 | 17:13 | 乙女 |
| 1945年 | 3月1日 | 04:57 | 天秤 |
| 1945年 | 3月3日 | 17:32 | 蠍 |
| 1945年 | 3月6日 | 05:44 | 射手 |
| 1945年 | 3月8日 | 15:37 | 山羊 |
| 1945年 | 3月10日 | 21:40 | 水瓶 |
| 1945年 | 3月12日 | 23:50 | 魚 |
| 1945年 | 3月14日 | 23:33 | 牡羊 |
| 1945年 | 3月16日 | 22:55 | 牡牛 |
| 1945年 | 3月19日 | 00:05 | 双子 |
| 1945年 | 3月21日 | 04:31 | 蟹 |
| 1945年 | 3月23日 | 12:31 | 獅子 |
| 1945年 | 3月25日 | 23:11 | 乙女 |
| 1945年 | 3月28日 | 11:15 | 天秤 |
| 1945年 | 3月30日 | 23:50 | 蠍 |
| 1945年 | 4月2日 | 12:07 | 射手 |
| 1945年 | 4月4日 | 22:51 | 山羊 |
| 1945年 | 4月7日 | 06:28 | 水瓶 |
| 1945年 | 4月9日 | 10:10 | 魚 |
| 1945年 | 4月11日 | 10:38 | 牡羊 |
| 1945年 | 4月13日 | 09:40 | 牡牛 |
| 1945年 | 4月15日 | 09:31 | 双子 |
| 1945年 | 4月17日 | 12:13 | 蟹 |
| 1945年 | 4月19日 | 18:52 | 獅子 |
| 1945年 | 4月22日 | 05:03 | 乙女 |
| 1945年 | 4月24日 | 17:14 | 天秤 |

| | | | |
|---|---|---|---|
| 1945年 | 4月27日 | 05:52 | 蠍 |
| 1945年 | 4月29日 | 17:56 | 射手 |
| 1945年 | 5月 2日 | 04:40 | 山羊 |
| 1945年 | 5月 4日 | 13:05 | 水瓶 |
| 1945年 | 5月 6日 | 18:21 | 魚 |
| 1945年 | 5月 8日 | 20:25 | 牡羊 |
| 1945年 | 5月10日 | 20:25 | 牡牛 |
| 1945年 | 5月12日 | 20:13 | 双子 |
| 1945年 | 5月14日 | 21:51 | 蟹 |
| 1945年 | 5月17日 | 02:57 | 獅子 |
| 1945年 | 5月19日 | 11:56 | 乙女 |
| 1945年 | 5月21日 | 23:42 | 天秤 |
| 1945年 | 5月24日 | 12:20 | 蠍 |
| 1945年 | 5月27日 | 00:11 | 射手 |
| 1945年 | 5月29日 | 10:24 | 山羊 |
| 1945年 | 5月31日 | 18:35 | 水瓶 |
| 1945年 | 6月 3日 | 00:25 | 魚 |
| 1945年 | 6月 5日 | 03:51 | 牡羊 |
| 1945年 | 6月 7日 | 05:23 | 牡牛 |
| 1945年 | 6月 9日 | 06:15 | 双子 |
| 1945年 | 6月11日 | 08:02 | 蟹 |
| 1945年 | 6月13日 | 12:20 | 獅子 |
| 1945年 | 6月15日 | 20:07 | 乙女 |
| 1945年 | 6月18日 | 07:06 | 天秤 |
| 1945年 | 6月20日 | 19:36 | 蠍 |
| 1945年 | 6月23日 | 07:27 | 射手 |
| 1945年 | 6月25日 | 17:14 | 山羊 |
| 1945年 | 6月28日 | 00:36 | 水瓶 |
| 1945年 | 6月30日 | 05:51 | 魚 |
| 1945年 | 7月 2日 | 09:29 | 牡羊 |
| 1945年 | 7月 4日 | 12:05 | 牡牛 |
| 1945年 | 7月 6日 | 14:20 | 双子 |
| 1945年 | 7月 8日 | 17:11 | 蟹 |
| 1945年 | 7月10日 | 21:43 | 獅子 |
| 1945年 | 7月13日 | 04:58 | 乙女 |
| 1945年 | 7月15日 | 15:12 | 天秤 |
| 1945年 | 7月18日 | 03:28 | 蠍 |
| 1945年 | 7月20日 | 15:36 | 射手 |
| 1945年 | 7月23日 | 01:28 | 山羊 |
| 1945年 | 7月25日 | 08:16 | 水瓶 |
| 1945年 | 7月27日 | 12:27 | 魚 |
| 1945年 | 7月29日 | 15:07 | 牡羊 |
| 1945年 | 7月31日 | 17:29 | 牡牛 |
| 1945年 | 8月 2日 | 20:23 | 双子 |
| 1945年 | 8月 5日 | 00:23 | 蟹 |
| 1945年 | 8月 7日 | 05:53 | 獅子 |
| 1945年 | 8月 9日 | 13:24 | 乙女 |
| 1945年 | 8月11日 | 23:21 | 天秤 |
| 1945年 | 8月14日 | 11:24 | 蠍 |
| 1945年 | 8月16日 | 23:55 | 射手 |
| 1945年 | 8月19日 | 10:31 | 山羊 |
| 1945年 | 8月21日 | 17:32 | 水瓶 |
| 1945年 | 8月23日 | 21:06 | 魚 |
| 1945年 | 8月25日 | 22:31 | 牡羊 |
| 1945年 | 8月27日 | 23:34 | 牡牛 |
| 1945年 | 8月30日 | 01:47 | 双子 |
| 1945年 | 9月 1日 | 06:00 | 蟹 |
| 1945年 | 9月 3日 | 12:19 | 獅子 |
| 1945年 | 9月 5日 | 20:36 | 乙女 |
| 1945年 | 9月 8日 | 06:48 | 天秤 |
| 1945年 | 9月10日 | 18:47 | 蠍 |
| 1945年 | 9月13日 | 07:37 | 射手 |
| 1945年 | 9月15日 | 19:11 | 山羊 |
| 1945年 | 9月18日 | 03:19 | 水瓶 |
| 1945年 | 9月20日 | 07:19 | 魚 |
| 1945年 | 9月22日 | 08:11 | 牡羊 |
| 1945年 | 9月24日 | 07:53 | 牡牛 |
| 1945年 | 9月26日 | 08:32 | 双子 |
| 1945年 | 9月28日 | 11:38 | 蟹 |
| 1945年 | 9月30日 | 17:47 | 獅子 |
| 1945年 | 10月 3日 | 02:34 | 乙女 |
| 1945年 | 10月 5日 | 13:16 | 天秤 |
| 1945年 | 10月 8日 | 01:24 | 蠍 |
| 1945年 | 10月10日 | 14:17 | 射手 |
| 1945年 | 10月13日 | 02:32 | 山羊 |
| 1945年 | 10月15日 | 12:06 | 水瓶 |
| 1945年 | 10月17日 | 17:34 | 魚 |
| 1945年 | 10月19日 | 19:10 | 牡羊 |
| 1945年 | 10月21日 | 18:31 | 牡牛 |
| 1945年 | 10月23日 | 17:50 | 双子 |
| 1945年 | 10月25日 | 19:11 | 蟹 |
| 1945年 | 10月27日 | 23:55 | 獅子 |
| 1945年 | 10月30日 | 08:12 | 乙女 |
| 1945年 | 11月 1日 | 19:07 | 天秤 |
| 1945年 | 11月 4日 | 07:29 | 蠍 |
| 1945年 | 11月 6日 | 20:18 | 射手 |
| 1945年 | 11月 9日 | 08:35 | 山羊 |
| 1945年 | 11月11日 | 18:58 | 水瓶 |
| 1945年 | 11月14日 | 02:05 | 魚 |
| 1945年 | 11月16日 | 05:24 | 牡羊 |
| 1945年 | 11月18日 | 05:48 | 牡牛 |
| 1945年 | 11月20日 | 05:03 | 双子 |
| 1945年 | 11月22日 | 05:14 | 蟹 |
| 1945年 | 11月24日 | 08:12 | 獅子 |
| 1945年 | 11月26日 | 14:59 | 乙女 |
| 1945年 | 11月29日 | 01:18 | 天秤 |
| 1945年 | 12月 1日 | 13:43 | 蠍 |
| 1945年 | 12月 4日 | 02:30 | 射手 |
| 1945年 | 12月 6日 | 14:23 | 山羊 |
| 1945年 | 12月 9日 | 00:34 | 水瓶 |
| 1945年 | 12月11日 | 08:20 | 魚 |
| 1945年 | 12月13日 | 13:15 | 牡羊 |
| 1945年 | 12月15日 | 15:30 | 牡牛 |
| 1945年 | 12月17日 | 16:03 | 双子 |
| 1945年 | 12月19日 | 16:28 | 蟹 |
| 1945年 | 12月21日 | 18:31 | 獅子 |
| 1945年 | 12月23日 | 23:43 | 乙女 |
| 1945年 | 12月26日 | 08:45 | 天秤 |
| 1945年 | 12月28日 | 20:42 | 蠍 |
| 1945年 | 12月31日 | 09:32 | 射手 |
| 1946年 | 1月 2日 | 21:11 | 山羊 |
| 1946年 | 1月 5日 | 06:38 | 水瓶 |
| 1946年 | 1月 7日 | 13:47 | 魚 |
| 1946年 | 1月 9日 | 18:56 | 牡羊 |
| 1946年 | 1月11日 | 22:25 | 牡牛 |
| 1946年 | 1月14日 | 00:43 | 双子 |
| 1946年 | 1月16日 | 02:33 | 蟹 |
| 1946年 | 1月18日 | 05:04 | 獅子 |
| 1946年 | 1月20日 | 09:40 | 乙女 |
| 1946年 | 1月22日 | 17:31 | 天秤 |
| 1946年 | 1月25日 | 04:39 | 蠍 |
| 1946年 | 1月27日 | 17:27 | 射手 |
| 1946年 | 1月30日 | 05:18 | 山羊 |
| 1946年 | 2月 1日 | 14:23 | 水瓶 |
| 1946年 | 2月 3日 | 20:33 | 魚 |
| 1946年 | 2月 6日 | 00:38 | 牡羊 |
| 1946年 | 2月 8日 | 03:47 | 牡牛 |
| 1946年 | 2月10日 | 06:45 | 双子 |
| 1946年 | 2月12日 | 09:59 | 蟹 |
| 1946年 | 2月14日 | 13:50 | 獅子 |
| 1946年 | 2月16日 | 19:03 | 乙女 |
| 1946年 | 2月19日 | 02:36 | 天秤 |
| 1946年 | 2月21日 | 13:04 | 蠍 |
| 1946年 | 2月24日 | 01:40 | 射手 |
| 1946年 | 2月26日 | 14:01 | 山羊 |
| 1946年 | 2月28日 | 23:34 | 水瓶 |
| 1946年 | 3月 3日 | 05:25 | 魚 |
| 1946年 | 3月 5日 | 08:23 | 牡羊 |
| 1946年 | 3月 7日 | 10:08 | 牡牛 |
| 1946年 | 3月 9日 | 12:12 | 双子 |
| 1946年 | 3月11日 | 15:28 | 蟹 |
| 1946年 | 3月13日 | 20:14 | 獅子 |
| 1946年 | 3月16日 | 02:32 | 乙女 |
| 1946年 | 3月18日 | 10:40 | 天秤 |
| 1946年 | 3月20日 | 21:04 | 蠍 |
| 1946年 | 3月23日 | 09:30 | 射手 |
| 1946年 | 3月25日 | 22:17 | 山羊 |
| 1946年 | 3月28日 | 08:51 | 水瓶 |
| 1946年 | 3月30日 | 15:26 | 魚 |
| 1946年 | 4月 1日 | 18:17 | 牡羊 |
| 1946年 | 4月 3日 | 18:57 | 牡牛 |
| 1946年 | 4月 5日 | 19:25 | 双子 |
| 1946年 | 4月 7日 | 21:21 | 蟹 |
| 1946年 | 4月10日 | 01:37 | 獅子 |
| 1946年 | 4月12日 | 08:20 | 乙女 |
| 1946年 | 4月14日 | 17:13 | 天秤 |
| 1946年 | 4月17日 | 04:03 | 蠍 |
| 1946年 | 4月19日 | 16:29 | 射手 |
| 1946年 | 4月22日 | 05:28 | 山羊 |

| | | | |
|---|---|---|---|
| 1946年 | 4月24日 | 16:56 | 水瓶 |
| 1946年 | 4月27日 | 00:54 | 魚 |
| 1946年 | 4月29日 | 04:46 | 牡羊 |
| 1946年 | 5月 1日 | 05:31 | 牡牛 |
| 1946年 | 5月 3日 | 05:04 | 双子 |
| 1946年 | 5月 5日 | 05:23 | 蟹 |
| 1946年 | 5月 7日 | 08:04 | 獅子 |
| 1946年 | 5月 9日 | 13:57 | 乙女 |
| 1946年 | 5月11日 | 22:53 | 天秤 |
| 1946年 | 5月14日 | 10:08 | 蠍 |
| 1946年 | 5月16日 | 22:46 | 射手 |
| 1946年 | 5月19日 | 11:42 | 山羊 |
| 1946年 | 5月21日 | 23:31 | 水瓶 |
| 1946年 | 5月24日 | 08:39 | 魚 |
| 1946年 | 5月26日 | 14:05 | 牡羊 |
| 1946年 | 5月28日 | 16:04 | 牡牛 |
| 1946年 | 5月30日 | 15:55 | 双子 |
| 1946年 | 6月 1日 | 15:29 | 蟹 |
| 1946年 | 6月 3日 | 16:39 | 獅子 |
| 1946年 | 6月 5日 | 20:56 | 乙女 |
| 1946年 | 6月 8日 | 04:57 | 天秤 |
| 1946年 | 6月10日 | 16:04 | 蠍 |
| 1946年 | 6月13日 | 04:50 | 射手 |
| 1946年 | 6月15日 | 17:39 | 山羊 |
| 1946年 | 6月18日 | 05:16 | 水瓶 |
| 1946年 | 6月20日 | 14:43 | 魚 |
| 1946年 | 6月22日 | 21:19 | 牡羊 |
| 1946年 | 6月25日 | 00:56 | 牡牛 |
| 1946年 | 6月27日 | 02:08 | 双子 |
| 1946年 | 6月29日 | 02:11 | 蟹 |
| 1946年 | 7月 1日 | 02:48 | 獅子 |
| 1946年 | 7月 3日 | 05:45 | 乙女 |
| 1946年 | 7月 5日 | 12:21 | 天秤 |
| 1946年 | 7月 7日 | 22:41 | 蠍 |
| 1946年 | 7月10日 | 11:20 | 射手 |
| 1946年 | 7月13日 | 00:05 | 山羊 |
| 1946年 | 7月15日 | 11:17 | 水瓶 |
| 1946年 | 7月17日 | 20:15 | 魚 |
| 1946年 | 7月20日 | 02:59 | 牡羊 |
| 1946年 | 7月22日 | 07:35 | 牡牛 |
| 1946年 | 7月24日 | 10:18 | 双子 |
| 1946年 | 7月26日 | 11:44 | 蟹 |
| 1946年 | 7月28日 | 12:57 | 獅子 |
| 1946年 | 7月30日 | 15:33 | 乙女 |
| 1946年 | 8月 1日 | 21:04 | 天秤 |
| 1946年 | 8月 4日 | 06:22 | 蠍 |
| 1946年 | 8月 6日 | 18:36 | 射手 |
| 1946年 | 8月 9日 | 07:23 | 山羊 |
| 1946年 | 8月11日 | 18:23 | 水瓶 |
| 1946年 | 8月14日 | 02:41 | 魚 |
| 1946年 | 8月16日 | 08:37 | 牡羊 |
| 1946年 | 8月18日 | 12:59 | 牡牛 |
| 1946年 | 8月20日 | 16:22 | 双子 |
| 1946年 | 8月22日 | 19:06 | 蟹 |
| 1946年 | 8月24日 | 21:38 | 獅子 |
| 1946年 | 8月27日 | 00:54 | 乙女 |
| 1946年 | 8月29日 | 06:15 | 天秤 |
| 1946年 | 8月31日 | 14:49 | 蠍 |
| 1946年 | 9月 3日 | 02:30 | 射手 |
| 1946年 | 9月 5日 | 15:23 | 山羊 |
| 1946年 | 9月 8日 | 02:41 | 水瓶 |
| 1946年 | 9月10日 | 10:46 | 魚 |
| 1946年 | 9月12日 | 15:49 | 牡羊 |
| 1946年 | 9月14日 | 19:04 | 牡牛 |
| 1946年 | 9月16日 | 21:46 | 双子 |
| 1946年 | 9月19日 | 00:42 | 蟹 |
| 1946年 | 9月21日 | 04:13 | 獅子 |
| 1946年 | 9月23日 | 08:38 | 乙女 |
| 1946年 | 9月25日 | 14:40 | 天秤 |
| 1946年 | 9月27日 | 23:12 | 蠍 |
| 1946年 | 9月30日 | 10:32 | 射手 |
| 1946年 | 10月 2日 | 23:28 | 山羊 |
| 1946年 | 10月 5日 | 11:27 | 水瓶 |
| 1946年 | 10月 7日 | 20:09 | 魚 |
| 1946年 | 10月10日 | 01:05 | 牡羊 |
| 1946年 | 10月12日 | 03:21 | 牡牛 |
| 1946年 | 10月14日 | 04:37 | 双子 |
| 1946年 | 10月16日 | 06:23 | 蟹 |
| 1946年 | 10月18日 | 09:35 | 獅子 |
| 1946年 | 10月20日 | 14:35 | 乙女 |
| 1946年 | 10月22日 | 21:33 | 天秤 |
| 1946年 | 10月25日 | 06:41 | 蠍 |
| 1946年 | 10月27日 | 18:03 | 射手 |
| 1946年 | 10月30日 | 06:59 | 山羊 |
| 1946年 | 11月 1日 | 19:36 | 水瓶 |
| 1946年 | 11月 4日 | 05:32 | 魚 |
| 1946年 | 11月 6日 | 11:28 | 牡羊 |
| 1946年 | 11月 8日 | 13:49 | 牡牛 |
| 1946年 | 11月10日 | 14:08 | 双子 |
| 1946年 | 11月12日 | 14:16 | 蟹 |
| 1946年 | 11月14日 | 15:53 | 獅子 |
| 1946年 | 11月16日 | 20:04 | 乙女 |
| 1946年 | 11月19日 | 03:12 | 天秤 |
| 1946年 | 11月21日 | 12:58 | 蠍 |
| 1946年 | 11月24日 | 00:43 | 射手 |
| 1946年 | 11月26日 | 13:39 | 山羊 |
| 1946年 | 11月29日 | 02:29 | 水瓶 |
| 1946年 | 12月 1日 | 13:29 | 魚 |
| 1946年 | 12月 3日 | 21:05 | 牡羊 |
| 1946年 | 12月 6日 | 00:49 | 牡牛 |
| 1946年 | 12月 8日 | 01:30 | 双子 |
| 1946年 | 12月10日 | 00:51 | 蟹 |
| 1946年 | 12月12日 | 00:47 | 獅子 |
| 1946年 | 12月14日 | 03:09 | 乙女 |
| 1946年 | 12月16日 | 09:07 | 天秤 |
| 1946年 | 12月18日 | 18:43 | 蠍 |
| 1946年 | 12月21日 | 06:48 | 射手 |
| 1946年 | 12月23日 | 19:50 | 山羊 |
| 1946年 | 12月26日 | 08:29 | 水瓶 |
| 1946年 | 12月28日 | 19:43 | 魚 |
| 1946年 | 12月31日 | 04:31 | 牡羊 |
| 1947年 | 1月 2日 | 10:06 | 牡牛 |
| 1947年 | 1月 4日 | 12:26 | 双子 |
| 1947年 | 1月 6日 | 12:28 | 蟹 |
| 1947年 | 1月 8日 | 11:53 | 獅子 |
| 1947年 | 1月10日 | 12:45 | 乙女 |
| 1947年 | 1月12日 | 16:54 | 天秤 |
| 1947年 | 1月15日 | 01:15 | 蠍 |
| 1947年 | 1月17日 | 13:03 | 射手 |
| 1947年 | 1月20日 | 02:10 | 山羊 |
| 1947年 | 1月22日 | 14:37 | 水瓶 |
| 1947年 | 1月25日 | 01:23 | 魚 |
| 1947年 | 1月27日 | 10:10 | 牡羊 |
| 1947年 | 1月29日 | 16:45 | 牡牛 |
| 1947年 | 1月31日 | 20:52 | 双子 |
| 1947年 | 2月 2日 | 22:39 | 蟹 |
| 1947年 | 2月 4日 | 23:02 | 獅子 |
| 1947年 | 2月 6日 | 23:43 | 乙女 |
| 1947年 | 2月 9日 | 02:40 | 天秤 |
| 1947年 | 2月11日 | 09:28 | 蠍 |
| 1947年 | 2月13日 | 20:15 | 射手 |
| 1947年 | 2月16日 | 09:12 | 山羊 |
| 1947年 | 2月18日 | 21:38 | 水瓶 |
| 1947年 | 2月21日 | 07:57 | 魚 |
| 1947年 | 2月23日 | 15:58 | 牡羊 |
| 1947年 | 2月25日 | 22:08 | 牡牛 |
| 1947年 | 2月28日 | 02:47 | 双子 |
| 1947年 | 3月 2日 | 05:59 | 蟹 |
| 1947年 | 3月 4日 | 08:00 | 獅子 |
| 1947年 | 3月 6日 | 09:46 | 乙女 |
| 1947年 | 3月 8日 | 12:51 | 天秤 |
| 1947年 | 3月10日 | 18:51 | 蠍 |
| 1947年 | 3月13日 | 04:33 | 射手 |
| 1947年 | 3月15日 | 17:00 | 山羊 |
| 1947年 | 3月18日 | 05:35 | 水瓶 |
| 1947年 | 3月20日 | 15:57 | 魚 |
| 1947年 | 3月22日 | 23:23 | 牡羊 |
| 1947年 | 3月25日 | 04:29 | 牡牛 |
| 1947年 | 3月27日 | 08:16 | 双子 |
| 1947年 | 3月29日 | 11:26 | 蟹 |
| 1947年 | 3月31日 | 14:22 | 獅子 |
| 1947年 | 4月 2日 | 17:30 | 乙女 |
| 1947年 | 4月 4日 | 21:40 | 天秤 |
| 1947年 | 4月 7日 | 03:57 | 蠍 |
| 1947年 | 4月 9日 | 13:12 | 射手 |
| 1947年 | 4月12日 | 01:08 | 山羊 |
| 1947年 | 4月14日 | 13:51 | 水瓶 |
| 1947年 | 4月17日 | 00:47 | 魚 |
| 1947年 | 4月19日 | 08:25 | 牡羊 |

| | | | |
|---|---|---|---|
| 1947年 | 4月21日 | 12:56 | 牡牛 |
| 1947年 | 4月23日 | 15:28 | 双子 |
| 1947年 | 4月25日 | 17:22 | 蟹 |
| 1947年 | 4月27日 | 19:44 | 獅子 |
| 1947年 | 4月29日 | 23:15 | 乙女 |
| 1947年 | 5月 2日 | 04:24 | 天秤 |
| 1947年 | 5月 4日 | 11:35 | 蠍 |
| 1947年 | 5月 6日 | 21:09 | 射手 |
| 1947年 | 5月 9日 | 08:55 | 山羊 |
| 1947年 | 5月11日 | 21:40 | 水瓶 |
| 1947年 | 5月14日 | 09:20 | 魚 |
| 1947年 | 5月16日 | 17:56 | 牡羊 |
| 1947年 | 5月18日 | 22:52 | 牡牛 |
| 1947年 | 5月21日 | 00:52 | 双子 |
| 1947年 | 5月23日 | 01:27 | 蟹 |
| 1947年 | 5月25日 | 02:18 | 獅子 |
| 1947年 | 5月27日 | 04:50 | 乙女 |
| 1947年 | 5月29日 | 09:54 | 天秤 |
| 1947年 | 5月31日 | 17:42 | 蠍 |
| 1947年 | 6月 3日 | 03:54 | 射手 |
| 1947年 | 6月 5日 | 15:51 | 山羊 |
| 1947年 | 6月 8日 | 04:38 | 水瓶 |
| 1947年 | 6月10日 | 16:47 | 魚 |
| 1947年 | 6月13日 | 02:33 | 牡羊 |
| 1947年 | 6月15日 | 08:45 | 牡牛 |
| 1947年 | 6月17日 | 11:22 | 双子 |
| 1947年 | 6月19日 | 11:32 | 蟹 |
| 1947年 | 6月21日 | 11:07 | 獅子 |
| 1947年 | 6月23日 | 12:01 | 乙女 |
| 1947年 | 6月25日 | 15:51 | 天秤 |
| 1947年 | 6月27日 | 23:16 | 蠍 |
| 1947年 | 6月30日 | 09:46 | 射手 |
| 1947年 | 7月 2日 | 22:02 | 山羊 |
| 1947年 | 7月 5日 | 10:50 | 水瓶 |
| 1947年 | 7月 7日 | 23:03 | 魚 |
| 1947年 | 7月10日 | 09:34 | 牡羊 |
| 1947年 | 7月12日 | 17:12 | 牡牛 |
| 1947年 | 7月14日 | 21:17 | 双子 |
| 1947年 | 7月16日 | 22:15 | 蟹 |
| 1947年 | 7月18日 | 21:35 | 獅子 |
| 1947年 | 7月20日 | 21:20 | 乙女 |
| 1947年 | 7月22日 | 23:33 | 天秤 |
| 1947年 | 7月25日 | 05:41 | 蠍 |
| 1947年 | 7月27日 | 15:40 | 射手 |
| 1947年 | 7月30日 | 04:01 | 山羊 |
| 1947年 | 8月 1日 | 16:49 | 水瓶 |
| 1947年 | 8月 4日 | 04:49 | 魚 |
| 1947年 | 8月 6日 | 15:19 | 牡羊 |
| 1947年 | 8月 8日 | 23:43 | 牡牛 |
| 1947年 | 8月11日 | 05:17 | 双子 |
| 1947年 | 8月13日 | 07:50 | 蟹 |
| 1947年 | 8月15日 | 08:06 | 獅子 |
| 1947年 | 8月17日 | 07:49 | 乙女 |
| 1947年 | 8月19日 | 09:04 | 天秤 |
| 1947年 | 8月21日 | 13:44 | 蠍 |
| 1947年 | 8月23日 | 22:34 | 射手 |
| 1947年 | 8月26日 | 10:31 | 山羊 |
| 1947年 | 8月28日 | 23:18 | 水瓶 |
| 1947年 | 8月31日 | 11:03 | 魚 |
| 1947年 | 9月 2日 | 21:02 | 牡羊 |
| 1947年 | 9月 5日 | 05:10 | 牡牛 |
| 1947年 | 9月 7日 | 11:18 | 双子 |
| 1947年 | 9月 9日 | 15:12 | 蟹 |
| 1947年 | 9月11日 | 17:03 | 獅子 |
| 1947年 | 9月13日 | 17:51 | 乙女 |
| 1947年 | 9月15日 | 19:17 | 天秤 |
| 1947年 | 9月17日 | 23:11 | 蠍 |
| 1947年 | 9月20日 | 06:49 | 射手 |
| 1947年 | 9月22日 | 17:57 | 山羊 |
| 1947年 | 9月25日 | 06:37 | 水瓶 |
| 1947年 | 9月27日 | 18:24 | 魚 |
| 1947年 | 9月30日 | 03:58 | 牡羊 |
| 1947年 | 10月 2日 | 11:15 | 牡牛 |
| 1947年 | 10月 4日 | 16:44 | 双子 |
| 1947年 | 10月 6日 | 20:47 | 蟹 |
| 1947年 | 10月 8日 | 23:42 | 獅子 |
| 1947年 | 10月11日 | 01:57 | 乙女 |
| 1947年 | 10月13日 | 04:32 | 天秤 |
| 1947年 | 10月15日 | 08:45 | 蠍 |
| 1947年 | 10月17日 | 15:52 | 射手 |
| 1947年 | 10月20日 | 02:13 | 山羊 |
| 1947年 | 10月22日 | 14:38 | 水瓶 |
| 1947年 | 10月25日 | 02:45 | 魚 |
| 1947年 | 10月27日 | 12:31 | 牡羊 |
| 1947年 | 10月29日 | 19:16 | 牡牛 |
| 1947年 | 10月31日 | 23:36 | 双子 |
| 1947年 | 11月 3日 | 02:32 | 蟹 |
| 1947年 | 11月 5日 | 05:03 | 獅子 |
| 1947年 | 11月 7日 | 07:55 | 乙女 |
| 1947年 | 11月 9日 | 11:42 | 天秤 |
| 1947年 | 11月11日 | 17:03 | 蠍 |
| 1947年 | 11月14日 | 00:33 | 射手 |
| 1947年 | 11月16日 | 10:37 | 山羊 |
| 1947年 | 11月18日 | 22:44 | 水瓶 |
| 1947年 | 11月21日 | 11:16 | 魚 |
| 1947年 | 11月23日 | 21:53 | 牡羊 |
| 1947年 | 11月26日 | 05:06 | 牡牛 |
| 1947年 | 11月28日 | 08:55 | 双子 |
| 1947年 | 11月30日 | 10:31 | 蟹 |
| 1947年 | 12月 2日 | 11:30 | 獅子 |
| 1947年 | 12月 4日 | 13:24 | 乙女 |
| 1947年 | 12月 6日 | 17:14 | 天秤 |
| 1947年 | 12月 8日 | 23:24 | 蠍 |
| 1947年 | 12月11日 | 07:49 | 射手 |
| 1947年 | 12月13日 | 18:14 | 山羊 |
| 1947年 | 12月16日 | 06:15 | 水瓶 |
| 1947年 | 12月18日 | 18:58 | 魚 |
| 1947年 | 12月21日 | 06:37 | 牡羊 |
| 1947年 | 12月23日 | 15:11 | 牡牛 |
| 1947年 | 12月25日 | 19:47 | 双子 |
| 1947年 | 12月27日 | 21:04 | 蟹 |
| 1947年 | 12月29日 | 20:42 | 獅子 |
| 1947年 | 12月31日 | 20:47 | 乙女 |
| 1948年 | 1月 2日 | 23:10 | 天秤 |
| 1948年 | 1月 5日 | 04:51 | 蠍 |
| 1948年 | 1月 7日 | 13:40 | 射手 |
| 1948年 | 1月10日 | 00:41 | 山羊 |
| 1948年 | 1月12日 | 12:54 | 水瓶 |
| 1948年 | 1月15日 | 01:35 | 魚 |
| 1948年 | 1月17日 | 13:43 | 牡羊 |
| 1948年 | 1月19日 | 23:42 | 牡牛 |
| 1948年 | 1月22日 | 06:01 | 双子 |
| 1948年 | 1月24日 | 08:23 | 蟹 |
| 1948年 | 1月26日 | 08:00 | 獅子 |
| 1948年 | 1月28日 | 06:56 | 乙女 |
| 1948年 | 1月30日 | 07:29 | 天秤 |
| 1948年 | 2月 1日 | 11:27 | 蠍 |
| 1948年 | 2月 3日 | 19:25 | 射手 |
| 1948年 | 2月 6日 | 06:29 | 山羊 |
| 1948年 | 2月 8日 | 18:59 | 水瓶 |
| 1948年 | 2月11日 | 07:37 | 魚 |
| 1948年 | 2月13日 | 19:37 | 牡羊 |
| 1948年 | 2月16日 | 06:08 | 牡牛 |
| 1948年 | 2月18日 | 13:56 | 双子 |
| 1948年 | 2月20日 | 18:09 | 蟹 |
| 1948年 | 2月22日 | 19:08 | 獅子 |
| 1948年 | 2月24日 | 18:23 | 乙女 |
| 1948年 | 2月26日 | 18:06 | 天秤 |
| 1948年 | 2月28日 | 20:24 | 蠍 |
| 1948年 | 3月 2日 | 02:41 | 射手 |
| 1948年 | 3月 4日 | 12:50 | 山羊 |
| 1948年 | 3月 7日 | 01:14 | 水瓶 |
| 1948年 | 3月 9日 | 13:53 | 魚 |
| 1948年 | 3月12日 | 01:33 | 牡羊 |
| 1948年 | 3月14日 | 11:40 | 牡牛 |
| 1948年 | 3月16日 | 19:45 | 双子 |
| 1948年 | 3月19日 | 01:14 | 蟹 |
| 1948年 | 3月21日 | 03:58 | 獅子 |
| 1948年 | 3月23日 | 04:43 | 乙女 |
| 1948年 | 3月25日 | 05:02 | 天秤 |
| 1948年 | 3月27日 | 06:50 | 蠍 |
| 1948年 | 3月29日 | 11:46 | 射手 |
| 1948年 | 3月31日 | 20:33 | 山羊 |
| 1948年 | 4月 3日 | 08:18 | 水瓶 |
| 1948年 | 4月 5日 | 20:56 | 魚 |
| 1948年 | 4月 8日 | 08:28 | 牡羊 |
| 1948年 | 4月10日 | 17:58 | 牡牛 |
| 1948年 | 4月13日 | 01:20 | 双子 |
| 1948年 | 4月15日 | 06:41 | 蟹 |

| | | | |
|---|---|---|---|
| 1948年 | 4月17日 | 10:16 | 獅子 |
| 1948年 | 4月19日 | 12:30 | 乙女 |
| 1948年 | 4月21日 | 14:16 | 天秤 |
| 1948年 | 4月23日 | 16:49 | 蠍 |
| 1948年 | 4月25日 | 21:31 | 射手 |
| 1948年 | 4月28日 | 05:21 | 山羊 |
| 1948年 | 4月30日 | 16:15 | 水瓶 |
| 1948年 | 5月3日 | 04:43 | 魚 |
| 1948年 | 5月5日 | 16:28 | 牡羊 |
| 1948年 | 5月8日 | 01:48 | 牡牛 |
| 1948年 | 5月10日 | 08:20 | 双子 |
| 1948年 | 5月12日 | 12:38 | 蟹 |
| 1948年 | 5月14日 | 15:39 | 獅子 |
| 1948年 | 5月16日 | 18:14 | 乙女 |
| 1948年 | 5月18日 | 21:07 | 天秤 |
| 1948年 | 5月21日 | 00:56 | 蠍 |
| 1948年 | 5月23日 | 06:22 | 射手 |
| 1948年 | 5月25日 | 14:08 | 山羊 |
| 1948年 | 5月28日 | 00:30 | 水瓶 |
| 1948年 | 5月30日 | 12:46 | 魚 |
| 1948年 | 6月2日 | 00:54 | 牡羊 |
| 1948年 | 6月4日 | 10:43 | 牡牛 |
| 1948年 | 6月6日 | 17:06 | 双子 |
| 1948年 | 6月8日 | 20:29 | 蟹 |
| 1948年 | 6月10日 | 22:12 | 獅子 |
| 1948年 | 6月12日 | 23:49 | 乙女 |
| 1948年 | 6月15日 | 02:33 | 天秤 |
| 1948年 | 6月17日 | 07:03 | 蠍 |
| 1948年 | 6月19日 | 13:28 | 射手 |
| 1948年 | 6月21日 | 21:51 | 山羊 |
| 1948年 | 6月24日 | 08:15 | 水瓶 |
| 1948年 | 6月26日 | 20:23 | 魚 |
| 1948年 | 6月29日 | 08:56 | 牡羊 |
| 1948年 | 7月1日 | 19:39 | 牡牛 |
| 1948年 | 7月4日 | 02:48 | 双子 |
| 1948年 | 7月6日 | 06:07 | 蟹 |
| 1948年 | 7月8日 | 06:53 | 獅子 |
| 1948年 | 7月10日 | 07:04 | 乙女 |
| 1948年 | 7月12日 | 08:31 | 天秤 |
| 1948年 | 7月14日 | 12:28 | 蠍 |
| 1948年 | 7月16日 | 19:11 | 射手 |
| 1948年 | 7月19日 | 04:13 | 山羊 |
| 1948年 | 7月21日 | 15:02 | 水瓶 |
| 1948年 | 7月24日 | 03:13 | 魚 |
| 1948年 | 7月26日 | 15:57 | 牡羊 |
| 1948年 | 7月29日 | 03:33 | 牡牛 |
| 1948年 | 7月31日 | 12:01 | 双子 |
| 1948年 | 8月2日 | 16:20 | 蟹 |
| 1948年 | 8月4日 | 17:14 | 獅子 |
| 1948年 | 8月6日 | 16:33 | 乙女 |
| 1948年 | 8月8日 | 16:30 | 天秤 |
| 1948年 | 8月10日 | 18:56 | 蠍 |
| 1948年 | 8月13日 | 00:49 | 射手 |
| 1948年 | 8月15日 | 09:51 | 山羊 |
| 1948年 | 8月17日 | 21:02 | 水瓶 |
| 1948年 | 8月20日 | 09:23 | 魚 |
| 1948年 | 8月22日 | 22:05 | 牡羊 |
| 1948年 | 8月25日 | 10:03 | 牡牛 |
| 1948年 | 8月27日 | 19:39 | 双子 |
| 1948年 | 8月30日 | 01:34 | 蟹 |
| 1948年 | 9月1日 | 03:41 | 獅子 |
| 1948年 | 9月3日 | 03:21 | 乙女 |
| 1948年 | 9月5日 | 02:36 | 天秤 |
| 1948年 | 9月7日 | 03:34 | 蠍 |
| 1948年 | 9月9日 | 07:51 | 射手 |
| 1948年 | 9月11日 | 15:56 | 山羊 |
| 1948年 | 9月14日 | 02:58 | 水瓶 |
| 1948年 | 9月16日 | 15:27 | 魚 |
| 1948年 | 9月19日 | 04:02 | 牡羊 |
| 1948年 | 9月21日 | 15:45 | 牡牛 |
| 1948年 | 9月24日 | 01:40 | 双子 |
| 1948年 | 9月26日 | 08:46 | 蟹 |
| 1948年 | 9月28日 | 12:35 | 獅子 |
| 1948年 | 9月30日 | 13:41 | 乙女 |
| 1948年 | 10月2日 | 13:30 | 天秤 |
| 1948年 | 10月4日 | 13:59 | 蠍 |
| 1948年 | 10月6日 | 16:55 | 射手 |
| 1948年 | 10月8日 | 23:30 | 山羊 |
| 1948年 | 10月11日 | 09:42 | 水瓶 |
| 1948年 | 10月13日 | 22:03 | 魚 |
| 1948年 | 10月16日 | 10:36 | 牡羊 |
| 1948年 | 10月18日 | 21:54 | 牡牛 |
| 1948年 | 10月21日 | 07:14 | 双子 |
| 1948年 | 10月23日 | 14:21 | 蟹 |
| 1948年 | 10月25日 | 19:10 | 獅子 |
| 1948年 | 10月27日 | 21:54 | 乙女 |
| 1948年 | 10月29日 | 23:16 | 天秤 |
| 1948年 | 11月1日 | 00:32 | 蠍 |
| 1948年 | 11月3日 | 03:11 | 射手 |
| 1948年 | 11月5日 | 08:39 | 山羊 |
| 1948年 | 11月7日 | 17:41 | 水瓶 |
| 1948年 | 11月10日 | 05:33 | 魚 |
| 1948年 | 11月12日 | 18:12 | 牡羊 |
| 1948年 | 11月15日 | 05:24 | 牡牛 |
| 1948年 | 11月17日 | 14:02 | 双子 |
| 1948年 | 11月19日 | 20:11 | 蟹 |
| 1948年 | 11月22日 | 00:32 | 獅子 |
| 1948年 | 11月24日 | 03:48 | 乙女 |
| 1948年 | 11月26日 | 06:33 | 天秤 |
| 1948年 | 11月28日 | 09:19 | 蠍 |
| 1948年 | 11月30日 | 12:52 | 射手 |
| 1948年 | 12月2日 | 18:16 | 山羊 |
| 1948年 | 12月5日 | 02:32 | 水瓶 |
| 1948年 | 12月7日 | 13:45 | 魚 |
| 1948年 | 12月10日 | 02:29 | 牡羊 |
| 1948年 | 12月12日 | 14:08 | 牡牛 |
| 1948年 | 12月14日 | 22:44 | 双子 |
| 1948年 | 12月17日 | 04:01 | 蟹 |
| 1948年 | 12月19日 | 07:03 | 獅子 |
| 1948年 | 12月21日 | 09:19 | 乙女 |
| 1948年 | 12月23日 | 11:59 | 天秤 |
| 1948年 | 12月25日 | 15:39 | 蠍 |
| 1948年 | 12月27日 | 20:29 | 射手 |
| 1948年 | 12月30日 | 02:47 | 山羊 |
| 1949年 | 1月1日 | 11:07 | 水瓶 |
| 1949年 | 1月3日 | 21:58 | 魚 |
| 1949年 | 1月6日 | 10:40 | 牡羊 |
| 1949年 | 1月8日 | 23:02 | 牡牛 |
| 1949年 | 1月11日 | 08:31 | 双子 |
| 1949年 | 1月13日 | 13:57 | 蟹 |
| 1949年 | 1月15日 | 16:08 | 獅子 |
| 1949年 | 1月17日 | 16:53 | 乙女 |
| 1949年 | 1月19日 | 18:03 | 天秤 |
| 1949年 | 1月21日 | 20:59 | 蠍 |
| 1949年 | 1月24日 | 02:09 | 射手 |
| 1949年 | 1月26日 | 09:22 | 山羊 |
| 1949年 | 1月28日 | 18:26 | 水瓶 |
| 1949年 | 1月31日 | 05:26 | 魚 |
| 1949年 | 2月2日 | 18:04 | 牡羊 |
| 1949年 | 2月5日 | 06:57 | 牡牛 |
| 1949年 | 2月7日 | 17:40 | 双子 |
| 1949年 | 2月10日 | 00:22 | 蟹 |
| 1949年 | 2月12日 | 03:01 | 獅子 |
| 1949年 | 2月14日 | 03:06 | 乙女 |
| 1949年 | 2月16日 | 02:44 | 天秤 |
| 1949年 | 2月18日 | 03:53 | 蠍 |
| 1949年 | 2月20日 | 07:49 | 射手 |
| 1949年 | 2月22日 | 14:50 | 山羊 |
| 1949年 | 2月25日 | 00:26 | 水瓶 |
| 1949年 | 2月27日 | 11:54 | 魚 |
| 1949年 | 3月2日 | 00:35 | 牡羊 |
| 1949年 | 3月4日 | 13:33 | 牡牛 |
| 1949年 | 3月7日 | 01:05 | 双子 |
| 1949年 | 3月9日 | 09:21 | 蟹 |
| 1949年 | 3月11日 | 13:33 | 獅子 |
| 1949年 | 3月13日 | 14:25 | 乙女 |
| 1949年 | 3月15日 | 13:40 | 天秤 |
| 1949年 | 3月17日 | 13:25 | 蠍 |
| 1949年 | 3月19日 | 15:30 | 射手 |
| 1949年 | 3月21日 | 21:04 | 山羊 |
| 1949年 | 3月24日 | 06:10 | 水瓶 |
| 1949年 | 3月26日 | 17:49 | 魚 |
| 1949年 | 3月29日 | 06:41 | 牡羊 |
| 1949年 | 3月31日 | 19:29 | 牡牛 |
| 1949年 | 4月3日 | 07:03 | 双子 |
| 1949年 | 4月5日 | 16:10 | 蟹 |
| 1949年 | 4月7日 | 21:59 | 獅子 |
| 1949年 | 4月10日 | 00:32 | 乙女 |
| 1949年 | 4月12日 | 00:48 | 天秤 |

| | | | |
|---|---|---|---|
| 1949年 | 4月 14日 | 00:28 | 蠍 |
| 1949年 | 4月 16日 | 01:24 | 射手 |
| 1949年 | 4月 18日 | 05:16 | 山羊 |
| 1949年 | 4月 20日 | 12:59 | 水瓶 |
| 1949年 | 4月 23日 | 00:07 | 魚 |
| 1949年 | 4月 25日 | 13:01 | 牡羊 |
| 1949年 | 4月 28日 | 01:41 | 牡牛 |
| 1949年 | 4月 30日 | 12:48 | 双子 |
| 1949年 | 5月 2日 | 21:43 | 蟹 |
| 1949年 | 5月 5日 | 04:11 | 獅子 |
| 1949年 | 5月 7日 | 08:11 | 乙女 |
| 1949年 | 5月 9日 | 10:07 | 天秤 |
| 1949年 | 5月 11日 | 10:54 | 蠍 |
| 1949年 | 5月 13日 | 11:57 | 射手 |
| 1949年 | 5月 15日 | 14:57 | 山羊 |
| 1949年 | 5月 17日 | 21:19 | 水瓶 |
| 1949年 | 5月 20日 | 07:26 | 魚 |
| 1949年 | 5月 22日 | 20:01 | 牡羊 |
| 1949年 | 5月 25日 | 08:42 | 牡牛 |
| 1949年 | 5月 27日 | 19:27 | 双子 |
| 1949年 | 5月 30日 | 03:39 | 蟹 |
| 1949年 | 6月 1日 | 09:36 | 獅子 |
| 1949年 | 6月 3日 | 13:53 | 乙女 |
| 1949年 | 6月 5日 | 16:58 | 天秤 |
| 1949年 | 6月 7日 | 19:14 | 蠍 |
| 1949年 | 6月 9日 | 21:24 | 射手 |
| 1949年 | 6月 12日 | 00:40 | 山羊 |
| 1949年 | 6月 14日 | 06:26 | 水瓶 |
| 1949年 | 6月 16日 | 15:38 | 魚 |
| 1949年 | 6月 19日 | 03:44 | 牡羊 |
| 1949年 | 6月 21日 | 16:30 | 牡牛 |
| 1949年 | 6月 24日 | 03:19 | 双子 |
| 1949年 | 6月 26日 | 11:01 | 蟹 |
| 1949年 | 6月 28日 | 16:01 | 獅子 |
| 1949年 | 6月 30日 | 19:27 | 乙女 |
| 1949年 | 7月 2日 | 22:22 | 天秤 |
| 1949年 | 7月 5日 | 01:22 | 蠍 |
| 1949年 | 7月 7日 | 04:45 | 射手 |
| 1949年 | 7月 9日 | 09:02 | 山羊 |
| 1949年 | 7月 11日 | 15:09 | 水瓶 |
| 1949年 | 7月 14日 | 00:01 | 魚 |
| 1949年 | 7月 16日 | 11:43 | 牡羊 |
| 1949年 | 7月 19日 | 00:35 | 牡牛 |
| 1949年 | 7月 21日 | 11:57 | 双子 |
| 1949年 | 7月 23日 | 19:52 | 蟹 |
| 1949年 | 7月 26日 | 00:19 | 獅子 |
| 1949年 | 7月 28日 | 02:36 | 乙女 |
| 1949年 | 7月 30日 | 04:20 | 天秤 |
| 1949年 | 8月 1日 | 06:44 | 蠍 |
| 1949年 | 8月 3日 | 10:25 | 射手 |
| 1949年 | 8月 5日 | 15:36 | 山羊 |
| 1949年 | 8月 7日 | 22:34 | 水瓶 |
| 1949年 | 8月 10日 | 07:45 | 魚 |
| 1949年 | 8月 12日 | 19:19 | 牡羊 |
| 1949年 | 8月 15日 | 08:18 | 牡牛 |
| 1949年 | 8月 17日 | 20:22 | 双子 |
| 1949年 | 8月 20日 | 05:15 | 蟹 |
| 1949年 | 8月 22日 | 10:08 | 獅子 |
| 1949年 | 8月 24日 | 11:56 | 乙女 |
| 1949年 | 8月 26日 | 12:24 | 天秤 |
| 1949年 | 8月 28日 | 13:20 | 蠍 |
| 1949年 | 8月 30日 | 16:00 | 射手 |
| 1949年 | 9月 1日 | 21:05 | 山羊 |
| 1949年 | 9月 4日 | 04:37 | 水瓶 |
| 1949年 | 9月 6日 | 14:26 | 魚 |
| 1949年 | 9月 9日 | 02:13 | 牡羊 |
| 1949年 | 9月 11日 | 15:12 | 牡牛 |
| 1949年 | 9月 14日 | 03:46 | 双子 |
| 1949年 | 9月 16日 | 13:51 | 蟹 |
| 1949年 | 9月 18日 | 20:04 | 獅子 |
| 1949年 | 9月 20日 | 22:34 | 乙女 |
| 1949年 | 9月 22日 | 22:42 | 天秤 |
| 1949年 | 9月 24日 | 22:21 | 蠍 |
| 1949年 | 9月 26日 | 23:21 | 射手 |
| 1949年 | 9月 29日 | 03:07 | 山羊 |
| 1949年 | 10月 1日 | 10:13 | 水瓶 |
| 1949年 | 10月 3日 | 20:19 | 魚 |
| 1949年 | 10月 6日 | 08:27 | 牡羊 |
| 1949年 | 10月 8日 | 21:26 | 牡牛 |
| 1949年 | 10月 11日 | 10:02 | 双子 |
| 1949年 | 10月 13日 | 20:50 | 蟹 |
| 1949年 | 10月 16日 | 04:35 | 獅子 |
| 1949年 | 10月 18日 | 08:42 | 乙女 |
| 1949年 | 10月 20日 | 09:48 | 天秤 |
| 1949年 | 10月 22日 | 09:18 | 蠍 |
| 1949年 | 10月 24日 | 09:08 | 射手 |
| 1949年 | 10月 26日 | 11:10 | 山羊 |
| 1949年 | 10月 28日 | 16:50 | 水瓶 |
| 1949年 | 10月 31日 | 02:21 | 魚 |
| 1949年 | 11月 2日 | 14:34 | 牡羊 |
| 1949年 | 11月 5日 | 03:36 | 牡牛 |
| 1949年 | 11月 7日 | 15:55 | 双子 |
| 1949年 | 11月 10日 | 02:35 | 蟹 |
| 1949年 | 11月 12日 | 11:00 | 獅子 |
| 1949年 | 11月 14日 | 16:42 | 乙女 |
| 1949年 | 11月 16日 | 19:36 | 天秤 |
| 1949年 | 11月 18日 | 20:19 | 蠍 |
| 1949年 | 11月 20日 | 20:16 | 射手 |
| 1949年 | 11月 22日 | 21:20 | 山羊 |
| 1949年 | 11月 25日 | 01:24 | 水瓶 |
| 1949年 | 11月 27日 | 09:35 | 魚 |
| 1949年 | 11月 29日 | 21:17 | 牡羊 |
| 1949年 | 12月 2日 | 10:22 | 牡牛 |
| 1949年 | 12月 4日 | 22:28 | 双子 |
| 1949年 | 12月 7日 | 08:31 | 蟹 |
| 1949年 | 12月 9日 | 16:27 | 獅子 |
| 1949年 | 12月 11日 | 22:31 | 乙女 |
| 1949年 | 12月 14日 | 02:45 | 天秤 |
| 1949年 | 12月 16日 | 05:14 | 蠍 |
| 1949年 | 12月 18日 | 06:32 | 射手 |
| 1949年 | 12月 20日 | 08:00 | 山羊 |
| 1949年 | 12月 22日 | 11:24 | 水瓶 |
| 1949年 | 12月 24日 | 18:19 | 魚 |
| 1949年 | 12月 27日 | 05:04 | 牡羊 |
| 1949年 | 12月 29日 | 17:57 | 牡牛 |
| 1950年 | 1月 1日 | 06:13 | 双子 |
| 1950年 | 1月 3日 | 15:56 | 蟹 |
| 1950年 | 1月 5日 | 22:58 | 獅子 |
| 1950年 | 1月 8日 | 04:06 | 乙女 |
| 1950年 | 1月 10日 | 08:08 | 天秤 |
| 1950年 | 1月 12日 | 11:28 | 蠍 |
| 1950年 | 1月 14日 | 14:16 | 射手 |
| 1950年 | 1月 16日 | 17:07 | 山羊 |
| 1950年 | 1月 18日 | 21:07 | 水瓶 |
| 1950年 | 1月 21日 | 03:41 | 魚 |
| 1950年 | 1月 23日 | 13:37 | 牡羊 |
| 1950年 | 1月 26日 | 02:07 | 牡牛 |
| 1950年 | 1月 28日 | 14:43 | 双子 |
| 1950年 | 1月 31日 | 00:50 | 蟹 |
| 1950年 | 2月 2日 | 07:34 | 獅子 |
| 1950年 | 2月 4日 | 11:37 | 乙女 |
| 1950年 | 2月 6日 | 14:19 | 天秤 |
| 1950年 | 2月 8日 | 16:50 | 蠍 |
| 1950年 | 2月 10日 | 19:51 | 射手 |
| 1950年 | 2月 12日 | 23:45 | 山羊 |
| 1950年 | 2月 15日 | 04:58 | 水瓶 |
| 1950年 | 2月 17日 | 12:11 | 魚 |
| 1950年 | 2月 19日 | 22:00 | 牡羊 |
| 1950年 | 2月 22日 | 10:12 | 牡牛 |
| 1950年 | 2月 24日 | 23:02 | 双子 |
| 1950年 | 2月 27日 | 10:03 | 蟹 |
| 1950年 | 3月 1日 | 17:30 | 獅子 |
| 1950年 | 3月 3日 | 21:25 | 乙女 |
| 1950年 | 3月 5日 | 23:01 | 天秤 |
| 1950年 | 3月 7日 | 23:56 | 蠍 |
| 1950年 | 3月 10日 | 01:38 | 射手 |
| 1950年 | 3月 12日 | 05:07 | 山羊 |
| 1950年 | 3月 14日 | 10:52 | 水瓶 |
| 1950年 | 3月 16日 | 18:59 | 魚 |
| 1950年 | 3月 19日 | 05:21 | 牡羊 |
| 1950年 | 3月 21日 | 17:32 | 牡牛 |
| 1950年 | 3月 24日 | 06:28 | 双子 |
| 1950年 | 3月 26日 | 18:16 | 蟹 |
| 1950年 | 3月 29日 | 03:04 | 獅子 |
| 1950年 | 3月 31日 | 08:01 | 乙女 |
| 1950年 | 4月 2日 | 09:41 | 天秤 |
| 1950年 | 4月 4日 | 09:35 | 蠍 |
| 1950年 | 4月 6日 | 09:37 | 射手 |
| 1950年 | 4月 8日 | 11:29 | 山羊 |

| | | | |
|---|---|---|---|
| 1950年 | 4月10日 | 16:24 | 水瓶 |
| 1950年 | 4月13日 | 00:38 | 魚 |
| 1950年 | 4月15日 | 11:31 | 牡羊 |
| 1950年 | 4月17日 | 23:59 | 牡牛 |
| 1950年 | 4月20日 | 12:54 | 双子 |
| 1950年 | 4月23日 | 01:01 | 蟹 |
| 1950年 | 4月25日 | 10:57 | 獅子 |
| 1950年 | 4月27日 | 17:30 | 乙女 |
| 1950年 | 4月29日 | 20:25 | 天秤 |
| 1950年 | 5月1日 | 20:38 | 蠍 |
| 1950年 | 5月3日 | 19:51 | 射手 |
| 1950年 | 5月5日 | 20:08 | 山羊 |
| 1950年 | 5月7日 | 23:22 | 水瓶 |
| 1950年 | 5月10日 | 06:33 | 魚 |
| 1950年 | 5月12日 | 17:18 | 牡羊 |
| 1950年 | 5月15日 | 05:58 | 牡牛 |
| 1950年 | 5月17日 | 18:52 | 双子 |
| 1950年 | 5月20日 | 06:50 | 蟹 |
| 1950年 | 5月22日 | 17:06 | 獅子 |
| 1950年 | 5月25日 | 00:50 | 乙女 |
| 1950年 | 5月27日 | 05:26 | 天秤 |
| 1950年 | 5月29日 | 07:01 | 蠍 |
| 1950年 | 5月31日 | 06:44 | 射手 |
| 1950年 | 6月2日 | 06:27 | 山羊 |
| 1950年 | 6月4日 | 08:18 | 水瓶 |
| 1950年 | 6月6日 | 13:57 | 魚 |
| 1950年 | 6月8日 | 23:43 | 牡羊 |
| 1950年 | 6月11日 | 12:12 | 牡牛 |
| 1950年 | 6月14日 | 01:05 | 双子 |
| 1950年 | 6月16日 | 12:45 | 蟹 |
| 1950年 | 6月18日 | 22:37 | 獅子 |
| 1950年 | 6月21日 | 06:31 | 乙女 |
| 1950年 | 6月23日 | 12:09 | 天秤 |
| 1950年 | 6月25日 | 15:19 | 蠍 |
| 1950年 | 6月27日 | 16:26 | 射手 |
| 1950年 | 6月29日 | 16:49 | 山羊 |
| 1950年 | 7月1日 | 18:20 | 水瓶 |
| 1950年 | 7月3日 | 22:51 | 魚 |
| 1950年 | 7月6日 | 07:24 | 牡羊 |
| 1950年 | 7月8日 | 19:13 | 牡牛 |
| 1950年 | 7月11日 | 08:01 | 双子 |
| 1950年 | 7月13日 | 19:33 | 蟹 |
| 1950年 | 7月16日 | 04:52 | 獅子 |
| 1950年 | 7月18日 | 12:05 | 乙女 |
| 1950年 | 7月20日 | 17:34 | 天秤 |
| 1950年 | 7月22日 | 21:27 | 蠍 |
| 1950年 | 7月24日 | 23:56 | 射手 |
| 1950年 | 7月27日 | 01:40 | 山羊 |
| 1950年 | 7月29日 | 03:56 | 水瓶 |
| 1950年 | 7月31日 | 08:19 | 魚 |
| 1950年 | 8月2日 | 16:02 | 牡羊 |
| 1950年 | 8月5日 | 03:05 | 牡牛 |
| 1950年 | 8月7日 | 15:44 | 双子 |
| 1950年 | 8月10日 | 03:27 | 蟹 |
| 1950年 | 8月12日 | 12:36 | 獅子 |
| 1950年 | 8月14日 | 19:03 | 乙女 |
| 1950年 | 8月16日 | 23:31 | 天秤 |
| 1950年 | 8月19日 | 02:49 | 蠍 |
| 1950年 | 8月21日 | 05:36 | 射手 |
| 1950年 | 8月23日 | 08:23 | 山羊 |
| 1950年 | 8月25日 | 11:53 | 水瓶 |
| 1950年 | 8月27日 | 17:02 | 魚 |
| 1950年 | 8月30日 | 00:44 | 牡羊 |
| 1950年 | 9月1日 | 11:18 | 牡牛 |
| 1950年 | 9月3日 | 23:45 | 双子 |
| 1950年 | 9月6日 | 11:53 | 蟹 |
| 1950年 | 9月8日 | 21:34 | 獅子 |
| 1950年 | 9月11日 | 03:55 | 乙女 |
| 1950年 | 9月13日 | 07:28 | 天秤 |
| 1950年 | 9月15日 | 09:27 | 蠍 |
| 1950年 | 9月17日 | 11:12 | 射手 |
| 1950年 | 9月19日 | 13:49 | 山羊 |
| 1950年 | 9月21日 | 18:00 | 水瓶 |
| 1950年 | 9月24日 | 00:09 | 魚 |
| 1950年 | 9月26日 | 08:32 | 牡羊 |
| 1950年 | 9月28日 | 19:08 | 牡牛 |
| 1950年 | 10月1日 | 07:26 | 双子 |
| 1950年 | 10月3日 | 19:59 | 蟹 |
| 1950年 | 10月6日 | 06:40 | 獅子 |
| 1950年 | 10月8日 | 13:54 | 乙女 |
| 1950年 | 10月10日 | 17:29 | 天秤 |
| 1950年 | 10月12日 | 18:32 | 蠍 |
| 1950年 | 10月14日 | 18:45 | 射手 |
| 1950年 | 10月16日 | 19:55 | 山羊 |
| 1950年 | 10月18日 | 23:26 | 水瓶 |
| 1950年 | 10月21日 | 05:53 | 魚 |
| 1950年 | 10月23日 | 14:58 | 牡羊 |
| 1950年 | 10月26日 | 02:02 | 牡牛 |
| 1950年 | 10月28日 | 14:22 | 双子 |
| 1950年 | 10月31日 | 03:03 | 蟹 |
| 1950年 | 11月2日 | 14:38 | 獅子 |
| 1950年 | 11月4日 | 23:20 | 乙女 |
| 1950年 | 11月7日 | 04:10 | 天秤 |
| 1950年 | 11月9日 | 05:29 | 蠍 |
| 1950年 | 11月11日 | 04:52 | 射手 |
| 1950年 | 11月13日 | 04:26 | 山羊 |
| 1950年 | 11月15日 | 06:14 | 水瓶 |
| 1950年 | 11月17日 | 11:38 | 魚 |
| 1950年 | 11月19日 | 20:39 | 牡羊 |
| 1950年 | 11月22日 | 08:08 | 牡牛 |
| 1950年 | 11月24日 | 20:38 | 双子 |
| 1950年 | 11月27日 | 09:13 | 蟹 |
| 1950年 | 11月29日 | 21:02 | 獅子 |
| 1950年 | 12月2日 | 06:53 | 乙女 |
| 1950年 | 12月4日 | 13:29 | 天秤 |
| 1950年 | 12月6日 | 16:20 | 蠍 |
| 1950年 | 12月8日 | 16:18 | 射手 |
| 1950年 | 12月10日 | 15:17 | 山羊 |
| 1950年 | 12月12日 | 15:34 | 水瓶 |
| 1950年 | 12月14日 | 19:10 | 魚 |
| 1950年 | 12月17日 | 02:58 | 牡羊 |
| 1950年 | 12月19日 | 14:09 | 牡牛 |
| 1950年 | 12月22日 | 02:49 | 双子 |
| 1950年 | 12月24日 | 15:18 | 蟹 |
| 1950年 | 12月27日 | 02:45 | 獅子 |
| 1950年 | 12月29日 | 12:41 | 乙女 |
| 1950年 | 12月31日 | 20:20 | 天秤 |
| 1951年 | 1月3日 | 00:58 | 蠍 |
| 1951年 | 1月5日 | 02:39 | 射手 |
| 1951年 | 1月7日 | 02:33 | 山羊 |
| 1951年 | 1月9日 | 02:36 | 水瓶 |
| 1951年 | 1月11日 | 04:56 | 魚 |
| 1951年 | 1月13日 | 11:05 | 牡羊 |
| 1951年 | 1月15日 | 21:10 | 牡牛 |
| 1951年 | 1月18日 | 09:36 | 双子 |
| 1951年 | 1月20日 | 22:06 | 蟹 |
| 1951年 | 1月23日 | 09:12 | 獅子 |
| 1951年 | 1月25日 | 18:26 | 乙女 |
| 1951年 | 1月28日 | 01:46 | 天秤 |
| 1951年 | 1月30日 | 07:04 | 蠍 |
| 1951年 | 2月1日 | 10:16 | 射手 |
| 1951年 | 2月3日 | 11:53 | 山羊 |
| 1951年 | 2月5日 | 13:04 | 水瓶 |
| 1951年 | 2月7日 | 15:29 | 魚 |
| 1951年 | 2月9日 | 20:42 | 牡羊 |
| 1951年 | 2月12日 | 05:33 | 牡牛 |
| 1951年 | 2月14日 | 17:18 | 双子 |
| 1951年 | 2月17日 | 05:51 | 蟹 |
| 1951年 | 2月19日 | 17:01 | 獅子 |
| 1951年 | 2月22日 | 01:43 | 乙女 |
| 1951年 | 2月24日 | 08:01 | 天秤 |
| 1951年 | 2月26日 | 12:31 | 蠍 |
| 1951年 | 2月28日 | 15:49 | 射手 |
| 1951年 | 3月2日 | 18:30 | 山羊 |
| 1951年 | 3月4日 | 21:11 | 水瓶 |
| 1951年 | 3月7日 | 00:46 | 魚 |
| 1951年 | 3月9日 | 06:16 | 牡羊 |
| 1951年 | 3月11日 | 14:32 | 牡牛 |
| 1951年 | 3月14日 | 01:36 | 双子 |
| 1951年 | 3月16日 | 14:06 | 蟹 |
| 1951年 | 3月19日 | 01:44 | 獅子 |
| 1951年 | 3月21日 | 10:39 | 乙女 |
| 1951年 | 3月23日 | 16:21 | 天秤 |
| 1951年 | 3月25日 | 19:36 | 蠍 |
| 1951年 | 3月27日 | 21:41 | 射手 |
| 1951年 | 3月29日 | 23:51 | 山羊 |
| 1951年 | 4月1日 | 03:02 | 水瓶 |
| 1951年 | 4月3日 | 07:45 | 魚 |
| 1951年 | 4月5日 | 14:16 | 牡羊 |

| | | | | |
|---|---|---|---|---|
| 1951年 | 4月 | 7日 | 22:52 | 牡牛 |
| 1951年 | 4月 | 10日 | 09:41 | 双子 |
| 1951年 | 4月 | 12日 | 22:04 | 蟹 |
| 1951年 | 4月 | 15日 | 10:18 | 獅子 |
| 1951年 | 4月 | 17日 | 20:07 | 乙女 |
| 1951年 | 4月 | 20日 | 02:13 | 天秤 |
| 1951年 | 4月 | 22日 | 04:55 | 蠍 |
| 1951年 | 4月 | 24日 | 05:40 | 射手 |
| 1951年 | 4月 | 26日 | 06:20 | 山羊 |
| 1951年 | 4月 | 28日 | 08:32 | 水瓶 |
| 1951年 | 4月 | 30日 | 13:13 | 魚 |
| 1951年 | 5月 | 2日 | 20:26 | 牡羊 |
| 1951年 | 5月 | 5日 | 05:46 | 牡牛 |
| 1951年 | 5月 | 7日 | 16:51 | 双子 |
| 1951年 | 5月 | 10日 | 05:13 | 蟹 |
| 1951年 | 5月 | 12日 | 17:49 | 獅子 |
| 1951年 | 5月 | 15日 | 04:43 | 乙女 |
| 1951年 | 5月 | 17日 | 12:05 | 天秤 |
| 1951年 | 5月 | 19日 | 15:23 | 蠍 |
| 1951年 | 5月 | 21日 | 15:44 | 射手 |
| 1951年 | 5月 | 23日 | 15:08 | 山羊 |
| 1951年 | 5月 | 25日 | 15:42 | 水瓶 |
| 1951年 | 5月 | 27日 | 19:05 | 魚 |
| 1951年 | 5月 | 30日 | 01:53 | 牡羊 |
| 1951年 | 6月 | 1日 | 11:33 | 牡牛 |
| 1951年 | 6月 | 3日 | 23:02 | 双子 |
| 1951年 | 6月 | 6日 | 11:31 | 蟹 |
| 1951年 | 6月 | 9日 | 00:11 | 獅子 |
| 1951年 | 6月 | 11日 | 11:46 | 乙女 |
| 1951年 | 6月 | 13日 | 20:30 | 天秤 |
| 1951年 | 6月 | 16日 | 01:17 | 蠍 |
| 1951年 | 6月 | 18日 | 02:27 | 射手 |
| 1951年 | 6月 | 20日 | 01:39 | 山羊 |
| 1951年 | 6月 | 22日 | 01:04 | 水瓶 |
| 1951年 | 6月 | 24日 | 02:49 | 魚 |
| 1951年 | 6月 | 26日 | 08:13 | 牡羊 |
| 1951年 | 6月 | 28日 | 17:17 | 牡牛 |
| 1951年 | 7月 | 1日 | 04:51 | 双子 |
| 1951年 | 7月 | 3日 | 17:27 | 蟹 |
| 1951年 | 7月 | 6日 | 06:00 | 獅子 |
| 1951年 | 7月 | 8日 | 17:35 | 乙女 |
| 1951年 | 7月 | 11日 | 03:04 | 天秤 |
| 1951年 | 7月 | 13日 | 09:19 | 蠍 |
| 1951年 | 7月 | 15日 | 12:03 | 射手 |
| 1951年 | 7月 | 17日 | 12:15 | 山羊 |
| 1951年 | 7月 | 19日 | 11:41 | 水瓶 |
| 1951年 | 7月 | 21日 | 12:29 | 魚 |
| 1951年 | 7月 | 23日 | 16:21 | 牡羊 |
| 1951年 | 7月 | 26日 | 00:06 | 牡牛 |
| 1951年 | 7月 | 28日 | 11:07 | 双子 |
| 1951年 | 7月 | 30日 | 23:42 | 蟹 |
| 1951年 | 8月 | 2日 | 12:07 | 獅子 |
| 1951年 | 8月 | 4日 | 23:18 | 乙女 |
| 1951年 | 8月 | 7日 | 08:34 | 天秤 |
| 1951年 | 8月 | 9日 | 15:24 | 蠍 |
| 1951年 | 8月 | 11日 | 19:31 | 射手 |
| 1951年 | 8月 | 13日 | 21:19 | 山羊 |
| 1951年 | 8月 | 15日 | 21:54 | 水瓶 |
| 1951年 | 8月 | 17日 | 22:53 | 魚 |
| 1951年 | 8月 | 20日 | 01:58 | 牡羊 |
| 1951年 | 8月 | 22日 | 08:26 | 牡牛 |
| 1951年 | 8月 | 24日 | 18:27 | 双子 |
| 1951年 | 8月 | 27日 | 06:44 | 蟹 |
| 1951年 | 8月 | 29日 | 19:09 | 獅子 |
| 1951年 | 9月 | 1日 | 06:00 | 乙女 |
| 1951年 | 9月 | 3日 | 14:32 | 天秤 |
| 1951年 | 9月 | 5日 | 20:49 | 蠍 |
| 1951年 | 9月 | 8日 | 01:11 | 射手 |
| 1951年 | 9月 | 10日 | 04:06 | 山羊 |
| 1951年 | 9月 | 12日 | 06:12 | 水瓶 |
| 1951年 | 9月 | 14日 | 08:22 | 魚 |
| 1951年 | 9月 | 16日 | 11:47 | 牡羊 |
| 1951年 | 9月 | 18日 | 17:41 | 牡牛 |
| 1951年 | 9月 | 21日 | 02:46 | 双子 |
| 1951年 | 9月 | 23日 | 14:34 | 蟹 |
| 1951年 | 9月 | 26日 | 03:07 | 獅子 |
| 1951年 | 9月 | 28日 | 14:05 | 乙女 |
| 1951年 | 9月 | 30日 | 22:08 | 天秤 |
| 1951年 | 10月 | 3日 | 03:23 | 蠍 |
| 1951年 | 10月 | 5日 | 06:48 | 射手 |
| 1951年 | 10月 | 7日 | 09:30 | 山羊 |
| 1951年 | 10月 | 9日 | 12:19 | 水瓶 |
| 1951年 | 10月 | 11日 | 15:46 | 魚 |
| 1951年 | 10月 | 13日 | 20:20 | 牡羊 |
| 1951年 | 10月 | 16日 | 02:37 | 牡牛 |
| 1951年 | 10月 | 18日 | 11:22 | 双子 |
| 1951年 | 10月 | 20日 | 22:42 | 蟹 |
| 1951年 | 10月 | 23日 | 11:25 | 獅子 |
| 1951年 | 10月 | 25日 | 23:01 | 乙女 |
| 1951年 | 10月 | 28日 | 07:25 | 天秤 |
| 1951年 | 10月 | 30日 | 12:09 | 蠍 |
| 1951年 | 11月 | 1日 | 14:20 | 射手 |
| 1951年 | 11月 | 3日 | 15:40 | 山羊 |
| 1951年 | 11月 | 5日 | 17:43 | 水瓶 |
| 1951年 | 11月 | 7日 | 21:23 | 魚 |
| 1951年 | 11月 | 10日 | 02:52 | 牡羊 |
| 1951年 | 11月 | 12日 | 10:07 | 牡牛 |
| 1951年 | 11月 | 14日 | 19:15 | 双子 |
| 1951年 | 11月 | 17日 | 06:27 | 蟹 |
| 1951年 | 11月 | 19日 | 19:11 | 獅子 |
| 1951年 | 11月 | 22日 | 07:35 | 乙女 |
| 1951年 | 11月 | 24日 | 17:08 | 天秤 |
| 1951年 | 11月 | 26日 | 22:32 | 蠍 |
| 1951年 | 11月 | 29日 | 00:21 | 射手 |
| 1951年 | 12月 | 1日 | 00:23 | 山羊 |
| 1951年 | 12月 | 3日 | 00:45 | 水瓶 |
| 1951年 | 12月 | 5日 | 03:08 | 魚 |
| 1951年 | 12月 | 7日 | 08:18 | 牡羊 |
| 1951年 | 12月 | 9日 | 16:04 | 牡牛 |
| 1951年 | 12月 | 12日 | 01:54 | 双子 |
| 1951年 | 12月 | 14日 | 13:22 | 蟹 |
| 1951年 | 12月 | 17日 | 02:04 | 獅子 |
| 1951年 | 12月 | 19日 | 14:52 | 乙女 |
| 1951年 | 12月 | 22日 | 01:40 | 天秤 |
| 1951年 | 12月 | 24日 | 08:38 | 蠍 |
| 1951年 | 12月 | 26日 | 11:27 | 射手 |
| 1951年 | 12月 | 28日 | 11:24 | 山羊 |
| 1951年 | 12月 | 30日 | 10:36 | 水瓶 |
| 1952年 | 1月 | 1日 | 11:10 | 魚 |
| 1952年 | 1月 | 3日 | 14:41 | 牡羊 |
| 1952年 | 1月 | 5日 | 21:43 | 牡牛 |
| 1952年 | 1月 | 8日 | 07:42 | 双子 |
| 1952年 | 1月 | 10日 | 19:34 | 蟹 |
| 1952年 | 1月 | 13日 | 08:19 | 獅子 |
| 1952年 | 1月 | 15日 | 21:00 | 乙女 |
| 1952年 | 1月 | 18日 | 08:19 | 天秤 |
| 1952年 | 1月 | 20日 | 16:44 | 蠍 |
| 1952年 | 1月 | 22日 | 21:22 | 射手 |
| 1952年 | 1月 | 24日 | 22:40 | 山羊 |
| 1952年 | 1月 | 26日 | 22:07 | 水瓶 |
| 1952年 | 1月 | 28日 | 21:46 | 魚 |
| 1952年 | 1月 | 30日 | 23:33 | 牡羊 |
| 1952年 | 2月 | 2日 | 04:50 | 牡牛 |
| 1952年 | 2月 | 4日 | 13:55 | 双子 |
| 1952年 | 2月 | 7日 | 01:44 | 蟹 |
| 1952年 | 2月 | 9日 | 14:36 | 獅子 |
| 1952年 | 2月 | 12日 | 03:01 | 乙女 |
| 1952年 | 2月 | 14日 | 14:00 | 天秤 |
| 1952年 | 2月 | 16日 | 22:45 | 蠍 |
| 1952年 | 2月 | 19日 | 04:42 | 射手 |
| 1952年 | 2月 | 21日 | 07:49 | 山羊 |
| 1952年 | 2月 | 23日 | 08:48 | 水瓶 |
| 1952年 | 2月 | 25日 | 09:01 | 魚 |
| 1952年 | 2月 | 27日 | 10:12 | 牡羊 |
| 1952年 | 2月 | 29日 | 14:02 | 牡牛 |
| 1952年 | 3月 | 2日 | 21:36 | 双子 |
| 1952年 | 3月 | 5日 | 08:40 | 蟹 |
| 1952年 | 3月 | 7日 | 21:30 | 獅子 |
| 1952年 | 3月 | 10日 | 09:51 | 乙女 |
| 1952年 | 3月 | 12日 | 20:16 | 天秤 |
| 1952年 | 3月 | 15日 | 04:20 | 蠍 |
| 1952年 | 3月 | 17日 | 10:15 | 射手 |
| 1952年 | 3月 | 19日 | 14:19 | 山羊 |
| 1952年 | 3月 | 21日 | 16:55 | 水瓶 |
| 1952年 | 3月 | 23日 | 18:39 | 魚 |
| 1952年 | 3月 | 25日 | 20:34 | 牡羊 |
| 1952年 | 3月 | 28日 | 00:06 | 牡牛 |
| 1952年 | 3月 | 30日 | 06:36 | 双子 |
| 1952年 | 4月 | 1日 | 16:38 | 蟹 |

| | | | | |
|---|---|---|---|---|
| 1952年 | 4月 | 4日 | 05:09 | 獅子 |
| 1952年 | 4月 | 6日 | 17:40 | 乙女 |
| 1952年 | 4月 | 9日 | 03:56 | 天秤 |
| 1952年 | 4月 | 11日 | 11:13 | 蠍 |
| 1952年 | 4月 | 13日 | 16:08 | 射手 |
| 1952年 | 4月 | 15日 | 19:42 | 山羊 |
| 1952年 | 4月 | 17日 | 22:43 | 水瓶 |
| 1952年 | 4月 | 20日 | 01:40 | 魚 |
| 1952年 | 4月 | 22日 | 04:56 | 牡羊 |
| 1952年 | 4月 | 24日 | 09:15 | 牡牛 |
| 1952年 | 4月 | 26日 | 15:40 | 双子 |
| 1952年 | 4月 | 29日 | 01:05 | 蟹 |
| 1952年 | 5月 | 1日 | 13:12 | 獅子 |
| 1952年 | 5月 | 4日 | 01:57 | 乙女 |
| 1952年 | 5月 | 6日 | 12:39 | 天秤 |
| 1952年 | 5月 | 8日 | 19:49 | 蠍 |
| 1952年 | 5月 | 10日 | 23:51 | 射手 |
| 1952年 | 5月 | 13日 | 02:09 | 山羊 |
| 1952年 | 5月 | 15日 | 04:14 | 水瓶 |
| 1952年 | 5月 | 17日 | 07:06 | 魚 |
| 1952年 | 5月 | 19日 | 11:07 | 牡羊 |
| 1952年 | 5月 | 21日 | 16:29 | 牡牛 |
| 1952年 | 5月 | 23日 | 23:37 | 双子 |
| 1952年 | 5月 | 26日 | 09:06 | 蟹 |
| 1952年 | 5月 | 28日 | 20:59 | 獅子 |
| 1952年 | 5月 | 31日 | 09:57 | 乙女 |
| 1952年 | 6月 | 2日 | 21:25 | 天秤 |
| 1952年 | 6月 | 5日 | 05:19 | 蠍 |
| 1952年 | 6月 | 7日 | 09:21 | 射手 |
| 1952年 | 6月 | 9日 | 10:46 | 山羊 |
| 1952年 | 6月 | 11日 | 11:27 | 水瓶 |
| 1952年 | 6月 | 13日 | 13:01 | 魚 |
| 1952年 | 6月 | 15日 | 16:29 | 牡羊 |
| 1952年 | 6月 | 17日 | 22:10 | 牡牛 |
| 1952年 | 6月 | 20日 | 06:03 | 双子 |
| 1952年 | 6月 | 22日 | 16:04 | 蟹 |
| 1952年 | 6月 | 25日 | 04:02 | 獅子 |
| 1952年 | 6月 | 27日 | 17:06 | 乙女 |
| 1952年 | 6月 | 30日 | 05:18 | 天秤 |
| 1952年 | 7月 | 2日 | 14:25 | 蠍 |
| 1952年 | 7月 | 4日 | 19:27 | 射手 |
| 1952年 | 7月 | 6日 | 21:03 | 山羊 |
| 1952年 | 7月 | 8日 | 20:55 | 水瓶 |
| 1952年 | 7月 | 10日 | 21:00 | 魚 |
| 1952年 | 7月 | 12日 | 22:56 | 牡羊 |
| 1952年 | 7月 | 15日 | 03:45 | 牡牛 |
| 1952年 | 7月 | 17日 | 11:37 | 双子 |
| 1952年 | 7月 | 19日 | 22:04 | 蟹 |
| 1952年 | 7月 | 22日 | 10:20 | 獅子 |
| 1952年 | 7月 | 24日 | 23:24 | 乙女 |
| 1952年 | 7月 | 27日 | 11:54 | 天秤 |
| 1952年 | 7月 | 29日 | 22:04 | 蠍 |
| 1952年 | 8月 | 1日 | 04:37 | 射手 |
| 1952年 | 8月 | 3日 | 07:27 | 山羊 |
| 1952年 | 8月 | 5日 | 07:41 | 水瓶 |
| 1952年 | 8月 | 7日 | 07:05 | 魚 |
| 1952年 | 8月 | 9日 | 07:33 | 牡羊 |
| 1952年 | 8月 | 11日 | 10:46 | 牡牛 |
| 1952年 | 8月 | 13日 | 17:36 | 双子 |
| 1952年 | 8月 | 16日 | 03:52 | 蟹 |
| 1952年 | 8月 | 18日 | 16:18 | 獅子 |
| 1952年 | 8月 | 21日 | 05:22 | 乙女 |
| 1952年 | 8月 | 23日 | 17:41 | 天秤 |
| 1952年 | 8月 | 26日 | 04:10 | 蠍 |
| 1952年 | 8月 | 28日 | 11:53 | 射手 |
| 1952年 | 8月 | 30日 | 16:24 | 山羊 |
| 1952年 | 9月 | 1日 | 18:03 | 水瓶 |
| 1952年 | 9月 | 3日 | 18:01 | 魚 |
| 1952年 | 9月 | 5日 | 17:58 | 牡羊 |
| 1952年 | 9月 | 7日 | 19:48 | 牡牛 |
| 1952年 | 9月 | 10日 | 01:06 | 双子 |
| 1952年 | 9月 | 12日 | 10:24 | 蟹 |
| 1952年 | 9月 | 14日 | 22:38 | 獅子 |
| 1952年 | 9月 | 17日 | 11:41 | 乙女 |
| 1952年 | 9月 | 19日 | 23:41 | 天秤 |
| 1952年 | 9月 | 22日 | 09:43 | 蠍 |
| 1952年 | 9月 | 24日 | 17:33 | 射手 |
| 1952年 | 9月 | 26日 | 23:06 | 山羊 |
| 1952年 | 9月 | 29日 | 02:24 | 水瓶 |
| 1952年 | 10月 | 1日 | 03:53 | 魚 |
| 1952年 | 10月 | 3日 | 04:34 | 牡羊 |
| 1952年 | 10月 | 5日 | 06:06 | 牡牛 |
| 1952年 | 10月 | 7日 | 10:15 | 双子 |
| 1952年 | 10月 | 9日 | 18:15 | 蟹 |
| 1952年 | 10月 | 12日 | 05:50 | 獅子 |
| 1952年 | 10月 | 14日 | 18:50 | 乙女 |
| 1952年 | 10月 | 17日 | 06:44 | 天秤 |
| 1952年 | 10月 | 19日 | 16:10 | 蠍 |
| 1952年 | 10月 | 21日 | 23:12 | 射手 |
| 1952年 | 10月 | 24日 | 04:28 | 山羊 |
| 1952年 | 10月 | 26日 | 08:28 | 水瓶 |
| 1952年 | 10月 | 28日 | 11:23 | 魚 |
| 1952年 | 10月 | 30日 | 13:35 | 牡羊 |
| 1952年 | 11月 | 1日 | 15:59 | 牡牛 |
| 1952年 | 11月 | 3日 | 20:02 | 双子 |
| 1952年 | 11月 | 6日 | 03:12 | 蟹 |
| 1952年 | 11月 | 8日 | 13:56 | 獅子 |
| 1952年 | 11月 | 11日 | 02:46 | 乙女 |
| 1952年 | 11月 | 13日 | 14:57 | 天秤 |
| 1952年 | 11月 | 16日 | 00:18 | 蠍 |
| 1952年 | 11月 | 18日 | 06:33 | 射手 |
| 1952年 | 11月 | 20日 | 10:40 | 山羊 |
| 1952年 | 11月 | 22日 | 13:52 | 水瓶 |
| 1952年 | 11月 | 24日 | 16:55 | 魚 |
| 1952年 | 11月 | 26日 | 20:09 | 牡羊 |
| 1952年 | 11月 | 28日 | 23:54 | 牡牛 |
| 1952年 | 12月 | 1日 | 04:53 | 双子 |
| 1952年 | 12月 | 3日 | 12:09 | 蟹 |
| 1952年 | 12月 | 5日 | 22:22 | 獅子 |
| 1952年 | 12月 | 8日 | 10:57 | 乙女 |
| 1952年 | 12月 | 10日 | 23:34 | 天秤 |
| 1952年 | 12月 | 13日 | 09:39 | 蠍 |
| 1952年 | 12月 | 15日 | 16:00 | 射手 |
| 1952年 | 12月 | 17日 | 19:18 | 山羊 |
| 1952年 | 12月 | 19日 | 21:03 | 水瓶 |
| 1952年 | 12月 | 21日 | 22:46 | 魚 |
| 1952年 | 12月 | 24日 | 01:30 | 牡羊 |
| 1952年 | 12月 | 26日 | 05:46 | 牡牛 |
| 1952年 | 12月 | 28日 | 11:48 | 双子 |
| 1952年 | 12月 | 30日 | 19:53 | 蟹 |
| 1953年 | 1月 | 2日 | 06:17 | 獅子 |
| 1953年 | 1月 | 4日 | 18:40 | 乙女 |
| 1953年 | 1月 | 7日 | 07:36 | 天秤 |
| 1953年 | 1月 | 9日 | 18:43 | 蠍 |
| 1953年 | 1月 | 12日 | 02:14 | 射手 |
| 1953年 | 1月 | 14日 | 05:55 | 山羊 |
| 1953年 | 1月 | 16日 | 06:57 | 水瓶 |
| 1953年 | 1月 | 18日 | 07:07 | 魚 |
| 1953年 | 1月 | 20日 | 08:08 | 牡羊 |
| 1953年 | 1月 | 22日 | 11:20 | 牡牛 |
| 1953年 | 1月 | 24日 | 17:21 | 双子 |
| 1953年 | 1月 | 27日 | 02:06 | 蟹 |
| 1953年 | 1月 | 29日 | 13:06 | 獅子 |
| 1953年 | 2月 | 1日 | 01:35 | 乙女 |
| 1953年 | 2月 | 3日 | 14:31 | 天秤 |
| 1953年 | 2月 | 6日 | 02:20 | 蠍 |
| 1953年 | 2月 | 8日 | 11:20 | 射手 |
| 1953年 | 2月 | 10日 | 16:32 | 山羊 |
| 1953年 | 2月 | 12日 | 18:17 | 水瓶 |
| 1953年 | 2月 | 14日 | 17:59 | 魚 |
| 1953年 | 2月 | 16日 | 17:31 | 牡羊 |
| 1953年 | 2月 | 18日 | 18:51 | 牡牛 |
| 1953年 | 2月 | 20日 | 23:27 | 双子 |
| 1953年 | 2月 | 23日 | 07:47 | 蟹 |
| 1953年 | 2月 | 25日 | 19:05 | 獅子 |
| 1953年 | 2月 | 28日 | 07:51 | 乙女 |
| 1953年 | 3月 | 2日 | 20:41 | 天秤 |
| 1953年 | 3月 | 5日 | 08:31 | 蠍 |
| 1953年 | 3月 | 7日 | 18:20 | 射手 |
| 1953年 | 3月 | 10日 | 01:10 | 山羊 |
| 1953年 | 3月 | 12日 | 04:37 | 水瓶 |
| 1953年 | 3月 | 14日 | 05:17 | 魚 |
| 1953年 | 3月 | 16日 | 04:39 | 牡羊 |
| 1953年 | 3月 | 18日 | 04:45 | 牡牛 |
| 1953年 | 3月 | 20日 | 07:35 | 双子 |
| 1953年 | 3月 | 22日 | 14:29 | 蟹 |
| 1953年 | 3月 | 25日 | 01:13 | 獅子 |
| 1953年 | 3月 | 27日 | 14:04 | 乙女 |
| 1953年 | 3月 | 30日 | 02:51 | 天秤 |

| | | | | |
|---|---|---|---|---|
| 1953年 | 4月 | 1日 | 14:19 | 蠍 |
| 1953年 | 4月 | 3日 | 23:58 | 射手 |
| 1953年 | 4月 | 6日 | 07:29 | 山羊 |
| 1953年 | 4月 | 8日 | 12:27 | 水瓶 |
| 1953年 | 4月 | 10日 | 14:49 | 魚 |
| 1953年 | 4月 | 12日 | 15:20 | 牡羊 |
| 1953年 | 4月 | 14日 | 15:32 | 牡牛 |
| 1953年 | 4月 | 16日 | 17:27 | 双子 |
| 1953年 | 4月 | 18日 | 22:52 | 蟹 |
| 1953年 | 4月 | 21日 | 08:27 | 獅子 |
| 1953年 | 4月 | 23日 | 20:52 | 乙女 |
| 1953年 | 4月 | 26日 | 09:40 | 天秤 |
| 1953年 | 4月 | 28日 | 20:52 | 蠍 |
| 1953年 | 5月 | 1日 | 05:52 | 射手 |
| 1953年 | 5月 | 3日 | 12:55 | 山羊 |
| 1953年 | 5月 | 5日 | 18:12 | 水瓶 |
| 1953年 | 5月 | 7日 | 21:46 | 魚 |
| 1953年 | 5月 | 9日 | 23:49 | 牡羊 |
| 1953年 | 5月 | 12日 | 01:13 | 牡牛 |
| 1953年 | 5月 | 14日 | 03:27 | 双子 |
| 1953年 | 5月 | 16日 | 08:16 | 蟹 |
| 1953年 | 5月 | 18日 | 16:47 | 獅子 |
| 1953年 | 5月 | 21日 | 04:30 | 乙女 |
| 1953年 | 5月 | 23日 | 17:15 | 天秤 |
| 1953年 | 5月 | 26日 | 04:32 | 蠍 |
| 1953年 | 5月 | 28日 | 13:08 | 射手 |
| 1953年 | 5月 | 30日 | 19:17 | 山羊 |
| 1953年 | 6月 | 1日 | 23:45 | 水瓶 |
| 1953年 | 6月 | 4日 | 03:12 | 魚 |
| 1953年 | 6月 | 6日 | 06:01 | 牡羊 |
| 1953年 | 6月 | 8日 | 08:41 | 牡牛 |
| 1953年 | 6月 | 10日 | 12:03 | 双子 |
| 1953年 | 6月 | 12日 | 17:17 | 蟹 |
| 1953年 | 6月 | 15日 | 01:27 | 獅子 |
| 1953年 | 6月 | 17日 | 12:36 | 乙女 |
| 1953年 | 6月 | 20日 | 01:16 | 天秤 |
| 1953年 | 6月 | 22日 | 12:57 | 蠍 |
| 1953年 | 6月 | 24日 | 21:47 | 射手 |
| 1953年 | 6月 | 27日 | 03:29 | 山羊 |
| 1953年 | 6月 | 29日 | 06:52 | 水瓶 |
| 1953年 | 7月 | 1日 | 09:08 | 魚 |
| 1953年 | 7月 | 3日 | 11:24 | 牡羊 |
| 1953年 | 7月 | 5日 | 14:23 | 牡牛 |
| 1953年 | 7月 | 7日 | 18:42 | 双子 |
| 1953年 | 7月 | 10日 | 00:54 | 蟹 |
| 1953年 | 7月 | 12日 | 09:28 | 獅子 |
| 1953年 | 7月 | 14日 | 20:28 | 乙女 |
| 1953年 | 7月 | 17日 | 09:04 | 天秤 |
| 1953年 | 7月 | 19日 | 21:16 | 蠍 |
| 1953年 | 7月 | 22日 | 06:59 | 射手 |
| 1953年 | 7月 | 24日 | 13:07 | 山羊 |
| 1953年 | 7月 | 26日 | 16:03 | 水瓶 |
| 1953年 | 7月 | 28日 | 17:07 | 魚 |
| 1953年 | 7月 | 30日 | 17:56 | 牡羊 |
| 1953年 | 8月 | 1日 | 19:57 | 牡牛 |
| 1953年 | 8月 | 4日 | 00:10 | 双子 |
| 1953年 | 8月 | 6日 | 06:59 | 蟹 |
| 1953年 | 8月 | 8日 | 16:16 | 獅子 |
| 1953年 | 8月 | 11日 | 03:33 | 乙女 |
| 1953年 | 8月 | 13日 | 16:08 | 天秤 |
| 1953年 | 8月 | 16日 | 04:43 | 蠍 |
| 1953年 | 8月 | 18日 | 15:29 | 射手 |
| 1953年 | 8月 | 20日 | 22:53 | 山羊 |
| 1953年 | 8月 | 23日 | 02:29 | 水瓶 |
| 1953年 | 8月 | 25日 | 03:12 | 魚 |
| 1953年 | 8月 | 27日 | 02:47 | 牡羊 |
| 1953年 | 8月 | 29日 | 03:10 | 牡牛 |
| 1953年 | 8月 | 31日 | 06:07 | 双子 |
| 1953年 | 9月 | 2日 | 12:30 | 蟹 |
| 1953年 | 9月 | 4日 | 22:04 | 獅子 |
| 1953年 | 9月 | 7日 | 09:47 | 乙女 |
| 1953年 | 9月 | 9日 | 22:27 | 天秤 |
| 1953年 | 9月 | 12日 | 11:05 | 蠍 |
| 1953年 | 9月 | 14日 | 22:31 | 射手 |
| 1953年 | 9月 | 17日 | 07:21 | 山羊 |
| 1953年 | 9月 | 19日 | 12:30 | 水瓶 |
| 1953年 | 9月 | 21日 | 14:07 | 魚 |
| 1953年 | 9月 | 23日 | 13:31 | 牡羊 |
| 1953年 | 9月 | 25日 | 12:45 | 牡牛 |
| 1953年 | 9月 | 27日 | 14:01 | 双子 |
| 1953年 | 9月 | 29日 | 18:56 | 蟹 |
| 1953年 | 10月 | 2日 | 03:53 | 獅子 |
| 1953年 | 10月 | 4日 | 15:40 | 乙女 |
| 1953年 | 10月 | 7日 | 04:28 | 天秤 |
| 1953年 | 10月 | 9日 | 16:56 | 蠍 |
| 1953年 | 10月 | 12日 | 04:19 | 射手 |
| 1953年 | 10月 | 14日 | 13:51 | 山羊 |
| 1953年 | 10月 | 16日 | 20:34 | 水瓶 |
| 1953年 | 10月 | 18日 | 23:55 | 魚 |
| 1953年 | 10月 | 21日 | 00:28 | 牡羊 |
| 1953年 | 10月 | 22日 | 23:48 | 牡牛 |
| 1953年 | 10月 | 25日 | 00:05 | 双子 |
| 1953年 | 10月 | 27日 | 03:24 | 蟹 |
| 1953年 | 10月 | 29日 | 10:55 | 獅子 |
| 1953年 | 10月 | 31日 | 22:04 | 乙女 |
| 1953年 | 11月 | 3日 | 10:51 | 天秤 |
| 1953年 | 11月 | 5日 | 23:12 | 蠍 |
| 1953年 | 11月 | 8日 | 10:06 | 射手 |
| 1953年 | 11月 | 10日 | 19:18 | 山羊 |
| 1953年 | 11月 | 13日 | 02:30 | 水瓶 |
| 1953年 | 11月 | 15日 | 07:17 | 魚 |
| 1953年 | 11月 | 17日 | 09:35 | 牡羊 |
| 1953年 | 11月 | 19日 | 10:15 | 牡牛 |
| 1953年 | 11月 | 21日 | 10:55 | 双子 |
| 1953年 | 11月 | 23日 | 13:32 | 蟹 |
| 1953年 | 11月 | 25日 | 19:40 | 獅子 |
| 1953年 | 11月 | 28日 | 05:40 | 乙女 |
| 1953年 | 11月 | 30日 | 18:05 | 天秤 |
| 1953年 | 12月 | 3日 | 06:30 | 蠍 |
| 1953年 | 12月 | 5日 | 17:09 | 射手 |
| 1953年 | 12月 | 8日 | 01:33 | 山羊 |
| 1953年 | 12月 | 10日 | 07:59 | 水瓶 |
| 1953年 | 12月 | 12日 | 12:46 | 魚 |
| 1953年 | 12月 | 14日 | 16:06 | 牡羊 |
| 1953年 | 12月 | 16日 | 18:23 | 牡牛 |
| 1953年 | 12月 | 18日 | 20:28 | 双子 |
| 1953年 | 12月 | 20日 | 23:40 | 蟹 |
| 1953年 | 12月 | 23日 | 05:23 | 獅子 |
| 1953年 | 12月 | 25日 | 14:24 | 乙女 |
| 1953年 | 12月 | 28日 | 02:10 | 天秤 |
| 1953年 | 12月 | 30日 | 14:43 | 蠍 |
| 1954年 | 1月 | 2日 | 01:39 | 射手 |
| 1954年 | 1月 | 4日 | 09:45 | 山羊 |
| 1954年 | 1月 | 6日 | 15:09 | 水瓶 |
| 1954年 | 1月 | 8日 | 18:43 | 魚 |
| 1954年 | 1月 | 10日 | 21:27 | 牡羊 |
| 1954年 | 1月 | 13日 | 00:10 | 牡牛 |
| 1954年 | 1月 | 15日 | 03:29 | 双子 |
| 1954年 | 1月 | 17日 | 08:01 | 蟹 |
| 1954年 | 1月 | 19日 | 14:24 | 獅子 |
| 1954年 | 1月 | 21日 | 23:14 | 乙女 |
| 1954年 | 1月 | 24日 | 10:30 | 天秤 |
| 1954年 | 1月 | 26日 | 23:03 | 蠍 |
| 1954年 | 1月 | 29日 | 10:42 | 射手 |
| 1954年 | 1月 | 31日 | 19:26 | 山羊 |
| 1954年 | 2月 | 3日 | 00:38 | 水瓶 |
| 1954年 | 2月 | 5日 | 03:04 | 魚 |
| 1954年 | 2月 | 7日 | 04:15 | 牡羊 |
| 1954年 | 2月 | 9日 | 05:47 | 牡牛 |
| 1954年 | 2月 | 11日 | 08:54 | 双子 |
| 1954年 | 2月 | 13日 | 14:10 | 蟹 |
| 1954年 | 2月 | 15日 | 21:35 | 獅子 |
| 1954年 | 2月 | 18日 | 07:00 | 乙女 |
| 1954年 | 2月 | 20日 | 18:14 | 天秤 |
| 1954年 | 2月 | 23日 | 06:43 | 蠍 |
| 1954年 | 2月 | 25日 | 19:00 | 射手 |
| 1954年 | 2月 | 28日 | 04:57 | 山羊 |
| 1954年 | 3月 | 2日 | 11:07 | 水瓶 |
| 1954年 | 3月 | 4日 | 13:33 | 魚 |
| 1954年 | 3月 | 6日 | 13:40 | 牡羊 |
| 1954年 | 3月 | 8日 | 13:33 | 牡牛 |
| 1954年 | 3月 | 10日 | 15:06 | 双子 |
| 1954年 | 3月 | 12日 | 19:37 | 蟹 |
| 1954年 | 3月 | 15日 | 03:16 | 獅子 |
| 1954年 | 3月 | 17日 | 13:21 | 乙女 |
| 1954年 | 3月 | 20日 | 00:57 | 天秤 |
| 1954年 | 3月 | 22日 | 13:26 | 蠍 |
| 1954年 | 3月 | 25日 | 01:56 | 射手 |
| 1954年 | 3月 | 27日 | 12:55 | 山羊 |

| | | | |
|---|---|---|---|
| 1954年 | 3月29日 | 20:37 | 水瓶 |
| 1954年 | 4月 1日 | 00:17 | 魚 |
| 1954年 | 4月 3日 | 00:41 | 牡羊 |
| 1954年 | 4月 4日 | 23:44 | 牡牛 |
| 1954年 | 4月 6日 | 23:40 | 双子 |
| 1954年 | 4月 9日 | 02:28 | 蟹 |
| 1954年 | 4月11日 | 09:05 | 獅子 |
| 1954年 | 4月13日 | 19:02 | 乙女 |
| 1954年 | 4月16日 | 06:57 | 天秤 |
| 1954年 | 4月18日 | 19:32 | 蠍 |
| 1954年 | 4月21日 | 07:55 | 射手 |
| 1954年 | 4月23日 | 19:11 | 山羊 |
| 1954年 | 4月26日 | 04:02 | 水瓶 |
| 1954年 | 4月28日 | 09:21 | 魚 |
| 1954年 | 4月30日 | 11:09 | 牡羊 |
| 1954年 | 5月 2日 | 10:43 | 牡牛 |
| 1954年 | 5月 4日 | 10:06 | 双子 |
| 1954年 | 5月 6日 | 11:30 | 蟹 |
| 1954年 | 5月 8日 | 16:28 | 獅子 |
| 1954年 | 5月11日 | 01:22 | 乙女 |
| 1954年 | 5月13日 | 13:03 | 天秤 |
| 1954年 | 5月16日 | 01:42 | 蠍 |
| 1954年 | 5月18日 | 13:53 | 射手 |
| 1954年 | 5月21日 | 00:49 | 山羊 |
| 1954年 | 5月23日 | 09:48 | 水瓶 |
| 1954年 | 5月25日 | 16:08 | 魚 |
| 1954年 | 5月27日 | 19:32 | 牡羊 |
| 1954年 | 5月29日 | 20:34 | 牡牛 |
| 1954年 | 5月31日 | 20:41 | 双子 |
| 1954年 | 6月 2日 | 21:46 | 蟹 |
| 1954年 | 6月 5日 | 01:34 | 獅子 |
| 1954年 | 6月 7日 | 09:06 | 乙女 |
| 1954年 | 6月 9日 | 19:58 | 天秤 |
| 1954年 | 6月12日 | 08:29 | 蠍 |
| 1954年 | 6月14日 | 20:37 | 射手 |
| 1954年 | 6月17日 | 07:05 | 山羊 |
| 1954年 | 6月19日 | 15:26 | 水瓶 |
| 1954年 | 6月21日 | 21:37 | 魚 |
| 1954年 | 6月24日 | 01:44 | 牡羊 |
| 1954年 | 6月26日 | 04:09 | 牡牛 |
| 1954年 | 6月28日 | 05:42 | 双子 |
| 1954年 | 6月30日 | 07:36 | 蟹 |
| 1954年 | 7月 2日 | 11:16 | 獅子 |
| 1954年 | 7月 4日 | 17:56 | 乙女 |
| 1954年 | 7月 7日 | 03:53 | 天秤 |
| 1954年 | 7月 9日 | 16:03 | 蠍 |
| 1954年 | 7月12日 | 04:18 | 射手 |
| 1954年 | 7月14日 | 14:40 | 山羊 |
| 1954年 | 7月16日 | 22:19 | 水瓶 |
| 1954年 | 7月19日 | 03:33 | 魚 |
| 1954年 | 7月21日 | 07:07 | 牡羊 |
| 1954年 | 7月23日 | 09:52 | 牡牛 |
| 1954年 | 7月25日 | 12:30 | 双子 |
| 1954年 | 7月27日 | 15:41 | 蟹 |
| 1954年 | 7月29日 | 20:11 | 獅子 |
| 1954年 | 8月 1日 | 02:50 | 乙女 |
| 1954年 | 8月 3日 | 12:14 | 天秤 |
| 1954年 | 8月 6日 | 00:02 | 蠍 |
| 1954年 | 8月 8日 | 12:32 | 射手 |
| 1954年 | 8月10日 | 23:20 | 山羊 |
| 1954年 | 8月13日 | 06:54 | 水瓶 |
| 1954年 | 8月15日 | 11:17 | 魚 |
| 1954年 | 8月17日 | 13:38 | 牡羊 |
| 1954年 | 8月19日 | 15:26 | 牡牛 |
| 1954年 | 8月21日 | 17:56 | 双子 |
| 1954年 | 8月23日 | 21:50 | 蟹 |
| 1954年 | 8月26日 | 03:22 | 獅子 |
| 1954年 | 8月28日 | 10:44 | 乙女 |
| 1954年 | 8月30日 | 20:12 | 天秤 |
| 1954年 | 9月 2日 | 07:48 | 蠍 |
| 1954年 | 9月 4日 | 20:32 | 射手 |
| 1954年 | 9月 7日 | 08:10 | 山羊 |
| 1954年 | 9月 9日 | 16:31 | 水瓶 |
| 1954年 | 9月11日 | 20:55 | 魚 |
| 1954年 | 9月13日 | 22:23 | 牡羊 |
| 1954年 | 9月15日 | 22:45 | 牡牛 |
| 1954年 | 9月17日 | 23:55 | 双子 |
| 1954年 | 9月20日 | 03:13 | 蟹 |
| 1954年 | 9月22日 | 09:04 | 獅子 |
| 1954年 | 9月24日 | 17:10 | 乙女 |
| 1954年 | 9月27日 | 03:11 | 天秤 |
| 1954年 | 9月29日 | 14:52 | 蠍 |
| 1954年 | 10月 2日 | 03:41 | 射手 |
| 1954年 | 10月 4日 | 16:04 | 山羊 |
| 1954年 | 10月 7日 | 01:45 | 水瓶 |
| 1954年 | 10月 9日 | 07:17 | 魚 |
| 1954年 | 10月11日 | 08:58 | 牡羊 |
| 1954年 | 10月13日 | 08:32 | 牡牛 |
| 1954年 | 10月15日 | 08:10 | 双子 |
| 1954年 | 10月17日 | 09:50 | 蟹 |
| 1954年 | 10月19日 | 14:41 | 獅子 |
| 1954年 | 10月21日 | 22:44 | 乙女 |
| 1954年 | 10月24日 | 09:12 | 天秤 |
| 1954年 | 10月26日 | 21:10 | 蠍 |
| 1954年 | 10月29日 | 09:59 | 射手 |
| 1954年 | 10月31日 | 22:36 | 山羊 |
| 1954年 | 11月 3日 | 09:22 | 水瓶 |
| 1954年 | 11月 5日 | 16:34 | 魚 |
| 1954年 | 11月 7日 | 19:43 | 牡羊 |
| 1954年 | 11月 9日 | 19:49 | 牡牛 |
| 1954年 | 11月11日 | 18:51 | 双子 |
| 1954年 | 11月13日 | 19:00 | 蟹 |
| 1954年 | 11月15日 | 22:03 | 獅子 |
| 1954年 | 11月18日 | 04:52 | 乙女 |
| 1954年 | 11月20日 | 15:02 | 天秤 |
| 1954年 | 11月23日 | 03:13 | 蠍 |
| 1954年 | 11月25日 | 16:01 | 射手 |
| 1954年 | 11月28日 | 04:24 | 山羊 |
| 1954年 | 11月30日 | 15:19 | 水瓶 |
| 1954年 | 12月 2日 | 23:38 | 魚 |
| 1954年 | 12月 5日 | 04:35 | 牡羊 |
| 1954年 | 12月 7日 | 06:23 | 牡牛 |
| 1954年 | 12月 9日 | 06:17 | 双子 |
| 1954年 | 12月11日 | 06:07 | 蟹 |
| 1954年 | 12月13日 | 07:48 | 獅子 |
| 1954年 | 12月15日 | 12:54 | 乙女 |
| 1954年 | 12月17日 | 21:51 | 天秤 |
| 1954年 | 12月20日 | 09:43 | 蠍 |
| 1954年 | 12月22日 | 22:34 | 射手 |
| 1954年 | 12月25日 | 10:40 | 山羊 |
| 1954年 | 12月27日 | 21:00 | 水瓶 |
| 1954年 | 12月30日 | 05:09 | 魚 |
| 1955年 | 1月 1日 | 10:56 | 牡羊 |
| 1955年 | 1月 3日 | 14:24 | 牡牛 |
| 1955年 | 1月 5日 | 16:05 | 双子 |
| 1955年 | 1月 7日 | 17:01 | 蟹 |
| 1955年 | 1月 9日 | 18:42 | 獅子 |
| 1955年 | 1月11日 | 22:43 | 乙女 |
| 1955年 | 1月14日 | 06:15 | 天秤 |
| 1955年 | 1月16日 | 17:14 | 蠍 |
| 1955年 | 1月19日 | 06:01 | 射手 |
| 1955年 | 1月21日 | 18:09 | 山羊 |
| 1955年 | 1月24日 | 03:58 | 水瓶 |
| 1955年 | 1月26日 | 11:11 | 魚 |
| 1955年 | 1月28日 | 16:20 | 牡羊 |
| 1955年 | 1月30日 | 20:06 | 牡牛 |
| 1955年 | 2月 1日 | 23:03 | 双子 |
| 1955年 | 2月 4日 | 01:36 | 蟹 |
| 1955年 | 2月 6日 | 04:29 | 獅子 |
| 1955年 | 2月 8日 | 08:43 | 乙女 |
| 1955年 | 2月10日 | 15:33 | 天秤 |
| 1955年 | 2月13日 | 01:38 | 蠍 |
| 1955年 | 2月15日 | 14:07 | 射手 |
| 1955年 | 2月18日 | 02:34 | 山羊 |
| 1955年 | 2月20日 | 12:33 | 水瓶 |
| 1955年 | 2月22日 | 19:10 | 魚 |
| 1955年 | 2月24日 | 23:07 | 牡羊 |
| 1955年 | 2月27日 | 01:47 | 牡牛 |
| 1955年 | 3月 1日 | 04:24 | 双子 |
| 1955年 | 3月 3日 | 07:40 | 蟹 |
| 1955年 | 3月 5日 | 11:49 | 獅子 |
| 1955年 | 3月 7日 | 17:09 | 乙女 |
| 1955年 | 3月10日 | 00:20 | 天秤 |
| 1955年 | 3月12日 | 10:04 | 蠍 |
| 1955年 | 3月14日 | 22:12 | 射手 |
| 1955年 | 3月17日 | 11:01 | 山羊 |
| 1955年 | 3月19日 | 21:46 | 水瓶 |
| 1955年 | 3月22日 | 04:45 | 魚 |
| 1955年 | 3月24日 | 08:09 | 牡羊 |

| | | | |
|---|---|---|---|
| 1955年 | 3月26日 | 09:31 | 牡牛 |
| 1955年 | 3月28日 | 10:42 | 双子 |
| 1955年 | 3月30日 | 13:05 | 蟹 |
| 1955年 | 4月 1日 | 17:20 | 獅子 |
| 1955年 | 4月 3日 | 23:31 | 乙女 |
| 1955年 | 4月 6日 | 07:34 | 天秤 |
| 1955年 | 4月 8日 | 17:38 | 蠍 |
| 1955年 | 4月11日 | 05:41 | 射手 |
| 1955年 | 4月13日 | 18:40 | 山羊 |
| 1955年 | 4月16日 | 06:19 | 水瓶 |
| 1955年 | 4月18日 | 14:28 | 魚 |
| 1955年 | 4月20日 | 18:30 | 牡羊 |
| 1955年 | 4月22日 | 19:30 | 牡牛 |
| 1955年 | 4月24日 | 19:24 | 双子 |
| 1955年 | 4月26日 | 20:09 | 蟹 |
| 1955年 | 4月28日 | 23:08 | 獅子 |
| 1955年 | 5月 1日 | 04:57 | 乙女 |
| 1955年 | 5月 3日 | 13:26 | 天秤 |
| 1955年 | 5月 6日 | 00:03 | 蠍 |
| 1955年 | 5月 8日 | 12:18 | 射手 |
| 1955年 | 5月11日 | 01:18 | 山羊 |
| 1955年 | 5月13日 | 13:29 | 水瓶 |
| 1955年 | 5月15日 | 22:53 | 魚 |
| 1955年 | 5月18日 | 04:21 | 牡羊 |
| 1955年 | 5月20日 | 06:12 | 牡牛 |
| 1955年 | 5月22日 | 05:57 | 双子 |
| 1955年 | 5月24日 | 05:33 | 蟹 |
| 1955年 | 5月26日 | 06:53 | 獅子 |
| 1955年 | 5月28日 | 11:16 | 乙女 |
| 1955年 | 5月30日 | 19:07 | 天秤 |
| 1955年 | 6月 2日 | 05:53 | 蠍 |
| 1955年 | 6月 4日 | 18:23 | 射手 |
| 1955年 | 6月 7日 | 07:21 | 山羊 |
| 1955年 | 6月 9日 | 19:29 | 水瓶 |
| 1955年 | 6月12日 | 05:32 | 魚 |
| 1955年 | 6月14日 | 12:24 | 牡羊 |
| 1955年 | 6月16日 | 15:50 | 牡牛 |
| 1955年 | 6月18日 | 16:37 | 双子 |
| 1955年 | 6月20日 | 16:16 | 蟹 |
| 1955年 | 6月22日 | 16:37 | 獅子 |
| 1955年 | 6月24日 | 19:26 | 乙女 |
| 1955年 | 6月27日 | 01:55 | 天秤 |
| 1955年 | 6月29日 | 12:04 | 蠍 |
| 1955年 | 7月 2日 | 00:34 | 射手 |
| 1955年 | 7月 4日 | 13:29 | 山羊 |
| 1955年 | 7月 7日 | 01:18 | 水瓶 |
| 1955年 | 7月 9日 | 11:08 | 魚 |
| 1955年 | 7月11日 | 18:33 | 牡羊 |
| 1955年 | 7月13日 | 23:20 | 牡牛 |
| 1955年 | 7月16日 | 01:43 | 双子 |
| 1955年 | 7月18日 | 02:30 | 蟹 |
| 1955年 | 7月20日 | 03:04 | 獅子 |
| 1955年 | 7月22日 | 05:06 | 乙女 |
| 1955年 | 7月24日 | 10:16 | 天秤 |
| 1955年 | 7月26日 | 19:18 | 蠍 |
| 1955年 | 7月29日 | 07:24 | 射手 |
| 1955年 | 7月31日 | 20:18 | 山羊 |
| 1955年 | 8月 3日 | 07:52 | 水瓶 |
| 1955年 | 8月 5日 | 17:04 | 魚 |
| 1955年 | 8月 8日 | 00:00 | 牡羊 |
| 1955年 | 8月10日 | 05:03 | 牡牛 |
| 1955年 | 8月12日 | 08:33 | 双子 |
| 1955年 | 8月14日 | 10:50 | 蟹 |
| 1955年 | 8月16日 | 12:34 | 獅子 |
| 1955年 | 8月18日 | 14:58 | 乙女 |
| 1955年 | 8月20日 | 19:34 | 天秤 |
| 1955年 | 8月23日 | 03:37 | 蠍 |
| 1955年 | 8月25日 | 15:03 | 射手 |
| 1955年 | 8月28日 | 03:56 | 山羊 |
| 1955年 | 8月30日 | 15:35 | 水瓶 |
| 1955年 | 9月 2日 | 00:23 | 魚 |
| 1955年 | 9月 4日 | 06:24 | 牡羊 |
| 1955年 | 9月 6日 | 10:36 | 牡牛 |
| 1955年 | 9月 8日 | 13:58 | 双子 |
| 1955年 | 9月10日 | 17:01 | 蟹 |
| 1955年 | 9月12日 | 20:02 | 獅子 |
| 1955年 | 9月14日 | 23:33 | 乙女 |
| 1955年 | 9月17日 | 04:35 | 天秤 |
| 1955年 | 9月19日 | 12:18 | 蠍 |
| 1955年 | 9月21日 | 23:11 | 射手 |
| 1955年 | 9月24日 | 12:01 | 山羊 |
| 1955年 | 9月27日 | 00:07 | 水瓶 |
| 1955年 | 9月29日 | 09:12 | 魚 |
| 1955年 | 10月 1日 | 14:47 | 牡羊 |
| 1955年 | 10月 3日 | 17:52 | 牡牛 |
| 1955年 | 10月 5日 | 19:59 | 双子 |
| 1955年 | 10月 7日 | 22:23 | 蟹 |
| 1955年 | 10月10日 | 01:41 | 獅子 |
| 1955年 | 10月12日 | 06:11 | 乙女 |
| 1955年 | 10月14日 | 12:13 | 天秤 |
| 1955年 | 10月16日 | 20:23 | 蠍 |
| 1955年 | 10月19日 | 07:07 | 射手 |
| 1955年 | 10月21日 | 19:51 | 山羊 |
| 1955年 | 10月24日 | 08:33 | 水瓶 |
| 1955年 | 10月26日 | 18:37 | 魚 |
| 1955年 | 10月29日 | 00:46 | 牡羊 |
| 1955年 | 10月31日 | 03:30 | 牡牛 |
| 1955年 | 11月 2日 | 04:23 | 双子 |
| 1955年 | 11月 4日 | 05:11 | 蟹 |
| 1955年 | 11月 6日 | 07:20 | 獅子 |
| 1955年 | 11月 8日 | 11:36 | 乙女 |
| 1955年 | 11月10日 | 18:15 | 天秤 |
| 1955年 | 11月13日 | 03:12 | 蠍 |
| 1955年 | 11月15日 | 14:17 | 射手 |
| 1955年 | 11月18日 | 02:59 | 山羊 |
| 1955年 | 11月20日 | 15:58 | 水瓶 |
| 1955年 | 11月23日 | 03:10 | 魚 |
| 1955年 | 11月25日 | 10:47 | 牡羊 |
| 1955年 | 11月27日 | 14:27 | 牡牛 |
| 1955年 | 11月29日 | 15:11 | 双子 |
| 1955年 | 12月 1日 | 14:47 | 蟹 |
| 1955年 | 12月 3日 | 15:07 | 獅子 |
| 1955年 | 12月 5日 | 17:50 | 乙女 |
| 1955年 | 12月 7日 | 23:48 | 天秤 |
| 1955年 | 12月10日 | 08:59 | 蠍 |
| 1955年 | 12月12日 | 20:33 | 射手 |
| 1955年 | 12月15日 | 09:23 | 山羊 |
| 1955年 | 12月17日 | 22:19 | 水瓶 |
| 1955年 | 12月20日 | 10:02 | 魚 |
| 1955年 | 12月22日 | 19:05 | 牡羊 |
| 1955年 | 12月25日 | 00:33 | 牡牛 |
| 1955年 | 12月27日 | 02:33 | 双子 |
| 1955年 | 12月29日 | 02:18 | 蟹 |
| 1955年 | 12月31日 | 01:37 | 獅子 |
| 1956年 | 1月 2日 | 02:31 | 乙女 |
| 1956年 | 1月 4日 | 06:44 | 天秤 |
| 1956年 | 1月 6日 | 14:59 | 蠍 |
| 1956年 | 1月 9日 | 02:32 | 射手 |
| 1956年 | 1月11日 | 15:33 | 山羊 |
| 1956年 | 1月14日 | 04:19 | 水瓶 |
| 1956年 | 1月16日 | 15:47 | 魚 |
| 1956年 | 1月19日 | 01:17 | 牡羊 |
| 1956年 | 1月21日 | 08:11 | 牡牛 |
| 1956年 | 1月23日 | 12:06 | 双子 |
| 1956年 | 1月25日 | 13:20 | 蟹 |
| 1956年 | 1月27日 | 13:07 | 獅子 |
| 1956年 | 1月29日 | 13:18 | 乙女 |
| 1956年 | 1月31日 | 15:56 | 天秤 |
| 1956年 | 2月 2日 | 22:32 | 蠍 |
| 1956年 | 2月 5日 | 09:13 | 射手 |
| 1956年 | 2月 7日 | 22:08 | 山羊 |
| 1956年 | 2月10日 | 10:52 | 水瓶 |
| 1956年 | 2月12日 | 21:52 | 魚 |
| 1956年 | 2月15日 | 06:48 | 牡羊 |
| 1956年 | 2月17日 | 13:48 | 牡牛 |
| 1956年 | 2月19日 | 18:50 | 双子 |
| 1956年 | 2月21日 | 21:50 | 蟹 |
| 1956年 | 2月23日 | 23:11 | 獅子 |
| 1956年 | 2月26日 | 00:06 | 乙女 |
| 1956年 | 2月28日 | 02:21 | 天秤 |
| 1956年 | 3月 1日 | 07:45 | 蠍 |
| 1956年 | 3月 3日 | 17:09 | 射手 |
| 1956年 | 3月 6日 | 05:32 | 山羊 |
| 1956年 | 3月 8日 | 18:19 | 水瓶 |
| 1956年 | 3月11日 | 05:11 | 魚 |
| 1956年 | 3月13日 | 13:26 | 牡羊 |
| 1956年 | 3月15日 | 19:32 | 牡牛 |
| 1956年 | 3月18日 | 00:12 | 双子 |
| 1956年 | 3月20日 | 03:47 | 蟹 |

| | | | |
|---|---|---|---|
| 1956年 | 3月22日 | 06:31 | 獅子 |
| 1956年 | 3月24日 | 08:53 | 乙女 |
| 1956年 | 3月26日 | 12:00 | 天秤 |
| 1956年 | 3月28日 | 17:19 | 蠍 |
| 1956年 | 3月31日 | 01:55 | 射手 |
| 1956年 | 4月2日 | 13:37 | 山羊 |
| 1956年 | 4月5日 | 02:24 | 水瓶 |
| 1956年 | 4月7日 | 13:37 | 魚 |
| 1956年 | 4月9日 | 21:47 | 牡羊 |
| 1956年 | 4月12日 | 03:03 | 牡牛 |
| 1956年 | 4月14日 | 06:31 | 双子 |
| 1956年 | 4月16日 | 09:15 | 蟹 |
| 1956年 | 4月18日 | 12:00 | 獅子 |
| 1956年 | 4月20日 | 15:17 | 乙女 |
| 1956年 | 4月22日 | 19:36 | 天秤 |
| 1956年 | 4月25日 | 01:44 | 蠍 |
| 1956年 | 4月27日 | 10:25 | 射手 |
| 1956年 | 4月29日 | 21:44 | 山羊 |
| 1956年 | 5月2日 | 10:27 | 水瓶 |
| 1956年 | 5月4日 | 22:15 | 魚 |
| 1956年 | 5月7日 | 07:05 | 牡羊 |
| 1956年 | 5月9日 | 12:24 | 牡牛 |
| 1956年 | 5月11日 | 15:01 | 双子 |
| 1956年 | 5月13日 | 16:21 | 蟹 |
| 1956年 | 5月15日 | 17:52 | 獅子 |
| 1956年 | 5月17日 | 20:40 | 乙女 |
| 1956年 | 5月20日 | 01:25 | 天秤 |
| 1956年 | 5月22日 | 08:26 | 蠍 |
| 1956年 | 5月24日 | 17:46 | 射手 |
| 1956年 | 5月27日 | 05:11 | 山羊 |
| 1956年 | 5月29日 | 17:51 | 水瓶 |
| 1956年 | 6月1日 | 06:09 | 魚 |
| 1956年 | 6月3日 | 16:04 | 牡羊 |
| 1956年 | 6月5日 | 22:22 | 牡牛 |
| 1956年 | 6月8日 | 01:10 | 双子 |
| 1956年 | 6月10日 | 01:43 | 蟹 |
| 1956年 | 6月12日 | 01:45 | 獅子 |
| 1956年 | 6月14日 | 03:04 | 乙女 |
| 1956年 | 6月16日 | 06:58 | 天秤 |
| 1956年 | 6月18日 | 14:03 | 蠍 |
| 1956年 | 6月20日 | 23:55 | 射手 |
| 1956年 | 6月23日 | 11:43 | 山羊 |
| 1956年 | 6月26日 | 00:25 | 水瓶 |
| 1956年 | 6月28日 | 12:54 | 魚 |
| 1956年 | 6月30日 | 23:42 | 牡羊 |
| 1956年 | 7月3日 | 07:25 | 牡牛 |
| 1956年 | 7月5日 | 11:26 | 双子 |
| 1956年 | 7月7日 | 12:20 | 蟹 |
| 1956年 | 7月9日 | 11:42 | 獅子 |
| 1956年 | 7月11日 | 11:34 | 乙女 |
| 1956年 | 7月13日 | 13:54 | 天秤 |
| 1956年 | 7月15日 | 19:56 | 蠍 |
| 1956年 | 7月18日 | 05:37 | 射手 |
| 1956年 | 7月20日 | 17:40 | 山羊 |
| 1956年 | 7月23日 | 06:28 | 水瓶 |
| 1956年 | 7月25日 | 18:50 | 魚 |
| 1956年 | 7月28日 | 05:53 | 牡羊 |
| 1956年 | 7月30日 | 14:40 | 牡牛 |
| 1956年 | 8月1日 | 20:16 | 双子 |
| 1956年 | 8月3日 | 22:33 | 蟹 |
| 1956年 | 8月5日 | 22:28 | 獅子 |
| 1956年 | 8月7日 | 21:51 | 乙女 |
| 1956年 | 8月9日 | 22:51 | 天秤 |
| 1956年 | 8月12日 | 03:20 | 蠍 |
| 1956年 | 8月14日 | 12:00 | 射手 |
| 1956年 | 8月16日 | 23:47 | 山羊 |
| 1956年 | 8月19日 | 12:37 | 水瓶 |
| 1956年 | 8月22日 | 00:47 | 魚 |
| 1956年 | 8月24日 | 11:29 | 牡羊 |
| 1956年 | 8月26日 | 20:23 | 牡牛 |
| 1956年 | 8月29日 | 02:59 | 双子 |
| 1956年 | 8月31日 | 06:51 | 蟹 |
| 1956年 | 9月2日 | 08:14 | 獅子 |
| 1956年 | 9月4日 | 08:20 | 乙女 |
| 1956年 | 9月6日 | 09:04 | 天秤 |
| 1956年 | 9月8日 | 12:26 | 蠍 |
| 1956年 | 9月10日 | 19:45 | 射手 |
| 1956年 | 9月13日 | 06:45 | 山羊 |
| 1956年 | 9月15日 | 19:27 | 水瓶 |
| 1956年 | 9月18日 | 07:33 | 魚 |
| 1956年 | 9月20日 | 17:47 | 牡羊 |
| 1956年 | 9月23日 | 02:01 | 牡牛 |
| 1956年 | 9月25日 | 08:25 | 双子 |
| 1956年 | 9月27日 | 13:00 | 蟹 |
| 1956年 | 9月29日 | 15:49 | 獅子 |
| 1956年 | 10月1日 | 17:25 | 乙女 |
| 1956年 | 10月3日 | 19:02 | 天秤 |
| 1956年 | 10月5日 | 22:19 | 蠍 |
| 1956年 | 10月8日 | 04:46 | 射手 |
| 1956年 | 10月10日 | 14:47 | 山羊 |
| 1956年 | 10月13日 | 03:09 | 水瓶 |
| 1956年 | 10月15日 | 15:24 | 魚 |
| 1956年 | 10月18日 | 01:35 | 牡羊 |
| 1956年 | 10月20日 | 09:07 | 牡牛 |
| 1956年 | 10月22日 | 14:29 | 双子 |
| 1956年 | 10月24日 | 18:23 | 蟹 |
| 1956年 | 10月26日 | 21:27 | 獅子 |
| 1956年 | 10月29日 | 00:10 | 乙女 |
| 1956年 | 10月31日 | 03:10 | 天秤 |
| 1956年 | 11月2日 | 07:24 | 蠍 |
| 1956年 | 11月4日 | 13:56 | 射手 |
| 1956年 | 11月6日 | 23:24 | 山羊 |
| 1956年 | 11月9日 | 11:19 | 水瓶 |
| 1956年 | 11月11日 | 23:50 | 魚 |
| 1956年 | 11月14日 | 10:36 | 牡羊 |
| 1956年 | 11月16日 | 18:12 | 牡牛 |
| 1956年 | 11月18日 | 22:45 | 双子 |
| 1956年 | 11月21日 | 01:18 | 蟹 |
| 1956年 | 11月23日 | 03:10 | 獅子 |
| 1956年 | 11月25日 | 05:32 | 乙女 |
| 1956年 | 11月27日 | 09:11 | 天秤 |
| 1956年 | 11月29日 | 14:34 | 蠍 |
| 1956年 | 12月1日 | 21:59 | 射手 |
| 1956年 | 12月4日 | 07:36 | 山羊 |
| 1956年 | 12月6日 | 19:16 | 水瓶 |
| 1956年 | 12月9日 | 07:57 | 魚 |
| 1956年 | 12月11日 | 19:36 | 牡羊 |
| 1956年 | 12月14日 | 04:15 | 牡牛 |
| 1956年 | 12月16日 | 09:06 | 双子 |
| 1956年 | 12月18日 | 10:52 | 蟹 |
| 1956年 | 12月20日 | 11:11 | 獅子 |
| 1956年 | 12月22日 | 11:56 | 乙女 |
| 1956年 | 12月24日 | 14:39 | 天秤 |
| 1956年 | 12月26日 | 20:08 | 蠍 |
| 1956年 | 12月29日 | 04:20 | 射手 |
| 1956年 | 12月31日 | 14:37 | 山羊 |
| 1957年 | 1月3日 | 02:24 | 水瓶 |
| 1957年 | 1月5日 | 15:04 | 魚 |
| 1957年 | 1月8日 | 03:22 | 牡羊 |
| 1957年 | 1月10日 | 13:26 | 牡牛 |
| 1957年 | 1月12日 | 19:44 | 双子 |
| 1957年 | 1月14日 | 22:06 | 蟹 |
| 1957年 | 1月16日 | 21:51 | 獅子 |
| 1957年 | 1月18日 | 21:04 | 乙女 |
| 1957年 | 1月20日 | 21:55 | 天秤 |
| 1957年 | 1月23日 | 02:02 | 蠍 |
| 1957年 | 1月25日 | 09:52 | 射手 |
| 1957年 | 1月27日 | 20:32 | 山羊 |
| 1957年 | 1月30日 | 08:42 | 水瓶 |
| 1957年 | 2月1日 | 21:20 | 魚 |
| 1957年 | 2月4日 | 09:42 | 牡羊 |
| 1957年 | 2月6日 | 20:37 | 牡牛 |
| 1957年 | 2月9日 | 04:34 | 双子 |
| 1957年 | 2月11日 | 08:39 | 蟹 |
| 1957年 | 2月13日 | 09:19 | 獅子 |
| 1957年 | 2月15日 | 08:17 | 乙女 |
| 1957年 | 2月17日 | 07:50 | 天秤 |
| 1957年 | 2月19日 | 10:06 | 蠍 |
| 1957年 | 2月21日 | 16:22 | 射手 |
| 1957年 | 2月24日 | 02:26 | 山羊 |
| 1957年 | 2月26日 | 14:42 | 水瓶 |
| 1957年 | 3月1日 | 03:25 | 魚 |
| 1957年 | 3月3日 | 15:31 | 牡羊 |
| 1957年 | 3月6日 | 02:20 | 牡牛 |
| 1957年 | 3月8日 | 11:03 | 双子 |
| 1957年 | 3月10日 | 16:45 | 蟹 |
| 1957年 | 3月12日 | 19:12 | 獅子 |
| 1957年 | 3月14日 | 19:21 | 乙女 |
| 1957年 | 3月16日 | 18:59 | 天秤 |

| | | | | |
|---|---|---|---|---|
| 1957年 | 3月18日 | 20:15 | 蠍 |
| 1957年 | 3月21日 | 00:53 | 射手 |
| 1957年 | 3月23日 | 09:34 | 山羊 |
| 1957年 | 3月25日 | 21:17 | 水瓶 |
| 1957年 | 3月28日 | 10:00 | 魚 |
| 1957年 | 3月30日 | 21:54 | 牡羊 |
| 1957年 | 4月 2日 | 08:11 | 牡牛 |
| 1957年 | 4月 4日 | 16:30 | 双子 |
| 1957年 | 4月 6日 | 22:37 | 蟹 |
| 1957年 | 4月 9日 | 02:24 | 獅子 |
| 1957年 | 4月11日 | 04:13 | 乙女 |
| 1957年 | 4月13日 | 05:09 | 天秤 |
| 1957年 | 4月15日 | 06:45 | 蠍 |
| 1957年 | 4月17日 | 10:43 | 射手 |
| 1957年 | 4月19日 | 18:08 | 山羊 |
| 1957年 | 4月22日 | 04:53 | 水瓶 |
| 1957年 | 4月24日 | 17:22 | 魚 |
| 1957年 | 4月27日 | 05:22 | 牡羊 |
| 1957年 | 4月29日 | 15:18 | 牡牛 |
| 1957年 | 5月 1日 | 22:47 | 双子 |
| 1957年 | 5月 4日 | 04:08 | 蟹 |
| 1957年 | 5月 6日 | 07:54 | 獅子 |
| 1957年 | 5月 8日 | 10:37 | 乙女 |
| 1957年 | 5月10日 | 12:57 | 天秤 |
| 1957年 | 5月12日 | 15:48 | 蠍 |
| 1957年 | 5月14日 | 20:14 | 射手 |
| 1957年 | 5月17日 | 03:13 | 山羊 |
| 1957年 | 5月19日 | 13:12 | 水瓶 |
| 1957年 | 5月22日 | 01:20 | 魚 |
| 1957年 | 5月24日 | 13:34 | 牡羊 |
| 1957年 | 5月26日 | 23:43 | 牡牛 |
| 1957年 | 5月29日 | 06:47 | 双子 |
| 1957年 | 5月31日 | 11:06 | 蟹 |
| 1957年 | 6月 2日 | 13:45 | 獅子 |
| 1957年 | 6月 4日 | 15:59 | 乙女 |
| 1957年 | 6月 6日 | 18:46 | 天秤 |
| 1957年 | 6月 8日 | 22:41 | 蠍 |
| 1957年 | 6月11日 | 04:09 | 射手 |
| 1957年 | 6月13日 | 11:36 | 山羊 |
| 1957年 | 6月15日 | 21:23 | 水瓶 |
| 1957年 | 6月18日 | 09:15 | 魚 |
| 1957年 | 6月20日 | 21:45 | 牡羊 |
| 1957年 | 6月23日 | 08:38 | 牡牛 |
| 1957年 | 6月25日 | 16:07 | 双子 |
| 1957年 | 6月27日 | 20:01 | 蟹 |
| 1957年 | 6月29日 | 21:32 | 獅子 |
| 1957年 | 7月 1日 | 22:24 | 乙女 |
| 1957年 | 7月 4日 | 00:16 | 天秤 |
| 1957年 | 7月 6日 | 04:10 | 蠍 |
| 1957年 | 7月 8日 | 10:20 | 射手 |
| 1957年 | 7月10日 | 18:35 | 山羊 |
| 1957年 | 7月13日 | 04:43 | 水瓶 |
| 1957年 | 7月15日 | 16:32 | 魚 |
| 1957年 | 7月18日 | 05:14 | 牡羊 |
| 1957年 | 7月20日 | 16:57 | 牡牛 |
| 1957年 | 7月23日 | 01:33 | 双子 |
| 1957年 | 7月25日 | 06:05 | 蟹 |
| 1957年 | 7月27日 | 07:17 | 獅子 |
| 1957年 | 7月29日 | 07:00 | 乙女 |
| 1957年 | 7月31日 | 07:20 | 天秤 |
| 1957年 | 8月 2日 | 10:00 | 蠍 |
| 1957年 | 8月 4日 | 15:47 | 射手 |
| 1957年 | 8月 7日 | 00:23 | 山羊 |
| 1957年 | 8月 9日 | 11:01 | 水瓶 |
| 1957年 | 8月11日 | 23:02 | 魚 |
| 1957年 | 8月14日 | 11:46 | 牡羊 |
| 1957年 | 8月17日 | 00:00 | 牡牛 |
| 1957年 | 8月19日 | 09:51 | 双子 |
| 1957年 | 8月21日 | 15:48 | 蟹 |
| 1957年 | 8月23日 | 17:52 | 獅子 |
| 1957年 | 8月25日 | 17:27 | 乙女 |
| 1957年 | 8月27日 | 16:42 | 天秤 |
| 1957年 | 8月29日 | 17:46 | 蠍 |
| 1957年 | 8月31日 | 22:07 | 射手 |
| 1957年 | 9月 3日 | 06:05 | 山羊 |
| 1957年 | 9月 5日 | 16:50 | 水瓶 |
| 1957年 | 9月 8日 | 05:04 | 魚 |
| 1957年 | 9月10日 | 17:45 | 牡羊 |
| 1957年 | 9月13日 | 05:57 | 牡牛 |
| 1957年 | 9月15日 | 16:26 | 双子 |
| 1957年 | 9月17日 | 23:49 | 蟹 |
| 1957年 | 9月20日 | 03:31 | 獅子 |
| 1957年 | 9月22日 | 04:12 | 乙女 |
| 1957年 | 9月24日 | 03:33 | 天秤 |
| 1957年 | 9月26日 | 03:41 | 蠍 |
| 1957年 | 9月28日 | 06:27 | 射手 |
| 1957年 | 9月30日 | 12:59 | 山羊 |
| 1957年 | 10月 2日 | 23:03 | 水瓶 |
| 1957年 | 10月 5日 | 11:17 | 魚 |
| 1957年 | 10月 7日 | 23:57 | 牡羊 |
| 1957年 | 10月10日 | 11:48 | 牡牛 |
| 1957年 | 10月12日 | 22:00 | 双子 |
| 1957年 | 10月15日 | 05:54 | 蟹 |
| 1957年 | 10月17日 | 10:59 | 獅子 |
| 1957年 | 10月19日 | 13:24 | 乙女 |
| 1957年 | 10月21日 | 14:03 | 天秤 |
| 1957年 | 10月23日 | 14:31 | 蠍 |
| 1957年 | 10月25日 | 16:33 | 射手 |
| 1957年 | 10月27日 | 21:41 | 山羊 |
| 1957年 | 10月30日 | 06:32 | 水瓶 |
| 1957年 | 11月 1日 | 18:18 | 魚 |
| 1957年 | 11月 4日 | 07:00 | 牡羊 |
| 1957年 | 11月 6日 | 18:38 | 牡牛 |
| 1957年 | 11月 9日 | 04:09 | 双子 |
| 1957年 | 11月11日 | 11:24 | 蟹 |
| 1957年 | 11月13日 | 16:36 | 獅子 |
| 1957年 | 11月15日 | 20:07 | 乙女 |
| 1957年 | 11月17日 | 22:26 | 天秤 |
| 1957年 | 11月20日 | 00:18 | 蠍 |
| 1957年 | 11月22日 | 02:52 | 射手 |
| 1957年 | 11月24日 | 07:29 | 山羊 |
| 1957年 | 11月26日 | 15:16 | 水瓶 |
| 1957年 | 11月29日 | 02:15 | 魚 |
| 1957年 | 12月 1日 | 14:56 | 牡羊 |
| 1957年 | 12月 4日 | 02:47 | 牡牛 |
| 1957年 | 12月 6日 | 12:00 | 双子 |
| 1957年 | 12月 8日 | 18:16 | 蟹 |
| 1957年 | 12月10日 | 22:24 | 獅子 |
| 1957年 | 12月13日 | 01:29 | 乙女 |
| 1957年 | 12月15日 | 04:23 | 天秤 |
| 1957年 | 12月17日 | 07:35 | 蠍 |
| 1957年 | 12月19日 | 11:31 | 射手 |
| 1957年 | 12月21日 | 16:47 | 山羊 |
| 1957年 | 12月24日 | 00:19 | 水瓶 |
| 1957年 | 12月26日 | 10:41 | 魚 |
| 1957年 | 12月28日 | 23:12 | 牡羊 |
| 1957年 | 12月31日 | 11:37 | 牡牛 |
| 1958年 | 1月 2日 | 21:21 | 双子 |
| 1958年 | 1月 5日 | 03:22 | 蟹 |
| 1958年 | 1月 7日 | 06:22 | 獅子 |
| 1958年 | 1月 9日 | 07:59 | 乙女 |
| 1958年 | 1月11日 | 09:52 | 天秤 |
| 1958年 | 1月13日 | 13:02 | 蠍 |
| 1958年 | 1月15日 | 17:49 | 射手 |
| 1958年 | 1月18日 | 00:13 | 山羊 |
| 1958年 | 1月20日 | 08:22 | 水瓶 |
| 1958年 | 1月22日 | 18:41 | 魚 |
| 1958年 | 1月25日 | 07:03 | 牡羊 |
| 1958年 | 1月27日 | 19:56 | 牡牛 |
| 1958年 | 1月30日 | 06:47 | 双子 |
| 1958年 | 2月 1日 | 13:41 | 蟹 |
| 1958年 | 2月 3日 | 16:38 | 獅子 |
| 1958年 | 2月 5日 | 17:11 | 乙女 |
| 1958年 | 2月 7日 | 17:24 | 天秤 |
| 1958年 | 2月 9日 | 19:03 | 蠍 |
| 1958年 | 2月11日 | 23:11 | 射手 |
| 1958年 | 2月14日 | 05:55 | 山羊 |
| 1958年 | 2月16日 | 14:51 | 水瓶 |
| 1958年 | 2月19日 | 01:39 | 魚 |
| 1958年 | 2月21日 | 14:02 | 牡羊 |
| 1958年 | 2月24日 | 03:04 | 牡牛 |
| 1958年 | 2月26日 | 14:52 | 双子 |
| 1958年 | 2月28日 | 23:16 | 蟹 |
| 1958年 | 3月 3日 | 03:27 | 獅子 |
| 1958年 | 3月 5日 | 04:16 | 乙女 |
| 1958年 | 3月 7日 | 03:36 | 天秤 |
| 1958年 | 3月 9日 | 03:35 | 蠍 |
| 1958年 | 3月11日 | 05:56 | 射手 |
| 1958年 | 3月13日 | 11:36 | 山羊 |

| | | | |
|---|---|---|---|
| 1958年 | 3月15日 | 20:28 | 水瓶 |
| 1958年 | 3月18日 | 07:41 | 魚 |
| 1958年 | 3月20日 | 20:17 | 牡羊 |
| 1958年 | 3月23日 | 09:16 | 牡牛 |
| 1958年 | 3月25日 | 21:19 | 双子 |
| 1958年 | 3月28日 | 06:53 | 蟹 |
| 1958年 | 3月30日 | 12:45 | 獅子 |
| 1958年 | 4月 1日 | 15:01 | 乙女 |
| 1958年 | 4月 3日 | 14:54 | 天秤 |
| 1958年 | 4月 5日 | 14:17 | 蠍 |
| 1958年 | 4月 7日 | 15:07 | 射手 |
| 1958年 | 4月 9日 | 19:00 | 山羊 |
| 1958年 | 4月12日 | 02:41 | 水瓶 |
| 1958年 | 4月14日 | 13:38 | 魚 |
| 1958年 | 4月17日 | 02:22 | 牡羊 |
| 1958年 | 4月19日 | 15:16 | 牡牛 |
| 1958年 | 4月22日 | 03:03 | 双子 |
| 1958年 | 4月24日 | 12:46 | 蟹 |
| 1958年 | 4月26日 | 19:43 | 獅子 |
| 1958年 | 4月28日 | 23:41 | 乙女 |
| 1958年 | 5月 1日 | 01:07 | 天秤 |
| 1958年 | 5月 3日 | 01:15 | 蠍 |
| 1958年 | 5月 5日 | 01:44 | 射手 |
| 1958年 | 5月 7日 | 04:21 | 山羊 |
| 1958年 | 5月 9日 | 10:29 | 水瓶 |
| 1958年 | 5月11日 | 20:26 | 魚 |
| 1958年 | 5月14日 | 08:58 | 牡羊 |
| 1958年 | 5月16日 | 21:49 | 牡牛 |
| 1958年 | 5月19日 | 09:14 | 双子 |
| 1958年 | 5月21日 | 18:23 | 蟹 |
| 1958年 | 5月24日 | 01:14 | 獅子 |
| 1958年 | 5月26日 | 06:00 | 乙女 |
| 1958年 | 5月28日 | 08:55 | 天秤 |
| 1958年 | 5月30日 | 10:33 | 蠍 |
| 1958年 | 6月 1日 | 11:54 | 射手 |
| 1958年 | 6月 3日 | 14:23 | 山羊 |
| 1958年 | 6月 5日 | 19:34 | 水瓶 |
| 1958年 | 6月 8日 | 04:23 | 魚 |
| 1958年 | 6月10日 | 16:20 | 牡羊 |
| 1958年 | 6月13日 | 05:12 | 牡牛 |
| 1958年 | 6月15日 | 16:31 | 双子 |
| 1958年 | 6月18日 | 01:04 | 蟹 |
| 1958年 | 6月20日 | 07:04 | 獅子 |
| 1958年 | 6月22日 | 11:22 | 乙女 |
| 1958年 | 6月24日 | 14:42 | 天秤 |
| 1958年 | 6月26日 | 17:31 | 蠍 |
| 1958年 | 6月28日 | 20:12 | 射手 |
| 1958年 | 6月30日 | 23:33 | 山羊 |
| 1958年 | 7月 3日 | 04:45 | 水瓶 |
| 1958年 | 7月 5日 | 12:57 | 魚 |
| 1958年 | 7月 8日 | 00:17 | 牡羊 |
| 1958年 | 7月10日 | 13:09 | 牡牛 |
| 1958年 | 7月13日 | 00:46 | 双子 |
| 1958年 | 7月15日 | 09:15 | 蟹 |
| 1958年 | 7月17日 | 14:31 | 獅子 |
| 1958年 | 7月19日 | 17:42 | 乙女 |
| 1958年 | 7月21日 | 20:12 | 天秤 |
| 1958年 | 7月23日 | 22:57 | 蠍 |
| 1958年 | 7月26日 | 02:26 | 射手 |
| 1958年 | 7月28日 | 06:53 | 山羊 |
| 1958年 | 7月30日 | 12:52 | 水瓶 |
| 1958年 | 8月 1日 | 21:11 | 魚 |
| 1958年 | 8月 4日 | 08:14 | 牡羊 |
| 1958年 | 8月 6日 | 21:03 | 牡牛 |
| 1958年 | 8月 9日 | 09:16 | 双子 |
| 1958年 | 8月11日 | 18:25 | 蟹 |
| 1958年 | 8月13日 | 23:44 | 獅子 |
| 1958年 | 8月16日 | 02:07 | 乙女 |
| 1958年 | 8月18日 | 03:17 | 天秤 |
| 1958年 | 8月20日 | 04:50 | 蠍 |
| 1958年 | 8月22日 | 07:48 | 射手 |
| 1958年 | 8月24日 | 12:38 | 山羊 |
| 1958年 | 8月26日 | 19:28 | 水瓶 |
| 1958年 | 8月29日 | 04:25 | 魚 |
| 1958年 | 8月31日 | 15:35 | 牡羊 |
| 1958年 | 9月 3日 | 04:23 | 牡牛 |
| 1958年 | 9月 5日 | 17:06 | 双子 |
| 1958年 | 9月 8日 | 03:22 | 蟹 |
| 1958年 | 9月10日 | 09:42 | 獅子 |
| 1958年 | 9月12日 | 12:20 | 乙女 |
| 1958年 | 9月14日 | 12:45 | 天秤 |
| 1958年 | 9月16日 | 12:50 | 蠍 |
| 1958年 | 9月18日 | 14:16 | 射手 |
| 1958年 | 9月20日 | 18:12 | 山羊 |
| 1958年 | 9月23日 | 01:03 | 水瓶 |
| 1958年 | 9月25日 | 10:33 | 魚 |
| 1958年 | 9月27日 | 22:07 | 牡羊 |
| 1958年 | 9月30日 | 10:58 | 牡牛 |
| 1958年 | 10月 2日 | 23:50 | 双子 |
| 1958年 | 10月 5日 | 11:00 | 蟹 |
| 1958年 | 10月 7日 | 18:50 | 獅子 |
| 1958年 | 10月 9日 | 22:50 | 乙女 |
| 1958年 | 10月11日 | 23:44 | 天秤 |
| 1958年 | 10月13日 | 23:12 | 蠍 |
| 1958年 | 10月15日 | 23:09 | 射手 |
| 1958年 | 10月18日 | 01:23 | 山羊 |
| 1958年 | 10月20日 | 07:04 | 水瓶 |
| 1958年 | 10月22日 | 16:19 | 魚 |
| 1958年 | 10月25日 | 04:10 | 牡羊 |
| 1958年 | 10月27日 | 17:07 | 牡牛 |
| 1958年 | 10月30日 | 05:49 | 双子 |
| 1958年 | 11月 1日 | 17:08 | 蟹 |
| 1958年 | 11月 4日 | 02:02 | 獅子 |
| 1958年 | 11月 6日 | 07:45 | 乙女 |
| 1958年 | 11月 8日 | 10:16 | 天秤 |
| 1958年 | 11月10日 | 10:30 | 蠍 |
| 1958年 | 11月12日 | 10:03 | 射手 |
| 1958年 | 11月14日 | 10:54 | 山羊 |
| 1958年 | 11月16日 | 14:53 | 水瓶 |
| 1958年 | 11月18日 | 22:56 | 魚 |
| 1958年 | 11月21日 | 10:28 | 牡羊 |
| 1958年 | 11月23日 | 23:30 | 牡牛 |
| 1958年 | 11月26日 | 12:00 | 双子 |
| 1958年 | 11月28日 | 22:51 | 蟹 |
| 1958年 | 12月 1日 | 07:41 | 獅子 |
| 1958年 | 12月 3日 | 14:18 | 乙女 |
| 1958年 | 12月 5日 | 18:31 | 天秤 |
| 1958年 | 12月 7日 | 20:28 | 蠍 |
| 1958年 | 12月 9日 | 21:02 | 射手 |
| 1958年 | 12月11日 | 21:47 | 山羊 |
| 1958年 | 12月14日 | 00:38 | 水瓶 |
| 1958年 | 12月16日 | 07:12 | 魚 |
| 1958年 | 12月18日 | 17:45 | 牡羊 |
| 1958年 | 12月21日 | 06:37 | 牡牛 |
| 1958年 | 12月23日 | 19:09 | 双子 |
| 1958年 | 12月26日 | 05:33 | 蟹 |
| 1958年 | 12月28日 | 13:33 | 獅子 |
| 1958年 | 12月30日 | 19:41 | 乙女 |
| 1959年 | 1月 2日 | 00:21 | 天秤 |
| 1959年 | 1月 4日 | 03:42 | 蠍 |
| 1959年 | 1月 6日 | 05:56 | 射手 |
| 1959年 | 1月 8日 | 07:50 | 山羊 |
| 1959年 | 1月10日 | 10:52 | 水瓶 |
| 1959年 | 1月12日 | 16:39 | 魚 |
| 1959年 | 1月15日 | 02:09 | 牡羊 |
| 1959年 | 1月17日 | 14:32 | 牡牛 |
| 1959年 | 1月20日 | 03:15 | 双子 |
| 1959年 | 1月22日 | 13:47 | 蟹 |
| 1959年 | 1月24日 | 21:13 | 獅子 |
| 1959年 | 1月27日 | 02:14 | 乙女 |
| 1959年 | 1月29日 | 05:54 | 天秤 |
| 1959年 | 1月31日 | 09:05 | 蠍 |
| 1959年 | 2月 2日 | 12:11 | 射手 |
| 1959年 | 2月 4日 | 15:29 | 山羊 |
| 1959年 | 2月 6日 | 19:41 | 水瓶 |
| 1959年 | 2月 9日 | 01:50 | 魚 |
| 1959年 | 2月11日 | 10:54 | 牡羊 |
| 1959年 | 2月13日 | 22:46 | 牡牛 |
| 1959年 | 2月16日 | 11:39 | 双子 |
| 1959年 | 2月18日 | 22:50 | 蟹 |
| 1959年 | 2月21日 | 06:38 | 獅子 |
| 1959年 | 2月23日 | 11:06 | 乙女 |
| 1959年 | 2月25日 | 13:29 | 天秤 |
| 1959年 | 2月27日 | 15:15 | 蠍 |
| 1959年 | 3月 1日 | 17:33 | 射手 |
| 1959年 | 3月 3日 | 21:06 | 山羊 |
| 1959年 | 3月 6日 | 02:16 | 水瓶 |
| 1959年 | 3月 8日 | 09:25 | 魚 |
| 1959年 | 3月10日 | 18:53 | 牡羊 |

| | | | |
|---|---|---|---|
| 1959年 | 3月13日 | 06:36 | 牡牛 |
| 1959年 | 3月15日 | 19:30 | 双子 |
| 1959年 | 3月18日 | 07:28 | 蟹 |
| 1959年 | 3月20日 | 16:22 | 獅子 |
| 1959年 | 3月22日 | 21:28 | 乙女 |
| 1959年 | 3月24日 | 23:28 | 天秤 |
| 1959年 | 3月26日 | 23:54 | 蠍 |
| 1959年 | 3月29日 | 00:32 | 射手 |
| 1959年 | 3月31日 | 02:49 | 山羊 |
| 1959年 | 4月 2日 | 07:41 | 水瓶 |
| 1959年 | 4月 4日 | 15:23 | 魚 |
| 1959年 | 4月 7日 | 01:32 | 牡羊 |
| 1959年 | 4月 9日 | 13:32 | 牡牛 |
| 1959年 | 4月12日 | 02:24 | 双子 |
| 1959年 | 4月14日 | 14:47 | 蟹 |
| 1959年 | 4月17日 | 00:54 | 獅子 |
| 1959年 | 4月19日 | 07:27 | 乙女 |
| 1959年 | 4月21日 | 10:19 | 天秤 |
| 1959年 | 4月23日 | 10:34 | 蠍 |
| 1959年 | 4月25日 | 09:59 | 射手 |
| 1959年 | 4月27日 | 10:32 | 山羊 |
| 1959年 | 4月29日 | 13:55 | 水瓶 |
| 1959年 | 5月 1日 | 20:58 | 魚 |
| 1959年 | 5月 4日 | 07:19 | 牡羊 |
| 1959年 | 5月 6日 | 19:39 | 牡牛 |
| 1959年 | 5月 9日 | 08:34 | 双子 |
| 1959年 | 5月11日 | 20:56 | 蟹 |
| 1959年 | 5月14日 | 07:40 | 獅子 |
| 1959年 | 5月16日 | 15:37 | 乙女 |
| 1959年 | 5月18日 | 20:06 | 天秤 |
| 1959年 | 5月20日 | 21:25 | 蠍 |
| 1959年 | 5月22日 | 20:52 | 射手 |
| 1959年 | 5月24日 | 20:25 | 山羊 |
| 1959年 | 5月26日 | 22:09 | 水瓶 |
| 1959年 | 5月29日 | 03:42 | 魚 |
| 1959年 | 5月31日 | 13:18 | 牡羊 |
| 1959年 | 6月 3日 | 01:36 | 牡牛 |
| 1959年 | 6月 5日 | 14:35 | 双子 |
| 1959年 | 6月 8日 | 02:43 | 蟹 |
| 1959年 | 6月10日 | 13:19 | 獅子 |
| 1959年 | 6月12日 | 21:50 | 乙女 |
| 1959年 | 6月15日 | 03:42 | 天秤 |
| 1959年 | 6月17日 | 06:38 | 蠍 |
| 1959年 | 6月19日 | 07:15 | 射手 |
| 1959年 | 6月21日 | 07:02 | 山羊 |
| 1959年 | 6月23日 | 08:01 | 水瓶 |
| 1959年 | 6月25日 | 12:09 | 魚 |
| 1959年 | 6月27日 | 20:27 | 牡羊 |
| 1959年 | 6月30日 | 08:11 | 牡牛 |
| 1959年 | 7月 2日 | 21:05 | 双子 |
| 1959年 | 7月 5日 | 09:03 | 蟹 |
| 1959年 | 7月 7日 | 19:08 | 獅子 |
| 1959年 | 7月10日 | 03:15 | 乙女 |
| 1959年 | 7月12日 | 09:26 | 天秤 |
| 1959年 | 7月14日 | 13:33 | 蠍 |
| 1959年 | 7月16日 | 15:42 | 射手 |
| 1959年 | 7月18日 | 16:42 | 山羊 |
| 1959年 | 7月20日 | 18:05 | 水瓶 |
| 1959年 | 7月22日 | 21:41 | 魚 |
| 1959年 | 7月25日 | 04:53 | 牡羊 |
| 1959年 | 7月27日 | 15:43 | 牡牛 |
| 1959年 | 7月30日 | 04:23 | 双子 |
| 1959年 | 8月 1日 | 16:23 | 蟹 |
| 1959年 | 8月 4日 | 02:09 | 獅子 |
| 1959年 | 8月 6日 | 09:29 | 乙女 |
| 1959年 | 8月 8日 | 14:56 | 天秤 |
| 1959年 | 8月10日 | 19:00 | 蠍 |
| 1959年 | 8月12日 | 21:58 | 射手 |
| 1959年 | 8月15日 | 00:19 | 山羊 |
| 1959年 | 8月17日 | 02:54 | 水瓶 |
| 1959年 | 8月19日 | 06:59 | 魚 |
| 1959年 | 8月21日 | 13:51 | 牡羊 |
| 1959年 | 8月23日 | 23:58 | 牡牛 |
| 1959年 | 8月26日 | 12:18 | 双子 |
| 1959年 | 8月29日 | 00:33 | 蟹 |
| 1959年 | 8月31日 | 10:33 | 獅子 |
| 1959年 | 9月 2日 | 17:31 | 乙女 |
| 1959年 | 9月 4日 | 21:57 | 天秤 |
| 1959年 | 9月 7日 | 00:53 | 蠍 |
| 1959年 | 9月 9日 | 03:20 | 射手 |
| 1959年 | 9月11日 | 06:05 | 山羊 |
| 1959年 | 9月13日 | 09:43 | 水瓶 |
| 1959年 | 9月15日 | 14:54 | 魚 |
| 1959年 | 9月17日 | 22:16 | 牡羊 |
| 1959年 | 9月20日 | 08:12 | 牡牛 |
| 1959年 | 9月22日 | 20:15 | 双子 |
| 1959年 | 9月25日 | 08:49 | 蟹 |
| 1959年 | 9月27日 | 19:36 | 獅子 |
| 1959年 | 9月30日 | 03:04 | 乙女 |
| 1959年 | 10月 2日 | 07:08 | 天秤 |
| 1959年 | 10月 4日 | 08:54 | 蠍 |
| 1959年 | 10月 6日 | 09:54 | 射手 |
| 1959年 | 10月 8日 | 11:38 | 山羊 |
| 1959年 | 10月10日 | 15:12 | 水瓶 |
| 1959年 | 10月12日 | 21:06 | 魚 |
| 1959年 | 10月15日 | 05:20 | 牡羊 |
| 1959年 | 10月17日 | 15:40 | 牡牛 |
| 1959年 | 10月20日 | 03:40 | 双子 |
| 1959年 | 10月22日 | 16:22 | 蟹 |
| 1959年 | 10月25日 | 04:03 | 獅子 |
| 1959年 | 10月27日 | 12:48 | 乙女 |
| 1959年 | 10月29日 | 17:42 | 天秤 |
| 1959年 | 10月31日 | 19:15 | 蠍 |
| 1959年 | 11月 2日 | 19:03 | 射手 |
| 1959年 | 11月 4日 | 19:05 | 山羊 |
| 1959年 | 11月 6日 | 21:14 | 水瓶 |
| 1959年 | 11月 9日 | 02:35 | 魚 |
| 1959年 | 11月11日 | 11:10 | 牡羊 |
| 1959年 | 11月13日 | 22:04 | 牡牛 |
| 1959年 | 11月16日 | 10:16 | 双子 |
| 1959年 | 11月18日 | 22:56 | 蟹 |
| 1959年 | 11月21日 | 11:04 | 獅子 |
| 1959年 | 11月23日 | 21:07 | 乙女 |
| 1959年 | 11月26日 | 03:41 | 天秤 |
| 1959年 | 11月28日 | 06:22 | 蠍 |
| 1959年 | 11月30日 | 06:12 | 射手 |
| 1959年 | 12月 2日 | 05:11 | 山羊 |
| 1959年 | 12月 4日 | 05:35 | 水瓶 |
| 1959年 | 12月 6日 | 09:16 | 魚 |
| 1959年 | 12月 8日 | 16:59 | 牡羊 |
| 1959年 | 12月11日 | 03:55 | 牡牛 |
| 1959年 | 12月13日 | 16:24 | 双子 |
| 1959年 | 12月16日 | 05:00 | 蟹 |
| 1959年 | 12月18日 | 16:57 | 獅子 |
| 1959年 | 12月21日 | 03:29 | 乙女 |
| 1959年 | 12月23日 | 11:28 | 天秤 |
| 1959年 | 12月25日 | 16:01 | 蠍 |
| 1959年 | 12月27日 | 17:16 | 射手 |
| 1959年 | 12月29日 | 16:39 | 山羊 |
| 1959年 | 12月31日 | 16:15 | 水瓶 |
| 1960年 | 1月 2日 | 18:19 | 魚 |
| 1960年 | 1月 5日 | 00:21 | 牡羊 |
| 1960年 | 1月 7日 | 10:22 | 牡牛 |
| 1960年 | 1月 9日 | 22:45 | 双子 |
| 1960年 | 1月12日 | 11:23 | 蟹 |
| 1960年 | 1月14日 | 22:59 | 獅子 |
| 1960年 | 1月17日 | 09:03 | 乙女 |
| 1960年 | 1月19日 | 17:14 | 天秤 |
| 1960年 | 1月21日 | 22:59 | 蠍 |
| 1960年 | 1月24日 | 02:03 | 射手 |
| 1960年 | 1月26日 | 03:00 | 山羊 |
| 1960年 | 1月28日 | 03:20 | 水瓶 |
| 1960年 | 1月30日 | 04:57 | 魚 |
| 1960年 | 2月 1日 | 09:39 | 牡羊 |
| 1960年 | 2月 3日 | 18:15 | 牡牛 |
| 1960年 | 2月 6日 | 05:58 | 双子 |
| 1960年 | 2月 8日 | 18:37 | 蟹 |
| 1960年 | 2月11日 | 06:08 | 獅子 |
| 1960年 | 2月13日 | 15:35 | 乙女 |
| 1960年 | 2月15日 | 22:55 | 天秤 |
| 1960年 | 2月18日 | 04:24 | 蠍 |
| 1960年 | 2月20日 | 08:12 | 射手 |
| 1960年 | 2月22日 | 10:39 | 山羊 |
| 1960年 | 2月24日 | 12:33 | 水瓶 |
| 1960年 | 2月26日 | 15:04 | 魚 |
| 1960年 | 2月28日 | 19:38 | 牡羊 |
| 1960年 | 3月 2日 | 03:18 | 牡牛 |
| 1960年 | 3月 4日 | 14:07 | 双子 |
| 1960年 | 3月 7日 | 02:36 | 蟹 |

| | | | | |
|---|---|---|---|---|
| 1960年 | 3月 | 9日 | 14:25 | 獅子 |
| 1960年 | 3月 | 11日 | 23:47 | 乙女 |
| 1960年 | 3月 | 14日 | 06:20 | 天秤 |
| 1960年 | 3月 | 16日 | 10:37 | 蠍 |
| 1960年 | 3月 | 18日 | 13:37 | 射手 |
| 1960年 | 3月 | 20日 | 16:14 | 山羊 |
| 1960年 | 3月 | 22日 | 19:10 | 水瓶 |
| 1960年 | 3月 | 24日 | 23:02 | 魚 |
| 1960年 | 3月 | 27日 | 04:30 | 牡羊 |
| 1960年 | 3月 | 29日 | 12:13 | 牡牛 |
| 1960年 | 3月 | 31日 | 22:31 | 双子 |
| 1960年 | 4月 | 3日 | 10:46 | 蟹 |
| 1960年 | 4月 | 5日 | 23:00 | 獅子 |
| 1960年 | 4月 | 8日 | 09:02 | 乙女 |
| 1960年 | 4月 | 10日 | 15:36 | 天秤 |
| 1960年 | 4月 | 12日 | 19:02 | 蠍 |
| 1960年 | 4月 | 14日 | 20:38 | 射手 |
| 1960年 | 4月 | 16日 | 22:01 | 山羊 |
| 1960年 | 4月 | 19日 | 00:32 | 水瓶 |
| 1960年 | 4月 | 21日 | 04:55 | 魚 |
| 1960年 | 4月 | 23日 | 11:23 | 牡羊 |
| 1960年 | 4月 | 25日 | 19:50 | 牡牛 |
| 1960年 | 4月 | 28日 | 06:16 | 双子 |
| 1960年 | 4月 | 30日 | 18:22 | 蟹 |
| 1960年 | 5月 | 3日 | 06:58 | 獅子 |
| 1960年 | 5月 | 5日 | 17:58 | 乙女 |
| 1960年 | 5月 | 8日 | 01:30 | 天秤 |
| 1960年 | 5月 | 10日 | 05:07 | 蠍 |
| 1960年 | 5月 | 12日 | 05:55 | 射手 |
| 1960年 | 5月 | 14日 | 05:51 | 山羊 |
| 1960年 | 5月 | 16日 | 06:51 | 水瓶 |
| 1960年 | 5月 | 18日 | 10:23 | 魚 |
| 1960年 | 5月 | 20日 | 16:55 | 牡羊 |
| 1960年 | 5月 | 23日 | 02:00 | 牡牛 |
| 1960年 | 5月 | 25日 | 12:55 | 双子 |
| 1960年 | 5月 | 28日 | 01:06 | 蟹 |
| 1960年 | 5月 | 30日 | 13:50 | 獅子 |
| 1960年 | 6月 | 2日 | 01:37 | 乙女 |
| 1960年 | 6月 | 4日 | 10:31 | 天秤 |
| 1960年 | 6月 | 6日 | 15:20 | 蠍 |
| 1960年 | 6月 | 8日 | 16:32 | 射手 |
| 1960年 | 6月 | 10日 | 15:48 | 山羊 |
| 1960年 | 6月 | 12日 | 15:23 | 水瓶 |
| 1960年 | 6月 | 14日 | 17:17 | 魚 |
| 1960年 | 6月 | 16日 | 22:42 | 牡羊 |
| 1960年 | 6月 | 19日 | 07:33 | 牡牛 |
| 1960年 | 6月 | 21日 | 18:46 | 双子 |
| 1960年 | 6月 | 24日 | 07:10 | 蟹 |
| 1960年 | 6月 | 26日 | 19:51 | 獅子 |
| 1960年 | 6月 | 29日 | 07:53 | 乙女 |
| 1960年 | 7月 | 1日 | 17:46 | 天秤 |
| 1960年 | 7月 | 4日 | 00:08 | 蠍 |
| 1960年 | 7月 | 6日 | 02:43 | 射手 |
| 1960年 | 7月 | 8日 | 02:35 | 山羊 |
| 1960年 | 7月 | 10日 | 01:44 | 水瓶 |
| 1960年 | 7月 | 12日 | 02:19 | 魚 |
| 1960年 | 7月 | 14日 | 06:07 | 牡羊 |
| 1960年 | 7月 | 16日 | 13:48 | 牡牛 |
| 1960年 | 7月 | 19日 | 00:40 | 双子 |
| 1960年 | 7月 | 21日 | 13:09 | 蟹 |
| 1960年 | 7月 | 24日 | 01:45 | 獅子 |
| 1960年 | 7月 | 26日 | 13:31 | 乙女 |
| 1960年 | 7月 | 28日 | 23:33 | 天秤 |
| 1960年 | 7月 | 31日 | 06:55 | 蠍 |
| 1960年 | 8月 | 2日 | 11:04 | 射手 |
| 1960年 | 8月 | 4日 | 12:26 | 山羊 |
| 1960年 | 8月 | 6日 | 12:21 | 水瓶 |
| 1960年 | 8月 | 8日 | 12:42 | 魚 |
| 1960年 | 8月 | 10日 | 15:21 | 牡羊 |
| 1960年 | 8月 | 12日 | 21:35 | 牡牛 |
| 1960年 | 8月 | 15日 | 07:29 | 双子 |
| 1960年 | 8月 | 17日 | 19:42 | 蟹 |
| 1960年 | 8月 | 20日 | 08:17 | 獅子 |
| 1960年 | 8月 | 22日 | 19:41 | 乙女 |
| 1960年 | 8月 | 25日 | 05:09 | 天秤 |
| 1960年 | 8月 | 27日 | 12:23 | 蠍 |
| 1960年 | 8月 | 29日 | 17:19 | 射手 |
| 1960年 | 8月 | 31日 | 20:09 | 山羊 |
| 1960年 | 9月 | 2日 | 21:36 | 水瓶 |
| 1960年 | 9月 | 4日 | 22:51 | 魚 |
| 1960年 | 9月 | 7日 | 01:26 | 牡羊 |
| 1960年 | 9月 | 9日 | 06:44 | 牡牛 |
| 1960年 | 9月 | 11日 | 15:31 | 双子 |
| 1960年 | 9月 | 14日 | 03:10 | 蟹 |
| 1960年 | 9月 | 16日 | 15:46 | 獅子 |
| 1960年 | 9月 | 19日 | 03:07 | 乙女 |
| 1960年 | 9月 | 21日 | 11:58 | 天秤 |
| 1960年 | 9月 | 23日 | 18:18 | 蠍 |
| 1960年 | 9月 | 25日 | 22:42 | 射手 |
| 1960年 | 9月 | 28日 | 01:54 | 山羊 |
| 1960年 | 9月 | 30日 | 04:32 | 水瓶 |
| 1960年 | 10月 | 2日 | 07:14 | 魚 |
| 1960年 | 10月 | 4日 | 10:46 | 牡羊 |
| 1960年 | 10月 | 6日 | 16:09 | 牡牛 |
| 1960年 | 10月 | 9日 | 00:16 | 双子 |
| 1960年 | 10月 | 11日 | 11:18 | 蟹 |
| 1960年 | 10月 | 13日 | 23:54 | 獅子 |
| 1960年 | 10月 | 16日 | 11:40 | 乙女 |
| 1960年 | 10月 | 18日 | 20:32 | 天秤 |
| 1960年 | 10月 | 21日 | 02:06 | 蠍 |
| 1960年 | 10月 | 23日 | 05:16 | 射手 |
| 1960年 | 10月 | 25日 | 07:28 | 山羊 |
| 1960年 | 10月 | 27日 | 09:57 | 水瓶 |
| 1960年 | 10月 | 29日 | 13:26 | 魚 |
| 1960年 | 10月 | 31日 | 18:11 | 牡羊 |
| 1960年 | 11月 | 3日 | 00:27 | 牡牛 |
| 1960年 | 11月 | 5日 | 08:44 | 双子 |
| 1960年 | 11月 | 7日 | 19:26 | 蟹 |
| 1960年 | 11月 | 10日 | 07:59 | 獅子 |
| 1960年 | 11月 | 12日 | 20:23 | 乙女 |
| 1960年 | 11月 | 15日 | 06:07 | 天秤 |
| 1960年 | 11月 | 17日 | 11:53 | 蠍 |
| 1960年 | 11月 | 19日 | 14:17 | 射手 |
| 1960年 | 11月 | 21日 | 15:02 | 山羊 |
| 1960年 | 11月 | 23日 | 16:05 | 水瓶 |
| 1960年 | 11月 | 25日 | 18:49 | 魚 |
| 1960年 | 11月 | 27日 | 23:50 | 牡羊 |
| 1960年 | 11月 | 30日 | 07:00 | 牡牛 |
| 1960年 | 12月 | 2日 | 16:01 | 双子 |
| 1960年 | 12月 | 5日 | 02:52 | 蟹 |
| 1960年 | 12月 | 7日 | 15:21 | 獅子 |
| 1960年 | 12月 | 10日 | 04:13 | 乙女 |
| 1960年 | 12月 | 12日 | 15:10 | 天秤 |
| 1960年 | 12月 | 14日 | 22:13 | 蠍 |
| 1960年 | 12月 | 17日 | 01:07 | 射手 |
| 1960年 | 12月 | 19日 | 01:17 | 山羊 |
| 1960年 | 12月 | 21日 | 00:49 | 水瓶 |
| 1960年 | 12月 | 23日 | 01:47 | 魚 |
| 1960年 | 12月 | 25日 | 05:34 | 牡羊 |
| 1960年 | 12月 | 27日 | 12:30 | 牡牛 |
| 1960年 | 12月 | 29日 | 22:01 | 双子 |
| 1961年 | 1月 | 1日 | 09:22 | 蟹 |
| 1961年 | 1月 | 3日 | 21:53 | 獅子 |
| 1961年 | 1月 | 6日 | 10:48 | 乙女 |
| 1961年 | 1月 | 8日 | 22:30 | 天秤 |
| 1961年 | 1月 | 11日 | 07:08 | 蠍 |
| 1961年 | 1月 | 13日 | 11:40 | 射手 |
| 1961年 | 1月 | 15日 | 12:41 | 山羊 |
| 1961年 | 1月 | 17日 | 11:56 | 水瓶 |
| 1961年 | 1月 | 19日 | 11:32 | 魚 |
| 1961年 | 1月 | 21日 | 13:26 | 牡羊 |
| 1961年 | 1月 | 23日 | 18:51 | 牡牛 |
| 1961年 | 1月 | 26日 | 03:49 | 双子 |
| 1961年 | 1月 | 28日 | 15:22 | 蟹 |
| 1961年 | 1月 | 31日 | 04:05 | 獅子 |
| 1961年 | 2月 | 2日 | 16:48 | 乙女 |
| 1961年 | 2月 | 5日 | 04:27 | 天秤 |
| 1961年 | 2月 | 7日 | 13:50 | 蠍 |
| 1961年 | 2月 | 9日 | 20:01 | 射手 |
| 1961年 | 2月 | 11日 | 22:51 | 山羊 |
| 1961年 | 2月 | 13日 | 23:15 | 水瓶 |
| 1961年 | 2月 | 15日 | 22:54 | 魚 |
| 1961年 | 2月 | 17日 | 23:41 | 牡羊 |
| 1961年 | 2月 | 20日 | 03:21 | 牡牛 |
| 1961年 | 2月 | 22日 | 10:51 | 双子 |
| 1961年 | 2月 | 24日 | 21:48 | 蟹 |
| 1961年 | 2月 | 27日 | 10:34 | 獅子 |
| 1961年 | 3月 | 1日 | 23:12 | 乙女 |
| 1961年 | 3月 | 4日 | 10:21 | 天秤 |

| | | | |
|---|---|---|---|
| 1961年 | 3月 6日 | 19:23 | 蠍 |
| 1961年 | 3月 9日 | 02:04 | 射手 |
| 1961年 | 3月11日 | 06:19 | 山羊 |
| 1961年 | 3月13日 | 08:29 | 水瓶 |
| 1961年 | 3月15日 | 09:26 | 魚 |
| 1961年 | 3月17日 | 10:32 | 牡羊 |
| 1961年 | 3月19日 | 13:25 | 牡牛 |
| 1961年 | 3月21日 | 19:32 | 双子 |
| 1961年 | 3月24日 | 05:22 | 蟹 |
| 1961年 | 3月26日 | 17:48 | 獅子 |
| 1961年 | 3月29日 | 06:29 | 乙女 |
| 1961年 | 3月31日 | 17:21 | 天秤 |
| 1961年 | 4月 3日 | 01:37 | 蠍 |
| 1961年 | 4月 5日 | 07:34 | 射手 |
| 1961年 | 4月 7日 | 11:52 | 山羊 |
| 1961年 | 4月 9日 | 15:03 | 水瓶 |
| 1961年 | 4月11日 | 17:32 | 魚 |
| 1961年 | 4月13日 | 19:56 | 牡羊 |
| 1961年 | 4月15日 | 23:17 | 牡牛 |
| 1961年 | 4月18日 | 04:55 | 双子 |
| 1961年 | 4月20日 | 13:50 | 蟹 |
| 1961年 | 4月23日 | 01:42 | 獅子 |
| 1961年 | 4月25日 | 14:31 | 乙女 |
| 1961年 | 4月28日 | 01:34 | 天秤 |
| 1961年 | 4月30日 | 09:27 | 蠍 |
| 1961年 | 5月 2日 | 14:25 | 射手 |
| 1961年 | 5月 4日 | 17:40 | 山羊 |
| 1961年 | 5月 6日 | 20:24 | 水瓶 |
| 1961年 | 5月 8日 | 23:23 | 魚 |
| 1961年 | 5月11日 | 02:56 | 牡羊 |
| 1961年 | 5月13日 | 07:25 | 牡牛 |
| 1961年 | 5月15日 | 13:34 | 双子 |
| 1961年 | 5月17日 | 22:16 | 蟹 |
| 1961年 | 5月20日 | 09:45 | 獅子 |
| 1961年 | 5月22日 | 22:37 | 乙女 |
| 1961年 | 5月25日 | 10:18 | 天秤 |
| 1961年 | 5月27日 | 18:34 | 蠍 |
| 1961年 | 5月29日 | 23:11 | 射手 |
| 1961年 | 6月 1日 | 01:21 | 山羊 |
| 1961年 | 6月 3日 | 02:45 | 水瓶 |
| 1961年 | 6月 5日 | 04:50 | 魚 |
| 1961年 | 6月 7日 | 08:23 | 牡羊 |
| 1961年 | 6月 9日 | 13:38 | 牡牛 |
| 1961年 | 6月11日 | 20:40 | 双子 |
| 1961年 | 6月14日 | 05:50 | 蟹 |
| 1961年 | 6月16日 | 17:15 | 獅子 |
| 1961年 | 6月19日 | 06:12 | 乙女 |
| 1961年 | 6月21日 | 18:31 | 天秤 |
| 1961年 | 6月24日 | 03:50 | 蠍 |
| 1961年 | 6月26日 | 09:05 | 射手 |
| 1961年 | 6月28日 | 11:00 | 山羊 |
| 1961年 | 6月30日 | 11:18 | 水瓶 |
| 1961年 | 7月 2日 | 11:53 | 魚 |
| 1961年 | 7月 4日 | 14:12 | 牡羊 |
| 1961年 | 7月 6日 | 19:01 | 牡牛 |
| 1961年 | 7月 9日 | 02:27 | 双子 |
| 1961年 | 7月11日 | 12:13 | 蟹 |
| 1961年 | 7月13日 | 23:56 | 獅子 |
| 1961年 | 7月16日 | 12:54 | 乙女 |
| 1961年 | 7月19日 | 01:38 | 天秤 |
| 1961年 | 7月21日 | 12:04 | 蠍 |
| 1961年 | 7月23日 | 18:42 | 射手 |
| 1961年 | 7月25日 | 21:29 | 山羊 |
| 1961年 | 7月27日 | 21:42 | 水瓶 |
| 1961年 | 7月29日 | 21:13 | 魚 |
| 1961年 | 7月31日 | 21:56 | 牡羊 |
| 1961年 | 8月 3日 | 01:19 | 牡牛 |
| 1961年 | 8月 5日 | 08:04 | 双子 |
| 1961年 | 8月 7日 | 17:56 | 蟹 |
| 1961年 | 8月10日 | 05:59 | 獅子 |
| 1961年 | 8月12日 | 19:00 | 乙女 |
| 1961年 | 8月15日 | 07:43 | 天秤 |
| 1961年 | 8月17日 | 18:44 | 蠍 |
| 1961年 | 8月20日 | 02:43 | 射手 |
| 1961年 | 8月22日 | 07:07 | 山羊 |
| 1961年 | 8月24日 | 08:25 | 水瓶 |
| 1961年 | 8月26日 | 08:03 | 魚 |
| 1961年 | 8月28日 | 07:49 | 牡羊 |
| 1961年 | 8月30日 | 09:37 | 牡牛 |
| 1961年 | 9月 1日 | 14:52 | 双子 |
| 1961年 | 9月 4日 | 00:00 | 蟹 |
| 1961年 | 9月 6日 | 12:01 | 獅子 |
| 1961年 | 9月 9日 | 01:05 | 乙女 |
| 1961年 | 9月11日 | 13:33 | 天秤 |
| 1961年 | 9月14日 | 00:23 | 蠍 |
| 1961年 | 9月16日 | 08:54 | 射手 |
| 1961年 | 9月18日 | 14:42 | 山羊 |
| 1961年 | 9月20日 | 17:43 | 水瓶 |
| 1961年 | 9月22日 | 18:37 | 魚 |
| 1961年 | 9月24日 | 18:41 | 牡羊 |
| 1961年 | 9月26日 | 19:42 | 牡牛 |
| 1961年 | 9月28日 | 23:31 | 双子 |
| 1961年 | 10月 1日 | 07:19 | 蟹 |
| 1961年 | 10月 3日 | 18:43 | 獅子 |
| 1961年 | 10月 6日 | 07:45 | 乙女 |
| 1961年 | 10月 8日 | 20:03 | 天秤 |
| 1961年 | 10月11日 | 06:19 | 蠍 |
| 1961年 | 10月13日 | 14:21 | 射手 |
| 1961年 | 10月15日 | 20:24 | 山羊 |
| 1961年 | 10月18日 | 00:37 | 水瓶 |
| 1961年 | 10月20日 | 03:10 | 魚 |
| 1961年 | 10月22日 | 04:36 | 牡羊 |
| 1961年 | 10月24日 | 06:07 | 牡牛 |
| 1961年 | 10月26日 | 09:24 | 双子 |
| 1961年 | 10月28日 | 16:02 | 蟹 |
| 1961年 | 10月31日 | 02:29 | 獅子 |
| 1961年 | 11月 2日 | 15:17 | 乙女 |
| 1961年 | 11月 5日 | 03:42 | 天秤 |
| 1961年 | 11月 7日 | 13:40 | 蠍 |
| 1961年 | 11月 9日 | 20:51 | 射手 |
| 1961年 | 11月12日 | 02:00 | 山羊 |
| 1961年 | 11月14日 | 05:59 | 水瓶 |
| 1961年 | 11月16日 | 09:18 | 魚 |
| 1961年 | 11月18日 | 12:10 | 牡羊 |
| 1961年 | 11月20日 | 15:03 | 牡牛 |
| 1961年 | 11月22日 | 18:59 | 双子 |
| 1961年 | 11月25日 | 01:20 | 蟹 |
| 1961年 | 11月27日 | 11:01 | 獅子 |
| 1961年 | 11月29日 | 23:24 | 乙女 |
| 1961年 | 12月 2日 | 12:08 | 天秤 |
| 1961年 | 12月 4日 | 22:30 | 蠍 |
| 1961年 | 12月 7日 | 05:25 | 射手 |
| 1961年 | 12月 9日 | 09:31 | 山羊 |
| 1961年 | 12月11日 | 12:11 | 水瓶 |
| 1961年 | 12月13日 | 14:41 | 魚 |
| 1961年 | 12月15日 | 17:44 | 牡羊 |
| 1961年 | 12月17日 | 21:39 | 牡牛 |
| 1961年 | 12月20日 | 02:47 | 双子 |
| 1961年 | 12月22日 | 09:50 | 蟹 |
| 1961年 | 12月24日 | 19:25 | 獅子 |
| 1961年 | 12月27日 | 07:29 | 乙女 |
| 1961年 | 12月29日 | 20:26 | 天秤 |
| 1962年 | 1月 1日 | 07:42 | 蠍 |
| 1962年 | 1月 3日 | 15:23 | 射手 |
| 1962年 | 1月 5日 | 19:24 | 山羊 |
| 1962年 | 1月 7日 | 21:01 | 水瓶 |
| 1962年 | 1月 9日 | 21:54 | 魚 |
| 1962年 | 1月11日 | 23:34 | 牡羊 |
| 1962年 | 1月14日 | 03:01 | 牡牛 |
| 1962年 | 1月16日 | 08:42 | 双子 |
| 1962年 | 1月18日 | 16:39 | 蟹 |
| 1962年 | 1月21日 | 02:50 | 獅子 |
| 1962年 | 1月23日 | 14:53 | 乙女 |
| 1962年 | 1月26日 | 03:51 | 天秤 |
| 1962年 | 1月28日 | 15:54 | 蠍 |
| 1962年 | 1月31日 | 00:59 | 射手 |
| 1962年 | 2月 2日 | 06:10 | 山羊 |
| 1962年 | 2月 4日 | 07:57 | 水瓶 |
| 1962年 | 2月 6日 | 07:53 | 魚 |
| 1962年 | 2月 8日 | 07:51 | 牡羊 |
| 1962年 | 2月10日 | 09:35 | 牡牛 |
| 1962年 | 2月12日 | 14:18 | 双子 |
| 1962年 | 2月14日 | 22:19 | 蟹 |
| 1962年 | 2月17日 | 09:04 | 獅子 |
| 1962年 | 2月19日 | 21:26 | 乙女 |
| 1962年 | 2月22日 | 10:21 | 天秤 |
| 1962年 | 2月24日 | 22:36 | 蠍 |
| 1962年 | 2月27日 | 08:46 | 射手 |
| 1962年 | 3月 1日 | 15:38 | 山羊 |

| | | | |
|---|---|---|---|
| 1962年 | 3月3日 | 18:52 | 水瓶 |
| 1962年 | 3月5日 | 19:17 | 魚 |
| 1962年 | 3月7日 | 18:33 | 牡羊 |
| 1962年 | 3月9日 | 18:40 | 牡牛 |
| 1962年 | 3月11日 | 21:35 | 双子 |
| 1962年 | 3月14日 | 04:25 | 蟹 |
| 1962年 | 3月16日 | 14:55 | 獅子 |
| 1962年 | 3月19日 | 03:32 | 乙女 |
| 1962年 | 3月21日 | 16:28 | 天秤 |
| 1962年 | 3月24日 | 04:28 | 蠍 |
| 1962年 | 3月26日 | 14:48 | 射手 |
| 1962年 | 3月28日 | 22:45 | 山羊 |
| 1962年 | 3月31日 | 03:43 | 水瓶 |
| 1962年 | 4月2日 | 05:42 | 魚 |
| 1962年 | 4月4日 | 05:42 | 牡羊 |
| 1962年 | 4月6日 | 05:26 | 牡牛 |
| 1962年 | 4月8日 | 07:00 | 双子 |
| 1962年 | 4月10日 | 12:12 | 蟹 |
| 1962年 | 4月12日 | 21:35 | 獅子 |
| 1962年 | 4月15日 | 09:57 | 乙女 |
| 1962年 | 4月17日 | 22:53 | 天秤 |
| 1962年 | 4月20日 | 10:37 | 蠍 |
| 1962年 | 4月22日 | 20:27 | 射手 |
| 1962年 | 4月25日 | 04:20 | 山羊 |
| 1962年 | 4月27日 | 10:08 | 水瓶 |
| 1962年 | 4月29日 | 13:40 | 魚 |
| 1962年 | 5月1日 | 15:12 | 牡羊 |
| 1962年 | 5月3日 | 15:50 | 牡牛 |
| 1962年 | 5月5日 | 17:17 | 双子 |
| 1962年 | 5月7日 | 21:28 | 蟹 |
| 1962年 | 5月10日 | 05:35 | 獅子 |
| 1962年 | 5月12日 | 17:11 | 乙女 |
| 1962年 | 5月15日 | 06:02 | 天秤 |
| 1962年 | 5月17日 | 17:43 | 蠍 |
| 1962年 | 5月20日 | 03:02 | 射手 |
| 1962年 | 5月22日 | 10:08 | 山羊 |
| 1962年 | 5月24日 | 15:31 | 水瓶 |
| 1962年 | 5月26日 | 19:29 | 魚 |
| 1962年 | 5月28日 | 22:15 | 牡羊 |
| 1962年 | 5月31日 | 00:17 | 牡牛 |
| 1962年 | 6月2日 | 02:41 | 双子 |
| 1962年 | 6月4日 | 06:56 | 蟹 |
| 1962年 | 6月6日 | 14:23 | 獅子 |
| 1962年 | 6月9日 | 01:11 | 乙女 |
| 1962年 | 6月11日 | 13:50 | 天秤 |
| 1962年 | 6月14日 | 01:44 | 蠍 |
| 1962年 | 6月16日 | 11:03 | 射手 |
| 1962年 | 6月18日 | 17:30 | 山羊 |
| 1962年 | 6月20日 | 21:49 | 水瓶 |
| 1962年 | 6月23日 | 00:59 | 魚 |
| 1962年 | 6月25日 | 03:43 | 牡羊 |
| 1962年 | 6月27日 | 06:34 | 牡牛 |
| 1962年 | 6月29日 | 10:09 | 双子 |
| 1962年 | 7月1日 | 15:19 | 蟹 |
| 1962年 | 7月3日 | 22:55 | 獅子 |
| 1962年 | 7月6日 | 09:22 | 乙女 |
| 1962年 | 7月8日 | 21:47 | 天秤 |
| 1962年 | 7月11日 | 10:05 | 蠍 |
| 1962年 | 7月13日 | 20:00 | 射手 |
| 1962年 | 7月16日 | 02:32 | 山羊 |
| 1962年 | 7月18日 | 06:07 | 水瓶 |
| 1962年 | 7月20日 | 08:00 | 魚 |
| 1962年 | 7月22日 | 09:34 | 牡羊 |
| 1962年 | 7月24日 | 11:57 | 牡牛 |
| 1962年 | 7月26日 | 15:57 | 双子 |
| 1962年 | 7月28日 | 22:00 | 蟹 |
| 1962年 | 7月31日 | 06:21 | 獅子 |
| 1962年 | 8月2日 | 16:57 | 乙女 |
| 1962年 | 8月5日 | 05:17 | 天秤 |
| 1962年 | 8月7日 | 17:55 | 蠍 |
| 1962年 | 8月10日 | 04:48 | 射手 |
| 1962年 | 8月12日 | 12:18 | 山羊 |
| 1962年 | 8月14日 | 16:08 | 水瓶 |
| 1962年 | 8月16日 | 17:17 | 魚 |
| 1962年 | 8月18日 | 17:26 | 牡羊 |
| 1962年 | 8月20日 | 18:20 | 牡牛 |
| 1962年 | 8月22日 | 21:28 | 双子 |
| 1962年 | 8月25日 | 03:33 | 蟹 |
| 1962年 | 8月27日 | 12:30 | 獅子 |
| 1962年 | 8月29日 | 23:35 | 乙女 |
| 1962年 | 9月1日 | 12:01 | 天秤 |
| 1962年 | 9月4日 | 00:46 | 蠍 |
| 1962年 | 9月6日 | 12:26 | 射手 |
| 1962年 | 9月8日 | 21:19 | 山羊 |
| 1962年 | 9月11日 | 02:26 | 水瓶 |
| 1962年 | 9月13日 | 04:02 | 魚 |
| 1962年 | 9月15日 | 03:33 | 牡羊 |
| 1962年 | 9月17日 | 03:01 | 牡牛 |
| 1962年 | 9月19日 | 04:29 | 双子 |
| 1962年 | 9月21日 | 09:26 | 蟹 |
| 1962年 | 9月23日 | 18:06 | 獅子 |
| 1962年 | 9月26日 | 05:30 | 乙女 |
| 1962年 | 9月28日 | 18:08 | 天秤 |
| 1962年 | 10月1日 | 06:49 | 蠍 |
| 1962年 | 10月3日 | 18:39 | 射手 |
| 1962年 | 10月6日 | 04:35 | 山羊 |
| 1962年 | 10月8日 | 11:21 | 水瓶 |
| 1962年 | 10月10日 | 14:29 | 魚 |
| 1962年 | 10月12日 | 14:41 | 牡羊 |
| 1962年 | 10月14日 | 13:44 | 牡牛 |
| 1962年 | 10月16日 | 13:50 | 双子 |
| 1962年 | 10月18日 | 17:04 | 蟹 |
| 1962年 | 10月21日 | 00:30 | 獅子 |
| 1962年 | 10月23日 | 11:31 | 乙女 |
| 1962年 | 10月26日 | 00:13 | 天秤 |
| 1962年 | 10月28日 | 12:48 | 蠍 |
| 1962年 | 10月31日 | 00:19 | 射手 |
| 1962年 | 11月2日 | 10:17 | 山羊 |
| 1962年 | 11月4日 | 18:02 | 水瓶 |
| 1962年 | 11月6日 | 22:52 | 魚 |
| 1962年 | 11月9日 | 00:46 | 牡羊 |
| 1962年 | 11月11日 | 00:46 | 牡牛 |
| 1962年 | 11月13日 | 00:44 | 双子 |
| 1962年 | 11月15日 | 02:49 | 蟹 |
| 1962年 | 11月17日 | 08:40 | 獅子 |
| 1962年 | 11月19日 | 18:33 | 乙女 |
| 1962年 | 11月22日 | 06:58 | 天秤 |
| 1962年 | 11月24日 | 19:33 | 蠍 |
| 1962年 | 11月27日 | 06:43 | 射手 |
| 1962年 | 11月29日 | 16:00 | 山羊 |
| 1962年 | 12月1日 | 23:25 | 水瓶 |
| 1962年 | 12月4日 | 04:53 | 魚 |
| 1962年 | 12月6日 | 08:17 | 牡羊 |
| 1962年 | 12月8日 | 09:59 | 牡牛 |
| 1962年 | 12月10日 | 11:07 | 双子 |
| 1962年 | 12月12日 | 13:21 | 蟹 |
| 1962年 | 12月14日 | 18:20 | 獅子 |
| 1962年 | 12月17日 | 02:59 | 乙女 |
| 1962年 | 12月19日 | 14:41 | 天秤 |
| 1962年 | 12月22日 | 03:17 | 蠍 |
| 1962年 | 12月24日 | 14:32 | 射手 |
| 1962年 | 12月26日 | 23:19 | 山羊 |
| 1962年 | 12月29日 | 05:42 | 水瓶 |
| 1962年 | 12月31日 | 10:20 | 魚 |
| 1963年 | 1月2日 | 13:48 | 牡羊 |
| 1963年 | 1月4日 | 16:34 | 牡牛 |
| 1963年 | 1月6日 | 19:14 | 双子 |
| 1963年 | 1月8日 | 22:42 | 蟹 |
| 1963年 | 1月11日 | 04:01 | 獅子 |
| 1963年 | 1月13日 | 12:07 | 乙女 |
| 1963年 | 1月15日 | 23:04 | 天秤 |
| 1963年 | 1月18日 | 11:35 | 蠍 |
| 1963年 | 1月20日 | 23:20 | 射手 |
| 1963年 | 1月23日 | 08:23 | 山羊 |
| 1963年 | 1月25日 | 14:14 | 水瓶 |
| 1963年 | 1月27日 | 17:35 | 魚 |
| 1963年 | 1月29日 | 19:44 | 牡羊 |
| 1963年 | 1月31日 | 21:55 | 牡牛 |
| 1963年 | 2月3日 | 01:03 | 双子 |
| 1963年 | 2月5日 | 05:40 | 蟹 |
| 1963年 | 2月7日 | 12:06 | 獅子 |
| 1963年 | 2月9日 | 20:36 | 乙女 |
| 1963年 | 2月12日 | 07:18 | 天秤 |
| 1963年 | 2月14日 | 19:38 | 蠍 |
| 1963年 | 2月17日 | 07:57 | 射手 |
| 1963年 | 2月19日 | 18:00 | 山羊 |
| 1963年 | 2月22日 | 00:23 | 水瓶 |
| 1963年 | 2月24日 | 03:18 | 魚 |
| 1963年 | 2月26日 | 04:06 | 牡羊 |

| | | | |
|---|---|---|---|
| 1963年 | 2月28日 | 04:39 | 牡牛 |
| 1963年 | 3月 2日 | 06:39 | 双子 |
| 1963年 | 3月 4日 | 11:08 | 蟹 |
| 1963年 | 3月 6日 | 18:15 | 獅子 |
| 1963年 | 3月 9日 | 03:34 | 乙女 |
| 1963年 | 3月11日 | 14:35 | 天秤 |
| 1963年 | 3月14日 | 02:51 | 蠍 |
| 1963年 | 3月16日 | 15:26 | 射手 |
| 1963年 | 3月19日 | 02:34 | 山羊 |
| 1963年 | 3月21日 | 10:21 | 水瓶 |
| 1963年 | 3月23日 | 14:04 | 魚 |
| 1963年 | 3月25日 | 14:38 | 牡羊 |
| 1963年 | 3月27日 | 13:57 | 牡牛 |
| 1963年 | 3月29日 | 14:13 | 双子 |
| 1963年 | 3月31日 | 17:13 | 蟹 |
| 1963年 | 4月 2日 | 23:45 | 獅子 |
| 1963年 | 4月 5日 | 09:20 | 乙女 |
| 1963年 | 4月 7日 | 20:49 | 天秤 |
| 1963年 | 4月10日 | 09:14 | 蠍 |
| 1963年 | 4月12日 | 21:48 | 射手 |
| 1963年 | 4月15日 | 09:27 | 山羊 |
| 1963年 | 4月17日 | 18:34 | 水瓶 |
| 1963年 | 4月19日 | 23:53 | 魚 |
| 1963年 | 4月22日 | 01:30 | 牡羊 |
| 1963年 | 4月24日 | 00:52 | 牡牛 |
| 1963年 | 4月26日 | 00:07 | 双子 |
| 1963年 | 4月28日 | 01:27 | 蟹 |
| 1963年 | 4月30日 | 06:25 | 獅子 |
| 1963年 | 5月 2日 | 15:13 | 乙女 |
| 1963年 | 5月 5日 | 02:42 | 天秤 |
| 1963年 | 5月 7日 | 15:16 | 蠍 |
| 1963年 | 5月10日 | 03:42 | 射手 |
| 1963年 | 5月12日 | 15:13 | 山羊 |
| 1963年 | 5月15日 | 00:51 | 水瓶 |
| 1963年 | 5月17日 | 07:32 | 魚 |
| 1963年 | 5月19日 | 10:48 | 牡羊 |
| 1963年 | 5月21日 | 11:21 | 牡牛 |
| 1963年 | 5月23日 | 10:54 | 双子 |
| 1963年 | 5月25日 | 11:29 | 蟹 |
| 1963年 | 5月27日 | 14:58 | 獅子 |
| 1963年 | 5月29日 | 22:21 | 乙女 |
| 1963年 | 6月 1日 | 09:09 | 天秤 |
| 1963年 | 6月 3日 | 21:38 | 蠍 |
| 1963年 | 6月 6日 | 10:01 | 射手 |
| 1963年 | 6月 8日 | 21:06 | 山羊 |
| 1963年 | 6月11日 | 06:22 | 水瓶 |
| 1963年 | 6月13日 | 13:20 | 魚 |
| 1963年 | 6月15日 | 17:46 | 牡羊 |
| 1963年 | 6月17日 | 19:55 | 牡牛 |
| 1963年 | 6月19日 | 20:44 | 双子 |
| 1963年 | 6月21日 | 21:47 | 蟹 |
| 1963年 | 6月24日 | 00:44 | 獅子 |
| 1963年 | 6月26日 | 06:56 | 乙女 |
| 1963年 | 6月28日 | 16:40 | 天秤 |
| 1963年 | 7月 1日 | 04:47 | 蠍 |
| 1963年 | 7月 3日 | 17:11 | 射手 |
| 1963年 | 7月 6日 | 04:03 | 山羊 |
| 1963年 | 7月 8日 | 12:36 | 水瓶 |
| 1963年 | 7月10日 | 18:53 | 魚 |
| 1963年 | 7月12日 | 23:16 | 牡羊 |
| 1963年 | 7月15日 | 02:15 | 牡牛 |
| 1963年 | 7月17日 | 04:27 | 双子 |
| 1963年 | 7月19日 | 06:45 | 蟹 |
| 1963年 | 7月21日 | 10:15 | 獅子 |
| 1963年 | 7月23日 | 16:06 | 乙女 |
| 1963年 | 7月26日 | 01:02 | 天秤 |
| 1963年 | 7月28日 | 12:38 | 蠍 |
| 1963年 | 7月31日 | 01:07 | 射手 |
| 1963年 | 8月 2日 | 12:12 | 山羊 |
| 1963年 | 8月 4日 | 20:25 | 水瓶 |
| 1963年 | 8月 7日 | 01:46 | 魚 |
| 1963年 | 8月 9日 | 05:07 | 牡羊 |
| 1963年 | 8月11日 | 07:38 | 牡牛 |
| 1963年 | 8月13日 | 10:16 | 双子 |
| 1963年 | 8月15日 | 13:39 | 蟹 |
| 1963年 | 8月17日 | 18:17 | 獅子 |
| 1963年 | 8月20日 | 00:40 | 乙女 |
| 1963年 | 8月22日 | 09:25 | 天秤 |
| 1963年 | 8月24日 | 20:38 | 蠍 |
| 1963年 | 8月27日 | 09:15 | 射手 |
| 1963年 | 8月29日 | 20:57 | 山羊 |
| 1963年 | 9月 1日 | 05:37 | 水瓶 |
| 1963年 | 9月 3日 | 10:37 | 魚 |
| 1963年 | 9月 5日 | 12:52 | 牡羊 |
| 1963年 | 9月 7日 | 14:02 | 牡牛 |
| 1963年 | 9月 9日 | 15:46 | 双子 |
| 1963年 | 9月11日 | 19:08 | 蟹 |
| 1963年 | 9月14日 | 00:30 | 獅子 |
| 1963年 | 9月16日 | 07:47 | 乙女 |
| 1963年 | 9月18日 | 17:00 | 天秤 |
| 1963年 | 9月21日 | 04:10 | 蠍 |
| 1963年 | 9月23日 | 16:49 | 射手 |
| 1963年 | 9月26日 | 05:15 | 山羊 |
| 1963年 | 9月28日 | 15:03 | 水瓶 |
| 1963年 | 9月30日 | 20:47 | 魚 |
| 1963年 | 10月 2日 | 22:49 | 牡羊 |
| 1963年 | 10月 4日 | 22:51 | 牡牛 |
| 1963年 | 10月 6日 | 22:59 | 双子 |
| 1963年 | 10月 9日 | 01:01 | 蟹 |
| 1963年 | 10月11日 | 05:54 | 獅子 |
| 1963年 | 10月13日 | 13:34 | 乙女 |
| 1963年 | 10月15日 | 23:24 | 天秤 |
| 1963年 | 10月18日 | 10:52 | 蠍 |
| 1963年 | 10月20日 | 23:32 | 射手 |
| 1963年 | 10月23日 | 12:20 | 山羊 |
| 1963年 | 10月25日 | 23:19 | 水瓶 |
| 1963年 | 10月28日 | 06:36 | 魚 |
| 1963年 | 10月30日 | 09:40 | 牡羊 |
| 1963年 | 11月 1日 | 09:42 | 牡牛 |
| 1963年 | 11月 3日 | 08:48 | 双子 |
| 1963年 | 11月 5日 | 09:08 | 蟹 |
| 1963年 | 11月 7日 | 12:24 | 獅子 |
| 1963年 | 11月 9日 | 19:13 | 乙女 |
| 1963年 | 11月12日 | 05:07 | 天秤 |
| 1963年 | 11月14日 | 16:56 | 蠍 |
| 1963年 | 11月17日 | 05:40 | 射手 |
| 1963年 | 11月19日 | 18:22 | 山羊 |
| 1963年 | 11月22日 | 05:51 | 水瓶 |
| 1963年 | 11月24日 | 14:32 | 魚 |
| 1963年 | 11月26日 | 19:25 | 牡羊 |
| 1963年 | 11月28日 | 20:50 | 牡牛 |
| 1963年 | 11月30日 | 20:16 | 双子 |
| 1963年 | 12月 2日 | 19:45 | 蟹 |
| 1963年 | 12月 4日 | 21:20 | 獅子 |
| 1963年 | 12月 7日 | 02:26 | 乙女 |
| 1963年 | 12月 9日 | 11:21 | 天秤 |
| 1963年 | 12月11日 | 23:04 | 蠍 |
| 1963年 | 12月14日 | 11:53 | 射手 |
| 1963年 | 12月17日 | 00:21 | 山羊 |
| 1963年 | 12月19日 | 11:29 | 水瓶 |
| 1963年 | 12月21日 | 20:28 | 魚 |
| 1963年 | 12月24日 | 02:41 | 牡羊 |
| 1963年 | 12月26日 | 05:57 | 牡牛 |
| 1963年 | 12月28日 | 06:58 | 双子 |
| 1963年 | 12月30日 | 07:07 | 蟹 |
| 1964年 | 1月 1日 | 08:09 | 獅子 |
| 1964年 | 1月 3日 | 11:48 | 乙女 |
| 1964年 | 1月 5日 | 19:09 | 天秤 |
| 1964年 | 1月 8日 | 06:03 | 蠍 |
| 1964年 | 1月10日 | 18:49 | 射手 |
| 1964年 | 1月13日 | 07:14 | 山羊 |
| 1964年 | 1月15日 | 17:48 | 水瓶 |
| 1964年 | 1月18日 | 02:04 | 魚 |
| 1964年 | 1月20日 | 08:10 | 牡羊 |
| 1964年 | 1月22日 | 12:23 | 牡牛 |
| 1964年 | 1月24日 | 15:05 | 双子 |
| 1964年 | 1月26日 | 16:52 | 蟹 |
| 1964年 | 1月28日 | 18:45 | 獅子 |
| 1964年 | 1月30日 | 22:09 | 乙女 |
| 1964年 | 2月 2日 | 04:25 | 天秤 |
| 1964年 | 2月 4日 | 14:12 | 蠍 |
| 1964年 | 2月 7日 | 02:35 | 射手 |
| 1964年 | 2月 9日 | 15:10 | 山羊 |
| 1964年 | 2月12日 | 01:39 | 水瓶 |
| 1964年 | 2月14日 | 09:09 | 魚 |
| 1964年 | 2月16日 | 14:10 | 牡羊 |
| 1964年 | 2月18日 | 17:45 | 牡牛 |
| 1964年 | 2月20日 | 20:48 | 双子 |
| 1964年 | 2月22日 | 23:49 | 蟹 |

| | | | |
|---|---|---|---|
| 1964年 | 2月25日 | 03:11 | 獅子 |
| 1964年 | 2月27日 | 07:30 | 乙女 |
| 1964年 | 2月29日 | 13:46 | 天秤 |
| 1964年 | 3月2日 | 22:54 | 蠍 |
| 1964年 | 3月5日 | 10:47 | 射手 |
| 1964年 | 3月7日 | 23:35 | 山羊 |
| 1964年 | 3月10日 | 10:35 | 水瓶 |
| 1964年 | 3月12日 | 18:05 | 魚 |
| 1964年 | 3月14日 | 22:16 | 牡羊 |
| 1964年 | 3月17日 | 00:31 | 牡牛 |
| 1964年 | 3月19日 | 02:26 | 双子 |
| 1964年 | 3月21日 | 05:11 | 蟹 |
| 1964年 | 3月23日 | 09:15 | 獅子 |
| 1964年 | 3月25日 | 14:42 | 乙女 |
| 1964年 | 3月27日 | 21:48 | 天秤 |
| 1964年 | 3月30日 | 07:03 | 蠍 |
| 1964年 | 4月1日 | 18:40 | 射手 |
| 1964年 | 4月4日 | 07:36 | 山羊 |
| 1964年 | 4月6日 | 19:24 | 水瓶 |
| 1964年 | 4月9日 | 03:47 | 魚 |
| 1964年 | 4月11日 | 08:08 | 牡羊 |
| 1964年 | 4月13日 | 09:37 | 牡牛 |
| 1964年 | 4月15日 | 10:06 | 双子 |
| 1964年 | 4月17日 | 11:23 | 蟹 |
| 1964年 | 4月19日 | 14:40 | 獅子 |
| 1964年 | 4月21日 | 20:17 | 乙女 |
| 1964年 | 4月24日 | 04:08 | 天秤 |
| 1964年 | 4月26日 | 14:01 | 蠍 |
| 1964年 | 4月29日 | 01:46 | 射手 |
| 1964年 | 5月1日 | 14:42 | 山羊 |
| 1964年 | 5月4日 | 03:06 | 水瓶 |
| 1964年 | 5月6日 | 12:43 | 魚 |
| 1964年 | 5月8日 | 18:16 | 牡羊 |
| 1964年 | 5月10日 | 20:10 | 牡牛 |
| 1964年 | 5月12日 | 20:02 | 双子 |
| 1964年 | 5月14日 | 19:54 | 蟹 |
| 1964年 | 5月16日 | 21:31 | 獅子 |
| 1964年 | 5月19日 | 02:02 | 乙女 |
| 1964年 | 5月21日 | 09:41 | 天秤 |
| 1964年 | 5月23日 | 19:58 | 蠍 |
| 1964年 | 5月26日 | 08:03 | 射手 |
| 1964年 | 5月28日 | 21:00 | 山羊 |
| 1964年 | 5月31日 | 09:32 | 水瓶 |
| 1964年 | 6月2日 | 20:01 | 魚 |
| 1964年 | 6月5日 | 03:03 | 牡羊 |
| 1964年 | 6月7日 | 06:20 | 牡牛 |
| 1964年 | 6月9日 | 06:50 | 双子 |
| 1964年 | 6月11日 | 06:17 | 蟹 |
| 1964年 | 6月13日 | 06:35 | 獅子 |
| 1964年 | 6月15日 | 09:27 | 乙女 |
| 1964年 | 6月17日 | 15:54 | 天秤 |
| 1964年 | 6月20日 | 01:49 | 蠍 |
| 1964年 | 6月22日 | 14:03 | 射手 |
| 1964年 | 6月25日 | 03:02 | 山羊 |
| 1964年 | 6月27日 | 15:21 | 水瓶 |
| 1964年 | 6月30日 | 01:56 | 魚 |
| 1964年 | 7月2日 | 09:52 | 牡羊 |
| 1964年 | 7月4日 | 14:42 | 牡牛 |
| 1964年 | 7月6日 | 16:43 | 双子 |
| 1964年 | 7月8日 | 16:58 | 蟹 |
| 1964年 | 7月10日 | 17:01 | 獅子 |
| 1964年 | 7月12日 | 18:44 | 乙女 |
| 1964年 | 7月14日 | 23:41 | 天秤 |
| 1964年 | 7月17日 | 08:32 | 蠍 |
| 1964年 | 7月19日 | 20:27 | 射手 |
| 1964年 | 7月22日 | 09:27 | 山羊 |
| 1964年 | 7月24日 | 21:30 | 水瓶 |
| 1964年 | 7月27日 | 07:36 | 魚 |
| 1964年 | 7月29日 | 15:25 | 牡羊 |
| 1964年 | 7月31日 | 21:00 | 牡牛 |
| 1964年 | 8月3日 | 00:28 | 双子 |
| 1964年 | 8月5日 | 02:13 | 蟹 |
| 1964年 | 8月7日 | 03:12 | 獅子 |
| 1964年 | 8月9日 | 04:50 | 乙女 |
| 1964年 | 8月11日 | 08:51 | 天秤 |
| 1964年 | 8月13日 | 16:31 | 蠍 |
| 1964年 | 8月16日 | 03:44 | 射手 |
| 1964年 | 8月18日 | 16:38 | 山羊 |
| 1964年 | 8月21日 | 04:39 | 水瓶 |
| 1964年 | 8月23日 | 14:13 | 魚 |
| 1964年 | 8月25日 | 21:15 | 牡羊 |
| 1964年 | 8月28日 | 02:24 | 牡牛 |
| 1964年 | 8月30日 | 06:16 | 双子 |
| 1964年 | 9月1日 | 09:13 | 蟹 |
| 1964年 | 9月3日 | 11:36 | 獅子 |
| 1964年 | 9月5日 | 14:13 | 乙女 |
| 1964年 | 9月7日 | 18:19 | 天秤 |
| 1964年 | 9月10日 | 01:19 | 蠍 |
| 1964年 | 9月12日 | 11:47 | 射手 |
| 1964年 | 9月15日 | 00:29 | 山羊 |
| 1964年 | 9月17日 | 12:47 | 水瓶 |
| 1964年 | 9月19日 | 22:22 | 魚 |
| 1964年 | 9月22日 | 04:44 | 牡羊 |
| 1964年 | 9月24日 | 08:46 | 牡牛 |
| 1964年 | 9月26日 | 11:46 | 双子 |
| 1964年 | 9月28日 | 14:39 | 蟹 |
| 1964年 | 9月30日 | 17:53 | 獅子 |
| 1964年 | 10月2日 | 21:42 | 乙女 |
| 1964年 | 10月5日 | 02:45 | 天秤 |
| 1964年 | 10月7日 | 09:57 | 蠍 |
| 1964年 | 10月9日 | 20:02 | 射手 |
| 1964年 | 10月12日 | 08:32 | 山羊 |
| 1964年 | 10月14日 | 21:15 | 水瓶 |
| 1964年 | 10月17日 | 07:33 | 魚 |
| 1964年 | 10月19日 | 14:05 | 牡羊 |
| 1964年 | 10月21日 | 17:25 | 牡牛 |
| 1964年 | 10月23日 | 19:04 | 双子 |
| 1964年 | 10月25日 | 20:38 | 蟹 |
| 1964年 | 10月27日 | 23:14 | 獅子 |
| 1964年 | 10月30日 | 03:25 | 乙女 |
| 1964年 | 11月1日 | 09:24 | 天秤 |
| 1964年 | 11月3日 | 17:25 | 蠍 |
| 1964年 | 11月6日 | 03:43 | 射手 |
| 1964年 | 11月8日 | 16:05 | 山羊 |
| 1964年 | 11月11日 | 05:08 | 水瓶 |
| 1964年 | 11月13日 | 16:28 | 魚 |
| 1964年 | 11月16日 | 00:10 | 牡羊 |
| 1964年 | 11月18日 | 03:57 | 牡牛 |
| 1964年 | 11月20日 | 04:59 | 双子 |
| 1964年 | 11月22日 | 05:04 | 蟹 |
| 1964年 | 11月24日 | 05:59 | 獅子 |
| 1964年 | 11月26日 | 09:02 | 乙女 |
| 1964年 | 11月28日 | 14:54 | 天秤 |
| 1964年 | 11月30日 | 23:30 | 蠍 |
| 1964年 | 12月3日 | 10:24 | 射手 |
| 1964年 | 12月5日 | 22:53 | 山羊 |
| 1964年 | 12月8日 | 11:57 | 水瓶 |
| 1964年 | 12月10日 | 23:59 | 魚 |
| 1964年 | 12月13日 | 09:12 | 牡羊 |
| 1964年 | 12月15日 | 14:33 | 牡牛 |
| 1964年 | 12月17日 | 16:22 | 双子 |
| 1964年 | 12月19日 | 16:03 | 蟹 |
| 1964年 | 12月21日 | 15:31 | 獅子 |
| 1964年 | 12月23日 | 16:42 | 乙女 |
| 1964年 | 12月25日 | 21:04 | 天秤 |
| 1964年 | 12月28日 | 05:11 | 蠍 |
| 1964年 | 12月30日 | 16:20 | 射手 |
| 1965年 | 1月2日 | 05:06 | 山羊 |
| 1965年 | 1月4日 | 18:04 | 水瓶 |
| 1965年 | 1月7日 | 06:06 | 魚 |
| 1965年 | 1月9日 | 16:08 | 牡羊 |
| 1965年 | 1月11日 | 23:10 | 牡牛 |
| 1965年 | 1月14日 | 02:48 | 双子 |
| 1965年 | 1月16日 | 03:35 | 蟹 |
| 1965年 | 1月18日 | 02:58 | 獅子 |
| 1965年 | 1月20日 | 02:55 | 乙女 |
| 1965年 | 1月22日 | 05:28 | 天秤 |
| 1965年 | 1月24日 | 12:01 | 蠍 |
| 1965年 | 1月26日 | 22:31 | 射手 |
| 1965年 | 1月29日 | 11:21 | 山羊 |
| 1965年 | 2月1日 | 00:17 | 水瓶 |
| 1965年 | 2月3日 | 11:56 | 魚 |
| 1965年 | 2月5日 | 21:43 | 牡羊 |
| 1965年 | 2月8日 | 05:24 | 牡牛 |
| 1965年 | 2月10日 | 10:36 | 双子 |
| 1965年 | 2月12日 | 13:14 | 蟹 |
| 1965年 | 2月14日 | 13:55 | 獅子 |
| 1965年 | 2月16日 | 14:06 | 乙女 |
| 1965年 | 2月18日 | 15:45 | 天秤 |

| | | | |
|---|---|---|---|
| 1965年 | 2月20日 | 20:45 | 蠍 |
| 1965年 | 2月23日 | 05:57 | 射手 |
| 1965年 | 2月25日 | 18:16 | 山羊 |
| 1965年 | 2月28日 | 07:14 | 水瓶 |
| 1965年 | 3月 2日 | 18:38 | 魚 |
| 1965年 | 3月 5日 | 03:45 | 牡羊 |
| 1965年 | 3月 7日 | 10:49 | 牡牛 |
| 1965年 | 3月 9日 | 16:14 | 双子 |
| 1965年 | 3月11日 | 20:03 | 蟹 |
| 1965年 | 3月13日 | 22:23 | 獅子 |
| 1965年 | 3月15日 | 23:56 | 乙女 |
| 1965年 | 3月18日 | 02:04 | 天秤 |
| 1965年 | 3月20日 | 06:32 | 蠍 |
| 1965年 | 3月22日 | 14:36 | 射手 |
| 1965年 | 3月25日 | 02:06 | 山羊 |
| 1965年 | 3月27日 | 14:58 | 水瓶 |
| 1965年 | 3月30日 | 02:32 | 魚 |
| 1965年 | 4月 1日 | 11:19 | 牡羊 |
| 1965年 | 4月 3日 | 17:29 | 牡牛 |
| 1965年 | 4月 5日 | 21:55 | 双子 |
| 1965年 | 4月 8日 | 01:24 | 蟹 |
| 1965年 | 4月10日 | 04:24 | 獅子 |
| 1965年 | 4月12日 | 07:14 | 乙女 |
| 1965年 | 4月14日 | 10:38 | 天秤 |
| 1965年 | 4月16日 | 15:42 | 蠍 |
| 1965年 | 4月18日 | 23:31 | 射手 |
| 1965年 | 4月21日 | 10:24 | 山羊 |
| 1965年 | 4月23日 | 23:03 | 水瓶 |
| 1965年 | 4月26日 | 11:02 | 魚 |
| 1965年 | 4月28日 | 20:12 | 牡羊 |
| 1965年 | 5月 1日 | 02:04 | 牡牛 |
| 1965年 | 5月 3日 | 05:27 | 双子 |
| 1965年 | 5月 5日 | 07:39 | 蟹 |
| 1965年 | 5月 7日 | 09:50 | 獅子 |
| 1965年 | 5月 9日 | 12:47 | 乙女 |
| 1965年 | 5月11日 | 17:04 | 天秤 |
| 1965年 | 5月13日 | 23:10 | 蠍 |
| 1965年 | 5月16日 | 07:32 | 射手 |
| 1965年 | 5月18日 | 18:19 | 山羊 |
| 1965年 | 5月21日 | 06:50 | 水瓶 |
| 1965年 | 5月23日 | 19:14 | 魚 |
| 1965年 | 5月26日 | 05:18 | 牡羊 |
| 1965年 | 5月28日 | 11:48 | 牡牛 |
| 1965年 | 5月30日 | 14:59 | 双子 |
| 1965年 | 6月 1日 | 16:06 | 蟹 |
| 1965年 | 6月 3日 | 16:47 | 獅子 |
| 1965年 | 6月 5日 | 18:33 | 乙女 |
| 1965年 | 6月 7日 | 22:29 | 天秤 |
| 1965年 | 6月10日 | 05:04 | 蠍 |
| 1965年 | 6月12日 | 14:10 | 射手 |
| 1965年 | 6月15日 | 01:20 | 山羊 |
| 1965年 | 6月17日 | 13:51 | 水瓶 |
| 1965年 | 6月20日 | 02:28 | 魚 |
| 1965年 | 6月22日 | 13:29 | 牡羊 |
| 1965年 | 6月24日 | 21:16 | 牡牛 |
| 1965年 | 6月27日 | 01:18 | 双子 |
| 1965年 | 6月29日 | 02:21 | 蟹 |
| 1965年 | 7月 1日 | 02:00 | 獅子 |
| 1965年 | 7月 3日 | 02:12 | 乙女 |
| 1965年 | 7月 5日 | 04:43 | 天秤 |
| 1965年 | 7月 7日 | 10:30 | 蠍 |
| 1965年 | 7月 9日 | 19:53 | 射手 |
| 1965年 | 7月12日 | 07:29 | 山羊 |
| 1965年 | 7月14日 | 20:08 | 水瓶 |
| 1965年 | 7月17日 | 08:45 | 魚 |
| 1965年 | 7月19日 | 20:12 | 牡羊 |
| 1965年 | 7月22日 | 05:14 | 牡牛 |
| 1965年 | 7月24日 | 10:48 | 双子 |
| 1965年 | 7月26日 | 12:53 | 蟹 |
| 1965年 | 7月28日 | 12:38 | 獅子 |
| 1965年 | 7月30日 | 11:55 | 乙女 |
| 1965年 | 8月 1日 | 12:54 | 天秤 |
| 1965年 | 8月 3日 | 17:20 | 蠍 |
| 1965年 | 8月 6日 | 01:48 | 射手 |
| 1965年 | 8月 8日 | 13:22 | 山羊 |
| 1965年 | 8月11日 | 02:09 | 水瓶 |
| 1965年 | 8月13日 | 14:37 | 魚 |
| 1965年 | 8月16日 | 01:57 | 牡羊 |
| 1965年 | 8月18日 | 11:27 | 牡牛 |
| 1965年 | 8月20日 | 18:20 | 双子 |
| 1965年 | 8月22日 | 22:04 | 蟹 |
| 1965年 | 8月24日 | 23:02 | 獅子 |
| 1965年 | 8月26日 | 22:37 | 乙女 |
| 1965年 | 8月28日 | 22:53 | 天秤 |
| 1965年 | 8月31日 | 01:54 | 蠍 |
| 1965年 | 9月 2日 | 09:00 | 射手 |
| 1965年 | 9月 4日 | 19:51 | 山羊 |
| 1965年 | 9月 7日 | 08:33 | 水瓶 |
| 1965年 | 9月 9日 | 20:56 | 魚 |
| 1965年 | 9月12日 | 07:50 | 牡羊 |
| 1965年 | 9月14日 | 16:56 | 牡牛 |
| 1965年 | 9月17日 | 00:06 | 双子 |
| 1965年 | 9月19日 | 05:01 | 蟹 |
| 1965年 | 9月21日 | 07:35 | 獅子 |
| 1965年 | 9月23日 | 08:30 | 乙女 |
| 1965年 | 9月25日 | 09:15 | 天秤 |
| 1965年 | 9月27日 | 11:47 | 蠍 |
| 1965年 | 9月29日 | 17:42 | 射手 |
| 1965年 | 10月 2日 | 03:28 | 山羊 |
| 1965年 | 10月 4日 | 15:48 | 水瓶 |
| 1965年 | 10月 7日 | 04:14 | 魚 |
| 1965年 | 10月 9日 | 14:54 | 牡羊 |
| 1965年 | 10月11日 | 23:16 | 牡牛 |
| 1965年 | 10月14日 | 05:40 | 双子 |
| 1965年 | 10月16日 | 10:27 | 蟹 |
| 1965年 | 10月18日 | 13:51 | 獅子 |
| 1965年 | 10月20日 | 16:13 | 乙女 |
| 1965年 | 10月22日 | 18:21 | 天秤 |
| 1965年 | 10月24日 | 21:32 | 蠍 |
| 1965年 | 10月27日 | 03:09 | 射手 |
| 1965年 | 10月29日 | 12:05 | 山羊 |
| 1965年 | 10月31日 | 23:49 | 水瓶 |
| 1965年 | 11月 3日 | 12:22 | 魚 |
| 1965年 | 11月 5日 | 23:21 | 牡羊 |
| 1965年 | 11月 8日 | 07:29 | 牡牛 |
| 1965年 | 11月10日 | 12:55 | 双子 |
| 1965年 | 11月12日 | 16:30 | 蟹 |
| 1965年 | 11月14日 | 19:14 | 獅子 |
| 1965年 | 11月16日 | 21:55 | 乙女 |
| 1965年 | 11月19日 | 01:10 | 天秤 |
| 1965年 | 11月21日 | 05:37 | 蠍 |
| 1965年 | 11月23日 | 11:57 | 射手 |
| 1965年 | 11月25日 | 20:45 | 山羊 |
| 1965年 | 11月28日 | 08:03 | 水瓶 |
| 1965年 | 11月30日 | 20:39 | 魚 |
| 1965年 | 12月 3日 | 08:22 | 牡羊 |
| 1965年 | 12月 5日 | 17:11 | 牡牛 |
| 1965年 | 12月 7日 | 22:28 | 双子 |
| 1965年 | 12月10日 | 00:57 | 蟹 |
| 1965年 | 12月12日 | 02:09 | 獅子 |
| 1965年 | 12月14日 | 03:36 | 乙女 |
| 1965年 | 12月16日 | 06:33 | 天秤 |
| 1965年 | 12月18日 | 11:40 | 蠍 |
| 1965年 | 12月20日 | 19:01 | 射手 |
| 1965年 | 12月23日 | 04:27 | 山羊 |
| 1965年 | 12月25日 | 15:44 | 水瓶 |
| 1965年 | 12月28日 | 04:17 | 魚 |
| 1965年 | 12月30日 | 16:39 | 牡羊 |
| 1966年 | 1月 2日 | 02:46 | 牡牛 |
| 1966年 | 1月 4日 | 09:06 | 双子 |
| 1966年 | 1月 6日 | 11:40 | 蟹 |
| 1966年 | 1月 8日 | 11:50 | 獅子 |
| 1966年 | 1月10日 | 11:34 | 乙女 |
| 1966年 | 1月12日 | 12:53 | 天秤 |
| 1966年 | 1月14日 | 17:08 | 蠍 |
| 1966年 | 1月17日 | 00:39 | 射手 |
| 1966年 | 1月19日 | 10:45 | 山羊 |
| 1966年 | 1月21日 | 22:26 | 水瓶 |
| 1966年 | 1月24日 | 10:58 | 魚 |
| 1966年 | 1月26日 | 23:32 | 牡羊 |
| 1966年 | 1月29日 | 10:43 | 牡牛 |
| 1966年 | 1月31日 | 18:43 | 双子 |
| 1966年 | 2月 2日 | 22:41 | 蟹 |
| 1966年 | 2月 4日 | 23:15 | 獅子 |
| 1966年 | 2月 6日 | 22:12 | 乙女 |
| 1966年 | 2月 8日 | 21:51 | 天秤 |
| 1966年 | 2月11日 | 00:15 | 蠍 |
| 1966年 | 2月13日 | 06:33 | 射手 |
| 1966年 | 2月15日 | 16:25 | 山羊 |

| | | | |
|---|---|---|---|
| 1966年 | 2月18日 | 04:25 | 水瓶 |
| 1966年 | 2月20日 | 17:05 | 魚 |
| 1966年 | 2月23日 | 05:30 | 牡羊 |
| 1966年 | 2月25日 | 16:53 | 牡牛 |
| 1966年 | 2月28日 | 02:02 | 双子 |
| 1966年 | 3月2日 | 07:48 | 蟹 |
| 1966年 | 3月4日 | 09:57 | 獅子 |
| 1966年 | 3月6日 | 09:37 | 乙女 |
| 1966年 | 3月8日 | 08:49 | 天秤 |
| 1966年 | 3月10日 | 09:47 | 蠍 |
| 1966年 | 3月12日 | 14:18 | 射手 |
| 1966年 | 3月14日 | 22:55 | 山羊 |
| 1966年 | 3月17日 | 10:35 | 水瓶 |
| 1966年 | 3月19日 | 23:18 | 魚 |
| 1966年 | 3月22日 | 11:33 | 牡羊 |
| 1966年 | 3月24日 | 22:31 | 牡牛 |
| 1966年 | 3月27日 | 07:41 | 双子 |
| 1966年 | 3月29日 | 14:23 | 蟹 |
| 1966年 | 3月31日 | 18:12 | 獅子 |
| 1966年 | 4月2日 | 19:32 | 乙女 |
| 1966年 | 4月4日 | 19:40 | 天秤 |
| 1966年 | 4月6日 | 20:30 | 蠍 |
| 1966年 | 4月8日 | 23:54 | 射手 |
| 1966年 | 4月11日 | 07:01 | 山羊 |
| 1966年 | 4月13日 | 17:41 | 水瓶 |
| 1966年 | 4月16日 | 06:13 | 魚 |
| 1966年 | 4月18日 | 18:27 | 牡羊 |
| 1966年 | 4月21日 | 05:00 | 牡牛 |
| 1966年 | 4月23日 | 13:27 | 双子 |
| 1966年 | 4月25日 | 19:48 | 蟹 |
| 1966年 | 4月28日 | 00:09 | 獅子 |
| 1966年 | 4月30日 | 02:50 | 乙女 |
| 1966年 | 5月2日 | 04:31 | 天秤 |
| 1966年 | 5月4日 | 06:24 | 蠍 |
| 1966年 | 5月6日 | 09:52 | 射手 |
| 1966年 | 5月8日 | 16:12 | 山羊 |
| 1966年 | 5月11日 | 01:51 | 水瓶 |
| 1966年 | 5月13日 | 13:54 | 魚 |
| 1966年 | 5月16日 | 02:15 | 牡羊 |
| 1966年 | 5月18日 | 12:49 | 牡牛 |
| 1966年 | 5月20日 | 20:40 | 双子 |
| 1966年 | 5月23日 | 02:00 | 蟹 |
| 1966年 | 5月25日 | 05:37 | 獅子 |
| 1966年 | 5月27日 | 08:22 | 乙女 |
| 1966年 | 5月29日 | 11:00 | 天秤 |
| 1966年 | 5月31日 | 14:11 | 蠍 |
| 1966年 | 6月2日 | 18:39 | 射手 |
| 1966年 | 6月5日 | 01:10 | 山羊 |
| 1966年 | 6月7日 | 10:21 | 水瓶 |
| 1966年 | 6月9日 | 21:56 | 魚 |
| 1966年 | 6月12日 | 10:26 | 牡羊 |
| 1966年 | 6月14日 | 21:29 | 牡牛 |
| 1966年 | 6月17日 | 05:26 | 双子 |
| 1966年 | 6月19日 | 10:05 | 蟹 |
| 1966年 | 6月21日 | 12:29 | 獅子 |
| 1966年 | 6月23日 | 14:08 | 乙女 |
| 1966年 | 6月25日 | 16:23 | 天秤 |
| 1966年 | 6月27日 | 20:04 | 蠍 |
| 1966年 | 6月30日 | 01:31 | 射手 |
| 1966年 | 7月2日 | 08:51 | 山羊 |
| 1966年 | 7月4日 | 18:14 | 水瓶 |
| 1966年 | 7月7日 | 05:39 | 魚 |
| 1966年 | 7月9日 | 18:15 | 牡羊 |
| 1966年 | 7月12日 | 06:03 | 牡牛 |
| 1966年 | 7月14日 | 14:51 | 双子 |
| 1966年 | 7月16日 | 19:44 | 蟹 |
| 1966年 | 7月18日 | 21:28 | 獅子 |
| 1966年 | 7月20日 | 21:47 | 乙女 |
| 1966年 | 7月22日 | 22:39 | 天秤 |
| 1966年 | 7月25日 | 01:32 | 蠍 |
| 1966年 | 7月27日 | 07:04 | 射手 |
| 1966年 | 7月29日 | 15:04 | 山羊 |
| 1966年 | 8月1日 | 01:02 | 水瓶 |
| 1966年 | 8月3日 | 12:35 | 魚 |
| 1966年 | 8月6日 | 01:14 | 牡羊 |
| 1966年 | 8月8日 | 13:37 | 牡牛 |
| 1966年 | 8月10日 | 23:38 | 双子 |
| 1966年 | 8月13日 | 05:41 | 蟹 |
| 1966年 | 8月15日 | 07:50 | 獅子 |
| 1966年 | 8月17日 | 07:35 | 乙女 |
| 1966年 | 8月19日 | 07:05 | 天秤 |
| 1966年 | 8月21日 | 08:24 | 蠍 |
| 1966年 | 8月23日 | 12:51 | 射手 |
| 1966年 | 8月25日 | 20:36 | 山羊 |
| 1966年 | 8月28日 | 06:56 | 水瓶 |
| 1966年 | 8月30日 | 18:48 | 魚 |
| 1966年 | 9月2日 | 07:27 | 牡羊 |
| 1966年 | 9月4日 | 19:59 | 牡牛 |
| 1966年 | 9月7日 | 06:52 | 双子 |
| 1966年 | 9月9日 | 14:26 | 蟹 |
| 1966年 | 9月11日 | 18:01 | 獅子 |
| 1966年 | 9月13日 | 18:26 | 乙女 |
| 1966年 | 9月15日 | 17:34 | 天秤 |
| 1966年 | 9月17日 | 17:34 | 蠍 |
| 1966年 | 9月19日 | 20:21 | 射手 |
| 1966年 | 9月22日 | 02:52 | 山羊 |
| 1966年 | 9月24日 | 12:48 | 水瓶 |
| 1966年 | 9月27日 | 00:48 | 魚 |
| 1966年 | 9月29日 | 13:29 | 牡羊 |
| 1966年 | 10月2日 | 01:47 | 牡牛 |
| 1966年 | 10月4日 | 12:43 | 双子 |
| 1966年 | 10月6日 | 21:12 | 蟹 |
| 1966年 | 10月9日 | 02:25 | 獅子 |
| 1966年 | 10月11日 | 04:27 | 乙女 |
| 1966年 | 10月13日 | 04:30 | 天秤 |
| 1966年 | 10月15日 | 04:22 | 蠍 |
| 1966年 | 10月17日 | 05:59 | 射手 |
| 1966年 | 10月19日 | 10:55 | 山羊 |
| 1966年 | 10月21日 | 19:40 | 水瓶 |
| 1966年 | 10月24日 | 07:20 | 魚 |
| 1966年 | 10月26日 | 20:03 | 牡羊 |
| 1966年 | 10月29日 | 08:05 | 牡牛 |
| 1966年 | 10月31日 | 18:28 | 双子 |
| 1966年 | 11月3日 | 02:42 | 蟹 |
| 1966年 | 11月5日 | 08:36 | 獅子 |
| 1966年 | 11月7日 | 12:10 | 乙女 |
| 1966年 | 11月9日 | 13:54 | 天秤 |
| 1966年 | 11月11日 | 14:54 | 蠍 |
| 1966年 | 11月13日 | 16:36 | 射手 |
| 1966年 | 11月15日 | 20:37 | 山羊 |
| 1966年 | 11月18日 | 04:03 | 水瓶 |
| 1966年 | 11月20日 | 14:52 | 魚 |
| 1966年 | 11月23日 | 03:30 | 牡羊 |
| 1966年 | 11月25日 | 15:37 | 牡牛 |
| 1966年 | 11月28日 | 01:31 | 双子 |
| 1966年 | 11月30日 | 08:50 | 蟹 |
| 1966年 | 12月2日 | 14:02 | 獅子 |
| 1966年 | 12月4日 | 17:48 | 乙女 |
| 1966年 | 12月6日 | 20:43 | 天秤 |
| 1966年 | 12月8日 | 23:18 | 蠍 |
| 1966年 | 12月11日 | 02:13 | 射手 |
| 1966年 | 12月13日 | 06:30 | 山羊 |
| 1966年 | 12月15日 | 13:19 | 水瓶 |
| 1966年 | 12月17日 | 23:17 | 魚 |
| 1966年 | 12月20日 | 11:39 | 牡羊 |
| 1966年 | 12月23日 | 00:07 | 牡牛 |
| 1966年 | 12月25日 | 10:14 | 双子 |
| 1966年 | 12月27日 | 16:58 | 蟹 |
| 1966年 | 12月29日 | 20:58 | 獅子 |
| 1966年 | 12月31日 | 23:33 | 乙女 |
| 1967年 | 1月3日 | 02:04 | 天秤 |
| 1967年 | 1月5日 | 05:16 | 蠍 |
| 1967年 | 1月7日 | 09:28 | 射手 |
| 1967年 | 1月9日 | 14:53 | 山羊 |
| 1967年 | 1月11日 | 22:05 | 水瓶 |
| 1967年 | 1月14日 | 07:44 | 魚 |
| 1967年 | 1月16日 | 19:47 | 牡羊 |
| 1967年 | 1月19日 | 08:39 | 牡牛 |
| 1967年 | 1月21日 | 19:38 | 双子 |
| 1967年 | 1月24日 | 02:51 | 蟹 |
| 1967年 | 1月26日 | 06:21 | 獅子 |
| 1967年 | 1月28日 | 07:36 | 乙女 |
| 1967年 | 1月30日 | 08:33 | 天秤 |
| 1967年 | 2月1日 | 10:44 | 蠍 |
| 1967年 | 2月3日 | 14:55 | 射手 |
| 1967年 | 2月5日 | 21:10 | 山羊 |
| 1967年 | 2月8日 | 05:17 | 水瓶 |
| 1967年 | 2月10日 | 15:19 | 魚 |
| 1967年 | 2月13日 | 03:16 | 牡羊 |

| | | | |
|---|---|---|---|
| 1967年 | 2月15日 | 16:18 | 牡牛 |
| 1967年 | 2月18日 | 04:15 | 双子 |
| 1967年 | 2月20日 | 12:48 | 蟹 |
| 1967年 | 2月22日 | 17:04 | 獅子 |
| 1967年 | 2月24日 | 18:05 | 乙女 |
| 1967年 | 2月26日 | 17:45 | 天秤 |
| 1967年 | 2月28日 | 18:10 | 蠍 |
| 1967年 | 3月 2日 | 20:53 | 射手 |
| 1967年 | 3月 5日 | 02:35 | 山羊 |
| 1967年 | 3月 7日 | 11:03 | 水瓶 |
| 1967年 | 3月 9日 | 21:41 | 魚 |
| 1967年 | 3月12日 | 09:53 | 牡羊 |
| 1967年 | 3月14日 | 22:53 | 牡牛 |
| 1967年 | 3月17日 | 11:19 | 双子 |
| 1967年 | 3月19日 | 21:09 | 蟹 |
| 1967年 | 3月22日 | 03:04 | 獅子 |
| 1967年 | 3月24日 | 05:08 | 乙女 |
| 1967年 | 3月26日 | 04:51 | 天秤 |
| 1967年 | 3月28日 | 04:11 | 蠍 |
| 1967年 | 3月30日 | 05:08 | 射手 |
| 1967年 | 4月 1日 | 09:11 | 山羊 |
| 1967年 | 4月 3日 | 16:48 | 水瓶 |
| 1967年 | 4月 6日 | 03:28 | 魚 |
| 1967年 | 4月 8日 | 15:56 | 牡羊 |
| 1967年 | 4月11日 | 04:56 | 牡牛 |
| 1967年 | 4月13日 | 17:14 | 双子 |
| 1967年 | 4月16日 | 03:36 | 蟹 |
| 1967年 | 4月18日 | 10:54 | 獅子 |
| 1967年 | 4月20日 | 14:43 | 乙女 |
| 1967年 | 4月22日 | 15:42 | 天秤 |
| 1967年 | 4月24日 | 15:19 | 蠍 |
| 1967年 | 4月26日 | 15:27 | 射手 |
| 1967年 | 4月28日 | 17:54 | 山羊 |
| 1967年 | 4月30日 | 23:57 | 水瓶 |
| 1967年 | 5月 3日 | 09:47 | 魚 |
| 1967年 | 5月 5日 | 22:09 | 牡羊 |
| 1967年 | 5月 8日 | 11:09 | 牡牛 |
| 1967年 | 5月10日 | 23:08 | 双子 |
| 1967年 | 5月13日 | 09:11 | 蟹 |
| 1967年 | 5月15日 | 16:49 | 獅子 |
| 1967年 | 5月17日 | 21:52 | 乙女 |
| 1967年 | 5月20日 | 00:31 | 天秤 |
| 1967年 | 5月22日 | 01:30 | 蠍 |
| 1967年 | 5月24日 | 02:06 | 射手 |
| 1967年 | 5月26日 | 03:58 | 山羊 |
| 1967年 | 5月28日 | 08:44 | 水瓶 |
| 1967年 | 5月30日 | 17:18 | 魚 |
| 1967年 | 6月 2日 | 05:06 | 牡羊 |
| 1967年 | 6月 4日 | 18:04 | 牡牛 |
| 1967年 | 6月 7日 | 05:52 | 双子 |
| 1967年 | 6月 9日 | 15:18 | 蟹 |
| 1967年 | 6月11日 | 22:19 | 獅子 |
| 1967年 | 6月14日 | 03:24 | 乙女 |
| 1967年 | 6月16日 | 06:58 | 天秤 |
| 1967年 | 6月18日 | 09:25 | 蠍 |
| 1967年 | 6月20日 | 11:20 | 射手 |
| 1967年 | 6月22日 | 13:47 | 山羊 |
| 1967年 | 6月24日 | 18:11 | 水瓶 |
| 1967年 | 6月27日 | 01:49 | 魚 |
| 1967年 | 6月29日 | 12:52 | 牡羊 |
| 1967年 | 7月 2日 | 01:42 | 牡牛 |
| 1967年 | 7月 4日 | 13:38 | 双子 |
| 1967年 | 7月 6日 | 22:47 | 蟹 |
| 1967年 | 7月 9日 | 04:59 | 獅子 |
| 1967年 | 7月11日 | 09:07 | 乙女 |
| 1967年 | 7月13日 | 12:20 | 天秤 |
| 1967年 | 7月15日 | 15:17 | 蠍 |
| 1967年 | 7月17日 | 18:22 | 射手 |
| 1967年 | 7月19日 | 21:59 | 山羊 |
| 1967年 | 7月22日 | 03:00 | 水瓶 |
| 1967年 | 7月24日 | 10:28 | 魚 |
| 1967年 | 7月26日 | 20:59 | 牡羊 |
| 1967年 | 7月29日 | 09:40 | 牡牛 |
| 1967年 | 7月31日 | 22:00 | 双子 |
| 1967年 | 8月 3日 | 07:32 | 蟹 |
| 1967年 | 8月 5日 | 13:26 | 獅子 |
| 1967年 | 8月 7日 | 16:36 | 乙女 |
| 1967年 | 8月 9日 | 18:35 | 天秤 |
| 1967年 | 8月11日 | 20:44 | 蠍 |
| 1967年 | 8月13日 | 23:52 | 射手 |
| 1967年 | 8月16日 | 04:18 | 山羊 |
| 1967年 | 8月18日 | 10:17 | 水瓶 |
| 1967年 | 8月20日 | 18:18 | 魚 |
| 1967年 | 8月23日 | 04:47 | 牡羊 |
| 1967年 | 8月25日 | 17:21 | 牡牛 |
| 1967年 | 8月28日 | 06:08 | 双子 |
| 1967年 | 8月30日 | 16:34 | 蟹 |
| 1967年 | 9月 1日 | 23:08 | 獅子 |
| 1967年 | 9月 4日 | 02:08 | 乙女 |
| 1967年 | 9月 6日 | 03:04 | 天秤 |
| 1967年 | 9月 8日 | 03:44 | 蠍 |
| 1967年 | 9月10日 | 05:40 | 射手 |
| 1967年 | 9月12日 | 09:43 | 山羊 |
| 1967年 | 9月14日 | 16:08 | 水瓶 |
| 1967年 | 9月17日 | 00:53 | 魚 |
| 1967年 | 9月19日 | 11:46 | 牡羊 |
| 1967年 | 9月22日 | 00:20 | 牡牛 |
| 1967年 | 9月24日 | 13:21 | 双子 |
| 1967年 | 9月27日 | 00:45 | 蟹 |
| 1967年 | 9月29日 | 08:41 | 獅子 |
| 1967年 | 10月 1日 | 12:39 | 乙女 |
| 1967年 | 10月 3日 | 13:35 | 天秤 |
| 1967年 | 10月 5日 | 13:14 | 蠍 |
| 1967年 | 10月 7日 | 13:32 | 射手 |
| 1967年 | 10月 9日 | 16:04 | 山羊 |
| 1967年 | 10月11日 | 21:45 | 水瓶 |
| 1967年 | 10月14日 | 06:37 | 魚 |
| 1967年 | 10月16日 | 17:57 | 牡羊 |
| 1967年 | 10月19日 | 06:41 | 牡牛 |
| 1967年 | 10月21日 | 19:38 | 双子 |
| 1967年 | 10月24日 | 07:27 | 蟹 |
| 1967年 | 10月26日 | 16:40 | 獅子 |
| 1967年 | 10月28日 | 22:19 | 乙女 |
| 1967年 | 10月31日 | 00:32 | 天秤 |
| 1967年 | 11月 2日 | 00:27 | 蠍 |
| 1967年 | 11月 3日 | 23:52 | 射手 |
| 1967年 | 11月 6日 | 00:44 | 山羊 |
| 1967年 | 11月 8日 | 04:45 | 水瓶 |
| 1967年 | 11月10日 | 12:42 | 魚 |
| 1967年 | 11月12日 | 23:58 | 牡羊 |
| 1967年 | 11月15日 | 12:52 | 牡牛 |
| 1967年 | 11月18日 | 01:40 | 双子 |
| 1967年 | 11月20日 | 13:13 | 蟹 |
| 1967年 | 11月22日 | 22:47 | 獅子 |
| 1967年 | 11月25日 | 05:45 | 乙女 |
| 1967年 | 11月27日 | 09:48 | 天秤 |
| 1967年 | 11月29日 | 11:13 | 蠍 |
| 1967年 | 12月 1日 | 11:10 | 射手 |
| 1967年 | 12月 3日 | 11:25 | 山羊 |
| 1967年 | 12月 5日 | 13:57 | 水瓶 |
| 1967年 | 12月 7日 | 20:19 | 魚 |
| 1967年 | 12月10日 | 06:43 | 牡羊 |
| 1967年 | 12月12日 | 19:31 | 牡牛 |
| 1967年 | 12月15日 | 08:18 | 双子 |
| 1967年 | 12月17日 | 19:23 | 蟹 |
| 1967年 | 12月20日 | 04:21 | 獅子 |
| 1967年 | 12月22日 | 11:21 | 乙女 |
| 1967年 | 12月24日 | 16:27 | 天秤 |
| 1967年 | 12月26日 | 19:36 | 蠍 |
| 1967年 | 12月28日 | 21:10 | 射手 |
| 1967年 | 12月30日 | 22:12 | 山羊 |
| 1968年 | 1月 2日 | 00:24 | 水瓶 |
| 1968年 | 1月 4日 | 05:35 | 魚 |
| 1968年 | 1月 6日 | 14:45 | 牡羊 |
| 1968年 | 1月 9日 | 03:02 | 牡牛 |
| 1968年 | 1月11日 | 15:54 | 双子 |
| 1968年 | 1月14日 | 02:53 | 蟹 |
| 1968年 | 1月16日 | 11:09 | 獅子 |
| 1968年 | 1月18日 | 17:11 | 乙女 |
| 1968年 | 1月20日 | 21:47 | 天秤 |
| 1968年 | 1月23日 | 01:28 | 蠍 |
| 1968年 | 1月25日 | 04:24 | 射手 |
| 1968年 | 1月27日 | 06:57 | 山羊 |
| 1968年 | 1月29日 | 10:06 | 水瓶 |
| 1968年 | 1月31日 | 15:16 | 魚 |
| 1968年 | 2月 2日 | 23:39 | 牡羊 |
| 1968年 | 2月 5日 | 11:15 | 牡牛 |
| 1968年 | 2月 8日 | 00:08 | 双子 |
| 1968年 | 2月10日 | 11:34 | 蟹 |

| | | | |
|---|---|---|---|
| 1968年 | 2月12日 | 19:50 | 獅子 |
| 1968年 | 2月15日 | 01:03 | 乙女 |
| 1968年 | 2月17日 | 04:21 | 天秤 |
| 1968年 | 2月19日 | 07:00 | 蠍 |
| 1968年 | 2月21日 | 09:48 | 射手 |
| 1968年 | 2月23日 | 13:12 | 山羊 |
| 1968年 | 2月25日 | 17:37 | 水瓶 |
| 1968年 | 2月27日 | 23:42 | 魚 |
| 1968年 | 3月1日 | 08:14 | 牡羊 |
| 1968年 | 3月3日 | 19:27 | 牡牛 |
| 1968年 | 3月6日 | 08:17 | 双子 |
| 1968年 | 3月8日 | 20:21 | 蟹 |
| 1968年 | 3月11日 | 05:27 | 獅子 |
| 1968年 | 3月13日 | 10:51 | 乙女 |
| 1968年 | 3月15日 | 13:23 | 天秤 |
| 1968年 | 3月17日 | 14:33 | 蠍 |
| 1968年 | 3月19日 | 15:54 | 射手 |
| 1968年 | 3月21日 | 18:35 | 山羊 |
| 1968年 | 3月23日 | 23:16 | 水瓶 |
| 1968年 | 3月26日 | 06:15 | 魚 |
| 1968年 | 3月28日 | 15:32 | 牡羊 |
| 1968年 | 3月31日 | 02:55 | 牡牛 |
| 1968年 | 4月2日 | 15:40 | 双子 |
| 1968年 | 4月5日 | 04:12 | 蟹 |
| 1968年 | 4月7日 | 14:28 | 獅子 |
| 1968年 | 4月9日 | 21:04 | 乙女 |
| 1968年 | 4月12日 | 00:01 | 天秤 |
| 1968年 | 4月14日 | 00:33 | 蠍 |
| 1968年 | 4月16日 | 00:24 | 射手 |
| 1968年 | 4月18日 | 01:23 | 山羊 |
| 1968年 | 4月20日 | 04:57 | 水瓶 |
| 1968年 | 4月22日 | 11:45 | 魚 |
| 1968年 | 4月24日 | 21:32 | 牡羊 |
| 1968年 | 4月27日 | 09:22 | 牡牛 |
| 1968年 | 4月29日 | 22:11 | 双子 |
| 1968年 | 5月2日 | 10:50 | 蟹 |
| 1968年 | 5月4日 | 21:53 | 獅子 |
| 1968年 | 5月7日 | 05:58 | 乙女 |
| 1968年 | 5月9日 | 10:21 | 天秤 |
| 1968年 | 5月11日 | 11:30 | 蠍 |
| 1968年 | 5月13日 | 10:53 | 射手 |
| 1968年 | 5月15日 | 10:31 | 山羊 |
| 1968年 | 5月17日 | 12:22 | 水瓶 |
| 1968年 | 5月19日 | 17:52 | 魚 |
| 1968年 | 5月22日 | 03:14 | 牡羊 |
| 1968年 | 5月24日 | 15:15 | 牡牛 |
| 1968年 | 5月27日 | 04:12 | 双子 |
| 1968年 | 5月29日 | 16:42 | 蟹 |
| 1968年 | 6月1日 | 03:53 | 獅子 |
| 1968年 | 6月3日 | 12:52 | 乙女 |
| 1968年 | 6月5日 | 18:49 | 天秤 |
| 1968年 | 6月7日 | 21:31 | 蠍 |
| 1968年 | 6月9日 | 21:43 | 射手 |
| 1968年 | 6月11日 | 21:06 | 山羊 |
| 1968年 | 6月13日 | 21:47 | 水瓶 |
| 1968年 | 6月16日 | 01:42 | 魚 |
| 1968年 | 6月18日 | 09:50 | 牡羊 |
| 1968年 | 6月20日 | 21:24 | 牡牛 |
| 1968年 | 6月23日 | 10:22 | 双子 |
| 1968年 | 6月25日 | 22:43 | 蟹 |
| 1968年 | 6月28日 | 09:30 | 獅子 |
| 1968年 | 6月30日 | 18:26 | 乙女 |
| 1968年 | 7月3日 | 01:10 | 天秤 |
| 1968年 | 7月5日 | 05:20 | 蠍 |
| 1968年 | 7月7日 | 07:05 | 射手 |
| 1968年 | 7月9日 | 07:24 | 山羊 |
| 1968年 | 7月11日 | 08:03 | 水瓶 |
| 1968年 | 7月13日 | 11:03 | 魚 |
| 1968年 | 7月15日 | 17:51 | 牡羊 |
| 1968年 | 7月18日 | 04:30 | 牡牛 |
| 1968年 | 7月20日 | 17:12 | 双子 |
| 1968年 | 7月23日 | 05:31 | 蟹 |
| 1968年 | 7月25日 | 15:55 | 獅子 |
| 1968年 | 7月28日 | 00:10 | 乙女 |
| 1968年 | 7月30日 | 06:32 | 天秤 |
| 1968年 | 8月1日 | 11:11 | 蠍 |
| 1968年 | 8月3日 | 14:11 | 射手 |
| 1968年 | 8月5日 | 15:58 | 山羊 |
| 1968年 | 8月7日 | 17:38 | 水瓶 |
| 1968年 | 8月9日 | 20:46 | 魚 |
| 1968年 | 8月12日 | 02:53 | 牡羊 |
| 1968年 | 8月14日 | 12:36 | 牡牛 |
| 1968年 | 8月17日 | 00:50 | 双子 |
| 1968年 | 8月19日 | 13:15 | 蟹 |
| 1968年 | 8月21日 | 23:40 | 獅子 |
| 1968年 | 8月24日 | 07:21 | 乙女 |
| 1968年 | 8月26日 | 12:45 | 天秤 |
| 1968年 | 8月28日 | 16:38 | 蠍 |
| 1968年 | 8月30日 | 19:41 | 射手 |
| 1968年 | 9月1日 | 22:22 | 山羊 |
| 1968年 | 9月4日 | 01:19 | 水瓶 |
| 1968年 | 9月6日 | 05:27 | 魚 |
| 1968年 | 9月8日 | 11:49 | 牡羊 |
| 1968年 | 9月10日 | 21:05 | 牡牛 |
| 1968年 | 9月13日 | 08:54 | 双子 |
| 1968年 | 9月15日 | 21:28 | 蟹 |
| 1968年 | 9月18日 | 08:25 | 獅子 |
| 1968年 | 9月20日 | 16:15 | 乙女 |
| 1968年 | 9月22日 | 21:00 | 天秤 |
| 1968年 | 9月24日 | 23:39 | 蠍 |
| 1968年 | 9月27日 | 01:31 | 射手 |
| 1968年 | 9月29日 | 03:44 | 山羊 |
| 1968年 | 10月1日 | 07:11 | 水瓶 |
| 1968年 | 10月3日 | 12:21 | 魚 |
| 1968年 | 10月5日 | 19:35 | 牡羊 |
| 1968年 | 10月8日 | 05:06 | 牡牛 |
| 1968年 | 10月10日 | 16:43 | 双子 |
| 1968年 | 10月13日 | 05:23 | 蟹 |
| 1968年 | 10月15日 | 17:08 | 獅子 |
| 1968年 | 10月18日 | 01:58 | 乙女 |
| 1968年 | 10月20日 | 07:05 | 天秤 |
| 1968年 | 10月22日 | 09:05 | 蠍 |
| 1968年 | 10月24日 | 09:32 | 射手 |
| 1968年 | 10月26日 | 10:13 | 山羊 |
| 1968年 | 10月28日 | 12:43 | 水瓶 |
| 1968年 | 10月30日 | 17:54 | 魚 |
| 1968年 | 11月2日 | 01:50 | 牡羊 |
| 1968年 | 11月4日 | 12:01 | 牡牛 |
| 1968年 | 11月6日 | 23:47 | 双子 |
| 1968年 | 11月9日 | 12:26 | 蟹 |
| 1968年 | 11月12日 | 00:44 | 獅子 |
| 1968年 | 11月14日 | 10:55 | 乙女 |
| 1968年 | 11月16日 | 17:26 | 天秤 |
| 1968年 | 11月18日 | 20:06 | 蠍 |
| 1968年 | 11月20日 | 20:05 | 射手 |
| 1968年 | 11月22日 | 19:20 | 山羊 |
| 1968年 | 11月24日 | 20:02 | 水瓶 |
| 1968年 | 11月26日 | 23:52 | 魚 |
| 1968年 | 11月29日 | 07:26 | 牡羊 |
| 1968年 | 12月1日 | 17:57 | 牡牛 |
| 1968年 | 12月4日 | 06:06 | 双子 |
| 1968年 | 12月6日 | 18:43 | 蟹 |
| 1968年 | 12月9日 | 07:02 | 獅子 |
| 1968年 | 12月11日 | 17:59 | 乙女 |
| 1968年 | 12月14日 | 02:08 | 天秤 |
| 1968年 | 12月16日 | 06:31 | 蠍 |
| 1968年 | 12月18日 | 07:28 | 射手 |
| 1968年 | 12月20日 | 06:33 | 山羊 |
| 1968年 | 12月22日 | 06:00 | 水瓶 |
| 1968年 | 12月24日 | 08:01 | 魚 |
| 1968年 | 12月26日 | 14:02 | 牡羊 |
| 1968年 | 12月28日 | 23:56 | 牡牛 |
| 1968年 | 12月31日 | 12:11 | 双子 |
| 1969年 | 1月3日 | 00:52 | 蟹 |
| 1969年 | 1月5日 | 12:54 | 獅子 |
| 1969年 | 1月7日 | 23:42 | 乙女 |
| 1969年 | 1月10日 | 08:32 | 天秤 |
| 1969年 | 1月12日 | 14:32 | 蠍 |
| 1969年 | 1月14日 | 17:19 | 射手 |
| 1969年 | 1月16日 | 17:40 | 山羊 |
| 1969年 | 1月18日 | 17:17 | 水瓶 |
| 1969年 | 1月20日 | 18:21 | 魚 |
| 1969年 | 1月22日 | 22:43 | 牡羊 |
| 1969年 | 1月25日 | 07:12 | 牡牛 |
| 1969年 | 1月27日 | 18:53 | 双子 |
| 1969年 | 1月30日 | 07:36 | 蟹 |
| 1969年 | 2月1日 | 19:29 | 獅子 |
| 1969年 | 2月4日 | 05:40 | 乙女 |
| 1969年 | 2月6日 | 14:00 | 天秤 |

| | | | |
|---|---|---|---|
| 1969年 | 2月 8日 | 20:18 | 蠍 |
| 1969年 | 2月 11日 | 00:23 | 射手 |
| 1969年 | 2月 13日 | 02:29 | 山羊 |
| 1969年 | 2月 15日 | 03:31 | 水瓶 |
| 1969年 | 2月 17日 | 05:03 | 魚 |
| 1969年 | 2月 19日 | 08:48 | 牡羊 |
| 1969年 | 2月 21日 | 16:01 | 牡牛 |
| 1969年 | 2月 24日 | 02:41 | 双子 |
| 1969年 | 2月 26日 | 15:11 | 蟹 |
| 1969年 | 3月 1日 | 03:11 | 獅子 |
| 1969年 | 3月 3日 | 13:07 | 乙女 |
| 1969年 | 3月 5日 | 20:34 | 天秤 |
| 1969年 | 3月 8日 | 01:56 | 蠍 |
| 1969年 | 3月 10日 | 05:48 | 射手 |
| 1969年 | 3月 12日 | 08:40 | 山羊 |
| 1969年 | 3月 14日 | 11:09 | 水瓶 |
| 1969年 | 3月 16日 | 14:04 | 魚 |
| 1969年 | 3月 18日 | 18:27 | 牡羊 |
| 1969年 | 3月 21日 | 01:20 | 牡牛 |
| 1969年 | 3月 23日 | 11:12 | 双子 |
| 1969年 | 3月 25日 | 23:18 | 蟹 |
| 1969年 | 3月 28日 | 11:37 | 獅子 |
| 1969年 | 3月 30日 | 21:53 | 乙女 |
| 1969年 | 4月 2日 | 05:03 | 天秤 |
| 1969年 | 4月 4日 | 09:22 | 蠍 |
| 1969年 | 4月 6日 | 11:57 | 射手 |
| 1969年 | 4月 8日 | 14:05 | 山羊 |
| 1969年 | 4月 10日 | 16:46 | 水瓶 |
| 1969年 | 4月 12日 | 20:41 | 魚 |
| 1969年 | 4月 15日 | 02:13 | 牡羊 |
| 1969年 | 4月 17日 | 09:43 | 牡牛 |
| 1969年 | 4月 19日 | 19:28 | 双子 |
| 1969年 | 4月 22日 | 07:17 | 蟹 |
| 1969年 | 4月 24日 | 19:50 | 獅子 |
| 1969年 | 4月 27日 | 06:57 | 乙女 |
| 1969年 | 4月 29日 | 14:43 | 天秤 |
| 1969年 | 5月 1日 | 18:50 | 蠍 |
| 1969年 | 5月 3日 | 20:20 | 射手 |
| 1969年 | 5月 5日 | 20:57 | 山羊 |
| 1969年 | 5月 7日 | 22:28 | 水瓶 |
| 1969年 | 5月 10日 | 02:04 | 魚 |
| 1969年 | 5月 12日 | 08:09 | 牡羊 |
| 1969年 | 5月 14日 | 16:28 | 牡牛 |
| 1969年 | 5月 17日 | 02:41 | 双子 |
| 1969年 | 5月 19日 | 14:30 | 蟹 |
| 1969年 | 5月 22日 | 03:12 | 獅子 |
| 1969年 | 5月 24日 | 15:06 | 乙女 |
| 1969年 | 5月 27日 | 00:07 | 天秤 |
| 1969年 | 5月 29日 | 05:05 | 蠍 |
| 1969年 | 5月 31日 | 06:30 | 射手 |
| 1969年 | 6月 2日 | 06:07 | 山羊 |
| 1969年 | 6月 4日 | 06:04 | 水瓶 |
| 1969年 | 6月 6日 | 08:13 | 魚 |
| 1969年 | 6月 8日 | 13:36 | 牡羊 |
| 1969年 | 6月 10日 | 22:05 | 牡牛 |
| 1969年 | 6月 13日 | 08:48 | 双子 |
| 1969年 | 6月 15日 | 20:52 | 蟹 |
| 1969年 | 6月 18日 | 09:35 | 獅子 |
| 1969年 | 6月 20日 | 21:53 | 乙女 |
| 1969年 | 6月 23日 | 08:03 | 天秤 |
| 1969年 | 6月 25日 | 14:31 | 蠍 |
| 1969年 | 6月 27日 | 17:00 | 射手 |
| 1969年 | 6月 29日 | 16:45 | 山羊 |
| 1969年 | 7月 1日 | 15:50 | 水瓶 |
| 1969年 | 7月 3日 | 16:26 | 魚 |
| 1969年 | 7月 5日 | 20:16 | 牡羊 |
| 1969年 | 7月 8日 | 03:52 | 牡牛 |
| 1969年 | 7月 10日 | 14:31 | 双子 |
| 1969年 | 7月 13日 | 02:47 | 蟹 |
| 1969年 | 7月 15日 | 15:29 | 獅子 |
| 1969年 | 7月 18日 | 03:42 | 乙女 |
| 1969年 | 7月 20日 | 14:19 | 天秤 |
| 1969年 | 7月 22日 | 22:03 | 蠍 |
| 1969年 | 7月 25日 | 02:10 | 射手 |
| 1969年 | 7月 27日 | 03:10 | 山羊 |
| 1969年 | 7月 29日 | 02:35 | 水瓶 |
| 1969年 | 7月 31日 | 02:31 | 魚 |
| 1969年 | 8月 2日 | 04:55 | 牡羊 |
| 1969年 | 8月 4日 | 11:01 | 牡牛 |
| 1969年 | 8月 6日 | 20:49 | 双子 |
| 1969年 | 8月 9日 | 08:57 | 蟹 |
| 1969年 | 8月 11日 | 21:38 | 獅子 |
| 1969年 | 8月 14日 | 09:32 | 乙女 |
| 1969年 | 8月 16日 | 19:51 | 天秤 |
| 1969年 | 8月 19日 | 03:54 | 蠍 |
| 1969年 | 8月 21日 | 09:12 | 射手 |
| 1969年 | 8月 23日 | 11:49 | 山羊 |
| 1969年 | 8月 25日 | 12:36 | 水瓶 |
| 1969年 | 8月 27日 | 13:04 | 魚 |
| 1969年 | 8月 29日 | 14:57 | 牡羊 |
| 1969年 | 8月 31日 | 19:50 | 牡牛 |
| 1969年 | 9月 3日 | 04:23 | 双子 |
| 1969年 | 9月 5日 | 15:56 | 蟹 |
| 1969年 | 9月 8日 | 04:36 | 獅子 |
| 1969年 | 9月 10日 | 16:20 | 乙女 |
| 1969年 | 9月 13日 | 02:01 | 天秤 |
| 1969年 | 9月 15日 | 09:25 | 蠍 |
| 1969年 | 9月 17日 | 14:42 | 射手 |
| 1969年 | 9月 19日 | 18:14 | 山羊 |
| 1969年 | 9月 21日 | 20:31 | 水瓶 |
| 1969年 | 9月 23日 | 22:23 | 魚 |
| 1969年 | 9月 26日 | 00:56 | 牡羊 |
| 1969年 | 9月 28日 | 05:29 | 牡牛 |
| 1969年 | 9月 30日 | 13:05 | 双子 |
| 1969年 | 10月 2日 | 23:51 | 蟹 |
| 1969年 | 10月 5日 | 12:25 | 獅子 |
| 1969年 | 10月 8日 | 00:21 | 乙女 |
| 1969年 | 10月 10日 | 09:48 | 天秤 |
| 1969年 | 10月 12日 | 16:19 | 蠍 |
| 1969年 | 10月 14日 | 20:33 | 射手 |
| 1969年 | 10月 16日 | 23:36 | 山羊 |
| 1969年 | 10月 19日 | 02:21 | 水瓶 |
| 1969年 | 10月 21日 | 05:26 | 魚 |
| 1969年 | 10月 23日 | 09:17 | 牡羊 |
| 1969年 | 10月 25日 | 14:33 | 牡牛 |
| 1969年 | 10月 27日 | 22:00 | 双子 |
| 1969年 | 10月 30日 | 08:13 | 蟹 |
| 1969年 | 11月 1日 | 20:34 | 獅子 |
| 1969年 | 11月 4日 | 09:00 | 乙女 |
| 1969年 | 11月 6日 | 18:58 | 天秤 |
| 1969年 | 11月 9日 | 01:18 | 蠍 |
| 1969年 | 11月 11日 | 04:30 | 射手 |
| 1969年 | 11月 13日 | 06:09 | 山羊 |
| 1969年 | 11月 15日 | 07:53 | 水瓶 |
| 1969年 | 11月 17日 | 10:52 | 魚 |
| 1969年 | 11月 19日 | 15:32 | 牡羊 |
| 1969年 | 11月 21日 | 21:52 | 牡牛 |
| 1969年 | 11月 24日 | 05:59 | 双子 |
| 1969年 | 11月 26日 | 16:10 | 蟹 |
| 1969年 | 11月 29日 | 04:22 | 獅子 |
| 1969年 | 12月 1日 | 17:13 | 乙女 |
| 1969年 | 12月 4日 | 04:16 | 天秤 |
| 1969年 | 12月 6日 | 11:30 | 蠍 |
| 1969年 | 12月 8日 | 14:43 | 射手 |
| 1969年 | 12月 10日 | 15:21 | 山羊 |
| 1969年 | 12月 12日 | 15:28 | 水瓶 |
| 1969年 | 12月 14日 | 16:56 | 魚 |
| 1969年 | 12月 16日 | 20:55 | 牡羊 |
| 1969年 | 12月 19日 | 03:35 | 牡牛 |
| 1969年 | 12月 21日 | 12:28 | 双子 |
| 1969年 | 12月 23日 | 23:08 | 蟹 |
| 1969年 | 12月 26日 | 11:21 | 獅子 |
| 1969年 | 12月 29日 | 00:20 | 乙女 |
| 1969年 | 12月 31日 | 12:18 | 天秤 |
| 1970年 | 1月 2日 | 21:03 | 蠍 |
| 1970年 | 1月 5日 | 01:33 | 射手 |
| 1970年 | 1月 7日 | 02:31 | 山羊 |
| 1970年 | 1月 9日 | 01:48 | 水瓶 |
| 1970年 | 1月 11日 | 01:37 | 魚 |
| 1970年 | 1月 13日 | 03:48 | 牡羊 |
| 1970年 | 1月 15日 | 09:20 | 牡牛 |
| 1970年 | 1月 17日 | 18:07 | 双子 |
| 1970年 | 1月 20日 | 05:13 | 蟹 |
| 1970年 | 1月 22日 | 17:40 | 獅子 |
| 1970年 | 1月 25日 | 06:33 | 乙女 |
| 1970年 | 1月 27日 | 18:42 | 天秤 |
| 1970年 | 1月 30日 | 04:34 | 蠍 |
| 1970年 | 2月 1日 | 10:50 | 射手 |
| 1970年 | 2月 3日 | 13:22 | 山羊 |

| | | | | |
|---|---|---|---|---|
| 1970年 | 2月 | 5日 | 13:20 | 水瓶 |
| 1970年 | 2月 | 7日 | 12:38 | 魚 |
| 1970年 | 2月 | 9日 | 13:17 | 牡羊 |
| 1970年 | 2月 | 11日 | 16:59 | 牡牛 |
| 1970年 | 2月 | 14日 | 00:28 | 双子 |
| 1970年 | 2月 | 16日 | 11:17 | 蟹 |
| 1970年 | 2月 | 18日 | 23:53 | 獅子 |
| 1970年 | 2月 | 21日 | 12:41 | 乙女 |
| 1970年 | 2月 | 24日 | 00:29 | 天秤 |
| 1970年 | 2月 | 26日 | 10:23 | 蠍 |
| 1970年 | 2月 | 28日 | 17:38 | 射手 |
| 1970年 | 3月 | 2日 | 21:54 | 山羊 |
| 1970年 | 3月 | 4日 | 23:35 | 水瓶 |
| 1970年 | 3月 | 6日 | 23:50 | 魚 |
| 1970年 | 3月 | 9日 | 00:17 | 牡羊 |
| 1970年 | 3月 | 11日 | 02:44 | 牡牛 |
| 1970年 | 3月 | 13日 | 08:37 | 双子 |
| 1970年 | 3月 | 15日 | 18:18 | 蟹 |
| 1970年 | 3月 | 18日 | 06:39 | 獅子 |
| 1970年 | 3月 | 20日 | 19:29 | 乙女 |
| 1970年 | 3月 | 23日 | 06:56 | 天秤 |
| 1970年 | 3月 | 25日 | 16:10 | 蠍 |
| 1970年 | 3月 | 27日 | 23:07 | 射手 |
| 1970年 | 3月 | 30日 | 04:00 | 山羊 |
| 1970年 | 4月 | 1日 | 07:08 | 水瓶 |
| 1970年 | 4月 | 3日 | 09:01 | 魚 |
| 1970年 | 4月 | 5日 | 10:32 | 牡羊 |
| 1970年 | 4月 | 7日 | 13:02 | 牡牛 |
| 1970年 | 4月 | 9日 | 18:02 | 双子 |
| 1970年 | 4月 | 12日 | 02:33 | 蟹 |
| 1970年 | 4月 | 14日 | 14:15 | 獅子 |
| 1970年 | 4月 | 17日 | 03:06 | 乙女 |
| 1970年 | 4月 | 19日 | 14:35 | 天秤 |
| 1970年 | 4月 | 21日 | 23:15 | 蠍 |
| 1970年 | 4月 | 24日 | 05:15 | 射手 |
| 1970年 | 4月 | 26日 | 09:26 | 山羊 |
| 1970年 | 4月 | 28日 | 12:43 | 水瓶 |
| 1970年 | 4月 | 30日 | 15:38 | 魚 |
| 1970年 | 5月 | 2日 | 18:33 | 牡羊 |
| 1970年 | 5月 | 4日 | 22:05 | 牡牛 |
| 1970年 | 5月 | 7日 | 03:18 | 双子 |
| 1970年 | 5月 | 9日 | 11:17 | 蟹 |
| 1970年 | 5月 | 11日 | 22:21 | 獅子 |
| 1970年 | 5月 | 14日 | 11:10 | 乙女 |
| 1970年 | 5月 | 16日 | 23:02 | 天秤 |
| 1970年 | 5月 | 19日 | 07:49 | 蠍 |
| 1970年 | 5月 | 21日 | 13:11 | 射手 |
| 1970年 | 5月 | 23日 | 16:13 | 山羊 |
| 1970年 | 5月 | 25日 | 18:26 | 水瓶 |
| 1970年 | 5月 | 27日 | 20:59 | 魚 |
| 1970年 | 5月 | 30日 | 00:27 | 牡羊 |
| 1970年 | 6月 | 1日 | 05:03 | 牡牛 |
| 1970年 | 6月 | 3日 | 11:10 | 双子 |
| 1970年 | 6月 | 5日 | 19:25 | 蟹 |
| 1970年 | 6月 | 8日 | 06:16 | 獅子 |
| 1970年 | 6月 | 10日 | 19:01 | 乙女 |
| 1970年 | 6月 | 13日 | 07:27 | 天秤 |
| 1970年 | 6月 | 15日 | 17:01 | 蠍 |
| 1970年 | 6月 | 17日 | 22:39 | 射手 |
| 1970年 | 6月 | 20日 | 01:05 | 山羊 |
| 1970年 | 6月 | 22日 | 02:01 | 水瓶 |
| 1970年 | 6月 | 24日 | 03:12 | 魚 |
| 1970年 | 6月 | 26日 | 05:52 | 牡羊 |
| 1970年 | 6月 | 28日 | 10:35 | 牡牛 |
| 1970年 | 6月 | 30日 | 17:24 | 双子 |
| 1970年 | 7月 | 3日 | 02:21 | 蟹 |
| 1970年 | 7月 | 5日 | 13:26 | 獅子 |
| 1970年 | 7月 | 8日 | 02:10 | 乙女 |
| 1970年 | 7月 | 10日 | 15:02 | 天秤 |
| 1970年 | 7月 | 13日 | 01:40 | 蠍 |
| 1970年 | 7月 | 15日 | 08:26 | 射手 |
| 1970年 | 7月 | 17日 | 11:19 | 山羊 |
| 1970年 | 7月 | 19日 | 11:45 | 水瓶 |
| 1970年 | 7月 | 21日 | 11:37 | 魚 |
| 1970年 | 7月 | 23日 | 12:42 | 牡羊 |
| 1970年 | 7月 | 25日 | 16:18 | 牡牛 |
| 1970年 | 7月 | 27日 | 22:52 | 双子 |
| 1970年 | 7月 | 30日 | 08:14 | 蟹 |
| 1970年 | 8月 | 1日 | 19:44 | 獅子 |
| 1970年 | 8月 | 4日 | 08:34 | 乙女 |
| 1970年 | 8月 | 6日 | 21:32 | 天秤 |
| 1970年 | 8月 | 9日 | 08:57 | 蠍 |
| 1970年 | 8月 | 11日 | 17:07 | 射手 |
| 1970年 | 8月 | 13日 | 21:25 | 山羊 |
| 1970年 | 8月 | 15日 | 22:32 | 水瓶 |
| 1970年 | 8月 | 17日 | 22:02 | 魚 |
| 1970年 | 8月 | 19日 | 21:51 | 牡羊 |
| 1970年 | 8月 | 21日 | 23:46 | 牡牛 |
| 1970年 | 8月 | 24日 | 05:03 | 双子 |
| 1970年 | 8月 | 26日 | 13:58 | 蟹 |
| 1970年 | 8月 | 29日 | 01:38 | 獅子 |
| 1970年 | 8月 | 31日 | 14:36 | 乙女 |
| 1970年 | 9月 | 3日 | 03:25 | 天秤 |
| 1970年 | 9月 | 5日 | 14:54 | 蠍 |
| 1970年 | 9月 | 7日 | 23:58 | 射手 |
| 1970年 | 9月 | 10日 | 05:51 | 山羊 |
| 1970年 | 9月 | 12日 | 08:34 | 水瓶 |
| 1970年 | 9月 | 14日 | 08:57 | 魚 |
| 1970年 | 9月 | 16日 | 08:35 | 牡羊 |
| 1970年 | 9月 | 18日 | 09:21 | 牡牛 |
| 1970年 | 9月 | 20日 | 13:02 | 双子 |
| 1970年 | 9月 | 22日 | 20:40 | 蟹 |
| 1970年 | 9月 | 25日 | 07:54 | 獅子 |
| 1970年 | 9月 | 27日 | 20:53 | 乙女 |
| 1970年 | 9月 | 30日 | 09:33 | 天秤 |
| 1970年 | 10月 | 2日 | 20:35 | 蠍 |
| 1970年 | 10月 | 5日 | 05:31 | 射手 |
| 1970年 | 10月 | 7日 | 12:10 | 山羊 |
| 1970年 | 10月 | 9日 | 16:26 | 水瓶 |
| 1970年 | 10月 | 11日 | 18:30 | 魚 |
| 1970年 | 10月 | 13日 | 19:13 | 牡羊 |
| 1970年 | 10月 | 15日 | 20:00 | 牡牛 |
| 1970年 | 10月 | 17日 | 22:43 | 双子 |
| 1970年 | 10月 | 20日 | 04:58 | 蟹 |
| 1970年 | 10月 | 22日 | 15:12 | 獅子 |
| 1970年 | 10月 | 25日 | 03:56 | 乙女 |
| 1970年 | 10月 | 27日 | 16:37 | 天秤 |
| 1970年 | 10月 | 30日 | 03:15 | 蠍 |
| 1970年 | 11月 | 1日 | 11:24 | 射手 |
| 1970年 | 11月 | 3日 | 17:32 | 山羊 |
| 1970年 | 11月 | 5日 | 22:11 | 水瓶 |
| 1970年 | 11月 | 8日 | 01:33 | 魚 |
| 1970年 | 11月 | 10日 | 03:52 | 牡羊 |
| 1970年 | 11月 | 12日 | 05:50 | 牡牛 |
| 1970年 | 11月 | 14日 | 08:48 | 双子 |
| 1970年 | 11月 | 16日 | 14:23 | 蟹 |
| 1970年 | 11月 | 18日 | 23:35 | 獅子 |
| 1970年 | 11月 | 21日 | 11:50 | 乙女 |
| 1970年 | 11月 | 24日 | 00:38 | 天秤 |
| 1970年 | 11月 | 26日 | 11:25 | 蠍 |
| 1970年 | 11月 | 28日 | 19:02 | 射手 |
| 1970年 | 12月 | 1日 | 00:06 | 山羊 |
| 1970年 | 12月 | 3日 | 03:45 | 水瓶 |
| 1970年 | 12月 | 5日 | 06:55 | 魚 |
| 1970年 | 12月 | 7日 | 10:03 | 牡羊 |
| 1970年 | 12月 | 9日 | 13:24 | 牡牛 |
| 1970年 | 12月 | 11日 | 17:33 | 双子 |
| 1970年 | 12月 | 13日 | 23:32 | 蟹 |
| 1970年 | 12月 | 16日 | 08:21 | 獅子 |
| 1970年 | 12月 | 18日 | 20:04 | 乙女 |
| 1970年 | 12月 | 21日 | 09:01 | 天秤 |
| 1970年 | 12月 | 23日 | 20:26 | 蠍 |
| 1970年 | 12月 | 26日 | 04:27 | 射手 |
| 1970年 | 12月 | 28日 | 09:01 | 山羊 |
| 1970年 | 12月 | 30日 | 11:24 | 水瓶 |
| 1971年 | 1月 | 1日 | 13:08 | 魚 |
| 1971年 | 1月 | 3日 | 15:26 | 牡羊 |
| 1971年 | 1月 | 5日 | 19:00 | 牡牛 |
| 1971年 | 1月 | 8日 | 00:08 | 双子 |
| 1971年 | 1月 | 10日 | 07:09 | 蟹 |
| 1971年 | 1月 | 12日 | 16:24 | 獅子 |
| 1971年 | 1月 | 15日 | 03:57 | 乙女 |
| 1971年 | 1月 | 17日 | 16:53 | 天秤 |
| 1971年 | 1月 | 20日 | 05:03 | 蠍 |
| 1971年 | 1月 | 22日 | 14:15 | 射手 |
| 1971年 | 1月 | 24日 | 19:33 | 山羊 |
| 1971年 | 1月 | 26日 | 21:37 | 水瓶 |
| 1971年 | 1月 | 28日 | 22:02 | 魚 |
| 1971年 | 1月 | 30日 | 22:36 | 牡羊 |

| | | | |
|---|---|---|---|
| 1971年 | 2月 2日 | 00:49 | 牡牛 |
| 1971年 | 2月 4日 | 05:34 | 双子 |
| 1971年 | 2月 6日 | 13:07 | 蟹 |
| 1971年 | 2月 8日 | 23:06 | 獅子 |
| 1971年 | 2月11日 | 10:58 | 乙女 |
| 1971年 | 2月13日 | 23:50 | 天秤 |
| 1971年 | 2月16日 | 12:21 | 蠍 |
| 1971年 | 2月18日 | 22:45 | 射手 |
| 1971年 | 2月21日 | 05:37 | 山羊 |
| 1971年 | 2月23日 | 08:43 | 水瓶 |
| 1971年 | 2月25日 | 09:05 | 魚 |
| 1971年 | 2月27日 | 08:30 | 牡羊 |
| 1971年 | 3月 1日 | 08:54 | 牡牛 |
| 1971年 | 3月 3日 | 12:01 | 双子 |
| 1971年 | 3月 5日 | 18:47 | 蟹 |
| 1971年 | 3月 8日 | 04:55 | 獅子 |
| 1971年 | 3月10日 | 17:10 | 乙女 |
| 1971年 | 3月13日 | 06:05 | 天秤 |
| 1971年 | 3月15日 | 18:31 | 蠍 |
| 1971年 | 3月18日 | 05:23 | 射手 |
| 1971年 | 3月20日 | 13:37 | 山羊 |
| 1971年 | 3月22日 | 18:29 | 水瓶 |
| 1971年 | 3月24日 | 20:08 | 魚 |
| 1971年 | 3月26日 | 19:46 | 牡羊 |
| 1971年 | 3月28日 | 19:16 | 牡牛 |
| 1971年 | 3月30日 | 20:44 | 双子 |
| 1971年 | 4月 2日 | 01:50 | 蟹 |
| 1971年 | 4月 4日 | 11:05 | 獅子 |
| 1971年 | 4月 6日 | 23:16 | 乙女 |
| 1971年 | 4月 9日 | 12:17 | 天秤 |
| 1971年 | 4月12日 | 00:28 | 蠍 |
| 1971年 | 4月14日 | 11:03 | 射手 |
| 1971年 | 4月16日 | 19:38 | 山羊 |
| 1971年 | 4月19日 | 01:45 | 水瓶 |
| 1971年 | 4月21日 | 05:08 | 魚 |
| 1971年 | 4月23日 | 06:09 | 牡羊 |
| 1971年 | 4月25日 | 06:07 | 牡牛 |
| 1971年 | 4月27日 | 06:59 | 双子 |
| 1971年 | 4月29日 | 10:43 | 蟹 |
| 1971年 | 5月 1日 | 18:34 | 獅子 |
| 1971年 | 5月 4日 | 06:02 | 乙女 |
| 1971年 | 5月 6日 | 18:59 | 天秤 |
| 1971年 | 5月 9日 | 07:03 | 蠍 |
| 1971年 | 5月11日 | 17:08 | 射手 |
| 1971年 | 5月14日 | 01:09 | 山羊 |
| 1971年 | 5月16日 | 07:19 | 水瓶 |
| 1971年 | 5月18日 | 11:39 | 魚 |
| 1971年 | 5月20日 | 14:11 | 牡羊 |
| 1971年 | 5月22日 | 15:32 | 牡牛 |
| 1971年 | 5月24日 | 17:01 | 双子 |
| 1971年 | 5月26日 | 20:26 | 蟹 |
| 1971年 | 5月29日 | 03:16 | 獅子 |
| 1971年 | 5月31日 | 13:48 | 乙女 |
| 1971年 | 6月 3日 | 02:26 | 天秤 |
| 1971年 | 6月 5日 | 14:36 | 蠍 |
| 1971年 | 6月 8日 | 00:28 | 射手 |
| 1971年 | 6月10日 | 07:45 | 山羊 |
| 1971年 | 6月12日 | 13:03 | 水瓶 |
| 1971年 | 6月14日 | 17:01 | 魚 |
| 1971年 | 6月16日 | 20:06 | 牡羊 |
| 1971年 | 6月18日 | 22:39 | 牡牛 |
| 1971年 | 6月21日 | 01:24 | 双子 |
| 1971年 | 6月23日 | 05:30 | 蟹 |
| 1971年 | 6月25日 | 12:12 | 獅子 |
| 1971年 | 6月27日 | 22:06 | 乙女 |
| 1971年 | 6月30日 | 10:22 | 天秤 |
| 1971年 | 7月 2日 | 22:45 | 蠍 |
| 1971年 | 7月 5日 | 08:59 | 射手 |
| 1971年 | 7月 7日 | 16:03 | 山羊 |
| 1971年 | 7月 9日 | 20:27 | 水瓶 |
| 1971年 | 7月11日 | 23:15 | 魚 |
| 1971年 | 7月14日 | 01:32 | 牡羊 |
| 1971年 | 7月16日 | 04:10 | 牡牛 |
| 1971年 | 7月18日 | 07:47 | 双子 |
| 1971年 | 7月20日 | 12:57 | 蟹 |
| 1971年 | 7月22日 | 20:16 | 獅子 |
| 1971年 | 7月25日 | 06:09 | 乙女 |
| 1971年 | 7月27日 | 18:11 | 天秤 |
| 1971年 | 7月30日 | 06:50 | 蠍 |
| 1971年 | 8月 1日 | 17:49 | 射手 |
| 1971年 | 8月 4日 | 01:32 | 山羊 |
| 1971年 | 8月 6日 | 05:47 | 水瓶 |
| 1971年 | 8月 8日 | 07:34 | 魚 |
| 1971年 | 8月10日 | 08:27 | 牡羊 |
| 1971年 | 8月12日 | 09:55 | 牡牛 |
| 1971年 | 8月14日 | 13:10 | 双子 |
| 1971年 | 8月16日 | 18:49 | 蟹 |
| 1971年 | 8月19日 | 02:57 | 獅子 |
| 1971年 | 8月21日 | 13:18 | 乙女 |
| 1971年 | 8月24日 | 01:22 | 天秤 |
| 1971年 | 8月26日 | 14:09 | 蠍 |
| 1971年 | 8月29日 | 01:56 | 射手 |
| 1971年 | 8月31日 | 10:54 | 山羊 |
| 1971年 | 9月 2日 | 16:04 | 水瓶 |
| 1971年 | 9月 4日 | 17:51 | 魚 |
| 1971年 | 9月 6日 | 17:44 | 牡羊 |
| 1971年 | 9月 8日 | 17:38 | 牡牛 |
| 1971年 | 9月10日 | 19:25 | 双子 |
| 1971年 | 9月13日 | 00:20 | 蟹 |
| 1971年 | 9月15日 | 08:38 | 獅子 |
| 1971年 | 9月17日 | 19:28 | 乙女 |
| 1971年 | 9月20日 | 07:47 | 天秤 |
| 1971年 | 9月22日 | 20:33 | 蠍 |
| 1971年 | 9月25日 | 08:43 | 射手 |
| 1971年 | 9月27日 | 18:52 | 山羊 |
| 1971年 | 9月30日 | 01:38 | 水瓶 |
| 1971年 | 10月 2日 | 04:37 | 魚 |
| 1971年 | 10月 4日 | 04:41 | 牡羊 |
| 1971年 | 10月 6日 | 03:43 | 牡牛 |
| 1971年 | 10月 8日 | 03:53 | 双子 |
| 1971年 | 10月10日 | 07:10 | 蟹 |
| 1971年 | 10月12日 | 14:30 | 獅子 |
| 1971年 | 10月15日 | 01:16 | 乙女 |
| 1971年 | 10月17日 | 13:47 | 天秤 |
| 1971年 | 10月20日 | 02:31 | 蠍 |
| 1971年 | 10月22日 | 14:31 | 射手 |
| 1971年 | 10月25日 | 01:05 | 山羊 |
| 1971年 | 10月27日 | 09:11 | 水瓶 |
| 1971年 | 10月29日 | 13:57 | 魚 |
| 1971年 | 10月31日 | 15:26 | 牡羊 |
| 1971年 | 11月 2日 | 14:56 | 牡牛 |
| 1971年 | 11月 4日 | 14:28 | 双子 |
| 1971年 | 11月 6日 | 16:15 | 蟹 |
| 1971年 | 11月 8日 | 21:56 | 獅子 |
| 1971年 | 11月11日 | 07:44 | 乙女 |
| 1971年 | 11月13日 | 20:05 | 天秤 |
| 1971年 | 11月16日 | 08:49 | 蠍 |
| 1971年 | 11月18日 | 20:30 | 射手 |
| 1971年 | 11月21日 | 06:36 | 山羊 |
| 1971年 | 11月23日 | 14:52 | 水瓶 |
| 1971年 | 11月25日 | 20:47 | 魚 |
| 1971年 | 11月28日 | 00:04 | 牡羊 |
| 1971年 | 11月30日 | 01:09 | 牡牛 |
| 1971年 | 12月 2日 | 01:26 | 双子 |
| 1971年 | 12月 4日 | 02:51 | 蟹 |
| 1971年 | 12月 6日 | 07:17 | 獅子 |
| 1971年 | 12月 8日 | 15:40 | 乙女 |
| 1971年 | 12月11日 | 03:18 | 天秤 |
| 1971年 | 12月13日 | 16:01 | 蠍 |
| 1971年 | 12月16日 | 03:37 | 射手 |
| 1971年 | 12月18日 | 13:07 | 山羊 |
| 1971年 | 12月20日 | 20:32 | 水瓶 |
| 1971年 | 12月23日 | 02:10 | 魚 |
| 1971年 | 12月25日 | 06:09 | 牡羊 |
| 1971年 | 12月27日 | 08:45 | 牡牛 |
| 1971年 | 12月29日 | 10:38 | 双子 |
| 1971年 | 12月31日 | 13:01 | 蟹 |
| 1972年 | 1月 2日 | 17:22 | 獅子 |
| 1972年 | 1月 5日 | 00:50 | 乙女 |
| 1972年 | 1月 7日 | 11:33 | 天秤 |
| 1972年 | 1月10日 | 00:03 | 蠍 |
| 1972年 | 1月12日 | 11:57 | 射手 |
| 1972年 | 1月14日 | 21:26 | 山羊 |
| 1972年 | 1月17日 | 04:04 | 水瓶 |
| 1972年 | 1月19日 | 08:28 | 魚 |
| 1972年 | 1月21日 | 11:35 | 牡羊 |
| 1972年 | 1月23日 | 14:17 | 牡牛 |
| 1972年 | 1月25日 | 17:14 | 双子 |
| 1972年 | 1月27日 | 21:02 | 蟹 |

| | | | |
|---|---|---|---|
| 1972年 | 1月30日 | 02:21 | 獅子 |
| 1972年 | 2月 1日 | 09:56 | 乙女 |
| 1972年 | 2月 3日 | 20:06 | 天秤 |
| 1972年 | 2月 6日 | 08:18 | 蠍 |
| 1972年 | 2月 8日 | 20:37 | 射手 |
| 1972年 | 2月11日 | 06:50 | 山羊 |
| 1972年 | 2月13日 | 13:36 | 水瓶 |
| 1972年 | 2月15日 | 17:11 | 魚 |
| 1972年 | 2月17日 | 18:51 | 牡羊 |
| 1972年 | 2月19日 | 20:12 | 牡牛 |
| 1972年 | 2月21日 | 22:36 | 双子 |
| 1972年 | 2月24日 | 02:52 | 蟹 |
| 1972年 | 2月26日 | 09:15 | 獅子 |
| 1972年 | 2月28日 | 17:39 | 乙女 |
| 1972年 | 3月 2日 | 04:00 | 天秤 |
| 1972年 | 3月 4日 | 16:00 | 蠍 |
| 1972年 | 3月 7日 | 04:36 | 射手 |
| 1972年 | 3月 9日 | 15:49 | 山羊 |
| 1972年 | 3月11日 | 23:42 | 水瓶 |
| 1972年 | 3月14日 | 03:39 | 魚 |
| 1972年 | 3月16日 | 04:38 | 牡羊 |
| 1972年 | 3月18日 | 04:28 | 牡牛 |
| 1972年 | 3月20日 | 05:13 | 双子 |
| 1972年 | 3月22日 | 08:26 | 蟹 |
| 1972年 | 3月24日 | 14:46 | 獅子 |
| 1972年 | 3月26日 | 23:47 | 乙女 |
| 1972年 | 3月29日 | 10:42 | 天秤 |
| 1972年 | 3月31日 | 22:48 | 蠍 |
| 1972年 | 4月 3日 | 11:27 | 射手 |
| 1972年 | 4月 5日 | 23:20 | 山羊 |
| 1972年 | 4月 8日 | 08:37 | 水瓶 |
| 1972年 | 4月10日 | 13:58 | 魚 |
| 1972年 | 4月12日 | 15:33 | 牡羊 |
| 1972年 | 4月14日 | 14:55 | 牡牛 |
| 1972年 | 4月16日 | 14:17 | 双子 |
| 1972年 | 4月18日 | 15:46 | 蟹 |
| 1972年 | 4月20日 | 20:46 | 獅子 |
| 1972年 | 4月23日 | 05:24 | 乙女 |
| 1972年 | 4月25日 | 16:34 | 天秤 |
| 1972年 | 4月28日 | 04:55 | 蠍 |
| 1972年 | 4月30日 | 17:30 | 射手 |
| 1972年 | 5月 3日 | 05:28 | 山羊 |
| 1972年 | 5月 5日 | 15:35 | 水瓶 |
| 1972年 | 5月 7日 | 22:27 | 魚 |
| 1972年 | 5月10日 | 01:35 | 牡羊 |
| 1972年 | 5月12日 | 01:48 | 牡牛 |
| 1972年 | 5月14日 | 00:58 | 双子 |
| 1972年 | 5月16日 | 01:16 | 蟹 |
| 1972年 | 5月18日 | 04:37 | 獅子 |
| 1972年 | 5月20日 | 11:56 | 乙女 |
| 1972年 | 5月22日 | 22:36 | 天秤 |
| 1972年 | 5月25日 | 11:01 | 蠍 |
| 1972年 | 5月27日 | 23:33 | 射手 |
| 1972年 | 5月30日 | 11:13 | 山羊 |
| 1972年 | 6月 1日 | 21:15 | 水瓶 |
| 1972年 | 6月 4日 | 04:52 | 魚 |
| 1972年 | 6月 6日 | 09:27 | 牡羊 |
| 1972年 | 6月 8日 | 11:15 | 牡牛 |
| 1972年 | 6月10日 | 11:24 | 双子 |
| 1972年 | 6月12日 | 11:45 | 蟹 |
| 1972年 | 6月14日 | 14:10 | 獅子 |
| 1972年 | 6月16日 | 20:03 | 乙女 |
| 1972年 | 6月19日 | 05:38 | 天秤 |
| 1972年 | 6月21日 | 17:42 | 蠍 |
| 1972年 | 6月24日 | 06:14 | 射手 |
| 1972年 | 6月26日 | 17:36 | 山羊 |
| 1972年 | 6月29日 | 03:02 | 水瓶 |
| 1972年 | 7月 1日 | 10:18 | 魚 |
| 1972年 | 7月 3日 | 15:22 | 牡羊 |
| 1972年 | 7月 5日 | 18:25 | 牡牛 |
| 1972年 | 7月 7日 | 20:05 | 双子 |
| 1972年 | 7月 9日 | 21:30 | 蟹 |
| 1972年 | 7月12日 | 00:06 | 獅子 |
| 1972年 | 7月14日 | 05:16 | 乙女 |
| 1972年 | 7月16日 | 13:48 | 天秤 |
| 1972年 | 7月19日 | 01:15 | 蠍 |
| 1972年 | 7月21日 | 13:46 | 射手 |
| 1972年 | 7月24日 | 01:10 | 山羊 |
| 1972年 | 7月26日 | 10:07 | 水瓶 |
| 1972年 | 7月28日 | 16:29 | 魚 |
| 1972年 | 7月30日 | 20:50 | 牡羊 |
| 1972年 | 8月 1日 | 23:58 | 牡牛 |
| 1972年 | 8月 4日 | 02:33 | 双子 |
| 1972年 | 8月 6日 | 05:18 | 蟹 |
| 1972年 | 8月 8日 | 08:56 | 獅子 |
| 1972年 | 8月10日 | 14:23 | 乙女 |
| 1972年 | 8月12日 | 22:27 | 天秤 |
| 1972年 | 8月15日 | 09:19 | 蠍 |
| 1972年 | 8月17日 | 21:48 | 射手 |
| 1972年 | 8月20日 | 09:38 | 山羊 |
| 1972年 | 8月22日 | 18:43 | 水瓶 |
| 1972年 | 8月25日 | 00:29 | 魚 |
| 1972年 | 8月27日 | 03:41 | 牡羊 |
| 1972年 | 8月29日 | 05:43 | 牡牛 |
| 1972年 | 8月31日 | 07:56 | 双子 |
| 1972年 | 9月 2日 | 11:11 | 蟹 |
| 1972年 | 9月 4日 | 15:54 | 獅子 |
| 1972年 | 9月 6日 | 22:15 | 乙女 |
| 1972年 | 9月 9日 | 06:36 | 天秤 |
| 1972年 | 9月11日 | 17:15 | 蠍 |
| 1972年 | 9月14日 | 05:42 | 射手 |
| 1972年 | 9月16日 | 18:07 | 山羊 |
| 1972年 | 9月19日 | 04:04 | 水瓶 |
| 1972年 | 9月21日 | 10:09 | 魚 |
| 1972年 | 9月23日 | 12:45 | 牡羊 |
| 1972年 | 9月25日 | 13:28 | 牡牛 |
| 1972年 | 9月27日 | 14:15 | 双子 |
| 1972年 | 9月29日 | 16:39 | 蟹 |
| 1972年 | 10月 1日 | 21:25 | 獅子 |
| 1972年 | 10月 4日 | 04:31 | 乙女 |
| 1972年 | 10月 6日 | 13:35 | 天秤 |
| 1972年 | 10月 9日 | 00:27 | 蠍 |
| 1972年 | 10月11日 | 12:52 | 射手 |
| 1972年 | 10月14日 | 01:43 | 山羊 |
| 1972年 | 10月16日 | 12:51 | 水瓶 |
| 1972年 | 10月18日 | 20:12 | 魚 |
| 1972年 | 10月20日 | 23:23 | 牡羊 |
| 1972年 | 10月22日 | 23:38 | 牡牛 |
| 1972年 | 10月24日 | 23:03 | 双子 |
| 1972年 | 10月26日 | 23:45 | 蟹 |
| 1972年 | 10月29日 | 03:14 | 獅子 |
| 1972年 | 10月31日 | 09:59 | 乙女 |
| 1972年 | 11月 2日 | 19:27 | 天秤 |
| 1972年 | 11月 5日 | 06:46 | 蠍 |
| 1972年 | 11月 7日 | 19:16 | 射手 |
| 1972年 | 11月10日 | 08:11 | 山羊 |
| 1972年 | 11月12日 | 20:02 | 水瓶 |
| 1972年 | 11月15日 | 04:56 | 魚 |
| 1972年 | 11月17日 | 09:44 | 牡羊 |
| 1972年 | 11月19日 | 10:53 | 牡牛 |
| 1972年 | 11月21日 | 10:05 | 双子 |
| 1972年 | 11月23日 | 09:31 | 蟹 |
| 1972年 | 11月25日 | 11:12 | 獅子 |
| 1972年 | 11月27日 | 16:24 | 乙女 |
| 1972年 | 11月30日 | 01:14 | 天秤 |
| 1972年 | 12月 2日 | 12:42 | 蠍 |
| 1972年 | 12月 5日 | 01:22 | 射手 |
| 1972年 | 12月 7日 | 14:06 | 山羊 |
| 1972年 | 12月10日 | 01:53 | 水瓶 |
| 1972年 | 12月12日 | 11:32 | 魚 |
| 1972年 | 12月14日 | 17:59 | 牡羊 |
| 1972年 | 12月16日 | 20:59 | 牡牛 |
| 1972年 | 12月18日 | 21:25 | 双子 |
| 1972年 | 12月20日 | 20:57 | 蟹 |
| 1972年 | 12月22日 | 21:35 | 獅子 |
| 1972年 | 12月25日 | 01:02 | 乙女 |
| 1972年 | 12月27日 | 08:21 | 天秤 |
| 1972年 | 12月29日 | 19:09 | 蠍 |
| 1973年 | 1月 1日 | 07:51 | 射手 |
| 1973年 | 1月 3日 | 20:30 | 山羊 |
| 1973年 | 1月 6日 | 07:47 | 水瓶 |
| 1973年 | 1月 8日 | 17:02 | 魚 |
| 1973年 | 1月10日 | 23:57 | 牡羊 |
| 1973年 | 1月13日 | 04:24 | 牡牛 |
| 1973年 | 1月15日 | 06:41 | 双子 |
| 1973年 | 1月17日 | 07:39 | 蟹 |
| 1973年 | 1月19日 | 08:40 | 獅子 |
| 1973年 | 1月21日 | 11:24 | 乙女 |
| 1973年 | 1月23日 | 17:16 | 天秤 |

| | | | |
|---|---|---|---|
| 1973年 | 1月26日 | 02:51 | 蠍 |
| 1973年 | 1月28日 | 15:10 | 射手 |
| 1973年 | 1月31日 | 03:54 | 山羊 |
| 1973年 | 2月2日 | 14:55 | 水瓶 |
| 1973年 | 2月4日 | 23:22 | 魚 |
| 1973年 | 2月7日 | 05:29 | 牡羊 |
| 1973年 | 2月9日 | 09:53 | 牡牛 |
| 1973年 | 2月11日 | 13:10 | 双子 |
| 1973年 | 2月13日 | 15:44 | 蟹 |
| 1973年 | 2月15日 | 18:12 | 獅子 |
| 1973年 | 2月17日 | 21:31 | 乙女 |
| 1973年 | 2月20日 | 02:58 | 天秤 |
| 1973年 | 2月22日 | 11:35 | 蠍 |
| 1973年 | 2月24日 | 23:14 | 射手 |
| 1973年 | 2月27日 | 12:03 | 山羊 |
| 1973年 | 3月1日 | 23:22 | 水瓶 |
| 1973年 | 3月4日 | 07:31 | 魚 |
| 1973年 | 3月6日 | 12:37 | 牡羊 |
| 1973年 | 3月8日 | 15:51 | 牡牛 |
| 1973年 | 3月10日 | 18:31 | 双子 |
| 1973年 | 3月12日 | 21:29 | 蟹 |
| 1973年 | 3月15日 | 01:07 | 獅子 |
| 1973年 | 3月17日 | 05:42 | 乙女 |
| 1973年 | 3月19日 | 11:48 | 天秤 |
| 1973年 | 3月21日 | 20:15 | 蠍 |
| 1973年 | 3月24日 | 07:26 | 射手 |
| 1973年 | 3月26日 | 20:15 | 山羊 |
| 1973年 | 3月29日 | 08:12 | 水瓶 |
| 1973年 | 3月31日 | 16:55 | 魚 |
| 1973年 | 4月2日 | 21:48 | 牡羊 |
| 1973年 | 4月4日 | 23:59 | 牡牛 |
| 1973年 | 4月7日 | 01:12 | 双子 |
| 1973年 | 4月9日 | 03:04 | 蟹 |
| 1973年 | 4月11日 | 06:31 | 獅子 |
| 1973年 | 4月13日 | 11:47 | 乙女 |
| 1973年 | 4月15日 | 18:50 | 天秤 |
| 1973年 | 4月18日 | 03:51 | 蠍 |
| 1973年 | 4月20日 | 15:01 | 射手 |
| 1973年 | 4月23日 | 03:48 | 山羊 |
| 1973年 | 4月25日 | 16:20 | 水瓶 |
| 1973年 | 4月28日 | 02:09 | 魚 |
| 1973年 | 4月30日 | 07:53 | 牡羊 |
| 1973年 | 5月2日 | 10:01 | 牡牛 |
| 1973年 | 5月4日 | 10:16 | 双子 |
| 1973年 | 5月6日 | 10:35 | 蟹 |
| 1973年 | 5月8日 | 12:36 | 獅子 |
| 1973年 | 5月10日 | 17:13 | 乙女 |
| 1973年 | 5月13日 | 00:30 | 天秤 |
| 1973年 | 5月15日 | 10:09 | 蠍 |
| 1973年 | 5月17日 | 21:41 | 射手 |
| 1973年 | 5月20日 | 10:30 | 山羊 |
| 1973年 | 5月22日 | 23:17 | 水瓶 |
| 1973年 | 5月25日 | 10:05 | 魚 |
| 1973年 | 5月27日 | 17:14 | 牡羊 |
| 1973年 | 5月29日 | 20:28 | 牡牛 |
| 1973年 | 5月31日 | 20:53 | 双子 |
| 1973年 | 6月2日 | 20:22 | 蟹 |
| 1973年 | 6月4日 | 20:49 | 獅子 |
| 1973年 | 6月6日 | 23:51 | 乙女 |
| 1973年 | 6月9日 | 06:15 | 天秤 |
| 1973年 | 6月11日 | 15:51 | 蠍 |
| 1973年 | 6月14日 | 03:42 | 射手 |
| 1973年 | 6月16日 | 16:36 | 山羊 |
| 1973年 | 6月19日 | 05:19 | 水瓶 |
| 1973年 | 6月21日 | 16:28 | 魚 |
| 1973年 | 6月24日 | 00:48 | 牡羊 |
| 1973年 | 6月26日 | 05:37 | 牡牛 |
| 1973年 | 6月28日 | 07:18 | 双子 |
| 1973年 | 6月30日 | 07:08 | 蟹 |
| 1973年 | 7月2日 | 06:56 | 獅子 |
| 1973年 | 7月4日 | 08:31 | 乙女 |
| 1973年 | 7月6日 | 13:23 | 天秤 |
| 1973年 | 7月8日 | 22:05 | 蠍 |
| 1973年 | 7月11日 | 09:48 | 射手 |
| 1973年 | 7月13日 | 22:45 | 山羊 |
| 1973年 | 7月16日 | 11:15 | 水瓶 |
| 1973年 | 7月18日 | 22:07 | 魚 |
| 1973年 | 7月21日 | 06:43 | 牡羊 |
| 1973年 | 7月23日 | 12:41 | 牡牛 |
| 1973年 | 7月25日 | 15:58 | 双子 |
| 1973年 | 7月27日 | 17:11 | 蟹 |
| 1973年 | 7月29日 | 17:30 | 獅子 |
| 1973年 | 7月31日 | 18:35 | 乙女 |
| 1973年 | 8月2日 | 22:12 | 天秤 |
| 1973年 | 8月5日 | 05:35 | 蠍 |
| 1973年 | 8月7日 | 16:36 | 射手 |
| 1973年 | 8月10日 | 05:29 | 山羊 |
| 1973年 | 8月12日 | 17:52 | 水瓶 |
| 1973年 | 8月15日 | 04:14 | 魚 |
| 1973年 | 8月17日 | 12:16 | 牡羊 |
| 1973年 | 8月19日 | 18:14 | 牡牛 |
| 1973年 | 8月21日 | 22:26 | 双子 |
| 1973年 | 8月24日 | 01:08 | 蟹 |
| 1973年 | 8月26日 | 02:49 | 獅子 |
| 1973年 | 8月28日 | 04:34 | 乙女 |
| 1973年 | 8月30日 | 07:52 | 天秤 |
| 1973年 | 9月1日 | 14:17 | 蠍 |
| 1973年 | 9月4日 | 00:24 | 射手 |
| 1973年 | 9月6日 | 13:01 | 山羊 |
| 1973年 | 9月9日 | 01:30 | 水瓶 |
| 1973年 | 9月11日 | 11:40 | 魚 |
| 1973年 | 9月13日 | 18:56 | 牡羊 |
| 1973年 | 9月15日 | 23:59 | 牡牛 |
| 1973年 | 9月18日 | 03:48 | 双子 |
| 1973年 | 9月20日 | 07:01 | 蟹 |
| 1973年 | 9月22日 | 09:56 | 獅子 |
| 1973年 | 9月24日 | 12:58 | 乙女 |
| 1973年 | 9月26日 | 17:01 | 天秤 |
| 1973年 | 9月28日 | 23:18 | 蠍 |
| 1973年 | 10月1日 | 08:47 | 射手 |
| 1973年 | 10月3日 | 21:01 | 山羊 |
| 1973年 | 10月6日 | 09:48 | 水瓶 |
| 1973年 | 10月8日 | 20:23 | 魚 |
| 1973年 | 10月11日 | 03:29 | 牡羊 |
| 1973年 | 10月13日 | 07:36 | 牡牛 |
| 1973年 | 10月15日 | 10:09 | 双子 |
| 1973年 | 10月17日 | 12:28 | 蟹 |
| 1973年 | 10月19日 | 15:25 | 獅子 |
| 1973年 | 10月21日 | 19:19 | 乙女 |
| 1973年 | 10月24日 | 00:28 | 天秤 |
| 1973年 | 10月26日 | 07:28 | 蠍 |
| 1973年 | 10月28日 | 16:57 | 射手 |
| 1973年 | 10月31日 | 04:57 | 山羊 |
| 1973年 | 11月2日 | 17:58 | 水瓶 |
| 1973年 | 11月5日 | 05:25 | 魚 |
| 1973年 | 11月7日 | 13:19 | 牡羊 |
| 1973年 | 11月9日 | 17:26 | 牡牛 |
| 1973年 | 11月11日 | 19:00 | 双子 |
| 1973年 | 11月13日 | 19:47 | 蟹 |
| 1973年 | 11月15日 | 21:20 | 獅子 |
| 1973年 | 11月18日 | 00:41 | 乙女 |
| 1973年 | 11月20日 | 06:15 | 天秤 |
| 1973年 | 11月22日 | 14:06 | 蠍 |
| 1973年 | 11月25日 | 00:10 | 射手 |
| 1973年 | 11月27日 | 12:12 | 山羊 |
| 1973年 | 11月30日 | 01:17 | 水瓶 |
| 1973年 | 12月2日 | 13:32 | 魚 |
| 1973年 | 12月4日 | 22:50 | 牡羊 |
| 1973年 | 12月7日 | 04:08 | 牡牛 |
| 1973年 | 12月9日 | 05:58 | 双子 |
| 1973年 | 12月11日 | 05:52 | 蟹 |
| 1973年 | 12月13日 | 05:45 | 獅子 |
| 1973年 | 12月15日 | 07:21 | 乙女 |
| 1973年 | 12月17日 | 11:53 | 天秤 |
| 1973年 | 12月19日 | 19:43 | 蠍 |
| 1973年 | 12月22日 | 06:19 | 射手 |
| 1973年 | 12月24日 | 18:41 | 山羊 |
| 1973年 | 12月27日 | 07:43 | 水瓶 |
| 1973年 | 12月29日 | 20:09 | 魚 |
| 1974年 | 1月1日 | 06:34 | 牡羊 |
| 1974年 | 1月3日 | 13:38 | 牡牛 |
| 1974年 | 1月5日 | 17:00 | 双子 |
| 1974年 | 1月7日 | 17:29 | 蟹 |
| 1974年 | 1月9日 | 16:43 | 獅子 |
| 1974年 | 1月11日 | 16:42 | 乙女 |
| 1974年 | 1月13日 | 19:21 | 天秤 |
| 1974年 | 1月16日 | 01:53 | 蠍 |
| 1974年 | 1月18日 | 12:12 | 射手 |
| 1974年 | 1月21日 | 00:47 | 山羊 |

| | | | |
|---|---|---|---|
| 1974年 | 1月 23日 | 13:50 | 水瓶 |
| 1974年 | 1月 26日 | 02:00 | 魚 |
| 1974年 | 1月 28日 | 12:32 | 牡羊 |
| 1974年 | 1月 30日 | 20:41 | 牡牛 |
| 1974年 | 2月 2日 | 01:53 | 双子 |
| 1974年 | 2月 4日 | 04:06 | 蟹 |
| 1974年 | 2月 6日 | 04:12 | 獅子 |
| 1974年 | 2月 8日 | 03:52 | 乙女 |
| 1974年 | 2月 10日 | 05:10 | 天秤 |
| 1974年 | 2月 12日 | 09:58 | 蠍 |
| 1974年 | 2月 14日 | 19:00 | 射手 |
| 1974年 | 2月 17日 | 07:15 | 山羊 |
| 1974年 | 2月 19日 | 20:20 | 水瓶 |
| 1974年 | 2月 22日 | 08:15 | 魚 |
| 1974年 | 2月 24日 | 18:12 | 牡羊 |
| 1974年 | 2月 27日 | 02:11 | 牡牛 |
| 1974年 | 3月 1日 | 08:10 | 双子 |
| 1974年 | 3月 3日 | 12:00 | 蟹 |
| 1974年 | 3月 5日 | 13:49 | 獅子 |
| 1974年 | 3月 7日 | 14:34 | 乙女 |
| 1974年 | 3月 9日 | 15:52 | 天秤 |
| 1974年 | 3月 11日 | 19:40 | 蠍 |
| 1974年 | 3月 14日 | 03:19 | 射手 |
| 1974年 | 3月 16日 | 14:41 | 山羊 |
| 1974年 | 3月 19日 | 03:38 | 水瓶 |
| 1974年 | 3月 21日 | 15:33 | 魚 |
| 1974年 | 3月 24日 | 01:02 | 牡羊 |
| 1974年 | 3月 26日 | 08:09 | 牡牛 |
| 1974年 | 3月 28日 | 13:33 | 双子 |
| 1974年 | 3月 30日 | 17:40 | 蟹 |
| 1974年 | 4月 1日 | 20:41 | 獅子 |
| 1974年 | 4月 3日 | 22:57 | 乙女 |
| 1974年 | 4月 6日 | 01:23 | 天秤 |
| 1974年 | 4月 8日 | 05:25 | 蠍 |
| 1974年 | 4月 10日 | 12:27 | 射手 |
| 1974年 | 4月 12日 | 22:56 | 山羊 |
| 1974年 | 4月 15日 | 11:34 | 水瓶 |
| 1974年 | 4月 17日 | 23:44 | 魚 |
| 1974年 | 4月 20日 | 09:20 | 牡羊 |
| 1974年 | 4月 22日 | 15:54 | 牡牛 |
| 1974年 | 4月 24日 | 20:11 | 双子 |
| 1974年 | 4月 26日 | 23:18 | 蟹 |
| 1974年 | 4月 29日 | 02:03 | 獅子 |
| 1974年 | 5月 1日 | 05:00 | 乙女 |
| 1974年 | 5月 3日 | 08:39 | 天秤 |
| 1974年 | 5月 5日 | 13:43 | 蠍 |
| 1974年 | 5月 7日 | 21:05 | 射手 |
| 1974年 | 5月 10日 | 07:15 | 山羊 |
| 1974年 | 5月 12日 | 19:34 | 水瓶 |
| 1974年 | 5月 15日 | 08:03 | 魚 |
| 1974年 | 5月 17日 | 18:19 | 牡羊 |
| 1974年 | 5月 20日 | 01:10 | 牡牛 |
| 1974年 | 5月 22日 | 04:54 | 双子 |
| 1974年 | 5月 24日 | 06:46 | 蟹 |
| 1974年 | 5月 26日 | 08:12 | 獅子 |
| 1974年 | 5月 28日 | 10:25 | 乙女 |
| 1974年 | 5月 30日 | 14:16 | 天秤 |
| 1974年 | 6月 1日 | 20:10 | 蠍 |
| 1974年 | 6月 4日 | 04:21 | 射手 |
| 1974年 | 6月 6日 | 14:48 | 山羊 |
| 1974年 | 6月 9日 | 03:02 | 水瓶 |
| 1974年 | 6月 11日 | 15:43 | 魚 |
| 1974年 | 6月 14日 | 02:52 | 牡羊 |
| 1974年 | 6月 16日 | 10:46 | 牡牛 |
| 1974年 | 6月 18日 | 14:59 | 双子 |
| 1974年 | 6月 20日 | 16:22 | 蟹 |
| 1974年 | 6月 22日 | 16:30 | 獅子 |
| 1974年 | 6月 24日 | 17:11 | 乙女 |
| 1974年 | 6月 26日 | 19:57 | 天秤 |
| 1974年 | 6月 29日 | 01:40 | 蠍 |
| 1974年 | 7月 1日 | 10:20 | 射手 |
| 1974年 | 7月 3日 | 21:19 | 山羊 |
| 1974年 | 7月 6日 | 09:41 | 水瓶 |
| 1974年 | 7月 8日 | 22:25 | 魚 |
| 1974年 | 7月 11日 | 10:10 | 牡羊 |
| 1974年 | 7月 13日 | 19:21 | 牡牛 |
| 1974年 | 7月 16日 | 00:54 | 双子 |
| 1974年 | 7月 18日 | 02:56 | 蟹 |
| 1974年 | 7月 20日 | 02:44 | 獅子 |
| 1974年 | 7月 22日 | 02:10 | 乙女 |
| 1974年 | 7月 24日 | 03:19 | 天秤 |
| 1974年 | 7月 26日 | 07:45 | 蠍 |
| 1974年 | 7月 28日 | 15:59 | 射手 |
| 1974年 | 7月 31日 | 03:10 | 山羊 |
| 1974年 | 8月 2日 | 15:46 | 水瓶 |
| 1974年 | 8月 5日 | 04:26 | 魚 |
| 1974年 | 8月 7日 | 16:15 | 牡羊 |
| 1974年 | 8月 10日 | 02:12 | 牡牛 |
| 1974年 | 8月 12日 | 09:15 | 双子 |
| 1974年 | 8月 14日 | 12:49 | 蟹 |
| 1974年 | 8月 16日 | 13:27 | 獅子 |
| 1974年 | 8月 18日 | 12:43 | 乙女 |
| 1974年 | 8月 20日 | 12:45 | 天秤 |
| 1974年 | 8月 22日 | 15:37 | 蠍 |
| 1974年 | 8月 24日 | 22:33 | 射手 |
| 1974年 | 8月 27日 | 09:15 | 山羊 |
| 1974年 | 8月 29日 | 21:52 | 水瓶 |
| 1974年 | 9月 1日 | 10:29 | 魚 |
| 1974年 | 9月 3日 | 21:58 | 牡羊 |
| 1974年 | 9月 6日 | 07:50 | 牡牛 |
| 1974年 | 9月 8日 | 15:36 | 双子 |
| 1974年 | 9月 10日 | 20:39 | 蟹 |
| 1974年 | 9月 12日 | 22:54 | 獅子 |
| 1974年 | 9月 14日 | 23:13 | 乙女 |
| 1974年 | 9月 16日 | 23:18 | 天秤 |
| 1974年 | 9月 19日 | 01:14 | 蠍 |
| 1974年 | 9月 21日 | 06:46 | 射手 |
| 1974年 | 9月 23日 | 16:21 | 山羊 |
| 1974年 | 9月 26日 | 04:38 | 水瓶 |
| 1974年 | 9月 28日 | 17:14 | 魚 |
| 1974年 | 10月 1日 | 04:25 | 牡羊 |
| 1974年 | 10月 3日 | 13:39 | 牡牛 |
| 1974年 | 10月 5日 | 21:00 | 双子 |
| 1974年 | 10月 8日 | 02:30 | 蟹 |
| 1974年 | 10月 10日 | 06:03 | 獅子 |
| 1974年 | 10月 12日 | 07:56 | 乙女 |
| 1974年 | 10月 14日 | 09:11 | 天秤 |
| 1974年 | 10月 16日 | 11:23 | 蠍 |
| 1974年 | 10月 18日 | 16:14 | 射手 |
| 1974年 | 10月 21日 | 00:43 | 山羊 |
| 1974年 | 10月 23日 | 12:20 | 水瓶 |
| 1974年 | 10月 26日 | 00:56 | 魚 |
| 1974年 | 10月 28日 | 12:13 | 牡羊 |
| 1974年 | 10月 30日 | 21:00 | 牡牛 |
| 1974年 | 11月 2日 | 03:23 | 双子 |
| 1974年 | 11月 4日 | 08:01 | 蟹 |
| 1974年 | 11月 6日 | 11:30 | 獅子 |
| 1974年 | 11月 8日 | 14:18 | 乙女 |
| 1974年 | 11月 10日 | 16:59 | 天秤 |
| 1974年 | 11月 12日 | 20:24 | 蠍 |
| 1974年 | 11月 15日 | 01:39 | 射手 |
| 1974年 | 11月 17日 | 09:42 | 山羊 |
| 1974年 | 11月 19日 | 20:38 | 水瓶 |
| 1974年 | 11月 22日 | 09:11 | 魚 |
| 1974年 | 11月 24日 | 20:58 | 牡羊 |
| 1974年 | 11月 27日 | 06:05 | 牡牛 |
| 1974年 | 11月 29日 | 11:58 | 双子 |
| 1974年 | 12月 1日 | 15:22 | 蟹 |
| 1974年 | 12月 3日 | 17:32 | 獅子 |
| 1974年 | 12月 5日 | 19:40 | 乙女 |
| 1974年 | 12月 7日 | 22:43 | 天秤 |
| 1974年 | 12月 10日 | 03:13 | 蠍 |
| 1974年 | 12月 12日 | 09:34 | 射手 |
| 1974年 | 12月 14日 | 18:04 | 山羊 |
| 1974年 | 12月 17日 | 04:48 | 水瓶 |
| 1974年 | 12月 19日 | 17:11 | 魚 |
| 1974年 | 12月 22日 | 05:35 | 牡羊 |
| 1974年 | 12月 24日 | 15:44 | 牡牛 |
| 1974年 | 12月 26日 | 22:15 | 双子 |
| 1974年 | 12月 29日 | 01:16 | 蟹 |
| 1974年 | 12月 31日 | 02:05 | 獅子 |
| 1975年 | 1月 2日 | 02:33 | 乙女 |
| 1975年 | 1月 4日 | 04:22 | 天秤 |
| 1975年 | 1月 6日 | 08:39 | 蠍 |
| 1975年 | 1月 8日 | 15:39 | 射手 |
| 1975年 | 1月 11日 | 00:58 | 山羊 |
| 1975年 | 1月 13日 | 12:03 | 水瓶 |
| 1975年 | 1月 16日 | 00:23 | 魚 |
| 1975年 | 1月 18日 | 13:03 | 牡羊 |

| | | | |
|---|---|---|---|
| 1975年 | 1月21日 | 00:20 | 牡牛 |
| 1975年 | 1月23日 | 08:23 | 双子 |
| 1975年 | 1月25日 | 12:20 | 蟹 |
| 1975年 | 1月27日 | 13:00 | 獅子 |
| 1975年 | 1月29日 | 12:14 | 乙女 |
| 1975年 | 1月31日 | 12:13 | 天秤 |
| 1975年 | 2月2日 | 14:53 | 蠍 |
| 1975年 | 2月4日 | 21:10 | 射手 |
| 1975年 | 2月7日 | 06:42 | 山羊 |
| 1975年 | 2月9日 | 18:16 | 水瓶 |
| 1975年 | 2月12日 | 06:45 | 魚 |
| 1975年 | 2月14日 | 19:22 | 牡羊 |
| 1975年 | 2月17日 | 07:09 | 牡牛 |
| 1975年 | 2月19日 | 16:34 | 双子 |
| 1975年 | 2月21日 | 22:18 | 蟹 |
| 1975年 | 2月24日 | 00:14 | 獅子 |
| 1975年 | 2月25日 | 23:38 | 乙女 |
| 1975年 | 2月27日 | 22:39 | 天秤 |
| 1975年 | 3月1日 | 23:34 | 蠍 |
| 1975年 | 3月4日 | 04:05 | 射手 |
| 1975年 | 3月6日 | 12:39 | 山羊 |
| 1975年 | 3月9日 | 00:09 | 水瓶 |
| 1975年 | 3月11日 | 12:49 | 魚 |
| 1975年 | 3月14日 | 01:18 | 牡羊 |
| 1975年 | 3月16日 | 12:52 | 牡牛 |
| 1975年 | 3月18日 | 22:43 | 双子 |
| 1975年 | 3月21日 | 05:48 | 蟹 |
| 1975年 | 3月23日 | 09:31 | 獅子 |
| 1975年 | 3月25日 | 10:21 | 乙女 |
| 1975年 | 3月27日 | 09:51 | 天秤 |
| 1975年 | 3月29日 | 10:08 | 蠍 |
| 1975年 | 3月31日 | 13:09 | 射手 |
| 1975年 | 4月2日 | 20:08 | 山羊 |
| 1975年 | 4月5日 | 06:45 | 水瓶 |
| 1975年 | 4月7日 | 19:16 | 魚 |
| 1975年 | 4月10日 | 07:44 | 牡羊 |
| 1975年 | 4月12日 | 18:53 | 牡牛 |
| 1975年 | 4月15日 | 04:14 | 双子 |
| 1975年 | 4月17日 | 11:27 | 蟹 |
| 1975年 | 4月19日 | 16:14 | 獅子 |
| 1975年 | 4月21日 | 18:43 | 乙女 |
| 1975年 | 4月23日 | 19:42 | 天秤 |
| 1975年 | 4月25日 | 20:40 | 蠍 |
| 1975年 | 4月27日 | 23:20 | 射手 |
| 1975年 | 4月30日 | 05:08 | 山羊 |
| 1975年 | 5月2日 | 14:33 | 水瓶 |
| 1975年 | 5月5日 | 02:34 | 魚 |
| 1975年 | 5月7日 | 15:02 | 牡羊 |
| 1975年 | 5月10日 | 02:03 | 牡牛 |
| 1975年 | 5月12日 | 10:44 | 双子 |
| 1975年 | 5月14日 | 17:08 | 蟹 |
| 1975年 | 5月16日 | 21:38 | 獅子 |
| 1975年 | 5月19日 | 00:46 | 乙女 |
| 1975年 | 5月21日 | 03:05 | 天秤 |
| 1975年 | 5月23日 | 05:26 | 蠍 |
| 1975年 | 5月25日 | 08:51 | 射手 |
| 1975年 | 5月27日 | 14:31 | 山羊 |
| 1975年 | 5月29日 | 23:09 | 水瓶 |
| 1975年 | 6月1日 | 10:32 | 魚 |
| 1975年 | 6月3日 | 23:01 | 牡羊 |
| 1975年 | 6月6日 | 10:19 | 牡牛 |
| 1975年 | 6月8日 | 18:49 | 双子 |
| 1975年 | 6月11日 | 00:22 | 蟹 |
| 1975年 | 6月13日 | 03:45 | 獅子 |
| 1975年 | 6月15日 | 06:11 | 乙女 |
| 1975年 | 6月17日 | 08:41 | 天秤 |
| 1975年 | 6月19日 | 11:59 | 蠍 |
| 1975年 | 6月21日 | 16:34 | 射手 |
| 1975年 | 6月23日 | 22:56 | 山羊 |
| 1975年 | 6月26日 | 07:33 | 水瓶 |
| 1975年 | 6月28日 | 18:33 | 魚 |
| 1975年 | 7月1日 | 07:02 | 牡羊 |
| 1975年 | 7月3日 | 18:53 | 牡牛 |
| 1975年 | 7月6日 | 03:58 | 双子 |
| 1975年 | 7月8日 | 09:23 | 蟹 |
| 1975年 | 7月10日 | 11:50 | 獅子 |
| 1975年 | 7月12日 | 12:56 | 乙女 |
| 1975年 | 7月14日 | 14:21 | 天秤 |
| 1975年 | 7月16日 | 17:23 | 蠍 |
| 1975年 | 7月18日 | 22:32 | 射手 |
| 1975年 | 7月21日 | 05:46 | 山羊 |
| 1975年 | 7月23日 | 14:56 | 水瓶 |
| 1975年 | 7月26日 | 01:58 | 魚 |
| 1975年 | 7月28日 | 14:27 | 牡羊 |
| 1975年 | 7月31日 | 02:53 | 牡牛 |
| 1975年 | 8月2日 | 13:02 | 双子 |
| 1975年 | 8月4日 | 19:17 | 蟹 |
| 1975年 | 8月6日 | 21:44 | 獅子 |
| 1975年 | 8月8日 | 21:54 | 乙女 |
| 1975年 | 8月10日 | 21:52 | 天秤 |
| 1975年 | 8月12日 | 23:30 | 蠍 |
| 1975年 | 8月15日 | 03:59 | 射手 |
| 1975年 | 8月17日 | 11:25 | 山羊 |
| 1975年 | 8月19日 | 21:09 | 水瓶 |
| 1975年 | 8月22日 | 08:32 | 魚 |
| 1975年 | 8月24日 | 21:02 | 牡羊 |
| 1975年 | 8月27日 | 09:45 | 牡牛 |
| 1975年 | 8月29日 | 20:53 | 双子 |
| 1975年 | 9月1日 | 04:35 | 蟹 |
| 1975年 | 9月3日 | 08:08 | 獅子 |
| 1975年 | 9月5日 | 08:29 | 乙女 |
| 1975年 | 9月7日 | 07:38 | 天秤 |
| 1975年 | 9月9日 | 07:46 | 蠍 |
| 1975年 | 9月11日 | 10:41 | 射手 |
| 1975年 | 9月13日 | 17:11 | 山羊 |
| 1975年 | 9月16日 | 02:51 | 水瓶 |
| 1975年 | 9月18日 | 14:32 | 魚 |
| 1975年 | 9月21日 | 03:07 | 牡羊 |
| 1975年 | 9月23日 | 15:43 | 牡牛 |
| 1975年 | 9月26日 | 03:12 | 双子 |
| 1975年 | 9月28日 | 12:07 | 蟹 |
| 1975年 | 9月30日 | 17:20 | 獅子 |
| 1975年 | 10月2日 | 19:04 | 乙女 |
| 1975年 | 10月4日 | 18:40 | 天秤 |
| 1975年 | 10月6日 | 18:09 | 蠍 |
| 1975年 | 10月8日 | 19:36 | 射手 |
| 1975年 | 10月11日 | 00:28 | 山羊 |
| 1975年 | 10月13日 | 09:10 | 水瓶 |
| 1975年 | 10月15日 | 20:40 | 魚 |
| 1975年 | 10月18日 | 09:20 | 牡羊 |
| 1975年 | 10月20日 | 21:43 | 牡牛 |
| 1975年 | 10月23日 | 08:51 | 双子 |
| 1975年 | 10月25日 | 17:57 | 蟹 |
| 1975年 | 10月28日 | 00:20 | 獅子 |
| 1975年 | 10月30日 | 03:47 | 乙女 |
| 1975年 | 11月1日 | 04:55 | 天秤 |
| 1975年 | 11月3日 | 05:08 | 蠍 |
| 1975年 | 11月5日 | 06:10 | 射手 |
| 1975年 | 11月7日 | 09:45 | 山羊 |
| 1975年 | 11月9日 | 16:59 | 水瓶 |
| 1975年 | 11月12日 | 03:41 | 魚 |
| 1975年 | 11月14日 | 16:17 | 牡羊 |
| 1975年 | 11月17日 | 04:37 | 牡牛 |
| 1975年 | 11月19日 | 15:14 | 双子 |
| 1975年 | 11月21日 | 23:36 | 蟹 |
| 1975年 | 11月24日 | 05:48 | 獅子 |
| 1975年 | 11月26日 | 10:04 | 乙女 |
| 1975年 | 11月28日 | 12:48 | 天秤 |
| 1975年 | 11月30日 | 14:37 | 蠍 |
| 1975年 | 12月2日 | 16:33 | 射手 |
| 1975年 | 12月4日 | 19:59 | 山羊 |
| 1975年 | 12月7日 | 02:12 | 水瓶 |
| 1975年 | 12月9日 | 11:51 | 魚 |
| 1975年 | 12月12日 | 00:05 | 牡羊 |
| 1975年 | 12月14日 | 12:39 | 牡牛 |
| 1975年 | 12月16日 | 23:12 | 双子 |
| 1975年 | 12月19日 | 06:49 | 蟹 |
| 1975年 | 12月21日 | 11:54 | 獅子 |
| 1975年 | 12月23日 | 15:28 | 乙女 |
| 1975年 | 12月25日 | 18:27 | 天秤 |
| 1975年 | 12月27日 | 21:28 | 蠍 |
| 1975年 | 12月30日 | 00:53 | 射手 |
| 1976年 | 1月1日 | 05:16 | 山羊 |
| 1976年 | 1月3日 | 11:33 | 水瓶 |
| 1976年 | 1月5日 | 20:35 | 魚 |
| 1976年 | 1月8日 | 08:21 | 牡羊 |
| 1976年 | 1月10日 | 21:09 | 牡牛 |
| 1976年 | 1月13日 | 08:19 | 双子 |
| 1976年 | 1月15日 | 16:00 | 蟹 |

| | | | |
|---|---|---|---|
| 1976年 | 1月17日 | 20:16 | 獅子 |
| 1976年 | 1月19日 | 22:26 | 乙女 |
| 1976年 | 1月22日 | 00:11 | 天秤 |
| 1976年 | 1月24日 | 02:48 | 蠍 |
| 1976年 | 1月26日 | 06:51 | 射手 |
| 1976年 | 1月28日 | 12:24 | 山羊 |
| 1976年 | 1月30日 | 19:34 | 水瓶 |
| 1976年 | 2月 2日 | 04:46 | 魚 |
| 1976年 | 2月 4日 | 16:17 | 牡羊 |
| 1976年 | 2月 7日 | 05:13 | 牡牛 |
| 1976年 | 2月 9日 | 17:15 | 双子 |
| 1976年 | 2月12日 | 01:58 | 蟹 |
| 1976年 | 2月14日 | 06:33 | 獅子 |
| 1976年 | 2月16日 | 07:59 | 乙女 |
| 1976年 | 2月18日 | 08:14 | 天秤 |
| 1976年 | 2月20日 | 09:14 | 蠍 |
| 1976年 | 2月22日 | 12:18 | 射手 |
| 1976年 | 2月24日 | 17:54 | 山羊 |
| 1976年 | 2月27日 | 01:48 | 水瓶 |
| 1976年 | 2月29日 | 11:41 | 魚 |
| 1976年 | 3月 2日 | 23:22 | 牡羊 |
| 1976年 | 3月 5日 | 12:18 | 牡牛 |
| 1976年 | 3月 8日 | 00:55 | 双子 |
| 1976年 | 3月10日 | 10:59 | 蟹 |
| 1976年 | 3月12日 | 16:55 | 獅子 |
| 1976年 | 3月14日 | 18:59 | 乙女 |
| 1976年 | 3月16日 | 18:45 | 天秤 |
| 1976年 | 3月18日 | 18:18 | 蠍 |
| 1976年 | 3月20日 | 19:34 | 射手 |
| 1976年 | 3月22日 | 23:48 | 山羊 |
| 1976年 | 3月25日 | 07:19 | 水瓶 |
| 1976年 | 3月27日 | 17:33 | 魚 |
| 1976年 | 3月30日 | 05:37 | 牡羊 |
| 1976年 | 4月 1日 | 18:34 | 牡牛 |
| 1976年 | 4月 4日 | 07:15 | 双子 |
| 1976年 | 4月 6日 | 18:06 | 蟹 |
| 1976年 | 4月 9日 | 01:36 | 獅子 |
| 1976年 | 4月11日 | 05:16 | 乙女 |
| 1976年 | 4月13日 | 05:55 | 天秤 |
| 1976年 | 4月15日 | 05:15 | 蠍 |
| 1976年 | 4月17日 | 05:15 | 射手 |
| 1976年 | 4月19日 | 07:43 | 山羊 |
| 1976年 | 4月21日 | 13:47 | 水瓶 |
| 1976年 | 4月23日 | 23:27 | 魚 |
| 1976年 | 4月26日 | 11:36 | 牡羊 |
| 1976年 | 4月29日 | 00:37 | 牡牛 |
| 1976年 | 5月 1日 | 13:05 | 双子 |
| 1976年 | 5月 3日 | 23:53 | 蟹 |
| 1976年 | 5月 6日 | 08:09 | 獅子 |
| 1976年 | 5月 8日 | 13:21 | 乙女 |
| 1976年 | 5月10日 | 15:40 | 天秤 |
| 1976年 | 5月12日 | 16:03 | 蠍 |
| 1976年 | 5月14日 | 16:05 | 射手 |
| 1976年 | 5月16日 | 17:32 | 山羊 |
| 1976年 | 5月18日 | 22:02 | 水瓶 |
| 1976年 | 5月21日 | 06:26 | 魚 |
| 1976年 | 5月23日 | 18:06 | 牡羊 |
| 1976年 | 5月26日 | 07:07 | 牡牛 |
| 1976年 | 5月28日 | 19:22 | 双子 |
| 1976年 | 5月31日 | 05:39 | 蟹 |
| 1976年 | 6月 2日 | 13:37 | 獅子 |
| 1976年 | 6月 4日 | 19:21 | 乙女 |
| 1976年 | 6月 6日 | 23:00 | 天秤 |
| 1976年 | 6月 9日 | 00:58 | 蠍 |
| 1976年 | 6月11日 | 02:07 | 射手 |
| 1976年 | 6月13日 | 03:46 | 山羊 |
| 1976年 | 6月15日 | 07:31 | 水瓶 |
| 1976年 | 6月17日 | 14:43 | 魚 |
| 1976年 | 6月20日 | 01:32 | 牡羊 |
| 1976年 | 6月22日 | 14:21 | 牡牛 |
| 1976年 | 6月25日 | 02:36 | 双子 |
| 1976年 | 6月27日 | 12:29 | 蟹 |
| 1976年 | 6月29日 | 19:40 | 獅子 |
| 1976年 | 7月 2日 | 00:46 | 乙女 |
| 1976年 | 7月 4日 | 04:34 | 天秤 |
| 1976年 | 7月 6日 | 07:33 | 蠍 |
| 1976年 | 7月 8日 | 10:05 | 射手 |
| 1976年 | 7月10日 | 12:49 | 山羊 |
| 1976年 | 7月12日 | 16:53 | 水瓶 |
| 1976年 | 7月14日 | 23:36 | 魚 |
| 1976年 | 7月17日 | 09:40 | 牡羊 |
| 1976年 | 7月19日 | 22:10 | 牡牛 |
| 1976年 | 7月22日 | 10:40 | 双子 |
| 1976年 | 7月24日 | 20:39 | 蟹 |
| 1976年 | 7月27日 | 03:19 | 獅子 |
| 1976年 | 7月29日 | 07:23 | 乙女 |
| 1976年 | 7月31日 | 10:13 | 天秤 |
| 1976年 | 8月 2日 | 12:55 | 蠍 |
| 1976年 | 8月 4日 | 16:03 | 射手 |
| 1976年 | 8月 6日 | 19:55 | 山羊 |
| 1976年 | 8月 9日 | 00:57 | 水瓶 |
| 1976年 | 8月11日 | 08:00 | 魚 |
| 1976年 | 8月13日 | 17:49 | 牡羊 |
| 1976年 | 8月16日 | 06:05 | 牡牛 |
| 1976年 | 8月18日 | 18:53 | 双子 |
| 1976年 | 8月21日 | 05:33 | 蟹 |
| 1976年 | 8月23日 | 12:31 | 獅子 |
| 1976年 | 8月25日 | 16:04 | 乙女 |
| 1976年 | 8月27日 | 17:42 | 天秤 |
| 1976年 | 8月29日 | 19:05 | 蠍 |
| 1976年 | 8月31日 | 21:28 | 射手 |
| 1976年 | 9月 3日 | 01:29 | 山羊 |
| 1976年 | 9月 5日 | 07:20 | 水瓶 |
| 1976年 | 9月 7日 | 15:11 | 魚 |
| 1976年 | 9月10日 | 01:18 | 牡羊 |
| 1976年 | 9月12日 | 13:30 | 牡牛 |
| 1976年 | 9月15日 | 02:32 | 双子 |
| 1976年 | 9月17日 | 14:06 | 蟹 |
| 1976年 | 9月19日 | 22:10 | 獅子 |
| 1976年 | 9月22日 | 02:16 | 乙女 |
| 1976年 | 9月24日 | 03:28 | 天秤 |
| 1976年 | 9月26日 | 03:34 | 蠍 |
| 1976年 | 9月28日 | 04:22 | 射手 |
| 1976年 | 9月30日 | 07:13 | 山羊 |
| 1976年 | 10月 2日 | 12:49 | 水瓶 |
| 1976年 | 10月 4日 | 21:09 | 魚 |
| 1976年 | 10月 7日 | 07:50 | 牡羊 |
| 1976年 | 10月 9日 | 20:11 | 牡牛 |
| 1976年 | 10月12日 | 09:14 | 双子 |
| 1976年 | 10月14日 | 21:23 | 蟹 |
| 1976年 | 10月17日 | 06:49 | 獅子 |
| 1976年 | 10月19日 | 12:25 | 乙女 |
| 1976年 | 10月21日 | 14:27 | 天秤 |
| 1976年 | 10月23日 | 14:17 | 蠍 |
| 1976年 | 10月25日 | 13:49 | 射手 |
| 1976年 | 10月27日 | 14:55 | 山羊 |
| 1976年 | 10月29日 | 19:05 | 水瓶 |
| 1976年 | 11月 1日 | 02:53 | 魚 |
| 1976年 | 11月 3日 | 13:45 | 牡羊 |
| 1976年 | 11月 6日 | 02:23 | 牡牛 |
| 1976年 | 11月 8日 | 15:21 | 双子 |
| 1976年 | 11月11日 | 03:27 | 蟹 |
| 1976年 | 11月13日 | 13:36 | 獅子 |
| 1976年 | 11月15日 | 20:46 | 乙女 |
| 1976年 | 11月18日 | 00:34 | 天秤 |
| 1976年 | 11月20日 | 01:32 | 蠍 |
| 1976年 | 11月22日 | 01:04 | 射手 |
| 1976年 | 11月24日 | 01:04 | 山羊 |
| 1976年 | 11月26日 | 03:30 | 水瓶 |
| 1976年 | 11月28日 | 09:47 | 魚 |
| 1976年 | 11月30日 | 20:01 | 牡羊 |
| 1976年 | 12月 3日 | 08:41 | 牡牛 |
| 1976年 | 12月 5日 | 21:38 | 双子 |
| 1976年 | 12月 8日 | 09:21 | 蟹 |
| 1976年 | 12月10日 | 19:12 | 獅子 |
| 1976年 | 12月13日 | 02:55 | 乙女 |
| 1976年 | 12月15日 | 08:13 | 天秤 |
| 1976年 | 12月17日 | 11:01 | 蠍 |
| 1976年 | 12月19日 | 11:54 | 射手 |
| 1976年 | 12月21日 | 12:12 | 山羊 |
| 1976年 | 12月23日 | 13:48 | 水瓶 |
| 1976年 | 12月25日 | 18:36 | 魚 |
| 1976年 | 12月28日 | 03:31 | 牡羊 |
| 1976年 | 12月30日 | 15:43 | 牡牛 |
| 1977年 | 1月 2日 | 04:42 | 双子 |
| 1977年 | 1月 4日 | 16:12 | 蟹 |
| 1977年 | 1月 7日 | 01:21 | 獅子 |
| 1977年 | 1月 9日 | 08:23 | 乙女 |
| 1977年 | 1月11日 | 13:48 | 天秤 |

| | | | |
|---|---|---|---|
| 1977年 | 1月13日 | 17:44 | 蠍 |
| 1977年 | 1月15日 | 20:18 | 射手 |
| 1977年 | 1月17日 | 22:02 | 山羊 |
| 1977年 | 1月20日 | 00:12 | 水瓶 |
| 1977年 | 1月22日 | 04:30 | 魚 |
| 1977年 | 1月24日 | 12:19 | 牡羊 |
| 1977年 | 1月26日 | 23:40 | 牡牛 |
| 1977年 | 1月29日 | 12:37 | 双子 |
| 1977年 | 2月 1日 | 00:19 | 蟹 |
| 1977年 | 2月 3日 | 09:11 | 獅子 |
| 1977年 | 2月 5日 | 15:17 | 乙女 |
| 1977年 | 2月 7日 | 19:36 | 天秤 |
| 1977年 | 2月 9日 | 23:04 | 蠍 |
| 1977年 | 2月12日 | 02:11 | 射手 |
| 1977年 | 2月14日 | 05:14 | 山羊 |
| 1977年 | 2月16日 | 08:45 | 水瓶 |
| 1977年 | 2月18日 | 13:45 | 魚 |
| 1977年 | 2月20日 | 21:22 | 牡羊 |
| 1977年 | 2月23日 | 08:06 | 牡牛 |
| 1977年 | 2月25日 | 20:49 | 双子 |
| 1977年 | 2月28日 | 09:02 | 蟹 |
| 1977年 | 3月 2日 | 18:25 | 獅子 |
| 1977年 | 3月 5日 | 00:19 | 乙女 |
| 1977年 | 3月 7日 | 03:35 | 天秤 |
| 1977年 | 3月 9日 | 05:37 | 蠍 |
| 1977年 | 3月11日 | 07:42 | 射手 |
| 1977年 | 3月13日 | 10:40 | 山羊 |
| 1977年 | 3月15日 | 15:00 | 水瓶 |
| 1977年 | 3月17日 | 21:06 | 魚 |
| 1977年 | 3月20日 | 05:23 | 牡羊 |
| 1977年 | 3月22日 | 16:05 | 牡牛 |
| 1977年 | 3月25日 | 04:38 | 双子 |
| 1977年 | 3月27日 | 17:16 | 蟹 |
| 1977年 | 3月30日 | 03:40 | 獅子 |
| 1977年 | 4月 1日 | 10:25 | 乙女 |
| 1977年 | 4月 3日 | 13:39 | 天秤 |
| 1977年 | 4月 5日 | 14:40 | 蠍 |
| 1977年 | 4月 7日 | 15:09 | 射手 |
| 1977年 | 4月 9日 | 16:40 | 山羊 |
| 1977年 | 4月11日 | 20:24 | 水瓶 |
| 1977年 | 4月14日 | 02:49 | 魚 |
| 1977年 | 4月16日 | 11:52 | 牡羊 |
| 1977年 | 4月18日 | 23:02 | 牡牛 |
| 1977年 | 4月21日 | 11:37 | 双子 |
| 1977年 | 4月24日 | 00:25 | 蟹 |
| 1977年 | 4月26日 | 11:43 | 獅子 |
| 1977年 | 4月28日 | 19:52 | 乙女 |
| 1977年 | 5月 1日 | 00:13 | 天秤 |
| 1977年 | 5月 3日 | 01:24 | 蠍 |
| 1977年 | 5月 5日 | 01:00 | 射手 |
| 1977年 | 5月 7日 | 00:55 | 山羊 |
| 1977年 | 5月 9日 | 03:00 | 水瓶 |
| 1977年 | 5月11日 | 08:29 | 魚 |
| 1977年 | 5月13日 | 17:29 | 牡羊 |
| 1977年 | 5月16日 | 05:04 | 牡牛 |
| 1977年 | 5月18日 | 17:50 | 双子 |
| 1977年 | 5月21日 | 06:35 | 蟹 |
| 1977年 | 5月23日 | 18:13 | 獅子 |
| 1977年 | 5月26日 | 03:31 | 乙女 |
| 1977年 | 5月28日 | 09:28 | 天秤 |
| 1977年 | 5月30日 | 11:57 | 蠍 |
| 1977年 | 6月 1日 | 11:54 | 射手 |
| 1977年 | 6月 3日 | 11:07 | 山羊 |
| 1977年 | 6月 5日 | 11:44 | 水瓶 |
| 1977年 | 6月 7日 | 15:35 | 魚 |
| 1977年 | 6月 9日 | 23:34 | 牡羊 |
| 1977年 | 6月12日 | 10:56 | 牡牛 |
| 1977年 | 6月14日 | 23:49 | 双子 |
| 1977年 | 6月17日 | 12:28 | 蟹 |
| 1977年 | 6月19日 | 23:53 | 獅子 |
| 1977年 | 6月22日 | 09:29 | 乙女 |
| 1977年 | 6月24日 | 16:35 | 天秤 |
| 1977年 | 6月26日 | 20:42 | 蠍 |
| 1977年 | 6月28日 | 22:02 | 射手 |
| 1977年 | 6月30日 | 21:49 | 山羊 |
| 1977年 | 7月 2日 | 21:57 | 水瓶 |
| 1977年 | 7月 5日 | 00:31 | 魚 |
| 1977年 | 7月 7日 | 07:03 | 牡羊 |
| 1977年 | 7月 9日 | 17:32 | 牡牛 |
| 1977年 | 7月12日 | 06:15 | 双子 |
| 1977年 | 7月14日 | 18:49 | 蟹 |
| 1977年 | 7月17日 | 05:51 | 獅子 |
| 1977年 | 7月19日 | 14:58 | 乙女 |
| 1977年 | 7月21日 | 22:09 | 天秤 |
| 1977年 | 7月24日 | 03:13 | 蠍 |
| 1977年 | 7月26日 | 06:05 | 射手 |
| 1977年 | 7月28日 | 07:15 | 山羊 |
| 1977年 | 7月30日 | 08:04 | 水瓶 |
| 1977年 | 8月 1日 | 10:23 | 魚 |
| 1977年 | 8月 3日 | 15:54 | 牡羊 |
| 1977年 | 8月 6日 | 01:17 | 牡牛 |
| 1977年 | 8月 8日 | 13:29 | 双子 |
| 1977年 | 8月11日 | 02:03 | 蟹 |
| 1977年 | 8月13日 | 12:57 | 獅子 |
| 1977年 | 8月15日 | 21:26 | 乙女 |
| 1977年 | 8月18日 | 03:49 | 天秤 |
| 1977年 | 8月20日 | 08:35 | 蠍 |
| 1977年 | 8月22日 | 12:03 | 射手 |
| 1977年 | 8月24日 | 14:30 | 山羊 |
| 1977年 | 8月26日 | 16:41 | 水瓶 |
| 1977年 | 8月28日 | 19:47 | 魚 |
| 1977年 | 8月31日 | 01:11 | 牡羊 |
| 1977年 | 9月 2日 | 09:52 | 牡牛 |
| 1977年 | 9月 4日 | 21:26 | 双子 |
| 1977年 | 9月 7日 | 10:03 | 蟹 |
| 1977年 | 9月 9日 | 21:13 | 獅子 |
| 1977年 | 9月12日 | 05:34 | 乙女 |
| 1977年 | 9月14日 | 11:08 | 天秤 |
| 1977年 | 9月16日 | 14:46 | 蠍 |
| 1977年 | 9月18日 | 17:28 | 射手 |
| 1977年 | 9月20日 | 20:04 | 山羊 |
| 1977年 | 9月22日 | 23:12 | 水瓶 |
| 1977年 | 9月25日 | 03:30 | 魚 |
| 1977年 | 9月27日 | 09:40 | 牡羊 |
| 1977年 | 9月29日 | 18:21 | 牡牛 |
| 1977年 | 10月 2日 | 05:33 | 双子 |
| 1977年 | 10月 4日 | 18:08 | 蟹 |
| 1977年 | 10月 7日 | 05:57 | 獅子 |
| 1977年 | 10月 9日 | 14:58 | 乙女 |
| 1977年 | 10月11日 | 20:30 | 天秤 |
| 1977年 | 10月13日 | 23:11 | 蠍 |
| 1977年 | 10月16日 | 00:28 | 射手 |
| 1977年 | 10月18日 | 01:51 | 山羊 |
| 1977年 | 10月20日 | 04:36 | 水瓶 |
| 1977年 | 10月22日 | 09:26 | 魚 |
| 1977年 | 10月24日 | 16:34 | 牡羊 |
| 1977年 | 10月27日 | 01:53 | 牡牛 |
| 1977年 | 10月29日 | 13:08 | 双子 |
| 1977年 | 11月 1日 | 01:39 | 蟹 |
| 1977年 | 11月 3日 | 14:03 | 獅子 |
| 1977年 | 11月 6日 | 00:16 | 乙女 |
| 1977年 | 11月 8日 | 06:51 | 天秤 |
| 1977年 | 11月10日 | 09:42 | 蠍 |
| 1977年 | 11月12日 | 10:04 | 射手 |
| 1977年 | 11月14日 | 09:50 | 山羊 |
| 1977年 | 11月16日 | 11:00 | 水瓶 |
| 1977年 | 11月18日 | 14:58 | 魚 |
| 1977年 | 11月20日 | 22:13 | 牡羊 |
| 1977年 | 11月23日 | 08:09 | 牡牛 |
| 1977年 | 11月25日 | 19:48 | 双子 |
| 1977年 | 11月28日 | 08:20 | 蟹 |
| 1977年 | 11月30日 | 20:52 | 獅子 |
| 1977年 | 12月 3日 | 08:05 | 乙女 |
| 1977年 | 12月 5日 | 16:17 | 天秤 |
| 1977年 | 12月 7日 | 20:33 | 蠍 |
| 1977年 | 12月 9日 | 21:23 | 射手 |
| 1977年 | 12月11日 | 20:27 | 山羊 |
| 1977年 | 12月13日 | 20:00 | 水瓶 |
| 1977年 | 12月15日 | 22:09 | 魚 |
| 1977年 | 12月18日 | 04:11 | 牡羊 |
| 1977年 | 12月20日 | 13:54 | 牡牛 |
| 1977年 | 12月23日 | 01:51 | 双子 |
| 1977年 | 12月25日 | 14:30 | 蟹 |
| 1977年 | 12月28日 | 02:51 | 獅子 |
| 1977年 | 12月30日 | 14:13 | 乙女 |
| 1978年 | 1月 1日 | 23:31 | 天秤 |
| 1978年 | 1月 4日 | 05:35 | 蠍 |
| 1978年 | 1月 6日 | 08:04 | 射手 |
| 1978年 | 1月 8日 | 07:55 | 山羊 |

| | | | |
|---|---|---|---|
| 1978年 | 1月10日 | 07:05 | 水瓶 |
| 1978年 | 1月12日 | 07:50 | 魚 |
| 1978年 | 1月14日 | 12:05 | 牡羊 |
| 1978年 | 1月16日 | 20:30 | 牡牛 |
| 1978年 | 1月19日 | 08:06 | 双子 |
| 1978年 | 1月21日 | 20:50 | 蟹 |
| 1978年 | 1月24日 | 09:02 | 獅子 |
| 1978年 | 1月26日 | 19:56 | 乙女 |
| 1978年 | 1月29日 | 05:07 | 天秤 |
| 1978年 | 1月31日 | 12:03 | 蠍 |
| 1978年 | 2月 2日 | 16:13 | 射手 |
| 1978年 | 2月 4日 | 17:50 | 山羊 |
| 1978年 | 2月 6日 | 18:05 | 水瓶 |
| 1978年 | 2月 8日 | 18:48 | 魚 |
| 1978年 | 2月10日 | 21:56 | 牡羊 |
| 1978年 | 2月13日 | 04:50 | 牡牛 |
| 1978年 | 2月15日 | 15:24 | 双子 |
| 1978年 | 2月18日 | 03:55 | 蟹 |
| 1978年 | 2月20日 | 16:09 | 獅子 |
| 1978年 | 2月23日 | 02:39 | 乙女 |
| 1978年 | 2月25日 | 11:03 | 天秤 |
| 1978年 | 2月27日 | 17:28 | 蠍 |
| 1978年 | 3月 1日 | 22:02 | 射手 |
| 1978年 | 3月 4日 | 00:58 | 山羊 |
| 1978年 | 3月 6日 | 02:51 | 水瓶 |
| 1978年 | 3月 8日 | 04:46 | 魚 |
| 1978年 | 3月10日 | 08:08 | 牡羊 |
| 1978年 | 3月12日 | 14:18 | 牡牛 |
| 1978年 | 3月14日 | 23:48 | 双子 |
| 1978年 | 3月17日 | 11:49 | 蟹 |
| 1978年 | 3月20日 | 00:12 | 獅子 |
| 1978年 | 3月22日 | 10:49 | 乙女 |
| 1978年 | 3月24日 | 18:41 | 天秤 |
| 1978年 | 3月27日 | 00:01 | 蠍 |
| 1978年 | 3月29日 | 03:37 | 射手 |
| 1978年 | 3月31日 | 06:24 | 山羊 |
| 1978年 | 4月 2日 | 09:05 | 水瓶 |
| 1978年 | 4月 4日 | 12:20 | 魚 |
| 1978年 | 4月 6日 | 16:51 | 牡羊 |
| 1978年 | 4月 8日 | 23:22 | 牡牛 |
| 1978年 | 4月11日 | 08:27 | 双子 |
| 1978年 | 4月13日 | 19:58 | 蟹 |
| 1978年 | 4月16日 | 08:30 | 獅子 |
| 1978年 | 4月18日 | 19:43 | 乙女 |
| 1978年 | 4月21日 | 03:53 | 天秤 |
| 1978年 | 4月23日 | 08:39 | 蠍 |
| 1978年 | 4月25日 | 11:00 | 射手 |
| 1978年 | 4月27日 | 12:28 | 山羊 |
| 1978年 | 4月29日 | 14:28 | 水瓶 |
| 1978年 | 5月 1日 | 18:00 | 魚 |
| 1978年 | 5月 3日 | 23:27 | 牡羊 |
| 1978年 | 5月 6日 | 06:52 | 牡牛 |
| 1978年 | 5月 8日 | 16:18 | 双子 |
| 1978年 | 5月11日 | 03:41 | 蟹 |
| 1978年 | 5月13日 | 16:16 | 獅子 |
| 1978年 | 5月16日 | 04:14 | 乙女 |
| 1978年 | 5月18日 | 13:24 | 天秤 |
| 1978年 | 5月20日 | 18:39 | 蠍 |
| 1978年 | 5月22日 | 20:32 | 射手 |
| 1978年 | 5月24日 | 20:42 | 山羊 |
| 1978年 | 5月26日 | 21:10 | 水瓶 |
| 1978年 | 5月28日 | 23:36 | 魚 |
| 1978年 | 5月31日 | 04:52 | 牡羊 |
| 1978年 | 6月 2日 | 12:50 | 牡牛 |
| 1978年 | 6月 4日 | 22:53 | 双子 |
| 1978年 | 6月 7日 | 10:30 | 蟹 |
| 1978年 | 6月 9日 | 23:07 | 獅子 |
| 1978年 | 6月12日 | 11:34 | 乙女 |
| 1978年 | 6月14日 | 21:55 | 天秤 |
| 1978年 | 6月17日 | 04:28 | 蠍 |
| 1978年 | 6月19日 | 07:01 | 射手 |
| 1978年 | 6月21日 | 06:52 | 山羊 |
| 1978年 | 6月23日 | 06:08 | 水瓶 |
| 1978年 | 6月25日 | 06:57 | 魚 |
| 1978年 | 6月27日 | 10:53 | 牡羊 |
| 1978年 | 6月29日 | 18:21 | 牡牛 |
| 1978年 | 7月 2日 | 04:37 | 双子 |
| 1978年 | 7月 4日 | 16:33 | 蟹 |
| 1978年 | 7月 7日 | 05:13 | 獅子 |
| 1978年 | 7月 9日 | 17:44 | 乙女 |
| 1978年 | 7月12日 | 04:48 | 天秤 |
| 1978年 | 7月14日 | 12:47 | 蠍 |
| 1978年 | 7月16日 | 16:50 | 射手 |
| 1978年 | 7月18日 | 17:34 | 山羊 |
| 1978年 | 7月20日 | 16:42 | 水瓶 |
| 1978年 | 7月22日 | 16:26 | 魚 |
| 1978年 | 7月24日 | 18:46 | 牡羊 |
| 1978年 | 7月27日 | 00:50 | 牡牛 |
| 1978年 | 7月29日 | 10:31 | 双子 |
| 1978年 | 7月31日 | 22:28 | 蟹 |
| 1978年 | 8月 3日 | 11:10 | 獅子 |
| 1978年 | 8月 5日 | 23:29 | 乙女 |
| 1978年 | 8月 8日 | 10:30 | 天秤 |
| 1978年 | 8月10日 | 19:11 | 蠍 |
| 1978年 | 8月13日 | 00:43 | 射手 |
| 1978年 | 8月15日 | 03:03 | 山羊 |
| 1978年 | 8月17日 | 03:16 | 水瓶 |
| 1978年 | 8月19日 | 03:05 | 魚 |
| 1978年 | 8月21日 | 04:30 | 牡羊 |
| 1978年 | 8月23日 | 09:06 | 牡牛 |
| 1978年 | 8月25日 | 17:31 | 双子 |
| 1978年 | 8月28日 | 04:59 | 蟹 |
| 1978年 | 8月30日 | 17:39 | 獅子 |
| 1978年 | 9月 2日 | 05:46 | 乙女 |
| 1978年 | 9月 4日 | 16:15 | 天秤 |
| 1978年 | 9月 7日 | 00:38 | 蠍 |
| 1978年 | 9月 9日 | 06:39 | 射手 |
| 1978年 | 9月11日 | 10:20 | 山羊 |
| 1978年 | 9月13日 | 12:09 | 水瓶 |
| 1978年 | 9月15日 | 13:10 | 魚 |
| 1978年 | 9月17日 | 14:50 | 牡羊 |
| 1978年 | 9月19日 | 18:43 | 牡牛 |
| 1978年 | 9月22日 | 01:56 | 双子 |
| 1978年 | 9月24日 | 12:31 | 蟹 |
| 1978年 | 9月27日 | 01:01 | 獅子 |
| 1978年 | 9月29日 | 13:11 | 乙女 |
| 1978年 | 10月 1日 | 23:16 | 天秤 |
| 1978年 | 10月 4日 | 06:48 | 蠍 |
| 1978年 | 10月 6日 | 12:07 | 射手 |
| 1978年 | 10月 8日 | 15:52 | 山羊 |
| 1978年 | 10月10日 | 18:43 | 水瓶 |
| 1978年 | 10月12日 | 21:13 | 魚 |
| 1978年 | 10月15日 | 00:06 | 牡羊 |
| 1978年 | 10月17日 | 04:22 | 牡牛 |
| 1978年 | 10月19日 | 11:05 | 双子 |
| 1978年 | 10月21日 | 20:52 | 蟹 |
| 1978年 | 10月24日 | 09:04 | 獅子 |
| 1978年 | 10月26日 | 21:31 | 乙女 |
| 1978年 | 10月29日 | 07:51 | 天秤 |
| 1978年 | 10月31日 | 14:53 | 蠍 |
| 1978年 | 11月 2日 | 19:04 | 射手 |
| 1978年 | 11月 4日 | 21:41 | 山羊 |
| 1978年 | 11月 7日 | 00:04 | 水瓶 |
| 1978年 | 11月 9日 | 03:06 | 魚 |
| 1978年 | 11月11日 | 07:11 | 牡羊 |
| 1978年 | 11月13日 | 12:35 | 牡牛 |
| 1978年 | 11月15日 | 19:45 | 双子 |
| 1978年 | 11月18日 | 05:16 | 蟹 |
| 1978年 | 11月20日 | 17:08 | 獅子 |
| 1978年 | 11月23日 | 05:57 | 乙女 |
| 1978年 | 11月25日 | 17:06 | 天秤 |
| 1978年 | 11月28日 | 00:38 | 蠍 |
| 1978年 | 11月30日 | 04:24 | 射手 |
| 1978年 | 12月 2日 | 05:44 | 山羊 |
| 1978年 | 12月 4日 | 06:36 | 水瓶 |
| 1978年 | 12月 6日 | 08:36 | 魚 |
| 1978年 | 12月 8日 | 12:39 | 牡羊 |
| 1978年 | 12月10日 | 18:50 | 牡牛 |
| 1978年 | 12月13日 | 02:54 | 双子 |
| 1978年 | 12月15日 | 12:50 | 蟹 |
| 1978年 | 12月18日 | 00:37 | 獅子 |
| 1978年 | 12月20日 | 13:34 | 乙女 |
| 1978年 | 12月23日 | 01:39 | 天秤 |
| 1978年 | 12月25日 | 10:32 | 蠍 |
| 1978年 | 12月27日 | 15:08 | 射手 |
| 1978年 | 12月29日 | 16:16 | 山羊 |
| 1978年 | 12月31日 | 15:53 | 水瓶 |
| 1979年 | 1月 2日 | 16:08 | 魚 |
| 1979年 | 1月 4日 | 18:41 | 牡羊 |

| | | | | |
|---|---|---|---|---|
| 1979年 | 1月 | 7日 | 00:17 | 牡牛 |
| 1979年 | 1月 | 9日 | 08:42 | 双子 |
| 1979年 | 1月 | 11日 | 19:14 | 蟹 |
| 1979年 | 1月 | 14日 | 07:16 | 獅子 |
| 1979年 | 1月 | 16日 | 20:10 | 乙女 |
| 1979年 | 1月 | 19日 | 08:40 | 天秤 |
| 1979年 | 1月 | 21日 | 18:50 | 蠍 |
| 1979年 | 1月 | 24日 | 01:08 | 射手 |
| 1979年 | 1月 | 26日 | 03:28 | 山羊 |
| 1979年 | 1月 | 28日 | 03:13 | 水瓶 |
| 1979年 | 1月 | 30日 | 02:26 | 魚 |
| 1979年 | 2月 | 1日 | 03:12 | 牡羊 |
| 1979年 | 2月 | 3日 | 07:03 | 牡牛 |
| 1979年 | 2月 | 5日 | 14:33 | 双子 |
| 1979年 | 2月 | 8日 | 01:05 | 蟹 |
| 1979年 | 2月 | 10日 | 13:25 | 獅子 |
| 1979年 | 2月 | 13日 | 02:17 | 乙女 |
| 1979年 | 2月 | 15日 | 14:37 | 天秤 |
| 1979年 | 2月 | 18日 | 01:11 | 蠍 |
| 1979年 | 2月 | 20日 | 08:51 | 射手 |
| 1979年 | 2月 | 22日 | 13:01 | 山羊 |
| 1979年 | 2月 | 24日 | 14:12 | 水瓶 |
| 1979年 | 2月 | 26日 | 13:53 | 魚 |
| 1979年 | 2月 | 28日 | 13:54 | 牡羊 |
| 1979年 | 3月 | 2日 | 16:09 | 牡牛 |
| 1979年 | 3月 | 4日 | 21:58 | 双子 |
| 1979年 | 3月 | 7日 | 07:34 | 蟹 |
| 1979年 | 3月 | 9日 | 19:47 | 獅子 |
| 1979年 | 3月 | 12日 | 08:42 | 乙女 |
| 1979年 | 3月 | 14日 | 20:41 | 天秤 |
| 1979年 | 3月 | 17日 | 06:49 | 蠍 |
| 1979年 | 3月 | 19日 | 14:38 | 射手 |
| 1979年 | 3月 | 21日 | 19:56 | 山羊 |
| 1979年 | 3月 | 23日 | 22:52 | 水瓶 |
| 1979年 | 3月 | 26日 | 00:05 | 魚 |
| 1979年 | 3月 | 28日 | 00:48 | 牡羊 |
| 1979年 | 3月 | 30日 | 02:37 | 牡牛 |
| 1979年 | 4月 | 1日 | 07:08 | 双子 |
| 1979年 | 4月 | 3日 | 15:23 | 蟹 |
| 1979年 | 4月 | 6日 | 02:57 | 獅子 |
| 1979年 | 4月 | 8日 | 15:51 | 乙女 |
| 1979年 | 4月 | 11日 | 03:45 | 天秤 |
| 1979年 | 4月 | 13日 | 13:16 | 蠍 |
| 1979年 | 4月 | 15日 | 20:18 | 射手 |
| 1979年 | 4月 | 18日 | 01:23 | 山羊 |
| 1979年 | 4月 | 20日 | 05:02 | 水瓶 |
| 1979年 | 4月 | 22日 | 07:41 | 魚 |
| 1979年 | 4月 | 24日 | 09:51 | 牡羊 |
| 1979年 | 4月 | 26日 | 12:27 | 牡牛 |
| 1979年 | 4月 | 28日 | 16:49 | 双子 |
| 1979年 | 5月 | 1日 | 00:11 | 蟹 |
| 1979年 | 5月 | 3日 | 10:56 | 獅子 |
| 1979年 | 5月 | 5日 | 23:41 | 乙女 |
| 1979年 | 5月 | 8日 | 11:47 | 天秤 |
| 1979年 | 5月 | 10日 | 21:10 | 蠍 |
| 1979年 | 5月 | 13日 | 03:25 | 射手 |
| 1979年 | 5月 | 15日 | 07:26 | 山羊 |
| 1979年 | 5月 | 17日 | 10:26 | 水瓶 |
| 1979年 | 5月 | 19日 | 13:18 | 魚 |
| 1979年 | 5月 | 21日 | 16:30 | 牡羊 |
| 1979年 | 5月 | 23日 | 20:21 | 牡牛 |
| 1979年 | 5月 | 26日 | 01:28 | 双子 |
| 1979年 | 5月 | 28日 | 08:51 | 蟹 |
| 1979年 | 5月 | 30日 | 19:07 | 獅子 |
| 1979年 | 6月 | 2日 | 07:40 | 乙女 |
| 1979年 | 6月 | 4日 | 20:11 | 天秤 |
| 1979年 | 6月 | 7日 | 06:05 | 蠍 |
| 1979年 | 6月 | 9日 | 12:15 | 射手 |
| 1979年 | 6月 | 11日 | 15:24 | 山羊 |
| 1979年 | 6月 | 13日 | 17:07 | 水瓶 |
| 1979年 | 6月 | 15日 | 18:56 | 魚 |
| 1979年 | 6月 | 17日 | 21:52 | 牡羊 |
| 1979年 | 6月 | 20日 | 02:18 | 牡牛 |
| 1979年 | 6月 | 22日 | 08:23 | 双子 |
| 1979年 | 6月 | 24日 | 16:24 | 蟹 |
| 1979年 | 6月 | 27日 | 02:47 | 獅子 |
| 1979年 | 6月 | 29日 | 15:13 | 乙女 |
| 1979年 | 7月 | 2日 | 04:07 | 天秤 |
| 1979年 | 7月 | 4日 | 14:57 | 蠍 |
| 1979年 | 7月 | 6日 | 21:56 | 射手 |
| 1979年 | 7月 | 9日 | 01:08 | 山羊 |
| 1979年 | 7月 | 11日 | 01:59 | 水瓶 |
| 1979年 | 7月 | 13日 | 02:23 | 魚 |
| 1979年 | 7月 | 15日 | 03:57 | 牡羊 |
| 1979年 | 7月 | 17日 | 07:43 | 牡牛 |
| 1979年 | 7月 | 19日 | 13:59 | 双子 |
| 1979年 | 7月 | 21日 | 22:40 | 蟹 |
| 1979年 | 7月 | 24日 | 09:30 | 獅子 |
| 1979年 | 7月 | 26日 | 22:01 | 乙女 |
| 1979年 | 7月 | 29日 | 11:06 | 天秤 |
| 1979年 | 7月 | 31日 | 22:46 | 蠍 |
| 1979年 | 8月 | 3日 | 07:05 | 射手 |
| 1979年 | 8月 | 5日 | 11:23 | 山羊 |
| 1979年 | 8月 | 7日 | 12:28 | 水瓶 |
| 1979年 | 8月 | 9日 | 12:06 | 魚 |
| 1979年 | 8月 | 11日 | 12:10 | 牡羊 |
| 1979年 | 8月 | 13日 | 14:21 | 牡牛 |
| 1979年 | 8月 | 15日 | 19:41 | 双子 |
| 1979年 | 8月 | 18日 | 04:17 | 蟹 |
| 1979年 | 8月 | 20日 | 15:28 | 獅子 |
| 1979年 | 8月 | 23日 | 04:11 | 乙女 |
| 1979年 | 8月 | 25日 | 17:13 | 天秤 |
| 1979年 | 8月 | 28日 | 05:12 | 蠍 |
| 1979年 | 8月 | 30日 | 14:39 | 射手 |
| 1979年 | 9月 | 1日 | 20:33 | 山羊 |
| 1979年 | 9月 | 3日 | 23:00 | 水瓶 |
| 1979年 | 9月 | 5日 | 23:04 | 魚 |
| 1979年 | 9月 | 7日 | 22:30 | 牡羊 |
| 1979年 | 9月 | 9日 | 23:13 | 牡牛 |
| 1979年 | 9月 | 12日 | 02:54 | 双子 |
| 1979年 | 9月 | 14日 | 10:27 | 蟹 |
| 1979年 | 9月 | 16日 | 21:25 | 獅子 |
| 1979年 | 9月 | 19日 | 10:15 | 乙女 |
| 1979年 | 9月 | 21日 | 23:10 | 天秤 |
| 1979年 | 9月 | 24日 | 10:54 | 蠍 |
| 1979年 | 9月 | 26日 | 20:35 | 射手 |
| 1979年 | 9月 | 29日 | 03:40 | 山羊 |
| 1979年 | 10月 | 1日 | 07:49 | 水瓶 |
| 1979年 | 10月 | 3日 | 09:23 | 魚 |
| 1979年 | 10月 | 5日 | 09:28 | 牡羊 |
| 1979年 | 10月 | 7日 | 09:45 | 牡牛 |
| 1979年 | 10月 | 9日 | 12:07 | 双子 |
| 1979年 | 10月 | 11日 | 18:09 | 蟹 |
| 1979年 | 10月 | 14日 | 04:11 | 獅子 |
| 1979年 | 10月 | 16日 | 16:51 | 乙女 |
| 1979年 | 10月 | 19日 | 05:44 | 天秤 |
| 1979年 | 10月 | 21日 | 17:02 | 蠍 |
| 1979年 | 10月 | 24日 | 02:09 | 射手 |
| 1979年 | 10月 | 26日 | 09:11 | 山羊 |
| 1979年 | 10月 | 28日 | 14:16 | 水瓶 |
| 1979年 | 10月 | 30日 | 17:29 | 魚 |
| 1979年 | 11月 | 1日 | 19:09 | 牡羊 |
| 1979年 | 11月 | 3日 | 20:16 | 牡牛 |
| 1979年 | 11月 | 5日 | 22:26 | 双子 |
| 1979年 | 11月 | 8日 | 03:24 | 蟹 |
| 1979年 | 11月 | 10日 | 12:14 | 獅子 |
| 1979年 | 11月 | 13日 | 00:20 | 乙女 |
| 1979年 | 11月 | 15日 | 13:16 | 天秤 |
| 1979年 | 11月 | 18日 | 00:29 | 蠍 |
| 1979年 | 11月 | 20日 | 08:56 | 射手 |
| 1979年 | 11月 | 22日 | 15:02 | 山羊 |
| 1979年 | 11月 | 24日 | 19:37 | 水瓶 |
| 1979年 | 11月 | 26日 | 23:17 | 魚 |
| 1979年 | 11月 | 29日 | 02:17 | 牡羊 |
| 1979年 | 12月 | 1日 | 04:55 | 牡牛 |
| 1979年 | 12月 | 3日 | 08:02 | 双子 |
| 1979年 | 12月 | 5日 | 13:01 | 蟹 |
| 1979年 | 12月 | 7日 | 21:08 | 獅子 |
| 1979年 | 12月 | 10日 | 08:33 | 乙女 |
| 1979年 | 12月 | 12日 | 21:28 | 天秤 |
| 1979年 | 12月 | 15日 | 09:08 | 蠍 |
| 1979年 | 12月 | 17日 | 17:37 | 射手 |
| 1979年 | 12月 | 19日 | 22:55 | 山羊 |
| 1979年 | 12月 | 22日 | 02:13 | 水瓶 |
| 1979年 | 12月 | 24日 | 04:50 | 魚 |
| 1979年 | 12月 | 26日 | 07:40 | 牡羊 |
| 1979年 | 12月 | 28日 | 11:08 | 牡牛 |
| 1979年 | 12月 | 30日 | 15:32 | 双子 |
| 1980年 | 1月 | 1日 | 21:29 | 蟹 |

| | | | | |
|---|---|---|---|---|
| 1980年 | 1月 | 4日 | 05:47 | 獅子 |
| 1980年 | 1月 | 6日 | 16:48 | 乙女 |
| 1980年 | 1月 | 9日 | 05:37 | 天秤 |
| 1980年 | 1月 | 11日 | 17:55 | 蠍 |
| 1980年 | 1月 | 14日 | 03:17 | 射手 |
| 1980年 | 1月 | 16日 | 08:51 | 山羊 |
| 1980年 | 1月 | 18日 | 11:25 | 水瓶 |
| 1980年 | 1月 | 20日 | 12:33 | 魚 |
| 1980年 | 1月 | 22日 | 13:52 | 牡羊 |
| 1980年 | 1月 | 24日 | 16:31 | 牡牛 |
| 1980年 | 1月 | 26日 | 21:11 | 双子 |
| 1980年 | 1月 | 29日 | 04:02 | 蟹 |
| 1980年 | 1月 | 31日 | 13:08 | 獅子 |
| 1980年 | 2月 | 3日 | 00:21 | 乙女 |
| 1980年 | 2月 | 5日 | 13:04 | 天秤 |
| 1980年 | 2月 | 8日 | 01:45 | 蠍 |
| 1980年 | 2月 | 10日 | 12:19 | 射手 |
| 1980年 | 2月 | 12日 | 19:12 | 山羊 |
| 1980年 | 2月 | 14日 | 22:20 | 水瓶 |
| 1980年 | 2月 | 16日 | 22:55 | 魚 |
| 1980年 | 2月 | 18日 | 22:43 | 牡羊 |
| 1980年 | 2月 | 20日 | 23:35 | 牡牛 |
| 1980年 | 2月 | 23日 | 02:58 | 双子 |
| 1980年 | 2月 | 25日 | 09:34 | 蟹 |
| 1980年 | 2月 | 27日 | 19:10 | 獅子 |
| 1980年 | 3月 | 1日 | 06:53 | 乙女 |
| 1980年 | 3月 | 3日 | 19:40 | 天秤 |
| 1980年 | 3月 | 6日 | 08:22 | 蠍 |
| 1980年 | 3月 | 8日 | 19:38 | 射手 |
| 1980年 | 3月 | 11日 | 04:01 | 山羊 |
| 1980年 | 3月 | 13日 | 08:45 | 水瓶 |
| 1980年 | 3月 | 15日 | 10:11 | 魚 |
| 1980年 | 3月 | 17日 | 09:41 | 牡羊 |
| 1980年 | 3月 | 19日 | 09:13 | 牡牛 |
| 1980年 | 3月 | 21日 | 10:47 | 双子 |
| 1980年 | 3月 | 23日 | 15:55 | 蟹 |
| 1980年 | 3月 | 26日 | 00:58 | 獅子 |
| 1980年 | 3月 | 28日 | 12:52 | 乙女 |
| 1980年 | 3月 | 31日 | 01:48 | 天秤 |
| 1980年 | 4月 | 2日 | 14:21 | 蠍 |
| 1980年 | 4月 | 5日 | 01:34 | 射手 |
| 1980年 | 4月 | 7日 | 10:43 | 山羊 |
| 1980年 | 4月 | 9日 | 16:59 | 水瓶 |
| 1980年 | 4月 | 11日 | 20:07 | 魚 |
| 1980年 | 4月 | 13日 | 20:41 | 牡羊 |
| 1980年 | 4月 | 15日 | 20:12 | 牡牛 |
| 1980年 | 4月 | 17日 | 20:42 | 双子 |
| 1980年 | 4月 | 20日 | 00:11 | 蟹 |
| 1980年 | 4月 | 22日 | 07:52 | 獅子 |
| 1980年 | 4月 | 24日 | 19:11 | 乙女 |
| 1980年 | 4月 | 27日 | 08:09 | 天秤 |
| 1980年 | 4月 | 29日 | 20:35 | 蠍 |
| 1980年 | 5月 | 2日 | 07:22 | 射手 |
| 1980年 | 5月 | 4日 | 16:14 | 山羊 |
| 1980年 | 5月 | 6日 | 23:03 | 水瓶 |
| 1980年 | 5月 | 9日 | 03:33 | 魚 |
| 1980年 | 5月 | 11日 | 05:45 | 牡羊 |
| 1980年 | 5月 | 13日 | 06:24 | 牡牛 |
| 1980年 | 5月 | 15日 | 07:08 | 双子 |
| 1980年 | 5月 | 17日 | 09:52 | 蟹 |
| 1980年 | 5月 | 19日 | 16:14 | 獅子 |
| 1980年 | 5月 | 22日 | 02:32 | 乙女 |
| 1980年 | 5月 | 24日 | 15:11 | 天秤 |
| 1980年 | 5月 | 27日 | 03:36 | 蠍 |
| 1980年 | 5月 | 29日 | 14:05 | 射手 |
| 1980年 | 5月 | 31日 | 22:15 | 山羊 |
| 1980年 | 6月 | 3日 | 04:29 | 水瓶 |
| 1980年 | 6月 | 5日 | 09:10 | 魚 |
| 1980年 | 6月 | 7日 | 12:23 | 牡羊 |
| 1980年 | 6月 | 9日 | 14:30 | 牡牛 |
| 1980年 | 6月 | 11日 | 16:23 | 双子 |
| 1980年 | 6月 | 13日 | 19:30 | 蟹 |
| 1980年 | 6月 | 16日 | 01:22 | 獅子 |
| 1980年 | 6月 | 18日 | 10:47 | 乙女 |
| 1980年 | 6月 | 20日 | 22:54 | 天秤 |
| 1980年 | 6月 | 23日 | 11:26 | 蠍 |
| 1980年 | 6月 | 25日 | 22:01 | 射手 |
| 1980年 | 6月 | 28日 | 05:46 | 山羊 |
| 1980年 | 6月 | 30日 | 11:04 | 水瓶 |
| 1980年 | 7月 | 2日 | 14:48 | 魚 |
| 1980年 | 7月 | 4日 | 17:46 | 牡羊 |
| 1980年 | 7月 | 6日 | 20:30 | 牡牛 |
| 1980年 | 7月 | 8日 | 23:34 | 双子 |
| 1980年 | 7月 | 11日 | 03:45 | 蟹 |
| 1980年 | 7月 | 13日 | 10:03 | 獅子 |
| 1980年 | 7月 | 15日 | 19:11 | 乙女 |
| 1980年 | 7月 | 18日 | 06:55 | 天秤 |
| 1980年 | 7月 | 20日 | 19:32 | 蠍 |
| 1980年 | 7月 | 23日 | 06:42 | 射手 |
| 1980年 | 7月 | 25日 | 14:45 | 山羊 |
| 1980年 | 7月 | 27日 | 19:35 | 水瓶 |
| 1980年 | 7月 | 29日 | 22:11 | 魚 |
| 1980年 | 7月 | 31日 | 23:54 | 牡羊 |
| 1980年 | 8月 | 3日 | 01:55 | 牡牛 |
| 1980年 | 8月 | 5日 | 05:10 | 双子 |
| 1980年 | 8月 | 7日 | 10:12 | 蟹 |
| 1980年 | 8月 | 9日 | 17:23 | 獅子 |
| 1980年 | 8月 | 12日 | 02:54 | 乙女 |
| 1980年 | 8月 | 14日 | 14:32 | 天秤 |
| 1980年 | 8月 | 17日 | 03:14 | 蠍 |
| 1980年 | 8月 | 19日 | 15:07 | 射手 |
| 1980年 | 8月 | 22日 | 00:11 | 山羊 |
| 1980年 | 8月 | 24日 | 05:33 | 水瓶 |
| 1980年 | 8月 | 26日 | 07:43 | 魚 |
| 1980年 | 8月 | 28日 | 08:11 | 牡羊 |
| 1980年 | 8月 | 30日 | 08:41 | 牡牛 |
| 1980年 | 9月 | 1日 | 10:50 | 双子 |
| 1980年 | 9月 | 3日 | 15:39 | 蟹 |
| 1980年 | 9月 | 5日 | 23:22 | 獅子 |
| 1980年 | 9月 | 8日 | 09:31 | 乙女 |
| 1980年 | 9月 | 10日 | 21:22 | 天秤 |
| 1980年 | 9月 | 13日 | 10:06 | 蠍 |
| 1980年 | 9月 | 15日 | 22:27 | 射手 |
| 1980年 | 9月 | 18日 | 08:45 | 山羊 |
| 1980年 | 9月 | 20日 | 15:30 | 水瓶 |
| 1980年 | 9月 | 22日 | 18:27 | 魚 |
| 1980年 | 9月 | 24日 | 18:38 | 牡羊 |
| 1980年 | 9月 | 26日 | 17:54 | 牡牛 |
| 1980年 | 9月 | 28日 | 18:21 | 双子 |
| 1980年 | 9月 | 30日 | 21:46 | 蟹 |
| 1980年 | 10月 | 3日 | 04:56 | 獅子 |
| 1980年 | 10月 | 5日 | 15:19 | 乙女 |
| 1980年 | 10月 | 8日 | 03:30 | 天秤 |
| 1980年 | 10月 | 10日 | 16:15 | 蠍 |
| 1980年 | 10月 | 13日 | 04:37 | 射手 |
| 1980年 | 10月 | 15日 | 15:36 | 山羊 |
| 1980年 | 10月 | 17日 | 23:53 | 水瓶 |
| 1980年 | 10月 | 20日 | 04:31 | 魚 |
| 1980年 | 10月 | 22日 | 05:43 | 牡羊 |
| 1980年 | 10月 | 24日 | 04:56 | 牡牛 |
| 1980年 | 10月 | 26日 | 04:17 | 双子 |
| 1980年 | 10月 | 28日 | 06:00 | 蟹 |
| 1980年 | 10月 | 30日 | 11:38 | 獅子 |
| 1980年 | 11月 | 1日 | 21:18 | 乙女 |
| 1980年 | 11月 | 4日 | 09:31 | 天秤 |
| 1980年 | 11月 | 6日 | 22:19 | 蠍 |
| 1980年 | 11月 | 9日 | 10:25 | 射手 |
| 1980年 | 11月 | 11日 | 21:15 | 山羊 |
| 1980年 | 11月 | 14日 | 06:10 | 水瓶 |
| 1980年 | 11月 | 16日 | 12:21 | 魚 |
| 1980年 | 11月 | 18日 | 15:22 | 牡羊 |
| 1980年 | 11月 | 20日 | 15:51 | 牡牛 |
| 1980年 | 11月 | 22日 | 15:28 | 双子 |
| 1980年 | 11月 | 24日 | 16:19 | 蟹 |
| 1980年 | 11月 | 26日 | 20:23 | 獅子 |
| 1980年 | 11月 | 29日 | 04:37 | 乙女 |
| 1980年 | 12月 | 1日 | 16:13 | 天秤 |
| 1980年 | 12月 | 4日 | 05:00 | 蠍 |
| 1980年 | 12月 | 6日 | 16:57 | 射手 |
| 1980年 | 12月 | 9日 | 03:12 | 山羊 |
| 1980年 | 12月 | 11日 | 11:36 | 水瓶 |
| 1980年 | 12月 | 13日 | 18:03 | 魚 |
| 1980年 | 12月 | 15日 | 22:21 | 牡羊 |
| 1980年 | 12月 | 18日 | 00:37 | 牡牛 |
| 1980年 | 12月 | 20日 | 01:40 | 双子 |
| 1980年 | 12月 | 22日 | 03:04 | 蟹 |
| 1980年 | 12月 | 24日 | 06:34 | 獅子 |
| 1980年 | 12月 | 26日 | 13:32 | 乙女 |
| 1980年 | 12月 | 29日 | 00:04 | 天秤 |

| | | | |
|---|---|---|---|
| 1980年 | 12月31日 | 12:36 | 蠍 |
| 1981年 | 1月3日 | 00:41 | 射手 |
| 1981年 | 1月5日 | 10:41 | 山羊 |
| 1981年 | 1月7日 | 18:13 | 水瓶 |
| 1981年 | 1月9日 | 23:42 | 魚 |
| 1981年 | 1月12日 | 03:44 | 牡羊 |
| 1981年 | 1月14日 | 06:45 | 牡牛 |
| 1981年 | 1月16日 | 09:17 | 双子 |
| 1981年 | 1月18日 | 12:08 | 蟹 |
| 1981年 | 1月20日 | 16:21 | 獅子 |
| 1981年 | 1月22日 | 23:02 | 乙女 |
| 1981年 | 1月25日 | 08:45 | 天秤 |
| 1981年 | 1月27日 | 20:48 | 蠍 |
| 1981年 | 1月30日 | 09:12 | 射手 |
| 1981年 | 2月1日 | 19:37 | 山羊 |
| 1981年 | 2月4日 | 02:55 | 水瓶 |
| 1981年 | 2月6日 | 07:21 | 魚 |
| 1981年 | 2月8日 | 10:01 | 牡羊 |
| 1981年 | 2月10日 | 12:11 | 牡牛 |
| 1981年 | 2月12日 | 14:51 | 双子 |
| 1981年 | 2月14日 | 18:43 | 蟹 |
| 1981年 | 2月17日 | 00:10 | 獅子 |
| 1981年 | 2月19日 | 07:34 | 乙女 |
| 1981年 | 2月21日 | 17:12 | 天秤 |
| 1981年 | 2月24日 | 04:54 | 蠍 |
| 1981年 | 2月26日 | 17:28 | 射手 |
| 1981年 | 3月1日 | 04:46 | 山羊 |
| 1981年 | 3月3日 | 12:51 | 水瓶 |
| 1981年 | 3月5日 | 17:12 | 魚 |
| 1981年 | 3月7日 | 18:49 | 牡羊 |
| 1981年 | 3月9日 | 19:23 | 牡牛 |
| 1981年 | 3月11日 | 20:42 | 双子 |
| 1981年 | 3月14日 | 00:05 | 蟹 |
| 1981年 | 3月16日 | 06:02 | 獅子 |
| 1981年 | 3月18日 | 14:20 | 乙女 |
| 1981年 | 3月21日 | 00:31 | 天秤 |
| 1981年 | 3月23日 | 12:14 | 蠍 |
| 1981年 | 3月26日 | 00:50 | 射手 |
| 1981年 | 3月28日 | 12:52 | 山羊 |
| 1981年 | 3月30日 | 22:15 | 水瓶 |
| 1981年 | 4月2日 | 03:41 | 魚 |
| 1981年 | 4月4日 | 05:25 | 牡羊 |
| 1981年 | 4月6日 | 05:05 | 牡牛 |
| 1981年 | 4月8日 | 04:48 | 双子 |
| 1981年 | 4月10日 | 06:34 | 蟹 |
| 1981年 | 4月12日 | 11:36 | 獅子 |
| 1981年 | 4月14日 | 19:56 | 乙女 |
| 1981年 | 4月17日 | 06:38 | 天秤 |
| 1981年 | 4月19日 | 18:39 | 蠍 |
| 1981年 | 4月22日 | 07:15 | 射手 |
| 1981年 | 4月24日 | 19:31 | 山羊 |
| 1981年 | 4月27日 | 05:57 | 水瓶 |
| 1981年 | 4月29日 | 12:56 | 魚 |
| 1981年 | 5月1日 | 15:58 | 牡羊 |
| 1981年 | 5月3日 | 16:00 | 牡牛 |
| 1981年 | 5月5日 | 15:02 | 双子 |
| 1981年 | 5月7日 | 15:18 | 蟹 |
| 1981年 | 5月9日 | 18:40 | 獅子 |
| 1981年 | 5月12日 | 01:55 | 乙女 |
| 1981年 | 5月14日 | 12:24 | 天秤 |
| 1981年 | 5月17日 | 00:37 | 蠍 |
| 1981年 | 5月19日 | 13:14 | 射手 |
| 1981年 | 5月22日 | 01:20 | 山羊 |
| 1981年 | 5月24日 | 12:00 | 水瓶 |
| 1981年 | 5月26日 | 20:05 | 魚 |
| 1981年 | 5月29日 | 00:44 | 牡羊 |
| 1981年 | 5月31日 | 02:11 | 牡牛 |
| 1981年 | 6月2日 | 01:49 | 双子 |
| 1981年 | 6月4日 | 01:39 | 蟹 |
| 1981年 | 6月6日 | 03:43 | 獅子 |
| 1981年 | 6月8日 | 09:25 | 乙女 |
| 1981年 | 6月10日 | 18:54 | 天秤 |
| 1981年 | 6月13日 | 06:54 | 蠍 |
| 1981年 | 6月15日 | 19:31 | 射手 |
| 1981年 | 6月18日 | 07:21 | 山羊 |
| 1981年 | 6月20日 | 17:36 | 水瓶 |
| 1981年 | 6月23日 | 01:44 | 魚 |
| 1981年 | 6月25日 | 07:18 | 牡羊 |
| 1981年 | 6月27日 | 10:16 | 牡牛 |
| 1981年 | 6月29日 | 11:21 | 双子 |
| 1981年 | 7月1日 | 11:57 | 蟹 |
| 1981年 | 7月3日 | 13:47 | 獅子 |
| 1981年 | 7月5日 | 18:26 | 乙女 |
| 1981年 | 7月8日 | 02:42 | 天秤 |
| 1981年 | 7月10日 | 14:01 | 蠍 |
| 1981年 | 7月13日 | 02:34 | 射手 |
| 1981年 | 7月15日 | 14:19 | 山羊 |
| 1981年 | 7月18日 | 00:02 | 水瓶 |
| 1981年 | 7月20日 | 07:26 | 魚 |
| 1981年 | 7月22日 | 12:44 | 牡羊 |
| 1981年 | 7月24日 | 16:18 | 牡牛 |
| 1981年 | 7月26日 | 18:42 | 双子 |
| 1981年 | 7月28日 | 20:41 | 蟹 |
| 1981年 | 7月30日 | 23:21 | 獅子 |
| 1981年 | 8月2日 | 03:54 | 乙女 |
| 1981年 | 8月4日 | 11:24 | 天秤 |
| 1981年 | 8月6日 | 21:58 | 蠍 |
| 1981年 | 8月9日 | 10:22 | 射手 |
| 1981年 | 8月11日 | 22:20 | 山羊 |
| 1981年 | 8月14日 | 07:56 | 水瓶 |
| 1981年 | 8月16日 | 14:35 | 魚 |
| 1981年 | 8月18日 | 18:49 | 牡羊 |
| 1981年 | 8月20日 | 21:44 | 牡牛 |
| 1981年 | 8月23日 | 00:18 | 双子 |
| 1981年 | 8月25日 | 03:17 | 蟹 |
| 1981年 | 8月27日 | 07:10 | 獅子 |
| 1981年 | 8月29日 | 12:32 | 乙女 |
| 1981年 | 8月31日 | 20:02 | 天秤 |
| 1981年 | 9月3日 | 06:10 | 蠍 |
| 1981年 | 9月5日 | 18:23 | 射手 |
| 1981年 | 9月8日 | 06:48 | 山羊 |
| 1981年 | 9月10日 | 16:58 | 水瓶 |
| 1981年 | 9月12日 | 23:34 | 魚 |
| 1981年 | 9月15日 | 02:56 | 牡羊 |
| 1981年 | 9月17日 | 04:31 | 牡牛 |
| 1981年 | 9月19日 | 05:59 | 双子 |
| 1981年 | 9月21日 | 08:39 | 蟹 |
| 1981年 | 9月23日 | 13:08 | 獅子 |
| 1981年 | 9月25日 | 19:29 | 乙女 |
| 1981年 | 9月28日 | 03:40 | 天秤 |
| 1981年 | 9月30日 | 13:53 | 蠍 |
| 1981年 | 10月3日 | 01:59 | 射手 |
| 1981年 | 10月5日 | 14:48 | 山羊 |
| 1981年 | 10月8日 | 02:00 | 水瓶 |
| 1981年 | 10月10日 | 09:32 | 魚 |
| 1981年 | 10月12日 | 13:01 | 牡羊 |
| 1981年 | 10月14日 | 13:44 | 牡牛 |
| 1981年 | 10月16日 | 13:41 | 双子 |
| 1981年 | 10月18日 | 14:53 | 蟹 |
| 1981年 | 10月20日 | 18:34 | 獅子 |
| 1981年 | 10月23日 | 01:04 | 乙女 |
| 1981年 | 10月25日 | 09:56 | 天秤 |
| 1981年 | 10月27日 | 20:38 | 蠍 |
| 1981年 | 10月30日 | 08:48 | 射手 |
| 1981年 | 11月1日 | 21:45 | 山羊 |
| 1981年 | 11月4日 | 09:51 | 水瓶 |
| 1981年 | 11月6日 | 18:52 | 魚 |
| 1981年 | 11月8日 | 23:39 | 牡羊 |
| 1981年 | 11月11日 | 00:45 | 牡牛 |
| 1981年 | 11月13日 | 00:00 | 双子 |
| 1981年 | 11月14日 | 23:37 | 蟹 |
| 1981年 | 11月17日 | 01:33 | 獅子 |
| 1981年 | 11月19日 | 06:53 | 乙女 |
| 1981年 | 11月21日 | 15:33 | 天秤 |
| 1981年 | 11月24日 | 02:36 | 蠍 |
| 1981年 | 11月26日 | 15:00 | 射手 |
| 1981年 | 11月29日 | 03:52 | 山羊 |
| 1981年 | 12月1日 | 16:09 | 水瓶 |
| 1981年 | 12月4日 | 02:15 | 魚 |
| 1981年 | 12月6日 | 08:49 | 牡羊 |
| 1981年 | 12月8日 | 11:31 | 牡牛 |
| 1981年 | 12月10日 | 11:30 | 双子 |
| 1981年 | 12月12日 | 10:41 | 蟹 |
| 1981年 | 12月14日 | 11:08 | 獅子 |
| 1981年 | 12月16日 | 14:38 | 乙女 |
| 1981年 | 12月18日 | 21:57 | 天秤 |
| 1981年 | 12月21日 | 08:39 | 蠍 |
| 1981年 | 12月23日 | 21:11 | 射手 |
| 1981年 | 12月26日 | 09:59 | 山羊 |

| | | | |
|---|---|---|---|
| 1981年 | 12月28日 | 21:53 | 水瓶 |
| 1981年 | 12月31日 | 08:01 | 魚 |
| 1982年 | 1月 2日 | 15:33 | 牡羊 |
| 1982年 | 1月 4日 | 20:02 | 牡牛 |
| 1982年 | 1月 6日 | 21:49 | 双子 |
| 1982年 | 1月 8日 | 22:02 | 蟹 |
| 1982年 | 1月10日 | 22:22 | 獅子 |
| 1982年 | 1月13日 | 00:37 | 乙女 |
| 1982年 | 1月15日 | 06:17 | 天秤 |
| 1982年 | 1月17日 | 15:46 | 蠍 |
| 1982年 | 1月20日 | 04:00 | 射手 |
| 1982年 | 1月22日 | 16:50 | 山羊 |
| 1982年 | 1月25日 | 04:25 | 水瓶 |
| 1982年 | 1月27日 | 13:49 | 魚 |
| 1982年 | 1月29日 | 20:58 | 牡羊 |
| 1982年 | 2月 1日 | 02:03 | 牡牛 |
| 1982年 | 2月 3日 | 05:20 | 双子 |
| 1982年 | 2月 5日 | 07:18 | 蟹 |
| 1982年 | 2月 7日 | 08:50 | 獅子 |
| 1982年 | 2月 9日 | 11:15 | 乙女 |
| 1982年 | 2月11日 | 16:02 | 天秤 |
| 1982年 | 2月14日 | 00:15 | 蠍 |
| 1982年 | 2月16日 | 11:45 | 射手 |
| 1982年 | 2月19日 | 00:35 | 山羊 |
| 1982年 | 2月21日 | 12:15 | 水瓶 |
| 1982年 | 2月23日 | 21:09 | 魚 |
| 1982年 | 2月26日 | 03:17 | 牡羊 |
| 1982年 | 2月28日 | 07:32 | 牡牛 |
| 1982年 | 3月 2日 | 10:50 | 双子 |
| 1982年 | 3月 4日 | 13:48 | 蟹 |
| 1982年 | 3月 6日 | 16:50 | 獅子 |
| 1982年 | 3月 8日 | 20:27 | 乙女 |
| 1982年 | 3月11日 | 01:34 | 天秤 |
| 1982年 | 3月13日 | 09:17 | 蠍 |
| 1982年 | 3月15日 | 20:03 | 射手 |
| 1982年 | 3月18日 | 08:47 | 山羊 |
| 1982年 | 3月20日 | 20:52 | 水瓶 |
| 1982年 | 3月23日 | 06:01 | 魚 |
| 1982年 | 3月25日 | 11:37 | 牡羊 |
| 1982年 | 3月27日 | 14:40 | 牡牛 |
| 1982年 | 3月29日 | 16:44 | 双子 |
| 1982年 | 3月31日 | 19:09 | 蟹 |
| 1982年 | 4月 2日 | 22:36 | 獅子 |
| 1982年 | 4月 5日 | 03:18 | 乙女 |
| 1982年 | 4月 7日 | 09:26 | 天秤 |
| 1982年 | 4月 9日 | 17:33 | 蠍 |
| 1982年 | 4月12日 | 04:06 | 射手 |
| 1982年 | 4月14日 | 16:41 | 山羊 |
| 1982年 | 4月17日 | 05:17 | 水瓶 |
| 1982年 | 4月19日 | 15:19 | 魚 |
| 1982年 | 4月21日 | 21:23 | 牡羊 |
| 1982年 | 4月23日 | 23:59 | 牡牛 |
| 1982年 | 4月26日 | 00:49 | 双子 |
| 1982年 | 4月28日 | 01:44 | 蟹 |
| 1982年 | 4月30日 | 04:09 | 獅子 |
| 1982年 | 5月 2日 | 08:45 | 乙女 |
| 1982年 | 5月 4日 | 15:32 | 天秤 |
| 1982年 | 5月 7日 | 00:24 | 蠍 |
| 1982年 | 5月 9日 | 11:17 | 射手 |
| 1982年 | 5月11日 | 23:49 | 山羊 |
| 1982年 | 5月14日 | 12:44 | 水瓶 |
| 1982年 | 5月16日 | 23:46 | 魚 |
| 1982年 | 5月19日 | 07:04 | 牡羊 |
| 1982年 | 5月21日 | 10:22 | 牡牛 |
| 1982年 | 5月23日 | 10:55 | 双子 |
| 1982年 | 5月25日 | 10:38 | 蟹 |
| 1982年 | 5月27日 | 11:27 | 獅子 |
| 1982年 | 5月29日 | 14:43 | 乙女 |
| 1982年 | 5月31日 | 21:02 | 天秤 |
| 1982年 | 6月 3日 | 06:12 | 蠍 |
| 1982年 | 6月 5日 | 17:31 | 射手 |
| 1982年 | 6月 8日 | 06:12 | 山羊 |
| 1982年 | 6月10日 | 19:07 | 水瓶 |
| 1982年 | 6月13日 | 06:44 | 魚 |
| 1982年 | 6月15日 | 15:20 | 牡羊 |
| 1982年 | 6月17日 | 20:07 | 牡牛 |
| 1982年 | 6月19日 | 21:35 | 双子 |
| 1982年 | 6月21日 | 21:14 | 蟹 |
| 1982年 | 6月23日 | 20:57 | 獅子 |
| 1982年 | 6月25日 | 22:36 | 乙女 |
| 1982年 | 6月28日 | 03:30 | 天秤 |
| 1982年 | 6月30日 | 12:01 | 蠍 |
| 1982年 | 7月 2日 | 23:25 | 射手 |
| 1982年 | 7月 5日 | 12:15 | 山羊 |
| 1982年 | 7月 8日 | 01:03 | 水瓶 |
| 1982年 | 7月10日 | 12:35 | 魚 |
| 1982年 | 7月12日 | 21:49 | 牡羊 |
| 1982年 | 7月15日 | 04:00 | 牡牛 |
| 1982年 | 7月17日 | 07:03 | 双子 |
| 1982年 | 7月19日 | 07:46 | 蟹 |
| 1982年 | 7月21日 | 07:36 | 獅子 |
| 1982年 | 7月23日 | 08:20 | 乙女 |
| 1982年 | 7月25日 | 11:45 | 天秤 |
| 1982年 | 7月27日 | 18:58 | 蠍 |
| 1982年 | 7月30日 | 05:47 | 射手 |
| 1982年 | 8月 1日 | 18:36 | 山羊 |
| 1982年 | 8月 4日 | 07:17 | 水瓶 |
| 1982年 | 8月 6日 | 18:23 | 魚 |
| 1982年 | 8月 9日 | 03:20 | 牡羊 |
| 1982年 | 8月11日 | 10:00 | 牡牛 |
| 1982年 | 8月13日 | 14:22 | 双子 |
| 1982年 | 8月15日 | 16:41 | 蟹 |
| 1982年 | 8月17日 | 17:40 | 獅子 |
| 1982年 | 8月19日 | 18:40 | 乙女 |
| 1982年 | 8月21日 | 21:22 | 天秤 |
| 1982年 | 8月24日 | 03:21 | 蠍 |
| 1982年 | 8月26日 | 13:11 | 射手 |
| 1982年 | 8月29日 | 01:41 | 山羊 |
| 1982年 | 8月31日 | 14:23 | 水瓶 |
| 1982年 | 9月 3日 | 01:11 | 魚 |
| 1982年 | 9月 5日 | 09:24 | 牡羊 |
| 1982年 | 9月 7日 | 15:27 | 牡牛 |
| 1982年 | 9月 9日 | 19:57 | 双子 |
| 1982年 | 9月11日 | 23:18 | 蟹 |
| 1982年 | 9月14日 | 01:46 | 獅子 |
| 1982年 | 9月16日 | 03:58 | 乙女 |
| 1982年 | 9月18日 | 07:03 | 天秤 |
| 1982年 | 9月20日 | 12:32 | 蠍 |
| 1982年 | 9月22日 | 21:30 | 射手 |
| 1982年 | 9月25日 | 09:31 | 山羊 |
| 1982年 | 9月27日 | 22:21 | 水瓶 |
| 1982年 | 9月30日 | 09:18 | 魚 |
| 1982年 | 10月 2日 | 17:06 | 牡羊 |
| 1982年 | 10月 4日 | 22:09 | 牡牛 |
| 1982年 | 10月 7日 | 01:39 | 双子 |
| 1982年 | 10月 9日 | 04:40 | 蟹 |
| 1982年 | 10月11日 | 07:44 | 獅子 |
| 1982年 | 10月13日 | 11:09 | 乙女 |
| 1982年 | 10月15日 | 15:23 | 天秤 |
| 1982年 | 10月17日 | 21:21 | 蠍 |
| 1982年 | 10月20日 | 06:02 | 射手 |
| 1982年 | 10月22日 | 17:37 | 山羊 |
| 1982年 | 10月25日 | 06:35 | 水瓶 |
| 1982年 | 10月27日 | 18:12 | 魚 |
| 1982年 | 10月30日 | 02:25 | 牡羊 |
| 1982年 | 11月 1日 | 07:04 | 牡牛 |
| 1982年 | 11月 3日 | 09:23 | 双子 |
| 1982年 | 11月 5日 | 10:59 | 蟹 |
| 1982年 | 11月 7日 | 13:10 | 獅子 |
| 1982年 | 11月 9日 | 16:40 | 乙女 |
| 1982年 | 11月11日 | 21:46 | 天秤 |
| 1982年 | 11月14日 | 04:42 | 蠍 |
| 1982年 | 11月16日 | 13:52 | 射手 |
| 1982年 | 11月19日 | 01:21 | 山羊 |
| 1982年 | 11月21日 | 14:20 | 水瓶 |
| 1982年 | 11月24日 | 02:42 | 魚 |
| 1982年 | 11月26日 | 12:07 | 牡羊 |
| 1982年 | 11月28日 | 17:32 | 牡牛 |
| 1982年 | 11月30日 | 19:36 | 双子 |
| 1982年 | 12月 2日 | 19:58 | 蟹 |
| 1982年 | 12月 4日 | 20:27 | 獅子 |
| 1982年 | 12月 6日 | 22:32 | 乙女 |
| 1982年 | 12月 9日 | 03:10 | 天秤 |
| 1982年 | 12月11日 | 10:34 | 蠍 |
| 1982年 | 12月13日 | 20:26 | 射手 |
| 1982年 | 12月16日 | 08:15 | 山羊 |
| 1982年 | 12月18日 | 21:12 | 水瓶 |
| 1982年 | 12月21日 | 09:56 | 魚 |
| 1982年 | 12月23日 | 20:34 | 牡羊 |

| | | | |
|---|---|---|---|
| 1982年 | 12月26日 | 03:36 | 牡牛 |
| 1982年 | 12月28日 | 06:49 | 双子 |
| 1982年 | 12月30日 | 07:12 | 蟹 |
| 1983年 | 1月 1日 | 06:33 | 獅子 |
| 1983年 | 1月 3日 | 06:50 | 乙女 |
| 1983年 | 1月 5日 | 09:44 | 天秤 |
| 1983年 | 1月 7日 | 16:16 | 蠍 |
| 1983年 | 1月10日 | 02:13 | 射手 |
| 1983年 | 1月12日 | 14:26 | 山羊 |
| 1983年 | 1月15日 | 03:26 | 水瓶 |
| 1983年 | 1月17日 | 16:02 | 魚 |
| 1983年 | 1月20日 | 03:08 | 牡羊 |
| 1983年 | 1月22日 | 11:36 | 牡牛 |
| 1983年 | 1月24日 | 16:40 | 双子 |
| 1983年 | 1月26日 | 18:29 | 蟹 |
| 1983年 | 1月28日 | 18:11 | 獅子 |
| 1983年 | 1月30日 | 17:35 | 乙女 |
| 1983年 | 2月 1日 | 18:47 | 天秤 |
| 1983年 | 2月 3日 | 23:32 | 蠍 |
| 1983年 | 2月 6日 | 08:28 | 射手 |
| 1983年 | 2月 8日 | 20:33 | 山羊 |
| 1983年 | 2月11日 | 09:40 | 水瓶 |
| 1983年 | 2月13日 | 22:01 | 魚 |
| 1983年 | 2月16日 | 08:46 | 牡羊 |
| 1983年 | 2月18日 | 17:30 | 牡牛 |
| 1983年 | 2月20日 | 23:52 | 双子 |
| 1983年 | 2月23日 | 03:31 | 蟹 |
| 1983年 | 2月25日 | 04:47 | 獅子 |
| 1983年 | 2月27日 | 04:50 | 乙女 |
| 1983年 | 3月 1日 | 05:30 | 天秤 |
| 1983年 | 3月 3日 | 08:51 | 蠍 |
| 1983年 | 3月 5日 | 16:14 | 射手 |
| 1983年 | 3月 8日 | 03:28 | 山羊 |
| 1983年 | 3月10日 | 16:29 | 水瓶 |
| 1983年 | 3月13日 | 04:47 | 魚 |
| 1983年 | 3月15日 | 15:00 | 牡羊 |
| 1983年 | 3月17日 | 23:04 | 牡牛 |
| 1983年 | 3月20日 | 05:20 | 双子 |
| 1983年 | 3月22日 | 09:52 | 蟹 |
| 1983年 | 3月24日 | 12:43 | 獅子 |
| 1983年 | 3月26日 | 14:18 | 乙女 |
| 1983年 | 3月28日 | 15:49 | 天秤 |
| 1983年 | 3月30日 | 18:57 | 蠍 |
| 1983年 | 4月 2日 | 01:19 | 射手 |
| 1983年 | 4月 4日 | 11:29 | 山羊 |
| 1983年 | 4月 7日 | 00:05 | 水瓶 |
| 1983年 | 4月 9日 | 12:30 | 魚 |
| 1983年 | 4月11日 | 22:37 | 牡羊 |
| 1983年 | 4月14日 | 05:59 | 牡牛 |
| 1983年 | 4月16日 | 11:15 | 双子 |
| 1983年 | 4月18日 | 15:14 | 蟹 |
| 1983年 | 4月20日 | 18:26 | 獅子 |
| 1983年 | 4月22日 | 21:12 | 乙女 |
| 1983年 | 4月25日 | 00:04 | 天秤 |
| 1983年 | 4月27日 | 04:05 | 蠍 |
| 1983年 | 4月29日 | 10:28 | 射手 |
| 1983年 | 5月 1日 | 20:01 | 山羊 |
| 1983年 | 5月 4日 | 08:09 | 水瓶 |
| 1983年 | 5月 6日 | 20:43 | 魚 |
| 1983年 | 5月 9日 | 07:16 | 牡羊 |
| 1983年 | 5月11日 | 14:36 | 牡牛 |
| 1983年 | 5月13日 | 19:04 | 双子 |
| 1983年 | 5月15日 | 21:48 | 蟹 |
| 1983年 | 5月18日 | 00:01 | 獅子 |
| 1983年 | 5月20日 | 02:37 | 乙女 |
| 1983年 | 5月22日 | 06:11 | 天秤 |
| 1983年 | 5月24日 | 11:17 | 蠍 |
| 1983年 | 5月26日 | 18:27 | 射手 |
| 1983年 | 5月29日 | 04:06 | 山羊 |
| 1983年 | 5月31日 | 15:59 | 水瓶 |
| 1983年 | 6月 3日 | 04:41 | 魚 |
| 1983年 | 6月 5日 | 15:59 | 牡羊 |
| 1983年 | 6月 8日 | 00:05 | 牡牛 |
| 1983年 | 6月10日 | 04:37 | 双子 |
| 1983年 | 6月12日 | 06:33 | 蟹 |
| 1983年 | 6月14日 | 07:21 | 獅子 |
| 1983年 | 6月16日 | 08:38 | 乙女 |
| 1983年 | 6月18日 | 11:36 | 天秤 |
| 1983年 | 6月20日 | 16:59 | 蠍 |
| 1983年 | 6月23日 | 00:55 | 射手 |
| 1983年 | 6月25日 | 11:08 | 山羊 |
| 1983年 | 6月27日 | 23:06 | 水瓶 |
| 1983年 | 6月30日 | 11:51 | 魚 |
| 1983年 | 7月 2日 | 23:47 | 牡羊 |
| 1983年 | 7月 5日 | 09:05 | 牡牛 |
| 1983年 | 7月 7日 | 14:41 | 双子 |
| 1983年 | 7月 9日 | 16:51 | 蟹 |
| 1983年 | 7月11日 | 16:54 | 獅子 |
| 1983年 | 7月13日 | 16:43 | 乙女 |
| 1983年 | 7月15日 | 18:10 | 天秤 |
| 1983年 | 7月17日 | 22:38 | 蠍 |
| 1983年 | 7月20日 | 06:31 | 射手 |
| 1983年 | 7月22日 | 17:11 | 山羊 |
| 1983年 | 7月25日 | 05:26 | 水瓶 |
| 1983年 | 7月27日 | 18:11 | 魚 |
| 1983年 | 7月30日 | 06:20 | 牡羊 |
| 1983年 | 8月 1日 | 16:36 | 牡牛 |
| 1983年 | 8月 3日 | 23:43 | 双子 |
| 1983年 | 8月 6日 | 03:09 | 蟹 |
| 1983年 | 8月 8日 | 03:38 | 獅子 |
| 1983年 | 8月10日 | 02:50 | 乙女 |
| 1983年 | 8月12日 | 02:52 | 天秤 |
| 1983年 | 8月14日 | 05:44 | 蠍 |
| 1983年 | 8月16日 | 12:33 | 射手 |
| 1983年 | 8月18日 | 22:59 | 山羊 |
| 1983年 | 8月21日 | 11:25 | 水瓶 |
| 1983年 | 8月24日 | 00:09 | 魚 |
| 1983年 | 8月26日 | 12:08 | 牡羊 |
| 1983年 | 8月28日 | 22:38 | 牡牛 |
| 1983年 | 8月31日 | 06:48 | 双子 |
| 1983年 | 9月 2日 | 11:53 | 蟹 |
| 1983年 | 9月 4日 | 13:47 | 獅子 |
| 1983年 | 9月 6日 | 13:36 | 乙女 |
| 1983年 | 9月 8日 | 13:14 | 天秤 |
| 1983年 | 9月10日 | 14:49 | 蠍 |
| 1983年 | 9月12日 | 20:07 | 射手 |
| 1983年 | 9月15日 | 05:33 | 山羊 |
| 1983年 | 9月17日 | 17:45 | 水瓶 |
| 1983年 | 9月20日 | 06:30 | 魚 |
| 1983年 | 9月22日 | 18:10 | 牡羊 |
| 1983年 | 9月25日 | 04:12 | 牡牛 |
| 1983年 | 9月27日 | 12:24 | 双子 |
| 1983年 | 9月29日 | 18:24 | 蟹 |
| 1983年 | 10月 1日 | 21:55 | 獅子 |
| 1983年 | 10月 3日 | 23:16 | 乙女 |
| 1983年 | 10月 5日 | 23:43 | 天秤 |
| 1983年 | 10月 8日 | 01:06 | 蠍 |
| 1983年 | 10月10日 | 05:21 | 射手 |
| 1983年 | 10月12日 | 13:30 | 山羊 |
| 1983年 | 10月15日 | 00:59 | 水瓶 |
| 1983年 | 10月17日 | 13:41 | 魚 |
| 1983年 | 10月20日 | 01:18 | 牡羊 |
| 1983年 | 10月22日 | 10:47 | 牡牛 |
| 1983年 | 10月24日 | 18:10 | 双子 |
| 1983年 | 10月26日 | 23:47 | 蟹 |
| 1983年 | 10月29日 | 03:50 | 獅子 |
| 1983年 | 10月31日 | 06:33 | 乙女 |
| 1983年 | 11月 2日 | 08:31 | 天秤 |
| 1983年 | 11月 4日 | 10:53 | 蠍 |
| 1983年 | 11月 6日 | 15:09 | 射手 |
| 1983年 | 11月 8日 | 22:31 | 山羊 |
| 1983年 | 11月11日 | 09:10 | 水瓶 |
| 1983年 | 11月13日 | 21:40 | 魚 |
| 1983年 | 11月16日 | 09:36 | 牡羊 |
| 1983年 | 11月18日 | 19:06 | 牡牛 |
| 1983年 | 11月21日 | 01:45 | 双子 |
| 1983年 | 11月23日 | 06:11 | 蟹 |
| 1983年 | 11月25日 | 09:19 | 獅子 |
| 1983年 | 11月27日 | 12:02 | 乙女 |
| 1983年 | 11月29日 | 14:57 | 天秤 |
| 1983年 | 12月 1日 | 18:41 | 蠍 |
| 1983年 | 12月 3日 | 23:56 | 射手 |
| 1983年 | 12月 6日 | 07:28 | 山羊 |
| 1983年 | 12月 8日 | 17:39 | 水瓶 |
| 1983年 | 12月11日 | 05:53 | 魚 |
| 1983年 | 12月13日 | 18:16 | 牡羊 |
| 1983年 | 12月16日 | 04:32 | 牡牛 |
| 1983年 | 12月18日 | 11:24 | 双子 |
| 1983年 | 12月20日 | 15:03 | 蟹 |

| | | | |
|---|---|---|---|
| 1983年 | 12月22日 | 16:44 | 獅子 |
| 1983年 | 12月24日 | 18:02 | 乙女 |
| 1983年 | 12月26日 | 20:18 | 天秤 |
| 1983年 | 12月29日 | 00:26 | 蠍 |
| 1983年 | 12月31日 | 06:44 | 射手 |
| 1984年 | 1月 2日 | 15:07 | 山羊 |
| 1984年 | 1月 5日 | 01:30 | 水瓶 |
| 1984年 | 1月 7日 | 13:34 | 魚 |
| 1984年 | 1月10日 | 02:15 | 牡羊 |
| 1984年 | 1月12日 | 13:36 | 牡牛 |
| 1984年 | 1月14日 | 21:40 | 双子 |
| 1984年 | 1月17日 | 01:48 | 蟹 |
| 1984年 | 1月19日 | 02:50 | 獅子 |
| 1984年 | 1月21日 | 02:36 | 乙女 |
| 1984年 | 1月23日 | 03:07 | 天秤 |
| 1984年 | 1月25日 | 06:04 | 蠍 |
| 1984年 | 1月27日 | 12:12 | 射手 |
| 1984年 | 1月29日 | 21:12 | 山羊 |
| 1984年 | 2月 1日 | 08:11 | 水瓶 |
| 1984年 | 2月 3日 | 20:22 | 魚 |
| 1984年 | 2月 6日 | 09:04 | 牡羊 |
| 1984年 | 2月 8日 | 21:05 | 牡牛 |
| 1984年 | 2月11日 | 06:39 | 双子 |
| 1984年 | 2月13日 | 12:20 | 蟹 |
| 1984年 | 2月15日 | 14:10 | 獅子 |
| 1984年 | 2月17日 | 13:32 | 乙女 |
| 1984年 | 2月19日 | 12:40 | 天秤 |
| 1984年 | 2月21日 | 13:44 | 蠍 |
| 1984年 | 2月23日 | 18:22 | 射手 |
| 1984年 | 2月26日 | 02:49 | 山羊 |
| 1984年 | 2月28日 | 14:02 | 水瓶 |
| 1984年 | 3月 2日 | 02:29 | 魚 |
| 1984年 | 3月 4日 | 15:07 | 牡羊 |
| 1984年 | 3月 7日 | 03:08 | 牡牛 |
| 1984年 | 3月 9日 | 13:29 | 双子 |
| 1984年 | 3月11日 | 20:47 | 蟹 |
| 1984年 | 3月14日 | 00:21 | 獅子 |
| 1984年 | 3月16日 | 00:48 | 乙女 |
| 1984年 | 3月17日 | 23:53 | 天秤 |
| 1984年 | 3月19日 | 23:49 | 蠍 |
| 1984年 | 3月22日 | 02:41 | 射手 |
| 1984年 | 3月24日 | 09:36 | 山羊 |
| 1984年 | 3月26日 | 20:08 | 水瓶 |
| 1984年 | 3月29日 | 08:37 | 魚 |
| 1984年 | 3月31日 | 21:14 | 牡羊 |
| 1984年 | 4月 3日 | 08:55 | 牡牛 |
| 1984年 | 4月 5日 | 19:04 | 双子 |
| 1984年 | 4月 8日 | 02:59 | 蟹 |
| 1984年 | 4月10日 | 08:01 | 獅子 |
| 1984年 | 4月12日 | 10:11 | 乙女 |
| 1984年 | 4月14日 | 10:29 | 天秤 |
| 1984年 | 4月16日 | 10:41 | 蠍 |
| 1984年 | 4月18日 | 12:44 | 射手 |
| 1984年 | 4月20日 | 18:10 | 山羊 |
| 1984年 | 4月23日 | 03:27 | 水瓶 |
| 1984年 | 4月25日 | 15:26 | 魚 |
| 1984年 | 4月28日 | 04:02 | 牡羊 |
| 1984年 | 4月30日 | 15:30 | 牡牛 |
| 1984年 | 5月 3日 | 01:02 | 双子 |
| 1984年 | 5月 5日 | 08:26 | 蟹 |
| 1984年 | 5月 7日 | 13:43 | 獅子 |
| 1984年 | 5月 9日 | 17:02 | 乙女 |
| 1984年 | 5月11日 | 18:55 | 天秤 |
| 1984年 | 5月13日 | 20:22 | 蠍 |
| 1984年 | 5月15日 | 22:50 | 射手 |
| 1984年 | 5月18日 | 03:43 | 山羊 |
| 1984年 | 5月20日 | 11:55 | 水瓶 |
| 1984年 | 5月22日 | 23:08 | 魚 |
| 1984年 | 5月25日 | 11:39 | 牡羊 |
| 1984年 | 5月27日 | 23:13 | 牡牛 |
| 1984年 | 5月30日 | 08:23 | 双子 |
| 1984年 | 6月 1日 | 14:54 | 蟹 |
| 1984年 | 6月 3日 | 19:19 | 獅子 |
| 1984年 | 6月 5日 | 22:27 | 乙女 |
| 1984年 | 6月 8日 | 01:03 | 天秤 |
| 1984年 | 6月10日 | 03:48 | 蠍 |
| 1984年 | 6月12日 | 07:26 | 射手 |
| 1984年 | 6月14日 | 12:48 | 山羊 |
| 1984年 | 6月16日 | 20:41 | 水瓶 |
| 1984年 | 6月19日 | 07:18 | 魚 |
| 1984年 | 6月21日 | 19:40 | 牡羊 |
| 1984年 | 6月24日 | 07:38 | 牡牛 |
| 1984年 | 6月26日 | 17:04 | 双子 |
| 1984年 | 6月28日 | 23:09 | 蟹 |
| 1984年 | 7月 1日 | 02:30 | 獅子 |
| 1984年 | 7月 3日 | 04:28 | 乙女 |
| 1984年 | 7月 5日 | 06:27 | 天秤 |
| 1984年 | 7月 7日 | 09:28 | 蠍 |
| 1984年 | 7月 9日 | 14:03 | 射手 |
| 1984年 | 7月11日 | 20:23 | 山羊 |
| 1984年 | 7月14日 | 04:41 | 水瓶 |
| 1984年 | 7月16日 | 15:10 | 魚 |
| 1984年 | 7月19日 | 03:25 | 牡羊 |
| 1984年 | 7月21日 | 15:52 | 牡牛 |
| 1984年 | 7月24日 | 02:10 | 双子 |
| 1984年 | 7月26日 | 08:44 | 蟹 |
| 1984年 | 7月28日 | 11:41 | 獅子 |
| 1984年 | 7月30日 | 12:29 | 乙女 |
| 1984年 | 8月 1日 | 13:03 | 天秤 |
| 1984年 | 8月 3日 | 15:04 | 蠍 |
| 1984年 | 8月 5日 | 19:29 | 射手 |
| 1984年 | 8月 8日 | 02:24 | 山羊 |
| 1984年 | 8月10日 | 11:25 | 水瓶 |
| 1984年 | 8月12日 | 22:13 | 魚 |
| 1984年 | 8月15日 | 10:28 | 牡羊 |
| 1984年 | 8月17日 | 23:13 | 牡牛 |
| 1984年 | 8月20日 | 10:31 | 双子 |
| 1984年 | 8月22日 | 18:20 | 蟹 |
| 1984年 | 8月24日 | 22:00 | 獅子 |
| 1984年 | 8月26日 | 22:33 | 乙女 |
| 1984年 | 8月28日 | 21:58 | 天秤 |
| 1984年 | 8月30日 | 22:23 | 蠍 |
| 1984年 | 9月 2日 | 01:29 | 射手 |
| 1984年 | 9月 4日 | 07:55 | 山羊 |
| 1984年 | 9月 6日 | 17:11 | 水瓶 |
| 1984年 | 9月 9日 | 04:24 | 魚 |
| 1984年 | 9月11日 | 16:46 | 牡羊 |
| 1984年 | 9月14日 | 05:33 | 牡牛 |
| 1984年 | 9月16日 | 17:25 | 双子 |
| 1984年 | 9月19日 | 02:35 | 蟹 |
| 1984年 | 9月21日 | 07:49 | 獅子 |
| 1984年 | 9月23日 | 09:19 | 乙女 |
| 1984年 | 9月25日 | 08:41 | 天秤 |
| 1984年 | 9月27日 | 08:04 | 蠍 |
| 1984年 | 9月29日 | 09:32 | 射手 |
| 1984年 | 10月 1日 | 14:28 | 山羊 |
| 1984年 | 10月 3日 | 23:03 | 水瓶 |
| 1984年 | 10月 6日 | 10:19 | 魚 |
| 1984年 | 10月 8日 | 22:50 | 牡羊 |
| 1984年 | 10月11日 | 11:28 | 牡牛 |
| 1984年 | 10月13日 | 23:13 | 双子 |
| 1984年 | 10月16日 | 09:00 | 蟹 |
| 1984年 | 10月18日 | 15:41 | 獅子 |
| 1984年 | 10月20日 | 18:56 | 乙女 |
| 1984年 | 10月22日 | 19:32 | 天秤 |
| 1984年 | 10月24日 | 19:08 | 蠍 |
| 1984年 | 10月26日 | 19:43 | 射手 |
| 1984年 | 10月28日 | 23:05 | 山羊 |
| 1984年 | 10月31日 | 06:13 | 水瓶 |
| 1984年 | 11月 2日 | 16:49 | 魚 |
| 1984年 | 11月 5日 | 05:20 | 牡羊 |
| 1984年 | 11月 7日 | 17:53 | 牡牛 |
| 1984年 | 11月10日 | 05:10 | 双子 |
| 1984年 | 11月12日 | 14:31 | 蟹 |
| 1984年 | 11月14日 | 21:33 | 獅子 |
| 1984年 | 11月17日 | 02:08 | 乙女 |
| 1984年 | 11月19日 | 04:30 | 天秤 |
| 1984年 | 11月21日 | 05:31 | 蠍 |
| 1984年 | 11月23日 | 06:34 | 射手 |
| 1984年 | 11月25日 | 09:17 | 山羊 |
| 1984年 | 11月27日 | 15:06 | 水瓶 |
| 1984年 | 11月30日 | 00:33 | 魚 |
| 1984年 | 12月 2日 | 12:42 | 牡羊 |
| 1984年 | 12月 5日 | 01:20 | 牡牛 |
| 1984年 | 12月 7日 | 12:24 | 双子 |
| 1984年 | 12月 9日 | 20:56 | 蟹 |
| 1984年 | 12月12日 | 03:08 | 獅子 |
| 1984年 | 12月14日 | 07:35 | 乙女 |
| 1984年 | 12月16日 | 10:52 | 天秤 |

| | | | | |
|---|---|---|---|---|
| 1984年 | 12月 | 18日 | 13:27 | 蠍 |
| 1984年 | 12月 | 20日 | 15:58 | 射手 |
| 1984年 | 12月 | 22日 | 19:21 | 山羊 |
| 1984年 | 12月 | 25日 | 00:47 | 水瓶 |
| 1984年 | 12月 | 27日 | 09:18 | 魚 |
| 1984年 | 12月 | 29日 | 20:49 | 牡羊 |
| 1985年 | 1月 | 1日 | 09:36 | 牡牛 |
| 1985年 | 1月 | 3日 | 21:00 | 双子 |
| 1985年 | 1月 | 6日 | 05:18 | 蟹 |
| 1985年 | 1月 | 8日 | 10:28 | 獅子 |
| 1985年 | 1月 | 10日 | 13:40 | 乙女 |
| 1985年 | 1月 | 12日 | 16:14 | 天秤 |
| 1985年 | 1月 | 14日 | 19:08 | 蠍 |
| 1985年 | 1月 | 16日 | 22:48 | 射手 |
| 1985年 | 1月 | 19日 | 03:29 | 山羊 |
| 1985年 | 1月 | 21日 | 09:38 | 水瓶 |
| 1985年 | 1月 | 23日 | 18:02 | 魚 |
| 1985年 | 1月 | 26日 | 05:05 | 牡羊 |
| 1985年 | 1月 | 28日 | 17:53 | 牡牛 |
| 1985年 | 1月 | 31日 | 06:00 | 双子 |
| 1985年 | 2月 | 2日 | 14:59 | 蟹 |
| 1985年 | 2月 | 4日 | 20:02 | 獅子 |
| 1985年 | 2月 | 6日 | 22:10 | 乙女 |
| 1985年 | 2月 | 8日 | 23:11 | 天秤 |
| 1985年 | 2月 | 11日 | 00:49 | 蠍 |
| 1985年 | 2月 | 13日 | 04:09 | 射手 |
| 1985年 | 2月 | 15日 | 09:27 | 山羊 |
| 1985年 | 2月 | 17日 | 16:36 | 水瓶 |
| 1985年 | 2月 | 20日 | 01:38 | 魚 |
| 1985年 | 2月 | 22日 | 12:42 | 牡羊 |
| 1985年 | 2月 | 25日 | 01:27 | 牡牛 |
| 1985年 | 2月 | 27日 | 14:11 | 双子 |
| 1985年 | 3月 | 2日 | 00:23 | 蟹 |
| 1985年 | 3月 | 4日 | 06:28 | 獅子 |
| 1985年 | 3月 | 6日 | 08:43 | 乙女 |
| 1985年 | 3月 | 8日 | 08:47 | 天秤 |
| 1985年 | 3月 | 10日 | 08:47 | 蠍 |
| 1985年 | 3月 | 12日 | 10:29 | 射手 |
| 1985年 | 3月 | 14日 | 14:54 | 山羊 |
| 1985年 | 3月 | 16日 | 22:11 | 水瓶 |
| 1985年 | 3月 | 19日 | 07:50 | 魚 |
| 1985年 | 3月 | 21日 | 19:20 | 牡羊 |
| 1985年 | 3月 | 24日 | 08:06 | 牡牛 |
| 1985年 | 3月 | 26日 | 21:01 | 双子 |
| 1985年 | 3月 | 29日 | 08:13 | 蟹 |
| 1985年 | 3月 | 31日 | 15:51 | 獅子 |
| 1985年 | 4月 | 2日 | 19:25 | 乙女 |
| 1985年 | 4月 | 4日 | 19:54 | 天秤 |
| 1985年 | 4月 | 6日 | 19:11 | 蠍 |
| 1985年 | 4月 | 8日 | 19:18 | 射手 |
| 1985年 | 4月 | 10日 | 21:57 | 山羊 |
| 1985年 | 4月 | 13日 | 04:04 | 水瓶 |
| 1985年 | 4月 | 15日 | 13:30 | 魚 |
| 1985年 | 4月 | 18日 | 01:18 | 牡羊 |
| 1985年 | 4月 | 20日 | 14:12 | 牡牛 |
| 1985年 | 4月 | 23日 | 03:00 | 双子 |
| 1985年 | 4月 | 25日 | 14:26 | 蟹 |
| 1985年 | 4月 | 27日 | 23:10 | 獅子 |
| 1985年 | 4月 | 30日 | 04:24 | 乙女 |
| 1985年 | 5月 | 2日 | 06:22 | 天秤 |
| 1985年 | 5月 | 4日 | 06:17 | 蠍 |
| 1985年 | 5月 | 6日 | 05:56 | 射手 |
| 1985年 | 5月 | 8日 | 07:12 | 山羊 |
| 1985年 | 5月 | 10日 | 11:38 | 水瓶 |
| 1985年 | 5月 | 12日 | 19:55 | 魚 |
| 1985年 | 5月 | 15日 | 07:25 | 牡羊 |
| 1985年 | 5月 | 17日 | 20:23 | 牡牛 |
| 1985年 | 5月 | 20日 | 09:01 | 双子 |
| 1985年 | 5月 | 22日 | 20:04 | 蟹 |
| 1985年 | 5月 | 25日 | 04:54 | 獅子 |
| 1985年 | 5月 | 27日 | 11:06 | 乙女 |
| 1985年 | 5月 | 29日 | 14:41 | 天秤 |
| 1985年 | 5月 | 31日 | 16:08 | 蠍 |
| 1985年 | 6月 | 2日 | 16:34 | 射手 |
| 1985年 | 6月 | 4日 | 17:34 | 山羊 |
| 1985年 | 6月 | 6日 | 20:52 | 水瓶 |
| 1985年 | 6月 | 9日 | 03:46 | 魚 |
| 1985年 | 6月 | 11日 | 14:24 | 牡羊 |
| 1985年 | 6月 | 14日 | 03:11 | 牡牛 |
| 1985年 | 6月 | 16日 | 15:45 | 双子 |
| 1985年 | 6月 | 19日 | 02:22 | 蟹 |
| 1985年 | 6月 | 21日 | 10:32 | 獅子 |
| 1985年 | 6月 | 23日 | 16:33 | 乙女 |
| 1985年 | 6月 | 25日 | 20:48 | 天秤 |
| 1985年 | 6月 | 27日 | 23:37 | 蠍 |
| 1985年 | 6月 | 30日 | 01:31 | 射手 |
| 1985年 | 7月 | 2日 | 03:23 | 山羊 |
| 1985年 | 7月 | 4日 | 06:36 | 水瓶 |
| 1985年 | 7月 | 6日 | 12:40 | 魚 |
| 1985年 | 7月 | 8日 | 22:20 | 牡羊 |
| 1985年 | 7月 | 11日 | 10:44 | 牡牛 |
| 1985年 | 7月 | 13日 | 23:23 | 双子 |
| 1985年 | 7月 | 16日 | 09:54 | 蟹 |
| 1985年 | 7月 | 18日 | 17:25 | 獅子 |
| 1985年 | 7月 | 20日 | 22:30 | 乙女 |
| 1985年 | 7月 | 23日 | 02:10 | 天秤 |
| 1985年 | 7月 | 25日 | 05:16 | 蠍 |
| 1985年 | 7月 | 27日 | 08:12 | 射手 |
| 1985年 | 7月 | 29日 | 11:21 | 山羊 |
| 1985年 | 7月 | 31日 | 15:26 | 水瓶 |
| 1985年 | 8月 | 2日 | 21:33 | 魚 |
| 1985年 | 8月 | 5日 | 06:42 | 牡羊 |
| 1985年 | 8月 | 7日 | 18:41 | 牡牛 |
| 1985年 | 8月 | 10日 | 07:31 | 双子 |
| 1985年 | 8月 | 12日 | 18:28 | 蟹 |
| 1985年 | 8月 | 15日 | 01:57 | 獅子 |
| 1985年 | 8月 | 17日 | 06:15 | 乙女 |
| 1985年 | 8月 | 19日 | 08:44 | 天秤 |
| 1985年 | 8月 | 21日 | 10:51 | 蠍 |
| 1985年 | 8月 | 23日 | 13:36 | 射手 |
| 1985年 | 8月 | 25日 | 17:24 | 山羊 |
| 1985年 | 8月 | 27日 | 22:31 | 水瓶 |
| 1985年 | 8月 | 30日 | 05:25 | 魚 |
| 1985年 | 9月 | 1日 | 14:42 | 牡羊 |
| 1985年 | 9月 | 4日 | 02:27 | 牡牛 |
| 1985年 | 9月 | 6日 | 15:27 | 双子 |
| 1985年 | 9月 | 9日 | 03:10 | 蟹 |
| 1985年 | 9月 | 11日 | 11:27 | 獅子 |
| 1985年 | 9月 | 13日 | 15:53 | 乙女 |
| 1985年 | 9月 | 15日 | 17:34 | 天秤 |
| 1985年 | 9月 | 17日 | 18:18 | 蠍 |
| 1985年 | 9月 | 19日 | 19:41 | 射手 |
| 1985年 | 9月 | 21日 | 22:49 | 山羊 |
| 1985年 | 9月 | 24日 | 04:11 | 水瓶 |
| 1985年 | 9月 | 26日 | 11:50 | 魚 |
| 1985年 | 9月 | 28日 | 21:42 | 牡羊 |
| 1985年 | 10月 | 1日 | 09:35 | 牡牛 |
| 1985年 | 10月 | 3日 | 22:36 | 双子 |
| 1985年 | 10月 | 6日 | 10:59 | 蟹 |
| 1985年 | 10月 | 8日 | 20:33 | 獅子 |
| 1985年 | 10月 | 11日 | 02:09 | 乙女 |
| 1985年 | 10月 | 13日 | 04:12 | 天秤 |
| 1985年 | 10月 | 15日 | 04:13 | 蠍 |
| 1985年 | 10月 | 17日 | 04:06 | 射手 |
| 1985年 | 10月 | 19日 | 05:35 | 山羊 |
| 1985年 | 10月 | 21日 | 09:54 | 水瓶 |
| 1985年 | 10月 | 23日 | 17:27 | 魚 |
| 1985年 | 10月 | 26日 | 03:47 | 牡羊 |
| 1985年 | 10月 | 28日 | 15:59 | 牡牛 |
| 1985年 | 10月 | 31日 | 04:59 | 双子 |
| 1985年 | 11月 | 2日 | 17:30 | 蟹 |
| 1985年 | 11月 | 5日 | 04:03 | 獅子 |
| 1985年 | 11月 | 7日 | 11:18 | 乙女 |
| 1985年 | 11月 | 9日 | 14:52 | 天秤 |
| 1985年 | 11月 | 11日 | 15:31 | 蠍 |
| 1985年 | 11月 | 13日 | 14:53 | 射手 |
| 1985年 | 11月 | 15日 | 14:53 | 山羊 |
| 1985年 | 11月 | 17日 | 17:25 | 水瓶 |
| 1985年 | 11月 | 19日 | 23:42 | 魚 |
| 1985年 | 11月 | 22日 | 09:42 | 牡羊 |
| 1985年 | 11月 | 24日 | 22:06 | 牡牛 |
| 1985年 | 11月 | 27日 | 11:08 | 双子 |
| 1985年 | 11月 | 29日 | 23:23 | 蟹 |
| 1985年 | 12月 | 2日 | 09:59 | 獅子 |
| 1985年 | 12月 | 4日 | 18:14 | 乙女 |
| 1985年 | 12月 | 6日 | 23:33 | 天秤 |
| 1985年 | 12月 | 9日 | 01:57 | 蠍 |
| 1985年 | 12月 | 11日 | 02:14 | 射手 |
| 1985年 | 12月 | 13日 | 02:00 | 山羊 |

| | | | |
|---|---|---|---|
| 1985年 | 12月15日 | 03:15 | 水瓶 |
| 1985年 | 12月17日 | 07:50 | 魚 |
| 1985年 | 12月19日 | 16:36 | 牡羊 |
| 1985年 | 12月22日 | 04:40 | 牡牛 |
| 1985年 | 12月24日 | 17:45 | 双子 |
| 1985年 | 12月27日 | 05:44 | 蟹 |
| 1985年 | 12月29日 | 15:44 | 獅子 |
| 1985年 | 12月31日 | 23:43 | 乙女 |
| 1986年 | 1月3日 | 05:45 | 天秤 |
| 1986年 | 1月5日 | 09:44 | 蠍 |
| 1986年 | 1月7日 | 11:47 | 射手 |
| 1986年 | 1月9日 | 12:42 | 山羊 |
| 1986年 | 1月11日 | 14:02 | 水瓶 |
| 1986年 | 1月13日 | 17:39 | 魚 |
| 1986年 | 1月16日 | 01:03 | 牡羊 |
| 1986年 | 1月18日 | 12:13 | 牡牛 |
| 1986年 | 1月21日 | 01:11 | 双子 |
| 1986年 | 1月23日 | 13:14 | 蟹 |
| 1986年 | 1月25日 | 22:47 | 獅子 |
| 1986年 | 1月28日 | 05:51 | 乙女 |
| 1986年 | 1月30日 | 11:10 | 天秤 |
| 1986年 | 2月1日 | 15:19 | 蠍 |
| 1986年 | 2月3日 | 18:32 | 射手 |
| 1986年 | 2月5日 | 21:02 | 山羊 |
| 1986年 | 2月7日 | 23:35 | 水瓶 |
| 1986年 | 2月10日 | 03:32 | 魚 |
| 1986年 | 2月12日 | 10:21 | 牡羊 |
| 1986年 | 2月14日 | 20:37 | 牡牛 |
| 1986年 | 2月17日 | 09:17 | 双子 |
| 1986年 | 2月19日 | 21:38 | 蟹 |
| 1986年 | 2月22日 | 07:25 | 獅子 |
| 1986年 | 2月24日 | 13:58 | 乙女 |
| 1986年 | 2月26日 | 18:07 | 天秤 |
| 1986年 | 2月28日 | 21:06 | 蠍 |
| 1986年 | 3月2日 | 23:52 | 射手 |
| 1986年 | 3月5日 | 02:56 | 山羊 |
| 1986年 | 3月7日 | 06:43 | 水瓶 |
| 1986年 | 3月9日 | 11:48 | 魚 |
| 1986年 | 3月11日 | 19:03 | 牡羊 |
| 1986年 | 3月14日 | 05:04 | 牡牛 |
| 1986年 | 3月16日 | 17:22 | 双子 |
| 1986年 | 3月19日 | 06:04 | 蟹 |
| 1986年 | 3月21日 | 16:38 | 獅子 |
| 1986年 | 3月23日 | 23:40 | 乙女 |
| 1986年 | 3月26日 | 03:23 | 天秤 |
| 1986年 | 3月28日 | 05:06 | 蠍 |
| 1986年 | 3月30日 | 06:20 | 射手 |
| 1986年 | 4月1日 | 08:25 | 山羊 |
| 1986年 | 4月3日 | 12:11 | 水瓶 |
| 1986年 | 4月5日 | 18:03 | 魚 |
| 1986年 | 4月8日 | 02:12 | 牡羊 |
| 1986年 | 4月10日 | 12:36 | 牡牛 |
| 1986年 | 4月13日 | 00:50 | 双子 |
| 1986年 | 4月15日 | 13:42 | 蟹 |
| 1986年 | 4月18日 | 01:09 | 獅子 |
| 1986年 | 4月20日 | 09:24 | 乙女 |
| 1986年 | 4月22日 | 13:50 | 天秤 |
| 1986年 | 4月24日 | 15:16 | 蠍 |
| 1986年 | 4月26日 | 15:17 | 射手 |
| 1986年 | 4月28日 | 15:41 | 山羊 |
| 1986年 | 4月30日 | 18:06 | 水瓶 |
| 1986年 | 5月2日 | 23:30 | 魚 |
| 1986年 | 5月5日 | 08:01 | 牡羊 |
| 1986年 | 5月7日 | 18:58 | 牡牛 |
| 1986年 | 5月10日 | 07:26 | 双子 |
| 1986年 | 5月12日 | 20:17 | 蟹 |
| 1986年 | 5月15日 | 08:15 | 獅子 |
| 1986年 | 5月17日 | 17:45 | 乙女 |
| 1986年 | 5月19日 | 23:41 | 天秤 |
| 1986年 | 5月22日 | 02:03 | 蠍 |
| 1986年 | 5月24日 | 01:58 | 射手 |
| 1986年 | 5月26日 | 01:16 | 山羊 |
| 1986年 | 5月28日 | 02:00 | 水瓶 |
| 1986年 | 5月30日 | 05:54 | 魚 |
| 1986年 | 6月1日 | 13:42 | 牡羊 |
| 1986年 | 6月4日 | 00:45 | 牡牛 |
| 1986年 | 6月6日 | 13:26 | 双子 |
| 1986年 | 6月9日 | 02:16 | 蟹 |
| 1986年 | 6月11日 | 14:11 | 獅子 |
| 1986年 | 6月14日 | 00:17 | 乙女 |
| 1986年 | 6月16日 | 07:38 | 天秤 |
| 1986年 | 6月18日 | 11:36 | 蠍 |
| 1986年 | 6月20日 | 12:36 | 射手 |
| 1986年 | 6月22日 | 12:00 | 山羊 |
| 1986年 | 6月24日 | 11:50 | 水瓶 |
| 1986年 | 6月26日 | 14:12 | 魚 |
| 1986年 | 6月28日 | 20:34 | 牡羊 |
| 1986年 | 7月1日 | 06:54 | 牡牛 |
| 1986年 | 7月3日 | 19:31 | 双子 |
| 1986年 | 7月6日 | 08:19 | 蟹 |
| 1986年 | 7月8日 | 19:55 | 獅子 |
| 1986年 | 7月11日 | 05:50 | 乙女 |
| 1986年 | 7月13日 | 13:40 | 天秤 |
| 1986年 | 7月15日 | 18:58 | 蠍 |
| 1986年 | 7月17日 | 21:35 | 射手 |
| 1986年 | 7月19日 | 22:11 | 山羊 |
| 1986年 | 7月21日 | 22:18 | 水瓶 |
| 1986年 | 7月23日 | 23:59 | 魚 |
| 1986年 | 7月26日 | 05:02 | 牡羊 |
| 1986年 | 7月28日 | 14:11 | 牡牛 |
| 1986年 | 7月31日 | 02:18 | 双子 |
| 1986年 | 8月2日 | 15:04 | 蟹 |
| 1986年 | 8月5日 | 02:26 | 獅子 |
| 1986年 | 8月7日 | 11:44 | 乙女 |
| 1986年 | 8月9日 | 19:05 | 天秤 |
| 1986年 | 8月12日 | 00:36 | 蠍 |
| 1986年 | 8月14日 | 04:17 | 射手 |
| 1986年 | 8月16日 | 06:23 | 山羊 |
| 1986年 | 8月18日 | 07:44 | 水瓶 |
| 1986年 | 8月20日 | 09:52 | 魚 |
| 1986年 | 8月22日 | 14:27 | 牡羊 |
| 1986年 | 8月24日 | 22:36 | 牡牛 |
| 1986年 | 8月27日 | 10:00 | 双子 |
| 1986年 | 8月29日 | 22:39 | 蟹 |
| 1986年 | 9月1日 | 10:08 | 獅子 |
| 1986年 | 9月3日 | 19:06 | 乙女 |
| 1986年 | 9月6日 | 01:33 | 天秤 |
| 1986年 | 9月8日 | 06:12 | 蠍 |
| 1986年 | 9月10日 | 09:40 | 射手 |
| 1986年 | 9月12日 | 12:28 | 山羊 |
| 1986年 | 9月14日 | 15:07 | 水瓶 |
| 1986年 | 9月16日 | 18:27 | 魚 |
| 1986年 | 9月18日 | 23:34 | 牡羊 |
| 1986年 | 9月21日 | 07:25 | 牡牛 |
| 1986年 | 9月23日 | 18:13 | 双子 |
| 1986年 | 9月26日 | 06:44 | 蟹 |
| 1986年 | 9月28日 | 18:39 | 獅子 |
| 1986年 | 10月1日 | 03:57 | 乙女 |
| 1986年 | 10月3日 | 10:03 | 天秤 |
| 1986年 | 10月5日 | 13:35 | 蠍 |
| 1986年 | 10月7日 | 15:48 | 射手 |
| 1986年 | 10月9日 | 17:53 | 山羊 |
| 1986年 | 10月11日 | 20:45 | 水瓶 |
| 1986年 | 10月14日 | 01:03 | 魚 |
| 1986年 | 10月16日 | 07:13 | 牡羊 |
| 1986年 | 10月18日 | 15:35 | 牡牛 |
| 1986年 | 10月21日 | 02:15 | 双子 |
| 1986年 | 10月23日 | 14:37 | 蟹 |
| 1986年 | 10月26日 | 03:02 | 獅子 |
| 1986年 | 10月28日 | 13:20 | 乙女 |
| 1986年 | 10月30日 | 20:04 | 天秤 |
| 1986年 | 11月1日 | 23:20 | 蠍 |
| 1986年 | 11月4日 | 00:20 | 射手 |
| 1986年 | 11月6日 | 00:49 | 山羊 |
| 1986年 | 11月8日 | 02:29 | 水瓶 |
| 1986年 | 11月10日 | 06:29 | 魚 |
| 1986年 | 11月12日 | 13:14 | 牡羊 |
| 1986年 | 11月14日 | 22:24 | 牡牛 |
| 1986年 | 11月17日 | 09:26 | 双子 |
| 1986年 | 11月19日 | 21:45 | 蟹 |
| 1986年 | 11月22日 | 10:25 | 獅子 |
| 1986年 | 11月24日 | 21:45 | 乙女 |
| 1986年 | 11月27日 | 05:59 | 天秤 |
| 1986年 | 11月29日 | 10:13 | 蠍 |
| 1986年 | 12月1日 | 11:08 | 射手 |
| 1986年 | 12月3日 | 10:28 | 山羊 |
| 1986年 | 12月5日 | 10:23 | 水瓶 |
| 1986年 | 12月7日 | 12:48 | 魚 |
| 1986年 | 12月9日 | 18:48 | 牡羊 |

| | | | |
|---|---|---|---|
| 1986年 | 12月12日 | 04:10 | 牡牛 |
| 1986年 | 12月14日 | 15:41 | 双子 |
| 1986年 | 12月17日 | 04:09 | 蟹 |
| 1986年 | 12月19日 | 16:44 | 獅子 |
| 1986年 | 12月22日 | 04:30 | 乙女 |
| 1986年 | 12月24日 | 14:04 | 天秤 |
| 1986年 | 12月26日 | 20:06 | 蠍 |
| 1986年 | 12月28日 | 22:20 | 射手 |
| 1986年 | 12月30日 | 21:55 | 山羊 |
| 1987年 | 1月 1日 | 20:54 | 水瓶 |
| 1987年 | 1月 3日 | 21:36 | 魚 |
| 1987年 | 1月 6日 | 01:50 | 牡羊 |
| 1987年 | 1月 8日 | 10:13 | 牡牛 |
| 1987年 | 1月10日 | 21:39 | 双子 |
| 1987年 | 1月13日 | 10:18 | 蟹 |
| 1987年 | 1月15日 | 22:45 | 獅子 |
| 1987年 | 1月18日 | 10:15 | 乙女 |
| 1987年 | 1月20日 | 20:09 | 天秤 |
| 1987年 | 1月23日 | 03:30 | 蠍 |
| 1987年 | 1月25日 | 07:35 | 射手 |
| 1987年 | 1月27日 | 08:42 | 山羊 |
| 1987年 | 1月29日 | 08:17 | 水瓶 |
| 1987年 | 1月31日 | 08:24 | 魚 |
| 1987年 | 2月 2日 | 11:09 | 牡羊 |
| 1987年 | 2月 4日 | 17:52 | 牡牛 |
| 1987年 | 2月 7日 | 04:23 | 双子 |
| 1987年 | 2月 9日 | 16:55 | 蟹 |
| 1987年 | 2月12日 | 05:21 | 獅子 |
| 1987年 | 2月14日 | 16:26 | 乙女 |
| 1987年 | 2月17日 | 01:44 | 天秤 |
| 1987年 | 2月19日 | 09:04 | 蠍 |
| 1987年 | 2月21日 | 14:09 | 射手 |
| 1987年 | 2月23日 | 16:57 | 山羊 |
| 1987年 | 2月25日 | 18:09 | 水瓶 |
| 1987年 | 2月27日 | 19:07 | 魚 |
| 1987年 | 3月 1日 | 21:37 | 牡羊 |
| 1987年 | 3月 4日 | 03:11 | 牡牛 |
| 1987年 | 3月 6日 | 12:26 | 双子 |
| 1987年 | 3月 9日 | 00:24 | 蟹 |
| 1987年 | 3月11日 | 12:54 | 獅子 |
| 1987年 | 3月13日 | 23:55 | 乙女 |
| 1987年 | 3月16日 | 08:34 | 天秤 |
| 1987年 | 3月18日 | 14:57 | 蠍 |
| 1987年 | 3月20日 | 19:32 | 射手 |
| 1987年 | 3月22日 | 22:49 | 山羊 |
| 1987年 | 3月25日 | 01:18 | 水瓶 |
| 1987年 | 3月27日 | 03:46 | 魚 |
| 1987年 | 3月29日 | 07:12 | 牡羊 |
| 1987年 | 3月31日 | 12:46 | 牡牛 |
| 1987年 | 4月 2日 | 21:16 | 双子 |
| 1987年 | 4月 5日 | 08:33 | 蟹 |
| 1987年 | 4月 7日 | 21:03 | 獅子 |
| 1987年 | 4月10日 | 08:28 | 乙女 |
| 1987年 | 4月12日 | 17:06 | 天秤 |
| 1987年 | 4月14日 | 22:41 | 蠍 |
| 1987年 | 4月17日 | 02:02 | 射手 |
| 1987年 | 4月19日 | 04:21 | 山羊 |
| 1987年 | 4月21日 | 06:45 | 水瓶 |
| 1987年 | 4月23日 | 10:02 | 魚 |
| 1987年 | 4月25日 | 14:41 | 牡羊 |
| 1987年 | 4月27日 | 21:06 | 牡牛 |
| 1987年 | 4月30日 | 05:43 | 双子 |
| 1987年 | 5月 2日 | 16:39 | 蟹 |
| 1987年 | 5月 5日 | 05:06 | 獅子 |
| 1987年 | 5月 7日 | 17:07 | 乙女 |
| 1987年 | 5月10日 | 02:29 | 天秤 |
| 1987年 | 5月12日 | 08:09 | 蠍 |
| 1987年 | 5月14日 | 10:41 | 射手 |
| 1987年 | 5月16日 | 11:37 | 山羊 |
| 1987年 | 5月18日 | 12:43 | 水瓶 |
| 1987年 | 5月20日 | 15:24 | 魚 |
| 1987年 | 5月22日 | 20:23 | 牡羊 |
| 1987年 | 5月25日 | 03:39 | 牡牛 |
| 1987年 | 5月27日 | 12:55 | 双子 |
| 1987年 | 5月29日 | 23:59 | 蟹 |
| 1987年 | 6月 1日 | 12:25 | 獅子 |
| 1987年 | 6月 4日 | 00:56 | 乙女 |
| 1987年 | 6月 6日 | 11:24 | 天秤 |
| 1987年 | 6月 8日 | 18:06 | 蠍 |
| 1987年 | 6月10日 | 20:54 | 射手 |
| 1987年 | 6月12日 | 21:06 | 山羊 |
| 1987年 | 6月14日 | 20:45 | 水瓶 |
| 1987年 | 6月16日 | 21:55 | 魚 |
| 1987年 | 6月19日 | 01:56 | 牡羊 |
| 1987年 | 6月21日 | 09:09 | 牡牛 |
| 1987年 | 6月23日 | 18:54 | 双子 |
| 1987年 | 6月26日 | 06:22 | 蟹 |
| 1987年 | 6月28日 | 18:52 | 獅子 |
| 1987年 | 7月 1日 | 07:34 | 乙女 |
| 1987年 | 7月 3日 | 18:54 | 天秤 |
| 1987年 | 7月 6日 | 03:03 | 蠍 |
| 1987年 | 7月 8日 | 07:05 | 射手 |
| 1987年 | 7月10日 | 07:44 | 山羊 |
| 1987年 | 7月12日 | 06:50 | 水瓶 |
| 1987年 | 7月14日 | 06:36 | 魚 |
| 1987年 | 7月16日 | 09:00 | 牡羊 |
| 1987年 | 7月18日 | 15:04 | 牡牛 |
| 1987年 | 7月21日 | 00:32 | 双子 |
| 1987年 | 7月23日 | 12:13 | 蟹 |
| 1987年 | 7月26日 | 00:49 | 獅子 |
| 1987年 | 7月28日 | 13:25 | 乙女 |
| 1987年 | 7月31日 | 00:59 | 天秤 |
| 1987年 | 8月 2日 | 10:09 | 蠍 |
| 1987年 | 8月 4日 | 15:47 | 射手 |
| 1987年 | 8月 6日 | 17:52 | 山羊 |
| 1987年 | 8月 8日 | 17:38 | 水瓶 |
| 1987年 | 8月10日 | 17:02 | 魚 |
| 1987年 | 8月12日 | 18:09 | 牡羊 |
| 1987年 | 8月14日 | 22:38 | 牡牛 |
| 1987年 | 8月17日 | 06:58 | 双子 |
| 1987年 | 8月19日 | 18:19 | 蟹 |
| 1987年 | 8月22日 | 06:58 | 獅子 |
| 1987年 | 8月24日 | 19:23 | 乙女 |
| 1987年 | 8月27日 | 06:35 | 天秤 |
| 1987年 | 8月29日 | 15:49 | 蠍 |
| 1987年 | 8月31日 | 22:24 | 射手 |
| 1987年 | 9月 3日 | 02:04 | 山羊 |
| 1987年 | 9月 5日 | 03:22 | 水瓶 |
| 1987年 | 9月 7日 | 03:37 | 魚 |
| 1987年 | 9月 9日 | 04:34 | 牡羊 |
| 1987年 | 9月11日 | 07:57 | 牡牛 |
| 1987年 | 9月13日 | 14:54 | 双子 |
| 1987年 | 9月16日 | 01:21 | 蟹 |
| 1987年 | 9月18日 | 13:50 | 獅子 |
| 1987年 | 9月21日 | 02:13 | 乙女 |
| 1987年 | 9月23日 | 12:58 | 天秤 |
| 1987年 | 9月25日 | 21:30 | 蠍 |
| 1987年 | 9月28日 | 03:49 | 射手 |
| 1987年 | 9月30日 | 08:08 | 山羊 |
| 1987年 | 10月 2日 | 10:51 | 水瓶 |
| 1987年 | 10月 4日 | 12:39 | 魚 |
| 1987年 | 10月 6日 | 14:35 | 牡羊 |
| 1987年 | 10月 8日 | 17:58 | 牡牛 |
| 1987年 | 10月11日 | 00:03 | 双子 |
| 1987年 | 10月13日 | 09:31 | 蟹 |
| 1987年 | 10月15日 | 21:33 | 獅子 |
| 1987年 | 10月18日 | 10:06 | 乙女 |
| 1987年 | 10月20日 | 20:50 | 天秤 |
| 1987年 | 10月23日 | 04:42 | 蠍 |
| 1987年 | 10月25日 | 09:57 | 射手 |
| 1987年 | 10月27日 | 13:33 | 山羊 |
| 1987年 | 10月29日 | 16:27 | 水瓶 |
| 1987年 | 10月31日 | 19:20 | 魚 |
| 1987年 | 11月 2日 | 22:40 | 牡羊 |
| 1987年 | 11月 5日 | 03:02 | 牡牛 |
| 1987年 | 11月 7日 | 09:16 | 双子 |
| 1987年 | 11月 9日 | 18:10 | 蟹 |
| 1987年 | 11月12日 | 05:45 | 獅子 |
| 1987年 | 11月14日 | 18:29 | 乙女 |
| 1987年 | 11月17日 | 05:48 | 天秤 |
| 1987年 | 11月19日 | 13:47 | 蠍 |
| 1987年 | 11月21日 | 18:17 | 射手 |
| 1987年 | 11月23日 | 20:32 | 山羊 |
| 1987年 | 11月25日 | 22:13 | 水瓶 |
| 1987年 | 11月28日 | 00:41 | 魚 |
| 1987年 | 11月30日 | 04:36 | 牡羊 |
| 1987年 | 12月 2日 | 10:06 | 牡牛 |
| 1987年 | 12月 4日 | 17:14 | 双子 |
| 1987年 | 12月 7日 | 02:20 | 蟹 |

| | | | | |
|---|---|---|---|---|
| 1987年 | 12月 | 9日 | 13:40 | 獅子 |
| 1987年 | 12月 | 12日 | 02:29 | 乙女 |
| 1987年 | 12月 | 14日 | 14:40 | 天秤 |
| 1987年 | 12月 | 16日 | 23:41 | 蠍 |
| 1987年 | 12月 | 19日 | 04:33 | 射手 |
| 1987年 | 12月 | 21日 | 06:08 | 山羊 |
| 1987年 | 12月 | 23日 | 06:20 | 水瓶 |
| 1987年 | 12月 | 25日 | 07:10 | 魚 |
| 1987年 | 12月 | 27日 | 10:05 | 牡羊 |
| 1987年 | 12月 | 29日 | 15:36 | 牡牛 |
| 1987年 | 12月 | 31日 | 23:28 | 双子 |
| 1988年 | 1月 | 3日 | 09:17 | 蟹 |
| 1988年 | 1月 | 5日 | 20:47 | 獅子 |
| 1988年 | 1月 | 8日 | 09:35 | 乙女 |
| 1988年 | 1月 | 10日 | 22:17 | 天秤 |
| 1988年 | 1月 | 13日 | 08:39 | 蠍 |
| 1988年 | 1月 | 15日 | 14:58 | 射手 |
| 1988年 | 1月 | 17日 | 17:16 | 山羊 |
| 1988年 | 1月 | 19日 | 17:03 | 水瓶 |
| 1988年 | 1月 | 21日 | 16:27 | 魚 |
| 1988年 | 1月 | 23日 | 17:31 | 牡羊 |
| 1988年 | 1月 | 25日 | 21:36 | 牡牛 |
| 1988年 | 1月 | 28日 | 05:02 | 双子 |
| 1988年 | 1月 | 30日 | 15:11 | 蟹 |
| 1988年 | 2月 | 2日 | 03:06 | 獅子 |
| 1988年 | 2月 | 4日 | 15:54 | 乙女 |
| 1988年 | 2月 | 7日 | 04:36 | 天秤 |
| 1988年 | 2月 | 9日 | 15:41 | 蠍 |
| 1988年 | 2月 | 11日 | 23:35 | 射手 |
| 1988年 | 2月 | 14日 | 03:36 | 山羊 |
| 1988年 | 2月 | 16日 | 04:26 | 水瓶 |
| 1988年 | 2月 | 18日 | 03:45 | 魚 |
| 1988年 | 2月 | 20日 | 03:35 | 牡羊 |
| 1988年 | 2月 | 22日 | 05:50 | 牡牛 |
| 1988年 | 2月 | 24日 | 11:42 | 双子 |
| 1988年 | 2月 | 26日 | 21:11 | 蟹 |
| 1988年 | 2月 | 29日 | 09:12 | 獅子 |
| 1988年 | 3月 | 2日 | 22:06 | 乙女 |
| 1988年 | 3月 | 5日 | 10:32 | 天秤 |
| 1988年 | 3月 | 7日 | 21:27 | 蠍 |
| 1988年 | 3月 | 10日 | 05:59 | 射手 |
| 1988年 | 3月 | 12日 | 11:31 | 山羊 |
| 1988年 | 3月 | 14日 | 14:08 | 水瓶 |
| 1988年 | 3月 | 16日 | 14:42 | 魚 |
| 1988年 | 3月 | 18日 | 14:46 | 牡羊 |
| 1988年 | 3月 | 20日 | 16:05 | 牡牛 |
| 1988年 | 3月 | 22日 | 20:21 | 双子 |
| 1988年 | 3月 | 25日 | 04:27 | 蟹 |
| 1988年 | 3月 | 27日 | 15:53 | 獅子 |
| 1988年 | 3月 | 30日 | 04:48 | 乙女 |
| 1988年 | 4月 | 1日 | 17:05 | 天秤 |
| 1988年 | 4月 | 4日 | 03:26 | 蠍 |
| 1988年 | 4月 | 6日 | 11:29 | 射手 |
| 1988年 | 4月 | 8日 | 17:19 | 山羊 |
| 1988年 | 4月 | 10日 | 21:10 | 水瓶 |
| 1988年 | 4月 | 12日 | 23:25 | 魚 |
| 1988年 | 4月 | 15日 | 00:47 | 牡羊 |
| 1988年 | 4月 | 17日 | 02:32 | 牡牛 |
| 1988年 | 4月 | 19日 | 06:10 | 双子 |
| 1988年 | 4月 | 21日 | 13:04 | 蟹 |
| 1988年 | 4月 | 23日 | 23:33 | 獅子 |
| 1988年 | 4月 | 26日 | 12:16 | 乙女 |
| 1988年 | 4月 | 29日 | 00:37 | 天秤 |
| 1988年 | 5月 | 1日 | 10:39 | 蠍 |
| 1988年 | 5月 | 3日 | 17:52 | 射手 |
| 1988年 | 5月 | 5日 | 22:54 | 山羊 |
| 1988年 | 5月 | 8日 | 02:37 | 水瓶 |
| 1988年 | 5月 | 10日 | 05:39 | 魚 |
| 1988年 | 5月 | 12日 | 08:23 | 牡羊 |
| 1988年 | 5月 | 14日 | 11:22 | 牡牛 |
| 1988年 | 5月 | 16日 | 15:32 | 双子 |
| 1988年 | 5月 | 18日 | 22:05 | 蟹 |
| 1988年 | 5月 | 21日 | 07:51 | 獅子 |
| 1988年 | 5月 | 23日 | 20:12 | 乙女 |
| 1988年 | 5月 | 26日 | 08:49 | 天秤 |
| 1988年 | 5月 | 28日 | 19:06 | 蠍 |
| 1988年 | 5月 | 31日 | 01:57 | 射手 |
| 1988年 | 6月 | 2日 | 05:59 | 山羊 |
| 1988年 | 6月 | 4日 | 08:34 | 水瓶 |
| 1988年 | 6月 | 6日 | 11:00 | 魚 |
| 1988年 | 6月 | 8日 | 14:04 | 牡羊 |
| 1988年 | 6月 | 10日 | 18:02 | 牡牛 |
| 1988年 | 6月 | 12日 | 23:15 | 双子 |
| 1988年 | 6月 | 15日 | 06:19 | 蟹 |
| 1988年 | 6月 | 17日 | 15:57 | 獅子 |
| 1988年 | 6月 | 20日 | 04:03 | 乙女 |
| 1988年 | 6月 | 22日 | 16:57 | 天秤 |
| 1988年 | 6月 | 25日 | 03:58 | 蠍 |
| 1988年 | 6月 | 27日 | 11:18 | 射手 |
| 1988年 | 6月 | 29日 | 15:00 | 山羊 |
| 1988年 | 7月 | 1日 | 16:30 | 水瓶 |
| 1988年 | 7月 | 3日 | 17:34 | 魚 |
| 1988年 | 7月 | 5日 | 19:37 | 牡羊 |
| 1988年 | 7月 | 7日 | 23:27 | 牡牛 |
| 1988年 | 7月 | 10日 | 05:16 | 双子 |
| 1988年 | 7月 | 12日 | 13:08 | 蟹 |
| 1988年 | 7月 | 14日 | 23:11 | 獅子 |
| 1988年 | 7月 | 17日 | 11:17 | 乙女 |
| 1988年 | 7月 | 20日 | 00:21 | 天秤 |
| 1988年 | 7月 | 22日 | 12:13 | 蠍 |
| 1988年 | 7月 | 24日 | 20:42 | 射手 |
| 1988年 | 7月 | 27日 | 01:07 | 山羊 |
| 1988年 | 7月 | 29日 | 02:25 | 水瓶 |
| 1988年 | 7月 | 31日 | 02:23 | 魚 |
| 1988年 | 8月 | 2日 | 02:53 | 牡羊 |
| 1988年 | 8月 | 4日 | 05:24 | 牡牛 |
| 1988年 | 8月 | 6日 | 10:43 | 双子 |
| 1988年 | 8月 | 8日 | 18:52 | 蟹 |
| 1988年 | 8月 | 11日 | 05:26 | 獅子 |
| 1988年 | 8月 | 13日 | 17:45 | 乙女 |
| 1988年 | 8月 | 16日 | 06:52 | 天秤 |
| 1988年 | 8月 | 18日 | 19:11 | 蠍 |
| 1988年 | 8月 | 21日 | 04:54 | 射手 |
| 1988年 | 8月 | 23日 | 10:49 | 山羊 |
| 1988年 | 8月 | 25日 | 13:05 | 水瓶 |
| 1988年 | 8月 | 27日 | 13:01 | 魚 |
| 1988年 | 8月 | 29日 | 12:29 | 牡羊 |
| 1988年 | 8月 | 31日 | 13:22 | 牡牛 |
| 1988年 | 9月 | 2日 | 17:11 | 双子 |
| 1988年 | 9月 | 5日 | 00:36 | 蟹 |
| 1988年 | 9月 | 7日 | 11:14 | 獅子 |
| 1988年 | 9月 | 9日 | 23:47 | 乙女 |
| 1988年 | 9月 | 12日 | 12:51 | 天秤 |
| 1988年 | 9月 | 15日 | 01:07 | 蠍 |
| 1988年 | 9月 | 17日 | 11:25 | 射手 |
| 1988年 | 9月 | 19日 | 18:45 | 山羊 |
| 1988年 | 9月 | 21日 | 22:43 | 水瓶 |
| 1988年 | 9月 | 23日 | 23:51 | 魚 |
| 1988年 | 9月 | 25日 | 23:30 | 牡羊 |
| 1988年 | 9月 | 27日 | 23:29 | 牡牛 |
| 1988年 | 9月 | 30日 | 01:43 | 双子 |
| 1988年 | 10月 | 2日 | 07:38 | 蟹 |
| 1988年 | 10月 | 4日 | 17:30 | 獅子 |
| 1988年 | 10月 | 7日 | 06:01 | 乙女 |
| 1988年 | 10月 | 9日 | 19:03 | 天秤 |
| 1988年 | 10月 | 12日 | 06:58 | 蠍 |
| 1988年 | 10月 | 14日 | 16:58 | 射手 |
| 1988年 | 10月 | 17日 | 00:44 | 山羊 |
| 1988年 | 10月 | 19日 | 06:05 | 水瓶 |
| 1988年 | 10月 | 21日 | 08:58 | 魚 |
| 1988年 | 10月 | 23日 | 09:59 | 牡羊 |
| 1988年 | 10月 | 25日 | 10:22 | 牡牛 |
| 1988年 | 10月 | 27日 | 11:56 | 双子 |
| 1988年 | 10月 | 29日 | 16:28 | 蟹 |
| 1988年 | 11月 | 1日 | 01:03 | 獅子 |
| 1988年 | 11月 | 3日 | 13:01 | 乙女 |
| 1988年 | 11月 | 6日 | 02:03 | 天秤 |
| 1988年 | 11月 | 8日 | 13:46 | 蠍 |
| 1988年 | 11月 | 10日 | 23:06 | 射手 |
| 1988年 | 11月 | 13日 | 06:12 | 山羊 |
| 1988年 | 11月 | 15日 | 11:36 | 水瓶 |
| 1988年 | 11月 | 17日 | 15:34 | 魚 |
| 1988年 | 11月 | 19日 | 18:13 | 牡羊 |
| 1988年 | 11月 | 21日 | 20:02 | 牡牛 |
| 1988年 | 11月 | 23日 | 22:12 | 双子 |
| 1988年 | 11月 | 26日 | 02:20 | 蟹 |
| 1988年 | 11月 | 28日 | 09:52 | 獅子 |
| 1988年 | 11月 | 30日 | 20:59 | 乙女 |
| 1988年 | 12月 | 3日 | 09:56 | 天秤 |

| | | | | |
|---|---|---|---|---|
| 1988年 | 12月 | 5日 | 21:51 | 蠍 |
| 1988年 | 12月 | 8日 | 06:55 | 射手 |
| 1988年 | 12月 | 10日 | 13:07 | 山羊 |
| 1988年 | 12月 | 12日 | 17:26 | 水瓶 |
| 1988年 | 12月 | 14日 | 20:53 | 魚 |
| 1988年 | 12月 | 17日 | 00:03 | 牡羊 |
| 1988年 | 12月 | 19日 | 03:11 | 牡牛 |
| 1988年 | 12月 | 21日 | 06:43 | 双子 |
| 1988年 | 12月 | 23日 | 11:35 | 蟹 |
| 1988年 | 12月 | 25日 | 18:57 | 獅子 |
| 1988年 | 12月 | 28日 | 05:27 | 乙女 |
| 1988年 | 12月 | 30日 | 18:09 | 天秤 |
| 1989年 | 1月 | 2日 | 06:33 | 蠍 |
| 1989年 | 1月 | 4日 | 16:11 | 射手 |
| 1989年 | 1月 | 6日 | 22:14 | 山羊 |
| 1989年 | 1月 | 9日 | 01:31 | 水瓶 |
| 1989年 | 1月 | 11日 | 03:31 | 魚 |
| 1989年 | 1月 | 13日 | 05:36 | 牡羊 |
| 1989年 | 1月 | 15日 | 08:36 | 牡牛 |
| 1989年 | 1月 | 17日 | 12:57 | 双子 |
| 1989年 | 1月 | 19日 | 18:57 | 蟹 |
| 1989年 | 1月 | 22日 | 03:02 | 獅子 |
| 1989年 | 1月 | 24日 | 13:32 | 乙女 |
| 1989年 | 1月 | 27日 | 02:01 | 天秤 |
| 1989年 | 1月 | 29日 | 14:48 | 蠍 |
| 1989年 | 2月 | 1日 | 01:30 | 射手 |
| 1989年 | 2月 | 3日 | 08:30 | 山羊 |
| 1989年 | 2月 | 5日 | 11:51 | 水瓶 |
| 1989年 | 2月 | 7日 | 12:52 | 魚 |
| 1989年 | 2月 | 9日 | 13:18 | 牡羊 |
| 1989年 | 2月 | 11日 | 14:45 | 牡牛 |
| 1989年 | 2月 | 13日 | 18:22 | 双子 |
| 1989年 | 2月 | 16日 | 00:40 | 蟹 |
| 1989年 | 2月 | 18日 | 09:33 | 獅子 |
| 1989年 | 2月 | 20日 | 20:34 | 乙女 |
| 1989年 | 2月 | 23日 | 09:05 | 天秤 |
| 1989年 | 2月 | 25日 | 21:56 | 蠍 |
| 1989年 | 2月 | 28日 | 09:29 | 射手 |
| 1989年 | 3月 | 2日 | 17:58 | 山羊 |
| 1989年 | 3月 | 4日 | 22:37 | 水瓶 |
| 1989年 | 3月 | 6日 | 23:59 | 魚 |
| 1989年 | 3月 | 8日 | 23:37 | 牡羊 |
| 1989年 | 3月 | 10日 | 23:26 | 牡牛 |
| 1989年 | 3月 | 13日 | 01:16 | 双子 |
| 1989年 | 3月 | 15日 | 06:27 | 蟹 |
| 1989年 | 3月 | 17日 | 15:12 | 獅子 |
| 1989年 | 3月 | 20日 | 02:39 | 乙女 |
| 1989年 | 3月 | 22日 | 15:24 | 天秤 |
| 1989年 | 3月 | 25日 | 04:10 | 蠍 |
| 1989年 | 3月 | 27日 | 15:54 | 射手 |
| 1989年 | 3月 | 30日 | 01:25 | 山羊 |
| 1989年 | 4月 | 1日 | 07:45 | 水瓶 |
| 1989年 | 4月 | 3日 | 10:37 | 魚 |
| 1989年 | 4月 | 5日 | 10:51 | 牡羊 |
| 1989年 | 4月 | 7日 | 10:07 | 牡牛 |
| 1989年 | 4月 | 9日 | 10:31 | 双子 |
| 1989年 | 4月 | 11日 | 13:58 | 蟹 |
| 1989年 | 4月 | 13日 | 21:30 | 獅子 |
| 1989年 | 4月 | 16日 | 08:39 | 乙女 |
| 1989年 | 4月 | 18日 | 21:31 | 天秤 |
| 1989年 | 4月 | 21日 | 10:13 | 蠍 |
| 1989年 | 4月 | 23日 | 21:38 | 射手 |
| 1989年 | 4月 | 26日 | 07:15 | 山羊 |
| 1989年 | 4月 | 28日 | 14:33 | 水瓶 |
| 1989年 | 4月 | 30日 | 19:03 | 魚 |
| 1989年 | 5月 | 2日 | 20:51 | 牡羊 |
| 1989年 | 5月 | 4日 | 20:56 | 牡牛 |
| 1989年 | 5月 | 6日 | 21:04 | 双子 |
| 1989年 | 5月 | 8日 | 23:20 | 蟹 |
| 1989年 | 5月 | 11日 | 05:22 | 獅子 |
| 1989年 | 5月 | 13日 | 15:30 | 乙女 |
| 1989年 | 5月 | 16日 | 04:07 | 天秤 |
| 1989年 | 5月 | 18日 | 16:47 | 蠍 |
| 1989年 | 5月 | 21日 | 03:52 | 射手 |
| 1989年 | 5月 | 23日 | 12:54 | 山羊 |
| 1989年 | 5月 | 25日 | 20:01 | 水瓶 |
| 1989年 | 5月 | 28日 | 01:13 | 魚 |
| 1989年 | 5月 | 30日 | 04:25 | 牡羊 |
| 1989年 | 6月 | 1日 | 06:00 | 牡牛 |
| 1989年 | 6月 | 3日 | 07:03 | 双子 |
| 1989年 | 6月 | 5日 | 09:17 | 蟹 |
| 1989年 | 6月 | 7日 | 14:28 | 獅子 |
| 1989年 | 6月 | 9日 | 23:29 | 乙女 |
| 1989年 | 6月 | 12日 | 11:31 | 天秤 |
| 1989年 | 6月 | 15日 | 00:11 | 蠍 |
| 1989年 | 6月 | 17日 | 11:12 | 射手 |
| 1989年 | 6月 | 19日 | 19:41 | 山羊 |
| 1989年 | 6月 | 22日 | 01:57 | 水瓶 |
| 1989年 | 6月 | 24日 | 06:36 | 魚 |
| 1989年 | 6月 | 26日 | 10:06 | 牡羊 |
| 1989年 | 6月 | 28日 | 12:45 | 牡牛 |
| 1989年 | 6月 | 30日 | 15:08 | 双子 |
| 1989年 | 7月 | 2日 | 18:19 | 蟹 |
| 1989年 | 7月 | 4日 | 23:37 | 獅子 |
| 1989年 | 7月 | 7日 | 08:04 | 乙女 |
| 1989年 | 7月 | 9日 | 19:30 | 天秤 |
| 1989年 | 7月 | 12日 | 08:09 | 蠍 |
| 1989年 | 7月 | 14日 | 19:31 | 射手 |
| 1989年 | 7月 | 17日 | 04:01 | 山羊 |
| 1989年 | 7月 | 19日 | 09:35 | 水瓶 |
| 1989年 | 7月 | 21日 | 13:07 | 魚 |
| 1989年 | 7月 | 23日 | 15:41 | 牡羊 |
| 1989年 | 7月 | 25日 | 18:10 | 牡牛 |
| 1989年 | 7月 | 27日 | 21:15 | 双子 |
| 1989年 | 7月 | 30日 | 01:32 | 蟹 |
| 1989年 | 8月 | 1日 | 07:41 | 獅子 |
| 1989年 | 8月 | 3日 | 16:19 | 乙女 |
| 1989年 | 8月 | 6日 | 03:28 | 天秤 |
| 1989年 | 8月 | 8日 | 16:04 | 蠍 |
| 1989年 | 8月 | 11日 | 04:02 | 射手 |
| 1989年 | 8月 | 13日 | 13:16 | 山羊 |
| 1989年 | 8月 | 15日 | 18:59 | 水瓶 |
| 1989年 | 8月 | 17日 | 21:46 | 魚 |
| 1989年 | 8月 | 19日 | 22:59 | 牡羊 |
| 1989年 | 8月 | 22日 | 00:11 | 牡牛 |
| 1989年 | 8月 | 24日 | 02:39 | 双子 |
| 1989年 | 8月 | 26日 | 07:13 | 蟹 |
| 1989年 | 8月 | 28日 | 14:11 | 獅子 |
| 1989年 | 8月 | 30日 | 23:29 | 乙女 |
| 1989年 | 9月 | 2日 | 10:47 | 天秤 |
| 1989年 | 9月 | 4日 | 23:23 | 蠍 |
| 1989年 | 9月 | 7日 | 11:50 | 射手 |
| 1989年 | 9月 | 9日 | 22:13 | 山羊 |
| 1989年 | 9月 | 12日 | 05:02 | 水瓶 |
| 1989年 | 9月 | 14日 | 08:08 | 魚 |
| 1989年 | 9月 | 16日 | 08:38 | 牡羊 |
| 1989年 | 9月 | 18日 | 08:22 | 牡牛 |
| 1989年 | 9月 | 20日 | 09:16 | 双子 |
| 1989年 | 9月 | 22日 | 12:50 | 蟹 |
| 1989年 | 9月 | 24日 | 19:44 | 獅子 |
| 1989年 | 9月 | 27日 | 05:32 | 乙女 |
| 1989年 | 9月 | 29日 | 17:15 | 天秤 |
| 1989年 | 10月 | 2日 | 05:53 | 蠍 |
| 1989年 | 10月 | 4日 | 18:29 | 射手 |
| 1989年 | 10月 | 7日 | 05:45 | 山羊 |
| 1989年 | 10月 | 9日 | 14:06 | 水瓶 |
| 1989年 | 10月 | 11日 | 18:38 | 魚 |
| 1989年 | 10月 | 13日 | 19:42 | 牡羊 |
| 1989年 | 10月 | 15日 | 18:53 | 牡牛 |
| 1989年 | 10月 | 17日 | 18:20 | 双子 |
| 1989年 | 10月 | 19日 | 20:09 | 蟹 |
| 1989年 | 10月 | 22日 | 01:47 | 獅子 |
| 1989年 | 10月 | 24日 | 11:15 | 乙女 |
| 1989年 | 10月 | 26日 | 23:11 | 天秤 |
| 1989年 | 10月 | 29日 | 11:56 | 蠍 |
| 1989年 | 11月 | 1日 | 00:22 | 射手 |
| 1989年 | 11月 | 3日 | 11:46 | 山羊 |
| 1989年 | 11月 | 5日 | 21:09 | 水瓶 |
| 1989年 | 11月 | 8日 | 03:24 | 魚 |
| 1989年 | 11月 | 10日 | 06:08 | 牡羊 |
| 1989年 | 11月 | 12日 | 06:10 | 牡牛 |
| 1989年 | 11月 | 14日 | 05:19 | 双子 |
| 1989年 | 11月 | 16日 | 05:51 | 蟹 |
| 1989年 | 11月 | 18日 | 09:45 | 獅子 |
| 1989年 | 11月 | 20日 | 17:54 | 乙女 |
| 1989年 | 11月 | 23日 | 05:25 | 天秤 |
| 1989年 | 11月 | 25日 | 18:13 | 蠍 |
| 1989年 | 11月 | 28日 | 06:30 | 射手 |
| 1989年 | 11月 | 30日 | 17:26 | 山羊 |

| | | | | |
|---|---|---|---|---|
| 1989年 | 12月 | 3日 | 02:42 | 水瓶 |
| 1989年 | 12月 | 5日 | 09:48 | 魚 |
| 1989年 | 12月 | 7日 | 14:11 | 牡羊 |
| 1989年 | 12月 | 9日 | 15:59 | 牡牛 |
| 1989年 | 12月 | 11日 | 16:16 | 双子 |
| 1989年 | 12月 | 13日 | 16:49 | 蟹 |
| 1989年 | 12月 | 15日 | 19:41 | 獅子 |
| 1989年 | 12月 | 18日 | 02:19 | 乙女 |
| 1989年 | 12月 | 20日 | 12:45 | 天秤 |
| 1989年 | 12月 | 23日 | 01:18 | 蠍 |
| 1989年 | 12月 | 25日 | 13:37 | 射手 |
| 1989年 | 12月 | 28日 | 00:10 | 山羊 |
| 1989年 | 12月 | 30日 | 08:38 | 水瓶 |
| 1990年 | 1月 | 1日 | 15:10 | 魚 |
| 1990年 | 1月 | 3日 | 19:56 | 牡羊 |
| 1990年 | 1月 | 5日 | 23:04 | 牡牛 |
| 1990年 | 1月 | 8日 | 01:02 | 双子 |
| 1990年 | 1月 | 10日 | 02:52 | 蟹 |
| 1990年 | 1月 | 12日 | 06:02 | 獅子 |
| 1990年 | 1月 | 14日 | 11:57 | 乙女 |
| 1990年 | 1月 | 16日 | 21:17 | 天秤 |
| 1990年 | 1月 | 19日 | 09:16 | 蠍 |
| 1990年 | 1月 | 21日 | 21:43 | 射手 |
| 1990年 | 1月 | 24日 | 08:27 | 山羊 |
| 1990年 | 1月 | 26日 | 16:25 | 水瓶 |
| 1990年 | 1月 | 28日 | 21:51 | 魚 |
| 1990年 | 1月 | 31日 | 01:34 | 牡羊 |
| 1990年 | 2月 | 2日 | 04:27 | 牡牛 |
| 1990年 | 2月 | 4日 | 07:12 | 双子 |
| 1990年 | 2月 | 6日 | 10:27 | 蟹 |
| 1990年 | 2月 | 8日 | 14:51 | 獅子 |
| 1990年 | 2月 | 10日 | 21:13 | 乙女 |
| 1990年 | 2月 | 13日 | 06:09 | 天秤 |
| 1990年 | 2月 | 15日 | 17:34 | 蠍 |
| 1990年 | 2月 | 18日 | 06:07 | 射手 |
| 1990年 | 2月 | 20日 | 17:30 | 山羊 |
| 1990年 | 2月 | 23日 | 01:52 | 水瓶 |
| 1990年 | 2月 | 25日 | 06:50 | 魚 |
| 1990年 | 2月 | 27日 | 09:16 | 牡羊 |
| 1990年 | 3月 | 1日 | 10:43 | 牡牛 |
| 1990年 | 3月 | 3日 | 12:38 | 双子 |
| 1990年 | 3月 | 5日 | 16:02 | 蟹 |
| 1990年 | 3月 | 7日 | 21:24 | 獅子 |
| 1990年 | 3月 | 10日 | 04:47 | 乙女 |
| 1990年 | 3月 | 12日 | 14:09 | 天秤 |
| 1990年 | 3月 | 15日 | 01:25 | 蠍 |
| 1990年 | 3月 | 17日 | 13:56 | 射手 |
| 1990年 | 3月 | 20日 | 02:01 | 山羊 |
| 1990年 | 3月 | 22日 | 11:31 | 水瓶 |
| 1990年 | 3月 | 24日 | 17:09 | 魚 |
| 1990年 | 3月 | 26日 | 19:16 | 牡羊 |
| 1990年 | 3月 | 28日 | 19:27 | 牡牛 |
| 1990年 | 3月 | 30日 | 19:43 | 双子 |
| 1990年 | 4月 | 1日 | 21:50 | 蟹 |
| 1990年 | 4月 | 4日 | 02:50 | 獅子 |
| 1990年 | 4月 | 6日 | 10:42 | 乙女 |
| 1990年 | 4月 | 8日 | 20:44 | 天秤 |
| 1990年 | 4月 | 11日 | 08:18 | 蠍 |
| 1990年 | 4月 | 13日 | 20:47 | 射手 |
| 1990年 | 4月 | 16日 | 09:15 | 山羊 |
| 1990年 | 4月 | 18日 | 19:52 | 水瓶 |
| 1990年 | 4月 | 21日 | 02:56 | 魚 |
| 1990年 | 4月 | 23日 | 05:58 | 牡羊 |
| 1990年 | 4月 | 25日 | 06:03 | 牡牛 |
| 1990年 | 4月 | 27日 | 05:13 | 双子 |
| 1990年 | 4月 | 29日 | 05:39 | 蟹 |
| 1990年 | 5月 | 1日 | 09:08 | 獅子 |
| 1990年 | 5月 | 3日 | 16:18 | 乙女 |
| 1990年 | 5月 | 6日 | 02:28 | 天秤 |
| 1990年 | 5月 | 8日 | 14:22 | 蠍 |
| 1990年 | 5月 | 11日 | 02:56 | 射手 |
| 1990年 | 5月 | 13日 | 15:21 | 山羊 |
| 1990年 | 5月 | 16日 | 02:30 | 水瓶 |
| 1990年 | 5月 | 18日 | 10:54 | 魚 |
| 1990年 | 5月 | 20日 | 15:31 | 牡羊 |
| 1990年 | 5月 | 22日 | 16:43 | 牡牛 |
| 1990年 | 5月 | 24日 | 16:01 | 双子 |
| 1990年 | 5月 | 26日 | 15:34 | 蟹 |
| 1990年 | 5月 | 28日 | 17:29 | 獅子 |
| 1990年 | 5月 | 30日 | 23:07 | 乙女 |
| 1990年 | 6月 | 2日 | 08:31 | 天秤 |
| 1990年 | 6月 | 4日 | 20:21 | 蠍 |
| 1990年 | 6月 | 7日 | 08:59 | 射手 |
| 1990年 | 6月 | 9日 | 21:11 | 山羊 |
| 1990年 | 6月 | 12日 | 08:09 | 水瓶 |
| 1990年 | 6月 | 14日 | 17:00 | 魚 |
| 1990年 | 6月 | 16日 | 22:55 | 牡羊 |
| 1990年 | 6月 | 19日 | 01:43 | 牡牛 |
| 1990年 | 6月 | 21日 | 02:15 | 双子 |
| 1990年 | 6月 | 23日 | 02:10 | 蟹 |
| 1990年 | 6月 | 25日 | 03:25 | 獅子 |
| 1990年 | 6月 | 27日 | 07:42 | 乙女 |
| 1990年 | 6月 | 29日 | 15:47 | 天秤 |
| 1990年 | 7月 | 2日 | 03:00 | 蠍 |
| 1990年 | 7月 | 4日 | 15:35 | 射手 |
| 1990年 | 7月 | 7日 | 03:39 | 山羊 |
| 1990年 | 7月 | 9日 | 14:06 | 水瓶 |
| 1990年 | 7月 | 11日 | 22:29 | 魚 |
| 1990年 | 7月 | 14日 | 04:36 | 牡羊 |
| 1990年 | 7月 | 16日 | 08:29 | 牡牛 |
| 1990年 | 7月 | 18日 | 10:32 | 双子 |
| 1990年 | 7月 | 20日 | 11:44 | 蟹 |
| 1990年 | 7月 | 22日 | 13:29 | 獅子 |
| 1990年 | 7月 | 24日 | 17:17 | 乙女 |
| 1990年 | 7月 | 27日 | 00:18 | 天秤 |
| 1990年 | 7月 | 29日 | 10:39 | 蠍 |
| 1990年 | 7月 | 31日 | 22:59 | 射手 |
| 1990年 | 8月 | 3日 | 11:08 | 山羊 |
| 1990年 | 8月 | 5日 | 21:19 | 水瓶 |
| 1990年 | 8月 | 8日 | 04:54 | 魚 |
| 1990年 | 8月 | 10日 | 10:13 | 牡羊 |
| 1990年 | 8月 | 12日 | 13:55 | 牡牛 |
| 1990年 | 8月 | 14日 | 16:42 | 双子 |
| 1990年 | 8月 | 16日 | 19:12 | 蟹 |
| 1990年 | 8月 | 18日 | 22:11 | 獅子 |
| 1990年 | 8月 | 21日 | 02:33 | 乙女 |
| 1990年 | 8月 | 23日 | 09:17 | 天秤 |
| 1990年 | 8月 | 25日 | 18:56 | 蠍 |
| 1990年 | 8月 | 28日 | 06:57 | 射手 |
| 1990年 | 8月 | 30日 | 19:22 | 山羊 |
| 1990年 | 9月 | 2日 | 05:51 | 水瓶 |
| 1990年 | 9月 | 4日 | 13:06 | 魚 |
| 1990年 | 9月 | 6日 | 17:23 | 牡羊 |
| 1990年 | 9月 | 8日 | 19:56 | 牡牛 |
| 1990年 | 9月 | 10日 | 22:05 | 双子 |
| 1990年 | 9月 | 13日 | 00:53 | 蟹 |
| 1990年 | 9月 | 15日 | 04:52 | 獅子 |
| 1990年 | 9月 | 17日 | 10:19 | 乙女 |
| 1990年 | 9月 | 19日 | 17:34 | 天秤 |
| 1990年 | 9月 | 22日 | 03:05 | 蠍 |
| 1990年 | 9月 | 24日 | 14:52 | 射手 |
| 1990年 | 9月 | 27日 | 03:36 | 山羊 |
| 1990年 | 9月 | 29日 | 14:53 | 水瓶 |
| 1990年 | 10月 | 1日 | 22:42 | 魚 |
| 1990年 | 10月 | 4日 | 02:42 | 牡羊 |
| 1990年 | 10月 | 6日 | 04:07 | 牡牛 |
| 1990年 | 10月 | 8日 | 04:48 | 双子 |
| 1990年 | 10月 | 10日 | 06:29 | 蟹 |
| 1990年 | 10月 | 12日 | 10:16 | 獅子 |
| 1990年 | 10月 | 14日 | 16:20 | 乙女 |
| 1990年 | 10月 | 17日 | 00:26 | 天秤 |
| 1990年 | 10月 | 19日 | 10:24 | 蠍 |
| 1990年 | 10月 | 21日 | 22:09 | 射手 |
| 1990年 | 10月 | 24日 | 11:03 | 山羊 |
| 1990年 | 10月 | 26日 | 23:13 | 水瓶 |
| 1990年 | 10月 | 29日 | 08:22 | 魚 |
| 1990年 | 10月 | 31日 | 13:14 | 牡羊 |
| 1990年 | 11月 | 2日 | 14:32 | 牡牛 |
| 1990年 | 11月 | 4日 | 14:06 | 双子 |
| 1990年 | 11月 | 6日 | 14:08 | 蟹 |
| 1990年 | 11月 | 8日 | 16:24 | 獅子 |
| 1990年 | 11月 | 10日 | 21:48 | 乙女 |
| 1990年 | 11月 | 13日 | 06:08 | 天秤 |
| 1990年 | 11月 | 15日 | 16:39 | 蠍 |
| 1990年 | 11月 | 18日 | 04:39 | 射手 |
| 1990年 | 11月 | 20日 | 17:31 | 山羊 |
| 1990年 | 11月 | 23日 | 06:07 | 水瓶 |
| 1990年 | 11月 | 25日 | 16:31 | 魚 |
| 1990年 | 11月 | 27日 | 23:06 | 牡羊 |

| | | | |
|---|---|---|---|
| 1990年 | 11月30日 | 01:38 | 牡牛 |
| 1990年 | 12月 2日 | 01:24 | 双子 |
| 1990年 | 12月 4日 | 00:28 | 蟹 |
| 1990年 | 12月 6日 | 01:00 | 獅子 |
| 1990年 | 12月 8日 | 04:39 | 乙女 |
| 1990年 | 12月10日 | 12:00 | 天秤 |
| 1990年 | 12月12日 | 22:27 | 蠍 |
| 1990年 | 12月15日 | 10:44 | 射手 |
| 1990年 | 12月17日 | 23:34 | 山羊 |
| 1990年 | 12月20日 | 11:59 | 水瓶 |
| 1990年 | 12月22日 | 22:47 | 魚 |
| 1990年 | 12月25日 | 06:45 | 牡羊 |
| 1990年 | 12月27日 | 11:09 | 牡牛 |
| 1990年 | 12月29日 | 12:26 | 双子 |
| 1990年 | 12月31日 | 12:03 | 蟹 |
| 1991年 | 1月 2日 | 11:54 | 獅子 |
| 1991年 | 1月 4日 | 13:57 | 乙女 |
| 1991年 | 1月 6日 | 19:33 | 天秤 |
| 1991年 | 1月 9日 | 04:59 | 蠍 |
| 1991年 | 1月11日 | 17:06 | 射手 |
| 1991年 | 1月14日 | 06:00 | 山羊 |
| 1991年 | 1月16日 | 18:04 | 水瓶 |
| 1991年 | 1月19日 | 04:23 | 魚 |
| 1991年 | 1月21日 | 12:27 | 牡羊 |
| 1991年 | 1月23日 | 18:01 | 牡牛 |
| 1991年 | 1月25日 | 21:07 | 双子 |
| 1991年 | 1月27日 | 22:24 | 蟹 |
| 1991年 | 1月29日 | 23:04 | 獅子 |
| 1991年 | 2月 1日 | 00:44 | 乙女 |
| 1991年 | 2月 3日 | 05:02 | 天秤 |
| 1991年 | 2月 5日 | 13:01 | 蠍 |
| 1991年 | 2月 8日 | 00:22 | 射手 |
| 1991年 | 2月10日 | 13:15 | 山羊 |
| 1991年 | 2月13日 | 01:16 | 水瓶 |
| 1991年 | 2月15日 | 10:59 | 魚 |
| 1991年 | 2月17日 | 18:12 | 牡羊 |
| 1991年 | 2月19日 | 23:24 | 牡牛 |
| 1991年 | 2月22日 | 03:10 | 双子 |
| 1991年 | 2月24日 | 05:56 | 蟹 |
| 1991年 | 2月26日 | 08:13 | 獅子 |
| 1991年 | 2月28日 | 10:50 | 乙女 |
| 1991年 | 3月 2日 | 15:03 | 天秤 |
| 1991年 | 3月 4日 | 22:08 | 蠍 |
| 1991年 | 3月 7日 | 08:35 | 射手 |
| 1991年 | 3月 9日 | 21:13 | 山羊 |
| 1991年 | 3月12日 | 09:31 | 水瓶 |
| 1991年 | 3月14日 | 19:11 | 魚 |
| 1991年 | 3月17日 | 01:38 | 牡羊 |
| 1991年 | 3月19日 | 05:41 | 牡牛 |
| 1991年 | 3月21日 | 08:37 | 双子 |
| 1991年 | 3月23日 | 11:27 | 蟹 |
| 1991年 | 3月25日 | 14:43 | 獅子 |
| 1991年 | 3月27日 | 18:41 | 乙女 |
| 1991年 | 3月29日 | 23:50 | 天秤 |
| 1991年 | 4月 1日 | 07:01 | 蠍 |
| 1991年 | 4月 3日 | 16:58 | 射手 |
| 1991年 | 4月 6日 | 05:19 | 山羊 |
| 1991年 | 4月 8日 | 17:59 | 水瓶 |
| 1991年 | 4月11日 | 04:17 | 魚 |
| 1991年 | 4月13日 | 10:50 | 牡羊 |
| 1991年 | 4月15日 | 14:06 | 牡牛 |
| 1991年 | 4月17日 | 15:41 | 双子 |
| 1991年 | 4月19日 | 17:18 | 蟹 |
| 1991年 | 4月21日 | 20:04 | 獅子 |
| 1991年 | 4月24日 | 00:29 | 乙女 |
| 1991年 | 4月26日 | 06:36 | 天秤 |
| 1991年 | 4月28日 | 14:34 | 蠍 |
| 1991年 | 5月 1日 | 00:42 | 射手 |
| 1991年 | 5月 3日 | 12:54 | 山羊 |
| 1991年 | 5月 6日 | 01:50 | 水瓶 |
| 1991年 | 5月 8日 | 13:04 | 魚 |
| 1991年 | 5月10日 | 20:34 | 牡羊 |
| 1991年 | 5月13日 | 00:08 | 牡牛 |
| 1991年 | 5月15日 | 01:03 | 双子 |
| 1991年 | 5月17日 | 01:14 | 蟹 |
| 1991年 | 5月19日 | 02:30 | 獅子 |
| 1991年 | 5月21日 | 06:00 | 乙女 |
| 1991年 | 5月23日 | 12:08 | 天秤 |
| 1991年 | 5月25日 | 20:41 | 蠍 |
| 1991年 | 5月28日 | 07:21 | 射手 |
| 1991年 | 5月30日 | 19:40 | 山羊 |
| 1991年 | 6月 2日 | 08:41 | 水瓶 |
| 1991年 | 6月 4日 | 20:36 | 魚 |
| 1991年 | 6月 7日 | 05:25 | 牡羊 |
| 1991年 | 6月 9日 | 10:13 | 牡牛 |
| 1991年 | 6月11日 | 11:37 | 双子 |
| 1991年 | 6月13日 | 11:17 | 蟹 |
| 1991年 | 6月15日 | 11:11 | 獅子 |
| 1991年 | 6月17日 | 13:03 | 乙女 |
| 1991年 | 6月19日 | 18:01 | 天秤 |
| 1991年 | 6月22日 | 02:18 | 蠍 |
| 1991年 | 6月24日 | 13:16 | 射手 |
| 1991年 | 6月27日 | 01:49 | 山羊 |
| 1991年 | 6月29日 | 14:47 | 水瓶 |
| 1991年 | 7月 2日 | 02:50 | 魚 |
| 1991年 | 7月 4日 | 12:33 | 牡羊 |
| 1991年 | 7月 6日 | 18:52 | 牡牛 |
| 1991年 | 7月 8日 | 21:42 | 双子 |
| 1991年 | 7月10日 | 22:04 | 蟹 |
| 1991年 | 7月12日 | 21:36 | 獅子 |
| 1991年 | 7月14日 | 22:12 | 乙女 |
| 1991年 | 7月17日 | 01:34 | 天秤 |
| 1991年 | 7月19日 | 08:41 | 蠍 |
| 1991年 | 7月21日 | 19:16 | 射手 |
| 1991年 | 7月24日 | 07:55 | 山羊 |
| 1991年 | 7月26日 | 20:49 | 水瓶 |
| 1991年 | 7月29日 | 08:35 | 魚 |
| 1991年 | 7月31日 | 18:20 | 牡羊 |
| 1991年 | 8月 3日 | 01:31 | 牡牛 |
| 1991年 | 8月 5日 | 05:54 | 双子 |
| 1991年 | 8月 7日 | 07:47 | 蟹 |
| 1991年 | 8月 9日 | 08:09 | 獅子 |
| 1991年 | 8月11日 | 08:35 | 乙女 |
| 1991年 | 8月13日 | 10:52 | 天秤 |
| 1991年 | 8月15日 | 16:33 | 蠍 |
| 1991年 | 8月18日 | 02:10 | 射手 |
| 1991年 | 8月20日 | 14:34 | 山羊 |
| 1991年 | 8月23日 | 03:26 | 水瓶 |
| 1991年 | 8月25日 | 14:51 | 魚 |
| 1991年 | 8月28日 | 00:01 | 牡羊 |
| 1991年 | 8月30日 | 07:00 | 牡牛 |
| 1991年 | 9月 1日 | 12:02 | 双子 |
| 1991年 | 9月 3日 | 15:20 | 蟹 |
| 1991年 | 9月 5日 | 17:13 | 獅子 |
| 1991年 | 9月 7日 | 18:36 | 乙女 |
| 1991年 | 9月 9日 | 20:52 | 天秤 |
| 1991年 | 9月12日 | 01:42 | 蠍 |
| 1991年 | 9月14日 | 10:14 | 射手 |
| 1991年 | 9月16日 | 22:03 | 山羊 |
| 1991年 | 9月19日 | 10:57 | 水瓶 |
| 1991年 | 9月21日 | 22:20 | 魚 |
| 1991年 | 9月24日 | 06:56 | 牡羊 |
| 1991年 | 9月26日 | 12:59 | 牡牛 |
| 1991年 | 9月28日 | 17:26 | 双子 |
| 1991年 | 9月30日 | 20:58 | 蟹 |
| 1991年 | 10月 2日 | 23:59 | 獅子 |
| 1991年 | 10月 5日 | 02:45 | 乙女 |
| 1991年 | 10月 7日 | 06:01 | 天秤 |
| 1991年 | 10月 9日 | 11:00 | 蠍 |
| 1991年 | 10月11日 | 18:57 | 射手 |
| 1991年 | 10月14日 | 06:10 | 山羊 |
| 1991年 | 10月16日 | 19:04 | 水瓶 |
| 1991年 | 10月19日 | 06:53 | 魚 |
| 1991年 | 10月21日 | 15:33 | 牡羊 |
| 1991年 | 10月23日 | 20:56 | 牡牛 |
| 1991年 | 10月26日 | 00:09 | 双子 |
| 1991年 | 10月28日 | 02:37 | 蟹 |
| 1991年 | 10月30日 | 05:20 | 獅子 |
| 1991年 | 11月 1日 | 08:47 | 乙女 |
| 1991年 | 11月 3日 | 13:13 | 天秤 |
| 1991年 | 11月 5日 | 19:09 | 蠍 |
| 1991年 | 11月 8日 | 03:21 | 射手 |
| 1991年 | 11月10日 | 14:16 | 山羊 |
| 1991年 | 11月13日 | 03:06 | 水瓶 |
| 1991年 | 11月15日 | 15:33 | 魚 |
| 1991年 | 11月18日 | 01:07 | 牡羊 |
| 1991年 | 11月20日 | 06:49 | 牡牛 |
| 1991年 | 11月22日 | 09:22 | 双子 |
| 1991年 | 11月24日 | 10:25 | 蟹 |

| | | | |
|---|---|---|---|
| 1991年 | 11月26日 | 11:37 | 獅子 |
| 1991年 | 11月28日 | 14:12 | 乙女 |
| 1991年 | 11月30日 | 18:47 | 天秤 |
| 1991年 | 12月 3日 | 01:33 | 蠍 |
| 1991年 | 12月 5日 | 10:32 | 射手 |
| 1991年 | 12月 7日 | 21:41 | 山羊 |
| 1991年 | 12月10日 | 10:26 | 水瓶 |
| 1991年 | 12月12日 | 23:18 | 魚 |
| 1991年 | 12月15日 | 10:06 | 牡羊 |
| 1991年 | 12月17日 | 17:10 | 牡牛 |
| 1991年 | 12月19日 | 20:22 | 双子 |
| 1991年 | 12月21日 | 20:55 | 蟹 |
| 1991年 | 12月23日 | 20:39 | 獅子 |
| 1991年 | 12月25日 | 21:24 | 乙女 |
| 1991年 | 12月28日 | 00:37 | 天秤 |
| 1991年 | 12月30日 | 07:03 | 蠍 |
| 1992年 | 1月 1日 | 16:30 | 射手 |
| 1992年 | 1月 4日 | 04:09 | 山羊 |
| 1992年 | 1月 6日 | 16:59 | 水瓶 |
| 1992年 | 1月 9日 | 05:52 | 魚 |
| 1992年 | 1月11日 | 17:22 | 牡羊 |
| 1992年 | 1月14日 | 02:00 | 牡牛 |
| 1992年 | 1月16日 | 06:55 | 双子 |
| 1992年 | 1月18日 | 08:26 | 蟹 |
| 1992年 | 1月20日 | 07:57 | 獅子 |
| 1992年 | 1月22日 | 07:22 | 乙女 |
| 1992年 | 1月24日 | 08:42 | 天秤 |
| 1992年 | 1月26日 | 13:32 | 蠍 |
| 1992年 | 1月28日 | 22:19 | 射手 |
| 1992年 | 1月31日 | 10:07 | 山羊 |
| 1992年 | 2月 2日 | 23:08 | 水瓶 |
| 1992年 | 2月 5日 | 11:51 | 魚 |
| 1992年 | 2月 7日 | 23:15 | 牡羊 |
| 1992年 | 2月10日 | 08:36 | 牡牛 |
| 1992年 | 2月12日 | 15:08 | 双子 |
| 1992年 | 2月14日 | 18:31 | 蟹 |
| 1992年 | 2月16日 | 19:16 | 獅子 |
| 1992年 | 2月18日 | 18:48 | 乙女 |
| 1992年 | 2月20日 | 19:05 | 天秤 |
| 1992年 | 2月22日 | 22:11 | 蠍 |
| 1992年 | 2月25日 | 05:26 | 射手 |
| 1992年 | 2月27日 | 16:33 | 山羊 |
| 1992年 | 3月 1日 | 05:34 | 水瓶 |
| 1992年 | 3月 3日 | 18:11 | 魚 |
| 1992年 | 3月 6日 | 05:07 | 牡羊 |
| 1992年 | 3月 8日 | 14:05 | 牡牛 |
| 1992年 | 3月10日 | 21:03 | 双子 |
| 1992年 | 3月13日 | 01:49 | 蟹 |
| 1992年 | 3月15日 | 04:21 | 獅子 |
| 1992年 | 3月17日 | 05:14 | 乙女 |
| 1992年 | 3月19日 | 05:55 | 天秤 |
| 1992年 | 3月21日 | 08:20 | 蠍 |
| 1992年 | 3月23日 | 14:13 | 射手 |
| 1992年 | 3月26日 | 00:08 | 山羊 |
| 1992年 | 3月28日 | 12:44 | 水瓶 |
| 1992年 | 3月31日 | 01:23 | 魚 |
| 1992年 | 4月 2日 | 12:04 | 牡羊 |
| 1992年 | 4月 4日 | 20:18 | 牡牛 |
| 1992年 | 4月 7日 | 02:33 | 双子 |
| 1992年 | 4月 9日 | 07:18 | 蟹 |
| 1992年 | 4月11日 | 10:46 | 獅子 |
| 1992年 | 4月13日 | 13:09 | 乙女 |
| 1992年 | 4月15日 | 15:11 | 天秤 |
| 1992年 | 4月17日 | 18:10 | 蠍 |
| 1992年 | 4月19日 | 23:40 | 射手 |
| 1992年 | 4月22日 | 08:40 | 山羊 |
| 1992年 | 4月24日 | 20:38 | 水瓶 |
| 1992年 | 4月27日 | 09:20 | 魚 |
| 1992年 | 4月29日 | 20:13 | 牡羊 |
| 1992年 | 5月 2日 | 04:09 | 牡牛 |
| 1992年 | 5月 4日 | 09:28 | 双子 |
| 1992年 | 5月 6日 | 13:10 | 蟹 |
| 1992年 | 5月 8日 | 16:07 | 獅子 |
| 1992年 | 5月10日 | 18:56 | 乙女 |
| 1992年 | 5月12日 | 22:05 | 天秤 |
| 1992年 | 5月15日 | 02:15 | 蠍 |
| 1992年 | 5月17日 | 08:22 | 射手 |
| 1992年 | 5月19日 | 17:12 | 山羊 |
| 1992年 | 5月22日 | 04:43 | 水瓶 |
| 1992年 | 5月24日 | 17:25 | 魚 |
| 1992年 | 5月27日 | 04:52 | 牡羊 |
| 1992年 | 5月29日 | 13:16 | 牡牛 |
| 1992年 | 5月31日 | 18:19 | 双子 |
| 1992年 | 6月 2日 | 20:58 | 蟹 |
| 1992年 | 6月 4日 | 22:35 | 獅子 |
| 1992年 | 6月 7日 | 00:28 | 乙女 |
| 1992年 | 6月 9日 | 03:33 | 天秤 |
| 1992年 | 6月11日 | 08:27 | 蠍 |
| 1992年 | 6月13日 | 15:29 | 射手 |
| 1992年 | 6月16日 | 00:50 | 山羊 |
| 1992年 | 6月18日 | 12:19 | 水瓶 |
| 1992年 | 6月21日 | 00:59 | 魚 |
| 1992年 | 6月23日 | 13:03 | 牡羊 |
| 1992年 | 6月25日 | 22:28 | 牡牛 |
| 1992年 | 6月28日 | 04:14 | 双子 |
| 1992年 | 6月30日 | 06:42 | 蟹 |
| 1992年 | 7月 2日 | 07:15 | 獅子 |
| 1992年 | 7月 4日 | 07:37 | 乙女 |
| 1992年 | 7月 6日 | 09:27 | 天秤 |
| 1992年 | 7月 8日 | 13:53 | 蠍 |
| 1992年 | 7月10日 | 21:17 | 射手 |
| 1992年 | 7月13日 | 07:15 | 山羊 |
| 1992年 | 7月15日 | 19:02 | 水瓶 |
| 1992年 | 7月18日 | 07:44 | 魚 |
| 1992年 | 7月20日 | 20:07 | 牡羊 |
| 1992年 | 7月23日 | 06:36 | 牡牛 |
| 1992年 | 7月25日 | 13:44 | 双子 |
| 1992年 | 7月27日 | 17:08 | 蟹 |
| 1992年 | 7月29日 | 17:40 | 獅子 |
| 1992年 | 7月31日 | 17:02 | 乙女 |
| 1992年 | 8月 2日 | 17:17 | 天秤 |
| 1992年 | 8月 4日 | 20:16 | 蠍 |
| 1992年 | 8月 7日 | 02:57 | 射手 |
| 1992年 | 8月 9日 | 13:00 | 山羊 |
| 1992年 | 8月12日 | 01:06 | 水瓶 |
| 1992年 | 8月14日 | 13:51 | 魚 |
| 1992年 | 8月17日 | 02:11 | 牡羊 |
| 1992年 | 8月19日 | 13:09 | 牡牛 |
| 1992年 | 8月21日 | 21:36 | 双子 |
| 1992年 | 8月24日 | 02:36 | 蟹 |
| 1992年 | 8月26日 | 04:15 | 獅子 |
| 1992年 | 8月28日 | 03:47 | 乙女 |
| 1992年 | 8月30日 | 03:11 | 天秤 |
| 1992年 | 9月 1日 | 04:39 | 蠍 |
| 1992年 | 9月 3日 | 09:50 | 射手 |
| 1992年 | 9月 5日 | 19:05 | 山羊 |
| 1992年 | 9月 8日 | 07:08 | 水瓶 |
| 1992年 | 9月10日 | 19:56 | 魚 |
| 1992年 | 9月13日 | 08:02 | 牡羊 |
| 1992年 | 9月15日 | 18:47 | 牡牛 |
| 1992年 | 9月18日 | 03:39 | 双子 |
| 1992年 | 9月20日 | 09:59 | 蟹 |
| 1992年 | 9月22日 | 13:19 | 獅子 |
| 1992年 | 9月24日 | 14:08 | 乙女 |
| 1992年 | 9月26日 | 13:56 | 天秤 |
| 1992年 | 9月28日 | 14:44 | 蠍 |
| 1992年 | 9月30日 | 18:33 | 射手 |
| 1992年 | 10月 3日 | 02:28 | 山羊 |
| 1992年 | 10月 5日 | 13:52 | 水瓶 |
| 1992年 | 10月 8日 | 02:37 | 魚 |
| 1992年 | 10月10日 | 14:36 | 牡羊 |
| 1992年 | 10月13日 | 00:48 | 牡牛 |
| 1992年 | 10月15日 | 09:08 | 双子 |
| 1992年 | 10月17日 | 15:36 | 蟹 |
| 1992年 | 10月19日 | 20:01 | 獅子 |
| 1992年 | 10月21日 | 22:28 | 乙女 |
| 1992年 | 10月23日 | 23:40 | 天秤 |
| 1992年 | 10月26日 | 01:05 | 蠍 |
| 1992年 | 10月28日 | 04:29 | 射手 |
| 1992年 | 10月30日 | 11:18 | 山羊 |
| 1992年 | 11月 1日 | 21:42 | 水瓶 |
| 1992年 | 11月 4日 | 10:12 | 魚 |
| 1992年 | 11月 6日 | 22:19 | 牡羊 |
| 1992年 | 11月 9日 | 08:19 | 牡牛 |
| 1992年 | 11月11日 | 15:50 | 双子 |
| 1992年 | 11月13日 | 21:19 | 蟹 |
| 1992年 | 11月16日 | 01:23 | 獅子 |
| 1992年 | 11月18日 | 04:28 | 乙女 |
| 1992年 | 11月20日 | 07:03 | 天秤 |

| | | | |
|---|---|---|---|
| 1992年 | 11月22日 | 09:52 | 蠍 |
| 1992年 | 11月24日 | 14:01 | 射手 |
| 1992年 | 11月26日 | 20:38 | 山羊 |
| 1992年 | 11月29日 | 06:19 | 水瓶 |
| 1992年 | 12月 1日 | 18:23 | 魚 |
| 1992年 | 12月 4日 | 06:48 | 牡羊 |
| 1992年 | 12月 6日 | 17:16 | 牡牛 |
| 1992年 | 12月 9日 | 00:37 | 双子 |
| 1992年 | 12月11日 | 05:06 | 蟹 |
| 1992年 | 12月13日 | 07:47 | 獅子 |
| 1992年 | 12月15日 | 09:56 | 乙女 |
| 1992年 | 12月17日 | 12:33 | 天秤 |
| 1992年 | 12月19日 | 16:20 | 蠍 |
| 1992年 | 12月21日 | 21:42 | 射手 |
| 1992年 | 12月24日 | 05:04 | 山羊 |
| 1992年 | 12月26日 | 14:43 | 水瓶 |
| 1992年 | 12月29日 | 02:28 | 魚 |
| 1992年 | 12月31日 | 15:06 | 牡羊 |
| 1993年 | 1月 3日 | 02:29 | 牡牛 |
| 1993年 | 1月 5日 | 10:42 | 双子 |
| 1993年 | 1月 7日 | 15:10 | 蟹 |
| 1993年 | 1月 9日 | 16:50 | 獅子 |
| 1993年 | 1月11日 | 17:21 | 乙女 |
| 1993年 | 1月13日 | 18:31 | 天秤 |
| 1993年 | 1月15日 | 21:42 | 蠍 |
| 1993年 | 1月18日 | 03:30 | 射手 |
| 1993年 | 1月20日 | 11:46 | 山羊 |
| 1993年 | 1月22日 | 22:00 | 水瓶 |
| 1993年 | 1月25日 | 09:47 | 魚 |
| 1993年 | 1月27日 | 22:27 | 牡羊 |
| 1993年 | 1月30日 | 10:37 | 牡牛 |
| 1993年 | 2月 1日 | 20:14 | 双子 |
| 1993年 | 2月 4日 | 01:56 | 蟹 |
| 1993年 | 2月 6日 | 03:52 | 獅子 |
| 1993年 | 2月 8日 | 03:30 | 乙女 |
| 1993年 | 2月10日 | 02:59 | 天秤 |
| 1993年 | 2月12日 | 04:24 | 蠍 |
| 1993年 | 2月14日 | 09:08 | 射手 |
| 1993年 | 2月16日 | 17:20 | 山羊 |
| 1993年 | 2月19日 | 04:05 | 水瓶 |
| 1993年 | 2月21日 | 16:12 | 魚 |
| 1993年 | 2月24日 | 04:50 | 牡羊 |
| 1993年 | 2月26日 | 17:11 | 牡牛 |
| 1993年 | 3月 1日 | 03:52 | 双子 |
| 1993年 | 3月 3日 | 11:16 | 蟹 |
| 1993年 | 3月 5日 | 14:41 | 獅子 |
| 1993年 | 3月 7日 | 14:53 | 乙女 |
| 1993年 | 3月 9日 | 13:47 | 天秤 |
| 1993年 | 3月11日 | 13:40 | 蠍 |
| 1993年 | 3月13日 | 16:33 | 射手 |
| 1993年 | 3月15日 | 23:27 | 山羊 |
| 1993年 | 3月18日 | 09:52 | 水瓶 |
| 1993年 | 3月20日 | 22:10 | 魚 |
| 1993年 | 3月23日 | 10:51 | 牡羊 |
| 1993年 | 3月25日 | 22:59 | 牡牛 |
| 1993年 | 3月28日 | 09:48 | 双子 |
| 1993年 | 3月30日 | 18:14 | 蟹 |
| 1993年 | 4月 1日 | 23:21 | 獅子 |
| 1993年 | 4月 4日 | 01:11 | 乙女 |
| 1993年 | 4月 6日 | 00:55 | 天秤 |
| 1993年 | 4月 8日 | 00:33 | 蠍 |
| 1993年 | 4月10日 | 02:10 | 射手 |
| 1993年 | 4月12日 | 07:24 | 山羊 |
| 1993年 | 4月14日 | 16:35 | 水瓶 |
| 1993年 | 4月17日 | 04:32 | 魚 |
| 1993年 | 4月19日 | 17:14 | 牡羊 |
| 1993年 | 4月22日 | 05:08 | 牡牛 |
| 1993年 | 4月24日 | 15:27 | 双子 |
| 1993年 | 4月26日 | 23:45 | 蟹 |
| 1993年 | 4月29日 | 05:39 | 獅子 |
| 1993年 | 5月 1日 | 09:00 | 乙女 |
| 1993年 | 5月 3日 | 10:20 | 天秤 |
| 1993年 | 5月 5日 | 10:57 | 蠍 |
| 1993年 | 5月 7日 | 12:35 | 射手 |
| 1993年 | 5月 9日 | 16:51 | 山羊 |
| 1993年 | 5月12日 | 00:43 | 水瓶 |
| 1993年 | 5月14日 | 11:50 | 魚 |
| 1993年 | 5月17日 | 00:24 | 牡羊 |
| 1993年 | 5月19日 | 12:16 | 牡牛 |
| 1993年 | 5月21日 | 22:07 | 双子 |
| 1993年 | 5月24日 | 05:38 | 蟹 |
| 1993年 | 5月26日 | 11:03 | 獅子 |
| 1993年 | 5月28日 | 14:46 | 乙女 |
| 1993年 | 5月30日 | 17:18 | 天秤 |
| 1993年 | 6月 1日 | 19:23 | 蠍 |
| 1993年 | 6月 3日 | 22:01 | 射手 |
| 1993年 | 6月 6日 | 02:26 | 山羊 |
| 1993年 | 6月 8日 | 09:39 | 水瓶 |
| 1993年 | 6月10日 | 19:56 | 魚 |
| 1993年 | 6月13日 | 08:14 | 牡羊 |
| 1993年 | 6月15日 | 20:19 | 牡牛 |
| 1993年 | 6月18日 | 06:12 | 双子 |
| 1993年 | 6月20日 | 13:05 | 蟹 |
| 1993年 | 6月22日 | 17:26 | 獅子 |
| 1993年 | 6月24日 | 20:19 | 乙女 |
| 1993年 | 6月26日 | 22:46 | 天秤 |
| 1993年 | 6月29日 | 01:37 | 蠍 |
| 1993年 | 7月 1日 | 05:28 | 射手 |
| 1993年 | 7月 3日 | 10:49 | 山羊 |
| 1993年 | 7月 5日 | 18:14 | 水瓶 |
| 1993年 | 7月 8日 | 04:09 | 魚 |
| 1993年 | 7月10日 | 16:11 | 牡羊 |
| 1993年 | 7月13日 | 04:37 | 牡牛 |
| 1993年 | 7月15日 | 15:06 | 双子 |
| 1993年 | 7月17日 | 22:08 | 蟹 |
| 1993年 | 7月20日 | 01:48 | 獅子 |
| 1993年 | 7月22日 | 03:24 | 乙女 |
| 1993年 | 7月24日 | 04:40 | 天秤 |
| 1993年 | 7月26日 | 07:00 | 蠍 |
| 1993年 | 7月28日 | 11:13 | 射手 |
| 1993年 | 7月30日 | 17:26 | 山羊 |
| 1993年 | 8月 2日 | 01:36 | 水瓶 |
| 1993年 | 8月 4日 | 11:43 | 魚 |
| 1993年 | 8月 6日 | 23:39 | 牡羊 |
| 1993年 | 8月 9日 | 12:22 | 牡牛 |
| 1993年 | 8月11日 | 23:46 | 双子 |
| 1993年 | 8月14日 | 07:46 | 蟹 |
| 1993年 | 8月16日 | 11:44 | 獅子 |
| 1993年 | 8月18日 | 12:41 | 乙女 |
| 1993年 | 8月20日 | 12:35 | 天秤 |
| 1993年 | 8月22日 | 13:28 | 蠍 |
| 1993年 | 8月24日 | 16:45 | 射手 |
| 1993年 | 8月26日 | 22:57 | 山羊 |
| 1993年 | 8月29日 | 07:41 | 水瓶 |
| 1993年 | 8月31日 | 18:18 | 魚 |
| 1993年 | 9月 3日 | 06:21 | 牡羊 |
| 1993年 | 9月 5日 | 19:09 | 牡牛 |
| 1993年 | 9月 8日 | 07:16 | 双子 |
| 1993年 | 9月10日 | 16:36 | 蟹 |
| 1993年 | 9月12日 | 21:51 | 獅子 |
| 1993年 | 9月14日 | 23:21 | 乙女 |
| 1993年 | 9月16日 | 22:45 | 天秤 |
| 1993年 | 9月18日 | 22:15 | 蠍 |
| 1993年 | 9月20日 | 23:53 | 射手 |
| 1993年 | 9月23日 | 04:53 | 山羊 |
| 1993年 | 9月25日 | 13:19 | 水瓶 |
| 1993年 | 9月28日 | 00:12 | 魚 |
| 1993年 | 9月30日 | 12:29 | 牡羊 |
| 1993年 | 10月 3日 | 01:13 | 牡牛 |
| 1993年 | 10月 5日 | 13:27 | 双子 |
| 1993年 | 10月 7日 | 23:42 | 蟹 |
| 1993年 | 10月10日 | 06:33 | 獅子 |
| 1993年 | 10月12日 | 09:36 | 乙女 |
| 1993年 | 10月14日 | 09:47 | 天秤 |
| 1993年 | 10月16日 | 09:01 | 蠍 |
| 1993年 | 10月18日 | 09:23 | 射手 |
| 1993年 | 10月20日 | 12:42 | 山羊 |
| 1993年 | 10月22日 | 19:48 | 水瓶 |
| 1993年 | 10月25日 | 06:17 | 魚 |
| 1993年 | 10月27日 | 18:39 | 牡羊 |
| 1993年 | 10月30日 | 07:20 | 牡牛 |
| 1993年 | 11月 1日 | 19:12 | 双子 |
| 1993年 | 11月 4日 | 05:24 | 蟹 |
| 1993年 | 11月 6日 | 13:06 | 獅子 |
| 1993年 | 11月 8日 | 17:47 | 乙女 |
| 1993年 | 11月10日 | 19:43 | 天秤 |
| 1993年 | 11月12日 | 20:00 | 蠍 |
| 1993年 | 11月14日 | 20:21 | 射手 |
| 1993年 | 11月16日 | 22:34 | 山羊 |

| | | | |
|---|---|---|---|
| 1993年 | 11月19日 | 04:08 | 水瓶 |
| 1993年 | 11月21日 | 13:27 | 魚 |
| 1993年 | 11月24日 | 01:30 | 牡羊 |
| 1993年 | 11月26日 | 14:14 | 牡牛 |
| 1993年 | 11月29日 | 01:47 | 双子 |
| 1993年 | 12月 1日 | 11:17 | 蟹 |
| 1993年 | 12月 3日 | 18:33 | 獅子 |
| 1993年 | 12月 5日 | 23:43 | 乙女 |
| 1993年 | 12月 8日 | 03:04 | 天秤 |
| 1993年 | 12月10日 | 05:04 | 蠍 |
| 1993年 | 12月12日 | 06:39 | 射手 |
| 1993年 | 12月14日 | 09:06 | 山羊 |
| 1993年 | 12月16日 | 13:51 | 水瓶 |
| 1993年 | 12月18日 | 21:58 | 魚 |
| 1993年 | 12月21日 | 09:19 | 牡羊 |
| 1993年 | 12月23日 | 22:04 | 牡牛 |
| 1993年 | 12月26日 | 09:46 | 双子 |
| 1993年 | 12月28日 | 18:46 | 蟹 |
| 1993年 | 12月31日 | 00:59 | 獅子 |
| 1994年 | 1月 2日 | 05:15 | 乙女 |
| 1994年 | 1月 4日 | 08:31 | 天秤 |
| 1994年 | 1月 6日 | 11:29 | 蠍 |
| 1994年 | 1月 8日 | 14:34 | 射手 |
| 1994年 | 1月10日 | 18:16 | 山羊 |
| 1994年 | 1月12日 | 23:25 | 水瓶 |
| 1994年 | 1月15日 | 07:04 | 魚 |
| 1994年 | 1月17日 | 17:41 | 牡羊 |
| 1994年 | 1月20日 | 06:21 | 牡牛 |
| 1994年 | 1月22日 | 18:34 | 双子 |
| 1994年 | 1月25日 | 03:55 | 蟹 |
| 1994年 | 1月27日 | 09:38 | 獅子 |
| 1994年 | 1月29日 | 12:39 | 乙女 |
| 1994年 | 1月31日 | 14:34 | 天秤 |
| 1994年 | 2月 2日 | 16:49 | 蠍 |
| 1994年 | 2月 4日 | 20:14 | 射手 |
| 1994年 | 2月 7日 | 01:02 | 山羊 |
| 1994年 | 2月 9日 | 07:16 | 水瓶 |
| 1994年 | 2月11日 | 15:23 | 魚 |
| 1994年 | 2月14日 | 01:49 | 牡羊 |
| 1994年 | 2月16日 | 14:19 | 牡牛 |
| 1994年 | 2月19日 | 03:05 | 双子 |
| 1994年 | 2月21日 | 13:27 | 蟹 |
| 1994年 | 2月23日 | 19:48 | 獅子 |
| 1994年 | 2月25日 | 22:28 | 乙女 |
| 1994年 | 2月27日 | 23:07 | 天秤 |
| 1994年 | 3月 1日 | 23:44 | 蠍 |
| 1994年 | 3月 4日 | 01:54 | 射手 |
| 1994年 | 3月 6日 | 06:24 | 山羊 |
| 1994年 | 3月 8日 | 13:15 | 水瓶 |
| 1994年 | 3月10日 | 22:09 | 魚 |
| 1994年 | 3月13日 | 08:59 | 牡羊 |
| 1994年 | 3月15日 | 21:27 | 牡牛 |
| 1994年 | 3月18日 | 10:29 | 双子 |
| 1994年 | 3月20日 | 21:53 | 蟹 |
| 1994年 | 3月23日 | 05:39 | 獅子 |
| 1994年 | 3月25日 | 09:14 | 乙女 |
| 1994年 | 3月27日 | 09:46 | 天秤 |
| 1994年 | 3月29日 | 09:15 | 蠍 |
| 1994年 | 3月31日 | 09:41 | 射手 |
| 1994年 | 4月 2日 | 12:37 | 山羊 |
| 1994年 | 4月 4日 | 18:45 | 水瓶 |
| 1994年 | 4月 7日 | 03:51 | 魚 |
| 1994年 | 4月 9日 | 15:08 | 牡羊 |
| 1994年 | 4月12日 | 03:47 | 牡牛 |
| 1994年 | 4月14日 | 16:47 | 双子 |
| 1994年 | 4月17日 | 04:41 | 蟹 |
| 1994年 | 4月19日 | 13:45 | 獅子 |
| 1994年 | 4月21日 | 18:58 | 乙女 |
| 1994年 | 4月23日 | 20:41 | 天秤 |
| 1994年 | 4月25日 | 20:19 | 蠍 |
| 1994年 | 4月27日 | 19:49 | 射手 |
| 1994年 | 4月29日 | 21:05 | 山羊 |
| 1994年 | 5月 2日 | 01:34 | 水瓶 |
| 1994年 | 5月 4日 | 09:47 | 魚 |
| 1994年 | 5月 6日 | 21:01 | 牡羊 |
| 1994年 | 5月 9日 | 09:50 | 牡牛 |
| 1994年 | 5月11日 | 22:43 | 双子 |
| 1994年 | 5月14日 | 10:27 | 蟹 |
| 1994年 | 5月16日 | 19:58 | 獅子 |
| 1994年 | 5月19日 | 02:31 | 乙女 |
| 1994年 | 5月21日 | 05:55 | 天秤 |
| 1994年 | 5月23日 | 06:51 | 蠍 |
| 1994年 | 5月25日 | 06:43 | 射手 |
| 1994年 | 5月27日 | 07:17 | 山羊 |
| 1994年 | 5月29日 | 10:19 | 水瓶 |
| 1994年 | 5月31日 | 17:03 | 魚 |
| 1994年 | 6月 3日 | 03:31 | 牡羊 |
| 1994年 | 6月 5日 | 16:14 | 牡牛 |
| 1994年 | 6月 8日 | 05:03 | 双子 |
| 1994年 | 6月10日 | 16:22 | 蟹 |
| 1994年 | 6月13日 | 01:29 | 獅子 |
| 1994年 | 6月15日 | 08:16 | 乙女 |
| 1994年 | 6月17日 | 12:48 | 天秤 |
| 1994年 | 6月19日 | 15:20 | 蠍 |
| 1994年 | 6月21日 | 16:33 | 射手 |
| 1994年 | 6月23日 | 17:37 | 山羊 |
| 1994年 | 6月25日 | 20:10 | 水瓶 |
| 1994年 | 6月28日 | 01:44 | 魚 |
| 1994年 | 6月30日 | 11:06 | 牡羊 |
| 1994年 | 7月 2日 | 23:22 | 牡牛 |
| 1994年 | 7月 5日 | 12:12 | 双子 |
| 1994年 | 7月 7日 | 23:17 | 蟹 |
| 1994年 | 7月10日 | 07:43 | 獅子 |
| 1994年 | 7月12日 | 13:48 | 乙女 |
| 1994年 | 7月14日 | 18:15 | 天秤 |
| 1994年 | 7月16日 | 21:35 | 蠍 |
| 1994年 | 7月19日 | 00:09 | 射手 |
| 1994年 | 7月21日 | 02:31 | 山羊 |
| 1994年 | 7月23日 | 05:39 | 水瓶 |
| 1994年 | 7月25日 | 10:56 | 魚 |
| 1994年 | 7月27日 | 19:30 | 牡羊 |
| 1994年 | 7月30日 | 07:13 | 牡牛 |
| 1994年 | 8月 1日 | 20:04 | 双子 |
| 1994年 | 8月 4日 | 07:22 | 蟹 |
| 1994年 | 8月 6日 | 15:31 | 獅子 |
| 1994年 | 8月 8日 | 20:42 | 乙女 |
| 1994年 | 8月11日 | 00:07 | 天秤 |
| 1994年 | 8月13日 | 02:56 | 蠍 |
| 1994年 | 8月15日 | 05:53 | 射手 |
| 1994年 | 8月17日 | 09:18 | 山羊 |
| 1994年 | 8月19日 | 13:34 | 水瓶 |
| 1994年 | 8月21日 | 19:27 | 魚 |
| 1994年 | 8月24日 | 03:54 | 牡羊 |
| 1994年 | 8月26日 | 15:13 | 牡牛 |
| 1994年 | 8月29日 | 04:07 | 双子 |
| 1994年 | 8月31日 | 16:00 | 蟹 |
| 1994年 | 9月 3日 | 00:37 | 獅子 |
| 1994年 | 9月 5日 | 05:34 | 乙女 |
| 1994年 | 9月 7日 | 07:57 | 天秤 |
| 1994年 | 9月 9日 | 09:26 | 蠍 |
| 1994年 | 9月11日 | 11:25 | 射手 |
| 1994年 | 9月13日 | 14:44 | 山羊 |
| 1994年 | 9月15日 | 19:42 | 水瓶 |
| 1994年 | 9月18日 | 02:31 | 魚 |
| 1994年 | 9月20日 | 11:30 | 牡羊 |
| 1994年 | 9月22日 | 22:47 | 牡牛 |
| 1994年 | 9月25日 | 11:41 | 双子 |
| 1994年 | 9月28日 | 00:11 | 蟹 |
| 1994年 | 9月30日 | 09:55 | 獅子 |
| 1994年 | 10月 2日 | 15:39 | 乙女 |
| 1994年 | 10月 4日 | 17:57 | 天秤 |
| 1994年 | 10月 6日 | 18:22 | 蠍 |
| 1994年 | 10月 8日 | 18:47 | 射手 |
| 1994年 | 10月10日 | 20:44 | 山羊 |
| 1994年 | 10月13日 | 01:09 | 水瓶 |
| 1994年 | 10月15日 | 08:18 | 魚 |
| 1994年 | 10月17日 | 17:56 | 牡羊 |
| 1994年 | 10月20日 | 05:34 | 牡牛 |
| 1994年 | 10月22日 | 18:27 | 双子 |
| 1994年 | 10月25日 | 07:15 | 蟹 |
| 1994年 | 10月27日 | 18:04 | 獅子 |
| 1994年 | 10月30日 | 01:21 | 乙女 |
| 1994年 | 11月 1日 | 04:46 | 天秤 |
| 1994年 | 11月 3日 | 05:20 | 蠍 |
| 1994年 | 11月 5日 | 04:46 | 射手 |
| 1994年 | 11月 7日 | 05:02 | 山羊 |
| 1994年 | 11月 9日 | 07:48 | 水瓶 |
| 1994年 | 11月11日 | 14:04 | 魚 |
| 1994年 | 11月13日 | 23:43 | 牡羊 |

| | | | |
|---|---|---|---|
| 1994年 | 11月16日 | 11:44 | 牡牛 |
| 1994年 | 11月19日 | 00:41 | 双子 |
| 1994年 | 11月21日 | 13:21 | 蟹 |
| 1994年 | 11月24日 | 00:33 | 獅子 |
| 1994年 | 11月26日 | 09:09 | 乙女 |
| 1994年 | 11月28日 | 14:22 | 天秤 |
| 1994年 | 11月30日 | 16:22 | 蠍 |
| 1994年 | 12月2日 | 16:13 | 射手 |
| 1994年 | 12月4日 | 15:43 | 山羊 |
| 1994年 | 12月6日 | 16:52 | 水瓶 |
| 1994年 | 12月8日 | 21:24 | 魚 |
| 1994年 | 12月11日 | 06:03 | 牡羊 |
| 1994年 | 12月13日 | 17:55 | 牡牛 |
| 1994年 | 12月16日 | 07:00 | 双子 |
| 1994年 | 12月18日 | 19:24 | 蟹 |
| 1994年 | 12月21日 | 06:13 | 獅子 |
| 1994年 | 12月23日 | 15:01 | 乙女 |
| 1994年 | 12月25日 | 21:27 | 天秤 |
| 1994年 | 12月28日 | 01:17 | 蠍 |
| 1994年 | 12月30日 | 02:46 | 射手 |
| 1995年 | 1月1日 | 02:58 | 山羊 |
| 1995年 | 1月3日 | 03:39 | 水瓶 |
| 1995年 | 1月5日 | 06:49 | 魚 |
| 1995年 | 1月7日 | 13:56 | 牡羊 |
| 1995年 | 1月10日 | 00:57 | 牡牛 |
| 1995年 | 1月12日 | 13:57 | 双子 |
| 1995年 | 1月15日 | 02:20 | 蟹 |
| 1995年 | 1月17日 | 12:36 | 獅子 |
| 1995年 | 1月19日 | 20:39 | 乙女 |
| 1995年 | 1月22日 | 02:53 | 天秤 |
| 1995年 | 1月24日 | 07:32 | 蠍 |
| 1995年 | 1月26日 | 10:37 | 射手 |
| 1995年 | 1月28日 | 12:26 | 山羊 |
| 1995年 | 1月30日 | 14:03 | 水瓶 |
| 1995年 | 2月1日 | 17:05 | 魚 |
| 1995年 | 2月3日 | 23:12 | 牡羊 |
| 1995年 | 2月6日 | 09:08 | 牡牛 |
| 1995年 | 2月8日 | 21:43 | 双子 |
| 1995年 | 2月11日 | 10:17 | 蟹 |
| 1995年 | 2月13日 | 20:31 | 獅子 |
| 1995年 | 2月16日 | 03:52 | 乙女 |
| 1995年 | 2月18日 | 09:00 | 天秤 |
| 1995年 | 2月20日 | 12:55 | 蠍 |
| 1995年 | 2月22日 | 16:13 | 射手 |
| 1995年 | 2月24日 | 19:11 | 山羊 |
| 1995年 | 2月26日 | 22:14 | 水瓶 |
| 1995年 | 3月1日 | 02:16 | 魚 |
| 1995年 | 3月3日 | 08:30 | 牡羊 |
| 1995年 | 3月5日 | 17:50 | 牡牛 |
| 1995年 | 3月8日 | 05:55 | 双子 |
| 1995年 | 3月10日 | 18:40 | 蟹 |
| 1995年 | 3月13日 | 05:28 | 獅子 |
| 1995年 | 3月15日 | 12:54 | 乙女 |
| 1995年 | 3月17日 | 17:18 | 天秤 |
| 1995年 | 3月19日 | 19:53 | 蠍 |
| 1995年 | 3月21日 | 21:58 | 射手 |
| 1995年 | 3月24日 | 00:32 | 山羊 |
| 1995年 | 3月26日 | 04:10 | 水瓶 |
| 1995年 | 3月28日 | 09:18 | 魚 |
| 1995年 | 3月30日 | 16:26 | 牡羊 |
| 1995年 | 4月2日 | 01:58 | 牡牛 |
| 1995年 | 4月4日 | 13:49 | 双子 |
| 1995年 | 4月7日 | 02:39 | 蟹 |
| 1995年 | 4月9日 | 14:15 | 獅子 |
| 1995年 | 4月11日 | 22:39 | 乙女 |
| 1995年 | 4月14日 | 03:20 | 天秤 |
| 1995年 | 4月16日 | 05:13 | 蠍 |
| 1995年 | 4月18日 | 05:52 | 射手 |
| 1995年 | 4月20日 | 06:54 | 山羊 |
| 1995年 | 4月22日 | 09:38 | 水瓶 |
| 1995年 | 4月24日 | 14:50 | 魚 |
| 1995年 | 4月26日 | 22:41 | 牡羊 |
| 1995年 | 4月29日 | 08:53 | 牡牛 |
| 1995年 | 5月1日 | 20:53 | 双子 |
| 1995年 | 5月4日 | 09:45 | 蟹 |
| 1995年 | 5月6日 | 21:54 | 獅子 |
| 1995年 | 5月9日 | 07:33 | 乙女 |
| 1995年 | 5月11日 | 13:30 | 天秤 |
| 1995年 | 5月13日 | 15:54 | 蠍 |
| 1995年 | 5月15日 | 15:59 | 射手 |
| 1995年 | 5月17日 | 15:36 | 山羊 |
| 1995年 | 5月19日 | 16:40 | 水瓶 |
| 1995年 | 5月21日 | 20:40 | 魚 |
| 1995年 | 5月24日 | 04:13 | 牡羊 |
| 1995年 | 5月26日 | 14:46 | 牡牛 |
| 1995年 | 5月29日 | 03:07 | 双子 |
| 1995年 | 5月31日 | 15:59 | 蟹 |
| 1995年 | 6月3日 | 04:17 | 獅子 |
| 1995年 | 6月5日 | 14:46 | 乙女 |
| 1995年 | 6月7日 | 22:13 | 天秤 |
| 1995年 | 6月10日 | 02:03 | 蠍 |
| 1995年 | 6月12日 | 02:50 | 射手 |
| 1995年 | 6月14日 | 02:06 | 山羊 |
| 1995年 | 6月16日 | 01:53 | 水瓶 |
| 1995年 | 6月18日 | 04:13 | 魚 |
| 1995年 | 6月20日 | 10:29 | 牡羊 |
| 1995年 | 6月22日 | 20:35 | 牡牛 |
| 1995年 | 6月25日 | 09:02 | 双子 |
| 1995年 | 6月27日 | 21:56 | 蟹 |
| 1995年 | 6月30日 | 10:02 | 獅子 |
| 1995年 | 7月2日 | 20:35 | 乙女 |
| 1995年 | 7月5日 | 04:55 | 天秤 |
| 1995年 | 7月7日 | 10:19 | 蠍 |
| 1995年 | 7月9日 | 12:38 | 射手 |
| 1995年 | 7月11日 | 12:44 | 山羊 |
| 1995年 | 7月13日 | 12:21 | 水瓶 |
| 1995年 | 7月15日 | 13:37 | 魚 |
| 1995年 | 7月17日 | 18:23 | 牡羊 |
| 1995年 | 7月20日 | 03:20 | 牡牛 |
| 1995年 | 7月22日 | 15:23 | 双子 |
| 1995年 | 7月25日 | 04:16 | 蟹 |
| 1995年 | 7月27日 | 16:07 | 獅子 |
| 1995年 | 7月30日 | 02:12 | 乙女 |
| 1995年 | 8月1日 | 10:23 | 天秤 |
| 1995年 | 8月3日 | 16:29 | 蠍 |
| 1995年 | 8月5日 | 20:14 | 射手 |
| 1995年 | 8月7日 | 21:52 | 山羊 |
| 1995年 | 8月9日 | 22:28 | 水瓶 |
| 1995年 | 8月11日 | 23:47 | 魚 |
| 1995年 | 8月14日 | 03:41 | 牡羊 |
| 1995年 | 8月16日 | 11:25 | 牡牛 |
| 1995年 | 8月18日 | 22:39 | 双子 |
| 1995年 | 8月21日 | 11:24 | 蟹 |
| 1995年 | 8月23日 | 23:12 | 獅子 |
| 1995年 | 8月26日 | 08:50 | 乙女 |
| 1995年 | 8月28日 | 16:15 | 天秤 |
| 1995年 | 8月30日 | 21:51 | 蠍 |
| 1995年 | 9月2日 | 01:57 | 射手 |
| 1995年 | 9月4日 | 04:45 | 山羊 |
| 1995年 | 9月6日 | 06:47 | 水瓶 |
| 1995年 | 9月8日 | 09:08 | 魚 |
| 1995年 | 9月10日 | 13:14 | 牡羊 |
| 1995年 | 9月12日 | 20:21 | 牡牛 |
| 1995年 | 9月15日 | 06:48 | 双子 |
| 1995年 | 9月17日 | 19:15 | 蟹 |
| 1995年 | 9月20日 | 07:19 | 獅子 |
| 1995年 | 9月22日 | 17:01 | 乙女 |
| 1995年 | 9月24日 | 23:50 | 天秤 |
| 1995年 | 9月27日 | 04:20 | 蠍 |
| 1995年 | 9月29日 | 07:30 | 射手 |
| 1995年 | 10月1日 | 10:10 | 山羊 |
| 1995年 | 10月3日 | 12:59 | 水瓶 |
| 1995年 | 10月5日 | 16:35 | 魚 |
| 1995年 | 10月7日 | 21:42 | 牡羊 |
| 1995年 | 10月10日 | 05:05 | 牡牛 |
| 1995年 | 10月12日 | 15:09 | 双子 |
| 1995年 | 10月15日 | 03:19 | 蟹 |
| 1995年 | 10月17日 | 15:46 | 獅子 |
| 1995年 | 10月20日 | 02:11 | 乙女 |
| 1995年 | 10月22日 | 09:15 | 天秤 |
| 1995年 | 10月24日 | 13:07 | 蠍 |
| 1995年 | 10月26日 | 14:57 | 射手 |
| 1995年 | 10月28日 | 16:15 | 山羊 |
| 1995年 | 10月30日 | 18:24 | 水瓶 |
| 1995年 | 11月1日 | 22:17 | 魚 |
| 1995年 | 11月4日 | 04:20 | 牡羊 |
| 1995年 | 11月6日 | 12:35 | 牡牛 |
| 1995年 | 11月8日 | 22:54 | 双子 |
| 1995年 | 11月11日 | 10:56 | 蟹 |

| | | | |
|---|---|---|---|
| 1995年 | 11月13日 | 23:36 | 獅子 |
| 1995年 | 11月16日 | 11:02 | 乙女 |
| 1995年 | 11月18日 | 19:17 | 天秤 |
| 1995年 | 11月20日 | 23:41 | 蠍 |
| 1995年 | 11月23日 | 00:57 | 射手 |
| 1995年 | 11月25日 | 00:49 | 山羊 |
| 1995年 | 11月27日 | 01:16 | 水瓶 |
| 1995年 | 11月29日 | 03:59 | 魚 |
| 1995年 | 12月1日 | 09:51 | 牡羊 |
| 1995年 | 12月3日 | 18:40 | 牡牛 |
| 1995年 | 12月6日 | 05:34 | 双子 |
| 1995年 | 12月8日 | 17:44 | 蟹 |
| 1995年 | 12月11日 | 06:24 | 獅子 |
| 1995年 | 12月13日 | 18:26 | 乙女 |
| 1995年 | 12月16日 | 04:09 | 天秤 |
| 1995年 | 12月18日 | 10:07 | 蠍 |
| 1995年 | 12月20日 | 12:13 | 射手 |
| 1995年 | 12月22日 | 11:46 | 山羊 |
| 1995年 | 12月24日 | 10:52 | 水瓶 |
| 1995年 | 12月26日 | 11:45 | 魚 |
| 1995年 | 12月28日 | 16:06 | 牡羊 |
| 1995年 | 12月31日 | 00:20 | 牡牛 |
| 1996年 | 1月2日 | 11:29 | 双子 |
| 1996年 | 1月4日 | 23:55 | 蟹 |
| 1996年 | 1月7日 | 12:30 | 獅子 |
| 1996年 | 1月10日 | 00:29 | 乙女 |
| 1996年 | 1月12日 | 10:55 | 天秤 |
| 1996年 | 1月14日 | 18:30 | 蠍 |
| 1996年 | 1月16日 | 22:25 | 射手 |
| 1996年 | 1月18日 | 23:08 | 山羊 |
| 1996年 | 1月20日 | 22:16 | 水瓶 |
| 1996年 | 1月22日 | 22:02 | 魚 |
| 1996年 | 1月25日 | 00:37 | 牡羊 |
| 1996年 | 1月27日 | 07:16 | 牡牛 |
| 1996年 | 1月29日 | 17:42 | 双子 |
| 1996年 | 2月1日 | 06:10 | 蟹 |
| 1996年 | 2月3日 | 18:45 | 獅子 |
| 1996年 | 2月6日 | 06:22 | 乙女 |
| 1996年 | 2月8日 | 16:30 | 天秤 |
| 1996年 | 2月11日 | 00:35 | 蠍 |
| 1996年 | 2月13日 | 05:58 | 射手 |
| 1996年 | 2月15日 | 08:29 | 山羊 |
| 1996年 | 2月17日 | 09:00 | 水瓶 |
| 1996年 | 2月19日 | 09:09 | 魚 |
| 1996年 | 2月21日 | 10:58 | 牡羊 |
| 1996年 | 2月23日 | 16:08 | 牡牛 |
| 1996年 | 2月26日 | 01:13 | 双子 |
| 1996年 | 2月28日 | 13:10 | 蟹 |
| 1996年 | 3月2日 | 01:47 | 獅子 |
| 1996年 | 3月4日 | 13:13 | 乙女 |
| 1996年 | 3月6日 | 22:40 | 天秤 |
| 1996年 | 3月9日 | 06:05 | 蠍 |
| 1996年 | 3月11日 | 11:32 | 射手 |
| 1996年 | 3月13日 | 15:08 | 山羊 |
| 1996年 | 3月15日 | 17:15 | 水瓶 |
| 1996年 | 3月17日 | 18:51 | 魚 |
| 1996年 | 3月19日 | 21:16 | 牡羊 |
| 1996年 | 3月22日 | 01:59 | 牡牛 |
| 1996年 | 3月24日 | 09:59 | 双子 |
| 1996年 | 3月26日 | 21:05 | 蟹 |
| 1996年 | 3月29日 | 09:37 | 獅子 |
| 1996年 | 3月31日 | 21:14 | 乙女 |
| 1996年 | 4月3日 | 06:26 | 天秤 |
| 1996年 | 4月5日 | 12:57 | 蠍 |
| 1996年 | 4月7日 | 17:22 | 射手 |
| 1996年 | 4月9日 | 20:30 | 山羊 |
| 1996年 | 4月11日 | 23:10 | 水瓶 |
| 1996年 | 4月14日 | 02:00 | 魚 |
| 1996年 | 4月16日 | 05:43 | 牡羊 |
| 1996年 | 4月18日 | 11:05 | 牡牛 |
| 1996年 | 4月20日 | 18:54 | 双子 |
| 1996年 | 4月23日 | 05:24 | 蟹 |
| 1996年 | 4月25日 | 17:44 | 獅子 |
| 1996年 | 4月28日 | 05:48 | 乙女 |
| 1996年 | 4月30日 | 15:27 | 天秤 |
| 1996年 | 5月2日 | 21:43 | 蠍 |
| 1996年 | 5月5日 | 01:05 | 射手 |
| 1996年 | 5月7日 | 02:54 | 山羊 |
| 1996年 | 5月9日 | 04:39 | 水瓶 |
| 1996年 | 5月11日 | 07:29 | 魚 |
| 1996年 | 5月13日 | 12:00 | 牡羊 |
| 1996年 | 5月15日 | 18:25 | 牡牛 |
| 1996年 | 5月18日 | 02:48 | 双子 |
| 1996年 | 5月20日 | 13:16 | 蟹 |
| 1996年 | 5月23日 | 01:27 | 獅子 |
| 1996年 | 5月25日 | 13:58 | 乙女 |
| 1996年 | 5月28日 | 00:33 | 天秤 |
| 1996年 | 5月30日 | 07:30 | 蠍 |
| 1996年 | 6月1日 | 10:43 | 射手 |
| 1996年 | 6月3日 | 11:29 | 山羊 |
| 1996年 | 6月5日 | 11:45 | 水瓶 |
| 1996年 | 6月7日 | 13:19 | 魚 |
| 1996年 | 6月9日 | 17:23 | 牡羊 |
| 1996年 | 6月12日 | 00:10 | 牡牛 |
| 1996年 | 6月14日 | 09:16 | 双子 |
| 1996年 | 6月16日 | 20:08 | 蟹 |
| 1996年 | 6月19日 | 08:22 | 獅子 |
| 1996年 | 6月21日 | 21:06 | 乙女 |
| 1996年 | 6月24日 | 08:37 | 天秤 |
| 1996年 | 6月26日 | 16:53 | 蠍 |
| 1996年 | 6月28日 | 21:01 | 射手 |
| 1996年 | 6月30日 | 21:48 | 山羊 |
| 1996年 | 7月2日 | 21:06 | 水瓶 |
| 1996年 | 7月4日 | 21:07 | 魚 |
| 1996年 | 7月6日 | 23:42 | 牡羊 |
| 1996年 | 7月9日 | 05:43 | 牡牛 |
| 1996年 | 7月11日 | 14:52 | 双子 |
| 1996年 | 7月14日 | 02:07 | 蟹 |
| 1996年 | 7月16日 | 14:31 | 獅子 |
| 1996年 | 7月19日 | 03:16 | 乙女 |
| 1996年 | 7月21日 | 15:13 | 天秤 |
| 1996年 | 7月24日 | 00:42 | 蠍 |
| 1996年 | 7月26日 | 06:24 | 射手 |
| 1996年 | 7月28日 | 08:17 | 山羊 |
| 1996年 | 7月30日 | 07:48 | 水瓶 |
| 1996年 | 8月1日 | 07:01 | 魚 |
| 1996年 | 8月3日 | 08:05 | 牡羊 |
| 1996年 | 8月5日 | 12:33 | 牡牛 |
| 1996年 | 8月7日 | 20:48 | 双子 |
| 1996年 | 8月10日 | 07:57 | 蟹 |
| 1996年 | 8月12日 | 20:29 | 獅子 |
| 1996年 | 8月15日 | 09:07 | 乙女 |
| 1996年 | 8月17日 | 20:55 | 天秤 |
| 1996年 | 8月20日 | 06:50 | 蠍 |
| 1996年 | 8月22日 | 13:48 | 射手 |
| 1996年 | 8月24日 | 17:22 | 山羊 |
| 1996年 | 8月26日 | 18:11 | 水瓶 |
| 1996年 | 8月28日 | 17:49 | 魚 |
| 1996年 | 8月30日 | 18:15 | 牡羊 |
| 1996年 | 9月1日 | 21:19 | 牡牛 |
| 1996年 | 9月4日 | 04:08 | 双子 |
| 1996年 | 9月6日 | 14:29 | 蟹 |
| 1996年 | 9月9日 | 02:53 | 獅子 |
| 1996年 | 9月11日 | 15:28 | 乙女 |
| 1996年 | 9月14日 | 02:51 | 天秤 |
| 1996年 | 9月16日 | 12:20 | 蠍 |
| 1996年 | 9月18日 | 19:30 | 射手 |
| 1996年 | 9月21日 | 00:12 | 山羊 |
| 1996年 | 9月23日 | 02:40 | 水瓶 |
| 1996年 | 9月25日 | 03:43 | 魚 |
| 1996年 | 9月27日 | 04:46 | 牡羊 |
| 1996年 | 9月29日 | 07:24 | 牡牛 |
| 1996年 | 10月1日 | 13:01 | 双子 |
| 1996年 | 10月3日 | 22:14 | 蟹 |
| 1996年 | 10月6日 | 10:12 | 獅子 |
| 1996年 | 10月8日 | 22:48 | 乙女 |
| 1996年 | 10月11日 | 10:00 | 天秤 |
| 1996年 | 10月13日 | 18:46 | 蠍 |
| 1996年 | 10月16日 | 01:07 | 射手 |
| 1996年 | 10月18日 | 05:37 | 山羊 |
| 1996年 | 10月20日 | 08:51 | 水瓶 |
| 1996年 | 10月22日 | 11:22 | 魚 |
| 1996年 | 10月24日 | 13:50 | 牡羊 |
| 1996年 | 10月26日 | 17:12 | 牡牛 |
| 1996年 | 10月28日 | 22:35 | 双子 |
| 1996年 | 10月31日 | 06:56 | 蟹 |
| 1996年 | 11月2日 | 18:15 | 獅子 |
| 1996年 | 11月5日 | 06:57 | 乙女 |
| 1996年 | 11月7日 | 18:28 | 天秤 |

| | | | | |
|---|---|---|---|---|
| 1996年 | 11月 | 10日 | 03:02 | 蠍 |
| 1996年 | 11月 | 12日 | 08:26 | 射手 |
| 1996年 | 11月 | 14日 | 11:44 | 山羊 |
| 1996年 | 11月 | 16日 | 14:14 | 水瓶 |
| 1996年 | 11月 | 18日 | 17:00 | 魚 |
| 1996年 | 11月 | 20日 | 20:34 | 牡羊 |
| 1996年 | 11月 | 23日 | 01:12 | 牡牛 |
| 1996年 | 11月 | 25日 | 07:20 | 双子 |
| 1996年 | 11月 | 27日 | 15:37 | 蟹 |
| 1996年 | 11月 | 30日 | 02:29 | 獅子 |
| 1996年 | 12月 | 2日 | 15:10 | 乙女 |
| 1996年 | 12月 | 5日 | 03:23 | 天秤 |
| 1996年 | 12月 | 7日 | 12:38 | 蠍 |
| 1996年 | 12月 | 9日 | 17:59 | 射手 |
| 1996年 | 12月 | 11日 | 20:15 | 山羊 |
| 1996年 | 12月 | 13日 | 21:15 | 水瓶 |
| 1996年 | 12月 | 15日 | 22:44 | 魚 |
| 1996年 | 12月 | 18日 | 01:55 | 牡羊 |
| 1996年 | 12月 | 20日 | 07:09 | 牡牛 |
| 1996年 | 12月 | 22日 | 14:17 | 双子 |
| 1996年 | 12月 | 24日 | 23:14 | 蟹 |
| 1996年 | 12月 | 27日 | 10:09 | 獅子 |
| 1996年 | 12月 | 29日 | 22:44 | 乙女 |
| 1997年 | 1月 | 1日 | 11:32 | 天秤 |
| 1997年 | 1月 | 3日 | 22:01 | 蠍 |
| 1997年 | 1月 | 6日 | 04:27 | 射手 |
| 1997年 | 1月 | 8日 | 06:55 | 山羊 |
| 1997年 | 1月 | 10日 | 07:00 | 水瓶 |
| 1997年 | 1月 | 12日 | 06:51 | 魚 |
| 1997年 | 1月 | 14日 | 08:22 | 牡羊 |
| 1997年 | 1月 | 16日 | 12:40 | 牡牛 |
| 1997年 | 1月 | 18日 | 19:53 | 双子 |
| 1997年 | 1月 | 21日 | 05:28 | 蟹 |
| 1997年 | 1月 | 23日 | 16:50 | 獅子 |
| 1997年 | 1月 | 26日 | 05:26 | 乙女 |
| 1997年 | 1月 | 28日 | 18:21 | 天秤 |
| 1997年 | 1月 | 31日 | 05:48 | 蠍 |
| 1997年 | 2月 | 2日 | 13:50 | 射手 |
| 1997年 | 2月 | 4日 | 17:45 | 山羊 |
| 1997年 | 2月 | 6日 | 18:22 | 水瓶 |
| 1997年 | 2月 | 8日 | 17:34 | 魚 |
| 1997年 | 2月 | 10日 | 17:30 | 牡羊 |
| 1997年 | 2月 | 12日 | 19:56 | 牡牛 |
| 1997年 | 2月 | 15日 | 01:53 | 双子 |
| 1997年 | 2月 | 17日 | 11:12 | 蟹 |
| 1997年 | 2月 | 19日 | 22:52 | 獅子 |
| 1997年 | 2月 | 22日 | 11:38 | 乙女 |
| 1997年 | 2月 | 25日 | 00:23 | 天秤 |
| 1997年 | 2月 | 27日 | 11:57 | 蠍 |
| 1997年 | 3月 | 1日 | 21:00 | 射手 |
| 1997年 | 3月 | 4日 | 02:38 | 山羊 |
| 1997年 | 3月 | 6日 | 04:55 | 水瓶 |
| 1997年 | 3月 | 8日 | 04:57 | 魚 |
| 1997年 | 3月 | 10日 | 04:33 | 牡羊 |
| 1997年 | 3月 | 12日 | 05:38 | 牡牛 |
| 1997年 | 3月 | 14日 | 09:48 | 双子 |
| 1997年 | 3月 | 16日 | 17:50 | 蟹 |
| 1997年 | 3月 | 19日 | 05:08 | 獅子 |
| 1997年 | 3月 | 21日 | 17:59 | 乙女 |
| 1997年 | 3月 | 24日 | 06:35 | 天秤 |
| 1997年 | 3月 | 26日 | 17:42 | 蠍 |
| 1997年 | 3月 | 29日 | 02:40 | 射手 |
| 1997年 | 3月 | 31日 | 09:07 | 山羊 |
| 1997年 | 4月 | 2日 | 12:59 | 水瓶 |
| 1997年 | 4月 | 4日 | 14:42 | 魚 |
| 1997年 | 4月 | 6日 | 15:19 | 牡羊 |
| 1997年 | 4月 | 8日 | 16:21 | 牡牛 |
| 1997年 | 4月 | 10日 | 19:28 | 双子 |
| 1997年 | 4月 | 13日 | 02:03 | 蟹 |
| 1997年 | 4月 | 15日 | 12:22 | 獅子 |
| 1997年 | 4月 | 18日 | 01:00 | 乙女 |
| 1997年 | 4月 | 20日 | 13:36 | 天秤 |
| 1997年 | 4月 | 23日 | 00:19 | 蠍 |
| 1997年 | 4月 | 25日 | 08:32 | 射手 |
| 1997年 | 4月 | 27日 | 14:32 | 山羊 |
| 1997年 | 4月 | 29日 | 18:50 | 水瓶 |
| 1997年 | 5月 | 1日 | 21:50 | 魚 |
| 1997年 | 5月 | 3日 | 23:59 | 牡羊 |
| 1997年 | 5月 | 6日 | 02:05 | 牡牛 |
| 1997年 | 5月 | 8日 | 05:21 | 双子 |
| 1997年 | 5月 | 10日 | 11:13 | 蟹 |
| 1997年 | 5月 | 12日 | 20:32 | 獅子 |
| 1997年 | 5月 | 15日 | 08:43 | 乙女 |
| 1997年 | 5月 | 17日 | 21:26 | 天秤 |
| 1997年 | 5月 | 20日 | 08:11 | 蠍 |
| 1997年 | 5月 | 22日 | 15:51 | 射手 |
| 1997年 | 5月 | 24日 | 20:51 | 山羊 |
| 1997年 | 5月 | 27日 | 00:20 | 水瓶 |
| 1997年 | 5月 | 29日 | 03:18 | 魚 |
| 1997年 | 5月 | 31日 | 06:18 | 牡羊 |
| 1997年 | 6月 | 2日 | 09:39 | 牡牛 |
| 1997年 | 6月 | 4日 | 13:55 | 双子 |
| 1997年 | 6月 | 6日 | 20:02 | 蟹 |
| 1997年 | 6月 | 9日 | 04:58 | 獅子 |
| 1997年 | 6月 | 11日 | 16:42 | 乙女 |
| 1997年 | 6月 | 14日 | 05:35 | 天秤 |
| 1997年 | 6月 | 16日 | 16:50 | 蠍 |
| 1997年 | 6月 | 19日 | 00:39 | 射手 |
| 1997年 | 6月 | 21日 | 05:03 | 山羊 |
| 1997年 | 6月 | 23日 | 07:21 | 水瓶 |
| 1997年 | 6月 | 25日 | 09:09 | 魚 |
| 1997年 | 6月 | 27日 | 11:38 | 牡羊 |
| 1997年 | 6月 | 29日 | 15:23 | 牡牛 |
| 1997年 | 7月 | 1日 | 20:35 | 双子 |
| 1997年 | 7月 | 4日 | 03:33 | 蟹 |
| 1997年 | 7月 | 6日 | 12:45 | 獅子 |
| 1997年 | 7月 | 9日 | 00:21 | 乙女 |
| 1997年 | 7月 | 11日 | 13:20 | 天秤 |
| 1997年 | 7月 | 14日 | 01:20 | 蠍 |
| 1997年 | 7月 | 16日 | 10:02 | 射手 |
| 1997年 | 7月 | 18日 | 14:45 | 山羊 |
| 1997年 | 7月 | 20日 | 16:29 | 水瓶 |
| 1997年 | 7月 | 22日 | 17:00 | 魚 |
| 1997年 | 7月 | 24日 | 18:03 | 牡羊 |
| 1997年 | 7月 | 26日 | 20:53 | 牡牛 |
| 1997年 | 7月 | 29日 | 02:04 | 双子 |
| 1997年 | 7月 | 31日 | 09:38 | 蟹 |
| 1997年 | 8月 | 2日 | 19:27 | 獅子 |
| 1997年 | 8月 | 5日 | 07:15 | 乙女 |
| 1997年 | 8月 | 7日 | 20:16 | 天秤 |
| 1997年 | 8月 | 10日 | 08:50 | 蠍 |
| 1997年 | 8月 | 12日 | 18:45 | 射手 |
| 1997年 | 8月 | 15日 | 00:42 | 山羊 |
| 1997年 | 8月 | 17日 | 02:59 | 水瓶 |
| 1997年 | 8月 | 19日 | 03:01 | 魚 |
| 1997年 | 8月 | 21日 | 02:45 | 牡羊 |
| 1997年 | 8月 | 23日 | 03:57 | 牡牛 |
| 1997年 | 8月 | 25日 | 07:56 | 双子 |
| 1997年 | 8月 | 27日 | 15:10 | 蟹 |
| 1997年 | 8月 | 30日 | 01:18 | 獅子 |
| 1997年 | 9月 | 1日 | 13:27 | 乙女 |
| 1997年 | 9月 | 4日 | 02:29 | 天秤 |
| 1997年 | 9月 | 6日 | 15:09 | 蠍 |
| 1997年 | 9月 | 9日 | 01:54 | 射手 |
| 1997年 | 9月 | 11日 | 09:23 | 山羊 |
| 1997年 | 9月 | 13日 | 13:10 | 水瓶 |
| 1997年 | 9月 | 15日 | 14:00 | 魚 |
| 1997年 | 9月 | 17日 | 13:25 | 牡羊 |
| 1997年 | 9月 | 19日 | 13:21 | 牡牛 |
| 1997年 | 9月 | 21日 | 15:38 | 双子 |
| 1997年 | 9月 | 23日 | 21:33 | 蟹 |
| 1997年 | 9月 | 26日 | 07:12 | 獅子 |
| 1997年 | 9月 | 28日 | 19:27 | 乙女 |
| 1997年 | 10月 | 1日 | 08:32 | 天秤 |
| 1997年 | 10月 | 3日 | 20:57 | 蠍 |
| 1997年 | 10月 | 6日 | 07:43 | 射手 |
| 1997年 | 10月 | 8日 | 16:03 | 山羊 |
| 1997年 | 10月 | 10日 | 21:29 | 水瓶 |
| 1997年 | 10月 | 13日 | 00:00 | 魚 |
| 1997年 | 10月 | 15日 | 00:26 | 牡羊 |
| 1997年 | 10月 | 17日 | 00:17 | 牡牛 |
| 1997年 | 10月 | 19日 | 01:27 | 双子 |
| 1997年 | 10月 | 21日 | 05:45 | 蟹 |
| 1997年 | 10月 | 23日 | 14:09 | 獅子 |
| 1997年 | 10月 | 26日 | 01:59 | 乙女 |
| 1997年 | 10月 | 28日 | 15:05 | 天秤 |
| 1997年 | 10月 | 31日 | 03:15 | 蠍 |
| 1997年 | 11月 | 2日 | 13:27 | 射手 |
| 1997年 | 11月 | 4日 | 21:31 | 山羊 |

| | | | | |
|---|---|---|---|---|
| 1997年 | 11月 | 7日 | 03:33 | 水瓶 |
| 1997年 | 11月 | 9日 | 07:34 | 魚 |
| 1997年 | 11月 | 11日 | 09:44 | 牡羊 |
| 1997年 | 11月 | 13日 | 10:45 | 牡牛 |
| 1997年 | 11月 | 15日 | 12:05 | 双子 |
| 1997年 | 11月 | 17日 | 15:32 | 蟹 |
| 1997年 | 11月 | 19日 | 22:37 | 獅子 |
| 1997年 | 11月 | 22日 | 09:33 | 乙女 |
| 1997年 | 11月 | 24日 | 22:29 | 天秤 |
| 1997年 | 11月 | 27日 | 10:43 | 蠍 |
| 1997年 | 11月 | 29日 | 20:28 | 射手 |
| 1997年 | 12月 | 2日 | 03:38 | 山羊 |
| 1997年 | 12月 | 4日 | 08:58 | 水瓶 |
| 1997年 | 12月 | 6日 | 13:07 | 魚 |
| 1997年 | 12月 | 8日 | 16:24 | 牡羊 |
| 1997年 | 12月 | 10日 | 19:00 | 牡牛 |
| 1997年 | 12月 | 12日 | 21:35 | 双子 |
| 1997年 | 12月 | 15日 | 01:25 | 蟹 |
| 1997年 | 12月 | 17日 | 07:58 | 獅子 |
| 1997年 | 12月 | 19日 | 17:59 | 乙女 |
| 1997年 | 12月 | 22日 | 06:34 | 天秤 |
| 1997年 | 12月 | 24日 | 19:07 | 蠍 |
| 1997年 | 12月 | 27日 | 05:07 | 射手 |
| 1997年 | 12月 | 29日 | 11:48 | 山羊 |
| 1997年 | 12月 | 31日 | 15:59 | 水瓶 |
| 1998年 | 1月 | 2日 | 18:56 | 魚 |
| 1998年 | 1月 | 4日 | 21:43 | 牡羊 |
| 1998年 | 1月 | 7日 | 00:52 | 牡牛 |
| 1998年 | 1月 | 9日 | 04:42 | 双子 |
| 1998年 | 1月 | 11日 | 09:43 | 蟹 |
| 1998年 | 1月 | 13日 | 16:45 | 獅子 |
| 1998年 | 1月 | 16日 | 02:31 | 乙女 |
| 1998年 | 1月 | 18日 | 14:44 | 天秤 |
| 1998年 | 1月 | 21日 | 03:34 | 蠍 |
| 1998年 | 1月 | 23日 | 14:25 | 射手 |
| 1998年 | 1月 | 25日 | 21:39 | 山羊 |
| 1998年 | 1月 | 28日 | 01:27 | 水瓶 |
| 1998年 | 1月 | 30日 | 03:09 | 魚 |
| 1998年 | 2月 | 1日 | 04:21 | 牡羊 |
| 1998年 | 2月 | 3日 | 06:25 | 牡牛 |
| 1998年 | 2月 | 5日 | 10:09 | 双子 |
| 1998年 | 2月 | 7日 | 15:57 | 蟹 |
| 1998年 | 2月 | 9日 | 23:57 | 獅子 |
| 1998年 | 2月 | 12日 | 10:09 | 乙女 |
| 1998年 | 2月 | 14日 | 22:17 | 天秤 |
| 1998年 | 2月 | 17日 | 11:13 | 蠍 |
| 1998年 | 2月 | 19日 | 22:55 | 射手 |
| 1998年 | 2月 | 22日 | 07:29 | 山羊 |
| 1998年 | 2月 | 24日 | 12:10 | 水瓶 |
| 1998年 | 2月 | 26日 | 13:42 | 魚 |
| 1998年 | 2月 | 28日 | 13:42 | 牡羊 |
| 1998年 | 3月 | 2日 | 14:01 | 牡牛 |
| 1998年 | 3月 | 4日 | 16:15 | 双子 |
| 1998年 | 3月 | 6日 | 21:26 | 蟹 |
| 1998年 | 3月 | 9日 | 05:45 | 獅子 |
| 1998年 | 3月 | 11日 | 16:35 | 乙女 |
| 1998年 | 3月 | 14日 | 04:58 | 天秤 |
| 1998年 | 3月 | 16日 | 17:50 | 蠍 |
| 1998年 | 3月 | 19日 | 05:56 | 射手 |
| 1998年 | 3月 | 21日 | 15:43 | 山羊 |
| 1998年 | 3月 | 23日 | 22:01 | 水瓶 |
| 1998年 | 3月 | 26日 | 00:43 | 魚 |
| 1998年 | 3月 | 28日 | 00:49 | 牡羊 |
| 1998年 | 3月 | 30日 | 00:07 | 牡牛 |
| 1998年 | 4月 | 1日 | 00:38 | 双子 |
| 1998年 | 4月 | 3日 | 04:09 | 蟹 |
| 1998年 | 4月 | 5日 | 11:35 | 獅子 |
| 1998年 | 4月 | 7日 | 22:25 | 乙女 |
| 1998年 | 4月 | 10日 | 11:04 | 天秤 |
| 1998年 | 4月 | 12日 | 23:55 | 蠍 |
| 1998年 | 4月 | 15日 | 11:52 | 射手 |
| 1998年 | 4月 | 17日 | 22:05 | 山羊 |
| 1998年 | 4月 | 20日 | 05:41 | 水瓶 |
| 1998年 | 4月 | 22日 | 10:06 | 魚 |
| 1998年 | 4月 | 24日 | 11:31 | 牡羊 |
| 1998年 | 4月 | 26日 | 11:09 | 牡牛 |
| 1998年 | 4月 | 28日 | 10:55 | 双子 |
| 1998年 | 4月 | 30日 | 12:57 | 蟹 |
| 1998年 | 5月 | 2日 | 18:49 | 獅子 |
| 1998年 | 5月 | 5日 | 04:46 | 乙女 |
| 1998年 | 5月 | 7日 | 17:18 | 天秤 |
| 1998年 | 5月 | 10日 | 06:10 | 蠍 |
| 1998年 | 5月 | 12日 | 17:48 | 射手 |
| 1998年 | 5月 | 15日 | 03:39 | 山羊 |
| 1998年 | 5月 | 17日 | 11:30 | 水瓶 |
| 1998年 | 5月 | 19日 | 17:03 | 魚 |
| 1998年 | 5月 | 21日 | 20:06 | 牡羊 |
| 1998年 | 5月 | 23日 | 21:07 | 牡牛 |
| 1998年 | 5月 | 25日 | 21:26 | 双子 |
| 1998年 | 5月 | 27日 | 22:59 | 蟹 |
| 1998年 | 5月 | 30日 | 03:38 | 獅子 |
| 1998年 | 6月 | 1日 | 12:20 | 乙女 |
| 1998年 | 6月 | 4日 | 00:16 | 天秤 |
| 1998年 | 6月 | 6日 | 13:05 | 蠍 |
| 1998年 | 6月 | 9日 | 00:34 | 射手 |
| 1998年 | 6月 | 11日 | 09:50 | 山羊 |
| 1998年 | 6月 | 13日 | 17:03 | 水瓶 |
| 1998年 | 6月 | 15日 | 22:31 | 魚 |
| 1998年 | 6月 | 18日 | 02:23 | 牡羊 |
| 1998年 | 6月 | 20日 | 04:48 | 牡牛 |
| 1998年 | 6月 | 22日 | 06:26 | 双子 |
| 1998年 | 6月 | 24日 | 08:39 | 蟹 |
| 1998年 | 6月 | 26日 | 13:04 | 獅子 |
| 1998年 | 6月 | 28日 | 20:54 | 乙女 |
| 1998年 | 7月 | 1日 | 08:05 | 天秤 |
| 1998年 | 7月 | 3日 | 20:45 | 蠍 |
| 1998年 | 7月 | 6日 | 08:24 | 射手 |
| 1998年 | 7月 | 8日 | 17:27 | 山羊 |
| 1998年 | 7月 | 10日 | 23:52 | 水瓶 |
| 1998年 | 7月 | 13日 | 04:22 | 魚 |
| 1998年 | 7月 | 15日 | 07:45 | 牡羊 |
| 1998年 | 7月 | 17日 | 10:33 | 牡牛 |
| 1998年 | 7月 | 19日 | 13:18 | 双子 |
| 1998年 | 7月 | 21日 | 16:43 | 蟹 |
| 1998年 | 7月 | 23日 | 21:49 | 獅子 |
| 1998年 | 7月 | 26日 | 05:33 | 乙女 |
| 1998年 | 7月 | 28日 | 16:14 | 天秤 |
| 1998年 | 7月 | 31日 | 04:44 | 蠍 |
| 1998年 | 8月 | 2日 | 16:47 | 射手 |
| 1998年 | 8月 | 5日 | 02:18 | 山羊 |
| 1998年 | 8月 | 7日 | 08:31 | 水瓶 |
| 1998年 | 8月 | 9日 | 12:04 | 魚 |
| 1998年 | 8月 | 11日 | 14:11 | 牡羊 |
| 1998年 | 8月 | 13日 | 16:05 | 牡牛 |
| 1998年 | 8月 | 15日 | 18:46 | 双子 |
| 1998年 | 8月 | 17日 | 22:55 | 蟹 |
| 1998年 | 8月 | 20日 | 05:00 | 獅子 |
| 1998年 | 8月 | 22日 | 13:21 | 乙女 |
| 1998年 | 8月 | 25日 | 00:01 | 天秤 |
| 1998年 | 8月 | 27日 | 12:25 | 蠍 |
| 1998年 | 8月 | 30日 | 00:55 | 射手 |
| 1998年 | 9月 | 1日 | 11:23 | 山羊 |
| 1998年 | 9月 | 3日 | 18:21 | 水瓶 |
| 1998年 | 9月 | 5日 | 21:48 | 魚 |
| 1998年 | 9月 | 7日 | 22:53 | 牡羊 |
| 1998年 | 9月 | 9日 | 23:17 | 牡牛 |
| 1998年 | 9月 | 12日 | 00:40 | 双子 |
| 1998年 | 9月 | 14日 | 04:20 | 蟹 |
| 1998年 | 9月 | 16日 | 10:48 | 獅子 |
| 1998年 | 9月 | 18日 | 19:52 | 乙女 |
| 1998年 | 9月 | 21日 | 06:57 | 天秤 |
| 1998年 | 9月 | 23日 | 19:21 | 蠍 |
| 1998年 | 9月 | 26日 | 08:05 | 射手 |
| 1998年 | 9月 | 28日 | 19:30 | 山羊 |
| 1998年 | 10月 | 1日 | 03:53 | 水瓶 |
| 1998年 | 10月 | 3日 | 08:23 | 魚 |
| 1998年 | 10月 | 5日 | 09:32 | 牡羊 |
| 1998年 | 10月 | 7日 | 08:57 | 牡牛 |
| 1998年 | 10月 | 9日 | 08:44 | 双子 |
| 1998年 | 10月 | 11日 | 10:48 | 蟹 |
| 1998年 | 10月 | 13日 | 16:25 | 獅子 |
| 1998年 | 10月 | 16日 | 01:31 | 乙女 |
| 1998年 | 10月 | 18日 | 13:02 | 天秤 |
| 1998年 | 10月 | 21日 | 01:36 | 蠍 |
| 1998年 | 10月 | 23日 | 14:16 | 射手 |
| 1998年 | 10月 | 26日 | 02:04 | 山羊 |
| 1998年 | 10月 | 28日 | 11:44 | 水瓶 |
| 1998年 | 10月 | 30日 | 17:58 | 魚 |
| 1998年 | 11月 | 1日 | 20:27 | 牡羊 |

| | | | | |
|---|---|---|---|---|
| 1998年 | 11月 | 3日 | 20:13 | 牡牛 |
| 1998年 | 11月 | 5日 | 19:12 | 双子 |
| 1998年 | 11月 | 7日 | 19:40 | 蟹 |
| 1998年 | 11月 | 9日 | 23:33 | 獅子 |
| 1998年 | 11月 | 12日 | 07:37 | 乙女 |
| 1998年 | 11月 | 14日 | 18:57 | 天秤 |
| 1998年 | 11月 | 17日 | 07:41 | 蠍 |
| 1998年 | 11月 | 19日 | 20:12 | 射手 |
| 1998年 | 11月 | 22日 | 07:45 | 山羊 |
| 1998年 | 11月 | 24日 | 17:43 | 水瓶 |
| 1998年 | 11月 | 27日 | 01:14 | 魚 |
| 1998年 | 11月 | 29日 | 05:34 | 牡羊 |
| 1998年 | 12月 | 1日 | 06:53 | 牡牛 |
| 1998年 | 12月 | 3日 | 06:30 | 双子 |
| 1998年 | 12月 | 5日 | 06:28 | 蟹 |
| 1998年 | 12月 | 7日 | 08:55 | 獅子 |
| 1998年 | 12月 | 9日 | 15:21 | 乙女 |
| 1998年 | 12月 | 12日 | 01:42 | 天秤 |
| 1998年 | 12月 | 14日 | 14:16 | 蠍 |
| 1998年 | 12月 | 17日 | 02:47 | 射手 |
| 1998年 | 12月 | 19日 | 13:55 | 山羊 |
| 1998年 | 12月 | 21日 | 23:16 | 水瓶 |
| 1998年 | 12月 | 24日 | 06:45 | 魚 |
| 1998年 | 12月 | 26日 | 12:03 | 牡羊 |
| 1998年 | 12月 | 28日 | 15:05 | 牡牛 |
| 1998年 | 12月 | 30日 | 16:22 | 双子 |
| 1999年 | 1月 | 1日 | 17:15 | 蟹 |
| 1999年 | 1月 | 3日 | 19:31 | 獅子 |
| 1999年 | 1月 | 6日 | 00:49 | 乙女 |
| 1999年 | 1月 | 8日 | 09:53 | 天秤 |
| 1999年 | 1月 | 10日 | 21:48 | 蠍 |
| 1999年 | 1月 | 13日 | 10:23 | 射手 |
| 1999年 | 1月 | 15日 | 21:28 | 山羊 |
| 1999年 | 1月 | 18日 | 06:11 | 水瓶 |
| 1999年 | 1月 | 20日 | 12:40 | 魚 |
| 1999年 | 1月 | 22日 | 17:25 | 牡羊 |
| 1999年 | 1月 | 24日 | 20:52 | 牡牛 |
| 1999年 | 1月 | 26日 | 23:30 | 双子 |
| 1999年 | 1月 | 29日 | 01:57 | 蟹 |
| 1999年 | 1月 | 31日 | 05:16 | 獅子 |
| 1999年 | 2月 | 2日 | 10:37 | 乙女 |
| 1999年 | 2月 | 4日 | 18:55 | 天秤 |
| 1999年 | 2月 | 7日 | 06:06 | 蠍 |
| 1999年 | 2月 | 9日 | 18:37 | 射手 |
| 1999年 | 2月 | 12日 | 06:10 | 山羊 |
| 1999年 | 2月 | 14日 | 14:57 | 水瓶 |
| 1999年 | 2月 | 16日 | 20:40 | 魚 |
| 1999年 | 2月 | 19日 | 00:07 | 牡羊 |
| 1999年 | 2月 | 21日 | 02:29 | 牡牛 |
| 1999年 | 2月 | 23日 | 04:54 | 双子 |
| 1999年 | 2月 | 25日 | 08:09 | 蟹 |
| 1999年 | 2月 | 27日 | 12:44 | 獅子 |
| 1999年 | 3月 | 1日 | 19:05 | 乙女 |
| 1999年 | 3月 | 4日 | 03:34 | 天秤 |
| 1999年 | 3月 | 6日 | 14:22 | 蠍 |
| 1999年 | 3月 | 9日 | 02:45 | 射手 |
| 1999年 | 3月 | 11日 | 14:53 | 山羊 |
| 1999年 | 3月 | 14日 | 00:31 | 水瓶 |
| 1999年 | 3月 | 16日 | 06:30 | 魚 |
| 1999年 | 3月 | 18日 | 09:13 | 牡羊 |
| 1999年 | 3月 | 20日 | 10:09 | 牡牛 |
| 1999年 | 3月 | 22日 | 11:05 | 双子 |
| 1999年 | 3月 | 24日 | 13:33 | 蟹 |
| 1999年 | 3月 | 26日 | 18:22 | 獅子 |
| 1999年 | 3月 | 29日 | 01:34 | 乙女 |
| 1999年 | 3月 | 31日 | 10:49 | 天秤 |
| 1999年 | 4月 | 2日 | 21:48 | 蠍 |
| 1999年 | 4月 | 5日 | 10:07 | 射手 |
| 1999年 | 4月 | 7日 | 22:38 | 山羊 |
| 1999年 | 4月 | 10日 | 09:24 | 水瓶 |
| 1999年 | 4月 | 12日 | 16:35 | 魚 |
| 1999年 | 4月 | 14日 | 19:46 | 牡羊 |
| 1999年 | 4月 | 16日 | 20:08 | 牡牛 |
| 1999年 | 4月 | 18日 | 19:40 | 双子 |
| 1999年 | 4月 | 20日 | 20:27 | 蟹 |
| 1999年 | 4月 | 23日 | 00:05 | 獅子 |
| 1999年 | 4月 | 25日 | 07:04 | 乙女 |
| 1999年 | 4月 | 27日 | 16:46 | 天秤 |
| 1999年 | 4月 | 30日 | 04:12 | 蠍 |
| 1999年 | 5月 | 2日 | 16:36 | 射手 |
| 1999年 | 5月 | 5日 | 05:12 | 山羊 |
| 1999年 | 5月 | 7日 | 16:40 | 水瓶 |
| 1999年 | 5月 | 10日 | 01:16 | 魚 |
| 1999年 | 5月 | 12日 | 05:53 | 牡羊 |
| 1999年 | 5月 | 14日 | 06:57 | 牡牛 |
| 1999年 | 5月 | 16日 | 06:08 | 双子 |
| 1999年 | 5月 | 18日 | 05:40 | 蟹 |
| 1999年 | 5月 | 20日 | 07:37 | 獅子 |
| 1999年 | 5月 | 22日 | 13:15 | 乙女 |
| 1999年 | 5月 | 24日 | 22:28 | 天秤 |
| 1999年 | 5月 | 27日 | 10:05 | 蠍 |
| 1999年 | 5月 | 29日 | 22:37 | 射手 |
| 1999年 | 6月 | 1日 | 11:05 | 山羊 |
| 1999年 | 6月 | 3日 | 22:36 | 水瓶 |
| 1999年 | 6月 | 6日 | 08:00 | 魚 |
| 1999年 | 6月 | 8日 | 14:08 | 牡羊 |
| 1999年 | 6月 | 10日 | 16:44 | 牡牛 |
| 1999年 | 6月 | 12日 | 16:49 | 双子 |
| 1999年 | 6月 | 14日 | 16:15 | 蟹 |
| 1999年 | 6月 | 16日 | 17:07 | 獅子 |
| 1999年 | 6月 | 18日 | 21:12 | 乙女 |
| 1999年 | 6月 | 21日 | 05:10 | 天秤 |
| 1999年 | 6月 | 23日 | 16:18 | 蠍 |
| 1999年 | 6月 | 26日 | 04:51 | 射手 |
| 1999年 | 6月 | 28日 | 17:12 | 山羊 |
| 1999年 | 7月 | 1日 | 04:19 | 水瓶 |
| 1999年 | 7月 | 3日 | 13:34 | 魚 |
| 1999年 | 7月 | 5日 | 20:21 | 牡羊 |
| 1999年 | 7月 | 8日 | 00:22 | 牡牛 |
| 1999年 | 7月 | 10日 | 02:00 | 双子 |
| 1999年 | 7月 | 12日 | 02:28 | 蟹 |
| 1999年 | 7月 | 14日 | 03:26 | 獅子 |
| 1999年 | 7月 | 16日 | 06:39 | 乙女 |
| 1999年 | 7月 | 18日 | 13:19 | 天秤 |
| 1999年 | 7月 | 20日 | 23:29 | 蠍 |
| 1999年 | 7月 | 23日 | 11:48 | 射手 |
| 1999年 | 7月 | 26日 | 00:08 | 山羊 |
| 1999年 | 7月 | 28日 | 10:54 | 水瓶 |
| 1999年 | 7月 | 30日 | 19:27 | 魚 |
| 1999年 | 8月 | 2日 | 01:47 | 牡羊 |
| 1999年 | 8月 | 4日 | 06:09 | 牡牛 |
| 1999年 | 8月 | 6日 | 08:57 | 双子 |
| 1999年 | 8月 | 8日 | 10:53 | 蟹 |
| 1999年 | 8月 | 10日 | 12:56 | 獅子 |
| 1999年 | 8月 | 12日 | 16:22 | 乙女 |
| 1999年 | 8月 | 14日 | 22:24 | 天秤 |
| 1999年 | 8月 | 17日 | 07:40 | 蠍 |
| 1999年 | 8月 | 19日 | 19:31 | 射手 |
| 1999年 | 8月 | 22日 | 07:59 | 山羊 |
| 1999年 | 8月 | 24日 | 18:49 | 水瓶 |
| 1999年 | 8月 | 27日 | 02:50 | 魚 |
| 1999年 | 8月 | 29日 | 08:09 | 牡羊 |
| 1999年 | 8月 | 31日 | 11:41 | 牡牛 |
| 1999年 | 9月 | 2日 | 14:25 | 双子 |
| 1999年 | 9月 | 4日 | 17:10 | 蟹 |
| 1999年 | 9月 | 6日 | 20:29 | 獅子 |
| 1999年 | 9月 | 9日 | 00:57 | 乙女 |
| 1999年 | 9月 | 11日 | 07:16 | 天秤 |
| 1999年 | 9月 | 13日 | 16:08 | 蠍 |
| 1999年 | 9月 | 16日 | 03:34 | 射手 |
| 1999年 | 9月 | 18日 | 16:13 | 山羊 |
| 1999年 | 9月 | 21日 | 03:38 | 水瓶 |
| 1999年 | 9月 | 23日 | 11:51 | 魚 |
| 1999年 | 9月 | 25日 | 16:34 | 牡羊 |
| 1999年 | 9月 | 27日 | 18:51 | 牡牛 |
| 1999年 | 9月 | 29日 | 20:21 | 双子 |
| 1999年 | 10月 | 1日 | 22:32 | 蟹 |
| 1999年 | 10月 | 4日 | 02:13 | 獅子 |
| 1999年 | 10月 | 6日 | 07:40 | 乙女 |
| 1999年 | 10月 | 8日 | 14:52 | 天秤 |
| 1999年 | 10月 | 11日 | 00:01 | 蠍 |
| 1999年 | 10月 | 13日 | 11:18 | 射手 |
| 1999年 | 10月 | 16日 | 00:03 | 山羊 |
| 1999年 | 10月 | 18日 | 12:17 | 水瓶 |
| 1999年 | 10月 | 20日 | 21:32 | 魚 |
| 1999年 | 10月 | 23日 | 02:42 | 牡羊 |
| 1999年 | 10月 | 25日 | 04:26 | 牡牛 |
| 1999年 | 10月 | 27日 | 04:34 | 双子 |
| 1999年 | 10月 | 29日 | 05:09 | 蟹 |

| | | | |
|---|---|---|---|
| 1999年 | 10月31日 | 07:47 | 獅子 |
| 1999年 | 11月 2日 | 13:07 | 乙女 |
| 1999年 | 11月 4日 | 20:56 | 天秤 |
| 1999年 | 11月 7日 | 06:46 | 蠍 |
| 1999年 | 11月 9日 | 18:15 | 射手 |
| 1999年 | 11月12日 | 07:00 | 山羊 |
| 1999年 | 11月14日 | 19:45 | 水瓶 |
| 1999年 | 11月17日 | 06:20 | 魚 |
| 1999年 | 11月19日 | 12:57 | 牡羊 |
| 1999年 | 11月21日 | 15:27 | 牡牛 |
| 1999年 | 11月23日 | 15:14 | 双子 |
| 1999年 | 11月25日 | 14:29 | 蟹 |
| 1999年 | 11月27日 | 15:19 | 獅子 |
| 1999年 | 11月29日 | 19:11 | 乙女 |
| 1999年 | 12月 2日 | 02:29 | 天秤 |
| 1999年 | 12月 4日 | 12:35 | 蠍 |
| 1999年 | 12月 7日 | 00:27 | 射手 |
| 1999年 | 12月 9日 | 13:13 | 山羊 |
| 1999年 | 12月12日 | 01:58 | 水瓶 |
| 1999年 | 12月14日 | 13:17 | 魚 |
| 1999年 | 12月16日 | 21:30 | 牡羊 |
| 1999年 | 12月19日 | 01:45 | 牡牛 |
| 1999年 | 12月21日 | 02:39 | 双子 |
| 1999年 | 12月23日 | 01:53 | 蟹 |
| 1999年 | 12月25日 | 01:32 | 獅子 |
| 1999年 | 12月27日 | 03:34 | 乙女 |
| 1999年 | 12月29日 | 09:14 | 天秤 |
| 1999年 | 12月31日 | 18:36 | 蠍 |
| 2000年 | 1月 3日 | 06:32 | 射手 |
| 2000年 | 1月 5日 | 19:24 | 山羊 |
| 2000年 | 1月 8日 | 07:53 | 水瓶 |
| 2000年 | 1月10日 | 18:59 | 魚 |
| 2000年 | 1月13日 | 03:48 | 牡羊 |
| 2000年 | 1月15日 | 09:38 | 牡牛 |
| 2000年 | 1月17日 | 12:25 | 双子 |
| 2000年 | 1月19日 | 13:01 | 蟹 |
| 2000年 | 1月21日 | 12:59 | 獅子 |
| 2000年 | 1月23日 | 14:08 | 乙女 |
| 2000年 | 1月25日 | 18:09 | 天秤 |
| 2000年 | 1月28日 | 02:01 | 蠍 |
| 2000年 | 1月30日 | 13:17 | 射手 |
| 2000年 | 2月 2日 | 02:09 | 山羊 |
| 2000年 | 2月 4日 | 14:31 | 水瓶 |
| 2000年 | 2月 7日 | 01:02 | 魚 |
| 2000年 | 2月 9日 | 09:17 | 牡羊 |
| 2000年 | 2月11日 | 15:21 | 牡牛 |
| 2000年 | 2月13日 | 19:23 | 双子 |
| 2000年 | 2月15日 | 21:45 | 蟹 |
| 2000年 | 2月17日 | 23:12 | 獅子 |
| 2000年 | 2月20日 | 00:54 | 乙女 |
| 2000年 | 2月22日 | 04:22 | 天秤 |
| 2000年 | 2月24日 | 10:58 | 蠍 |
| 2000年 | 2月26日 | 21:09 | 射手 |
| 2000年 | 2月29日 | 09:45 | 山羊 |
| 2000年 | 3月 2日 | 22:14 | 水瓶 |
| 2000年 | 3月 5日 | 08:30 | 魚 |
| 2000年 | 3月 7日 | 15:54 | 牡羊 |
| 2000年 | 3月 9日 | 21:01 | 牡牛 |
| 2000年 | 3月12日 | 00:46 | 双子 |
| 2000年 | 3月14日 | 03:51 | 蟹 |
| 2000年 | 3月16日 | 06:43 | 獅子 |
| 2000年 | 3月18日 | 09:48 | 乙女 |
| 2000年 | 3月20日 | 13:57 | 天秤 |
| 2000年 | 3月22日 | 20:17 | 蠍 |
| 2000年 | 3月25日 | 05:43 | 射手 |
| 2000年 | 3月27日 | 17:50 | 山羊 |
| 2000年 | 3月30日 | 06:34 | 水瓶 |
| 2000年 | 4月 1日 | 17:12 | 魚 |
| 2000年 | 4月 4日 | 00:22 | 牡羊 |
| 2000年 | 4月 6日 | 04:29 | 牡牛 |
| 2000年 | 4月 8日 | 06:58 | 双子 |
| 2000年 | 4月10日 | 09:16 | 蟹 |
| 2000年 | 4月12日 | 12:16 | 獅子 |
| 2000年 | 4月14日 | 16:19 | 乙女 |
| 2000年 | 4月16日 | 21:36 | 天秤 |
| 2000年 | 4月19日 | 04:35 | 蠍 |
| 2000年 | 4月21日 | 13:57 | 射手 |
| 2000年 | 4月24日 | 01:47 | 山羊 |
| 2000年 | 4月26日 | 14:41 | 水瓶 |
| 2000年 | 4月29日 | 02:05 | 魚 |
| 2000年 | 5月 1日 | 09:55 | 牡羊 |
| 2000年 | 5月 3日 | 13:54 | 牡牛 |
| 2000年 | 5月 5日 | 15:24 | 双子 |
| 2000年 | 5月 7日 | 16:14 | 蟹 |
| 2000年 | 5月 9日 | 18:01 | 獅子 |
| 2000年 | 5月11日 | 21:41 | 乙女 |
| 2000年 | 5月14日 | 03:27 | 天秤 |
| 2000年 | 5月16日 | 11:16 | 蠍 |
| 2000年 | 5月18日 | 21:09 | 射手 |
| 2000年 | 5月21日 | 09:01 | 山羊 |
| 2000年 | 5月23日 | 22:00 | 水瓶 |
| 2000年 | 5月26日 | 10:07 | 魚 |
| 2000年 | 5月28日 | 19:07 | 牡羊 |
| 2000年 | 5月31日 | 00:02 | 牡牛 |
| 2000年 | 6月 2日 | 01:35 | 双子 |
| 2000年 | 6月 4日 | 01:31 | 蟹 |
| 2000年 | 6月 6日 | 01:46 | 獅子 |
| 2000年 | 6月 8日 | 03:57 | 乙女 |
| 2000年 | 6月10日 | 08:59 | 天秤 |
| 2000年 | 6月12日 | 16:55 | 蠍 |
| 2000年 | 6月15日 | 03:18 | 射手 |
| 2000年 | 6月17日 | 15:26 | 山羊 |
| 2000年 | 6月20日 | 04:26 | 水瓶 |
| 2000年 | 6月22日 | 16:51 | 魚 |
| 2000年 | 6月25日 | 02:55 | 牡羊 |
| 2000年 | 6月27日 | 09:19 | 牡牛 |
| 2000年 | 6月29日 | 12:00 | 双子 |
| 2000年 | 7月 1日 | 12:10 | 蟹 |
| 2000年 | 7月 3日 | 11:38 | 獅子 |
| 2000年 | 7月 5日 | 12:19 | 乙女 |
| 2000年 | 7月 7日 | 15:47 | 天秤 |
| 2000年 | 7月 9日 | 22:48 | 蠍 |
| 2000年 | 7月12日 | 09:06 | 射手 |
| 2000年 | 7月14日 | 21:27 | 山羊 |
| 2000年 | 7月17日 | 10:27 | 水瓶 |
| 2000年 | 7月19日 | 22:44 | 魚 |
| 2000年 | 7月22日 | 09:09 | 牡羊 |
| 2000年 | 7月24日 | 16:43 | 牡牛 |
| 2000年 | 7月26日 | 21:02 | 双子 |
| 2000年 | 7月28日 | 22:30 | 蟹 |
| 2000年 | 7月30日 | 22:24 | 獅子 |
| 2000年 | 8月 1日 | 22:28 | 乙女 |
| 2000年 | 8月 4日 | 00:32 | 天秤 |
| 2000年 | 8月 6日 | 06:04 | 蠍 |
| 2000年 | 8月 8日 | 15:30 | 射手 |
| 2000年 | 8月11日 | 03:43 | 山羊 |
| 2000年 | 8月13日 | 16:42 | 水瓶 |
| 2000年 | 8月16日 | 04:41 | 魚 |
| 2000年 | 8月18日 | 14:44 | 牡羊 |
| 2000年 | 8月20日 | 22:31 | 牡牛 |
| 2000年 | 8月23日 | 03:55 | 双子 |
| 2000年 | 8月25日 | 07:00 | 蟹 |
| 2000年 | 8月27日 | 08:17 | 獅子 |
| 2000年 | 8月29日 | 08:55 | 乙女 |
| 2000年 | 8月31日 | 10:33 | 天秤 |
| 2000年 | 9月 2日 | 14:55 | 蠍 |
| 2000年 | 9月 4日 | 23:08 | 射手 |
| 2000年 | 9月 7日 | 10:47 | 山羊 |
| 2000年 | 9月 9日 | 23:44 | 水瓶 |
| 2000年 | 9月12日 | 11:34 | 魚 |
| 2000年 | 9月14日 | 21:00 | 牡羊 |
| 2000年 | 9月17日 | 04:05 | 牡牛 |
| 2000年 | 9月19日 | 09:22 | 双子 |
| 2000年 | 9月21日 | 13:16 | 蟹 |
| 2000年 | 9月23日 | 16:00 | 獅子 |
| 2000年 | 9月25日 | 18:02 | 乙女 |
| 2000年 | 9月27日 | 20:22 | 天秤 |
| 2000年 | 9月30日 | 00:30 | 蠍 |
| 2000年 | 10月 2日 | 07:50 | 射手 |
| 2000年 | 10月 4日 | 18:42 | 山羊 |
| 2000年 | 10月 7日 | 07:33 | 水瓶 |
| 2000年 | 10月 9日 | 19:36 | 魚 |
| 2000年 | 10月12日 | 04:51 | 牡羊 |
| 2000年 | 10月14日 | 11:06 | 牡牛 |
| 2000年 | 10月16日 | 15:19 | 双子 |
| 2000年 | 10月18日 | 18:37 | 蟹 |
| 2000年 | 10月20日 | 21:42 | 獅子 |
| 2000年 | 10月23日 | 00:53 | 乙女 |
| 2000年 | 10月25日 | 04:30 | 天秤 |

| | | | |
|---|---|---|---|
| 2000年 | 10月27日 | 09:23 | 蠍 |
| 2000年 | 10月29日 | 16:40 | 射手 |
| 2000年 | 11月1日 | 03:01 | 山羊 |
| 2000年 | 11月3日 | 15:40 | 水瓶 |
| 2000年 | 11月6日 | 04:12 | 魚 |
| 2000年 | 11月8日 | 14:02 | 牡羊 |
| 2000年 | 11月10日 | 20:12 | 牡牛 |
| 2000年 | 11月12日 | 23:28 | 双子 |
| 2000年 | 11月15日 | 01:22 | 蟹 |
| 2000年 | 11月17日 | 03:19 | 獅子 |
| 2000年 | 11月19日 | 06:15 | 乙女 |
| 2000年 | 11月21日 | 10:35 | 天秤 |
| 2000年 | 11月23日 | 16:33 | 蠍 |
| 2000年 | 11月26日 | 00:33 | 射手 |
| 2000年 | 11月28日 | 10:57 | 山羊 |
| 2000年 | 11月30日 | 23:26 | 水瓶 |
| 2000年 | 12月3日 | 12:22 | 魚 |
| 2000年 | 12月5日 | 23:17 | 牡羊 |
| 2000年 | 12月8日 | 06:26 | 牡牛 |
| 2000年 | 12月10日 | 09:50 | 双子 |
| 2000年 | 12月12日 | 10:49 | 蟹 |
| 2000年 | 12月14日 | 11:09 | 獅子 |
| 2000年 | 12月16日 | 12:30 | 乙女 |
| 2000年 | 12月18日 | 16:01 | 天秤 |
| 2000年 | 12月20日 | 22:12 | 蠍 |
| 2000年 | 12月23日 | 06:57 | 射手 |
| 2000年 | 12月25日 | 17:53 | 山羊 |
| 2000年 | 12月28日 | 06:25 | 水瓶 |
| 2000年 | 12月30日 | 19:27 | 魚 |
| 2001年 | 1月2日 | 07:14 | 牡羊 |
| 2001年 | 1月4日 | 15:56 | 牡牛 |
| 2001年 | 1月6日 | 20:44 | 双子 |
| 2001年 | 1月8日 | 22:09 | 蟹 |
| 2001年 | 1月10日 | 21:45 | 獅子 |
| 2001年 | 1月12日 | 21:26 | 乙女 |
| 2001年 | 1月14日 | 23:05 | 天秤 |
| 2001年 | 1月17日 | 04:02 | 蠍 |
| 2001年 | 1月19日 | 12:35 | 射手 |
| 2001年 | 1月21日 | 23:56 | 山羊 |
| 2001年 | 1月24日 | 12:43 | 水瓶 |
| 2001年 | 1月27日 | 01:38 | 魚 |
| 2001年 | 1月29日 | 13:35 | 牡羊 |
| 2001年 | 1月31日 | 23:21 | 牡牛 |
| 2001年 | 2月3日 | 05:55 | 双子 |
| 2001年 | 2月5日 | 09:00 | 蟹 |
| 2001年 | 2月7日 | 09:21 | 獅子 |
| 2001年 | 2月9日 | 08:35 | 乙女 |
| 2001年 | 2月11日 | 08:46 | 天秤 |
| 2001年 | 2月13日 | 11:51 | 蠍 |
| 2001年 | 2月15日 | 19:02 | 射手 |
| 2001年 | 2月18日 | 05:58 | 山羊 |
| 2001年 | 2月20日 | 18:53 | 水瓶 |
| 2001年 | 2月23日 | 07:45 | 魚 |
| 2001年 | 2月25日 | 19:20 | 牡羊 |
| 2001年 | 2月28日 | 05:05 | 牡牛 |
| 2001年 | 3月2日 | 12:36 | 双子 |
| 2001年 | 3月4日 | 17:24 | 蟹 |
| 2001年 | 3月6日 | 19:30 | 獅子 |
| 2001年 | 3月8日 | 19:45 | 乙女 |
| 2001年 | 3月10日 | 19:48 | 天秤 |
| 2001年 | 3月12日 | 21:43 | 蠍 |
| 2001年 | 3月15日 | 03:16 | 射手 |
| 2001年 | 3月17日 | 13:02 | 山羊 |
| 2001年 | 3月20日 | 01:35 | 水瓶 |
| 2001年 | 3月22日 | 14:28 | 魚 |
| 2001年 | 3月25日 | 01:43 | 牡羊 |
| 2001年 | 3月27日 | 10:51 | 牡牛 |
| 2001年 | 3月29日 | 18:01 | 双子 |
| 2001年 | 3月31日 | 23:23 | 蟹 |
| 2001年 | 4月3日 | 02:54 | 獅子 |
| 2001年 | 4月5日 | 04:47 | 乙女 |
| 2001年 | 4月7日 | 05:57 | 天秤 |
| 2001年 | 4月9日 | 08:01 | 蠍 |
| 2001年 | 4月11日 | 12:47 | 射手 |
| 2001年 | 4月13日 | 21:20 | 山羊 |
| 2001年 | 4月16日 | 09:11 | 水瓶 |
| 2001年 | 4月18日 | 22:00 | 魚 |
| 2001年 | 4月21日 | 09:18 | 牡羊 |
| 2001年 | 4月23日 | 17:56 | 牡牛 |
| 2001年 | 4月26日 | 00:11 | 双子 |
| 2001年 | 4月28日 | 04:49 | 蟹 |
| 2001年 | 4月30日 | 08:25 | 獅子 |
| 2001年 | 5月2日 | 11:16 | 乙女 |
| 2001年 | 5月4日 | 13:50 | 天秤 |
| 2001年 | 5月6日 | 17:01 | 蠍 |
| 2001年 | 5月8日 | 22:05 | 射手 |
| 2001年 | 5月11日 | 06:10 | 山羊 |
| 2001年 | 5月13日 | 17:19 | 水瓶 |
| 2001年 | 5月16日 | 06:01 | 魚 |
| 2001年 | 5月18日 | 17:41 | 牡羊 |
| 2001年 | 5月21日 | 02:29 | 牡牛 |
| 2001年 | 5月23日 | 08:12 | 双子 |
| 2001年 | 5月25日 | 11:43 | 蟹 |
| 2001年 | 5月27日 | 14:12 | 獅子 |
| 2001年 | 5月29日 | 16:38 | 乙女 |
| 2001年 | 5月31日 | 19:42 | 天秤 |
| 2001年 | 6月2日 | 23:56 | 蠍 |
| 2001年 | 6月5日 | 05:58 | 射手 |
| 2001年 | 6月7日 | 14:23 | 山羊 |
| 2001年 | 6月10日 | 01:19 | 水瓶 |
| 2001年 | 6月12日 | 13:53 | 魚 |
| 2001年 | 6月15日 | 02:02 | 牡羊 |
| 2001年 | 6月17日 | 11:39 | 牡牛 |
| 2001年 | 6月19日 | 17:42 | 双子 |
| 2001年 | 6月21日 | 20:41 | 蟹 |
| 2001年 | 6月23日 | 21:55 | 獅子 |
| 2001年 | 6月25日 | 22:58 | 乙女 |
| 2001年 | 6月28日 | 01:11 | 天秤 |
| 2001年 | 6月30日 | 05:28 | 蠍 |
| 2001年 | 7月2日 | 12:13 | 射手 |
| 2001年 | 7月4日 | 21:21 | 山羊 |
| 2001年 | 7月7日 | 08:33 | 水瓶 |
| 2001年 | 7月9日 | 21:05 | 魚 |
| 2001年 | 7月12日 | 09:36 | 牡羊 |
| 2001年 | 7月14日 | 20:12 | 牡牛 |
| 2001年 | 7月17日 | 03:25 | 双子 |
| 2001年 | 7月19日 | 06:56 | 蟹 |
| 2001年 | 7月21日 | 07:43 | 獅子 |
| 2001年 | 7月23日 | 07:29 | 乙女 |
| 2001年 | 7月25日 | 08:08 | 天秤 |
| 2001年 | 7月27日 | 11:17 | 蠍 |
| 2001年 | 7月29日 | 17:44 | 射手 |
| 2001年 | 8月1日 | 03:16 | 山羊 |
| 2001年 | 8月3日 | 14:53 | 水瓶 |
| 2001年 | 8月6日 | 03:30 | 魚 |
| 2001年 | 8月8日 | 16:05 | 牡羊 |
| 2001年 | 8月11日 | 03:23 | 牡牛 |
| 2001年 | 8月13日 | 11:59 | 双子 |
| 2001年 | 8月15日 | 16:55 | 蟹 |
| 2001年 | 8月17日 | 18:26 | 獅子 |
| 2001年 | 8月19日 | 17:54 | 乙女 |
| 2001年 | 8月21日 | 17:19 | 天秤 |
| 2001年 | 8月23日 | 18:50 | 蠍 |
| 2001年 | 8月25日 | 23:59 | 射手 |
| 2001年 | 8月28日 | 09:02 | 山羊 |
| 2001年 | 8月30日 | 20:47 | 水瓶 |
| 2001年 | 9月2日 | 09:32 | 魚 |
| 2001年 | 9月4日 | 21:58 | 牡羊 |
| 2001年 | 9月7日 | 09:18 | 牡牛 |
| 2001年 | 9月9日 | 18:41 | 双子 |
| 2001年 | 9月12日 | 01:09 | 蟹 |
| 2001年 | 9月14日 | 04:16 | 獅子 |
| 2001年 | 9月16日 | 04:40 | 乙女 |
| 2001年 | 9月18日 | 04:01 | 天秤 |
| 2001年 | 9月20日 | 04:28 | 蠍 |
| 2001年 | 9月22日 | 08:02 | 射手 |
| 2001年 | 9月24日 | 15:48 | 山羊 |
| 2001年 | 9月27日 | 03:04 | 水瓶 |
| 2001年 | 9月29日 | 15:50 | 魚 |
| 2001年 | 10月2日 | 04:07 | 牡羊 |
| 2001年 | 10月4日 | 15:01 | 牡牛 |
| 2001年 | 10月7日 | 00:12 | 双子 |
| 2001年 | 10月9日 | 07:19 | 蟹 |
| 2001年 | 10月11日 | 11:54 | 獅子 |
| 2001年 | 10月13日 | 13:58 | 乙女 |
| 2001年 | 10月15日 | 14:27 | 天秤 |
| 2001年 | 10月17日 | 15:03 | 蠍 |
| 2001年 | 10月19日 | 17:47 | 射手 |
| 2001年 | 10月22日 | 00:11 | 山羊 |

| | | | |
|---|---|---|---|
| 2001年 | 10月24日 | 10:26 | 水瓶 |
| 2001年 | 10月26日 | 22:55 | 魚 |
| 2001年 | 10月29日 | 11:15 | 牡羊 |
| 2001年 | 10月31日 | 21:48 | 牡牛 |
| 2001年 | 11月 3日 | 06:13 | 双子 |
| 2001年 | 11月 5日 | 12:44 | 蟹 |
| 2001年 | 11月 7日 | 17:34 | 獅子 |
| 2001年 | 11月 9日 | 20:49 | 乙女 |
| 2001年 | 11月11日 | 22:53 | 天秤 |
| 2001年 | 11月14日 | 00:45 | 蠍 |
| 2001年 | 11月16日 | 03:51 | 射手 |
| 2001年 | 11月18日 | 09:40 | 山羊 |
| 2001年 | 11月20日 | 18:54 | 水瓶 |
| 2001年 | 11月23日 | 06:52 | 魚 |
| 2001年 | 11月25日 | 19:21 | 牡羊 |
| 2001年 | 11月28日 | 06:06 | 牡牛 |
| 2001年 | 11月30日 | 14:04 | 双子 |
| 2001年 | 12月 2日 | 19:30 | 蟹 |
| 2001年 | 12月 4日 | 23:16 | 獅子 |
| 2001年 | 12月 7日 | 02:11 | 乙女 |
| 2001年 | 12月 9日 | 04:57 | 天秤 |
| 2001年 | 12月11日 | 08:09 | 蠍 |
| 2001年 | 12月13日 | 12:30 | 射手 |
| 2001年 | 12月15日 | 18:48 | 山羊 |
| 2001年 | 12月18日 | 03:43 | 水瓶 |
| 2001年 | 12月20日 | 15:09 | 魚 |
| 2001年 | 12月23日 | 03:45 | 牡羊 |
| 2001年 | 12月25日 | 15:12 | 牡牛 |
| 2001年 | 12月27日 | 23:39 | 双子 |
| 2001年 | 12月30日 | 04:40 | 蟹 |
| 2002年 | 1月 1日 | 07:09 | 獅子 |
| 2002年 | 1月 3日 | 08:34 | 乙女 |
| 2002年 | 1月 5日 | 10:24 | 天秤 |
| 2002年 | 1月 7日 | 13:41 | 蠍 |
| 2002年 | 1月 9日 | 18:57 | 射手 |
| 2002年 | 1月12日 | 02:18 | 山羊 |
| 2002年 | 1月14日 | 11:41 | 水瓶 |
| 2002年 | 1月16日 | 23:00 | 魚 |
| 2002年 | 1月19日 | 11:35 | 牡羊 |
| 2002年 | 1月21日 | 23:46 | 牡牛 |
| 2002年 | 1月24日 | 09:28 | 双子 |
| 2002年 | 1月26日 | 15:17 | 蟹 |
| 2002年 | 1月28日 | 17:31 | 獅子 |
| 2002年 | 1月30日 | 17:41 | 乙女 |
| 2002年 | 2月 1日 | 17:45 | 天秤 |
| 2002年 | 2月 3日 | 19:35 | 蠍 |
| 2002年 | 2月 6日 | 00:21 | 射手 |
| 2002年 | 2月 8日 | 08:08 | 山羊 |
| 2002年 | 2月10日 | 18:15 | 水瓶 |
| 2002年 | 2月13日 | 05:53 | 魚 |
| 2002年 | 2月15日 | 18:25 | 牡羊 |
| 2002年 | 2月18日 | 06:58 | 牡牛 |
| 2002年 | 2月20日 | 17:50 | 双子 |
| 2002年 | 2月23日 | 01:16 | 蟹 |
| 2002年 | 2月25日 | 04:36 | 獅子 |
| 2002年 | 2月27日 | 04:48 | 乙女 |
| 2002年 | 3月 1日 | 03:48 | 天秤 |
| 2002年 | 3月 3日 | 03:52 | 蠍 |
| 2002年 | 3月 5日 | 06:55 | 射手 |
| 2002年 | 3月 7日 | 13:47 | 山羊 |
| 2002年 | 3月 9日 | 23:56 | 水瓶 |
| 2002年 | 3月12日 | 11:56 | 魚 |
| 2002年 | 3月15日 | 00:34 | 牡羊 |
| 2002年 | 3月17日 | 13:01 | 牡牛 |
| 2002年 | 3月20日 | 00:19 | 双子 |
| 2002年 | 3月22日 | 09:06 | 蟹 |
| 2002年 | 3月24日 | 14:13 | 獅子 |
| 2002年 | 3月26日 | 15:44 | 乙女 |
| 2002年 | 3月28日 | 15:04 | 天秤 |
| 2002年 | 3月30日 | 14:22 | 蠍 |
| 2002年 | 4月 1日 | 15:48 | 射手 |
| 2002年 | 4月 3日 | 20:58 | 山羊 |
| 2002年 | 4月 6日 | 06:06 | 水瓶 |
| 2002年 | 4月 8日 | 17:57 | 魚 |
| 2002年 | 4月11日 | 06:40 | 牡羊 |
| 2002年 | 4月13日 | 18:55 | 牡牛 |
| 2002年 | 4月16日 | 05:56 | 双子 |
| 2002年 | 4月18日 | 15:01 | 蟹 |
| 2002年 | 4月20日 | 21:20 | 獅子 |
| 2002年 | 4月23日 | 00:35 | 乙女 |
| 2002年 | 4月25日 | 01:23 | 天秤 |
| 2002年 | 4月27日 | 01:16 | 蠍 |
| 2002年 | 4月29日 | 02:13 | 射手 |
| 2002年 | 5月 1日 | 06:03 | 山羊 |
| 2002年 | 5月 3日 | 13:43 | 水瓶 |
| 2002年 | 5月 6日 | 00:46 | 魚 |
| 2002年 | 5月 8日 | 13:22 | 牡羊 |
| 2002年 | 5月11日 | 01:32 | 牡牛 |
| 2002年 | 5月13日 | 12:04 | 双子 |
| 2002年 | 5月15日 | 20:33 | 蟹 |
| 2002年 | 5月18日 | 02:52 | 獅子 |
| 2002年 | 5月20日 | 07:01 | 乙女 |
| 2002年 | 5月22日 | 09:19 | 天秤 |
| 2002年 | 5月24日 | 10:38 | 蠍 |
| 2002年 | 5月26日 | 12:20 | 射手 |
| 2002年 | 5月28日 | 15:54 | 山羊 |
| 2002年 | 5月30日 | 22:35 | 水瓶 |
| 2002年 | 6月 2日 | 08:37 | 魚 |
| 2002年 | 6月 4日 | 20:51 | 牡羊 |
| 2002年 | 6月 7日 | 09:07 | 牡牛 |
| 2002年 | 6月 9日 | 19:29 | 双子 |
| 2002年 | 6月12日 | 03:15 | 蟹 |
| 2002年 | 6月14日 | 08:39 | 獅子 |
| 2002年 | 6月16日 | 12:24 | 乙女 |
| 2002年 | 6月18日 | 15:11 | 天秤 |
| 2002年 | 6月20日 | 17:43 | 蠍 |
| 2002年 | 6月22日 | 20:42 | 射手 |
| 2002年 | 6月25日 | 01:02 | 山羊 |
| 2002年 | 6月27日 | 07:36 | 水瓶 |
| 2002年 | 6月29日 | 17:00 | 魚 |
| 2002年 | 7月 2日 | 04:49 | 牡羊 |
| 2002年 | 7月 4日 | 17:16 | 牡牛 |
| 2002年 | 7月 7日 | 04:00 | 双子 |
| 2002年 | 7月 9日 | 11:36 | 蟹 |
| 2002年 | 7月11日 | 16:08 | 獅子 |
| 2002年 | 7月13日 | 18:41 | 乙女 |
| 2002年 | 7月15日 | 20:40 | 天秤 |
| 2002年 | 7月17日 | 23:13 | 蠍 |
| 2002年 | 7月20日 | 03:02 | 射手 |
| 2002年 | 7月22日 | 08:26 | 山羊 |
| 2002年 | 7月24日 | 15:40 | 水瓶 |
| 2002年 | 7月27日 | 01:04 | 魚 |
| 2002年 | 7月29日 | 12:38 | 牡羊 |
| 2002年 | 8月 1日 | 01:16 | 牡牛 |
| 2002年 | 8月 3日 | 12:46 | 双子 |
| 2002年 | 8月 5日 | 21:02 | 蟹 |
| 2002年 | 8月 8日 | 01:27 | 獅子 |
| 2002年 | 8月10日 | 03:04 | 乙女 |
| 2002年 | 8月12日 | 03:39 | 天秤 |
| 2002年 | 8月14日 | 05:01 | 蠍 |
| 2002年 | 8月16日 | 08:25 | 射手 |
| 2002年 | 8月18日 | 14:15 | 山羊 |
| 2002年 | 8月20日 | 22:16 | 水瓶 |
| 2002年 | 8月23日 | 08:11 | 魚 |
| 2002年 | 8月25日 | 19:47 | 牡羊 |
| 2002年 | 8月28日 | 08:31 | 牡牛 |
| 2002年 | 8月30日 | 20:45 | 双子 |
| 2002年 | 9月 2日 | 06:14 | 蟹 |
| 2002年 | 9月 4日 | 11:37 | 獅子 |
| 2002年 | 9月 6日 | 13:17 | 乙女 |
| 2002年 | 9月 8日 | 12:57 | 天秤 |
| 2002年 | 9月10日 | 12:49 | 蠍 |
| 2002年 | 9月12日 | 14:44 | 射手 |
| 2002年 | 9月14日 | 19:47 | 山羊 |
| 2002年 | 9月17日 | 03:54 | 水瓶 |
| 2002年 | 9月19日 | 14:18 | 魚 |
| 2002年 | 9月22日 | 02:11 | 牡羊 |
| 2002年 | 9月24日 | 14:54 | 牡牛 |
| 2002年 | 9月27日 | 03:26 | 双子 |
| 2002年 | 9月29日 | 14:01 | 蟹 |
| 2002年 | 10月 1日 | 20:58 | 獅子 |
| 2002年 | 10月 3日 | 23:53 | 乙女 |
| 2002年 | 10月 5日 | 23:52 | 天秤 |
| 2002年 | 10月 7日 | 22:58 | 蠍 |
| 2002年 | 10月 9日 | 23:21 | 射手 |
| 2002年 | 10月12日 | 02:45 | 山羊 |
| 2002年 | 10月14日 | 09:51 | 水瓶 |
| 2002年 | 10月16日 | 20:06 | 魚 |
| 2002年 | 10月19日 | 08:13 | 牡羊 |

| | | | |
|---|---|---|---|
| 2002年 | 10月21日 | 20:56 | 牡牛 |
| 2002年 | 10月24日 | 09:17 | 双子 |
| 2002年 | 10月26日 | 20:10 | 蟹 |
| 2002年 | 10月29日 | 04:20 | 獅子 |
| 2002年 | 10月31日 | 08:59 | 乙女 |
| 2002年 | 11月 2日 | 10:28 | 天秤 |
| 2002年 | 11月 4日 | 10:10 | 蠍 |
| 2002年 | 11月 6日 | 10:01 | 射手 |
| 2002年 | 11月 8日 | 11:59 | 山羊 |
| 2002年 | 11月10日 | 17:26 | 水瓶 |
| 2002年 | 11月13日 | 02:41 | 魚 |
| 2002年 | 11月15日 | 14:37 | 牡羊 |
| 2002年 | 11月18日 | 03:23 | 牡牛 |
| 2002年 | 11月20日 | 15:25 | 双子 |
| 2002年 | 11月23日 | 01:47 | 蟹 |
| 2002年 | 11月25日 | 10:00 | 獅子 |
| 2002年 | 11月27日 | 15:42 | 乙女 |
| 2002年 | 11月29日 | 18:55 | 天秤 |
| 2002年 | 12月 1日 | 20:16 | 蠍 |
| 2002年 | 12月 3日 | 20:59 | 射手 |
| 2002年 | 12月 5日 | 22:39 | 山羊 |
| 2002年 | 12月 8日 | 02:54 | 水瓶 |
| 2002年 | 12月10日 | 10:46 | 魚 |
| 2002年 | 12月12日 | 21:58 | 牡羊 |
| 2002年 | 12月15日 | 10:43 | 牡牛 |
| 2002年 | 12月17日 | 22:43 | 双子 |
| 2002年 | 12月20日 | 08:30 | 蟹 |
| 2002年 | 12月22日 | 15:49 | 獅子 |
| 2002年 | 12月24日 | 21:05 | 乙女 |
| 2002年 | 12月27日 | 00:53 | 天秤 |
| 2002年 | 12月29日 | 03:41 | 蠍 |
| 2002年 | 12月31日 | 06:01 | 射手 |
| 2003年 | 1月 2日 | 08:42 | 山羊 |
| 2003年 | 1月 4日 | 12:57 | 水瓶 |
| 2003年 | 1月 6日 | 19:57 | 魚 |
| 2003年 | 1月 9日 | 06:14 | 牡羊 |
| 2003年 | 1月11日 | 18:47 | 牡牛 |
| 2003年 | 1月14日 | 07:07 | 双子 |
| 2003年 | 1月16日 | 16:56 | 蟹 |
| 2003年 | 1月18日 | 23:29 | 獅子 |
| 2003年 | 1月21日 | 03:32 | 乙女 |
| 2003年 | 1月23日 | 06:23 | 天秤 |
| 2003年 | 1月25日 | 09:09 | 蠍 |
| 2003年 | 1月27日 | 12:26 | 射手 |
| 2003年 | 1月29日 | 16:30 | 山羊 |
| 2003年 | 1月31日 | 21:44 | 水瓶 |
| 2003年 | 2月 3日 | 04:55 | 魚 |
| 2003年 | 2月 5日 | 14:44 | 牡羊 |
| 2003年 | 2月 8日 | 02:59 | 牡牛 |
| 2003年 | 2月10日 | 15:45 | 双子 |
| 2003年 | 2月13日 | 02:19 | 蟹 |
| 2003年 | 2月15日 | 09:04 | 獅子 |
| 2003年 | 2月17日 | 12:23 | 乙女 |
| 2003年 | 2月19日 | 13:48 | 天秤 |
| 2003年 | 2月21日 | 15:09 | 蠍 |
| 2003年 | 2月23日 | 17:46 | 射手 |
| 2003年 | 2月25日 | 22:11 | 山羊 |
| 2003年 | 2月28日 | 04:24 | 水瓶 |
| 2003年 | 3月 2日 | 12:26 | 魚 |
| 2003年 | 3月 4日 | 22:30 | 牡羊 |
| 2003年 | 3月 7日 | 10:36 | 牡牛 |
| 2003年 | 3月 9日 | 23:37 | 双子 |
| 2003年 | 3月12日 | 11:11 | 蟹 |
| 2003年 | 3月14日 | 19:06 | 獅子 |
| 2003年 | 3月16日 | 22:53 | 乙女 |
| 2003年 | 3月18日 | 23:44 | 天秤 |
| 2003年 | 3月20日 | 23:39 | 蠍 |
| 2003年 | 3月23日 | 00:33 | 射手 |
| 2003年 | 3月25日 | 03:48 | 山羊 |
| 2003年 | 3月27日 | 09:51 | 水瓶 |
| 2003年 | 3月29日 | 18:25 | 魚 |
| 2003年 | 4月 1日 | 05:04 | 牡羊 |
| 2003年 | 4月 3日 | 17:20 | 牡牛 |
| 2003年 | 4月 6日 | 06:24 | 双子 |
| 2003年 | 4月 8日 | 18:36 | 蟹 |
| 2003年 | 4月11日 | 03:53 | 獅子 |
| 2003年 | 4月13日 | 09:07 | 乙女 |
| 2003年 | 4月15日 | 10:42 | 天秤 |
| 2003年 | 4月17日 | 10:16 | 蠍 |
| 2003年 | 4月19日 | 09:52 | 射手 |
| 2003年 | 4月21日 | 11:20 | 山羊 |
| 2003年 | 4月23日 | 15:58 | 水瓶 |
| 2003年 | 4月26日 | 00:02 | 魚 |
| 2003年 | 4月28日 | 10:54 | 牡羊 |
| 2003年 | 4月30日 | 23:26 | 牡牛 |
| 2003年 | 5月 3日 | 12:27 | 双子 |
| 2003年 | 5月 6日 | 00:42 | 蟹 |
| 2003年 | 5月 8日 | 10:46 | 獅子 |
| 2003年 | 5月10日 | 17:31 | 乙女 |
| 2003年 | 5月12日 | 20:43 | 天秤 |
| 2003年 | 5月14日 | 21:14 | 蠍 |
| 2003年 | 5月16日 | 20:44 | 射手 |
| 2003年 | 5月18日 | 21:04 | 山羊 |
| 2003年 | 5月21日 | 00:01 | 水瓶 |
| 2003年 | 5月23日 | 06:41 | 魚 |
| 2003年 | 5月25日 | 16:58 | 牡羊 |
| 2003年 | 5月28日 | 05:32 | 牡牛 |
| 2003年 | 5月30日 | 18:31 | 双子 |
| 2003年 | 6月 2日 | 06:27 | 蟹 |
| 2003年 | 6月 4日 | 16:25 | 獅子 |
| 2003年 | 6月 6日 | 23:51 | 乙女 |
| 2003年 | 6月 9日 | 04:30 | 天秤 |
| 2003年 | 6月11日 | 06:39 | 蠍 |
| 2003年 | 6月13日 | 07:13 | 射手 |
| 2003年 | 6月15日 | 07:39 | 山羊 |
| 2003年 | 6月17日 | 09:41 | 水瓶 |
| 2003年 | 6月19日 | 14:57 | 魚 |
| 2003年 | 6月22日 | 00:05 | 牡羊 |
| 2003年 | 6月24日 | 12:15 | 牡牛 |
| 2003年 | 6月27日 | 01:12 | 双子 |
| 2003年 | 6月29日 | 12:52 | 蟹 |
| 2003年 | 7月 1日 | 22:13 | 獅子 |
| 2003年 | 7月 4日 | 05:16 | 乙女 |
| 2003年 | 7月 6日 | 10:20 | 天秤 |
| 2003年 | 7月 8日 | 13:44 | 蠍 |
| 2003年 | 7月10日 | 15:49 | 射手 |
| 2003年 | 7月12日 | 17:21 | 山羊 |
| 2003年 | 7月14日 | 19:38 | 水瓶 |
| 2003年 | 7月17日 | 00:14 | 魚 |
| 2003年 | 7月19日 | 08:20 | 牡羊 |
| 2003年 | 7月21日 | 19:47 | 牡牛 |
| 2003年 | 7月24日 | 08:42 | 双子 |
| 2003年 | 7月26日 | 20:23 | 蟹 |
| 2003年 | 7月29日 | 05:17 | 獅子 |
| 2003年 | 7月31日 | 11:27 | 乙女 |
| 2003年 | 8月 2日 | 15:48 | 天秤 |
| 2003年 | 8月 4日 | 19:12 | 蠍 |
| 2003年 | 8月 6日 | 22:11 | 射手 |
| 2003年 | 8月 9日 | 01:03 | 山羊 |
| 2003年 | 8月11日 | 04:24 | 水瓶 |
| 2003年 | 8月13日 | 09:19 | 魚 |
| 2003年 | 8月15日 | 17:00 | 牡羊 |
| 2003年 | 8月18日 | 03:52 | 牡牛 |
| 2003年 | 8月20日 | 16:40 | 双子 |
| 2003年 | 8月23日 | 04:44 | 蟹 |
| 2003年 | 8月25日 | 13:48 | 獅子 |
| 2003年 | 8月27日 | 19:27 | 乙女 |
| 2003年 | 8月29日 | 22:42 | 天秤 |
| 2003年 | 9月 1日 | 01:00 | 蠍 |
| 2003年 | 9月 3日 | 03:32 | 射手 |
| 2003年 | 9月 5日 | 06:51 | 山羊 |
| 2003年 | 9月 7日 | 11:15 | 水瓶 |
| 2003年 | 9月 9日 | 17:07 | 魚 |
| 2003年 | 9月12日 | 01:09 | 牡羊 |
| 2003年 | 9月14日 | 11:50 | 牡牛 |
| 2003年 | 9月17日 | 00:31 | 双子 |
| 2003年 | 9月19日 | 13:07 | 蟹 |
| 2003年 | 9月21日 | 23:02 | 獅子 |
| 2003年 | 9月24日 | 05:05 | 乙女 |
| 2003年 | 9月26日 | 07:49 | 天秤 |
| 2003年 | 9月28日 | 08:52 | 蠍 |
| 2003年 | 9月30日 | 09:57 | 射手 |
| 2003年 | 10月 2日 | 12:21 | 山羊 |
| 2003年 | 10月 4日 | 16:45 | 水瓶 |
| 2003年 | 10月 6日 | 23:20 | 魚 |
| 2003年 | 10月 9日 | 08:08 | 牡羊 |
| 2003年 | 10月11日 | 19:05 | 牡牛 |
| 2003年 | 10月14日 | 07:45 | 双子 |
| 2003年 | 10月16日 | 20:40 | 蟹 |

| | | | |
|---|---|---|---|
| 2003年 | 10月19日 | 07:41 | 獅子 |
| 2003年 | 10月21日 | 15:01 | 乙女 |
| 2003年 | 10月23日 | 18:27 | 天秤 |
| 2003年 | 10月25日 | 19:09 | 蠍 |
| 2003年 | 10月27日 | 18:56 | 射手 |
| 2003年 | 10月29日 | 19:37 | 山羊 |
| 2003年 | 10月31日 | 22:41 | 水瓶 |
| 2003年 | 11月 3日 | 04:52 | 魚 |
| 2003年 | 11月 5日 | 14:02 | 牡羊 |
| 2003年 | 11月 8日 | 01:29 | 牡牛 |
| 2003年 | 11月10日 | 14:14 | 双子 |
| 2003年 | 11月13日 | 03:10 | 蟹 |
| 2003年 | 11月15日 | 14:48 | 獅子 |
| 2003年 | 11月17日 | 23:36 | 乙女 |
| 2003年 | 11月20日 | 04:42 | 天秤 |
| 2003年 | 11月22日 | 06:24 | 蠍 |
| 2003年 | 11月24日 | 06:03 | 射手 |
| 2003年 | 11月26日 | 05:32 | 山羊 |
| 2003年 | 11月28日 | 06:48 | 水瓶 |
| 2003年 | 11月30日 | 11:25 | 魚 |
| 2003年 | 12月 2日 | 19:55 | 牡羊 |
| 2003年 | 12月 5日 | 07:30 | 牡牛 |
| 2003年 | 12月 7日 | 20:26 | 双子 |
| 2003年 | 12月10日 | 09:11 | 蟹 |
| 2003年 | 12月12日 | 20:40 | 獅子 |
| 2003年 | 12月15日 | 06:07 | 乙女 |
| 2003年 | 12月17日 | 12:46 | 天秤 |
| 2003年 | 12月19日 | 16:20 | 蠍 |
| 2003年 | 12月21日 | 17:16 | 射手 |
| 2003年 | 12月23日 | 16:56 | 山羊 |
| 2003年 | 12月25日 | 17:14 | 水瓶 |
| 2003年 | 12月27日 | 20:10 | 魚 |
| 2003年 | 12月30日 | 03:08 | 牡羊 |
| 2004年 | 1月 1日 | 14:01 | 牡牛 |
| 2004年 | 1月 4日 | 02:58 | 双子 |
| 2004年 | 1月 6日 | 15:38 | 蟹 |
| 2004年 | 1月 9日 | 02:38 | 獅子 |
| 2004年 | 1月11日 | 11:37 | 乙女 |
| 2004年 | 1月13日 | 18:38 | 天秤 |
| 2004年 | 1月15日 | 23:32 | 蠍 |
| 2004年 | 1月18日 | 02:18 | 射手 |
| 2004年 | 1月20日 | 03:25 | 山羊 |
| 2004年 | 1月22日 | 04:11 | 水瓶 |
| 2004年 | 1月24日 | 06:29 | 魚 |
| 2004年 | 1月26日 | 12:06 | 牡羊 |
| 2004年 | 1月28日 | 21:45 | 牡牛 |
| 2004年 | 1月31日 | 10:18 | 双子 |
| 2004年 | 2月 2日 | 23:03 | 蟹 |
| 2004年 | 2月 5日 | 09:50 | 獅子 |
| 2004年 | 2月 7日 | 18:03 | 乙女 |
| 2004年 | 2月10日 | 00:13 | 天秤 |
| 2004年 | 2月12日 | 04:58 | 蠍 |
| 2004年 | 2月14日 | 08:35 | 射手 |
| 2004年 | 2月16日 | 11:14 | 山羊 |
| 2004年 | 2月18日 | 13:27 | 水瓶 |
| 2004年 | 2月20日 | 16:27 | 魚 |
| 2004年 | 2月22日 | 21:45 | 牡羊 |
| 2004年 | 2月25日 | 06:30 | 牡牛 |
| 2004年 | 2月27日 | 18:22 | 双子 |
| 2004年 | 3月 1日 | 07:12 | 蟹 |
| 2004年 | 3月 3日 | 18:18 | 獅子 |
| 2004年 | 3月 6日 | 02:18 | 乙女 |
| 2004年 | 3月 8日 | 07:31 | 天秤 |
| 2004年 | 3月10日 | 11:03 | 蠍 |
| 2004年 | 3月12日 | 13:57 | 射手 |
| 2004年 | 3月14日 | 16:52 | 山羊 |
| 2004年 | 3月16日 | 20:11 | 水瓶 |
| 2004年 | 3月19日 | 00:26 | 魚 |
| 2004年 | 3月21日 | 06:29 | 牡羊 |
| 2004年 | 3月23日 | 15:09 | 牡牛 |
| 2004年 | 3月26日 | 02:34 | 双子 |
| 2004年 | 3月28日 | 15:23 | 蟹 |
| 2004年 | 3月31日 | 03:07 | 獅子 |
| 2004年 | 4月 2日 | 11:45 | 乙女 |
| 2004年 | 4月 4日 | 16:52 | 天秤 |
| 2004年 | 4月 6日 | 19:25 | 蠍 |
| 2004年 | 4月 8日 | 20:51 | 射手 |
| 2004年 | 4月10日 | 22:33 | 山羊 |
| 2004年 | 4月13日 | 01:33 | 水瓶 |
| 2004年 | 4月15日 | 06:24 | 魚 |
| 2004年 | 4月17日 | 13:24 | 牡羊 |
| 2004年 | 4月19日 | 22:42 | 牡牛 |
| 2004年 | 4月22日 | 10:10 | 双子 |
| 2004年 | 4月24日 | 22:55 | 蟹 |
| 2004年 | 4月27日 | 11:14 | 獅子 |
| 2004年 | 4月29日 | 21:00 | 乙女 |
| 2004年 | 5月 2日 | 03:03 | 天秤 |
| 2004年 | 5月 4日 | 05:39 | 蠍 |
| 2004年 | 5月 6日 | 06:08 | 射手 |
| 2004年 | 5月 8日 | 06:17 | 山羊 |
| 2004年 | 5月10日 | 07:46 | 水瓶 |
| 2004年 | 5月12日 | 11:52 | 魚 |
| 2004年 | 5月14日 | 19:02 | 牡羊 |
| 2004年 | 5月17日 | 04:57 | 牡牛 |
| 2004年 | 5月19日 | 16:47 | 双子 |
| 2004年 | 5月22日 | 05:35 | 蟹 |
| 2004年 | 5月24日 | 18:07 | 獅子 |
| 2004年 | 5月27日 | 04:52 | 乙女 |
| 2004年 | 5月29日 | 12:22 | 天秤 |
| 2004年 | 5月31日 | 16:08 | 蠍 |
| 2004年 | 6月 2日 | 16:53 | 射手 |
| 2004年 | 6月 4日 | 16:13 | 山羊 |
| 2004年 | 6月 6日 | 16:10 | 水瓶 |
| 2004年 | 6月 8日 | 18:38 | 魚 |
| 2004年 | 6月11日 | 00:49 | 牡羊 |
| 2004年 | 6月13日 | 10:37 | 牡牛 |
| 2004年 | 6月15日 | 22:44 | 双子 |
| 2004年 | 6月18日 | 11:37 | 蟹 |
| 2004年 | 6月21日 | 00:05 | 獅子 |
| 2004年 | 6月23日 | 11:10 | 乙女 |
| 2004年 | 6月25日 | 19:50 | 天秤 |
| 2004年 | 6月28日 | 01:13 | 蠍 |
| 2004年 | 6月30日 | 03:16 | 射手 |
| 2004年 | 7月 2日 | 03:02 | 山羊 |
| 2004年 | 7月 4日 | 02:23 | 水瓶 |
| 2004年 | 7月 6日 | 03:27 | 魚 |
| 2004年 | 7月 8日 | 08:03 | 牡羊 |
| 2004年 | 7月10日 | 16:50 | 牡牛 |
| 2004年 | 7月13日 | 04:44 | 双子 |
| 2004年 | 7月15日 | 17:40 | 蟹 |
| 2004年 | 7月18日 | 05:56 | 獅子 |
| 2004年 | 7月20日 | 16:44 | 乙女 |
| 2004年 | 7月23日 | 01:38 | 天秤 |
| 2004年 | 7月25日 | 08:08 | 蠍 |
| 2004年 | 7月27日 | 11:48 | 射手 |
| 2004年 | 7月29日 | 12:58 | 山羊 |
| 2004年 | 7月31日 | 12:54 | 水瓶 |
| 2004年 | 8月 2日 | 13:35 | 魚 |
| 2004年 | 8月 4日 | 16:59 | 牡羊 |
| 2004年 | 8月 7日 | 00:25 | 牡牛 |
| 2004年 | 8月 9日 | 11:33 | 双子 |
| 2004年 | 8月12日 | 00:20 | 蟹 |
| 2004年 | 8月14日 | 12:30 | 獅子 |
| 2004年 | 8月16日 | 22:49 | 乙女 |
| 2004年 | 8月19日 | 07:09 | 天秤 |
| 2004年 | 8月21日 | 13:37 | 蠍 |
| 2004年 | 8月23日 | 18:08 | 射手 |
| 2004年 | 8月25日 | 20:47 | 山羊 |
| 2004年 | 8月27日 | 22:09 | 水瓶 |
| 2004年 | 8月29日 | 23:34 | 魚 |
| 2004年 | 9月 1日 | 02:46 | 牡羊 |
| 2004年 | 9月 3日 | 09:16 | 牡牛 |
| 2004年 | 9月 5日 | 19:24 | 双子 |
| 2004年 | 9月 8日 | 07:50 | 蟹 |
| 2004年 | 9月10日 | 20:05 | 獅子 |
| 2004年 | 9月13日 | 06:16 | 乙女 |
| 2004年 | 9月15日 | 13:54 | 天秤 |
| 2004年 | 9月17日 | 19:25 | 蠍 |
| 2004年 | 9月19日 | 23:30 | 射手 |
| 2004年 | 9月22日 | 02:36 | 山羊 |
| 2004年 | 9月24日 | 05:10 | 水瓶 |
| 2004年 | 9月26日 | 07:55 | 魚 |
| 2004年 | 9月28日 | 11:57 | 牡羊 |
| 2004年 | 9月30日 | 18:24 | 牡牛 |
| 2004年 | 10月 3日 | 03:54 | 双子 |
| 2004年 | 10月 5日 | 15:54 | 蟹 |
| 2004年 | 10月 8日 | 04:22 | 獅子 |
| 2004年 | 10月10日 | 15:00 | 乙女 |
| 2004年 | 10月12日 | 22:32 | 天秤 |

| | | | |
|---|---|---|---|
| 2004年 | 10月15日 | 03:11 | 蠍 |
| 2004年 | 10月17日 | 05:58 | 射手 |
| 2004年 | 10月19日 | 08.07 | 山羊 |
| 2004年 | 10月21日 | 10:38 | 水瓶 |
| 2004年 | 10月23日 | 14:13 | 魚 |
| 2004年 | 10月25日 | 19:24 | 牡羊 |
| 2004年 | 10月28日 | 02:37 | 牡牛 |
| 2004年 | 10月30日 | 12:11 | 双子 |
| 2004年 | 11月 1日 | 23:53 | 蟹 |
| 2004年 | 11月 4日 | 12:32 | 獅子 |
| 2004年 | 11月 6日 | 23:59 | 乙女 |
| 2004年 | 11月 9日 | 08:23 | 天秤 |
| 2004年 | 11月11日 | 13:05 | 蠍 |
| 2004年 | 11月13日 | 14:57 | 射手 |
| 2004年 | 11月15日 | 15:33 | 山羊 |
| 2004年 | 11月17日 | 16:39 | 水瓶 |
| 2004年 | 11月19日 | 19:38 | 魚 |
| 2004年 | 11月22日 | 01:11 | 牡羊 |
| 2004年 | 11月24日 | 09:16 | 牡牛 |
| 2004年 | 11月26日 | 19:25 | 双子 |
| 2004年 | 11月29日 | 07:10 | 蟹 |
| 2004年 | 12月 1日 | 19:49 | 獅子 |
| 2004年 | 12月 4日 | 08:00 | 乙女 |
| 2004年 | 12月 6日 | 17:46 | 天秤 |
| 2004年 | 12月 8日 | 23:43 | 蠍 |
| 2004年 | 12月11日 | 01:55 | 射手 |
| 2004年 | 12月13日 | 01:43 | 山羊 |
| 2004年 | 12月15日 | 01:11 | 水瓶 |
| 2004年 | 12月17日 | 02:24 | 魚 |
| 2004年 | 12月19日 | 06:52 | 牡羊 |
| 2004年 | 12月21日 | 14:52 | 牡牛 |
| 2004年 | 12月24日 | 01:32 | 双子 |
| 2004年 | 12月26日 | 13:38 | 蟹 |
| 2004年 | 12月29日 | 02:14 | 獅子 |
| 2004年 | 12月31日 | 14:33 | 乙女 |
| 2005年 | 1月 3日 | 01:19 | 天秤 |
| 2005年 | 1月 5日 | 09:00 | 蠍 |
| 2005年 | 1月 7日 | 12:44 | 射手 |
| 2005年 | 1月 9日 | 13:11 | 山羊 |
| 2005年 | 1月11日 | 12:07 | 水瓶 |
| 2005年 | 1月13日 | 11:50 | 魚 |
| 2005年 | 1月15日 | 14:27 | 牡羊 |
| 2005年 | 1月17日 | 21:06 | 牡牛 |
| 2005年 | 1月20日 | 07:24 | 双子 |
| 2005年 | 1月22日 | 19:42 | 蟹 |
| 2005年 | 1月25日 | 08:21 | 獅子 |
| 2005年 | 1月27日 | 20:24 | 乙女 |
| 2005年 | 1月30日 | 07:13 | 天秤 |
| 2005年 | 2月 1日 | 15:51 | 蠍 |
| 2005年 | 2月 3日 | 21:21 | 射手 |
| 2005年 | 2月 5日 | 23:33 | 山羊 |
| 2005年 | 2月 7日 | 23:27 | 水瓶 |
| 2005年 | 2月 9日 | 23:00 | 魚 |
| 2005年 | 2月12日 | 00:22 | 牡羊 |
| 2005年 | 2月14日 | 05:17 | 牡牛 |
| 2005年 | 2月16日 | 14:18 | 双子 |
| 2005年 | 2月19日 | 02:12 | 蟹 |
| 2005年 | 2月21日 | 14:54 | 獅子 |
| 2005年 | 2月24日 | 02:44 | 乙女 |
| 2005年 | 2月26日 | 12:59 | 天秤 |
| 2005年 | 2月28日 | 21.20 | 蠍 |
| 2005年 | 3月 3日 | 03:29 | 射手 |
| 2005年 | 3月 5日 | 07:12 | 山羊 |
| 2005年 | 3月 7日 | 08:49 | 水瓶 |
| 2005年 | 3月 9日 | 09:32 | 魚 |
| 2005年 | 3月11日 | 11:03 | 牡羊 |
| 2005年 | 3月13日 | 15:05 | 牡牛 |
| 2005年 | 3月15日 | 22:44 | 双子 |
| 2005年 | 3月18日 | 09:44 | 蟹 |
| 2005年 | 3月20日 | 22:17 | 獅子 |
| 2005年 | 3月23日 | 10:10 | 乙女 |
| 2005年 | 3月25日 | 20:00 | 天秤 |
| 2005年 | 3月28日 | 03:29 | 蠍 |
| 2005年 | 3月30日 | 08:56 | 射手 |
| 2005年 | 4月 1日 | 12:48 | 山羊 |
| 2005年 | 4月 3日 | 15:31 | 水瓶 |
| 2005年 | 4月 5日 | 17:46 | 魚 |
| 2005年 | 4月 7日 | 20:28 | 牡羊 |
| 2005年 | 4月10日 | 00:50 | 牡牛 |
| 2005年 | 4月12日 | 07:55 | 双子 |
| 2005年 | 4月14日 | 18:03 | 蟹 |
| 2005年 | 4月17日 | 06:17 | 獅子 |
| 2005年 | 4月19日 | 18:27 | 乙女 |
| 2005年 | 4月22日 | 04:27 | 天秤 |
| 2005年 | 4月24日 | 11:25 | 蠍 |
| 2005年 | 4月26日 | 15:46 | 射手 |
| 2005年 | 4月28日 | 18:33 | 山羊 |
| 2005年 | 4月30日 | 20:54 | 水瓶 |
| 2005年 | 5月 2日 | 23:43 | 魚 |
| 2005年 | 5月 5日 | 03:36 | 牡羊 |
| 2005年 | 5月 7日 | 09:01 | 牡牛 |
| 2005年 | 5月 9日 | 16:29 | 双子 |
| 2005年 | 5月12日 | 02:20 | 蟹 |
| 2005年 | 5月14日 | 14:17 | 獅子 |
| 2005年 | 5月17日 | 02:46 | 乙女 |
| 2005年 | 5月19日 | 13:30 | 天秤 |
| 2005年 | 5月21日 | 20:49 | 蠍 |
| 2005年 | 5月24日 | 00:38 | 射手 |
| 2005年 | 5月26日 | 02:11 | 山羊 |
| 2005年 | 5月28日 | 03:10 | 水瓶 |
| 2005年 | 5月30日 | 05:09 | 魚 |
| 2005年 | 6月 1日 | 09:08 | 牡羊 |
| 2005年 | 6月 3日 | 15:20 | 牡牛 |
| 2005年 | 6月 5日 | 23:36 | 双子 |
| 2005年 | 6月 8日 | 09:46 | 蟹 |
| 2005年 | 6月10日 | 21:39 | 獅子 |
| 2005年 | 6月13日 | 10:22 | 乙女 |
| 2005年 | 6月15日 | 21:58 | 天秤 |
| 2005年 | 6月18日 | 06:23 | 蠍 |
| 2005年 | 6月20日 | 10:45 | 射手 |
| 2005年 | 6月22日 | 11:52 | 山羊 |
| 2005年 | 6月24日 | 11:36 | 水瓶 |
| 2005年 | 6月26日 | 12:03 | 魚 |
| 2005年 | 6月28日 | 14:51 | 牡羊 |
| 2005年 | 6月30日 | 20:44 | 牡牛 |
| 2005年 | 7月 3日 | 05:25 | 双子 |
| 2005年 | 7月 5日 | 16:07 | 蟹 |
| 2005年 | 7月 8日 | 04:11 | 獅子 |
| 2005年 | 7月10日 | 16:57 | 乙女 |
| 2005年 | 7月13日 | 05:09 | 天秤 |
| 2005年 | 7月15日 | 14:50 | 蠍 |
| 2005年 | 7月17日 | 20:35 | 射手 |
| 2005年 | 7月19日 | 22:27 | 山羊 |
| 2005年 | 7月21日 | 21:56 | 水瓶 |
| 2005年 | 7月23日 | 21:12 | 魚 |
| 2005年 | 7月25日 | 22:23 | 牡羊 |
| 2005年 | 7月28日 | 02:54 | 牡牛 |
| 2005年 | 7月30日 | 11:02 | 双子 |
| 2005年 | 8月 1日 | 21:52 | 蟹 |
| 2005年 | 8月 4日 | 10:10 | 獅子 |
| 2005年 | 8月 6日 | 22:54 | 乙女 |
| 2005年 | 8月 9日 | 11:08 | 天秤 |
| 2005年 | 8月11日 | 21:34 | 蠍 |
| 2005年 | 8月14日 | 04:47 | 射手 |
| 2005年 | 8月16日 | 08:13 | 山羊 |
| 2005年 | 8月18日 | 08:39 | 水瓶 |
| 2005年 | 8月20日 | 07:52 | 魚 |
| 2005年 | 8月22日 | 08:01 | 牡羊 |
| 2005年 | 8月24日 | 10:58 | 牡牛 |
| 2005年 | 8月26日 | 17:42 | 双子 |
| 2005年 | 8月29日 | 03:57 | 蟹 |
| 2005年 | 8月31日 | 16:14 | 獅子 |
| 2005年 | 9月 3日 | 04:56 | 乙女 |
| 2005年 | 9月 5日 | 16:52 | 天秤 |
| 2005年 | 9月 8日 | 03:10 | 蠍 |
| 2005年 | 9月10日 | 11:03 | 射手 |
| 2005年 | 9月12日 | 15:57 | 山羊 |
| 2005年 | 9月14日 | 18:03 | 水瓶 |
| 2005年 | 9月16日 | 18:25 | 魚 |
| 2005年 | 9月18日 | 18:44 | 牡羊 |
| 2005年 | 9月20日 | 20:48 | 牡牛 |
| 2005年 | 9月23日 | 02:06 | 双子 |
| 2005年 | 9月25日 | 11:10 | 蟹 |
| 2005年 | 9月27日 | 23:02 | 獅子 |
| 2005年 | 9月30日 | 11:44 | 乙女 |
| 2005年 | 10月 2日 | 23:24 | 天秤 |
| 2005年 | 10月 5日 | 09:03 | 蠍 |
| 2005年 | 10月 7日 | 16:28 | 射手 |
| 2005年 | 10月 9日 | 21:44 | 山羊 |

| | | | |
|---|---|---|---|
| 2005年 | 10月12日 | 01:05 | 水瓶 |
| 2005年 | 10月14日 | 03:06 | 魚 |
| 2005年 | 10月16日 | 04:40 | 牡羊 |
| 2005年 | 10月18日 | 07:04 | 牡牛 |
| 2005年 | 10月20日 | 11:44 | 双子 |
| 2005年 | 10月22日 | 19:41 | 蟹 |
| 2005年 | 10月25日 | 06:48 | 獅子 |
| 2005年 | 10月27日 | 19:28 | 乙女 |
| 2005年 | 10月30日 | 07:15 | 天秤 |
| 2005年 | 11月1日 | 16:29 | 蠍 |
| 2005年 | 11月3日 | 22:55 | 射手 |
| 2005年 | 11月6日 | 03:17 | 山羊 |
| 2005年 | 11月8日 | 06:31 | 水瓶 |
| 2005年 | 11月10日 | 09:22 | 魚 |
| 2005年 | 11月12日 | 12:22 | 牡羊 |
| 2005年 | 11月14日 | 16:03 | 牡牛 |
| 2005年 | 11月16日 | 21:10 | 双子 |
| 2005年 | 11月19日 | 04:42 | 蟹 |
| 2005年 | 11月21日 | 15:09 | 獅子 |
| 2005年 | 11月24日 | 03:41 | 乙女 |
| 2005年 | 11月26日 | 15:57 | 天秤 |
| 2005年 | 11月29日 | 01:33 | 蠍 |
| 2005年 | 12月1日 | 07:32 | 射手 |
| 2005年 | 12月3日 | 10:42 | 山羊 |
| 2005年 | 12月5日 | 12:36 | 水瓶 |
| 2005年 | 12月7日 | 14:44 | 魚 |
| 2005年 | 12月9日 | 18:02 | 牡羊 |
| 2005年 | 12月11日 | 22:46 | 牡牛 |
| 2005年 | 12月14日 | 04:59 | 双子 |
| 2005年 | 12月16日 | 13:01 | 蟹 |
| 2005年 | 12月18日 | 23:18 | 獅子 |
| 2005年 | 12月21日 | 11:39 | 乙女 |
| 2005年 | 12月24日 | 00:26 | 天秤 |
| 2005年 | 12月26日 | 11:04 | 蠍 |
| 2005年 | 12月28日 | 17:44 | 射手 |
| 2005年 | 12月30日 | 20:36 | 山羊 |
| 2006年 | 1月1日 | 21:15 | 水瓶 |
| 2006年 | 1月3日 | 21:44 | 魚 |
| 2006年 | 1月5日 | 23:44 | 牡羊 |
| 2006年 | 1月8日 | 04:09 | 牡牛 |
| 2006年 | 1月10日 | 10:58 | 双子 |
| 2006年 | 1月12日 | 19:50 | 蟹 |
| 2006年 | 1月15日 | 06:31 | 獅子 |
| 2006年 | 1月17日 | 18:49 | 乙女 |
| 2006年 | 1月20日 | 07:49 | 天秤 |
| 2006年 | 1月22日 | 19:28 | 蠍 |
| 2006年 | 1月25日 | 03:37 | 射手 |
| 2006年 | 1月27日 | 07:31 | 山羊 |
| 2006年 | 1月29日 | 08:10 | 水瓶 |
| 2006年 | 1月31日 | 07:32 | 魚 |
| 2006年 | 2月2日 | 07:46 | 牡羊 |
| 2006年 | 2月4日 | 10:31 | 牡牛 |
| 2006年 | 2月6日 | 16:32 | 双子 |
| 2006年 | 2月9日 | 01:33 | 蟹 |
| 2006年 | 2月11日 | 12:44 | 獅子 |
| 2006年 | 2月14日 | 01:13 | 乙女 |
| 2006年 | 2月16日 | 14:09 | 天秤 |
| 2006年 | 2月19日 | 02:11 | 蠍 |
| 2006年 | 2月21日 | 11:38 | 射手 |
| 2006年 | 2月23日 | 17:16 | 山羊 |
| 2006年 | 2月25日 | 19:15 | 水瓶 |
| 2006年 | 2月27日 | 18:57 | 魚 |
| 2006年 | 3月1日 | 18:19 | 牡羊 |
| 2006年 | 3月3日 | 19:22 | 牡牛 |
| 2006年 | 3月5日 | 23:37 | 双子 |
| 2006年 | 3月8日 | 07:38 | 蟹 |
| 2006年 | 3月10日 | 18:42 | 獅子 |
| 2006年 | 3月13日 | 07:23 | 乙女 |
| 2006年 | 3月15日 | 20:12 | 天秤 |
| 2006年 | 3月18日 | 07:59 | 蠍 |
| 2006年 | 3月20日 | 17:43 | 射手 |
| 2006年 | 3月23日 | 00:36 | 山羊 |
| 2006年 | 3月25日 | 04:21 | 水瓶 |
| 2006年 | 3月27日 | 05:33 | 魚 |
| 2006年 | 3月29日 | 05:31 | 牡羊 |
| 2006年 | 3月31日 | 06:01 | 牡牛 |
| 2006年 | 4月2日 | 08:49 | 双子 |
| 2006年 | 4月4日 | 15:14 | 蟹 |
| 2006年 | 4月7日 | 01:24 | 獅子 |
| 2006年 | 4月9日 | 13:58 | 乙女 |
| 2006年 | 4月12日 | 02:46 | 天秤 |
| 2006年 | 4月14日 | 14:08 | 蠍 |
| 2006年 | 4月16日 | 23:19 | 射手 |
| 2006年 | 4月19日 | 06:13 | 山羊 |
| 2006年 | 4月21日 | 10:56 | 水瓶 |
| 2006年 | 4月23日 | 13:43 | 魚 |
| 2006年 | 4月25日 | 15:12 | 牡羊 |
| 2006年 | 4月27日 | 16:27 | 牡牛 |
| 2006年 | 4月29日 | 18:58 | 双子 |
| 2006年 | 5月2日 | 00:17 | 蟹 |
| 2006年 | 5月4日 | 09:18 | 獅子 |
| 2006年 | 5月6日 | 21:19 | 乙女 |
| 2006年 | 5月9日 | 10:10 | 天秤 |
| 2006年 | 5月11日 | 21:24 | 蠍 |
| 2006年 | 5月14日 | 05:56 | 射手 |
| 2006年 | 5月16日 | 11:59 | 山羊 |
| 2006年 | 5月18日 | 16:19 | 水瓶 |
| 2006年 | 5月20日 | 19:39 | 魚 |
| 2006年 | 5月22日 | 22:24 | 牡羊 |
| 2006年 | 5月25日 | 01:01 | 牡牛 |
| 2006年 | 5月27日 | 04:19 | 双子 |
| 2006年 | 5月29日 | 09:34 | 蟹 |
| 2006年 | 5月31日 | 17:51 | 獅子 |
| 2006年 | 6月3日 | 05:17 | 乙女 |
| 2006年 | 6月5日 | 18:08 | 天秤 |
| 2006年 | 6月8日 | 05:41 | 蠍 |
| 2006年 | 6月10日 | 14:05 | 射手 |
| 2006年 | 6月12日 | 19:19 | 山羊 |
| 2006年 | 6月14日 | 22:33 | 水瓶 |
| 2006年 | 6月17日 | 01:06 | 魚 |
| 2006年 | 6月19日 | 03:54 | 牡羊 |
| 2006年 | 6月21日 | 07:23 | 牡牛 |
| 2006年 | 6月23日 | 11:49 | 双子 |
| 2006年 | 6月25日 | 17:48 | 蟹 |
| 2006年 | 6月28日 | 02:09 | 獅子 |
| 2006年 | 6月30日 | 13:15 | 乙女 |
| 2006年 | 7月3日 | 02:05 | 天秤 |
| 2006年 | 7月5日 | 14:13 | 蠍 |
| 2006年 | 7月7日 | 23:13 | 射手 |
| 2006年 | 7月10日 | 04:25 | 山羊 |
| 2006年 | 7月12日 | 06:46 | 水瓶 |
| 2006年 | 7月14日 | 08:00 | 魚 |
| 2006年 | 7月16日 | 09:39 | 牡羊 |
| 2006年 | 7月18日 | 12:44 | 牡牛 |
| 2006年 | 7月20日 | 17:38 | 双子 |
| 2006年 | 7月23日 | 00:28 | 蟹 |
| 2006年 | 7月25日 | 09:24 | 獅子 |
| 2006年 | 7月27日 | 20:36 | 乙女 |
| 2006年 | 7月30日 | 09:27 | 天秤 |
| 2006年 | 8月1日 | 22:07 | 蠍 |
| 2006年 | 8月4日 | 08:13 | 射手 |
| 2006年 | 8月6日 | 14:20 | 山羊 |
| 2006年 | 8月8日 | 16:48 | 水瓶 |
| 2006年 | 8月10日 | 17:11 | 魚 |
| 2006年 | 8月12日 | 17:22 | 牡羊 |
| 2006年 | 8月14日 | 19:00 | 牡牛 |
| 2006年 | 8月16日 | 23:07 | 双子 |
| 2006年 | 8月19日 | 06:03 | 蟹 |
| 2006年 | 8月21日 | 15:33 | 獅子 |
| 2006年 | 8月24日 | 03:08 | 乙女 |
| 2006年 | 8月26日 | 16:01 | 天秤 |
| 2006年 | 8月29日 | 04:56 | 蠍 |
| 2006年 | 8月31日 | 16:00 | 射手 |
| 2006年 | 9月2日 | 23:34 | 山羊 |
| 2006年 | 9月5日 | 03:15 | 水瓶 |
| 2006年 | 9月7日 | 03:57 | 魚 |
| 2006年 | 9月9日 | 03:24 | 牡羊 |
| 2006年 | 9月11日 | 03:30 | 牡牛 |
| 2006年 | 9月13日 | 05:59 | 双子 |
| 2006年 | 9月15日 | 11:53 | 蟹 |
| 2006年 | 9月17日 | 21:15 | 獅子 |
| 2006年 | 9月20日 | 09:07 | 乙女 |
| 2006年 | 9月22日 | 22:06 | 天秤 |
| 2006年 | 9月25日 | 10:54 | 蠍 |
| 2006年 | 9月27日 | 22:16 | 射手 |
| 2006年 | 9月30日 | 07:01 | 山羊 |
| 2006年 | 10月2日 | 12:24 | 水瓶 |
| 2006年 | 10月4日 | 14:33 | 魚 |
| 2006年 | 10月6日 | 14:33 | 牡羊 |

| | | | |
|---|---|---|---|
| 2006年 | 10月 8日 | 14:05 | 牡牛 |
| 2006年 | 10月 10日 | 15:06 | 双子 |
| 2006年 | 10月 12日 | 19:21 | 蟹 |
| 2006年 | 10月 15日 | 03:38 | 獅子 |
| 2006年 | 10月 17日 | 15:15 | 乙女 |
| 2006年 | 10月 20日 | 04:19 | 天秤 |
| 2006年 | 10月 22日 | 16:54 | 蠍 |
| 2006年 | 10月 25日 | 03:53 | 射手 |
| 2006年 | 10月 27日 | 12:47 | 山羊 |
| 2006年 | 10月 29日 | 19:17 | 水瓶 |
| 2006年 | 10月 31日 | 23:11 | 魚 |
| 2006年 | 11月 3日 | 00:47 | 牡羊 |
| 2006年 | 11月 5日 | 01:06 | 牡牛 |
| 2006年 | 11月 7日 | 01:47 | 双子 |
| 2006年 | 11月 9日 | 04:46 | 蟹 |
| 2006年 | 11月 11日 | 11:34 | 獅子 |
| 2006年 | 11月 13日 | 22:18 | 乙女 |
| 2006年 | 11月 16日 | 11:14 | 天秤 |
| 2006年 | 11月 18日 | 23:46 | 蠍 |
| 2006年 | 11月 21日 | 10:15 | 射手 |
| 2006年 | 11月 23日 | 18:25 | 山羊 |
| 2006年 | 11月 26日 | 00:41 | 水瓶 |
| 2006年 | 11月 28日 | 05:21 | 魚 |
| 2006年 | 11月 30日 | 08:30 | 牡羊 |
| 2006年 | 12月 2日 | 10:26 | 牡牛 |
| 2006年 | 12月 4日 | 12:06 | 双子 |
| 2006年 | 12月 6日 | 15:01 | 蟹 |
| 2006年 | 12月 8日 | 20:52 | 獅子 |
| 2006年 | 12月 11日 | 06:31 | 乙女 |
| 2006年 | 12月 13日 | 19:00 | 天秤 |
| 2006年 | 12月 16日 | 07:42 | 蠍 |
| 2006年 | 12月 18日 | 18:10 | 射手 |
| 2006年 | 12月 21日 | 01:39 | 山羊 |
| 2006年 | 12月 23日 | 06:49 | 水瓶 |
| 2006年 | 12月 25日 | 10:43 | 魚 |
| 2006年 | 12月 27日 | 14:04 | 牡羊 |
| 2006年 | 12月 29日 | 17:09 | 牡牛 |
| 2006年 | 12月 31日 | 20:16 | 双子 |
| 2007年 | 1月 3日 | 00:14 | 蟹 |
| 2007年 | 1月 5日 | 06:14 | 獅子 |
| 2007年 | 1月 7日 | 15:18 | 乙女 |
| 2007年 | 1月 10日 | 03:15 | 天秤 |
| 2007年 | 1月 12日 | 16:07 | 蠍 |
| 2007年 | 1月 15日 | 03:11 | 射手 |
| 2007年 | 1月 17日 | 10:49 | 山羊 |
| 2007年 | 1月 19日 | 15:16 | 水瓶 |
| 2007年 | 1月 21日 | 17:49 | 魚 |
| 2007年 | 1月 23日 | 19:52 | 牡羊 |
| 2007年 | 1月 25日 | 22:29 | 牡牛 |
| 2007年 | 1月 28日 | 02:10 | 双子 |
| 2007年 | 1月 30日 | 07:16 | 蟹 |
| 2007年 | 2月 1日 | 14:15 | 獅子 |
| 2007年 | 2月 3日 | 23:34 | 乙女 |
| 2007年 | 2月 6日 | 11:15 | 天秤 |
| 2007年 | 2月 9日 | 00:09 | 蠍 |
| 2007年 | 2月 11日 | 12:01 | 射手 |
| 2007年 | 2月 13日 | 20:42 | 山羊 |
| 2007年 | 2月 16日 | 01:35 | 水瓶 |
| 2007年 | 2月 18日 | 03:30 | 魚 |
| 2007年 | 2月 20日 | 04:06 | 牡羊 |
| 2007年 | 2月 22日 | 05:04 | 牡牛 |
| 2007年 | 2月 24日 | 07:42 | 双子 |
| 2007年 | 2月 26日 | 12:48 | 蟹 |
| 2007年 | 2月 28日 | 20:29 | 獅子 |
| 2007年 | 3月 3日 | 06:32 | 乙女 |
| 2007年 | 3月 5日 | 18:25 | 天秤 |
| 2007年 | 3月 8日 | 07:16 | 蠍 |
| 2007年 | 3月 10日 | 19:37 | 射手 |
| 2007年 | 3月 13日 | 05:34 | 山羊 |
| 2007年 | 3月 15日 | 11:52 | 水瓶 |
| 2007年 | 3月 17日 | 14:30 | 魚 |
| 2007年 | 3月 19日 | 14:42 | 牡羊 |
| 2007年 | 3月 21日 | 14:16 | 牡牛 |
| 2007年 | 3月 23日 | 15:07 | 双子 |
| 2007年 | 3月 25日 | 18:49 | 蟹 |
| 2007年 | 3月 28日 | 02:04 | 獅子 |
| 2007年 | 3月 30日 | 12:27 | 乙女 |
| 2007年 | 4月 2日 | 00:43 | 天秤 |
| 2007年 | 4月 4日 | 13:35 | 蠍 |
| 2007年 | 4月 7日 | 01:56 | 射手 |
| 2007年 | 4月 9日 | 12:36 | 山羊 |
| 2007年 | 4月 11日 | 20:23 | 水瓶 |
| 2007年 | 4月 14日 | 00:39 | 魚 |
| 2007年 | 4月 16日 | 01:47 | 牡羊 |
| 2007年 | 4月 18日 | 01:12 | 牡牛 |
| 2007年 | 4月 20日 | 00:52 | 双子 |
| 2007年 | 4月 22日 | 02:50 | 蟹 |
| 2007年 | 4月 24日 | 08:38 | 獅子 |
| 2007年 | 4月 26日 | 18:23 | 乙女 |
| 2007年 | 4月 29日 | 06:44 | 天秤 |
| 2007年 | 5月 1日 | 19:41 | 蠍 |
| 2007年 | 5月 4日 | 07:48 | 射手 |
| 2007年 | 5月 6日 | 18:21 | 山羊 |
| 2007年 | 5月 9日 | 02:48 | 水瓶 |
| 2007年 | 5月 11日 | 08:32 | 魚 |
| 2007年 | 5月 13日 | 11:19 | 牡羊 |
| 2007年 | 5月 15日 | 11:49 | 牡牛 |
| 2007年 | 5月 17日 | 11:34 | 双子 |
| 2007年 | 5月 19日 | 12:38 | 蟹 |
| 2007年 | 5月 21日 | 16:56 | 獅子 |
| 2007年 | 5月 24日 | 01:26 | 乙女 |
| 2007年 | 5月 26日 | 13:16 | 天秤 |
| 2007年 | 5月 29日 | 02:11 | 蠍 |
| 2007年 | 5月 31日 | 14:07 | 射手 |
| 2007年 | 6月 3日 | 00:09 | 山羊 |
| 2007年 | 6月 5日 | 08:15 | 水瓶 |
| 2007年 | 6月 7日 | 14:24 | 魚 |
| 2007年 | 6月 9日 | 18:26 | 牡羊 |
| 2007年 | 6月 11日 | 20:29 | 牡牛 |
| 2007年 | 6月 13日 | 21:24 | 双子 |
| 2007年 | 6月 15日 | 22:46 | 蟹 |
| 2007年 | 6月 18日 | 02:25 | 獅子 |
| 2007年 | 6月 20日 | 09:46 | 乙女 |
| 2007年 | 6月 22日 | 20:43 | 天秤 |
| 2007年 | 6月 25日 | 09:26 | 蠍 |
| 2007年 | 6月 27日 | 21:23 | 射手 |
| 2007年 | 6月 30日 | 07:05 | 山羊 |
| 2007年 | 7月 2日 | 14:24 | 水瓶 |
| 2007年 | 7月 4日 | 19:52 | 魚 |
| 2007年 | 7月 6日 | 23:57 | 牡羊 |
| 2007年 | 7月 9日 | 02:54 | 牡牛 |
| 2007年 | 7月 11日 | 05:10 | 双子 |
| 2007年 | 7月 13日 | 07:40 | 蟹 |
| 2007年 | 7月 15日 | 11:43 | 獅子 |
| 2007年 | 7月 17日 | 18:39 | 乙女 |
| 2007年 | 7月 20日 | 04:53 | 天秤 |
| 2007年 | 7月 22日 | 17:17 | 蠍 |
| 2007年 | 7月 25日 | 05:29 | 射手 |
| 2007年 | 7月 27日 | 15:21 | 山羊 |
| 2007年 | 7月 29日 | 22:14 | 水瓶 |
| 2007年 | 8月 1日 | 02:41 | 魚 |
| 2007年 | 8月 3日 | 05:43 | 牡羊 |
| 2007年 | 8月 5日 | 08:16 | 牡牛 |
| 2007年 | 8月 7日 | 11:01 | 双子 |
| 2007年 | 8月 9日 | 14:36 | 蟹 |
| 2007年 | 8月 11日 | 19:42 | 獅子 |
| 2007年 | 8月 14日 | 03:03 | 乙女 |
| 2007年 | 8月 16日 | 13:04 | 天秤 |
| 2007年 | 8月 19日 | 01:13 | 蠍 |
| 2007年 | 8月 21日 | 13:44 | 射手 |
| 2007年 | 8月 24日 | 00:19 | 山羊 |
| 2007年 | 8月 26日 | 07:35 | 水瓶 |
| 2007年 | 8月 28日 | 11:34 | 魚 |
| 2007年 | 8月 30日 | 13:25 | 牡羊 |
| 2007年 | 9月 1日 | 14:36 | 牡牛 |
| 2007年 | 9月 3日 | 16:30 | 双子 |
| 2007年 | 9月 5日 | 20:08 | 蟹 |
| 2007年 | 9月 8日 | 01:59 | 獅子 |
| 2007年 | 9月 10日 | 10:10 | 乙女 |
| 2007年 | 9月 12日 | 20:31 | 天秤 |
| 2007年 | 9月 15日 | 08:37 | 蠍 |
| 2007年 | 9月 17日 | 21:20 | 射手 |
| 2007年 | 9月 20日 | 08:52 | 山羊 |
| 2007年 | 9月 22日 | 17:18 | 水瓶 |
| 2007年 | 9月 24日 | 21:55 | 魚 |
| 2007年 | 9月 26日 | 23:23 | 牡羊 |
| 2007年 | 9月 28日 | 23:18 | 牡牛 |
| 2007年 | 9月 30日 | 23:34 | 双子 |
| 2007年 | 10月 3日 | 01:57 | 蟹 |

| | | | | |
|---|---|---|---|---|
| 2007年 | 10月 | 5日 | 07:27 | 獅子 |
| 2007年 | 10月 | 7日 | 16:03 | 乙女 |
| 2007年 | 10月 | 10日 | 02:57 | 天秤 |
| 2007年 | 10月 | 12日 | 15:13 | 蠍 |
| 2007年 | 10月 | 15日 | 03:58 | 射手 |
| 2007年 | 10月 | 17日 | 16:03 | 山羊 |
| 2007年 | 10月 | 20日 | 01:51 | 水瓶 |
| 2007年 | 10月 | 22日 | 08:02 | 魚 |
| 2007年 | 10月 | 24日 | 10:24 | 牡羊 |
| 2007年 | 10月 | 26日 | 10:07 | 牡牛 |
| 2007年 | 10月 | 28日 | 09:11 | 双子 |
| 2007年 | 10月 | 30日 | 09:49 | 蟹 |
| 2007年 | 11月 | 1日 | 13:48 | 獅子 |
| 2007年 | 11月 | 3日 | 21:44 | 乙女 |
| 2007年 | 11月 | 6日 | 08:47 | 天秤 |
| 2007年 | 11月 | 8日 | 21:18 | 蠍 |
| 2007年 | 11月 | 11日 | 09:59 | 射手 |
| 2007年 | 11月 | 13日 | 22:00 | 山羊 |
| 2007年 | 11月 | 16日 | 08:30 | 水瓶 |
| 2007年 | 11月 | 18日 | 16:14 | 魚 |
| 2007年 | 11月 | 20日 | 20:24 | 牡羊 |
| 2007年 | 11月 | 22日 | 21:19 | 牡牛 |
| 2007年 | 11月 | 24日 | 20:30 | 双子 |
| 2007年 | 11月 | 26日 | 20:08 | 蟹 |
| 2007年 | 11月 | 28日 | 22:23 | 獅子 |
| 2007年 | 12月 | 1日 | 04:44 | 乙女 |
| 2007年 | 12月 | 3日 | 15:01 | 天秤 |
| 2007年 | 12月 | 6日 | 03:30 | 蠍 |
| 2007年 | 12月 | 8日 | 16:11 | 射手 |
| 2007年 | 12月 | 11日 | 03:50 | 山羊 |
| 2007年 | 12月 | 13日 | 14:01 | 水瓶 |
| 2007年 | 12月 | 15日 | 22:15 | 魚 |
| 2007年 | 12月 | 18日 | 03:52 | 牡羊 |
| 2007年 | 12月 | 20日 | 06:38 | 牡牛 |
| 2007年 | 12月 | 22日 | 07:14 | 双子 |
| 2007年 | 12月 | 24日 | 07:18 | 蟹 |
| 2007年 | 12月 | 26日 | 08:52 | 獅子 |
| 2007年 | 12月 | 28日 | 13:44 | 乙女 |
| 2007年 | 12月 | 30日 | 22:37 | 天秤 |
| 2008年 | 1月 | 2日 | 10:32 | 蠍 |
| 2008年 | 1月 | 4日 | 23:13 | 射手 |
| 2008年 | 1月 | 7日 | 10:43 | 山羊 |
| 2008年 | 1月 | 9日 | 20:13 | 水瓶 |
| 2008年 | 1月 | 12日 | 03:44 | 魚 |
| 2008年 | 1月 | 14日 | 09:23 | 牡羊 |
| 2008年 | 1月 | 16日 | 13:13 | 牡牛 |
| 2008年 | 1月 | 18日 | 15:30 | 双子 |
| 2008年 | 1月 | 20日 | 17:05 | 蟹 |
| 2008年 | 1月 | 22日 | 19:21 | 獅子 |
| 2008年 | 1月 | 24日 | 23:48 | 乙女 |
| 2008年 | 1月 | 27日 | 07:35 | 天秤 |
| 2008年 | 1月 | 29日 | 18:34 | 蠍 |
| 2008年 | 2月 | 1日 | 07:08 | 射手 |
| 2008年 | 2月 | 3日 | 18:52 | 山羊 |
| 2008年 | 2月 | 6日 | 04:10 | 水瓶 |
| 2008年 | 2月 | 8日 | 10:46 | 魚 |
| 2008年 | 2月 | 10日 | 15:17 | 牡羊 |
| 2008年 | 2月 | 12日 | 18:34 | 牡牛 |
| 2008年 | 2月 | 14日 | 21:20 | 双子 |
| 2008年 | 2月 | 17日 | 00:12 | 蟹 |
| 2008年 | 2月 | 19日 | 03:52 | 獅子 |
| 2008年 | 2月 | 21日 | 09:06 | 乙女 |
| 2008年 | 2月 | 23日 | 16:44 | 天秤 |
| 2008年 | 2月 | 26日 | 03:05 | 蠍 |
| 2008年 | 2月 | 28日 | 15:22 | 射手 |
| 2008年 | 3月 | 2日 | 03:33 | 山羊 |
| 2008年 | 3月 | 4日 | 13:24 | 水瓶 |
| 2008年 | 3月 | 6日 | 19:53 | 魚 |
| 2008年 | 3月 | 8日 | 23:24 | 牡羊 |
| 2008年 | 3月 | 11日 | 01:14 | 牡牛 |
| 2008年 | 3月 | 13日 | 02:55 | 双子 |
| 2008年 | 3月 | 15日 | 05:38 | 蟹 |
| 2008年 | 3月 | 17日 | 10:04 | 獅子 |
| 2008年 | 3月 | 19日 | 16:25 | 乙女 |
| 2008年 | 3月 | 22日 | 00:45 | 天秤 |
| 2008年 | 3月 | 24日 | 11:06 | 蠍 |
| 2008年 | 3月 | 26日 | 23:10 | 射手 |
| 2008年 | 3月 | 29日 | 11:43 | 山羊 |
| 2008年 | 3月 | 31日 | 22:33 | 水瓶 |
| 2008年 | 4月 | 3日 | 05:55 | 魚 |
| 2008年 | 4月 | 5日 | 09:27 | 牡羊 |
| 2008年 | 4月 | 7日 | 10:20 | 牡牛 |
| 2008年 | 4月 | 9日 | 10:27 | 双子 |
| 2008年 | 4月 | 11日 | 11:43 | 蟹 |
| 2008年 | 4月 | 13日 | 15:29 | 獅子 |
| 2008年 | 4月 | 15日 | 22:06 | 乙女 |
| 2008年 | 4月 | 18日 | 07:10 | 天秤 |
| 2008年 | 4月 | 20日 | 18:00 | 蠍 |
| 2008年 | 4月 | 23日 | 06:07 | 射手 |
| 2008年 | 4月 | 25日 | 18:46 | 山羊 |
| 2008年 | 4月 | 28日 | 06:27 | 水瓶 |
| 2008年 | 4月 | 30日 | 15:11 | 魚 |
| 2008年 | 5月 | 2日 | 19:51 | 牡羊 |
| 2008年 | 5月 | 4日 | 20:59 | 牡牛 |
| 2008年 | 5月 | 6日 | 20:18 | 双子 |
| 2008年 | 5月 | 8日 | 20:02 | 蟹 |
| 2008年 | 5月 | 10日 | 22:10 | 獅子 |
| 2008年 | 5月 | 13日 | 03:48 | 乙女 |
| 2008年 | 5月 | 15日 | 12:46 | 天秤 |
| 2008年 | 5月 | 17日 | 23:59 | 蠍 |
| 2008年 | 5月 | 20日 | 12:18 | 射手 |
| 2008年 | 5月 | 23日 | 00:55 | 山羊 |
| 2008年 | 5月 | 25日 | 12:51 | 水瓶 |
| 2008年 | 5月 | 27日 | 22:38 | 魚 |
| 2008年 | 5月 | 30日 | 04:52 | 牡羊 |
| 2008年 | 6月 | 1日 | 07:19 | 牡牛 |
| 2008年 | 6月 | 3日 | 07:06 | 双子 |
| 2008年 | 6月 | 5日 | 06:16 | 蟹 |
| 2008年 | 6月 | 7日 | 07:00 | 獅子 |
| 2008年 | 6月 | 9日 | 11:01 | 乙女 |
| 2008年 | 6月 | 11日 | 18:54 | 天秤 |
| 2008年 | 6月 | 14日 | 05:53 | 蠍 |
| 2008年 | 6月 | 16日 | 18:19 | 射手 |
| 2008年 | 6月 | 19日 | 06:51 | 山羊 |
| 2008年 | 6月 | 21日 | 18:33 | 水瓶 |
| 2008年 | 6月 | 24日 | 04:32 | 魚 |
| 2008年 | 6月 | 26日 | 11:49 | 牡羊 |
| 2008年 | 6月 | 28日 | 15:50 | 牡牛 |
| 2008年 | 6月 | 30日 | 17:04 | 双子 |
| 2008年 | 7月 | 2日 | 16:54 | 蟹 |
| 2008年 | 7月 | 4日 | 17:16 | 獅子 |
| 2008年 | 7月 | 6日 | 20:04 | 乙女 |
| 2008年 | 7月 | 9日 | 02:31 | 天秤 |
| 2008年 | 7月 | 11日 | 12:35 | 蠍 |
| 2008年 | 7月 | 14日 | 00:49 | 射手 |
| 2008年 | 7月 | 16日 | 13:20 | 山羊 |
| 2008年 | 7月 | 19日 | 00:40 | 水瓶 |
| 2008年 | 7月 | 21日 | 10:08 | 魚 |
| 2008年 | 7月 | 23日 | 17:22 | 牡羊 |
| 2008年 | 7月 | 25日 | 22:14 | 牡牛 |
| 2008年 | 7月 | 28日 | 00:55 | 双子 |
| 2008年 | 7月 | 30日 | 02:12 | 蟹 |
| 2008年 | 8月 | 1日 | 03:22 | 獅子 |
| 2008年 | 8月 | 3日 | 05:59 | 乙女 |
| 2008年 | 8月 | 5日 | 11:28 | 天秤 |
| 2008年 | 8月 | 7日 | 20:26 | 蠍 |
| 2008年 | 8月 | 10日 | 08:10 | 射手 |
| 2008年 | 8月 | 12日 | 20:41 | 山羊 |
| 2008年 | 8月 | 15日 | 07:56 | 水瓶 |
| 2008年 | 8月 | 17日 | 16:46 | 魚 |
| 2008年 | 8月 | 19日 | 23:10 | 牡羊 |
| 2008年 | 8月 | 22日 | 03:38 | 牡牛 |
| 2008年 | 8月 | 24日 | 06:48 | 双子 |
| 2008年 | 8月 | 26日 | 09:19 | 蟹 |
| 2008年 | 8月 | 28日 | 11:51 | 獅子 |
| 2008年 | 8月 | 30日 | 15:18 | 乙女 |
| 2008年 | 9月 | 1日 | 20:45 | 天秤 |
| 2008年 | 9月 | 4日 | 05:02 | 蠍 |
| 2008年 | 9月 | 6日 | 16:10 | 射手 |
| 2008年 | 9月 | 9日 | 04:44 | 山羊 |
| 2008年 | 9月 | 11日 | 16:19 | 水瓶 |
| 2008年 | 9月 | 14日 | 01:04 | 魚 |
| 2008年 | 9月 | 16日 | 06:39 | 牡羊 |
| 2008年 | 9月 | 18日 | 09:57 | 牡牛 |
| 2008年 | 9月 | 20日 | 12:17 | 双子 |
| 2008年 | 9月 | 22日 | 14:49 | 蟹 |
| 2008年 | 9月 | 24日 | 18:14 | 獅子 |
| 2008年 | 9月 | 26日 | 22:52 | 乙女 |
| 2008年 | 9月 | 29日 | 05:06 | 天秤 |

| | | | | |
|---|---|---|---|---|
| 2008年 | 10月 1日 | 13:26 | 蠍 |
| 2008年 | 10月 4日 | 00:14 | 射手 |
| 2008年 | 10月 6日 | 12:48 | 山羊 |
| 2008年 | 10月 9日 | 01:02 | 水瓶 |
| 2008年 | 10月 11日 | 10:31 | 魚 |
| 2008年 | 10月 13日 | 16:07 | 牡羊 |
| 2008年 | 10月 15日 | 18:32 | 牡牛 |
| 2008年 | 10月 17日 | 19:26 | 双子 |
| 2008年 | 10月 19日 | 20:41 | 蟹 |
| 2008年 | 10月 21日 | 23:35 | 獅子 |
| 2008年 | 10月 24日 | 04:40 | 乙女 |
| 2008年 | 10月 26日 | 11:48 | 天秤 |
| 2008年 | 10月 28日 | 20:47 | 蠍 |
| 2008年 | 10月 31日 | 07:41 | 射手 |
| 2008年 | 11月 2日 | 20:13 | 山羊 |
| 2008年 | 11月 5日 | 09:01 | 水瓶 |
| 2008年 | 11月 7日 | 19:43 | 魚 |
| 2008年 | 11月 10日 | 02:26 | 牡羊 |
| 2008年 | 11月 12日 | 05:06 | 牡牛 |
| 2008年 | 11月 14日 | 05:12 | 双子 |
| 2008年 | 11月 16日 | 04:53 | 蟹 |
| 2008年 | 11月 18日 | 06:08 | 獅子 |
| 2008年 | 11月 20日 | 10:13 | 乙女 |
| 2008年 | 11月 22日 | 17:20 | 天秤 |
| 2008年 | 11月 25日 | 02:54 | 蠍 |
| 2008年 | 11月 27日 | 14:14 | 射手 |
| 2008年 | 11月 30日 | 02:47 | 山羊 |
| 2008年 | 12月 2日 | 15:44 | 水瓶 |
| 2008年 | 12月 5日 | 03:23 | 魚 |
| 2008年 | 12月 7日 | 11:44 | 牡羊 |
| 2008年 | 12月 9日 | 15:52 | 牡牛 |
| 2008年 | 12月 11日 | 16:34 | 双子 |
| 2008年 | 12月 13日 | 15:40 | 蟹 |
| 2008年 | 12月 15日 | 15:23 | 獅子 |
| 2008年 | 12月 17日 | 17:36 | 乙女 |
| 2008年 | 12月 19日 | 23:22 | 天秤 |
| 2008年 | 12月 22日 | 08:36 | 蠍 |
| 2008年 | 12月 24日 | 20:13 | 射手 |
| 2008年 | 12月 27日 | 08:56 | 山羊 |
| 2008年 | 12月 29日 | 21:42 | 水瓶 |
| 2009年 | 1月 1日 | 09:27 | 魚 |
| 2009年 | 1月 3日 | 18:49 | 牡羊 |
| 2009年 | 1月 6日 | 00:46 | 牡牛 |
| 2009年 | 1月 8日 | 03:12 | 双子 |
| 2009年 | 1月 10日 | 03:14 | 蟹 |
| 2009年 | 1月 12日 | 02:42 | 獅子 |
| 2009年 | 1月 14日 | 03:33 | 乙女 |
| 2009年 | 1月 16日 | 07:30 | 天秤 |
| 2009年 | 1月 18日 | 15:20 | 蠍 |
| 2009年 | 1月 21日 | 02:29 | 射手 |
| 2009年 | 1月 23日 | 15:18 | 山羊 |
| 2009年 | 1月 26日 | 03:56 | 水瓶 |
| 2009年 | 1月 28日 | 15:12 | 魚 |
| 2009年 | 1月 31日 | 00:25 | 牡羊 |
| 2009年 | 2月 2日 | 07:08 | 牡牛 |
| 2009年 | 2月 4日 | 11:15 | 双子 |
| 2009年 | 2月 6日 | 13:06 | 蟹 |
| 2009年 | 2月 8日 | 13:44 | 獅子 |
| 2009年 | 2月 10日 | 14:39 | 乙女 |
| 2009年 | 2月 12日 | 17:33 | 天秤 |
| 2009年 | 2月 14日 | 23:50 | 蠍 |
| 2009年 | 2月 17日 | 09:53 | 射手 |
| 2009年 | 2月 19日 | 22:25 | 山羊 |
| 2009年 | 2月 22日 | 11:06 | 水瓶 |
| 2009年 | 2月 24日 | 21:59 | 魚 |
| 2009年 | 2月 27日 | 06:24 | 牡羊 |
| 2009年 | 3月 1日 | 12:33 | 牡牛 |
| 2009年 | 3月 3日 | 16:59 | 双子 |
| 2009年 | 3月 5日 | 20:07 | 蟹 |
| 2009年 | 3月 7日 | 22:25 | 獅子 |
| 2009年 | 3月 10日 | 00:35 | 乙女 |
| 2009年 | 3月 12日 | 03:46 | 天秤 |
| 2009年 | 3月 14日 | 09:22 | 蠍 |
| 2009年 | 3月 16日 | 18:21 | 射手 |
| 2009年 | 3月 19日 | 06:18 | 山羊 |
| 2009年 | 3月 21日 | 19:06 | 水瓶 |
| 2009年 | 3月 24日 | 06:08 | 魚 |
| 2009年 | 3月 26日 | 14:03 | 牡羊 |
| 2009年 | 3月 28日 | 19:09 | 牡牛 |
| 2009年 | 3月 30日 | 22:36 | 双子 |
| 2009年 | 4月 2日 | 01:30 | 蟹 |
| 2009年 | 4月 4日 | 04:33 | 獅子 |
| 2009年 | 4月 6日 | 08:01 | 乙女 |
| 2009年 | 4月 8日 | 12:22 | 天秤 |
| 2009年 | 4月 10日 | 18:23 | 蠍 |
| 2009年 | 4月 13日 | 03:00 | 射手 |
| 2009年 | 4月 15日 | 14:27 | 山羊 |
| 2009年 | 4月 18日 | 03:18 | 水瓶 |
| 2009年 | 4月 20日 | 14:55 | 魚 |
| 2009年 | 4月 22日 | 23:09 | 牡羊 |
| 2009年 | 4月 25日 | 03:46 | 牡牛 |
| 2009年 | 4月 27日 | 06:02 | 双子 |
| 2009年 | 4月 29日 | 07:38 | 蟹 |
| 2009年 | 5月 1日 | 09:56 | 獅子 |
| 2009年 | 5月 3日 | 13:37 | 乙女 |
| 2009年 | 5月 5日 | 18:51 | 天秤 |
| 2009年 | 5月 8日 | 01:48 | 蠍 |
| 2009年 | 5月 10日 | 10:49 | 射手 |
| 2009年 | 5月 12日 | 22:09 | 山羊 |
| 2009年 | 5月 15日 | 11:01 | 水瓶 |
| 2009年 | 5月 17日 | 23:16 | 魚 |
| 2009年 | 5月 20日 | 08:30 | 牡羊 |
| 2009年 | 5月 22日 | 13:40 | 牡牛 |
| 2009年 | 5月 24日 | 15:34 | 双子 |
| 2009年 | 5月 26日 | 15:58 | 蟹 |
| 2009年 | 5月 28日 | 16:45 | 獅子 |
| 2009年 | 5月 30日 | 19:17 | 乙女 |
| 2009年 | 6月 2日 | 00:17 | 天秤 |
| 2009年 | 6月 4日 | 07:43 | 蠍 |
| 2009年 | 6月 6日 | 17:23 | 射手 |
| 2009年 | 6月 9日 | 04:59 | 山羊 |
| 2009年 | 6月 11日 | 17:52 | 水瓶 |
| 2009年 | 6月 14日 | 06:32 | 魚 |
| 2009年 | 6月 16日 | 16:51 | 牡羊 |
| 2009年 | 6月 18日 | 23:20 | 牡牛 |
| 2009年 | 6月 21日 | 02:01 | 双子 |
| 2009年 | 6月 23日 | 02:13 | 蟹 |
| 2009年 | 6月 25日 | 01:51 | 獅子 |
| 2009年 | 6月 27日 | 02:47 | 乙女 |
| 2009年 | 6月 29日 | 06:24 | 天秤 |
| 2009年 | 7月 1日 | 13:18 | 蠍 |
| 2009年 | 7月 3日 | 23:10 | 射手 |
| 2009年 | 7月 6日 | 11:07 | 山羊 |
| 2009年 | 7月 9日 | 00:03 | 水瓶 |
| 2009年 | 7月 11日 | 12:44 | 魚 |
| 2009年 | 7月 13日 | 23:39 | 牡羊 |
| 2009年 | 7月 16日 | 07:30 | 牡牛 |
| 2009年 | 7月 18日 | 11:41 | 双子 |
| 2009年 | 7月 20日 | 12:51 | 蟹 |
| 2009年 | 7月 22日 | 12:28 | 獅子 |
| 2009年 | 7月 24日 | 12:23 | 乙女 |
| 2009年 | 7月 26日 | 14:26 | 天秤 |
| 2009年 | 7月 28日 | 19:55 | 蠍 |
| 2009年 | 7月 31日 | 05:10 | 射手 |
| 2009年 | 8月 2日 | 17:08 | 山羊 |
| 2009年 | 8月 5日 | 06:08 | 水瓶 |
| 2009年 | 8月 7日 | 18:34 | 魚 |
| 2009年 | 8月 10日 | 05:23 | 牡羊 |
| 2009年 | 8月 12日 | 13:49 | 牡牛 |
| 2009年 | 8月 14日 | 19:25 | 双子 |
| 2009年 | 8月 16日 | 22:13 | 蟹 |
| 2009年 | 8月 18日 | 22:57 | 獅子 |
| 2009年 | 8月 20日 | 23:01 | 乙女 |
| 2009年 | 8月 23日 | 00:12 | 天秤 |
| 2009年 | 8月 25日 | 04:16 | 蠍 |
| 2009年 | 8月 27日 | 12:16 | 射手 |
| 2009年 | 8月 29日 | 23:44 | 山羊 |
| 2009年 | 9月 1日 | 12:43 | 水瓶 |
| 2009年 | 9月 4日 | 00:58 | 魚 |
| 2009年 | 9月 6日 | 11:14 | 牡羊 |
| 2009年 | 9月 8日 | 19:18 | 牡牛 |
| 2009年 | 9月 11日 | 01:17 | 双子 |
| 2009年 | 9月 13日 | 05:20 | 蟹 |
| 2009年 | 9月 15日 | 07:39 | 獅子 |
| 2009年 | 9月 17日 | 08:56 | 乙女 |
| 2009年 | 9月 19日 | 10:26 | 天秤 |
| 2009年 | 9月 21日 | 13:52 | 蠍 |
| 2009年 | 9月 23日 | 20:43 | 射手 |
| 2009年 | 9月 26日 | 07:18 | 山羊 |

| | | | | |
|---|---|---|---|---|
| 2009年 | 9月28日 | 20:06 | 水瓶 |
| 2009年 | 10月1日 | 08:26 | 魚 |
| 2009年 | 10月3日 | 18:20 | 牡羊 |
| 2009年 | 10月6日 | 01:33 | 牡牛 |
| 2009年 | 10月8日 | 06:47 | 双子 |
| 2009年 | 10月10日 | 10:48 | 蟹 |
| 2009年 | 10月12日 | 14:03 | 獅子 |
| 2009年 | 10月14日 | 16:45 | 乙女 |
| 2009年 | 10月16日 | 19:30 | 天秤 |
| 2009年 | 10月18日 | 23:23 | 蠍 |
| 2009年 | 10月21日 | 05:49 | 射手 |
| 2009年 | 10月23日 | 15:39 | 山羊 |
| 2009年 | 10月26日 | 04:07 | 水瓶 |
| 2009年 | 10月28日 | 16:45 | 魚 |
| 2009年 | 10月31日 | 02:56 | 牡羊 |
| 2009年 | 11月2日 | 09:45 | 牡牛 |
| 2009年 | 11月4日 | 13:53 | 双子 |
| 2009年 | 11月6日 | 16:43 | 蟹 |
| 2009年 | 11月8日 | 19:23 | 獅子 |
| 2009年 | 11月10日 | 22:30 | 乙女 |
| 2009年 | 11月13日 | 02:22 | 天秤 |
| 2009年 | 11月15日 | 07:24 | 蠍 |
| 2009年 | 11月17日 | 14:22 | 射手 |
| 2009年 | 11月20日 | 00:00 | 山羊 |
| 2009年 | 11月22日 | 12:11 | 水瓶 |
| 2009年 | 11月25日 | 01:07 | 魚 |
| 2009年 | 11月27日 | 12:10 | 牡羊 |
| 2009年 | 11月29日 | 19:34 | 牡牛 |
| 2009年 | 12月1日 | 23:24 | 双子 |
| 2009年 | 12月4日 | 01:01 | 蟹 |
| 2009年 | 12月6日 | 02:07 | 獅子 |
| 2009年 | 12月8日 | 04:06 | 乙女 |
| 2009年 | 12月10日 | 07:47 | 天秤 |
| 2009年 | 12月12日 | 13:31 | 蠍 |
| 2009年 | 12月14日 | 21:25 | 射手 |
| 2009年 | 12月17日 | 07:32 | 山羊 |
| 2009年 | 12月19日 | 19:38 | 水瓶 |
| 2009年 | 12月22日 | 08:42 | 魚 |
| 2009年 | 12月24日 | 20:39 | 牡羊 |
| 2009年 | 12月27日 | 05:26 | 牡牛 |
| 2009年 | 12月29日 | 10:13 | 双子 |
| 2009年 | 12月31日 | 11:46 | 蟹 |
| 2010年 | 1月2日 | 11:41 | 獅子 |
| 2010年 | 1月4日 | 11:53 | 乙女 |
| 2010年 | 1月6日 | 13:58 | 天秤 |
| 2010年 | 1月8日 | 19:00 | 蠍 |
| 2010年 | 1月11日 | 03:10 | 射手 |
| 2010年 | 1月13日 | 13:54 | 山羊 |
| 2010年 | 1月16日 | 02:17 | 水瓶 |
| 2010年 | 1月18日 | 15:17 | 魚 |
| 2010年 | 1月21日 | 03:36 | 牡羊 |
| 2010年 | 1月23日 | 13:39 | 牡牛 |
| 2010年 | 1月25日 | 20:11 | 双子 |
| 2010年 | 1月27日 | 23:02 | 蟹 |
| 2010年 | 1月29日 | 23:11 | 獅子 |
| 2010年 | 1月31日 | 22:24 | 乙女 |
| 2010年 | 2月2日 | 22:42 | 天秤 |
| 2010年 | 2月5日 | 01:55 | 蠍 |
| 2010年 | 2月7日 | 09:04 | 射手 |
| 2010年 | 2月9日 | 19:43 | 山羊 |
| 2010年 | 2月12日 | 08:24 | 水瓶 |
| 2010年 | 2月14日 | 21:23 | 魚 |
| 2010年 | 2月17日 | 09:30 | 牡羊 |
| 2010年 | 2月19日 | 19:55 | 牡牛 |
| 2010年 | 2月22日 | 03:47 | 双子 |
| 2010年 | 2月24日 | 08:29 | 蟹 |
| 2010年 | 2月26日 | 10:08 | 獅子 |
| 2010年 | 2月28日 | 09:52 | 乙女 |
| 2010年 | 3月2日 | 09:31 | 天秤 |
| 2010年 | 3月4日 | 11:11 | 蠍 |
| 2010年 | 3月6日 | 16:36 | 射手 |
| 2010年 | 3月9日 | 02:12 | 山羊 |
| 2010年 | 3月11日 | 14:42 | 水瓶 |
| 2010年 | 3月14日 | 03:43 | 魚 |
| 2010年 | 3月16日 | 15:32 | 牡羊 |
| 2010年 | 3月19日 | 01:29 | 牡牛 |
| 2010年 | 3月21日 | 09:28 | 双子 |
| 2010年 | 3月23日 | 15:16 | 蟹 |
| 2010年 | 3月25日 | 18:39 | 獅子 |
| 2010年 | 3月27日 | 19:58 | 乙女 |
| 2010年 | 3月29日 | 20:22 | 天秤 |
| 2010年 | 3月31日 | 21:42 | 蠍 |
| 2010年 | 4月3日 | 01:52 | 射手 |
| 2010年 | 4月5日 | 10:07 | 山羊 |
| 2010年 | 4月7日 | 21:50 | 水瓶 |
| 2010年 | 4月10日 | 10:48 | 魚 |
| 2010年 | 4月12日 | 22:31 | 牡羊 |
| 2010年 | 4月15日 | 07:55 | 牡牛 |
| 2010年 | 4月17日 | 15:08 | 双子 |
| 2010年 | 4月19日 | 20:39 | 蟹 |
| 2010年 | 4月22日 | 00:42 | 獅子 |
| 2010年 | 4月24日 | 03:24 | 乙女 |
| 2010年 | 4月26日 | 05:17 | 天秤 |
| 2010年 | 4月28日 | 07:29 | 蠍 |
| 2010年 | 4月30日 | 11:36 | 射手 |
| 2010年 | 5月2日 | 18:59 | 山羊 |
| 2010年 | 5月5日 | 05:51 | 水瓶 |
| 2010年 | 5月7日 | 18:33 | 魚 |
| 2010年 | 5月10日 | 06:29 | 牡羊 |
| 2010年 | 5月12日 | 15:48 | 牡牛 |
| 2010年 | 5月14日 | 22:18 | 双子 |
| 2010年 | 5月17日 | 02:46 | 蟹 |
| 2010年 | 5月19日 | 06:06 | 獅子 |
| 2010年 | 5月21日 | 08:58 | 乙女 |
| 2010年 | 5月23日 | 11:50 | 天秤 |
| 2010年 | 5月25日 | 15:17 | 蠍 |
| 2010年 | 5月27日 | 20:16 | 射手 |
| 2010年 | 5月30日 | 03:44 | 山羊 |
| 2010年 | 6月1日 | 14:08 | 水瓶 |
| 2010年 | 6月4日 | 02:33 | 魚 |
| 2010年 | 6月6日 | 14:49 | 牡羊 |
| 2010年 | 6月9日 | 00:40 | 牡牛 |
| 2010年 | 6月11日 | 07:11 | 双子 |
| 2010年 | 6月13日 | 10:50 | 蟹 |
| 2010年 | 6月15日 | 12:54 | 獅子 |
| 2010年 | 6月17日 | 14:41 | 乙女 |
| 2010年 | 6月19日 | 17:13 | 天秤 |
| 2010年 | 6月21日 | 21:14 | 蠍 |
| 2010年 | 6月24日 | 03:10 | 射手 |
| 2010年 | 6月26日 | 11:21 | 山羊 |
| 2010年 | 6月28日 | 21:52 | 水瓶 |
| 2010年 | 7月1日 | 10:09 | 魚 |
| 2010年 | 7月3日 | 22:43 | 牡羊 |
| 2010年 | 7月6日 | 09:29 | 牡牛 |
| 2010年 | 7月8日 | 16:51 | 双子 |
| 2010年 | 7月10日 | 20:38 | 蟹 |
| 2010年 | 7月12日 | 21:54 | 獅子 |
| 2010年 | 7月14日 | 22:16 | 乙女 |
| 2010年 | 7月16日 | 23:25 | 天秤 |
| 2010年 | 7月19日 | 02:42 | 蠍 |
| 2010年 | 7月21日 | 08:48 | 射手 |
| 2010年 | 7月23日 | 17:38 | 山羊 |
| 2010年 | 7月26日 | 04:38 | 水瓶 |
| 2010年 | 7月28日 | 16:59 | 魚 |
| 2010年 | 7月31日 | 05:41 | 牡羊 |
| 2010年 | 8月2日 | 17:13 | 牡牛 |
| 2010年 | 8月5日 | 01:54 | 双子 |
| 2010年 | 8月7日 | 06:50 | 蟹 |
| 2010年 | 8月9日 | 08:23 | 獅子 |
| 2010年 | 8月11日 | 08:01 | 乙女 |
| 2010年 | 8月13日 | 07:43 | 天秤 |
| 2010年 | 8月15日 | 09:26 | 蠍 |
| 2010年 | 8月17日 | 14:34 | 射手 |
| 2010年 | 8月19日 | 23:17 | 山羊 |
| 2010年 | 8月22日 | 10:37 | 水瓶 |
| 2010年 | 8月24日 | 23:11 | 魚 |
| 2010年 | 8月27日 | 11:49 | 牡羊 |
| 2010年 | 8月29日 | 23:35 | 牡牛 |
| 2010年 | 9月1日 | 09:19 | 双子 |
| 2010年 | 9月3日 | 15:50 | 蟹 |
| 2010年 | 9月5日 | 18:45 | 獅子 |
| 2010年 | 9月7日 | 18:54 | 乙女 |
| 2010年 | 9月9日 | 18:02 | 天秤 |
| 2010年 | 9月11日 | 18:21 | 蠍 |
| 2010年 | 9月13日 | 21:52 | 射手 |
| 2010年 | 9月16日 | 05:29 | 山羊 |
| 2010年 | 9月18日 | 16:34 | 水瓶 |
| 2010年 | 9月21日 | 05:15 | 魚 |
| 2010年 | 9月23日 | 17:47 | 牡羊 |

| | | | |
|---|---|---|---|
| 2010年 | 9月26日 | 05:16 | 牡牛 |
| 2010年 | 9月28日 | 15:10 | 双子 |
| 2010年 | 9月30日 | 22:45 | 蟹 |
| 2010年 | 10月 3日 | 03:21 | 獅子 |
| 2010年 | 10月 5日 | 05:00 | 乙女 |
| 2010年 | 10月 7日 | 04:52 | 天秤 |
| 2010年 | 10月 9日 | 04:52 | 蠍 |
| 2010年 | 10月11日 | 07:09 | 射手 |
| 2010年 | 10月13日 | 13:17 | 山羊 |
| 2010年 | 10月15日 | 23:23 | 水瓶 |
| 2010年 | 10月18日 | 11:51 | 魚 |
| 2010年 | 10月21日 | 00:23 | 牡羊 |
| 2010年 | 10月23日 | 11:30 | 牡牛 |
| 2010年 | 10月25日 | 20:47 | 双子 |
| 2010年 | 10月28日 | 04:14 | 蟹 |
| 2010年 | 10月30日 | 09:39 | 獅子 |
| 2010年 | 11月 1日 | 12:51 | 乙女 |
| 2010年 | 11月 3日 | 14:19 | 天秤 |
| 2010年 | 11月 5日 | 15:16 | 蠍 |
| 2010年 | 11月 7日 | 17:28 | 射手 |
| 2010年 | 11月 9日 | 22:36 | 山羊 |
| 2010年 | 11月12日 | 07:32 | 水瓶 |
| 2010年 | 11月14日 | 19:23 | 魚 |
| 2010年 | 11月17日 | 07:58 | 牡羊 |
| 2010年 | 11月19日 | 19:04 | 牡牛 |
| 2010年 | 11月22日 | 03:46 | 双子 |
| 2010年 | 11月24日 | 10:14 | 蟹 |
| 2010年 | 11月26日 | 15:01 | 獅子 |
| 2010年 | 11月28日 | 18:34 | 乙女 |
| 2010年 | 11月30日 | 21:16 | 天秤 |
| 2010年 | 12月 2日 | 23:44 | 蠍 |
| 2010年 | 12月 5日 | 03:00 | 射手 |
| 2010年 | 12月 7日 | 08:16 | 山羊 |
| 2010年 | 12月 9日 | 16:30 | 水瓶 |
| 2010年 | 12月12日 | 03:40 | 魚 |
| 2010年 | 12月14日 | 16:14 | 牡羊 |
| 2010年 | 12月17日 | 03:48 | 牡牛 |
| 2010年 | 12月19日 | 12:37 | 双子 |
| 2010年 | 12月21日 | 18:22 | 蟹 |
| 2010年 | 12月23日 | 21:51 | 獅子 |
| 2010年 | 12月26日 | 00:14 | 乙女 |
| 2010年 | 12月28日 | 02:38 | 天秤 |
| 2010年 | 12月30日 | 05:50 | 蠍 |
| 2011年 | 1月 1日 | 10:21 | 射手 |
| 2011年 | 1月 3日 | 16:39 | 山羊 |
| 2011年 | 1月 6日 | 01:08 | 水瓶 |
| 2011年 | 1月 8日 | 11:57 | 魚 |
| 2011年 | 1月11日 | 00:23 | 牡羊 |
| 2011年 | 1月13日 | 12:37 | 牡牛 |
| 2011年 | 1月15日 | 22:22 | 双子 |
| 2011年 | 1月18日 | 04:29 | 蟹 |
| 2011年 | 1月20日 | 07:16 | 獅子 |
| 2011年 | 1月22日 | 08:10 | 乙女 |
| 2011年 | 1月24日 | 08:59 | 天秤 |
| 2011年 | 1月26日 | 11:15 | 蠍 |
| 2011年 | 1月28日 | 15:55 | 射手 |
| 2011年 | 1月30日 | 23:04 | 山羊 |
| 2011年 | 2月 2日 | 08:21 | 水瓶 |
| 2011年 | 2月 4日 | 19:24 | 魚 |
| 2011年 | 2月 7日 | 07:45 | 牡羊 |
| 2011年 | 2月 9日 | 20:22 | 牡牛 |
| 2011年 | 2月12日 | 07:20 | 双子 |
| 2011年 | 2月14日 | 14:48 | 蟹 |
| 2011年 | 2月16日 | 18:14 | 獅子 |
| 2011年 | 2月18日 | 18:40 | 乙女 |
| 2011年 | 2月20日 | 18:01 | 天秤 |
| 2011年 | 2月22日 | 18:29 | 蠍 |
| 2011年 | 2月24日 | 21:45 | 射手 |
| 2011年 | 2月27日 | 04:31 | 山羊 |
| 2011年 | 3月 1日 | 14:14 | 水瓶 |
| 2011年 | 3月 4日 | 01:46 | 魚 |
| 2011年 | 3月 6日 | 14:14 | 牡羊 |
| 2011年 | 3月 9日 | 02:52 | 牡牛 |
| 2011年 | 3月11日 | 14:31 | 双子 |
| 2011年 | 3月13日 | 23:29 | 蟹 |
| 2011年 | 3月16日 | 04:33 | 獅子 |
| 2011年 | 3月18日 | 05:53 | 乙女 |
| 2011年 | 3月20日 | 05:04 | 天秤 |
| 2011年 | 3月22日 | 04:17 | 蠍 |
| 2011年 | 3月24日 | 05:45 | 射手 |
| 2011年 | 3月26日 | 10:57 | 山羊 |
| 2011年 | 3月28日 | 19:59 | 水瓶 |
| 2011年 | 3月31日 | 07:38 | 魚 |
| 2011年 | 4月 2日 | 20:16 | 牡羊 |
| 2011年 | 4月 5日 | 08:46 | 牡牛 |
| 2011年 | 4月 7日 | 20:21 | 双子 |
| 2011年 | 4月10日 | 06:01 | 蟹 |
| 2011年 | 4月12日 | 12:37 | 獅子 |
| 2011年 | 4月14日 | 15:41 | 乙女 |
| 2011年 | 4月16日 | 15:59 | 天秤 |
| 2011年 | 4月18日 | 15:20 | 蠍 |
| 2011年 | 4月20日 | 15:50 | 射手 |
| 2011年 | 4月22日 | 19:24 | 山羊 |
| 2011年 | 4月25日 | 02:58 | 水瓶 |
| 2011年 | 4月27日 | 13:57 | 魚 |
| 2011年 | 4月30日 | 02:33 | 牡羊 |
| 2011年 | 5月 2日 | 14:58 | 牡牛 |
| 2011年 | 5月 5日 | 02:09 | 双子 |
| 2011年 | 5月 7日 | 11:31 | 蟹 |
| 2011年 | 5月 9日 | 18:35 | 獅子 |
| 2011年 | 5月11日 | 22:59 | 乙女 |
| 2011年 | 5月14日 | 00:57 | 天秤 |
| 2011年 | 5月16日 | 01:32 | 蠍 |
| 2011年 | 5月18日 | 02:23 | 射手 |
| 2011年 | 5月20日 | 05:16 | 山羊 |
| 2011年 | 5月22日 | 11:31 | 水瓶 |
| 2011年 | 5月24日 | 21:23 | 魚 |
| 2011年 | 5月27日 | 09:36 | 牡羊 |
| 2011年 | 5月29日 | 22:01 | 牡牛 |
| 2011年 | 6月 1日 | 08:56 | 双子 |
| 2011年 | 6月 3日 | 17:36 | 蟹 |
| 2011年 | 6月 6日 | 00:03 | 獅子 |
| 2011年 | 6月 8日 | 04:33 | 乙女 |
| 2011年 | 6月10日 | 07:31 | 天秤 |
| 2011年 | 6月12日 | 09:33 | 蠍 |
| 2011年 | 6月14日 | 11:38 | 射手 |
| 2011年 | 6月16日 | 14:59 | 山羊 |
| 2011年 | 6月18日 | 20:47 | 水瓶 |
| 2011年 | 6月21日 | 05:45 | 魚 |
| 2011年 | 6月23日 | 17:23 | 牡羊 |
| 2011年 | 6月26日 | 05:52 | 牡牛 |
| 2011年 | 6月28日 | 16:56 | 双子 |
| 2011年 | 7月 1日 | 01:13 | 蟹 |
| 2011年 | 7月 3日 | 06:43 | 獅子 |
| 2011年 | 7月 5日 | 10:15 | 乙女 |
| 2011年 | 7月 7日 | 12:54 | 天秤 |
| 2011年 | 7月 9日 | 15:31 | 蠍 |
| 2011年 | 7月11日 | 18:47 | 射手 |
| 2011年 | 7月13日 | 23:14 | 山羊 |
| 2011年 | 7月16日 | 05:30 | 水瓶 |
| 2011年 | 7月18日 | 14:13 | 魚 |
| 2011年 | 7月21日 | 01:25 | 牡羊 |
| 2011年 | 7月23日 | 13:58 | 牡牛 |
| 2011年 | 7月26日 | 01:34 | 双子 |
| 2011年 | 7月28日 | 10:11 | 蟹 |
| 2011年 | 7月30日 | 15:16 | 獅子 |
| 2011年 | 8月 1日 | 17:42 | 乙女 |
| 2011年 | 8月 3日 | 19:05 | 天秤 |
| 2011年 | 8月 5日 | 20:57 | 蠍 |
| 2011年 | 8月 8日 | 00:21 | 射手 |
| 2011年 | 8月10日 | 05:37 | 山羊 |
| 2011年 | 8月12日 | 12:47 | 水瓶 |
| 2011年 | 8月14日 | 21:54 | 魚 |
| 2011年 | 8月17日 | 09:01 | 牡羊 |
| 2011年 | 8月19日 | 21:36 | 牡牛 |
| 2011年 | 8月22日 | 09:53 | 双子 |
| 2011年 | 8月24日 | 19:30 | 蟹 |
| 2011年 | 8月27日 | 01:09 | 獅子 |
| 2011年 | 8月29日 | 03:14 | 乙女 |
| 2011年 | 8月31日 | 03:26 | 天秤 |
| 2011年 | 9月 2日 | 03:48 | 蠍 |
| 2011年 | 9月 4日 | 06:04 | 射手 |
| 2011年 | 9月 6日 | 11:03 | 山羊 |
| 2011年 | 9月 8日 | 18:42 | 水瓶 |
| 2011年 | 9月11日 | 04:26 | 魚 |
| 2011年 | 9月13日 | 15:49 | 牡羊 |
| 2011年 | 9月16日 | 04:25 | 牡牛 |
| 2011年 | 9月18日 | 17:06 | 双子 |
| 2011年 | 9月21日 | 03:53 | 蟹 |

| | | | | |
|---|---|---|---|---|
| 2011年 | 9月 | 23日 | 10:55 | 獅子 |
| 2011年 | 9月 | 25日 | 13:50 | 乙女 |
| 2011年 | 9月 | 27日 | 13:51 | 天秤 |
| 2011年 | 9月 | 29日 | 13:05 | 蠍 |
| 2011年 | 10月 | 1日 | 13:42 | 射手 |
| 2011年 | 10月 | 3日 | 17:15 | 山羊 |
| 2011年 | 10月 | 6日 | 00:18 | 水瓶 |
| 2011年 | 10月 | 8日 | 10:13 | 魚 |
| 2011年 | 10月 | 10日 | 21:57 | 牡羊 |
| 2011年 | 10月 | 13日 | 10:35 | 牡牛 |
| 2011年 | 10月 | 15日 | 23:14 | 双子 |
| 2011年 | 10月 | 18日 | 10:38 | 蟹 |
| 2011年 | 10月 | 20日 | 19:05 | 獅子 |
| 2011年 | 10月 | 22日 | 23:41 | 乙女 |
| 2011年 | 10月 | 25日 | 00:50 | 天秤 |
| 2011年 | 10月 | 27日 | 00:09 | 蠍 |
| 2011年 | 10月 | 28日 | 23:46 | 射手 |
| 2011年 | 10月 | 31日 | 01:39 | 山羊 |
| 2011年 | 11月 | 2日 | 07:08 | 水瓶 |
| 2011年 | 11月 | 4日 | 16:17 | 魚 |
| 2011年 | 11月 | 7日 | 04:02 | 牡羊 |
| 2011年 | 11月 | 9日 | 16:45 | 牡牛 |
| 2011年 | 11月 | 12日 | 05:10 | 双子 |
| 2011年 | 11月 | 14日 | 16:18 | 蟹 |
| 2011年 | 11月 | 17日 | 01:17 | 獅子 |
| 2011年 | 11月 | 19日 | 07:19 | 乙女 |
| 2011年 | 11月 | 21日 | 10:16 | 天秤 |
| 2011年 | 11月 | 23日 | 10:58 | 蠍 |
| 2011年 | 11月 | 25日 | 10:57 | 射手 |
| 2011年 | 11月 | 27日 | 12:05 | 山羊 |
| 2011年 | 11月 | 29日 | 16:01 | 水瓶 |
| 2011年 | 12月 | 1日 | 23:45 | 魚 |
| 2011年 | 12月 | 4日 | 10:51 | 牡羊 |
| 2011年 | 12月 | 6日 | 23:34 | 牡牛 |
| 2011年 | 12月 | 9日 | 11:52 | 双子 |
| 2011年 | 12月 | 11日 | 22:26 | 蟹 |
| 2011年 | 12月 | 14日 | 06:48 | 獅子 |
| 2011年 | 12月 | 16日 | 12:58 | 乙女 |
| 2011年 | 12月 | 18日 | 17:06 | 天秤 |
| 2011年 | 12月 | 20日 | 19:33 | 蠍 |
| 2011年 | 12月 | 22日 | 21:03 | 射手 |
| 2011年 | 12月 | 24日 | 22:48 | 山羊 |
| 2011年 | 12月 | 27日 | 02:15 | 水瓶 |
| 2011年 | 12月 | 29日 | 08:45 | 魚 |
| 2011年 | 12月 | 31日 | 18:48 | 牡羊 |
| 2012年 | 1月 | 3日 | 07:16 | 牡牛 |
| 2012年 | 1月 | 5日 | 19:44 | 双子 |
| 2012年 | 1月 | 8日 | 06:05 | 蟹 |
| 2012年 | 1月 | 10日 | 13:35 | 獅子 |
| 2012年 | 1月 | 12日 | 18:44 | 乙女 |
| 2012年 | 1月 | 14日 | 22:28 | 天秤 |
| 2012年 | 1月 | 17日 | 01:34 | 蠍 |
| 2012年 | 1月 | 19日 | 04:29 | 射手 |
| 2012年 | 1月 | 21日 | 07:40 | 山羊 |
| 2012年 | 1月 | 23日 | 11:53 | 水瓶 |
| 2012年 | 1月 | 25日 | 18:11 | 魚 |
| 2012年 | 1月 | 28日 | 03:28 | 牡羊 |
| 2012年 | 1月 | 30日 | 15:28 | 牡牛 |
| 2012年 | 2月 | 2日 | 04:14 | 双子 |
| 2012年 | 2月 | 4日 | 15:04 | 蟹 |
| 2012年 | 2月 | 6日 | 22:24 | 獅子 |
| 2012年 | 2月 | 9日 | 02:33 | 乙女 |
| 2012年 | 2月 | 11日 | 04:55 | 天秤 |
| 2012年 | 2月 | 13日 | 07:01 | 蠍 |
| 2012年 | 2月 | 15日 | 09:56 | 射手 |
| 2012年 | 2月 | 17日 | 14:03 | 山羊 |
| 2012年 | 2月 | 19日 | 19:28 | 水瓶 |
| 2012年 | 2月 | 22日 | 02:31 | 魚 |
| 2012年 | 2月 | 24日 | 11:48 | 牡羊 |
| 2012年 | 2月 | 26日 | 23:29 | 牡牛 |
| 2012年 | 2月 | 29日 | 12:27 | 双子 |
| 2012年 | 3月 | 3日 | 00:08 | 蟹 |
| 2012年 | 3月 | 5日 | 08:17 | 獅子 |
| 2012年 | 3月 | 7日 | 12:27 | 乙女 |
| 2012年 | 3月 | 9日 | 13:51 | 天秤 |
| 2012年 | 3月 | 11日 | 14:24 | 蠍 |
| 2012年 | 3月 | 13日 | 15:54 | 射手 |
| 2012年 | 3月 | 15日 | 19:24 | 山羊 |
| 2012年 | 3月 | 18日 | 01:11 | 水瓶 |
| 2012年 | 3月 | 20日 | 09:05 | 魚 |
| 2012年 | 3月 | 22日 | 18:57 | 牡羊 |
| 2012年 | 3月 | 25日 | 06:43 | 牡牛 |
| 2012年 | 3月 | 27日 | 19:43 | 双子 |
| 2012年 | 3月 | 30日 | 08:07 | 蟹 |
| 2012年 | 4月 | 1日 | 17:35 | 獅子 |
| 2012年 | 4月 | 3日 | 22:53 | 乙女 |
| 2012年 | 4月 | 6日 | 00:33 | 天秤 |
| 2012年 | 4月 | 8日 | 00:18 | 蠍 |
| 2012年 | 4月 | 10日 | 00:13 | 射手 |
| 2012年 | 4月 | 12日 | 02:02 | 山羊 |
| 2012年 | 4月 | 14日 | 06:48 | 水瓶 |
| 2012年 | 4月 | 16日 | 14:38 | 魚 |
| 2012年 | 4月 | 19日 | 00:59 | 牡羊 |
| 2012年 | 4月 | 21日 | 13:05 | 牡牛 |
| 2012年 | 4月 | 24日 | 02:05 | 双子 |
| 2012年 | 4月 | 26日 | 14:42 | 蟹 |
| 2012年 | 4月 | 29日 | 01:10 | 獅子 |
| 2012年 | 5月 | 1日 | 08:02 | 乙女 |
| 2012年 | 5月 | 3日 | 11:04 | 天秤 |
| 2012年 | 5月 | 5日 | 11:20 | 蠍 |
| 2012年 | 5月 | 7日 | 10:39 | 射手 |
| 2012年 | 5月 | 9日 | 11:00 | 山羊 |
| 2012年 | 5月 | 11日 | 14:03 | 水瓶 |
| 2012年 | 5月 | 13日 | 20:41 | 魚 |
| 2012年 | 5月 | 16日 | 06:45 | 牡羊 |
| 2012年 | 5月 | 18日 | 19:03 | 牡牛 |
| 2012年 | 5月 | 21日 | 08:05 | 双子 |
| 2012年 | 5月 | 23日 | 20:31 | 蟹 |
| 2012年 | 5月 | 26日 | 07:11 | 獅子 |
| 2012年 | 5月 | 28日 | 15:06 | 乙女 |
| 2012年 | 5月 | 30日 | 19:46 | 天秤 |
| 2012年 | 6月 | 1日 | 21:32 | 蠍 |
| 2012年 | 6月 | 3日 | 21:33 | 射手 |
| 2012年 | 6月 | 5日 | 21:32 | 山羊 |
| 2012年 | 6月 | 7日 | 23:17 | 水瓶 |
| 2012年 | 6月 | 10日 | 04:22 | 魚 |
| 2012年 | 6月 | 12日 | 13:21 | 牡羊 |
| 2012年 | 6月 | 15日 | 01:21 | 牡牛 |
| 2012年 | 6月 | 17日 | 14:24 | 双子 |
| 2012年 | 6月 | 20日 | 02:33 | 蟹 |
| 2012年 | 6月 | 22日 | 12:47 | 獅子 |
| 2012年 | 6月 | 24日 | 20:42 | 乙女 |
| 2012年 | 6月 | 27日 | 02:15 | 天秤 |
| 2012年 | 6月 | 29日 | 05:32 | 蠍 |
| 2012年 | 7月 | 1日 | 07:04 | 射手 |
| 2012年 | 7月 | 3日 | 07:51 | 山羊 |
| 2012年 | 7月 | 5日 | 09:26 | 水瓶 |
| 2012年 | 7月 | 7日 | 13:29 | 魚 |
| 2012年 | 7月 | 9日 | 21:13 | 牡羊 |
| 2012年 | 7月 | 12日 | 08:30 | 牡牛 |
| 2012年 | 7月 | 14日 | 21:26 | 双子 |
| 2012年 | 7月 | 17日 | 09:31 | 蟹 |
| 2012年 | 7月 | 19日 | 19:13 | 獅子 |
| 2012年 | 7月 | 22日 | 02:24 | 乙女 |
| 2012年 | 7月 | 24日 | 07:38 | 天秤 |
| 2012年 | 7月 | 26日 | 11:29 | 蠍 |
| 2012年 | 7月 | 28日 | 14:18 | 射手 |
| 2012年 | 7月 | 30日 | 16:30 | 山羊 |
| 2012年 | 8月 | 1日 | 18:56 | 水瓶 |
| 2012年 | 8月 | 3日 | 22:58 | 魚 |
| 2012年 | 8月 | 6日 | 05:58 | 牡羊 |
| 2012年 | 8月 | 8日 | 16:27 | 牡牛 |
| 2012年 | 8月 | 11日 | 05:10 | 双子 |
| 2012年 | 8月 | 13日 | 17:27 | 蟹 |
| 2012年 | 8月 | 16日 | 03:04 | 獅子 |
| 2012年 | 8月 | 18日 | 09:33 | 乙女 |
| 2012年 | 8月 | 20日 | 13:46 | 天秤 |
| 2012年 | 8月 | 22日 | 16:54 | 蠍 |
| 2012年 | 8月 | 24日 | 19:50 | 射手 |
| 2012年 | 8月 | 26日 | 22:59 | 山羊 |
| 2012年 | 8月 | 29日 | 02:39 | 水瓶 |
| 2012年 | 8月 | 31日 | 07:31 | 魚 |
| 2012年 | 9月 | 2日 | 14:37 | 牡羊 |
| 2012年 | 9月 | 5日 | 00:41 | 牡牛 |
| 2012年 | 9月 | 7日 | 13:09 | 双子 |
| 2012年 | 9月 | 10日 | 01:49 | 蟹 |
| 2012年 | 9月 | 12日 | 12:00 | 獅子 |
| 2012年 | 9月 | 14日 | 18:31 | 乙女 |
| 2012年 | 9月 | 16日 | 21:56 | 天秤 |

| | | | |
|---|---|---|---|
| 2012年 | 9月18日 | 23:46 | 蠍 |
| 2012年 | 9月21日 | 01:34 | 射手 |
| 2012年 | 9月23日 | 04:20 | 山羊 |
| 2012年 | 9月25日 | 08:32 | 水瓶 |
| 2012年 | 9月27日 | 14:24 | 魚 |
| 2012年 | 9月29日 | 22:14 | 牡羊 |
| 2012年 | 10月2日 | 08:26 | 牡牛 |
| 2012年 | 10月4日 | 20:16 | 双子 |
| 2012年 | 10月7日 | 09:45 | 蟹 |
| 2012年 | 10月9日 | 20:54 | 獅子 |
| 2012年 | 10月12日 | 04:23 | 乙女 |
| 2012年 | 10月14日 | 08:02 | 天秤 |
| 2012年 | 10月16日 | 09:06 | 蠍 |
| 2012年 | 10月18日 | 09:26 | 射手 |
| 2012年 | 10月20日 | 10:41 | 山羊 |
| 2012年 | 10月22日 | 14:02 | 水瓶 |
| 2012年 | 10月24日 | 20:00 | 魚 |
| 2012年 | 10月27日 | 04:31 | 牡羊 |
| 2012年 | 10月29日 | 15:15 | 牡牛 |
| 2012年 | 11月1日 | 03:40 | 双子 |
| 2012年 | 11月3日 | 16:43 | 蟹 |
| 2012年 | 11月6日 | 04:39 | 獅子 |
| 2012年 | 11月8日 | 13:35 | 乙女 |
| 2012年 | 11月10日 | 18:35 | 天秤 |
| 2012年 | 11月12日 | 20:11 | 蠍 |
| 2012年 | 11月14日 | 19:53 | 射手 |
| 2012年 | 11月16日 | 19:36 | 山羊 |
| 2012年 | 11月18日 | 21:10 | 水瓶 |
| 2012年 | 11月21日 | 01:55 | 魚 |
| 2012年 | 11月23日 | 10:11 | 牡羊 |
| 2012年 | 11月25日 | 21:18 | 牡牛 |
| 2012年 | 11月28日 | 09:58 | 双子 |
| 2012年 | 11月30日 | 22:55 | 蟹 |
| 2012年 | 12月3日 | 10:57 | 獅子 |
| 2012年 | 12月5日 | 20:51 | 乙女 |
| 2012年 | 12月8日 | 03:35 | 天秤 |
| 2012年 | 12月10日 | 06:51 | 蠍 |
| 2012年 | 12月12日 | 07:22 | 射手 |
| 2012年 | 12月14日 | 06:43 | 山羊 |
| 2012年 | 12月16日 | 06:53 | 水瓶 |
| 2012年 | 12月18日 | 09:48 | 魚 |
| 2012年 | 12月20日 | 16:43 | 牡羊 |
| 2012年 | 12月23日 | 03:25 | 牡牛 |
| 2012年 | 12月25日 | 16:13 | 双子 |
| 2012年 | 12月28日 | 05:06 | 蟹 |
| 2012年 | 12月30日 | 16:45 | 獅子 |
| 2013年 | 1月2日 | 02:35 | 乙女 |
| 2013年 | 1月4日 | 10:11 | 天秤 |
| 2013年 | 1月6日 | 15:09 | 蠍 |
| 2013年 | 1月8日 | 17:28 | 射手 |
| 2013年 | 1月10日 | 17:55 | 山羊 |
| 2013年 | 1月12日 | 18:02 | 水瓶 |
| 2013年 | 1月14日 | 19:50 | 魚 |
| 2013年 | 1月17日 | 01:07 | 牡羊 |
| 2013年 | 1月19日 | 10:36 | 牡牛 |
| 2013年 | 1月21日 | 23:04 | 双子 |
| 2013年 | 1月24日 | 12:00 | 蟹 |
| 2013年 | 1月26日 | 23:20 | 獅子 |
| 2013年 | 1月29日 | 08:27 | 乙女 |
| 2013年 | 1月31日 | 15:36 | 天秤 |
| 2013年 | 2月2日 | 21:01 | 蠍 |
| 2013年 | 2月5日 | 00:45 | 射手 |
| 2013年 | 2月7日 | 02:55 | 山羊 |
| 2013年 | 2月9日 | 04:17 | 水瓶 |
| 2013年 | 2月11日 | 06:20 | 魚 |
| 2013年 | 2月13日 | 10:51 | 牡羊 |
| 2013年 | 2月15日 | 19:07 | 牡牛 |
| 2013年 | 2月18日 | 06:50 | 双子 |
| 2013年 | 2月20日 | 19:44 | 蟹 |
| 2013年 | 2月23日 | 07:12 | 獅子 |
| 2013年 | 2月25日 | 15:53 | 乙女 |
| 2013年 | 2月27日 | 22:02 | 天秤 |
| 2013年 | 3月2日 | 02:34 | 蠍 |
| 2013年 | 3月4日 | 06:11 | 射手 |
| 2013年 | 3月6日 | 09:14 | 山羊 |
| 2013年 | 3月8日 | 12:02 | 水瓶 |
| 2013年 | 3月10日 | 15:19 | 魚 |
| 2013年 | 3月12日 | 20:17 | 牡羊 |
| 2013年 | 3月15日 | 04:08 | 牡牛 |
| 2013年 | 3月17日 | 15:09 | 双子 |
| 2013年 | 3月20日 | 03:55 | 蟹 |
| 2013年 | 3月22日 | 15:49 | 獅子 |
| 2013年 | 3月25日 | 00:49 | 乙女 |
| 2013年 | 3月27日 | 06:32 | 天秤 |
| 2013年 | 3月29日 | 09:54 | 蠍 |
| 2013年 | 3月31日 | 12:13 | 射手 |
| 2013年 | 4月2日 | 14:35 | 山羊 |
| 2013年 | 4月4日 | 17:42 | 水瓶 |
| 2013年 | 4月6日 | 22:00 | 魚 |
| 2013年 | 4月9日 | 04:02 | 牡羊 |
| 2013年 | 4月11日 | 12:22 | 牡牛 |
| 2013年 | 4月13日 | 23:12 | 双子 |
| 2013年 | 4月16日 | 11:49 | 蟹 |
| 2013年 | 4月19日 | 00:13 | 獅子 |
| 2013年 | 4月21日 | 10:08 | 乙女 |
| 2013年 | 4月23日 | 16:25 | 天秤 |
| 2013年 | 4月25日 | 19:26 | 蠍 |
| 2013年 | 4月27日 | 20:32 | 射手 |
| 2013年 | 4月29日 | 21:22 | 山羊 |
| 2013年 | 5月1日 | 23:20 | 水瓶 |
| 2013年 | 5月4日 | 03:25 | 魚 |
| 2013年 | 5月6日 | 10:03 | 牡羊 |
| 2013年 | 5月8日 | 19:09 | 牡牛 |
| 2013年 | 5月11日 | 06:21 | 双子 |
| 2013年 | 5月13日 | 18:56 | 蟹 |
| 2013年 | 5月16日 | 07:37 | 獅子 |
| 2013年 | 5月18日 | 18:32 | 乙女 |
| 2013年 | 5月21日 | 02:07 | 天秤 |
| 2013年 | 5月23日 | 05:55 | 蠍 |
| 2013年 | 5月25日 | 06:49 | 射手 |
| 2013年 | 5月27日 | 06:29 | 山羊 |
| 2013年 | 5月29日 | 06:48 | 水瓶 |
| 2013年 | 5月31日 | 09:30 | 魚 |
| 2013年 | 6月2日 | 15:33 | 牡羊 |
| 2013年 | 6月5日 | 00:53 | 牡牛 |
| 2013年 | 6月7日 | 12:32 | 双子 |
| 2013年 | 6月10日 | 01:15 | 蟹 |
| 2013年 | 6月12日 | 13:58 | 獅子 |
| 2013年 | 6月15日 | 01:25 | 乙女 |
| 2013年 | 6月17日 | 10:19 | 天秤 |
| 2013年 | 6月19日 | 15:38 | 蠍 |
| 2013年 | 6月21日 | 17:31 | 射手 |
| 2013年 | 6月23日 | 17:09 | 山羊 |
| 2013年 | 6月25日 | 16:27 | 水瓶 |
| 2013年 | 6月27日 | 17:32 | 魚 |
| 2013年 | 6月29日 | 22:06 | 牡羊 |
| 2013年 | 7月2日 | 06:42 | 牡牛 |
| 2013年 | 7月4日 | 18:21 | 双子 |
| 2013年 | 7月7日 | 07:13 | 蟹 |
| 2013年 | 7月9日 | 19:48 | 獅子 |
| 2013年 | 7月12日 | 07:12 | 乙女 |
| 2013年 | 7月14日 | 16:40 | 天秤 |
| 2013年 | 7月16日 | 23:24 | 蠍 |
| 2013年 | 7月19日 | 02:54 | 射手 |
| 2013年 | 7月21日 | 03:39 | 山羊 |
| 2013年 | 7月23日 | 03:08 | 水瓶 |
| 2013年 | 7月25日 | 03:23 | 魚 |
| 2013年 | 7月27日 | 06:29 | 牡羊 |
| 2013年 | 7月29日 | 13:43 | 牡牛 |
| 2013年 | 8月1日 | 00:41 | 双子 |
| 2013年 | 8月3日 | 13:29 | 蟹 |
| 2013年 | 8月6日 | 01:57 | 獅子 |
| 2013年 | 8月8日 | 12:57 | 乙女 |
| 2013年 | 8月10日 | 22:08 | 天秤 |
| 2013年 | 8月13日 | 05:17 | 蠍 |
| 2013年 | 8月15日 | 10:04 | 射手 |
| 2013年 | 8月17日 | 12:25 | 山羊 |
| 2013年 | 8月19日 | 13:07 | 水瓶 |
| 2013年 | 8月21日 | 13:44 | 魚 |
| 2013年 | 8月23日 | 16:13 | 牡羊 |
| 2013年 | 8月25日 | 22:13 | 牡牛 |
| 2013年 | 8月28日 | 08:08 | 双子 |
| 2013年 | 8月30日 | 20:32 | 蟹 |
| 2013年 | 9月2日 | 09:01 | 獅子 |
| 2013年 | 9月4日 | 19:43 | 乙女 |
| 2013年 | 9月7日 | 04:12 | 天秤 |
| 2013年 | 9月9日 | 10:44 | 蠍 |
| 2013年 | 9月11日 | 15:36 | 射手 |
| 2013年 | 9月13日 | 18:56 | 山羊 |

| | | | |
|---|---|---|---|
| 2013年 | 9月15日 | 21:06 | 水瓶 |
| 2013年 | 9月17日 | 22:59 | 魚 |
| 2013年 | 9月20日 | 01:58 | 牡羊 |
| 2013年 | 9月22日 | 07:33 | 牡牛 |
| 2013年 | 9月24日 | 16:34 | 双子 |
| 2013年 | 9月27日 | 04:24 | 蟹 |
| 2013年 | 9月29日 | 16:57 | 獅子 |
| 2013年 | 10月2日 | 03:51 | 乙女 |
| 2013年 | 10月4日 | 11:59 | 天秤 |
| 2013年 | 10月6日 | 17:33 | 蠍 |
| 2013年 | 10月8日 | 21:22 | 射手 |
| 2013年 | 10月11日 | 00:17 | 山羊 |
| 2013年 | 10月13日 | 03:00 | 水瓶 |
| 2013年 | 10月15日 | 06:06 | 魚 |
| 2013年 | 10月17日 | 10:18 | 牡羊 |
| 2013年 | 10月19日 | 16:27 | 牡牛 |
| 2013年 | 10月22日 | 01:14 | 双子 |
| 2013年 | 10月24日 | 12:36 | 蟹 |
| 2013年 | 10月27日 | 01:11 | 獅子 |
| 2013年 | 10月29日 | 12:44 | 乙女 |
| 2013年 | 10月31日 | 21:21 | 天秤 |
| 2013年 | 11月3日 | 02:35 | 蠍 |
| 2013年 | 11月5日 | 05:14 | 射手 |
| 2013年 | 11月7日 | 06:44 | 山羊 |
| 2013年 | 11月9日 | 08:30 | 水瓶 |
| 2013年 | 11月11日 | 11:36 | 魚 |
| 2013年 | 11月13日 | 16:39 | 牡羊 |
| 2013年 | 11月15日 | 23:49 | 牡牛 |
| 2013年 | 11月18日 | 09:07 | 双子 |
| 2013年 | 11月20日 | 20:23 | 蟹 |
| 2013年 | 11月23日 | 08:56 | 獅子 |
| 2013年 | 11月25日 | 21:10 | 乙女 |
| 2013年 | 11月28日 | 06:59 | 天秤 |
| 2013年 | 11月30日 | 13:03 | 蠍 |
| 2013年 | 12月2日 | 15:32 | 射手 |
| 2013年 | 12月4日 | 15:50 | 山羊 |
| 2013年 | 12月6日 | 15:54 | 水瓶 |
| 2013年 | 12月8日 | 17:34 | 魚 |
| 2013年 | 12月10日 | 22:05 | 牡羊 |
| 2013年 | 12月13日 | 05:40 | 牡牛 |
| 2013年 | 12月15日 | 15:40 | 双子 |
| 2013年 | 12月18日 | 03:17 | 蟹 |
| 2013年 | 12月20日 | 15:47 | 獅子 |
| 2013年 | 12月23日 | 04:19 | 乙女 |
| 2013年 | 12月25日 | 15:17 | 天秤 |
| 2013年 | 12月27日 | 22:57 | 蠍 |
| 2013年 | 12月30日 | 02:37 | 射手 |
| 2014年 | 1月1日 | 03:02 | 山羊 |
| 2014年 | 1月3日 | 02:04 | 水瓶 |
| 2014年 | 1月5日 | 01:59 | 魚 |
| 2014年 | 1月7日 | 04:45 | 牡羊 |
| 2014年 | 1月9日 | 11:24 | 牡牛 |
| 2014年 | 1月11日 | 21:25 | 双子 |
| 2014年 | 1月14日 | 09:25 | 蟹 |
| 2014年 | 1月16日 | 22:00 | 獅子 |
| 2014年 | 1月19日 | 10:23 | 乙女 |
| 2014年 | 1月21日 | 21:43 | 天秤 |
| 2014年 | 1月24日 | 06:43 | 蠍 |
| 2014年 | 1月26日 | 12:13 | 射手 |
| 2014年 | 1月28日 | 14:05 | 山羊 |
| 2014年 | 1月30日 | 13:34 | 水瓶 |
| 2014年 | 2月1日 | 12:45 | 魚 |
| 2014年 | 2月3日 | 13:55 | 牡羊 |
| 2014年 | 2月5日 | 18:46 | 牡牛 |
| 2014年 | 2月8日 | 03:43 | 双子 |
| 2014年 | 2月10日 | 15:32 | 蟹 |
| 2014年 | 2月13日 | 04:15 | 獅子 |
| 2014年 | 2月15日 | 16:25 | 乙女 |
| 2014年 | 2月18日 | 03:22 | 天秤 |
| 2014年 | 2月20日 | 12:33 | 蠍 |
| 2014年 | 2月22日 | 19:11 | 射手 |
| 2014年 | 2月24日 | 22:50 | 山羊 |
| 2014年 | 2月26日 | 23:56 | 水瓶 |
| 2014年 | 2月28日 | 23:54 | 魚 |
| 2014年 | 3月3日 | 00:40 | 牡羊 |
| 2014年 | 3月5日 | 04:12 | 牡牛 |
| 2014年 | 3月7日 | 11:37 | 双子 |
| 2014年 | 3月9日 | 22:32 | 蟹 |
| 2014年 | 3月12日 | 11:08 | 獅子 |
| 2014年 | 3月14日 | 23:17 | 乙女 |
| 2014年 | 3月17日 | 09:46 | 天秤 |
| 2014年 | 3月19日 | 18:13 | 蠍 |
| 2014年 | 3月22日 | 00:39 | 射手 |
| 2014年 | 3月24日 | 05:03 | 山羊 |
| 2014年 | 3月26日 | 07:39 | 水瓶 |
| 2014年 | 3月28日 | 09:10 | 魚 |
| 2014年 | 3月30日 | 10:54 | 牡羊 |
| 2014年 | 4月1日 | 14:20 | 牡牛 |
| 2014年 | 4月3日 | 20:48 | 双子 |
| 2014年 | 4月6日 | 06:39 | 蟹 |
| 2014年 | 4月8日 | 18:50 | 獅子 |
| 2014年 | 4月11日 | 07:07 | 乙女 |
| 2014年 | 4月13日 | 17:33 | 天秤 |
| 2014年 | 4月16日 | 01:20 | 蠍 |
| 2014年 | 4月18日 | 06:44 | 射手 |
| 2014年 | 4月20日 | 10:28 | 山羊 |
| 2014年 | 4月22日 | 13:18 | 水瓶 |
| 2014年 | 4月24日 | 15:55 | 魚 |
| 2014年 | 4月26日 | 19:01 | 牡羊 |
| 2014年 | 4月28日 | 23:24 | 牡牛 |
| 2014年 | 5月1日 | 05:56 | 双子 |
| 2014年 | 5月3日 | 15:13 | 蟹 |
| 2014年 | 5月6日 | 02:55 | 獅子 |
| 2014年 | 5月8日 | 15:24 | 乙女 |
| 2014年 | 5月11日 | 02:19 | 天秤 |
| 2014年 | 5月13日 | 10:07 | 蠍 |
| 2014年 | 5月15日 | 14:44 | 射手 |
| 2014年 | 5月17日 | 17:12 | 山羊 |
| 2014年 | 5月19日 | 18:58 | 水瓶 |
| 2014年 | 5月21日 | 21:19 | 魚 |
| 2014年 | 5月24日 | 01:01 | 牡羊 |
| 2014年 | 5月26日 | 06:28 | 牡牛 |
| 2014年 | 5月28日 | 13:47 | 双子 |
| 2014年 | 5月30日 | 23:13 | 蟹 |
| 2014年 | 6月2日 | 10:43 | 獅子 |
| 2014年 | 6月4日 | 23:19 | 乙女 |
| 2014年 | 6月7日 | 11:01 | 天秤 |
| 2014年 | 6月9日 | 19:38 | 蠍 |
| 2014年 | 6月12日 | 00:23 | 射手 |
| 2014年 | 6月14日 | 02:05 | 山羊 |
| 2014年 | 6月16日 | 02:28 | 水瓶 |
| 2014年 | 6月18日 | 03:26 | 魚 |
| 2014年 | 6月20日 | 06:26 | 牡羊 |
| 2014年 | 6月22日 | 12:03 | 牡牛 |
| 2014年 | 6月24日 | 20:05 | 双子 |
| 2014年 | 6月27日 | 06:05 | 蟹 |
| 2014年 | 6月29日 | 17:42 | 獅子 |
| 2014年 | 7月2日 | 06:23 | 乙女 |
| 2014年 | 7月4日 | 18:42 | 天秤 |
| 2014年 | 7月7日 | 04:33 | 蠍 |
| 2014年 | 7月9日 | 10:24 | 射手 |
| 2014年 | 7月11日 | 12:25 | 山羊 |
| 2014年 | 7月13日 | 12:07 | 水瓶 |
| 2014年 | 7月15日 | 11:40 | 魚 |
| 2014年 | 7月17日 | 13:07 | 牡羊 |
| 2014年 | 7月19日 | 17:42 | 牡牛 |
| 2014年 | 7月22日 | 01:36 | 双子 |
| 2014年 | 7月24日 | 11:59 | 蟹 |
| 2014年 | 7月26日 | 23:54 | 獅子 |
| 2014年 | 7月29日 | 12:37 | 乙女 |
| 2014年 | 8月1日 | 01:09 | 天秤 |
| 2014年 | 8月3日 | 11:57 | 蠍 |
| 2014年 | 8月5日 | 19:18 | 射手 |
| 2014年 | 8月7日 | 22:39 | 山羊 |
| 2014年 | 8月9日 | 22:53 | 水瓶 |
| 2014年 | 8月11日 | 21:56 | 魚 |
| 2014年 | 8月13日 | 22:01 | 牡羊 |
| 2014年 | 8月16日 | 00:58 | 牡牛 |
| 2014年 | 8月18日 | 07:41 | 双子 |
| 2014年 | 8月20日 | 17:44 | 蟹 |
| 2014年 | 8月23日 | 05:49 | 獅子 |
| 2014年 | 8月25日 | 18:32 | 乙女 |
| 2014年 | 8月28日 | 06:54 | 天秤 |
| 2014年 | 8月30日 | 17:52 | 蠍 |
| 2014年 | 9月2日 | 02:16 | 射手 |
| 2014年 | 9月4日 | 07:15 | 山羊 |
| 2014年 | 9月6日 | 08:59 | 水瓶 |
| 2014年 | 9月8日 | 08:47 | 魚 |
| 2014年 | 9月10日 | 08:33 | 牡羊 |

| | | | |
|---|---|---|---|
| 2014年 | 9月12日 | 10:17 | 牡牛 |
| 2014年 | 9月14日 | 15:26 | 双子 |
| 2014年 | 9月17日 | 00:24 | 蟹 |
| 2014年 | 9月19日 | 12:10 | 獅子 |
| 2014年 | 9月22日 | 00:54 | 乙女 |
| 2014年 | 9月24日 | 12:59 | 天秤 |
| 2014年 | 9月26日 | 23:29 | 蠍 |
| 2014年 | 9月29日 | 07:50 | 射手 |
| 2014年 | 10月1日 | 13:41 | 山羊 |
| 2014年 | 10月3日 | 17:00 | 水瓶 |
| 2014年 | 10月5日 | 18:25 | 魚 |
| 2014年 | 10月7日 | 19:07 | 牡羊 |
| 2014年 | 10月9日 | 20:44 | 牡牛 |
| 2014年 | 10月12日 | 00:51 | 双子 |
| 2014年 | 10月14日 | 08:30 | 蟹 |
| 2014年 | 10月16日 | 19:29 | 獅子 |
| 2014年 | 10月19日 | 08:08 | 乙女 |
| 2014年 | 10月21日 | 20:11 | 天秤 |
| 2014年 | 10月24日 | 06:10 | 蠍 |
| 2014年 | 10月26日 | 13:40 | 射手 |
| 2014年 | 10月28日 | 19:03 | 山羊 |
| 2014年 | 10月30日 | 22:52 | 水瓶 |
| 2014年 | 11月2日 | 01:37 | 魚 |
| 2014年 | 11月4日 | 03:54 | 牡羊 |
| 2014年 | 11月6日 | 06:33 | 牡牛 |
| 2014年 | 11月8日 | 10:45 | 双子 |
| 2014年 | 11月10日 | 17:38 | 蟹 |
| 2014年 | 11月13日 | 03:44 | 獅子 |
| 2014年 | 11月15日 | 16:08 | 乙女 |
| 2014年 | 11月18日 | 04:29 | 天秤 |
| 2014年 | 11月20日 | 14:31 | 蠍 |
| 2014年 | 11月22日 | 21:19 | 射手 |
| 2014年 | 11月25日 | 01:32 | 山羊 |
| 2014年 | 11月27日 | 04:23 | 水瓶 |
| 2014年 | 11月29日 | 07:03 | 魚 |
| 2014年 | 12月1日 | 10:14 | 牡羊 |
| 2014年 | 12月3日 | 14:15 | 牡牛 |
| 2014年 | 12月5日 | 19:28 | 双子 |
| 2014年 | 12月8日 | 02:34 | 蟹 |
| 2014年 | 12月10日 | 12:14 | 獅子 |
| 2014年 | 12月13日 | 00:18 | 乙女 |
| 2014年 | 12月15日 | 13:04 | 天秤 |
| 2014年 | 12月17日 | 23:51 | 蠍 |
| 2014年 | 12月20日 | 06:55 | 射手 |
| 2014年 | 12月22日 | 10:25 | 山羊 |
| 2014年 | 12月24日 | 11:52 | 水瓶 |
| 2014年 | 12月26日 | 13:07 | 魚 |
| 2014年 | 12月28日 | 15:35 | 牡羊 |
| 2014年 | 12月30日 | 19:56 | 牡牛 |
| 2015年 | 1月2日 | 02:09 | 双子 |
| 2015年 | 1月4日 | 10:08 | 蟹 |
| 2015年 | 1月6日 | 20:03 | 獅子 |
| 2015年 | 1月9日 | 07:58 | 乙女 |
| 2015年 | 1月11日 | 20:56 | 天秤 |
| 2015年 | 1月14日 | 08:44 | 蠍 |
| 2015年 | 1月16日 | 17:01 | 射手 |
| 2015年 | 1月18日 | 21:04 | 山羊 |
| 2015年 | 1月20日 | 22:00 | 水瓶 |
| 2015年 | 1月22日 | 21:49 | 魚 |
| 2015年 | 1月24日 | 22:32 | 牡羊 |
| 2015年 | 1月27日 | 01:37 | 牡牛 |
| 2015年 | 1月29日 | 07:36 | 双子 |
| 2015年 | 1月31日 | 16:08 | 蟹 |
| 2015年 | 2月3日 | 02:41 | 獅子 |
| 2015年 | 2月5日 | 14:46 | 乙女 |
| 2015年 | 2月8日 | 03:43 | 天秤 |
| 2015年 | 2月10日 | 16:05 | 蠍 |
| 2015年 | 2月13日 | 01:46 | 射手 |
| 2015年 | 2月15日 | 07:24 | 山羊 |
| 2015年 | 2月17日 | 09:13 | 水瓶 |
| 2015年 | 2月19日 | 08:47 | 魚 |
| 2015年 | 2月21日 | 08:13 | 牡羊 |
| 2015年 | 2月23日 | 09:28 | 牡牛 |
| 2015年 | 2月25日 | 13:54 | 双子 |
| 2015年 | 2月27日 | 21:49 | 蟹 |
| 2015年 | 3月2日 | 08:34 | 獅子 |
| 2015年 | 3月4日 | 20:57 | 乙女 |
| 2015年 | 3月7日 | 09:52 | 天秤 |
| 2015年 | 3月9日 | 22:09 | 蠍 |
| 2015年 | 3月12日 | 08:30 | 射手 |
| 2015年 | 3月14日 | 15:40 | 山羊 |
| 2015年 | 3月16日 | 19:14 | 水瓶 |
| 2015年 | 3月18日 | 19:59 | 魚 |
| 2015年 | 3月20日 | 19:29 | 牡羊 |
| 2015年 | 3月22日 | 19:41 | 牡牛 |
| 2015年 | 3月24日 | 22:22 | 双子 |
| 2015年 | 3月27日 | 04:45 | 蟹 |
| 2015年 | 3月29日 | 14:48 | 獅子 |
| 2015年 | 4月1日 | 03:12 | 乙女 |
| 2015年 | 4月3日 | 16:07 | 天秤 |
| 2015年 | 4月6日 | 04:04 | 蠍 |
| 2015年 | 4月8日 | 14:08 | 射手 |
| 2015年 | 4月10日 | 21:47 | 山羊 |
| 2015年 | 4月13日 | 02:44 | 水瓶 |
| 2015年 | 4月15日 | 05:12 | 魚 |
| 2015年 | 4月17日 | 06:00 | 牡羊 |
| 2015年 | 4月19日 | 06:32 | 牡牛 |
| 2015年 | 4月21日 | 08:28 | 双子 |
| 2015年 | 4月23日 | 13:25 | 蟹 |
| 2015年 | 4月25日 | 22:12 | 獅子 |
| 2015年 | 4月28日 | 10:07 | 乙女 |
| 2015年 | 4月30日 | 23:02 | 天秤 |
| 2015年 | 5月3日 | 10:47 | 蠍 |
| 2015年 | 5月5日 | 20:13 | 射手 |
| 2015年 | 5月8日 | 03:16 | 山羊 |
| 2015年 | 5月10日 | 08:22 | 水瓶 |
| 2015年 | 5月12日 | 11:53 | 魚 |
| 2015年 | 5月14日 | 14:14 | 牡羊 |
| 2015年 | 5月16日 | 16:03 | 牡牛 |
| 2015年 | 5月18日 | 18:28 | 双子 |
| 2015年 | 5月20日 | 22:56 | 蟹 |
| 2015年 | 5月23日 | 06:42 | 獅子 |
| 2015年 | 5月25日 | 17:51 | 乙女 |
| 2015年 | 5月28日 | 06:42 | 天秤 |
| 2015年 | 5月30日 | 18:33 | 蠍 |
| 2015年 | 6月2日 | 03:39 | 射手 |
| 2015年 | 6月4日 | 09:50 | 山羊 |
| 2015年 | 6月6日 | 14:02 | 水瓶 |
| 2015年 | 6月8日 | 17:16 | 魚 |
| 2015年 | 6月10日 | 20:14 | 牡羊 |
| 2015年 | 6月12日 | 23:16 | 牡牛 |
| 2015年 | 6月15日 | 02:51 | 双子 |
| 2015年 | 6月17日 | 07:51 | 蟹 |
| 2015年 | 6月19日 | 15:22 | 獅子 |
| 2015年 | 6月22日 | 01:58 | 乙女 |
| 2015年 | 6月24日 | 14:40 | 天秤 |
| 2015年 | 6月27日 | 02:56 | 蠍 |
| 2015年 | 6月29日 | 12:21 | 射手 |
| 2015年 | 7月1日 | 18:11 | 山羊 |
| 2015年 | 7月3日 | 21:21 | 水瓶 |
| 2015年 | 7月5日 | 23:23 | 魚 |
| 2015年 | 7月8日 | 01:38 | 牡羊 |
| 2015年 | 7月10日 | 04:49 | 牡牛 |
| 2015年 | 7月12日 | 09:16 | 双子 |
| 2015年 | 7月14日 | 15:14 | 蟹 |
| 2015年 | 7月16日 | 23:15 | 獅子 |
| 2015年 | 7月19日 | 09:47 | 乙女 |
| 2015年 | 7月21日 | 22:22 | 天秤 |
| 2015年 | 7月24日 | 11:07 | 蠍 |
| 2015年 | 7月26日 | 21:24 | 射手 |
| 2015年 | 7月29日 | 03:47 | 山羊 |
| 2015年 | 7月31日 | 06:40 | 水瓶 |
| 2015年 | 8月2日 | 07:36 | 魚 |
| 2015年 | 8月4日 | 08:24 | 牡羊 |
| 2015年 | 8月6日 | 10:29 | 牡牛 |
| 2015年 | 8月8日 | 14:40 | 双子 |
| 2015年 | 8月10日 | 21:08 | 蟹 |
| 2015年 | 8月13日 | 05:52 | 獅子 |
| 2015年 | 8月15日 | 16:45 | 乙女 |
| 2015年 | 8月18日 | 05:22 | 天秤 |
| 2015年 | 8月20日 | 18:24 | 蠍 |
| 2015年 | 8月23日 | 05:41 | 射手 |
| 2015年 | 8月25日 | 13:22 | 山羊 |
| 2015年 | 8月27日 | 17:04 | 水瓶 |
| 2015年 | 8月29日 | 17:52 | 魚 |
| 2015年 | 8月31日 | 17:34 | 牡羊 |
| 2015年 | 9月2日 | 18:02 | 牡牛 |
| 2015年 | 9月4日 | 20:48 | 双子 |
| 2015年 | 9月7日 | 02:39 | 蟹 |

| | | | |
|---|---|---|---|
| 2015年 | 9月 9日 | 11:36 | 獅子 |
| 2015年 | 9月 11日 | 22:55 | 乙女 |
| 2015年 | 9月 14日 | 11:41 | 天秤 |
| 2015年 | 9月 17日 | 00:42 | 蠍 |
| 2015年 | 9月 19日 | 12:31 | 射手 |
| 2015年 | 9月 21日 | 21:32 | 山羊 |
| 2015年 | 9月 24日 | 02:51 | 水瓶 |
| 2015年 | 9月 26日 | 04:44 | 魚 |
| 2015年 | 9月 28日 | 04:29 | 牡羊 |
| 2015年 | 9月 30日 | 03:58 | 牡牛 |
| 2015年 | 10月 2日 | 05:04 | 双子 |
| 2015年 | 10月 4日 | 09:22 | 蟹 |
| 2015年 | 10月 6日 | 17:30 | 獅子 |
| 2015年 | 10月 9日 | 04:50 | 乙女 |
| 2015年 | 10月 11日 | 17:45 | 天秤 |
| 2015年 | 10月 14日 | 06:38 | 蠍 |
| 2015年 | 10月 16日 | 18:18 | 射手 |
| 2015年 | 10月 19日 | 03:52 | 山羊 |
| 2015年 | 10月 21日 | 10:38 | 水瓶 |
| 2015年 | 10月 23日 | 14:18 | 魚 |
| 2015年 | 10月 25日 | 15:22 | 牡羊 |
| 2015年 | 10月 27日 | 15:08 | 牡牛 |
| 2015年 | 10月 29日 | 15:25 | 双子 |
| 2015年 | 10月 31日 | 18:09 | 蟹 |
| 2015年 | 11月 3日 | 00:47 | 獅子 |
| 2015年 | 11月 5日 | 11:22 | 乙女 |
| 2015年 | 11月 8日 | 00:14 | 天秤 |
| 2015年 | 11月 10日 | 13:02 | 蠍 |
| 2015年 | 11月 13日 | 00:14 | 射手 |
| 2015年 | 11月 15日 | 09:21 | 山羊 |
| 2015年 | 11月 17日 | 16:24 | 水瓶 |
| 2015年 | 11月 19日 | 21:21 | 魚 |
| 2015年 | 11月 22日 | 00:13 | 牡羊 |
| 2015年 | 11月 24日 | 01:27 | 牡牛 |
| 2015年 | 11月 26日 | 02:16 | 双子 |
| 2015年 | 11月 28日 | 04:27 | 蟹 |
| 2015年 | 11月 30日 | 09:47 | 獅子 |
| 2015年 | 12月 2日 | 19:09 | 乙女 |
| 2015年 | 12月 5日 | 07:33 | 天秤 |
| 2015年 | 12月 7日 | 20:25 | 蠍 |
| 2015年 | 12月 10日 | 07:25 | 射手 |
| 2015年 | 12月 12日 | 15:47 | 山羊 |
| 2015年 | 12月 14日 | 21:59 | 水瓶 |
| 2015年 | 12月 17日 | 02:45 | 魚 |
| 2015年 | 12月 19日 | 06:26 | 牡羊 |
| 2015年 | 12月 21日 | 09:13 | 牡牛 |
| 2015年 | 12月 23日 | 11:31 | 双子 |
| 2015年 | 12月 25日 | 14:27 | 蟹 |
| 2015年 | 12月 27日 | 19:31 | 獅子 |
| 2015年 | 12月 30日 | 03:58 | 乙女 |
| 2016年 | 1月 1日 | 15:40 | 天秤 |
| 2016年 | 1月 4日 | 04:35 | 蠍 |
| 2016年 | 1月 6日 | 15:56 | 射手 |
| 2016年 | 1月 9日 | 00:07 | 山羊 |
| 2016年 | 1月 11日 | 05:23 | 水瓶 |
| 2016年 | 1月 13日 | 08:53 | 魚 |
| 2016年 | 1月 15日 | 11:48 | 牡羊 |
| 2016年 | 1月 17日 | 14:48 | 牡牛 |
| 2016年 | 1月 19日 | 18:13 | 双子 |
| 2016年 | 1月 21日 | 22:28 | 蟹 |
| 2016年 | 1月 24日 | 04:21 | 獅子 |
| 2016年 | 1月 26日 | 12:46 | 乙女 |
| 2016年 | 1月 28日 | 23:59 | 天秤 |
| 2016年 | 1月 31日 | 12:50 | 蠍 |
| 2016年 | 2月 3日 | 00:49 | 射手 |
| 2016年 | 2月 5日 | 09:44 | 山羊 |
| 2016年 | 2月 7日 | 14:59 | 水瓶 |
| 2016年 | 2月 9日 | 17:32 | 魚 |
| 2016年 | 2月 11日 | 18:55 | 牡羊 |
| 2016年 | 2月 13日 | 20:36 | 牡牛 |
| 2016年 | 2月 15日 | 23:35 | 双子 |
| 2016年 | 2月 18日 | 04:24 | 蟹 |
| 2016年 | 2月 20日 | 11:17 | 獅子 |
| 2016年 | 2月 22日 | 20:24 | 乙女 |
| 2016年 | 2月 25日 | 07:41 | 天秤 |
| 2016年 | 2月 27日 | 20:26 | 蠍 |
| 2016年 | 3月 1日 | 08:56 | 射手 |
| 2016年 | 3月 3日 | 19:01 | 山羊 |
| 2016年 | 3月 6日 | 01:22 | 水瓶 |
| 2016年 | 3月 8日 | 04:09 | 魚 |
| 2016年 | 3月 10日 | 04:40 | 牡羊 |
| 2016年 | 3月 12日 | 04:44 | 牡牛 |
| 2016年 | 3月 14日 | 06:04 | 双子 |
| 2016年 | 3月 16日 | 09:57 | 蟹 |
| 2016年 | 3月 18日 | 16:54 | 獅子 |
| 2016年 | 3月 21日 | 02:39 | 乙女 |
| 2016年 | 3月 23日 | 14:23 | 天秤 |
| 2016年 | 3月 26日 | 03:09 | 蠍 |
| 2016年 | 3月 28日 | 15:46 | 射手 |
| 2016年 | 3月 31日 | 02:44 | 山羊 |
| 2016年 | 4月 2日 | 10:37 | 水瓶 |
| 2016年 | 4月 4日 | 14:46 | 魚 |
| 2016年 | 4月 6日 | 15:46 | 牡羊 |
| 2016年 | 4月 8日 | 15:11 | 牡牛 |
| 2016年 | 4月 10日 | 14:59 | 双子 |
| 2016年 | 4月 12日 | 17:07 | 蟹 |
| 2016年 | 4月 14日 | 22:53 | 獅子 |
| 2016年 | 4月 17日 | 08:23 | 乙女 |
| 2016年 | 4月 19日 | 20:23 | 天秤 |
| 2016年 | 4月 22日 | 09:17 | 蠍 |
| 2016年 | 4月 24日 | 21:46 | 射手 |
| 2016年 | 4月 27日 | 08:54 | 山羊 |
| 2016年 | 4月 29日 | 17:46 | 水瓶 |
| 2016年 | 5月 1日 | 23:33 | 魚 |
| 2016年 | 5月 4日 | 02:04 | 牡羊 |
| 2016年 | 5月 6日 | 02:11 | 牡牛 |
| 2016年 | 5月 8日 | 01:35 | 双子 |
| 2016年 | 5月 10日 | 02:24 | 蟹 |
| 2016年 | 5月 12日 | 06:32 | 獅子 |
| 2016年 | 5月 14日 | 14:51 | 乙女 |
| 2016年 | 5月 17日 | 02:32 | 天秤 |
| 2016年 | 5月 19日 | 15:29 | 蠍 |
| 2016年 | 5月 22日 | 03:48 | 射手 |
| 2016年 | 5月 24日 | 14:34 | 山羊 |
| 2016年 | 5月 26日 | 23:27 | 水瓶 |
| 2016年 | 5月 29日 | 06:06 | 魚 |
| 2016年 | 5月 31日 | 10:09 | 牡羊 |
| 2016年 | 6月 2日 | 11:47 | 牡牛 |
| 2016年 | 6月 4日 | 12:02 | 双子 |
| 2016年 | 6月 6日 | 12:42 | 蟹 |
| 2016年 | 6月 8日 | 15:47 | 獅子 |
| 2016年 | 6月 10日 | 22:45 | 乙女 |
| 2016年 | 6月 13日 | 09:33 | 天秤 |
| 2016年 | 6月 15日 | 22:18 | 蠍 |
| 2016年 | 6月 18日 | 10:34 | 射手 |
| 2016年 | 6月 20日 | 20:55 | 山羊 |
| 2016年 | 6月 23日 | 05:08 | 水瓶 |
| 2016年 | 6月 25日 | 11:30 | 魚 |
| 2016年 | 6月 27日 | 16:08 | 牡羊 |
| 2016年 | 6月 29日 | 19:03 | 牡牛 |
| 2016年 | 7月 1日 | 20:45 | 双子 |
| 2016年 | 7月 3日 | 22:21 | 蟹 |
| 2016年 | 7月 6日 | 01:28 | 獅子 |
| 2016年 | 7月 8日 | 07:41 | 乙女 |
| 2016年 | 7月 10日 | 17:32 | 天秤 |
| 2016年 | 7月 13日 | 05:52 | 蠍 |
| 2016年 | 7月 15日 | 18:14 | 射手 |
| 2016年 | 7月 18日 | 04:33 | 山羊 |
| 2016年 | 7月 20日 | 12:10 | 水瓶 |
| 2016年 | 7月 22日 | 17:35 | 魚 |
| 2016年 | 7月 24日 | 21:33 | 牡羊 |
| 2016年 | 7月 27日 | 00:38 | 牡牛 |
| 2016年 | 7月 29日 | 03:17 | 双子 |
| 2016年 | 7月 31日 | 06:09 | 蟹 |
| 2016年 | 8月 2日 | 10:12 | 獅子 |
| 2016年 | 8月 4日 | 16:34 | 乙女 |
| 2016年 | 8月 7日 | 01:56 | 天秤 |
| 2016年 | 8月 9日 | 13:51 | 蠍 |
| 2016年 | 8月 12日 | 02:23 | 射手 |
| 2016年 | 8月 14日 | 13:11 | 山羊 |
| 2016年 | 8月 16日 | 20:52 | 水瓶 |
| 2016年 | 8月 19日 | 01:34 | 魚 |
| 2016年 | 8月 21日 | 04:19 | 牡羊 |
| 2016年 | 8月 23日 | 06:19 | 牡牛 |
| 2016年 | 8月 25日 | 08:40 | 双子 |
| 2016年 | 8月 27日 | 12:06 | 蟹 |
| 2016年 | 8月 29日 | 17:11 | 獅子 |
| 2016年 | 9月 1日 | 00:22 | 乙女 |
| 2016年 | 9月 3日 | 09:55 | 天秤 |

| | | | | |
|---|---|---|---|---|
| 2016年 | 9月 | 5日 | 21:38 | 蠍 |
| 2016年 | 9月 | 8日 | 10:20 | 射手 |
| 2016年 | 9月 | 10日 | 21:54 | 山羊 |
| 2016年 | 9月 | 13日 | 06:28 | 水瓶 |
| 2016年 | 9月 | 15日 | 11:23 | 魚 |
| 2016年 | 9月 | 17日 | 13:23 | 牡羊 |
| 2016年 | 9月 | 19日 | 13:58 | 牡牛 |
| 2016年 | 9月 | 21日 | 14:53 | 双子 |
| 2016年 | 9月 | 23日 | 17:33 | 蟹 |
| 2016年 | 9月 | 25日 | 22:48 | 獅子 |
| 2016年 | 9月 | 28日 | 06:43 | 乙女 |
| 2016年 | 9月 | 30日 | 16:52 | 天秤 |
| 2016年 | 10月 | 3日 | 04:43 | 蠍 |
| 2016年 | 10月 | 5日 | 17:26 | 射手 |
| 2016年 | 10月 | 8日 | 05:40 | 山羊 |
| 2016年 | 10月 | 10日 | 15:33 | 水瓶 |
| 2016年 | 10月 | 12日 | 21:43 | 魚 |
| 2016年 | 10月 | 15日 | 00:09 | 牡羊 |
| 2016年 | 10月 | 17日 | 00:05 | 牡牛 |
| 2016年 | 10月 | 18日 | 23:31 | 双子 |
| 2016年 | 10月 | 21日 | 00:29 | 蟹 |
| 2016年 | 10月 | 23日 | 04:34 | 獅子 |
| 2016年 | 10月 | 25日 | 12:16 | 乙女 |
| 2016年 | 10月 | 27日 | 22:50 | 天秤 |
| 2016年 | 10月 | 30日 | 11:01 | 蠍 |
| 2016年 | 11月 | 1日 | 23:43 | 射手 |
| 2016年 | 11月 | 4日 | 12:05 | 山羊 |
| 2016年 | 11月 | 6日 | 22:55 | 水瓶 |
| 2016年 | 11月 | 9日 | 06:45 | 魚 |
| 2016年 | 11月 | 11日 | 10:45 | 牡羊 |
| 2016年 | 11月 | 13日 | 11:24 | 牡牛 |
| 2016年 | 11月 | 15日 | 10:23 | 双子 |
| 2016年 | 11月 | 17日 | 09:57 | 蟹 |
| 2016年 | 11月 | 19日 | 12:14 | 獅子 |
| 2016年 | 11月 | 21日 | 18:34 | 乙女 |
| 2016年 | 11月 | 24日 | 04:42 | 天秤 |
| 2016年 | 11月 | 26日 | 17:01 | 蠍 |
| 2016年 | 11月 | 29日 | 05:46 | 射手 |
| 2016年 | 12月 | 1日 | 17:52 | 山羊 |
| 2016年 | 12月 | 4日 | 04:44 | 水瓶 |
| 2016年 | 12月 | 6日 | 13:31 | 魚 |
| 2016年 | 12月 | 8日 | 19:15 | 牡羊 |
| 2016年 | 12月 | 10日 | 21:41 | 牡牛 |
| 2016年 | 12月 | 12日 | 21:42 | 双子 |
| 2016年 | 12月 | 14日 | 21:10 | 蟹 |
| 2016年 | 12月 | 16日 | 22:15 | 獅子 |
| 2016年 | 12月 | 19日 | 02:52 | 乙女 |
| 2016年 | 12月 | 21日 | 11:39 | 天秤 |
| 2016年 | 12月 | 23日 | 23:32 | 蠍 |
| 2016年 | 12月 | 26日 | 12:19 | 射手 |
| 2016年 | 12月 | 29日 | 00:12 | 山羊 |
| 2016年 | 12月 | 31日 | 10:29 | 水瓶 |
| 2017年 | 1月 | 2日 | 18:57 | 魚 |

| | | | | |
|---|---|---|---|---|
| 2017年 | 1月 | 5日 | 01:19 | 牡羊 |
| 2017年 | 1月 | 7日 | 05:18 | 牡牛 |
| 2017年 | 1月 | 9日 | 07:06 | 双子 |
| 2017年 | 1月 | 11日 | 07:49 | 蟹 |
| 2017年 | 1月 | 13日 | 09:08 | 獅子 |
| 2017年 | 1月 | 15日 | 12:52 | 乙女 |
| 2017年 | 1月 | 17日 | 20:16 | 天秤 |
| 2017年 | 1月 | 20日 | 07:09 | 蠍 |
| 2017年 | 1月 | 22日 | 19:45 | 射手 |
| 2017年 | 1月 | 25日 | 07:43 | 山羊 |
| 2017年 | 1月 | 27日 | 17:37 | 水瓶 |
| 2017年 | 1月 | 30日 | 01:10 | 魚 |
| 2017年 | 2月 | 1日 | 06:47 | 牡羊 |
| 2017年 | 2月 | 3日 | 10:50 | 牡牛 |
| 2017年 | 2月 | 5日 | 13:44 | 双子 |
| 2017年 | 2月 | 7日 | 16:03 | 蟹 |
| 2017年 | 2月 | 9日 | 18:41 | 獅子 |
| 2017年 | 2月 | 11日 | 22:52 | 乙女 |
| 2017年 | 2月 | 14日 | 05:43 | 天秤 |
| 2017年 | 2月 | 16日 | 15:40 | 蠍 |
| 2017年 | 2月 | 19日 | 03:52 | 射手 |
| 2017年 | 2月 | 21日 | 16:07 | 山羊 |
| 2017年 | 2月 | 24日 | 02:17 | 水瓶 |
| 2017年 | 2月 | 26日 | 09:24 | 魚 |
| 2017年 | 2月 | 28日 | 13:52 | 牡羊 |
| 2017年 | 3月 | 2日 | 16:43 | 牡牛 |
| 2017年 | 3月 | 4日 | 19:06 | 双子 |
| 2017年 | 3月 | 6日 | 21:54 | 蟹 |
| 2017年 | 3月 | 9日 | 01:46 | 獅子 |
| 2017年 | 3月 | 11日 | 07:07 | 乙女 |
| 2017年 | 3月 | 13日 | 14:28 | 天秤 |
| 2017年 | 3月 | 16日 | 00:10 | 蠍 |
| 2017年 | 3月 | 18日 | 12:00 | 射手 |
| 2017年 | 3月 | 21日 | 00:30 | 山羊 |
| 2017年 | 3月 | 23日 | 11:28 | 水瓶 |
| 2017年 | 3月 | 25日 | 19:06 | 魚 |
| 2017年 | 3月 | 27日 | 23:11 | 牡羊 |
| 2017年 | 3月 | 30日 | 00:48 | 牡牛 |
| 2017年 | 4月 | 1日 | 01:41 | 双子 |
| 2017年 | 4月 | 3日 | 03:27 | 蟹 |
| 2017年 | 4月 | 5日 | 07:13 | 獅子 |
| 2017年 | 4月 | 7日 | 13:20 | 乙女 |
| 2017年 | 4月 | 9日 | 21:34 | 天秤 |
| 2017年 | 4月 | 12日 | 07:42 | 蠍 |
| 2017年 | 4月 | 14日 | 19:26 | 射手 |
| 2017年 | 4月 | 17日 | 08:04 | 山羊 |
| 2017年 | 4月 | 19日 | 19:51 | 水瓶 |
| 2017年 | 4月 | 22日 | 04:42 | 魚 |
| 2017年 | 4月 | 24日 | 09:32 | 牡羊 |
| 2017年 | 4月 | 26日 | 10:56 | 牡牛 |
| 2017年 | 4月 | 28日 | 10:39 | 双子 |
| 2017年 | 4月 | 30日 | 10:48 | 蟹 |
| 2017年 | 5月 | 2日 | 13:12 | 獅子 |

| | | | | |
|---|---|---|---|---|
| 2017年 | 5月 | 4日 | 18:46 | 乙女 |
| 2017年 | 5月 | 7日 | 03:20 | 天秤 |
| 2017年 | 5月 | 9日 | 14:00 | 蠍 |
| 2017年 | 5月 | 12日 | 01:59 | 射手 |
| 2017年 | 5月 | 14日 | 14:37 | 山羊 |
| 2017年 | 5月 | 17日 | 02:49 | 水瓶 |
| 2017年 | 5月 | 19日 | 12:52 | 魚 |
| 2017年 | 5月 | 21日 | 19:10 | 牡羊 |
| 2017年 | 5月 | 23日 | 21:33 | 牡牛 |
| 2017年 | 5月 | 25日 | 21:16 | 双子 |
| 2017年 | 5月 | 27日 | 20:25 | 蟹 |
| 2017年 | 5月 | 29日 | 21:12 | 獅子 |
| 2017年 | 6月 | 1日 | 01:16 | 乙女 |
| 2017年 | 6月 | 3日 | 09:04 | 天秤 |
| 2017年 | 6月 | 5日 | 19:46 | 蠍 |
| 2017年 | 6月 | 8日 | 07:59 | 射手 |
| 2017年 | 6月 | 10日 | 20:36 | 山羊 |
| 2017年 | 6月 | 13日 | 08:45 | 水瓶 |
| 2017年 | 6月 | 15日 | 19:17 | 魚 |
| 2017年 | 6月 | 18日 | 02:54 | 牡羊 |
| 2017年 | 6月 | 20日 | 06:53 | 牡牛 |
| 2017年 | 6月 | 22日 | 07:44 | 双子 |
| 2017年 | 6月 | 24日 | 07:07 | 蟹 |
| 2017年 | 6月 | 26日 | 07:07 | 獅子 |
| 2017年 | 6月 | 28日 | 09:41 | 乙女 |
| 2017年 | 6月 | 30日 | 16:02 | 天秤 |
| 2017年 | 7月 | 3日 | 01:59 | 蠍 |
| 2017年 | 7月 | 5日 | 14:08 | 射手 |
| 2017年 | 7月 | 8日 | 02:44 | 山羊 |
| 2017年 | 7月 | 10日 | 14:35 | 水瓶 |
| 2017年 | 7月 | 13日 | 00:51 | 魚 |
| 2017年 | 7月 | 15日 | 08:52 | 牡羊 |
| 2017年 | 7月 | 17日 | 14:04 | 牡牛 |
| 2017年 | 7月 | 19日 | 16:32 | 双子 |
| 2017年 | 7月 | 21日 | 17:10 | 蟹 |
| 2017年 | 7月 | 23日 | 17:34 | 獅子 |
| 2017年 | 7月 | 25日 | 19:33 | 乙女 |
| 2017年 | 7月 | 28日 | 00:37 | 天秤 |
| 2017年 | 7月 | 30日 | 09:23 | 蠍 |
| 2017年 | 8月 | 1日 | 21:01 | 射手 |
| 2017年 | 8月 | 4日 | 09:37 | 山羊 |
| 2017年 | 8月 | 6日 | 21:15 | 水瓶 |
| 2017年 | 8月 | 9日 | 06:56 | 魚 |
| 2017年 | 8月 | 11日 | 14:22 | 牡羊 |
| 2017年 | 8月 | 13日 | 19:40 | 牡牛 |
| 2017年 | 8月 | 15日 | 23:06 | 双子 |
| 2017年 | 8月 | 18日 | 01:13 | 蟹 |
| 2017年 | 8月 | 20日 | 02:55 | 獅子 |
| 2017年 | 8月 | 22日 | 05:25 | 乙女 |
| 2017年 | 8月 | 24日 | 10:05 | 天秤 |
| 2017年 | 8月 | 26日 | 17:53 | 蠍 |
| 2017年 | 8月 | 29日 | 04:47 | 射手 |
| 2017年 | 8月 | 31日 | 17:18 | 山羊 |

| | | | | |
|---|---|---|---|---|
| 2017年 | 9月 | 3日 | 05:06 | 水瓶 |
| 2017年 | 9月 | 5日 | 14:28 | 魚 |
| 2017年 | 9月 | 7日 | 21:02 | 牡羊 |
| 2017年 | 9月 | 10日 | 01:23 | 牡牛 |
| 2017年 | 9月 | 12日 | 04:30 | 双子 |
| 2017年 | 9月 | 14日 | 07:12 | 蟹 |
| 2017年 | 9月 | 16日 | 10:09 | 獅子 |
| 2017年 | 9月 | 18日 | 13:52 | 乙女 |
| 2017年 | 9月 | 20日 | 19:06 | 天秤 |
| 2017年 | 9月 | 23日 | 02:40 | 蠍 |
| 2017年 | 9月 | 25日 | 13:01 | 射手 |
| 2017年 | 9月 | 28日 | 01:23 | 山羊 |
| 2017年 | 9月 | 30日 | 13:40 | 水瓶 |
| 2017年 | 10月 | 2日 | 23:26 | 魚 |
| 2017年 | 10月 | 5日 | 05:40 | 牡羊 |
| 2017年 | 10月 | 7日 | 08:56 | 牡牛 |
| 2017年 | 10月 | 9日 | 10:45 | 双子 |
| 2017年 | 10月 | 11日 | 12:38 | 蟹 |
| 2017年 | 10月 | 13日 | 15:41 | 獅子 |
| 2017年 | 10月 | 15日 | 20:19 | 乙女 |
| 2017年 | 10月 | 18日 | 02:35 | 天秤 |
| 2017年 | 10月 | 20日 | 10:41 | 蠍 |
| 2017年 | 10月 | 22日 | 20:56 | 射手 |
| 2017年 | 10月 | 25日 | 09:12 | 山羊 |
| 2017年 | 10月 | 27日 | 21:58 | 水瓶 |
| 2017年 | 10月 | 30日 | 08:46 | 魚 |
| 2017年 | 11月 | 1日 | 15:43 | 牡羊 |
| 2017年 | 11月 | 3日 | 18:47 | 牡牛 |
| 2017年 | 11月 | 5日 | 19:27 | 双子 |
| 2017年 | 11月 | 7日 | 19:45 | 蟹 |
| 2017年 | 11月 | 9日 | 21:29 | 獅子 |
| 2017年 | 11月 | 12日 | 01:41 | 乙女 |
| 2017年 | 11月 | 14日 | 08:26 | 天秤 |
| 2017年 | 11月 | 16日 | 17:19 | 蠍 |
| 2017年 | 11月 | 19日 | 03:59 | 射手 |
| 2017年 | 11月 | 21日 | 16:14 | 山羊 |
| 2017年 | 11月 | 24日 | 05:14 | 水瓶 |
| 2017年 | 11月 | 26日 | 17:03 | 魚 |
| 2017年 | 11月 | 29日 | 01:30 | 牡羊 |
| 2017年 | 12月 | 1日 | 05:38 | 牡牛 |
| 2017年 | 12月 | 3日 | 06:21 | 双子 |
| 2017年 | 12月 | 5日 | 05:37 | 蟹 |
| 2017年 | 12月 | 7日 | 05:38 | 獅子 |
| 2017年 | 12月 | 9日 | 08:09 | 乙女 |
| 2017年 | 12月 | 11日 | 14:01 | 天秤 |
| 2017年 | 12月 | 13日 | 22:58 | 蠍 |
| 2017年 | 12月 | 16日 | 10:07 | 射手 |
| 2017年 | 12月 | 18日 | 22:33 | 山羊 |
| 2017年 | 12月 | 21日 | 11:29 | 水瓶 |
| 2017年 | 12月 | 23日 | 23:41 | 魚 |
| 2017年 | 12月 | 26日 | 09:27 | 牡羊 |
| 2017年 | 12月 | 28日 | 15:23 | 牡牛 |
| 2017年 | 12月 | 30日 | 17:31 | 双子 |
| 2018年 | 1月 | 1日 | 17:11 | 蟹 |
| 2018年 | 1月 | 3日 | 16:23 | 獅子 |
| 2018年 | 1月 | 5日 | 17:12 | 乙女 |
| 2018年 | 1月 | 7日 | 21:14 | 天秤 |
| 2018年 | 1月 | 10日 | 05:05 | 蠍 |
| 2018年 | 1月 | 12日 | 16:04 | 射手 |
| 2018年 | 1月 | 15日 | 04:42 | 山羊 |
| 2018年 | 1月 | 17日 | 17:32 | 水瓶 |
| 2018年 | 1月 | 20日 | 05:26 | 魚 |
| 2018年 | 1月 | 22日 | 15:27 | 牡羊 |
| 2018年 | 1月 | 24日 | 22:39 | 牡牛 |
| 2018年 | 1月 | 27日 | 02:40 | 双子 |
| 2018年 | 1月 | 29日 | 03:58 | 蟹 |
| 2018年 | 1月 | 31日 | 03:54 | 獅子 |
| 2018年 | 2月 | 2日 | 04:13 | 乙女 |
| 2018年 | 2月 | 4日 | 06:47 | 天秤 |
| 2018年 | 2月 | 6日 | 12:56 | 蠍 |
| 2018年 | 2月 | 8日 | 22:53 | 射手 |
| 2018年 | 2月 | 11日 | 11:21 | 山羊 |
| 2018年 | 2月 | 14日 | 00:11 | 水瓶 |
| 2018年 | 2月 | 16日 | 11:42 | 魚 |
| 2018年 | 2月 | 18日 | 21:04 | 牡羊 |
| 2018年 | 2月 | 21日 | 04:12 | 牡牛 |
| 2018年 | 2月 | 23日 | 09:07 | 双子 |
| 2018年 | 2月 | 25日 | 12:06 | 蟹 |
| 2018年 | 2月 | 27日 | 13:42 | 獅子 |
| 2018年 | 3月 | 1日 | 14:58 | 乙女 |
| 2018年 | 3月 | 3日 | 17:21 | 天秤 |
| 2018年 | 3月 | 5日 | 22:23 | 蠍 |
| 2018年 | 3月 | 8日 | 07:03 | 射手 |
| 2018年 | 3月 | 10日 | 18:51 | 山羊 |
| 2018年 | 3月 | 13日 | 07:44 | 水瓶 |
| 2018年 | 3月 | 15日 | 19:12 | 魚 |
| 2018年 | 3月 | 18日 | 03:57 | 牡羊 |
| 2018年 | 3月 | 20日 | 10:07 | 牡牛 |
| 2018年 | 3月 | 22日 | 14:30 | 双子 |
| 2018年 | 3月 | 24日 | 17:53 | 蟹 |
| 2018年 | 3月 | 26日 | 20:45 | 獅子 |
| 2018年 | 3月 | 28日 | 23:30 | 乙女 |
| 2018年 | 3月 | 31日 | 02:52 | 天秤 |
| 2018年 | 4月 | 2日 | 07:57 | 蠍 |
| 2018年 | 4月 | 4日 | 15:55 | 射手 |
| 2018年 | 4月 | 7日 | 03:01 | 山羊 |
| 2018年 | 4月 | 9日 | 15:50 | 水瓶 |
| 2018年 | 4月 | 12日 | 03:39 | 魚 |
| 2018年 | 4月 | 14日 | 12:26 | 牡羊 |
| 2018年 | 4月 | 16日 | 17:51 | 牡牛 |
| 2018年 | 4月 | 18日 | 21:03 | 双子 |
| 2018年 | 4月 | 20日 | 23:27 | 蟹 |
| 2018年 | 4月 | 23日 | 02:09 | 獅子 |
| 2018年 | 4月 | 25日 | 05:40 | 乙女 |
| 2018年 | 4月 | 27日 | 10:13 | 天秤 |
| 2018年 | 4月 | 29日 | 16:11 | 蠍 |
| 2018年 | 5月 | 2日 | 00:19 | 射手 |
| 2018年 | 5月 | 4日 | 11:06 | 山羊 |
| 2018年 | 5月 | 6日 | 23:48 | 水瓶 |
| 2018年 | 5月 | 9日 | 12:10 | 魚 |
| 2018年 | 5月 | 11日 | 21:40 | 牡羊 |
| 2018年 | 5月 | 14日 | 03:15 | 牡牛 |
| 2018年 | 5月 | 16日 | 05:44 | 双子 |
| 2018年 | 5月 | 18日 | 06:48 | 蟹 |
| 2018年 | 5月 | 20日 | 08:11 | 獅子 |
| 2018年 | 5月 | 22日 | 11:03 | 乙女 |
| 2018年 | 5月 | 24日 | 15:52 | 天秤 |
| 2018年 | 5月 | 26日 | 22:39 | 蠍 |
| 2018年 | 5月 | 29日 | 07:29 | 射手 |
| 2018年 | 5月 | 31日 | 18:26 | 山羊 |
| 2018年 | 6月 | 3日 | 07:06 | 水瓶 |
| 2018年 | 6月 | 5日 | 19:53 | 魚 |
| 2018年 | 6月 | 8日 | 06:25 | 牡羊 |
| 2018年 | 6月 | 10日 | 13:04 | 牡牛 |
| 2018年 | 6月 | 12日 | 15:53 | 双子 |
| 2018年 | 6月 | 14日 | 16:20 | 蟹 |
| 2018年 | 6月 | 16日 | 16:21 | 獅子 |
| 2018年 | 6月 | 18日 | 17:41 | 乙女 |
| 2018年 | 6月 | 20日 | 21:29 | 天秤 |
| 2018年 | 6月 | 23日 | 04:10 | 蠍 |
| 2018年 | 6月 | 25日 | 13:29 | 射手 |
| 2018年 | 6月 | 28日 | 00:52 | 山羊 |
| 2018年 | 6月 | 30日 | 13:36 | 水瓶 |
| 2018年 | 7月 | 3日 | 02:31 | 魚 |
| 2018年 | 7月 | 5日 | 13:49 | 牡羊 |
| 2018年 | 7月 | 7日 | 21:50 | 牡牛 |
| 2018年 | 7月 | 10日 | 01:58 | 双子 |
| 2018年 | 7月 | 12日 | 02:59 | 蟹 |
| 2018年 | 7月 | 14日 | 02:32 | 獅子 |
| 2018年 | 7月 | 16日 | 02:31 | 乙女 |
| 2018年 | 7月 | 18日 | 04:42 | 天秤 |
| 2018年 | 7月 | 20日 | 10:13 | 蠍 |
| 2018年 | 7月 | 22日 | 19:12 | 射手 |
| 2018年 | 7月 | 25日 | 06:48 | 山羊 |
| 2018年 | 7月 | 27日 | 19:41 | 水瓶 |
| 2018年 | 7月 | 30日 | 08:28 | 魚 |
| 2018年 | 8月 | 1日 | 19:54 | 牡羊 |
| 2018年 | 8月 | 4日 | 04:51 | 牡牛 |
| 2018年 | 8月 | 6日 | 10:32 | 双子 |
| 2018年 | 8月 | 8日 | 13:01 | 蟹 |
| 2018年 | 8月 | 10日 | 13:18 | 獅子 |
| 2018年 | 8月 | 12日 | 12:59 | 乙女 |
| 2018年 | 8月 | 14日 | 13:57 | 天秤 |
| 2018年 | 8月 | 16日 | 17:54 | 蠍 |
| 2018年 | 8月 | 19日 | 01:44 | 射手 |
| 2018年 | 8月 | 21日 | 13:00 | 山羊 |
| 2018年 | 8月 | 24日 | 01:55 | 水瓶 |
| 2018年 | 8月 | 26日 | 14:32 | 魚 |
| 2018年 | 8月 | 29日 | 01:35 | 牡羊 |

| | | | |
|---|---|---|---|
| 2018年 | 8月31日 | 10:30 | 牡牛 |
| 2018年 | 9月 2日 | 17:01 | 双子 |
| 2018年 | 9月 4日 | 21:04 | 蟹 |
| 2018年 | 9月 6日 | 22:55 | 獅子 |
| 2018年 | 9月 8日 | 23:30 | 乙女 |
| 2018年 | 9月11日 | 00:21 | 天秤 |
| 2018年 | 9月13日 | 03:15 | 蠍 |
| 2018年 | 9月15日 | 09:45 | 射手 |
| 2018年 | 9月17日 | 20:07 | 山羊 |
| 2018年 | 9月20日 | 08:52 | 水瓶 |
| 2018年 | 9月22日 | 21:27 | 魚 |
| 2018年 | 9月25日 | 08:04 | 牡羊 |
| 2018年 | 9月27日 | 16:16 | 牡牛 |
| 2018年 | 9月29日 | 22:26 | 双子 |
| 2018年 | 10月 2日 | 03:00 | 蟹 |
| 2018年 | 10月 4日 | 06:12 | 獅子 |
| 2018年 | 10月 6日 | 08:19 | 乙女 |
| 2018年 | 10月 8日 | 10:10 | 天秤 |
| 2018年 | 10月10日 | 13:09 | 蠍 |
| 2018年 | 10月12日 | 18:53 | 射手 |
| 2018年 | 10月15日 | 04:16 | 山羊 |
| 2018年 | 10月17日 | 16:35 | 水瓶 |
| 2018年 | 10月20日 | 05:20 | 魚 |
| 2018年 | 10月22日 | 15:58 | 牡羊 |
| 2018年 | 10月24日 | 23:33 | 牡牛 |
| 2018年 | 10月27日 | 04:41 | 双子 |
| 2018年 | 10月29日 | 08:27 | 蟹 |
| 2018年 | 10月31日 | 11:42 | 獅子 |
| 2018年 | 11月 2日 | 14:48 | 乙女 |
| 2018年 | 11月 4日 | 18:01 | 天秤 |
| 2018年 | 11月 6日 | 22:03 | 蠍 |
| 2018年 | 11月 9日 | 04:00 | 射手 |
| 2018年 | 11月11日 | 12:54 | 山羊 |
| 2018年 | 11月14日 | 00:45 | 水瓶 |
| 2018年 | 11月16日 | 13:41 | 魚 |
| 2018年 | 11月19日 | 00:55 | 牡羊 |
| 2018年 | 11月21日 | 08:43 | 牡牛 |
| 2018年 | 11月23日 | 13:11 | 双子 |
| 2018年 | 11月25日 | 15:38 | 蟹 |
| 2018年 | 11月27日 | 17:35 | 獅子 |
| 2018年 | 11月29日 | 20:08 | 乙女 |
| 2018年 | 12月 1日 | 23:49 | 天秤 |
| 2018年 | 12月 4日 | 04:55 | 蠍 |
| 2018年 | 12月 6日 | 11:49 | 射手 |
| 2018年 | 12月 8日 | 21:01 | 山羊 |
| 2018年 | 12月11日 | 08:39 | 水瓶 |
| 2018年 | 12月13日 | 21:39 | 魚 |
| 2018年 | 12月16日 | 09:44 | 牡羊 |
| 2018年 | 12月18日 | 18:37 | 牡牛 |
| 2018年 | 12月20日 | 23:35 | 双子 |
| 2018年 | 12月23日 | 01:29 | 蟹 |
| 2018年 | 12月25日 | 01:59 | 獅子 |
| 2018年 | 12月27日 | 02:50 | 乙女 |
| 2018年 | 12月29日 | 05:23 | 天秤 |
| 2018年 | 12月31日 | 10:23 | 蠍 |
| 2019年 | 1月 2日 | 17:58 | 射手 |
| 2019年 | 1月 5日 | 03:55 | 山羊 |
| 2019年 | 1月 7日 | 15:46 | 水瓶 |
| 2019年 | 1月10日 | 04:43 | 魚 |
| 2019年 | 1月12日 | 17:17 | 牡羊 |
| 2019年 | 1月15日 | 03:31 | 牡牛 |
| 2019年 | 1月17日 | 10:00 | 双子 |
| 2019年 | 1月19日 | 12:44 | 蟹 |
| 2019年 | 1月21日 | 12:55 | 獅子 |
| 2019年 | 1月23日 | 12:22 | 乙女 |
| 2019年 | 1月25日 | 13:03 | 天秤 |
| 2019年 | 1月27日 | 16:31 | 蠍 |
| 2019年 | 1月29日 | 23:32 | 射手 |
| 2019年 | 2月 1日 | 09:47 | 山羊 |
| 2019年 | 2月 3日 | 22:03 | 水瓶 |
| 2019年 | 2月 6日 | 11:02 | 魚 |
| 2019年 | 2月 8日 | 23:34 | 牡羊 |
| 2019年 | 2月11日 | 10:28 | 牡牛 |
| 2019年 | 2月13日 | 18:32 | 双子 |
| 2019年 | 2月15日 | 23:03 | 蟹 |
| 2019年 | 2月18日 | 00:22 | 獅子 |
| 2019年 | 2月19日 | 23:48 | 乙女 |
| 2019年 | 2月21日 | 23:18 | 天秤 |
| 2019年 | 2月24日 | 00:56 | 蠍 |
| 2019年 | 2月26日 | 06:19 | 射手 |
| 2019年 | 2月28日 | 15:48 | 山羊 |
| 2019年 | 3月 3日 | 04:06 | 水瓶 |
| 2019年 | 3月 5日 | 17:11 | 魚 |
| 2019年 | 3月 8日 | 05:27 | 牡羊 |
| 2019年 | 3月10日 | 16:10 | 牡牛 |
| 2019年 | 3月13日 | 00:48 | 双子 |
| 2019年 | 3月15日 | 06:49 | 蟹 |
| 2019年 | 3月17日 | 09:57 | 獅子 |
| 2019年 | 3月19日 | 10:41 | 乙女 |
| 2019年 | 3月21日 | 10:28 | 天秤 |
| 2019年 | 3月23日 | 11:16 | 蠍 |
| 2019年 | 3月25日 | 15:06 | 射手 |
| 2019年 | 3月27日 | 23:07 | 山羊 |
| 2019年 | 3月30日 | 10:46 | 水瓶 |
| 2019年 | 4月 1日 | 23:48 | 魚 |
| 2019年 | 4月 4日 | 11:56 | 牡羊 |
| 2019年 | 4月 6日 | 22:06 | 牡牛 |
| 2019年 | 4月 9日 | 06:15 | 双子 |
| 2019年 | 4月11日 | 12:31 | 蟹 |
| 2019年 | 4月13日 | 16:50 | 獅子 |
| 2019年 | 4月15日 | 19:14 | 乙女 |
| 2019年 | 4月17日 | 20:23 | 天秤 |
| 2019年 | 4月19日 | 21:41 | 蠍 |
| 2019年 | 4月22日 | 00:59 | 射手 |
| 2019年 | 4月24日 | 07:50 | 山羊 |
| 2019年 | 4月26日 | 18:27 | 水瓶 |
| 2019年 | 4月29日 | 07:11 | 魚 |
| 2019年 | 5月 1日 | 19:23 | 牡羊 |
| 2019年 | 5月 4日 | 05:18 | 牡牛 |
| 2019年 | 5月 6日 | 12:40 | 双子 |
| 2019年 | 5月 8日 | 18:07 | 蟹 |
| 2019年 | 5月10日 | 22:14 | 獅子 |
| 2019年 | 5月13日 | 01:22 | 乙女 |
| 2019年 | 5月15日 | 03:51 | 天秤 |
| 2019年 | 5月17日 | 06:26 | 蠍 |
| 2019年 | 5月19日 | 10:21 | 射手 |
| 2019年 | 5月21日 | 16:56 | 山羊 |
| 2019年 | 5月24日 | 02:49 | 水瓶 |
| 2019年 | 5月26日 | 15:07 | 魚 |
| 2019年 | 5月29日 | 03:31 | 牡羊 |
| 2019年 | 5月31日 | 13:43 | 牡牛 |
| 2019年 | 6月 2日 | 20:48 | 双子 |
| 2019年 | 6月 5日 | 01:17 | 蟹 |
| 2019年 | 6月 7日 | 04:16 | 獅子 |
| 2019年 | 6月 9日 | 06:45 | 乙女 |
| 2019年 | 6月11日 | 09:29 | 天秤 |
| 2019年 | 6月13日 | 13:03 | 蠍 |
| 2019年 | 6月15日 | 18:03 | 射手 |
| 2019年 | 6月18日 | 01:13 | 山羊 |
| 2019年 | 6月20日 | 11:00 | 水瓶 |
| 2019年 | 6月22日 | 23:01 | 魚 |
| 2019年 | 6月25日 | 11:38 | 牡羊 |
| 2019年 | 6月27日 | 22:31 | 牡牛 |
| 2019年 | 6月30日 | 06:09 | 双子 |
| 2019年 | 7月 2日 | 10:24 | 蟹 |
| 2019年 | 7月 4日 | 12:20 | 獅子 |
| 2019年 | 7月 6日 | 13:25 | 乙女 |
| 2019年 | 7月 8日 | 15:07 | 天秤 |
| 2019年 | 7月10日 | 18:29 | 蠍 |
| 2019年 | 7月13日 | 00:05 | 射手 |
| 2019年 | 7月15日 | 08:05 | 山羊 |
| 2019年 | 7月17日 | 18:18 | 水瓶 |
| 2019年 | 7月20日 | 06:19 | 魚 |
| 2019年 | 7月22日 | 19:02 | 牡羊 |
| 2019年 | 7月25日 | 06:42 | 牡牛 |
| 2019年 | 7月27日 | 15:29 | 双子 |
| 2019年 | 7月29日 | 20:31 | 蟹 |
| 2019年 | 7月31日 | 22:19 | 獅子 |
| 2019年 | 8月 2日 | 22:21 | 乙女 |
| 2019年 | 8月 4日 | 22:30 | 天秤 |
| 2019年 | 8月 7日 | 00:32 | 蠍 |
| 2019年 | 8月 9日 | 05:34 | 射手 |
| 2019年 | 8月11日 | 13:50 | 山羊 |
| 2019年 | 8月14日 | 00:35 | 水瓶 |
| 2019年 | 8月16日 | 12:49 | 魚 |
| 2019年 | 8月19日 | 01:32 | 牡羊 |
| 2019年 | 8月21日 | 13:37 | 牡牛 |
| 2019年 | 8月23日 | 23:33 | 双子 |
| 2019年 | 8月26日 | 06:05 | 蟹 |

| | | | |
|---|---|---|---|
| 2019年 | 8月28日 | 08:53 | 獅子 |
| 2019年 | 8月30日 | 08:57 | 乙女 |
| 2019年 | 9月1日 | 08:08 | 天秤 |
| 2019年 | 9月3日 | 08:35 | 蠍 |
| 2019年 | 9月5日 | 12:08 | 射手 |
| 2019年 | 9月7日 | 19:37 | 山羊 |
| 2019年 | 9月10日 | 06:23 | 水瓶 |
| 2019年 | 9月12日 | 18:51 | 魚 |
| 2019年 | 9月15日 | 07:32 | 牡羊 |
| 2019年 | 9月17日 | 19:31 | 牡牛 |
| 2019年 | 9月20日 | 05:57 | 双子 |
| 2019年 | 9月22日 | 13:50 | 蟹 |
| 2019年 | 9月24日 | 18:19 | 獅子 |
| 2019年 | 9月26日 | 19:37 | 乙女 |
| 2019年 | 9月28日 | 19:04 | 天秤 |
| 2019年 | 9月30日 | 18:43 | 蠍 |
| 2019年 | 10月2日 | 20:44 | 射手 |
| 2019年 | 10月5日 | 02:43 | 山羊 |
| 2019年 | 10月7日 | 12:42 | 水瓶 |
| 2019年 | 10月10日 | 01:05 | 魚 |
| 2019年 | 10月12日 | 13:46 | 牡羊 |
| 2019年 | 10月15日 | 01:24 | 牡牛 |
| 2019年 | 10月17日 | 11:30 | 双子 |
| 2019年 | 10月19日 | 19:42 | 蟹 |
| 2019年 | 10月22日 | 01:28 | 獅子 |
| 2019年 | 10月24日 | 04:30 | 乙女 |
| 2019年 | 10月26日 | 05:20 | 天秤 |
| 2019年 | 10月28日 | 05:30 | 蠍 |
| 2019年 | 10月30日 | 06:59 | 射手 |
| 2019年 | 11月1日 | 11:38 | 山羊 |
| 2019年 | 11月3日 | 20:19 | 水瓶 |
| 2019年 | 11月6日 | 08:08 | 魚 |
| 2019年 | 11月8日 | 20:48 | 牡羊 |
| 2019年 | 11月11日 | 08:18 | 牡牛 |
| 2019年 | 11月13日 | 17:46 | 双子 |
| 2019年 | 11月16日 | 01:15 | 蟹 |
| 2019年 | 11月18日 | 06:57 | 獅子 |
| 2019年 | 11月20日 | 10:54 | 乙女 |
| 2019年 | 11月22日 | 13:20 | 天秤 |
| 2019年 | 11月24日 | 14:59 | 蠍 |
| 2019年 | 11月26日 | 17:11 | 射手 |
| 2019年 | 11月28日 | 21:33 | 山羊 |
| 2019年 | 12月1日 | 05:13 | 水瓶 |
| 2019年 | 12月3日 | 16:10 | 魚 |
| 2019年 | 12月6日 | 04:44 | 牡羊 |
| 2019年 | 12月8日 | 16:29 | 牡牛 |
| 2019年 | 12月11日 | 01:47 | 双子 |
| 2019年 | 12月13日 | 08:23 | 蟹 |
| 2019年 | 12月15日 | 12:56 | 獅子 |
| 2019年 | 12月17日 | 16:16 | 乙女 |
| 2019年 | 12月19日 | 19:05 | 天秤 |
| 2019年 | 12月21日 | 21:58 | 蠍 |
| 2019年 | 12月24日 | 01:34 | 射手 |
| 2019年 | 12月26日 | 06:45 | 山羊 |
| 2019年 | 12月28日 | 14:20 | 水瓶 |
| 2019年 | 12月31日 | 00:41 | 魚 |
| 2020年 | 1月2日 | 13:00 | 牡羊 |
| 2020年 | 1月5日 | 01:15 | 牡牛 |
| 2020年 | 1月7日 | 11:11 | 双子 |
| 2020年 | 1月9日 | 17:43 | 蟹 |
| 2020年 | 1月11日 | 21:17 | 獅子 |
| 2020年 | 1月13日 | 23:07 | 乙女 |
| 2020年 | 1月16日 | 00:44 | 天秤 |
| 2020年 | 1月18日 | 03:21 | 蠍 |
| 2020年 | 1月20日 | 07:41 | 射手 |
| 2020年 | 1月22日 | 14:00 | 山羊 |
| 2020年 | 1月24日 | 22:20 | 水瓶 |
| 2020年 | 1月27日 | 08:44 | 魚 |
| 2020年 | 1月29日 | 20:50 | 牡羊 |
| 2020年 | 2月1日 | 09:28 | 牡牛 |
| 2020年 | 2月3日 | 20:28 | 双子 |
| 2020年 | 2月6日 | 04:03 | 蟹 |
| 2020年 | 2月8日 | 07:45 | 獅子 |
| 2020年 | 2月10日 | 08:39 | 乙女 |
| 2020年 | 2月12日 | 08:37 | 天秤 |
| 2020年 | 2月14日 | 09:37 | 蠍 |
| 2020年 | 2月16日 | 13:07 | 射手 |
| 2020年 | 2月18日 | 19:36 | 山羊 |
| 2020年 | 2月21日 | 04:42 | 水瓶 |
| 2020年 | 2月23日 | 15:37 | 魚 |
| 2020年 | 2月26日 | 03:47 | 牡羊 |
| 2020年 | 2月28日 | 16:29 | 牡牛 |
| 2020年 | 3月2日 | 04:20 | 双子 |
| 2020年 | 3月4日 | 13:25 | 蟹 |
| 2020年 | 3月6日 | 18:28 | 獅子 |
| 2020年 | 3月8日 | 19:48 | 乙女 |
| 2020年 | 3月10日 | 19:04 | 天秤 |
| 2020年 | 3月12日 | 18:29 | 蠍 |
| 2020年 | 3月14日 | 20:09 | 射手 |
| 2020年 | 3月17日 | 01:25 | 山羊 |
| 2020年 | 3月19日 | 10:16 | 水瓶 |
| 2020年 | 3月21日 | 21:33 | 魚 |
| 2020年 | 3月24日 | 09:58 | 牡羊 |
| 2020年 | 3月26日 | 22:36 | 牡牛 |
| 2020年 | 3月29日 | 10:38 | 双子 |
| 2020年 | 3月31日 | 20:43 | 蟹 |
| 2020年 | 4月3日 | 03:26 | 獅子 |
| 2020年 | 4月5日 | 06:18 | 乙女 |
| 2020年 | 4月7日 | 06:17 | 天秤 |
| 2020年 | 4月9日 | 05:18 | 蠍 |
| 2020年 | 4月11日 | 05:36 | 射手 |
| 2020年 | 4月13日 | 09:05 | 山羊 |
| 2020年 | 4月15日 | 16:37 | 水瓶 |
| 2020年 | 4月18日 | 03:29 | 魚 |
| 2020年 | 4月20日 | 16:00 | 牡羊 |
| 2020年 | 4月23日 | 04:36 | 牡牛 |
| 2020年 | 4月25日 | 16:20 | 双子 |
| 2020年 | 4月28日 | 02:28 | 蟹 |
| 2020年 | 4月30日 | 10:06 | 獅子 |
| 2020年 | 5月2日 | 14:35 | 乙女 |
| 2020年 | 5月4日 | 16:10 | 天秤 |
| 2020年 | 5月6日 | 16:05 | 蠍 |
| 2020年 | 5月8日 | 16:16 | 射手 |
| 2020年 | 5月10日 | 18:39 | 山羊 |
| 2020年 | 5月13日 | 00:38 | 水瓶 |
| 2020年 | 5月15日 | 10:24 | 魚 |
| 2020年 | 5月17日 | 22:35 | 牡羊 |
| 2020年 | 5月20日 | 11:10 | 牡牛 |
| 2020年 | 5月22日 | 22:36 | 双子 |
| 2020年 | 5月25日 | 08:09 | 蟹 |
| 2020年 | 5月27日 | 15:33 | 獅子 |
| 2020年 | 5月29日 | 20:40 | 乙女 |
| 2020年 | 5月31日 | 23:38 | 天秤 |
| 2020年 | 6月3日 | 01:06 | 蠍 |
| 2020年 | 6月5日 | 02:18 | 射手 |
| 2020年 | 6月7日 | 04:45 | 山羊 |
| 2020年 | 6月9日 | 09:54 | 水瓶 |
| 2020年 | 6月11日 | 18:31 | 魚 |
| 2020年 | 6月14日 | 06:03 | 牡羊 |
| 2020年 | 6月16日 | 18:35 | 牡牛 |
| 2020年 | 6月19日 | 06:00 | 双子 |
| 2020年 | 6月21日 | 15:02 | 蟹 |
| 2020年 | 6月23日 | 21:33 | 獅子 |
| 2020年 | 6月26日 | 02:05 | 乙女 |
| 2020年 | 6月28日 | 05:17 | 天秤 |
| 2020年 | 6月30日 | 07:48 | 蠍 |
| 2020年 | 7月2日 | 10:21 | 射手 |
| 2020年 | 7月4日 | 13:48 | 山羊 |
| 2020年 | 7月6日 | 19:08 | 水瓶 |
| 2020年 | 7月9日 | 03:12 | 魚 |
| 2020年 | 7月11日 | 14:06 | 牡羊 |
| 2020年 | 7月14日 | 02:33 | 牡牛 |
| 2020年 | 7月16日 | 14:19 | 双子 |
| 2020年 | 7月18日 | 23:24 | 蟹 |
| 2020年 | 7月21日 | 05:16 | 獅子 |
| 2020年 | 7月23日 | 08:40 | 乙女 |
| 2020年 | 7月25日 | 10:54 | 天秤 |
| 2020年 | 7月27日 | 13:12 | 蠍 |
| 2020年 | 7月29日 | 16:25 | 射手 |
| 2020年 | 7月31日 | 20:58 | 山羊 |
| 2020年 | 8月3日 | 03:11 | 水瓶 |
| 2020年 | 8月5日 | 11:28 | 魚 |
| 2020年 | 8月7日 | 22:04 | 牡羊 |
| 2020年 | 8月10日 | 10:28 | 牡牛 |
| 2020年 | 8月12日 | 22:45 | 双子 |
| 2020年 | 8月15日 | 08:35 | 蟹 |
| 2020年 | 8月17日 | 14:38 | 獅子 |
| 2020年 | 8月19日 | 17:21 | 乙女 |
| 2020年 | 8月21日 | 18:16 | 天秤 |

| | | | |
|---|---|---|---|
| 2020年 | 8月23日 | 19:16 | 蠍 |
| 2020年 | 8月25日 | 21:49 | 射手 |
| 2020年 | 8月28日 | 02:37 | 山羊 |
| 2020年 | 8月30日 | 09:37 | 水瓶 |
| 2020年 | 9月 1日 | 18:34 | 魚 |
| 2020年 | 9月 4日 | 05:22 | 牡羊 |
| 2020年 | 9月 6日 | 17:43 | 牡牛 |
| 2020年 | 9月 9日 | 06:27 | 双子 |
| 2020年 | 9月11日 | 17:22 | 蟹 |
| 2020年 | 9月14日 | 00:32 | 獅子 |
| 2020年 | 9月16日 | 03:38 | 乙女 |
| 2020年 | 9月18日 | 03:57 | 天秤 |
| 2020年 | 9月20日 | 03:34 | 蠍 |
| 2020年 | 9月22日 | 04:32 | 射手 |
| 2020年 | 9月24日 | 08:16 | 山羊 |
| 2020年 | 9月26日 | 15:08 | 水瓶 |
| 2020年 | 9月29日 | 00:34 | 魚 |
| 2020年 | 10月 1日 | 11:47 | 牡羊 |
| 2020年 | 10月 4日 | 00:12 | 牡牛 |
| 2020年 | 10月 6日 | 13:02 | 双子 |
| 2020年 | 10月 9日 | 00:45 | 蟹 |
| 2020年 | 10月11日 | 09:24 | 獅子 |
| 2020年 | 10月13日 | 13:56 | 乙女 |
| 2020年 | 10月15日 | 14:54 | 天秤 |
| 2020年 | 10月17日 | 14:06 | 蠍 |
| 2020年 | 10月19日 | 13:43 | 射手 |
| 2020年 | 10月21日 | 15:44 | 山羊 |
| 2020年 | 10月23日 | 21:16 | 水瓶 |
| 2020年 | 10月26日 | 06:18 | 魚 |
| 2020年 | 10月28日 | 17:44 | 牡羊 |
| 2020年 | 10月31日 | 06:19 | 牡牛 |
| 2020年 | 11月 2日 | 18:59 | 双子 |
| 2020年 | 11月 5日 | 06:45 | 蟹 |
| 2020年 | 11月 7日 | 16:18 | 獅子 |
| 2020年 | 11月 9日 | 22:30 | 乙女 |
| 2020年 | 11月12日 | 01:10 | 天秤 |
| 2020年 | 11月14日 | 01:20 | 蠍 |
| 2020年 | 11月16日 | 00:48 | 射手 |
| 2020年 | 11月18日 | 01:35 | 山羊 |
| 2020年 | 11月20日 | 05:25 | 水瓶 |
| 2020年 | 11月22日 | 13:06 | 魚 |
| 2020年 | 11月25日 | 00:04 | 牡羊 |
| 2020年 | 11月27日 | 12:43 | 牡牛 |
| 2020年 | 11月30日 | 01:16 | 双子 |
| 2020年 | 12月 2日 | 12:33 | 蟹 |
| 2020年 | 12月 4日 | 21:52 | 獅子 |
| 2020年 | 12月 7日 | 04:46 | 乙女 |
| 2020年 | 12月 9日 | 09:01 | 天秤 |
| 2020年 | 12月11日 | 10:59 | 蠍 |
| 2020年 | 12月13日 | 11:39 | 射手 |
| 2020年 | 12月15日 | 12:35 | 山羊 |
| 2020年 | 12月17日 | 15:27 | 水瓶 |
| 2020年 | 12月19日 | 21:39 | 魚 |
| 2020年 | 12月22日 | 07:32 | 牡羊 |
| 2020年 | 12月24口 | 19:55 | 牡牛 |
| 2020年 | 12月27日 | 08:33 | 双子 |
| 2020年 | 12月29日 | 19:28 | 蟹 |
| 2021年 | 1月 1日 | 03:58 | 獅子 |
| 2021年 | 1月 3日 | 10:13 | 乙女 |
| 2021年 | 1月 5日 | 14:42 | 天秤 |
| 2021年 | 1月 7日 | 17:54 | 蠍 |
| 2021年 | 1月 9日 | 20:15 | 射手 |
| 2021年 | 1月11日 | 22:30 | 山羊 |
| 2021年 | 1月14日 | 01:44 | 水瓶 |
| 2021年 | 1月16日 | 07:17 | 魚 |
| 2021年 | 1月18日 | 16:07 | 牡羊 |
| 2021年 | 1月21日 | 03:56 | 牡牛 |
| 2021年 | 1月23日 | 16:43 | 双子 |
| 2021年 | 1月26日 | 03:51 | 蟹 |
| 2021年 | 1月28日 | 11:54 | 獅子 |
| 2021年 | 1月30日 | 17:03 | 乙女 |
| 2021年 | 2月 1日 | 20:26 | 天秤 |
| 2021年 | 2月 3日 | 23:15 | 蠍 |
| 2021年 | 2月 6日 | 02:17 | 射手 |
| 2021年 | 2月 8日 | 05:52 | 山羊 |
| 2021年 | 2月10日 | 10:20 | 水瓶 |
| 2021年 | 2月12日 | 16:23 | 魚 |
| 2021年 | 2月15日 | 00:54 | 牡羊 |
| 2021年 | 2月17日 | 12:11 | 牡牛 |
| 2021年 | 2月20日 | 01:03 | 双子 |
| 2021年 | 2月22日 | 12:53 | 蟹 |
| 2021年 | 2月24日 | 21:23 | 獅子 |
| 2021年 | 2月27日 | 02:08 | 乙女 |
| 2021年 | 3月 1日 | 04:17 | 天秤 |
| 2021年 | 3月 3日 | 05:39 | 蠍 |
| 2021年 | 3月 5日 | 07:43 | 射手 |
| 2021年 | 3月 7日 | 11:20 | 山羊 |
| 2021年 | 3月 9日 | 16:41 | 水瓶 |
| 2021年 | 3月11日 | 23:44 | 魚 |
| 2021年 | 3月14日 | 08:44 | 牡羊 |
| 2021年 | 3月16日 | 19:56 | 牡牛 |
| 2021年 | 3月19日 | 08:47 | 双子 |
| 2021年 | 3月21日 | 21:17 | 蟹 |
| 2021年 | 3月24日 | 06:56 | 獅子 |
| 2021年 | 3月26日 | 12:26 | 乙女 |
| 2021年 | 3月28日 | 14:23 | 天秤 |
| 2021年 | 3月30日 | 14:34 | 蠍 |
| 2021年 | 4月 1日 | 14:59 | 射手 |
| 2021年 | 4月 3日 | 17:13 | 山羊 |
| 2021年 | 4月 5日 | 22:03 | 水瓶 |
| 2021年 | 4月 8日 | 05:30 | 魚 |
| 2021年 | 4月10日 | 15:11 | 牡羊 |
| 2021年 | 4月13日 | 02:44 | 牡牛 |
| 2021年 | 4月15日 | 15:35 | 双子 |
| 2021年 | 4月18日 | 04:25 | 蟹 |
| 2021年 | 4月20日 | 15:10 | 獅子 |
| 2021年 | 4月22日 | 22:08 | 乙女 |
| 2021年 | 4月25日 | 01:06 | 天秤 |
| 2021年 | 4月27日 | 01:19 | 蠍 |
| 2021年 | 4月29日 | 00:43 | 射手 |
| 2021年 | 5月 1日 | 01:17 | 山羊 |
| 2021年 | 5月 3日 | 04:31 | 水瓶 |
| 2021年 | 5月 5日 | 11:08 | 魚 |
| 2021年 | 5月 7日 | 20:52 | 牡羊 |
| 2021年 | 5月10日 | 08:46 | 牡牛 |
| 2021年 | 5月12日 | 21:43 | 双子 |
| 2021年 | 5月15日 | 10:30 | 蟹 |
| 2021年 | 5月17日 | 21:43 | 獅子 |
| 2021年 | 5月20日 | 05:59 | 乙女 |
| 2021年 | 5月22日 | 10:35 | 天秤 |
| 2021年 | 5月24日 | 12:01 | 蠍 |
| 2021年 | 5月26日 | 11:40 | 射手 |
| 2021年 | 5月28日 | 11:24 | 山羊 |
| 2021年 | 5月30日 | 13:04 | 水瓶 |
| 2021年 | 6月 1日 | 18:07 | 魚 |
| 2021年 | 6月 4日 | 02:58 | 牡羊 |
| 2021年 | 6月 6日 | 14:46 | 牡牛 |
| 2021年 | 6月 9日 | 03:47 | 双子 |
| 2021年 | 6月11日 | 16:22 | 蟹 |
| 2021年 | 6月14日 | 03:22 | 獅子 |
| 2021年 | 6月16日 | 12:02 | 乙女 |
| 2021年 | 6月18日 | 17:54 | 天秤 |
| 2021年 | 6月20日 | 20:58 | 蠍 |
| 2021年 | 6月22日 | 21:56 | 射手 |
| 2021年 | 6月24日 | 22:06 | 山羊 |
| 2021年 | 6月26日 | 23:09 | 水瓶 |
| 2021年 | 6月29日 | 02:51 | 魚 |
| 2021年 | 7月 1日 | 10:21 | 牡羊 |
| 2021年 | 7月 3日 | 21:27 | 牡牛 |
| 2021年 | 7月 6日 | 10:24 | 双子 |
| 2021年 | 7月 8日 | 22:51 | 蟹 |
| 2021年 | 7月11日 | 09:21 | 獅子 |
| 2021年 | 7月13日 | 17:31 | 乙女 |
| 2021年 | 7月15日 | 23:32 | 天秤 |
| 2021年 | 7月18日 | 03:38 | 蠍 |
| 2021年 | 7月20日 | 06:08 | 射手 |
| 2021年 | 7月22日 | 07:36 | 山羊 |
| 2021年 | 7月24日 | 09:12 | 水瓶 |
| 2021年 | 7月26日 | 12:30 | 魚 |
| 2021年 | 7月28日 | 18:57 | 牡羊 |
| 2021年 | 7月31日 | 05:08 | 牡牛 |
| 2021年 | 8月 2日 | 17:46 | 双子 |
| 2021年 | 8月 5日 | 06:17 | 蟹 |
| 2021年 | 8月 7日 | 16:31 | 獅子 |
| 2021年 | 8月 9日 | 23:56 | 乙女 |
| 2021年 | 8月12日 | 05:08 | 天秤 |
| 2021年 | 8月14日 | 09:01 | 蠍 |
| 2021年 | 8月16日 | 12:12 | 射手 |
| 2021年 | 8月18日 | 14:58 | 山羊 |

| | | | |
|---|---|---|---|
| 2021年 | 8月20日 | 17:49 | 水瓶 |
| 2021年 | 8月22日 | 21:43 | 魚 |
| 2021年 | 8月25日 | 03:57 | 牡羊 |
| 2021年 | 8月27日 | 13:26 | 牡牛 |
| 2021年 | 8月30日 | 01:41 | 双子 |
| 2021年 | 9月1日 | 14:25 | 蟹 |
| 2021年 | 9月4日 | 00:58 | 獅子 |
| 2021年 | 9月6日 | 08:06 | 乙女 |
| 2021年 | 9月8日 | 12:21 | 天秤 |
| 2021年 | 9月10日 | 15:05 | 蠍 |
| 2021年 | 9月12日 | 17:35 | 射手 |
| 2021年 | 9月14日 | 20:34 | 山羊 |
| 2021年 | 9月17日 | 00:23 | 水瓶 |
| 2021年 | 9月19日 | 05:23 | 魚 |
| 2021年 | 9月21日 | 12:13 | 牡羊 |
| 2021年 | 9月23日 | 21:38 | 牡牛 |
| 2021年 | 9月26日 | 09:36 | 双子 |
| 2021年 | 9月28日 | 22:34 | 蟹 |
| 2021年 | 10月1日 | 09:53 | 獅子 |
| 2021年 | 10月3日 | 17:38 | 乙女 |
| 2021年 | 10月5日 | 21:42 | 天秤 |
| 2021年 | 10月7日 | 23:23 | 蠍 |
| 2021年 | 10月10日 | 00:25 | 射手 |
| 2021年 | 10月12日 | 02:15 | 山羊 |
| 2021年 | 10月14日 | 05:47 | 水瓶 |
| 2021年 | 10月16日 | 11:22 | 魚 |
| 2021年 | 10月18日 | 19:04 | 牡羊 |
| 2021年 | 10月21日 | 04:59 | 牡牛 |
| 2021年 | 10月23日 | 16:57 | 双子 |
| 2021年 | 10月26日 | 06:00 | 蟹 |
| 2021年 | 10月28日 | 18:07 | 獅子 |
| 2021年 | 10月31日 | 03:09 | 乙女 |
| 2021年 | 11月2日 | 08:11 | 天秤 |
| 2021年 | 11月4日 | 09:53 | 蠍 |
| 2021年 | 11月6日 | 09:52 | 射手 |
| 2021年 | 11月8日 | 10:03 | 山羊 |
| 2021年 | 11月10日 | 12:03 | 水瓶 |
| 2021年 | 11月12日 | 16:53 | 魚 |
| 2021年 | 11月15日 | 00:48 | 牡羊 |
| 2021年 | 11月17日 | 11:18 | 牡牛 |
| 2021年 | 11月19日 | 23:33 | 双子 |
| 2021年 | 11月22日 | 12:33 | 蟹 |
| 2021年 | 11月25日 | 00:58 | 獅子 |
| 2021年 | 11月27日 | 11:12 | 乙女 |
| 2021年 | 11月29日 | 17:55 | 天秤 |
| 2021年 | 12月1日 | 20:56 | 蠍 |
| 2021年 | 12月3日 | 21:14 | 射手 |
| 2021年 | 12月5日 | 20:32 | 山羊 |
| 2021年 | 12月7日 | 20:49 | 水瓶 |
| 2021年 | 12月9日 | 23:53 | 魚 |
| 2021年 | 12月12日 | 06:46 | 牡羊 |
| 2021年 | 12月14日 | 17:10 | 牡牛 |
| 2021年 | 12月17日 | 05:42 | 双子 |
| 2021年 | 12月19日 | 18:42 | 蟹 |
| 2021年 | 12月22日 | 06:54 | 獅子 |
| 2021年 | 12月24日 | 17:24 | 乙女 |
| 2021年 | 12月27日 | 01:24 | 天秤 |
| 2021年 | 12月29日 | 06:16 | 蠍 |
| 2021年 | 12月31日 | 08:08 | 射手 |
| 2022年 | 1月2日 | 08:02 | 山羊 |
| 2022年 | 1月4日 | 07:44 | 水瓶 |
| 2022年 | 1月6日 | 09:17 | 魚 |
| 2022年 | 1月8日 | 14:26 | 牡羊 |
| 2022年 | 1月10日 | 23:46 | 牡牛 |
| 2022年 | 1月13日 | 12:08 | 双子 |
| 2022年 | 1月16日 | 01:10 | 蟹 |
| 2022年 | 1月18日 | 13:03 | 獅子 |
| 2022年 | 1月20日 | 23:02 | 乙女 |
| 2022年 | 1月23日 | 07:03 | 天秤 |
| 2022年 | 1月25日 | 12:57 | 蠍 |
| 2022年 | 1月27日 | 16:35 | 射手 |
| 2022年 | 1月29日 | 18:09 | 山羊 |
| 2022年 | 1月31日 | 18:43 | 水瓶 |
| 2022年 | 2月2日 | 20:00 | 魚 |
| 2022年 | 2月4日 | 23:57 | 牡羊 |
| 2022年 | 2月7日 | 07:52 | 牡牛 |
| 2022年 | 2月9日 | 19:26 | 双子 |
| 2022年 | 2月12日 | 08:27 | 蟹 |
| 2022年 | 2月14日 | 20:17 | 獅子 |
| 2022年 | 2月17日 | 05:43 | 乙女 |
| 2022年 | 2月19日 | 12:51 | 天秤 |
| 2022年 | 2月21日 | 18:19 | 蠍 |
| 2022年 | 2月23日 | 22:29 | 射手 |
| 2022年 | 2月26日 | 01:28 | 山羊 |
| 2022年 | 2月28日 | 03:36 | 水瓶 |
| 2022年 | 3月2日 | 05:54 | 魚 |
| 2022年 | 3月4日 | 09:52 | 牡羊 |
| 2022年 | 3月6日 | 17:00 | 牡牛 |
| 2022年 | 3月9日 | 03:39 | 双子 |
| 2022年 | 3月11日 | 16:24 | 蟹 |
| 2022年 | 3月14日 | 04:31 | 獅子 |
| 2022年 | 3月16日 | 13:59 | 乙女 |
| 2022年 | 3月18日 | 20:26 | 天秤 |
| 2022年 | 3月21日 | 00:45 | 蠍 |
| 2022年 | 3月23日 | 03:59 | 射手 |
| 2022年 | 3月25日 | 06:54 | 山羊 |
| 2022年 | 3月27日 | 09:55 | 水瓶 |
| 2022年 | 3月29日 | 13:32 | 魚 |
| 2022年 | 3月31日 | 18:31 | 牡羊 |
| 2022年 | 4月3日 | 01:50 | 牡牛 |
| 2022年 | 4月5日 | 12:04 | 双子 |
| 2022年 | 4月8日 | 00:30 | 蟹 |
| 2022年 | 4月10日 | 12:59 | 獅子 |
| 2022年 | 4月12日 | 23:07 | 乙女 |
| 2022年 | 4月15日 | 05:46 | 天秤 |
| 2022年 | 4月17日 | 09:23 | 蠍 |
| 2022年 | 4月19日 | 11:17 | 射手 |
| 2022年 | 4月21日 | 12:52 | 山羊 |
| 2022年 | 4月23日 | 15:17 | 水瓶 |
| 2022年 | 4月25日 | 19:15 | 魚 |
| 2022年 | 4月28日 | 01:10 | 牡羊 |
| 2022年 | 4月30日 | 09:19 | 牡牛 |
| 2022年 | 5月2日 | 19:46 | 双子 |
| 2022年 | 5月5日 | 08:05 | 蟹 |
| 2022年 | 5月7日 | 20:49 | 獅子 |
| 2022年 | 5月10日 | 07:53 | 乙女 |
| 2022年 | 5月12日 | 15:34 | 天秤 |
| 2022年 | 5月14日 | 19:34 | 蠍 |
| 2022年 | 5月16日 | 20:51 | 射手 |
| 2022年 | 5月18日 | 21:03 | 山羊 |
| 2022年 | 5月20日 | 21:53 | 水瓶 |
| 2022年 | 5月23日 | 00:49 | 魚 |
| 2022年 | 5月25日 | 06:39 | 牡羊 |
| 2022年 | 5月27日 | 15:22 | 牡牛 |
| 2022年 | 5月30日 | 02:22 | 双子 |
| 2022年 | 6月1日 | 14:49 | 蟹 |
| 2022年 | 6月4日 | 03:38 | 獅子 |
| 2022年 | 6月6日 | 15:21 | 乙女 |
| 2022年 | 6月9日 | 00:22 | 天秤 |
| 2022年 | 6月11日 | 05:41 | 蠍 |
| 2022年 | 6月13日 | 07:32 | 射手 |
| 2022年 | 6月15日 | 07:14 | 山羊 |
| 2022年 | 6月17日 | 06:44 | 水瓶 |
| 2022年 | 6月19日 | 08:01 | 魚 |
| 2022年 | 6月21日 | 12:37 | 牡羊 |
| 2022年 | 6月23日 | 20:57 | 牡牛 |
| 2022年 | 6月26日 | 08:13 | 双子 |
| 2022年 | 6月28日 | 20:53 | 蟹 |
| 2022年 | 7月1日 | 09:40 | 獅子 |
| 2022年 | 7月3日 | 21:31 | 乙女 |
| 2022年 | 7月6日 | 07:25 | 天秤 |
| 2022年 | 7月8日 | 14:15 | 蠍 |
| 2022年 | 7月10日 | 17:34 | 射手 |
| 2022年 | 7月12日 | 18:02 | 山羊 |
| 2022年 | 7月14日 | 17:14 | 水瓶 |
| 2022年 | 7月16日 | 17:19 | 魚 |
| 2022年 | 7月18日 | 20:17 | 牡羊 |
| 2022年 | 7月21日 | 03:22 | 牡牛 |
| 2022年 | 7月23日 | 14:10 | 双子 |
| 2022年 | 7月26日 | 02:53 | 蟹 |
| 2022年 | 7月28日 | 15:36 | 獅子 |
| 2022年 | 7月31日 | 03:10 | 乙女 |
| 2022年 | 8月2日 | 13:05 | 天秤 |
| 2022年 | 8月4日 | 20:47 | 蠍 |
| 2022年 | 8月7日 | 01:38 | 射手 |
| 2022年 | 8月9日 | 03:39 | 山羊 |
| 2022年 | 8月11日 | 03:46 | 水瓶 |
| 2022年 | 8月13日 | 03:45 | 魚 |
| 2022年 | 8月15日 | 05:43 | 牡羊 |

| | | | |
|---|---|---|---|
| 2022年 | 8月17日 | 11:22 | 牡牛 |
| 2022年 | 8月19日 | 21:06 | 双子 |
| 2022年 | 8月22日 | 09:29 | 蟹 |
| 2022年 | 8月24日 | 22:09 | 獅子 |
| 2022年 | 8月27日 | 09:25 | 乙女 |
| 2022年 | 8月29日 | 18:45 | 天秤 |
| 2022年 | 9月 1日 | 02:11 | 蠍 |
| 2022年 | 9月 3日 | 07:39 | 射手 |
| 2022年 | 9月 5日 | 11:03 | 山羊 |
| 2022年 | 9月 7日 | 12:41 | 水瓶 |
| 2022年 | 9月 9日 | 13:43 | 魚 |
| 2022年 | 9月11日 | 15:47 | 牡羊 |
| 2022年 | 9月13日 | 20:39 | 牡牛 |
| 2022年 | 9月16日 | 05:16 | 双子 |
| 2022年 | 9月18日 | 16:59 | 蟹 |
| 2022年 | 9月21日 | 05:37 | 獅子 |
| 2022年 | 9月23日 | 16:53 | 乙女 |
| 2022年 | 9月26日 | 01:43 | 天秤 |
| 2022年 | 9月28日 | 08:15 | 蠍 |
| 2022年 | 9月30日 | 13:03 | 射手 |
| 2022年 | 10月 2日 | 16:38 | 山羊 |
| 2022年 | 10月 4日 | 19:21 | 水瓶 |
| 2022年 | 10月 6日 | 21:47 | 魚 |
| 2022年 | 10月 9日 | 00:57 | 牡羊 |
| 2022年 | 10月11日 | 06:04 | 牡牛 |
| 2022年 | 10月13日 | 14:08 | 双子 |
| 2022年 | 10月16日 | 01:10 | 蟹 |
| 2022年 | 10月18日 | 13:44 | 獅子 |
| 2022年 | 10月21日 | 01:25 | 乙女 |
| 2022年 | 10月23日 | 10:24 | 天秤 |
| 2022年 | 10月25日 | 16:19 | 蠍 |
| 2022年 | 10月27日 | 19:55 | 射手 |
| 2022年 | 10月29日 | 22:22 | 山羊 |
| 2022年 | 11月 1日 | 00:43 | 水瓶 |
| 2022年 | 11月 3日 | 03:47 | 魚 |
| 2022年 | 11月 5日 | 08:07 | 牡羊 |
| 2022年 | 11月 7日 | 14:15 | 牡牛 |
| 2022年 | 11月 9日 | 22:37 | 双子 |
| 2022年 | 11月12日 | 09:22 | 蟹 |
| 2022年 | 11月14日 | 21:47 | 獅子 |
| 2022年 | 11月17日 | 10:03 | 乙女 |
| 2022年 | 11月19日 | 19:57 | 天秤 |
| 2022年 | 11月22日 | 02:16 | 蠍 |
| 2022年 | 11月24日 | 05:16 | 射手 |
| 2022年 | 11月26日 | 06:19 | 山羊 |
| 2022年 | 11月28日 | 07:07 | 水瓶 |
| 2022年 | 11月30日 | 09:15 | 魚 |
| 2022年 | 12月 2日 | 13:41 | 牡羊 |
| 2022年 | 12月 4日 | 20:38 | 牡牛 |
| 2022年 | 12月 7日 | 05:48 | 双子 |
| 2022年 | 12月 9日 | 16:49 | 蟹 |
| 2022年 | 12月12日 | 05:09 | 獅子 |
| 2022年 | 12月14日 | 17:45 | 乙女 |
| 2022年 | 12月17日 | 04:49 | 天秤 |
| 2022年 | 12月19日 | 12:31 | 蠍 |
| 2022年 | 12月21日 | 16:13 | 射手 |
| 2022年 | 12月23日 | 16:50 | 山羊 |
| 2022年 | 12月25日 | 16:14 | 水瓶 |
| 2022年 | 12月27日 | 16:34 | 魚 |
| 2022年 | 12月29日 | 19:36 | 牡羊 |
| 2023年 | 1月 1日 | 02:08 | 牡牛 |
| 2023年 | 1月 3日 | 11:44 | 双子 |
| 2023年 | 1月 5日 | 23:14 | 蟹 |
| 2023年 | 1月 8日 | 11:40 | 獅子 |
| 2023年 | 1月11日 | 00:15 | 乙女 |
| 2023年 | 1月13日 | 11:56 | 天秤 |
| 2023年 | 1月15日 | 21:08 | 蠍 |
| 2023年 | 1月18日 | 02:33 | 射手 |
| 2023年 | 1月20日 | 04:12 | 山羊 |
| 2023年 | 1月22日 | 03:30 | 水瓶 |
| 2023年 | 1月24日 | 02:37 | 魚 |
| 2023年 | 1月26日 | 03:48 | 牡羊 |
| 2023年 | 1月28日 | 08:42 | 牡牛 |
| 2023年 | 1月30日 | 17:34 | 双子 |
| 2023年 | 2月 2日 | 05:11 | 蟹 |
| 2023年 | 2月 4日 | 17:48 | 獅子 |
| 2023年 | 2月 7日 | 06:14 | 乙女 |
| 2023年 | 2月 9日 | 17:46 | 天秤 |
| 2023年 | 2月12日 | 03:34 | 蠍 |
| 2023年 | 2月14日 | 10:31 | 射手 |
| 2023年 | 2月16日 | 14:00 | 山羊 |
| 2023年 | 2月18日 | 14:35 | 水瓶 |
| 2023年 | 2月20日 | 13:57 | 魚 |
| 2023年 | 2月22日 | 14:14 | 牡羊 |
| 2023年 | 2月24日 | 17:29 | 牡牛 |
| 2023年 | 2月27日 | 00:47 | 双子 |
| 2023年 | 3月 1日 | 11:40 | 蟹 |
| 2023年 | 3月 4日 | 00:15 | 獅子 |
| 2023年 | 3月 6日 | 12:38 | 乙女 |
| 2023年 | 3月 8日 | 23:44 | 天秤 |
| 2023年 | 3月11日 | 09:06 | 蠍 |
| 2023年 | 3月13日 | 16:21 | 射手 |
| 2023年 | 3月15日 | 21:06 | 山羊 |
| 2023年 | 3月17日 | 23:25 | 水瓶 |
| 2023年 | 3月20日 | 00:13 | 魚 |
| 2023年 | 3月22日 | 01:02 | 牡羊 |
| 2023年 | 3月24日 | 03:42 | 牡牛 |
| 2023年 | 3月26日 | 09:41 | 双子 |
| 2023年 | 3月28日 | 19:21 | 蟹 |
| 2023年 | 3月31日 | 07:31 | 獅子 |
| 2023年 | 4月 2日 | 19:57 | 乙女 |
| 2023年 | 4月 5日 | 06:51 | 天秤 |
| 2023年 | 4月 7日 | 15:29 | 蠍 |
| 2023年 | 4月 9日 | 21:57 | 射手 |
| 2023年 | 4月12日 | 02:33 | 山羊 |
| 2023年 | 4月14日 | 05:42 | 水瓶 |
| 2023年 | 4月16日 | 07:57 | 魚 |
| 2023年 | 4月18日 | 10:09 | 牡羊 |
| 2023年 | 4月20日 | 13:30 | 牡牛 |
| 2023年 | 4月22日 | 19:11 | 双子 |
| 2023年 | 4月25日 | 03:58 | 蟹 |
| 2023年 | 4月27日 | 15:29 | 獅子 |
| 2023年 | 4月30日 | 03:59 | 乙女 |
| 2023年 | 5月 2日 | 15:09 | 天秤 |
| 2023年 | 5月 4日 | 23:32 | 蠍 |
| 2023年 | 5月 7日 | 05:04 | 射手 |
| 2023年 | 5月 9日 | 08:33 | 山羊 |
| 2023年 | 5月11日 | 11:05 | 水瓶 |
| 2023年 | 5月13日 | 13:39 | 魚 |
| 2023年 | 5月15日 | 16:56 | 牡羊 |
| 2023年 | 5月17日 | 21:28 | 牡牛 |
| 2023年 | 5月20日 | 03:48 | 双子 |
| 2023年 | 5月22日 | 12:28 | 蟹 |
| 2023年 | 5月24日 | 23:34 | 獅子 |
| 2023年 | 5月27日 | 12:05 | 乙女 |
| 2023年 | 5月29日 | 23:50 | 天秤 |
| 2023年 | 6月 1日 | 08:45 | 蠍 |
| 2023年 | 6月 3日 | 14:04 | 射手 |
| 2023年 | 6月 5日 | 16:31 | 山羊 |
| 2023年 | 6月 7日 | 17:42 | 水瓶 |
| 2023年 | 6月 9日 | 19:14 | 魚 |
| 2023年 | 6月11日 | 22:20 | 牡羊 |
| 2023年 | 6月14日 | 03:31 | 牡牛 |
| 2023年 | 6月16日 | 10:46 | 双子 |
| 2023年 | 6月18日 | 19:58 | 蟹 |
| 2023年 | 6月21日 | 07:04 | 獅子 |
| 2023年 | 6月23日 | 19:35 | 乙女 |
| 2023年 | 6月26日 | 07:57 | 天秤 |
| 2023年 | 6月28日 | 17:55 | 蠍 |
| 2023年 | 6月30日 | 23:59 | 射手 |
| 2023年 | 7月 3日 | 02:21 | 山羊 |
| 2023年 | 7月 5日 | 02:31 | 水瓶 |
| 2023年 | 7月 7日 | 02:33 | 魚 |
| 2023年 | 7月 9日 | 04:19 | 牡羊 |
| 2023年 | 7月11日 | 08:55 | 牡牛 |
| 2023年 | 7月13日 | 16:26 | 双子 |
| 2023年 | 7月16日 | 02:13 | 蟹 |
| 2023年 | 7月18日 | 13:39 | 獅子 |
| 2023年 | 7月21日 | 02:12 | 乙女 |
| 2023年 | 7月23日 | 14:54 | 天秤 |
| 2023年 | 7月26日 | 01:55 | 蠍 |
| 2023年 | 7月28日 | 09:24 | 射手 |
| 2023年 | 7月30日 | 12:44 | 山羊 |
| 2023年 | 8月 1日 | 12:58 | 水瓶 |
| 2023年 | 8月 3日 | 12:06 | 魚 |
| 2023年 | 8月 5日 | 12:19 | 牡羊 |
| 2023年 | 8月 7日 | 15:24 | 牡牛 |
| 2023年 | 8月 9日 | 22:05 | 双子 |
| 2023年 | 8月12日 | 07:52 | 蟹 |

| | | | |
|---|---|---|---|
| 2023年 | 8月14日 | 19:36 | 獅子 |
| 2023年 | 8月17日 | 08:14 | 乙女 |
| 2023年 | 8月19日 | 20:53 | 天秤 |
| 2023年 | 8月22日 | 08:22 | 蠍 |
| 2023年 | 8月24日 | 17:07 | 射手 |
| 2023年 | 8月26日 | 22:05 | 山羊 |
| 2023年 | 8月28日 | 23:32 | 水瓶 |
| 2023年 | 8月30日 | 22:58 | 魚 |
| 2023年 | 9月 1日 | 22:26 | 牡羊 |
| 2023年 | 9月 4日 | 00:00 | 牡牛 |
| 2023年 | 9月 6日 | 05:06 | 双子 |
| 2023年 | 9月 8日 | 13:59 | 蟹 |
| 2023年 | 9月11日 | 01:36 | 獅子 |
| 2023年 | 9月13日 | 14:18 | 乙女 |
| 2023年 | 9月16日 | 02:44 | 天秤 |
| 2023年 | 9月18日 | 13:58 | 蠍 |
| 2023年 | 9月20日 | 23:06 | 射手 |
| 2023年 | 9月23日 | 05:20 | 山羊 |
| 2023年 | 9月25日 | 08:29 | 水瓶 |
| 2023年 | 9月27日 | 09:18 | 魚 |
| 2023年 | 9月29日 | 09:17 | 牡羊 |
| 2023年 | 10月 1日 | 10:18 | 牡牛 |
| 2023年 | 10月 3日 | 14:03 | 双子 |
| 2023年 | 10月 5日 | 21:31 | 蟹 |
| 2023年 | 10月 8日 | 08:24 | 獅子 |
| 2023年 | 10月10日 | 21:01 | 乙女 |
| 2023年 | 10月13日 | 09:22 | 天秤 |
| 2023年 | 10月15日 | 20:04 | 蠍 |
| 2023年 | 10月18日 | 04:36 | 射手 |
| 2023年 | 10月20日 | 10:55 | 山羊 |
| 2023年 | 10月22日 | 15:06 | 水瓶 |
| 2023年 | 10月24日 | 17:33 | 魚 |
| 2023年 | 10月26日 | 19:02 | 牡羊 |
| 2023年 | 10月28日 | 20:45 | 牡牛 |
| 2023年 | 10月31日 | 00:08 | 双子 |
| 2023年 | 11月 2日 | 06:30 | 蟹 |
| 2023年 | 11月 4日 | 16:21 | 獅子 |
| 2023年 | 11月 7日 | 04:39 | 乙女 |
| 2023年 | 11月 9日 | 17:07 | 天秤 |
| 2023年 | 11月12日 | 03:39 | 蠍 |
| 2023年 | 11月14日 | 11:23 | 射手 |
| 2023年 | 11月16日 | 16:42 | 山羊 |
| 2023年 | 11月18日 | 20:28 | 水瓶 |
| 2023年 | 11月20日 | 23:29 | 魚 |
| 2023年 | 11月23日 | 02:20 | 牡羊 |
| 2023年 | 11月25日 | 05:29 | 牡牛 |
| 2023年 | 11月27日 | 09:40 | 双子 |
| 2023年 | 11月29日 | 15:54 | 蟹 |
| 2023年 | 12月 2日 | 01:00 | 獅子 |
| 2023年 | 12月 4日 | 12:50 | 乙女 |
| 2023年 | 12月 7日 | 01:34 | 天秤 |
| 2023年 | 12月 9日 | 12:35 | 蠍 |
| 2023年 | 12月11日 | 20:11 | 射手 |
| 2023年 | 12月14日 | 00:32 | 山羊 |
| 2023年 | 12月16日 | 02:56 | 水瓶 |
| 2023年 | 12月18日 | 04:59 | 魚 |
| 2023年 | 12月20日 | 07:47 | 牡羊 |
| 2023年 | 12月22日 | 11:50 | 牡牛 |
| 2023年 | 12月24日 | 17:15 | 双子 |
| 2023年 | 12月27日 | 00:15 | 蟹 |
| 2023年 | 12月29日 | 09:23 | 獅子 |
| 2023年 | 12月31日 | 20:53 | 乙女 |
| 2024年 | 1月 3日 | 09:47 | 天秤 |
| 2024年 | 1月 5日 | 21:39 | 蠍 |
| 2024年 | 1月 8日 | 06:08 | 射手 |
| 2024年 | 1月10日 | 10:33 | 山羊 |
| 2024年 | 1月12日 | 12:02 | 水瓶 |
| 2024年 | 1月14日 | 12:29 | 魚 |
| 2024年 | 1月16日 | 13:49 | 牡羊 |
| 2024年 | 1月18日 | 17:12 | 牡牛 |
| 2024年 | 1月20日 | 22:58 | 双子 |
| 2024年 | 1月23日 | 06:51 | 蟹 |
| 2024年 | 1月25日 | 16:37 | 獅子 |
| 2024年 | 1月28日 | 04:11 | 乙女 |
| 2024年 | 1月30日 | 17:04 | 天秤 |
| 2024年 | 2月 2日 | 05:36 | 蠍 |
| 2024年 | 2月 4日 | 15:28 | 射手 |
| 2024年 | 2月 6日 | 21:09 | 山羊 |
| 2024年 | 2月 8日 | 23:00 | 水瓶 |
| 2024年 | 2月10日 | 22:44 | 魚 |
| 2024年 | 2月12日 | 22:27 | 牡羊 |
| 2024年 | 2月15日 | 00:02 | 牡牛 |
| 2024年 | 2月17日 | 04:39 | 双子 |
| 2024年 | 2月19日 | 12:25 | 蟹 |
| 2024年 | 2月21日 | 22:40 | 獅子 |
| 2024年 | 2月24日 | 10:37 | 乙女 |
| 2024年 | 2月26日 | 23:29 | 天秤 |
| 2024年 | 2月29日 | 12:09 | 蠍 |
| 2024年 | 3月 2日 | 22:56 | 射手 |
| 2024年 | 3月 5日 | 06:15 | 山羊 |
| 2024年 | 3月 7日 | 09:38 | 水瓶 |
| 2024年 | 3月 9日 | 10:03 | 魚 |
| 2024年 | 3月11日 | 09:19 | 牡羊 |
| 2024年 | 3月13日 | 09:28 | 牡牛 |
| 2024年 | 3月15日 | 12:16 | 双子 |
| 2024年 | 3月17日 | 18:40 | 蟹 |
| 2024年 | 3月20日 | 04:32 | 獅子 |
| 2024年 | 3月22日 | 16:41 | 乙女 |
| 2024年 | 3月25日 | 05:37 | 天秤 |
| 2024年 | 3月27日 | 18:02 | 蠍 |
| 2024年 | 3月30日 | 04:51 | 射手 |
| 2024年 | 4月 1日 | 13:05 | 山羊 |
| 2024年 | 4月 3日 | 18:08 | 水瓶 |
| 2024年 | 4月 5日 | 20:13 | 魚 |
| 2024年 | 4月 7日 | 20:26 | 牡羊 |
| 2024年 | 4月 9日 | 20:24 | 牡牛 |
| 2024年 | 4月11日 | 21:59 | 双子 |
| 2024年 | 4月14日 | 02:45 | 蟹 |
| 2024年 | 4月16日 | 11:24 | 獅子 |
| 2024年 | 4月18日 | 23:10 | 乙女 |
| 2024年 | 4月21日 | 12:08 | 天秤 |
| 2024年 | 4月24日 | 00:20 | 蠍 |
| 2024年 | 4月26日 | 10:37 | 射手 |
| 2024年 | 4月28日 | 18:37 | 山羊 |
| 2024年 | 5月 1日 | 00:20 | 水瓶 |
| 2024年 | 5月 3日 | 03:52 | 魚 |
| 2024年 | 5月 5日 | 05:41 | 牡羊 |
| 2024年 | 5月 7日 | 06:42 | 牡牛 |
| 2024年 | 5月 9日 | 08:21 | 双子 |
| 2024年 | 5月11日 | 12:13 | 蟹 |
| 2024年 | 5月13日 | 19:36 | 獅子 |
| 2024年 | 5月16日 | 06:32 | 乙女 |
| 2024年 | 5月18日 | 19:22 | 天秤 |
| 2024年 | 5月21日 | 07:34 | 蠍 |
| 2024年 | 5月23日 | 17:24 | 射手 |
| 2024年 | 5月26日 | 00:36 | 山羊 |
| 2024年 | 5月28日 | 05:45 | 水瓶 |
| 2024年 | 5月30日 | 09:33 | 魚 |
| 2024年 | 6月 1日 | 12:28 | 牡羊 |
| 2024年 | 6月 3日 | 14:56 | 牡牛 |
| 2024年 | 6月 5日 | 17:37 | 双子 |
| 2024年 | 6月 7日 | 21:41 | 蟹 |
| 2024年 | 6月10日 | 04:29 | 獅子 |
| 2024年 | 6月12日 | 14:38 | 乙女 |
| 2024年 | 6月15日 | 03:12 | 天秤 |
| 2024年 | 6月17日 | 15:37 | 蠍 |
| 2024年 | 6月20日 | 01:31 | 射手 |
| 2024年 | 6月22日 | 08:09 | 山羊 |
| 2024年 | 6月24日 | 12:14 | 水瓶 |
| 2024年 | 6月26日 | 15:08 | 魚 |
| 2024年 | 6月28日 | 17:52 | 牡羊 |
| 2024年 | 6月30日 | 21:00 | 牡牛 |
| 2024年 | 7月 3日 | 00:50 | 双子 |
| 2024年 | 7月 5日 | 05:52 | 蟹 |
| 2024年 | 7月 7日 | 12:56 | 獅子 |
| 2024年 | 7月 9日 | 22:47 | 乙女 |
| 2024年 | 7月12日 | 11:06 | 天秤 |
| 2024年 | 7月14日 | 23:52 | 蠍 |
| 2024年 | 7月17日 | 10:25 | 射手 |
| 2024年 | 7月19日 | 17:14 | 山羊 |
| 2024年 | 7月21日 | 20:44 | 水瓶 |
| 2024年 | 7月23日 | 22:24 | 魚 |
| 2024年 | 7月25日 | 23:53 | 牡羊 |
| 2024年 | 7月28日 | 02:23 | 牡牛 |
| 2024年 | 7月30日 | 06:28 | 双子 |
| 2024年 | 8月 1日 | 12:19 | 蟹 |
| 2024年 | 8月 3日 | 20:10 | 獅子 |
| 2024年 | 8月 6日 | 06:17 | 乙女 |
| 2024年 | 8月 8日 | 18:31 | 天秤 |

| | | | |
|---|---|---|---|
| 2024年 | 8月11日 | 07:34 | 蠍 |
| 2024年 | 8月13日 | 19:00 | 射手 |
| 2024年 | 8月16日 | 02:51 | 山羊 |
| 2024年 | 8月18日 | 06:45 | 水瓶 |
| 2024年 | 8月20日 | 07:52 | 魚 |
| 2024年 | 8月22日 | 08:02 | 牡羊 |
| 2024年 | 8月24日 | 09:00 | 牡牛 |
| 2024年 | 8月26日 | 12:04 | 双子 |
| 2024年 | 8月28日 | 17:47 | 蟹 |
| 2024年 | 8月31日 | 02:09 | 獅子 |
| 2024年 | 9月2日 | 12:48 | 乙女 |
| 2024年 | 9月5日 | 01:11 | 天秤 |
| 2024年 | 9月7日 | 14:18 | 蠍 |
| 2024年 | 9月10日 | 02:25 | 射手 |
| 2024年 | 9月12日 | 11:37 | 山羊 |
| 2024年 | 9月14日 | 16:53 | 水瓶 |
| 2024年 | 9月16日 | 18:40 | 魚 |
| 2024年 | 9月18日 | 18:25 | 牡羊 |
| 2024年 | 9月20日 | 18:03 | 牡牛 |
| 2024年 | 9月22日 | 19:25 | 双子 |
| 2024年 | 9月24日 | 23:50 | 蟹 |
| 2024年 | 9月27日 | 07:47 | 獅子 |
| 2024年 | 9月29日 | 18:41 | 乙女 |
| 2024年 | 10月2日 | 07:20 | 天秤 |
| 2024年 | 10月4日 | 20:22 | 蠍 |
| 2024年 | 10月7日 | 08:34 | 射手 |
| 2024年 | 10月9日 | 18:38 | 山羊 |
| 2024年 | 10月12日 | 01:31 | 水瓶 |
| 2024年 | 10月14日 | 04:55 | 魚 |
| 2024年 | 10月16日 | 05:35 | 牡羊 |
| 2024年 | 10月18日 | 05:00 | 牡牛 |
| 2024年 | 10月20日 | 05:08 | 双子 |
| 2024年 | 10月22日 | 07:50 | 蟹 |
| 2024年 | 10月24日 | 14:24 | 獅子 |
| 2024年 | 10月27日 | 00:47 | 乙女 |
| 2024年 | 10月29日 | 13:29 | 天秤 |
| 2024年 | 11月1日 | 02:29 | 蠍 |
| 2024年 | 11月3日 | 14:19 | 射手 |
| 2024年 | 11月6日 | 00:17 | 山羊 |
| 2024年 | 11月8日 | 07:58 | 水瓶 |
| 2024年 | 11月10日 | 13:00 | 魚 |
| 2024年 | 11月12日 | 15:26 | 牡羊 |
| 2024年 | 11月14日 | 16:00 | 牡牛 |
| 2024年 | 11月16日 | 16:09 | 双子 |
| 2024年 | 11月18日 | 17:50 | 蟹 |
| 2024年 | 11月20日 | 22:51 | 獅子 |
| 2024年 | 11月23日 | 08:01 | 乙女 |
| 2024年 | 11月25日 | 20:19 | 天秤 |
| 2024年 | 11月28日 | 09:21 | 蠍 |
| 2024年 | 11月30日 | 20:53 | 射手 |
| 2024年 | 12月3日 | 06:09 | 山羊 |
| 2024年 | 12月5日 | 13:21 | 水瓶 |
| 2024年 | 12月7日 | 18:49 | 魚 |
| 2024年 | 12月9日 | 22:38 | 牡羊 |
| 2024年 | 12月12日 | 00:55 | 牡牛 |
| 2024年 | 12月14日 | 02:22 | 双子 |
| 2024年 | 12月16日 | 04:22 | 蟹 |
| 2024年 | 12月18日 | 08:39 | 獅子 |
| 2024年 | 12月20日 | 16:37 | 乙女 |
| 2024年 | 12月23日 | 04:07 | 天秤 |
| 2024年 | 12月25日 | 17:06 | 蠍 |
| 2024年 | 12月28日 | 04:46 | 射手 |
| 2024年 | 12月30日 | 13:37 | 山羊 |
| 2025年 | 1月1日 | 19:50 | 水瓶 |
| 2025年 | 1月4日 | 00:21 | 魚 |
| 2025年 | 1月6日 | 04:01 | 牡羊 |
| 2025年 | 1月8日 | 07:11 | 牡牛 |
| 2025年 | 1月10日 | 10:07 | 双子 |
| 2025年 | 1月12日 | 13:24 | 蟹 |
| 2025年 | 1月14日 | 18:12 | 獅子 |
| 2025年 | 1月17日 | 01:46 | 乙女 |
| 2025年 | 1月19日 | 12:33 | 天秤 |
| 2025年 | 1月22日 | 01:19 | 蠍 |
| 2025年 | 1月24日 | 13:28 | 射手 |
| 2025年 | 1月26日 | 22:42 | 山羊 |
| 2025年 | 1月29日 | 04:32 | 水瓶 |
| 2025年 | 1月31日 | 07:53 | 魚 |
| 2025年 | 2月2日 | 10:10 | 牡羊 |
| 2025年 | 2月4日 | 12:33 | 牡牛 |
| 2025年 | 2月6日 | 15:44 | 双子 |
| 2025年 | 2月8日 | 20:04 | 蟹 |
| 2025年 | 2月11日 | 02:01 | 獅子 |
| 2025年 | 2月13日 | 10:07 | 乙女 |
| 2025年 | 2月15日 | 20:45 | 天秤 |
| 2025年 | 2月18日 | 09:19 | 蠍 |
| 2025年 | 2月20日 | 21:54 | 射手 |
| 2025年 | 2月23日 | 08:08 | 山羊 |
| 2025年 | 2月25日 | 14:40 | 水瓶 |
| 2025年 | 2月27日 | 17:47 | 魚 |
| 2025年 | 3月1日 | 18:53 | 牡羊 |
| 2025年 | 3月3日 | 19:37 | 牡牛 |
| 2025年 | 3月5日 | 21:30 | 双子 |
| 2025年 | 3月8日 | 01:29 | 蟹 |
| 2025年 | 3月10日 | 07:59 | 獅子 |
| 2025年 | 3月12日 | 16:56 | 乙女 |
| 2025年 | 3月15日 | 03:59 | 天秤 |
| 2025年 | 3月17日 | 16:30 | 蠍 |
| 2025年 | 3月20日 | 05:17 | 射手 |
| 2025年 | 3月22日 | 16:28 | 山羊 |
| 2025年 | 3月25日 | 00:24 | 水瓶 |
| 2025年 | 3月27日 | 04:32 | 魚 |
| 2025年 | 3月29日 | 05:36 | 牡羊 |
| 2025年 | 3月31日 | 05:16 | 牡牛 |
| 2025年 | 4月2日 | 05:26 | 双子 |
| 2025年 | 4月4日 | 07:50 | 蟹 |
| 2025年 | 4月6日 | 13:34 | 獅子 |
| 2025年 | 4月8日 | 22:39 | 乙女 |
| 2025年 | 4月11日 | 10:12 | 天秤 |
| 2025年 | 4月13日 | 22:54 | 蠍 |
| 2025年 | 4月16日 | 11:37 | 射手 |
| 2025年 | 4月18日 | 23:12 | 山羊 |
| 2025年 | 4月21日 | 08:22 | 水瓶 |
| 2025年 | 4月23日 | 14:07 | 魚 |
| 2025年 | 4月25日 | 16:24 | 牡羊 |
| 2025年 | 4月27日 | 16:17 | 牡牛 |
| 2025年 | 4月29日 | 15:35 | 双子 |
| 2025年 | 5月1日 | 16:23 | 蟹 |
| 2025年 | 5月3日 | 20:29 | 獅子 |
| 2025年 | 5月6日 | 04:39 | 乙女 |
| 2025年 | 5月8日 | 16:06 | 天秤 |
| 2025年 | 5月11日 | 04:58 | 蠍 |
| 2025年 | 5月13日 | 17:35 | 射手 |
| 2025年 | 5月16日 | 04:58 | 山羊 |
| 2025年 | 5月18日 | 14:29 | 水瓶 |
| 2025年 | 5月20日 | 21:28 | 魚 |
| 2025年 | 5月23日 | 01:26 | 牡羊 |
| 2025年 | 5月25日 | 02:39 | 牡牛 |
| 2025年 | 5月27日 | 02:22 | 双子 |
| 2025年 | 5月29日 | 02:33 | 蟹 |
| 2025年 | 5月31日 | 05:17 | 獅子 |
| 2025年 | 6月2日 | 12:00 | 乙女 |
| 2025年 | 6月4日 | 22:38 | 天秤 |
| 2025年 | 6月7日 | 11:23 | 蠍 |
| 2025年 | 6月9日 | 23:55 | 射手 |
| 2025年 | 6月12日 | 10:55 | 山羊 |
| 2025年 | 6月14日 | 20:00 | 水瓶 |
| 2025年 | 6月17日 | 03:08 | 魚 |
| 2025年 | 6月19日 | 08:08 | 牡羊 |
| 2025年 | 6月21日 | 10:53 | 牡牛 |
| 2025年 | 6月23日 | 11:57 | 双子 |
| 2025年 | 6月25日 | 12:44 | 蟹 |
| 2025年 | 6月27日 | 15:06 | 獅子 |
| 2025年 | 6月29日 | 20:43 | 乙女 |
| 2025年 | 7月2日 | 06:16 | 天秤 |
| 2025年 | 7月4日 | 18:32 | 蠍 |
| 2025年 | 7月7日 | 07:06 | 射手 |
| 2025年 | 7月9日 | 17:55 | 山羊 |
| 2025年 | 7月12日 | 02:21 | 水瓶 |
| 2025年 | 7月14日 | 08:45 | 魚 |
| 2025年 | 7月16日 | 13:32 | 牡羊 |
| 2025年 | 7月18日 | 16:59 | 牡牛 |
| 2025年 | 7月20日 | 19:22 | 双子 |
| 2025年 | 7月22日 | 21:27 | 蟹 |
| 2025年 | 7月25日 | 00:29 | 獅子 |
| 2025年 | 7月27日 | 05:55 | 乙女 |
| 2025年 | 7月29日 | 14:43 | 天秤 |
| 2025年 | 8月1日 | 02:24 | 蠍 |
| 2025年 | 8月3日 | 15:00 | 射手 |
| 2025年 | 8月6日 | 02:04 | 山羊 |

| | | | | |
|---|---|---|---|---|
| 2025年 | 8月 | 8日 | 10:18 | 水瓶 |
| 2025年 | 8月 | 10日 | 15:50 | 魚 |
| 2025年 | 8月 | 12日 | 19:33 | 牡羊 |
| 2025年 | 8月 | 14日 | 22:22 | 牡牛 |
| 2025年 | 8月 | 17日 | 01:01 | 双子 |
| 2025年 | 8月 | 19日 | 04:05 | 蟹 |
| 2025年 | 8月 | 21日 | 08:17 | 獅子 |
| 2025年 | 8月 | 23日 | 14:24 | 乙女 |
| 2025年 | 8月 | 25日 | 23:08 | 天秤 |
| 2025年 | 8月 | 28日 | 10:27 | 蠍 |
| 2025年 | 8月 | 30日 | 23:04 | 射手 |
| 2025年 | 9月 | 2日 | 10:44 | 山羊 |
| 2025年 | 9月 | 4日 | 19:32 | 水瓶 |
| 2025年 | 9月 | 7日 | 00:54 | 魚 |
| 2025年 | 9月 | 9日 | 03:38 | 牡羊 |
| 2025年 | 9月 | 11日 | 05:04 | 牡牛 |
| 2025年 | 9月 | 13日 | 06:39 | 双子 |
| 2025年 | 9月 | 15日 | 09:30 | 蟹 |
| 2025年 | 9月 | 17日 | 14:20 | 獅子 |
| 2025年 | 9月 | 19日 | 21:23 | 乙女 |
| 2025年 | 9月 | 22日 | 06:41 | 天秤 |
| 2025年 | 9月 | 24日 | 18:00 | 蠍 |
| 2025年 | 9月 | 27日 | 06:37 | 射手 |
| 2025年 | 9月 | 29日 | 18:54 | 山羊 |
| 2025年 | 10月 | 2日 | 04:51 | 水瓶 |
| 2025年 | 10月 | 4日 | 11:07 | 魚 |
| 2025年 | 10月 | 6日 | 13:48 | 牡羊 |
| 2025年 | 10月 | 8日 | 14:13 | 牡牛 |
| 2025年 | 10月 | 10日 | 14:12 | 双子 |
| 2025年 | 10月 | 12日 | 15:37 | 蟹 |
| 2025年 | 10月 | 14日 | 19:47 | 獅子 |
| 2025年 | 10月 | 17日 | 03:05 | 乙女 |
| 2025年 | 10月 | 19日 | 13:01 | 天秤 |
| 2025年 | 10月 | 22日 | 00:42 | 蠍 |
| 2025年 | 10月 | 24日 | 13:19 | 射手 |
| 2025年 | 10月 | 27日 | 01:53 | 山羊 |
| 2025年 | 10月 | 29日 | 12:55 | 水瓶 |
| 2025年 | 10月 | 31日 | 20:46 | 魚 |
| 2025年 | 11月 | 3日 | 00:40 | 牡羊 |
| 2025年 | 11月 | 5日 | 01:16 | 牡牛 |
| 2025年 | 11月 | 7日 | 00:22 | 双子 |
| 2025年 | 11月 | 9日 | 00:07 | 蟹 |
| 2025年 | 11月 | 11日 | 02:34 | 獅子 |
| 2025年 | 11月 | 13日 | 08:52 | 乙女 |
| 2025年 | 11月 | 15日 | 18:43 | 天秤 |
| 2025年 | 11月 | 18日 | 06:44 | 蠍 |
| 2025年 | 11月 | 20日 | 19:26 | 射手 |
| 2025年 | 11月 | 23日 | 07:53 | 山羊 |
| 2025年 | 11月 | 25日 | 19:15 | 水瓶 |
| 2025年 | 11月 | 28日 | 04:23 | 魚 |
| 2025年 | 11月 | 30日 | 10:07 | 牡羊 |
| 2025年 | 12月 | 2日 | 12:13 | 牡牛 |
| 2025年 | 12月 | 4日 | 11:48 | 双子 |
| 2025年 | 12月 | 6日 | 10:54 | 蟹 |
| 2025年 | 12月 | 8日 | 11:48 | 獅子 |
| 2025年 | 12月 | 10日 | 16:20 | 乙女 |
| 2025年 | 12月 | 13日 | 01:03 | 天秤 |
| 2025年 | 12月 | 15日 | 12:51 | 蠍 |
| 2025年 | 12月 | 18日 | 01:38 | 射手 |
| 2025年 | 12月 | 20日 | 13:52 | 山羊 |
| 2025年 | 12月 | 23日 | 00:52 | 水瓶 |
| 2025年 | 12月 | 25日 | 10:09 | 魚 |
| 2025年 | 12月 | 27日 | 17:02 | 牡羊 |
| 2025年 | 12月 | 29日 | 20:57 | 牡牛 |
| 2025年 | 12月 | 31日 | 22:14 | 双子 |
| 2026年 | 1月 | 2日 | 22:10 | 蟹 |
| 2026年 | 1月 | 4日 | 22:44 | 獅子 |
| 2026年 | 1月 | 7日 | 01:57 | 乙女 |
| 2026年 | 1月 | 9日 | 09:06 | 天秤 |
| 2026年 | 1月 | 11日 | 19:55 | 蠍 |
| 2026年 | 1月 | 14日 | 08:34 | 射手 |
| 2026年 | 1月 | 16日 | 20:47 | 山羊 |
| 2026年 | 1月 | 19日 | 07:18 | 水瓶 |
| 2026年 | 1月 | 21日 | 15:50 | 魚 |
| 2026年 | 1月 | 23日 | 22:26 | 牡羊 |
| 2026年 | 1月 | 26日 | 03:05 | 牡牛 |
| 2026年 | 1月 | 28日 | 05:55 | 双子 |
| 2026年 | 1月 | 30日 | 07:32 | 蟹 |
| 2026年 | 2月 | 1日 | 09:09 | 獅子 |
| 2026年 | 2月 | 3日 | 12:21 | 乙女 |
| 2026年 | 2月 | 5日 | 18:32 | 天秤 |
| 2026年 | 2月 | 8日 | 04:13 | 蠍 |
| 2026年 | 2月 | 10日 | 16:21 | 射手 |
| 2026年 | 2月 | 13日 | 04:44 | 山羊 |
| 2026年 | 2月 | 15日 | 15:17 | 水瓶 |
| 2026年 | 2月 | 17日 | 23:09 | 魚 |
| 2026年 | 2月 | 20日 | 04:39 | 牡羊 |
| 2026年 | 2月 | 22日 | 08:31 | 牡牛 |
| 2026年 | 2月 | 24日 | 11:29 | 双子 |
| 2026年 | 2月 | 26日 | 14:11 | 蟹 |
| 2026年 | 2月 | 28日 | 17:17 | 獅子 |
| 2026年 | 3月 | 2日 | 21:34 | 乙女 |
| 2026年 | 3月 | 5日 | 03:56 | 天秤 |
| 2026年 | 3月 | 7日 | 13:01 | 蠍 |
| 2026年 | 3月 | 10日 | 00:36 | 射手 |
| 2026年 | 3月 | 12日 | 13:07 | 山羊 |
| 2026年 | 3月 | 15日 | 00:13 | 水瓶 |
| 2026年 | 3月 | 17日 | 08:16 | 魚 |
| 2026年 | 3月 | 19日 | 13:03 | 牡羊 |
| 2026年 | 3月 | 21日 | 15:35 | 牡牛 |
| 2026年 | 3月 | 23日 | 17:19 | 双子 |
| 2026年 | 3月 | 25日 | 19:33 | 蟹 |
| 2026年 | 3月 | 27日 | 23:10 | 獅子 |
| 2026年 | 3月 | 30日 | 04:33 | 乙女 |
| 2026年 | 4月 | 1日 | 11:51 | 天秤 |
| 2026年 | 4月 | 3日 | 21:11 | 蠍 |
| 2026年 | 4月 | 6日 | 08:31 | 射手 |
| 2026年 | 4月 | 8日 | 21:04 | 山羊 |
| 2026年 | 4月 | 11日 | 08:55 | 水瓶 |
| 2026年 | 4月 | 13日 | 17:55 | 魚 |
| 2026年 | 4月 | 15日 | 23:04 | 牡羊 |
| 2026年 | 4月 | 18日 | 00:58 | 牡牛 |
| 2026年 | 4月 | 20日 | 01:18 | 双子 |
| 2026年 | 4月 | 22日 | 02:01 | 蟹 |
| 2026年 | 4月 | 24日 | 04:41 | 獅子 |
| 2026年 | 4月 | 26日 | 10:04 | 乙女 |
| 2026年 | 4月 | 28日 | 18:03 | 天秤 |
| 2026年 | 5月 | 1日 | 04:02 | 蠍 |
| 2026年 | 5月 | 3日 | 15:33 | 射手 |
| 2026年 | 5月 | 6日 | 04:06 | 山羊 |
| 2026年 | 5月 | 8日 | 16:27 | 水瓶 |
| 2026年 | 5月 | 11日 | 02:39 | 魚 |
| 2026年 | 5月 | 13日 | 09:04 | 牡羊 |
| 2026年 | 5月 | 15日 | 11:31 | 牡牛 |
| 2026年 | 5月 | 17日 | 11:23 | 双子 |
| 2026年 | 5月 | 19日 | 10:46 | 蟹 |
| 2026年 | 5月 | 21日 | 11:48 | 獅子 |
| 2026年 | 5月 | 23日 | 15:57 | 乙女 |
| 2026年 | 5月 | 25日 | 23:34 | 天秤 |
| 2026年 | 5月 | 28日 | 09:52 | 蠍 |
| 2026年 | 5月 | 30日 | 21:45 | 射手 |
| 2026年 | 6月 | 2日 | 10:19 | 山羊 |
| 2026年 | 6月 | 4日 | 22:45 | 水瓶 |
| 2026年 | 6月 | 7日 | 09:43 | 魚 |
| 2026年 | 6月 | 9日 | 17:33 | 牡羊 |
| 2026年 | 6月 | 11日 | 21:28 | 牡牛 |
| 2026年 | 6月 | 13日 | 22:07 | 双子 |
| 2026年 | 6月 | 15日 | 21:15 | 蟹 |
| 2026年 | 6月 | 17日 | 21:06 | 獅子 |
| 2026年 | 6月 | 19日 | 23:37 | 乙女 |
| 2026年 | 6月 | 22日 | 05:55 | 天秤 |
| 2026年 | 6月 | 24日 | 15:43 | 蠍 |
| 2026年 | 6月 | 27日 | 03:41 | 射手 |
| 2026年 | 6月 | 29日 | 16:18 | 山羊 |
| 2026年 | 7月 | 2日 | 04:33 | 水瓶 |
| 2026年 | 7月 | 4日 | 15:30 | 魚 |
| 2026年 | 7月 | 7日 | 00:07 | 牡羊 |
| 2026年 | 7月 | 9日 | 05:31 | 牡牛 |
| 2026年 | 7月 | 11日 | 07:42 | 双子 |
| 2026年 | 7月 | 13日 | 07:47 | 蟹 |
| 2026年 | 7月 | 15日 | 07:35 | 獅子 |
| 2026年 | 7月 | 17日 | 09:07 | 乙女 |
| 2026年 | 7月 | 19日 | 13:56 | 天秤 |
| 2026年 | 7月 | 21日 | 22:34 | 蠍 |
| 2026年 | 7月 | 24日 | 10:07 | 射手 |
| 2026年 | 7月 | 26日 | 22:44 | 山羊 |
| 2026年 | 7月 | 29日 | 10:46 | 水瓶 |
| 2026年 | 7月 | 31日 | 21:14 | 魚 |
| 2026年 | 8月 | 3日 | 05:37 | 牡羊 |

| | | | |
|---|---|---|---|
| 2026年 | 8月 5日 | 11:35 | 牡牛 |
| 2026年 | 8月 7日 | 15:08 | 双子 |
| 2026年 | 8月 9日 | 16:46 | 蟹 |
| 2026年 | 8月11日 | 17:39 | 獅子 |
| 2026年 | 8月13日 | 19:19 | 乙女 |
| 2026年 | 8月15日 | 23:20 | 天秤 |
| 2026年 | 8月18日 | 06:46 | 蠍 |
| 2026年 | 8月20日 | 17:30 | 射手 |
| 2026年 | 8月23日 | 05:59 | 山羊 |
| 2026年 | 8月25日 | 18:01 | 水瓶 |
| 2026年 | 8月28日 | 04:04 | 魚 |
| 2026年 | 8月30日 | 11:38 | 牡羊 |
| 2026年 | 9月 1日 | 17:01 | 牡牛 |
| 2026年 | 9月 3日 | 20:47 | 双子 |
| 2026年 | 9月 5日 | 23:31 | 蟹 |
| 2026年 | 9月 8日 | 01:50 | 獅子 |
| 2026年 | 9月10日 | 04:35 | 乙女 |
| 2026年 | 9月12日 | 08:52 | 天秤 |
| 2026年 | 9月14日 | 15:44 | 蠍 |
| 2026年 | 9月17日 | 01:41 | 射手 |
| 2026年 | 9月19日 | 13:54 | 山羊 |
| 2026年 | 9月22日 | 02:14 | 水瓶 |
| 2026年 | 9月24日 | 12:24 | 魚 |
| 2026年 | 9月26日 | 19:23 | 牡羊 |
| 2026年 | 9月28日 | 23:40 | 牡牛 |
| 2026年 | 10月 1日 | 02:26 | 双子 |
| 2026年 | 10月 3日 | 04:54 | 蟹 |
| 2026年 | 10月 5日 | 07:54 | 獅子 |
| 2026年 | 10月 7日 | 11:53 | 乙女 |
| 2026年 | 10月 9日 | 17:11 | 天秤 |
| 2026年 | 10月12日 | 00:21 | 蠍 |
| 2026年 | 10月14日 | 09:59 | 射手 |
| 2026年 | 10月16日 | 21:56 | 山羊 |
| 2026年 | 10月19日 | 10:40 | 水瓶 |
| 2026年 | 10月21日 | 21:35 | 魚 |
| 2026年 | 10月24日 | 04:53 | 牡羊 |
| 2026年 | 10月26日 | 08:35 | 牡牛 |
| 2026年 | 10月28日 | 10:02 | 双子 |
| 2026年 | 10月30日 | 11:06 | 蟹 |
| 2026年 | 11月 1日 | 13:18 | 獅子 |
| 2026年 | 11月 3日 | 17:28 | 乙女 |
| 2026年 | 11月 5日 | 23:38 | 天秤 |
| 2026年 | 11月 8日 | 07:40 | 蠍 |
| 2026年 | 11月10日 | 17:36 | 射手 |
| 2026年 | 11月13日 | 05:27 | 山羊 |
| 2026年 | 11月15日 | 18:24 | 水瓶 |
| 2026年 | 11月18日 | 06:19 | 魚 |
| 2026年 | 11月20日 | 14:52 | 牡羊 |
| 2026年 | 11月22日 | 19:10 | 牡牛 |
| 2026年 | 11月24日 | 20:10 | 双子 |
| 2026年 | 11月26日 | 19:52 | 蟹 |
| 2026年 | 11月28日 | 20:21 | 獅子 |
| 2026年 | 11月30日 | 23:13 | 乙女 |
| 2026年 | 12月 3日 | 05:04 | 天秤 |
| 2026年 | 12月 5日 | 13:35 | 蠍 |
| 2026年 | 12月 8日 | 00:06 | 射手 |
| 2026年 | 12月10日 | 12:09 | 山羊 |
| 2026年 | 12月13日 | 01:05 | 水瓶 |
| 2026年 | 12月15日 | 13:35 | 魚 |
| 2026年 | 12月17日 | 23:34 | 牡羊 |
| 2026年 | 12月20日 | 05:30 | 牡牛 |
| 2026年 | 12月22日 | 07:27 | 双子 |
| 2026年 | 12月24日 | 06:59 | 蟹 |
| 2026年 | 12月26日 | 06:13 | 獅子 |
| 2026年 | 12月28日 | 07:13 | 乙女 |
| 2026年 | 12月30日 | 11:27 | 天秤 |
| 2027年 | 1月 1日 | 19:15 | 蠍 |
| 2027年 | 1月 4日 | 05:57 | 射手 |
| 2027年 | 1月 6日 | 18:17 | 山羊 |
| 2027年 | 1月 9日 | 07:11 | 水瓶 |
| 2027年 | 1月11日 | 19:35 | 魚 |
| 2027年 | 1月14日 | 06:13 | 牡羊 |
| 2027年 | 1月16日 | 13:44 | 牡牛 |
| 2027年 | 1月18日 | 17:33 | 双子 |
| 2027年 | 1月20日 | 18:22 | 蟹 |
| 2027年 | 1月22日 | 17:46 | 獅子 |
| 2027年 | 1月24日 | 17:45 | 乙女 |
| 2027年 | 1月26日 | 20:12 | 天秤 |
| 2027年 | 1月29日 | 02:21 | 蠍 |
| 2027年 | 1月31日 | 12:13 | 射手 |
| 2027年 | 2月 3日 | 00:32 | 山羊 |
| 2027年 | 2月 5日 | 13:28 | 水瓶 |
| 2027年 | 2月 8日 | 01:31 | 魚 |
| 2027年 | 2月10日 | 11:49 | 牡羊 |
| 2027年 | 2月12日 | 19:44 | 牡牛 |
| 2027年 | 2月15日 | 00:59 | 双子 |
| 2027年 | 2月17日 | 03:39 | 蟹 |
| 2027年 | 2月19日 | 04:31 | 獅子 |
| 2027年 | 2月21日 | 05:00 | 乙女 |
| 2027年 | 2月23日 | 06:45 | 天秤 |
| 2027年 | 2月25日 | 11:24 | 蠍 |
| 2027年 | 2月27日 | 19:52 | 射手 |
| 2027年 | 3月 2日 | 07:35 | 山羊 |
| 2027年 | 3月 4日 | 20:31 | 水瓶 |
| 2027年 | 3月 7日 | 08:25 | 魚 |
| 2027年 | 3月 9日 | 18:02 | 牡羊 |
| 2027年 | 3月12日 | 01:16 | 牡牛 |
| 2027年 | 3月14日 | 06:30 | 双子 |
| 2027年 | 3月16日 | 10:11 | 蟹 |
| 2027年 | 3月18日 | 12:41 | 獅子 |
| 2027年 | 3月20日 | 14:37 | 乙女 |
| 2027年 | 3月22日 | 17:02 | 天秤 |
| 2027年 | 3月24日 | 21:18 | 蠍 |
| 2027年 | 3月27日 | 04:43 | 射手 |
| 2027年 | 3月29日 | 15:33 | 山羊 |
| 2027年 | 4月 1日 | 04:19 | 水瓶 |
| 2027年 | 4月 3日 | 16:25 | 魚 |
| 2027年 | 4月 6日 | 01:48 | 牡羊 |
| 2027年 | 4月 8日 | 08:10 | 牡牛 |
| 2027年 | 4月10日 | 12:21 | 双子 |
| 2027年 | 4月12日 | 15:32 | 蟹 |
| 2027年 | 4月14日 | 18:30 | 獅子 |
| 2027年 | 4月16日 | 21:39 | 乙女 |
| 2027年 | 4月19日 | 01:22 | 天秤 |
| 2027年 | 4月21日 | 06:21 | 蠍 |
| 2027年 | 4月23日 | 13:37 | 射手 |
| 2027年 | 4月25日 | 23:51 | 山羊 |
| 2027年 | 4月28日 | 12:23 | 水瓶 |
| 2027年 | 5月 1日 | 00:52 | 魚 |
| 2027年 | 5月 3日 | 10:43 | 牡羊 |
| 2027年 | 5月 5日 | 16:53 | 牡牛 |
| 2027年 | 5月 7日 | 20:07 | 双子 |
| 2027年 | 5月 9日 | 22:00 | 蟹 |
| 2027年 | 5月12日 | 00:01 | 獅子 |
| 2027年 | 5月14日 | 03:06 | 乙女 |
| 2027年 | 5月16日 | 07:33 | 天秤 |
| 2027年 | 5月18日 | 13:33 | 蠍 |
| 2027年 | 5月20日 | 21:27 | 射手 |
| 2027年 | 5月23日 | 07:43 | 山羊 |
| 2027年 | 5月25日 | 20:04 | 水瓶 |
| 2027年 | 5月28日 | 08:55 | 魚 |
| 2027年 | 5月30日 | 19:39 | 牡羊 |
| 2027年 | 6月 2日 | 02:33 | 牡牛 |
| 2027年 | 6月 4日 | 05:44 | 双子 |
| 2027年 | 6月 6日 | 06:39 | 蟹 |
| 2027年 | 6月 8日 | 07:13 | 獅子 |
| 2027年 | 6月10日 | 09:00 | 乙女 |
| 2027年 | 6月12日 | 12:57 | 天秤 |
| 2027年 | 6月14日 | 19:17 | 蠍 |
| 2027年 | 6月17日 | 03:53 | 射手 |
| 2027年 | 6月19日 | 14:35 | 山羊 |
| 2027年 | 6月22日 | 03:00 | 水瓶 |
| 2027年 | 6月24日 | 16:00 | 魚 |
| 2027年 | 6月27日 | 03:35 | 牡羊 |
| 2027年 | 6月29日 | 11:46 | 牡牛 |
| 2027年 | 7月 1日 | 15:56 | 双子 |
| 2027年 | 7月 3日 | 16:59 | 蟹 |
| 2027年 | 7月 5日 | 16:41 | 獅子 |
| 2027年 | 7月 7日 | 16:57 | 乙女 |
| 2027年 | 7月 9日 | 19:24 | 天秤 |
| 2027年 | 7月12日 | 00:54 | 蠍 |
| 2027年 | 7月14日 | 09:33 | 射手 |
| 2027年 | 7月16日 | 20:39 | 山羊 |
| 2027年 | 7月19日 | 09:15 | 水瓶 |
| 2027年 | 7月21日 | 22:14 | 魚 |
| 2027年 | 7月24日 | 10:09 | 牡羊 |
| 2027年 | 7月26日 | 19:27 | 牡牛 |
| 2027年 | 7月29日 | 01:10 | 双子 |
| 2027年 | 7月31日 | 03:25 | 蟹 |

| | | | | |
|---|---|---|---|---|
| 2027年 | 8月 | 2日 | 03:26 | 獅子 |
| 2027年 | 8月 | 4日 | 02:58 | 乙女 |
| 2027年 | 8月 | 6日 | 03:55 | 天秤 |
| 2027年 | 8月 | 8日 | 07:53 | 蠍 |
| 2027年 | 8月 | 10日 | 15:35 | 射手 |
| 2027年 | 8月 | 13日 | 02:34 | 山羊 |
| 2027年 | 8月 | 15日 | 15:19 | 水瓶 |
| 2027年 | 8月 | 18日 | 04:11 | 魚 |
| 2027年 | 8月 | 20日 | 15:54 | 牡羊 |
| 2027年 | 8月 | 23日 | 01:32 | 牡牛 |
| 2027年 | 8月 | 25日 | 08:27 | 双子 |
| 2027年 | 8月 | 27日 | 12:21 | 蟹 |
| 2027年 | 8月 | 29日 | 13:43 | 獅子 |
| 2027年 | 8月 | 31日 | 13:44 | 乙女 |
| 2027年 | 9月 | 2日 | 14:07 | 天秤 |
| 2027年 | 9月 | 4日 | 16:44 | 蠍 |
| 2027年 | 9月 | 6日 | 23:01 | 射手 |
| 2027年 | 9月 | 9日 | 09:12 | 山羊 |
| 2027年 | 9月 | 11日 | 21:49 | 水瓶 |
| 2027年 | 9月 | 14日 | 10:39 | 魚 |
| 2027年 | 9月 | 16日 | 21:56 | 牡羊 |
| 2027年 | 9月 | 19日 | 07:05 | 牡牛 |
| 2027年 | 9月 | 21日 | 14:06 | 双子 |
| 2027年 | 9月 | 23日 | 19:02 | 蟹 |
| 2027年 | 9月 | 25日 | 22:01 | 獅子 |
| 2027年 | 9月 | 27日 | 23:29 | 乙女 |
| 2027年 | 9月 | 30日 | 00:31 | 天秤 |
| 2027年 | 10月 | 2日 | 02:46 | 蠍 |
| 2027年 | 10月 | 4日 | 07:56 | 射手 |
| 2027年 | 10月 | 6日 | 16:59 | 山羊 |
| 2027年 | 10月 | 9日 | 05:09 | 水瓶 |
| 2027年 | 10月 | 11日 | 18:01 | 魚 |
| 2027年 | 10月 | 14日 | 05:09 | 牡羊 |
| 2027年 | 10月 | 16日 | 13:37 | 牡牛 |
| 2027年 | 10月 | 18日 | 19:47 | 双子 |
| 2027年 | 10月 | 21日 | 00:25 | 蟹 |
| 2027年 | 10月 | 23日 | 04:03 | 獅子 |
| 2027年 | 10月 | 25日 | 06:54 | 乙女 |
| 2027年 | 10月 | 27日 | 09:21 | 天秤 |
| 2027年 | 10月 | 29日 | 12:23 | 蠍 |
| 2027年 | 10月 | 31日 | 17:24 | 射手 |
| 2027年 | 11月 | 3日 | 01:40 | 山羊 |
| 2027年 | 11月 | 5日 | 13:13 | 水瓶 |
| 2027年 | 11月 | 8日 | 02:08 | 魚 |
| 2027年 | 11月 | 10日 | 13:38 | 牡羊 |
| 2027年 | 11月 | 12日 | 21:58 | 牡牛 |
| 2027年 | 11月 | 15日 | 03:15 | 双子 |
| 2027年 | 11月 | 17日 | 06:40 | 蟹 |
| 2027年 | 11月 | 19日 | 09:28 | 獅子 |
| 2027年 | 11月 | 21日 | 12:25 | 乙女 |
| 2027年 | 11月 | 23日 | 15:53 | 天秤 |
| 2027年 | 11月 | 25日 | 20:10 | 蠍 |
| 2027年 | 11月 | 28日 | 02:01 | 射手 |
| 2027年 | 11月 | 30日 | 10:18 | 山羊 |
| 2027年 | 12月 | 2日 | 21:26 | 水瓶 |
| 2027年 | 12月 | 5日 | 10:20 | 魚 |
| 2027年 | 12月 | 7日 | 22:30 | 牡羊 |
| 2027年 | 12月 | 10日 | 07:36 | 牡牛 |
| 2027年 | 12月 | 12日 | 12:55 | 双子 |
| 2027年 | 12月 | 14日 | 15:24 | 蟹 |
| 2027年 | 12月 | 16日 | 16:41 | 獅子 |
| 2027年 | 12月 | 18日 | 18:17 | 乙女 |
| 2027年 | 12月 | 20日 | 21:13 | 天秤 |
| 2027年 | 12月 | 23日 | 02:00 | 蠍 |
| 2027年 | 12月 | 25日 | 08:50 | 射手 |
| 2027年 | 12月 | 27日 | 17:51 | 山羊 |
| 2027年 | 12月 | 30日 | 05:04 | 水瓶 |
| 2028年 | 1月 | 1日 | 17:52 | 魚 |
| 2028年 | 1月 | 4日 | 06:35 | 牡羊 |
| 2028年 | 1月 | 6日 | 16:56 | 牡牛 |
| 2028年 | 1月 | 8日 | 23:26 | 双子 |
| 2028年 | 1月 | 11日 | 02:15 | 蟹 |
| 2028年 | 1月 | 13日 | 02:44 | 獅子 |
| 2028年 | 1月 | 15日 | 02:41 | 乙女 |
| 2028年 | 1月 | 17日 | 03:52 | 天秤 |
| 2028年 | 1月 | 19日 | 07:35 | 蠍 |
| 2028年 | 1月 | 21日 | 14:24 | 射手 |
| 2028年 | 1月 | 24日 | 00:02 | 山羊 |
| 2028年 | 1月 | 26日 | 11:44 | 水瓶 |
| 2028年 | 1月 | 29日 | 00:33 | 魚 |
| 2028年 | 1月 | 31日 | 13:22 | 牡羊 |
| 2028年 | 2月 | 3日 | 00:37 | 牡牛 |
| 2028年 | 2月 | 5日 | 08:46 | 双子 |
| 2028年 | 2月 | 7日 | 13:07 | 蟹 |
| 2028年 | 2月 | 9日 | 14:13 | 獅子 |
| 2028年 | 2月 | 11日 | 13:36 | 乙女 |
| 2028年 | 2月 | 13日 | 13:13 | 天秤 |
| 2028年 | 2月 | 15日 | 15:03 | 蠍 |
| 2028年 | 2月 | 17日 | 20:29 | 射手 |
| 2028年 | 2月 | 20日 | 05:45 | 山羊 |
| 2028年 | 2月 | 22日 | 17:43 | 水瓶 |
| 2028年 | 2月 | 25日 | 06:43 | 魚 |
| 2028年 | 2月 | 27日 | 19:22 | 牡羊 |
| 2028年 | 3月 | 1日 | 06:42 | 牡牛 |
| 2028年 | 3月 | 3日 | 15:49 | 双子 |
| 2028年 | 3月 | 5日 | 21:54 | 蟹 |
| 2028年 | 3月 | 8日 | 00:43 | 獅子 |
| 2028年 | 3月 | 10日 | 01:00 | 乙女 |
| 2028年 | 3月 | 12日 | 00:22 | 天秤 |
| 2028年 | 3月 | 14日 | 00:54 | 蠍 |
| 2028年 | 3月 | 16日 | 04:33 | 射手 |
| 2028年 | 3月 | 18日 | 12:27 | 山羊 |
| 2028年 | 3月 | 20日 | 23:57 | 水瓶 |
| 2028年 | 3月 | 23日 | 13:00 | 魚 |
| 2028年 | 3月 | 26日 | 01:30 | 牡羊 |
| 2028年 | 3月 | 28日 | 12:24 | 牡牛 |
| 2028年 | 3月 | 30日 | 21:23 | 双子 |
| 2028年 | 4月 | 2日 | 04:14 | 蟹 |
| 2028年 | 4月 | 4日 | 08:38 | 獅子 |
| 2028年 | 4月 | 6日 | 10:37 | 乙女 |
| 2028年 | 4月 | 8日 | 11:03 | 天秤 |
| 2028年 | 4月 | 10日 | 11:37 | 蠍 |
| 2028年 | 4月 | 12日 | 14:19 | 射手 |
| 2028年 | 4月 | 14日 | 20:45 | 山羊 |
| 2028年 | 4月 | 17日 | 07:11 | 水瓶 |
| 2028年 | 4月 | 19日 | 19:56 | 魚 |
| 2028年 | 4月 | 22日 | 08:27 | 牡羊 |
| 2028年 | 4月 | 24日 | 18:58 | 牡牛 |
| 2028年 | 4月 | 27日 | 03:15 | 双子 |
| 2028年 | 4月 | 29日 | 09:37 | 蟹 |
| 2028年 | 5月 | 1日 | 14:23 | 獅子 |
| 2028年 | 5月 | 3日 | 17:36 | 乙女 |
| 2028年 | 5月 | 5日 | 19:34 | 天秤 |
| 2028年 | 5月 | 7日 | 21:16 | 蠍 |
| 2028年 | 5月 | 10日 | 00:13 | 射手 |
| 2028年 | 5月 | 12日 | 06:00 | 山羊 |
| 2028年 | 5月 | 14日 | 15:26 | 水瓶 |
| 2028年 | 5月 | 17日 | 03:38 | 魚 |
| 2028年 | 5月 | 19日 | 16:12 | 牡羊 |
| 2028年 | 5月 | 22日 | 02:48 | 牡牛 |
| 2028年 | 5月 | 24日 | 10:35 | 双子 |
| 2028年 | 5月 | 26日 | 16:00 | 蟹 |
| 2028年 | 5月 | 28日 | 19:55 | 獅子 |
| 2028年 | 5月 | 30日 | 23:01 | 乙女 |
| 2028年 | 6月 | 2日 | 01:47 | 天秤 |
| 2028年 | 6月 | 4日 | 04:44 | 蠍 |
| 2028年 | 6月 | 6日 | 08:45 | 射手 |
| 2028年 | 6月 | 8日 | 14:53 | 山羊 |
| 2028年 | 6月 | 10日 | 23:57 | 水瓶 |
| 2028年 | 6月 | 13日 | 11:41 | 魚 |
| 2028年 | 6月 | 16日 | 00:18 | 牡羊 |
| 2028年 | 6月 | 18日 | 11:25 | 牡牛 |
| 2028年 | 6月 | 20日 | 19:25 | 双子 |
| 2028年 | 6月 | 23日 | 00:18 | 蟹 |
| 2028年 | 6月 | 25日 | 03:03 | 獅子 |
| 2028年 | 6月 | 27日 | 04:58 | 乙女 |
| 2028年 | 6月 | 29日 | 07:10 | 天秤 |
| 2028年 | 7月 | 1日 | 10:28 | 蠍 |
| 2028年 | 7月 | 3日 | 15:24 | 射手 |
| 2028年 | 7月 | 5日 | 22:26 | 山羊 |
| 2028年 | 7月 | 8日 | 07:49 | 水瓶 |
| 2028年 | 7月 | 10日 | 19:23 | 魚 |
| 2028年 | 7月 | 13日 | 08:04 | 牡羊 |
| 2028年 | 7月 | 15日 | 19:50 | 牡牛 |
| 2028年 | 7月 | 18日 | 04:46 | 双子 |
| 2028年 | 7月 | 20日 | 10:03 | 蟹 |
| 2028年 | 7月 | 22日 | 12:17 | 獅子 |
| 2028年 | 7月 | 24日 | 12:56 | 乙女 |
| 2028年 | 7月 | 26日 | 13:41 | 天秤 |

| | | | |
|---|---|---|---|
| 2028年 | 7月28日 | 16:02 | 蠍 |
| 2028年 | 7月30日 | 20:55 | 射手 |
| 2028年 | 8月2日 | 04:32 | 山羊 |
| 2028年 | 8月4日 | 14:34 | 水瓶 |
| 2028年 | 8月7日 | 02:20 | 魚 |
| 2028年 | 8月9日 | 15:01 | 牡羊 |
| 2028年 | 8月12日 | 03:17 | 牡牛 |
| 2028年 | 8月14日 | 13:22 | 双子 |
| 2028年 | 8月16日 | 19:55 | 蟹 |
| 2028年 | 8月18日 | 22:46 | 獅子 |
| 2028年 | 8月20日 | 23:01 | 乙女 |
| 2028年 | 8月22日 | 22:29 | 天秤 |
| 2028年 | 8月24日 | 23:13 | 蠍 |
| 2028年 | 8月27日 | 02:51 | 射手 |
| 2028年 | 8月29日 | 10:07 | 山羊 |
| 2028年 | 8月31日 | 20:26 | 水瓶 |
| 2028年 | 9月3日 | 08:33 | 魚 |
| 2028年 | 9月5日 | 21:15 | 牡羊 |
| 2028年 | 9月8日 | 09:34 | 牡牛 |
| 2028年 | 9月10日 | 20:24 | 双子 |
| 2028年 | 9月13日 | 04:26 | 蟹 |
| 2028年 | 9月15日 | 08:48 | 獅子 |
| 2028年 | 9月17日 | 09:52 | 乙女 |
| 2028年 | 9月19日 | 09:06 | 天秤 |
| 2028年 | 9月21日 | 08:39 | 蠍 |
| 2028年 | 9月23日 | 10:39 | 射手 |
| 2028年 | 9月25日 | 16:33 | 山羊 |
| 2028年 | 9月28日 | 02:21 | 水瓶 |
| 2028年 | 9月30日 | 14:33 | 魚 |
| 2028年 | 10月3日 | 03:18 | 牡羊 |
| 2028年 | 10月5日 | 15:23 | 牡牛 |
| 2028年 | 10月8日 | 02:10 | 双子 |
| 2028年 | 10月10日 | 10:57 | 蟹 |
| 2028年 | 10月12日 | 16:53 | 獅子 |
| 2028年 | 10月14日 | 19:38 | 乙女 |
| 2028年 | 10月16日 | 19:57 | 天秤 |
| 2028年 | 10月18日 | 19:31 | 蠍 |
| 2028年 | 10月20日 | 20:30 | 射手 |
| 2028年 | 10月23日 | 00:51 | 山羊 |
| 2028年 | 10月25日 | 09:22 | 水瓶 |
| 2028年 | 10月27日 | 21:06 | 魚 |
| 2028年 | 10月30日 | 09:52 | 牡羊 |
| 2028年 | 11月1日 | 21:44 | 牡牛 |
| 2028年 | 11月4日 | 07:58 | 双子 |
| 2028年 | 11月6日 | 16:24 | 蟹 |
| 2028年 | 11月8日 | 22:50 | 獅子 |
| 2028年 | 11月11日 | 02:59 | 乙女 |
| 2028年 | 11月13日 | 05:00 | 天秤 |
| 2028年 | 11月15日 | 05:49 | 蠍 |
| 2028年 | 11月17日 | 07:06 | 射手 |
| 2028年 | 11月19日 | 10:42 | 山羊 |
| 2028年 | 11月21日 | 17:56 | 水瓶 |
| 2028年 | 11月24日 | 04:44 | 魚 |
| 2028年 | 11月26日 | 17:19 | 牡羊 |
| 2028年 | 11月29日 | 05:18 | 牡牛 |
| 2028年 | 12月1日 | 15:10 | 双子 |
| 2028年 | 12月3日 | 22:42 | 蟹 |
| 2028年 | 12月6日 | 04:20 | 獅子 |
| 2028年 | 12月8日 | 08:29 | 乙女 |
| 2028年 | 12月10日 | 11:30 | 天秤 |
| 2028年 | 12月12日 | 13:52 | 蠍 |
| 2028年 | 12月14日 | 16:29 | 射手 |
| 2028年 | 12月16日 | 20:34 | 山羊 |
| 2028年 | 12月19日 | 03:20 | 水瓶 |
| 2028年 | 12月21日 | 13:16 | 魚 |
| 2028年 | 12月24日 | 01:28 | 牡羊 |
| 2028年 | 12月26日 | 13:46 | 牡牛 |
| 2028年 | 12月28日 | 23:58 | 双子 |
| 2028年 | 12月31日 | 07:06 | 蟹 |
| 2029年 | 1月2日 | 11:35 | 獅子 |
| 2029年 | 1月4日 | 14:27 | 乙女 |
| 2029年 | 1月6日 | 16:51 | 天秤 |
| 2029年 | 1月8日 | 19:38 | 蠍 |
| 2029年 | 1月10日 | 23:27 | 射手 |
| 2029年 | 1月13日 | 04:46 | 山羊 |
| 2029年 | 1月15日 | 12:05 | 水瓶 |
| 2029年 | 1月17日 | 21:47 | 魚 |
| 2029年 | 1月20日 | 09:38 | 牡羊 |
| 2029年 | 1月22日 | 22:13 | 牡牛 |
| 2029年 | 1月25日 | 09:19 | 双子 |
| 2029年 | 1月27日 | 17:05 | 蟹 |
| 2029年 | 1月29日 | 21:16 | 獅子 |
| 2029年 | 1月31日 | 22:54 | 乙女 |
| 2029年 | 2月2日 | 23:40 | 天秤 |
| 2029年 | 2月5日 | 01:16 | 蠍 |
| 2029年 | 2月7日 | 04:51 | 射手 |
| 2029年 | 2月9日 | 10:53 | 山羊 |
| 2029年 | 2月11日 | 19:09 | 水瓶 |
| 2029年 | 2月14日 | 05:20 | 魚 |
| 2029年 | 2月16日 | 17:07 | 牡羊 |
| 2029年 | 2月19日 | 05:48 | 牡牛 |
| 2029年 | 2月21日 | 17:45 | 双子 |
| 2029年 | 2月24日 | 02:53 | 蟹 |
| 2029年 | 2月26日 | 08:01 | 獅子 |
| 2029年 | 2月28日 | 09:33 | 乙女 |
| 2029年 | 3月2日 | 09:11 | 天秤 |
| 2029年 | 3月4日 | 09:02 | 蠍 |
| 2029年 | 3月6日 | 11:02 | 射手 |
| 2029年 | 3月8日 | 16:20 | 山羊 |
| 2029年 | 3月11日 | 00:49 | 水瓶 |
| 2029年 | 3月13日 | 11:35 | 魚 |
| 2029年 | 3月15日 | 23:39 | 牡羊 |
| 2029年 | 3月18日 | 12:19 | 牡牛 |
| 2029年 | 3月21日 | 00:37 | 双子 |
| 2029年 | 3月23日 | 10:58 | 蟹 |
| 2029年 | 3月25日 | 17:44 | 獅子 |
| 2029年 | 3月27日 | 20:30 | 乙女 |
| 2029年 | 3月29日 | 20:20 | 天秤 |
| 2029年 | 3月31日 | 19:16 | 蠍 |
| 2029年 | 4月2日 | 19:36 | 射手 |
| 2029年 | 4月4日 | 23:10 | 山羊 |
| 2029年 | 4月7日 | 06:39 | 水瓶 |
| 2029年 | 4月9日 | 17:19 | 魚 |
| 2029年 | 4月12日 | 05:38 | 牡羊 |
| 2029年 | 4月14日 | 18:18 | 牡牛 |
| 2029年 | 4月17日 | 06:28 | 双子 |
| 2029年 | 4月19日 | 17:12 | 蟹 |
| 2029年 | 4月22日 | 01:14 | 獅子 |
| 2029年 | 4月24日 | 05:43 | 乙女 |
| 2029年 | 4月26日 | 06:55 | 天秤 |
| 2029年 | 4月28日 | 06:20 | 蠍 |
| 2029年 | 4月30日 | 06:03 | 射手 |
| 2029年 | 5月2日 | 08:09 | 山羊 |
| 2029年 | 5月4日 | 14:00 | 水瓶 |
| 2029年 | 5月6日 | 23:41 | 魚 |
| 2029年 | 5月9日 | 11:49 | 牡羊 |
| 2029年 | 5月12日 | 00:30 | 牡牛 |
| 2029年 | 5月14日 | 12:24 | 双子 |
| 2029年 | 5月16日 | 22:45 | 蟹 |
| 2029年 | 5月19日 | 06:59 | 獅子 |
| 2029年 | 5月21日 | 12:33 | 乙女 |
| 2029年 | 5月23日 | 15:23 | 天秤 |
| 2029年 | 5月25日 | 16:14 | 蠍 |
| 2029年 | 5月27日 | 16:37 | 射手 |
| 2029年 | 5月29日 | 18:20 | 山羊 |
| 2029年 | 5月31日 | 23:00 | 水瓶 |
| 2029年 | 6月3日 | 07:23 | 魚 |
| 2029年 | 6月5日 | 18:50 | 牡羊 |
| 2029年 | 6月8日 | 07:27 | 牡牛 |
| 2029年 | 6月10日 | 19:13 | 双子 |
| 2029年 | 6月13日 | 05:01 | 蟹 |
| 2029年 | 6月15日 | 12:34 | 獅子 |
| 2029年 | 6月17日 | 18:00 | 乙女 |
| 2029年 | 6月19日 | 21:36 | 天秤 |
| 2029年 | 6月21日 | 23:51 | 蠍 |
| 2029年 | 6月24日 | 01:38 | 射手 |
| 2029年 | 6月26日 | 04:06 | 山羊 |
| 2029年 | 6月28日 | 08:34 | 水瓶 |
| 2029年 | 6月30日 | 16:05 | 魚 |
| 2029年 | 7月3日 | 02:43 | 牡羊 |
| 2029年 | 7月5日 | 15:08 | 牡牛 |
| 2029年 | 7月8日 | 03:04 | 双子 |
| 2029年 | 7月10日 | 12:42 | 蟹 |
| 2029年 | 7月12日 | 19:29 | 獅子 |
| 2029年 | 7月14日 | 23:55 | 乙女 |
| 2029年 | 7月17日 | 02:59 | 天秤 |
| 2029年 | 7月19日 | 05:35 | 蠍 |
| 2029年 | 7月21日 | 08:26 | 射手 |
| 2029年 | 7月23日 | 12:08 | 山羊 |

| | | | |
|---|---|---|---|
| 2029年 | 7月25日 | 17:21 | 水瓶 |
| 2029年 | 7月28日 | 00:48 | 魚 |
| 2029年 | 7月30日 | 10:56 | 牡羊 |
| 2029年 | 8月1日 | 23:07 | 牡牛 |
| 2029年 | 8月4日 | 11:27 | 双子 |
| 2029年 | 8月6日 | 21:32 | 蟹 |
| 2029年 | 8月9日 | 04:09 | 獅子 |
| 2029年 | 8月11日 | 07:40 | 乙女 |
| 2029年 | 8月13日 | 09:28 | 天秤 |
| 2029年 | 8月15日 | 11:08 | 蠍 |
| 2029年 | 8月17日 | 13:52 | 射手 |
| 2029年 | 8月19日 | 18:17 | 山羊 |
| 2029年 | 8月22日 | 00:29 | 水瓶 |
| 2029年 | 8月24日 | 08:34 | 魚 |
| 2029年 | 8月26日 | 18:42 | 牡羊 |
| 2029年 | 8月29日 | 06:46 | 牡牛 |
| 2029年 | 8月31日 | 19:28 | 双子 |
| 2029年 | 9月3日 | 06:30 | 蟹 |
| 2029年 | 9月5日 | 13:54 | 獅子 |
| 2029年 | 9月7日 | 17:22 | 乙女 |
| 2029年 | 9月9日 | 18:13 | 天秤 |
| 2029年 | 9月11日 | 18:25 | 蠍 |
| 2029年 | 9月13日 | 19:50 | 射手 |
| 2029年 | 9月15日 | 23:41 | 山羊 |
| 2029年 | 9月18日 | 06:13 | 水瓶 |
| 2029年 | 9月20日 | 14:59 | 魚 |
| 2029年 | 9月23日 | 01:35 | 牡羊 |
| 2029年 | 9月25日 | 13:41 | 牡牛 |
| 2029年 | 9月28日 | 02:33 | 双子 |
| 2029年 | 9月30日 | 14:27 | 蟹 |
| 2029年 | 10月2日 | 23:14 | 獅子 |
| 2029年 | 10月5日 | 03:48 | 乙女 |
| 2029年 | 10月7日 | 04:49 | 天秤 |
| 2029年 | 10月9日 | 04:10 | 蠍 |
| 2029年 | 10月11日 | 04:01 | 射手 |
| 2029年 | 10月13日 | 06:16 | 山羊 |
| 2029年 | 10月15日 | 11:52 | 水瓶 |
| 2029年 | 10月17日 | 20:38 | 魚 |
| 2029年 | 10月20日 | 07:39 | 牡羊 |
| 2029年 | 10月22日 | 19:56 | 牡牛 |
| 2029年 | 10月25日 | 08:45 | 双子 |
| 2029年 | 10月27日 | 20:57 | 蟹 |
| 2029年 | 10月30日 | 06:54 | 獅子 |
| 2029年 | 11月1日 | 13:10 | 乙女 |
| 2029年 | 11月3日 | 15:34 | 天秤 |
| 2029年 | 11月5日 | 15:23 | 蠍 |
| 2029年 | 11月7日 | 14:34 | 射手 |
| 2029年 | 11月9日 | 15:17 | 山羊 |
| 2029年 | 11月11日 | 19:09 | 水瓶 |
| 2029年 | 11月14日 | 02:49 | 魚 |
| 2029年 | 11月16日 | 13:37 | 牡羊 |
| 2029年 | 11月19日 | 02:05 | 牡牛 |
| 2029年 | 11月21日 | 14:48 | 双子 |
| 2029年 | 11月24日 | 02:43 | 蟹 |
| 2029年 | 11月26日 | 12:51 | 獅子 |
| 2029年 | 11月28日 | 20:16 | 乙女 |
| 2029年 | 12月1日 | 00:28 | 天秤 |
| 2029年 | 12月3日 | 01:55 | 蠍 |
| 2029年 | 12月5日 | 01:53 | 射手 |
| 2029年 | 12月7日 | 02:12 | 山羊 |
| 2029年 | 12月9日 | 04:41 | 水瓶 |
| 2029年 | 12月11日 | 10:43 | 魚 |
| 2029年 | 12月13日 | 20:30 | 牡羊 |
| 2029年 | 12月16日 | 08:49 | 牡牛 |
| 2029年 | 12月18日 | 21:33 | 双子 |
| 2029年 | 12月21日 | 09:03 | 蟹 |
| 2029年 | 12月23日 | 18:32 | 獅子 |
| 2029年 | 12月26日 | 01:47 | 乙女 |
| 2029年 | 12月28日 | 06:50 | 天秤 |
| 2029年 | 12月30日 | 09:55 | 蠍 |
| 2030年 | 1月1日 | 11:36 | 射手 |
| 2030年 | 1月3日 | 12:55 | 山羊 |
| 2030年 | 1月5日 | 15:18 | 水瓶 |
| 2030年 | 1月7日 | 20:16 | 魚 |
| 2030年 | 1月10日 | 04:46 | 牡羊 |
| 2030年 | 1月12日 | 16:26 | 牡牛 |
| 2030年 | 1月15日 | 05:15 | 双子 |
| 2030年 | 1月17日 | 16:46 | 蟹 |
| 2030年 | 1月20日 | 01:37 | 獅子 |
| 2030年 | 1月22日 | 07:50 | 乙女 |
| 2030年 | 1月24日 | 12:14 | 天秤 |
| 2030年 | 1月26日 | 15:37 | 蠍 |
| 2030年 | 1月28日 | 18:32 | 射手 |
| 2030年 | 1月30日 | 21:25 | 山羊 |
| 2030年 | 2月2日 | 00:53 | 水瓶 |
| 2030年 | 2月4日 | 05:58 | 魚 |
| 2030年 | 2月6日 | 13:48 | 牡羊 |
| 2030年 | 2月9日 | 00:44 | 牡牛 |
| 2030年 | 2月11日 | 13:30 | 双子 |
| 2030年 | 2月14日 | 01:29 | 蟹 |
| 2030年 | 2月16日 | 10:27 | 獅子 |
| 2030年 | 2月18日 | 15:58 | 乙女 |
| 2030年 | 2月20日 | 19:05 | 天秤 |
| 2030年 | 2月22日 | 21:18 | 蠍 |
| 2030年 | 2月24日 | 23:53 | 射手 |
| 2030年 | 2月27日 | 03:26 | 山羊 |
| 2030年 | 3月1日 | 08:07 | 水瓶 |
| 2030年 | 3月3日 | 14:12 | 魚 |
| 2030年 | 3月5日 | 22:18 | 牡羊 |
| 2030年 | 3月8日 | 08:55 | 牡牛 |
| 2030年 | 3月10日 | 21:33 | 双子 |
| 2030年 | 3月13日 | 10:08 | 蟹 |
| 2030年 | 3月15日 | 19:59 | 獅子 |
| 2030年 | 3月18日 | 01:50 | 乙女 |
| 2030年 | 3月20日 | 04:18 | 天秤 |
| 2030年 | 3月22日 | 05:09 | 蠍 |
| 2030年 | 3月24日 | 06:12 | 射手 |
| 2030年 | 3月26日 | 08:51 | 山羊 |
| 2030年 | 3月28日 | 13:38 | 水瓶 |
| 2030年 | 3月30日 | 20:30 | 魚 |
| 2030年 | 4月2日 | 05:22 | 牡羊 |
| 2030年 | 4月4日 | 16:15 | 牡牛 |
| 2030年 | 4月7日 | 04:50 | 双子 |
| 2030年 | 4月9日 | 17:46 | 蟹 |
| 2030年 | 4月12日 | 04:44 | 獅子 |
| 2030年 | 4月14日 | 11:50 | 乙女 |
| 2030年 | 4月16日 | 14:53 | 天秤 |
| 2030年 | 4月18日 | 15:17 | 蠍 |
| 2030年 | 4月20日 | 15:00 | 射手 |
| 2030年 | 4月22日 | 15:56 | 山羊 |
| 2030年 | 4月24日 | 19:26 | 水瓶 |
| 2030年 | 4月27日 | 01:57 | 魚 |
| 2030年 | 4月29日 | 11:13 | 牡羊 |
| 2030年 | 5月1日 | 22:34 | 牡牛 |
| 2030年 | 5月4日 | 11:17 | 双子 |
| 2030年 | 5月7日 | 00:16 | 蟹 |
| 2030年 | 5月9日 | 11:55 | 獅子 |
| 2030年 | 5月11日 | 20:24 | 乙女 |
| 2030年 | 5月14日 | 00:58 | 天秤 |
| 2030年 | 5月16日 | 02:11 | 蠍 |
| 2030年 | 5月18日 | 01:40 | 射手 |
| 2030年 | 5月20日 | 01:23 | 山羊 |
| 2030年 | 5月22日 | 03:10 | 水瓶 |
| 2030年 | 5月24日 | 08:16 | 魚 |
| 2030年 | 5月26日 | 16:57 | 牡羊 |
| 2030年 | 5月29日 | 04:26 | 牡牛 |
| 2030年 | 5月31日 | 17:18 | 双子 |
| 2030年 | 6月3日 | 06:11 | 蟹 |
| 2030年 | 6月5日 | 17:49 | 獅子 |
| 2030年 | 6月8日 | 03:04 | 乙女 |
| 2030年 | 6月10日 | 09:07 | 天秤 |
| 2030年 | 6月12日 | 11:56 | 蠍 |
| 2030年 | 6月14日 | 12:25 | 射手 |
| 2030年 | 6月16日 | 12:07 | 山羊 |
| 2030年 | 6月18日 | 12:52 | 水瓶 |
| 2030年 | 6月20日 | 16:23 | 魚 |
| 2030年 | 6月22日 | 23:45 | 牡羊 |
| 2030年 | 6月25日 | 10:41 | 牡牛 |
| 2030年 | 6月27日 | 23:33 | 双子 |
| 2030年 | 6月30日 | 12:19 | 蟹 |
| 2030年 | 7月2日 | 23:33 | 獅子 |
| 2030年 | 7月5日 | 08:37 | 乙女 |
| 2030年 | 7月7日 | 15:16 | 天秤 |
| 2030年 | 7月9日 | 19:29 | 蠍 |
| 2030年 | 7月11日 | 21:34 | 射手 |
| 2030年 | 7月13日 | 22:21 | 山羊 |
| 2030年 | 7月15日 | 23:15 | 水瓶 |
| 2030年 | 7月18日 | 01:57 | 魚 |
| 2030年 | 7月20日 | 08:01 | 牡羊 |

| | | | |
|---|---|---|---|
| 2030年 | 7月22日 | 17:56 | 牡牛 |
| 2030年 | 7月25日 | 06:29 | 双子 |
| 2030年 | 7月27日 | 19:14 | 蟹 |
| 2030年 | 7月30日 | 06:08 | 獅子 |
| 2030年 | 8月1日 | 14:30 | 乙女 |
| 2030年 | 8月3日 | 20:40 | 天秤 |
| 2030年 | 8月6日 | 01:11 | 蠍 |
| 2030年 | 8月8日 | 04:25 | 射手 |
| 2030年 | 8月10日 | 06:40 | 山羊 |
| 2030年 | 8月12日 | 08:40 | 水瓶 |
| 2030年 | 8月14日 | 11:40 | 魚 |
| 2030年 | 8月16日 | 17:09 | 牡羊 |
| 2030年 | 8月19日 | 02:08 | 牡牛 |
| 2030年 | 8月21日 | 14:11 | 双子 |
| 2030年 | 8月24日 | 03:01 | 蟹 |
| 2030年 | 8月26日 | 13:59 | 獅子 |
| 2030年 | 8月28日 | 21:52 | 乙女 |
| 2030年 | 8月31日 | 03:04 | 天秤 |
| 2030年 | 9月2日 | 06:44 | 蠍 |
| 2030年 | 9月4日 | 09:49 | 射手 |
| 2030年 | 9月6日 | 12:51 | 山羊 |
| 2030年 | 9月8日 | 16:06 | 水瓶 |
| 2030年 | 9月10日 | 20:09 | 魚 |
| 2030年 | 9月13日 | 02:00 | 牡羊 |
| 2030年 | 9月15日 | 10:39 | 牡牛 |
| 2030年 | 9月17日 | 22:14 | 双子 |
| 2030年 | 9月20日 | 11:10 | 蟹 |
| 2030年 | 9月22日 | 22:41 | 獅子 |
| 2030年 | 9月25日 | 06:49 | 乙女 |
| 2030年 | 9月27日 | 11:30 | 天秤 |
| 2030年 | 9月29日 | 13:59 | 蠍 |
| 2030年 | 10月1日 | 15:49 | 射手 |
| 2030年 | 10月3日 | 18:13 | 山羊 |
| 2030年 | 10月5日 | 21:47 | 水瓶 |
| 2030年 | 10月8日 | 02:47 | 魚 |
| 2030年 | 10月10日 | 09:33 | 牡羊 |
| 2030年 | 10月12日 | 18:34 | 牡牛 |
| 2030年 | 10月15日 | 06:00 | 双子 |
| 2030年 | 10月17日 | 18:58 | 蟹 |
| 2030年 | 10月20日 | 07:13 | 獅子 |
| 2030年 | 10月22日 | 16:23 | 乙女 |
| 2030年 | 10月24日 | 21:37 | 天秤 |
| 2030年 | 10月26日 | 23:39 | 蠍 |
| 2030年 | 10月29日 | 00:12 | 射手 |
| 2030年 | 10月31日 | 00:59 | 山羊 |
| 2030年 | 11月2日 | 03:25 | 水瓶 |
| 2030年 | 11月4日 | 08:15 | 魚 |
| 2030年 | 11月6日 | 15:37 | 牡羊 |
| 2030年 | 11月9日 | 01:20 | 牡牛 |
| 2030年 | 11月11日 | 13:02 | 双子 |
| 2030年 | 11月14日 | 01:57 | 蟹 |
| 2030年 | 11月16日 | 14:38 | 獅子 |
| 2030年 | 11月19日 | 01:03 | 乙女 |
| 2030年 | 11月21日 | 07:46 | 天秤 |
| 2030年 | 11月23日 | 10:40 | 蠍 |
| 2030年 | 11月25日 | 10:58 | 射手 |
| 2030年 | 11月27日 | 10:29 | 山羊 |
| 2030年 | 11月29日 | 11:07 | 水瓶 |
| 2030年 | 12月1日 | 14:27 | 魚 |
| 2030年 | 12月3日 | 21:14 | 牡羊 |
| 2030年 | 12月6日 | 07:14 | 牡牛 |
| 2030年 | 12月8日 | 19:20 | 双子 |
| 2030年 | 12月11日 | 08:17 | 蟹 |
| 2030年 | 12月13日 | 20:53 | 獅子 |
| 2030年 | 12月16日 | 07:56 | 乙女 |
| 2030年 | 12月18日 | 16:09 | 天秤 |
| 2030年 | 12月20日 | 20:51 | 蠍 |
| 2030年 | 12月22日 | 22:21 | 射手 |
| 2030年 | 12月24日 | 21:55 | 山羊 |
| 2030年 | 12月26日 | 21:27 | 水瓶 |
| 2030年 | 12月28日 | 22:59 | 魚 |
| 2030年 | 12月31日 | 04:07 | 牡羊 |

## ウェブサイトでの太陽星座と月星座の調べ方

ウェブサイトで自分の生年月日、出生時間、生まれた場所からホロスコープを作成して、そこから月星座と太陽星座を調べることもできます。次のサイトはおすすめの無料ホロスコープ作成サイトです。

Astro.com
以下のURLにアクセス→無料ホロスコープ→出生データによるいろんなチャート→出生データを入力→出生図作成→「太陽」と「月」の欄の星座がわかります。
https://www.astro.com/horoscopes/ja

著者

**チャールズ＆スージー・ハーヴェイ**

イギリス占星術界を代表する占星術家夫妻。
チェールズ・ハーヴェイは、故ジョン・アディに師事し
現代的な占星術理論の確立に尽力する一方で
哲学や心理学にも造詣が深く、
心理占星術センターのディレクターも務めた。
英国占星術協会の会長を長らく任じ、
世界の占星術家をネットワークすることにも貢献。
2000年に惜しまれつつ他界。
スージー・ハーヴェイは、チャールズ・ハーヴェイに師事、占星術を修める。
現在は占星術家、心理療法家として活躍。

監訳者

**鏡リュウジ**

占星術研究家・翻訳家。
国際基督教大学卒業、同大学院修士課程修了（比較文化）。
占星術の心理学的アプローチを日本に紹介し、
従来の「占い」のイメージを一新。
占星術の背景となっている古代ギリシャ哲学や神話学、
ヨーロッパ文化史等にも造詣が深く、
日本の占星術シーンをつねにリードしている。
平安女学院大学客員教授。京都文教大学客員教授。
著書に『鏡リュウジの占星術の教科書ⅠⅡⅢ』『占星術の文化誌』、
訳書にヒルマン著『魂のコード』、グリーン著『占星術とユング心理学』等多数。
責任編集をつとめたユリイカ増刊号『タロットの世界』は
学術的アプローチが話題となる。

本書は2003年にソニー・マガジンズより刊行された
『月と太陽でわかる性格事典』を再編集した増補改訂版です。

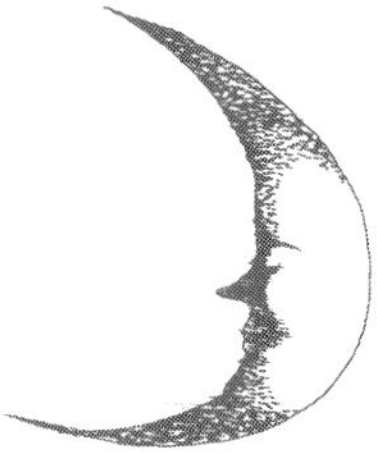

# 月と太陽でわかる性格事典　増補改訂版

2022年10月1日初版第一刷発行
2022年11月5日初版第三刷発行

著　者　チャールズ＆スージー・ハーヴェイ
監　訳　鏡《かがみ》リュウジ
発行者　廣瀬和二
発行所　辰巳出版株式会社
〒113－0033 東京都文京区本郷1－33－13　春日町ビル5F
TEL 03－5931－5920（代表）
FAX 03－6386－3087（販売部）
https://tg-net.co.jp/
印刷・製本所　中央精版印刷株式会社


ISBN978-4-7778-2946-0 C0097 Printed in Japan